Bibliografische Information Der Deutschen Bibliothek
Die Deutsche Bibliothek verzeichnet diese Publikation in der
Deutschen Nationalbibliografie; detaillierte bibliografische Daten
sind im Internet über http://dnb.ddb.de abrufbar.

Die Informationen in diesem Produkt werden ohne Rücksicht auf einen eventuellen Patentschutz veröffentlicht. Warennamen werden ohne Gewährleistung der freien Verwendbarkeit benutzt. Bei der Zusammenstellung von Texten und Abbildungen wurde mit größter Sorgfalt vorgegangen. Trotzdem können Fehler nicht vollständig ausgeschlossen werden. Verlag, Herausgeber und Autoren können für fehlerhafte Angaben und deren Folgen weder eine juristische Verantwortung noch irgendeine Haftung übernehmen.
Für Verbesserungsvorschläge und Hinweise auf Fehler sind Verlag und Herausgeber dankbar.

Alle Rechte vorbehalten, auch die der fotomechanischen Wiedergabe und der Speicherung in elektronischen Medien.
Die gewerbliche Nutzung der in diesem Produkt gezeigten Modelle und Arbeiten ist nicht zulässig.

Fast alle Hardware- und Softwarebezeichnungen und weitere Stichworte und sonstige Angaben, die in diesem Buch verwendet werden, sind als eingetragene Marken geschützt. Da es nicht möglich ist, in allen Fällen zeitnah zu ermitteln, ob ein Markenschutz besteht, wird das ® Symbol in diesem Buch nicht verwendet.

Umwelthinweis:
Dieses Buch wurde auf chlorfrei gebleichtem Papier gedruckt.

This Edition of Adobe Photoshop® CS2 For Photographers by Martin Evening is published by arrangement with
Elsevier Ltd, The Boulevard, Langford Lane, Kidlington, OX5 1GB, England.

All rights reserved. No part of this book may be reproduced or transmitted in any form or by any means, electronic or mechanical, including photocopying, recording or by any information storage retrieval system, without permission from Pearson Education, Inc.

GERMAN language edition by PEARSON EDUCATION DEUTSCHLAND GmbH, Copyright © 2006

Autorisierte Übersetzung der englischsprachigen Originalausgabe mit dem Titel »Adobe Photoshop® CS2 For Photographers« von Martin Evening, 1. Ausgabe, ISBN 0-240-51984-1, erschienen bei Elsevier Ltd, The Boulevard, Langford Lane, Kidlingtopn, OX5 1GB, England; Copyright © 2005

Alle Rechte vorbehalten. Kein Teil des Buches darf ohne Erlaubnis der Pearson Education Inc. in fotomechanischer oder elektronischer Form reproduziert oder gespeichert werden.

© der deutschen Ausgabe 2006 Addison-Wesley Verlag,
ein Imprint der PEARSON EDUCATION DEUTSCHLAND GmbH,
Martin-Kollar-Str. 10-12, 81829 München/Germany
Alle Rechte vorbehalten

10 9 8 7 6 5 4 3 2 1

08 07 06

ISBN-13: 978-3-8273-2328-6
ISBN-10: 3-8273-2328-2

Titelfoto: Martin Evening
Model: Lucy Edwards bei Bookings
Make-up: Camilla Pascucci bei Justice
Autorenfoto: Jeff Schewe
Cover Design: Jason Simmons
Cover Layout: Marco Lindenbeck, webwo GmbH, mlindenbeck@webwo.de
Übersetzung: Claudia Koch, Kathleen Aermes, Ilmenau
Satz: Ulrich Borstelmann, Dortmund (www.borstelmann.de)
Lektorat: Cornelia Karl, ckarl@pearson.de
Korrektorat: Petra Kienle, München
Herstellung: Claudia Bäurle, cbaeurle@pearson.de
Druck und Verarbeitung: Kösel Druck, Altusried/Krugzell (www.KoeselBuch.de)
Printed in Germany

Adobe Photoshop für Fotografen

Martin Evening

Handbuch für professionelle Bildgestalter

ADDISON-WESLEY

Inhaltsverzeichnis

Vorwort xxiv
Einleitung xxvi
Buch- und CD-Inhalte xxviii
Die Website zum Buch xxviii
Dank xxix

Kapitel 1: Was ist neu in Adobe Photoshop CS2? 1

Bridge – der neue Dateibrowser 2
Camera Raw 4
Fluchtpunkt 6
Bildverkrümmungen 7
Smart Objekte 8
32-Bit-Unterstützung und Zu HDR zusammenfügen 9
Blendenkorrektur 10
Störungen reduzieren 11
Selektives Scharfzeichnen 12
Weichzeichnungsfilter 13
Rote Augen entfernen 14
Bereichsreparatur-Pinsel 14
Oberfläche und Leistungsfähigkeit 14
    Schriftgrad 14
    Menüs anpassen 15
    Mehr Speicher 16
Änderungen in der Ebenen-Palette 16
    Skripte 17
    Web-Fotogalerie 18
Drucken mit Vorschau 19
PDFs sichern 20
Der Gesamteindruck 21
    Adobe Bridge 22

Kapitel 2: Die Arbeitsumgebung 23

Adobe Bridge 24
    Die Benutzeroberfläche von Bridge 26
Bilder öffnen und speichern 28
    Wenn sich Dateien nicht öffnen lassen 29
    Regelmäßig speichern 30
    Speichern und eine Version speichern 31
Das Bildfenster 32
    Anzeigeoptionen 33
    Dokumentgrößen 33
    Dokumentprofil 33
    Dokumentmaße 33
    Arbeitsdateigrößen 33
    Effizienz 33
    Timing 33
    Aktuelles Werkzeug 33
    Dokumentfenster verwalten 34
    Lineale, Hilfslinien und Raster 35
    Ausrichten 35
Die Photoshop-Paletten 36
    Paletten andocken 37
    Einstellungen für den Arbeitsbereich 38
    Navigator 39
    Info-Palette 40
    Histogramm-Palette 41
    Die Optionsleiste 42
    Werkzeugvorgaben 43
    Zeichen 44
    Absatz 44
Pinsel 45
    Pinsel-Palette 46
    Optionen in der Pinsel-Palette 48
    Stile 49
    Farbfelder 49
    Farbregler 49
    Vorgaben-Manager 50
    Aktionen 51
    Protokoll 51

Inhalt

- Ebenen 52
- Ebenenkompositionen 53
- Ebenenkompositionen und Skripte 53
- Kanäle 54
- Pfade 55

Werkzeug-Palette 56
- Eastereggs 57
- Auswahlwerkzeuge 58
- Modifikator-Tasten 59
- Lasso: Freihand / Polygon / Magnetisch 62
- Verschieben-Werkzeug 66
- Ebenen mithilfe des Verschieben-Werkzeugs auswählen 66
- Freistellungswerkzeug 68
- Ein Bild zuschneiden 69
- Slice-Werkzeuge 70

Die Malwerkzeuge 70
- Bereichsreparatur-Pinsel/Reparatur-Pinsel/ Ausbessern-Werkzeug/Rote-AugenWerkzeug 71
- Farbe-ersetzen-Werkzeug 71
- Pinsel-Werkzeug 72
- Buntstift 72
- Kopierstempel/Musterstempel 72
- Protokoll-Pinsel 73
- Protokoll-Pinsel und Schnappschuss 74
- Protokoll und Speicherbedarf 75
- Nichtlineares Protokoll 76
- Kunstprotokoll-Pinsel 78
- Radiergummi/Hintergrund-Radiergummi/Magischer Radiergummi 79

Der Befehl Extrahieren 81
- Verläufe 82
- Störungsverläufe 84
- Füllwerkzeug 85
- Fokus: Weichzeichner/Scharfzeichner/Wischfinger 86
- Tonwert: Abwedler/Nachbelichter/Schwamm 87
- Zeichenstift und Pfadwerkzeuge 88
- Textwerkzeuge 89
- Ebeneneffekte hinzufügen 89
- Formwerkzeuge 90
- Anmerkungen-Werkzeuge 91

Pipette/Farbaufnahme-Werkzeug 92
Messwerkzeug 92
Navigationswerkzeuge – Hand und Zoom 93
Vorder-/Hintergrundfarbe 94
Standardmodus/Maskierungsmodus 94
Bildschirmdarstellung 95
Springen-zu-Button 95

Kapitel 3: Photoshop konfigurieren 97

Ein System kaufen 98
    Die Arbeitsumgebung 99
    Einen Monitor auswählen 100
    Bildschirmkalibrierung und -profile 102
    Hardware zum Kalibrieren 104
    Wollen Sie richtig gute Farben? 107
    Kostenlose Kalibrierung 108
    Farbmanagement 112
    Extras 113
    Bilddaten sichern 114
Photoshop-Voreinstellungen 115
    Allgemeine Voreinstellungen 115
    Dateien verarbeiten 117
    Bildschirm- und Zeigerdarstellung 120
    Transparenz und Farbumfang-Warnung 121
    Maßeinheiten und Lineale 122
    Hilfslinien, Raster und Slices 123
    Zusatzmodule und virtueller Speicher 123
    RAM und Arbeitsvolumes 125
    Den Photoshop-Speicher leeren 127
    Arbeitsspeicher und Bildcache 128
    Textvoreinstellungen 129
    Bridge-Voreinstellungen 130
Photoshop und Mac OS X 133
Photoshop und Windows XP 134
Wartung der Systemsoftware 134

Kapitel 4: Grundlegende Bildregelungen — 137

Das Histogramm 138
Tonwertkorrekturen 141
Tonwerte nach der Umwandlung 144
Feinabstimmung der Endpunkte 146
Spitzlichter 148
Details in den Lichtern erhalten 150
Freisteller vor weißem Hintergrund 150
Helligkeit und Kontrast 152
    Der Befehl Helligkeit/Kontrast 152
Gradationskurven 154
    Mit Gradationskurven den Kontrast verbessern 155
    Teile der Kurve bearbeiten 157
Details in Tiefen und Lichtern korrigieren 158
    Stärke 158
    Tonbreite 158
    Radius 159
    Farbkorrektur 161
    Mittelton-Kontrast 161
Einstellungsebenen 164
    Mehrere Einstellungsebenen 164
    Füllmethoden 165
Unterstützung für 16 Bit pro Kanal 168
    16 Bit und Farbraum 169
32 Bit und High Dynamic Range (HDR) 170
    Zu HDR zusammenfügen 170
Freistellen 175
    Auswahlbasiertes Freistellen 177
Perspektivisches Freistellen 178
Bilder drehen 179
Arbeitsfläche 180
Große Daten 181
Bilder scharfzeichnen 182
    Möglichkeiten zum Scharfzeichnen 184
    Die Aufnahme scharfzeichnen 184
    Für die Ausgabe scharfzeichnen 185
Unscharf maskieren 186
    Stärke 186

Radius 187
Schwellenwert 187
Kanten scharfzeichnen 189
Selektiver Scharfzeichner 191
Luminanz scharfzeichnen 192
Scharfzeichnungs-Plug-Ins von Drittanbietern 192
Selektiver Scharfzeichner 193
Der Modus Erweitert 194
Kanten schärfen mit dem Hochpass-Filter 195

Kapitel 5: Farbkorrektur — 197

Variationen 198
Farbbalance mit Tonwertkorrektur 199
Farbbalance 200
Auto-Einstellungen 201
Präzise Farbkorrektur mit Tonwertkorrektur 203
Präzise Korrekturen mit Gradationskurven 205
Punkte willkürlich zuweisen – mit dem Stift 209
Fotofilter 210
Farbe und Beleuchtung für mehrere Bilder anpassen 211
Färben mit Gleiche Farbe 213
Farbton/Sättigung 215
Das Farbe-ersetzen-Werkzeug 217
Farbbereich 219
Farbe ersetzen 220
Selektive Farbkorrektur 221
Außerhalb des Farbumfangs korrigieren 221
Wichtige Korrekturwerkzeuge 223

Kapitel 6: Reparaturarbeiten — 225

Einfache Methoden zum Kopieren 226
Fleckentfernung mit dem Protokoll-Pinsel 229
Der Reparatur-Pinsel 231
Kanten besser reparieren 233
Bereichsreparatur-Pinsel 235
Das Ausbessern-Werkzeug 236
Strategien für den Reparatur-Pinsel 239

Augen hervorheben 243
    Helligkeit und Kontrast hinzufügen 243
Reparieren mit kopierter Auswahl 245
Verstreute Haare entfernen 246
Haaransätze färben 247
Fluchtpunkt 248
Abwedeln und Nachbelichten 251
Bildrauschen und Moiré-Effekte 253
    Der Filter Störungen reduzieren 256
    JPEG-Störungen entfernen 256
    Störungen hinzufügen 257
Weitere Retusche-Werkzeuge 258
Schönheitskorrekturen 259
    Füllmethoden für Werkzeugspitzen 259
Porträtretusche 264
Rote-Augen-Korrektur 264

Kapitel 7: Montagetechniken — 267

Auswahlen und Kanäle 268
    Auswahlen 268
    Maskierungsmodus 269
    Auswahlen verändern 270
    Alpha-Kanäle 270
    Auswahlen, Alpha-Kanäle und Masken 272
    Eine Auswahl glätten 273
    Auswahlen erweitern und verkleinern 274
    Glätten und Weiche Auswahlkante 275
    Weichere Auswahlkanten 275
Pfade in Photoshop 276
    Einen Pfad erstellen 277
    Pfade mit dem Zeichenstift-Werkzeug erstellen 277
    Richtlinien zum Zeichnen von Pfaden 277
    Gummiband-Modus 279
Ebenen 280
    Bildebenen 280
    Formebenen 281
    Textebenen 281
    Einstellungsebenen 281

Steuerungen in der Ebenen-Palette	281
Ebenen maskieren	284
Eine Ebenenmaske hinzufügen	284
Eine Ebenenmaske entfernen	285
Vektormasken	286
Mit mehreren Ebenen arbeiten	288
Verwaltung von Ebenengruppen	288
Ebenen auswählen und verbinden	291
Ebenenmasken verbinden	292
Ebenen fixieren	293
Transparente Pixel fixieren	293
Bildpixel fixieren	293
Position fixieren	293
Alles fixieren	293
Füllmethoden	294
Normal	294
Sprenkeln	294
Abdunkeln	294
Multiplizieren	294
Farbig nachbelichten	295
Linear nachbelichten	295
Aufhellen	295
Umgekehrt multiplizieren	295
Farbig abwedeln	295
Linear abwedeln	296
Überlagern	296
Weiches Licht	296
Hartes Licht	296
Strahlendes Licht	296
Lineares Licht	297
Lichtpunkte	297
Harte Mischung	297
Differenz	297
Ausschluss	298
Farbton	298
Sättigung	298
Farbe	298
Luminanz	298
Erweiterte Füllmethoden	299

Smart Objekte..301
    Camera-Raw-Datei als Smart Objekt platzieren...304
Transformieren-Befehle...305
    Numerische Transformationen 308
    Auswahlen und Pfade transformieren...308
Transformationen und Ausrichtung 309
Eine Montage erzeugen 311
Eine Hintergrundfarbe entfernen 313
Eine Maske vortäuschen 315
    Ein Objekt mit einem Vektorpfad maskieren 315
Haare maskieren 321
Schnittmasken 327
Extrahieren 329
Beschneidungspfade exportieren 333

Kapitel 8: Effekte wie aus der Dunkelkammer — 335

Von Farbe zu Schwarzweiß...336
    Bilder einfärben...339
Solarisation 341
Duplex 344
Infrarotfilm-Simulation 346
Cross-Entwicklung 349
    Lab-Farbeffekte 349
Farbanpassungen mit dem Kanalmixer 354
Farbüberlagerungen 356
Ein Bild von Hand einfärben 358
Färben mit Verlauf..360
Ein Bild mit einem Rahmen versehen 361
Den Fokus weichzeichnen...362

Kapitel 9: Ebeneneffekte — 365

Ebenenstile 366
    Schlagschatten 367
    Schatten nach innen 368
    Schein nach innen und Schein nach außen 369
    Abgeflachte Kante und Relief 370
    Glanz 371
    Verlaufsüberlagerung 371
    Musterüberlagerung 372
    Farbüberlagerung 372
    Kontur 373
Ebenenstile auf Bildebenen anwenden 374
Lichtschein und Schatten hinzufügen 376
Der Ebeneneffekt KONTUR 378
Volltonfarbenkanäle 380
Text hinzufügen 382

Kapitel 10: Photoshop-Filter — 387

Filtergrundlagen 388
Weichzeichnungsfilter 388
    Gaußscher Weichzeichner 388
    Radialer Weichzeichner 388
    Selektiver Weichzeichner 390
    Durchschnitt 390
    Bewegungsunschärfe 390
    Matter machen 392
    Feld weichzeichnen 392
    Form weichzeichnen 392
    Tiefenschärfe abmildern 394
    Schärfentiefe 394
    Blendenkorrektur auf zusammengesetzte Bilder anwenden 396
Mustergenerator 398
Filtergalerie 399
Pixelverzerrungen und Korrekturen 400
    Der Filter Versetzen 400
    Blendenkorrektur 402

Verflüssigen	404
Werkzeugoptionen von Verflüssigen	406
Rekonstruieren	406
Maskenoptionen	407
Ansichtsoptionen bei Verflüssigen	408
Das Gitter speichern	408
Verkrümmen	411
Beleuchtung und Rendering	413
Der Filter Fasern	413
Beleuchtungseffekte	413
Wolken und Differenz-Wolken	416
Blendenflecke	417

Kapitel 11: Das Digitalbild   419

Scanner	421
Trommelscanner	421
Flachbettscanner	422
CCD-Diascanner	422
Worauf Sie bei einem Scanner achten müssen	423
Auflösung	423
Dynamikbereich	424
Farbtiefe	425
Scan-Software	428
Scans von einem Dienstleister kaufen	428
Kodak Photo CD und Picture CD	429
Ein Bild von einer Photo CD öffnen	429
Digitalkameras	431
Chips vergleichen	431
Die Struktur eines Digitalbilds	433
Die Sensorgröße	433
Jedes Pixel zählt	436
Chip-Performance	437
Speicherkarten	439
Auslöseverzögerung	440
Schärfe vergleichen	440
Scan-Rückteile	441

Digitale Arbeitsabläufe 443
    Raw versus JPEG 444
    Vom Licht zu digital 444
    Raw ist das digitale Negativ 445
    Raw-Konvertierungssoftware 445
    DNG-Dateiformat 446
    Die DNG-Lösung 447
Camera Raw in Photoshop CS2 449
    Camera Raw benutzen 449
    Allgemeine Steuerungen: Öffnen eines Einzelbilds 451
    Allgemeine Steuerungen: Öffnen mehrerer Bilder 454
    Mit Camera Raw Bilder durchsuchen 455
    Anpassen 457
    Digitale Belichtung 459
    Details 461
    Blende 463
    Vignettierung 464
    Kurve 465
    Kalibrieren 466
    Camera-Raw-Einstellungen speichern und anwenden 470
    Schwarzweißumwandlungen in Camera Raw 472
    Freistellen in Camera Raw 473
    Mehrfache Raw-Konvertierungen eines Bilds 474
    Vor- und Nachteile der Digitalisierung 477

Kapitel 12: Auflösung   479

Pixel versus Vektoren 482
Terminologie 482
    ppi: Pixel per Inch 482
    lpi: lines per inch 483
    dpi: dots per inch 483
Desktop-Druckerauflösung 484
Druckvorstufe 484
    Die Beziehung zwischen ppi und lpi 485
Ein neues Dokument anlegen 487
    Bildinterpolation 489

Pixelwiederholung 489
Bilinear 489
Bikubisch 489
Bikubisch glatter 491
Bikubisch schärfer 491
Schrittweise interpolieren 491
Praktische Schlussfolgerungen 492

Kapitel 13: Farbmanagement — 495

Farbmanagement ist notwendig 496
So war es einmal 496
RGB-Geräte 498
Die Vielseitigkeit von RGB 499
Farbdaten interpretieren 500
Ausgabeorientiertes Farbmanagement 501
Farbmanagement mit Profil(en) 503
Farbmanagementmodule 504
Der Profile Connection Space 504
Den richtigen RGB-Farbraum wählen 506
Apple RGB 506
sRGB IEC-61966-2.1 506
ColorMatch RGB 507
ProPhoto RGB 507
Adobe RGB (1998) 507
Profilierung von Anzeigegeräten 508
Kalibrierung und Profilierung 509
Profilierung der Eingabegeräte 510
Profilierung der Ausgabegeräte 511
Farbmanagementeinstellungen 513
Farbeinstellungen 513
Farbmanagementrichtlinien 514
Profilfehler und fehlende Profile 514
Eingebettetes Profil verwenden 515
In den Arbeitsfarbraum konvertieren 516
Farbmanagement ausschalten 517
Profilkonvertierungen 518
In Profil konvertieren 518
Profil zuweisen 520

Profilfehler.. 521
Farbeinstellungen sichern.. 522
Möglichkeiten für Fehler ausschließen... 523
Mit Graustufen arbeiten 526
Erweiterte Farbeinstellungen 527
Konvertierungsoptionen 528
Tiefenkompensierung verwenden 528
Dither verwenden (Bilder mit 8 Bit/Kanal) 528
Renderpriorität 528
RGB-Farben mit Gamma füllen 529
Einen eigenen RGB-Arbeitsfarbraum erstellen 530
Konvertierung von RGB zu CMYK 531
CMYK-Einstellungen 531
Eigene CMYK-Einstellungen vornehmen 531
Druckfarben 532
Tonwertzuwachs 533
Graukomponenten-Ersetzung (GCR) 534
Unterfarbenreduktion (UCR) 534
Unterfarbenzugabe (UCA) 535
Schwarzaufbau 535
Den richtigen RGB-Arbeitsfarbraum ermitteln 537
Renderprioritäten 538
Perzeptiv 538
Sättigung 538
Relativ farbmetrisch 539
Absolut farbmetrisch 539
CMYK-zu-CMYK-Konvertierung 542
Lab-Farbe 542
Info-Palette 543
Schlicht und einfach 543

Kapitel 14: Druckausgabe — 545

RGB-Ausgabe auf Diafilme und Druck 546
Ausgabe als RGB-Halbton 546
Pictrography-Drucker 546
Tintenstrahldrucker 548
Der ideale Tintenstrahler 549
Druckqualität... 549

Inhalt

Bildbeständigkeit 550
Tinten und Ausgabemedien 550
Tinten von Drittanbietern 551
Drucken 552
Online drucken 552
Drucken mit Vorschau: Ausgabe 553
Drucken mit Vorschau: Farbmanagement 554
Papierformat 555
Drucken mit Vorschau 556
Einstellungen im Drucken-Dialog 557
Ein eigenes Profil erstellen 559
Ein Testbild drucken 559
Druckerprofile optimal einsetzen 564
Softproof am Monitor 565
Simulationsoptionen 567
Farb-Proofs für die Druckerpresse 568
CMYK-Proofs mit einem Tintenstrahldrucker erstellen 569
Simulation und Renderpriorität 570
Simulationsproof mit Photoshop CS oder älter 570
PostScript-Ausgabe 571
Ausdruck mittels RIP 572
Überlegungen für die Repro 573
Dateiformate 575
Das native Photoshop-Format 576
PSB (Großes Dokumentformat) 577
TIFF (Tagged Image File Format) 577
EPS 579
DCS 580
Photoshop PDF 581
PDF-Sicherheitsoptionen 584
PICT 585

Kapitel 15: Export fürs Web — 587

Bilder übers Internet verschicken 588
    Mail-Anhänge 588
    Upload auf einen Server 589
Dateiformate fürs Web 591
    JPEG 591
    Die Wahl der richtigen Kompression 593
    JPEG 2000 595
    GIF 596
Für Web speichern 597
    GIF speichern fürs Web 600
    Export über ZoomView 603
    Copyright-Wasserzeichen hinzufügen 604
    PNG – Portable Network Graphics 605
Web-Fotogalerie 606
    Allgemeine 610
    Banner 610
    Große Bilder 610
    Miniaturen 611
    Eigene Farben 611
    Schutz 611
    Info & Feedback 612
Adobe ImageReady CS2 613
    Wechsel in andere Anwendungen 614
    Image-Slicing 614
    Slice-Inhalte und Optimierungen 616
    Animationen 617

Kapitel 16: Bildmanagement — 621

Bridge 622
    Miniaturen und Vorschau drehen 624
Bridge-Inhalt anordnen 625
    Reiter und Bridge-Inhalt anpassen 627
    Einen Bridge-Arbeitsbereich wählen 629
    Mit mehreren Fenstern arbeiten 631

Präsentation 632
Ordner-Palette 633
Favoriten-Palette 633
Stichwörter-Palette 634
    Metadaten 634
    Dateiinformationen und Metadaten 635
    Metadaten interpretieren 636
    Metadaten im Einsatz 637
Metadaten-Palette 638
    Protokoll bearbeiten 639
Bildcache-Management 639
Bilder in Bridge verwalten 641
    Etiketten und Bilder bewerten 642
    Filtern und Bilder sortieren in Bridge 643
    Bilder suchen 644
Bridge automatisieren 645
    Bilder umbenennen 645
    Camera-Raw-Einstellungen anwenden 646
Bridge-Extras 647
Der digitale Lichttisch 647
Speichermedien 652
Schutz für die Bilder 653

Kapitel 17: Photoshop automatisieren — 655

Tastenkombinationen 656
    Eigene Tastaturbefehle 656
Mit Aktionen arbeiten 659
    Eine Aktion abspielen 659
    Aktionen aufzeichnen 660
    Fehler in Aktionen beheben 662
    Tipps zum Aufzeichnen von Aktionen 663
    Menübefehle einfügen 663
    Aktionen stapelweise verarbeiten 664
    Ein Droplet erzeugen 666

Skripten	667
Skriptereignis-Manager	667
Bildprozessor	668
Automatisierte Plug-Ins	669
Fotos freistellen und gerade ausrichten	669
Bild einpassen	669
Kontaktabzug II	670
Bildpaket	671
Photomerge	673
Mit Photomerge Bilder ausrichten	677
PDF-Präsentation	678
Photoshop-Hilfe	679
Hilfe-Tipps	679
Transparentes Bild exportieren und Bild skalieren	680
Stress für Photoshop	681

Index   **682**

Vorwort

Trotz seines Namens war Photoshop in der Welt der Fotografie nicht immer willkommen. Photoshop wurde als Bedrohung für qualifizierte Fotografen angesehen, ähnlich wie die Fließbandmontage als Sargnagel für Handwerker und das Handwerk betrachtet wurde. Trotzdem hat ein Umbruch stattgefunden. Die Verknüpfung von Photoshop und Fotografie, besonders der Digitalfotografie, wurde durch die Einführung professioneller digitaler Spiegelreflexkameras zu erschwinglichen Preisen begünstigt. Photoshop gilt mittlerweile als sehr leistungsfähiges Werkzeug in der Standardausrüstung eines Fotografen.

Aber was können Fotoveteranen und Neueinsteiger in die Digitalfotografie dieser neuen Welt abgewinnen? Wie können Sie Ihre Erfahrungen aus der Dunkelkammer auf Computerbildschirm und Maus übertragen? Kann die sterile Umgebung dieser neuen Technologie den chemischen Geruch von Entwicklerlösung und Fixierung ersetzen? Und vor allem: Wie werden Sie und Ihre Fotografie von den Möglichkeiten von Photoshop CS2 profitieren?

Egal, ob Sie ein erfahrener Filmfotograf, ein Neuling in der »digitalen Welt« oder ein Hobbyfotograf sind, der nur ab und zu ein paar Schnappschüsse macht – dieses Buch bietet für jeden etwas. Hier lernen Sie die Möglichkeiten kennen, die Photoshop bietet, wenn es darum geht, traditionelle Film- und Dunkelkammereffekte oder völlig neue Techniken und Effekte anzuwenden, die nur mit Photoshop möglich sind. Martin Evening zeigt Ihnen all diese Möglichkeiten und vermittelt die Techniken Schritt für Schritt. Dieses Buch ist keine weitere »Rezeptsammlung«, die Ihr geschultes Auge ignoriert und lediglich davon ausgeht, dass Sie Ihren Kopf auf dem Körper eines Supermodels platzieren wollen. (Natürlich können Sie so etwas mit Photoshop realisieren, aber falls das Ihr einziges Ziel sein sollte, ist dieses Buch hier nichts für Sie.)

Martin Evening versteht, dass das Fotografenhandwerk nicht immer nur aus künstlerischen und kreativen Aspekten besteht. Er deckt mit diesem Buch das gesamte Spektrum der Fotografie ab. Wichtige Aspekte, die bei der Arbeit eines Filmfotografen eine Rolle spielen, werden hier auf die digitale Fotografie übertragen und ausführlich beschrieben: das Scannen und Aufnehmen von Bildern, Aspekte, die sonst gern ignoriert werden. Martin Evening beschäftigt sich außerdem mit dem Thema Bildmanagement in Photoshop CS2, indem er Ihnen das neue Programm Adobe Bridge vorstellt, das wie eine Fotokiste funktioniert.

Um Photoshop mit den Augen eines erfahrenen Fotografen zu sehen, brauchen Sie etwas Talent und einige besondere Qualifikationen. In diesem Buch präsentiert Martin Evening seine Erfahrungen und sein Expertenwissen sowohl zum Thema Fotografie als auch zu Photoshop sorgfältig ausgewählt und ausgewogen. Dieses Buch ist eine hervorragende Photoshop-Referenz, der Schwerpunkt liegt jedoch immer auf der Fotografie.

Photoshop kann teilweise sehr Respekt einflößend sein, die Fotografie jedoch noch mehr. Deshalb ist es ein besonderes Glück, dass Martin Evening sein Wissen auf so geradlinige, klare Weise präsentiert.

Marc Pawliger
Director of Engineering, Digital Imaging
Adobe Systems

Einleitung

Wir alle kennen das Sprichwort »Ein Bild sagt mehr als tausend Worte« und heute ist es treffender als jemals zuvor. In der von Informationen überfluteten Welt, in der wir leben, stoßen wir ständig auf Fotos, die mit unterschiedlichen Absichten verwendet werden: um zu kommunizieren, zu bilden, Dinge zu verkaufen, sich an Ereignisse zu erinnern oder einfach nur um zu »gestalten«. Schon als ich anfing, mich für Fotografie zu interessieren, wollte ich so viel wie möglich von der Fotografie und ihren Prozessen verstehen, um ein noch kreativerer Fotograf zu werden. Um diesen Lernprozess weiterzuführen, war es für mich wichtig, auch den Umgang mit Photoshop zu erlernen. Auch der Übergang von der analogen zur digitalen Fotografie war eine sehr interessante Erfahrung. Als jemand, der bereits von Anfang an mit digitalen Aufnahmen in Berührung kam, war ich durchaus das eine oder andere Mal wegen der Ausrüstung oder der Software frustriert. Photoshop ist mittlerweile zu einem sehr wichtigen Werkzeug geworden – nicht nur für mich, sondern für viele Millionen anderer Nutzer auf der ganzen Welt ebenso. Ohne Photoshop wäre die digitale Bildverarbeitungsbranche, wie wir sie heute kennen, nicht möglich.

Als ich begann, mit Photoshop zu arbeiten, war es, verglichen mit der aktuellen Version, noch ein sehr einfaches Programm. Adobe Photoshop CS2 ist mit allen Werkzeugen ausgestattet, die ein Fotograf benötigt. Mein Ziel ist es, Ihnen aus der Sicht eines Fotografen zu zeigen, was Sie mit Photoshop CS2 tun können und wie Sie das Programm effektiv nutzen.

Eines der wichtigsten Kaufargumente für dieses Buch ist die Tatsache, dass ich hauptsächlich als professioneller Studiofotograf arbeite. Wenn ich keine Aufnahmen mache oder mit einer Produktion beschäftigt bin, nutze ich die Zeit, um mich mit Photoshop zu beschäftigen, Artikel zu schreiben und Seminare abzuhalten. In diese Artikel, Seminare und nicht zuletzt in dieses Buch fließen meine ganze Erfahrung als Fotograf und auch als Photoshop-Anwender, der sich von der Pieke auf in Photoshop einarbeiten musste. Beim Schreiben verfolge ich das Ziel, Ihnen ein detailliertes, umfassendes Handbuch zum Thema Digitalfotografie und Photoshop zu präsentieren. Ein Buch von einem Autor, der seine Informationen und Erfahrungen aus erster Hand darstellt und enge Beziehungen zu den Entwicklern von Photoshop in San Jose pflegt.

Dieses Buch war ursprünglich für fortgeschrittene Anfänger und erfahrene Photoshop-Nutzer gedacht, die, wie es der Titel bereits vermuten lässt, Fotografen sind. Es wurde jedoch schnell klar, dass eigentlich jeder Spaß an diesem Buch haben würde. Im Laufe der Jahre passte ich den Inhalt des Buchs so an, dass die Bedürfnisse einer breiten Leserschaft befriedigt werden. Ich liefere Ihnen natürlich immer noch gute und professionelle Tipps und Tricks, auf der anderen Seite versuche ich aber auch, nicht zu viel Wissen vorauszusetzen und sicherzustellen, dass alles so klar und einfach wie möglich erklärt ist.

Das Buch befindet sich mittlerweile in der sechsten Auflage und wurde weltweit in verschiedene Sprachen übersetzt. In dieser aktuellen Auflage stelle ich Ihnen alles vor, was neu in Photoshop CS2 ist. Da sich das Programm im Laufe der Jahre immer weiterentwickelt, muss natürlich auch das Buch regelmäßig überarbeitet werden, damit es immer auf dem neuesten Stand ist. Die Techniken, die ich Ihnen hier zeige, basieren auf dem Wissen, das ich mir von den besten Photoshop-Experten angeeignet habe – Leute wie Jeff Schewe und Bruce Fraser, wahre Photoshop-Gurus. Ich habe dieses Wissen so aufgearbeitet, dass Sie alle Vorteile von Photoshop nutzen können. Ich sage Ihnen also nicht nur, dass Sie die und die Dinge tun sollen, weil ich das auch so mache, sondern beziehe mich auf verschiedene Referenzen. Dazu finden Sie reichlich Abbildungen, die Ihnen helfen sollen, Photoshop CS2 zu verstehen.

Buch- und CD-Inhalte

Das Buchlayout wurde überarbeitet, damit die Inhalte übersichtlich auf einer einzelnen Seite oder einer Doppelseite präsentiert werden können – oben auf der Seite finden Sie deutlich sichtbar die entsprechende Überschrift. Die Inhalte wurden etwas erweitert, um grundlegende und fortgeschrittene Photoshop-Techniken besser zu erläutern.

Auf der CD, die diesem Buch beiliegt, finden Sie Videos in englischer Sprache von vielen Schritt-für-Schritt-Techniken, die in diesem Buch erklärt werden. Die CD funktioniert sowohl auf dem Macintosh als auch auf dem PC – die einzige Voraussetzung ist, dass Sie auf Ihrem Computer QuickTime installiert haben, um sich die Filme auch anschauen zu können. Auf der CD finden Sie außerdem eine Liste mit professionellen und semi-professionellen Digitalkameras.

Die meisten Bilder befinden sich auch auf der beiliegenden CD. Wegen der Nutzungsrechte war es nicht möglich, wirklich alle Bilder auf der CD zu veröffentlichen, besonders die mit den Modells durften nicht auf die CD. Außerdem gibt es Bilder, die von anderen Fotografen stammen und mir nur für die Nutzung im Buch zur Verfügung gestellt wurden. Die CD enthält aber immerhin einige Bilder, mit denen Sie experimentieren können.

Die Website zum Buch

Es gibt eine Website zu diesem Buch, auf der Sie viele Links (inklusive denen, die in diesem Buch genannt werden) und Hilfeseiten finden, falls sich die Filme auf der CD nicht abspielen lassen:
www.photoshopforphotographers.com

Dank

Zuerst möchte ich mich bei Andrea Bruno von Adobe Europe bedanken, die mich auf die Idee brachte, ein Photoshop-Buch für Fotografen zu schreiben. Außerdem möchte ich mich bei allen von Focal Press bedanken: Marie Hooper, Christiana Donaldson, Margaret Denley, Georgia Kennedy, Lucy Lomas-Walker und Sheri Dean Allen. Dies alles wäre ohne die Basisarbeit von Adam Woolfitt und Mike Laye nicht möglich gewesen, die geholfen haben, das Digitale Imaging Group (DIG)-Forum für digitale Fotografen in Großbritannien zu gründen. Produziert wurde dieses Buch mithilfe von Gwilym Johnston, der für die CD zuständig war. Rod Wynne-Powell korrigierte das fertige Manuskript und war bei technischen Fragen eine enorme Hilfe. Ebenso möchte ich mich bei Jason Simmons bedanken, der das neue Layout für die englische Ausgabe anfertigte und das Cover dafür gestaltete. Ein großer Dank geht auch an meine Assistentin, die mir immer eine große Hilfe war: Lisa Tebbutt. Eine besondere Erwähnung verdient der Photoshop-Alpha-Tester Jeff Schewe (und seine Frau Becky) für seine Beratung und Hilfe in all den Jahren, nicht zu vergessen, die anderen Mitglieder der »Pixel-Mafia«: Katrin Eismann, Bruce Fraser, Seth Resnick, Andrew Rodney und Mike Skurski.

Vielen Dank auch an die folgenden Kunden, Firmen und Personen: Adobe Systems Inc., Neil Barstow, Steve Broback, Russell Brown, Steve Caplin, Kevin Connor, Chris Cox, Laurie Evans, Tom Fahey, Karen Gauthier, Greg Gorman, Gretag Macbeth, Mark Hamburg, Peter Hince, Thomas Holm, Ed Horwich, Carol Johnson, John Nack, Imacon, Thomas Knoll, MacUser, Macworld UK, Bob Marchant, Marc Pawliger, Pixl, Herb Paynter, Red or Dead Ltd, Eric Richmond, Addy Roff, Schwarzkopf Ltd, The Smithsonian Institution, Steve Snyder, Martin Soan, Tresemme, Gwyn Weisberg, Russell Williams, Mark Williford und What Digital Camera. Und zu guter Letzt möchte ich all meinen Freunden danken, insbesondere meiner verstorbenen Mutter, die mich immer unterstützt hat und stolz auf meinen Erfolg war.

Martin Evening, Januar 2006

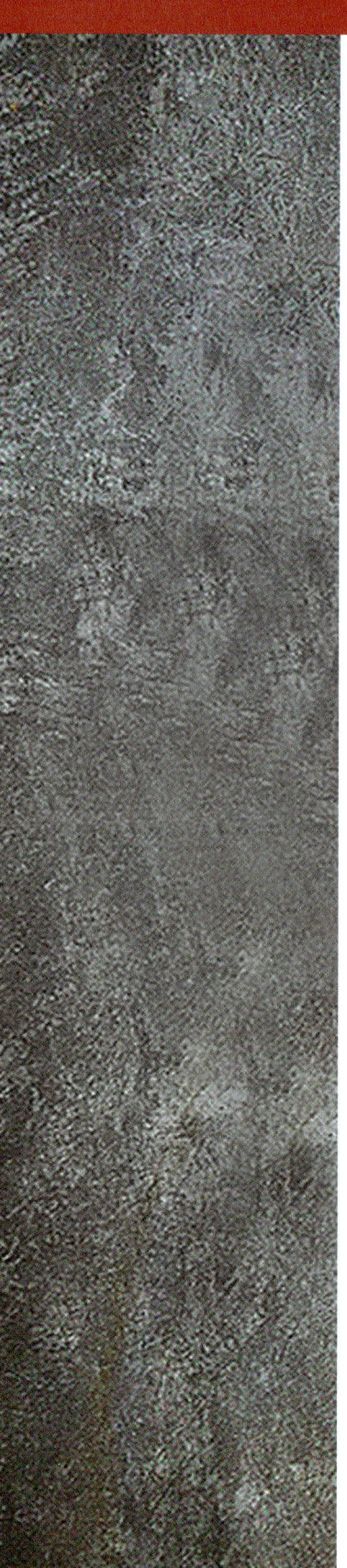

Kapitel 1

Was ist neu in Adobe Photoshop CS2?

Photoshop CS2 bietet Fotografen eine Reihe neuer interessanter Funktionen, die in diesem ersten Kapitel in einem Überblick kurz vorgestellt werden sollen. Lassen Sie mich mit den technischen Voraussetzungen beginnen: Falls Sie mit einem Macintosh arbeiten, sei Ihnen gesagt, dass Photoshop nur mit dem Betriebssystem ab Mac OS X 10.2.8 funktioniert (empfohlen ist ab Version 10.3.4). Außerdem benötigen Sie einen G3-, G4- oder G5-Rechner. Arbeiten Sie mit einem PC, benötigen Sie Windows 2000 (mit Service Pack 3) oder Windows XP mit einem Intel-Pentium-III- oder -IV-Prozessor. AMD-Prozessoren sind ebenfalls kompatibel.

Bridge – der neue Dateibrowser

Es klingt vielleicht etwas merkwürdig, aber die erste neue Funktion in Photoshop CS2 ist keine neue Funktion im eigentlichen Sinne (sie wurde nicht neu hinzugefügt), sondern eher etwas, das aus dem Programm entfernt wurde. Ich spreche von der Ausgliederung des Dateibrowsers aus Photoshop, der jetzt als eigenes Programm – Adobe Bridge – daherkommt.

Warum das so eine gute Sache ist? Nun, Adobe hatte verschiedene Gründe für diesen Schritt. Erstens, weil der Dateibrowser immer schon eine sehr prozessintensive Anwendung innerhalb von Photoshop selbst war. Das führte immer zu Problemen, wenn Sie einerseits viele Dateien katalogisieren und im Cache behalten wollten, andererseits aber auch normale Photoshop-Arbeiten durchführen wollten. Adobe Bridge arbeitet mit allen Programmen der Adobe Creative Suite zusammen. Bridge besitzt eigene Menüoptionen und Tastaturbefehle, was die Automatisierung und die Navigation durch das Programm vereinfacht. Diese Vorteile von Bridge sorgen dafür, dass Ihr normaler Photoshop-Ablauf weniger gestört wird.

Die Bridge-Oberfläche ähnelt der eines digitalen Lichtkastens. Es gibt verschiedene Darstellungsoptionen für den Arbeitsplatz, die Sie natürlich auch an Ihre eigenen Bedürfnisse anpassen können. Öffnen Sie mehrere Bridge-Fenster gleichzeitig, um die Inhalte mehrerer Ordner auf einen Blick zu sehen. Auch die Ordnerverwaltung wurde wesentlich vereinfacht, weil Sie Ordner innerhalb von Bridge ganz einfach per Drag&Drop bewegen können, so wie Sie es aus dem Finder/Explorer gewohnt sind.

Die Miniaturen lassen sich schnell und einfach skalieren und das Layout kann anhand verschiedener Vorgaben variiert werden. Der Präsentationsmodus (siehe Abbildung 1.2) bietet eine klare Umgebung zur Ansicht Ihrer Bilder, die den gesamten Bildschirm füllen oder in einem eigenen Fenster als Präsentation angezeigt werden können. Zusätzlich haben Sie die Möglichkeit, Ihre Bilder nach einem eigenen System zu markieren. Das Wertungssystem von

Mehr als nur Bilder

Bridge ist eine zentrale Komponente der Adobe Creative Suite CS2 und wurde so entwickelt, dass Sie zwischen den einzelnen CS2-Programmen navigieren können. (Sie können es natürlich auch verwenden, um Dokumente zu öffnen, die in anderen Programmen erstellt wurden.) Bridge ist im Wesentlichen ein sehr nützliches Werkzeug für Fotografen, die damit ihre Bilder verwalten können.

Bridge-Automationen

Im Menü WERKZEUGE finden Sie alle Automatisierungsbefehle, die Sie aus dem Dateibrowser kennen. Die Photoshop-Automationen, wie das Erstellen einer Web-Fotogalerie, können alle direkt aus Adobe Bridge gestartet werden. Die Stapelverarbeitung wurde verbessert, um den Ansprüchen der Fotografen besser gerecht zu werden, die beispielsweise den Originalnamen in den Dateinamen einbinden müssen. Zusätzlich gibt es jetzt die Möglichkeit, auch den Originaldateinamen zu speichern. Zudem bietet Bridge den Zugang zu Skripten, so dass Sie Bilder direkt aus diesem Programm heraus automatisieren können. Einfache Skripte zum Öffnen und Speichern machen Stapelverarbeitungen noch einfacher (siehe Seite 17).

Kapitel 1
Was ist neu in Adobe Photoshop CS2?

Adobe Bridge ist zwar umfangreich, aber einfach zu bedienen. Verwenden Sie den Tastaturbefehl ⌘-[.] (PC: [Strg]-[.]), um die Wertung eines Bilds um ein Sternchen zu erhöhen, oder ⌘-[,] (PC: [Strg]-[,]), um ein Sternchen zu entfernen. Durch dieses Wertungssystem können Sie sich besser auf Ihre Bildauswahlen konzentrieren. Außerdem können Sie Ihre Fotos farbig etikettieren – eine weitere Hilfe, um Ihre Bilder zu klassifizieren und in Gruppen einzuteilen.

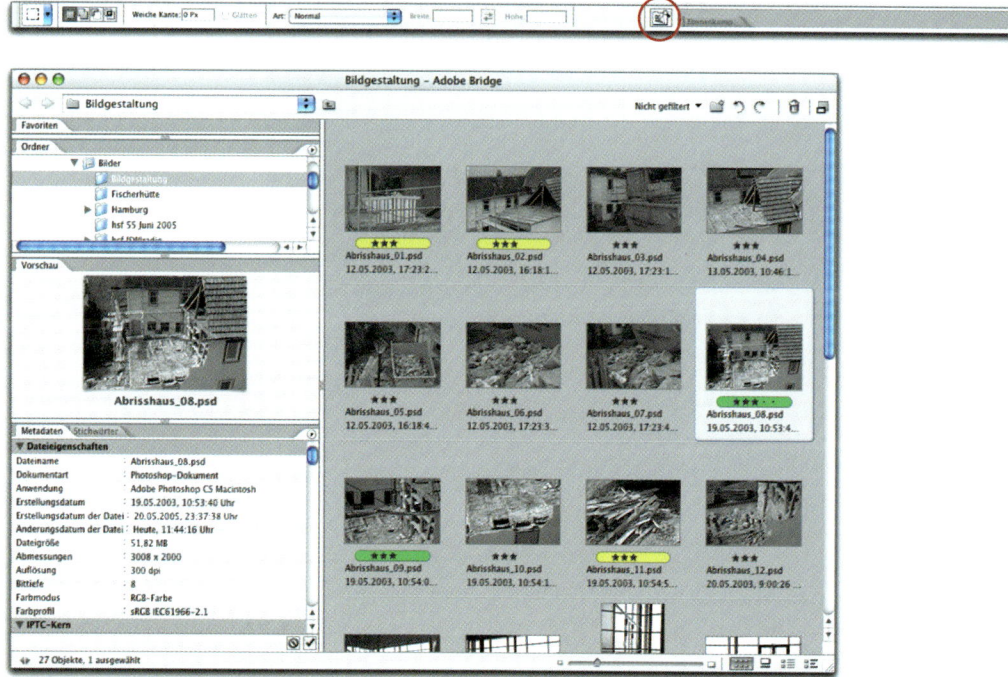

Abbildung 1.1 Der Dateibrowser wurde zu einer separaten Anwendung umfunktioniert, die ab sofort Bridge heißt. Unverändert geblieben ist jedoch die Methode, wie Sie auf Ihre Bilder zugreifen. Klicken Sie in der Optionsleiste von Photoshop CS2 einfach auf den Button Gehe zu Bridge (eingekreist), um Bridge zu öffnen. Sobald Bridge geöffnet ist, können Sie sämtliche Dateibrowser-Funktionen ausführen. Zusätzlich bieten sich Ihnen neue Funktionen, beispielsweise die Möglichkeit, die Zoomstufe der Miniaturen dynamisch einzustellen oder verschiedene Arbeitsbereiche (Layouts) aufzurufen, inklusive des Filmstreifen- und Präsentationsmodus.

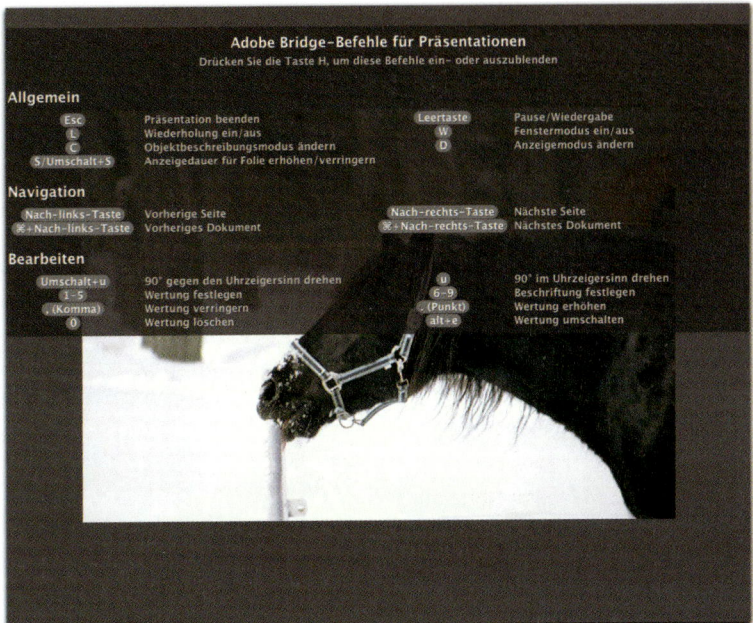

Abbildung 1.2 Bridge bietet den wundervollen Präsentationsmodus. Sobald Sie die einfachen Tastaturbefehle auswendig kennen, wird das Betrachten und Auswählen von Bildern zu einem Kinderspiel.

Camera Raw

Digital Negative (DNG)-Format
Im September 2004 führte Adobe das Digital Negative (DNG)-Format ein. Dabei handelt es sich um einen neuen Industriestandard zur Speicherung von Camera-Raw-Daten. Der passende Umwandler steht auf der Website von Adobe zum Download zur Verfügung. Dieses Format wird immer mehr unterstützt und auch andere Programme wie Capture One, iView Media Pro und Extensis Portfolio arbeiten mit dem DNG-Format. Jede Datei, die in dieses Format umgewandelt wurde, wird in dieser und der letzten Photoshop-Version erkannt. Sie können jetzt sogar aus Camera Raw heraus Bilder im DNG-Format speichern.

Die Dateiverarbeitung mit Camera Raw wurde verbessert und auf den neuesten Stand gebracht – das Camera-Raw-Plug-In unterstützt jetzt mehr als 80 Digitalkameras. Das Camera-Raw-3.0-Plug-In bietet nun standardmäßig zur Optimierung der Bilder automatische Bildeinstellungen an, die so lange bestehen bleiben, bis Sie sie von Hand ändern oder eine andere Voreinstellung anwenden. Auch die Stapelverarbeitung ist einfacher und logischer geworden. Zusätzlich können Sie weitere Bearbeitungen vornehmen, ein Bild gerade ausrichten oder freistellen (diese Bearbeitung lässt sich auch wieder rückgängig machen) und mithilfe des neuen DNG-Formats (Digital Negative) mehrere Versionen des Bilds speichern.

Wenn Sie in Bridge mehrere Miniaturen von Bildern im Raw-Format auswählen und öffnen, erscheint eine eigene Camera-Raw-Oberfläche, in der Sie links (siehe Abbildung

Kapitel 1
Was ist neu in Adobe Photoshop CS2?

1.3) die einzelnen Miniaturen sehen. Eine Stapelverarbeitung wird mit dieser neuen Oberfläche deutlich einfacher. Wenn Sie sich in der Camera-Raw-Dialogbox mehrere Raw-Bilder anschauen, wird vorübergehend ein Cache mit großen Vorschauen aller ausgewählten Bilder erstellt. Dadurch haben Sie auch in der Camera-Raw-Dialogbox die Möglichkeit, Bilder noch einmal im Detail zu betrachten, von einem Bild zum nächsten zu navigieren (bei gleicher Zoomstufe) und wichtige Entscheidungen zur Bearbeitung zu treffen. Bearbeiten Sie Ihre Bilder, indem Sie die Camera-Raw-Einstellungen für die ausgewählten Bilder synchronisieren (basierend auf dem ersten ausgewählten Bild). Sobald Sie mit der Bearbeitung in Camera Raw fertig sind, können Sie die anderen Dateien im Hintergrund verarbeiten, indem Sie zum Aktualsieren der Bildeinstellungen auf den Button FERTIG klicken, oder auf SPEICHERN, um die Bilder an einem bestimmten Ort zu sichern.

Camera Raw öffnen

Mit dem Camera-Raw-Plug-In öffnen Sie Raw-Bilder in Bridge oder direkt in Photoshop. Der Tastaturbefehl ⌘-R (PC: Strg-R) öffnet beispielsweise das Camera-Raw-Plug-In (in Abbildung 1.3 zu sehen) über das Programm Bridge. Dadurch können Sie Photoshop für andere Aufgaben verwenden. Wenn Sie lediglich doppelt auf ein Bild oder eine Auswahl von Bildern klicken, wird das Plug-In über Photoshop geöffnet. Sie können allerdings die Voreinstellungen in Bridge so ändern, dass ein Doppelklick das Camera-Raw-Plug-In über Bridge öffnet.

Abbildung 1.3 Camera Raw unterstützt die Verarbeitung mehrerer Dateien gleichzeitig und Sie können die Bearbeitungen synchronisieren.

Fluchtpunkt

Mit der neuen Fluchtpunkt-Funktion können Sie Bilder retuschieren, bei denen die Perspektive etwas verzerrt ist. Erstellen Sie in der Dialogbox ein Raster, das auf Schlüsselpunkten innerhalb des Bilds basiert. Anschließend können Sie kopieren, reparieren, malen und Bildinhalte platzieren, die sich an die Perspektive des Bilds anpassen.

Alles in der richtigen Perspektive
Sie können nicht nur den Kopierstempel im normalen oder im Reparaturmodus verwenden, sondern auch Bilder einfügen und sie in der richtigen Perspektive platzieren, indem Sie Auswahlen innerhalb des Bilds platzieren und verschieben. Mit dem Fluchtpunkt-Filter lassen sich außerdem zusätzliche Raster innerhalb des Bilds erstellen und verschiedene Rasterperspektiven kopieren. Verschieben Sie Objekte um Ecken herum, indem Sie sie von einem Raster ins nächste ziehen.

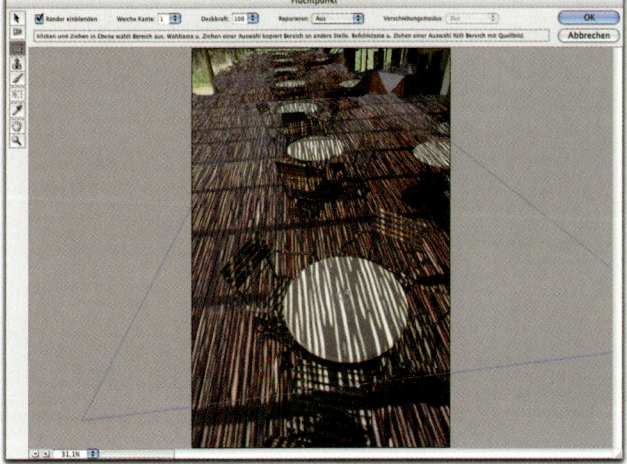

Abbildung 1.4 In diesem Beispiel verwendete ich das Ebene-erstellen-Werkzeug, um in dem Bild vier Punkte zu platzieren und so die Perspektive des Bilds zu bestimmen. Anschließend zog ich die Rasterpunkte nach außen, um den Bereich zu vergrößern, den das Raster abdeckt. Zuletzt aktivierte ich das Stempel-Werkzeug und nahm die Struktur in der Mitte des Bilds auf, um sie in die Ecke des Fotos zu kopieren und dabei die Perspektive des Bilds zu erhalten.

Bildverkrümmungen

Mit dem Verkrümmen-Befehl in Photoshop CS2 verzerren Sie Bildebenen direkt in Photoshop. Dieser Befehl unterscheidet sich vom Verflüssigen-Filter, denn es handelt sich um einen neuen Transformieren-Befehl, mit dem Sie Bildpixel, Zeichenpfade und Auswahlen verkrümmen können. Wenn Sie sich schon immer an einem fehlenden Verkrümmen-Filter gestört haben, ist das die richtige Antwort! Bei der Bearbeitung eines Pixelbilds oder einer Bildebene werden die Pixel mit dem Verkrümmen- oder einem der Transformieren-Befehle dauerhaft verändert und in eine neue Form gebracht. Mit der neuen Funktion »Smart Objekte«, die wir uns im Anschluss anschauen werden, bietet sich ab sofort eine nicht destruktive Möglichkeit, mit den Transformieren-Befehlen und der Verkrümmen-Funktion zu arbeiten.

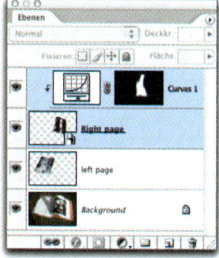

Abbildung 1.5 Der neue Befehl Verkrümmen stellt eine Erweiterung des Transformieren-Befehls in Photoshop dar. Um Bilder zu verkrümmen, wählen Sie Bearbeiten/Transformieren/Verkrümmen. In der Optionsleiste finden Sie passende Optionen, inklusive eines Popup-Menüs der zur Verfügung stehenden Effekte. Diese ähneln den Verkrümmungsoptionen für Text. Sie können die Verzerrungen variieren, indem Sie die Regler in der Optionsleiste anpassen oder innerhalb des Begrenzungsrahmens mit der Maus ziehen. Die nützlichste Verkrümmungsoption ist die Option Eigene, mit der Sie eine frei gewählte Verkrümmung anwenden können. In der Abbildung konnte ich so das Bild passend auf der Buchseite platzieren und die Perspektive anpassen.

Raw-Dateien als Smart Objekte platzieren

Sie können sogar Camera-Raw-Dateien als Smart Objekte oder mehrere solche Ebenen innerhalb eines Photoshop CS2-Dokuments platzieren und dabei die Raw-Einstellungen bearbeitbar lassen. Diese Technik kann sehr hilfreich sein, wenn Sie verschiedene Interpretationen einer Master-Raw-Datei miteinander kombinieren und auf separaten Ebenen mit Ebenenmaske darstellen wollen.

Smart Objekte

Mithilfe der Smart Objekte bearbeiten Sie innerhalb von Photoshop Bildebenen, ohne wirklich die Pixel zu verändern. Dabei folgen die Smart Objekte in Photoshop CS2 derselben Logik wie die in GoLive. Wenn Sie eine Ebene oder eine Ebenengruppe in Smart Objekte umwandeln, bleiben die Originalpixel als separate Ebenen innerhalb des Dokuments erhalten. Auf Smart Objekte lassen sich unendlich viele Transformierungen oder Krümmungen anwenden, ohne die Originalpixel in irgendeiner Art und Weise zu beeinträchtigen. Sie können solche Ebenen also auch skalieren (vergrößern oder verkleinern), ohne die Bildebene mehr als nötig zu verändern. Und nicht zu vergessen, Smart Objekte lassen sich beliebig oft duplizieren, um immer, wenn eine Ebene aktualisiert wurde, alle Ebenen zu aktualisieren.

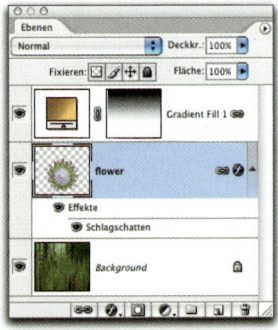

Abbildung 1.6 Wenn Sie eine Ebene oder eine Ebenengruppe in Smart Objekte umwandeln, werden die Ebeneninhalte separat innerhalb der Bilddatei gespeichert. Der Vorteil ist, dass Sie Smart Objekte beliebig transformieren oder krümmen können. Jedes Mal, wenn Sie eine Smart-Objekte-Ebene bearbeiten, wird Bezug auf die Originalpixel genommen, was bedeutet, dass keine Pixel verloren gehen. Wenn Sie beispielsweise ein Smart Objekt verkleinern, es später aber wieder vergrößern oder anderweitig transformieren wollen, leidet die Bildqualität nicht darunter. Die Inhalte von Smart Objekten können auch eigenständig bearbeitet werden.

Kapitel 1
Was ist neu in Adobe Photoshop CS2?

32-Bit-Unterstützung und Zu HDR zusammenfügen

Photoshop CS2 beherrscht den Umgang mit HDR (High Dynamic Range)-Bildern. Das ist zwar alles noch sehr neu, aber es ist anzunehmen, dass in naher Zukunft mehr Digitalkameras HDR-kompatibel und in der Lage sind, solche Szenen innerhalb eines einzelnen Bilds aufzunehmen und als HDR-Datei zu speichern. Im Bereich der Spezialeffekte und des 3D-Modellings gibt es viele Anwendungen für HDR. Für Fotografen bedeutet dieses Format, dass sich alle Luminanzinformationen einer hellen Tageslichtszene aufnehmen lassen und Sie später die Entscheidung treffen können, welche Belichtung und welche Tonwerte am besten funktionieren. Mit der neuen Funktion Zu HDR zusammenfügen kombinieren Sie mehrere Belichtungen in einem HDR-Bild mit 32 Bit pro Kanal. Photoshop CS2 bietet außerdem eine Dialogbox, in der Sie diese HDR-Dateien auch in normale Bilder mit 8 oder 16 Bit pro Kanal umwandeln können. Ihnen stehen dabei vier verschiedene Umwandlungsmethoden zur Verfügung. Am einfachsten lässt es sich jedoch mit den Optionen Belichtung und Gamma und Lokale Anpassung arbeiten.

Abbildung 1.7 Eine typische Tageslichtaufnahme wie hier benötigt in der Regel unterschiedliche Belichtungen, je nachdem, ob Sie die Tiefendetails im Vordergrund, die Lichterdetails im Himmel und in den Bergen im Hintergrund oder irgendetwas zwischen diesen beiden Extremen aufnehmen wollen. Mit der Funktion Zu HDR zusammenfügen können Sie Mehrfachbelichtungen miteinander kombinieren und zu einem HDR-Bild mit 32 Bit pro Kanal oder auch mit 8 bzw. 16 Bit pro Kanal zusammenfügen. So erweitern Sie den Belichtungsbereich Ihrer Kamera deutlich.

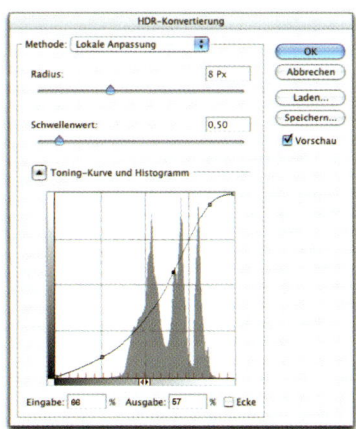

Abbildung 1.8 Die Dialogbox HDR-Konvertierung erscheint immer dann, wenn Sie die Bit-Tiefe von 32 Bit pro Kanal in 8 oder 16 Bit pro Kanal ändern. Ihnen stehen hier vier unterschiedliche Umwandlungsmethoden zur Verfügung, um die Daten eines HDR-Bilds als normales Bild mit einem geringen Dynamikumfang zu rendern.

Chromatische Aberration und Vignetten

In Photoshop CS2 können Sie ab sofort chromatische Aberrationen und Vignetten in jeder beliebigen Bilddatei korrigieren – nicht mehr nur in Camera-Raw-Dateien.

Blendenkorrektur

Wenn Sie viel Geld ausgegeben haben, um sich das beste Objektiv für Ihre Kamera zu kaufen, sollte es eigentlich nicht zu viele Probleme mit der Optik geben. Die meisten aktuellen Digitalkameras, besonders die kleinen Kompaktkameras, sind jedoch nur mit ganz einfachen Objektiven ausgestattet, die zwangsläufig zu Bildfehlern wie perspektivischen Verzerrungen oder Tonnenverzerrungen führen. Der Filter BLENDENKORREKTUR bietet verschiedene Korrekturwerkzeuge, um Krümmungen in Fotos zu korrigieren, die durch alles andere als perfekte Objektive hervorgerufen werden.

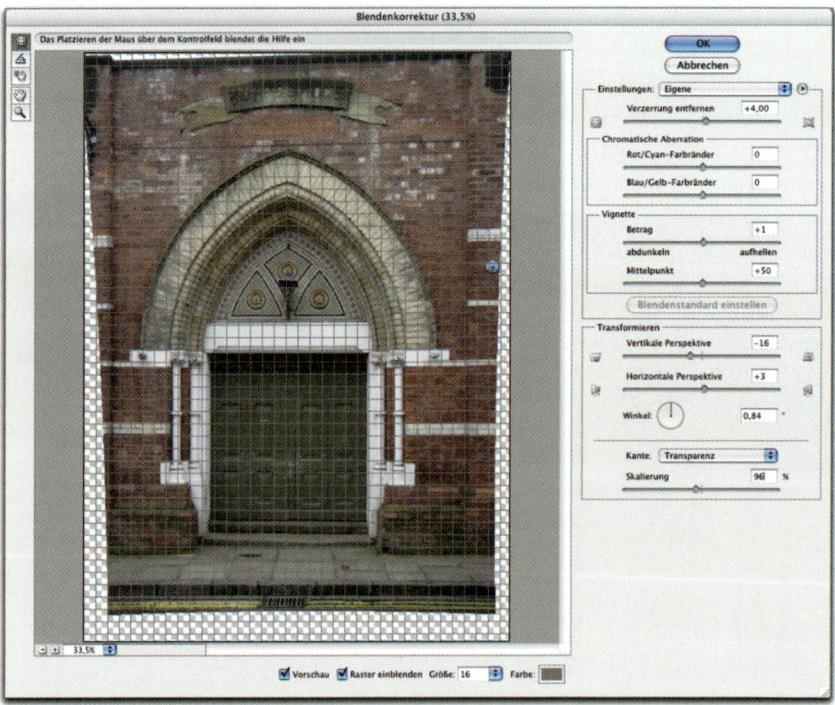

Abbildung 1.9 Die schlechten Ergebnisse, die durch die Objektive einiger Kameras hervorgerufen werden, können Sie mit dem neuen Filter BLENDENKORREKTUR deutlich verbessern. Wie in der Abbildung zu sehen, lassen sich sowohl die Krümmung als auch ebene Verzerrungen korrigieren. Ebenfalls in dieser Dialogbox finden Sie die Optionen für CHROMATISCHE ABERRATION und VIGNETTEN, die bisher nur in der Camera-Raw-Dialogbox enthalten waren.

Störungen reduzieren

Der neue Filter STÖRUNGEN REDUZIEREN wendet eine ausgeklügelte Methode der Störungsreduzierung an, um unerwünschte Störungen zu entfernen, ohne die Kantendetails im Bild zu zerstören. Mit diesem Filter können Sie auch Bilder bearbeiten, die JPEG-Artefakte aufweisen – das deutlich zu erkennende Muster wird dabei geglättet. Der Filter ist sogar geeignet, um GIF-Bilder im Farbmodus INDIZIERTE FARBE deutlich zu verbessern (achten Sie aber darauf, die Bilder zunächst in den RGB-Modus umzuwandeln).

Bessere 16-Bit-Unterstützung

In Photoshop CS2 wurde die 16-Bit-Unterstützung deutlich ausgebaut. So sind jetzt auch Filter wie der Verflüssigen-Filter in der Lage, Bilder mit 16 Bit pro Kanal zu verarbeiten.

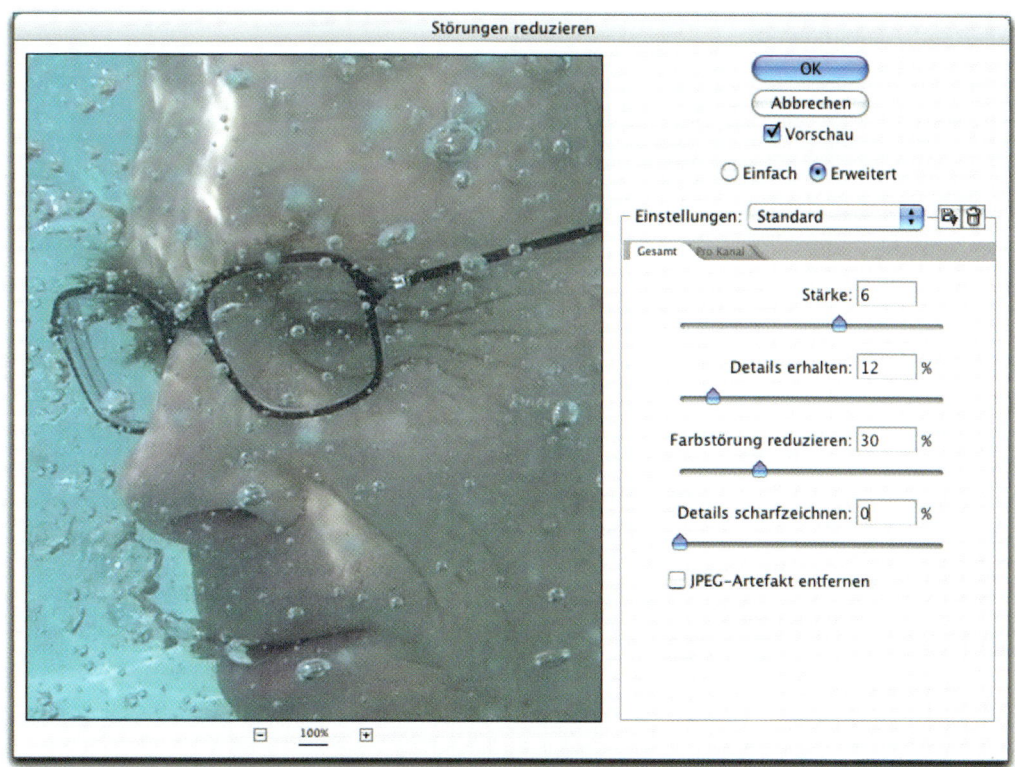

Abbildung 1.10 Körnige Bilder wie dieses lassen sich mit dem neuen Filter STÖRUNGEN REDUZIEREN deutlich glätten. Im ERWEITERTEN MODUS können Sie die Störungen sogar Kanal für Kanal entfernen.

Abbildung 1.11 In der Dialogbox des Filters SELEKTIVER SCHARFZEICHNER finden Sie deutlich verbesserte Kontrollmöglichkeiten.

Selektives Scharfzeichnen

Der Filter SELEKTIVER SCHARFZEICHNER hat eine einfache Oberfläche und ist nur geringfügig destruktiv. Die Kanten werden deutlich besser geschützt und es entstehen weniger Halos. Im erweiterten Modus finden Sie Kontrolloptionen, mit denen Sie die Tiefen und Lichter im Bild selektiv scharfzeichnen. Außerdem können Sie Ihre Einstellungen sowohl speichern als auch laden. Weiterhin interessant ist die Möglichkeit, bestimmten Arten der Weichzeichnung entgegenzuwirken. Der Filter bietet eine verbesserte optische Blendenkorrektur und die Möglichkeit, Bewegungsunschärfe etwas zu korrigieren.

Weichzeichnungsfilter

In Photoshop CS2 gibt es drei neue Weichzeichnungsfilter. FELD WEICHZEICHNEN wendet statt einer runden eine quadratische Weichzeichnung an. MATTER MACHEN zeichnet ein Bild basierend auf dessen Tonwerten weich. Der Radius kontrolliert den Weichzeichnungsradius, der Schwellenwert den Tonwertbereich, auf den die Weichzeichnung angewendet wird. Nutzen Sie den Filter, um Körnungen und Störungen aus einem Bild zu entfernen. Der dritte neue Weichzeichnungsfilter ist FORM WEICHZEICHNEN. Dieser funktioniert wie eine Erweiterung des Filters FELD WEICHZEICHNEN, denn hier können Sie in der Dialogbox aus einer Liste von Vorgaben eine Form auswählen, nach der das Bild weichgezeichnet werden soll. Über das Menü innerhalb der Dialogbox lassen sich neue Vorgaben hinzufügen oder alte ersetzen.

Halbtonraster

Der Filter FELD WEICHZEICHNEN stellt eine sinnvolle Alternative zu den Filtern GAUSSSCHER WEICHZEICHNER und DURCHSCHNITT dar, wenn es darum geht, Interferenzmuster gescannter Rasterbilder zu entfernen.

  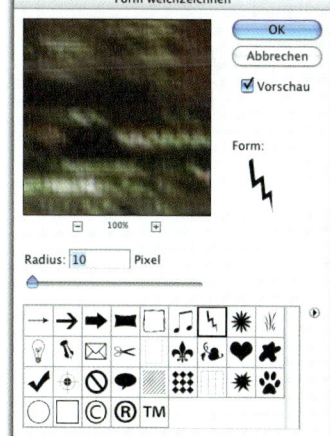

Abbildung 1.12 Von links nach rechts: Feld weichzeichnen, Matter machen und Form weichzeichnen. In der Abbildung wurden die Filter alle auf dasselbe Bild (eine Nachtaufnahmen) angewendet, um Ihnen einen besseren Vergleich zu ermöglichen.

Rote Augen entfernen

Das Farbe-ersetzen-Werkzeug in Photoshop CS lieferte beim Entfernen roter Augen nie wirklich gute Ergebnisse. CS2 bietet das neue Rote-Augen-Werkzeug, das mit einem besseren Algorithmus arbeitet, um rote Augen zu entfernen. Wählen Sie in der Optionsleiste die richtigen Optionen für die PUPILLENGRÖSSE und den VERDUNKLUNGSBETRAG aus und klicken Sie in das rote Auge.

Abbildung 1.13 Mit dem neuen Rote-Augen-Werkzeug ist es ab sofort ganz einfach, den Rote-Augen-Effekt mit nur einem Klick zu entfernen.

Abbildung 1.14 Die Optionen des Bereichsreparatur-Pinsels – im Wesentlichen ist dieses Werkzeug genauso effektiv wie der herkömmliche Reparatur-Pinsel, vorausgesetzt, es gibt ausreichend Quellbereich, der um den zu reparierenden Bereich aufgenommen werden kann.

Bildfenster teilen

Mit dem Befehl FENSTER/ANORDNEN stellen Sie ein, ob die Bilder horizontal oder vertikal geteilt werden sollen.

Verhalten von Scrollrad und Tablett-Stift

Wenn Ihre Maus bzw. der Tablett-Stift mit einem Scrollrad ausgestattet ist, können Sie damit schnell in ein Bild hinein- oder wieder herauszoomen (die Cursorposition bildet dabei den Mittelpunkt). Falls Sie mit einem drucksensitiven Tablett-Stift beispielsweise von Wacom arbeiten, lassen sich die Attribute des Pinsels mit denen des Tablett-Stifts abgleichen.

Bereichsreparatur-Pinsel

Der Bereichsreparatur-Pinsel funktioniert eigentlich wie der herkömmliche Reparatur-Pinsel, nur dass Sie den Quellbereich vorher nicht mit gedrückter ⌥-Taste (PC: Alt) auswählen müssen. Sie müssen einfach nur klicken oder über die Bereiche malen, die Sie entfernen wollen. Der Bereichsreparatur-Pinsel in Photoshop CS2 funktioniert so gut, dass Sie ihn in den meisten Fällen statt des normalen Reparatur-Pinsels verwenden können.

Oberfläche und Leistungsfähigkeit

Die Leistungsfähigkeit von Photoshop CS2 wurde durch die auto-optimierte Bildkachelung deutlich ausgebaut, um die Verwaltung des Bild-Caches und großer Datenmengen zu verbessern. Falls Sie unter Windows arbeiten, werden Sie feststellen, dass Bilddokumente nicht länger auf das Programmfenster beschränkt sind. So haben Windows-Nutzer die Möglichkeit, bei der Verwendung von Photoshop alle Vorteile eines doppelten Bildschirms zu nutzen.

Schriftgrad

Die neuesten Flachbildschirme werden immer größer und größer und auch die Pixelauflösungen steigen. Dadurch erscheinen die Paletten immer kleiner. Der Nachteil an der Sache ist, dass der Schriftgrad in den Dialogen und Paletten immer winziger erscheint. In den ALLGEMEINEN VOREINSTEL‑LUNGEN können Sie den Schriftgrad jedoch erhöhen.

Menüs anpassen

Unter BEARBEITEN/TASTATURBEFEHLE stehen Ihnen in der neuen Photoshop-Version jetzt noch mehr Optionen zur Verfügung, um die Photoshop-CS2-Oberfläche an Ihre Bedürfnisse anzupassen. Weil die Anzahl der Funktionen in Photoshop über die Jahre stetig gewachsen ist, fühlt man sich angesichts der zahlreichen Menüoptionen schnell überfordert. Das trifft besonders zu, wenn Sie zu den Neulingen in Sachen Photoshop gehören. In der Dialogbox TASTATURBEFEHLE UND MENÜS lassen sich die Tastaturbefehle wie bereits gewohnt anpassen und bearbeiten. Zusätzlich können Sie jedoch auch die Menübefehle ausblenden, die Sie ohnehin nie verwenden, und die häufig genutzten Befehle mit einem Farbschema kodieren.

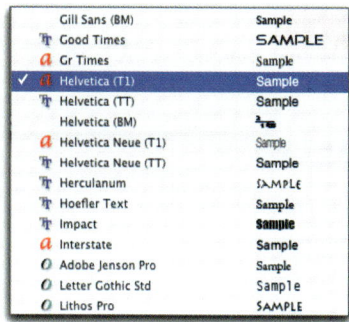

Abbildung 1.15 In Photoshop CS2 finden Sie ein WYSIWYG-Schriftmenü, das immer dann erscheint, wenn Sie für das Textwerkzeug in der Optionsleiste eine neue Schrift auswählen.

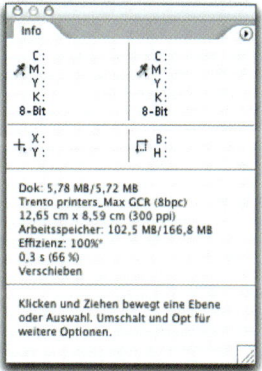

Abbildung 1.16 Die Info-Palette lässt sich anpassen, um Informationen wie das Dokumentprofil, den Arbeitsspeicher etc. zu sehen. Macintosh-Nutzer können sich in der Info-Palette auch QuickInfos zu den Werkzeugen anzeigen lassen – was für Photoshop-Neulinge sehr praktisch ist.

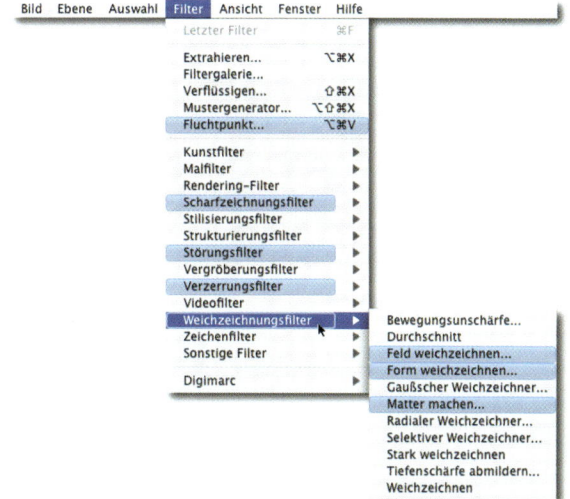

Abbildung 1.17 Unter FENSTER/ARBEITSBEREICH passen Sie die Photoshop-Menüs an. In diesem Beispiel aktiviere ich den Arbeitsbereich NEUHEITEN IN PHOTOSHOP CS2. Dabei werden in den Menüs alle Funktionen farbig hervorgehoben, die in dieser Programmversion neu sind.

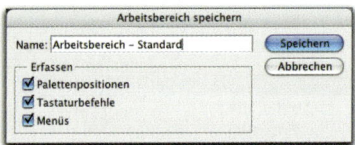

Abbildung 1.18 Die neuen Optionen unter FENSTER/ARBEITSBEREICH/ARBEITSBEREICH SPEICHERN ermöglichen es Ihnen, vollständige Arbeitsplatzeinstellungen, inklusive eigener Menüeinstellungen, zu speichern.

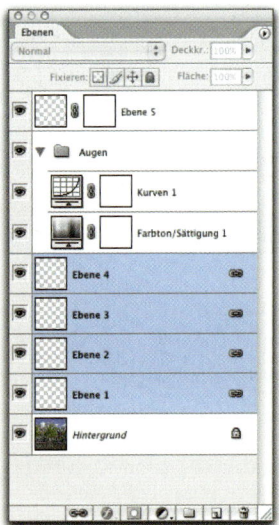

Abbildung 1.19 Das neue Design der Ebenen-Palette.

Mehr Speicher

Die Einführung neuer Betriebssysteme, die auf 64-Bit-Prozessoren laufen, weckte die Erwartung, dass Photoshop mit mehr RAM funktioniert. Bis dato konnten Sie Photoshop maximal 2 GB RAM zuweisen. Wenn Sie mit Windows 2000 oder Windows XP arbeiten, können Sie auch jetzt nur maximal 2 GB RAM zuweisen. Falls Sie jedoch mit einem G5, einem 64-Bit-AMD- oder einem 64-Bit-Intel-Pentium-Prozessor arbeiten, sind Sie nicht mehr auf 2 GB beschränkt. Bei einem Mac mit Mac OS X 10.3 oder höher können Sie Photoshop bis zu 4 GB RAM zuweisen. Arbeiten Sie mit der 64-Bit-Ausgabe von Windows XP, stehen Ihnen auch 4 GB zur Verfügung.

Änderungen in der Ebenen-Palette

Die Spalte EBENEN VERBINDEN wurde aus der Ebenen-Palette entfernt, dafür gibt es jetzt einen Verbinden-Button unten in der Palette. Man muss sich sicherlich erst daran gewöhnen, aber alles in allem ist dadurch das Auswählen und Verbinden von Ebenen einfacher geworden.

Aufeinander folgende Ebenen können durch einen Klick auf den Ebenennamen mit gedrückter ⇧-Taste gleichzeitig ausgewählt werden. Befinden sich die Ebenen nicht direkt hintereinander, müssen Sie die ⌘-Taste (PC: Strg) drücken und dann auf die Ebenennamen klicken, um Ebenen zur Auswahl hinzuzufügen oder zu entfernen. (Um den nicht transparenten Inhalt einer Ebene auszuwählen, reicht es immer noch, wenn Sie mit gedrückter ⌘-Taste (PC: Strg) auf das Bild-Icon der Ebene klicken.) Ebenengruppen können ausgewählt (und verbunden) werden, indem Sie mit gedrückter ⌘-Taste (PC: Strg) das Verschieben-Werkzeug über das Bild ziehen (oder, falls die Option EBENE AUTOMATISCH WÄHLEN aktiv ist, einfach einen Rahmen aufziehen).

Ebenenmasken können Sie verschieben, indem Sie sie von einer Ebene zur nächsten ziehen. Falls Sie dabei die ⌥-Taste (PC: Alt) gedrückt halten, wird die Ebenenmaske kopiert.

Kapitel 1
Was ist neu in Adobe Photoshop CS2?

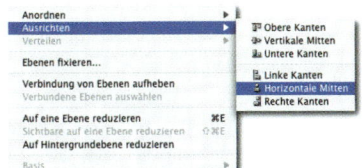

Abbildung 1.20 Mit den Befehlen unter AUSRICHTEN können Sie eine Auswahl erstellen und Photoshop anweisen, die verbundenen Ebenen aneinander auszurichten.

Kunde: Rainbow Room. Model: Jasmin @ Nevs.

Abbildung 1.21 Der Befehl ANSICHT/EINBLENDEN/EBENENKANTEN zeigt die Ebenenkanten der aktuell ausgewählten Ebene(n) farbig an. Die Option MAGNETISCHE HILFSLINIEN ist sehr hilfreich beim Ausrichten von Ebenenelementen. Magnetische Hilfslinien (in der Abbildung lila) blinken, um zu verdeutlichen, dass ein Ebenenelement an anderen Ebenen des Bilds ausgerichtet ist.

Automationen

Nicht nur die Benutzeroberfläche von Photoshop wurde verbessert und optimiert, auch die Automatisierungsfunktionen in Photoshop (mit denen das Programm schneller und automatischer funktionieren soll) wurden merklich überarbeitet.

Skripte

Skripte ähneln Photoshop-Aktionen, nur dass sie auf der Ebene des Betriebssystems und nicht nur auf der des Programms operieren. Skripte gab es auch schon in früheren Photoshop-Versionen. In Photoshop CS2 wird jetzt jedoch mehr Wert darauf gelegt, Skripte einfacher zu implementieren. Das soll jeden, der sich mit diesem Thema auskennt, zum Erstellen eigener Skripte ermutigen.

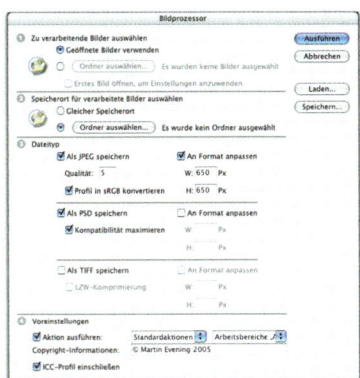

Abbildung 1.22 Der neue Bildprozessor.

Abbildung 1.23 Der Skriptereignis-Manager.

Metaframer-Skript

Ein gutes Beispiel für die Wirkungsweise von Skripten in Photoshop finden Sie im Metaframer-Skript, das zum Download auf der Website von Russel Brown (www.russelbrown.com) zur Verfügung steht. Bei diesem Skript werden automatisch verschiedene Metadaten (beispielsweise Copyright-Informationen) eines Bilds genommen und in dessen Rahmen eingefügt.

Adobe Hilfe-Center

Das neue Adobe Hilfe-Center ermöglicht es registrierten Adobe-Kunden, verbesserte Suchoptionen zu nutzen. Außerdem haben diese Kunden Zugang zu Unterstützungen für alle Produkte von Adobe und Drittanbietern. Die neue Datenbank ist in der Lage, verwandte Links anzuzeigen. Für Anfänger, die sich mit der Photoshop-Terminologie noch nicht so auskennen, wird die Hilfe dadurch wesentlich einfacher.

Ein gutes Beispiel stellt der Bildprozessor dar – den ich immer als Dr. Browns Bildprozessor in Erinnerung behalten werde. Nur leider gibt es in der Welt von Adobe Systems keinen Platz mehr für solch frivole Namen.

Mit dem Skriptereignis-Manager lassen sich mehrere Skripte in einer Sequenz verbinden, zusätzliche Photoshop-Aktionen hinzufügen und daraus spezielle Photoshop-Ereignisse erstellen. Sie können beispielsweise ein Skriptereignis erstellen, bei dem Photoshop automatisch eine gering auflösende JPEG-Version eines Bilds erstellt, wenn Sie dieses im Photoshop-Format speichern. Sie können auch Bildverarbeitungsroutinen für die Stapelverarbeitung von Dateien erstellen – Quellbilder verarbeiten und in einem Zielordner speichern. Das geht weit über die Reichweite von Aktionen hinaus. Mit dem Bildprozessor erstellen Sie Skripte, die mehrere Aufgaben gleichzeitig ausführen.

Web-Fotogalerie

Die Web-Fotogalerie wurde um viele neue Vorlagen erweitert. Einige der Vorlagen basieren auf Flash. Sie können Web-Fotogalerien direkt aus ausgewählten Bildern in Bridge erstellen. Es gibt jedoch leider immer noch keinen Mechanismus, um nach sRGB konvertierte JPEGs aus den Originalbildern zu erstellen oder die JPEG-Vorschaudaten aus dem Cache zu nutzen. Außerdem gibt es nach wie vor Probleme mit Umlauten (ä, ö, ü) und Sonderzeichen (ß). Die Web-Fotogalerie bleibt dennoch eine coole und sehr wichtige Photoshop-Funktion.

Kapitel 1
Was ist neu in Adobe Photoshop CS2?

Abbildung 1.24 Die Web-Fotogalerie beinhaltet verschiedene neue Vorlagen – einige davon basieren auf Macromedia Flash. In der Abbildung sehen Sie eine Web-Fotogalerie, die auf der Vorlage FLASH – GALERIE 2 basiert.

Drucken mit Vorschau
Die Druckoptionen führten lange Zeit zu Verwirrungen, da es für unterschiedliche Druckaufgaben widersprüchliche Einstellungen gab. Diese Probleme hatten im Wesentlichen etwas mit den verschiedenen Betriebssystemen und Druckeroberflächen zu tun, die von den Druckerherstellern angeboten wurden. Adobe gab jedoch sein Bestes, um die Dialogbox DRUCKEN MIT VORSCHAU so zu vereinfachen, dass der Benutzer leichter die richtigen Optionen auswählen kann.

Animationen in Photoshop
Hierbei handelt es nicht um eine neue Funktion, sondern eher um etwas, wofür Sie bisher immer ImageReady verwendet haben. Übrigens nur ein weiteres Zeichen dafür, dass Photoshop und ImageReady irgendwann in der Zukunft zu einem Programm verschmelzen werden, und ein Grund, Photoshop-Menüs zu optimieren. Dadurch können mehrere Nutzer gleichzeitig zufriedengestellt werden, weil sich jeder nur das anzeigen lässt, was er wirklich braucht.

Abbildung 1.25 Die Animationen-Palette.

Drucksimulation
Professionelle Fotografen ziehen es vor, die Druckbedingungen auf ihren Inkjet-Druckern auszuprobieren. Das war natürlich auch schon in den Vorgängerversionen von Photoshop möglich, nur mussten Sie da immer sehr genau darauf achten, welche Farbmanagementeinstellungen Sie in der Dialogbox DRUCKEN MIT VORSCHAU vorgenommen haben. In der neuen Dialogbox DRUCKEN MIT VORSCHAU finden Sie eine Menüoption zur Auswahl des passenden Farbraums zum Drucken. Aktivieren Sie dazu einfach die Buttons PAPIERFARBE SIMULIEREN und SCHWARZE DRUCKFARBE SIMULIEREN.

PDFs sichern

Die Dialogbox ADOBE PDF SPEICHERN wurde grundlegend überarbeitet, damit sich PDFs innerhalb der Programme der Adobe Creative Suite immer gleich erstellen lassen. Alle Programme der Suite arbeiten ab sofort mit ein und derselben Dialogbox. Mit der Checkbox PHOTOSHOP-BEARBEITUNGSFUNKTIONEN ERHALTEN erhalten Sie alle Bildkomponenten wie Ebenen und Einstellungsebenen, als würden Sie die Datei im Photoshop-Format oder als TIFF speichern.

Videovorschau an Gerät senden

Mit dieser Videobearbeitungsfunktion können Sie über eine FireWire-Verbindung Standbilder an ein Videoausgabegerät schicken, um zu überprüfen, wie ein Bild aus Photoshop auf dem Ausgabegerät aussieht. Um diese Funktion zu nutzen, muss ein entsprechendes Gerät über FireWire an Ihren Computer angeschlossen sein. Wählen Sie dann einfach DATEI/EXPORTIEREN/VIDEOVORSCHAU AN GERÄT SENDEN...

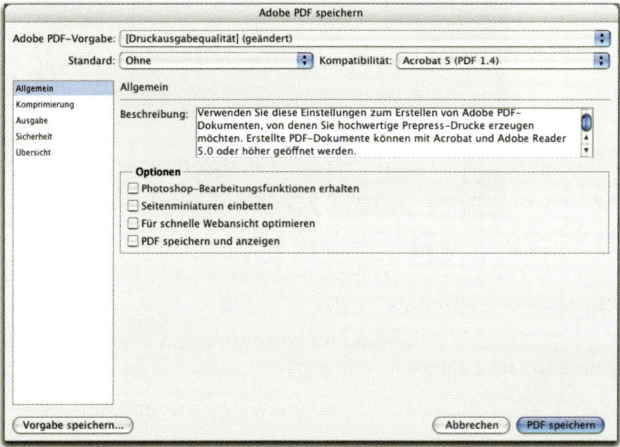

Abbildung 1.26 Die neue Dialogbox ADOBE PDF SPEICHERN.

Kapitel 1
Was ist neu in Adobe Photoshop CS2?

Der Gesamteindruck

Photoshop CS2 wurde in vielerlei Hinsicht deutlich überarbeitet. Diese Version bietet Fotografen viele nützliche Funktionen, vor allem für das digitale Fotografieren. Die Ausgliederung von Adobe Bridge lässt Photoshop flüssiger und effizienter laufen, gleichzeitig wird die Bildauswahl schneller und einfacher.

Die Verkrümmen-Optionen und der Filter BLENDENKORREKTUR sind willkommene Neuerungen. Mithilfe der neuen Smart Objekte eröffnen sich neue Möglichkeiten für die Transformation von Ebenen und Objekten. Die Bearbeitungsmöglichkeiten für Bilder mit 32 Bit pro Kanal sind ihrer Zeit vielleicht noch ein bisschen voraus, aus Standard-Digitalkamerabildern lassen sich jetzt jedoch HDR-Bilder erzeugen, um feine Details in den Tiefen und Lichtern eines Bilds besser als zuvor erhalten zu können.

Die Möglichkeit, die Benutzeroberfläche von Photoshop anzupassen, und die neuen Automatisierungsfunktionen (verbessertes Skripten) sind ebenfalls wichtige Neuerungen, mit denen sich wiederkehrende Aufgaben in Photoshop schneller und effizienter erledigen lassen.

Diese neue Photoshop-Version erscheint mir eine der bedeutendsten Versionen der letzten Jahre. Adobe hat sich sehr den Bedürfnissen viel beschäftigter Fotografen angenommen.

Kapitel 2

Die Arbeitsumgebung

B evor wir uns mit den praktischen Techniken von Photoshop beschäftigen, werfen wir zunächst einen Blick auf die Benutzeroberfläche. Auf den folgenden Seiten beschreibe ich die Arbeitsumgebung von Photoshop und stelle Ihnen die Werkzeuge und Paletten vor, zusammen mit einer kurzen Beschreibung ihrer Funktion. Sie können dieses Kapitel beim weiteren Durcharbeiten des Buchs immer wieder als Referenz heranziehen. Falls Sie sofort in die Tiefen von Photoshop einsteigen wollen, springen Sie am besten gleich zu Kapitel 4, das sich mit den Grundlagen der Bildbearbeitung befasst. Sollten Sie schon zu den erfahrenen Photoshop-Nutzern gehören, ist die wahrscheinlich deutlichste Veränderung in der Benutzeroberfläche die Entfernung des Dateibrowsers (der jetzt zum eigenständigen Programm Bridge geworden ist). An Bridge müssen Sie sich zwar sicherlich erst gewöhnen, das Programm bietet aber zahlreiche Vorteile.

Abbildung 2.1 Das ist die Benutzeroberfläche von Photoshop CS mit dem Standardlayout für die Paletten. Die Optionsleiste ist in der Regel an der Oberkante des Bildschirms positioniert (direkt unter der Menüleiste). Sie können sie aber auch unten oder auf einem zweiten Monitor anordnen.

Photoshop-Installation

Die Installation von Photoshop ist so einfach wie jede andere auf Ihrem Computer auch. Wählen Sie einfach die Standardoptionen aus, um Adobe Photoshop und Bridge zu installieren. Nachdem Sie Benutzerinformationen und Seriennummer eingegeben haben, müssen Sie das Programm aktivieren. Damit will Adobe der unautorisierten Verbreitung des Programms Herr werden. Die Standardlizenzbestimmungen erlauben es, dass Photoshop auf zwei Computern verwendet werden kann (allerdings nicht gleichzeitig).

Adobe Bridge

Sagen Sie »Auf Wiedersehen« zum Dateibrowser und »Herzlich Willkommen« zu Bridge, dem neuen Dateibrowser, zu dem Sie aus allen Programmen der Creative Suite Zugang haben. Dabei unterscheidet sich Bridge nicht allzu sehr vom Dateibrowser – geöffnet wird es auf die gleiche Art und Weise. Klicken Sie in der Optionsleiste von Photoshop einfach auf das Icon GEHE ZU BRIDGE (in den Voreinstellungen können Sie auch festlegen, dass Bridge beim Programmstart von Photoshop automatisch mit gestartet wird). Bridge wird geöffnet und Sie sehen den zuletzt besuchten Ordner. Die Benutzeroberfläche von Bridge sehen Sie in Abbildung 2.2, detaillierter in Abbildung 2.3.

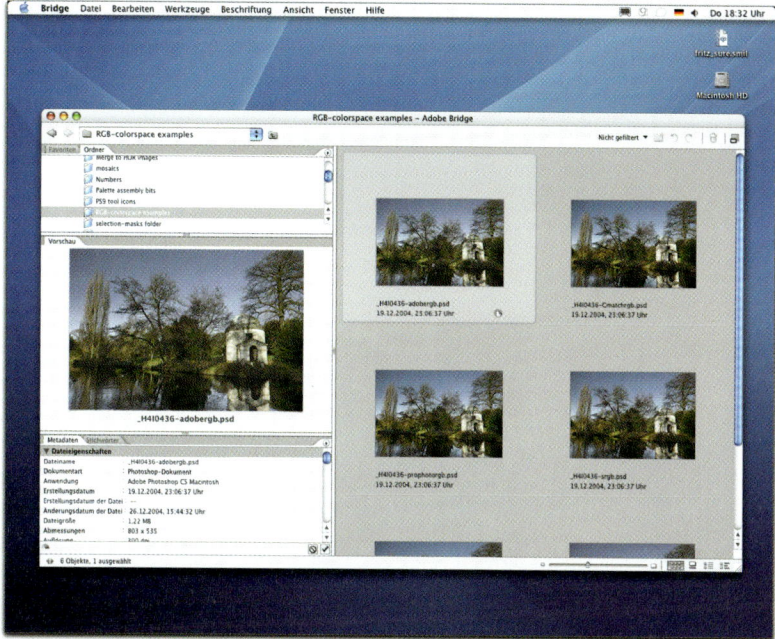

Abbildung 2.2 Die Oberfläche von Adobe Bridge, einem unabhängigen Programm, das Sie einzeln oder in Verbindung mit Photoshop CS2 öffnen können. Sie können in den Voreinstellungen von Photoshop auch festlegen, dass Bridge automatisch mit Photoshop zusammen gestartet wird.

Mithilfe von Bridge können Sie Bilderordner schnell ausfindig machen, Bilder bewerten, anordnen, ausblenden usw. oder Dateien gemeinsam nutzen und Stapelverarbeitungen ausführen (z.B. auf ausgewählte Bilder ein Copyright-Zeichen anwenden). Im einfachsten Sinne nutzen Sie Bridge, um Bilder in einem Ordner schnell zu überblicken und ausgewählte Bilder in Photoshop zu öffnen.

Das Wechseln zwischen Photoshop und Bridge ist denkbar einfach. Der Vorteil an der Auslagerung von Bridge ist, dass Photoshop jetzt nicht mehr verschiedene Sachen gleichzeitig machen muss, sondern seine Kräfte sparen und sich auf die eigentliche Aufgabe konzentrieren kann. Da Bridge die Miniaturen, Vorschauen etc. generiert, kämpft Photoshop nicht länger mit dem Prozessor.

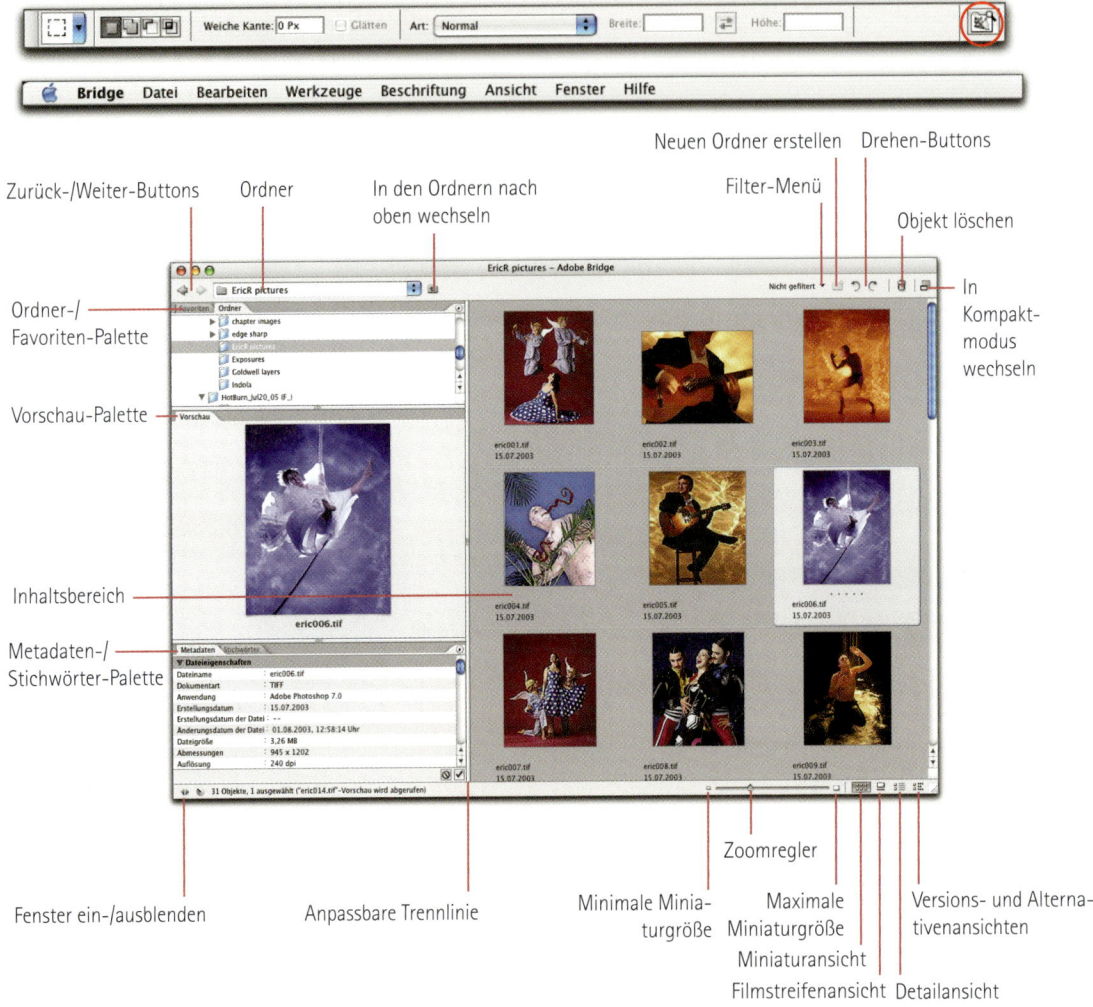

Abbildung 2.3 Die Oberfläche des Bridge-Fensters.

Die Benutzeroberfläche von Bridge

Bridge bietet Ihnen den Zugang zu Ihren Bildern innerhalb von Photoshop. Sie können die Bilder anschauen, auswählen, verwalten, nach ihnen suchen und öffnen. Öffnen Sie Bridge, indem Sie DATEI/DURCHSUCHEN wählen oder in der Optionsleiste von Photoshop auf den Button GEHE ZU BRIDGE klicken (in Abbildung 2.3 eingekreist). Wenn Sie Bridge das erste Mal starten, ist es sinnvoll, das Bridge-Fenster in seiner Größe an den Bildschirm anzupassen. Falls Sie mit zwei Monitoren arbeiten, können Sie Bridge auch auf den zweiten Monitor auslagern. Bilderordner wählen Sie über die Ordner- oder die Favoriten-Palette aus, die Bilder werden im Miniaturbereich (rechts) dargestellt. In der Vorschau-Palette finden Sie immer eine vergrößerte Darstellung des ausgewählten Bilds. Wenn Sie doppelt auf die Miniatur oder die Bildvorschau klicken, wird das Bild geöffnet. Das Bridge-Fenster bleibt nach dem Öffnen eines Bilds geöffnet, was die Leistungsfähigkeit von Photoshop jedoch nicht einschränkt.

Bridge ist mit vielen nützlichen Funktionen ausgestattet und stellt somit ein sehr wichtiges Werkzeug von Photoshop CS2 dar. Aus diesem Grund werde ich in Kapitel 16 noch einmal genauer auf Bridge eingehen und Ihnen die Vorzüge im Einzelnen vorstellen und die Bildverwaltung erklären.

Eigene Arbeitsbereiche
Sie können den Arbeitsbereich in Bridge an Ihre eigenen Bedürfnisse anpassen. Es gibt auch voreingestellte Arbeitsbereiche, zu denen Sie über FENSTER/ARBEITSBEREICH Zugang haben. Die Paletten innerhalb des Fensters lassen sich ganz nach Belieben gruppieren.

Mehrere Ordner-Fenster
In Bridge können Sie mehrere Ordner-Fenster gleichzeitig geöffnet haben. Das ist sehr nützlich, wenn Sie Dateien schnell und einfach von einem Ordner in einen anderen verschieben wollen, denn so müssen Sie nicht zwischen verschiedenen Ordnern hin und her navigieren. Um besser mit mehreren Fenstern zu arbeiten, klicken Sie oben rechts im Fenster auf den Button IN KOMPAKTMODUS WECHSELN.

Abbildung 2.4 Das Anschauen von Bildern in Bridge ist wirklich nicht schwierig. Wählen Sie in Bridge ANSICHT/PRÄSENTATION, um alle ausgewählten Bilder in einer Präsentation ablaufen zu lassen. Wenn Sie die Taste »ß« drücken, blenden Sie die Tastaturbefehle für die Präsentation ein, wie in der Abbildung zu sehen.

Zurück zu Photoshop
Die meiste Zeit werden Sie zum Öffnen von Bridge wahrscheinlich auf den Bridge-Button in Photoshop klicken. Wenn Sie keine Bilder öffnen, können Sie trotzdem ganz leicht zwischen beiden Programmen wechseln. Merken Sie sich einfach folgenden Tastaturbefehl: ⌘-⇧-O (PC: Strg-⇧-O). Damit starten Sie Bridge, Sie können aber auch zum zuletzt verwendeten Programm zurückkehren.

Bilder öffnen und speichern

Die Bridge-Arbeitsumgebung bietet die einfachste Möglichkeit, Bilder in Photoshop zu öffnen. Wählen Sie einfach die Miniatur des Bilds aus, das Sie öffnen wollen, und klicken Sie doppelt auf diese oder die Vorschau. Natürlich können Sie auch DATEI/ÖFFNEN wählen. Das Bild wird in Photoshop geöffnet. Sollte es sich bei dem Bild um eine Camera-Raw-Datei handeln, wird die Camera-Raw-Dialogbox (Abbildung 2.5) geöffnet. Wenn Sie mehrere Raw-Dateien öffnen, sehen Sie die einzelnen Miniaturen links innerhalb der Dialogbox. Auf den Umgang mit Camera Raw geht Kapitel 11 noch genauer ein. Es sei nur so viel gesagt, dass Sie in der Regel ruhig auf ÖFFNEN klicken können, ohne sich großartig Gedanken über die vielen hier gebotenen Einstellungsmöglichkeiten zu machen. Das Gute an Photoshop CS2 ist, dass die Standard-Camera-Raw-Einstellungen automatisch zu guten Ergebnissen führen. Sobald Sie auf ÖFFNEN klicken, erhalten Sie also ein gutes Bild, mit dem Sie dann in Photoshop arbeiten können. Der Vorteil beim Öffnen einer Raw-Datei ist, dass Sie das Original nicht überschreiben (lesen Sie dazu auch den Hinweis in der Marginalspalte).

Speichern aus Raw-Dateien

Raw-Dateien existieren in unterschiedlichen Ausprägungen, dennoch gibt es eine Gemeinsamkeit: Raw-Dateien können nicht verändert werden. Wenn Sie also Änderungen in der Camera-Raw-Dialogbox vornehmen, werden diese Einstellungen in einer separaten Datei gespeichert und wieder aufgerufen, sobald Sie das Bild das nächste Mal öffnen. Falls Sie ein Bild aus einer Raw-Datei speichern wollen, geht Photoshop automatisch davon aus, dass Sie es im Photoshop-eigenen Format (.psd) speichern wollen. Sie müssen die Datei auf jeden Fall anders abspeichern, da Sie das Original nicht überschreiben können. Die meisten Raw-Formate haben Endungen wie .crw oder .nef. Canon hatte sich jedoch irgendwann einmal entschieden, für einige seiner Raw-Formate die Endung .tif zu verwenden (damit die Miniatur in deren eigenem Browser auch angezeigt wird). Die Gefahr hier war, dass man beim Speichern eines geöffneten Canon-Raw-Bilds als TIFF die Warnmeldung übersah und so das Original überschrieb.

Defekte Dateien

Es gibt verschiedene Gründe, warum sich manche Dateien nicht öffnen lassen. Am häufigsten betroffen sind Bilder, die als Anhang an eine E-Mail versendet werden. Hier kommt es oftmals während der Übertragung zu einer Unterbrechung und die Datei verliert wichtige Daten.

Abbildung 2.5 Wenn Sie eine einzelne Raw-Datei in Bridge auswählen und zum Öffnen doppelt anklicken, erscheint die Camera-Raw-Dialogbox. Falls Sie sich mit dieser noch nicht so gut auskennen, klicken Sie einfach auf ÖFFNEN, um die Standardeinstellungen zu verwenden.

Wenn sich Dateien nicht öffnen lassen

Sie müssen natürlich nicht unbedingt Bridge verwenden, um eine Datei zu öffnen. Sie können die Dateien von jeder beliebigen Stelle auf Ihrem Computer aus öffnen. Sobald sich eine Bilddatei in einem Format befindet, das Photoshop erkennt, können Sie es doppelt anklicken und es wird in Photoshop geöffnet. Falls Photoshop noch nicht läuft, wird es bei dieser Aktion natürlich gestartet.

Wenn Sie Bridge als Arbeitsumgebung zum Öffnen Ihrer Dateien verwenden, kommt es hin und wieder vor, dass sich eine Datei nicht öffnen lässt. Beim Versuch, eine Datei außerhalb von Bridge zu öffnen, gibt es einige Dinge zu beachten. Jedes Dokument auf Ihrem Computer beinhaltet Informationen, die dem Computer mitteilen, mit welchem Programm er das Dokument öffnen muss. Microsoft-Word-Dokumente sind beispielsweise alle mit einem blauen Buchstaben gekennzeichnet, Excel-Tabellen mit einem grünen Kreuz. Photoshop erkennt nahezu alle Bildformate, unabhängig vom Programm, mit dem sie erstellt wurden. Manchmal ist eine Bilddatei jedoch auch mit dem Icon eines anderen Programms versehen, beispielsweise der Vorschau von Macintosh oder dem Internet Explorer. Wenn Sie auf so eine Datei doppelt klicken, wird natürlich das entsprechende Programm geöffnet. Um das zu vermeiden, sollten Sie immer Bridge verwenden, um Ihre Bilddateien zu öffnen. Oder wählen Sie innerhalb von Photoshop DATEI/ÖFFNEN. Sie haben auch die Möglichkeit, das Icon einer Datei auf das Programm-Icon von Photoshop zu ziehen, um diese in Photoshop zu öffnen.

Natürlich versagt auch ab und zu diese Technik. Das bedeutet entweder, dass die Datei defekt ist oder dass die Dateiendung fälschlicherweise geändert wurde. Da steht vielleicht .psd, aber ist es wirklich eine PSD-Datei? Es ist immerhin möglich, dass jemand die Datei umbenannt und eine falsche Endung verwendet hat. Wenn Sie so eine Datei doppelt anklicken oder auf das Photoshop-Icon ziehen, wird sie nicht geöffnet. Sie lässt sich nur über den Befehl DATEI/ÖFFNEN öffnen. Oder öffnen Sie das Kontextmenü, indem Sie die Datei mit gedrückter `Ctrl`-Taste (PC: Rechts-Klick) anklicken. Wählen Sie dann ÖFFNEN MIT …

Abbildung 2.6 Wenn sich Dateien nicht direkt, wie erwartet, in Photoshop öffnen lassen, liegt es vielleicht daran, dass die Datei dem Computer falsche Informationen übermittelt und ihn anweist, ein anderes Programm zu öffnen. Um die Datei trotzdem in Photoshop zu öffnen, ziehen Sie das Datei-Icon auf das Programm-Icon von Photoshop (das sich beispielsweise im Dock oder auf dem Desktop befindet).

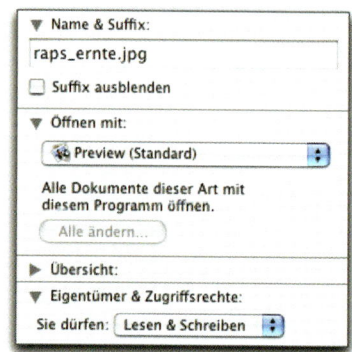

Abbildung 2.7 Dateien enthalten Informationen, die dem Computer mitteilen, mit welchem Programm er sie öffnen muss – manchmal ist dort ein anderes Programm als Photoshop angegeben. Wählen Sie auf einem Macintosh ABLAGE/INFORMATION und ändern Sie unter ÖFFNEN MIT das Standardprogramm in PHOTOSHOP. Auf einem PC können Sie das Gleiche in der Datei-Registry durchführen.

Protokolle speichern

Es ist leider nicht möglich, alle Protokollschritte Ihres Bilds zu speichern. Es gibt aber einige sehr nützliche Dinge, die Sie tun können. In den Photoshop-Voreinstellungen lassen sich Verlaufsprotokolle speichern. Mit solch einem Verlaufsprotokoll können Sie alles aufnehmen, was Sie während einer Photoshop-Session durchführen. Diese Informationen werden dann in einer zentralen Datei oder in den Metadaten einer Bilddatei gespeichert.

Zusätzlich können Sie die Aktionen-Palette nutzen, um Aktionen aufzunehmen (beispielsweise alle Arbeitsschritte, die Sie an einem Bild vornehmen). Der große Nachteil dabei ist jedoch, dass Aktionen nicht alles aufnehmen können – Pinselstriche sind beispielsweise ausgeschlossen.

Version Cue

Version Cue wurde als Komponente der Adobe Creative Suite eingeführt. In dieser neuen Photoshop-Version tritt Version Cue etwas stärker in den Vordergrund. Wenn Sie diese neue Dialogbox jedoch eher verwirrend finden und lieber wieder die einfachere Speichern-unter-Dialogbox (siehe Abbildung 2.8) wünschen, wählen Sie aus dem Photoshop-Menü VOREINSTELLUNGEN/DATEIEN VERARBEITEN und deaktivieren Sie die Checkbox VERSION CUE AKTIVIEREN.

Regelmäßig speichern

Ich kann Ihnen nur raten, während der Arbeit in Photoshop oft und regelmäßig zu speichern. Wenn Sie mit den aktuellsten Unix-Betriebssystemen für Macintosh oder PC arbeiten, sollten Abstürze zwar die Ausnahme sein, trotzdem sind Sie nicht davor gefeit. Das Speichern einer Datei ist sehr einfach, allerdings sind einige Dinge zu beachten. Wenn Sie DATEI/SPEICHERN wählen, erstellen Sie immer ein sicheres Backup Ihres Bilds. Achten Sie dabei aber unbedingt darauf, dass Sie nicht das Original überschreiben. Es besteht immer die Gefahr, dass Sie drastische Veränderungen vorgenommen haben, dann aus Versehen SPEICHERN wählen und so das Original überschreiben. Bevor Sie eine Datei schließen, können Sie in der Protokoll-Palette jedoch immer noch einmal einen oder zwei Schritte zurückgehen und diesen Stand des Bilds speichern.

Sobald Sie ein Bild in Photoshop speichern, überschreiben Sie entweder das Original oder Sie müssen eine neue Version, am besten im Photoshop-Format, speichern. Der entscheidende Faktor ist hier, in welchem Dateiformat das Bild geöffnet und wie es in Photoshop bearbeitet wurde. Auf die unterschiedlichen Dateiformate geht Kapitel 16 noch genauer ein. Lassen Sie mich an dieser Stelle nur schon kurz erwähnen, dass Sie nicht mit allen Dateiformaten alles – also Ebenen, Pfade oder Kanäle – speichern können. Wenn Sie beispielsweise ein JPEG in Photoshop öffnen und mit dem Zeichenstift einen Pfad hinzufügen (den Sie dann als Beschneidungspfad verwenden wollen), können Sie das Original mit DATEI/SPEICHERN ohne Probleme überschreiben. Sollten Sie jedoch dieselbe Datei öffnen und eine Ebene oder einen zusätzlichen Kanal hinzufügen, können Sie die Datei dann nicht wieder als JPEG speichern. Der Grund dafür ist, dass eine JPEG-Datei zwar Pfade, jedoch keine Ebenen oder zusätzliche Kanäle enthalten kann.

Kapitel 2
Die Arbeitsumgebung

Ich gehe hier jetzt nicht im Einzelnen darauf ein, was Sie mit welchem Dateiformat speichern können und was nicht. Sollten Sie Veränderungen vornehmen, die mit dem ursprünglichen Dateiformat gespeichert werden können, haben Sie Glück. Ansonsten sollten Sie es mit dem Photoshop-eigenen Format PSD versuchen (aber auch TIFF oder PDF können verwendet werden). Es ist immer gut, ein Bild erst einmal im PSD-Format zu speichern, weil diese Dateien alle Informationen enthalten, die Sie der Datei während der Bearbeitung hinzugefügt haben. Außerdem bietet das Format eine gute, verlustfreie Dateikomprimierung, mit der Sie durchaus wichtigen Speicherplatz sparen können.

Speichern und eine Version speichern

Was ist, wenn Sie das Bild im Originalformat, jedoch ohne Ebenen etc. oder gar als Duplikat speichern wollen? Wenn Sie DATEI/SPEICHERN UNTER wählen, können Sie die Datei im Originalformat speichern oder aus der Liste ein anderes Format wählen. So werden nicht kompatible Funktionen automatisch entfernt und das Bild wird wenn nötig auf eine Ebene reduziert. In der Dialogbox SPEICHERN UNTER sind die Funktionen, die mit dem ausgewählten Dateiformat nicht kompatibel sind, durch ein gelbes Warndreieck markiert.

Dateiformate, mit denen Sie alles speichern können

Es gibt vier Dateiformate, mit denen Sie alles speichern können: Ebenen, Textebenen, Kanäle, sogar 16 Bit Farbtiefe pro Kanal wird unterstützt. Die vier sind: TIFF, Photoshop PDF, Großes Dokumentformat (PSB) und das Photoshop-eigene Format PSD. Ich bevorzuge beim Speichern von Masterdateien das PSD-Format.

Schnelles Speichern

Wie bei allen anderen Programmen ist auch in Photoshop der Tastaturbefehl für das Speichern ⌘-S (PC: Strg-S). Wenn Sie die Speichern-unter-Dialogbox einblenden wollen, müssen Sie ⌘-⌥-S (PC: Strg-Alt-S) drücken.

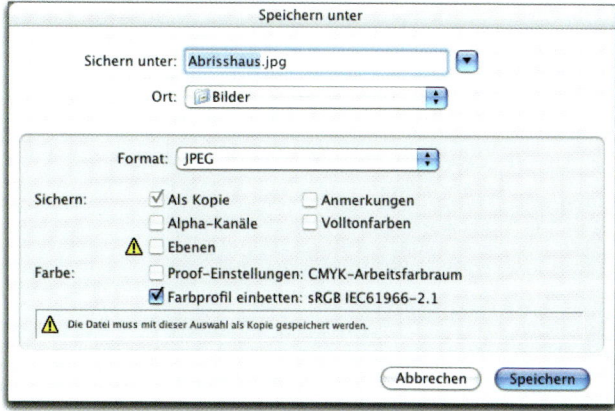

Abbildung 2.8 Die Speichern-unter-Dialogbox in Photoshop ähnelt der anderer Programme. Wenn Sie auf den nach unten zeigenden Pfeil klicken, wird die Ansicht erweitert und die Ordner werden eingeblendet. Sollte das ausgewählte Dateiformat nicht alle Komponenten des Bilds (Ebenen etc.) unterstützen, erscheint vor der entsprechenden Funktion ein gelbes Warndreieck.

Das Bildfenster

In den beiden Kästchen in der unteren linken Ecke des Bildfensters (Mac) oder im unteren Bereich des Bildschirms (PC) werden zusätzliche Dokumentinformationen angezeigt. Die Prozentzahl ganz links zeigt die Zoomstufe an, in der Sie das Bild gerade betrachten. Sie können dort jeden beliebigen Wert von 0,2% bis 1600% eingeben (maximal zwei Dezimalstellen). In der Mitte befindet sich der Button WORK GROUP SERVER, über den Sie ein Dokument auf einem Server ein- oder auschecken können. Daneben sehen Sie das Vorschaufenster. Wenn Sie mit der Maus darauf klicken, erhalten Sie eine Vorschau, wie das Bild mit den aktuellen Seiteneinstellungen skaliert und positioniert wird. In der Vorschau werden die Abmessungen in Pixel dargestellt. Wenn Sie die ⌥-Taste (PC: Alt) beim Klicken auf die Statusinformationen gedrückt halten, können Sie die Auflösung kontrollieren. Sie sehen sowohl die Abmessungen als auch die Pixelauflösung. Wenn Sie mit gedrückter ⌘-Taste (PC: Strg) klicken, werden die Kachelinformationen eingeblendet. In dem Vorschau-Feld finden Sie auch immer die aktuellen Dateiinformationen.

Proxy-Icons in der Titelleiste (Mac)

Macintosh-Nutzer sehen in der Titelleiste eines Dokumentfensters wahrscheinlich ein Bild-Icon. Sobald sich das Dokument in einem nicht gesicherten Stadium befindet, wird es verblasst dargestellt. Viele JPEGs besitzen solch ein Icon allerdings erst dann, wenn sie in einem anderen Format gespeichert werden.

Um die Quelldatei an einen neuen Ort zu verschieben, ziehen Sie das Icon mit gedrückter Ctrl-Taste auf das gewünschte Ziel (wenn Sie es auf ein anderes Disk-Volume ziehen, wird eine Kopie erstellt).

Wenn Sie sich die Ordnerhierarchie einer Datei anschauen und zu einem speziellen Ordner wechseln wollen, klicken Sie mit gedrückter ⌘-Taste auf das Vorschau-Icon.

Vorschauoptionen

Drücken Sie die ⌥-Taste (PC: Alt), um Dateigröße und Auflösung einzublenden.
Drücken Sie die ⌘-Taste (PC: Strg), um die Kachelinformationen einzublenden.

Klicken Sie hier mit der Maus, um eine skalierte Vorschau zu sehen und einen Eindruck zu erhalten, wie es mit der aktuellen Seiteneinstellung gedruckt wird.

Klicken Sie mit gedrückter ⌘-Taste, um die Proxy-Icons in der Titelleiste einzublenden (nur Mac).

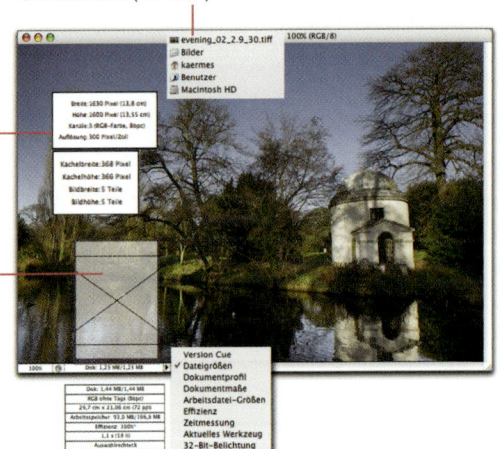

Abbildung 2.9 So sieht das Fensterlayout eines Photoshop-Dokuments auf einem Macintosh aus. Wenn Sie auf den Pfeil neben den Statusinformationen klicken, können Sie die Art der dort angezeigten Information auswählen.

Anzeigeoptionen

Sie können die angezeigten Optionen ändern, indem Sie mit der Maus auf den kleinen Pfeil rechts neben der Statusinformation klicken. Lesen Sie nun Beschreibungen zu den einzelnen Optionen.

Dokumentgrößen

Hier bekommen Sie links die Dateigröße der reduzierten Version des Bilds angezeigt. Die zweite Größe (rechts) zeigt an, wie groß die Datei mit Ebenen ist.

Dokumentprofil

Hier sehen Sie das Profil des geöffneten Dokuments.

Dokumentmaße

Hier sind die physikalischen Abmessungen des Bilds zu sehen, wie auch in der BILDGRÖSSE-Dialogbox.

Arbeitsdateigrößen

Die erste Zahl verdeutlicht, wie viel RAM verwendet wird. Der zweite Wert zeigt an, wie viel RAM für Photoshop zur Verfügung steht.

Effizienz

Hier sehen Sie, wie effizient Photoshop arbeitet.

Timing

Hier sehen Sie, wie viel Zeit Photoshop benötigt, um beispielsweise einen Filter oder Pinselstriche anzuwenden. Jedes Mal, wenn Sie das Werkzeug ändern oder einen neuen Befehl aufrufen, erneuert sich der Timer selbstständig.

Aktuelles Werkzeug

Hier wird der Name des aktiven Werkzeugs angezeigt. Diese Option ist sehr nützlich, falls Sie die Photoshop-Paletten die meiste Zeit ausgeblendet haben.

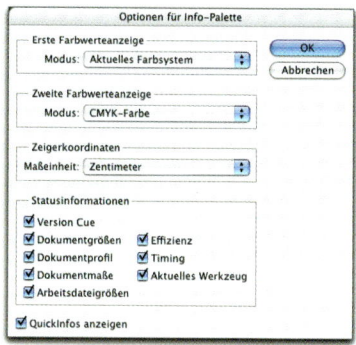

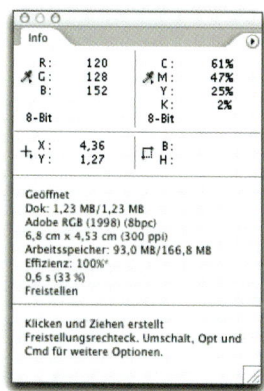

Abbildung 2.10 Im Dokumentfenster sehen Sie immer nur eine Sache gleichzeitig. Wenn Sie jedoch die Optionen der Info-Palette einblenden (über das Menü der Info-Palette), können Sie sich alle Informationen gleichzeitig anzeigen lassen. Außerdem lassen sich Werkzeughinweise einblenden. Diese erscheinen unten in der Info-Palette und passen sich entsprechend der Modifikatortasten an, die Sie eventuell gedrückt halten.

Mehrere Fenster

Mehrere Bildfenster können sehr nützlich sein, wenn Sie verschiedene Farb-Proofs eines Bilds miteinander vergleichen wollen. Mehr über das Farbmanagement erfahren Sie in Kapitel 13.

Porträt/Querformat

Die Funktionen, mit denen Sie die Fenster in Photoshop CS2 anordnen können, beinhalten nun auch eine Kachelung für horizontale und eine für vertikale Bilder. Dadurch können Sie den Bildschirmbereich optimal ausnutzen.

Dokumentfenster verwalten

Sie öffnen ein zweites Dokumentfenster für ein und dasselbe Dokument, indem Sie FENSTER/ANORDNEN/NEUES FENSTER FÜR (DOKUMENTNAME) wählen. Das Bild wird dann in einem zweiten Fenster dupliziert. Sie können ein Bild beispielsweise in das Dokumentfenster einpassen und in das andere hineinzoomen. Veränderungen werden gleichzeitig in beiden Dokumentfenstern vorgenommen. Sie können die Fenster nach Belieben auf Ihrem Monitor anordnen. Wählen Sie FENSTER/ANORDNEN/ÜBERLAPPEND. Um die beiden Fenster nebeneinander anzuordnen, wählen Sie FENSTER/ANORDNEN/NEBENEINANDER. Wenn in Photoshop CS oder CS2 mehr als zwei Fenster geöffnet sind, können Sie das Scrollen und die Vergrößerungen synchronisieren – drücken Sie dazu beim Scrollen oder Zoomen einfach die ⇧-Taste.

 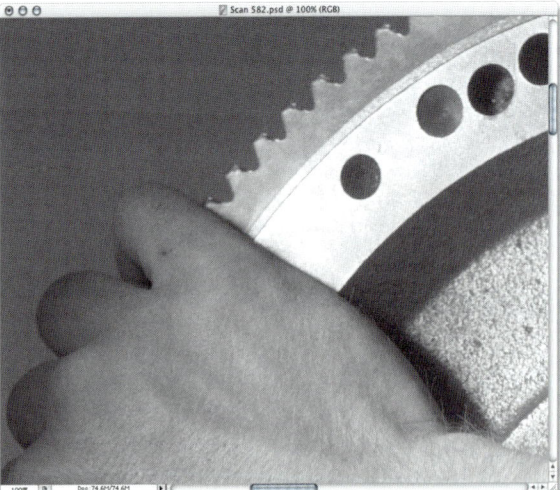

Figure 2.11 Um eine zweite Ansicht eines Photoshop-Dokuments zu öffnen, wählen Sie FENSTER/ANORDNEN/NEUES FENSTER FÜR. Änderungen, die Sie an dieser zweiten Ansicht vornehmen, werden automatisch auch in der anderen Ansicht übernommen.

Foto von Eric Richmond.

Lineale, Hilfslinien und Raster

Das Raster ist eine Hilfe, um Bildelemente horizontal und vertikal auszurichten (ANSICHT/EINBLENDEN/RASTER). Den Rasterabstand stellen Sie unter VOREINSTELLUNGEN/RASTER, HILFSLINIEN UND SLICES ein.

Hilfslinien lassen sich ganz flexibel im Bild platzieren. Nutzen Sie diese, um Bildelemente genau zu positionieren und auszurichten. Sobald die Lineale eingeblendet sind, können Sie jederzeit Hilfslinien erstellen. Um die Lineale einzublenden, wählen Sie ANSICHT/LINEALE oder drücken Sie ⌘-R (PC: Strg-R). Ziehen Sie Hilfslinien einfach aus einem der Lineale. Mit dem Verschieben-Werkzeug lassen sich Hilfslinien jederzeit neu positionieren. Sobald die Hilfslinien wie gewünscht ausgerichtet sind, sollten Sie diese fixieren (ANSICHT/HILFSLINIEN FIXIEREN).

Ausrichten

Die AUSRICHTEN-Option im ANSICHT-Menü verändert das Verhalten von Hilfslinien, Raster, Slices, Dokument- und Ebenengrenzen. Drücken Sie einfach ⇧-⌘-; (PC: ⇧-Strg-;), um dieses Verhalten einzuschalten. Sobald die Option AUSRICHTEN aktiviert ist und Sie ein Bild, eine Text- oder Formebene neu positionieren oder das Freistellungs- oder Auswahlwerkzeug verwenden, richten sich diese an einem der oben genannten Objekte aus. Das ist auch der Fall, wenn Sie mit gedrückter ⇧-Taste neue Hilfslinien erstellen. Wenn Objekte in der Nähe einer Hilfslinie abgelegt werden, springen sie automatisch in ihre neue Position. Und auch das Gegenteil trifft zu: Wenn Sie eine Hilfslinie verschieben, rastet diese an der Kante eines Objekts ein, sobald dessen Deckkraft größer als 50% ist. Sie können Hilfslinien auch fixieren und wieder löschen. Falls Sie die Maßeinheiten der Lineale ändern wollen, klicken Sie mit gedrückter Ctrl-Taste (PC: Rechts-Klick) auf ein Lineal und wählen Sie eine neue Einheit aus. Sollten die Lineale sichtbar, die Hilfslinien jedoch ausgeblendet sein, ziehen Sie einfach eine neue Hilfslinie auf – die anderen tauchen dann wieder auf. Sie können eine Hilfslinie auch

Abbildung 2.12 Hier sehen Sie das Raster (oben) und die Hilfslinien (unten). Um das Raster einzublenden, wählen Sie ANSICHT/EINBLENDEN/RASTER. Wollen Sie eine Hilfslinie platzieren, wählen Sie ANSICHT/LINEALE und ziehen Sie eine Hilfslinie aus dem horizontalen oder vertikalen Lineal. Halten Sie ⇧-Taste gedrückt, um die Hilfslinien auszurichten (ANSICHT/AUSRICHTEN muss aktiviert sein). Mit ⌘-H (PC: Strg-H) blenden Sie Extras wie Raster und Hilfslinien ein- und aus.

An oder aus?
Falls ein Menüeintrag im ANSICHT-Menü mit einem Häkchen markiert ist, ist er aktiviert. Indem Sie den Menüeintrag erneut wählen, deaktivieren Sie ihn.

Magnetische Hilfslinien
Wenn Sie ANSICHT/EINBLENDEN/MAGNETISCHE HILFSLINIEN aktiviert haben, können Sie Ihre Ebenen mit dem Verschieben-Werkzeug besser ausrichten.

über ANSICHT/NEUE HILFSLINIE positionieren. Geben Sie in der Dialogbox die genauen Werte für die horizontale und vertikale Ausrichtung ein.

Die Photoshop-Paletten

Die Paletten in Photoshop können Sie beliebig auf Ihrem Bildschirm platzieren. Ziehen Sie die Paletten einfach an die gewünschte Position. Wenn Sie unten rechts in der Ecke ziehen, ändern Sie die Größe der Palette. Um die Standardgröße einer Palette wiederherzustellen, klicken Sie auf das Plus-Zeichen (Mac) oder den Minimieren/Maximieren-Button (PC). Mit dem ersten Klick stellen Sie die Standardgröße wieder her, mit einem zweiten klappen Sie die Palette zusammen. Wenn Sie doppelt auf die Titelleiste einer Palette klicken, wird diese immer auf die Titelleiste reduziert. Ist eine nicht minimierte Palette am unteren Bildschirmrand positioniert, klappt sie nach unten zusammen und öffnet sich wieder nach oben.

Sie können Paletten gruppieren. Ziehen Sie dazu einfach den Reiter einer Palette in eine andere Palette. Klicken Sie auf einen Reiter, um dessen Palette in den Vordergrund zu bringen. Um eine Palette aus einer Gruppe zu entfernen, ziehen Sie den gewünschten Reiter einfach heraus.

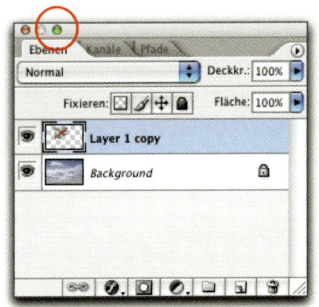
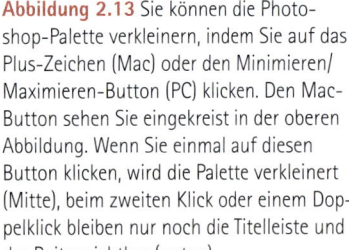

Abbildung 2.13 Sie können die Photoshop-Palette verkleinern, indem Sie auf das Plus-Zeichen (Mac) oder den Minimieren/Maximieren-Button (PC) klicken. Den Mac-Button sehen Sie eingekreist in der oberen Abbildung. Wenn Sie einmal auf diesen Button klicken, wird die Palette verkleinert (Mitte), beim zweiten Klick oder einem Doppelklick bleiben nur noch die Titelleiste und der Reiter sichtbar (unten).

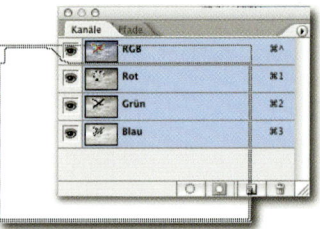

Abbildung 2.14 Die einzelnen Paletten lassen sich in Gruppen zusammenfassen. Ziehen Sie dazu einfach den Reiter einer Palette in eine andere Palette. Um eine Palette aus einer Gruppe zu entfernen, ziehen Sie den entsprechenden Reiter aus der Palette heraus.

Paletten andocken

Die Photoshop-Paletten können in einzelnen Gruppen angeordnet (wie im Standardlayout) oder wie in Abbildung 2.15 aneinander angedockt werden. Falls Ihr Monitor nicht sehr groß ist, ist es nützlich, die Paletten so anzuordnen. So lassen sich auch die Höhen der einzelnen Paletten besser anpassen, um mehr Platz für die ein oder andere Palette zu haben.

Um die Paletten aneinander anzudocken, müssen Sie zunächst alle Paletten voneinander trennen und dann immer eine Palette unter der anderen platzieren. Die untere Kante der oberen Palette wird dabei zu einer doppelten Linie. Ziehen Sie so die Stile-Palette unter die Werkzeugvorgaben und anschließend die Aktionen- und die Protokoll-Palette. Trennen Sie Ebenen-, Kanäle- und Pfade-Palette und docken Sie diese ebenfalls unten an die Stile-Palette an. Sobald sich der Cursor über der Trennlinie befindet, verwandelt sich das Icon in einen doppelten Pfeil, der Ihnen verdeutlicht, dass Sie die relative Höhe dieser beiden Paletten anpassen können. Wenn Sie am Größenfeld unten in einer Palette ziehen, verändern Sie die Gesamthöhe der Palettenformation.

Abbildung 2.15 Hier sind die Photoshop-Paletten vertikal angedockt.

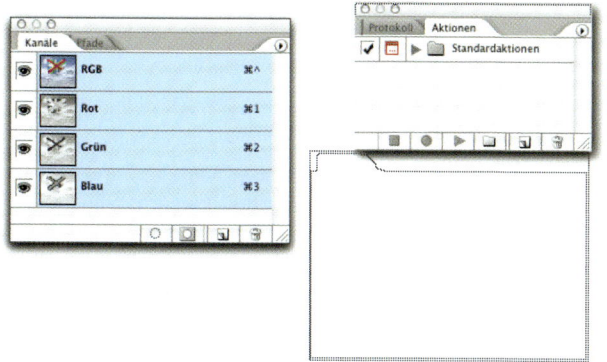

Abbildung 2.16 Um die Paletten wie in Abbildung 2.15 zusammenzusetzen, müssen Sie die Oberkante einer Palette einfach genau an die Unterkante einer anderen Palette ziehen, bis Sie eine doppelte Linie sehen.

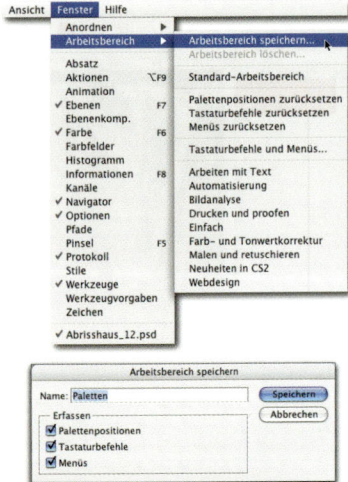

Abbildung 2.17 Die Option ARBEITSBEREICH SPEICHERN in Photoshop dient zum Speichern von eigenen Paletteneinstellungen. Den entsprechenden Arbeitsbereich wählen Sie dann unter FENSTER/ARBEITSBEREICH aus. Um einen Arbeitsbereich zu entfernen, wählen Sie die Option ARBEITSBEREICH LÖSCHEN.

Einstellungen für den Arbeitsbereich

Wenn Sie nach einer bestimmten Palette suchen, sie aber nicht finden können, ist diese Palette wahrscheinlich ausgeblendet. Wählen Sie aus dem FENSTER-Menü die entsprechende Palette aus. Mit der ⇥-Taste können Sie alle Paletten ein- oder ausblenden. Mit ⇥-⇧ blenden Sie alle aktuell sichtbaren Paletten, außer der Werkzeug-Palette und der Optionsleiste, ein und aus. Falls alle Ihre Paletten verschwunden zu sein scheinen, sollten Sie sich an dieses Kürzel erinnern.

Um die ursprünglichen Palettenpositionen wiederherzustellen, wählen Sie FENSTER/ARBEITSBEREICH und dann die Option PALETTENPOSITIONEN ZURÜCKSETZEN. Sie können die aktuelle Palettenanordnung auch als eigenen Arbeitsbereich speichern, indem Sie FENSTER/ARBEITSBEREICH/ARBEITSBEREICH SPEICHERN wählen. In der SPEICHERN-Dialogbox müssen Sie dem Arbeitsbereich einen Namen geben, dann können Sie ihn speichern. Der gespeicherte Arbeitsbereich wird ab sofort im FENSTER-Menü aufgelistet. Das ist eine sehr nützliche Funktion, mit der Sie zwischen verschiedenen Palettenanordnungen wechseln.

Wenn Sie besonders clever sein wollen, können Sie das Laden eines gespeicherten Arbeitsbereichs als Aktion speichern und dieser eine Tastenkombination zuweisen. So können Sie mit einem einzigen Tastendruck zwischen den verschiedenen Arbeitsbereichen wechseln.

Sollten Sie einen zweiten Monitor besitzen, ordnen Sie die Paletten so an, dass sie sich auf dem zweiten Bildschirm befinden.

Mit Photoshop CS2 können Sie mehr als nur die Palettenposition speichern. Sie können eigene Tastenkürzel erstellen und Menüeinträge farbig hervorheben. Diese Einstellungen nehmen Sie in der Dialogbox ARBEITSBEREICH SPEICHERN vor. Außerdem finden Sie verschiedene Voreinstellungen von Arbeitsbereichen, die Sie auch einmal ausprobieren sollten.

Navigator

Der Navigator teilt sich normalerweise eine Palette mit der Info- und der Histogramm-Palette. Mit dem Navigator können Sie sich schnell und einfach im Bild bewegen und hinein- bzw. herauszoomen. Die Palette zeigt eine kleine Vorschau des Bilds. Indem Sie das rote Rechteck verschieben, bewegen Sie den Bildausschnitt. Das Rechteck stellt dabei immer den Bereich dar, den Sie im Bildfenster sehen (im Paletten-Menü können Sie auch eine andere Farbe als Rot auswählen). Um zu zoomen, halten Sie die ⌘-Taste (PC: Strg) gedrückt oder verschieben Sie den Schieberegler unten in der Palette. Unten links in das Kästchen können Sie auch eine exakte Zoomstufe eingeben. Sie vergrößern die Palette, wie in der Abbildung zu sehen, auch durch Ziehen an der Ecke unten rechts. Sie können den Navigator also so groß darstellen, wie Sie wollen. Wenn Sie nur mit einem Monitor arbeiten, ist es vielleicht nicht so sinnvoll, die Palette zu sehr zu vergrößern. Wenn Sie die Palette jedoch auf einem zweiten Monitor platzieren können, ist dies wirklich praktisch.

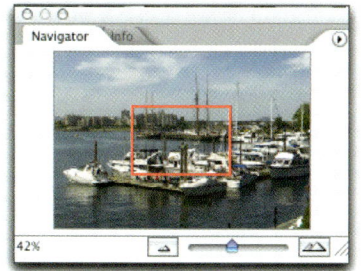 

Abbildung 2.18 Die Navigator-Palette und ihre Paletten-Optionen, wo Sie für das Kästchen auch eine andere Farbe wählen können.

Info-Palette

In dieser Palette finden Sie Informationen zur Position des Cursors im Bildfenster: Tonwerte der Pixel und Koordinaten der jeweiligen Position. Beim Arbeiten mit einem Werkzeug werden die Koordinaten ständig aktualisiert. Beim Freistellungswerkzeug, den Auswahlwerkzeugen, dem Linienzeichner und dem Zoomwerkzeug wird die Größe der Ziehbewegung angezeigt. Über das Paletten-Menü gelangen Sie zu den Paletten-Optionen. Hier können Sie die Voreinstellungen für die Lineareinheiten und die Farbangaben ändern. Standardmäßig lassen sich hier die Pixelwerte für den aktuellen Farbmodus ablesen, hinzu kommen die jeweiligen CMYK-Entsprechungen. Falls Sie in RGB arbeiten und sich Farben außerhalb des aktuellen CMYK-Farbraums befinden, werden diese durch ein Ausrufezeichen beim CMYK-Wert gekennzeichnet. Das kommt den meisten Photoshop-Nutzern sehr entgegen, denn bei der Arbeit an einem RGB-Bild lassen sich gleichzeitig RGB- und CMYK-Werte ablesen. Diese Pixelwerte hier stimmen übrigens immer mit denen der Pipette (siehe auch Seite 92) überein.

Seit der ausgebauten 16-Bit-Unterstützung in Photoshop CS können Sie sich die Zahlen in der Info-Palette auch als 16-Bit-Werte anzeigen lassen. Übrigens werden in diesem 16-Bit-Modus eigentlich nur 15 Bit pro Kanal verwendet. Das bedeutet, dass die Werte von 0 bis 32.768 und nicht von 0 bis 65.546 reichen, wovon viele Nutzer ausgehen.

Wie bereits erwähnt, können Sie die Info-Palette so anpassen, dass die Statusinformationen des Dokuments angezeigt werden. Der Vorteil dabei ist, dass Sie mehrere Informationen gleichzeitig sehen. Ganz unten in der Palette finden Sie dann zusätzliche Werkzeughinweise. Sollten Sie beispielsweise das Auswahlrechteck aktiviert haben und die ⌥-Taste (PC: Alt) drücken, wird Ihnen hier angezeigt, dass die Auswahl mittig um den Klickpunkt erstellt wird.

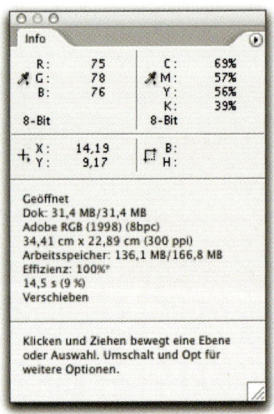

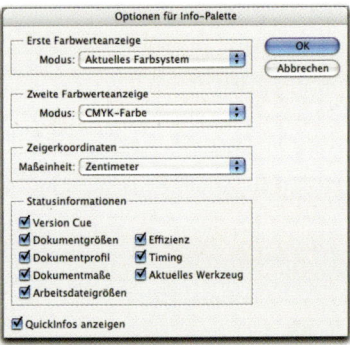

Abbildung 2.19 Hier sehen Sie die Info-Palette (oben) und deren Paletten-Optionen (unten). Klicken Sie auf das Dreieck oben rechts in der Info-Palette und öffnen Sie die Paletten-Optionen. Mithilfe der Menüs ändern Sie die Einheit der Lineale und die Farbangaben. Ich entscheide mich meistens im ersten Menü für die Option AKTUELLES FARBSYSTEM und im zweiten darunter für CMYK-FARBE. Sie können selbstverständlich auch andere Optionen auswählen.

Kapitel 2
Die Arbeitsumgebung

Histogramm-Palette

Die Histogramm-Palette ergänzt die Histogramme aus der Tonwertkorrektur- und der Camera-Raw-Dialogbox, nur dass Sie dieses Histogramm immer sehen, um die Tonwerte in einem Bild ständig im Blick zu haben. Sie können die Histogramm-Palette einmal erweitern, um mehr Werte anzuzeigen, und ein weiteres Mal, um auch die einzelnen Farbkanäle einzublenden. Das Haupt-Histogramm lässt sich so einstellen, dass RGB- und CMYK-Ansicht gleichzeitig dargestellt werden, wie Sie es vom Tonwertkorrektur-Histogramm gewohnt sind. Außerdem können Sie zwischen der Ansicht einzelner Farbkanäle, einer farbigen Histogramm-Ansicht (siehe Abbildung 2.20) und einer Luminanz-Ansicht wählen. Im BILD-Menü gab es bisher immer einen Menüeintrag HISTOGRAMM, der ein Luminanz-Histogramm aller Kanäle anzeigte. Dabei handelt es sich um eine genauere Darstellung der Bilddaten aller Kanäle, die sich besonders für die Beurteilung von Lichtern und Tiefen eignet (Details dazu finden Sie in Kapitel 4). Auch wenn die Histogramm-Palette die Tonwerte ständig aktualisiert, ist sie nicht in der Lage, alles exakt darzustellen. Die Anzeige basiert auf den Pixeln, die im Bild-Cache gespeichert sind. Falls Sie die Zoomstufe des Bilds verändert haben, damit es auf den Bildschirm passt, basieren die Histogramm-Informationen auf dem aktuellen Bild-Cache – der gespeicherten Ansicht bei nur dieser Vergrößerung. Die Histogramm-Palette liest beim Ausführen einer Operation nicht die Pixel des gesamten Bilds, sondern nutzt nur den Bild-Cache. Deshalb kann es Lücken im Histogramm geben. Wenn der Cache verwendet wird, zeigt die Cache-Stufe einen Wert größer als 1 an und Sie sehen oben rechts in der Ecke ein kleines Warndreieck. Um das Histogramm basierend auf den Bilddaten in voller Größe zu aktualisieren, klicken Sie doppelt in die Histogramm-Palette, auf das Warndreieck oder den AKTUALISIEREN-Button direkt unter dem Warndreieck.

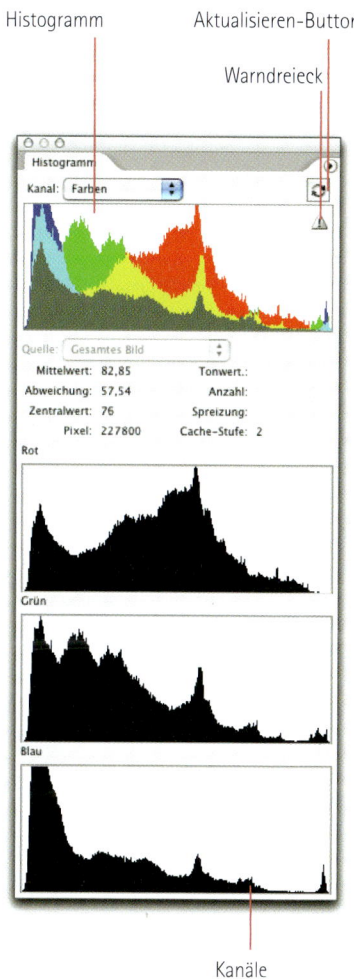

Abbildung 2.20 Hier sehen Sie die Histogramm-Palette in erweiterter Ansicht mit dem zusammengesetzten Histogramm und den einzelnen Kanälen.

Die Optionsleiste

Wenn Sie Photoshop das erste Mal installieren, erscheint die Optionsleiste am oberen Bildschirmrand, direkt unter der Menüleiste. Sie werden die Leichtigkeit, mit der sich Optionen mit minimalen Mausbewegungen ändern lassen, sicherlich bald zu schätzen wissen. Indem Sie den linken Rand der Optionsleiste verschieben, können Sie sie auch an anderer Stelle ablegen. Die Optionsleiste ist mit einem Palettenraum ausgestattet, der dann sichtbar ist, wenn sich die Optionsleiste oben oder unten am Bildschirmrand befindet und der Bildschirm eine Mindestauflösung von 1024 x 768 Pixel hat (idealerweise sollte sie größer sein, damit Sie den Palettenraum richtig sehen). Sie legen Paletten im Palettenraum ab, indem Sie die Reiter der Paletten einfach hier hinein ziehen. Wie ich bereits auf Seite 38 erwähnte, drücken Sie ⇧-⇥, um alle Paletten bis auf die Werkzeug-Palette und die Optionsleiste auszublenden. Im weiteren Verlauf des Kapitels lernen Sie die Einstellungen in der Optionsleiste für jedes einzelne Werkzeug kennen.

Abbildung 2.21 Die Optionsleiste

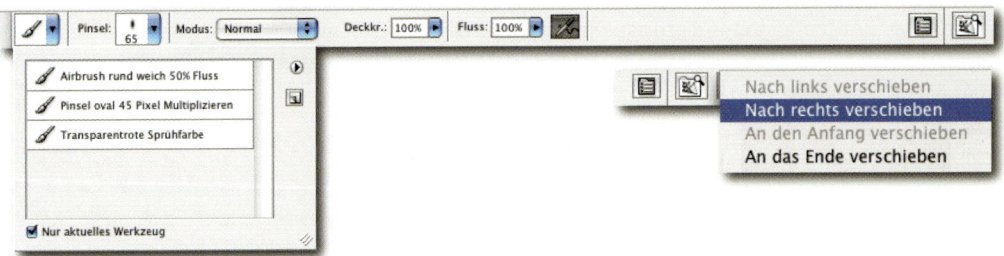

Abbildung 2.22 Über das Kontextmenü des Palettenraums können Sie die Reihenfolge der dort abgelegten Paletten ändern.

Um Werkzeuge zurückzusetzen, klicken Sie mit gedrückter [Ctrl]-Taste (PC: Rechts-Klick) links auf das Werkzeug-Icon und wählen Sie WERKZEUG ZURÜCKSETZEN. Die Reihenfolge der Reiter ändern Sie, indem Sie mit gedrückter [Ctrl]-Taste (PC: Rechts-Klick) auf den Reiter klicken und aus dem Kontextmenü auswählen, ob Sie ihn an den Anfang oder das Ende des Palettenraums verschieben wollen (siehe Abbildung 2.22).

Werkzeugvorgaben

In der Werkzeugvorgaben-Palette können Sie eigene Werkzeugvorgaben speichern. Alle Photoshop-Werkzeuge sind mit einer Reihe von Optionen ausgestattet. Mithilfe der Werkzeugvorgaben-Palette können Sie spezielle Werkzeugeinstellungen vornehmen und diese dann speichern. So haben Sie schnellen Zugang zu unterschiedlichen Werkzeugoptionen und müssen die Optionsleiste nicht jedes Mal neu konfigurieren. Es ist beispielsweise hilfreich, unterschiedliche Einstellungen (Abmessungen und Auflösungen) für das Freistellungswerkzeug zu sichern. Im Beispiel in Abbildung 2.23 sehen Sie Vorgaben für die zur Verfügung stehenden Werkzeuge. Wenn Sie die Checkbox NUR AKTUELLES WERKZEUG aktivieren, werden nur die Vorgaben für das aktive Werkzeug angezeigt.

Die Werkzeugvorgaben-Palette eignet sich auch, um vordefinierte Einstellungen vorzunehmen. Sie sollten deshalb so ziemlich als Erstes aus dem Paletten-Menü der Werkzeugvorgaben-Palette die Option WERKZEUGVOREINSTELLUNGEN LADEN wählen. Wählen Sie VORGABEN/WERKZEUGE/PINSEL.TPL. Auch wenn es nicht gleich offensichtlich ist, aber Sie können in der Palette ebenso Voreinstellungen für das Textwerkzeug speichern. Diese Option ist ebenfalls sehr nützlich, um Schriftart, Schriftgröße, Textattribute, Schriftfarbe etc. zu speichern. Wenn Sie Websites und/oder Bücher erstellen, erweist sich diese Funktion als besonders nützlich.

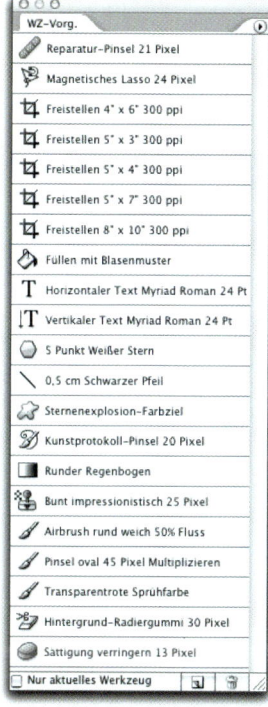

Figure 2.23 Die Werkzeugvorgaben-Palette

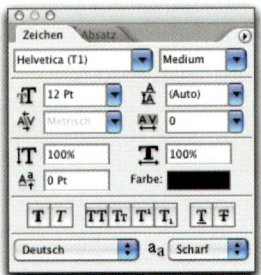

Abbildung 2.24 Die Zeichen-Palette

Abbildung 2.25 Die Absatz-Palette

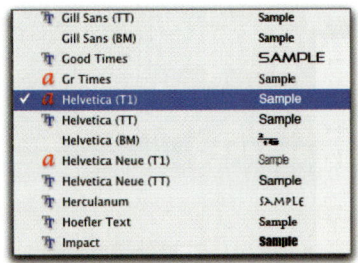

Abbildung 2.26 Das neue WYSIWYG-Schriftartmenü

Zeichen

Die Einstellungen des Textwerkzeugs kontrollieren Sie mithilfe der drei Paletten, die Sie in den Abbildungen auf dieser Seite sehen. Sobald das Textwerkzeug aktiviert ist, erscheint die Optionsleiste wie in Abbildung 2.27. Von links nach rechts stehen Ihnen folgende Optionen zur Verfügung: Wählen Sie eine Werkzeugvorgabe aus; wechseln Sie zwischen horizontaler und vertikaler Textausrichtung; wählen Sie die Schriftart (im Menü werden die auf Ihrem Computer installierten Schriften in einem WYSIWYG-Menü angezeigt – wenn Sie den Namen bereits kennen, können Sie auch die ersten Buchstaben eingeben, die passende Schriftart wird dann automatisch eingeblendet); wählen Sie einen Schriftschnitt, eine Schriftgröße und die Art der Textglättung. Anschließend folgen die Absatzeinstellungen, mit denen Sie den Text links, mittig oder rechts ausrichten. Der Button nach dem Farbfeld erlaubt es Ihnen, verkrümmten Text zu erstellen. Und wenn Sie auf den nächsten Button klicken, öffnen Sie die Zeichen- und die Absatz-Palette.

Diese Paletten bieten weitere Einstellungen. In der Zeichen-Palette finden Sie Einstellungen, die mit denen in InDesign vergleichbar sind. Hier stellen Sie Laufweite, Grundlinienverschiebung etc. ein. Sie können eine Rechtschreibprüfung basierend auf unterschiedlichen Sprachen vornehmen und verschiedene Stile anwenden.

Absatz

Photoshop lässt Sie mehrere Textzeilen erstellen und diese dann mit der Absatz-Palette kontrollieren – entscheiden Sie sich, ob der Text links, zentriert oder rechts ausgerichtet und wie der Blocksatz eingestellt werden soll.

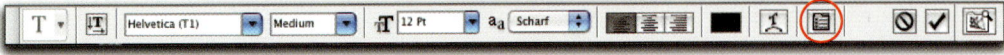

Abbildung 2.27 Die Optionen des Textwerkzeugs

Pinsel

Die Standard-Pinselvorgaben in Photoshop reichen von einem Pinsel mit einem Pixel Durchmesser bis hin zu einem Pinsel mit 2500 Pixel Durchmesser, die zudem unterschiedlich weich sein können. Diese Einleitung zu den Pinseln gilt für alle Malwerkzeuge in Photoshop.

An zweiter Stelle von links in der Optionsleiste finden Sie die Pinselvorgaben-Palette. Hier wählen Sie zunächst eine Pinselform aus. Sie können aus unterschiedlichen Formen wählen und dann Größe und Härte der Pinselspitze anpassen. Klicken Sie dazu auf das Icon neben dem Wort »Pinsel«, direkt links in der Optionsleiste. Wählen Sie die gewünschte Pinselform und Größe aus und klicken Sie doppelt auf die Vorgabe, um den Pinselwähler zu öffnen. Sie können die Pinselvorgaben aber auch einfacher wechseln, indem Sie mit gedrückter [Ctrl]-Taste (PC: Rechts-Klick) im Bild klicken und aus dem Kontextmenü eine Pinselvorgabe auswählen. Sobald Sie weitermalen, wird das Kontextmenü wieder geschlossen. Wenn Sie die [Ctrl]-Taste (PC: Rechts-Klick) drücken und dabei den Cursor ziehen und nicht klicken, bleibt das Kontextmenü so lange geöffnet, wie Sie die Maustaste gedrückt halten.

Wenn Sie die Tasten [Ctrl] und [⇧] (PC: Rechtsklick-[⇧]) drücken und in das Bild klicken, öffnet sich das Menü Pinsel bearbeiten. Außerdem haben Sie Zugang zu verschiedenen Füllmethoden.

Haben Sie eine neue Einstellung erstellt, können Sie diese als neue Werkzeugvorgabe speichern. Klicken Sie im Pinselwähler auf den Button Neue Vorgabe aus diesem Pinsel erstellen. Es erscheint die Dialogbox Name des Pinsels, in der Sie der Vorgabe einen Namen geben müssen. Klicken Sie auf OK, um die Vorgabe zur aktuellen Liste hinzuzufügen. Vielleicht haben Sie schon festgestellt, dass Photoshop keinen separaten Airbrush mehr besitzt. Stattdessen sind alle Pinselwerkzeuge mit dieser Funktion ausgestattet. Wählen können Sie diese in der Optionsleiste.

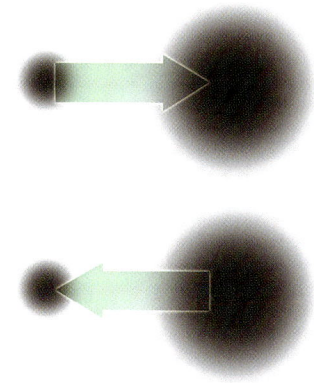

Abbildung 2.28 Sie müssen nicht immer erst die Werkzeugvorgaben öffnen, wenn Sie die Größe einer Pinselspitze ändern wollen. Nutzen Sie die Taste [Ö], um die Pinselspitze zu vergrößern und die Taste [#], um sie zu verkleinern.

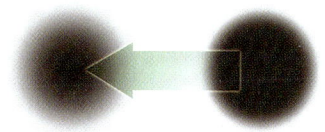

Abbildung 2.29 Wenn Sie zusätzlich die [⇧]-Taste drücken, gestalten Sie die Kante härter ([⇧]-[Ö]) bzw. weicher ([⇧]-[#]).

Pinsel-Palette

Die eben vorgestellten Pinselvorgaben legen nur die Form des Pinsels fest. Der Werkzeugvorgabenwähler (das erste Icon ganz links in der Optionsleiste) ist eine Kombination aus Form und Größe der Werkzeugvorgabe und den Pinselattributen, die in der separaten Pinsel-Palette festgelegt werden. Zu den Pinselattributen gehört unter anderem die Deckkraft. Wenn Sie ein drucksensitives Grafiktablett mit Stylus-Pen benutzen, können Sie in der Pinsel-Palette festlegen, wie Deckkraft und Fluss durch den Stiftandruck beeinflusst werden. Sie können dieses Verhalten ein- und ausschalten und festlegen, ob Deckkraft und Fluss durch den Stiftandruck oder den Neigungswinkel bestimmt werden. Neu in Photoshop CS2 ist die Möglichkeit, auch die Drehung des Stylus-Pen zu berücksichtigen. Der folgende Absatz erläutert diese Einstellungen etwas genauer.

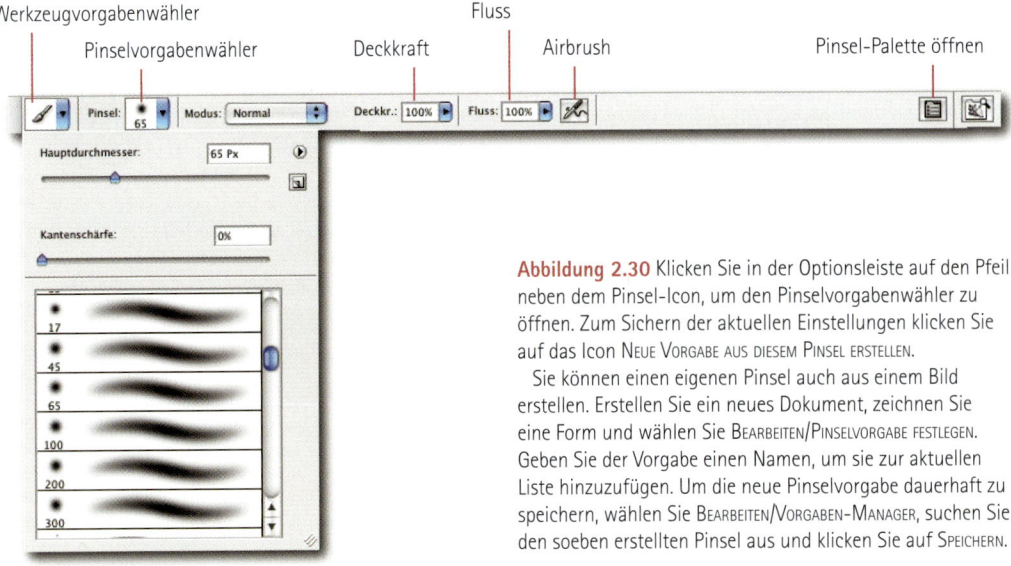

Abbildung 2.30 Klicken Sie in der Optionsleiste auf den Pfeil neben dem Pinsel-Icon, um den Pinselvorgabenwähler zu öffnen. Zum Sichern der aktuellen Einstellungen klicken Sie auf das Icon Neue Vorgabe aus diesem Pinsel erstellen.

Sie können einen eigenen Pinsel auch aus einem Bild erstellen. Erstellen Sie ein neues Dokument, zeichnen Sie eine Form und wählen Sie Bearbeiten/Pinselvorgabe festlegen. Geben Sie der Vorgabe einen Namen, um sie zur aktuellen Liste hinzuzufügen. Um die neue Pinselvorgabe dauerhaft zu speichern, wählen Sie Bearbeiten/Vorgaben-Manager, suchen Sie den soeben erstellten Pinsel aus und klicken Sie auf Speichern.

Kapitel 2
Die Arbeitsumgebung

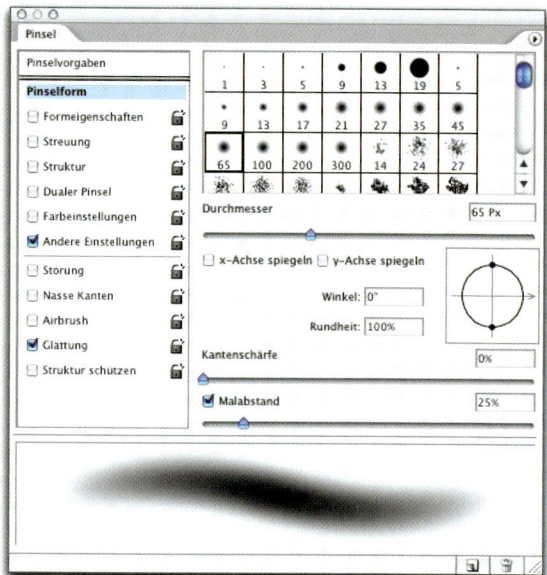

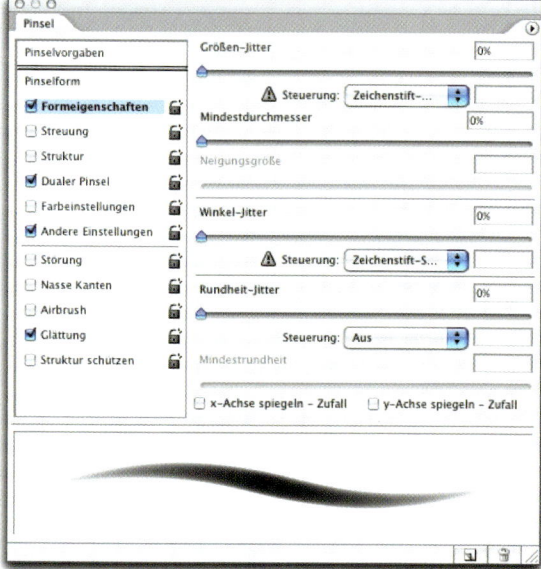

Abbildung 2.31 Hier sehen Sie zwei Ansichten der Pinsel-Palette. Wenn Sie auf eine der Optionen in der linken Spalte klicken, werden rechts daneben die dazugehörigen Einstellungen eingeblendet. Wie Sie hier sehen, erlaubt es Ihnen Photoshop, spezielle Einstellungen zu fixieren. Diese bleiben dann immer gleich, auch wenn Sie eine andere Werkezugvorgabe wählen.

Drucksensitive Steuerung

In der Wacom-Intuos-Reihe gibt es einige Stifte mit Steuerung über ein Stylus-Rad. Mit den Einstellungen in der Pinsel-Palette kann Photoshop alle eingebauten Funktionen nutzen. Das werden Sie feststellen, wenn Sie die Formeigenschaften ändern. In der Vorschau des Pinselstrichs sehen Sie die Veränderungen, als würden Sie eine Wellenlinie zeichnen, die von null bis zum vollen Stiftandruck verläuft (ebenso für Neigung und Stylus-Rad). Dieses visuelle Feedback ist sehr nützlich, denn Sie können mit den Einstellungen experimentieren und lernen, wie diese die Dynamik des Pinsels beeinflussen.

Abbildung 2.32 In diesem Beispiel wählte ich das Aurora-Pinsel-Set und experimentierte mit der SCHRIFTSCHRÄGSTELLUNG, um Größe und Winkel zu verändern. Anschließend wählte ich Türkis als Vorder- und Violett als Hintergrundfarbe. Die Farben variierte ich mithilfe des Stiftandrucks. Das Gekritzel erzeugte ich, indem ich den Ansatzwinkel des Stifts ständig drehte.

Optionen in der Pinsel-Palette

Die Jitter-Einstellungen führen innerhalb der Eigenschaften zu einer gewissen Willkürlichkeit. Die Erhöhung des Deckkraft-Jitters bedeutet, dass die Deckkraft abhängig vom Stiftandruck ist. Die eingebaute Willkürlichkeit sorgt jedoch dafür, dass die Deckkraft stärker variiert, je mehr die Deckkraft erhöht wird. Mit dem Fluss stellen Sie ein, mit welcher Geschwindigkeit die Farbe aufgetragen wird. Um die Einstellungen zu verstehen, wählen Sie einen Pinsel aus und malen Sie mehrere Pinselstriche erst mit einer geringen und dann mit einer höheren Einstellung für den Fluss. Bei einem geringen Wert wird weniger Farbe angewendet, je größer der Druck bzw. die Einstellung, desto mehr Farbe wird aufgetragen. Andere Werkzeuge wie Abwedler und Nachbelichter verwenden andere Ausdrücke – BELICHTUNG und STÄRKE –, die aber dieselbe Bedeutung haben.

Sie können die Formeigenschaften anpassen, um die Pinselspitze zu verändern. Mit den Streuungsfunktionen erzeugen Sie Pinselstriche mit einer gleichmäßigen Streuung. Mit den Farbeinstellungen lassen sich die aufzutragenden Farben variieren. Mithilfe des Vordergrund-/Hintergrund-Jitters variieren Sie die Farben entsprechend des Stiftandrucks. Die Optionen STRUKTUR und DUALER PINSEL versehen den Pinsel mit einer komplexeren Struktur. Experimentieren Sie unter DUALER PINSEL mit der Streuung. Im Abschnitt STRUKTUR finden Sie Füllmethoden für unterschiedliche Effekte. Außerdem können Sie auch eigene Strukturen anwenden. Wenn Sie in der Pinsel-Palette alle Einstellungen vorgenommen haben, klicken Sie in der Werkzeugvorgaben-Palette auf den Button NEUE WERKZEUGVORGABE und speichern Sie Ihre Einstellungen als neue Vorgabe.

Stile

Stile sind Ebeneneffektvoreinstellungen, die auf Bild-, Text- und Vektorebenen angewendet werden können. Neue, eigene Ebeneneffektkombinationen lassen sich als Stile speichern. Sie erscheinen dann als Icon in der Stile-Palette, das einen optischen Eindruck von dem Stil vermittelt. Stile können die Ebeneneffekte MUSTERFÜLLUNG und VERLAUFSFÜLLUNG enthalten.

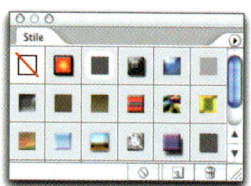

Abbildung 2.33 Die Stile-Palette

Farbfelder

Sie wählen eine neue Vordergrundfarbe, indem Sie auf ein Farbfeld in der Farbfelder-Palette klicken. Um der Liste eine neue, eigene Farbe hinzuzufügen, klicken Sie unten in der Palette in den leeren Bereich (geben Sie der neuen Farbe einen Namen). Klicken Sie mit gedrückter ⌥-Taste (PC: Alt) auf ein Farbfeld, um es zu entfernen. Über das Paletten-Menü können Sie neue Farbfelder-Sets anfügen oder ersetzen. Nutzen Sie Farbfelder auch mit anderen Programmen der Creative Suite. Die Position der Farbfelder bearbeiten Sie, indem Sie BEARBEITEN/VORGABEN-MANAGER wählen. In diesem ändern Sie die Reihenfolge der Farbfelder dann ganz schnell und einfach.

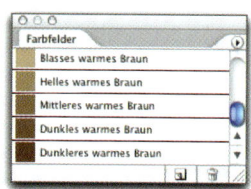

Abbildung 2.34 Zwei Ansichten der Farbfelder-Palette. Oben sehen Sie die Standardansicht, unten eine alternative Ansicht – eine der Optionen aus dem Paletten-Menü.

Farbregler

Wählen Sie in dieser Palette die Vorder- und Hintergrundfarbe, indem Sie die Regler verschieben oder in die Farbleiste unten in der Palette klicken. Im Paletten-Menü stehen unterschiedliche Farbmodi zur Auswahl, inklusive HTML und Webfarben. CMYK-Farben, die sich außerhalb des Farbumfangs befinden, werden durch ein Warnsymbol gekennzeichnet. Ganz rechts unten finden Sie die Farben Schwarz und Weiß.

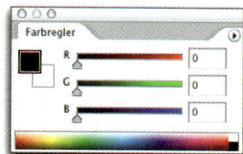

Abbildung 2.35 Die Farbregler-Palette

Vorgaben-Manager

Im Vorgaben-Manager werden alle Vorgaben in nur einer Dialogbox verwaltet. Dazu gehören Pinsel, Farbfelder, Verläufe, Stile, Muster, Konturen und Eigene Formen. Abbildung 2.36 zeigt, wie Sie den Vorgaben-Manager nutzen, um ein Set eigener Formen zu bearbeiten. Sie können ein bestehendes Set erweitern oder ersetzen (wenn es gespeichert ist, lässt es sich später leicht wieder laden). Der Vorgaben-Manager lässt sich anpassen, was besonders nützlich ist, wenn Sie die Miniaturen von Verläufen einblenden wollen (siehe Abbildung 2.37). Indem Sie doppelt auf eine Photoshop-Einstellung klicken, die sich außerhalb des Photoshop-Ordners befindet, wird das Programm automatisch gestartet und die Einstellung an die relevante Vorgabengruppe angehängt.

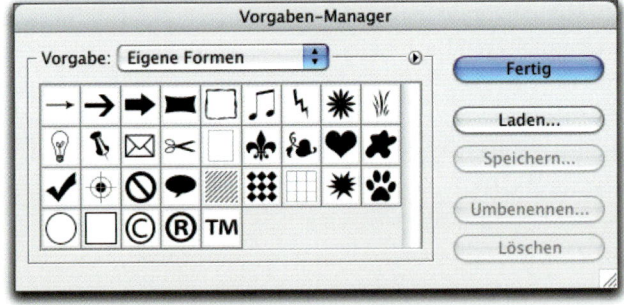

Abbildung 2.36 Nutzen Sie den Vorgaben-Manager von Photoshop, um eigene Einstellungen zu laden oder diese durch Standardvoreinstellungen zu ersetzen. Folgende Vorgaben gibt es: Pinsel, Farbfelder, Verläufe, Stile, Muster, Kontur und Eigene Formen.

Abbildung 2.37 Sie können nicht nur Vorgaben laden und ersetzen, Sie haben auch die Wahl, wie die Vorgaben angezeigt werden sollen. Bei Verläufen ist es beispielsweise besonders nützlich, wenn Sie eine Vorschau des Verlaufs und den dazugehörigen Namen sehen.

Kapitel 2
Die Arbeitsumgebung

Aktionen

Aktionen sind Skripte, die Sie in Photoshop aufzeichnen können. In der Palette in Abbildung 2.38 wurden die Standardaktionen geladen. Wie Sie anhand der Beschreibungen sehen, werden Aufgaben automatisch ausgeführt. Wenn Sie aus dem Paletten-Menü die Option AKTIONEN LADEN wählen, gelangen Sie zum Ordner PHOTOSHOP CS2/ VORGABEN/PHOTOSHOP-AKTIONEN. Hier finden Sie noch weitere Aktionen, die Sie zur Palette hinzufügen können. Sie laden eine Aktion (die beispielsweise aus dem Internet stammt) auch, indem Sie sie doppelt anklicken. Die Aktion wird dadurch automatisch im Aktionen-Ordner von Photoshop gespeichert und wenn Photoshop noch nicht läuft, wird zusätzlich das Programm gestartet. Zum Ausführen einer Aktion müssen Sie einfach ein Dokument öffnen, die Aktion auswählen und auf den WIEDERGABE-Button in der Palette klicken. Sie können auch eigene Aktionen aufnehmen, mehr dazu erfahren Sie in Kapitel 17.

Abbildung 2.38 Die Aktionen-Palette

Protokoll

Photoshop kann während einer Session zeitweise mehrere Widerrufen-Zustände und Schnappschüsse speichern. Die Protokolleinträge werden in der Protokoll-Palette gespeichert. In den allgemeinen Voreinstellungen können Sie festlegen, wie viele dieser Schritte gespeichert werden. Je mehr Schritte Sie jedoch speichern, desto mehr Arbeitsspeicher benötigt Photoshop. Klicken Sie auf einen früheren Protokollschritt, um diesen Zustand des Bilds wiederherzustellen, oder malen Sie mit dem Protokoll-Pinsel. Weitere Informationen finden Sie später in diesem Kapitel ab Seite 75.

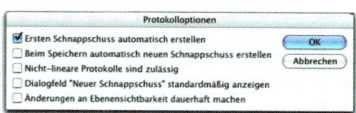

Abbildung 2.39 Die Protokoll-Palette mit ihren Protokolloptionen. Beachten Sie die in Photoshop CS2 neue Option ÄNDERUNGEN AN EBENENSICHTBARKEIT DAUERHAFT MACHEN.

Ebenen

Photoshop-Ebenen ermöglichen es Ihnen, ein Bild aus mehreren Segmenten zusammenzusetzen. Jede Ebene enthält ein Bildelement, beispielsweise eine Kopie des Hintergrunds oder eine kopierte Auswahl aus einer anderen Ebene. Es kann sich dabei auch um Text- oder Formebenen handeln. Einstellungsebenen sind Beschreibungen eines Bilds in Ebenenform. Ebenen lassen sich in Gruppen zusammenfassen (früher waren es Sets), um sie besser verwalten zu können. Sie können den Inhalt einer Ebene mit einer Pixel- oder einer Vektormaske maskieren. Um Ebenen mit darunter liegenden Ebenen zu verbinden, stehen Ihnen 23 verschiedene Füllmethoden zur Verfügung. Mithilfe von Ebeneneffekten/Ebenenstilen wenden Sie Effekte wie Schlagschatten, Verläufe etc. an. Eigene Stile können Sie aus der Stile-Palette laden. Einige dieser Ebenenoptionen finden Sie nicht nur in der Ebenen-Palette, sondern auch im EBENE-Menü. Beachten Sie, dass die Ebenen-Palette in Photoshop CS2 etwas verändert wurde. Ebenen lassen sich jetzt nur noch mithilfe des Buttons unten in der Palette miteinander verbinden. Auch das Auswählen einzelner Ebenen erfolgt nun anders. Detailliertere Informationen zu Ebenen und Montagetechniken finden Sie in Kapitel 7.

Gruppieren und Verbinden

Ebenensets werden als Gruppen bezeichnet. Halten Sie die ⇧-Taste gedrückt, um mehrere Ebenen auszuwählen. Sollten diese nicht aufeinander folgen, müssen Sie die ⌘-Taste (PC: Strg) drücken. Sie können Ebenen miteinander verbinden, indem Sie auf den neuen Button EBENEN VERBINDEN klicken oder Ebenen auswählen und dann ⌘-G (PC: Strg-G) drücken.

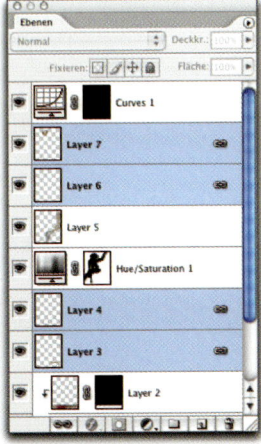

Abbildung 2.40 Die Ebenen-Palette, in der mehrere verbundene Ebenen ausgewählt wurden.

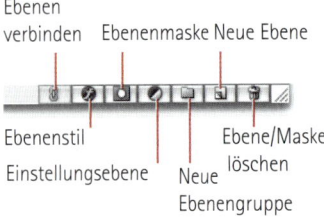

Abbildung 2.41 Die Ebene-Palette

Ebenenkompositionen

Ebenen werden verwendet, um ein Bild zu bearbeiten und die bearbeiteten Bereiche auf separaten Ebenen zu halten. Grafik- und Webdesigner nutzen Ebenen, um beispielsweise sehr komplexe Bilder zu erstellen. Dabei kann ein Bild so zusammengesetzt sein, dass durch Ein- und Ausblenden einiger darin enthaltener Ebenen verschiedene Varianten entstehen. Unter diesen Umständen kann das Ein- und Ausblenden von Ebenen sehr schwierig sein und Fehler verursachen. Mithilfe der Ebenenkomp.-Palette können Sie Ebenen sichtbar bzw. unsichtbar machen, positionieren und diesen Zustand dann in einer Ebenenkomposition speichern, zu der Sie über diese Palette Zugriff haben.

Um eine Ebenenkomposition zu speichern, klicken Sie in der Ebenenkomp.-Palette auf den Button NEUE EBENENKOMP. ERSTELLEN. Standardmäßig werden nur die Ebenendeckkräfte gespeichert. Sie können zusätzlich jedoch die Checkboxen POSITION und AUSSEHEN aktivieren, um auch diese Eigenschaften zu speichern. Wenn Sie eines der ausgewählten Attribute verändern, solange eine Ebenenkomposition aktiviert ist, können Sie diese aktualisieren, indem Sie unten in der Palette auf den Button EBENENKOMP. AKTUALISIEREN klicken.

Als Fotograf arbeite ich oft mit Ebenenkompositionen, um unterschiedliche Farbeinstellungen mit mehr als einer Einstellungsebene auszuprobieren oder um unterschiedliche Ebenenkomposition schnell vergleichen zu können. Es ist beispielsweise einfacher, unterschiedliche Kombinationen von Einstellungsebenen zu speichern, als ständig die Sichtbarkeit einzelner Ebenen zu ändern. Klicken Sie einfach in das Kästchen neben einer Ebenenkomposition, um sie auszuwählen, oder nutzen Sie die Buttons VORHER/NÄCHSTE AUSGEWÄHLTE EBENENKOMP. ANWENDEN unten in der Palette.

Ebenenkompositionen und Skripte

Sie können in Photoshop Skripte ablaufen lassen, die auf Ebenenkompositionen basieren. EBENENKOMP. IN DATEIEN erzeugt einzelne Dateien; EBENENKOMP. IN PDF erzeugt ein mehrseitiges PDF und EBENENKOMP. IN WGP lässt eine Web-Fotogalerie entstehen. Diese Skripte sind zwar noch nicht wirklich ausgereift, aber durchaus nützlich.

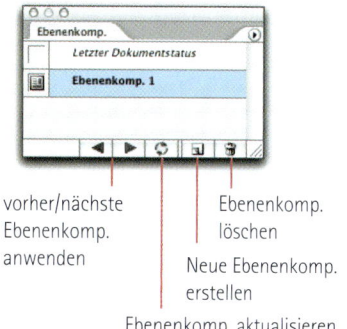

vorher/nächste Ebenenkomp. anwenden

Ebenenkomp. löschen

Neue Ebenenkomp. erstellen

Ebenenkomp. aktualisieren

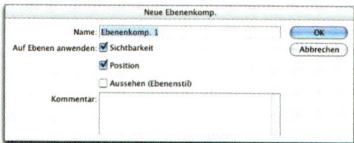

Abbildung 2.42 Die Ebenenkomp.-Palette und die Dialogbox NEUE EBENENKOMP.

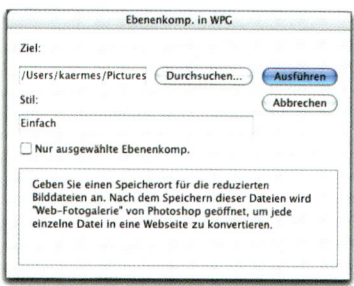

Abbildung 2.43 Hier sehen Sie ein Beispielskript einer Ebenenkomposition. Wählen Sie DATEI/SKRIPTE/EBENENKOMP. IN WGP. Sie müssen anschließend einen Zielordner festlegen (siehe auch Kapitel 15).

Kanäle

Ein Graustufenbild in Photoshop besteht aus einem einzigen 8-Bit-Kanal mit 256 Stufen (bei 16 Bit pro Kanal sind es 32000 Stufen). RGB-Bilder setzen sich aus drei Kanälen zusammen: Kanal 1 – Rot, Kanal 2 – Grün und Kanal 3 – Blau (RGB). CMYK-Bilder bestehen aus vier Kanälen: Kanal 1 – Cyan, Kanal 2 – Magenta, Kanal 3 – Gelb (Yellow) und Kanal 4 – Schwarz (blacK). In der Kanäle-Palette von Photoshop werden die Farbkanäle in dieser Reihenfolge dargestellt, zusätzliche sehen Sie über allen einen zusammengesetzten Kanal. Drücken Sie die ⌘-Taste (PC: Strg) plus die Kanalnummer (oder die Tilde, wenn es sich um den zusammengesetzten Kanal handelt), um die Kanäle einzeln zu betrachten. Wenn Sie eine Auswahl speichern (Auswahl/ Auswahl speichern), können Sie einen neuen Alpha-Kanal erstellen oder einen bereits bestehenden überschreiben. Sie fügen neue Kanäle hinzu, indem Sie unten in der Kanäle-Palette auf den Button Neuer Kanal klicken (bis zu 56 Kanäle, inklusive der Farbkanäle, sind möglich). Für spezielle Arten des Drucks lassen sich Alpha-Kanäle verwenden, um Druckinformationen (z.B. spezielle Lackfarben) zu speichern. Photoshop besitzt Schmuckfarbenkanäle, in denen Sie eine Druckfarbe spezifizieren und auf dem Bildschirm anzeigen lassen können (siehe Kapitel 9). Nutzen Sie das Paletten-Menü oder die Buttons im unteren Teil der Palette, um Kanäle zu entfernen, zu duplizieren oder neue zu erstellen.

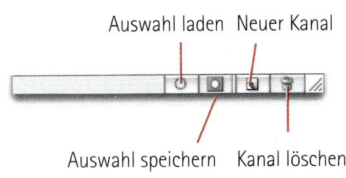

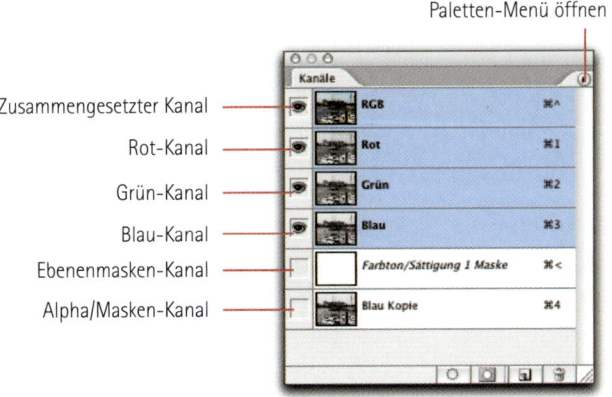

Abbildung 2.44 Die Kanäle-Palette

Pfade

Während Alpha-Kanal-Masken mit Pixeln arbeiten, nutzen Pfade mathematische Beschreibungen, um Linien, Kanten oder Formen zu beschreiben. Der Vorteil eines Pfads ist, dass er auflösungsunabhängig ist und beliebig bearbeitet werden kann. Sie können Pfade aus einem Vektorprogramm wie Adobe Illustrator importieren oder in Photoshop mithilfe des Zeichenstifts oder eines der Formwerkzeuge erstellen. Ein neu erstellter Pfad erscheint in der Pfade-Palette immer als Arbeitspfad. Arbeitspfade sollten anschließend sofort in einen normalen Pfad umgewandelt werden. Klicken Sie ihn deshalb doppelt an oder ziehen Sie ihn unten in der Palette auf den Button NEUER PFAD, um ihn nicht zu überschreiben. Pfade können unterschiedlich verwendet werden: um eine Auswahl umzuwandeln, als Ebenenbeschneidungspfad oder als Beschneidungspfad in einer EPS- oder TIFF-Datei.

Abbildung 2.45 Der Button PFADKONTUR FÜLLEN verwendet das eingestellte Werkzeug, egal welche Einstellungen zu diesem Werkzeug gehören. Öffnen Sie die entsprechende Dialogbox, indem Sie aus dem Paletten-Menü die Option PFADKONTUR FÜLLEN auswählen.

Ich erstelle meine Pfade in Photoshop immer mit dem Zeichenstift. Ich verwende Pfade meistens dann, wenn ich eine Umrisslinie nachzeichnen will, die ich später in eine Auswahl oder Maske umwandeln möchte. Viele andere verwenden dafür das Lasso. Wie Sie im Verlauf des Buchs feststellen werden, bevorzuge ich den Zeichenstift deutlich gegenüber dem Lasso, da er effizienter ist – Sie können einen Zeichenpfad später viel einfacher bearbeiten. Um einen Pfad mit der Vordergrundfarbe zu füllen, klicken Sie auf den Button PFADFLÄCHE FÜLLEN. Nutzen Sie den Button PFAD-KONTUR FÜLLEN, um nur die Kontur eines Pfads zu füllen. Wollen Sie einen Pfad als Auswahl laden, klicken Sie auf den Button AUSWAHL ERSTELLEN. Klicken Sie auf ARBEITS-PFAD ERSTELLEN, um eine aktive Auswahl als Pfad zu laden.

Abbildung 2.46 Die Pfade-Palette

Werkzeug-Palette

Die Werkzeug-Palette enthält 58 einzelne Werkzeuge, deren Icons etwas über ihre Funktion verraten. Die einzelnen Werkzeugeinstellungen befinden sich in der Optionsleiste. Sobald Sie auf ein Werkzeug doppelt klicken, wird automatisch die Optionsleiste eingeblendet (falls sie nicht zu sehen sein sollte). Abbildung 2.47 zeigt die Werkzeug-Palette. Zusätzliche Werkzeuge werden durch ein kleines Dreieck unten rechts in einem Werkzeug-Icon symbolisiert. Jedes Werkzeug bzw. jedes Werkzeugset besitzt ein eigenes Tastenkürzel. Die Taste C beispielsweise aktiviert das Freistellungswerkzeug. Wenn sich mehr als zwei Werkzeuge

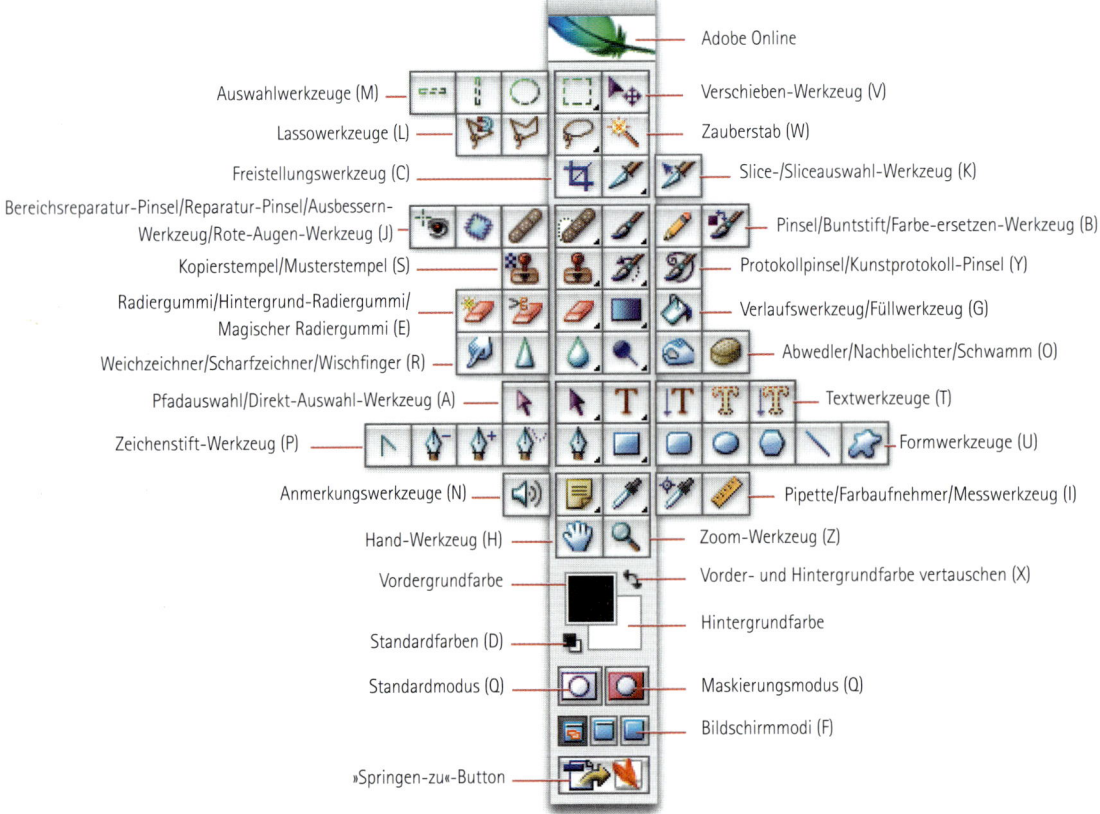

Abbildung 2.47 Die Werkzeug-Palette mit den dazugehörigen Tastenkürzeln in Klammern.

dasselbe Tastenkürzel teilen, wechseln Sie zwischen den einzelnen Werkzeugen, indem Sie zusätzlich zum Buchstaben die ⇧-Taste drücken. Wollen Sie lieber durch wiederholtes Drücken der Buchstabentaste zwischen den Werkzeugen wechseln, stellen Sie das in den allgemeinen Voreinstellungen von Photoshop ein. Sie können auch mit gedrückter ⌥-Taste (PC: Alt) auf ein Werkzeug-Icon klicken, um zwischen den Werkzeugen in dieser Gruppe zu wechseln.

In manchen Situationen erlaubt es Photoshop nicht, ein bestimmtes Werkzeug zu verwenden. Wenn Sie in das Bildfenster klicken, erscheint eine Dialogbox, die Ihnen den genauen Grund mitteilt. Sobald Sie in der Werkzeug-Palette auf das Icon ganz oben klicken, gelangen Sie zu Adobe Online. Dort erfahren Sie die neuesten Informationen und haben Zugriff auf eine Online-Hilfe und Profi-Tipps.

Abbildung 2.48 Der Willkommensbildschirm von Space Monkey

Eastereggs

Wenn Sie aus dem Apfel-Menü die Option ÜBER PHOTOSHOP wählen, öffnet sich der Willkommensbildschirm und Sie erfahren eine ganze Menge über das Adobe-Team (wer das Programm geschrieben hat etc.). Halten Sie die ⌥-Taste (PC: Alt) gedrückt, läuft der Text schneller. Halten Sie anschließend einmal die ⌘-Taste (PC: Strg - Alt) gedrückt und wählen Sie ÜBER PHOTOSHOP, dann öffnet sich die Beta-Version des Willkommensbildschirms (der Space Monkey). Sobald die Credits durchgelaufen sind, können Sie mit gedrückter ⌥-Taste (PC: Alt) in den Weißraum unter dem Bild, aber über den Credits klicken, um versteckte Danksagungen zu finden. Eine weitere versteckte Funktion finden Sie, indem Sie in die Ebenen-Palette gehen und die ⌥-Taste (PC: Alt) gedrückt halten. Wählen Sie dann aus dem Paletten-Menü die Option PALETTEN-OPTIONEN.

Abbildung 2.49 Können Sie Merlin finden?

ATWs

Es lohnt sich, zum Team der Photoshop-Entwickler zu gehören. So kann man in den Willkommensbildschirm beispielsweise versteckte Botschaften einbinden. Wie Sie diese finden, erfahren Sie im Text nebenan.

Auswahlwerkzeuge

Übliche Konventionen behalten in Photoshop ihre Gültigkeit: Pixel können ausgeschnitten, kopiert und eingesetzt werden, wie Sie es mit Text in einem Textverarbeitungsprogramm tun würden. Fehler lassen sich rückgängig machen, indem Sie BEARBEITEN/RÜCKGÄNGIG wählen oder auf den vorhergehenden Protokollschritt in der Protokoll-Palette klicken. Mithilfe der Auswahlwerkzeuge legen Sie einen bestimmten Bildbereich fest, der getrennt vom Rest des Bilds bearbeitet, als neue Ebene definiert oder kopiert und eingefügt werden soll. Sie arbeiten mit den Auswahlwerkzeugen, als würden Sie Text in einer Textverarbeitung markieren, um diesen in irgendeiner Art und Weise zu bearbeiten.

Zu den Auswahlwerkzeugen gehören Auswahlrechteck, Auswahlellipse und die Auswahlwerkzeuge EINZELNE REIHE und EINZELNE SPALTE. Mit dem Lasso-Werkzeug erstellen Sie freihändige Auswahlen – es besitzt zwei weitere Modi: das Polygon-Lasso, mit dem Sie gerade Linien und Freihandauswahlen erstellen, und das Magnetische Lasso. Der Zauberstab wählt Pixel-basierend auf den Luminanzwerten der einzelnen Kanäle aus. Wenn Sie eine Landschaftsaufnahme mit einem schönen blauen Himmel haben und mit dem Zauberstab in diesen blauen Himmel klicken, sollte er ausgewählt werden. Das ist auch genau das, was die meisten Menschen vom Zauberstab erwarten. In Wirklichkeit ist er jedoch nicht so verlässlich. Bei Bildern mit einer geringeren Auflösung funktioniert der Zauberstab ganz gut, ansonsten eher nicht. Mit der Option WEICHE AUSWAHLKANTE bessern Sie die Auswahl des Zauberstabs etwas nach. Falls Sie komplexe Auswahlen erstellen wollen, sollten Sie lieber AUSWAHL/FARBBEREICH AUSWÄHLEN verwenden. Dieser Auswahlbefehl bietet alle Stärken des Zauberstabs, gleichzeitig jedoch auch mehr Kontrolle. Bei kritischen Auswahlen benutze ich den Zauberstab eher selten, eher bei groben Auswahlen, die auf Farbwerten basieren. Sie können den Zauberstab durchaus verwenden, aber verlassen Sie sich nicht allzu sehr auf ihn.

Toleranzeinstellung für den Zauberstab

Sie können die Toleranzeinstellung des Zauberstabs so wählen, dass mehr oder weniger Pixel ausgewählt werden, je nachdem, wie ähnlich diese dem Klickpunkt sind. Die Toleranz bestimmt, wie sensibel der Zauberstab arbeitet. Wenn Sie in einen Bildbereich klicken, werden alle angrenzenden Pixel ausgewählt, deren Farbwerte innerhalb eines bestimmten Toleranzbereichs liegen. Besitzen die angeklickten Pixel beispielsweise einen Wert von 120 und Sie arbeiten mit der Standardtoleranz von 32, wählt Photoshop Pixel aus, die einen Farbwert zwischen 88 und 152 aufweisen.

Den Zauberstab gut aussehen lassen

Den Zauberstab gibt es schon lange. Viele der ersten Tutorials beschäftigen sich nur mit Bildern in Bildschirmgröße. Dadurch war es ziemlich einfach, einen Eindruck des Zauberstabs zu vermitteln, der damals wirklich zu zaubern schien. Wenn Sie heute mit normal großen Bildern arbeiten, hat der Zauberstab deutlich an Nutzen eingebüßt.

Modifikator-Tasten

Die Tastenanordnung auf Macintosh- und Windows-Tastaturen unterscheidet sich in einigen wenigen Punkten. Deshalb finden Sie in diesem Buch auch immer zwei Tastenangaben. Dabei entspricht die ⌘-Taste des Macs der Strg-Taste unter Windows und die ⌥-Taste des Mac bildet das Äquivalent zur Alt-Taste unter Windows. Tatsächlich wird jedoch auf den meisten Mac-Tastaturen die ⌥-Taste sogar als Alt-Taste bezeichnet. Auch auf dem Mac gibt es eine Ctrl-Taste – um damit Kontextmenüs zu öffnen (mehr dazu später). Das passende Windows-Äquivalent ist die rechte Maustaste. Die ⇧-Taste ist jedoch auf beiden Systemen gleich.

Diese Tasten werden als Modifikator-Tasten bezeichnet, weil sie das Werkzeugverhalten modifizieren. Das ist jedoch nicht die einzige Aufgabe der Modifikator-Tasten: Halten Sie die ⌥-Taste (PC: Alt) gedrückt und klicken Sie auf das Auswahlrechteck in der Werkzeug-Palette. Beachten Sie, dass Sie durch die zur Verfügung stehenden Werkzeuge wechseln. Meist kommen die Modifikator-Tasten in Zusammenhang mit Auswahlwerkzeugen zum Einsatz. Sobald Sie etwas geübter sind, sollten Sie die Tasten ohne Hinsehen verwenden können.

Die ⇧-Taste und auch die ⌥-Taste (PC: Alt) beeinflussen das Form- und Zeichenverhalten der Auswahlwerkzeuge: Wenn Sie eine Auswahl erstellen und die ⇧-Taste gedrückt halten, zeichnen Sie ein Quadrat oder einen Kreis. Halten Sie die ⌥-Taste (PC: Alt) gedrückt, wird die Auswahl um den Klickpunkt zentriert.

Wenn Sie ⇧-⌥ (PC: ⇧-Alt) gedrückt halten, werden beide Eigenschaften miteinander vereint und Sie erstellen ein Quadrat oder einen Kreis mittig um den Klickpunkt.

Nach der ersten Stufe einer Auswahl – egal ob mit Auswahlwerkzeug, Lasso oder Zauberstab erstellt oder aus einem gespeicherten Alpha-Kanal geladen – verhalten sich die Modifikator-Tasten unterschiedlich.

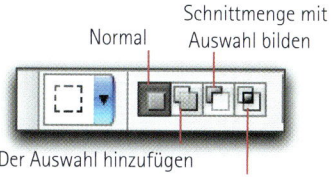

Abbildung 2.50 Die Optionsleiste bietet vier Modi für jedes Auswahlwerkzeug: NORMAL, DER AUSWAHL HINZUFÜGEN, VON AUSWAHL SUBTRAHIEREN und SCHNITTMENGE MIT AUSWAHL BILDEN. Mit den Modifikator-Tasten können Sie dieselben Modi festlegen.

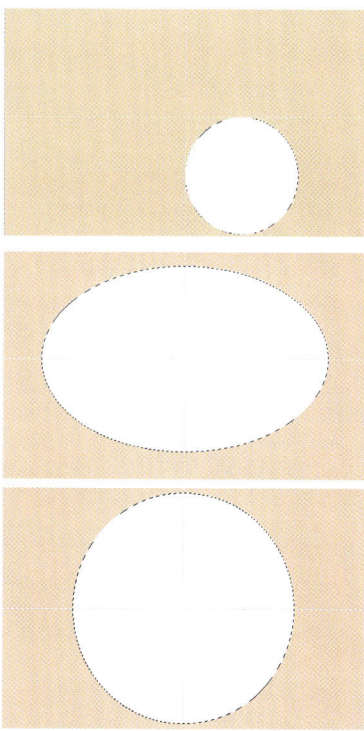

Abbildung 2.51 Diese zusammengesetzten Screenshots zeigen Maskierungsansichten von Auswahlen, die erstellt wurden, indem sie mit gedrückter ⇧-Taste (oben), gedrückter ⌥-Taste (PC: Alt) (Mitte) und ⇧-⌥ (PC: ⇧-Alt) (unten) aus der Mitte gezogen wurden.

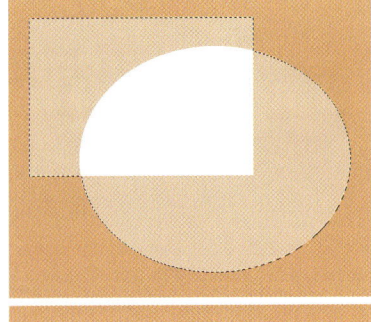
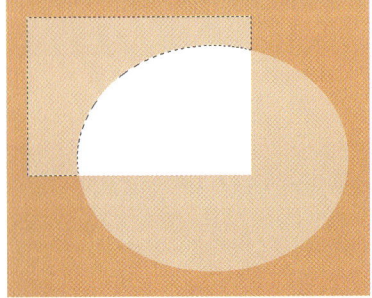
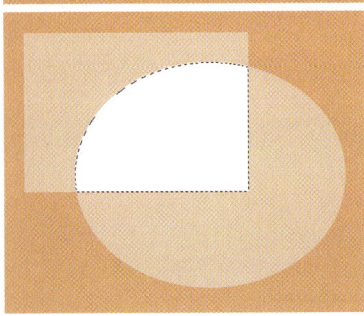

Wenn Sie beim Ziehen mit dem Auswahlrechteck oder dem Lasso die ⇧-Taste gedrückt halten, fügen Sie etwas zur Auswahl hinzu. Ebenso, wenn Sie beim Klicken mit dem Zauberstab die ⇧-Taste gedrückt halten.

Um etwas von der Auswahl zu subtrahieren, halten Sie die ⌥-Taste (PC: Alt) gedrückt, während Sie das Auswahlrechteck, das Lasso oder den Zauberstab verwenden.

Indem Sie mit einem der Auswahlwerkzeuge ⇧-⌥ (PC: ⇧-Alt) drücken, erzeugen eine Schnittmenge aus beiden Auswahlen.

In Kapitel 7 finden Sie weitere praktische Hinweise zu Montagetechniken.

Abbildung 2.52 Diese zusammengesetzten Screenshots zeigen Maskierungsansichten der Auswahlen, die nach dem ersten Schritt weiterbearbeitet wurden. Ganz oben wurde eine elliptische Auswahl mit einer rechteckigen Auswahl durch Gedrückthalten der ⇧-Taste kombiniert. In der Mitte wurde die ⌥-Taste (PC: Alt) gedrückt, um die rechteckige Auswahl von der elliptischen zu subtrahieren. Unten wurde durch ⇧-⌥ (PC: ⇧-Alt) eine Schnittmenge aus beiden Auswahlen gebildet.

Abbildung 2.53 Die Modifikator-Tasten auf einer Macintosh-Tastatur mit den Windows-Entsprechungen

Kapitel 2
Die Arbeitsumgebung

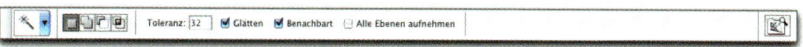

1 Mit dem Zauberstab wählen Sie Pixel aus, die denen im Klickpunkt sehr ähnlich sind. Wenn Sie in diesem Bild in den blauen Himmel klicken, werden alle blauen Pixel in der Umgebung ausgewählt. Weil die Option BENACHBART aktiviert ist, gelangen nur unmittelbar benachbarte Pixel in die Auswahl – also nur Pixel, die mit dem Klickpunkt verbunden sind.

2 Wenn Sie die Option BENACHBART deaktivieren, wählt der Zauberstab alle blauen Pixel im Bild mit ähnlichen Tonwerten aus. Beachten Sie, dass in diesem Bild jetzt auch die blauen Pixel auf der anderen Seite der Wolke mit ausgewählt wurden.

3 Nachdem Sie alle blauen Pixel ausgewählt haben, können Sie AUSWAHL/AUSWAHL VERGRÖSSERN wählen, um die Auswahl zu erweitern. Dieser Befehl basiert auf der Toleranzeinstellung des Zauberstabs, die Sie in der Optionsleiste gewählt haben.

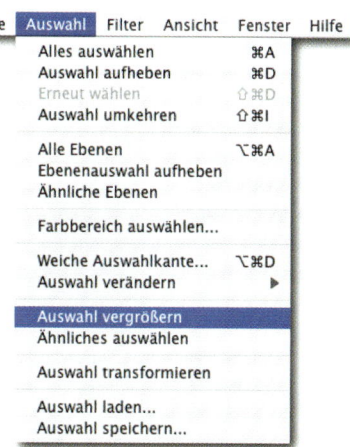

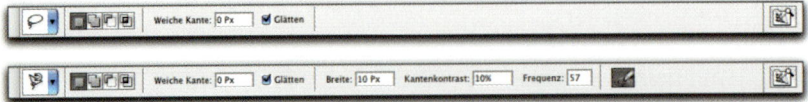

Lasso: Freihand / Polygon / Magnetisch

Das Lasso verhält sich nahezu identisch zu den Auswahlwerkzeugen – hier gelten dieselben Regeln für die Modifikator-Tasten. Das Standard-Lasso verwenden Sie ganz einfach, indem Sie mit der Maus um den Bereich fahren, den Sie auswählen wollen, und dabei die Maustaste gedrückt halten. Wenn Anfangs- und Endpunkt aufeinander treffen und Sie die Maustaste loslassen, entsteht eine vollständige Auswahl.

Im Polygon-Modus klicken Sie, um eine Auswahl zu beginnen, lassen die Maustaste los, positionieren den Cursor neu und klicken, um eine gerade Linie zu erstellen usw. Um vorübergehend freihändig zu zeichnen, halten Sie die ⌥-Taste (PC: Alt) gedrückt und ziehen Sie mit der Maus. Sobald Sie die Taste wieder loslassen, gelangen Sie zurück in den Polygon-Modus. Um die Auswahl zu vervollständigen, müssen Sie den Cursor direkt über dem Anfangspunkt positionieren (neben dem Cursor erscheint ein kleiner Kreis) und klicken.

Das Magnetische Lasso hat einen empfindlichen Bereich, den Sie in der Optionsleiste einstellen. Wenn Sie an einer Bildkante entlang fahren, spürt das Magnetische Lasso diese Kante auf und erstellt eine Auswahl, die dieser Kante folgt. Malen Sie weiter entlang der Kanten, bis der Umriss vollständig ist, und schließen Sie die Auswahl.

Diese Innovation wird Anfänger und alle anderen erfreuen, die Probleme damit haben, Auswahlen mit dem Lasso zu erzeugen. (Ich denke, dass so eine starke Photoshop-Funktion nicht als »Lasso für Doofe« abgestempelt werden sollte.) In Verbindung mit einem Grafiktablett können Sie die Breite der Auswahl mithilfe des Stiftandrucks verändern. Ohne Grafiktablett nutzen Sie die Maus und die Tasten Ö und #, um die Breite zu verändern. Die Wirkungsweise des Magnetischen Lassos lässt sich wirklich nur einschätzen, wenn Sie es ständig mit den Tastenkombinationen verwenden. Das Magnetische Lasso zeichnet einen Pseudo-Pfad, indem es auf seinem Weg Fixpunkte festlegt. Den Abstand zwischen diesen Punkten bestimmen Sie in der Optionsleiste mithilfe der Option FREQUENZ. Der Kantenkontrast legt den minimalen Kontrast einer Kante fest, der erreicht werden muss, damit das Werkzeug reagiert. Wenn Sie an einer Kante entlang fahren, folgt die Linie der Kante mit dem größten Kontrast und bleibt daran kleben wie ein Magnet.

Um eine magnetische Umrisslinie zurückzuzeichnen, ziehen Sie einfach über den bisher gezeichneten Umriss. Sobald Sie auf einen Fixpunkt treffen, können Sie von dort aus weiterzeichnen oder die Löschentaste drücken. Durch Klicken mit der Maus lassen sich eigene Fixpunkte hinzufügen.

Wenn Sie einen Umriss definieren, kehren Sie vorübergehend zum herkömmlichen Lasso zurück, indem Sie die ⌥-Taste (PC: Alt) drücken. Halten Sie die Tasten gedrückt, während keine Maustaste gedrückt ist, verwandelt sich das Werkzeug in das Polygon-Lasso (oder den Freiform-Zeichenstift, wenn Sie mit dem Magnetischen Zeichenstift arbeiten). Bevor Sie mit dem Werkzeug zu arbeiten beginnen, kommen weitere Modifikator-Tasten ins Spiel. Halten Sie die ⇧-Taste gedrückt, um einer bereits bestehenden Auswahl etwas hinzuzufügen. Sie müssen die Maustaste dabei nicht gedrückt halten. Wenn Sie mit dem Magnetischen Lasso arbeiten, können Sie einfach klicken und ziehen, um einen Fixpunkt zu erstellen.

Um eine Auswahl fertig zu stellen, klicken Sie auf den Anfangspunkt. Klicken Sie doppelt darauf oder drücken Sie die ↵-Taste, um mit einer Linie abzuschließen, die das magnetische Werkzeug festlegt. Photoshop folgt der Linie, auf der Sie sich gerade befinden, und schließt die Schleife so, wie das Werkzeug dem Kontrast folgen würde. Sie schließen den Pfad mit einem geraden Liniensegment, indem Sie mit gedrückter ⌥-Taste (PC: Alt) klicken.

Tipp zur Leertaste
Lassen Sie die Maustaste nicht gleich los, wenn Sie eine Auswahl fertig gestellt haben – halten Sie zusätzlich die Leertaste gedrückt. So können Sie die Auswahl neu platzieren. Wenn Sie die Leertaste wieder loslassen, können Sie die Form weiter bearbeiten.

1 Wenn es eine Kante mit hohem Kontrast gibt, hat das Magnetische Lasso keine Probleme, dem Pfad entlang des Kopfs zu folgen. Die Fixpunkte entlang des Pfads werden automatisch erstellt. Das Fadenkreuz hilft Ihnen, die Kante zu finden.

2 Das Magnetische Lasso erstellt erst dann einen weiteren Fixpunkt, wenn es die Kante aufgespürt hat. Es erstellt einen Pfad entlang dieser Kante. Um gleichzeitig im Bild zu scrollen, halten Sie die Leertaste gedrückt – so aktivieren Sie vorübergehend das Hand-Werkzeug, ohne die Auswahl zu zerstören.

3 Wenn Sie mit einem Grafiktablett arbeiten, erhöhen Sie die Größe des Auswahlbereichs, indem Sie den Stiftandruck senken. Dadurch können Sie den Umriss schneller zeichnen. Erhöhen Sie den Druck, um den Auswahlfokus zu verringern und die Kanten genauer zu definieren.

4 Um Fixpunkte zu entfernen, zeichnen Sie den Pfad zurück und drücken Sie die Löschtaste. Um die Auswahl fertig zu stellen, klicken Sie doppelt oder drücken Sie die ↵-Taste. Falls eine Lücke entsteht, wird der Umriss entsprechend dem Kontrast geschlossen.

Kapitel 2
Die Arbeitsumgebung

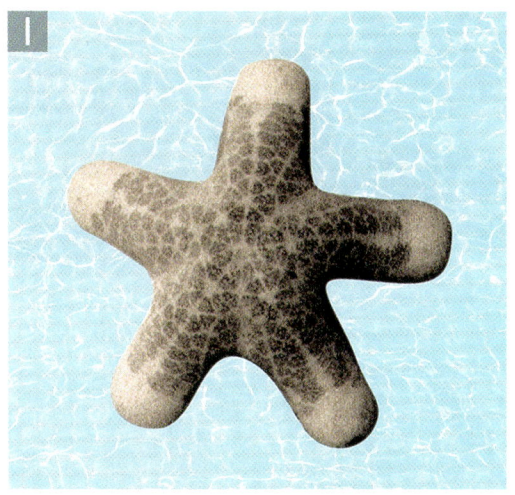

1 Photoshops Magnetisches Lasso analysiert das Bild, um die Kanten zu finden. Die Schwierigkeit dabei ist, dass die Kanten für Photoshop nicht immer so gut zu erkennen sind wie für uns.

Foto von Peter Hince.

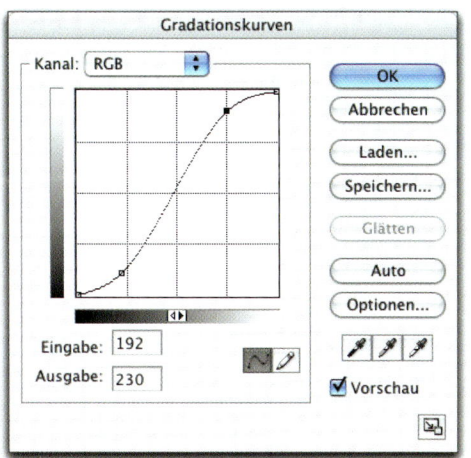

2 Eine Möglichkeit der Abhilfe ist das vorübergehende Erhöhen des Kontrasts. In diesem Bild erstellte ich eine neue Gradationskurveneinstellungsebene und formte die Kurve wie ein »S«. Der Umriss erscheint nun viel klarer und das Magnetische Lasso hat keine Probleme, die Kanten zu finden. Nachdem die Auswahl vollständig war, entfernte ich die Einstellungsebene wieder.

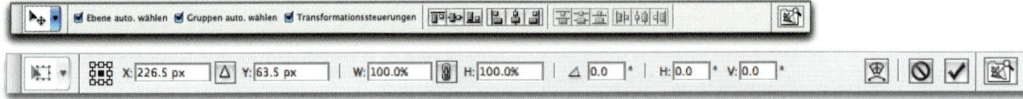

Verschieben-Werkzeug

Verwendung für das Verschieben-Werkzeug:
- Ebenen und Auswahlen per Drag&Drop von einem Bildfenster in ein anderes bewegen
- Auswahlen oder Bilder aus Photoshop in ein anderes Programm bewegen
- Auswahlen oder Ebeneninhalte innerhalb einer Ebene verschieben
- Eine Auswahl kopieren und bewegen (⌥-Taste [PC: Alt]) drücken)
- Eine Ebene transformieren
- Eine Ebene ausrichten/verteilen
- Ebenenauswahlen erstellen

Ebenen ausrichten/verteilen
Wenn mehrere Ebenen miteinander verbunden sind, können Sie die Ausrichten- und Verteilen-Buttons in der Optionsleiste nutzen und müssen nicht unbedingt auf die Menüeinträge zurückgreifen (siehe auch Kapitel 9).

Das Verschieben-Werkzeug müsste, um genau zu sein, eigentlich Bewegen-/Transformieren-/Ausrichten-Werkzeug heißen. Der Transformieren-Modus wird deutlich, wenn Sie die Checkbox TRANSFORMATIONSSTEUERUNGEN aktivieren (um das Objekt erscheint ein Rahmen). Sobald Sie auf die Griffpunkte des Rahmens klicken, werden in der Optionsleiste die numerischen Transformationssteuerungen angezeigt. Diese Funktion ist nur aktiv, wenn das Verschieben-Werkzeug aktiv ist und Sie nicht nur vorübergehend durch Drücken der ⌘-Taste (PC: Strg) darauf zugreifen.

Sie können das Verschieben-Werkzeug jederzeit aktivieren, indem Sie die ⌘-Taste (PC: Strg) drücken. Ausnahmen bilden jedoch die Slice-Werkzeuge (da wechseln Sie mit diesem Tastenkürzel nur zwischen diesen Werkzeugen), das Hand-Werkzeug, der Zeichenstift oder das Pfad-Auswahl-Werkzeug.

Auch mit der ⌥-Taste (PC: Alt) können Sie das Verhalten des Verschieben-Werkzeugs verändern. Wenn Sie diese Taste zusammen mit der ⌘-Taste (PC: Strg) drücken, erstellen Sie eine Kopie der Auswahl.

Ebenen mithilfe des Verschieben-Werkzeugs auswählen

Wenn das Verschieben-Werkzeug aktiv ist, verschieben Sie beim Ziehen den Ebeneninhalt (der Cursor muss dabei nicht auf der Auswahl oder einem Objekt zentriert sein). Sobald die Option EBENE AUTOMATISCH WÄHLEN aktiviert ist, wählt das Verschieben-Werkzeug automatisch die oberste Ebene mit den deckendsten Bilddaten unter dem Cursor aus. Bei Bildern mit vielen Ebenen ist diese Option durchaus hilfreich. Das Verschieben-Werkzeug in Photoshop CS2 erlaubt auch das Auswählen mehrerer Ebenen. Wenn die Option EBENE AUTOMATISCH WÄHLEN aktiv ist, können Sie klicken und ziehen, um mehrere Ebenen auszuwählen (als würden Sie mehrere Ordner durch Aufziehen eines Auswahlrahmens auswählen).

Falls das Verschieben-Werkzeug in der Werkzeug-Palette aktiviert, aber die Option EBENE AUTOMATISCH WÄHLEN nicht eingeschaltet ist, können Sie durch Drücken der ⌘-Taste (PC: Strg) die automatische Ebenenwahlfunktion aufrufen. Aktivieren Sie zuerst das Verschieben-Werkzeug, drücken Sie dann die Taste und ziehen Sie im Bildfenster, um mehrere Ebenen auszuwählen. Bei mehreren, sich überlappenden Ebenen können Sie die Ctrl-Taste (PC: Rechts-Klick) drücken, um das Kontextmenü zu öffnen. Aus diesem wählen Sie dann genauer die gewünschte Zielebene aus.

Tastenkürzel
Indem Sie die ⌘-Taste (PC: Strg) gedrückt halten, können Sie zeitweise das Verschieben-Werkzeug aktivieren (es sei denn, der Zeichenstift oder das Hand-Werkzeug sind aktiv). Mit den Pfeiltasten auf der Tastatur verschieben Sie eine Ebene oder Auswahl in 1-Pixel-Schritten (wenn Sie die ⇧-Taste drücken, sind es Zehnerschritte). Mehrere dieser Verschiebungen werden in der Protokoll-Palette als ein Schritt gezählt und können so auch in nur einem Schritt rückgängig gemacht werden.

Halten Sie die Leertaste gedrückt, um zeitweise das Hand-Werkzeug zu aktivieren. Drücken Sie zusätzlich die ⌘-Taste (PC: Strg), um in das Bild hineinzuzoomen. Um herauszuzoomen, müssen Sie die ⌥-Taste (PC: Alt) drücken. Sollte das Hand-Werkzeug bereits aktiviert sein, erreichen Sie durch Drücken der Modifikator-Tasten denselben Effekt. Wenn Sie doppelt auf das Zoom-Werkzeug klicken, gelangen Sie zur Zoomstufe von 100% (wie auch mit der Tastenkombination ⌘-⌥-0 [PC: Strg-Alt-0]). Wenn Sie doppelt auf das Hand-Werkzeug klicken, füllt das Bild den Bildschirm aus. Das passende Tastenkürzel dazu ist ⌘-0 (PC: Strg-0). Drücken Sie die Tab-Taste, um die Werkzeug-Palette und alle anderen Paletten ein- bzw. auszublenden. Mit ⇧-Tab bleibt die Werkzeug-Palette sichtbar und es werden nur die anderen Paletten ein- bzw. ausgeblendet.

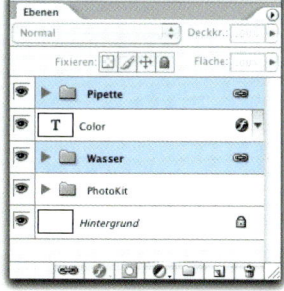

Abbildung 2.54 Wenn das Verschieben-Werkzeug aktiviert und die Checkbox EBENE AUTOMATISCH WÄHLEN eingeschaltet ist, können Sie einen Auswahlrahmen aufziehen, um mehrere Ebenen auszuwählen. Ist die Option nicht eingeschaltet, wechseln Sie mit der ⌘-Taste (PC: Strg) vorübergehend in diesen Modus.

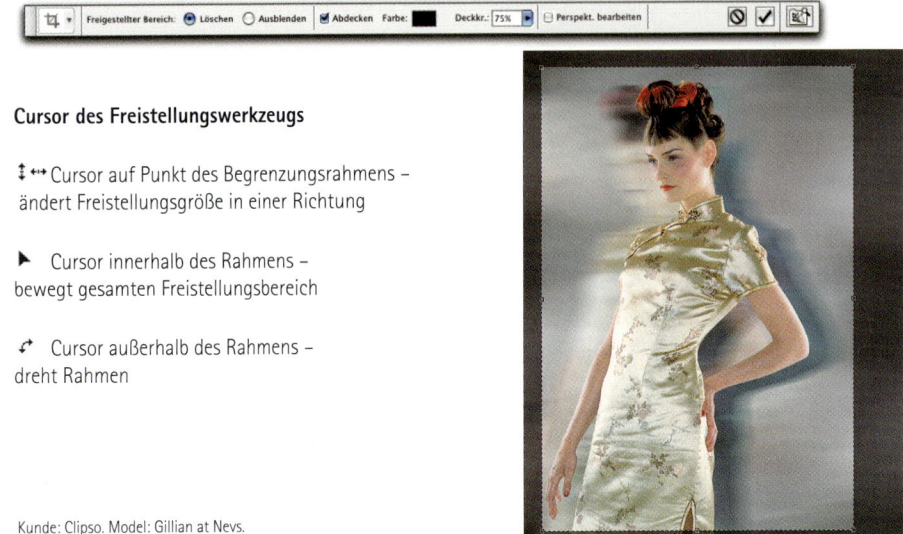

Cursor des Freistellungswerkzeugs

↕ ↔ Cursor auf Punkt des Begrenzungsrahmens – ändert Freistellungsgröße in einer Richtung

▸ Cursor innerhalb des Rahmens – bewegt gesamten Freistellungsbereich

↻ Cursor außerhalb des Rahmens – dreht Rahmen

Kunde: Clipso. Model: Gillian at Nevs.

Abbildung 2.55 Der Begrenzungsrahmen des Freistellungswerkzeugs: Wenn Sie den Cursor auf dem Rahmen platzieren, können Sie die Abmessungen horizontal und diagonal ändern. Um die Drehachse des Bilds zu verändern, verschieben Sie den Mittelpunkt. Halten Sie die ⇧-Taste gedrückt, wenn Sie einen der Eckpunkte bewegen, um das Seitenverhältnis beizubehalten.

Maße tauschen

In der Optionsleiste des Freistellungswerkzeugs finden Sie das Icon VERTAUSCHT HÖHE UND BREITE (und natürlich auch noch anderen Optionen). Wenn Sie auf diesen Button klicken, wechseln Sie zwischen Hoch- und Querformat.

Freistellungswerkzeug

Das Freistellungswerkzeug verwendet eine Farbschattierung, um den nicht freizustellenden Bereich zu maskieren. So erhalten Sie beim Freistellen eines Bilds eine optische Hilfe. In Abbildung 2.55 sehen Sie die Optionsleiste im Aktiv-Modus mit der Standardfarbe Schwarz und einer Deckkraft von 75%. Sie können diese Farbe leicht ändern, indem Sie in der Optionsleiste auf das Farbfeld klicken und aus dem Farbwähler eine neue Farbe auswählen. Die Standardeinstellungen funktionieren jedoch bei den meisten Bildern recht gut. Nur wenn die freizustellenden Bilder einen sehr dunklen Hintergrund haben, lohnt es sich, eine hellere Farbe auszuwählen. Mit dem LÖSCHEN-Button in der Optionsleiste entfernen Sie die Bilddaten außerhalb des Freistellungsrahmens. Mit dem Button AUSBLENDEN stellen Sie das Bild zwar frei, Sie blenden die Bilddaten außerhalb des Rahmens aber nur aus. Die ausgeblendeten Ebenendaten bleiben erhalten, jedoch nur, wenn es sich nicht um die Hintergrundebene handelt. Reicht der Inhalt einer oder mehrerer Ebenen über die Arbeitsfläche hinaus, benutzen Sie den Befehl BILD/ALLES EINBLENDEN, um die Arbeitsfläche zu vergrößern und alle Bilddaten anzuzeigen.

Drücken Sie ⏎, um die Freistellung anzuwenden, und die Esc-Taste, falls Sie den Vorgang abbrechen wollen. Ziehen Sie das Freistellungswerkzeug über das Bild, um den Bereich zu markieren, der freigestellt werden soll. Ziehen Sie an einem der Griffpunkte, um den Freistellungsrahmen korrekt zu positionieren. Wenn die Option ANSICHT/AUS-RICHTEN AN/DOKUMENTBEGRENZUNGEN aktiviert ist, rastet das Werkzeug an den Dokumentgrenzen ein. Um das zu verhindern, schalten Sie diesen Befehl aus. Ist in der Optionsleiste die Checkbox PERSPEKT. ARBEITEN aktiviert, stellen Sie perspektivisch frei.

Um beim Freistellen die Proportionen beizubehalten, halten Sie beim Ziehen die ⇧-Taste gedrückt. Wenn Sie innerhalb des Rahmens ziehen, können Sie dessen Position verändern, ohne seine Größe zu beeinflussen. Wollen Sie die Drehachse verändern, verschieben Sie den Cursor außerhalb des Freistellungsrahmens. Dieser hat einen beweglichen Mittelpunkt und wenn Sie diesen an einen anderen Ort ziehen, wird die Drehachse entsprechend verändert. Sie kann auch außerhalb des Rahmens liegen.

Ein Bild zuschneiden

Der Befehl BILD/ZUSCHNEIDEN kann verwendet werden, um ein Bild basierend auf den Farbwerten bestimmter Pixel freizustellen. In Abbildung 2.56 sehen Sie ein Beispiel für die Freistellung eines Bilds basierend auf Transparenz. Mehr über das Freistellen erfahren Sie in Kapitel 4.

Freistellungswerkzeug-Vorgaben

Freistellungsgrößen lassen sich als Vorgaben speichern. Wenn die Vorgabe eine Auflösung enthält, wird die Größe geändert, um es an die Auflösung und die Abmessungen anzupassen. Mehr zur Auflösung finden Sie in Kapitel 12.

Falls Sie keine Auflösung festlegen, ändern Sie mit der Freistellung die Abmessungen des Bilds, die Anzahl der Pixel pro Zoll passt sich entsprechend an. Beachten Sie, dass Sie nur eine Vorgabe für Hoch- oder Querformat einstellen müssen. Klicken Sie in der Optionsleiste einfach auf den Doppelpfeil zwischen Breite und Höhe, um die Abmessungen zu tauschen.

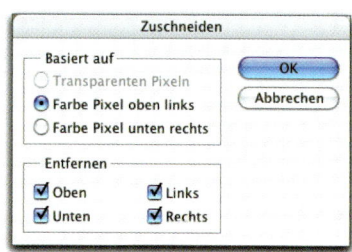

Abbildung 2.56 In diesem Beispiel verwendete ich den Befehl BILD/ZUSCHNEIDEN, um das Bild basierend auf seiner Transparenz freizustellen. Photoshop entfernt alle vier Kanten.

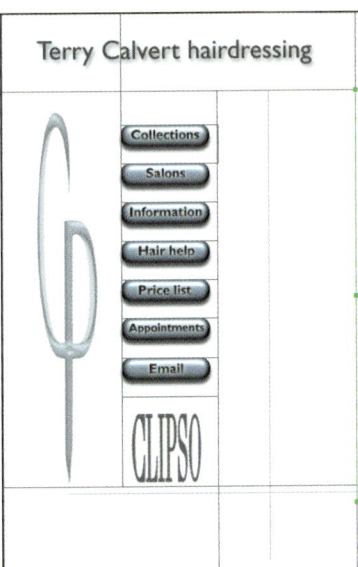

Abbildung 2.57 Mithilfe der Slice-Werkzeuge unterteilen Sie Bilder in einzelne Slices. Diese einzelnen Slices können Sie dann in der Photoshop-Dialogbox Für Web speichern einzeln optimieren. Wählen Sie Ebene/Neues ebenenbasiertes Sclice, um Slices basierend auf Photoshop-Ebenen zu erstellen. Die Slices werden aktualisiert, sobald Sie Ebeneneffekte wie Schlagschatten hinzufügen oder bearbeiten.

Slice-Werkzeuge

Slices sind Werkzeuge für Webdesigner, die verwendet werden, um Bilder in rechteckige Abschnitte zu unterteilen. Diese werden dann in Photoshop oder ImageReady eingesetzt, um beispielsweise festzulegen, wie die einzelnen Slices optimiert werden können, in welchem Format sie gespeichert und wie sie komprimiert werden sollen. Nutzen Sie das Slice-Werkzeug, um ein Benutzer-Slice zu erstellen. Photoshop erzeugt anschließend automatisch Auto-Slices in den anderen Bildbereichen (wie in Abbildung 2.57 zu sehen). Sie können das Slice-Auswahlwerkzeug verwenden (Wechsel mit ⌘-/Strg-Taste), um die Größe eines Slice auch im Nachhinein zu bearbeiten. Falls Sie die Checkbox SLICE-NUMMERN EINBLENDEN suchen, diese befindet sich neuerdings in den Voreinstellungen HILFSLINIEN/RASTER UND SLICES. Photoshop kann Slices automatisch aus Hilfslinien erstellen. Klicken Sie dazu in der Optionsleiste auf den Button SLICES ENTLANG DER HILFSLINIEN.

Die Malwerkzeuge

Die Malwerkzeuge sind in der Werkzeug-Palette unter den Auswahl- und Verschieben-Werkzeugen angeordnet. Für diese Werkzeuge gibt es einige gemeinsame Optionen: Alle verwenden Füllmethoden und habe variable Deckkrafteinstellungen. Wenn Sie mit einem Grafiktablett arbeiten (was ich Ihnen nur empfehlen kann), werden die Stiftandruckoptionen in Photoshop aktiv. Das erlaubt Ihnen eine feinere Kontrolle über das Werkzeug (siehe weiter vorn zur Pinsel-Palette). Im Folgenden erhalten Sie einen Überblick über die wichtigsten Malwerkzeuge in Photoshop.

Kapitel 2
Die Arbeitsumgebung

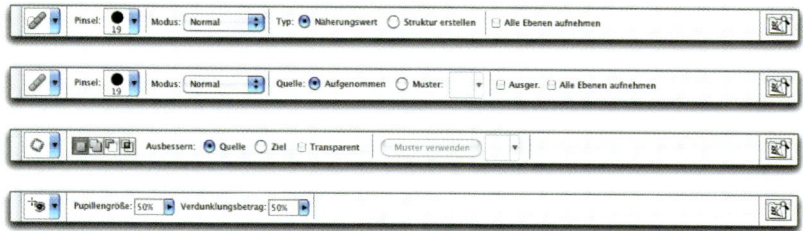

Bereichsreparatur-Pinsel/Reparatur-Pinsel/-Ausbessern-Werkzeug/Rote-Augen-Werkzeug

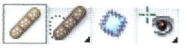

Mit dem Reparatur-Pinsel können Sie Bildbereiche kopieren und nahtlos in einen Zielbereich einfügen. Das Prinzip dahinter ist ganz einfach: Die Struktur des aufgenommenen Bereichs wird mit der Farbe und der Luminanz des Zielbereichs vermischt. Das Ausbessern-Werkzeug funktioniert ähnlich, nur dass Sie hier eine Auswahl festlegen müssen. Der Bereichsreparatur-Pinsel ist ein neues Standardwerkzeug in Photoshop CS2. Bei ihm müssen Sie keinen Quellpunkt festlegen. Klicken Sie einfach auf den Schönheitsfleck, den Sie entfernen wollen, das Werkzeug macht dann den Rest. Dieses Werkzeug ist sehr effektiv – Sie sollten es zu Ihrem Standardwerkzeug machen. In Kapitel 6 finden Sie Beispiele für den Reparatur-Pinsel und das Ausbessern-Werkzeug. Das neue Rote-Augen-Werkzeug eignet sich hervorragend, um rote Augen aus einem Bild zu entfernen.

Farbe-ersetzen-Werkzeug

Das Farbe-ersetzen-Werkzeug ist in der Werkzeug-Palette jetzt mit dem Pinsel-Werkzeug gruppiert. Sie verwenden es in der Regel im Modus Farbe. Nehmen Sie einfach eine Farbe auf, die Sie ersetzen wollen, und malen Sie über den Bereich, den Sie einfärben wollen. Nutzen Sie die Einstellungen in der Optionsleiste.

Pinsel-Werkzeug

Sie können für den Pinsel eine Reihe von Pinselgrößen verwenden – von einer harten Werkzeugspitze mit einem Durchmesser von einem Pixel bis hin zu der größten weichen Werkzeugspitze (2500 Pixel). Wenn Sie die AIRBRUSH-Option in der Optionsleiste aktivieren, ahmt der Pinsel den Effekt eines Airbrush nach – er sprüht Farbe. Wenn Sie mit der Maus klicken oder den Stift andrücken, ist es wie im richtigen Leben. Wenn Sie den Cursor nicht bewegen, wird Farbe versprüht, bis die eingestellte Deckkraft erreicht ist. Der Fluss steuert, wie schnell der Pinsel die Farbe aufs Bild bringt. Vorgaben finden Sie in der Vorgaben-Palette (das Icon links oben in der Optionsleiste). Durch Klicken auf das Icon ganz rechts öffnen Sie die Pinsel-Palette.

Buntstift

Der Buntstift erzeugt harte, geglättete, buntstiftähnliche Linien. Der Buntstift ist ein schnell reagierendes Skizzenwerkzeug, mit dem Sie z.B. Icons erstellen und bearbeiten können. In früheren Photoshop-Tagen, als Computer noch langsamer liefen und die Malgeschwindigkeiten begrenzt waren, hatte dieses Werkzeug sicherlich seine Berechtigung. Heute können Sie das alles mit dem Pinsel erledigen.

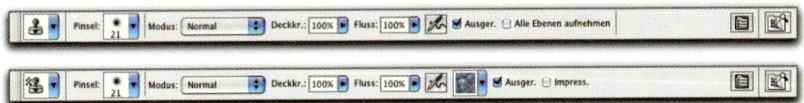

Kopierstempel/Musterstempel

Diese beiden sind wichtige Werkzeuge für Retuschearbeiten wie das Entfernen von Flecken (siehe Kapitel 6) und allgemeine Bildreparaturen. Mit dem Kopierstempel nehmen Sie Pixel aus einem Bildbereich auf und malen über einen anderen. Ich empfehle Ihnen, die Checkbox AUSGERICHTET immer aktiviert zu lassen. Halten Sie die ⌥-Taste (PC:

Alt) gedrückt und klicken Sie in den Bereich, den Sie aufnehmen wollen. Lassen Sie die Taste los und klicken Sie in den Zielbereich. Dadurch definieren Sie eine Beziehung zwischen Aufnahme- und Malposition. Sobald es eingestellt ist, wird bei jedem Klicken oder Ziehen mit dem Kopierstempel dasselbe Koordinatenverhältnis angewendet, bis eine neue Quelle und ein neues Ziel festgelegt werden. Die Quelle kann auch aus einem anderen Bild oder einer anderen Ebene desselben Bilds stammen. Das ist sehr nützlich, wenn Sie Elemente oder Strukturen aus verschiedenen Bildern miteinander kombinieren wollen. Der Kopierstempel nimmt nur den Bereich aus einer Ebene aus. Wenn Sie jedoch die Option ALLE EBENEN EINBEZIEHEN aktivieren, werden Informationen auch aus mehreren reduzierten Ebenen aufgenommen. Mit dem Musterstempel können Sie in der Optionsleiste ein Muster auswählen und dieses als Quelle verwenden. Die Option IMPRESSIONIST fügt Jitter zur Musterquelle hinzu und kann verwendet werden, um eine diffuse Mustertextur zu erzeugen.

Protokoll-Pinsel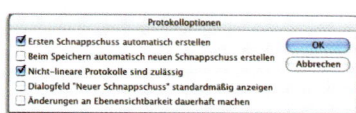

Photoshops Protokollfunktion ermöglicht es Ihnen, mehrere Bildversionen während einer Session zu speichern. Die einzelnen Protokollschritte können vorübergehend auch als Schnappschüsse gespeichert werden. Die Protokollfunktion nutzt das System von Bildkacheln, um unnötige Speicherbelegungen zu vermeiden. Stellen Sie sich die Protokoll-Palette als mehrfache Widerrufen-Funktion vor, mit der Sie bis zu 1000 Schritte rückgängig machen können. In Wirklichkeit ist das Werkzeug jedoch viel leistungsfähiger. Das Malen mit dem Protokoll-Pinsel erspart Ihnen Umstände, wie das Duplizieren eines Bildbereichs auf eine separate Ebene, das Retuschieren dieser Ebenen und dann das erneute Reduzieren auf die darunter liegende Ebene.

Die Protokoll-Palette nimmt die einzelnen Schritte während einer Photoshop-Session auf (siehe Abbildung 2.59 und 2.60). Um zu einem früheren Schritt zurückzu-

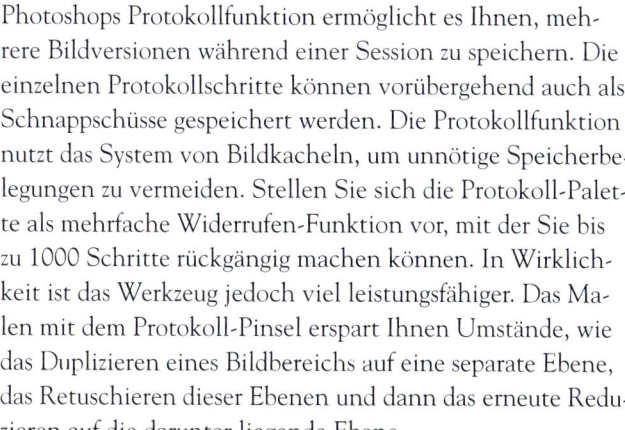

Abbildung 2.58 Zu den Protokolloptionen gelangen Sie über das Menü der Protokoll-Palette. Dort können Sie Schnappschusseinstellungen vornehmen. Aktivieren Sie die Option NICHT-LINEARE PROTOKOLLE SIND ZULÄSSIG, denn so nutzen Sie die Fähigkeiten der Protokoll-Palette optimal (siehe Seite 76).

Abbildung 2.59 Sie können einen Protokollschritt auswählen, indem Sie in der Protokoll-Palette auf den entsprechenden Schritt klicken. In der Standardeinstellung werden dann die Schritte, die danach folgen, verblasst dargestellt. Wenn Sie das Bild weiterbearbeiten, werden diese dann gelöscht. In den Paletten-Optionen können Sie dieses Verhalten ändern, indem Sie die Option NICHT-LINEARE PROTOKOLLE SIND ZULÄSSIG aktivieren.

Abbildung 2.60 Wählen Sie einen vorhergehenden Protokollschritt als Quelle für den Protokoll-Pinsel aus, indem Sie in der Protokoll-Palette in das leere Feld links neben dem Schritt klicken, von dem aus Sie weiterarbeiten wollen.

gelangen, verschieben Sie den Pfeilregler nach oben oder klicken Sie direkt auf den entsprechenden Schritt. Malen Sie anschließend mit dem Protokoll-Pinsel. In den Voreinstellungen können Sie festlegen, wie viele Schritte aufgenommen werden. Sobald die maximale Anzahl an Schritten erreicht ist, wird jeweils der oberste Schritt entfernt.

Protokoll-Pinsel und Schnappschuss

Um einen Schnappschuss zu erstellen, klicken Sie unten in der Palette auf den Schnappschuss-Button. Schnappschüsse werden in der Palette über der Trennlinie gespeichert – das Bild wird in seinem aktuellen Zustand gespeichert und verhindert, dass diese Bildversion überschrieben wird, solange das Dokument geöffnet ist und bearbeitet wird. Im Standardmodus wird der erste Schnappschuss beim Öffnen des Bilds erzeugt. Sie können auch einstellen, dass beim Öffnen des Dokuments kein Schnappschuss erstellt wird. Außerdem gibt es die Möglichkeit, jederzeit Schnappschüsse zur Liste hinzuzufügen. Diese Funktion ist sehr praktisch, wenn Sie eine aktuelle Bildversion zeitweise sichern und vor weiteren Veränderungen schützen wollen. Es gibt keine Einschränkungen bezüglich der Anzahl gespeicherter Schnappschüsse. In den Optionen der Protokoll-Palette lässt sich einstellen, dass bei jedem Speichern ein neuer Schnappschuss erstellt wird. Alternativ können Sie ein Duplikat des aktuellen Zustands erstellen und als separate Datei speichern.

Um den Protokoll-Pinsel zu verwenden, klicken Sie in der Protokoll-Palette links neben den Schritt, von dem aus Sie malen wollen – ein Protokoll-Pinsel-Icon erscheint. Sie können nun Informationen ins Bild malen, die aus einem Zustand stammen, den Sie teilweise wieder ins Bild malen wollen. Der Protokoll-Pinsel kann jedoch noch viel mehr. Alternative Techniken zum Entfernen von Störungen werden in Kapitel 6 beschrieben. Dort zeige ich Ihnen, wie Sie die Protokollfunktionen verwenden können, um das Duplizieren von Ebenen zu vermeiden. Die Protokollfunktion übernimmt nicht den Befehl WIDERRUFEN – soll sie auch nicht. Es gibt jedoch verschiedene Photoshop-Aktionen, die mit dem Widerrufen-Befehl nicht rückgängig gemacht werden können, beispielsweise wenn Sie in der Dialogbox TONWERTKORREKTUR die Tiefen und Lichter einstellen. Und es gibt Dinge, die Sie widerrufen können, die nichts mit dem Protokoll zu tun haben. Wenn Sie eine Aktion oder einen Protokollschritt entfernen, lässt sich das nur mit dem Befehl BEARBEITEN/RÜCKGÄNGIG widerrufen. Auch wenn ich also von der Protokollfunktion immer mal wieder als Widerrufen-Funktion spreche, dürfen Sie das Protokoll und den Befehl RÜCKGÄNGIG auf keinen Fall miteinander verwechseln. Den Rückgängig-Befehl können Sie nutzen, um eine Vorher-Nachher-Version Ihres Bilds zu sehen – Sie können hin- und herschalten. Die aktuelle Kombination von Rückgängig-Befehl und Protokoll wurde sorgfältig geplant, um eine möglichst flexible und logische Herangehensweise zu ermöglichen. Das Protokoll ist nicht nur eine »Huch-ich-habe-Mist-gebaut-mache-es-aber-gleich-wieder-gut«-Funktion. Es ist vielmehr ein Werkzeug, das Ihnen mehr kreativen Handlungsspielraum in Photoshop ermöglichen soll.

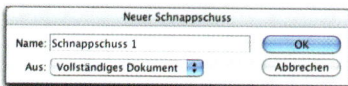

Abbildung 2.61 Um einen neuen Schnappschuss aufzunehmen, klicken Sie unten in der Protokoll-Palette auf den Button ERSTELLT EINEN NEUEN SCHNAPPSCHUSS. Wenn Sie mit gedrückter ⌥-Taste (PC: Alt) klicken, stehen Ihnen drei Optionen zur Verfügung: VOLLSTÄNDIGES DOKUMENT, REDUZIERTE EBENEN und AKTUELLE EBENE. Mit dem Button NEUES DOKUMENT duplizieren Sie das aktive Bild in seinem aktuellen Protokollschritt.

Protokoll und Speicherbedarf

Mehrfaches Widerrufen soll angeblich riesige Speichermengen verursachen, um alle vorherigen Bildstände zu speichern. Wenn Sie die Protokollfunktion von Photoshop testen, werden Sie feststellen, dass das nicht wahr ist. Globale Photoshop-Aktionen erhöhen zwar den Speicherbedarf deutlich, lokale Änderungen tun das jedoch nicht. Das können Sie selbst beobachten – stellen Sie die Statusanzeige im Bildfenster auf ARBEITSDATEI-GRÖSSE und beobachten Sie die Anzeige. Der rechte Wert bleibt konstant, weil es sich dabei um das Arbeitsvolumen handelt, das Ihnen zur Verfügung steht. Achten Sie deshalb auf den linken Wert.

Jedes Photoshop-Bild besteht aus gekachelten Bereichen. Wenn ein großes Bild neu aufgebaut wird, sehen Sie, wie diese Kacheln gezeichnet werden. Beim Protokoll merkt sich Photoshop nur die Änderungen der einzelnen Kacheln. Sobald ein Pinselstrich über zwei Kacheln geht, werden nur die Veränderungen auf diesen Kacheln aktualisiert. Nehmen Sie globale Änderungen vor, indem Sie beispielsweise einen Filter anwenden, steigt der Speicherbedarf ent-

Abbildung 2.62 Dieses Bild zeigt die Kachelstruktur eines Photoshop-Bilds. Hier sehen Sie vier Kacheln in der Breite und drei Kacheln in der Höhe. Sie erkennen, wie die Protokollfunktion ökonomisch arbeiten kann. Es werden immer nur die nötigsten Daten gespeichert. Wenn also nur ein oder zwei Kacheln bearbeitet werden, werden nur die veränderten Daten dieser Kacheln aufgenommen.

Protokollschritte	Arbeits-volume
Datei öffnen	793 MB
Tonwertkorrektur	884 MB
16 Bit in 8 Bit	938 MB
Reparatur-Pinsel	968 MB
Reparatur-Pinsel	980 MB
Reparatur-Pinsel	992 MB
Auswahlrechteck	974 MB
Weiche Auswahlkante	990 MB
Auswahl umkehren	1006 MB
Einstellungsebene hinzufügen	1050 MB
Auf Hintergrundebene reduzieren	1100 MB
Unscharf maskieren	1160 MB

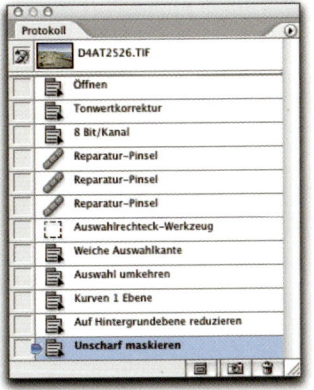

Abbildung 2.63 In der Tabelle sehen Sie den Speicherbedarf während einer herkömmlichen Photoshop-Session. Das geöffnete Bild war 63 MB groß, Photoshop waren 1300 MB Arbeitsspeicher zugewiesen. Zu Beginn einer Session wird relativ viel Arbeitsvolume belegt, achten Sie jedoch darauf, wie der Bedarf abnimmt, wenn die Protokollschritte erstellt werden.

sprechend. Als schlauer Photoshop-Nutzer passen Sie die Protokollfunktion entsprechend an. So wird eine gewisse Anzahl Zustände aufgezeichnet, während die Anzahl der bereits vorhandenen Zustände reduziert wird, wenn die Belastung für das Arbeitsvolume zu groß wird. In Abbildung 2.63 sehen Sie, dass aufeinander folgende Protokolleinträge nicht immer mehr Speicher verbrauchen müssen. Nach der ersten Einstellungsebene haben weitere Einstellungsebenen keinen bedeutenden Einfluss mehr auf den Speicherbedarf (nur die Bildschirmdarstellung wird geändert). Arbeiten mit dem Kopierstempel und dem Pinsel bewirken Änderungen in nur kleinen Kachelbereichen. Nur beim Reduzieren des Bilds auf die Hintergrundebene und bei der Anwendung des UNSCHARF-MASKIEREN-Filters am Ende einer Session wird noch einmal etwas mehr Speicher benötigt. Nutzen Sie den Befehl BEARBEITEN/ENTLEEREN/PROTOKOLLE, um den Bedarf an Speicher unter Kontrolle zu halten. Falls das Bild, an dem Sie arbeiten, besonders groß ist, kann es verschwenderisch und unnötig sein, mehr als einen Arbeitsschritt widerrufen zu können. Sie sollten dann die Anzahl möglicher Protokollschritte reduzieren. Wenn Sie auf der anderen Seite jedoch die Möglichkeiten haben, mehrfaches Widerrufen zu ermöglichen, sollten Sie das Beste daraus machen. Das Protokoll ist mehr als nur ein Werkzeug zur Fehlerkorrektur, Sie können vielmehr Kompositionen aus vorherigen Bildzuständen erzeugen.

Nichtlineares Protokoll

Ein nichtlineares Protokoll erlaubt es Ihnen, verschiedene Richtungen einzuschlagen und Effekte zu kombinieren, ohne separate Ebenen duplizieren zu müssen. Das zugrunde liegende Konzept ist jedoch nicht so einfach zu verstehen. Stellen Sie es sich so vor: Jeder Protokolleintrag hat mehr als einen »linearen« Nachfolger, so dass Sie als Anwender in verschiedene Richtungen gehen können. Sie können das Bild in unterschiedliche Richtungen weiterentwickeln, während Sie in einer Photoshop-Session an ein und demselben Bild arbeiten. Sie können Schnappschüsse der einzelnen Protokollzweige anfertigen und mit anderen Zweigen malen, ohne die Datei duplizieren zu müssen. Bei der nichtlinearen Bearbeitung müssen Sie etwas mehr nachdenken, Sie nutzen so den Arbeitsspeicher jedoch effektiver. Praktische Beispiele dieser und anderer Protokollfunktionen während einer typischen Retusche-Session finden Sie in Kapitel 6.

Abbildung 2.64 Der Fotograf Jeff Schewe beschäftigte sich lang und ausführlich mit Adobe Photoshop und seiner Entwicklung. Die Ursprünge der Protokollfunktion lassen sich zu einem Seminar zurückverfolgen, bei dem das hier gezeigte Bild verwendet wurde, um die Schnappschussfunktion in Photoshop 2.5 zu demonstrieren. Jeff war in der Lage, mehrere Schnappschüsse von unterschiedlichen Bildschritten zu erstellen und dann teilweise von diesen beginnend neue zu malen. Und das, bevor es Ebenen und das Protokoll in Photoshop überhaupt gab. Der Chef-Photoshop-Entwickler Mark Hamburg war von dieser Technik so beeindruckt, dass sie Teil der Protokollfunktion werden musste. Jeder wartete nur darauf, dass sich mehrere Schritte rückgängig machen ließen, als dann in Photoshop 5.0 jedoch die die Protokollfunktion eingeführt wurde, war die Freude groß.

Abbildung 2.65 Die nichtlineare Protokollfunktion ermöglicht es Ihnen, in unterschiedliche Richtungen abzuzweigen und gleichzeitig möglichst viele Protokolleinträge aufzunehmen. Hier sehen Sie drei Protokollschritte: eine Version, in der die Tonwerte angepasst wurden, eine mit einem Verlauf und eine, die monochrom eingefärbt wurde (in der Protokoll-Palette können Sie die Schritte nachvollziehen).

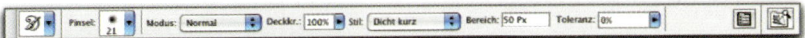

Kunstprotokoll-Pinsel

Der Kunstprotokoll-Pinsel ist nicht unbedingt das wichtigste Werkzeug in Photoshop, das jemals erfunden wurde. Sie können mit ihm aus einem Protokollschritt malen, wobei die Pinselstriche eine ungewöhnliche und abstrakte Charakteristik aufweisen, denn die Pixel werden mit den Quellpixeln aus dem Protokoll verwischt. Die Pixeleinstellungen legen Sie in der Optionsleiste fest. Mit der Toleranz bestimmen Sie, wie weit die Farbe der Pinselstriche mit dem Original übereinstimmen muss. Je größer der Bereich, desto mehr Pinselstriche werden aufgetragen.

1 Der Kunstprotokoll-Pinsel befindet sich in der Werkzeug-Palette direkt neben dem Protokoll-Pinsel. Nutzen Sie ihn, um aus Protokollschritten zu malen. Um sein Potenzial optimal auszuschöpfen, wendete ich den Filter GAUSSSCHER WEICHZEICHNER an, öffnete einen Protokollschritt und klickte in das Feld links neben dem Filterschritt, um diesen als Quelle zu definieren.

2 Der auffälligste Faktor ist die Art der Kontur. Auch die Pinselform nimmt Einfluss. In diesem Beispiel hier arbeitete ich mit einer weichen Pinselspitze, um einen weichen Effekt um die Kanten des Bilds zu erzeugen.

Radiergummi/Hintergrund-Radiergummi/ Magischer Radiergummi

Mit dem Radiergummi entfernen Sie Pixel aus einem Bild und ersetzen diese durch die aktuelle Hintergrundfarbe. Es gibt hier drei Modi: Pinsel, Buntstift und Quadrat. Wenn Sie die Checkbox BASIEREND AUF PROTOKOLL LÖSCHEN aktivieren, verhält sich der Radiergummi wie der Protokoll-Pinsel. Halten Sie beim Malen die ⌥-Taste (PC: Alt) gedrückt, radieren Sie auch aus dem ausgewählten Protokoll. Die Option FLUSS steht Ihnen nur zur Verfügung, wenn Sie im Pinsel-Modus radieren. Die Radiergummis sind destruktive Werkzeuge. Wenn Sie mit dem Hintergrund-Radiergummi also etwas ausschneiden, sollten Sie die Ebene vorher duplizieren, falls Sie später doch noch Originalpixel benötigen.

Der Magische Radiergummi funktioniert wie das Füllwerkzeug, nur umgedreht. Er löscht benachbarte oder ähnliche Pixel basierend auf dem Farbwert des Pixels, auf das Sie klicken. Sie sollten ihn allerdings eher nicht so häufig verwenden.

Der Hintergrund-Radiergummi ist da schon wesentlich cleverer. Er entfernt Pixel basierend auf der Farbe, die aufgenommen wurde. Die Grenzen stellen Sie dabei mit der Option BENACHBART in der Optionsleiste ein (siehe Marginalspalte). Der Modus KANTEN SUCHEN beschränkt das Werkzeug auf die benachbarten Pixel, erhält jedoch ganz gut die Kantenschärfe. Die Toleranzeinstellung funktioniert wie beim Zauberstab – sie legt fest, welche Pixel entfernt werden. Mit der Option VORDERGRUND SCHÜTZEN können Sie eine Farbe aus dem Bereich aufnehmen, den Sie entfernen wollen. Wenn Sie die Option aktivieren, schützt der Hintergrund-Radiergummi diese Farbe. Mit den SAMPLING-Optionen legen Sie fest, wie oft Sie klicken müssen, um eine Farbe aufzunehmen. Mit der Option HINTERGRUND-FARBFELD radieren Sie basierend auf der Hintergrundfarbe.

Der Wacom-Radiergummi
Beachten Sie, dass Grafiktabletts wie die der Wacom-Serie im Radiergummi-Modus arbeiten, wenn Sie den Stift umdrehen. Das wird in Photoshop erkannt, ohne dass Sie den Radiergummi auswählen müssen.

Benachbarte Auswahl
Der Magische Radiergummi und das Füllwerkzeug besitzen die Option BENACHBART. Solch eine Auswahl basiert nur auf nebeneinander liegenden Pixeln innerhalb einer gewissen Toleranz oder basierend auf dem Farbwert, den Sie durch Klicken ausgewählt haben. Eine nicht benachbarte Auswahl verwendet dieselbe Toleranz, ist aber nicht auf nebeneinander liegende Pixel beschränkt. Es werden vielmehr alle Pixel in einem Bild oder einer Auswahl ausgewählt, die in einen bestimmten Toleranzbereich fallen.

1 In diesem ersten Beispiel klickte ich mit dem Magischen Radiergummi in den Himmel links oben neben dem Turm. Die Option BENACHBART war aktiviert, so dass nur nebeneinander liegende Pixel innerhalb der gewählten Toleranz (32) ausgewählt wurden.

2 Wenn die Option BENACHBART nicht aktiviert ist, werden alle Pixel mit dem Farbwert und innerhalb der Toleranz ausgewählt und entfernt. Hier klickte ich in denselben Bereich, wie schon in Abbildung 1 – nur wurden hier fast alle blauen Pixel entfernt. Details, die dabei vielleicht verloren gegangen sind, lassen sich später mit dem Protokoll-Pinsel wiederherstellen.

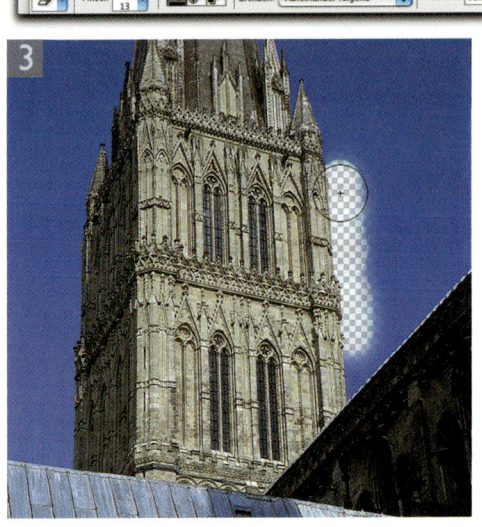

3 Der Hintergrund-Radiergummi bietet eine genauere Kontrolle. Hier wählte ich die SAMPLING-Option EINMAL im Modus KANTEN SUCHEN. Das bedeutet, dass alle Pixel einer bestimmten Toleranz (je nach angewendetem Stiftdruck) vom zuletzt geklickten Pixelfarbwert gelöscht werden. Der Hintergrund-Radiergummi löscht auch die aus dem Hintergrund aufgenommene Farbe aus den Kantenpixeln. So können Sie Farbverschmutzungen beim Löschen vermeiden. Bei der Option KANTEN SUCHEN bleibt die Kantenschärfe besser erhalten.

Der Befehl Extrahieren

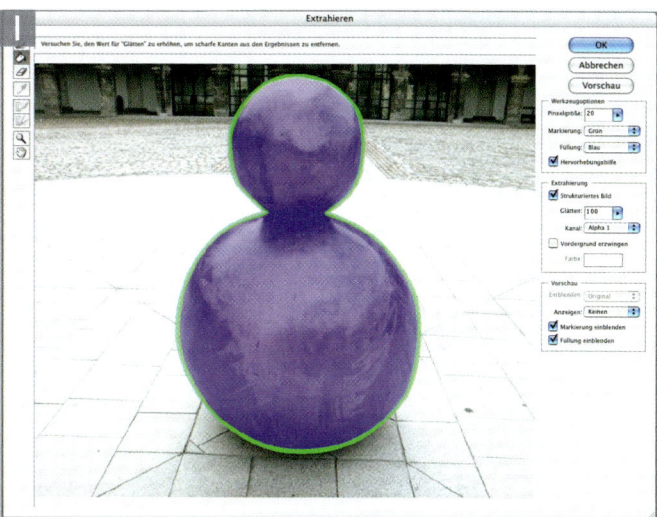

1 Der Befehl Extrahieren ist ein wichtiger Bestandteil von Photoshop und funktioniert bestens in Kombination mit dem Hintergrund-Radiergummi, mit dem Sie anschließend die Bereiche entfernen können, die beim Extrahieren nicht gelöscht wurden. Zuerst müssen Sie die Kanten eines Objekts definieren – mit dem Kantenmarker markieren. Müssen Sie etwas rückgängig machen, drücken Sie ⌘-Z (PC: Strg-Z). Füllen Sie anschließend den inneren Bereich mit dem Füllwerkzeug.

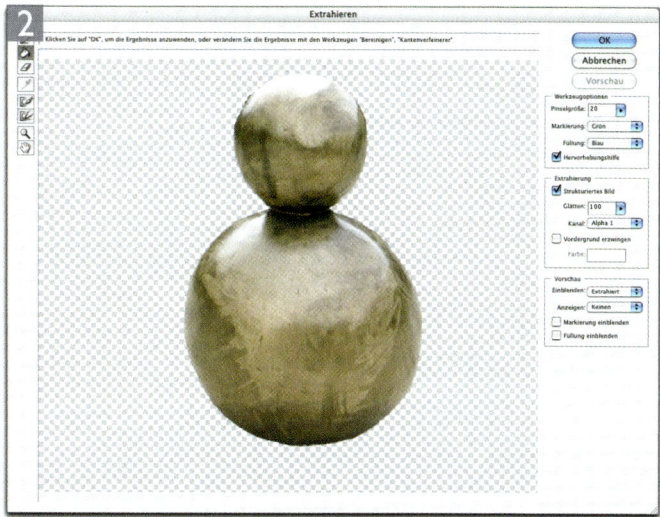

2 Wenn Sie auf den Vorschau-Button klicken, nimmt Photoshop einige Berechnungen vor und zeigt Ihnen eine Vorschau. Sie können dann die Maskenkanten mit dem Radiergummi, Bereinigen-Werkzeug und Kantenverfeinerer bearbeiten, um Pixelartefakte zu beseitigen. In Kapitel 7 gehe ich ausführlicher auf den Extrahieren-Befehl ein.

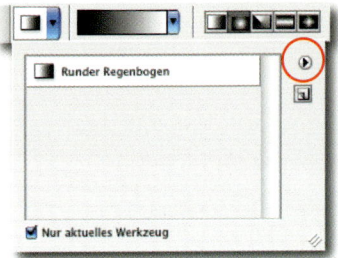

Abbildung 2.66 Wenn Sie auf den Verlauf in der Optionsleiste klicken, können Sie Verläufe bearbeiten und neue Verläufe auswählen. Anschließend dürfen Sie den Verlauf mit einem der fünf Modi anwenden: Linearer Verlauf, Radialverlauf, Verlaufswinkel, Reflektierter Verlauf, Rauteverlauf. Eine Kombination aus Verlauf und Modus speichern Sie dann als Vorgabe, indem Sie auf das kleine Dreieck im Verlaufswähler klicken (siehe Abbildung). Klicken Sie auf das Icon NEUE WERKZEUGVORGABE, um die Vorgabe zur Liste hinzuzufügen.

Verläufe

Mit dem Verlaufswerkzeug erzeugen Sie lineare, radiale, Winkel-, reflektierte- oder Rautenverläufe. Klicken Sie in der Optionsleiste des Werkzeugs auf den Verlauf (oben links), um eine Verlaufsoption zu wählen (z.B. Vordergrund-Hintergrund) oder klicken Sie auf den kleinen Pfeil, um eine Verlaufsliste zu öffnen. Durch Ziehen mit dem Werkzeug im Bildfenster erstellen Sie zwischen den beiden Punkten eine Verlaufsfüllung. Wenn Sie die ⇧-Taste gedrückt halten, entsteht ein Verlauf in 0°, 45° oder 90°. Aktivieren Sie die Checkbox UMKEHREN, um die Verlaufsfüllung vor dem Ziehen umzukehren. Die DITHER-Checkbox sollten Sie eingeschaltet lassen, so riskieren Sie weniger Banding-Effekt. Wenn Sie die Checkbox TRANSPARENZ aktivieren, werden Transparenzmasken in Verläufen erkannt.

Sie werden feststellen, dass es bereits eine reichliche Auswahl an Vorgaben gibt (diese finden Sie in der Optionsleiste). Sie können auch eigene Verläufe erzeugen und diese als Vorgaben speichern.

Verläufe lassen sich auch als Füllebenen in Photoshop anwenden. Klicken Sie in der Ebenen-Palette auf den Button NEUE FÜLL- ODER EINSTELLUNGSEBENE ERSTELLEN und wählen Sie die Option VERLAUF. So erstellen Sie einen Verlauf mit einer leeren Ebenenmaske, der die gesamte Ebene ausfüllt. Diese Funktion ist wie jede andere Einstellungsebene, denn Sie können die Verlaufsfüllung bearbeiten. Klicken Sie doppelt auf die Verlaufsebene, um den Winkel, die Art des Verlaufs etc. zu bearbeiten.

Kapitel 2
Die Arbeitsumgebung

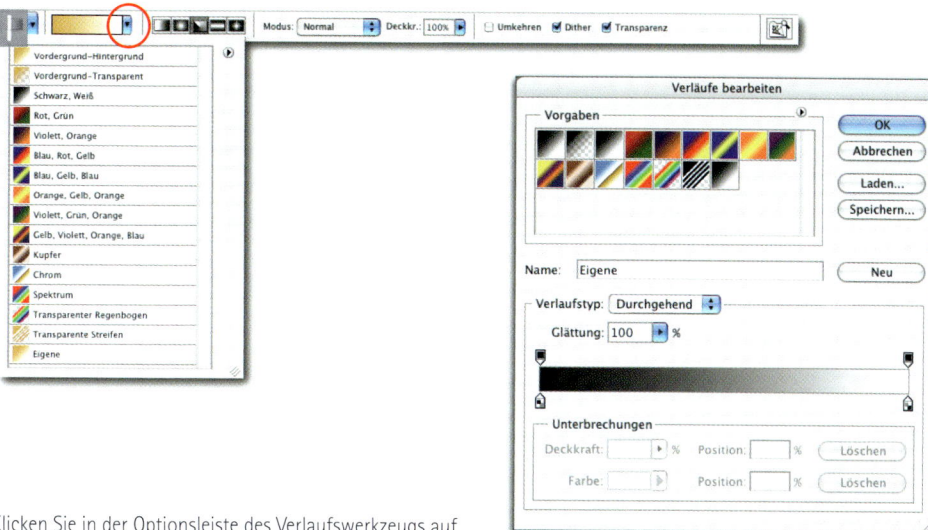

1 Klicken Sie in der Optionsleiste des Verlaufswerkzeugs auf den Pfeil neben dem Verlauf, um die Verlaufsvorgaben zu öffnen (siehe Abbildung). Zum Erstellen eines eigenen, neuen Verlaufs klicken Sie direkt auf den Verlauf, um die Dialogbox VERLÄUFE BEARBEITEN zu öffnen.

2 Klicken Sie auf die Farbunterbrechung links unten, um sie auszuwählen, und doppelklicken Sie darauf oder einmal ins Farbfeld, um den Farbwähler zu öffnen. Wählen Sie eine neue Farbe für den Beginn des Verlaufs aus. Ich entschied mich hier für ein helles Blau.

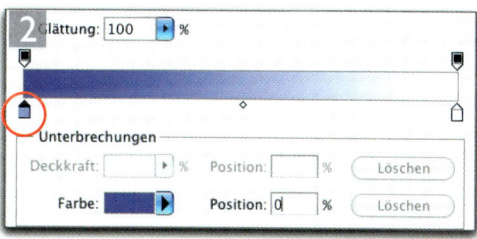

3 Indem Sie oberhalb des Farbbalkens klicken, können Sie eine neue Deckkraftunterbrechung erstellen. Achten Sie darauf, wie sich der untere Teil der Dialogbox verändert. Sie können also die Deckkraft an dieser Stelle auf etwa 50% ändern. Diese Deckkraftunterbrechung lässt sich irgendwo entlang der Verlaufsskala platzieren und die rautenförmigen Mittelpunkte können entsprechend eingestellt werden.

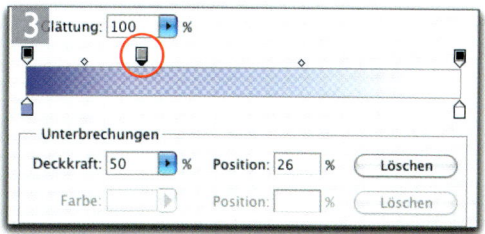

4 Sie können dann eine weitere Deckkraftunterbrechung hinzufügen, wobei Sie nun die Deckkraft jedoch wieder auf 100% erhöhen, um zu verhindern, dass die Transparenz rechts von diesem Punkt weiterverläuft. Unten fügen Sie eine weitere Farbunterbrechung hinzu und färben diese lila. Sobald Sie die Verlaufsbearbeitung abgeschlossen haben, müssen Sie dem Verlauf einen Namen geben und auf den Button NEU klicken. Der neue Verlauf wird gespeichert und zum aktuellen Set hinzugefügt.

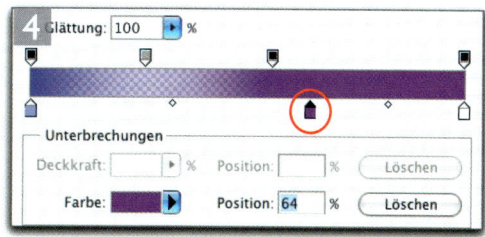

Störungsverläufe

Störungsverläufe basieren auf einer willkürlichen Verteilung von Farben in einem festgelegten Farbbereich. Störungsverläufe bearbeiten Sie ebenfalls in der Dialogbox VERLÄUFE BEARBEITEN. Die KANTENUNSCHÄRFE bestimmt, wie unscharf ein Störungsverlauf ist. Mithilfe des Farbmodells legen Sie den verwendeten Farbbereich fest. Klicken Sie am besten einfach auf den Button ZUFALLSPARAMETER, um mit dieser Funktion zu experimentieren. Störungsverläufe können Sie genauso speichern wie herkömmliche Verläufe auch.

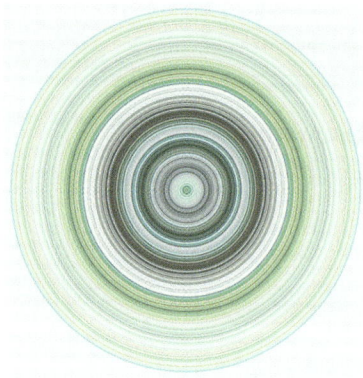

Abbildung 2.67 Hier sehen Sie ein Beispiel für einen Störungsverlauf (als radiale Verlaufsfüllung angewendet).

1 Wenn Sie als VERLAUFSTYP die Option STÖRUNG aktivieren, wird der Verlauf durch einen Störungsverlauf ersetzt. Klicken Sie auf den Button ZUFALLSPARAMETER, um aus sehr interessanten Optionen wählen zu können.

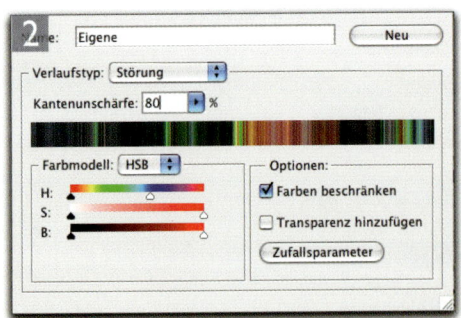

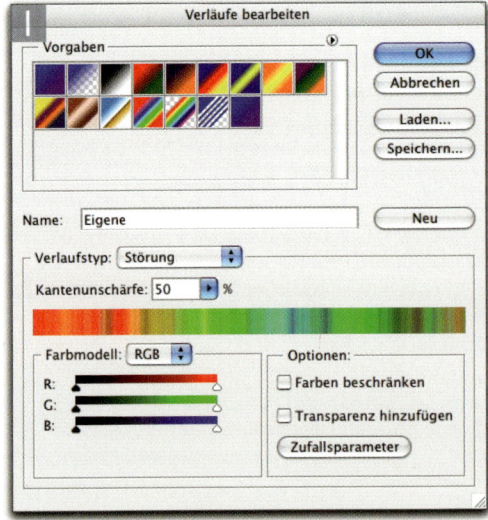

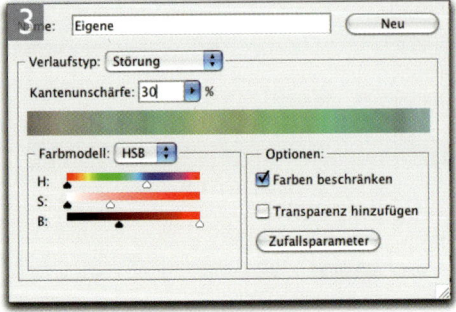

2 Von den drei Farbmodellen ist das HSB-Modell das nützlichste. Mit den Farbtonreglern können Sie den Farbbereich eingrenzen. Wie Sie hier sehen, wurde die KANTENUNSCHÄRFE erhöht. Die Option FARBEN BESCHRÄNKEN verhindert, dass die Farben übersättigt werden, es entsteht ein schönerer Verlauf.

3 Indem Sie die KANTENUNSCHÄRFE reduzieren und die Farbton- und Helligkeitsregler anpassen, können Sie sehr schöne Verläufe erzeugen. Aktivieren Sie die Checkbox TRANSPARENZ HINZUFÜGEN. Der hier gezeigte Verlauf wurde verwendet, um einen Radialverlauf zu erzeugen, wie er in Abbildung 2.67 zu sehen ist.

Kapitel 2
Die Arbeitsumgebung

Füllwerkzeug

Dieses Werkzeug ist im Grunde genommen eine Zauberstabauswahl, basierend auf der aufgenommenen Farbe und der Toleranzeinstellung aus der Optionsleiste, die dann mit der aktuellen Vordergrundfarbe oder einem vordefinierten Muster gefüllt wird. So sind Sie allerdings nicht flexibel, wenn es um den Farbbereich geht, den Sie vor dem Füllen nicht weiterbearbeiten können. Sie können das Füllwerkzeug verwenden, um Bereiche in Masken oder Maskierungsumrisse schnell und einfach zu füllen. Die Option BENACHBART steht Ihnen auch für dieses Werkzeug zur Verfügung (siehe Beschreibung zum Zauberstab). Mit der Option ALLE EBENEN können Sie Pixelwerte auf Basis aller Ebenen aufnehmen. Nehmen Sie mit dem Füllwerkzeug einfarbige oder Musterfüllungen (aktivieren Sie die Option FÜLLEN MIT MUSTER) vor.

Die Farbe der Arbeitsfläche ändern

Wenn Sie oft im Vollbildmodus mit einem schwarzen Hintergrund arbeiten, können Sie die Menüleiste mit ⇧-F ein- und ausblenden. Außerdem können Sie die graue Farbe der Arbeitsfläche ersetzen, indem Sie im Farbwähler eine andere Farbe auswählen und mit gedrückter ⇧-Taste und dem Füllwerkzeug in die Arbeitsfläche klicken. Achtung: Diesen Schritt können Sie nicht mit ⌘-Z (PC: Strg-Z) rückgängig machen. Wenn Sie die Originalfarbe wiederherstellen wollen, geben Sie für Rot, Grün und Blau den Wert 192 ein und klicken Sie mit gedrückter ⇧-Taste in den Arbeitsbereich.

Abbildung 2.68 Sie können mit dem Füllwerkzeug die Arbeitsfläche füllen, indem Sie eine neue Vordergrundfarbe auswählen und mit gedrückter ⇧-Taste in den Arbeitsbereich klicken. Um die Originalfarbe wiederherzustellen, wiederholen Sie diesen Schritt und verwenden Sie die Farbwerte R: 192, G:192 und B:192.

Kunde: Rainbow Room. Model: Nicky Felbert @ MOT.

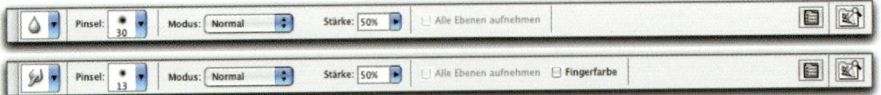

Fokus: Weichzeichner/Scharfzeichner/Wischfinger

Mit diesen Werkzeugen können Sie einzelne Bildbereiche weich- oder scharfzeichnen. Am nützlichsten ist der Weichzeichner. Nutzen Sie ihn, um einzelne Bildbereiche weichzuzeichnen oder die Kanten einer Alpha-Kanal-Maske zu bearbeiten. Den Scharfzeichner benutze ich eher selten, weil es meiner Meinung nach bessere Möglichkeiten gibt, Bildbereiche scharfzuzeichnen (siehe Kapitel 4). Der Wischfinger ist ein interessantes Malwerkzeug, mit dem Sie Bildpixel verwischen können. Dabei wird die Farbe der Pixel ausgewählt, auf die Sie klicken. In Abbildung 2.69 sehen Sie ein Vorher-Nachher-Bild, in dem ich den Wischfinger entlang eines Pfads anwendete.

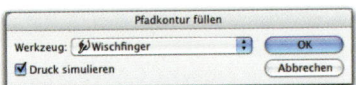

Für optimale Ergebnisse empfehle ich Ihnen den Einsatz eines drucksensitiven Grafiktabletts. Die Option FINGERFARBE benutzt die aktuelle Vordergrundfarbe für den Beginn des Wischens. Die Pixel werden verwischt und nicht verzerrt wie beim VERFLÜSSIGEN-Filter.

Die Option ALLE EBENEN EINBEZIEHEN ist nützlich, wenn Sie mit diesen Werkzeugen auf einer neuen Ebene arbeiten und Pixel aus allen sichtbaren Ebenen aufnehmen wollen. Erstellen Sie beispielsweise eine neue, leere Ebene, positionieren Sie diese im Ebenenstapel ganz oben und aktivieren Sie die Option. Jetzt können Sie auf dieser Ebene arbeiten, ohne die darunter liegenden Ebenen zu beeinflussen.

Abbildung 2.69 Eine Möglichkeit, den Wischfinger effektiv zu nutzen, ist das Zeichnen eines Pfads. Im oberen Bild habe ich verschiedene offene Zeichenpfade erstellt. Anschließend wählte ich für den Wischfinger eine größere Pinselspitze und aus dem Paletten-Menü der Pfade-Palette die Option PFADKONTUR FÜLLEN. In der Dialogbox können Sie dann auswählen, welches Werkzeug Sie verwenden wollen. Ich wählte den Wischfinger aus und klickte auf OK. Unten sehen Sie das Ergebnis meiner Bearbeitung.

Kunde: JFK. Model: Courtney @ Premier.

Tonwert: Abwedler/Nachbelichter/Schwamm

Abwedeln und Nachbelichten sind bekannte fotografische Konzepte (wenn Sie sich noch mit Dunkelkammern auskennen). Sie können bei diesen Werkzeugen entscheiden, ob Sie den Effekt selektiv auf die Lichter, Mitteltöne oder Tiefen anwenden wollen. Wenn Sie die Tiefen eines Bilds abwedeln oder nachbelichten wollen, ohne die Lichter zu beeinflussen, aktivieren Sie den Nachbelichter mit der Option Tiefen. Der Abwedler eignet sich hervorragend, um Falten im Gesicht zu entfernen, ohne die darunter liegende Struktur zu verändern. Das dritte Werkzeug ist der Schwamm, für den Sie zwei unterschiedliche Modi anwenden können: Sättigung erhöhen und Sättigung verringern.

Die Grenzen von Abwedler und Nachbelichter

Abwedler und Nachbelichter funktionieren nur dann sehr gut, wenn Sie in kleinen Bildbereichen mit geringen Deckkräften arbeiten. Für die Bearbeitung von großen Bereichen verwende ich eine Einstellungsebene mit einer gefüllten Ebenenmaske. Auf den Seiten 155-156 in Kapitel 4 finden Sie entsprechende Beispiele.

Tastenkürzel

Wenn Weichzeichner oder Scharfzeichner aktiviert sind, können Sie zeitweise zwischen den Werkzeugen wechseln, indem Sie die ⌥-Taste (PC: Alt) gedrückt halten. Dieses Tastenkürzel funktioniert auch bei den Tonwertwerkzeugen zwischen Abwedler und Nachbelichter.

Zeichenstift und Pfadwerkzeuge

Photoshop bietet eine Reihe von Vektorzeichenwerkzeugen, die genauso funktionieren wie die Pfadwerkzeuge in Zeichenprogrammen wie Adobe Illustrator. Wenn Sie mit diesen noch keinerlei Erfahrungen gemacht haben, müssen Sie sich in die Photoshop-Zeichenwerkzeuge erst einmal einarbeiten.

Es gibt verschiedene Möglichkeiten, in Photoshop eine Auswahl zu erstellen. Sie können die Auswahlwerkzeuge verwenden, den Zauberstab, basierend auf einem Farbbereich auswählen usw. Wenn Sie eine Kante definieren müssen, müssen Sie genau überlegen, welche Auswahlmethode sich am besten eignet. Die eben genannten funktionieren, aber sobald die Kante etwas komplizierter ist, sollten Sie eines der Lasso-Werkzeuge benutzen. Schneller geht es meistens jedoch, wenn Sie dafür den Zeichenstift verwenden. Ich will damit nicht sagen, dass es leicht sei, einen Zeichenpfad zu erstellen, denn das ist es nicht. Aber es lohnt sich, es zu lernen. Auf lange Sicht fällt es Ihnen dann leichter, einen Zeichenpfad zu erstellen (vor allem, wenn Sie ein Foto mit einem unruhigen Hintergrund haben). Anschließend können Sie den Zeichenpfad in eine Auswahl umwandeln und dann ganz normal weiterverwenden, wie jede andere Auswahl auch. Detailliertere Informationen dazu finden Sie in Kapitel 7.

Keine gefüllten Ebenen mehr
Wenn Sie den Zeichenstift das erste Mal aktivieren und ihn verwenden, wird automatisch eine gefüllte Formebene erstellt. Wenn Sie jedoch einfach nur einen Pfad erstellen wollen, müssen Sie in der Optionsleiste den Button Pfade aktivieren. Diese Option bleibt dann so lange bestehen, bis Sie eine andere wählen.

Magnetischer Zeichenstift
Der Freiform-Zeichenstift besitzt einen magnetischen Modus. Wenn dieser aktiviert ist, verhält er sich wie das magnetische Lasso, mit der Ausnahme, dass Sie die Punkte als Pfad speichern können.

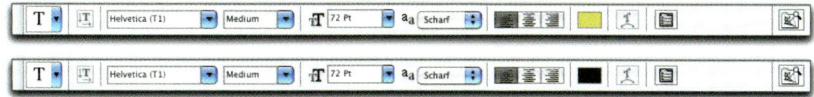

Textwerkzeuge

Mit dem Textwerkzeug können Sie Text direkt in das Bild schreiben. Es gibt zwei Möglichkeiten, das Textwerkzeug zu benutzen: Klicken Sie in das Bild und beginnen Sie zu schreiben oder klicken und ziehen Sie, um einen Textrahmen aufzuziehen. Klicken Sie auf den Paletten-Button (ganz rechts in der Optionsleiste), um die Zeichen- und Absatz-Paletten einzublenden. So haben Sie umfassende typografische Kontrolle.

Weil Text als separate Ebene erstellt wird, bleibt er immer bearbeitbar. Um eine solche Textebene zu bearbeiten, markieren Sie den Text oder klicken Sie in der Ebenen-Palette doppelt auf das Icon der Textebene. Sie können die Schriftart ändern, andere Farben auf den Text oder einzelne Zeichen anwenden oder einen neuen Text eingeben.

Das Schriftart-Menü ist mit einer WYSIWYG-Funktion ausgestattet. So sehen Sie direkt, wie die einzelnen Schriftarten aussehen.

Ebeneneffekte hinzufügen

Ebeneneffekte/Ebenenstile lassen sich sowohl auf Text- als auch auf Bildebenen anwenden. Mit Ebeneneffekten können Sie Effekte wie Schlagschatten erstellen. Außerdem bieten sich Ihnen inzwischen eine Reihe von Texteffekten und Sie können Text verzerren, indem Sie in der Optionsleiste die Option TEXT VERKRÜMMEN wählen.

Mehr über Text

In diesem Buch geht es um Photoshop und Fotografie. Photoshop bietet jedoch ebenso eine Reihe von Texteffekten, so dass auch Designer, die für Druck und Multimedia arbeiten, auf diese Möglichkeiten zurückgreifen. Da es unzählige Bücher über Photoshop gibt, die sich an Grafikdesigner richten, beschränke ich mich hier auf die Bedürfnisse von Fotografen. Mehr Informationen zum Textwerkzeug finden Sie in Kapitel 9.

Textmarkierung ausblenden

Text lässt sich einfacher bearbeiten, wenn er nicht markiert ist. Wählen Sie ANSICHT/EXTRAS (⌘-H [PC: Strg-H]), um die Textmarkierung auszublenden.

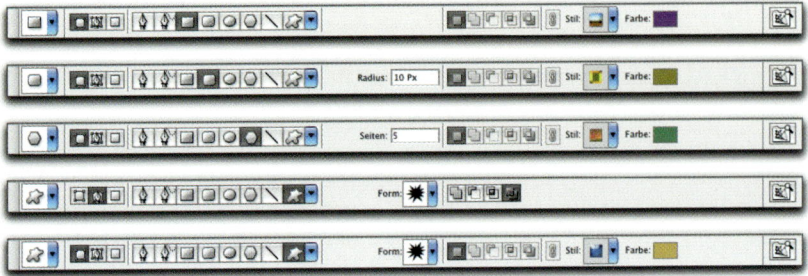

Abbildung 2.70 Die Optionen für die Formwerkzeuge beinhalten folgende Modi (von links nach rechts): DER AUSWAHL HINZUFÜGEN, VON AUSWAHL SUBTRAHIEREN, SCHNITTMENGE MIT AUSWAHL BILDEN und ÜBERLAPPENDEN PFADBEREICH AUSSCHLIESSEN.

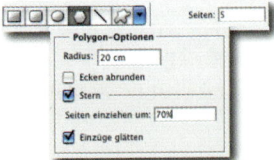

Abbildung 2.71 Beim Polygon-Werkzeug können Sie die Ecken abrunden und Einzüge glätten.

Formwerkzeuge

Die Formwerkzeuge in Photoshop können in Form einer gefüllten Ebene mit Vektormaske, als Flächenfüllung oder als Pfad verwendet werden. Mit den Formwerkzeugen erstellen Sie Rechtecke, abgerundete Rechtecke, Ellipsen, Polygone und eigene Formen und Sie importieren sogar Formen aus EPS-Grafiken (z.B. Logos), um diese dann im Vorgaben-Manager zu speichern. Linien, egal ob schmal oder breit, erstellen Sie mit dem Linienzeichner. Für einen Winkel von 45° halten Sie beim Ziehen die ⇧-Taste gedrückt. Sie können die Linien anschließend mit Pfeilspitzen versehen. Klicken Sie in der Optionsleiste auf den Button der entsprechenden Form (des Linienzeichners in diesem Fall) und wählen Sie die passenden Optionen.

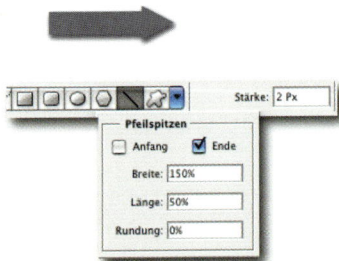

Abbildung 2.72 Beim Linienzeichner lassen sich die Proportionen der Pfeilspitze festlegen, die Sie an den Anfang oder das Ende setzen können.

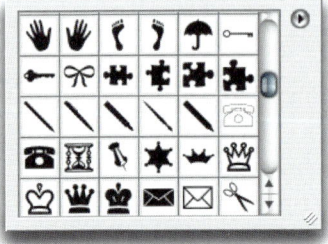

Abbildung 2.73 Die Vorgaben für die eigenen Formen sind sehr umfangreich. Hier können Sie auch Ihre eigenen erstellten Formen speichern und so jederzeit darauf zugreifen.

Anmerkungen-Werkzeuge

Sie können Photoshop-Dateien mit einer Text- oder Audioanmerkung versehen. Solche Dokumente speichern Sie dann im Photoshop-Format, als PDF oder TIFF. Um einem geöffneten Dokument eine Anmerkung hinzuzufügen, aktivieren Sie das Anmerkungen-Werkzeug und klicken Sie in das Bild. Ein Anmerkungs-Icon wird platziert, daneben sehen Sie ein geöffnetes Textfenster. Geben Sie dort Ihren Text ein (beispielsweise eine Beschreibung). Anschließend schließen Sie das Fenster. Die Anmerkung schwebt als kleines Icon über dem eigentlichen Bild. Diese Anmerkungen sind in Photoshop zwar sichtbar, werden jedoch nicht mitgedruckt. Wenn Sie eine Kopie des Bilds als PDF speichern und an einen Kunden verschicken, kann er die Datei in Adobe Acrobat öffnen, Anmerkungen hinzufügen und eine Anmerkungsdatei erstellen, die in Photoshop wiederum zum Original importiert werden kann. Um Anmerkungen zu entfernen, klicken Sie mit gedrückter `Ctrl`-Taste (PC: Rechts-Klick) auf das Icon. Wählen Sie aus dem Kontextmenü dann den entsprechenden Eintrag aus. Wenn Sie Ihre Datei mit einer Audioanmerkung versehen wollen, müssen Sie zunächst sicherstellen, dass in Ihren Systemeinstellungen ein Mikrofon als Eingangsquelle gewählt ist. Wenn Sie dann mit dem Audioanmerkung-Werkzeug in das Fenster klicken, erscheint ein kleiner Dialog zur Tonaufnahme. Klicken Sie auf den Aufnahme-Button und nehmen Sie Ihre Anweisungen auf. Klicken Sie anschließend auf STOPP. Die Audioanmerkung wird mit dem Dokument gespeichert, wenn Sie eines der oben genannten Dateiformate verwenden.

Abbildung 2.74 Das Textanmerkung-Werkzeug ist eine praktische Möglichkeit, mit Ihren Kunden zu kommunizieren. Diese Anmerkungen werden nicht mitgedruckt.

Keine Anmerkungen zu sehen?
Wenn Sie sich wirklich sicher sind, dass Sie einer Datei eine Anmerkung hinzugefügt haben, diese aber nicht zu sehen ist, überprüfen Sie, ob ANSICHT/EINBLENDEN/ANMERKUNGEN aktiviert ist. (Wenn nicht, werden die Anmerkungen auch nicht angezeigt.)

Überall aufnehmen

Mit der Pipette können Sie Farben aus einem beliebigen Bereich aufnehmen. Klicken Sie zunächst in das Bildfenster, verschieben Sie das Werkzeug nach außerhalb und nehmen Sie eine Farbe aus einem beliebigen Bereich des Bildschirms auf.

Schneller Zugriff auf den Farbaufnehmer

Wenn die normale Pipette aktiv ist und Sie zum Farbaufnehmer wechseln wollen, klicken Sie mit gedrückter ⇧-Taste mit der Pipette. Sollte ein Malwerkzeug aktiv sein, drücken Sie ⌥-⇧ (PC: Alt-⇧), um einen Farbaufnehmerpunkt zu setzen.

Aufnahmebereich

Beim Aufnahmebereich für die Pipette können Sie zwischen 1 Pixel, 3x3 Pixel Durchschnitt und 5x5 Pixel Durchschnitt wählen. Bei der ersten Option nehmen Sie den Farbwert von nur einem Pixel auf, was nicht wirklich repräsentativ ist. Sie können leicht an ein Störungspixel geraten oder ein Artefakt erwischen. Die anderen beiden Optionen eignen sich daher wesentlich besser.

Pipette/Farbaufnahme-Werkzeug

Mit der Pipette können Sie Pixelwerte aus dem Bildfenster aufnehmen und diese als Vordergrundfarbe definieren. Wenn Sie dabei die ⌥-Taste (PC: Alt) gedrückt halten, wird die aufgenommene Farbe zur Hintergrundfarbe (es sei denn, Sie arbeiten mit einem der folgenden Werkzeuge: Pinsel, Buntstift, Textwerkzeug, Linienzeichner, Verlaufs- oder Füllwerkzeug – in diesem Fall legen Sie eine neue Vordergrundfarbe fest). Das Farbaufnahme-Werkzeug bietet eine ständige Anzeige der Farbwerte in der Info-Palette. Die Werte der Aufnahmepunkte bleiben die ganze Zeit sichtbar, die Aufnahmepunkte selbst nur, solange der Farbaufnehmer aktiviert ist. Der große Vorteil des Farbaufnehmers ist, dass Sie die Farbwerte der Pixel an festen Punkten nachverfolgen können. Um zu verstehen, was ich meine, werfen Sie einen Blick in Kapitel 5. Dort zeige ich Ihnen, wie die Kombination von Farbaufnahmepunkten und Punkten in einer Gradationskurve noch mehr Kontrolle über das numerische Feedback in Photoshop gibt. Sie können Aufnahmepunkte löschen, indem Sie sie aus dem Bildfenster ziehen oder mit gedrückter ⌥-Taste (PC: Alt) darauf klicken.

Messwerkzeug

Mit dem Messwerkzeug messen Sie Distanzen und Winkel im Bild. Um eine Messlinie zu zeichnen, sollten die Info-Palette und die Optionsleiste sichtbar sein. Klicken Sie und ziehen Sie mit dem Werkzeug dann im Bildfenster. Das Messwerkzeug besitzt außerdem einen Winkelmesser-Modus. Nachdem Sie eine Messlinie gezogen haben, klicken Sie mit gedrückter ⌥-Taste (PC: Alt) auf einen der Endpunkte und ziehen Sie eine zweite Messlinie heraus. In der Info-Palette werden die Winkelmaße aktualisiert. Die Messlinie bleibt nur sichtbar, solange das Werkzeug aktiv ist. Sie können sie auch mit Ansicht/Extras ausblenden. Klicken und ziehen Sie an einem der Endpunkte, um die Messlinie zu aktualisieren. Wie andere Werkzeuge auch können Sie das Messwerkzeug am Raster und den Hilfslinien ausrichten.

Kapitel 2
Die Arbeitsumgebung

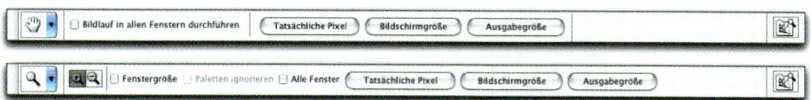

Navigationswerkzeuge – Hand und Zoom

Um in einem Bild zu navigieren, aktivieren Sie das Hand-Werkzeug und scrollen Sie damit. Wollen Sie in ein Bild hineinzoomen, klicken Sie mit dem Zoom-Werkzeug oder ziehen Sie einen Bereich auf, um diesen zu vergrößern. Im normalen Modus erscheint ein Plus-Zeichen in der Lupe. Um herauszuzoomen, müssen Sie die ⌥-Taste (PC: Alt) gedrückt halten (das Plus-Zeichen wird durch ein Minus ersetzt). Sobald Sie die Leertaste drücken, können Sie jederzeit auf das Hand-Werkzeug zugreifen. Drücken Sie die Leertaste und die ⌘-Taste (PC: Strg), um das Zoom-Werkzeug aufzurufen (das funktioniert jedoch nicht, wenn Sie gerade mit Text arbeiten). Drücken Sie die Leertaste und die ⌥-Taste (PC: Alt), um herauszuzoomen. Sie können sich ein Bild in Zoomstufen zwischen 0,5% und 1600% ansehen. Es gibt noch weitere Tastenkürzel: mit ⌘-+ (PC: Strg-+) zoomen Sie hinein und mit ⌘-- (Minus) (PC: Strg--) wieder heraus. Die Hand- und Zoom-Werkzeuge bieten noch weitere Navigationsfunktionen. Klicken Sie doppelt auf das Hand-Werkzeug, um das Bild in das Bildfenster einzupassen. Wollen Sie das Bild bei einer Zoomstufe von 100% betrachten, klicken Sie doppelt auf das Zoom-Werkzeug. In der Optionsleiste finden Sie Buttons mit ähnlichen Funktionen: GANZES BILD, TATSÄCHLICHE PIXEL und AUSGABEGRÖSSE. Sie können auch mithilfe der Navigator-Palette, des ANSICHT-Menüs und des linken unteren Felds im Bildfenster navigieren. Die Checkbox FENSTERGRÖSSE bewirkt, dass sich das Dokumentfenster an jede Größenänderung anpasst und sich dabei nach dem freien Raum auf dem Bildschirm richtet. Die Checkbox PALETTEN IGNORIEREN bringt Photoshop dazu, die Paletten nicht zu beachten und das Bildfenster auch dahinter auszudehnen. Wenn Ihre Maus oder Ihr Stylus-Pen mit einem Scrollrad ausgestattet ist, können Sie damit in Photoshop CS2 zoomen (nehmen Sie jedoch vorher die entsprechende Voreinstellung vor). Drücken Sie dabei die ⇧-Taste, zoomen Sie in festen Prozentschritten.

In allen Fenstern scrollen/zoomen

Sind zwei oder mehr Dokumente geöffnet, synchronisiert Photoshop das Scrollen für diese Fenster, wenn Sie die Checkbox BILDLAUF IN ALLEN FENSTERN DURCHFÜHREN aktivieren. Ist sie aktiviert und klicken Sie in ein Fenster, werden alle anderen geöffneten Fenster an dieselbe Stelle bewegt. Wenn Sie die ⇧-Taste gedrückt halten und in einen Bereich klicken oder mit dem Hand-Werkzeug ziehen, passen sich die anderen Fenster an.

Wenn Sie die Checkbox ALLE FENSTER für das Zoom-Werkzeug aktivieren, synchronisiert Photoshop das Zoomen in allen Fenstern. Das erreichen Sie auch mit der Option FENSTER/ANORDNEN/GLEICHE ZOOMSTUFE. Wenn Sie die ⇧-Taste gedrückt halten und mit dem Zoom-Werkzeug in einen Bildbereich klicken, werden alle anderen Fenster ebenso eingezoomt. Drücken Sie ⌥-⇧ (PC: Alt-⇧), um aus allen Fenstern gleichzeitig auszuzoomen.

Vorder-/Hintergrundfarbe

Standardmäßig ist die Vordergrundfarbe Schwarz und die Hintergrundfarbe Weiß. Um diesen Standard jederzeit wiederherzustellen, klicken Sie auf das kleine Icon neben den Farbfeldern in der Werkzeug-Palette. Daneben finden Sie ein Umschalt-Icon – dadurch wird der Vordergrund weiß und der Hintergrund schwarz. Sie können dafür auch die Taste [X] drücken. Wenn Sie doppelt auf eines der Farbfelder klicken, öffnen Sie den Farbwähler.

Standardmodus/Maskierungsmodus

Das linke Icon steht für die Anzeige im Standardmodus. Beim rechten Icon wandelt Photoshop eine Auswahl in eine halbtransparente farbige Maske um. Doppelklicken Sie auf eines der Icons, um die Standardmaskierungsfarbe zu ändern. Mit der Taste [Q] können Sie zwischen beiden Modi umschalten.

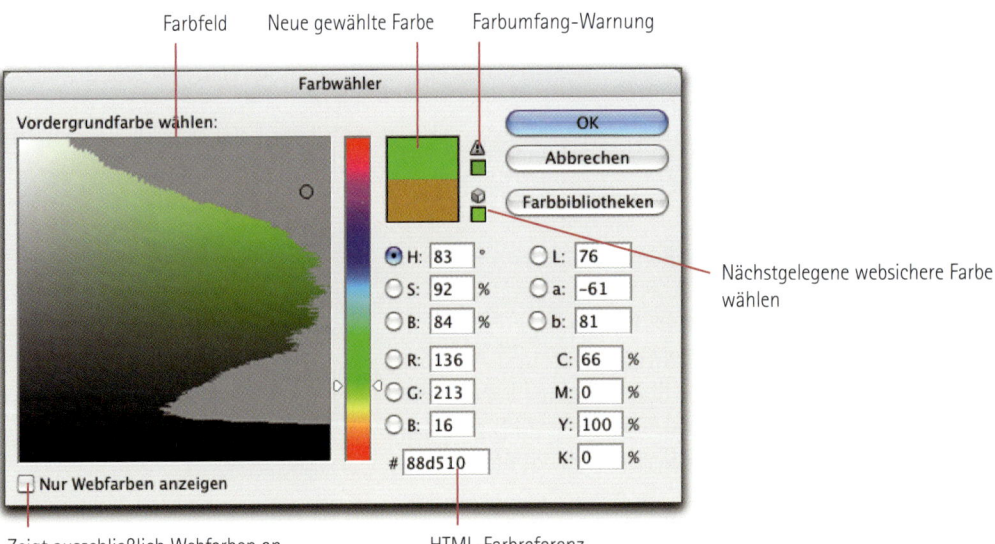

Abbildung 2.75 Hier sehen Sie den Photoshop-Farbwähler mit ausgegrautem Farbfeld, da im Ansicht-Menü die Option Farbumfang-Warnung eingeschaltet ist. Das Warn-Icon neben der neu gewählten Vordergrundfarbe macht Sie darauf aufmerksam, dass der Farbumfang überschritten ist. Wenn Sie auf den Würfel darunter klicken, wird die nächste HTML-sichere Farbe ausgewählt. Wenn Sie die Checkbox Nur Webfarben anzeigen aktivieren, beschränkt sich der Farbwähler auf die Webpalette.

Bildschirmdarstellung

Im Standardmodus werden Bilder in separaten Fenstern angezeigt. So können Sie mehr als ein Dokument gleichzeitig öffnen und leicht zwischen diesen umschalten. Der mittlere Button (VOLLBILDMODUS MIT MENÜLEISTE) zentriert das Fenster und färbt den Hintergrund mittelgrau, der störende Rand des Systemfensters wird ausgeblendet. Alle anderen geöffneten Dokumente werden ausgeblendet (Sie können über das FENSTER-Menü jedoch trotzdem weiter darauf zugreifen). Im Vollbildmodus wird das Bild vor einem schwarzen Hintergrund gezeigt, die Menüleiste wird ausgeblendet. Sie können auch die Werkzeug-Palette und alle anderen Paletten ausblenden, indem Sie die ⭾-Taste drücken. Drücken Sie die Taste erneut, um sie wieder einzublenden. Um zwischen den drei Ansichtsmodi zu wechseln, drücken Sie die Taste F. Mit ⭾-Ctrl (PC: ⭾-Rechts-Klick) wechseln Sie zwischen den geöffneten Fenstern (egal, in welchem Bildschirmmodus Sie sich befinden).

Springen-zu-Button

ImageReady CS2 ist ein eigenständiges Programm, das zusammen mit Photoshop CS2 installiert wird. Wenn Sie auf den Springen-zu-Button klicken, wechseln Sie zwischen diesen beiden Programmen, ohne das aktuelle Programm verlassen zu müssen. Die geöffnete Datei bleibt im ursprünglichen Programm geöffnet. Über DATEI/IN...BEARBEITEN können Sie andere Programme auswählen, in denen Sie die Datei bearbeiten wollen. Bei der Installation werden Aliase von in Frage kommenden Programmen im Ordner PHOTOSHOP CS2/HELPERS/JUMP TO GRAPHICS EDITOR installiert. Wenn das Zielprogramm noch nicht geöffnet ist, wird es jetzt gestartet.

Natürlich wechseln Sie in Photoshop CS2 auch zu einem anderen Programm, wenn Sie auf den Bridge-Button klicken. Von dort aus können Sie dann ebenfalls zu anderen Programmen der Creative Suite wechseln.

Werkzeugtipps

Damit Sie mit den Photoshop-Werkzeugen und den Palettenfunktionen vertraut werden, erscheinen kleine Werkzeugtipps, wenn Sie den Cursor einen Moment über einem Button oder einem Werkzeug-Icon halten. Darin enthalten sind eine kurze Beschreibung sowie das Tastenkürzel für diese Funktion.

Kapitel 3

Photoshop konfigurieren

Um Photoshop zu Bestleistungen zu animieren, müssen Sie sicherstellen, dass Ihr Computer für die Bildbearbeitung optimal eingerichtet ist. Als ich begann, »Photoshop für Fotografen« zu schreiben, musste ich den Lesern noch mitteilen, welchen Computer sie sich am besten für die Arbeit mit Photoshop zulegen sollten und welche Hardware-Spezifikationen notwendig sind. Heute gehe ich davon aus, dass nahezu jeder Computer, den es zu kaufen gibt, den Umgang mit Photoshop beherrscht. Später kann ein Upgrade helfen, die Arbeit weiter zu beschleunigen. Wie immer werde ich versuchen, für keines der beiden Betriebssysteme – Macintosh und Windows – Partei zu ergreifen. Wenn Sie sich bereits mit Computern auskennen, wissen Sie, womit Sie am besten zurecht kommen. Deshalb muss ich Ihnen meine Vorliebe für den Mac nicht auf die Nase binden. Aber ich bin damit aufgewachsen und fühle mich wohl damit.

Fangen Sie klein an

Wenn Sie ein Photoshop-Neuling sind, rate ich Ihnen, sich nicht gleich ein Supersystem zu kaufen. Falls Sie im Laufe der Zeit feststellen, dass die Bildbearbeitung nicht so Ihr Ding ist, können Sie Ihren Computer immer noch für normale Büroanwendungen verwenden. Andernfalls können Sie Ihr System auch in ein oder zwei Jahren erneuern und auf ein schnelleres Modell umsteigen oder sich einen besseren Monitor zulegen. Es gibt viele Möglichkeiten.

64-Bit-Unterstützung

64-Bit-Unterstützung ist momentan der aktuellste Stand für Computerhardware. Auf einem Macintosh G5 nutzt Photoshop CS diese Vorteile auch. In Photoshop CS2 wird das jetzt noch stärker unterstützt. Wenn Sie mit Mac OS X 10.3 oder höher arbeiten, können Sie bis zu 4 GB (okay, ziehen wir den Bedarf für das Betriebssystem ab, bleiben 2,5 GB) zuweisen. Arbeiten Sie mit Windows 2000 oder einer Version von Windows XP, bleiben Ihnen leider immer noch nur 2 GB. Sollten Sie Windows XP mit 64-Bit nutzen, bleiben Ihnen 4 GB (minus einen geringen Anteil für das Betriebssystem).

Das trifft sicherlich entsprechend auf Sie zu, wenn Sie Windows-Nutzer sind. Außerdem werden Sie sich mit der Zeit immer mehr Programme zugelegt haben, die zu Ihrem System passen, also sind Sie in gewisser Weise auch gebunden (oder Sie müssten sich die gesamte Software neu kaufen).

Ein System kaufen

Die heutigen Einsteigermodelle auf dem Computermarkt sind bereits mit allem ausgestattet, was Sie brauchen. Schauen wir uns beispielsweise den Apple G5 iMac an. Als ich das Buch schrieb, war das Einsteigermodell folgendermaßen ausgestattet: 1,9 GHz G5 Prozessor, 17" CDT-Display, 512 MB RAM, das auf bis zu 2,5 GB ausgebaut werden kann, 160 GB Festplatte, CD/DVD-Laufwerk inklusive Brenner und ATI Radeon X600 Pro mit 128 MB DDR SDRAM Grafikkarte. Photoshop CS2 benötigt mindestens 320 MB RAM – so dass Sie mit diesem Rechner ganz komfortabel arbeiten könnten. Bei Windows-Rechnern ist die Auswahl wesentlich größer. Ohne irgendein spezielles Modell hervorheben zu wollen, würde ich sagen, dass nahezu alle Einsteigermodelle die Systemvoraussetzungen für Photoshop erfüllen. Folgende Voraussetzungen sollten auf jeden Fall erfüllt sein: Pentium-4-Prozessor, 40 GB Festplatte und mindestens 256 MB RAM (mit Platz für Erweiterungen). Wenn Sie all diese Anforderungen erfüllen können, steht einer wunderbaren Zeit der Bildbearbeitung nichts mehr im Weg. Probleme dürften nur dann auftreten, wenn Sie mit einem sehr alten Rechner arbeiten, denn Photoshop CS2 setzt mindestens einen Macintosh G3, G4 oder G5 mit OS X 10.2.8 (oder höher) oder OS X 10.3 bis 10.3.4 voraus. Unter Windows brauchen Sie mindestens: Pentium III oder 4 mit Windows 2000 inklusive Service Pack 3 oder Windows XP.

Kapitel 3
Photoshop konfigurieren

Die Arbeitsumgebung

Ihr Computerarbeitsplatz ist wichtig. Auch bei begrenztem Platzangebot gibt es einiges, was Sie tun können, um den Arbeitsplatz effizient zu nutzen. Sie brauchen unbedingt einen bequemen Bürostuhl – am besten einen mit Armlehnen und verstellbarer Sitzposition, so dass Ihre Handgelenke bequem auf dem Tisch aufliegen. Der Monitor sollte sich in Blickhöhe oder leicht darunter befinden. In Abbildung 3.1 sehen Sie meinen Arbeitsplatz, der zwei Leuten die Möglichkeit gibt, gleichzeitig zu arbeiten. Den Schreibtisch habe ich anfertigen lassen, um eine möglichst große Arbeitsfläche zu haben und die Kabel alle gut verteilen zu können. Die Wände sind in einem neutralen Grau gestrichen. Wenn ich die Wände mit einem Spektrofotometer messe, sind sie fast perfekt grau. Für die Beleuchtung unter den Regalen nutze ich kühl fluoreszierendes Licht, das von hinten auf die

Chip-Beschleunigung

Das Aufrüsten des Prozessors ist eine Möglichkeit, die Leistungsfähigkeit des Prozessors zu erhöhen. Jedoch bieten nicht alle Computer diese Möglichkeit. Falls Ihr Computer noch einen Steckplatz frei hat, können Sie ihn getrost aufrüsten. Die Karte, mit der Sie aufrüsten, sollte zusätzlichen Cache beinhalten. Der Cache-Speicher speichert regelmäßig verwendete Systembefehle, so kann der Prozessor schneller arbeiten.

Abbildung 3.1 Hier führe ich alle meine Photoshop-Arbeiten aus. Der Arbeitsplatz wurde eigens für mich angefertigt, um den Platz möglichst optimal zu nutzen. Die Wände strich ich in einem neutralen Grau, um das Licht zu absorbieren und das Risiko von Farbstichen zu vermeiden. Die Beleuchtung stammt von Tageslichtröhren, die von hinten auf die Monitore strahlen. Ich arbeite eigentlich immer bei sehr wenig Licht, damit der Kontrast auf dem Monitor möglichst hoch ist.

Chip-Geschwindigkeit

Die Geschwindigkeit des Mikrochips wird in Megahertz ausgedrückt. Die Leistungsfähigkeit hängt jedoch von der Art des Chips ab. Ein 2 GHz Pentium-III-Prozessor ist nicht so schnell wie ein 2 GHz Pentium-4-Chip. Bei Chips derselben Serie können Sie die Geschwindigkeit nicht anhand der Megahertz-Angaben vergleichen. Viele der neuesten Computer sind sogar mit einem doppelten Prozessor ausgestattet. Der Macintosh-Prozessor Motorola G4/G5 beinhaltet AltiVec. Programme wie Adobe Photoshop bekommen ihre Anweisungen dann in bestimmten Taktraten. Außerdem wird die Geschwindigkeit einiger Operationen um das Dreifache erhöht. Windows-Rechner haben einen ähnlichen Beschleuniger, der als MMX bekannt ist. Ein weiterer ausschlaggebender Faktor ist die Busgeschwindigkeit. Diese bezieht sich auf die Geschwindigkeit, mit der die Daten vom RAM auf die CPU (Central Processing Unit, der Chip) übertragen werden. Die Leistungsfähigkeit der CPU kann durch lange Busgeschwindigkeiten beeinträchtigt werden. Deshalb gilt besonders für die Arbeit in Photoshop: je schneller, desto besser.

Monitore scheint, damit kein Licht direkt auf die Displays trifft. Das Fenster ist nach Norden ausgerichtet, so dass ich keinerlei Probleme mit dem Sonnenlicht habe – außerdem habe ich eine Jalousie vor dem Fenster. Wenn ich nur noch eine Möglichkeit finden würde, nervige Telefonanrufe abzublocken, die natürlich immer mitten in einer komplexen Retusche-Session eingehen, dann wäre alles perfekt!

Wenn Sie sich einen Bildbearbeitungsplatz einrichten, werden sich die elektrischen Geräte bald anhäufen. Auch wenn diese nicht viel Strom verbrauchen, sollten Sie darauf achten, nicht zu viele Netzteile an eine Steckdose zu stecken. Kathodenstrahlröhren-Monitore sind empfindlich gegenüber Magneten in ungeschirmten Lautsprechern oder dem Elektromotor eines Tintenstrahldruckers. Positionieren Sie solche Geräte also nicht zu nah am Monitor. Auch Interferenzen mit anderen elektrischen Geräten können zu Problemen führen. Um bei einem Stromausfall keine Schäden zu erleiden oder Daten zu verlieren, sollten Sie eine unterbrechungsfreie Stromversorgung zwischen Ihrem Computer und dem Netzanschluss platzieren. Solche Geräte verhindern gleichzeitig auch Spannungsspitzen oder Stromstöße in der Netzversorgung.

Einen Monitor auswählen

Der Monitor ist eine der wichtigsten Komponenten, denn diesen schauen Sie die ganze Zeit an, wenn Sie mit Photoshop arbeiten. Sie sollten an dieser Stelle nicht sparen und sich nicht nur einen billigen Monitor zulegen, der für den Einsatz mit Grafikkarten nicht geeignet ist. Es gibt zwei Arten von Monitoren: Kathodenstrahlröhren-Monitore (CRT) und Flüssigkeitskristallanzeigen (LCD). Die Kathodenstrahlröhre feuert rote, grüne und blaue Elektronen auf eine Phosphorschicht ab, die damit zum Leuchten angeregt wird. CRTs gibt es schon ziemlich lange und sie sind immer noch sehr populär. Das liegt wohl auch daran, dass man das Display von Hand kalibrieren kann (siehe Seite 103) und so eine neutrale Anzeige möglich ist, ohne Änderungen am Farbprofil des Monitors vornehmen zu müssen. Das Monitorprofil nimmt idealerweise nur eine Feinabstimmung des kalibrierten CRT-Monitors vor. Weil es sich bei CRTs um analoge Geräte handelt, können sich Leistung und Output mit der Zeit verändern. Deshalb müssen Sie solch einen Monitor regelmäßig neu kalibrieren. Mit Hardware-Reglern können Sie normalerweise Kontrast, Helligkeit und Farbbalance einstellen. Teurere CRT-Monitore besitzen bereits eingebaute Kalibrierungswerkzeuge. Diese überwachen ständig die Ausgabe des Monitors. Ein 22 Zoll-CRT-Monitor ist ganz schön groß und schwer, ein leichter LCD-Flachbildschirm hingegen nimmt wesentlich weniger Platz auf dem Schreibtisch ein. Vielleicht ist das auch der Grund, warum sie immer beliebter werden. LCDs gibt es in den unterschiedlichsten Größen – von denen, die Sie von Laptops kennen, bis hin zu 30 Zoll-Grafikdisplays. LCDs sind mit einer durchsichtigen Schicht von Flüssigkeitskristallelementen ausgestattet, die die Farbe einer dahinter liegenden, fluoreszierenden Lichtquelle filtern. Aus diesem Grund können Sie bei diesen Displays auch nur die Hintergrundbeleuchtung einstellen. Der Kontrast ist festgelegt und in der Regel mindestens genauso hoch wie der eines durchschnittlichen CRT-Monitors, wenn nicht sogar höher. Da es sich bei LCDs um digitale Geräte handelt, geben sie konsistentere Farben aus, was nur von Vorteil sein kann, wenn Sie in Photoshop Dateien für den Druck erstellen. LCDs müssen zwar kalibriert und im Profil angepasst werden (im Gegensatz zu einem CRT-Monitor), bleiben dann aber relativ lange konsistent. Andererseits gibt es ein paar Unterschiede im Aussehen der Bilder, was merklich vom Blickwinkel des Betrachters abhängt. Helligkeit und Farbe werden bei einem LCD nur dann korrekt angezeigt, wenn Sie frontal auf den Monitor blicken. Das schlimmste Beispiel dafür sind Laptop-Displays. Die gleichmäßige Ausgabe eines 23 Zoll-Apple-Cinema-Displays und anderer Desktop-LCDs ist wesentlich konsistenter.

Es ist spannend darüber nachzudenken, wie die Monitore in der Zukunft wohl aussehen werden. Sunnybrook Technologies (www.sunnybrooktech.com) entwickeln gerade einen LCD-Monitor, der statt der fluoreszierenden Lichtquelle mit einer Matrix aus LED-Lichtern arbeitet.

Einen zweiten Monitor anschließen
Wenn Sie zwei Monitore an Ihren Computer anschließen können, sollten Sie sich noch einen zweiten, kleineren Monitor zulegen. Platzieren Sie ihn neben dem Hauptmonitor und bringen Sie dort die Photoshop-Paletten unter. Um einen zweiten Monitor anzuschließen, benötigen Sie eine zusätzliche PCI-Karte mit einem zusätzlichen Videoeingang.

Schwebende Fenster
Bisher mussten sich PC-Anwender den Beschränkungen des Photoshop-Fensters unterordnen. Das wurde jetzt auf zwei Arten verbessert. Bridge ist eine separate Anwendung – Sie müssen, wenn Sie das Programm verwenden, nicht mehr in Photoshop arbeiten (wie es beim Dateibrowser der Fall war). Und zweitens unterstützt Photoshop CS2 ab sofort schwebende Fenster, so dass Sie Dokumentfenster außerhalb des Programms verschieben können.

Sony Artisan
Falls Sie auf der Suche nach einem richtig guten CRT-Monitor sind, kann ich Ihnen das Modell Sony Artisan empfehlen. Designt wurde dieser Monitor von Dr. Karl Lang, der dabei immer den Nutzer aus der Druckvorstufe im Hinterkopf hatte.

Grafikkarten

Die Grafikkarte in Ihrem Computer sorgt dafür, dass der Monitor funktioniert. Sie verarbeitet die Pixelinformationen und wandelt sie so um, dass auf dem Monitor ein Bild entsteht. Mit einer richtig guten Grafikkarte ist Ihr Bildschirm zu verschiedenen Dingen in der Lage. Sie können Ihren Bildschirm mit einer höheren Auflösung betreiben, alles in Millionen Farben anzeigen lassen, mehr Bildschirmdaten im Speicher vorhalten und die Profilinformationen für den Monitor nutzen, um die Farbdarstellung zu verfeinern. Je mehr Daten im Speicher vorgehalten werden, die nicht auf dem Bildschirm zu sehen sind, desto besser wird das Scrollen und desto schneller wird das Bild aufgebaut. Früher wurden die Computer nur mit wenig Videospeicher ausgerüstet. Wenn Sie Glück hatten, konnten Sie gerade so mit einem kleinen Monitor mit Millionen von Farben arbeiten. Kaufen Sie heute einen Computer, stehen die Chancen recht gut, dass dieser ziemlich gut ausgestattet ist. Die heutigen Grafikkarten sind mit 32 MB (oder mehr) Speicher ausgerüstet. Durch andere Funktionen werden Sie sich keine großen Vorteile verschaffen (es sei denn, Sie haben einen großen LCD-Monitor), denn die meisten teuren Grafikkarten sind für schnelle 3D-Spiele ausgelegt, weniger für eine bessere 2D-Anzeige.

Diese Monitore haben dann unglaublichen Dynamikumfang und sind in der Lage, Bilder mit 16 Bit pro Kanal anzuzeigen – eine unglaubliche Steigerung. 8 Bit-Bilder werden im Vergleich dazu vollkommen flach aussehen. Eines Tages wird es Technologien geben, die den Dynamikumfang von natürlichem Licht immer besser wiedergeben können. Für die Anzeige von Computerspielen und Videos ist das hervorragend – bei der Arbeit in Photoshop geht es jedoch eher darum, auf dem Monitor auch wirklich das zu sehen, was später vom Drucker ausgegeben wird.

Bildschirmkalibrierung und -profile

Wir sollten uns jetzt auf den wichtigsten Aspekt eines Photoshop-Systems konzentrieren: Sie müssen den Monitor dazu bewegen, Ihre Bilder in Photoshop mit der richtigen Helligkeit und ohne Farbstiche anzuzeigen. Das sollte selbstverständlich sein, denn wir wollen doch alle, dass die Bilder in Photoshop von Session zu Session gleich aussehen und ihr Aussehen auch behalten, wenn sie auf einem anderen System betrachtet werden. Es gibt verschiedene Möglichkeiten, das zu erreichen. Sie müssen den Monitor auf den maximalen Kontrast einstellen, so dass die Helligkeit mit der anderer Anwender übereinstimmt und ein neutrales Grau auch wirklich grau ist. Wie bereits erwähnt, variiert die Leistung von CRT-Monitoren mit der Zeit. Bevor Sie solch einen Monitor kalibrieren, sollten Sie ihn vorher mindestens eine halbe Stunde laufen lassen, damit er sich korrekt aufwärmen und stabilisieren kann. Ein ordentlicher CRT-Monitor besitzt Hardware-Steuerungen, mit denen Sie die Helligkeit und die Farbausgabe einstellen können, um Farbbalancen nachzuregeln und die Graubalance zurückzusetzen. Die Lebensdauer eines CRT-Monitors beträgt etwa drei Jahre. Mit der Zeit verliert er an Helligkeit und Kontrast, irgendwann kann er nicht mehr korrekt kalibriert werden und taugt für die Bildbearbeitung in Photoshop nicht mehr wirklich.

Die erste Kalibrierung sollte Ihren Monitor nahezu in Idealzustand versetzen. Sie können dann ein Monitorprofil erstellen, das mindestens den Schwarzpunkt, den Weißpunkt und den Gamma-Wert festlegt. Der Schwarzpunkt beschreibt das dunkelste Schwarz, das angezeigt werden kann, so dass der nächste Punkt dunkles Grau gerade noch sichtbar ist. Der Weißpunkt übermittelt der Grafikkarte, wie reines Weiß auf dem Bildschirm dargestellt werden muss, so dass es der eingestellten Farbtemperatur entspricht (ich empfehle immer D65/6500 K und nicht D50). Und dann der Gamma-Wert: Er teilt der Grafikkarte mit, wie stark die Tonwerte für die Mitteltöne nachzuregeln sind. Beachten Sie, dass der gewählte Gamma-Wert beim Erstellen des Monitorprofils keine Auswirkung darauf hat, wie hell oder dunkel ein Bild in Photoshop angezeigt wird. Der Gamma-Wert des Monitorprofils wirkt sich nur darauf aus, wie die Tonwerte der Mitteltöne verteilt werden. Sie sollten für das Profil – egal, ob Sie mit Mac oder PC arbeiten – einen Gamma-Wert von 2,2 verwenden. Wenn Sie mit einem Messinstrument arbeiten (siehe Abbildung 3.3), um den Monitor wirklich korrekt zu kalibrieren, können Sie ein Profil erstellen, dass detailliertere Informationen darüber enthält, wie der Monitor die Farben darstellt.

Durch die Kalibrierung wird die Hardware auf eine Standardausgabe zurückgesetzt. Anschließend erstellen Sie ein Monitorprofil, das festlegt, wie gut der Bildschirm funktioniert, nachdem er kalibriert wurde. Bei einem guten CRT-Monitor können Sie die Farbausgabe der einzelnen Elektrokanonen manuell einstellen (kleine Monitore, wie der Sony Artisan und der Barco Calibrator machen das automatisch). Wenn der Bildschirm nach der Kalibrierung nahezu neutral ist, brauchen Sie keine weiteren Einstellungen vorzunehmen. Das Monitorprofil sendet seine Anweisungen an die Grafikkarte für die Feinabstimmung des Monitors. Sollten diese Anpassungen relativ gering sein, können Sie die Grafikkarte voll nutzen, um den Farbbereich auf dem Bildschirm zu beschreiben. Wenn Sie sich bei der Kalibrierung auf die Einstellungen der Grafikkarte stützen, muss die Grafikkarte mehr Einstellungen vornehmen, was zu einer schlechteren Farbausgabe führen kann. Wenn Sie beispielsweise Adobe Gamma oder den Apple-Kalibrierungs-Assistenten nutzen, die auf den nächsten Seiten beschrieben

Das Leben eines CRT-Monitors verlängern
Die Lebensdauer eines CRT-Monitors beträgt in der Regel drei Jahre, dann wird es bereits schwierig, ihn korrekt zu kalibrieren. Wenn Sie häufig einen Bildschirmschoner verwenden, können Sie das Leben Ihres CRTs deutlich verlängern. Ein CRT besitzt in der Regel Hardware-Steuerungen, mit denen Sie die Ausrichtung des Bilds bestimmen können. Dabei ist es immer ratsam, das Bild so einzustellen, dass es nicht den gesamten Bereich ausfüllt. Verringern Sie also leicht Höhe und Breite des Bilds, so dass ein kleiner Rahmen zu erkennen ist.

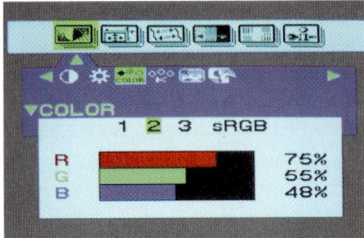

Abbildung 3.2 Hier sehen Sie die Hardware-Monitorsteuerung für den Monitor LaCie-Electron-Blue-III-CRT. Damit kann ich die Ausgabe der einzelnen Elektronenkanonen steuern, die rote, grüne und blaue Farbe auf dem Monitor erzeugen. Ich passe diese Einstellungen während der Monitorkalibrierung an, um den Bildschirm neutral zu machen, bevor ich das Monitorprofil erstelle.

werden, kompensieren Sie die Farben über die Grafikkarte, um die Farben auf dem Bildschirm zu neutralisieren. Es ist aber besser, wenn Sie dafür die Hardware-Regler an Ihrem Monitor verwenden (falls Ihr Monitor welche besitzt). Das ist nicht bei allen CTRs möglich, bei LCDs sowieso nicht. Bei einem LCD-Bildschirm können Sie lediglich die Helligkeit einstellen. Das bedeutet nicht, dass LCD-Monitore generell nicht für grafische Arbeiten geeignet sind. Gerade die etwas teureren Modelle sind relativ blickwinkelkonsistent, sind nicht zu weit von einer neutralen Farb- und D65-Weißbalance entfernt und büßen ihre Leistungsfähigkeit nicht ein. Wenn Sie kein Geld für ein Kalibrierungssystem ausgeben wollen, sollten Sie sich für Ihren LCD-Monitor ein passendes Profil laden und dann einfach die Daumen drücken. Es wird einigermaßen funktionieren und ist auf jeden Fall besser als nichts.

Hardware zum Kalibrieren

Lassen Sie uns nun einen Blick auf das praktische Vorgehen beim Kalibrieren und Einrichten eines Monitorprofils werfen. Sorgen Sie zuerst einmal dafür, dass störende Hintergrundfarben und -muster vom Bildschirm verschwinden. Wählen Sie für den Schreibtischhintergrund am besten eine neutrale Farbe. Unter Mac OS X gibt es extra für Photoshop-Anwender eine Graphite-Oberfläche. Wenn Sie mit einem PC arbeiten, wählen Sie SYSTEMSTEUERUNG/DARSTELLUNG UND DESIGNS/ANZEIGE und klicken Sie auf den Reiter DARSTELLUNG. Klicken Sie auf das aktive und das inaktive Fenster und wählen Sie für beide ein neutrales Grau. Unter Windows XP könnten Sie es mit dem Silber-Farbschema versuchen. Das ist natürlich alles sehr subjektiv, aber ich glaube, dass Ihr System dadurch gewinnt.

Die einzige verlässliche Möglichkeit, einen Monitor zu kalibrieren und ein Profil einzurichten, besteht in der Verwendung eines Hardware-Kalibrierungssystems. Es gibt Monitore, die mit ihrem eigenen Kalibrierungssystem ausgestattet sind: z.B. LaCie Electron BlueEye, Mitsubishi SpectraView und Barco Calibrator. Sie können sich aber auch ein separates Kalibrierungssystem kaufen. Der Spyder

Kapitel 3
Photoshop konfigurieren

1 Ein nicht kalibrierter Monitor ohne Profil gibt Farben nicht zuverlässig wieder.

2 Bei der Kalibrierung geht es darum, den Bildschirm auf Graubalance, Kontrast und Helligkeit zu optimieren.

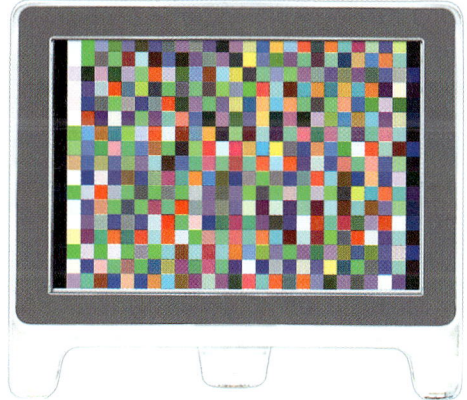

3 Beim Erstellen eines Profils werden mindestens Schwarzpunkt, Weißpunkt und Gamma aufgenommen. Mit der richtigen Software wird auch gemessen, wie breit der Farbbereich ist, der dargestellt werden kann. Um ein exaktes Profil zu erstellen, müssen diese zusätzlichen Farbinformationen aufgenommen werden.

4 Um solch ein Profil zu erstellen, benötigen Sie ein Colorimeter wie den Spyder von ColorVision mit PhotoCal- oder OptiCal-Software. Ein Spektrofotometer wie das GretagMacbeth Eye-One mit der Software Eye-One Match oder Profile Maker Professional erzeugt die genauesten Ergebnisse.

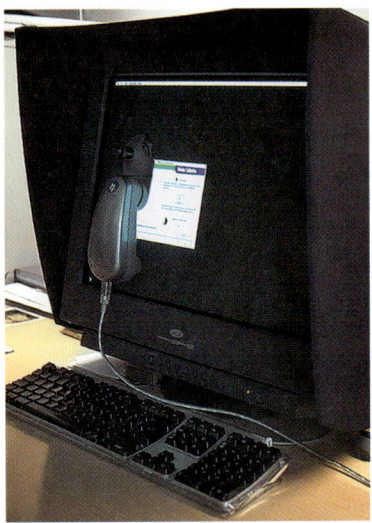

Abbildung 3.3 Eye-One von Gretag-Macbeth ist ein beliebtes Spektrometer, mit dem Sie die Ausgabe des Monitors sehr genau messen können, um den Monitor zu kalibrieren und ein ICC-Profil zu erstellen.

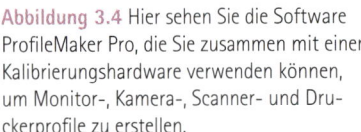

Abbildung 3.4 Hier sehen Sie die Software ProfileMaker Pro, die Sie zusammen mit einer Kalibrierungshardware verwenden können, um Monitor-, Kamera-, Scanner- und Druckerprofile zu erstellen.

und der Spyder2Pro von ColorVision sind recht günstig und werden entweder mit PhotoCal oder der umfangreichen Software OptiCal ausgeliefert. Der Monitor Spyder ist ein Colorimeter und kann nur verwendet werden, um die Ausgabe eines CRT- oder LCD-Monitors zu messen. Von X-Rite gibt es ein ebenfalls gutes System mit einer einfach zu verwendenden Software namens OPTIX.

CRT-Messsysteme sind in der Regel mit Saugnäpfen ausgestattet, die Sie am Monitor befestigen. Bei einem LCD-Monitor verwenden Sie ein Gewicht, mit dem Sie das Messinstrument über den Monitor hängen und es ausbalancieren. Was auch immer Sie tun, befestigen Sie niemals Gummisauger an einem LCD! Ich arbeite am liebsten mit dem System Eye-One von GretagMacbeth, das es in verschiedenen Paketen gibt. Das Eye-One-Messgerät ist ein Emissionsspektrometer, das alle Arten von Bildschirmen messen und Druckerprofile erstellen kann, wenn es in Verbindung mit der Software Eye-One Match 3.0 oder Basic verwendet wird. Das neue Eye-One-Display ist sehr günstig und sowohl für den Einsatz bei CRTs als auch bei LCDs entwickelt.

Wollen Sie richtig gute Farben?

Lassen Sie mich in ein paar kurzen Absätzen noch einmal zusammenfassen, warum Sie darauf achten sollten, wie Ihre Bilder in Photoshop auf dem Monitor angezeigt werden, und warum ein gutes Farbmanagement so wichtig ist.

Wie bereits erwähnt, ist die Wahl des richtigen Monitors entscheidend – schließlich verbringen Sie viel Zeit damit, diesen anzuschauen. Die Frage, ob LCD oder CRT, liegt ganz bei Ihnen. Ich persönlich arbeite lieber mit LCDs, aber CRTs wie der Barco oder der Sony Artisan sind bei vielen Fotografen mindestens genauso beliebt. Wenn Sie sich für einen guten Monitor entschieden haben, müssen Sie nur noch überlegen, wie Sie diesen kalibrieren wollen. Das ist äußerst wichtig, denn wenn der Monitor korrekt kalibriert wurde, können Sie den Farben, die Sie auf dem Monitor sehen, durchaus vertrauen. Und das, was Sie auf dem Monitor sehen, erscheint dann auch so im Druck. Vor noch nicht allzu langer Zeit mussten Sie für ein gutes Display und eine passende Grafikkarte noch ein Vermögen ausgeben – Kalibrierungssoft- oder -hardware waren noch Nischenprodukte. Heute kostet ein Kalibrierungsgerät in etwa dasselbe wie eine externe Festplatte. Wenn Sie sich also ein Programm wie Photoshop zulegen, würde ich Ihnen immer empfehlen, auf eine passende Monitorkalibrierung zu sparen. Ein Standard-Colorimeter wie das Eye-One Display 2 von GretagMacbeth ist leicht zu installieren und bietet die nötige Software, mit der Sie Ihren Monitor kalibrieren und ein Profil einrichten können.

Alle von mir getesteten Kalibrierungsprodukte erstellen automatisch ein Profil für Ihren Monitor, das gleich auch im richtigen Ordner auf der Festplatte gespeichert wird, damit Sie mit der Arbeit in Photoshop beginnen können. Sobald Sie Photoshop geöffnet haben, müssen Sie überprüfen, ob Sie mit den richtigen Farbeinstellungen arbeiten: Auf Seite 112 finden Sie die passenden Anweisungen dazu. Diese Farbeinstellungen bleiben nun erhalten, bis Sie sie ändern. Jetzt müssen Sie nur noch darauf achten, dass die Kalibrierung und das Profil für Ihren Monitor immer auf dem aktuellsten Stand sind. Falls Sie einen CRT-Monitor

Gamma- und Weißpunkteinstellung

Wenn Sie mit einem Kalibrierungsgerät arbeiten, müssen Sie der Kalibrierungssoftware zwei wichtige Fragen beantworten. Die erste Frage lautet: Welchen Gamma-Wert wollen Sie verwenden? Sicherlich haben Sie schon einmal davon gehört, dass PC-Nutzer einen Wert von 2,2 und Macintosh-Anwender einen Wert von 1,8 verwenden sollen. Ein Gamma-Wert von 2,2 ist allerdings immer der beste, egal, auf welchem System Sie arbeiten. Sie können natürlich auch mit einem Gamma-Wert von 1,8 ein korrektes Monitorprofil erstellen, der Wert 2,2 liegt jedoch näher am eigentlichen Wert der meistens Displays. Ich habe einmal einen Entwickler gefragt, warum dieser Wert immer noch abgefragt wird. Er meinte, dass sie es nur tun würden, um Mac-Nutzern entgegenzukommen, die es gewohnt sind, mit dem Wert 1,8 zu arbeiten. So, jetzt wissen Sie es.

Die zweite spannende Frage betrifft den Weißpunkt. Manchmal werden Sie vielleicht dazu gedrängt, für Druckaufträge einen Weißpunkt von 5000 K zu verwenden. Ich empfehle Ihnen jedoch, immer mit 6500 K zu arbeiten – da das auch der Wert der meisten Displays ist. Manche behaupten zwar, dass für CMYK-Bilder ein Weißpunkt von 5000 K besser sei, aber in Wirklichkeit erscheint das Weiß bei dieser Einstellung auf dem Monitor etwas zu gelb. 6500 K sehen vielleicht etwas kühler aus, bieten jedoch einen besseren Kontrast. Ihre Augen passen die Farben des Displays sowieso automatisch an.

Farbmanagement für die Druckausgabe

Jetzt bleibt nur noch die Frage zu klären, wie Sie ein Profil für die Druckausgabe erstellen. Am besten ist es, wenn Sie eigene Profile für Ihren Drucker haben. Details dazu finden Sie in Kapitel 14. Am wichtigsten ist es jedoch, den Monitor zu kalibrieren und ein Profil für diesen zu erstellen. Wenn Sie das korrekt getan haben, sollten die Profile, die zu Ihrem Drucker gehören, einwandfrei funktionieren. Die Übereinstimmung zwischen dem, was Sie auf dem Bildschirm sehen, und dem, was der Drucker ausgibt, sollte nun wesentlich größer sein. Sollten Sie noch Zweifel haben, sorgt ein eigenes Druckerprofil natürlich für noch bessere Ergebnisse.

besitzen, müssen Sie diesen etwa einmal pro Woche neu kalibrieren. Bei einem LCD-Monitor kommt es zwar auch auf das richtige Profil an, aber Sie müssen es nicht so häufig neu kalibrieren – einmal im Monat sollte ausreichen.

Farbmanagement ist eigentlich gar nicht so schlimm, wie es scheint, und muss auch nicht teuer sein. Die Frage ist nur, ob Ihre Farben richtig gut aussehen oder einfach nur ausreichend sein sollen?

Kostenlose Kalibrierung

Ich habe versucht, Ihnen die Angst vorm Farbmanagement zu nehmen und zu zeigen, wie günstig Sie Ihren Monitor kalibrieren können. Ich weiß aber auch, dass es dort draußen immer noch Photoshop-Nutzer gibt, die denken, dass sie sich das nicht leisten können. Deshalb werde ich noch kurz auf eine andere Methode eingehen. Diese ist zwar nicht besonders genau, aber immerhin besser als nichts. Sobald Sie damit fertig sind, wird automatisch ein Profil für Ihren Monitor erstellt und im entsprechenden Systemordner abgelegt. Sie finden auf den nächsten Seiten Schritt-für-Schritt-Anweisungen sowohl für Mac als auch für PC. Wenn Sie einen Mac besitzen, müssen Sie den Kalibrierungs-Assistenten aufrufen. Öffnen Sie dazu die Systemeinstellungen, wählen Sie MONITORE und klicken Sie auf den KALIBRIEREN-Button. Sollten Sie einen PC besitzen, finden Sie den Adobe-Gamma-Assistenten ebenfalls in den Systemeinstellungen. Dieser Assistent funktioniert mit den meisten PCs, vorausgesetzt, die Grafikkarte lässt eine Kommunikation zwischen Adobe Gamma und dem Monitor zu. Wenn Sie Adobe Gamma starten, klicken Sie auf den Radiobutton ASSISTENT und anschließend auf WEITER. Sollte es bereits ein Monitorprofil geben, klicken Sie auf den Button LADEN. Im Ordner ICM *Color Profils* werden alle vorhandenen Profile aufgelistet. Als Ausgangspunkt reicht hier aber jedes beliebige Profil. Anschließend können Sie die Farbeinstellungen vornehmen.

Kapitel 3
Photoshop konfigurieren

Visuelle Bildschirmkalibrierung für Mac OS X und PC

Der Startbildschirm des Kalibrierungs-Assistenten hilft Ihnen Schritt für Schritt bei der Erstellung eines Monitorprofils. Klicken Sie bei einem Mac unten im Fenster auf den Button EXPERTEN-MODUS. Sollte es bereits ein Monitorprofil geben (beispielsweise vom Hersteller), klicken Sie auf den Button LADEN in Adobe Gamma, suchen Sie das Profil und nutzen Sie es als Ausgangspunkt. Bereits existierende Monitorprofile finden Sie im Profile-Ordner auf Ihrer Festplatte.

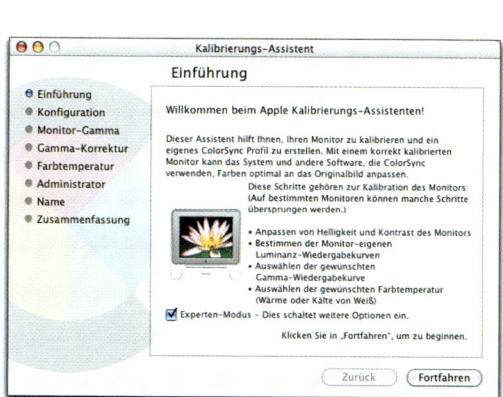
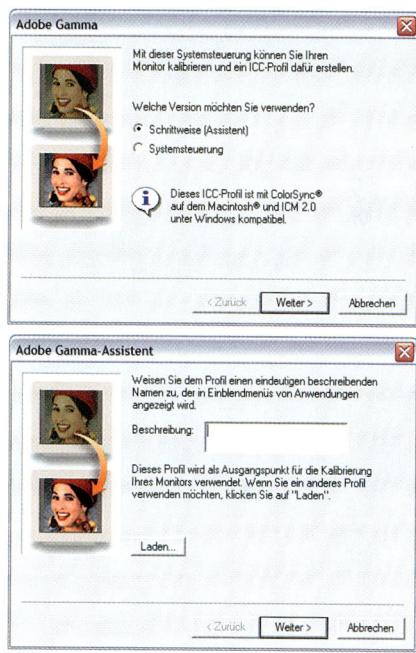

Kontrast und Helligkeit

Auf einem PC werden Sie aufgefordert, den Kontrast auf ein Maximum zu erhöhen und die Helligkeit des Monitors dann so anzupassen, dass das graue Kästchen sichtbar wird und die zwei dunkleren Hälften des Quadrats schwarz aussehen. Dadurch wird der Monitor optimiert. Er nutzt bei der Anzeige seinen vollen Dynamikumfang und legt die optimale Helligkeit für die Tiefen fest. Auf einem Mac müssen Sie einfach den Anweisungen folgen.

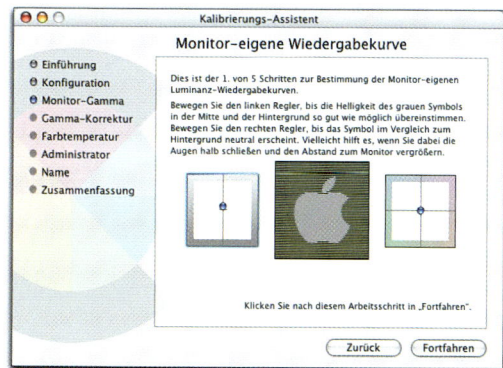

Die Farbe neutralisieren

Passen Sie auf einem Mac weiterhin die Regler an, so wie es in den Schritten vorgegeben wird. Hilfreich ist es, wenn der Bildschirmhintergrund dabei neutral grau ist. Dadurch können Sie besser beurteilen, ob die Farben neutral sind. Auf einem PC verwendet Adobe Gamma die Einstellungen des geladenen Profils. Wenn Sie kein Profil ausgewählt haben, müssen Sie den Monitorhersteller kontaktieren, um herauszufinden, mit welchem Profil Sie arbeiten sollen.

Zielgamma

Auf einem PC sehen Sie als Nächstes einen grauen Kasten mit einem Quadrat. Deaktivieren Sie die Checkbox Nur einzelnes Gamma anzeigen und nehmen Sie eine ähnliche visuelle Bewertung vor, wie sie für den Mac beschrieben ist. Passen Sie die Regler unter den drei Farbfeldern an, um die Monitorfarben so neutral wie möglich zu machen. Egal, ob Sie mit einem PC oder Mac arbeiten, verwenden Sie immer einen Gamma-Wert von 2,2.

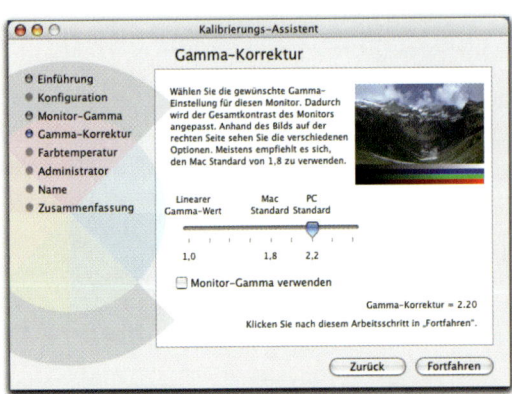
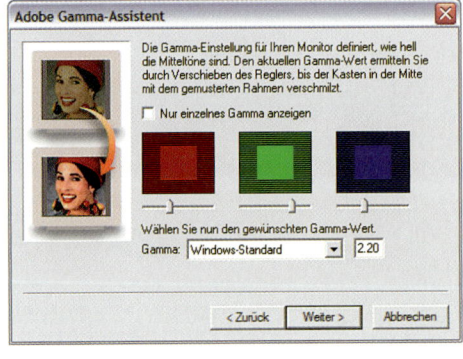

Weißpunkt

Ich rate Ihnen, mit einem Weißpunkt von 6500 K zu arbeiten. Vielleicht bekommen Sie auch gesagt, dass 5000 K besser seien, aber der Monitor hat bei dieser Einstellung einen leichten Gelbstich. Bleiben Sie daher lieber bei 6500 K. Das nächste Adobe-Gamma-Fenster fragt Sie, ob Sie mit einem anderen Weißpunkt als dem eben festgelegten arbeiten wollen (untere Dialogbox). Wenn Sie keinen Grund haben, den Weißpunkt zu ändern, lassen Sie die Einstellung wie sie ist.

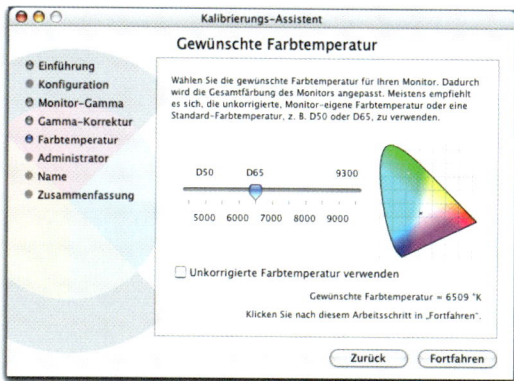
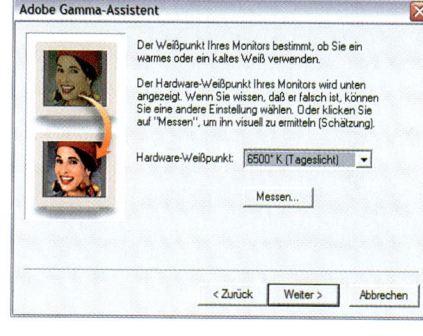

Fertig stellen

Geben Sie dem Monitorprofil nun einen Namen und klicken Sie auf ERSTELLEN. Am besten versehen Sie den Namen zusätzlich mit einem Datum, damit Sie immer wissen, wann Sie den Monitor das letzte Mal kalibriert haben. Sie haben nun ein ICC-Profil erstellt, das die wesentlichen Eigenschaften des Monitors beschreibt und das Photoshop automatisch erkennt.

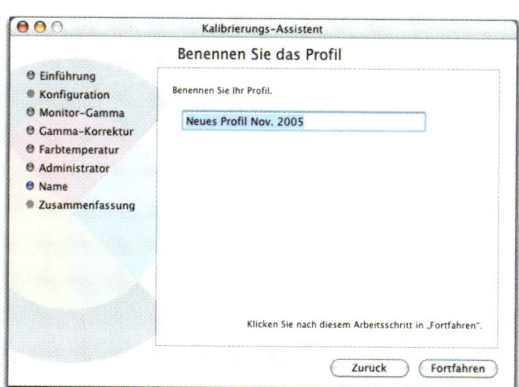

Farbmanagement

Nachdem Sie Photoshop installiert haben, sollten Sie als Erstes die korrekten Farbmanagementeinstellungen vornehmen. Die Standardeinstellungen in Photoshop sind für die Region angelegt, in der Sie sich befinden: Europa, Nordamerika oder Japan. Wenn Sie Photoshop für Designarbeiten und Fotografie verwenden, sollten Sie den Anweisungen des Programms folgen. Wählen Sie aus dem BEARBEITEN-Menü die Option FARBEINSTELLUNGEN. Sie sehen die Dialogbox, wie Sie in Abbildung 3.5 dargestellt ist. Wählen Sie aus dem Menü EINSTELLUNGEN eine der Voreinstellungen. Diese unterscheiden sich nur in der Standard-RGB-CMYK-Umwandlung. Welche Einstellung Sie wählen, hängt von der Region ab, in der Sie sich befinden. Falls Sie in Europa leben und arbeiten, wählen Sie EUROPA, DRUCKVORSTUFE 2. Es ist nicht verkehrt, den RGB-Arbeitsfarbraum von sRGB in ADOBE RGB zu ändern, wenn Sie RGB-Fotos in Photoshop bearbeiten wollen. Es reicht jedoch nicht aus, allein die RGB-Einstellung zu ändern. Auch die Warnhinweise werden verändert, um Ihnen Ärger zu ersparen, wenn Sie mit Bildern aus anderen Farbräumen arbeiten. Um auf der sicheren Seite zu sein, sollten Sie den Hinweisen folgen und eine Einstellung für die Druckvorbereitung wählen.

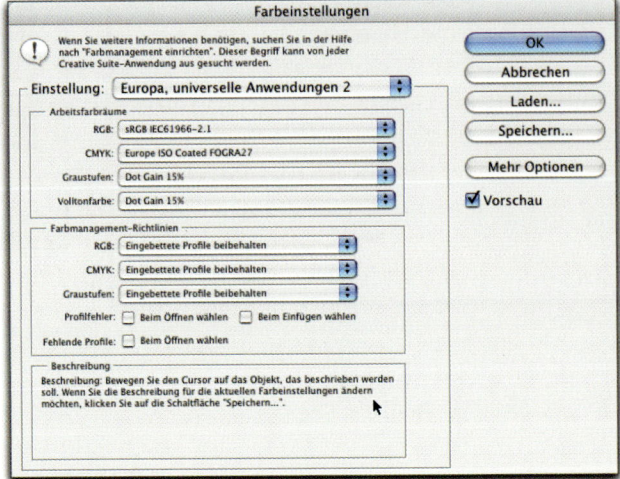

Abbildung 3.5 Die Farbeinstellungen von Photoshop. Sie können alle Farbeinstellungen in diesem einzigen Dialog verwalten.

Ihr Monitor sollte mittlerweile neutral und die Helligkeit auf eine optimale Luminanz eingestellt sein. Photoshop ist sich des soeben erstellten Profils bewusst, die Farbeinstellungen werden so vorgenommen, dass die Farben der eingehenden Dateien korrekt gelesen werden und Sie sich darauf verlassen können. Sie müssen sich jetzt erst einmal keine Gedanken mehr über das Farbmanagement von Photoshop machen. Weitere Informationen zum Farbmanagement finden Sie in Kapitel 13, während Kapitel 14 Ihnen verrät, wie Sie perfekte Ausdrucke erstellen.

Extras

Ein internes 24-faches CD-ROM-Laufwerk (oder schneller) ist heutzutage Standard. Außerdem ist es von Vorteil, wenn Sie über eine zweite Festplatte und ein Wechselspeichermedium bzw. einen CD-Brenner verfügen. Auch hier lässt sich feststellen, dass nahezu alle neuen Computer inzwischen mit einem CD-/DVD-Brenner ausgestattet sind. Diese Sachen benötigen Sie, um die Daten von Ihrer Festplatte zu sichern und alle Bilddaten zu speichern. Es ist verlockend, sämtliche Bilddaten auf der Festplatte Ihres Computers zu speichern, aber was ist, wenn der Computer gestohlen wird oder die Festplatte ausfällt? Wechselplatten sind ideal, um Dokumente zu transportieren. Druckereien sollten sowohl mit Mac- als auch mit PC-Dateien umgehen können, egal, ob diese als ZIP, auf CD oder DVD vorliegen. USB und FireWire (IEEE 1294) sind die aktuellen Verbindungsstandards für Peripheriegeräte. Sie können an einen einzigen Computer bis zu 127 USB-Geräte anschließen. USB 2.0 ist der aktuelle Standard und bietet in einer PC-Arbeitsumgebung viele Vorteile. USB 1.0 ist langsam, eignet sich jedoch für den Anschluss von Maus, Grafiktablett und Drucker. FireWire bietet einen schnelleren Datentransfer mit 100 MB und mehr pro Sekunde (noch schneller ist FireWire 800). Verwenden Sie FireWire also immer beim Anschluss von Geräten, für die schnelle Datentransfers notwendig sind – Festplatten, CD-Brenner, Digitalkamera und Scanner.

Abbildung 3.6 Grafiktablett und Stift von Wacom.

Grafiktabletts

Ich kann Ihnen nur dringend raten, sich ein Grafiktablett anzuschaffen. Sie können es zusammen mit der Maus als Eingabegerät verwenden. Ein Grafiktablett ist druckempfindlich und Sie können damit besser zeichnen. Dabei ist größer jedoch nicht unbedingt besser. Einige arbeiten mit einem A4-Tablett, andere kommen mit einem A5- oder A6-Tablett besser zurecht (zusätzlich zum kabellosen Tablett gehörten noch wechselbare Stifte). Bei kleineren Tabletts müssen Sie den Stift nicht so weit herumschieben, beim Malen und Zeichnen ist das oftmals besser. Wenn Sie einmal mit einem solchen Stift gearbeitet haben, werden Sie sich beim Umgang mit der Maus fühlen, als würden Sie Boxhandschuhe tragen. Vor kurzem führte Wacom Cintiq ein, eine Kombination aus LCD-Monitor und Grafiktablett. Dieses vollkommen neue Design könnte die Interaktion mit dem Bildschirmbild revolutionieren. Ich weiß nicht, ob es die ideale Lösung für die Arbeit mit Fotos ist, aber erste Berichte besagen, dass man damit flüssiger malen und zeichnen kann.

Wo sollten Sie Ihre Ausstattung kaufen?

Internetanbieter sind preislich kaum zu schlagen, auch der Kundenservice ist in der Regel zufriedenstellend. Sie können aber auch schlechte Erfahrungen machen, wenn ein Teil der Bestellung defekt ist. Erkundigen Sie sich am besten vorher, was für Erfahrungen andere Käufer mit einem bestimmten Internethändler gemacht haben. Lesen Sie sich immer die AGBs des Händlers durch und bezahlen Sie am besten mit Kreditkarte. Erwarten Sie von einem Online-Händler nicht viel technische Unterstützung. Falls Sie sich an den Kundendienst wenden müssen, sollten Sie Datum und Uhrzeit Ihrer Gespräche stets genau protokollieren. Bedenken Sie beim Kauf immer die stetig fallenden Preise – was Sie heute kaufen, kostet nächstes Jahr vielleicht schon nur noch die Hälfte. Sollten Sie auf Ihre Technik wirklich angewiesen sein, ist es ratsam, bei einem Fachhändler zu kaufen, von dem Sie auch Unterstützung bekommen. Egal, für was Sie sich entscheiden, denken Sie immer an eine regelmäßige Sicherung Ihrer Daten – für den Fall, dass irgendetwas mit Ihrem Computer passieren sollte!

Bilddaten sichern

Die Wahl des richtigen Backup-Mediums ist nicht immer einfach. Solange Photoshop bereits existiert, gab es immer wieder andere Systeme – Floppies, Syquest etc. Und obwohl es heute immer noch Geräte gibt, die diese Medien lesen können, stellt sich die Frage, wie lange das noch so ist. Was wollen Sie tun, wenn spezielle Hardware-Geräte nicht mehr funktionieren oder es diese nicht mehr gibt? Die Einführung der CD als Speichermedium hat einiges verändert. Audio-CDs gibt es bereits seit den frühen 80er Jahren und sie werden auch so schnell nicht wieder von der Bildfläche verschwinden. CD-Laufwerke bieten eine hohe Lese- und Schreibgeschwindigkeit, außerdem sind sie kompatibel mit DVD-Formaten. DVD-Medien versprechen für die Zukunft noch größere Speicherkapazitäten, aber wahrscheinlich wird es bald noch schnellere und größere Speichermedien geben. Wie lange bleiben CD und DVD also noch populär und wie lange werden sie noch unterstützt? Wie lange halten diese Medien überhaupt? CDs aus Aluminium und Gold halten bis zu 30 Jahre und länger, wenn sie unter den richtigen Bedingungen aufbewahrt werden (bei der richtigen Temperatur und geschützt vor direkter Sonneneinstrahlung). Da DVDs pflanzliche Farbstoffe verwenden, ist ihre Lebensdauer wesentlich kürzer. Ich archiviere wichtige Daten auf CD und DVD, zusätzlich auf großen externen Festplatten. Die Kosten für Festplattenspeicher sind so gesunken, dass das eine wirklich günstige Lösung ist. Auf diese Weise kann ich auch auf wichtige Dateien zugreifen, während ich an meinem Computer arbeite. Außerdem verwende ich so ein Medium, das in den nächsten Jahren sicherlich unverändert bleibt und auf das ich auch in Zukunft noch zurückgreifen kann.

Photoshop-Voreinstellungen

Die Photoshop-Voreinstellungen finden Sie im PHOTOSHOP-Menü unter Mac OS X bzw. im BEARBEITEN-Menü unter Windows. In den Voreinstellungen können Sie verschiedene Photoshop-Funktionen anpassen und die gespeicherten Voreinstellungen, die sich zusammen mit anderen Programmeinstellungen im Preferences-Ordner auf der Festplatte befinden, aktualisieren. Wenn Sie Photoshop beenden oder die Voreinstellungsdatei löschen bzw. verschieben, wird eine neue Preferences-Datei geschrieben, die Photoshop dazu veranlasst, alle Voreinstellungen neu einzustellen.

Allgemeine Voreinstellungen

Wenn Sie die Voreinstellungen öffnen, sehen Sie zunächst die Dialogbox ALLGEMEINE VOREINSTELLUNGEN. Ich empfehle Ihnen, die FARBAUSWAHL auf ADOBE zu lassen, ebenso wie die BILDINTERPOLATION auf BIKUBISCH. Wollen Sie diese Einstellungen nicht verwenden, können Sie sie unter BILD/BILDGRÖSSE deaktivieren. Standardmäßig werden 20 Protokollschritte gespeichert. Diesen Wert können Sie jedoch ändern. Durch das Deaktivieren der Checkbox ZWISCHENABLAGE EXPORTIEREN sparen Sie Zeit, wenn Sie Photoshop verlassen, um andere Programme zu starten. Sollten Sie die Zwischenablage dringend benötigen, lassen Sie diese Option eingeschaltet. Ist die Checkbox QUICKINFOS ANZEIGEN aktiviert, werden QuickInfos angezeigt, sobald Sie den Mauszeiger einen Moment über bestimmte Objekte der Photoshop-Oberfläche halten. Diese QuickInfos sind anfangs eine ausgezeichnete Hilfe, können mit der Zeit jedoch auch nerven. Aktivieren Sie die Checkbox ZOOM ÄNDERT FENSTERGRÖSSE, wenn sich das Fenster dem Bild anpassen soll, sobald Sie Tastenkombinationen ⌘-- (Minus) (PC: Strg--) bzw. ⌘-+ (PC: Strg-+) verwenden. Wollen Sie zwischen Photoshop und ImageReady wechseln, sollten Sie die Option GEÖFFNETE DATEIEN AUTOMATISCH AKTUALISIEREN aktivieren. Ansonsten werden Sie von Photoshop jedes Mal daran erinnert. In Photoshop CS2 können Sie eigene Menüeinstellungen erzeugen und Farben verwenden, um favorisierte Menüeinträge hervorzuheben.

Voreinstellungen zurücksetzen

Wenn Sie während des Startvorgangs ⌘-⌥-⇧ (PC: Strg-Alt-⇧) gedrückt halten, löschen Sie die aktuellen Photoshop-Voreinstellungen.

Mac OS X-Tastenkorrektur

Mac OS X hat eine der einst heiligen Regeln gebrochen, keine Tastenkürzel zu verwenden, die mit Tastenkürzeln einer auf dem Mac-System laufenden Anwendung in Konflikt stehen. Die Mac OS X-Tastenkürzel wurden jetzt komplett ausgeschaltet, um Konflikte mit den Photoshop-Tastenkürzeln zu vermeiden. Eine Ausnahme bildet jedoch ⌘-⌥-D, mit dem Sie eine weiche Auswahlkante erstellen können. Dieses Kürzel müssen Sie in den Systemeinstellungen manuell deaktivieren.

Die Schriftgröße der Benutzeroberfläche anpassen

LCD-Monitore werden immer größer und arbeiten mit immer feineren Auflösungen. Zum Betrachten von Fotos ist das hervorragend, jedoch werden auch die Menüeinträge immer winziger. Sie haben in Photoshop jedoch die Möglichkeit, die Schriftgröße der Menüeinträge zu ändern. Wenn Sie beispielsweise ein großes LCD-Display besitzen, können Sie mit der mittleren Schriftgröße in Photoshop CS2 die Menüeinträge deutlich besser erkennen.

Das Verlaufsprotokoll

Mithilfe des Verlaufsprotokolls können Sie alles nachvollziehen, was Sie an einem Bild gemacht haben. Über die Optionen des Verlaufsprotokolls können Sie die durchgeführten Aktionen direkt in den Metadaten einer Datei speichern, in einer separaten Textdatei oder beidem. Sie können die Einträge dabei in drei Modi aufnehmen: Nur Sitzungen zeichnet auf, welche Dateien wann geöffnet und geschlossen wurden. Die Option Kurz zeichnet eine verkürzte Liste der Werkzeuge oder Befehle auf, die auf ein Bild angewendet wurden. Beide Modi bieten eine grundlegende Rückmeldung, die in einer Studioumgebung nützlich sein kann, um den Zeitaufwand für ein bestimmtes Projekt zu überwachen und die Kosten zu kalkulieren. Der Modus Detailliert zeichnet alles ganz genau auf, beispielsweise auch die Koordinaten für eine Freistellung. Für forensische Arbeiten beispielsweise ist dieser Modus sehr nützlich.

Diese Funktion können Sie mit der Checkbox Menüfarben einblenden aktivieren bzw. deaktivieren. Mithilfe der Option Bild beim Einfügen/Platzieren skalieren werden eingefügte oder platzierte Objekte automatisch skaliert, um sich an die Bildgröße anzupassen. Die Checkbox Vorgang mit Signalton abschliessen sollten Sie nur dann aktivieren, wenn Sie wirklich wollen, dass Photoshop bei Beendigung einer Aufgabe ein akustisches Signal gibt. Die Option Dynamischer Farbregler stellt sicher, dass sich die Farben in der Farbpalette ändern, wenn Sie die Schieberegler bewegen – lassen Sie sie aktiviert. Soll Photoshop Sie an das zuletzt genutzte Palettenlayout erinnern, aktivieren Sie die Checkbox Palettenposition speichern (die Option Palettenposition zurücksetzen finden Sie im Fenster-Menü, wie auch die gespeicherten Arbeitsbereiche). Die Option Umschalt. für anderes Werkzeug kommt Anwendern entgegen, die die ⇧-Taste nicht verwenden wollen, um durch mehrfaches Drücken eines Tastenkürzels zwischen Werkzeugen in der Werkzeug-Palette zu wechseln. Mit der Option Bridge automatisch starten wird Bridge automatisch im Hintergrund gestartet. Die letzte Option, Mit Bildlaufrad zoomen, ermöglicht es Ihnen, mit dem Scrollrad Ihrer Maus zu zoomen. Halten Sie dabei die ⇧-Taste gedrückt, zoomen Sie in den bekannten Prozentschritten.

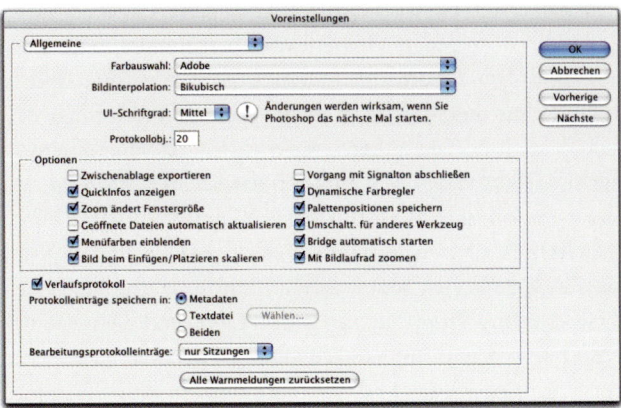

Abbildung 3.7 Die Dialogbox Voreinstellungen

Dateien verarbeiten

Wenn Sie eine Datei speichern, wollen Sie zusammen mit dieser sicherlich eine Bildübersicht speichern. Es ist sehr praktisch, eine Miniatur-Vorschau in der Öffnen-Dialogbox zu sehen, auch wenn Bridge in der Lage ist, große Vorschauen zu erzeugen. Wenn Sie auf einem Mac arbeiten, können Sie mit Ihrer Datei eine Windows- und eine Mac-Miniatur speichern, um diese plattformübergreifend anzuzeigen. Dateien mit einer Dateierweiterung zu versehen, ist nützlich, um das Dateiformat anzuzeigen, und notwendig, wenn Sie JPEG- und GIF-Webgrafiken speichern, die dann von der HTML-Seite erkannt werden müssen. Falls Sie Dateien für das Web exportieren, sollten Sie die Checkbox Kleinbuchstaben verwenden aktivieren. Heutzutage stören sich allerdings nur noch wenige Server daran, wenn Sie Großbuchstaben in Dateinamen verwenden.

Photoshop-PSD-Dateien, die in Photoshop CS2 erstellt werden, sind nie zu 100% zu älteren Programmversionen kompatibel. Das war allerdings schon immer so. Wenn Sie die Option Kompatibilität der PSD-Datei maximieren auf Immer einstellen, betten Sie immer eine auf eine Ebene reduzierte Version des Bilds in die Datei ein. Haben Sie beispielsweise in Photoshop CS oder CS2 eine Fotofilter-Einstellungsebene erstellt, kann diese von Photoshop 7.0 oder früheren Versionen nicht korrekt interpretiert werden, solange die Datei nicht abwärtskompatibel ist. Wenn Photoshop ein Bild nicht korrekt interpretieren kann, erscheint eine Warnmeldung mit dem Hinweis, dass bestimmte Elemente nicht gelesen werden können. Sie haben dann die Möglichkeit, diese zu verwerfen und fortzufahren oder die Daten des Gesamtbilds zu lesen. Werden die nicht lesbaren Dateien ignoriert, kann die Datei geöffnet werden, allerdings fehlen dann diese Elemente und das Bild kann natürlich deutlich anders aussehen. Wenn Sie auf den Button Daten des Gesamtbilds lesen klicken und eine solche Bildversion gespeichert wurde, öffnet sich das Bild in einer auf eine Ebene reduzierten Version, sieht jedoch ansonsten genauso aus wie die gespeicherte Version. Haben Sie keine

Abwärtskompatibilität

Sobald ich eine neue Photoshop-Version auf meinem Computer installiere, muss ich nie mehr zu einer älteren Version zurückkehren. Ich gestatte es normalerweise auch niemandem, mit meinen Photoshop-Dateien inklusive Ebenen zu arbeiten. Ich muss die Abwärtskompatibilität nicht maximieren, deshalb lasse ich diese Option ausgeschaltet, um Dateigröße und Speicherzeit zu minimieren. Nachteile entstehen, wenn ich mit Bridge arbeite, denn Bridge nutzt reduzierte Bildversionen beim Aufbau der Miniaturen und Vorschauen. Ohne diese Ebenen dauert es möglicherweise länger, PSD-Dateien im Cache zu speichern. Wenn der Cache jedoch einmal geschrieben ist, wird er im Bridge-Cache-Ordner des jeweiligen Volume gespeichert. Der Cache steht sofort zur Verfügung, sobald ich das nächste Mal zu diesem Ordner zurückkehre – es sei denn, ich habe das Bild in der Zwischenzeit bearbeitet.

Ökonomisches Speichern fürs Web

Es gibt Situationen, in denen Sie keine Vorschauen benötigen. Webgrafiken sollten so klein wie möglich und ohne Minituren oder plattformspezifischen Header-Informationen sein. Ich lade Dateien auf meinen Server immer in einem Raw-Binary-Format, das Vorschauen und andere überflüssige Dateiinformationen von vorneherein ausschließt.

Dialoge zurücksetzen

Der Button ALLE WARNMELDUNGEN ZURÜCKSETZEN setzt alle Dialoge auf ihren Standard zurück. Diese Dialogboxen enthalten eine »Warnung-nicht-erneut-anzeigen«-Checkbox. Wenn Sie diese irgendwann einmal aktiviert haben, jetzt aber wieder herstellen wollen, klicken Sie auf diesen Button.

reduzierte Bildversion gespeichert, sehen Sie nur ein weißes Bild und eine Mitteilung in mehreren Sprachen, dass keine zusammengefügten Daten zur Verfügung stehen. Es gibt also gute Gründe, die Abwärtskompatibilität zu gewährleisten. Allerdings müssen Sie dafür auch größere Dateien und längere Speicherzeiten in Kauf nehmen.

Eine Datei, die in Photoshop 6.0 oder höher als TIFF gespeichert wurde, kann alle Photoshop-Ebeneninformationen beinhalten. Außerdem wird im TIFF-Format immer auch eine auf den Hintergrund reduzierte Version des Bilds gespeichert. Wenn Sie solch eine Datei in einem Seitenlayout platzieren, wird nur die auf eine Ebene reduzierte Version vom Programm gelesen und gedruckt. Möglicherweise stören TIFF-Dateien mit Ebenen den Druckprozess. Wenn Sie also nicht genau wissen, wie die Datei gedruckt werden soll, ist es immer besser, TIFF-Dateien ohne Ebenen zu speichern.

Adobe InDesign erlaubt es Ihnen, auch Dateien im Photoshop-Format (PSD) zu platzieren. In diesem Fall sollten Sie aber unbedingt die Checkbox KOMPATIBILITÄT VON PSD- UND PSB-DATEIEN MAXIMIEREN aktivieren. Wenn Sie mit

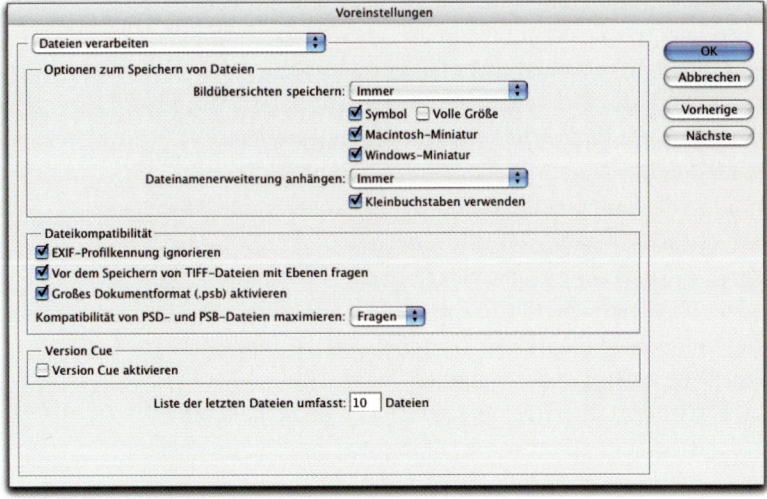

Abbildung 3.8 Die Voreinstellungen DATEIEN VERARBEITEN

TIFF oder PSD (oder Photoshop-PDF-Dateien) mit Ebenen arbeiten und die Ebenen in Photoshop verändern, wird das Bild im Seitenlayout automatisch aktualisiert. So riskieren Sie nicht, die Synchronisation zwischen dem Master-Bild in Photoshop und der auf eine Ebene reduzierten Version desselben Bilds, die nur für die Platzierung im Layout verwendet wird, zu verlieren.

Wollen Sie Ihre Dateien so verwenden, ist TIFF das universellere und leichter erkennbare Format. Der Nachteil ist, dass die Dateien sehr groß werden und die Transferzeiten steigen. Ich beginne meine Arbeit in Photoshop beispielsweise mit einer Ebene, 8 Bit pro Kanal, RGB. Als PSD kann diese Datei bis zu 75 MB auf meiner Festplatte einnehmen. Nachdem ich ein paar Ebenen hinzugefügt habe, können es leicht schon doppelt so viel MB (ca. 150) sein. Speichere ich die PSD-Datei mit der aktivierten Option KOMPATIBILITÄT VON PSD- UND PSB-DATEIEN MAXIMIEREN, können daraus leicht 215 MB werden, als TIFF mit Ebenen sogar 275 MB. Diese Zahlen hängen natürlich maßgeblich davon ab, wie viele Ebenen Sie verwenden. Wenn Sie Photoshop-Bilder mit Ebenen archivieren, sollten Sie diese im PSD-Format speichern und die Option KOMPATIBILITÄT VON PSD- UND PSB-DATEIEN MAXIMIEREN auf NIE stellen. Ist die Option VOR DEM SPEICHERN VON TIFF-DATEIEN MIT EBENEN FRAGEN aktiviert, haben Sie die Möglichkeit, beim Speichern des TIFFs die Ebenen mitzuspeichern oder auf eine Ebene zu reduzieren. Ist diese Checkbox nicht aktiviert, gibt es keine Warnmeldung, die Ebenen werden immer reduziert.

Mit der Option GROSSES DOKUMENTFORMAT (.PSB) AKTIVIEREN können Sie Bilder speichern, die die Grenzen der Standard-Dateiformate TIFF und PSD überschreiten. Nutzen Sie das PSB-Format, um Bilder mit einer Abmessung von bis zu 300000 x 300000 Pixel zu speichern. Denken Sie aber immer daran, dass nur Photoshop CS und CS2 in der Lage sind, diese Dateien zu lesen.

Version Cue

Die Option VERSION CUE AKTIVIEREN bezieht sich auf die Verwendung von Adobe Version Cue. Diese Option ist für diejenigen unter Ihnen relevant, die ihre Dateien über ein Netzwerk mit anderen Photoshop-Nutzern teilen. Wenn ein Nutzer eine Datei »auscheckt«, kann nur er oder sie diese Datei bearbeiten. Die anderen Nutzer können die Datei erst wieder bearbeiten, wenn sie wieder »eingecheckt« wurde. Dadurch wird verhindert, dass andere Nutzer Ihre Arbeit überschreiben können, während Sie daran arbeiten.

Letzte Dateien

Die Liste der letzten Dateien bezieht sich auf die Anzahl der Bilddokumente, die sich Photoshop im Menü DATEI/LETZTE DATEIEN ÖFFNEN merkt. Ich wähle hier in der Regel einen Wert von 10, Sie können Photoshop aber auch mehr Dateien merken lassen.

Bildschirm- und Zeigerdarstellung

Die Option ANZEIGE/FARBAUSZÜGE IN FARBE ist eigentlich redundant, denn Sie können damit die Kanäle auch nicht besser sehen. Lassen Sie diese Option besser deaktivert. Mit der Option PIXELVERDOPPLUNG VERWENDEN wird die Bildvorschau vorübergehend umgewandelt, so dass diese ein Viertel der Pixel anzeigt, wenn Sie beispielsweise mittels TONWERTKORREKTUR oder GRADATIONSKURVEN Einstellungen vornehmen oder eine Auswahl verschieben. Der Bildschirm baut sich dadurch deutlich schneller auf, aber das ist bei den schnellen Computern heutzutage eigentlich nicht mehr unbedingt notwendig.

Der Malcursor kann eine Pinselspitze, ein Fadenkreuz oder die Standardeinstellung anzeigen, ein Umriss der Pinselspitze in der aktuellen Größe. In Photoshop CS2 können Sie eine normale Pinselspitze oder die Pinselspitze in voller Größe anzeigen. Es lässt sich jedoch darüber streiten, ob das nun unbedingt von Vorteil ist oder nicht. Die Option PINSELSPITZE MIT FADENKREUZ ANZEIGEN ermöglicht es Ihnen, zusätzlich das Fadenkreuz in der Pinselspitze zu sehen. Ich empfehle Ihnen, für die anderen Werkzeuge die Option FADENKREUZ zu aktivieren.

Cursoroptionen

Mit der ⇧-Taste können Sie zwischen der Cursor-Anzeige wechseln. Ist der Standard-Malcursor aktiviert, wechseln Sie mit der ⇧-Taste zwischen Standard und Fadenkreuz. Wenn der Fadenkreuz-Cursor oder die Pinselspitze aktiviert ist, wechseln Sie zwischen Fadenkreuz und Pinselspitze. Sollte der Standard-Cursor aktiv sein, wechseln Sie mit der ⇧-Taste zwischen diesem und dem Fadenkreuz.

Abbildung 3.10 Hier sehen Sie ein Beispiel für die Pinselspitze in voller Größe.

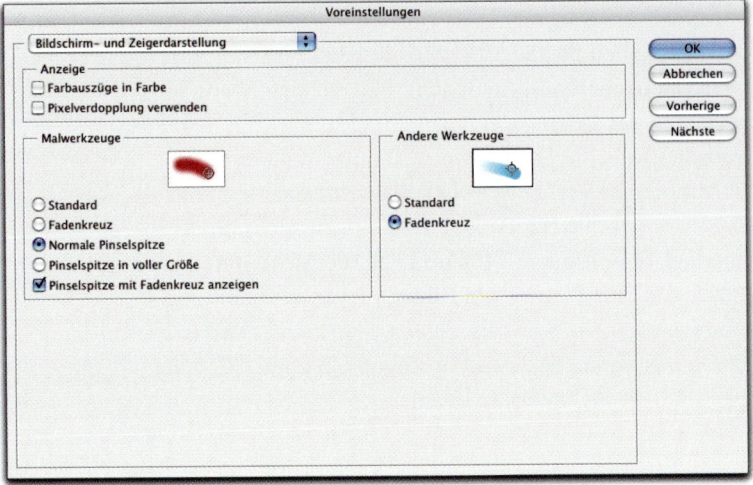

Abbildung 3.9 Die Voreinstellungen BILDSCHIRM- UND ZEIGERDARSTELLUNG

Transparenz und Farbumfang-Warnung

Die Transparenzeinstellungen legen fest, wie die transparenten Bereiche eines Bilds auf dem Monitor dargestellt werden. Wenn eine Ebene transparente Bereiche beinhaltet und die Hintergrundebene ausgeblendet wurde, werden die transparenten Bereiche normalerweise durch ein Schachbrettmuster dargestellt. In den Voreinstellungen können Sie festlegen, wie groß und in welcher Farbe dieses Schachbrettmuster angezeigt wird. Die Farbumfang-Warnung warnt Sie, falls Farben bei der Umwandlung von einem Farbraum in einen anderen außerhalb des Farbumfangs geraten sind. Wenn Sie also beispielsweise im RGB-Modus oder mit Lab-Farben arbeiten und Ansicht/Farbumfang-Warnung wählen, markiert Photoshop diese Farben durch eine Farbüberlagerung. Standardmäßig wird dafür ein neutrales Grau mit einer Deckkraft von 100% verwendet. Ich empfehle Ihnen, die Deckkraft zu verringern, um die Warnung als transparente Warnung anzuzeigen. Die Farbumfang-Warnung kann auch unabhängig vom Bild aufgerufen werden – nutzen Sie dazu den Farbwähler (siehe Abbildung 2.75 auf Seite 94).

Das Schachbrettmuster entfernen

Kürzlich bekam ich eine E-Mail von einem Leser, der mich fragte, wie er das Schachbrettmuster entfernen könne. Wenn Sie die Voreinstellungen öffnen, die Sie in der Abbildung sehen, können Sie verschiedene Rastergrößen und -farben einstellen. Sie können auch die Option Hintergrundmuster/Ohne aktivieren, um das Schachbrettmuster zu entfernen – der Hintergrund ist dann einfarbig weiß.

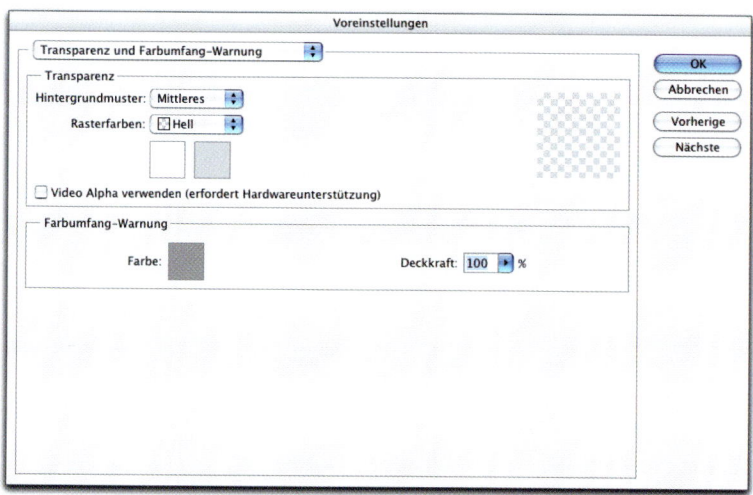

Abbildung 3.11 Die Einstellungen für die Transparenz sind bearbeitbar. Sie haben folgende Möglichkeiten: Ohne, Kleines, Mittleres, Grosses Hintergrundmuster. Sie können auch eine andere Farbe einstellen.

Maßeinheiten und Lineale

Stellen Sie in dieser Voreinstellung die Maßeinheiten für die Lineale (Zoll, Zentimeter etc.) und Text ein. Die Maßeinheiten können Sie auch über das Paletten-Menü der Info-Palette ändern oder indem Sie mit gedrückter `Ctrl`-Taste (PC: Rechts-Klick) auf ein Lineal klicken, um das Kontextmenü zu öffnen. Um diese Voreinstellung zu öffnen, können Sie auch doppelt in die Linealleiste des Dokumentfensters klicken. Mit den Optionen im Abschnitt Auflösung für neue Dokumentvoreinstellung legen Sie fest, welche Pixelauflösung für die normale Darstellung auf dem Bildschirm oder für die Druckausgabe verwendet werden soll, wenn Sie eine voreingestellte Größe aus dem Dialog Datei/Neu wählen. Die Druckauflösung hat einen Einfluss auf die Größe, in der ein Bild gedruckt wird. Die Bildschirmauflösung sollte immer bei 72 ppi liegen. Für Webgrafiken können Sie hier keine Auflösung einstellen. Dies spielt allerdings auch keine besondere Rolle, denn der Browser ist nur an den physischen Abmessungen eines Bilds interessiert.

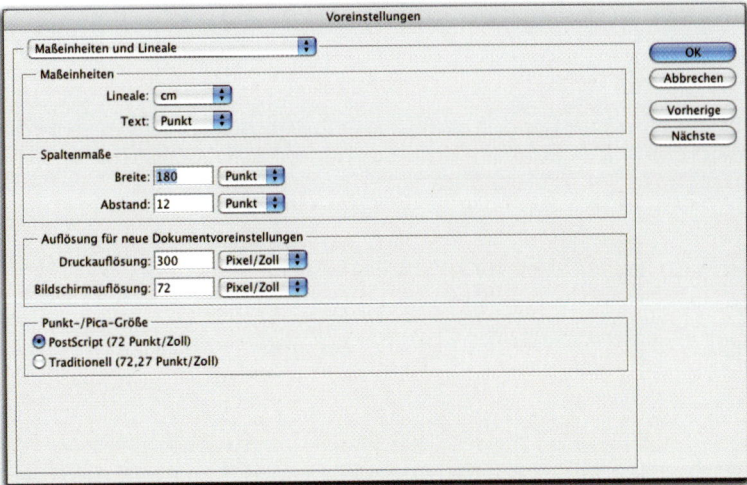

Abbildung 3.12 Linealeinheiten können Sie in Pixel, Zoll, Zentimeter, Millimeter, Punkt, Pica oder in Prozent angeben. Prozent eignet sich, wenn Sie Aktionen aufzeichnen, die Sie proportional zur jeweiligen Bildgröße anwenden wollen.

Hilfslinien, Raster und Slices

Mithilfe dieser Voreinstellungen legen Sie die Farben für Hilfslinien, Magnetische Hilfslinien und Raster fest. Raster und Hilfslinien lassen sich als durchgezogene oder gepunktete Linien darstellen, das Raster hat die Zusatzoption SCHNITTPUNKTE. Bestimmen Sie auch die Anzahl der Unterteilungen eines Rasters. Im Abschnitt SLICES können Sie die Linienfarbe wählen und die Option SLICE-NUMMERN EINBLENDEN aktivieren oder deaktivieren.

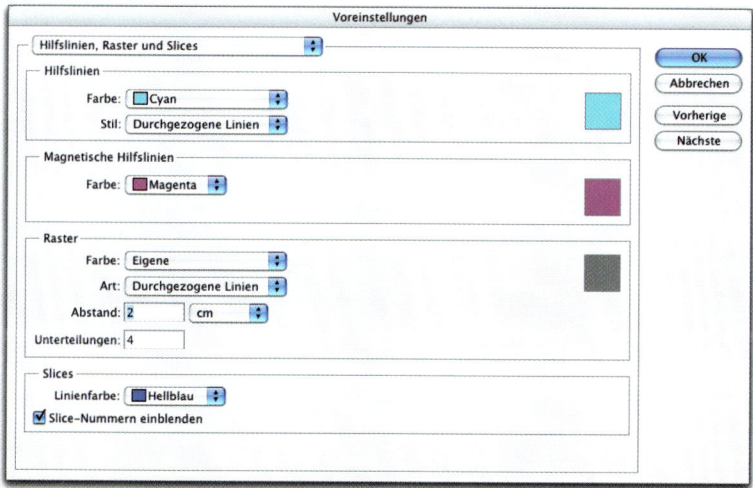

Abbildung 3.13 Die Voreinstellungen für HILFSLINIEN, RASTER UND SLICES

Zusatzmodule und virtueller Speicher

Der Plug-Ins-Ordner wird von Photoshop automatisch erkannt, solange er sich im selben Programmordner befindet. Sie können aber auch einen zusätzlichen Ordner für Zusatzmodule festlegen, der sich vielleicht in einem anderen Programmordner befindet (beispielsweise in Photoshop Elements), so dass Sie die dort enthaltenen Plug-Ins auch mit Photoshop nutzen können. Klicken Sie auf den Button WÄHLEN, um einen weiteren Ordner zu finden. Wenn Sie ein Plug-In von einem Drittanbieter installieren, das für frühere Photoshop-Versionen (nicht für CS2) gedacht war, sucht dieses bei der Installation möglicherweise nach

Das JPEG 2000 Plug-In

Das JPEG 2000 Dateiformat-Plug-In wird nicht standardmäßig mit Photoshop CS2 installiert, befindet sich aber im Bridge-Plug-Ins-Ordner. Wenn Sie die Checkbox ZUSÄTZLICHER ZUSATZMODULE-ORDNER aktivieren und dann auf WÄHLEN klicken, können Sie zum entsprechenden Ordner navigieren und das Plug-In laden. Nach einem Neustart von Photoshop lassen sich Ihre Bilder in CS2 im JPEG-2000-Format speichern.

Voreinstellungen sichern
Nachdem Sie Ihre Voreinstellungen vorgenommen haben, sollten Sie Photoshop beenden und neu starten, um diese Voreinstellungen zu speichern.

einer gültigen Photoshop-Seriennummer im alten Stil (die aus Zahlen und Buchstaben besteht). Falls Sie auf dieses Problem stoßen sollten, denken Sie daran, dass Sie die alte Photoshop-Seriennummer in das Feld LEGACY-SERIENNUMMER eingeben.

In dem Abschnitt darunter legen Sie das erste und jedes weitere Arbeitsvolume fest. Diese Änderungen treten erst in Kraft, nachdem Sie Photoshop neu gestartet haben. Das erste Arbeitsvolume sollte idealerweise das sein, auf dem das Betriebssystem und Photoshop laufen. Das Partitionieren der Festplatte und Festlegen einer leeren Partition als weiteres Arbeitsvolume ist nicht gerade sinnvoll, weil sich der Abtastkopf dann zwischen den Partitionen hin- und herbewegt, während er versucht, das Betriebssystem am Laufen zu halten und gleichzeitig in Photoshop Dateien zu verarbeiten. Wenn Sie beim Start von Photoshop die Tasten ⌘-⌥ (PC: Strg-Alt) gedrückt halten, können Sie den Speicherort ZUSÄTZLICHER ZUSATZMODULE-ORDNER wählen. Halten Sie die Tasten weiterhin gedrückt, um auch die Arbeitsvolumes zu wählen.

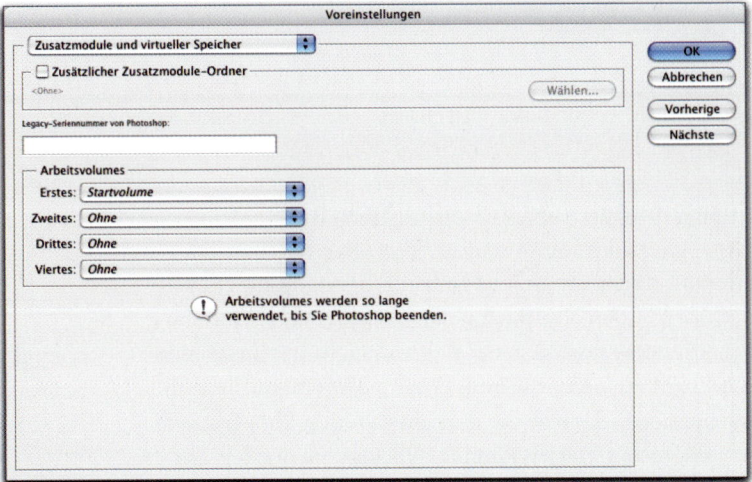

Abbildung 3.14 Die Voreinstellungen ZUSATZMODULE UND VIRTUELLER SPEICHER. Photoshop unterstützt bis zu vier Arbeitsvolumes. Außerdem können Sie einen zusätzlichen Zusatzmodule-Ordner festlegen.

RAM und Arbeitsvolumes

Die Größe des installierten Arbeitsspeichers ist ein Schlüsselfaktor, der bestimmt, wie schnell Sie Ihre Bilder in Photoshop bearbeiten können. Adobe empfiehlt für Photoshop CS2 mindestens 192 MB RAM. Wenn das Betriebssystem 128 MB RAM benötigt, brauchen Sie also insgesamt eine Speichermenge von 320 MB RAM. Die meisten PCs und Macs arbeiten mit DIMMs (Dual In-line Memory Modules). Die spezielle RAM-Bausteine variieren von Computer zu Computer. Achten Sie also darauf, dass Sie den richtigen Speicher für Ihren Computer kaufen. Es gab Zeiten, da hat RAM ein halbes Vermögen gekostet, aber die Preise sind inzwischen deutlich gesunken. Falls Ihr Computer mit vier RAM-Steckplätzen ausgestattet ist, können Sie leicht 4 x 512 MB-Chips oder 4 x 1 GB RAM einbauen. Die Arbeitsgeschwindigkeit wird durch den großen RAM deutlich schneller.

Nach der Installation werden Photoshop automatisch 50% des zur Verfügung stehenden RAM zugewiesen. Diesen Anteil können Sie sogar noch steigern. Sollten Sie beispielsweise Mac OS X als Betriebssystem verwenden und 1 GB oder mehr RAM besitzen, dürfen Sie die Voreinstellung ARBEITSSPEICHER UND BILDCACHE auf 60% bis 80% erhöhen. Unter Windows sollten Sie den Wert von 90% nicht überschreiten. Denken Sie daran, dass darin der Teil des Betriebssystems noch nicht eingeschlossen ist. Auf jeden Fall müssen Sie Photoshop nach dieser Neuzuweisung beenden und neu starten, damit die Veränderungen wirksam werden. Lesen Sie dazu auch den nebenstehenden Abschnitt »Wie viel RAM braucht Photoshop?«.

Der freie Festplattenplatz muss mindestens so groß sein, wie Sie Photoshop RAM zugewiesen haben. Ein extremes Beispiel: Wenn Sie für Photoshop 1200 MB freien RAM zur Verfügung haben, auf Ihrer Festplatte jedoch nur noch 600 MB frei sind, benutzt Photoshop nur 600 MB des realen RAM. Für eine optimale Bildbearbeitung empfehlen sich mindestens 2 GB freier Festplattenplatz. Unter diesen Bedingungen nutzt Photoshop den gesamten freien RAM für seine Berechnungen (und spiegelt dabei den echten RAM

Wie viel RAM braucht Photoshop?
Photoshop benötigt zusätzlich zum RAM freien Festplattenplatz, der als »virtueller Speicher« verwendet wird – in Photoshop-Sprache also das Arbeits-volume. Wenn Sie das Arbeitsvolume stärker als den realen RAM beanspruchen, wird Photoshop deutlich langsamer. Deshalb sollten Sie Ihren Rechner mit so viel RAM wie möglich ausstatten. Photoshop CS2 kann nun mehr als 2 GB RAM nutzen – es sind bis zu 4 GB möglich. Das Maximum hängt davon ab, welches Computersystem Sie verwenden. Für die meisten Zwecke reichen 1 GB RAM aus, aber falls Sie sich mehr leisten können – tun Sie es.

Verschieben, nicht kopieren
Um Auswahlen und Ebenen zwischen Dokumenten zu kopieren, nutzen Sie die Drag&Drop-Option des Verschieben-Werkzeugs, um Speicher zu sparen.

Tricks mit virtuellem Speicher
Die Betriebssysteme des Apple Macintosh und Windows nutzen virtuellen Speicher mithilfe des eigenen Speicherverwaltungssystems. Die VM-Datei unter Windows sollte mindestens auf das 1,5-Fache der physischen Speichergröße eingestellt werden. Es gibt Hilfsprogramme, die den RAM verdoppeln können, diese geraten jedoch mit dem virtuellen Speicher von Photoshop in Konflikt und sollten deshalb nicht verwendet werden.

RAM-Einstellungen konfigurieren

Lassen Sie neben Photoshop auch andere Programme laufen, sollten Sie den RAM, der Photoshop zugewiesen wurde, verringern. Auch wenn ein Teil des zugewiesenen Speichers frei ist, beginnt Photoshop mit dem Betriebssystem um Speicher zu konkurrieren, wenn der Wert zu hoch ist. Das beeinträchtigt deutlich die Leistungsfähigkeit von Photoshop. Probieren Sie zunächst den größtmöglichen Wert, starten Sie Photoshop neu und beobachten Sie die Effizienz in der Statusleiste oder der Info-Palette. Sollte die Effizienz unter 100% liegen, weisen Sie Photoshop weniger RAM zu, starten Sie das Programm neu und sehen Sie sich den neuen Wert an. Wiederholen Sie den Vorgang, bis Sie das Optimum herausgeholt haben.

Abbildung 3.15 Verfolgen Sie die Effizienz von Photoshop, indem Sie sich in der Info-Palette den Wert anzeigen lassen, wie in der Abbildung zu sehen.

auf dem Arbeitsvolume). Geht Photoshop der Speicher aus, verwendet es das Arbeitsvolume als virtuellen Speicher. Photoshop nutzt den echten RAM möglichst effizient und versucht dabei so viel RAM wie möglich freizuhalten, um speicherintensive Berechnungen vornehmen zu können. Low-Level-Daten wie die zuletzt gespeicherte Version eines Bilds werden auf dem Arbeitsvolume gespeichert. Photoshop ist ständig versucht, die RAM-Auslastung so effektiv wie möglich zu gestalten, indem es in inaktiven Zeiten im Hintergrund auf die Festplatte schreibt. Die Daten der Arbeitsvolumes werden komprimiert, wenn sie nicht verwendet werden (es sei denn, beim Start wurde ein zusätzliches Plug-In geladen, dass dies verhindert).

Bei all diesen Aktionen ist die Leistungsfähigkeit Ihrer Festplatte von grundlegender Bedeutung, wenn es darum geht, Photoshop schneller zu machen. Die meisten modernen Macs und PCs besitzen standardmäßig IDE-, ATA- oder SATA-Festplatten. Eine schnelle interne Festplatte ist für den Anfang ausreichend. Um die Leistungsfähigkeit zu steigern, können Sie eine zweite Festplatte installieren und diese als erstes Arbeitsvolume zuweisen (in den Voreinstellungen von Photoshop). Über einen USB- oder FireWire-Anschluss lässt sich auch eine externe Festplatte anschließen. USB ist in etwa so schnell wie eine alte SCSI-1-Verbindung, USB 2 ist schneller.

FireWire (IEEE 1394) bietet viele Vorteile gegenüber dem älteren SCSI. FireWire ist erstens natürlich wesentlich schneller und zweitens können Sie damit die Festplatte zwischen mehreren Computern tauschen. Das ist besonders nützlich, wenn Sie große Dateien schnell und einfach transportieren müssen. Mit der Einführung von FireWire 800 wird die Übertragungsgeschwindigkeit noch einmal deutlich erhöht. FireWire-Platten sind immer noch IDE-Festplatten mit einer Bridge zum FireWire-Standard. Das Oxford Chipset hat den Durchsatz näher an das theoretische Limit gebracht. Interne SCSI-Verbindungen sind oft SCSI 2, was einen schnelleren Datentransfer ermöglicht. Denken Sie daran, dass Sie auf den Datentransfer einer Festplatte achten müssen, nicht auf die Zugriffszeit.

Kapitel 3
Photoshop konfigurieren

Den Photoshop-Speicher leeren

Photoshop will so viel Speicher wie möglich – verwenden Sie das Programm möglichst allein. Wenn Sie in Photoshop eine Aktion ausführen, die viel Speicher benötigt, sollten Sie die Systemleistung in der Statusleiste Scr: 109M/204.1M in der unteren linken Ecke des Dokumentfensters im Auge behalten. Der Wert links beschreibt, wie viel RAM bereits verwendet wird, und rechts sehen Sie, wie viel noch zur Verfügung steht. Photoshop speichert Daten wie Protokollschritte und Daten aus der Zwischenablage im Speicher auf dem Arbeitsvolume. Kopieren Sie eine große Auswahl in die Zwischenablage, belegen Sie viel Speicherplatz. Falls Sie feststellen sollten, dass die Leistungsfähigkeit von Photoshop deutlich abnimmt, wählen Sie BEARBEITEN/ENTLEEREN/ RÜCKGÄNGIG, ZWISCHENABLAGE, PROTOKOLLE oder ALLE.

RAID-Festplattenarray

Ein RAID-Festplattenarray können Sie über FireWire 400/800 oder über eine interne SCSI-Verbindung anschließen. Die Geschwindigkeiten hängen von der Festplatte ab, Sie sollten auf jeden Fall sicherstellen, dass es sich um separate Festplatten handelt, auf denen weder Photoshop noch das Betriebssystem laufen. In Photoshop sind bis zu vier Arbeitsvolumes vorgesehen. Jede einzelne, von Photoshop erzeugte Datei kann auf einem solchen Volume maximal 2 GB groß sein. Wenn dem ersten Arbeitsvolume während einer Photoshop-Session der Platz ausgeht, werden die Daten auf das zweite Arbeitsvolume geschrieben usw. Das gewährleistet eine effiziente Auslastung der Festplatten.

Abbildung 3.16 Ein RAID-System enthält zwei oder mehr Laufwerke, die miteinander verbunden sind und einen schnelleren Zugriff und/oder ein sicheres Backup ermöglichen.

Arbeitsspeicher und Bildcache

Die Einstellungen für den Bildcache beeinflussen die Geschwindigkeit des Bildaufbaus auf dem Bildschirm. Wenn Sie mit großen Bildern arbeiten, verwendet Photoshop eine pyramidenartige Struktur von gecachten Versionen des Bilds in geringer Auflösung. Jedes gecachte Bild ist eine auf ein Viertel skalierte Version des im Speicher vorgehaltenen Bilds, damit der Bildaufbau schneller vonstatten gehen kann. Wenn Sie sich ein großes Bild auf dem Bildschirm bildschirmfüllend ansehen, verwendet Photoshop eine Cache-Stufe, die ungefähr der Auflösung für ein bildschirmfüllendes Bild entspricht, um eine passende Ansicht für einen schnellen Bildaufbau zu bieten. Durch die gecachten Vorschaubilder kann das Bild schneller aufgebaut werden – große Bilder profitieren also von höheren Cache-Stufen. Eine höhere Einstellung ermöglicht einen schnelleren Bildaufbau, allerdings leidet darunter die Qualität des Vorschaubilds. Eine Cache-Vorschau einer geringeren Auflösung ist nicht so akkurat wie die Anzeige der tatsächlichen Pixel eines Bilds.

Die Pyramidenstruktur des Cache
Manchmal werden Photoshop-Bilder mit Ebenen in einer anderen Zoomstufe als 100% nicht akkurat angezeigt. Arbeiten Sie an einem Bild mit einer geringeren Zoomstufe als 100%, sollten Sie darauf achten, dass die gewählte Zoomstufe durch 100 teilbar ist und ein ganzer Wert dabei herauskommt. Mit anderen Worten, nutzen Sie Zoomstufen wie 50%, 25% oder 12,5% und nicht 66% oder 33%. Beachten Sie außerdem, dass sich die Anzahl der gewählten Cache-Stufen auf die Struktur einer TIFF-Datei auswirkt.

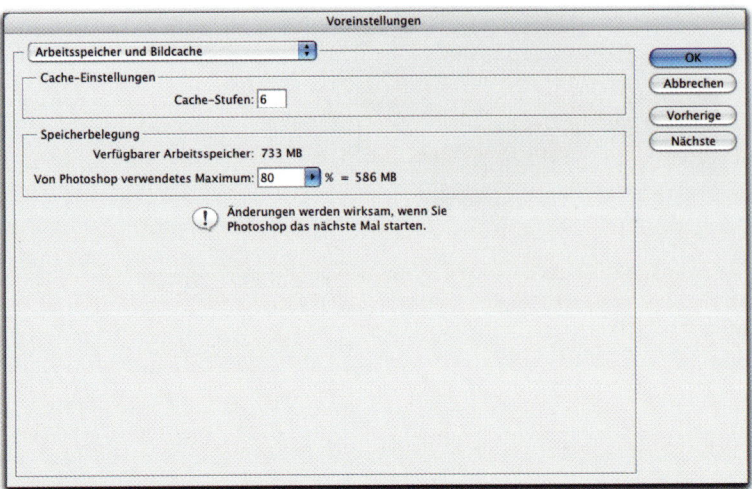

Abbildung 3.17 Die Voreinstellungen ARBEITSSPEICHER UND BILDCACHE. Arbeiten Sie mit großen Bildern, erhöhen Sie die Cache-Stufen auf 5 oder 6. Dadurch wird der Bildaufbau beschleunigt.

Textvoreinstellungen

Die Option TYPOGRAFISCHE ANFÜHRUNGSZEICHEN VERWENDEN bezieht sich darauf, ob das Textwerkzeug vertikale oder abgerundete Anführungszeichen verwendet. ASIATISCHE TEXTOPTIONEN EINBLENDEN ist eine Funktion für die asiatischen Nutzer unter Ihnen. Mit dieser Funktion stehen in der Zeichen-Palette chinesische, japanische und koreanische Textoptionen zur Verfügung. Für nicht angloamerikanische Nutzer ist die Option SCHRIFTNAMEN AUF ENGLISCH ANZEIGEN gedacht. Bei einer lokalisierten Version von Photoshop können die Schriftnamen dann in der ursprünglichen Sprache angezeigt werden.

In der Optionsleiste des Textwerkzeugs von Photoshop CS2 finden Sie ein WYSIWYG-Schriftmenü (siehe Abbildung 3.18). Mit GRÖSSE DER SCHRIFTVORSCHAU bestimmen Sie, wie groß die Schriften angezeigt werden. Verwechseln Sie diese Option jedoch nicht mit der Schriftgröße der Benutzeroberfläche, die Sie in den allgemeinen Voreinstellungen festlegen.

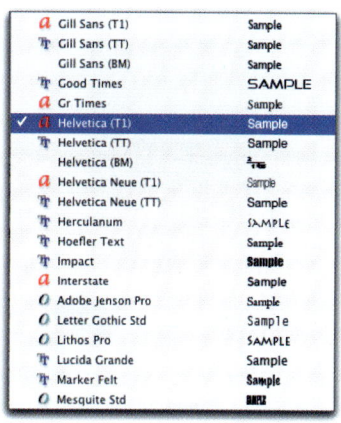

Abbildung 3.18 Photoshop CS2 listet die Schriften mithilfe eines WYSISWYG-Menüs auf.

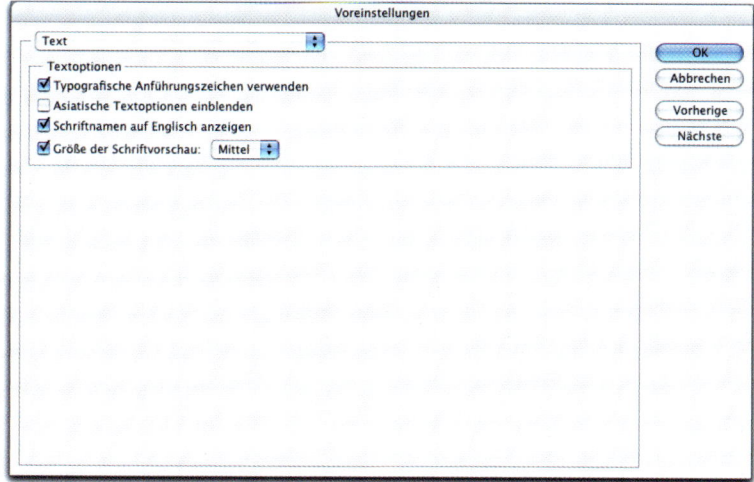

Abbildung 3.19 Die Voreinstellungen für TEXT

Abbildung 3.21 In den allgemeinen Voreinstellungen von Bridge können Sie bis zu drei weitere Zeilen Metadaten hinzufügen.

Bridge-Voreinstellungen

Der Photoshop-Dateibrowser wurde durch das eigenständige Bridge ersetzt. Da es sich dabei um ein separates Programm handelt, besitzt es natürlich auch eigene Voreinstellungen. Sie finden diese unter BRIDGE/EINSTELLUNGEN (PC: BEARBEITEN/EINSTELLUNGEN).

Im ersten Abschnitt finden Sie die allgemeinen Voreinstellungen, in denen Sie beispielsweise die Farbe des Hintergrunds auswählen. Die Option QUICKINFOS ANZEIGEN entspricht der in Photoshop. Um die einzelnen Funktionen von Bridge schneller zu lernen, sind QuickInfos hilfreich – nach einer Weile können sie aber auch stören. Außerdem lassen sich weitere Zeilen für Miniatur-Metadaten aktivieren (siehe Abbildung 2.21). Mit den Checkboxen im Abschnitt FAVORISIERTE OBJEKTE legen Sie fest, welche zusätzlichen Objekte in der Favoriten-Palette zu sehen sind. Der Button SKRIPTEN IM FINDER ANZEIGEN öffnet den Ordner STARTUPSCRIPTS. Diese Skripte können Sie dann innerhalb des ExtendScript Toolkits öffnen. Mit der Option ALLE WARNDIALOGFELDER ZURÜCKSETZEN stellen Sie den Werkzustand der Warndialoge wieder her.

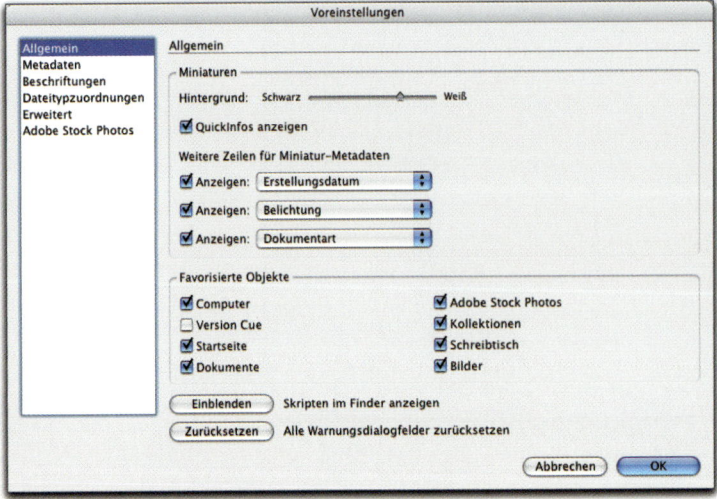

Abbildung 3.20 Die allgemeinen Voreinstellungen von Bridge. Aus dem hier abgebildeten Menü können Sie bis zu drei weitere Metadaten-Zeilen erstellen.

Alle Digitalkameras, egal ob sie im RAW- oder JPEG-Format fotografieren, erzeugen Metadaten, die während der Aufnahme in die Bilddatei eingeschlossen werden. Manche Kameras erzeugen zu den RAW-Dateien zusätzliche Dateien, in denen alle Metadaten enthalten sind. In den Metadaten-Voreinstellungen Sie fest, welche Metadaten in der Metadaten-Palette angezeigt werden. Um die Anzahl der Informationen zu verringern, entfernen Sie einfach die Häkchen der Infos, die Sie nicht sehen wollen. Wenn Sie die Checkbox LEERE FELDER VERBERGEN aktivieren, werden nur die Metadaten eingeblendet, die auch wirklich Informationen enthalten.

Es kann etwas dauern, bis Bridge Vorschaubilder aus großen Bilddateien erstellt hat. Wenn Sie die Option KOMPATIBILITÄT VON PSD- UND PSB-DATEIEN MAXIMIEREN aktiviert haben (siehe Seite 119), erzeugen PSD-Dateien beim Speichern eine zusammengesetzte Bildebene. Dadurch verkürzen Sie die Zeit, die Bridge benötigt, um die Vorschau zu erstellen. Wenn Sie die Dateigröße für Vorschauen verringern, sparen Sie zusätzlich Zeit (nutzen Sie die Option MAXIMALE GRÖSSE VERARBEITBARER DATEIEN).

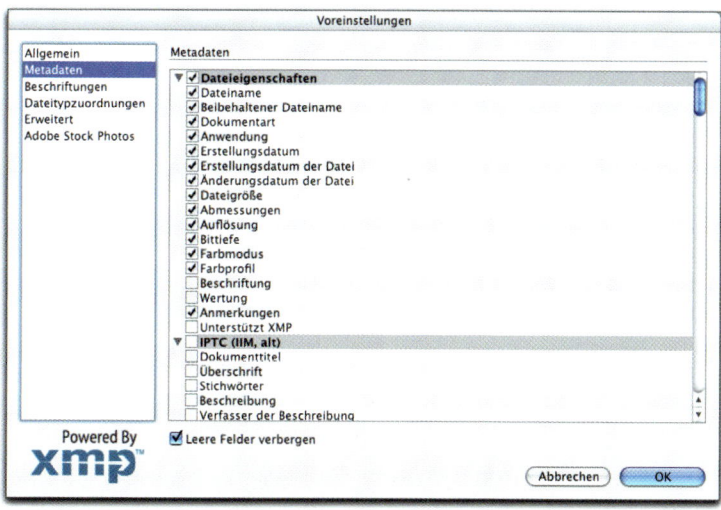

Abbildung 3.22 Die Metadaten-Voreinstellungen unter Bridge

Cache-Updates

Der Bildcache in Bridge ist eine wichtige und nützliche Quelle für Informationen. Wenn Sie Bridge zu einem Bilderordner führen, dort aber kein Cache zur Verfügung steht, muss Bridge einen komplett neuen Satz Miniaturen und Vorschauen erzeugen. Die bereits erstellten Miniaturen und Camera-Raw-Einstellungen sind verloren. Der Cache geht auch verloren, wenn Sie den Bilderordner auf einen anderen Computer auslagern, auf CD oder DVD brennen oder verschicken. Aktivieren Sie die Option Nach Möglichkeit verteilte Cache-Dateien verwenden, damit Bridge einen exportierten Cache im Bildordner speichert. Diese Voreinstellung soll Nutzern helfen, die gern vergessen, die Cache-Dateien selbst zu erstellen.

Bridge beinhaltet eine Liste der zuletzt besuchten Ordner, um Ihnen einen schnellen und einfachen Zugriff darauf zu ermöglichen. Der Standardwert dafür ist 10, Sie können diesen aber nach Belieben verändern. Mit der Option Durch Doppelklicken können Camera-Raw-Einstellungen in Bridge bearbeitet werden können Sie das Standardverhalten überschreiben und das Camera-Raw-Plug-In starten.

Der Cache, auf den hier Bezug genommen wird, speichert alle Miniatur-Informationen, die Vorschauen und alle zusätzlichen Metadaten-Informationen, wie Bilddrehungen und Wertungen. Sie können den Cache in einem zentralen Ordner speichern. Das bedeutet jedoch, dass sich der Cache an nur einer Stelle auf Ihrem Computer befindet. Wenn Sie diesen Ordner verschieben, auf DVD brennen oder umbenennen, stehen Ihnen die Cache-Informationen nicht länger zur Verfügung. Die Option Nach Möglichkeit verteilte Cache-Dateien verwenden platziert Cache-Dateien automatisch im Bildordner.

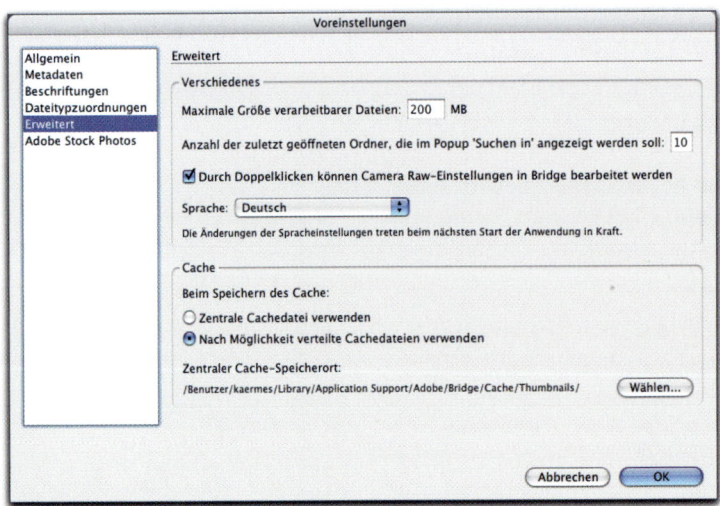

Abbildung 3.23 Die Voreinstellungen Erweitert von Bridge

Photoshop und Mac OS X

Photoshop CS2 läuft nur auf einem Macintosh mit Mac OS X 10.2.8 oder höher – Mac OS 9 wird nicht länger unterstützt. Weil Mac OS X ein UNIX-basiertes Betriebssystem ist, mussten die Adobe-Entwickler den existierenden Programmcode zu einem großen Teil umschreiben. Mac OS X wird wesentlich schneller geladen und ist deutlich stabiler und unterstützt Speicherschutz. Dadurch wird verhindert, dass es zu Problemen mit dem Speicher anderer geöffneter Programme kommt, so dass weniger Systemabstürze auftreten. Während OS X ein durchaus stabileres Betriebssystem ist, leidet die Geschwindigkeit von Photoshop etwas unter den Anforderungen von OS X selbst, das hin und wieder einen Großteil der Prozessorressourcen für sich in Anspruch nimmt. Die Anti-Alias-Engine, die für die runden Fensterkanten verantwortlich ist, beansprucht beispielsweise zusätzliche Prozessorressourcen. Allein die drei OS X-Buttons nehmen bis zu 10% der Prozessorressourcen ein. Wenn Sie jedoch einen der aktuellen Dual-Prozessoren benutzen (G5), fällt dieser zusätzliche Bedarf kaum auf. Denken Sie außerdem immer daran, dass OS X mindestens 128 MB RAM für das Betriebssystem benötigt. Das symmetrische Multiprocessing unter OS X bedeutet, dass die Geschwindigkeitssteigerung von Photoshop auf einem Multiprozessor-Rechner geringer ausfällt als erwartet. Meiner Meinung nach ist OS X ein sehr intelligentes Betriebssystem, das seiner Zeit etwas voraus ist. Dennoch gibt es einige Funktionen aus Mac OS 9, die man unter Mac OS X vermisst.

Die normale Aqua-Blue-Oberfläche ist für meinen Geschmack etwas zu farbig. In den Systemeinstellungen können Sie aber ganz leicht einen anderen Hintergrund einstellen. Photoshop-Nutzer greifen häufig auf Plug-Ins von Drittanbietern zurück, beispielsweise auf Filter, die die Funktionalität des Programms erweitern. Wenn einige Ihrer Plug-Ins nicht OS X-kompatibel sind, können Sie diese unter Mac OS X auch nicht verwenden, sondern müssen sich nach neuen Plug-Ins umschauen.

SCSI-Kompatibilität bei Mac OS X

Viele professionelle Photoshop-Nutzer verlassen sich noch immer auf bestimmte digitale Geräte wie Trommelscanner oder High-End-Drucker, die SCSI-basiert sind. Auf einem PC sollte es mit dem Anschluss eines SCSI-Geräts keine Probleme geben, wenn Sie mit einem der Photoshop-CS2-kompatiblen Betriebssysteme arbeiten. Unter Mac OS X müssen Sie mehr Aufwand betreiben, um die Geräte OS-X-kompatibel zu halten. Ich arbeite beispielsweise mit einem Pictograph-Drucker, der nur einen SCSI-Anschluss besitzt. Photoshop hat diesen Drucker erkannt, weil ich mir den neuesten Pictograph-Treiber für OS X 10.3 aus dem Internet heruntergeladen habe (www.fujifilm.com). Dazu musste ich jedoch sicherstellen, dass das Gerät über eine PCI-Adapterkarte Adaptec 2930 SCSI verfügt.

Photoshop und Windows XP

Als Apple gerade dabei war, Mac OS X auf den Markt zu bringen, entwickelte Microsoft noch fleißig das Betriebssystem Windows XP. Wie OS X hat Windows XP frühere Windows-Oberflächen bezüglich des Designs deutlich hinter sich gelassen. Die Standardoberfläche von Windows XP heißt Luna. Das dunkle Blau dieser Oberfläche ist für Photoshop jedoch sehr störend, deshalb empfehle ich Ihnen, das Design »Silber« zu verwenden. Sowohl OS X als auch XP sind moderne Betriebssysteme, die verlässlicher sind und nicht so häufig abstürzen wie ihre Vorgänger – bzw. wenn ein Programm abstürzt, wird nicht gleich das gesamte System eingefroren. Windows XP hat eine nette Möglichkeit, Bildordner-Informationen auf eine ähnliche Art und Weise anzuzeigen wie Bridge in Photoshop CS2. Das Dateinavigationssystem unter XP ist in der Lage, durch Bilderordner zu navigieren und die Bilder als Diashow anzuzeigen. Das ist richtig cool.

Systemwiederherstellung unter Windows XP
Es kann durchaus eine Weile dauern, bis man sich an ein neues System gewöhnt hat. Glücklicherweise gibt es unter Windows XP die Möglichkeit, die alten Systemkonfigurationen wiederherzustellen. Das ist besonders nützlich, wenn Sie einen Treiber installiert haben, der Ihnen Probleme bereitet. Kehren Sie einfach zu einem alten System-Setup zurück. Windows XP ist eine deutlich verbesserte Version von Windows NT, es baut auf einer soliden Basis auf.

Wartung der Systemsoftware

Ein Computer, der täglich benutzt wird, muss auch regelmäßig gewartet werden. Mac OS X und Windows XP sind UNIX-basierte Betriebssysteme und dadurch etwas einfacher zu warten als ihre Vorgänger. Mac OS X ist beispielsweise ein System, das darauf ausgelegt ist, 24 Stunden am Tag zu laufen und bei Nichtverwendung in den Ruhezustand versetzt zu werden. In den frühen Morgenstunden, in denen Sie noch schlafen (sollten), führt das System eigenständig eine routinemäßige Wartung durch. Wenn Sie Ihren Computer nicht ständig laufen lassen können, sollten Sie sich ein Programm wie MacJanitor zulegen, mit dem Sie diese Arbeiten ausführen können.

Ein UNIX-basiertes System leidet auch nicht so häufig unter Festplattenfragmentierungen – vorausgesetzt, Sie überladen die Festplatte nicht, indem Sie mehr als 90% der Speicherkapazitäten ausnutzen. Sobald Sie diesen Prozentsatz überschreiten, kommt es häufiger zu Festplattenfragmentierungen. Sie können die Wartung unter OS X auch

Wartungsprogramme für den Mac
Es gibt drei Programme mit ähnlicher Funktionalität, aber unterschiedlichem Inhalt: MacJanitor, Onyx und Macaroni. Onyx ist sehr geschickt und fortschrittlich. Macaroni ist eine Shareware, muss aber regelmäßig auf den neuesten Stand gebracht werden, MacJanitor ist sehr nützlich für Mac OS X und wurde von Brian Hill entwickelt. Laden Sie sich eine Kopie von seiner Website herunter: http://personalpages.tds.net/~brian_hill/macjanitor.html. Oder starten Sie eine Google-Suche zum Thema.

beeinflussen, indem Sie in den Einzelnutzermodus wechseln und beim Starten des Computers ⌘-S gedrückt halten. Auf dem Bildschirm erscheint weißer Text auf schwarzem Hintergrund. Sobald dieser Vorgang abgeschlossen ist, geben Sie »/sbin/fsck -y« ein und drücken ↵. Wiederholen Sie diesen Vorgang, bis die Meldung DIESES VOLUME SCHEINT OK erscheint. Geben Sie dann »reboot« ein. Eine weitere Möglichkeit ist, die Zugriffsrechte auf Festplatten direkt nach der Installation eines neuen Programms zu reparieren, sobald unerwartete Reaktionen des Rechners auftreten.

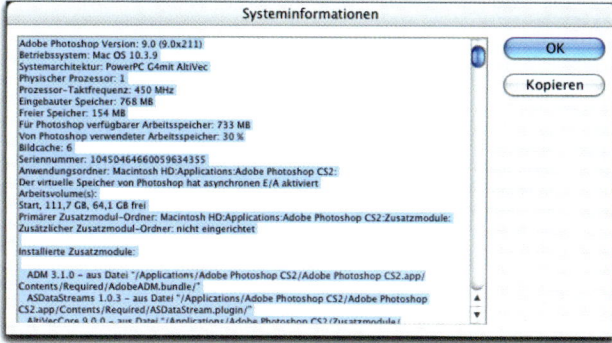

Abbildung 3.24 In der Hilfe von Photoshop CS2 finden Sie die Option SYSTEMINFORMATIONEN. In der Abbildung sehen Sie die dazugehörige Dialogbox, in der alle Systeminformationen aufgelistet sind, die relevant sein könnten, falls Sie Probleme ausfindig machen wollen. Kopieren Sie dann diese Informationen und geben Sie diese an einen Experten weiter.

Festplattenwartung

Norton Utilities ist eine Sammlung von Programmen, die zusätzliche Funktionalität bieten. Bilddateien lesen und schreiben regelmäßig Daten auf die Festplatte, was zu Festplattenfragmentierungen führen kann. Nortons Speed disk (das von einem separaten Volume gestartet werden muss) defragmentiert Dateien auf der eigentlichen Festplatte oder einem anderen Laufwerk. Windows-Nutzer sollten außerdem nach einem Programm wie Windows Disk Defragmenter Ausschau halten. Dieses Programm ist für Laufwerke wichtig, die Sie Photoshop als Arbeitsvolume zuweisen. Falls Sie auf Probleme stoßen und das Problem diagnostizieren wollen, starten Sie Nortons Disk Doctor. Er spürt Probleme auf und repariert sie auf der Stelle. Norton hat irgendwann den Anschluss an OS X verpasst, PCs werden jedoch immer noch gut unterstützt. Für die Wartung auf dem Mac gibt es Programme wie TechTool Pro, Disk Warrior und Data Rescue. Der Disk Warrior ist ebenfalls eine gute Hilfe, sollte einmal etwas schief gehen.

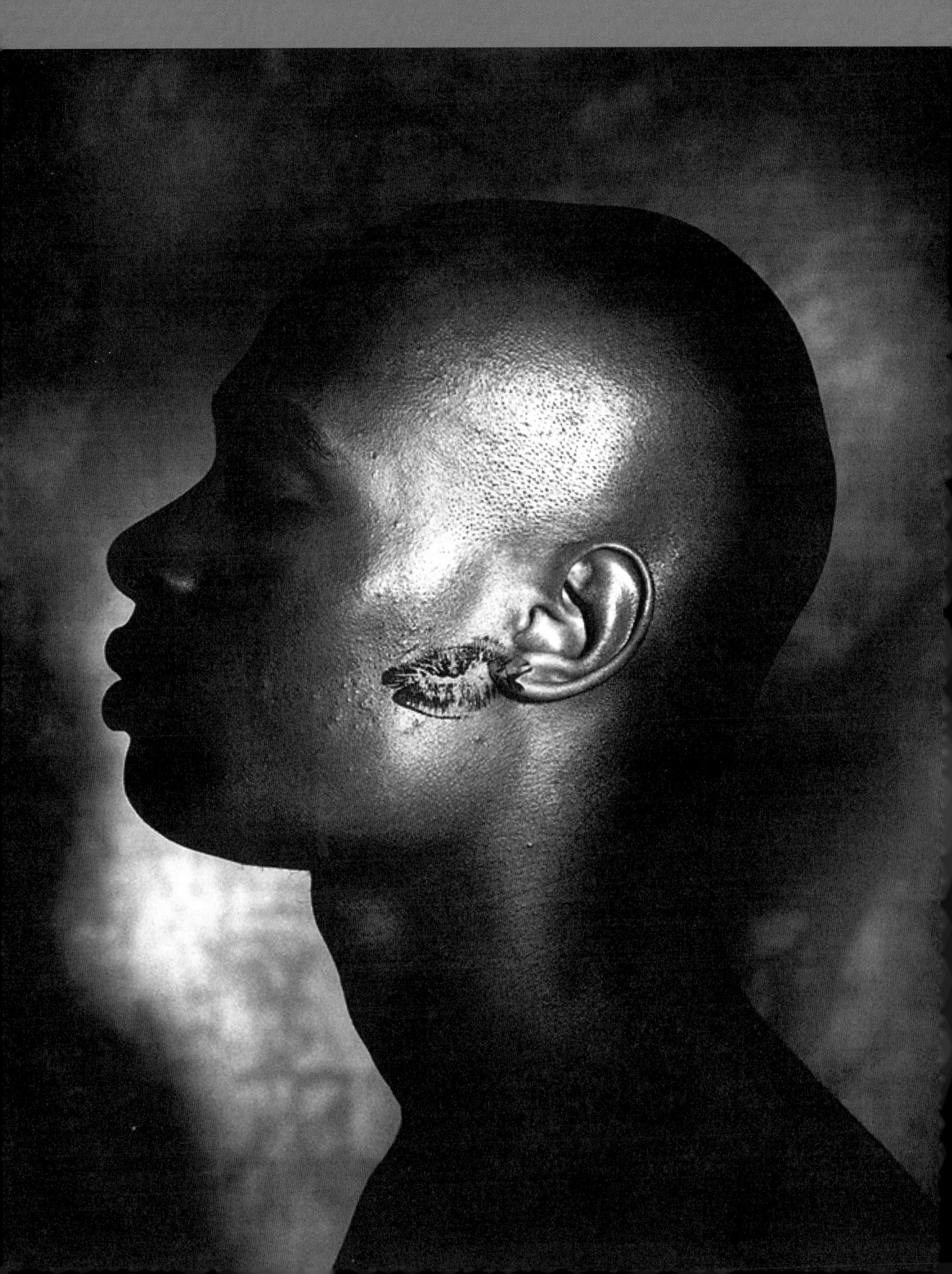

Kapitel 4

Grundlegende Bildregelungen

Viele Photoshop-Nutzer wollen im Wesentlichen wissen, wie sie ein Bild öffnen und dessen Aussehen verbessern sowie einen Ausdruck erstellen können, der aussieht wie das Bild auf dem Bildschirm. Sie sollten an dieser Stelle entsprechend den Anweisungen aus dem letzten Kapitel den Monitor kalibriert und die Farbeinstellungen korrekt vorgenommen haben. In diesem Fall können Sie jetzt Ihre Bilder bearbeiten. Ziel dieses Kapitels ist es, Ihnen die Bildbearbeitungswerkzeuge von Photoshop und die Grundlagen der Bildbearbeitung näher zu bringen. Da Sie diese Grundlagen immer wieder brauchen werden, sollten Sie sich jetzt die Zeit nehmen, die Funktionsweise und die Einsatzmöglichkeiten der Werkzeuge kennen zu lernen.

Ein Bild interpretieren

Ein Digitalbild besteht lediglich aus Zahlen. Wie Sie das Bild in Photoshop sehen, hängt davon ab, wie diese Zahlen interpretiert werden. Sie können ein Bild mithilfe Ihrer Augen beurteilen, Sie können sich aber auch auf die Zahlen verlassen. Die Info-Palette ist dabei Ihr bester Freund. Wenn Sie die Zahlenwerte verstehen, sehen Sie möglicherweise Details, die Ihren Augen verborgen geblieben sind. Außerdem gibt es nun eine Histogramm-Palette, die Sie bei der Analyse eines Bilds unterstützt. Die Histogramm-Palette hilft Ihnen, das, was nun folgt, zu verstehen.

Digitalkamera-Histogramme

Einige Digitalkameras bieten eine Histogrammansicht, mit deren Hilfe Sie die soeben erstellte Aufnahme überprüfen können. Sie können sie aber auch verwenden, um die Tonwerte einer Aufnahme zu überprüfen. Allerdings basiert das Histogramm, das Sie sehen, meistens nur auf einem JPEG. Wenn Sie Ihre Fotos auch in diesem Format aufnehmen, ist das in Ordnung. Falls Sie es jedoch vorziehen, Ihre Bilder im Raw-Format aufzunehmen, können Sie sich nicht auf das Histogramm verlassen. Weitere Informationen zum Raw-Format finden Sie in Kapitel 11.

Das Histogramm

Das Histogramm ist ein Säulendiagramm, das die Tonwerte eines Digitalfotos grafisch darstellt. Ein einfaches Graustufenbild mit 8 Bit pro Kanal besitzt nur einen Kanal mit 256 Graustufen, die alle Schattierungen von Schwarz bis Weiß beschreiben. Schwarz hat einen Tonwert von null, Weiß einen Tonwert von 255. Die Werte dazwischen repräsentieren die dazwischen liegenden Graustufen. Das Histogramm ist wie eine Kurve mit 256 Unterteilungen, die darstellen, wie oft bestimmte Tonwerte im Bild vorkommen. Wenn ein Bild hauptsächlich aus Graustufen mit Werten zwischen 30 und 130 besteht, sollten Sie an genau dieser Stelle einen Anstieg der Kurve erkennen. In Abbildung 4.1 sehen Sie ein typisches Histogramm. Außerdem können Sie erkennen, wie sich das Aussehen der Kurve auf die Tonwertstruktur des Fotos auswirkt.

Was sagen uns nun diese Informationen über ein Digitalbild? Das Histogramm zeigt die Verteilung der Tonwerte in einem Bild. Ein helles Foto weist vor allem auf der rechten Seite des Histogramms viele Spitzen auf; bei einem dunklen Foto befinden sich diese eher links. Am wichtigsten ist jedoch, dass Sie im Histogramm die genaue Position der Tiefen und Lichter ablesen können. Wenn Sie eine Tonwertkorrektur mithilfe der Befehle TONWERTKORREKTUR oder GRADATIONSKURVEN anwenden, hilft Ihnen das Histogramm bei der Einschätzung, wo sich die Tiefen und Lichter im Bild befinden. Außerdem können Sie anhand des Histogramms den Zustand des Bilds ablesen. Wenn sich die Balken eher am Ende der Skala befinden, ist davon auszugehen, dass die Tiefen und Lichter des Bilds zum großen Teil beschnitten wurden, als das Bild gescannt oder aufgenommen wurde – das Bild ist also über- oder unterbelichtet. Leider können Sie die Details nicht wiederherstellen, die dabei verloren gegangen sind. Gibt es Lücken im Histogramm, zeigt dies eine schlechte Qualität des Scans oder das Bild wurde bereits bearbeitet.

Verwenden Sie das Histogramm also, um vor der Bearbeitung eines Bilds dessen Qualität zu überprüfen. Falls das

Kapitel 4
Grundlegende Bildregelungen

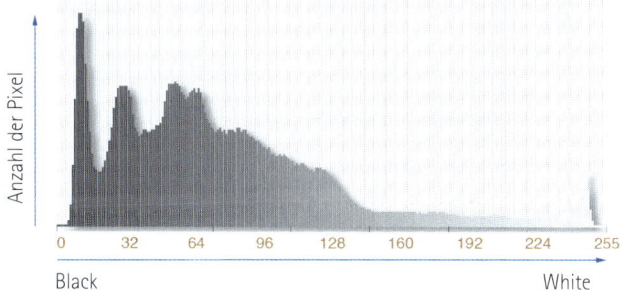

Abbildung 4.1 Hier sehen Sie das Histogramm eines Bilds, in dem Sie die Verteilung der Tonwerte von Schwarz bis Weiß erkennen können. Weil das Foto vorwiegend aus dunklen Grautönen besteht, sind die Tonwerte hauptsächlich auf der linken Seite des Histogramms verteilt. Die Höhe der einzelnen Balken zeigt, wie viele Pixel sich an diesem Punkt befinden.

Die Histogramm-Palette

Die Tonwertkorrektur-Dialogbox beinhaltet schon immer ein Histogramm, aber jetzt gibt es auch eine eigene Histogramm-Palette. Mit deren Hilfe können Sie ständig die Tonwerte Ihres Bilds überprüfen – egal, wie Sie das Bild gerade bearbeiten. Um sicherzugehen, dass Sie immer die aktuellen Tonwerte Ihres Bilds sehen, sollten Sie das Histogramm regelmäßig aktualisieren. Klicken Sie dazu auf den AKTUALISIEREN-Button oben rechts in der Palette.

Histogramm schlecht aussieht, sollten Sie versuchen, es neu zu scannen. Muss man immer so genau sein, um ein weiches Histogramm zu haben? Bei der Bildbearbeitung leidet Ihr Bild, deshalb ist das Histogramm nach der Bearbeitung immer etwas grober als vorher. Falls Sie ein Bild für den Satzbelichter vorbereiten, haben Sie Glück, wenn Sie mehr als 50 verschiedene Tonwerte von einer Druckplatte separiert bekommen. Der Verlust einiger weniger Tonwerte im fertigen Bild bedeutet also nicht unbedingt, dass die Werte für einen ordentlichen Druck des Bilds nicht ausreichen. Wenn Sie jedoch bereits mit einem schlechten Histogramm beginnen, wird das Bild nur noch schlechter. Versuchen Sie also immer, mit einem Bild mit möglichst gutem Histogramm zu starten. Achten Sie besonders auf Beschneidungen.

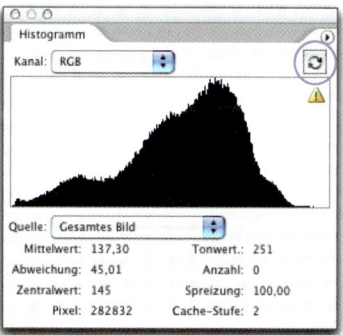

Abbildung 4.2 Das Warndreieck in der Histogramm-Palette zeigt Ihnen an, dass Sie das Histogramm aktualisieren müssen. Klicken Sie auf AKTUALISIEREN.

139

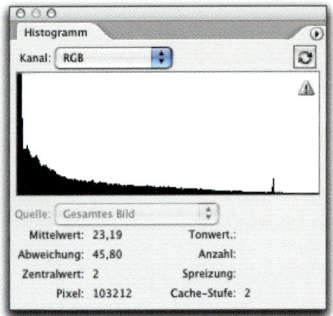 

Abbildung 4.3 Wenn sich die Tonwerte vermehrt auf der linken Seite des Histogramms befinden, ist das ein Zeichen für Beschneidung. In diesem Bild sollen die Tiefen jedoch auch beschnitten sein, um ein reines Schwarz zu erzeugen.

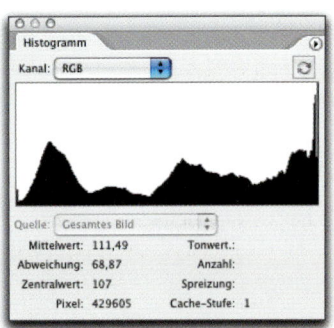 

Abbildung 4.4 Falls sich die Tonwerte auf der rechten Seite konzentrieren, sind die Lichter beschnitten. In diesem Bild wollte ich jedoch, dass die hellsten Bereiche des Himmels weiß sind.

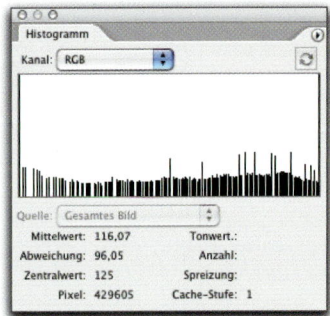 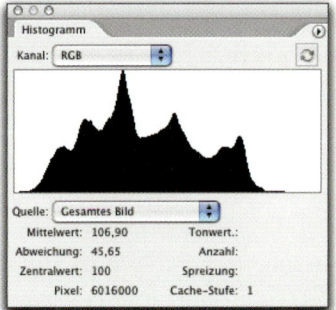

Abbildung 4.5 Dieses Histogramm sieht aus wie ein Kamm. entweder wurde das Bild bereits bearbeitet oder es wurde eine ungenügende Anzahl Tonwerte aufgenommen.

Abbildung 4.6 Dieses Histogramm zeigt, dass das Bild den vollen Tonwertbereich enthält. Es gibt keine Beschneidungen in Lichtern und Tiefen und auch keine Lücken.

Tonwertkorrekturen

Wenn Sie ein Bild in Photoshop öffnen, wollen Sie dieses später sicherlich auf einem Inkjet-Drucker ausgeben, es in CMYK umwandeln oder auf einer Webseite hinzufügen. Als Erstes sollten Sie bei einem Bild immer eine Tonwertkorrektur durchführen. Ist das Bild fürs Web bestimmt, geht es nur darum, wie hell oder dunkel es ist, damit es auf einem herkömmlichen PC-Monitor gut aussieht. Soll das Bild gedruckt werden, sollten Sie sicherstellen, dass die Tiefen korrekt eingestellt sind. Machen Sie sich über diese Dinge jedoch nicht zuviel Gedanken, denn die Tiefen werden in Photoshop automatisch angepasst, wenn Sie für den Druckertreiber ein Druckerprofil auswählen (siehe Kapitel 14) oder das Bild von RGB in CMYK umwandeln. Optimieren Sie ein Bild für die RGB-Ausgabe, müssen Sie nur darauf achten, dass Schwarz wirklich schwarz und Weiß wirklich weiß ist. Ich zeige Ihnen jetzt verschiedene Möglichkeiten, wie Sie Tonwertkorrekturen in Photoshop vornehmen. Wir beginnen mit einigen Schwarzweißbildern, weil sich deren Histogramme leichter interpretieren lassen.

Manuelle Tonwertkorrektur

Einige Repro-Anstalten arbeiten mit dem so genannten Closed-Loop-System, bei dem Dateien in CMYK bearbeitet, jedoch keine Farbprofile eingesetzt werden. Das trifft vor allem High-End-Repro-Anwender von Photoshop. Sollte das der Fall sein, müssen Sie die Bedingungen der Druckerpresse manuell einstellen. Dasselbe gilt, wenn Sie eine Graustufendatei in Photoshop bearbeiten, die auf einem Satzbelichter ausgegeben werden soll. Auf diese Beispiele gehe ich später in diesem Kapitel noch genauer ein.

Belichtung anpassen

Die Belichtungsanpassung ist neu in Photoshop CS2. Sie richtet sich hauptsächlich an Nutzer, die mit HDR-Bildern arbeiten (siehe Seite 170). Sie können damit zwar auch normale Bilder anpassen, aber das ist nicht der eigentliche Zweck dieser Funktion.

Abbildung 4.7 Die Tonwertkorrektur-Dialogbox in Photoshop. Die Regler direkt unter dem Histogramm nutzen Sie, um die Eingabewerte der Tiefen, Lichter und des Gamma-Werts (die relative Helligkeit des Bilds zwischen Tiefen und Lichtern) festzulegen. Darunter finden Sie die Ausgaberegler – diese sollten Sie jedoch nie verändern, es sei denn, Sie bearbeiten eine Datei für die Druckvorstufe in Graustufen oder CMYK oder Sie wollen aus irgendeinem Grund den Kontrast des Bilds verringern.

1 Das Monochrom-Foto befand sich eigentlich im RGB-Modus (damit ich Ihnen alle Varianten der Tonwertkorrektur zeigen kann). Die Histogramm-Palette zeigt das Histogramm des zusammengesetzten RGB-Kanals. Der Kontrast lässt sich verbessern, wenn die Tonwerte besser über das Histogramm verteilt werden. Deshalb wählte ich BILD/ANPASSEN/TONWERT-KORREKTUR.

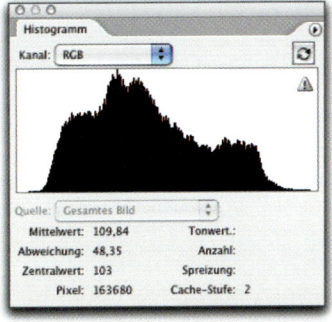

2 Während ich die Lichter- und Tiefenregler zog, konnte ich selbst entscheiden, wo die neuen Endpunkte der Tiefen und Lichter liegen sollen. Dazu werfe ich einen Blick in das Histogramm der Dialogbox und ziehe die Regler an das jeweilige Ende des Histogramms. Es besteht aber auch die Möglichkeit, in den Schwellenwert-Modus zu wechseln. Ich hielt die ⌥-Taste (PC: Alt) gedrückt und zog den Tiefenregler nach innen. Durch die Schwellenwert-Ansicht können Sie leichter erkennen, wo sich die dunkelsten Stellen im Bild befinden. Ziehen Sie den Regler jedoch zu weit nach innen, beschneiden Sie die Tiefen. Die Ansicht in diesem Beispiel ist zu extrem, deshalb schob ich den Regler wieder etwas zurück, um die Tiefen nicht zu beschneiden.

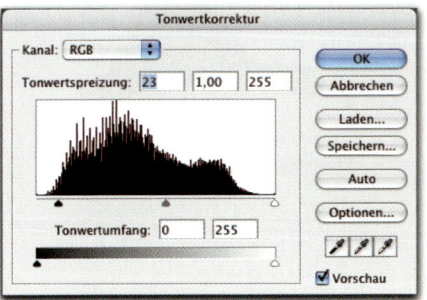

Kapitel 4
Grundlegende Bildregelungen

3 Anschließend wollte ich die Lichter anpassen – dabei verwendete ich dieselbe Technik. Ich hielt beim Ziehen die ⌥-Taste (PC: Alt) gedrückt und zog den Lichterregler nach links. Die Schwellenwert-Anzeige wurde vollständig schwarz, beim Ziehen nach innen tauchten die ersten hellen Bereiche auf. Auch hier war die Darstellung etwas zu extrem, so dass ich den Regler wieder etwas zurückschob, um nicht zu viele Details zu verlieren.

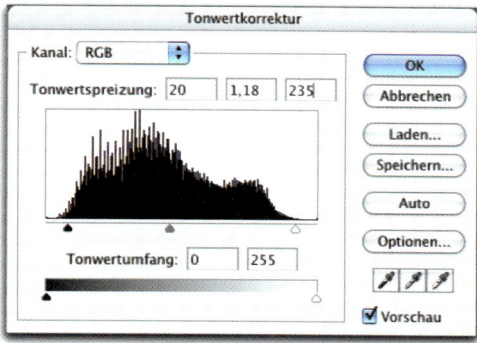

4 Nun musste ich nur noch die Helligkeit des Bilds nachregeln. Dazu zog ich den Gamma-Regler – nach rechts verschoben wird das Bild dunkler, nach links verschoben heller. Das fertige Bild hat einen vollen Kontrastumfang und die korrekte Helligkeit.

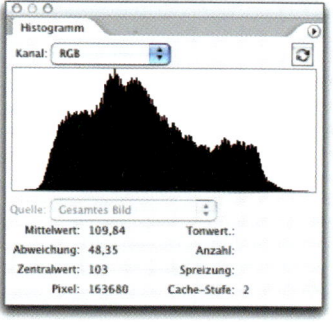

143

Tonwerte nach der Umwandlung

Automatische Tonwertanpassung
In Abbildung 4.8 sehen Sie, wie ein Histogramm aussehen kann, nachdem das Bild in Photoshop optimiert wurde. Sie sehen zwei weitere Histogramme, anhand derer Sie erkennen, wie das Histogramm nach einer Umwandlung in CMYK aussieht. Achten Sie darauf, wie sich die Form verändert – vor allem, wie sich die Tiefen nach innen verschieben. Das liegt daran, dass Photoshop den Schwarzpunkt automatisch berechnet (fortgeschrittene Anwender aktivieren unter Bild/Modus/In Profil konvertieren die Checkbox Tiefenkompensierung verwenden).

Sie wissen nun, wie Sie ein Histogramm verwenden, um den Tonwertbereich eines Bilds von den Tiefen bis zu den Lichtern zu visualisieren. Wenn Sie die Tonwertkorrektur-Dialogbox in Zusammenhang mit Histogramm verwenden, können Sie den Kontrast präzise optimieren, so dass die dunkelsten Pinsel im Bild fast schwarz und die hellsten nahezu weiß sind. In den meisten Fällen sollte es auch genauso einfach sein. Es gibt jedoch auch Situationen, in denen es nicht so einfach ist – auf diese werde ich auf den nächsten Seiten eingehen. Sollten Sie eine CMYK- oder Graustufendatei für den Satzbelichter vorbereiten, kann es vorkommen, dass Sie für die Tiefen nicht den Wert 0 und für die Lichter nicht 255 verwenden.

Manchmal hören Sie vielleicht den Hinweis, dass die Tiefen in einem RGB-Bild die Werte 20, 20, 20 (die RGB-Werte für Rot, Grün und Blau) und die Lichter die Werte 245, 245, 245 besitzen sollten. Der Grund dafür ist, dass alles, was dunkler ist als 20, 20, 20, im Druck schwarz wird. Wenn Sie den Anweisungen folgen, bleiben Ihnen die Details in den Tiefen wahrscheinlich erhalten, aber die Ausdrucke haben dann hellere Tiefen, als eigentlich notwendig wäre. In den Anfangszeiten von Photoshop musste man diese Kompensierung vornehmen, mittlerweile besitzt Photoshop jedoch einen eingebauten Mechanismus, der den Schwarzpunkt bei der Umwandlung von RGB bis CMYK automatisch regelt (siehe Kapitel 14). Und nicht nur das, Photoshop ist auch in der Lage, den Schwarzpunkt ganz exakt für die unterschiedlichen Ausgabemöglichkeiten zu regeln. Wenn Sie die Tiefen einstellen, verwenden Sie einfach 0, 0, 0 und lassen Sie Photoshop automatisch den besten Schwarzpunkt errechnen.

Und was ist mit dem Weißpunkt? Nimmt Photoshop hier auch eine automatische Umwandlung vor? Leider nein, den Weißpunkt müssen Sie manuell einstellen – es liegt nämlich immer am Bild selbst, was der beste Weißpunkt ist. Das Problem: Verwenden Sie für die Lichter die Werte 255, 255, 255, sind die Lichter möglicherweise so hell, dass

Kapitel 4
Grundlegende Bildregelungen

Original-Histogramm – Adobe RGB

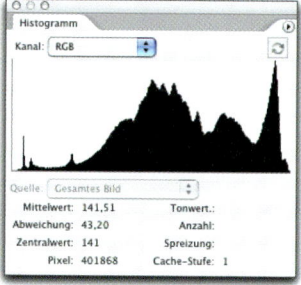

Epson Heavyweight Matte Papier

CMYK-Einstellung, die für dieses Buch verwendet wurde

Abbildung 4.8 Ändern Sie den Farbmodus oder das Profil, ändert sich auch das Histogramm. Wenn Sie beispielsweise die Dialogbox DRUCKEN MIT VORSCHAU verwenden und eine RGB-Datei in den Ausgabefarbraum umwandeln, werden die Tiefen automatisch eingestellt – etwas aufgehellt, um so viele Details wie möglich auf dem Papier erkennen zu können. Dasselbe passiert, wenn Sie ein Bild in CMYK umwandeln – nur dass der Schwarzpunkt dabei möglicherweise noch etwas deutlicher verschoben wird. Wenn Sie die Checkbox TIEFENKOMPENSIERUNG VERWENDEN aktivieren, berechnet Photoshop den Schwarzpunkt automatisch. Sie sollten die Tiefen nicht vorher schon aufhellen.

die Lichter im Farbbereich zwischen 240 und 255 als reines Weiß gedruckt werden. Bei manchen Bildern führt das zu Problemen. Deshalb sollten Sie darauf achten, dass die hellsten Töne im Bild nicht heller als 245 sind. In anderen Fällen müssen Sie die Details in den Lichtern nicht schützen. Wir werden uns dazu gleich zwei kleine Beispiele ansehen. Zunächst sehen wir uns jedoch einen der seltenen Fälle an, in dem Sie die Feinabstimmung der Endpunkte manuell vornehmen müssen.

Einstellungen zurücksetzen

Wenn Sie die Einstellungen in einer der Anpassen-Dialogboxen zurücksetzen wollen, halten Sie die ⌥-Taste (PC: Alt) gedrückt – der ABBRECHEN-Button verwandelt sich in den Button WIEDERHERSTELLEN. Der AUTO-Button setzt die Beschneidungspunkte automatisch (siehe Kapitel 5).

Feinabstimmung der Endpunkte

Sie können auch die Pipetten in den Dialogboxen TONWERTKORREKTUR und GRADATIONSKURVEN nutzen, um bestimmte Pixelwerte unabhängig von Lichtern und Tiefen einzustellen. Normalerweise können Sie sich auf die Farbumwandlung zu CMYK oder Graustufen verlassen, wenn es um die Einstellung des Schwarzpunkts geht. Es gibt jedoch Situationen, in denen Sie die Endpunkte manuell abstimmen müssen. Die Endpunkte so zu finden und einzustellen, ist wichtig, wenn Sie mit Graustufenbildern arbeiten, die für den Druck in einem Buch, einer Zeitschrift oder Zeitung vorgesehen sind. Das kann auch nötig sein, falls das Bild als CMYK vorliegt, noch kein Profil eingebettet ist, Sie aber bereits wissen, wie es ausgegeben werden soll. Anstatt sich darauf zu verlassen, dass die Profile die Konvertierung vornehmen, können Sie einen Schwarzpunkt festlegen, der heller ist als 0% und einen Weißpunkt, der dunkler ist als 100%. Arbeiten Sie mit diesen Werten, wenn Sie sichergehen wollen, dass die Details in den Lichtern geschützt werden. Es kann auch nützlich sein, um die Farben eines Bilds zu korrigieren und einen Farbstich in den Tiefen oder Lichtern zu entfernen. Zwischen den Pipetten für Schwarz- und Weißpunkt finden Sie die Graustufen-Pipette, mit der Sie eine Zielgraustufe für die Mitteltöne auswählen können (im nächsten Kapitel erfahren Sie mehr dazu).

Werfen wir nun einen Blick auf die Schritte zur Festlegung eines Schwarz- und eines Weißpunkts mit den entsprechenden Pipetten. Aktivieren Sie vorher jedoch die Pipette in der Werkzeug-Palette und wählen Sie in der Optionsleiste die Option 3 X 3 PIXEL DURCHSCHNITT. Nutzen Sie die Pipetten für Schwarz- und Weißpunkt mit ihren Standardeinstellungen, um den Weißpunkt mit 100% und den Schwarzpunkt mit 0% festzulegen. In dem Beispiel auf der gegenüberliegenden Seite zeige ich Ihnen, wie Sie spezielle Zielwerte festlegen. Mit dieser Methode können Sie ganz genau festlegen, wo sich der Schwarz- bzw. der Weißpunkt im Bild befinden.

Kapitel 4
Grundlegende Bildregelungen

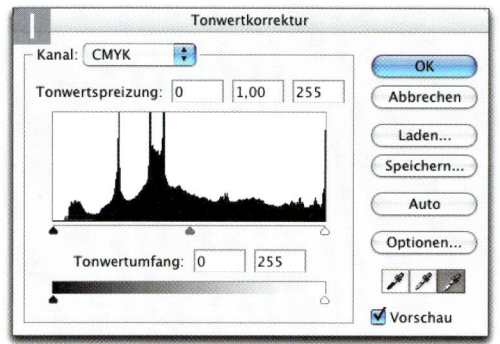
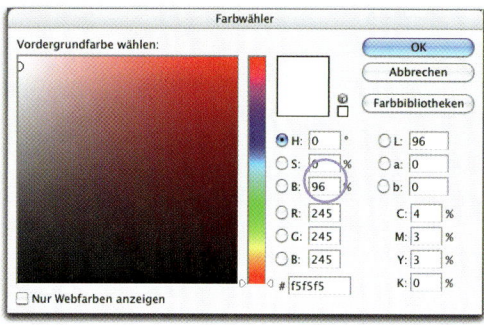

1 In der TONWERTKORREKTUR-Dialogbox klickte ich doppelt auf die Pipette WEISSPUNKT SETZEN und setze damit den Weißpunkt entsprechend dem der Druckmaschine. Für die meisten Situationen reicht eine Helligkeitseinstellung von 96%.

2 Nun suchte ich im Bild nach Licht- und Tiefenpunkten. Die bereits beschriebene Schwellenwert-Betrachtung ist eine gute Möglichkeit, die hellsten und dunkelsten Stellen im Bild zu finden. Ich zoomte in das Bild hinein und klickte in den Bereich, den ich als Weißpunkt festlegen wollte. Dabei sollte es sich jedoch nicht um eine Reflexion oder einen Lichtpunkt auf einem Objekt handeln.

3 Anschließend setzte ich den Schwarzpunkt. Ich klickte doppelt auf das Pipetten-Icon TIEFEN SETZEN und wählte eine Helligkeitseinstellung von 4% (oder höher, je nach Druckmaschine). Ich zoomte in das Bild hinein und klickte mit der Pipette in den dunkelsten Punkt. Nutzen Sie den Gamma-Regler wie im letzten Beispiel, um die relative Bildhelligkeit festzulegen.

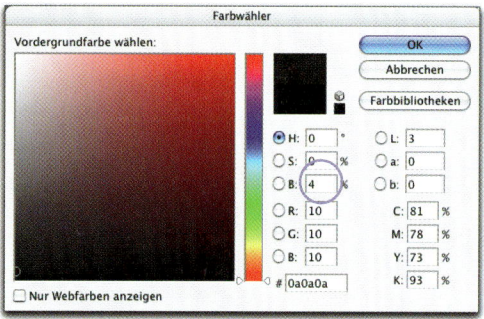

147

Spitzlichter

Nehmen Sie eine Tonwertkorrektur vor, um die Lichter eines Bilds einzustellen, müssen Sie das Bild betrachten und selbst entscheiden, wie wichtig die Details in den Lichtern sind. Manche Bilder enthalten feine Details, während andere aussehen wie das Bild in Abbildung 4.9, in dem die Lichter aus Spitzlichtern bestehen. In solchen Fällen brauchen Sie sich keine Gedanken über die Details zu machen. Ziehen Sie den Lichterregler einfach nach innen, um die Lichter zu beschneiden – die Reflexionen werden als reines Weiß gedruckt. Da sich in diesen Lichtern keine Details befinden, muss auch nichts erhalten werden. Im Gegenteil, Sie können den Bildkontrast dadurch noch deutlich verbessern.

Die Lichter einstellen

Beim Ausdehnen des Tonwertbereichs wollen Sie sicherlich den hellsten Punkt in Richtung Weiß verschieben, damit die Weißtöne nicht zu stumpf aussehen. Gleichzeitig sollen die Lichter jedoch nicht zu ausgebrannt erscheinen. Die Einstellung des Weißpunkts ist meistens eine ganz subjektive Entscheidung, die natürlich auch vom Charakter des Bilds abhängt. In den meisten Fällen können Sie die einfache Schwellenwerttechnik bei der Tonwertkorrektur verwenden, um den Weißpunkt zu finden und den Endpunkt entsprechend einzustellen, ohne dabei Details in den Lichtern zu verlieren. Falls das zu bearbeitende Bild sehr viele feine Informationen in den Lichtern enthält, sollten Sie den Weißpunkt vorsichtig einstellen. Denn ein Pixelwert, der nah am maximalen Wert liegt, kann bei der Umwandlung für den Druck in Richtung Weiß auswaschen. Was ist, wenn das Bild beispielsweise Lichtreflexionen von Metall enthält? Spitzlichter enthalten keine Details, deshalb sollen sie auch im Druck als Papierweiß erscheinen. Wird das nicht gemacht, sieht das Bild sehr viel stumpfer aus als nötig.

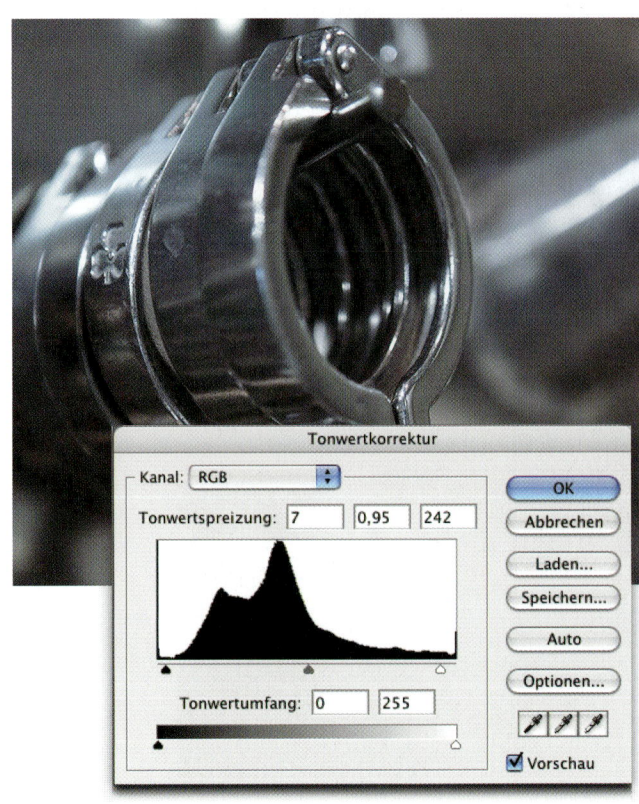

Abbildung 4.9 Die Lichter in diesem Bild enthalten keine Details. Sie müssen den Kontrast nicht beschränken. Sie können die Lichter beschneiden, ohne dabei wichtige Details zu verlieren.

Kapitel 4
Grundlegende Bildregelungen

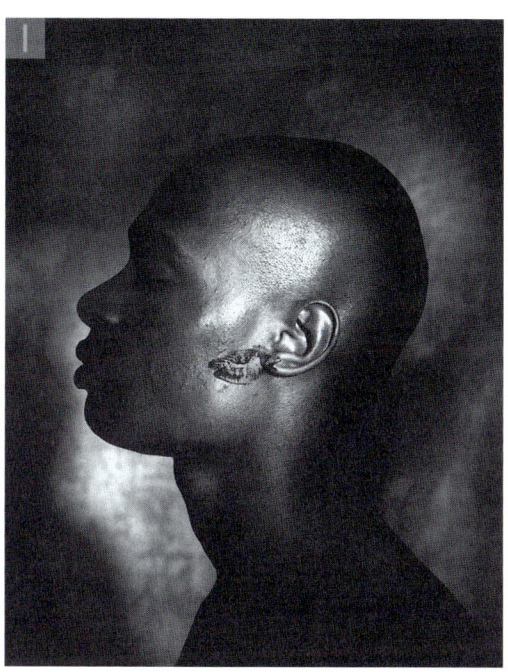

1 Wenn Sie beim Setzen der Endpunkte für die Tiefen und Lichter zu vorsichtig sind und nicht den gesamten Tonwertbereich ausnutzen, kann dies zu einem eher stumpfen Ausdruck führen. Es gibt Zeiten, in denen Sie richtiges Schwarz und helles Weiß benötigen, um den vollen Kontrast eines Bilds herzustellen. In der Abbildung hier können Sie Spitzlichter erkennen – also Lichter ohne Details. Wenn ich diesen Lichtreflexen einen Weißpunkt von 243 zuweise und den Schwarzpunkt bei 12 einstelle, sieht das Endergebnis unnötig verwaschen aus.

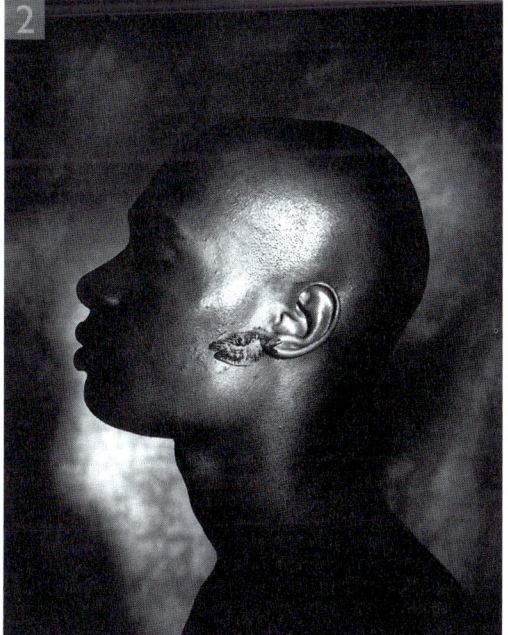

2 Die hellsten Bereiche des Bilds sind die glänzenden Lichtreflexe, die ich einfach in Richtung Weiß verblassen lassen kann, da keine Details enthalten sind. Ich definiere also die hellsten Bereiche in den Lichtern (wo noch Details sind) als Weißpunkt und lasse die Lichtreflexe als Papierweiß drucken. Die hier gezeigte Version gewinnt durch den breiteren Tonwertumfang, der sich der Druckmaschine voll bedient und trotzdem dort, wo es wichtig ist, Details erhält.

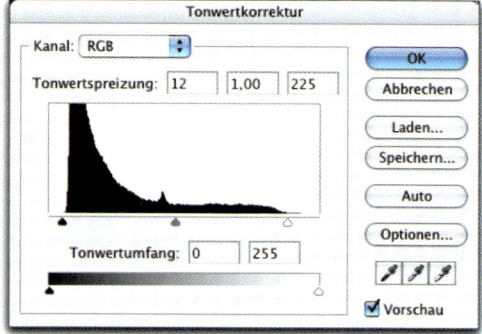

149

Details in den Lichtern erhalten

Sie wissen inzwischen, dass Sie beim Einstellen des Weißpunkts sehr vorsichtig vorgehen müssen. Wenn Sie den Lichterregler in der Tonwertkorrektur-Dialogbox nicht weit genug nach innen ziehen, sieht das Ergebnis verwaschen aus. Ziehen Sie den Regler jedoch zu weit nach innen, riskieren Sie, wichtige Details in den Lichtern zu verlieren. In Abbildung 4.10 sehen Sie ein gutes Beispiel für Details, die sich in den Lichtern befinden. In den meisten Fällen werden Sie eine Schwellenwertanalyse durchführen, wie sie auf den Seiten 111 und 112 beschrieben ist, um den Weißpunkt festzulegen und zu entscheiden, ob Sie den Regler noch weiter verschieben oder nicht.

Freisteller vor weißem Hintergrund

Objekte, die vor einem weißen Hintergrund fotografiert oder freigestellt und vor eine weiße Fläche montiert wurden, verdienen besondere Aufmerksamkeit. Idealerweise soll der weiße Hintergrund auf weißem Papier als reines Weiß erscheinen. Dabei dürfen jedoch keine wichtigen Bilddetails verloren gehen. Wenn Sie solche Ausschnitte erstellen, sollten Sie die Tonwerte nur anhand des Objekts einstellen. Passen Sie den Hintergrund separat an, ohne den Farbbereich des Objekts zu verändern. Das folgende Beispiel zeigt, wie das möglich ist. Ich erstelle vom Hintergrund eine Auswahl mit weicher Auswahlkante, fülle diese mit Weiß und male mit dem Protokoll-Pinsel die Kantendetails wieder ins Bild. Manche Grafikdesigner verwenden dafür einen Beschneidungspfad. Das ist ein spezieller Pfad, der mit dem Zeichenstift erstellt und in einer EPS- oder TIFF-Datei mitgespeichert wird. Das Bild kann dann in einem Seitenlayout-Programm platziert werden. Als ich den Beschneidungspfad des Models erstellte, ging ich genauso vor, nur dass ich den Pfad einige Pixel außerhalb des Umrisses erstellte, so dass der Farbübergang zu Weiß erhalten blieb.

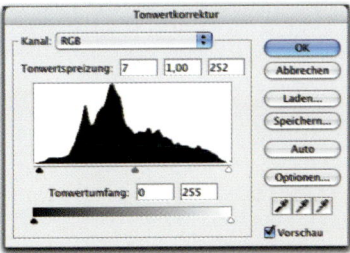

Abbildung 4.10 Die Lichter in diesem Bild enthalten viele wichtige Details – weshalb Sie sie nicht zu stark beschneiden sollten. Nehmen Sie die Einstellungen mit Bedacht vor, um im Druck keine wichtigen Informationen in den Lichtern zu verlieren.

Kapitel 4
Grundlegende Bildregelungen

1 Dieses Bild erfordert ganz besondere Aufmerksamkeit, um den Hintergrund in reines Weiß umzuwandeln. Trotzdem wollte ich die Lichter in dem weißen Hemd oder den blonden Haaren des Models nicht überbelichten.

2 Ich wendete eine Tonwertkorrektur an, um die Lichter auf dem Hemd so hell wie möglich zu machen, jedoch keine Details zu verlieren. Der Hintergrund musste weißer werden, deshalb wählte ich ihn mit dem Zauberstab und der Option BENACHBART aus, wendete eine weiche Auswahlkante an und füllte die Auswahl mit Weiß.

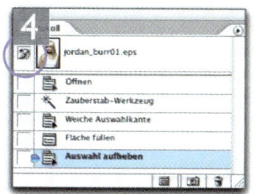

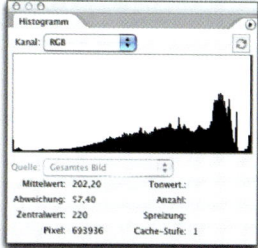

3 Zwischen dem weißen Aussparbereich und den Kanten des Models sollte ein weicher Farbübergang stattfinden. Ohne diesen wären die Kantendetails beim Druck verloren gegangen. Ich hob die Auswahl auf, wählte den ursprünglichen Protokollzustand als Quelle und malte vorsichtig um die Kanten, um die Details wiederherzustellen.

4 Wenn Sie sich das finale Histogramm ansehen, erkennen Sie eine leichte Lücke zwischen den hellen Tönen des Objekts und dem weißen Hintergrund.

Kunde: Jordan Burr. Model: Vivi @ M&P.

Helligkeit und Kontrast

Bisher haben wir besprochen, wie Sie den Farbumfang maximieren, um ein Bild aufzuhellen oder abzudunkeln. Da Photoshop mit der Funktion HELLIGKEIT/KONTRAST ausgestattet ist, könnte man meinen, dass dieser genauso funktioniert wie TONWERTKORREKTUR. Diese Art der Bildbearbeitung sollte jedoch eher »Ruinieren von Helligkeit und Kontrast« heißen. Und das ist der Grund: In der Dialogbox TONWERTKORREKTUR setzen Sie Schwarz- und Weißpunkt individuell, den Gamma-Regler nutzen Sie, um die relative Helligkeit anzupassen. HELLIGKEIT/KONTRAST ist ein sehr grobes Werkzeug. Der Helligkeitsregler verschiebt einfach alle Pixel nach links oder rechts, um das Bild aufzuhellen oder abzudunkeln. Der Kontrastregler bringt die Eingangsregler gleichmäßig nach innen, um den Kontrast zu erhöhen – oder verschiebt sie nach außen, um den Kontrast zu verringern.

Ich rate Ihnen, den Befehl HELLIGKEIT/KONTRAST nicht zu verwenden – nutzen Sie lieber die Tonwertkorrektur, um Schwarz- und Weißpunkt einzustellen und den Kontrast zu bearbeiten. Und wenn Sie die Helligkeit des Bilds anpassen müssen, nutzen Sie den Gamma-Regler (siehe Abbildung 4.11). Das ist ein wichtiger erster Schritt der Bildbearbeitung, dem Sie eine Gradationskurveneinstellung folgen lassen können.

Wenn Sie dann immer noch nicht überzeugt sind, schauen Sie sich die Histogramme in Abbildung 4.12 an. Dort sehen Sie, wie wichtig Bilddetails sein können und wie Sie sie mit dem Befehl HELLIGKEIT/KONTRAST zerstören können.

Der Befehl HELLIGKEIT/KONTRAST

Es gibt eine Situation, in der die Verwendung des Befehls HELLIGKEIT/KONTRAST sinnvoll ist: wenn Sie den Inhalt einer Ebenenmaske bearbeiten wollen. Soll der Lichterbereich in der Maske nahezu weiß werden, kann der destruktive Befehl durchaus zu einem ansprechenden Ergebnis führen.

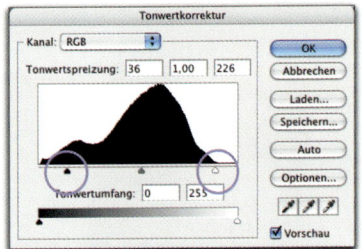

Verschieben Sie die Regler nach innen, um den Kontrast zu erhöhen.

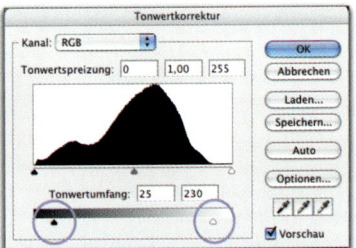

Verschieben Sie die Ausgaberegler nach innen, um den Bildkontrast zu verringern.

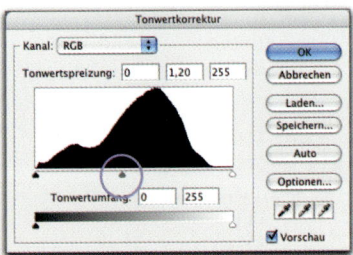

Ziehen Sie den Gamma-Regler nach links, um das Bild aufzuhellen bzw. nach rechts, um es abzudunkeln.

Abbildung 4.11 Alles was Sie mit dem Befehl HELLIGKEIT/KONTRAST erreichen können, erzielen Sie viel besser mit TONWERTKORREKTUR. Um den Kontrast zu erhöhen, ziehen Sie die Regler nach innen, um ihn zu verringern, nach außen. Um das Bild aufzuhellen, ziehen Sie den Gamma-Regler nach links, um es abzudunkeln, ziehen Sie ihn nach rechts.

Kapitel 4
Grundlegende Bildregelungen

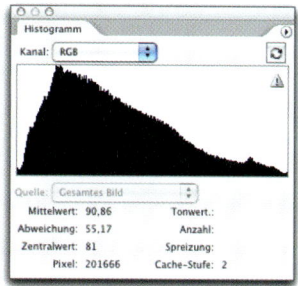

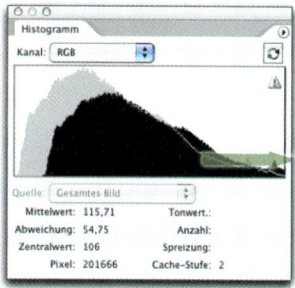

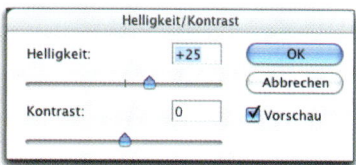

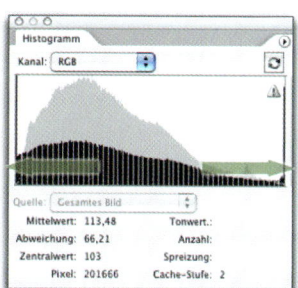

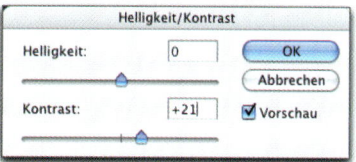

Abbildung 4.12 Mithilfe der Histogramm-Palette lässt es sich leichter erkennen, warum der Befehl HELLIGKEIT/KONTRAST so ein schlechtes Werkzeug ist und Sie besser mit TONWERTKORREKTUR und GRADATIONSKURVEN arbeiten sollten. Trotzdem verwenden viele Photoshop-Anwender diesen Befehl wegen seines Namens und der einfachen Anwendung. Das obere Histogramm zeigt den vollen Farbumfang des Bilds. Wenn Sie die Helligkeit mit dem Helligkeitsregler erhöhen, machen Sie die Farbtöne heller, Sie beschneiden jedoch die Details in den Lichtern. Wenn Sie den Kontrast erhöhen wollen, werden die Farbtöne in beide Richtungen ausgedehnt, so dass sowohl Lichter als auch Tiefen beschnitten werden.

Gradationskurven

Alle Einstellungen, die Sie in der Tonwertkorrektur-Dialogbox vornehmen können, sind auch in der Dialogbox GRADATIONSKURVEN möglich. Auf den ersten Blick scheint die Dialogbox zwar etwas schwieriger anwendbar zu sein; sie ist jedoch eigentlich leistungsfähiger, denn Sie können nicht nur den Schwarz- und den Weißpunkt festlegen, sondern haben auch exakte Kontrolle über den Kontrast – den des Gesamtbilds und den der einzelnen Kanäle.

In Abbildung 4.13 sehen Sie die Dialogbox GRADATIONSKURVEN. Wenn Sie unten rechts in der Ecke auf den Zoom-Button klicken, können Sie die Dialogbox vergrößern bzw. verkleinern. Mithilfe dieser Dialogbox lassen sich spezielle Punkte auf der Tonwertkurve auswählen und neu anordnen, um das Bild aufzuhellen oder abzudunkeln bzw. den Kontrast in diesem Bereich zu erhöhen. In Abbildung 4.13 wurden die Punkte für Schwarz- und Weißpunkt nach innen verschoben. Um den Kontrast zu erhöhen, wurde noch ein Punkt zur Kurve hinzugefügt.

Die Standard RGB-Einheit wird in Helligkeitsstufen von 0 bis 255 gemessen. Die Kurvenlinie repräsentiert den Tonwertumfang von 0 unten links bis 255 oben rechts. Auf der vertikalen Achse lesen Sie die Ausgabewerte ab, auf der horizontalen Achse die Eingabewerte. Wenn Sie nur den Schwarz- oder Weißpunkt verschieben, entspricht das dem Verschieben der Eingaberegler in der Tonwertkorrektur-Dialogbox. CMYK-Kurven werden standardmäßig anders dargestellt (klicken Sie auf den horizontalen Ausgabebalken, um zwischen Tonwerten oder Farbumfang in Prozent umzuschalten). Dieser Modus (Abbildung 4.14) wurde für Repro-Anwender entwickelt, die vor allem die Ausgabewerte als Prozent des Gesamtfarbumfangs sehen wollen. Klicken Sie mit gedrückter ⌥-Taste (PC: Alt) in das Raster, um es umzuschalten. Mit einem feineren Raster sind genauere Einstellungen möglich.

In diesem Buch gibt es diverse Beispiele für die Anwendung von Gradationskurven. In Kapitel 8 lernen Sie, wie Sie unterschiedliche Farbeffekte erzeugen können, indem Sie die Kurven einzelner Kanäle anpassen.

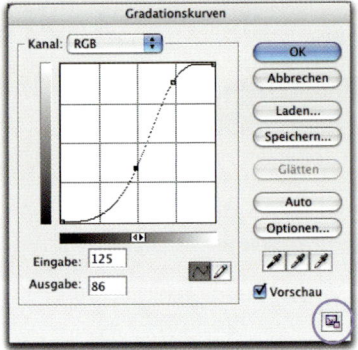

Abbildung 4.13 Die Dialogbox GRADATIONSKURVEN ist eine alternative Möglichkeit, sich Ein- und Ausgabewerte in Form einer Kurve anzusehen. In diesem Beispiel wurden die beiden Kurvenenden nach innen gezogen, um die optimalen Schwarz- und Weißpunkte zu setzen. Sie können Helligkeit und Kontrast steuern, imdem Sie die Form der Kurve verändern. Vergrößern Sie die Dialogbox, indem Sie unten rechts auf das Zoom-Feld klicken.

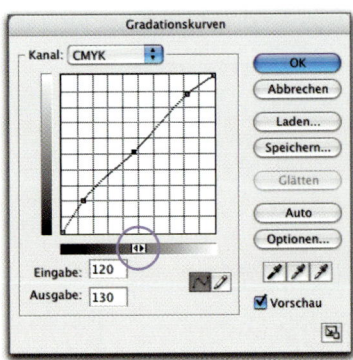

Abbildung 4.14 Wenn Sie auf den horizontalen Ausgabebalken klicken, werden die Eingabe- und Ausgabebereiche vertauscht – den Schwarzpunkt finden Sie oben rechts, den Weißpunkt unten links. Als Einheiten sehen Sie Prozentwerte. Falls Sie mit gedrückter ⌥-Taste (PC: Alt) in das Raster klicken, wechseln die Unterteilungen von 25 auf 10%.

Kapitel 4
Grundlegende Bildregelungen

Mit Gradationskurven den Kontrast verbessern

Der Abschnitt über Tonwertkorrektur-Einstellungen hat gezeigt, wie man die TONWERTKORREKTUR nutzen kann, um in einem Bild Schwarz- und Weißpunkt korrekt einzustellen. Mit einer Tonwertkorrektur sollten Sie den Tonwertbereich von Schwarz bis Weiß adäquat maximieren und so einen schönen Kontrast erzielen können. Es gibt aber auch Situationen, in denen Sie den Kontrast eines Bilds stärker bearbeiten wollen – nutzen Sie dazu den Befehl GRADATIONSKURVEN.

Bei der Verwendung dieses Befehls müssen Sie nur wissen, dass eine steile Kurve einen stärkeren Kontrast und eine eher flache Kurve einen schwächeren Kontrast erzeugt. Werfen Sie einen Blick auf die Beispiele auf Seite 156 (Abbildung 14.18 bis 14.20). In diesen drei Beispielen sehen Sie, wie Sie mithilfe der GRADATIONSKURVEN den Kontrast eines Bilds erhöhen können, ohne Lichter und Tiefen zu beschneiden, oder den Kontrast verringern, ohne die guten Tiefen und Lichter zu verlieren. Ihr Ziel sollte es sein, Punkte zur Kurve hinzuzufügen, um eine S-Form zu erzeugen und so die Kurve steiler oder weniger steil ansteigen zu lassen. Wenn Sie den Umgang mit Gradationskurven noch nicht so gewohnt sind, sollten Sie mit nicht mehr als zwei oder drei Punkten gleichzeitig arbeiten. Je geübter Sie sind, desto mehr Punkte können Sie hinzufügen. Achten Sie jedoch immer darauf, eine weiche Kurve zu erzeugen. Treppen in der Kurve führen zu hässlich aussehenden Tonwertkorrekturen.

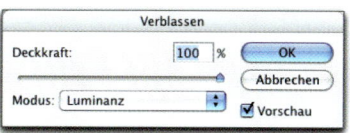

Abbildung 4.15 Wenn Sie eine Gradationskurveneinstellung vornehmen, um den Kontrast zu bearbeiten, passen Sie nicht nur die Tonwertbalance, sondern auch die Farbsättigung an. Nachdem Sie auf OK geklickt haben, sollten Sie den Befehl VERBLASSEN: GRADATIONSKURVEN ausprobieren. Wählen Sie aus dem Menü MODUS die Option LUMINANZ, damit sich die Einstellung nur auf die Luminanz auswirkt und die Sättigung unverändert bleibt.

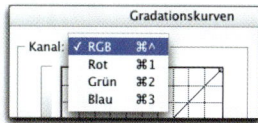

Abbildung 4.16 Die Tonwertkorrektur- und Gradationskurveneinstellungen, die ich Ihnen in diesem Kapitel gezeigt habe, arbeiteten alle mit dem zusammengesetzten RGB-Kanal. Wenn Sie einen der Befehle wählen, können Sie standardmäßig alle Farbkanäle gleichzeitig bearbeiten. Im Kanäle-Menü können Sie einzelne Farbkanäle auswählen und bearbeiten.

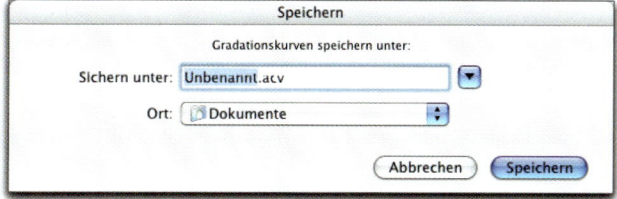

Abbildung 4.17 Sie können Bildeinstellungen immer speichern. Klicken Sie in der Dialogbox einfach auf SPEICHERN, geben Sie der Einstellung einen Namen und speichern Sie sie ab. So können Sie später immer wieder darauf zurückgreifen. Die Einstellungen in Photoshop haben alle eigene Dateiendungen – Sie können eine Gradationskurveneinstellung nur laden, wenn die Datei die Endung .acv besitzt.

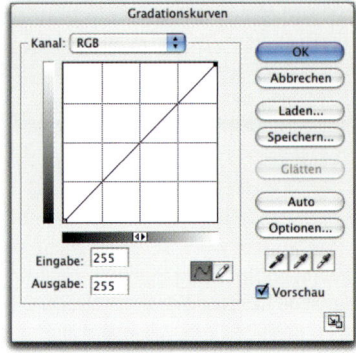 

Abbildung 4.18 Dies ist ein normales Landschaftsbild ohne Gradationskurveneinstellung.

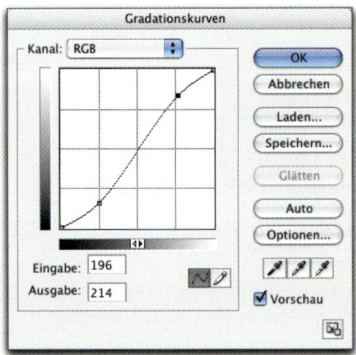 

Abbildung 4.19 Sie erhöhen den Kontrast, indem Sie zur Kurve zwei weitere Punkte hinzufügen und so ein »S« formen, wie in der Dialogbox zu sehen.

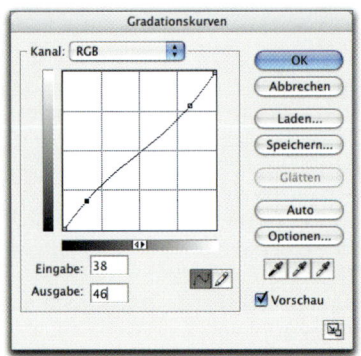 

Abbildung 4.20 Sie können den Kontrast auch verringern, wenn Sie ebenfalls zwei Punkte hinzufügen, das »S« jedoch, wie in der Dialogbox zu sehen, anders herum formen.

Teile der Kurve bearbeiten

Lassen Sie uns nun einen Blick darauf werfen, wie der Kontrast in einem Bild verbessert werden kann, das nicht ganz in Ordnung ist (Abbildung 4.22). In diesem Beispiel wollte ich den gesamten Kontrast des Bilds erhöhen – besonders jedoch in den Tiefen und Mitteltönen des Bilds. Gleichzeitig sollten jedoch die Details in den Lichtern erhalten bleiben.

Wenn Sie sich die Form der Kurve in der Abbildung ansehen, werden Sie feststellen, dass ich am oberen Ende der Kurve einen Punkt platziert habe sowie drei weitere Punkte für die »S«-Form, die den Kontrast in dem gewünschten Tonwertbereich erzeugt. Betrachten Sie Vorher und Nachher, so erkennen Sie, dass die Details in den Lichtern geschützt und der Kontrast des restlichen Bilds erhöht wurden, um ein kontrastreiches Bild mit den entsprechenden Details zu erzeugen.

Präzises Setzen der Punkte

Um einen Punkt auf der Kurve zu platzieren, der einem exakten Tonwert zugeordnet werden soll, müssen Sie den Cursor aus der Dialogbox heraus in das Dokumentfenster bewegen. Es erscheint ein leerer Kreis auf der Kurve. Klicken Sie dann mit gedrückter ⌘-Taste (PC: Alt), wird der Punkt zur Kurve hinzugefügt.

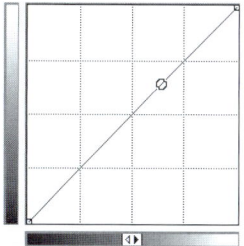

Abbildung 4.21 Während Sie den Cursor über das Bild ziehen, erkennen Sie an einem leeren Kreis, wo sich der Tonwert auf der Kurve befindet.

Abbildung 4.22 Eine vorsichtige Bearbeitung der Kurvenpunkte ermöglicht Ihnen die Erstellung einer unregelmäßig geformten Kurve, mit der Sie den Kontrast in unterschiedlichen Tonwertbereichen erhöhen können.

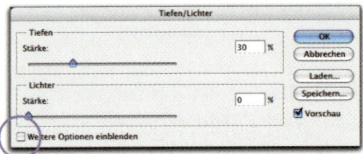

Abbildung 4.23 Sie sehen hier die Dialogbox TIEFEN/LICHTER im einfachen Modus. Aktivieren Sie die Checkbox WEITERE OPTIONEN EINBLENDEN, um die Dialogbox so aussehen zu lassen wie in Abbildung 4.24.

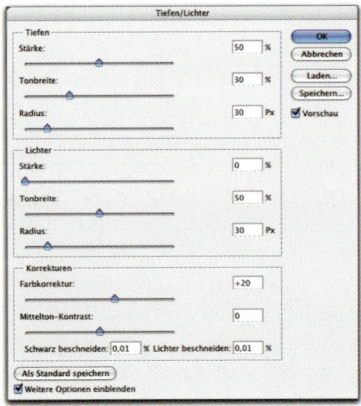

Abbildung 4.24 Der erweiterte Modus dieser Dialogbox bietet eine Fülle zusätzlicher Optionen. Ich empfehle Ihnen, die Checkbox immer aktiviert zu lassen.

Details in Tiefen und Lichtern korrigieren

Mit dem Befehl TIEFEN/LICHTER können Sie Details in den Tiefen oder Lichtern wiederherstellen. Bei diesem Befehl handelt es sich um ein hervorragendes Bildbearbeitungswerkzeug, das Sie immer dann verwenden, wenn Sie verwertbare Tonwertinformationen besitzen. Damit lassen sich bei vielen Bildern Wunder bewirken – und zwar nicht nur an solchen, die unbedingt repariert werden müssen.

Der Befehl TIEFEN/LICHTER nimmt adaptive Einstellungen an einem Bild vor, er funktioniert auf ähnliche Weise wie unsere Augen, wenn sie sich automatisch an das Licht anpassen, das ein Objekt beleuchtet. Der Befehl betrachtet die benachbarten Pixel in einem Bild und kompensiert diese basierend auf dem durchschnittlichen Pixelwert innerhalb eines bestimmten Radius. Im erweiterten Modus bietet die Dialogbox verschiedene Steuerungen, mit denen Sie folgende Feineinstellungen vornehmen können.

Stärke

Diese Einstellung ist wirklich nicht kompliziert. Die Standardeinstellung liegt bei 50%. Erhöhen oder verringern Sie den Wert, um die gewünschte Lichter- oder Schattenkorrektur zu erreichen. Mir gefällt der Standardwert nicht, wählen Sie deshalb einen geringeren Wert oder null und speichern Sie diese Einstellung als Standardeinstellung (mithilfe des Buttons SPEICHERN).

Tonbreite

Die Tonbreite definiert den Tonwertbereich an Pixelwerten, die durch die eingestellte Stärke verändert werden. Ein geringer Wert beschränkt die Einstellung auf die dunkelsten oder hellsten Pixel im Bild. Mit erhöhter Tonbreite dehnt sich der Effekt auch auf die Mittelton-Pixel aus.

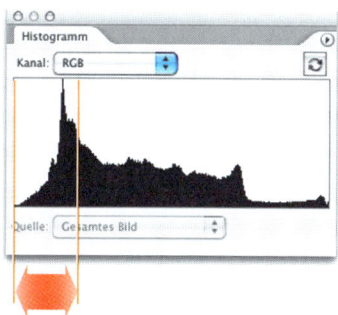

Abbildung 4.25 Der Regler TONBREITE bestimmt den Tonwertbereich, auf den die Einstellungen angewendet werden. Wenn Sie für die Tiefen beispielsweise eine Tonbreite von 50 wählen, werden alle Pixel bearbeitet, die in den Tonwertbereich zwischen 0 und 50 fallen.

Radius

Der Radius bestimmt die Pixelbreite des Bereichs, der für die adaptive Korrektur analysiert wird. Schauen wir uns an, was passiert, wenn wir eine Tiefenkorrektur vornehmen. Ist der Tiefen-Radius auf null eingestellt, sieht das Bild sehr flach aus. Sie können die Stärke erhöhen, um die Tiefen aufzuhellen, und gleichzeitig die Tonbreite beschränken. Falls jedoch der Radius zu gering oder gar null ist, hat Photoshop kaum Informationen über die benachbarten Pixel, um die durchschnittliche Luminanz zu berechnen. Ist der Aufnahmeradius also zu gering, werden auch die Mitteltöne aufgehellt. Ist der Radius zu groß, werden alle Pixel des Bilds aneinander angeglichen – der Aufhellungseffekt greift bei allen Pixeln, nicht nur bei den dunklen. Die optimale Einstellung hängt vom Bildinhalt und der Größe des Bereichs mit den dunklen Pixeln ab. Die optimale Einstellung für den Radius ist etwa halb so groß wie die Stärke oder weniger. Sie müssen die Pixelbreite der dunklen und hellen Bereiche eines Bilds jedoch nicht jedes Mal messen. Achten Sie darauf, nach der Einstellung der Werte für STÄRKE und TONBREITE den RADIUS entsprechend der Größe der dunklen und hellen Bereiche einzustellen. Es gibt eine goldene Mitte, bei der die Tiefen/Lichter-Korrektur genau richtig ist.

Radius-Halos

Beim Einstellen des Radius sind manchmal Halos an kontrastreichen Stellen zwischen dunklen und hellen Bildbereichen zu erkennen. Das ist eine natürliche Konsequenz der Radius-Funktion und wird besonders bei dynamischen Änderungen sichtbar. Suchen Sie nach einem Radius, bei dem die Halos kaum zu erkennen sind, oder wenden Sie den Verblassen-Befehl an. Wenn mir Halos wirklich Sorgen bereiten, nutze ich manchmal auch den Protokoll-Pinsel.

1 Das Gesicht von Klein Lilian erscheint in diesem Foto wirklich dunkel, weil die Sonne direkt hinter ihr ist. Mit dem Befehl Tiefen/Lichter kann ich die Details ihres Gesichts wieder zum Vorschein bringen und den Himmel etwas abdunkeln.

2 Ich wählte Bild/anpassen/Tiefen/Lichter mit einer Stärke von 36% und einer Tonbreite von 60%. Der Radius ist nun besonders wichtig, weil er bestimmt, welcher Bereich bearbeitet wird. Wie Sie in der Abbildung sehen, erscheint das Bild viel zu flach, wenn ich mich für einen Radius von null entscheide.

3 Als Alternative bietet sich ein extrem hoher Radius an – aber auch dadurch kann der Effekt zerstört werden. Der Radius muss also irgendwo zwischen diesen beiden Extremen liegen. Ich entschloss mich schließlich für einen Wert von 124 Pixel für die Tiefen und 165 Pixel für die Lichter, da ich einen großen Tiefen- und einen großen Lichterbereich korrigieren wollte.

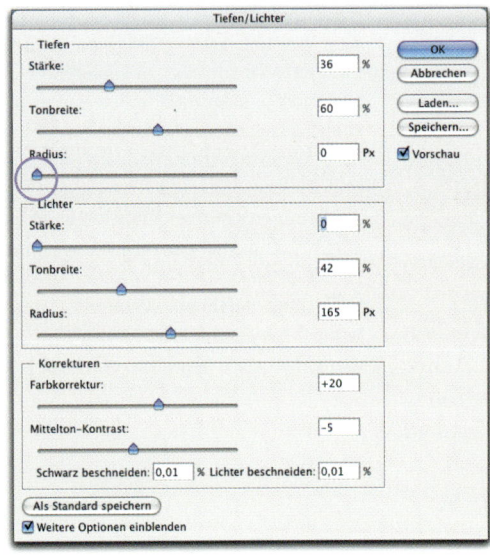

Kapitel 4
Grundlegende Bildregelungen

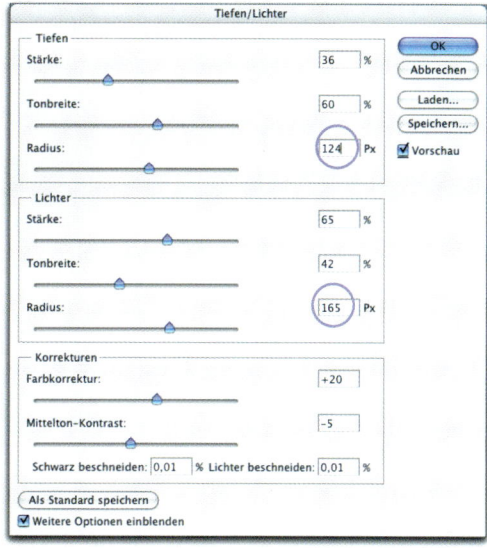

Farbkorrektur
Beim Korrigieren der Lichter und Schatten im Bild kann sich die Farbsättigung unerwartet ändern. Mit dem Regler FARBKORREKTUR gleichen Sie solche unerwünschten Farbverschiebungen aus.

Mittelton-Kontrast
Selbst wenn die oben erwähnten Einstellungen optimal vorgenommen wurden, so dass sie nur die Lichter und Tiefen betreffen (oder beides), könnten auch die Mitteltöne davon betroffen sein und an Kontrast verlieren. Mit dem Schieberegler MITTELTON-KONTRAST können Sie den Kontrast in den Mitteltönen wiederherstellen oder erhöhen.

Tiefen/Lichter-Einstellungen in CMYK
Vielleicht haben Sie schon festgestellt, dass der Befehl TIEFEN/LICHTER verbessert wurde und Sie jetzt auch CMYK-Farben bearbeiten können.

1 In diesem Beispiel arbeitete ich mit einem 16 Bit-Bild und wählte BILD/ANPASSEN/TIEFEN/ LICHTER. Ich aktivierte die Checkbox WEITERE OPTIONEN EINBLENDEN, um die Dialogbox zu erweitern.

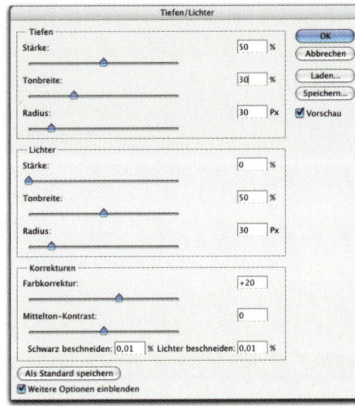

2 Für die Stärke der Tiefen wählte ich einen Wert von 35%, die Tonbreite erhöhte ich auf 50%. Mit dieser Kombination konnte ich die Details im Bild verstärken – besonders in den Brückenbögen. Für den Radius wählte ich einen Wert von 80 Pixel.

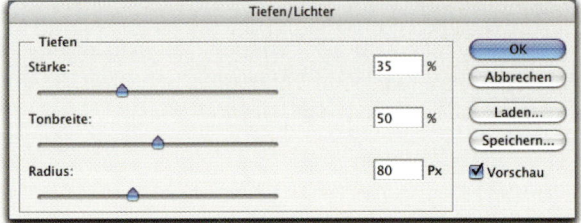

Kapitel 4
Grundlegende Bildregelungen

3 Nachdem ich die Tiefen aufgehellt hatte, wollte ich die Details im Himmel verstärken. Für die Lichter wählte ich deshalb eine Stärke von 45% und eine Tonbreite von 55%. Der optimale Radius lag bei 70 Pixel. Durch diese Kombination erzeugte ich ein wesentlich schöneres Foto, allerdings wurde der Bildkontrast etwas abgeschwächt. Ich erhöhte deshalb den Mittelton-Kontrast ein wenig, um das Bild noch etwas mehr aufzuwerten.

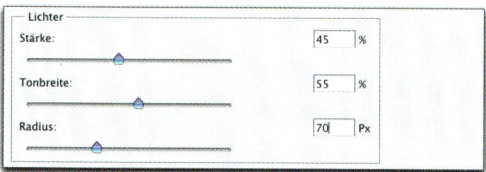
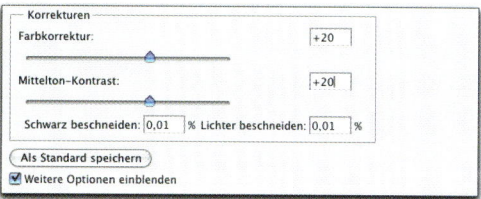

4 So weit, so gut. Das Foto sieht jetzt zwar deutlich besser aus. Wenn Sie jedoch genau hinsehen, erkennen Sie Halos. Deshalb wählte ich BEARBEITEN/VERBLASSEN: TIEFEN/LICHTER. Ich reduzierte den Effekt auf 70% und erhöhte den Kontrast mit einer Gradationskurven-Einstellung.

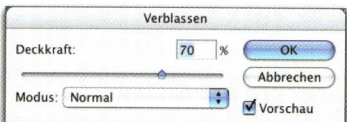

163

Einstellungsebenen

Einstellungsebenen sind identisch mit den Befehlen unter BILD/ANPASSEN und bieten die Möglichkeit, mehrere Bildbearbeitungen vorzunehmen und diese Änderungen weiterzubearbeiten. Eine Einstellungsebene ist also eine Bildbearbeitung, die Sie jederzeit verändern können, bis das Bild auf eine Ebene reduziert wird. Einstellungsebenen verfügen immer über eine aktive Ebenenmaske. Wenn also eine Einstellungsebene aktiv ist, können Sie mit Schwarz malen oder die Maske mit Schwarz füllen, um den Effekt auszublenden – bzw. mit Weiß malen oder füllen, um ihn wieder einzublenden. Sie können Einstellungsebenen im Photoshop-eigenen Format, als TIFF und PDF speichern. Die Dateigröße wird nur geringfügig anwachsen und Einstellungsebenen bieten dennoch grenzenlose Möglichkeiten bei der Bearbeitung von Bildern und deren Veränderung.

Mehrere Einstellungsebenen

Sie können mit einem Dokument mehr als eine Einstellungsebene speichern und mit diesem separate Bildbearbeitungen vornehmen. Das ist sehr nützlich, denn so können Sie Kombinationen von Bildbearbeitungen und deren Effekte bei einer einzelnen Ebene ausprobieren, bevor Sie sie wirklich anwenden. Die Einstellungen dieser Einstellungsebenen lassen sich immer wieder verändern. Sie können Ihre Meinung also laufend ändern und neue Regelungen vornehmen, ohne die Bildqualität zu beeinflussen. Die Fähigkeit, Einstellungsebenen zu bearbeiten, ist wohl der größte Vorteil gegenüber einer Reihe von normalen Bildanpassungen.

Zeit für den Bildaufbau

Ein möglicher Nachteil ist, dass sich bei vielen Einstellungsebenen in einem Bild der Bildaufbau verlangsamt. Das hat nichts mit RAM zu tun, sondern mit zusätzlichen Berechnungen, die zum erneuten Zeichnen der Pixel auf dem Bildschirm notwendig sind.

Wiederholte Einstellungswarnungen

Ich möchte an dieser Stelle noch einmal wiederholen, dass die Farbdaten eines Bilds durch die wiederholte Bildbearbeitung sehr schnell verloren gehen können. Pixelfarbwerte gehen zunehmend verloren, während Sie Einstellungen vornehmen und die Farbwerte gerundet werden. Deshalb sollten Sie lieber mit Einstellungsebenen arbeiten, denn so können Sie das Bild bearbeiten, ohne es zu beeinträchtigen.

Kumulative Einstellungen

Fügen Sie mehrere Einstellungsebenen zu einem Bild hinzu, dürfen Sie nicht davon ausgehen, dass mehrere Einstellungen irgendwann so reduziert werden können, dass daraus eine einzige Einstellung wird. Wenn Sie eine Serie von Einstellungsebenen reduzieren, wendet Photoshop diese nacheinander an, als würden Sie eine Reihe einzelner Bildbearbeitungen vornehmen. Der große Vorteil von Einstellungsebenen ist die Fähigkeit, Berechnungen zur Bildbearbeitung zu verschieben sowie Ebenen selektiv zu bearbeiten und selektive Einstellungen vornehmen zu können.

Füllmethoden

Sie können ein Bild aufhellen oder abdunkeln, indem Sie über der Hintergrundebene eine Einstellungsebene einfügen und einfach die Füllmethode der Ebenen in MULTIPLIZIEREN oder UMGEKEHRT MULTIPLIZIEREN ändern. Sie müssen keinerlei Einstellungen vornehmen, sondern einfach nur die Ebene hinzufügen und die Füllmethode ändern. Dasselbe Ergebnis erzielen Sie auch, wenn Sie die Hintergrundebene duplizieren und dann die Füllmethode ändern – allerdings verdoppeln Sie dadurch die Dateigröße des Bilds. Durch das Hinzufügen einer Einstellungsebene wird die Datei nur um wenige Kilobyte größer.

Mit dieser Technik lässt sich ein Bild schnell und einfach aufhellen oder abdunkeln. Die Füllmethoden MULTIPLIZIEREN und UMGEKEHRT MULTIPLIZIEREN sind effektiv nichts anderes als eine Gradationskurveneinstellung. In den Abbildungen 4.27 und 4.28 sehen Sie die passenden Kurven zu diesen Füllmethoden.

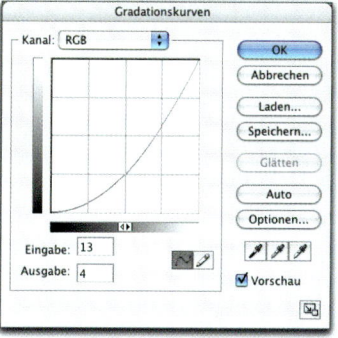

Abbildung 4.27 Die Füllmethode MULTIPLIZIEREN berechnet als Kurve

Abbildung 4.28 Die Füllmethode UMGEKEHRT MULTIPLIZIEREN berechnet als Kurve

Abbildung 4.26 Hier sehen Sie zwei Ebenen-Paletten. Links zog ich die Hintergrundebene auf den Button NEUE EBENE ERSTELLEN und änderte die Füllmethode in MULTIPLIZIEREN. Beim Speichern verdoppelte sich die Dateigröße auf 64 MB. Rechts fügte ich eine neutrale Einstellungsebene hinzu. Dazu klickte ich auf den Button NEUE FÜLL- ODER EINSTELLUNGSEBENE ERSTELLEN und wählte GRADATIONSKURVEN. Anschließend änderte ich die Füllmethode in MULTIPLIZIEREN. Beide Methoden führten zum selben Ergebnis, nur wuchs beim zweiten Beispiel die Dateigröße lediglich um 57 Kilobyte.

1 Nutzen Sie die Füllmethoden als alternative Möglichkeit, Bilder aufzuhellen oder abzudunkeln. Dieses Bild musste etwas aufgehellt werden. Deshalb erstellte ich in der Ebenen-Palette eine neue Einstellungsebene – ich entschied mich hier für GRADATIONSKURVEN.

2 Die Füllmethode änderte ich in UMGEKEHRT MULTIPLIZIEREN. Das Ergebnis ist dasselbe, als hätte ich eine Kopie der Hintergrundebene erstellt und dann die Füllmethode geändert. Mit UMGEKEHRT MULTIPLIZIEREN wird das Bild heller, mit MULTIPLIZIEREN wird es dunkler. Anschließend fügte ich einen Verlauf hinzu (Vordergrund/Hintergrund), dadurch wurde die Einstellungsebene ausgeblendet und es kamen wieder ein paar der dunkleren Pixel am oberen Bildrand zum Vorschein.

Kapitel 4
Grundlegende Bildregelungen

1 Wenn Sie den Kontrast eines Bilds mithilfe einer Gradationskurven-Einstellung erhöhen, erhöhen Sie gleichzeitig auch die Farbsättigung.

2 In diesem Beispiel wendete ich eine Gradationskurven-Einstellung als Einstellungsebene an und änderte die Füllmethode in LUMINANZ. Der Kontrast wurde dadurch erhöht, die Farbsättigung blieb jedoch gleich.

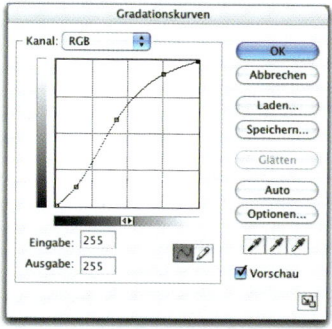

Unterstützung für 16 Bit pro Kanal

Die meisten Techniken in diesem Buch wurden an Dateien ausgeführt, die von einem 48-Bit-Originalbild stammen (ein Bild, das aus drei 16-Bit-Kanälen besteht). Die meisten Scanner und Profi-Digitalkameras sind in der Lage, mehr als 8 Bit pro Kanal aufzunehmen. Enthalten importierte Bilder mehr als 8 Bit Daten pro Kanal, werden sie in Photoshop im Modus 16 Bit pro Kanal geöffnet. Ein 24-Bit-Farbbild hat nur 256 Datenpunkte in jedem seiner 8-Bit-Farbkanäle, während ein Bild mit 16 Bit pro Kanal in Photoshop bis zu 32000 Datenpunkte pro Farbkanal haben kann (in Wahrheit sind Photoshops 16 Bit nämlich 15 Bit +1). Dadurch haben Sie viel mehr Tonwerte zur Verfügung, mit denen Sie arbeiten können, vor allem, wenn Sie Einstellungen mit Tonwertkorrektur oder Gradationskurven vornehmen, bei denen Sie die Tonwerte auf den gesamten Farbbereich ausdehnen und den Kontrast oder die Farbbalance verbessern.

Manche halten die 16-Bit-Bildbearbeitung für eine sinnlose Übung, denn niemand könne beim Betrachten des Bilds erkennen, ob es in 16 Bit oder in 8 Bit bearbeitet worden ist. Ich halte das Argument jedoch für nicht stichhaltig. Wenn Sie ein Bild in 16 Bit aufnehmen, warum sollten Sie nicht alle zusätzlichen Farbinformationen nutzen, während Sie erste Bearbeitungen an Tonwerten und Gradationskurven vornehmen? Anschließend können Sie ja in den 8-Bit-Modus wechseln und dort die weiteren Bearbeitungen vornehmen. In Abbildung 4.29 sehen Sie zwei Histogramme, die den Unterschied der Bearbeitung zwischen einem 8-Bit- und einem 16-Bit-Bild zeigen. Sie sparen vielleicht ein oder zwei Sekunden, wenn Sie im 8-Bit-Modus arbeiten, aber ist es das angesichts der verlorenen Tonwerte wert? Außerdem wissen Sie nie, was die Zukunft bringt. Vor ein paar Seiten haben wir die Tiefen/Lichter-Korrektur näher betrachtet. Sie nutzt den Umstand, dass ein Bild mit großer Bit-Tiefe viele verborgene Tonwerte enthalten kann, die sich aufdecken lassen, um mehr Details sichtbar zu machen. Diese Korrektur funktioniert auch mit 8-Bit-Bildern, bessere

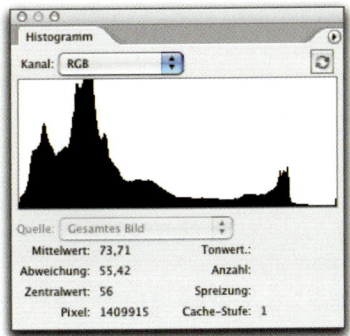

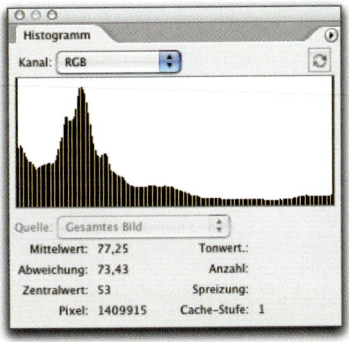

Abbildung 4.29 Das obere Histogramm stammt von einem Bild mit 8 Bit pro Kanal. Es wurde mit 16 Bit aufgenommen, anschließend wurden die Tonwerte mit Tonwertkorrektur und Gradationskurven ausgedehnt und in 8 Bit umgewandelt. Das Histogramm darunter stammt vom selben Bild, nur erfolgte hier die Bildbearbeitung durchweg in 8 Bit. Sie sehen, dass die Tonwerte erhalten bleiben, wenn Sie den 16-Bit-Modus während der Bearbeitung beibehalten.

Ergebnisse erzielen Sie jedoch, wenn Sie ein Bild mit 16 Bit scannen oder fotografieren.

Photoshop bietet eine umfassende Unterstützung für Bilder im 16-Bit-Modus. Sie können Bilder freistellen, drehen, alle üblichen Bildeinstellungen vornehmen und alle Photoshop-Werkzeuge verwenden, in Ebenen mit 16 Bit pro Kanal arbeiten sowie in den Farbmodi RGB, CMYK und Lab. Es gibt jedoch nur ein paar wenige Filter, die für 16-Bit-Bilder zur Verfügung stehen – inklusive der Filter BLENDENKORREKTUR und VERFLÜSSIGEN. Wenn möglich, versuche ich immer, meine Arbeiten mit einer Datei im 16-Bit-Modus zu beginnen. Ich stelle das Bild dann frei und wende Tonwertkorrektur- und Gradationskurveneinstellungen an, damit das Bild auf dem Bildschirm gut aussieht. Erst dann überlege ich, ob ich das Bild in 8 Bit pro Kanal umwandle. Seit Photoshop in der Lage ist, auch mit Ebenen im 16-Bit-Modus zu arbeiten, belasse ich meine Bilder so lange wie möglich in diesem Modus. Sie müssen Ihre Bilder nicht immer in diesem Modus belassen, aber wenn Ihnen Details wichtig sind, sollten Sie die wesentlichen Bearbeitungen in diesem Modus vornehmen.

16 Bit und Farbraum

Schon seit geraumer Zeit befürworten Photoshop-Experten die Bearbeitung in RGB mit einem konservativen Farbraum wie Adobe RGB (in Kapitel 13 erfahren Sie mehr über das Farbmanagement und RGB-Farbräume). Auch wenn die 16-Bit-Bearbeitung in Photoshop nicht neu ist, ist es erst seit der Einführung von Photoshop CS möglich, etwas ausführlicher mit 16-Bit-Bildern zu arbeiten. Einer der Vorteile ist, dass wir nun nicht mehr nur auf einen relativ kleinen RGB-Farbraum beschränkt sind. Sie können auch den Farbraum ProPhoto RGB verwenden, weil Ihnen da 128 Mal mehr Daten zur Verfügung stehen. Praktisch verwende ich aber immer noch Adobe RGB als Standardfarbraum. Manchmal beginne ich die Bearbeitung meiner Bilder oder Scans im 16-Bit-Modus in ProPhoto RGB und wandle diese später in 8 Bit Adobe RGB um.

Wo sind die zusätzlichen Tonwerte hin?

Wenn Sie sich etwas mit Mathematik auskennen, werden Sie feststellen, dass Photoshop nur 32768 von 65536 möglichen Tonwerten benutzt, wenn es ein 16-Bit-Bild beschreibt. Das liegt daran, dass ein Farbumfang von 0 bis 32767 vollkommen ausreicht, um die Daten aus einer digitalen Kamera oder einem Scanner zu beschreiben. Auch aus technischer Sicht reichen 15 Bit durchaus aus. Die meisten Digitalkameras erzielen eine Bit-Tiefe von 12 Bit pro Kanal – High-End-Kameras können bis zu 14 Bit pro Kanal aufnehmen. Deshalb sind bei der Bearbeitung im 16-Bit-Modus 15 Bit durchaus ausreichend.

Große Bit-Tiefen anzeigen

Es ist schwer, einen deutlichen Unterschied zwischen einer Bearbeitung in 8 Bit und einer in 16 Bit pro Kanal zu erkennen. Aber auch die Bildschirmtechnologie verbessert sich unaufhaltsam und demnächst wird es Flachbildschirme geben, die mit einer Kom-bination aus LEDs und LCDs arbeiten und so in der Lage sind, Bilder mit einer größeren Bit-Tiefe und einem größeren Dynamikumfang darzustellen. Sunnybrook Technologies haben unlängst einen Prototypen vorgestellt, bei dem der Unterschied deutlich zu erkennen war. In der Zukunft sind Sie mithilfe solcher Displays in der Lage, mehr Tonwertdetails in einem größeren Dynamikumfang zu erkennen.

32 Bit und High Dynamic Range (HDR)

Photoshop CS2 beherrscht nun auch Bilder mit 32 Bit pro Kanal. Nachdem Sie den letzten Abschnitt gelesen haben, klingt das vielleicht etwas überdimensioniert – denn die meisten Scanner oder Digitalkameras erstellen Bilder mit 16 Bit pro Kanal. Aber auch Bilder mit 32 Bit pro Kanal sind auf unterschiedliche Art und Weise ganz nützlich.

Wir sind es gewohnt, Bilder mit einer festen Belichtung zu bearbeiten und diese für den Druck vorzubereiten. Ein Farbraum mit 32 Bit kann sehr detaillierte Tonwertinformationen enthalten. Eine solche Datei ist aber auch viermal so groß wie ein 8-Bit-Bild. Das HDR-Format in 32 Bit ist in der Lage, Berechnungen vorzunehmen, mit denen alles von den tiefsten Schatten bis hin zu den hellsten Lichtern berechnet werden kann. High Dynamic Range (HDR)-Bilder sind noch nicht sehr verbreitet, aber Digitalkameras werden schon bald in der Lage sein, HDR zu unterstützen. Solche Kameras brauchen nicht unbedingt eine Belichtungseinstellung, weil eine einzelne HDR-Belichtung alles aufnehmen kann. Entscheidungen über die Belichtung sollten Sie dann nach der Aufnahme des Bilds auf dem Computer treffen. Das sind zumindest die Visionen für die Zukunft von HDR. Für den Moment bietet Photoshop CS2 eine Unterstützung für HDR-Bilder mit 32 Bit pro Kanal.

Zu HDR zusammenfügen

HDR-Kameras sind noch nicht sehr verbreitet. Sie können die HDR-Aufnahme jedoch bereits simulieren, indem Sie die HDR-Funktion von Photoshop nutzen, um zwei oder mehrere Bilder, die mit unterschiedlichen Belichtungen aufgenommen wurden, miteinander für ein 32-Bit-HDR-Bild zu kombinieren. Anschließend können Sie dieses Bild in 16 Bit oder 8 Bit pro Kanal umwandeln, um es ganz normal in Photoshop zu bearbeiten. Die Dialogbox ZU HDR ZUSAMMENFÜGEN bietet verschiedene Möglichkeiten, die zusammengesetzte Datei umzuwandeln. Die nützlichsten Methoden sind: BELICHTUNG UND GAMMA und LOKALE ANPASSUNG.

Andere HDR-Anwendungen
All die Spezialeffekte, die in Filmen wie »Jurassic Park« verwendet wurden, arbeiten mit einem Farbraum von 32 Bit, damit die computergenerierten Charaktere möglichst real aussehen. 32-Bit-Bilder sind also nützlich, um realistisch animierte Spezialeffekte zu erzeugen. Normalerweise wird dazu ein Lightprobe genanntes Bild der Szene aufgenommen, in der der eigentliche Film stattfindet. Bei diesem Bild handelt es sich um ein omnidirektionales HDR-Bild, das aus einer Sequenz von sechs oder sieben sich überlappenden Belichtungen bestehen kann, die mit einem 180°-Fischaugenobjektiv aufgenommen werden, das in die entgegengesetzte Richtung ausgerichtet ist. Ein einfaches Lightprobe besteht aus einer Serie Fotos, die mit einem normalen Objektiv aufgenommen wurden. Das Endergebnis enthält alle nötigen Informationen, um Shading und Strukturen auf einem computergenerierten Objekt zu rendern, das realistisch beleuchtet wurde.

32-Bit-Rendering wird zudem von der Computerspiele-Industrie angewendet – aber auch das Militär und die Raumfahrt sind an realistisch aussehenden, virtuellen Landschaften interessiert, um sie für Simulationen nutzen zu können. Eine derart auf dem Computer erstellte Landschaft kann auf unterschiedliche Beleuchtungssituationen reagieren.

Paul Debevec ist der führende Experte in Sachen HDR. Seine Website www.debevec.org enthält viele interessante Informationen über HDR und seine Anwendungen.

Kapitel 4
Grundlegende Bildregelungen

Wenn Sie die Funktion Zu HDR zusammenfügen nutzen wollen, sollten Sie Mehrfachbelichtungen vornehmen. Idealerweise sollten Sie die Kamera dafür auf einem Stativ platzieren. Falls Ihre Kamera Belichtungsreihen beherrscht, können Sie sie auch in der Hand halten. Auf jeden Fall muss aber das Motiv still stehen. Sie können keine Bilder zusammenfügen, in denen sich das Motiv bewegt. Die Belichtungen sollten sich um 1 bis 2 f-stops unterscheiden. Bei einer automatischen Belichtung sollten Sie die Blendenpriorität aktivieren, so dass die Blende bei unterschiedlichen Belichtungszeiten gleich bleibt.

Stillleben
Damit die Dialogbox Zu HDR zusammenfügen die Bilder für Sie automatisch ausrichten kann, muss alles ganz unbewegt sein. Die Blende sollte beispielsweise gleich sein, weil sich ansonsten der Fokus verändert und dann keine sauberen HDR-Bilder erzeugt werden können.

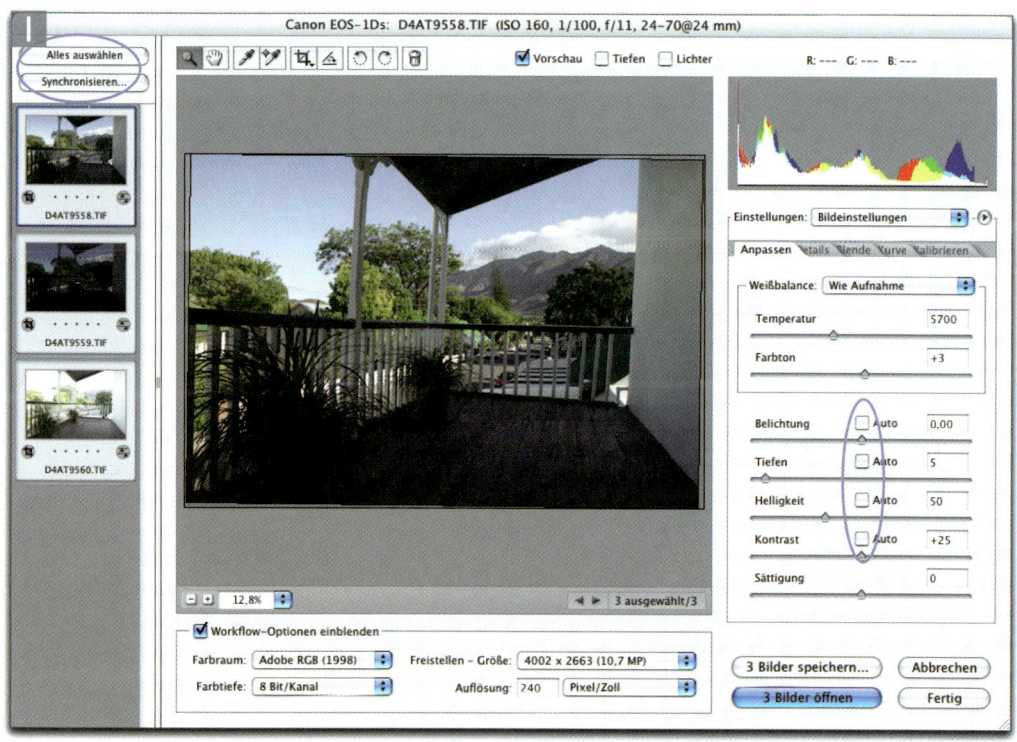

1 Ich begann mit der Auswahl von drei Raw-Bildern. Bei diesen Bildern müssen die Auto-Checkboxen in der Camera-Raw-Dialogbox deaktiviert sein. In diesem Beispiel verwendete ich das Gerade-ausrichten-Werkzeug, um eine Drehung anzuwenden – diese synchronisierte ich in allen drei Bildern.

2 Sie wählen den Befehl Zu HDR zusammenfügen in Bridge unter Werkzeuge/Automatisieren oder in Photoshop unter Datei/Automatisieren. In der Dialogbox rechts klickte ich auf den Durchsuchen-Button und wählte die drei Bilder aus, die Sie in Schritt 1 gesehen haben. Am besten ist es, wenn Sie die Bilder, die Sie so zusammenfügen wollen, mit einem Stativ aufnehmen. In der Dialogbox gibt es eine Funktion, die die Bilder automatisch ausrichtet. Achten Sie darauf, dass die Blende in allen Bildern gleich ist und Sie nur die Belichtungszeit ändern.

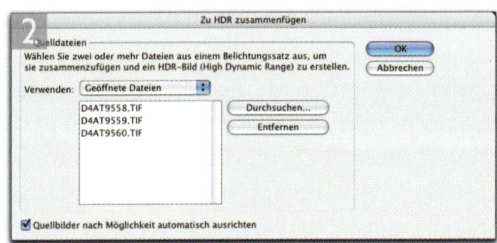

3 Nachdem Sie auf OK geklickt haben, zeigt Ihnen die Dialogbox ein HDR-Bild an. Auf einem Standard-Computermonitor ist das nicht möglich. Der Regler unter dem Histogramm ermöglicht es Ihnen, den Weißpunkt des HDR-Bilds für die Vorschau zu steuern. In diesem Stadium können Sie das Quellbild aktivieren oder deaktivieren (über die Miniaturen rechts), um zu sehen, wie sich das auf das HDR-Bild auswirkt.

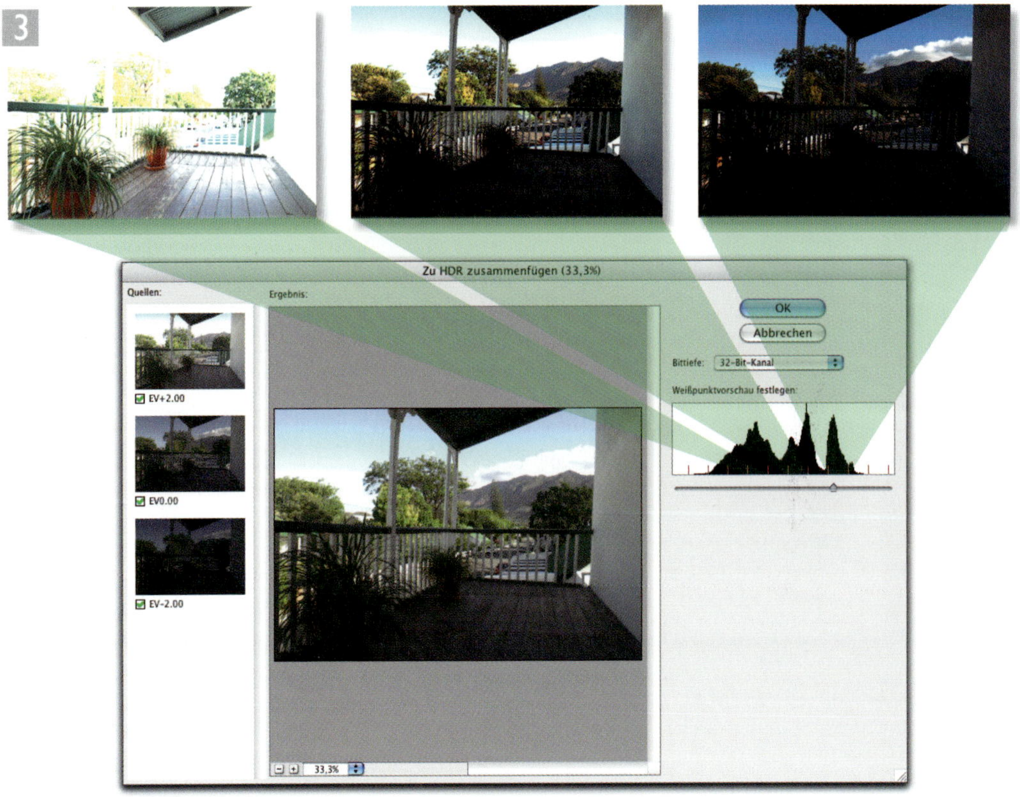

Kapitel 4
Grundlegende Bildregelungen

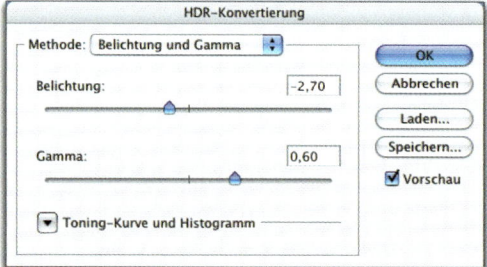
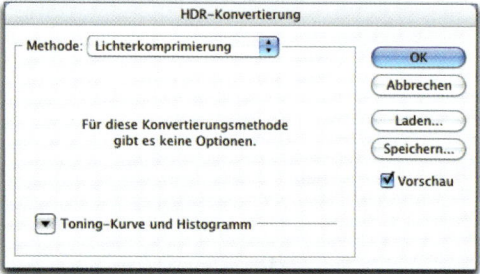

4 Nachdem Sie die gewünschten Bilder ausgesucht haben, müssen Sie noch die passende Bit-Tiefe einstellen (32 Bit pro Kanal sind empfohlen) und auf OK klicken, um ein zusammengesetztes HDR-Bild mit 32 Bit pro Kanal zu erzeugen. Dieses Bild können Sie dann als Portable Bit Map (.pbm) speichern. Wollen Sie dieses Bild in ein herkömmliches Photoshop-Bild umwandeln, wählen Sie B<small>ILD</small>/M<small>ODUS</small> und wandeln Sie das Bild in 8 Bit oder 16 Bit pro Kanal um. Es öffnet sich die Dialogbox, wie Sie sie in der Abbildung sehen können. Ihnen stehen vier Methoden zur Verfügung, die Bilddaten umzuwandeln. Unter B<small>ELICHTUNG UND</small> G<small>AMMA</small> finden Sie zwei Schieberegler. Nutzen Sie den Gamma-Regler, um den Kontrast zu verringern oder zu erhöhen und den Belichtungsregler, um die Helligkeit der Belichtung zu kompensieren. So erreichen Sie eine passende Umwandlung des HDR-Bilds, um anschließend weiter in Photoshop zu bearbeiten. Die Option L<small>ICHTERKOMPRIMIERUNG</small> erhält alle Details in den Lichtern. Es werden zwar gute Mitteltöne und Lichter gerendert, aber in den Tiefen gehen einige Details verloren. Die Option H<small>ISTOGRAMM</small> <small>EQUALISIEREN</small> passt die extremen Lichter- und Tiefenpunkte an den geringen Kontrast eines Low-Dynamic-Range-Bilds in Photoshop an.

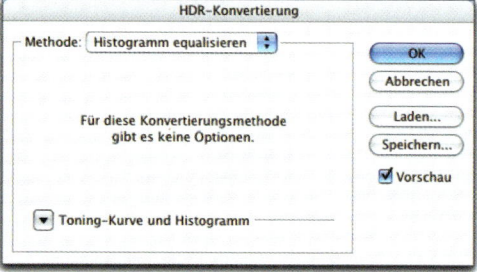

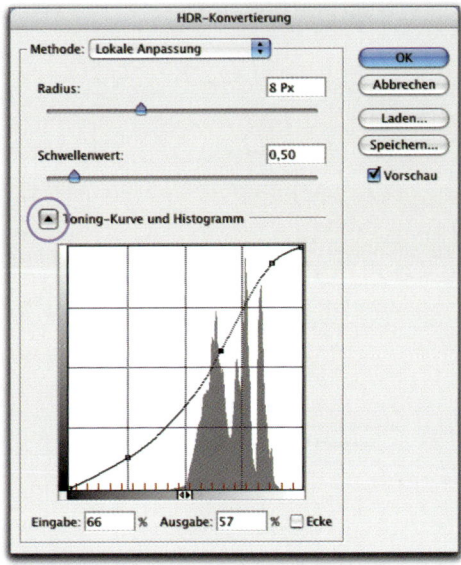

5 Die letzte Option heißt LOKALE ANPASSUNG. Sie werden zwischen den Kontrollmöglichkeiten hier und der Dialogbox TIEFEN/LICHTER einige Gemeinsamkeiten feststellen. Beginnen Sie mit einem geringen Schwellenwert von 0,5 und passen Sie den Radius an, bis Sie die ideale Einstellung gefunden haben. Anschließend bearbeiten Sie auch den Schwellenwert weiter, um noch ein paar Feineinstellungen vorzunehmen. Achten Sie jedoch darauf, keine hässlichen Halos zu erzeugen. Wenn Sie nun auf das Dreieck im unteren Teil der Dialogbox klicken, werden die Toning-Kurve und das Histogramm eingeblendet. Nehmen Sie eine Gradationskurveneinstellung vor, um den Kontrast zu verstärken, der während der HDR-Umwandlung angewendet wird. Klicken Sie auf OK und Photoshop wandelt das Bild entsprechend Ihrer Einstellungen um.

Manchmal sehen HDR-Bilder richtig komisch aus. Das liegt daran, dass versucht wird, einen großen Dynmikumfang in einen geringen Dynamikumfang zu quetschen. Nur weil Sie einen großen Tonwertbereich beibehalten können, heißt das noch nicht, dass dieser auch so gedruckt wird.

Kapitel 4
Grundlegende Bildregelungen

Freistellen

Das Bild, das Sie bearbeiten, muss bestimmt irgendwie beschnitten werden, um unerwünschte Kanten zu entfernen oder mehr Aufmerksamkeit auf ein Objekt zu lenken. Wählen Sie aus der Werkzeug-Palette das Freistellungswerkzeug aus und ziehen Sie damit einen Freistellungsrahmen auf. Nutzen Sie das Tastenkürzel ⌘-Leertaste (PC: Strg-Leertaste), um in das Bild hineinzuzoomen. Um wieder auszuzoomen, verwenden Sie ⌘-0 (PC: Strg-0), das Kürzel für ANSICHT/GANZES BILD.

Wenn das Freistellungswerkzeug nicht reagiert wie erwartet, klicken Sie auf den LÖSCHEN-Button in der Optionsleiste. Die Einstellungen des Werkzeugs werden zurückgesetzt. Im Standardmodus können Sie jede beliebige rechteckige Form aufziehen, um unerwünschte Pixel zu entfernen, ohne die Bildgröße oder die Auflösung ändern zu müssen.

Vorderes Bild

Wollen Sie die Abmessungen und die Auflösung eines Dokuments verwenden, das in Photoshop bereits geöffnet ist, klicken Sie in dieses Dokument, um es zu aktivieren. Klicken Sie anschließend in der Optionsleiste des Freistellungswerkzeugs auf den Button VORDERES BILD. Es werden die Abmessungen und die Auflösung des vorderen Bilds übernommen. Wählen Sie nun das Bild, das Sie freistellen wollen, und ziehen Sie den Freistellungsrahmen auf. Wenn Sie auf OK klicken, wird die Auflösung des vorderen Bilds übernommen.

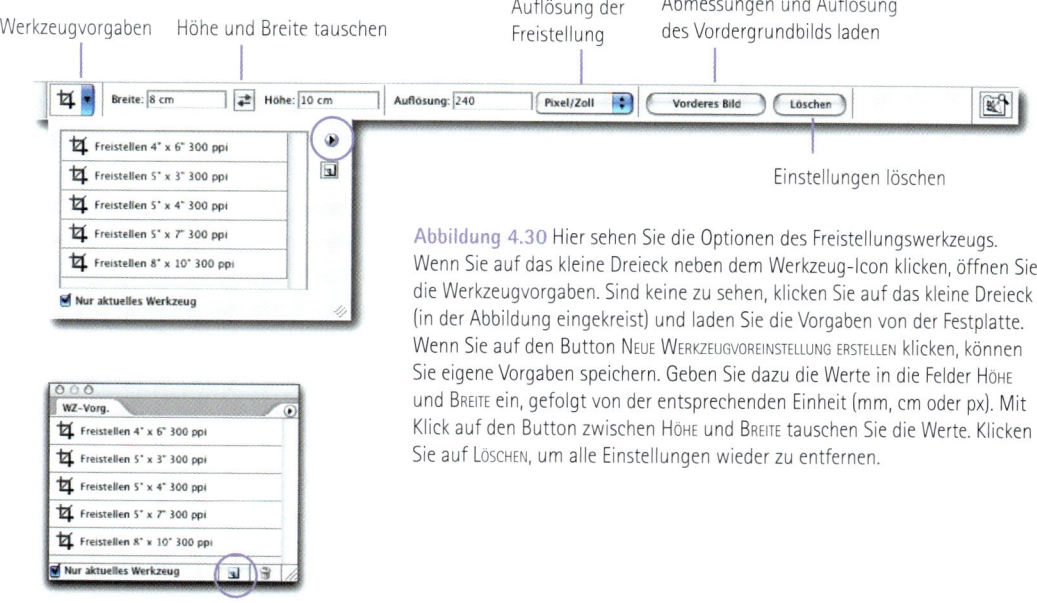

Abbildung 4.30 Hier sehen Sie die Optionen des Freistellungswerkzeugs. Wenn Sie auf das kleine Dreieck neben dem Werkzeug-Icon klicken, öffnen Sie die Werkzeugvorgaben. Sind keine zu sehen, klicken Sie auf das kleine Dreieck (in der Abbildung eingekreist) und laden Sie die Vorgaben von der Festplatte. Wenn Sie auf den Button NEUE WERKZEUGVOREINSTELLUNG ERSTELLEN klicken, können Sie eigene Vorgaben speichern. Geben Sie dazu die Werte in die Felder HÖHE und BREITE ein, gefolgt von der entsprechenden Einheit (mm, cm oder px). Mit Klick auf den Button zwischen HÖHE und BREITE tauschen Sie die Werte. Klicken Sie auf LÖSCHEN, um alle Einstellungen wieder zu entfernen.

1 Aktivieren Sie das Freistellungswerkzeug und ziehen Sie einen Freistellungsrahmen auf. Platzieren Sie den Cursor auf einem der acht Griffe, um den Rahmen zu verändern.

2 Wenn Sie den Cursor innerhalb des Rahmens verschieben, können Sie diesen bewegen. Auch der Mittelpunkt lässt sich verschieben, um eine neue Drehachse festzulegen.

3 Verschieben Sie den Cursor nach außen, um den Freistellungsrahmen um den Mittelpunkt zu drehen. Diese Funktion brauchen Sie meistens, wenn das Bild etwas schief gescannt wurde.

4 Farbe und Deckkraft des Außenbereichs können Sie beliebig anpassen. In diesem Beispiel erhöhte ich die Deckkraft auf 100%. Mit ⌘-H (PC: Strg-H) lässt sich der Begrenzungsrahmen auch ausblenden.

Kapitel 4
Grundlegende Bildregelungen

Auswahlbasiertes Freistellen

Sie können ein Bild auch basierend auf einer bestehenden Auswahl freistellen, indem Sie einfach eine Auswahl erstellen und BILD/FREISTELLEN wählen. Wenn die Auswahl unregelmäßige Formen beinhaltet, wird das Bild an den äußeren Grenzen der Auswahl freigestellt, die Auswahl bleibt erhalten. Der praktische Vorteil an dieser Geschichte ist, dass Sie eine Auswahl manchmal mit einer automatischen Methode erstellen (z.B. mit dem Zauberstab) oder mit gedrückter ⌘-Taste (PC: Strg) auf eine Ebene klicken, um sie als Auswahl zu laden. Sie können diese dann ganz einfach freistellen.

Feste Seitenverhältnisse

Einer der Vorteile des Auswahlrechtecks ist, dass Sie ein festes Seitenverhältnis wählen können (siehe Abbildung 4.32).

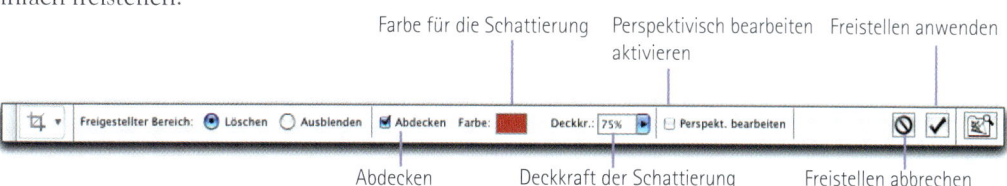

Abbildung 4.31 Nachdem Sie einen Freistellungsrahmen aufgezogen haben, ändern sich die Optionen in der Optionsleiste. Sie können nun beispielsweise die Farbe oder Deckkraft der Schattierung ändern. Um eine Freistellung anzuwenden, klicken Sie auf den Button AKTUELLEN FREISTELLUNGSVORGANG BESTÄTIGEN, klicken Sie innerhalb des Rahmens oder drücken Sie ↵. Klicken Sie auf AKTUELLEN FREISTELLUNGSVORGANG ABBRECHEN oder drücken Sie Esc, um den Vorgang abzubrechen.

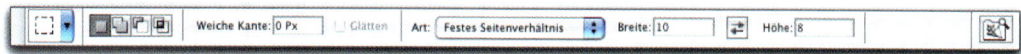

Abbildung 4.32 Wenn Sie das Auswahlrechteck aktiviert haben, können Sie die Option FESTES SEITENVERHÄLTNIS wählen. Geben Sie die Abmessungen in die entsprechenden Felder ein und ziehen Sie mit dem Werkzeug einen Rahmen auf. Wählen Sie anschließend BILD/FREISTELLEN.

Abbildung 4.33 Manchmal geht es schneller, ein Bild basierend auf einer Auswahl freizustellen. Wenn wir hier eine Auswahl des Kastens mit dem Buchstaben »D« erstellen wollen, ist es am einfachsten, mit gedrückter ⌘-Taste (PC: Strg) auf diese Ebene zu klicken und sie als Auswahl zu laden. Wählen Sie anschließend BILD/FREISTELLEN.

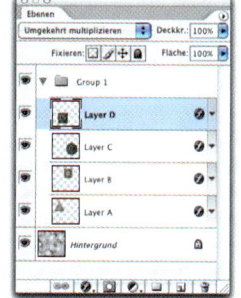

Perspektivisches Freistellen

Mit dem Freistellungswerkzeug von Photoshop können Sie alle zusammenlaufenden horizontalen oder vertikalen Linien in einem Bild in einer einzigen Aktion freistellen und korrigieren. In Abbildung 4.34 sehen Sie ein Beispiel, dort wollte ich die stürzenden Linien des Gebäudes korrigieren. Wenn Sie die Checkbox PERSP. BEARBEITEN aktivieren, können Sie die Eckgriffe im Bild neu positionieren, um der Perspektive des Gebäudes zu entsprechen, und dann die Freistellung und Begradigung anwenden. Halten Sie die ⇧-Taste gedrückt, wenn Sie an einem der Eckgriffe ziehen, können Sie die Begradigung noch genauer ausführen. Die Bewegung wird dadurch auf eine Ebene beschränkt. Ich finde das perspektivische Freistellen sehr nützlich, wenn Reproduktionen von Kunstbildern vorbereitet werden sollen, denn so erhalte ich immer genau viereckige Kopien.

Einrasten deaktivieren
Wenn Sie mit dem Freistellungswerkzeug arbeiten, kann die Funktion EINRASTEN sehr störend sein. Schalten Sie das Einrasten unter ANSICHT/AUSRICHTEN einfach aus oder drücken Sie ⌘-⇧-[,] (PC: Strg-⇧-[,]).

Abbildung 4.34 Das Freistellungswerkzeug eignet sich hervorragend, um perspektivische Fotos zu korrigieren. Aktivieren Sie die Checkbox PERSP. BEARBEITEN und bewegen Sie die Griffe unabhängig voneinander. Mit dieser Methode können Sie leichter einzoomen und die Ausrichtung der Kanten anhand der Vertikalen im Bild vornehmen. Auch das Raster ist sehr hilfreich. Wählen Sie ANSICHT/EINBLENDEN/RASTER.

Bilder drehen

Muss ein Bild gedreht werden, können Sie BILD/DREHEN wählen und das Bild in die entsprechende Richtung drehen oder horizontal oder vertikal spiegeln. Wenn Sie ein Bild drehen wollen, besonders, wenn der Horizont nicht ganz gerade ist, können Sie das Bild freistellen und drehen oder einen genauen Wert für die Drehung eingeben (wie unten beschrieben).

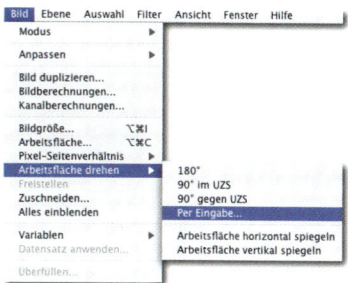

Abbildung 4.35 Das Menü BILD/DREHEN – inklusive des Befehls PER EINGABE (der in Abbildung 4.36 beschrieben wird)

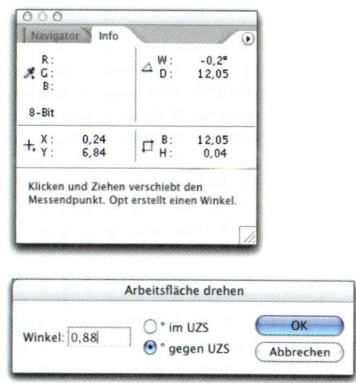

Abbildung 4.36 Beim Öffnen eines Bilds in Photoshop entdecken Sie mitunter, dass das gescannte Original nicht vollständig ausgerichtet war. Zwar können Sie mit dem Freistellungswerkzeug gleichzeitig freistellen und drehen, dennoch gibt es dafür eine genauere Methode. Aktivieren Sie in der Werkzeug-Palette das Messwerkzeug und ziehen Sie damit entlang einer Linie im Bild, die gerade sein soll. Wählen Sie anschließend BILD/ARBEITSFLÄCHE DREHEN/PER EINGABE. Der gemessene Winkel ist in der Dialogbox bereits eingetragen. Entscheiden Sie sich nur für eine Drehung mit oder gegen den Uhrzeigersinn, dann wird das Bild genau gedreht.

Arbeitsfläche

Mit dem Befehl BILD/ARBEITSFLÄCHE vergrößern Sie die Arbeitsfläche in jede beliebige Richtung. Das ist nützlich, wenn Sie das Bild vergrößern wollen, um neue Elemente zu platzieren. Ist die Checkbox RELATIV aktiviert, können Sie einfach die Einheiten eintragen, die Sie zur aktuellen Bildgröße hinzufügen wollen. Die hinzugefügten Pixel werden mit der aktuellen Hintergrundfarbe gefüllt (Sie können aber auch andere Optionen wählen, siehe Abbildung 4.37). Es ist ebenso möglich, die Arbeitsfläche ohne diesen Befehl zu vergrößern. Dehnen Sie nach dem Erstellen des Freistellungsrahmens diesen einfach in den Bereich der Arbeitsfläche aus.

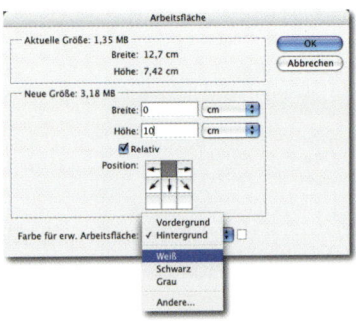

Abbildung 4.37 Um die aktuellen Dokumentgrenzen zu erweitern, wählen Sie BILD/ARBEITSFLÄCHE. Hier wurden die Pixel gleichmäßig links und rechts verteilt. Außerdem aktivierte ich die Checkbox RELATIV.

Abbildung 4.38 Um das Freistellungswerkzeug zum Vergrößern der Arbeitsfläche zu nutzen, erstellen Sie zunächst den Freistellungsrahmen, lassen Sie die Maustaste los und ziehen Sie die Griffe anschließend in den Bereich der Arbeitsfläche. Klicken Sie innerhalb des Begrenzungsrahmens oder drücken Sie ⏎, um die Arbeitsfläche zu vergrößern und mit der Vordergrundfarbe zu füllen.

Kapitel 4
Grundlegende Bildregelungen

Große Daten

Die Formate Photoshop, PDF und TIFF unterstützen alle großen Daten. Das bedeutet, dass Bilddaten, die über die Grenzen der Arbeitsfläche hinausgehen, immer noch als Teil des Bilds gespeichert werden – auch wenn diese Daten nicht länger sichtbar sind. Für Ebenen, die über die Grenzen der Arbeitsfläche hinausgehen, können Sie die Arbeitsfläche erweitern, um alle Bilddaten einzublenden (wählen Sie BILD/ALLES EINBLENDEN). Das ist jedoch nur möglich, wenn Sie mit den Formaten PSD, PDF oder TIFF arbeiten. Wenn Sie das Bild freistellen, können Sie die Bilddaten ausblenden oder löschen, indem Sie den entsprechenden Radiobutton in der Optionsleiste aktivieren (siehe Abbildung 4.39).

Hintergrundebenen

Wenn Ihr Bild eine Hintergrundebene besitzt, deren Daten Sie auch nach der Freistellung erhalten wollen, müssen Sie zunächst doppelt auf die Hintergrundebene klicken, um daraus eine normale Ebene zu machen. Ansonsten entfernen Sie alles auf dieser Ebene, wenn Sie das Bild freistellen.

Große Daten in Photoshop CS2

In der neuesten Version von Photoshop wurde der virtuelle Speicher für große Daten deutlich verbessert. Sie brauchen weniger Leistung, wenn Sie eine Hintergrundebene in eine normale Ebenen umwandeln.

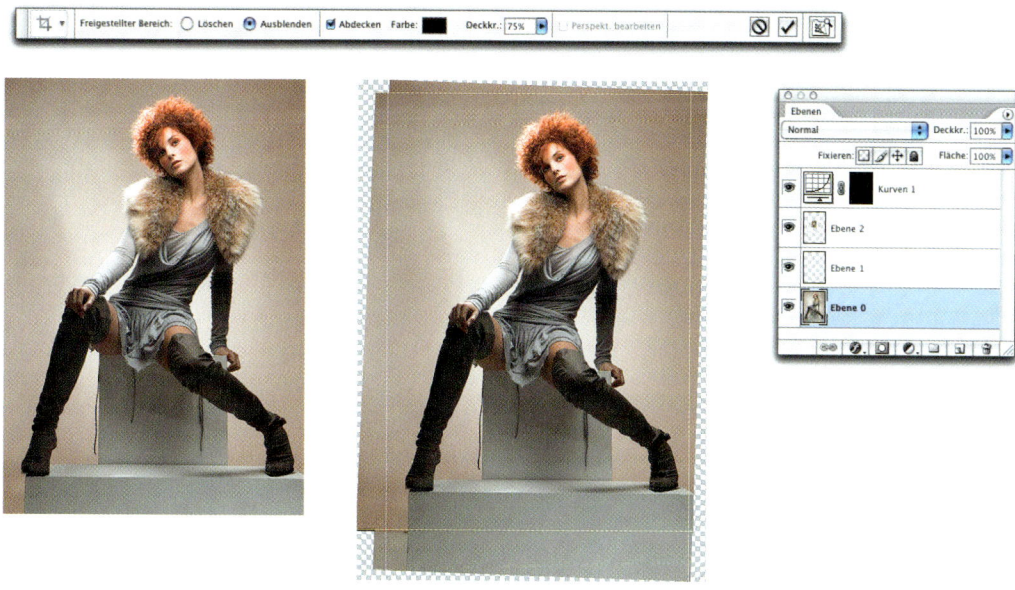

Abbildung 4.39 Die freigestellte Version des Bilds enthält verschiedene Ebenen, die mit dem Befehl BILD/ALLES EINBLENDEN sichtbar gemacht werden können. Die Ausblenden-Option des Freistellungswerkzeugs ermöglicht es Ihnen, die Pixel außerhalb des ausgewählten Bereichs zu schützen und somit nicht zu löschen. Achten Sie darauf, dass die Hintergrundebene in eine normale Photoshop-Ebene umgewandelt wurde (Ebene 0). Das ist wichtig, wenn Sie die Informationen dieser Ebene erhalten wollen.

Kunde: Rainbow Room. Model: Nicky Felbert @ MOT.

Bilder scharfzeichnen

Während der digitalen Bildbearbeitung gehen unweigerlich auch immer ein paar Bilddaten verloren. Wenn Sie Ihre Bilder nicht scharfzeichnen, erscheinen die gedruckten Bilder dann weicher als erwartet.

Das ist ein neues Phänomen, dass auf die digitale Technik zurückzuführen ist. Das Problem beginnt bereits, während Sie Ihr Motiv im Sucher fokussieren und anschließend auf den Auslöser drücken. Die erste Variable ist dabei das Objektiv der Kamera. Die meisten Fotografen glauben, dass billigere Objektive eher unscharfe Bilder erzeugen, die Filmemulsion kann die Schärfe jedoch ebenfalls beeinflussen, ebenso die Qualität des Sensors und die Anzahl der Sensorelemente auf dem Chip. Haben Sie Filmaufnahmen gemacht, müssen Sie die Dias, Negative oder Abzüge anschließend scannen (ein weiterer optischer Schritt). Aus diesem Grund sind Bildverschlechterungen unvermeidbar, auch wenn Sie das beste Objektiv verwenden und mit der besten Ausrüstung arbeiten. Bevor Sie das Bild also in Photoshop öffnen, geht bereits ein Teil der Schärfe verloren.

Ein weiteres, bekanntes Problem ist die Tatsache, dass bei der Ausgabe noch einmal etwas von der Schärfe eines Bilds verloren geht. Immer wenn ein Bild für die Druckmaschine aufbereitet wird, wird das Bild mit Rasterpunkten, die mit Laserdioden belichtet werden, erzeugt. Und auch dabei geht ein sichtbarer Teil der Bildschärfe verloren.

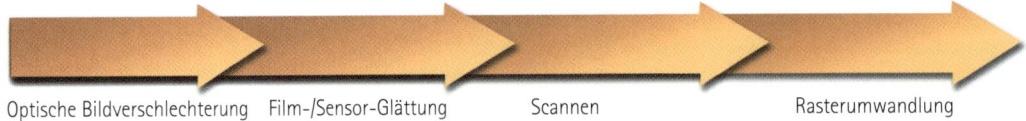

Optische Bildverschlechterung   Film-/Sensor-Glättung   Scannen   Rasterumwandlung

Abbildung 4.40 Im Diagramm sehen Sie den Pfad, den die Photonen nehmen, die durch das Kameraobjektiv gelangen und dann schließlich mit Druckerfarben interpretiert werden. Bei jedem einzelnen Schritt gehen unwiderruflich Details verloren.

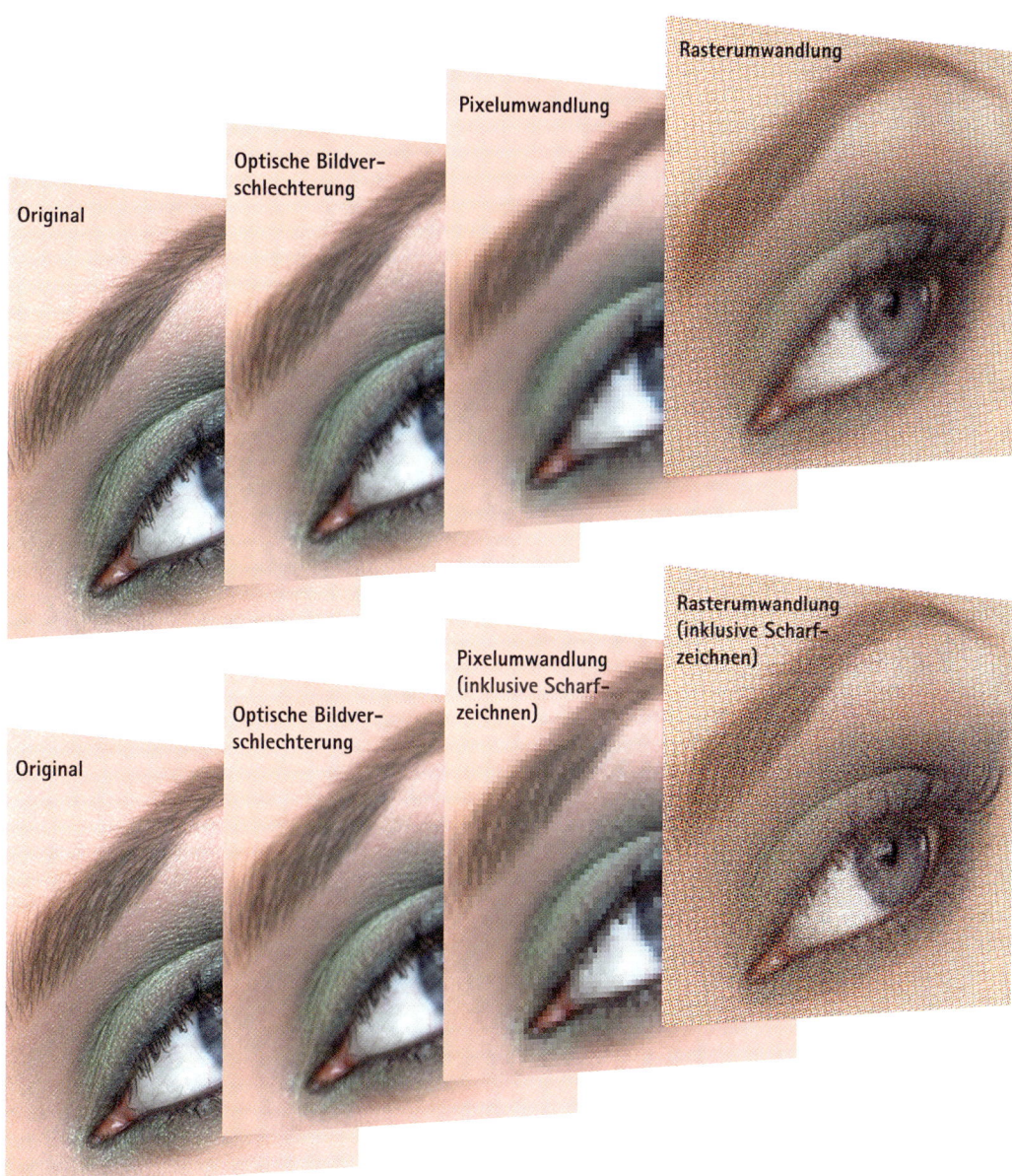

Abbildung 4.41 Die Qualität der Pixel, die Sie in Photoshop bearbeiten, kann nur so gut sein, wie es die Qualität des Kameraobjektivs und die Anzahl der Pixel, die von der Kamera oder beim Scannen aufgenommen werden, erlauben. Auch gut aufgenommene Fotos profitieren von einer Scharfzeichnung. Wenn Sie Ihre Bilder als Rasterbild oder auf einem Inkjet-Drucker ausgeben, geht viel Schärfe verloren. Wenden Sie in einem solchen Fall eine stärkere Scharfzeichnung an.

Möglichkeiten zum Scharfzeichnen

Das Problem des Verlusts an Schärfe gibt es schon seit geraumer Zeit. Über die Jahre wurden verschiedene Strategien entwickelt, um dieses Problem zu lösen. So wenden einige Scanner automatisch eine starke Scharfzeichnung auf die gescannten Bilder an, damit diese dann gleich gedruckt werden können. Wenn Sie die Bilder nur zum Druck vorbereiten, ist das möglicherweise ausreichend. Der Nachteil ist jedoch, dass Sie die Bilder dann nur noch schwer in Photoshop bearbeiten können, weil sie wirklich sehr deutlich scharfgezeichnet wurden. Außerdem wird die Scharfzeichnung normalerweise für eine spezielle Ausgabegröße berechnet, so dass sich dieses Bild nur noch in sehr begrenztem Umfang weiterverwenden lässt.

Heute wenden viele Scanner und Digitalkameras bei der Aufnahme bereits eine moderate Scharfzeichnung an, um ein möglichst optimales Bild zu erzeugen. Wenn Sie Ihre Bilder zwar digital, aber nicht im Raw-Format aufnehmen, wendet die eingebaute Software der Kamera eventuell eine leichte Scharfzeichnung an. Natürlich will niemand unscharfe Fotos, jedoch ist eine unscharfe, weiche Aufnahme nicht unbedingt ein Zeichen für eine schlechte Kamera oder einen schlechten Scanner. Adobe Camera Raw verwendet beispielsweise eine Scharfzeichnungseinstellung von 25%. Alle digitalen Raw-Dateien sehen weicher aus als erwartet, solange sie nicht scharfgezeichnet werden. Die Frage ist nur, wie stark muss die Scharfzeichnung sein, die auf ein Bild angewendet wird?

Die Aufnahme scharfzeichnen

Eine Möglichkeit ist, jedes Bild bereits vor der Retusche ein wenig scharfzuzeichnen. Ziel dabei ist es, den soeben beschriebenen Verlust an Schärfe wieder auszugleichen. Das erreichen Sie auf verschiedene Art und Weise. Wenn Sie mit der Stärke der Scharfzeichnung, die von der Kamera oder dem Scanner automatisch angewendet wird, zufrieden sind, müssen Sie Ihr Bild an dieser Stelle nicht weiter scharfzeichnen – ansonsten können Sie jetzt eine weitere

Ursprünge des Filters Unscharf maskieren

Unscharf maskieren klingt wie ein Widerspruch – denn wie kann man etwas scharfzeichnen, indem man es unscharf macht? Der Ausdruck bezieht sich auf die Reprografie, bei der eine helle, weiche, unscharfe Negativversion des Bilds bei der Belichtung zwischen Original und Ziel gepackt wird. Dadurch sollte vornehmlich die Kantenschärfe erhöht werden. Der Photoshop-Filter UNSCHARF MASKIEREN reproduziert diesen Effekt digital. Dabei haben Sie eine gute Kontrolle über die Stärke der Scharfzeichnung.

Scharfzeichnung anwenden. Sie sollten jedoch immer beachten, dass nicht alle Scanvorgänge und Bildaufnahmen gleich sind, ebenso wie die Filmemulsionen oder Digitalkameras (mit ihren unterschiedlichen Auflösungen). Um eine Standardschärfe zu erreichen, müssen Sie wahrscheinlich verschiedene Stärken des Scharfzeichnens anwenden, damit jedes Bild auf dem Computermonitor, mit dem Sie arbeiten, scharf genug aussieht. Dieses Vorgehen wird als Scharfzeichnen von Aufnahmen bezeichnet.

Für die Ausgabe scharfzeichnen

Was Sie auf dem Bildschirm sehen, entspricht nicht unbedingt dem, was vom Drucker ausgegeben wird. Bei der Umwandlung eines Digitalbilds in ein Halbtonraster und anschließend in Farbe auf dem Papier geht Schärfe verloren. Aus diesem Grund ist es wichtig, dass Sie Ihre Bilder für die Druckausgabe extra scharfzeichnen. Falls Sie also ein Bild vorbereiten bzw. bearbeiten, das später gedruckt werden soll, sollten Sie dieses extra stark scharfzeichnen. Der Unterschied zwischen dieser Scharfzeichnung und der eben beschriebenen Methode ist, dass Sie diese hier erst am Ende einer Photoshop-Session vornehmen, nachdem Sie bereits die richtige Ausgabegröße für das Bild eingestellt haben. Es ist daher auch sinnvoll, wenn Sie immer das Original eines Bilds aufbewahren und immer nur dessen Kopien scharfzeichnen und für die Ausgabe vorbereiten.

Auto-Scharfzeichnen deaktivieren

Wenn möglich, sollten Sie das Original eines Bilds immer bewahren und nur Kopien scharfzeichnen. Überprüfen Sie die Einstellungen der Kamera oder der Scannersoftware, denn bei vielen Herstellern wird das Bild unscharf maskiert, auch wenn alle Einstellungen auf null stehen. Sollte das bei Ihnen der Fall sein, deaktivieren Sie die Auto-Einstellungen.

Den Ausdruck, nicht den Monitor beurteilen

Es ist schwierig, den richtigen Wert für die Stärke der Scharfzeichnung zu finden, wenn Sie das Bild ausdrucken wollen, sich die Vorschau jedoch auf einem Monitor ansehen. Bei normalem Abstand zum Monitor erkennt das menschliche Auge sehr kleine Details. Soll das Bild, das Sie bearbeiten, mit einer Auflösung von 300 Pixel pro Zoll gedruckt werden, benötigen die Kanten einen Radius von 3 Pixel, damit sie im Ausdruck auch als scharfe Kanten erkannt werden. Betrachten Sie das Bild bei einer Zoomstufe von 100%, erscheint die Scharfzeichnung zu extrem, da Sie sich das Bild so wesentlich größer ansehen, als es eigentlich gedruckt wird.

Abbildung 4.42 Die Dialogbox des Filters
UNSCHARF MASKIEREN

Unscharf maskieren

Die einzigen Scharfzeichnungsfilter, die Sie jemals benötigen, sind UNSCHARF MASKIEREN (USM) und SELEKTIVER SCHARFZEICHNER. Die Filter SCHARFZEICHNEN und STARK SCHARFZEICHNEN zeichnen zwar die Kanten scharf, sind jedoch ansonsten unflexibel. Durch das UNSCHARF MASKIEREN sieht ein Bild schärfer aus, dabei können jedoch Artefakte entstehen, die das Bild verschlechtern. Wenn Sie ein Bild zu stark scharfzeichnen, bevor Sie Farbkorrekturen und andere Retuschearbeiten vornehmen, treten die Artefakte noch deutlicher auf. Das Ziel beim USM-Filter ist deshalb immer, die Bildschärfe zu erhöhen, gleichzeitig jedoch die dabei entstehenden Artefakte so weit wie möglich zu minimieren. Sehen wir uns zunächst die drei Regler in der Dialogbox UNSCHARF MASKIEREN an.

Stärke

Die Stärke steuert die Intensität der angewendeten Scharfzeichnung. Je höher der Prozentsatz (bis zu 500%), desto stärker wird das Bild scharfgezeichnet. Der richtige Wert hängt vom Zustand des Bilds ab und davon, auf welcher Maschine es gedruckt wird. Für das einfache Scharfzeichnen von Aufnahmen empfehle ich Ihnen einen Wert zwischen 50% und 100% (experimentieren Sie ein wenig, um den richtigen Wert herauszufinden). Wenn Sie die Bilder anschließend ausgeben wollen, würde ich einen Wert von 120% bis 200% vorschlagen. Hier noch ein guter Tipp: Beginnen Sie am besten immer mit einem relativ hohen Wert und finden Sie heraus, welche Radius- und Schwellenwerteinstellungen am besten damit funktionieren. Reduzieren Sie anschließend die Stärke auf einen passenden Wert.

Radius

Die Stärke regelt die Intensität der Scharfzeichnung, Radius und Schwellenwert wirken sich hingegen auf die Verteilung der Filterwirkung aus. Der Radius bestimmt die Breite des Scharfzeichnungseffekts – der ideale Wert hängt stark vom Motiv und von der Ausgabegröße ab. Arbeiten Sie am besten mit einem Radius von 0,5 und 1 bzw. 1 und 2, wenn Sie das Bild ausdrucken möchten. Ein größerer Radius betont die Kanten stärker. In Abbildung 4.42 sehen Sie, welchen Einfluss der Radius auf die Kantenschärfe hat.

Schwellenwert

Der Schwellenwert steuert, welche Pixel scharfgezeichnet werden, und legt dabei fest, wie stark sich die scharfzuzeichnenden Pixel in ihrer Helligkeit vom Nachbarn unterscheiden müssen. Höhere Werte wenden den Schwellenwert nur auf benachbarte Pixel an, die unterscheidbar von anderer Helligkeit sind. Bei geringen Werten werden mehr oder alle Pixel scharfgezeichnet, inklusive weicher Farbverläufe. Beträgt der Schwellenwert beispielsweise 4 und es gibt zu den benachbarten Pixeln einen Unterschied von weniger als vier Stufen, werden die benachbarten Pixel nicht scharfgezeichnet. Wenn Sie den Schwellenwert deutlich erhöhen, schärfen Sie den Kantenkontrast, ohne jedoch Störungen vom Scannen oder Filmkörnungen scharfzuzeichnen. Scans von einem 35-mm-Film profitieren normalerweise von einer höheren Schwellenwerteinstellung, als Sie auf einen 120er-Filmscan anwenden würden. Am kritischsten ist die Einstellung des Schwellenwerts, wenn Sie einen Scan einer Rastervorlage bearbeiten. Generell sollten Sie eine Einstellung zwischen 0 und 10 verwenden.

Abbildung 4.43 In diesen Bildern sehen Sie, wie sich der Radius des Filters UNSCHARF MASKIEREN auf das Motiv auswirkt: keine Scharfzeichnung (oben); Stärke: 200, Radius: 1 und Schwellenwert 0 (Mitte); Stärke: 200%, Radius: 2 und Schwellenwert 0 (unten).

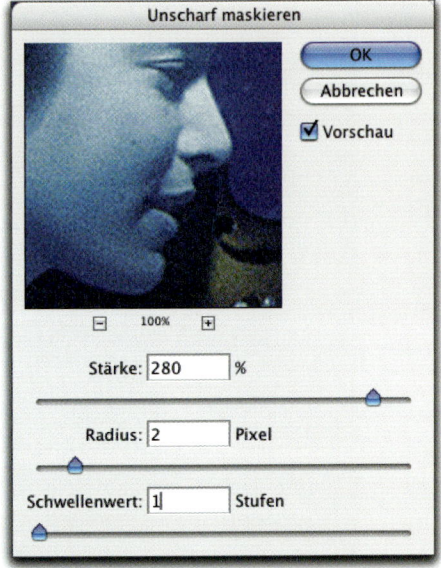
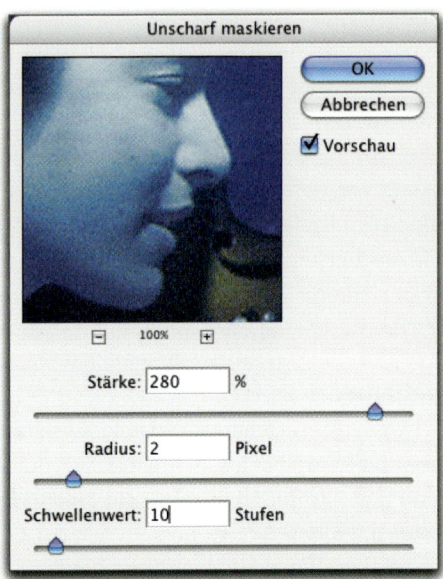

Abbildung 4.44 Dieses Foto von Musikern unter Wasser wurde durch ein sehr verkratztes Plastikbullauge aufgenommen. Dadurch sah das Bild relativ weich aus und musste stark scharfgezeichnet werden. Das Problem dabei ist, dass bei einem geringen Schwellenwert die hohe Stärke und der Radius die Filmkörnung betonen. Die Lösung war, den Schwellenwert auf 10 zu erhöhen. Das Foto sah dadurch schärfer aus, ohne die Filmkörnung zu sehr zu betonen.

Foto von Eric Richmond.

Kapitel 4
Grundlegende Bildregelungen

Kanten scharfzeichnen

Diese Technik wurde entwickelt, um nur die Kanten eines Bilds scharfzuzeichnen. Das ist sehr nützlich, um die Stärke zu minimieren, mit der Unscharf maskieren auf eine einfarbige Fläche angewendet wurde. Wollen Sie beispielsweise ein Porträtfoto scharfzeichnen, sollen wahrscheinlich hauptsächlich Augen, Lippen und Haare scharfgezeichnet werden – einfarbige Bereiche wie die Haut benötigen hingegen keine so starke Scharfzeichnung, um in diesen Bereichen Filmkörnungen und Störungen nicht zu sehr hervorzuheben. Die Technik zum Kantenscharfzeichnen zeige ich Ihnen hier Schritt für Schritt: Die Einstellungen hängen dabei maßgeblich von dem Bild ab, welches Sie scharfzeichnen wollen. Wenn es jedoch immer wieder die gleiche Art von Bildern ist, können Sie die einzelnen Schritte als Aktion aufnehmen, um sie später schneller und einfacher anzuwenden.

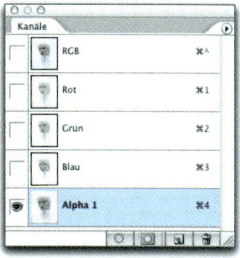

1 Ich erzeugte zuerst eine Alphakanal-Maske basierend auf der Luminanz des Bilds. Sie können den RGB-Kanal unten in der Kanäle-Palette auf den Button Kanal als Auswahl laden ziehen und direkt im Anschluss auf den Button Auswahl als Kanal sichern klicken. Wählen Sie anschließend Auswahl/Auswahl aufheben.

2 Ich vergewisserte mich anschließend, dass der Alphakanal aktiv war, und wählte Filter/Stilisierungsfilter/Konturen finden. Für diesen Filter gibt es keine Dialogbox – es wird einfach ein kontrastreiches Bild erzeugt, das wie eine Tuschezeichnung eines Fotos aussieht. Dann wählte ich Bild/Anpassen/Umkehren und wendete einen Gaußschen Weichzeichner auf den Alphakanal an. Ich wählte Filter/Weichzeichnungsfilter/Gaußscher Weichzeichner mit einem Radius von 1 bis 2 Pixel, um die Kanten der Maske weichzuzeichnen.

189

3 Während der Alphakanal aktiv war, wählte ich BILD/ANPASSEN/ AUTO-TONWERTKORREKTUR. Dadurch konnte ich den Kontrast des Alphakanals automatisch verstärken.

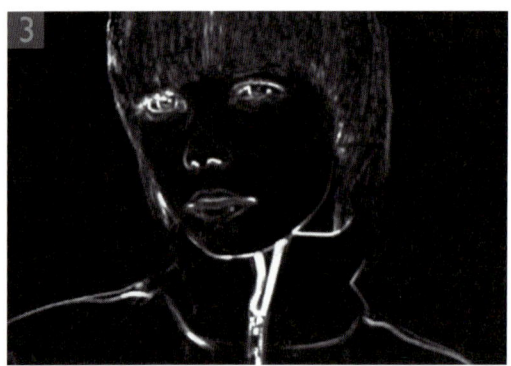

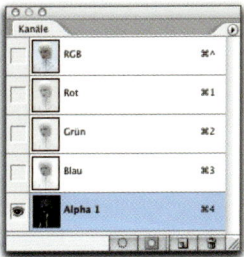

4 Nun aktivierte ich mit ⌘-< (PC: Strg-<) das RGB-Gesamtbild. Anschließend lud ich den modifizierten Alphakanal als Auswahl (Sie können das Tastenkürzel ⌘-⌥-4 [PC: Strg-Alt-4] verwenden) und wählte den Filter UNSCHARF MASKIEREN. Der Filter wird jetzt nur auf die ausgewählten Bereiche angewendet. Diese Technik gestattet es Ihnen, die Kanten dort scharfzuzeichnen, wo es am wichtigsten ist, während die weicheren Bildbereiche fast unberührt bleiben.

Kunde: Reflections. Model: Elle S @ FM.

Kapitel 4
Grundlegende Bildregelungen

Selektiver Scharfzeichner

Geglätteter Text und andere Grafiken sollten unverändert bleiben und nicht scharfgezeichnet werden. Vektorobjekte in Photoshop liegen ohnehin auf separaten Ebenen und werden auch separat von einem PostScript-RIP bearbeitet, wenn sie für den Druck gerendert werden. Falls Sie Form- oder Textebenen rendern, sollten diese auf ihren separaten Ebenen verbleiben – zeichnen Sie nur Bitmap-Bilder scharf.

Mit den Einstellungen des Filters UNSCHARF MASKIEREN können Sie die meisten Bilder global korrigieren und für den Druck vorbereiten. Manchmal wollen Sie eine Scharfzeichnung aber vielleicht nur selektiv anwenden, um unerwünschte Artefakte zu reduzieren. Es gibt verschiedene Möglichkeiten, ein Bild selektiv scharfzuzeichnen. Sie können den Protokoll-Pinsel nutzen, um den Unscharf-maskieren-Filter nur auf bestimmte Bereiche anzuwenden (mehr Infos zum Protokoll-Pinsel und zur Protokoll-Palette finden Sie in Kapitel 2). Sie können in Photoshop ein Bild insgesamt scharfzeichnen, diesen Zustand in der Protokoll-Palette anschließend rückgängig machen und den scharfgezeichneten Zustand als Quelle für den Protokoll-Pinsel definieren. Malen Sie die Scharfzeichnung anschließend mithilfe des Protokoll-Pinsels dort ins Bild, wo Sie sie haben wollen.

Eine andere Strategie ist, eine neue Ebene oben im Ebenenstapel einzufügen und diese mit einem reduzierten Schnappschuss des aktuellen Bilds zu füllen. Wenden Sie Ihre Scharfzeichnung auf diese Ebene an und füllen Sie sie anschließend mit Schwarz, um den Ebeneninhalt auszublenden. Wenn Sie nun die Ebenenmaske des scharfgezeichneten Bilds aktivieren und mit Weiß als Vordergrundfarbe malen, bringen Sie die scharfe Bildversion zurück.

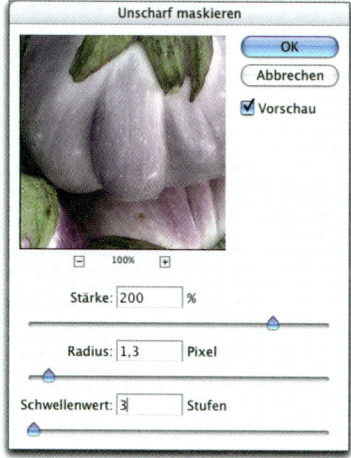

Abbildung 4.45 Hier sehen Sie eine Möglichkcit, ein Bild unscharf zu maskieren. Ich kopierte die Hintergrundebene und zeichnete die Ebenenkopie sehr stark scharf. Anschließend klickte ich mit gedrückter ⌥-Taste (PC: Alt) unten in der Ebenen-Palette auf den Button EBENENMASKE HINZUFÜGEN, um eine Maske hinzuzufügen, die alles ausblendet. Mit der aktiven Ebenenmaske kann die Schärfe mit einem Pinsel und Weiß als Vordergrundfarbe zurück ins Bild gemalt werden.

Luminanz scharfzeichnen

Die Artefakte, die manchmal durch den Filter UNSCHARF MASKIEREN entstehen, lassen sich vermeiden, wenn Sie nur die Luminanzinformationen eines Bilds scharfzeichnen. Manche würden jetzt empfehlen, dass Sie das Bild in den Modus LAB-FARBE umwandeln, den Luminanz-Kanal auswählen, den Filter nur auf diesen Kanal anwenden und das Bild anschließend wieder in RGB umwandeln. Das ist jedoch eine veraltete Technik, die vollkommen unnötig ist. Wenden Sie stattdessen den Filter UNSCHARF MASKIEREN an, wählen Sie anschließend sofort BEARBEITEN/VERBLASSEN: UNSCHARF MASKIEREN und die Füllmethode LUMINANZ. So erreichen Sie dasselbe Ergebnis – die erste Scharfzeichnung sollte dabei jedoch etwas stärker sein, um am Ende auch das gewünschte Ergebnis zu erzielen.

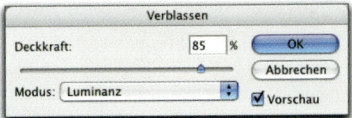

Abbildung 4.46 UNSCHARF MASKIEREN kann in einigen Bildbereichen Farbartefakte erzeugen. Um solche Störungen zu vermeiden, sollten Sie die Luminanz des Bilds scharfzeichnen. Wählen Sie BEARBEITEN/VERBLASSEN und ändern Sie die Füllmethode in LUMINANZ. Das hat denselben Effekt, als wandelten Sie das Bild in den Lab-Modus um und zeichneten nur den Luminanz-Kanal scharf – nur dass es schneller geht und weniger destruktiv ist.

Scharfzeichnungs-Plug-Ins von Drittanbietern

Wie Sie sehen können, gehört zum Scharfzeichnen viel mehr, als das Auge eigentlich wahrnimmt. Der Photoshop-Filter UNSCHARF MASKIEREN liefert gute Ergebnisse, besonders, wenn Sie einige der hier beschriebenen Tipps anwenden. Es existieren aber auch Lösungen von Drittanbietern, die eine Alternative zu diesem Filter darstellen. Da gibt es beispielsweise den PhotoKit Sharpener von Pixel Genius. Dieses Plug-In stammt von meinem ehemaligen Kollegen und Autor Bruce Fraser, der ein spezielles Set von Scharfzeichnungseffekten entwickelt hat, das genau die richtige Menge an Scharfzeichnung für verschiedene Arten von Film- und Dateiformaten anwendet. Zu Bruces Scharfzeichnungsroutinen gehören alle in diesem Kapitel beschriebenen Techniken und einige mehr. Sie enthalten Importscharfzeichnungen für verschiedene Filmtypen und Digitalaufnahmen, Ausgabescharfzeichnung für Tintenstrahldrucker und Repro und kreative Scharfzeichnungsebenen für das selektive Scharfzeichnen von Bildern. Eine Demoversion von PhotoKit befindet sich auf der dem Buch beiliegenden CD. Sie können sie sich aber auch unter www.pixelgenius.com herunterladen.

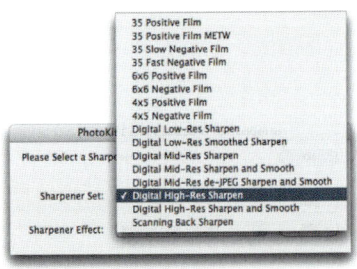

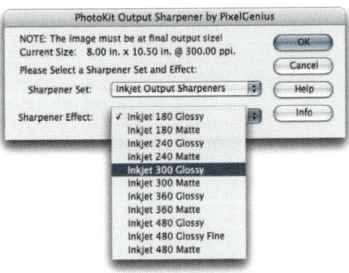

Abbildung 4.47 Der PhotoKit Sharpener von Pixel Genius ist ein automatisiertes Plug-In, mit dem Sie Scharfzeichnungen anwenden. Die Scharfzeichnungsroutinen sind eigens angepasst, um für unterschiedliche Aufgaben die optimale Scharfzeichnung anzuwenden.

Selektiver Scharfzeichner

Der neue Filter SELEKTIVER SCHARFZEICHNER ist eine gute Alternative, wenn Sie Ihre Bilder mit einem guten Ergebnis scharfzeichnen und das Aussehen eines Bilds verbessern wollen, ohne unerwünschte Halos zu erzeugen. Die Oberfläche der Dialogbox wurde so einfach wie möglich gehalten.

Wenn Sie den Filter die ersten Male verwenden, werden Sie sich auf die Regler STÄRKE und RADIUS konzentrieren. Es gibt drei Methoden, um die Weichzeichnung zu entfernen: GAUSSSCHER WEICHZEICHER – im Prinzip ist das dieselbe Methode wie der Filter UNSCHARF MASKIEREN; TIEFENSCHÄRFE ABMILDERN ist die nützlichste Methode; BEWEGUNGSUNSCHÄRFE, mit der Sie Bewegungsunschärfe aus einem Bild entfernen können. Der Trick dabei ist jedoch, den Winkel so einzustellen, dass er mit der Richtung der Weichzeichnung übereinstimmt. Die Optionen GAUSSSCHER WEICHZEICHNER und TIEFENSCHÄRFE ABMILDERN sind die nützlichsten. Wenn

Die Einstellungen des selektiven Scharfzeichners speichern
Sie können die Einstellungen des Filters speichern, indem Sie auf das Icon EINE KOPIE DER AKTUELLEN EINSTELLUNGEN SPEICHERN klicken (in Abbildung 4.48 eingekreist). So lassen sich die Einstellungen dann später wieder aufrufen.

Abbildung 4.48 Dieses Foto eines Löwenjungen wurde mit einer ISO-Einstellung von 1250 und einem 200-mm-Objektiv aufgenommen (1/100; f2,8). Ich wählte im Filter SELEKTIVER SCHARFZEICHNER die Option ERWEITERT und verwendete eine Stärke von 150% und einen Radius von 1,5 zusammen mit dem Modus TIEFENSCHÄRFE ABMIELDERN und der aktivierten Checkbox GENAUER. Nachdem ich die passenden Einstellungen gewählt hatte, klickte ich auf die Reiter TIEFEN und LICHTER und nutzte die Einstellungen dort, um festzulegen, wie genau die Scharfzeichnung angewendet werden soll. Mit einer hohen Einstellung für VERBLASSEN UM lassen Sie die Scharfzeichnung verblassen; der Regler TONBREITE bestimmt den Tonwertbereich, der verblasst wird. Schließlich gibt es noch den Radius, mit dem Sie festlegen, welcher Bereich scharfgezeichnet wird.

Sie optimale Ergebnisse erzielen wollen, aktivieren Sie die Checkbox GENAUER, unten in der Dialogbox. Die Verarbeitung des Filters dauert dann zwar länger, aber das Ergebnis ist das dann auch wert.

Der Modus ERWEITERT

Im erweiterten Modus finden Sie zwei zusätzliche Reiter: TIEFEN und LICHTER. Der Regler VERBLASSEN UM reduziert die Stärke der Scharfzeichnung in den Lichtern oder Tiefen des Bilds. Dieser Regler hat die meiste Auswirkung, wenn Sie Artefakte in den Tiefen oder Lichtern entfernen wollen. Darunter finden Sie den Regler TONBREITE, der wie unter ANPASSEN/TIEFEN/LICHTER funktioniert: Sie legen damit die Tonbreite fest, die bearbeitet wird. Mit diesen beiden Reglern können Sie den Effekt des Filters sehr gut kontrollieren. Der Radius-Regler arbeitet ähnlich wie unter TIEFEN/LICHTER. Die Beurteilung der Beleuchtung erfolgt, indem der Luminanzkanal des Bilds weichgezeichnet wird – der Radius stellt dabei einen Parameter der Weichzeichnung dar.

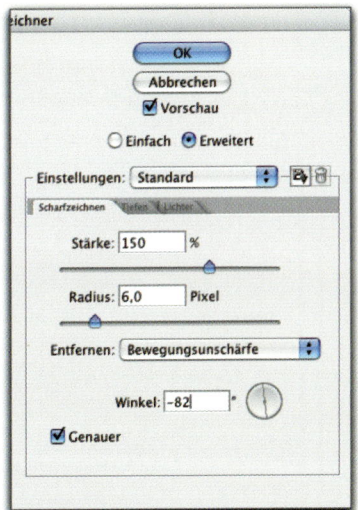

Abbildung 4.49 Die Option BEWEGUNGSUN-SCHÄRFE ist gut, wenn Sie ein Bild scharfzeichnen wollen, bei dem leichte Kameraverwackelungen zu erkennen sind. Der Trick dabei ist nur, den richtigen Winkel zu finden, der mit der Bewegung im Bild übereinstimmt.

Kanten schärfen mit dem Hochpass-Filter

Die letzte Scharfzeichnungstechnik, die ich Ihnen hier vorstellen möchte, hat das Potenzial, ein Bild sehr aggressiv scharfzuzeichnen, und ist daher am besten für Bilder geeignet, die für die Druckausgabe bestimmt sind. In Abbildung 4.50 sehen Sie die wesentlichen Schritte, die Sie dabei durchlaufen müssen.

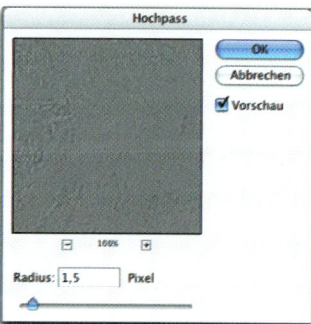

Abbildung 4.50 In diesem Beispiel erstellte ich eine Kopie der Hintergrundebene und wählte als Füllmethode die Option Hartes Licht (dadurch sieht das Bild sehr kontrastreich aus). Anschließend wählte ich Filter/Sonstige Filter/Hochpass. Der normale Bildkontrast wird wiederhergestellt. Sehen Sie sich das Bild an, um den richtigen Wert für den Radius zu finden. Sie können den Filter modifizieren, indem Sie den Ebenenmodus in Weiches Licht ändern oder eine Ebenenmaske hinzufügen, um den Filter nur auf einzelne Bereiche anzuwenden.

Kapitel 5

Farbkorrektur

Die Bildkorrekturen aus dem vorherigen Kapitel dienten den einfachen Nachbesserungen. Jetzt kümmern wir uns um die Feinabstimmung – um die Methoden zur Farbkorrektur in Photoshop. Bei der Farbkorrektur geht es vorwiegend um die Korrektur des Farbtons, aber wenn die Korrekturen auf die einzelnen Farbkanäle angewendet werden, beeinflussen Sie auch die Farbbalance in einem Bild. Vorher müssen Sie jedoch wissen, in welcher Beziehung Farben zueinander stehen. Das Farbrad in Abbildung 5.1 ist eine sinnvolle Hilfe bei der Farbkorrektur. Wenn Sie zum Beispiel ein Bild weniger blau aussehen lassen wollen, zeigt Ihnen dieses Diagramm, dass Sie mehr Gelb hinzufügen müssen, weil Gelb die Komplementärfarbe zu Blau ist.

Variationen

Die Farbeinstellungen mit VARIATIONEN finden in einer einfach zu verstehenden Dialogbox statt. Ich benutze diese Funktion nicht oft, aber die Dialogbox ist ein guter Ausgangspunkt, um sich an die Funktionsweise der Farbkorrektur und ihre Beziehung zum Farbrad in Abbildung 5.1 heranzutasten. Sie können in den Lichtern, Tiefen oder Mitteltönen Farben hinzufügen und so das Bild grüner, roter etc. aussehen lassen. Dazu klicken Sie einfach auf die entsprechenden Vorschaubilder in der Dialogbox. Dabei können Sie aus den dunkleren, helleren oder mehr/weniger gesättigten Optionen wählen. Die Bearbeitung lässt sich auch schrittweise durchführen, Sie können also sehr fein oder auch deutlich vorgehen. Wenn die Checkbox BESCHNEIDUNG eingeschaltet ist, erhalten Sie eine Farbumfang-Warnung in den Vorschaubildern (meist als graue Farbüberlagerung). Damit wird angezeigt, wenn Bildfarben beschnitten werden. Als Ausgangspunkt für Anfänger ist VARIATIONEN recht gut geeignet, denn hier finden sie viele grundlegende Bearbeitungswerkzeuge in einer einzigen Oberfläche, um sich mit den Grundprinzipien der Farbkorrektur vertraut zu machen.

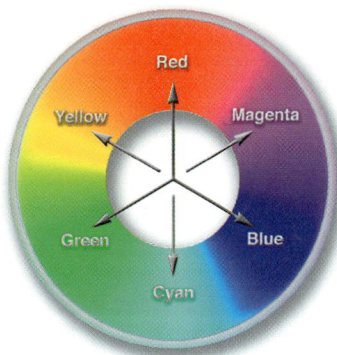

Abbildung 5.1 Im VARIATIONEN-Dialog finden Sie Farbvariationen basierend auf dem Farbrad-Modell. Hier sehen Sie die additiven Primärfarben Rot, Grün und Blau sowie die subtraktiven Primärfarben Cyan, Magenta und Gelb in ihren komplementären Positionen auf dem Farbrad. Rot liegt gegenüber von Cyan, Grün ist die Komplementärfarbe zu Magenta und Blau die Komplemetärfarbe zu Gelb. Diese Grundregeln helfen Ihnen, die Prinzipien der Farbkorrektur zu verstehen.

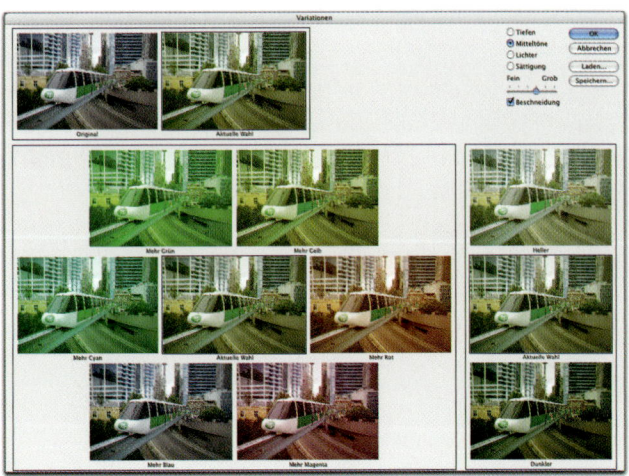

Abbildung 5.2 Im VARIATIONEN-Dialog verändern Sie die Farbe der Tiefen, Lichter und Mitteltöne separat. Indem Sie zum Beispiel auf die Vorschau MEHR ROT klicken, verschiebt sich diese Variante in die Mitte. Die umliegenden Vorschaubilder ändern sich entsprechend. Mit einem Klick auf MEHR CYAN wird das mittlere Bild in seinen Urzustand zurückversetzt. Dabei ist VARIATIONEN ähnlich wie Farbbalance, nur dass Sie auch mit der Sättigung arbeiten können und eine dunklere oder hellere Option haben. Außerdem lassen sich die Einstellungen speichern oder ältere Einstellungen laden. VARIATIONEN mag vielleicht ein etwas grobes Korrekturwerkzeug sein, dennoch lässt sich dabei recht gut einiges über die Farbtheorie herausfinden.

Kapitel 5
Farbkorrektur

Farbbalance mit Tonwertkorrektur

Sie können Farbstiche korrigieren, indem Sie die Ein- und Ausgaberegler der einzelnen Farbkanäle im TONWERTKORREKTUR-Dialog verschieben. Wählen Sie aus dem KANAL-Popup-Menü einen einzelnen Farbkanal zur Bearbeitung. Angenommen, eines Ihrer Bilder ist zu blau und Sie wollen mehr Gelb hinzufügen. Wählen Sie den blauen Kanal aus dem KANAL-Menü. Erhöhen Sie den Gamma-Wert für Blau (schieben Sie den mittleren Eingaberegler nach links). Umgekehrt wird das Bild gelber, wenn Sie den Regler nach links verschieben. Sie können die Mitteltöne im Dialog TONWERTKORREKTUR oder GRADATIONSKURVEN auch neutralisieren, indem Sie mit der grauen Pipette in einen Bildbereich klicken, der neutrales Grau enthält. Die Tonwertkorrektur passt automatisch die Gamma-Werte in jedem Farbkanal an, um den Farbstich zu entfernen. Tonwertkorrektur mag für eine einfache Bildkorrekturen ausreichen. Über das neu Setzen von Lichtern, Tiefen und Mitteltönen hinaus haben Sie jedoch nur wenige Möglichkeiten. GRADATIONSKURVEN sind am besten für die Farbkorrektur geeignet. Dort können Sie die Farbbalance und den Kontrast mit einer Präzision einstellen, die in keiner der anderen Bildkorrekturfunktionen zur Verfügung steht.

Farbkorrekturen in RGB

Sie werden feststellen, dass alle Farbkorrekturen in diesem Kapitel im RGB-Modus beschrieben sind. Das liegt daran, dass dieser Farbmodus für Fotografen besser geeignet ist. Für den von mir empfohlenen Arbeitsablauf gibt es weitere Gründe, auf die ich in Kapitel 13 genauer eingehen werde.

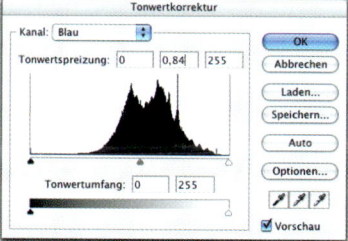

1 Bei einem Foto wie diesem stört der Farbstich nicht unbedingt, aber wir nehmen einmal an, Sie wollen dem Bild dennoch mehr Gelb hinzufügen.

2 Ich wählte BILD/ANPASSEN/TONWERTKORREKTUR. Dort aktivierte ich den blauen Kanal im Kanal-Menü und schob den Gamma-Regler nach rechts. Dadurch wurde der Gamma-Wert des blauen Kanals verringert, die Mitteltöne erhielten mehr Gelb.

Farbbalance

Füllmethode Farbe
Wenn Sie eine Farbbalance-Einstellung anwenden und dabei die Luminanz tatsächlich erhalten und nur die Farbe ändern wollen, haben Sie zwei Möglichkeiten. Wählen Sie Bearbeiten/Verblassen: Farbbalance und ändern Sie die Füllmethode in Farbe. Alternativ wenden Sie Farbbalance als Einstellungsebene an und ändern die Füllmethode der Ebene in Farbe.

Der Befehl Farbbalance ist eine Art blinder Gradationskurven-Befehl. Viele Photoshop-Benutzer wenden den Befehl gern zur Farbkorrektur an, weil er recht intuitiv wirkt. In Wahrheit ist er jedoch nicht besser als Variationen und für Farbkorrekturen nicht besonders nützlich. Auch wenn Sie die Checkbox Luminanz erhalten eingeschaltet haben, hat Farbbalance noch das Potenzial, farbliche Details in den Tiefen und Lichtern durcheinander zu bringen. Falls Sie in der Lage sind, die Farben mit Gradationskurven genauer zu korrigieren (wie weiter hinten in diesem Buch beschrieben), können Sie Farbbalance getrost links liegen lassen. Ich halte den Befehl jedoch für praktisch zum Einfärben von Schwarzweißfotos.

1 Mit Farbbalance können Sie die Farben in den Tiefen, Mitteltönen und Lichtern separat einstellen. Die Prinzipien der Farbkorrektur sind mit denen im Variationen-Dialog identisch.

2 Wenn Sie Farbbalance für feine Einstellungen verwenden, lassen Sie die Checkbox Luminanz erhalten eingeschaltet. Ansonsten können bei extremen Korrekturen Farbtrennungseffekte auftreten. Aber auch wenn die Checkbox deaktiviert ist, werden Sie feststellen, dass Ihre Kontrolle über die Ausgeglichenheit der Farbtöne begrenzt ist.

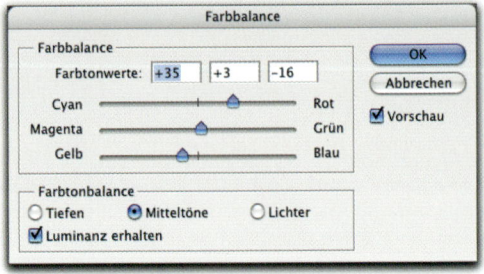

Auto-Einstellungen

Im Menü BILD/ANPASSEN finden Sie drei Auto-Einstellungen: AUTO-TONWERTKORREKTUR, AUTO-KONTRAST und AUTO-FARBE. Diese sollen automatische Tonwert- und Farbkorrekturen vornehmen.

Die AUTO-TONWERTKORREKTUR dehnt die Tonwerte in jedem einzelnen Farbkanal aus, um sie zu optimieren. Diese Kontrastexpansion der Tonwerte pro Kanal erzeugt ein Bild mit vollerem farblichen Kontrast. Aber auch die Farbbalance des Bilds kann verändert werden. Auto-Tonwertkorrektur erzeugt manchmal gute Ergebnisse, manchmal aber auch nicht. Wenn Sie also den farblichen Kontrast verbessern wollen, ohne die Farbbalance zu verändern, sollten Sie besser auf AUTO-KONTRAST zurückgreifen. Dabei werden ähnliche Einstellungen wie bei AUTO-TONWERTKORREKTUR vorgenommen, allerdings bleiben die Tonwerte in allen Kanälen gleich, während der Kontrast optimiert wird.

Schließlich gibt es da noch den Befehl AUTO-FARBE. Dieser setzt sich zusammen aus AUTO-KONTRAST (um den Farbkontrast zu verbessern), kombiniert mit einer Auto-Farbkorrektur, die die dunkelsten Farben in Schwarz und die hellsten in Weiß umwandelt.

In den Dialogboxen TONWERTKORREKTUR und GRADATIONSKURVEN gibt es einen OPTIONEN-Button. Wenn Sie darauf klicken, gelangen Sie ins Fenster AUTO-FARBKORREKTUROPTIONEN (Abbildung 5.3). Die hier aufgeführten Algorithmen stimmen mit den Auto-Einstellungen überein. KONTRAST KANALWEISE VERBESSERN ist dasselbe wie AUTO-KONTRAST. SCHWARZWEISS-KONTRAST VERBESSERN stimmt mit AUTO-TONWERTKORREKTUR überein. DUNKLE UND HELLE FARBEN SUCHEN ist dasselbe wie AUTO-FARBE. Beachten Sie jedoch auch die Option NEUTRALE MITTELTÖNE AUSRICHTEN. Wenn diese eingeschaltet ist, wird eine Gamma-Korrektur auf jeden Kanal angewendet, wobei sowohl die Mitteltöne als auch die hellen und dunklen Farben korrigiert werden sollen. Für die Tiefen und Lichter kann ein Beschneidungswert eingegeben werden, um wie viel Prozent die Endpunkte automatisch beschnitten werden.

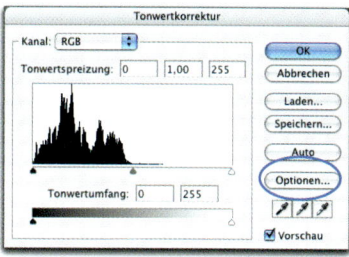

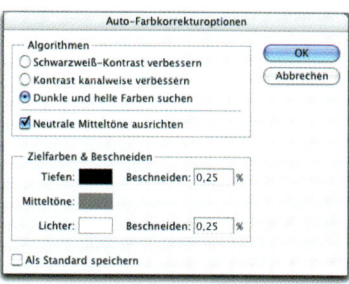

Abbildung 5.3 Auf die hier beschriebenen bzw. dargestellten Auto-Bildkorrekturen können Sie auch über den OPTIONEN-Button in den Dialogen TONWERTKORREKTUR und GRADATIONSKURVEN zugreifen. Wenn NEUTRALE MITTELTÖNE AUSRICHTEN eingeschaltet ist, wird AUTO-FARBE diese neutralisieren. Die Beschneidungswerte können Sie anpassen, je nachdem, wie stark die Lichter und Tiefen beschnitten werden sollen.

PhotoKit Color Graubalance
Voriges Jahr war ich Projektmanager für ein neues Plug-In von Pixel Genius: PhotoKit Color. PhotoKit Color enthält ein Set von Graubalance-Effekten, die für die meisten Bilder effektive Farbbalance anbieten. Besonders RSA Neutralize ist gut geeignet, um automatisch starke Farbstiche zu entfernen (www.pixelgenius.com/color/).

Vorher

Auto-Tonwertkorrektur (Kontrast kanalweise verbessern)

Auto-Kontrast (Schwarzweiß-Kontrast verbessern)

Auto-Farbe (dunkle und helle Farben suchen), neutraler Mittelton

Auto-Kontrast + PhotoKit Color RSA Gray Balance Fine

Abbildung 5.4 Diese Fotos demonstrieren die drei Auto-Einstellungsmethoden (mit den entsprechenden Beschreibungen und den Entsprechungen in den Auto-Farbkorrekturoptionen).

Auto-Tonwertkorrektur optimiert die Tiefen- und Lichter in allen drei Farbkanälen. Dadurch werden Kontrast und Farbbalance des Bilds verbessert. Auto-Kontrast stellt alle Kanäle ein und verbessert den Kontrast, ohne jedoch die Farbbalance einzustellen. Auto-Farbe ersetzt die dunkelste und die hellste Farbe durch eine neutrale Farbe. (Wenn das Farbfeld in Abbildung 5.3 geändert wurde, sehen Sie ein anderes Ergebnis.) Schließlich wurden Auto-Kontrast und der Effekt PhotoKit Color RSA Gray Balance Fine angewendet.

Kapitel 5
Farbkorrektur

Präzise Farbkorrektur mit Tonwertkorrektur

Von allen bisher beschriebenen Farbkorrekturmethoden bietet AUTO-FARBE die beste Farbton- und Farbkorrektur in nur einem Schritt (allerdings bin ich aus nahe liegenden Gründen sehr von PhotoKit Color überzeugt, unserem eigenen Produkt zur Graubalance). Wenn Sie jedoch Ihre Farbkorrekturen lieber von Hand vornehmen wollen, würde ich an Ihrer Stelle VARIATIONEN und FARBBALANCE vergessen und statt dessen mit Tonwertkorrektur oder Gradationskurven arbeiten. In Kapitel 4 zeigte ich Ihnen, wie Sie mit Tonwertkorrektur Schwarz- und Weißpunkt bestimmen und dann mit einer Gamma-Einstellung das Bild aufhellen oder abdunkeln. Der Einfachheit halber benutzte ich ein monochromes Bild. Nun wollen wir mit dieser Technik Schwarz- und Weißpunkt bei einem Farbkompositbild einstellen und diese Kenntnisse auch bei der Bearbeitung der einzelnen Farbkanäle einsetzen.

Das vorliegende Beispiel zeigt, wie Sie die Schwellenwertmethode aus Kapitel 4 verwenden, um Schwarz- und Weißpunkt in jedem der drei Farbkanäle zu finden, und mit diesem Feedback die Endpunkte entsprechend korrigieren. Diese Technik eignet sich wirklich gut, um die Lichter und Tiefen zu finden und gleichzeitig die Endpunkte einzustellen. Benutzen Sie dann die Tonwertkorrektur-Gamma-Technik von Seite 199, um Farbstiche aus den Mitteltönen zu beseitigen.

Neutrales RGB

Wenn Sie ein Bild im RGB-Modus bearbeiten und einen der Standard-RGB-Farbräume benutzen (Adobe RGB, sRGB, ColorMatch RGB, ProPhoto RGB), können Sie mit der Pipette oder dem Farbaufnehmer Farben mit den Werten Rot=Grün=Blau einstellen. Die resultierende Farbe wird dann immer ein neutrales Grau sein (siehe Abbildung 5.5).

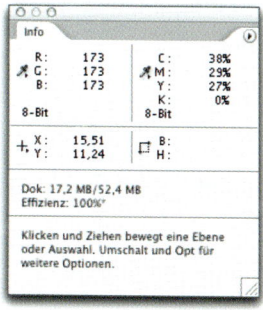

Abbildung 5.5 Sie können Farbinformationen in der Info-Palette ablesen. So stellen Sie fest, ob die Farben neutral sind oder nicht. Gleiche Anteile von R, G und B erzeugen ein neutrales Grau.

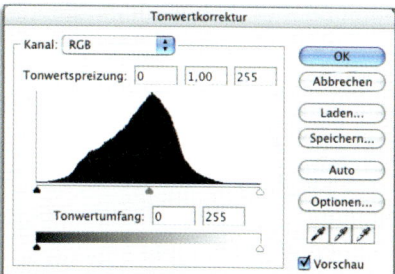

1 Dieses Foto hat in den Tiefen einen Rotstich, in den Lichtern einen Gelbstich. Zuerst wählte ich BILD/ANPASSEN/-TONWERTKORREKTUR.

203

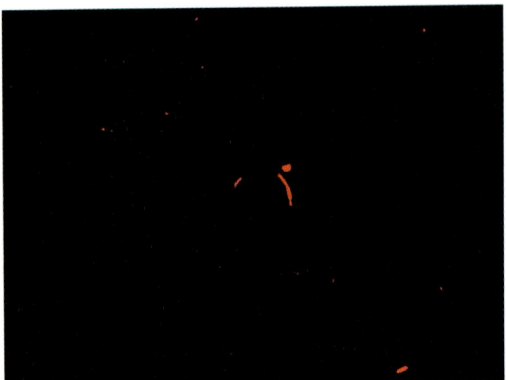

2 Aus dem Kanal-Menü wählte ich den roten Kanal und stellte die Eingaberegler für die Tiefen und Lichter so ein, dass die Endpunkte gerade kurz vor der Beschneidung standen. Wenn Sie die ⌥-(Alt)-Taste dabei gedrückt halten, erscheint das Bild im Schwellenwert-Modus, wobei Sie leichter die hellsten und dunkelsten Stellen im Bild erkennen können. Dann wiederholte ich diese Schritte mit dem grünen und blauen Kanal, bis ich die Tiefen und Lichter in allen Kanälen eingestellt hatte.

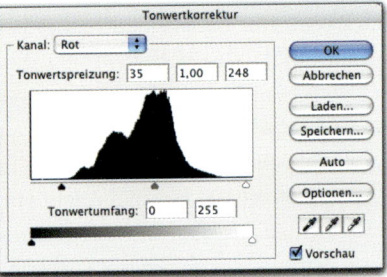
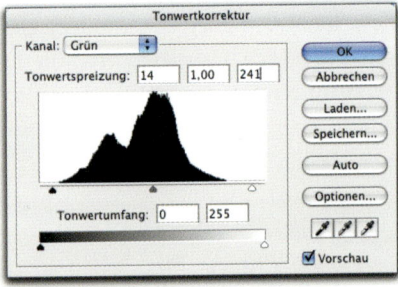
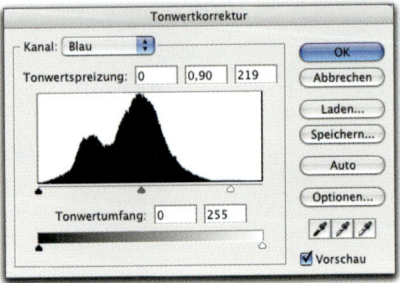

3 Diese Technik, bei der die Farbkanäle einzeln korrigiert werden, hilft Ihnen, Farbstiche sehr gründlich zu entfernen. Der Trick dabei ist, sich an der Schwellenwertanzeige zu orientieren und so festzustellen, wann die Beschneidung der Farben einsetzt. Dann können Sie den Regler etwas zurücknehmen, um im Komposit-Kanal noch etwas Raum für Korrekturen zu lassen, ohne dass die Lichter ausbluten (siehe Kapitel 4). Schließlich stellte ich den Gamma-Regler im blauen Kanal ein, um mehr Gelb zuzugeben.

Präzise Korrekturen mit Gradationskurven

Die Tonwertkorrektur ist gut geeignet, um Farben in den Tiefen, Lichtern und Mitteltönen zu korrigieren. AUTO-FARBE macht im Prinzip dasselbe, nur eben automatisch. Und da AUTO-FARBE-Einstellungen sowohl in TONWERT-KORREKTUR als auch in GRADATIONSKURVEN möglich sind, können wir das letzte Beispiel auch mithilfe von Gradationskurven ausführen (siehe Abbildung 5.6).

Die Farbkorrekturen in GRADATIONSKURVEN sollten sogar noch genauer ausfallen als mithilfe der Tonwertkorrektur. Meist ergibt sich alles andere, wenn Sie erst einmal die Lichter und Tiefen korrigiert haben. Vielleicht müssen Sie die Mitteltöne noch etwas nachbessern, das ist dann alles. Dennoch gibt es viele Situationen, in denen Sie das volle Potenzial der Gradationskurven ausschöpfen möchten, um die maximale Kontrolle über die Farben in einem Bild zu haben. Werfen wir also einen Blick darauf, wie Sie mit GRADATIONSKURVEN Einstellungen vornehmen.

Um einen neuen Farbwert als Steuerpunkt in der Kurve einzufügen, klicken Sie mit gehaltener ⌘- (Strg-) Taste ins Dokumentfenster. Ein Steuerpunkt erscheint an der entsprechenden Stelle in der Kurve. Wenn Sie ⌘-⇧ (Strg-⇧) gedrückt halten und ins Dokumentfenster klicken, werden die Steuerpunkte automatisch zu allen drei Farbkanälen gleichzeitig hinzugefügt. Um also mit Kontrollpunkten das weiße Hemd in der Abbildung auf Seite 202 zu korrigieren, klickte ich mit gehaltener ⌘-⇧-Taste (Strg-⇧) auf jeden Farbaufnahmepunkt, um diese als Steuerpunkte in alle drei Kanäle im Dialog GRADATIONSKURVEN aufzunehmen. Wollen Sie diese Punkte in der Dialogbox bearbeiten, wählen Sie mittels ⇧-Klick mehrere Punkte gleichzeitig aus, um Änderungen an allen vorzunehmen. Sie heben die Auswahl aller Punkte mit ⌘-D (Strg-D) auf. Ist ein Punkt ausgewählt, können Sie den nächsten mit Ctrl-⇥ (⇥-rechte Maustaste) auswählen, den vorherigen mit Ctrl-⇧-⇥ (⇥-⇧-Rechte Maustaste).

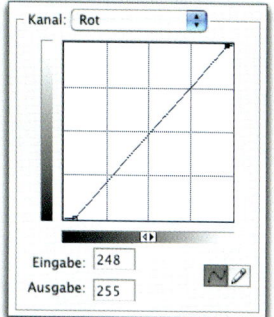

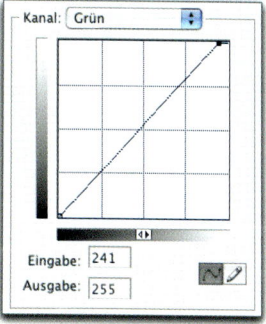

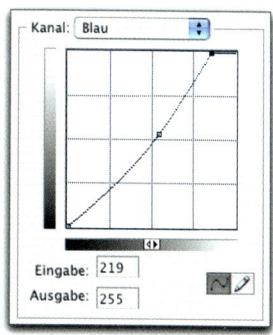

Abbildung 5.6 Wenn Sie die Bildbearbeitung der letzten Seiten lieber mit Gradationskurven statt Tonwertkorrektur vornehmen wollen, dann wenden Sie sie so auf die einzelnen Kanäle an.

1 Das obere Foto hat einen kühlen blauen Farbstich. Das ist vor allem im Hintergrund deutlich, der neutral grau sein sollte. Ich wählte aus dem Menü BILD/ANPASSEN den Befehl GRADATIONSKURVEN. In der Dialogbox konnte ich den Farbstich schrittweise entfernen, indem ich die Form der Kurve in den einzelnen Kanälen anpasste.

2 Hier sehen Sie die mit Gradationskurven korrigierte Version. Im Hauptdialog können Sie Korrekturen am Gesamtfarbkanal durchführen (in diesem Fall RGB). Ich wählte zuerst den roten Kanal aus dem KANAL-Menü und fügte einige Steuerpunkte in die Kurve ein, um die Balance für die Mitten und Lichter anzupassen. Dann fügte ich im blauen Kanal zwei Punkte in die Kurve ein. Diese Anpassungen nahm ich entsprechend des visuellen Eindrucks vor. Das nächste Beispiel zeigt, wie Sie genauere, maßgerechte Korrekturen durchführen.

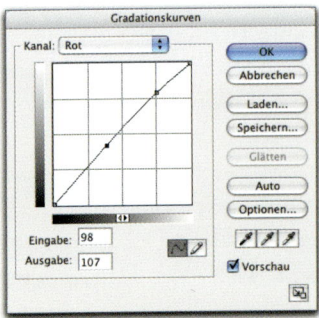

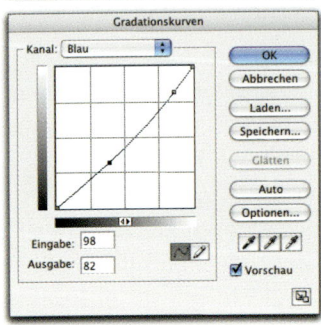

Kunde: Anita Cox Salon.

Kapitel 5
Farbkorrektur

1 Beim Fotografieren eines weißen Objekts vor einem grauen Hintergrund sind Farbstiche extrem deutlich zu erkennen. Zuerst klickte ich mit dem Farbaufnehmer an drei verschiedenen Stellen in der Jacke des Models. Mit jedem Klick wird ein neuer permanenter Farbmesspunkt gesetzt, die Werte sind in der Info-Palette abzulesen. Ich wollte so die Farbe an verschieden hellen Punkten messen, um eine genaue Einstellung der Gradationskurven zu errechnen.

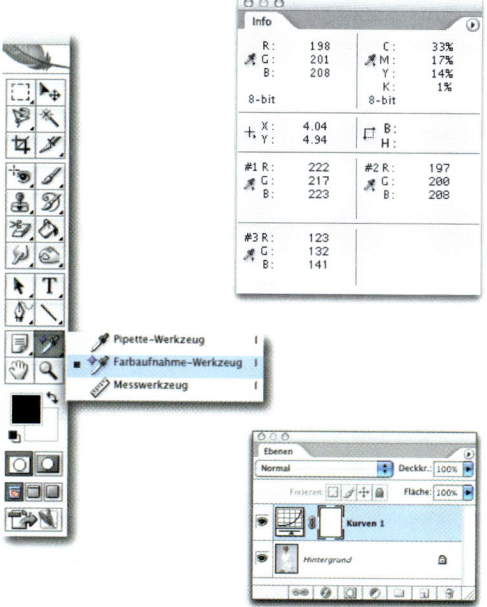

Kunde: Alta Moda. Model: Nicky Felbert @ MOT.

2 Die Farbaufnahmepunkte können wenn nötig neu positioniert werden, indem man sie mit dem Farbaufnehmer zieht (während der Arbeit in einer Dialogbox drücken Sie die ⇧-Taste, um auf den Farbaufnehmer zuzugreifen). Sobald die Messpunkte installiert waren, fügte ich eine Gradationskurven-Einstellungsebene über der Hintergrundebene hinzu. Ich öffnete den Gradationskurven-Dialog, zoomte ins Bild, um die Jacke genauer zu sehen, und klickte mit gehaltener ⌘-Taste (PC: Strg) auf jeden Aufnahmepunkt. So entstand für jeden ein entsprechender Steuerpunkt auf der Kurve jedes einzelnen Kanals.

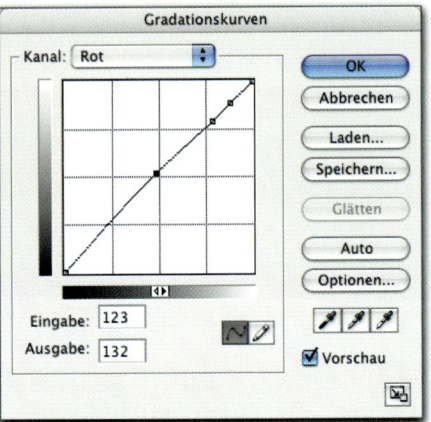

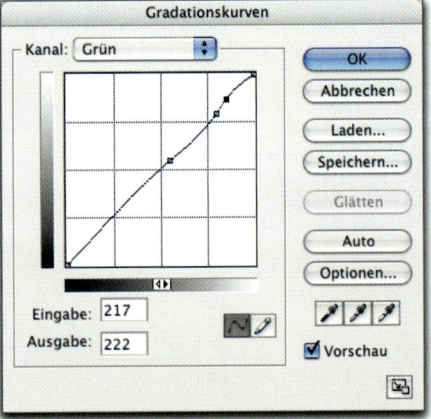

3 Hier ist ein Beispiel für eine Gradationskurveneinstellung, die mithilfe der Informationen aus der Info-Palette an den drei Kanälen vorgenommen wurde. Der erste RGB-Wert repräsentiert den Originaleingabewert. Bei jedem Punkt schaute ich die Zahlen an und entschied, welche den Mittelwert repräsentierte. Dann stellte ich die Punkte in den beiden anderen Kanälen ein. Sie können den Punkt per Hand verschieben oder die Pfeiltasten benutzen (mit ⇧+Pfeiltaste verschieben Sie ihn um 10 Werte), um den Ausgabewert auszubalancieren und mit den beiden anderen Kanälen in Übereinstimmung zu bringen.

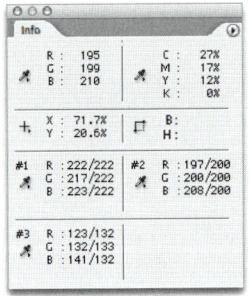

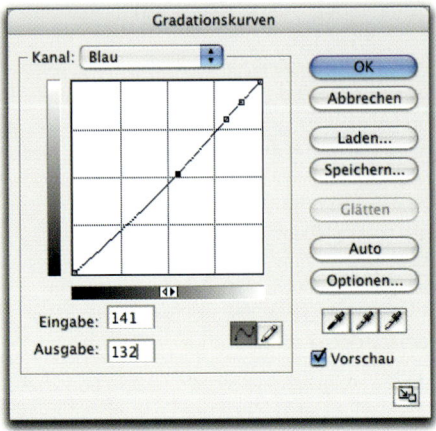

Kapitel 5
Farbkorrektur

Punkte willkürlich zuweisen – mit dem Stift

Wenn Sie im Gradationskurven-Dialog auf den Button mit dem Stift klicken, können Sie mit dem Bleistiftcursor im Raster malen und so eine Freihandkurve erstellen. Die ersten Ergebnisse sind meist ziemlich furchtbar, aber wenn Sie einige Male auf den GLÄTTEN-Button geklickt haben, erscheint die Kurve weniger ausgefranst und auch die Farbübergänge werden sanfter. Ein weiteres Beispiel für diesen Modus finden Sie in Kapitel 8 bei den Dunkelkammer-Effekten.

Kunde: Anita Cox Salon. Model: Sorcha, Bookings.

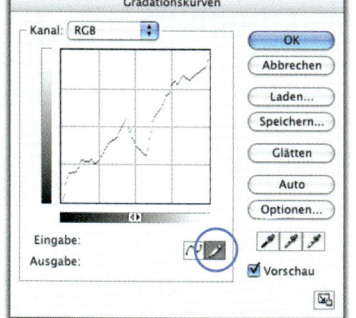

Abbildung 5.7 Wenn Sie im GRADATIONSKURVEN-Dialog auf den STIFT-Button klicken, können Sie von Hand eine Kurve zeichnen wie in dieser Abbildung. Klicken Sie auf GLÄTTEN, um einen sanfteren Effekt zu erzielen.

Farbtemperatur

Farbtemperatur ist ein Begriff, der die Erscheinung eines schwarzen Objekts bei verschiedenen Temperaturen (in Kelvin) beschreibt. Stellen Sie sich ein Stück Metall vor, das in einem Brennofen erhitzt wird. Zuerst leuchtet es rot, später gelb und schließlich weiß. Innenraum-Kunstlicht hat eine niedrige Farbtemperatur und ist wärmer als Sonnenlicht, das kühleres, blaueres Licht abgibt.

Fotofilter

Einer der Vorteile der digitalen Fotografie ist, dass die meisten Digitalkameras bei der Aufnahme einen Weißabgleich ausführen. Diese Informationen können Sie verwenden, um das Bild entweder in der Kamera oder mithilfe von Camera Raw in Photoshop automatisch weiterzubearbeiten, um eine bessere Farbbalance zu erhalten. Wenn Sie jedoch auf Farbfilm fotografieren, müssen Sie Fluktuationen in der Farbtemperatur der Beleuchtung durch den richtigen Film (Tageslicht oder Kunstlicht) ausgleichen oder durch Filter kompensieren.

FOTOFILTER finden Sie im Menü BILD/ANPASSEN und als Einstellungsebene in der Ebenen-Palette. Dieser Befehl bietet eine Reihe von Filterfarben. Aber wenn Sie auf den FARBE-Button klicken, können Sie durch einen Klick auf das Farbfeld jede beliebige Farbe auswählen und deren Dichte verändern. So stellen Sie die Filterstärke ein.

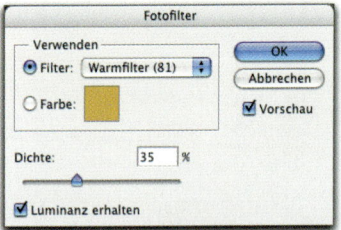

1 Dieses Foto wurde auf einem 35mm-Tageslicht-Diafilm aufgenommen, der für eine Farbtemperatur von 5500K ausbalanciert war. Zum Zeitpunkt der Aufnahme war die Farbtemperatur jedoch deutlich höher, was sich in Form eines blauen Farbstichs bemerkbar macht.

2 Um das Bild zu verbessern, wählte ich BILD/ANPASSEN/FOTOFILTER. Aus dem Popup-Menü der Filters wählte ich den voreingestellten Warmfilter (81) mit einer Dichte von 35%.

Farbe und Beleuchtung für mehrere Bilder anpassen

Den Befehl GLEICHE FARBE können Sie verwenden, um Farben aus einem Bild aufzunehmen und an die eines anderen Bilds anzupassen oder ein Objekt in einer Serie von Bildern gleich einzufärben. Zum Beispiel können Sie GLEICHE FARBE benutzen, um sicherzustellen, dass ein wichtiges Produkt auf verschiedenen Bildern einer Publikation immer in derselben Farbe dargestellt wird. Oder Sie verwenden diesen Befehl, um Farben innerhalb desselben Bilds abzugleichen. Als Beispiel möchte ich das Foto für ein Ballett-Poster heranziehen, bei dem die Farbe des Kleids an die der Pyjamas angepasst wurde.

Der Befehl GLEICHE FARBE funktioniert, indem die Bilddaten aus dem Aufnahmebild bzw. Aufnahmebereich genommen und in einen separaten, hoch genauen perzep-

1 Zuerst erzeugte ich ein Duplikat des Master-Bilds, denn ich brauchte ein Bild, aus dem ich Farben aufnehmen und eines, auf das ich die Korrekturen anwenden konnte. Im Originalbildfenster erzeugte ich eine Auswahl der Pyjamafarben, die ich aus dem Bildfenster aufnehmen wollte.

2 Im Duplikat-Fenster wählte ich das blaue Kleid der Ballerina aus. Nun gibt es in beiden Fenstern eine aktive Auswahl. Ich wählte das Fenster mit der Kopie aus und anschließend BILD/ANPASSEN/GLEICHE FARBE.

tiven Farbraum umgewandelt werden. Dieser setzt sich aus Luminanz und den beiden Farbkomponenten zusammen. Das Ziel von GLEICHE FARBE ist es, die Bildstatistik des Quellbilds oder Aufnahmebereichs auf das aktive Zielbild oder einen entsprechenden Auswahlbereich anzuwenden, so dass schließlich die Farben im Zielbild mit denen des Quellbereichs übereinstimmen.

GLEICHE FARBE kann auch sehr effektiv sein, wenn Sie zwei Aufnahmen vom selben Objekt gemacht haben und einfach die Beleuchtungsfarbe beider Bilder angleichen wollen. Bei der Angleichung unterschiedlicher Fotos ist der Befehl weniger gut geeignet, denn die Referenzquelle muss etwas mit dem Ziel gemeinsam haben.

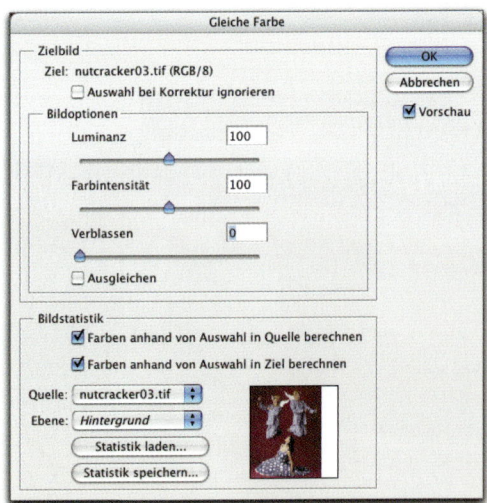

3 Der Dialog besteht aus zwei Abschnitten. Im oberen Bereich können Sie die Farbkonvertierung steuern. Im unteren Bereich wählen Sie die Quelle für die Konvertierung. Ich wählte das Originalbild als Quelle. Beachten Sie, dass wir die beiden Optionen hier eingeschaltet haben: FARBEN ANHAND VON AUSWAHL IN QUELLE BERECHNEN und FARBEN ANHAND VON AUSWAHL IN ZIEL BERECHNEN. Wenn beide Checkboxen eingeschaltet sind, sehen Sie eine Vorschau der errechneten Einstellung im Dokumentfenster des Zielbilds. Als ich das tat, stimmte die Farbe des Kleids mit der der Pyjamans überein.

Foto von Eric Richmond.

Kapitel 5
Farbkorrektur

Färben mit Gleiche Farbe

Sie können den Befehl GLEICHE FARBE auch kreativ einsetzen, um Farben aus verschiedenen Quellbildern aufzunehmen und die Statistik als Gleiche-Farbe-Voreinstellungen zu speichern (mit der Extension .sta). Diese können Sie dann wieder laden und auf völlig andere Bilder anwenden, um interessante, oft auch verrückte und unnatürliche Ergebnisse zu erzielen.

Im Abschnitt BILDOPTIONEN modifizieren Sie das Ergebnis, nachdem Sie Ziel und Quelle bestimmt haben. Die Schieberegler LUMINANZ und FARBINTENSITÄT sind nützlich, wenn Sie die Einstellung etwas abschwächen oder die Farbintensität kompensieren wollen, um zwischen zwei Bildern eine ideale Übereinstimmung zu erzielen.

Wie Sie eben im Beispiel gesehen haben, ist es meist hilfreich, die interessanten Bereiche sowohl der Quelle als auch des Ziels auszuwählen. Wenn Sie die Auswahlen auf diese Weise benutzen, müssen Sie die Optionen FARBEN ANHAND VON AUSWAHL IN QUELLE BERECHNEN und FARBEN ANHAND VON AUSWAHL IN ZIEL BERECHNEN im Dialog GLEICHE FARBE einschalten.

Schließlich kann der Befehl GLEICHE FARBE bei extremen Bildern, bei denen ein starker Farbstich auftritt, auch als Auto-Farbkorrektur benutzt werden. Wie Sie in Abbildung 5.8 sehen, ist GLEICHE FARBE auch hilfreich, wenn ein dunkelblauer/cyan Farbstich aus Unterwasserfotos entfernt werden soll. Dabei kann jedoch die allgemeine Sättigung leiden.

Abbildung 5.8 Der Befehl GLEICHE FARBE ist auch als Bildkorrekturwerkzeug sinnvoll. In diesem extremen Beispiel benutzte ich den Befehl, um den Farbstich im Unterwasserfoto mit der Option AUSGLEICHEN zu reduzieren.

213

purple-green.sta

Eine Gleiche-Farbe-Bibliothek
Wenn Sie diese Technik häufiger anwenden wollen, sollten Sie Ihre eigene Bibliothek mit Statistikeinstellungen für Gleiche Farbe anlegen. Öffnen Sie dazu einige Bilder und speichern Sie verschiedene Gleiche-Farbe-Einstellungen, die Sie dann jederzeit aufrufen und auf andere Bilder oder Auswahlen in Bildern anwenden können.

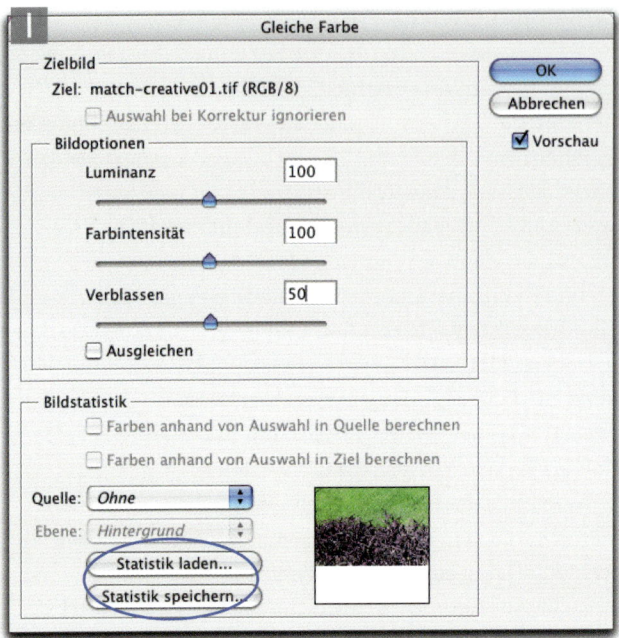

1 Gleiche Farbe kann auch als Werkzeug verwendet werden, um kreative Farbeffekte zu erzeugen. Ich öffnete ein Bild in Photoshop, wählte Bild/Anpassen/Gleiche Farbe und klickte auf den Button Statistik speichern.

2 Dann öffnete ich das Bild von Seite 199, wählte wieder den Dialog Gleiche Farbe und klickte auf Statistik laden. Ich wählte die eben gespeicherte Voreinstellung, stellte Verblassen auf 50% und klickte auf OK.

Farbton/Sättigung

Die Steuerungen im Dialog FARBTON/SÄTTIGUNG basieren auf dem HSB-Farbmodell (Farbton, Sättigung, Helligkeit), im Grunde einer intuitiven Form des Lab-Modells. Mit dem Befehl FARBTON/SÄTTIGUNG können Sie diese Bestandteile des Bilds global ändern. Oder Sie wenden die Einstellungen auf einen engeren Farbbereich an. Die beiden Spektrumleisten unten im Dialog vermitteln einen visuellen Eindruck, wie die Farben ineinander umgewandelt werden. Die Farbtonwerte basieren auf einem 360-Grad-Spektrum. Rot befindet sich in der Mitte des Reglers bei 0 Grad. Alle anderen Werte stehen in Beziehung dazu. Cyan (Komplementärfarbe von Rot) liegt bei + oder −180 Grad. Durch Verschieben des Farbtonreglers bestimmen Sie, wie den Farben im Bild neue Werte zugewiesen werden. Abbildung 5.9 zeigt extreme Beispiele, wie die Farben in einem normalen Bild nur durch den Farbtonregler verändert wurden. Während Sie den Farbtonregler bewegen, sehen Sie das Ergebnis an der Position des Farbspektrums unten im Dialog. Die Sättigungseinstellungen sind leicht zu verstehen. Ein positiver Wert erhöht die Sättigung, ein negativer reduziert sie. Außerhalb des Standard-Bearbeitungsmodus können Sie aus einem von sechs voreingestellten Farbbereichen wählen, was den Fokus der Farbton-Sättigungseinstellungen deutlich begrenzt. Wenn Sie in einem dieser speziellen Farbbereiche arbeiten, kann ein neuer Farbwert aus dem Bildfenster aufgenommen werden, der im Zentrum einer Farbton-Sättigungseinstellung liegt. Klicken Sie zusammen mit der ⇧-Taste in den Bildbereich, um etwas zur Farbauswahl hinzuzufügen, mit ⌥-⇧-Klick (PC: Alt-⇧-Klick) entfernen Sie Farben aus der Auswahl (siehe Seite 216).

Ist die Option FÄRBEN eingeschaltet, wird die Farbtonkomponente des Bilds durch Rot ersetzt (Farbtonwert = 0 Grad), die Helligkeit bleibt unverändert bei 0% und die Sättigung beträgt 25%. Manche empfehlen dieses Vorgehen, um ein farbiges Monochrombild zu erhalten, das geht aber noch besser (siehe Kapitel 8).

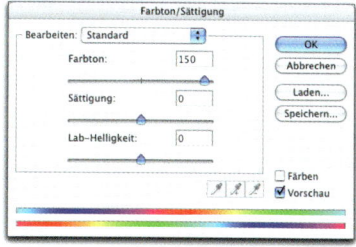

Abbildung 5.9 Dies ist ein extremes Beispiel, wie man mit FARBTON/SÄTTIGUNG das Aussehen eines Fotos radikal verändern kann. Wenn Sie den Farbtonregler nach rechts oder links schieben, werden den Palmen im Bild neue Werte zugewiesen. Einen Eindruck davon vermitteln die Farbstreifen unten im Dialog. Der obere zeigt das Originalspektrum an, der untere die Umwandlung dieser Farben in die Ausgabefarben.

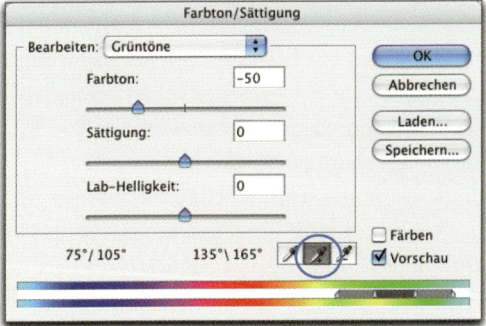

1 Das Menü Bearbeiten in der Dialogbox Farbton/Sättigung ist ab Werk auf Standard eingestellt. Jegliche Veränderungen wirken sich so auf alle Farben des Bilds aus. Sie können in diesem Menü aber auch eine andere Vorgabe wählen, um die Farbton-/Sättigungseinstellung auf bestimmte Farbbereiche einzugrenzen. Wenn ich mich für Grün entscheide, kann ich die Sättigung der grünen Farbkomponenten des Bilds erhöhen oder verringern. Außerdem kann ich die Grüntöne so ver-schieben, dass sie eher in einen gelben Farbton als in Blau übergehen.

2 Ich kann also die grünen Blätter in gelbe verwandeln und so die Jahreszeit in dem Foto ändern, indem ich den Farbtonregler nach links verschiebe. Sie können sich auch auf spezielle Farben eines Bilds festlegen. Ich klickte hier auf die Standard-Pipette und auf eins der Blätter innerhalb des Bilds, um diese Farbe zu ändern. Die zwei vertikalen Markierungen, die die Lücke in der Mitte der Schieberegler erzeugen, repräsentieren den Farbbereich, der bearbeitet wird. Die anderen Bereiche stellen den Schwellenwert der Farbauswahl dar. Anschließend erweiterte ich die Farbauswahl, indem ich die mittlere Pipette auswählte und damit innerhalb des Bilds klickte, um der Auswahl mehr Farbpunkte hinzuzufügen.

Kapitel 5
Farbkorrektur

Das Farbe-ersetzen-Werkzeug

Das Farbe-ersetzen-Werkzeug eignet sich vor allem für lokale Änderungen am Bild unter Berücksichtigung der Farbe. Die hier gezeigten Schritte wurden im Modus FARBE durchgeführt. Dadurch werden die Pixel verändert sowie die Farbe und die Sättigung durch die der Vordergrundfarbe ersetzt. Auch die Modi FARBTON und SÄTTIGUNG sind nützlich, wenn Sie die Farbkomponenten einzeln bearbeiten. Im Sampling-Modus EINMAL basiert die Farbersetzung auf dem Bereich, in den Sie

1 Es gibt unterschiedliche Möglichkeiten, die Farbe eines Objekts zu verändern. In Photoshop bietet sich Ihnen eine einfache Lösung mithilfe des Farbe-ersetzen-Werkzeugs. Ich wählte dieses Werkzeug zunächst aus der Werkzeug-Palette aus (es ist in CS2 mit dem Pinsel und dem Buntstift gruppiert).

2 Ich wollte die Hemdfarbe in diesem Bild ändern und klickte deshalb auf die Vordergrundfarbe innerhalb der Toolbox. Der Farbwähler wurde geöffnet und ich wählte als Vordergrundfarbe ein dunkles Gelb aus. Für den Modus des Werkzeugs wählte ich FARBE für den Sampling-Modus aktivierte ich die Option EINMAL Dadurch wurden die Farben basierend auf der Pixelfarbe ersetzt, auf die ich als Erstes geklickt hatte.

3 Für die Grenzen des Farbe-ersetzen-Werkzeugs wählte ich die Option AUFEINANDERFOLGEND. Dadurch war ich in der Lage, mit der Werkzeugspitze in einem Zug über den linken Bereich des Hemds zu fahren. Weil das Hemd aufgeknöpft ist, gab es keine aufeinander folgenden Pixel, so dass ich auch gleich die andere Seite hätte mit bearbeiten können. Deshalb klickte ich erneut und vervollständigte die Farbumwandlung.

Sie können auch den Befehl FARBTON/SÄTTIGUNG verwenden, um selektive Farbkorrekturen vorzunehmen. In diesem Beispiel fügte ich eine neue Farbton-/Sättigung-Einstellungsebene hinzu, wählte aus dem Popup-Menü BEARBEITEN die Option ROT und bearbeitete die roten Komponenten des darunter liegenden Bilds, damit die Hauttöne etwas gelb, weniger rot und weniger gesättigt erscheinen.

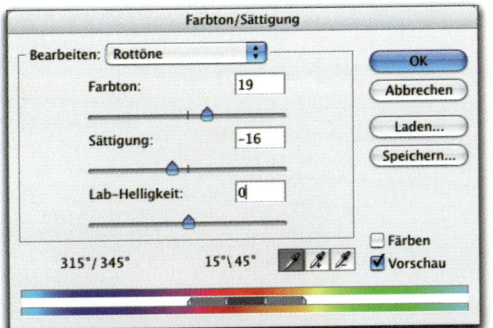

Kunde: Anita Cox salon.

zuerst geklickt haben, außerdem werden nur die Pixel innerhalb der festgelegten Toleranz bearbeitet. Wie beim Zauberstab bestimmt auch die Toleranz den Tonwertbereich der bearbeiteten Pixel. Im Sampling-Modus KONTINUIERLICH wird die aufgenommene Quelle beim Ziehen durch das Bild aktualisiert. Zuweilen erzeugt dieser Modus glattere Ergebnisse, Sie müssen beim Bewegen des Cursors allerdings darauf achten, dass Sie die zu bearbeitenden Bereiche nicht verlassen.

Sie können für das Farbe-ersetzen-Werkzeug auch Grenzen angeben. In diesem Beispiel schränkt der Modus AUFEINANDERFOLGEND das Werkzeug auf die Pixel ein, die sich innerhalb des Toleranzbereichs befinden und benachbart sind. Der Modus NICHT AUFEINANDERFOLGEND ermöglicht es Ihnen, über einzelne Pixelgruppen hinaus zu malen. Bei den Waldbildern auf Seite 216 müssten Sie das Farbe-ersetzen-Werkzeug in diesem Modus verwenden, um auf alle Blätter ähnliche Farbübergänge anzuwenden.

Farbbereich

FARBBEREICH ist kein Bildeinstellungs-, sondern ein Auswahlwerkzeug auf Farbbasis. Während der Zauberstab nur auf Basis der Luminanz auswählt, erzeugt FARBBEREICH Auswahlen basierend auf den Farbwerten, die denen des Beispielpixels ähnlich sind. Das Schöne an diesem Befehl ist, dass Sie die Toleranz im Dialog dynamisch verändern können. Der einzige Nachteil ist, dass dieses Werkzeug nur für nicht aufeinander folgende Auswahlen verwendet werden kann. Aber es ist möglich, zuerst den gewünschten Bereich auszuwählen und darin dann einen Farbbereich auszuwählen.

Wählen Sie also AUSWAHL/FARBBEREICH AUSWÄHLEN. Um eine Farbe zum ausgewählten Farbbereich hinzuzufügen, nehmen Sie die Hinzufügen-Pipette und klicken Sie ins Bildfenster. Um etwas aus der Auswahl zu entfernen, klicken Sie mit der Entfernen-Pipette ins Bild, um die Farben auszuwählen, die Sie aus der Auswahl entfernen wollen. Stellen Sie dann die Toleranz ein, um die Anzahl der ausgewählten Pixel zu erhöhen oder zu verringern. Die Auswahlvorschau im Dialogfenster kann Ohne (Standard), Maskierungsmodus (siehe Abbildung 5.10), Graustufen, Schwarze oder Weiße Basis lauten. Graustufen ist ein wirklich starker Vorschaumodus, wenn Sie im Dokumentfenster einen guten Eindruck davon haben wollen, wie der Farbbereich/die Maske aussieht.

Mit diesem Befehl können Sie u.a. auch Farben außerhalb des Farbumfangs auswählen. Das heißt, Sie können damit all die »illegalen« RGB-Farben außerhalb des CMYK-Farbumfangs auswählen und diese Pixel gezielt korrigieren. Das wird einfacher, wenn Sie die Auswahl leicht weichzeichnen und die Auswahlkanten ausblenden. Wählen Sie dann ANSICHT/FARBUMFANG-WARNUNG. Mit den Befehlen SELEKTIVE FARBKORREKTUR und FARBTON/SÄTTIGUNG nehmen Sie Korrekturen vor. Lokal können Sie die Sättigung mit dem Schwamm verringern.

Abbildung 5.10 Um den Befehl FARBBEREICH AUSWÄHLEN zu verwenden, klicken Sie im Dokumentfenster oder in der Vorschau der Dialogbox, um eine Farbe aufzunehmen, die als Basis für Ihre Auswahl dienen soll. Die Toleranzeinstellung entspricht der des Zauberstabs. Klicken Sie auf die Pipetten HINZUFÜGEN oder ENTFERNEN, um Farben aus der Auswahl zu entfernen oder welche hinzuzufügen. In der Vorschau der Dialogbox kann entweder das Original oder die Auswahl als Maske dargestellt werden.

Foto von Rod Wynne-Powell.

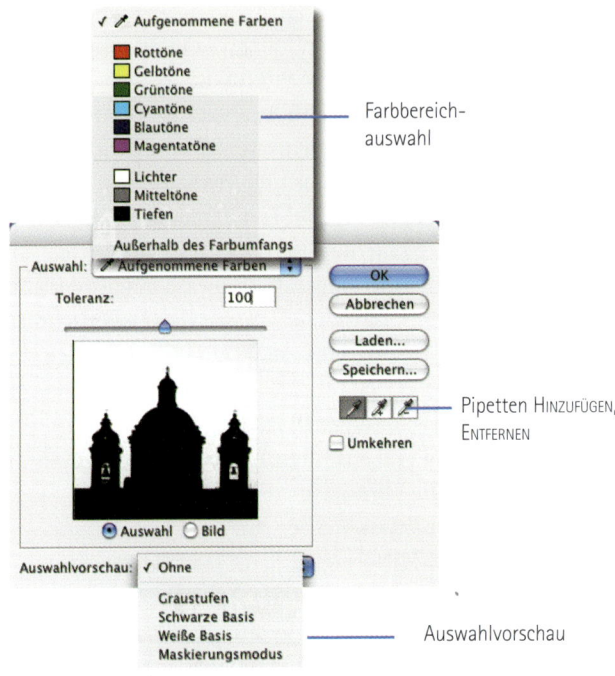

Abbildung 5.11 Der Dialog FARBBEREICH AUSWÄHLEN mit ausgeklappten Menüs und allen verfügbaren Optionen. Der Graustufen-Modus ist besonders nützlich, wenn Ihnen die Vorschau im Dialog zu winzig ist.

Abbildung 5.12 Wenn Sie ein Porträt bearbeiten, können Sie die CMYK-Werte aus der Info-Palette verwenden, um herauszufinden, ob die Hauttöne die richtige Farbe aufweisen oder nicht. Stellen Sie die Optionen der Palette so ein, dass sowohl CMYK- als auch RGB-Werte angezeigt werden. Mithilfe der Pipette sollten die Hauttöne eines hellhäutigen Menschen ein Drittel oder ein Viertel so viel Cyan wie Magenta enthalten, zudem auch ein bisschen mehr Gelb als Magenta. Schwarze Hautfarben sollten dichter sein und dieselben Anteile Cyan und Magenta enthalten, jedoch mehr Gelb als Magenta und auch ein bisschen Schwarz.

Farbe ersetzen

Der Befehl FARBE ERSETZEN ist in Wirklichkeit eine Kombination der Befehle FARBBEREICH AUSWÄHLEN und FARBTON/SÄTTIGUNG. Mit FARBE ERSETZEN können Sie einen Farbbereich auswählen, die Toleranz Ihrer Auswahl einstellen und FARBTON/SÄTTIGUNG nur auf die ausgewählten Pixel anwenden. Allerdings lässt sich die Auswahl nicht speichern. Dennoch ist der Befehl sinnvoll. Um zum Beispiel Farben außerhalb des Farbumfangs zu korrigieren, bevor Sie sie in CMYK umwandeln, können Sie damit das Vorschaubild bei aktiver Farbumfangswarnung bearbeiten.

Selektive Farbkorrektur

Dieser Befehl eignet sich eher für CMYK-Bilder. Damit können Sie die Farbbalance in den additiven und subtraktiven Primärfarben, Schwarz, Weiß und neutralen Farben fein abstimmen. Im Unterschied zu FARBTON/SÄTTIGUNG sind bei der selektiven Farbkorrektur feste Werte eingestellt, um Rot-, Grün-, Blau- und Cyan-Töne etc. auszuwählen. SELEKTIVE FARBKORREKTUR ist meist hilfreich, um CMYK-Bilder zu korrigieren, bei RGB-Bildern sind Sie mit FARBTON/SÄTTIGUNG besser bedient. Die Option RELATIV fügt proportional hinzu oder vermindert. Wenn Sie also 40% Cyan haben und RELATIV 10% hinzufügen, erhalten Sie 44% Cyan. Durch Hinzufügen eines absoluten Werts von 10% erhielten Sie 50% Cyan.

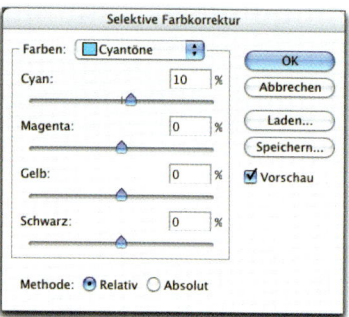

Abbildung 5.13 Der Dialog SELEKTIVE FARBKORREKTUR

Außerhalb des Farbumfangs korrigieren

Wenn die Farben in einem Bild zu stark gesättigt sind und bei der Umwandlung in CMYK wahrscheinlich beschnitten werden, probieren Sie eine neue Ansicht aus und wählen Sie ANSICHT/FARBUMFANG-WARNUNG. Setzen Sie dann FARBTON/SÄTTIGUNG ein. Während Sie die Farben in den Farbumfang zurückholen, verschwindet die Warnung.

Abbildung 5.14 Farbkorrekturen von Farben außerhalb des Farbumfangs erreichen Sie, indem Sie mit FARBTON/SÄTTIGUNG selektiv diese Farben bearbeiten. Die hier gezeigte Farbumfangwarnung hilft Ihnen herauszufinden, welche Farben weiter außerhalb des Farbumfangs liegen. Sie erfahren zwar, welche Farben das sind, aber nicht, wie stark sie abweichen. Dazu ist ein Soft-Proof (Kapitel 13) besser geeignet.

Wichtige Korrekturwerkzeuge

Ich hoffe, dieses und die vorherigen Kapitel konnten Ihnen die Grundlagen der Bildeinstellungen und Farbkorrekturen gut vermitteln. Sie haben im Menü BILD/ANPASSEN die Wahl aus vielen Werkzeugen. Einige dieser Hilfsmittel tun jedoch im Grunde dasselbe. In vielen Fällen benutzen Sie lediglich jeweils eine andere Oberfläche, um die Bildpixel zu verändern. Und Sie wissen jetzt auch, welche Werkzeuge die wichtigsten sind. Müsste ich mich für die vier wichtigsten entscheiden, so wären das (in absteigender Reihenfolge): TONWERTKORREKTUR, GRADATIONSKURVEN, FARBTON/SÄTTIGUNG, TIEFEN/LICHTER. Der einzige Befehl, den ich bisher nicht besprochen habe, ist der KANALMIXER. Diesen benutze ich vor allem für die Umwandlung von Farbbildern in Schwarzweißbilder, deshalb erkläre ich ihn bei den Dunkelkammertechniken in Kapitel 8 genauer.

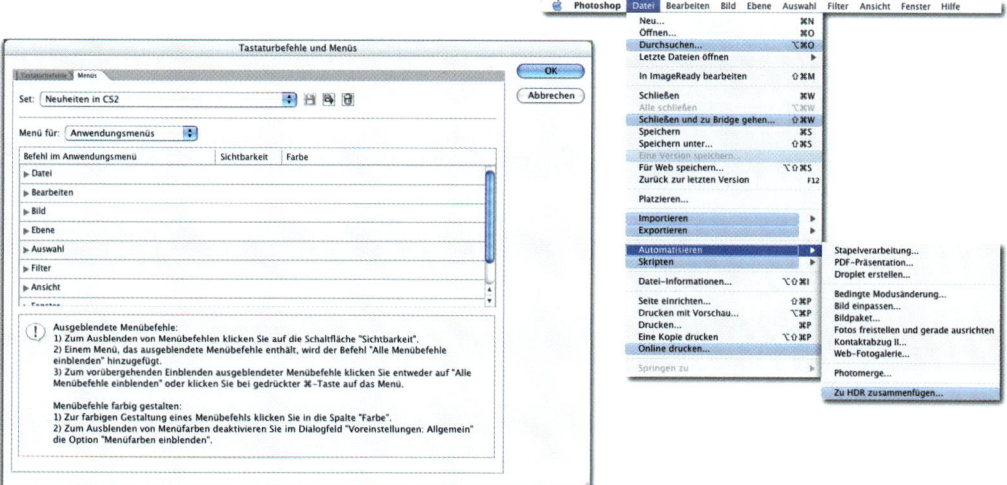

Abbildung 5.15 In Photoshop CS2 können Sie die Anzeige der Photoshop-Menüs anpassen. Wählen Sie BEARBEITEN/TASTATURBEFEHLE, um die Dialogbox TASTATURBEFEHLE UND MENÜS zu öffnen. Hier können Sie eigene Menülayouts erstellen und beispielsweise Farbcodierungen verwenden oder weniger wichtige Befehle ausblenden. Ich wählte hier die Einstellung FENSTER/ARBEITSBEREICH/NEUHEITEN IN CS2.

Kapitel 6

Reparatur-arbeiten

Die meisten Fotografen wollen Photoshop als Werkzeug für die Bildretusche verwenden. Deshalb zeige ich Ihnen in diesem Kapitel einfache Techniken zum Klonen und anschließend auch noch ein paar fortgeschrittenere Techniken, mit denen Sie beschädigte Fotos reparieren können. Der Kopierstempel ist ein sehr beliebtes Retuschewerkzeug, auch wenn er manchmal etwas schwieriger anzuwenden ist. Der Reparatur-Pinsel und das Ausbessern-Werkzeug machen die Retusche mit Photoshop zu einem Kinderspiel. Mit dem Reparatur-Pinsel erzielen Sie wirklich beeindruckende Ergebnisse!

Einfache Methoden zum Kopieren

Der Kopierstempel und der Reparatur-Pinsel sind die nützlichsten Werkzeuge zu Beginn einer Retuschesession. Die beiden Werkzeuge funktionieren sehr ähnlich. Halten Sie die ⌥-Taste (PC: ALT) gedrückt und klicken Sie in einen Bereich, den Sie kopieren wollen (die Quelle). Lassen Sie anschließend die Taste los und bewegen Sie den Cursor an die Stelle, die überarbeitet werden soll. Jetzt müssen Sie nur noch mit der Maus klicken oder ziehen. Wenn in der Optionsleiste die Option AUSGERICHTET aktiviert ist, behält der aufgenommene Bereich seinen ursprünglichen Winkel und Abstand bei. Ist diese Option nicht aktiv, wird der aufgenommene Punkt für jeden einzelnen Pinselstrich fixiert.

Ich verwende den Kopierstempel lieber im Modus AUSGERICHTET, den Reparatur-Pinsel jedoch nicht. Wenn ich mit dem Kopierstempel arbeite, will ich Winkel und Abstand gerne beibehalten, ein paar Bereiche bearbeiten und dann einen neuen Quellpunkt festlegen. Arbeite ich mit dem Reparatur-Pinsel, deaktiviere ich diese Option, um einen Quellpunkt wählen zu können, der die optimale Struktur enthält.

Wie bei allen anderen Malwerkzeugen können Sie auch bei diesen Werkzeugen die Größe, Form und Deckkraft der Pinselspitze an Ihre Bedürfnisse anpassen. Während Sie es bei anderen Malwerkzeugen vielleicht hilfreich finden, mit unterschiedlichen Kombinationen der Einstellungen zu arbeiten, funktioniert das beim Kopierstempel nicht. Üblicherweise werden Sie eine feine bis mittlere Werkzeugspitze verwenden. Wenn Sie Bereiche mit leichten Tonwertverläufen retuschieren, lässt es sich meist nicht vermeiden, dass man die Retusche hinterher auch sieht – es sei denn, der aufgenommene Bereich und der Zielbereich haben den gleichen Farbton und die gleiche Helligkeit. In diesen Situationen sollten Sie lieber den Reparatur-Pinsel verwenden, auf den ich später in diesem Kapitel noch etwas genauer eingehe.

Alle Ebenen einbeziehen

Die Option ALLE EBENEN EINBEZIEHEN ist nützlich, wenn Sie sichergehen wollen, dass die Retuschearbeit auf einer separaten Ebene angewendet wird. Erstellen Sie zunächst eine neue, leere Ebene über der Hintergrundebene, wählen Sie den Kopierstempel aus und aktivieren Sie in der Optionsleiste die Checkbox ALLE EBENEN EINBEZIEHEN. Vergewissern Sie sich, dass die neue, leere Ebene aktiv ist. So können Sie ein Bild bearbeiten, ohne die darunter liegende Ebene zu beeinflussen. So können Sie einem Kunden beispielsweise auch zeigen, wie viel Retuschearbeit bei einem Bild notwendig war.

Abbildung 6.1 Für Retuschearbeiten, bei denen Sie mit einem der Malwerkzeuge arbeiten müssen, ist ein Grafiktablett wie dieses von Wacom ein absolutes Muss.

Kapitel 6
Reparaturarbeiten

1 In der Optionsleiste sehen Sie die Optionen des Kopierstempels – die Checkbox Ausgerichtet ist automatisch aktiviert. Die Deckkraft beließ ich bei 100%.

2 Mit gedrückter ⌥-Taste (PC: Alt) klickte ich ganz unten auf den Baumstamm links, verschob den Cursor dann etwas nach links unten, um den aufgenommenen Bereich dorthin zu kopieren. Die Eigenschaften des Quellpunkts bleiben erhalten, bis Sie eine neue Quelle auswählen.

3 Ist die Checkbox Alle Ebenen einbeziehen aktiviert, werden Daten aus allen sichtbaren Ebenen aufgenommen, als gäbe es nur eine einzelne Ebene. Durch das Hinzufügen einer neuen Ebene zu Beginn war ich in der Lage, die Retuschearbeit auf einer separaten Ebene zu verrichten.

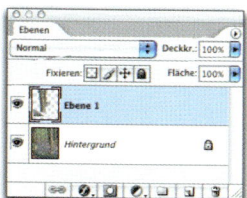

Abbildung 6.2 Sie können den Himmel als Quellpunkt aufnehmen und in ein anderes Bild kopieren. Drücken Sie die ⌥-Taste (PC: Alt) und klicken Sie mit dem Kopierstempel in den Quellbereich (den Himmel). Aktivieren Sie das andere Bildfenster und klicken Sie, um den Bereich zu kopieren.

Einstellungen für den Kopierstempel

Ich wähle für die Deckkraft eigentlich immer eine Einstellung von 100%. Wenn Sie mit einer geringeren Deckkraft kopieren, hinterlässt das im Bild verräterische Spuren. Ist Filmkörnung im Bild sichtbar, kann das zu einer undeutlichen Überlappung der Struktur führen und der retuschierte Bereich sieht dann weichgezeichnet oder misslungen aus. Falls Sie Hautschatten oder Schönheitsfehler korrigieren wollen, empfehle ich Ihnen eine Deckkraft von 50% oder weniger. Beim Retuschieren heller, weich konturierter Bereiche klappt das auch, ansonsten können Sie hier auch 100% verwenden. Aus denselben Gründen sollten Sie den Kopierstempel nicht mit zu weichen Kanten verwenden, nehmen Sie lieber etwas härtere Kanten.

Abbildung 6.3 Ist der Kopierstempel ausgewählt und die Checkbox AUSGERICH-TET deaktiviert, bleibt der Quellpunkt statisch. Mit jedem Klick erstellen Sie eine Kopie derselben aufgenommenen Bilddaten.

Fleckentfernung mit dem Protokoll-Pinsel

Diese Methode zum Entfernen von Flecken aus einem Foto wurde aus einer Technik entwickelt, die zuerst von Russel Brown beschrieben wurde. Er ist Senior Creative Director im Adobe-Photoshop-Team. Diese Technik nutzt den Filter STAUB UND KRATZER, den Sie unter FILTER/STÖRUNGSFILTER finden. Wenn der Filter auf das gesamte Bild angewendet wird, sieht das Ergebnis sehr weich aus. Aber eigentlich sollten Sie diesen Filter nur gezielt auf einzelne Bildbereiche anwenden. Die Technik, die ich Ihnen hier zeige, hat den Vorteil, dass die gefilterten Informationen mit dem Protokoll-Pinsel nur auf Pixel angewendet werden, die zu dunkel oder zu hell erscheinen. Die Tonwerte im restlichen Bild werden dabei nicht angegriffen.

Diese Methode funktioniert bei stark beschädigten Bildern sehr gut. Wirklich clever ist die Tatsache, dass der Protokoll-Pinsel im Modus AUFHELLEN oder ABDUNKELN verwendet wird, so dass Sie Photoshop nur spezielle Pixel ersetzen lassen können. Sollte das Originalfoto jedoch deutliche Filmkörnung aufweisen, könnte es etwas problematisch werden. Um dem entgegenzuwirken, sollten Sie dem Bild nach der Anwendung des Filters STAUB UND KRATZER einfach ein paar Störungen hinzufügen. Fügen Sie so viele Störungen hinzu, dass sich diese an die Körnung des Originals anpassen (normalerweise sind das 2 bis 3%). So erzielen Sie respektable Ergebnisse.

1 Dieses Foto ist ein gutes Beispiel, um Ihnen die Technik mit dem Protokoll-Pinsel zu demonstrieren, denn in diesem Bild gibt es viele deutlich sichtbare Kratzer.

2 Ich wählte Filter/Störungsfilter/Staub und Kratzer. In der Vorschau der Dialogbox konnte ich sehen, wie sich die Einstellungen Stärke und Schwellenwert auf das Bild auswirken. Sobald das Ergebnis gut aussah, klickte ich auf OK, um den Filter anzuwenden.

3 Abschließend klickte ich in der Protokoll-Palette auf den ungefilterten Zustand des Bilds, stellte als Quelle für den Protokoll-Pinsel jedoch die gefilterte Version ein. Ich aktivierte den Protokoll-Pinsel und änderte den Modus in Aufhellen. Als ich über die dunklen Punkte malte, wurden nur die Pixel aufgehellt, die heller als der aufgenommene Protokollschritt waren. Andere Pixel blieben unangetastet.

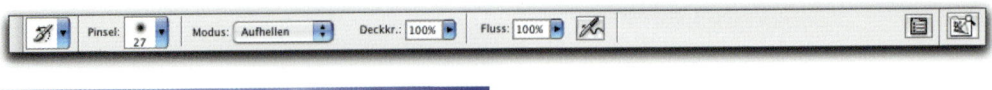

4 Ich arbeitete weiter mit dem Protokoll-Pinsel. Um Lichtflecken zu entfernen, änderte ich die Füllmethode des Werkzeugs in Abdunkeln und entfernte dunkle Störungen.

Der Reparatur-Pinsel

Der Reparatur-Pinsel wird wie der Kopierstempel verwendet, er ist jedoch mehr als nur ein magischer Kopierstempel und hat ganz eigene Charakteristiken. Auch wenn er dem Kopierstempel also ähnlich ist, müssen Sie diese Unterschiede bei der Arbeit mit dem Reparatur-Pinsel beachten. Klicken Sie mit gedrückter ⌥-Taste (PC: Alt) in einem Bildbereich, um diesen als Quelle aufzunehmen. Lassen Sie anschließend die Taste los und bewegen Sie den Cursor an die Stelle, die Sie bearbeiten wollen. Klicken oder ziehen Sie hier einfach mit der Maus.

Der Reparatur-Pinsel spielt seine wahre Stärke aus, indem er aus der Quelle auch die Struktur mit aufnimmt und diese mit der Farbe und Luminanz des Ziels mischt. Damit der Reparatur-Pinsel richtig funktioniert, müssen Sie immer darauf achten, welche Pixel sich um das Ziel herum befinden. Um den Rand des Werkzeugs wird eine weiche Auswahlkante mit einem Radius von 10% verwendet, um einen weichen Farb- und Luminanzübergang zu den Pixeln außerhalb des überarbeiteten Bereichs zu erzeugen. Sie brauchen deshalb keine weiche Werkzeugspitze zu verwenden – die Kontrolle über die Ergebnisse ist sogar besser, wenn Sie mit einer harten Werkzeugspitze arbeiten.

Wenn Sie verstanden haben, wie der Reparatur-Pinsel funktioniert, werden Sie auch verstehen, warum er manchmal nicht so funktioniert wie geplant. Wenn Sie den Reparatur-Pinsel zu dicht an einer Kante anwenden, an der sich die Tonwerte deutlich verändern, werden die Pixel vermischt und die Retusche ist offensichtlich. Achten Sie bei der Arbeit mit dem Reparatur-Pinsel also auf dieses Phänomen. Sie können sich aber auch entsprechend darauf vorbereiten, indem Sie beispielsweise eine Auswahl von dem Bereich erstellen, den Sie bearbeiten wollen. Nutzen Sie dafür das Lasso oder erstellen Sie einen Zeichenpfad, den Sie anschließend in eine Auswahl umwandeln.

Einstellungen für den Reparatur-Pinsel

Standardmäßig ist die Checkbox AUSGERICHTET deaktiviert. Das ergibt auch durchaus Sinn, denn wenn Sie mit dem Reparatur-Pinsel die Struktur aus einem Bereich aufnehmen und in andere Bereiche kopieren, soll wahrscheinlich immer dieselbe Quelle verwendet werden.

Alle Ebenen einbeziehen

Wenn Sie die Checkbox ALLE EBENEN EINBEZIEHEN aktivieren, können Sie den Reparatur-Pinsel auf eine separate Ebene anwenden. Seien Sie jedoch gewarnt: Wenn Sie mit großen Bildern im 16-Bit-Modus arbeiten, sinkt die Leistungsfähigkeit von Photoshop rapide. Sie benötigen also einen schnellen Computer, um alle Vorteile nutzen zu können.

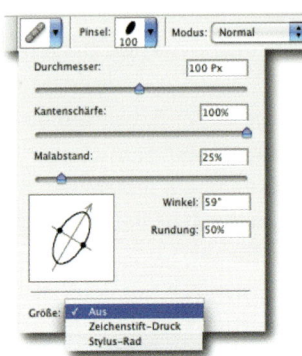

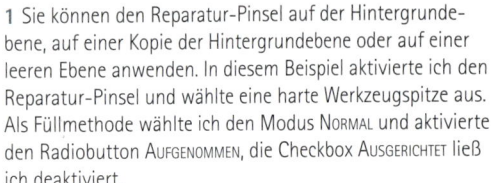

1 Sie können den Reparatur-Pinsel auf der Hintergrundebene, auf einer Kopie der Hintergrundebene oder auf einer leeren Ebene anwenden. In diesem Beispiel aktivierte ich den Reparatur-Pinsel und wählte eine harte Werkzeugspitze aus. Als Füllmethode wählte ich den Modus NORMAL und aktivierte den Radiobutton AUFGENOMMEN, die Checkbox AUSGERICHTET ließ ich deaktiviert.

2 Klicken Sie mit gedrückter ⌥-Taste (PC: Alt), um den Quellbereich aufzunehmen – es sollte ein sauberer Bereich sein. Ich klickte hier in die Bereiche, in denen ich kleine Schönheitsfehler entfernen wollte. Wenn Sie mit einem drucksensitiven Zeichentablett arbeiten, ist die Werkzeugspitze auch größensensitiv. Ich wendete einen leichten Druck mit einer kleinen Werkzeugspitze an. Für eine größere Werkzeugspitze drückte ich stärker auf.

3 Ich fuhr mit dem Reparatur-Pinsel fort, um die Retuschearbeit zu vervollständigen. Ich nahm einen Quellpunkt für den Hals und die Brust auf und einen für das Gesicht.

Kunde: Thomas McMillan.
Model: Sophie Boeson @ Models One.

Kanten besser reparieren

Da der Reparatur-Pinsel die äußeren Kanten überblendet, können Sie Reparaturen noch verbessern, indem Sie den Umfang vergrößern. Die folgende Technik stammt von Russel Brown, der sie sich von einem der Teilnehmer seiner Seminare hat zeigen lassen.

Wenn Sie die Spitze des Reparatur-Pinsels in eine Ellipse umwandeln, können Sie bessere Kanten erzeugen, die die Retusche noch besser verschleiern. Ich habe zwei Erklärungen, warum das funktioniert. Erstens erzeugt eine elliptische Werkzeugspitze einen größeren Abstand zur Kante. Das bedeutet, dass bei der Berechnung mehr Pixel aufgenommen werden. Zweitens ist der Winkel der Werkzeugspitze nicht immer derselbe, sondern er variiert. Versuchen Sie also, die Form der Werkzeugspitze zu verändern. Sobald Sie mit einer elliptischen Spitze arbeiten, werden Sie sehen, was ich meine.

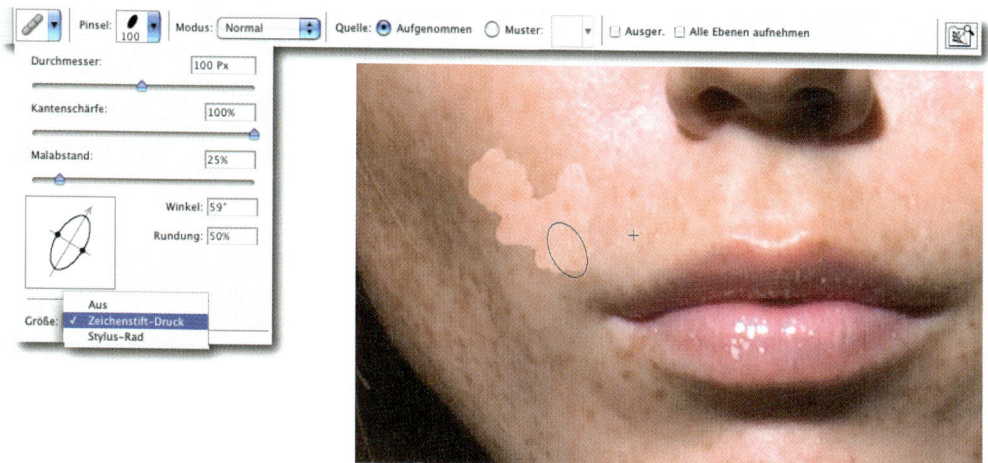

Abbildung 6.4 Um die Form und Härte der Werkzeugspitze anzupassen, klicken Sie in der Optionsleiste auf den blauen Pfeil neben dem Wort Pinsel. Wählen Sie für Kantenschärfe 100% und ziehen Sie an den Griffpunkten, um eine elliptische Form zu erzeugen. Beachten Sie, dass der Zeichenstiftdruck bei Verwendung eines Grafiktabletts standardmäßig mit der Größe der Werkzeugspitze verbunden ist.

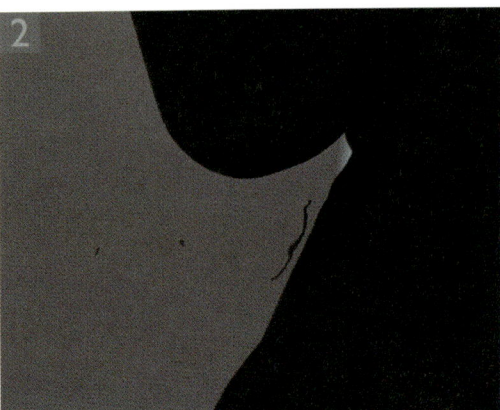

1 Der Reparatur-Pinsel ist das perfekte Retuschewerkzeug, wenn Sie Störungen vor einem Hintergrund wie diesem hier entfernen müssen. Mit dem Kopierstempel wäre diese Aufgabe sehr, sehr schwierig.

2 Wenn Helligkeits- oder Farbunterschiede auftreten, wird die Retusche deutlich schwieriger und es kann zu Problemen kommen.

3 In diesem Bild erkennen Sie, dass auch mit dem Reparatur-Pinsel und einer kleinen, harten Werkzeugspitze Pixel aus dem Kleid des Models mit aufgenommen werden und solche unschönen Schatten entstehen wie im Bild zu sehen.

4 Erstellen Sie deshalb vorher eine Auswahl von dem Bereich, den Sie reparieren wollen – so schränken Sie den Bereich ein, den der Reparatur-Pinsel analysiert.

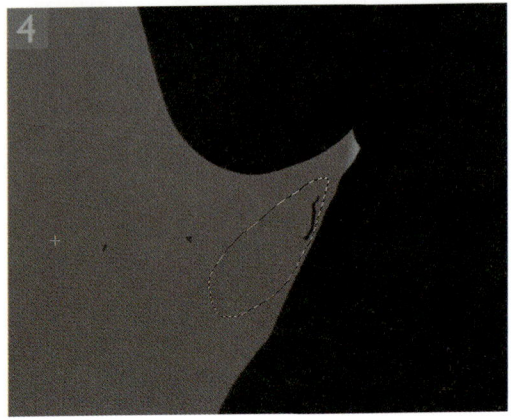

Kunde: Anita Cox. Model: Steph at IMG.

Bereichsreparatur-Pinsel

Der Bereichsreparatur-Pinsel ist neu in Photoshop CS2 – es handelt sich hierbei um ein Reparatur-Werkzeug, das ursprünglich aus Photoshop Elements 3.0 stammt. Dieses Werkzeug ist zwar vielleicht nicht so vielseitig einsetzbar wie der Reparatur-Pinsel, oftmals jedoch leichter anwendbar. Sie müssen das Werkzeug einfach nur aktivieren und auf den Schönheitsfleck klicken, den Sie entfernen wollen. Der Bereichsreparatur-Pinsel nimmt die notwendigen Pixel automatisch auf und repariert den Bereich.

Es gibt zwei Modi für das Werkzeug: NÄHERUNGSWERT und STRUKTUR ERSTELLEN. Der erste analysiert die Daten um den Bereich, den Sie bearbeiten wollen, um den besten Bereich zu finden, aus dem er die Pixeldaten aufnehmen kann. Diese werden dann verwendet, um die defekten Pixeldaten zu ersetzen. Mit dem Werkzeug können Sie schnell und einfach kleine Schönheitsflecken entfernen. Wollen Sie größere Bereiche reparieren, erzielen Sie bessere Ergebnisse, wenn Sie eine Werkzeugspitze wählen, die kleiner ist als der defekte Bereich. Weil das Werkzeug so intelligent ist und sich in der Umgebung nach passenden Pixeldaten umsieht, sollten Sie die Pinselstriche immer nach innen ziehen (von dem Bereich, in dem sich die besten Pixeldaten befinden, weg).

Der Modus STRUKTUR ERSTELLEN funktioniert etwas anders. Die Daten um den Bereich, den Sie reparieren wollen, werden eingelesen – so wird aus den aufgenommenen Daten eine Struktur erzeugt. Der wesentliche Unterschied zwischen beiden Modi besteht darin, dass bei NÄHERUNGSWERT die aktuellen Pixel repariert und gemischt werden, während bei STRUKTUR ERSTELLEN ein Muster erzeugt und verwendet wird.

Das Standard-Reparatur-Werkzeug

Der Bereichsreparatur-Pinsel ist das Standard-Reparatur-Werkzeug. Wenn Sie das erste Mal die ⌥-Taste (PC: Alt) gedrückt halten, um einen Quellpunkt aufzunehmen, erscheint eine Warnmeldung, dass Sie mit diesem Werkzeug keine Quelle festlegen müssen. Sie können stattdessen zum normalen Reparatur-Pinsel wechseln.

Abbildung 6.5 Im Modus NÄHERUNGSWERT funktioniert der Bereichsreparatur-Pinsel, indem er automatisch nach den besten Pixeln sucht, die er aufnehmen und für die Reparatur verwenden kann. Wenn Sie mit dem Werkzeug größere Bereiche reparieren wollen, sollte möglichst viel Struktur verwendet werden, damit das Werkzeug besser ahnen kann, aus welchem Bildbereich Sie die Pixel aufnehmen wollen.

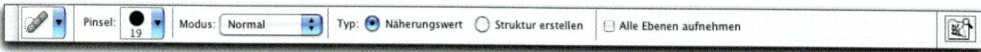

Abbildung 6.6 Die Optionsleiste des Bereichsreparatur-Pinsels

Die Modi QUELLE und ZIEL

Im Modus ZIEL können Sie den ausgewählten Bereich mit dem Ausbessern-Werkzeug auf ein neues Ziel ziehen. Photoshop nimmt dabei Berechnungen vor, um den aufgenommenen Bereich mit den darunter liegenden Pixeln im neuen Ziel zu mischen. Im Modus QUELLE können Sie die Auswahl verschieben, um Pixel auszuwählen, die die in der Originalauswahl ersetzen. Der Button MUSTER VERWENDEN ermöglicht es Ihnen, einen ausgewählten Bereich mit einem Muster zu füllen.

Das Ausbessern-Werkzeug

Das Ausbessern-Werkzeug bedient sich für die Berechnung derselben komplexen Algebra wie auch der Reparatur-Pinsel, nur dass das Ausbessern-Werkzeug mit Bereichen arbeitet, die durch eine Auswahl festgelegt wurden. Es nutzt in der Regel den Lasso-Auswahlmodus, um einen Bereich festzulegen, der zum Ausbessern verwendet werden soll. Sie können beispielsweise die ⌥-Taste (PC: Alt) gedrückt halten, um das Werkzeug vorübergehend in das Polygon-Lasso zu verwandeln und gerade Linien zu zeichnen. Sie müssen die Auswahl auch nicht unbedingt mit dem Ausbessern-Werkzeug erstellen, sondern können auch ein beliebiges anderes Auswahlwerkzeug oder eine Auswahlmethode verwenden. Nachdem Sie die Auswahl erstellt haben, müssen Sie dann nur das Ausbessern-Werkzeug aktivieren. Wie bei den Reparatur-Werkzeugen können Sie auch hier auf der Hintergrundebene oder einer Kopie der Hintergrundebene arbeiten. Einer der Vorteile ist, dass Sie den ausgewählten Bereich im Quell- und im Zielmodus betrachten können, während Sie die Auswahl festlegen.

1 Das Ausbessern-Werkzeug funktioniert ähnlich wie der Reparatur-Pinsel. Anhand dieses Bilds kann ich ihnen zeigen, dass das Ausbessern-Werkzeug im Modus QUELLE verwendet werden kann, um die Metallklammern zu überdecken, die den riesigen Topf zusammenhalten. Wenn Sie das Ausbessern-Werkzeug aktivieren, können Sie es wie das Lasso verwenden, um eine Auswahl zu erstellen. Sie halten beispielsweise die ⌥-Taste gedrückt (PC: Alt), um vorübergehend das Polygon-Lasso zu aktivieren. Sie können aber auch eine der anderen Methoden verwenden, um eine Auswahl zu erstellen.

Kapitel 6
Reparaturarbeiten

2 Nachdem ich die Auswahl erstellt hatte, aktivierte ich das Ausbessern-Werkzeug bzw. ich vergewisserte mich, dass es aktiv war, und zog innerhalb der Auswahl, um diese auf einen Bereich zu verschieben, dessen Struktur ich aufnehmen wollte.

3 Nach dem Loslassen der Maus errechnete Photoshop einen Übergang, indem es die Pixel aus dem Quellbereich analysierte und diese nutzte, um sie nahtlos mit den Pixeln der Originalauswahl zu mischen.

4 War das Ausbessern/die Reparatur erfolgreich, sollten die Übergänge nahtlos sein. Die Pixel, die Sie als Quelle ausgewählt haben, passen sich in Luminanz und Farbe an den Originalbereich an. Ein 100% perfektes Ergebnis werden Sie jedoch trotzdem niemals erzielen. In diesem Beispiel benötigte ich mehrere Anläufe, um die passende Auswahl zu finden. Außerdem müssen Sie hier, wie auch beim Kopierstempel, aufpassen, dass keine sich wiederholenden Muster entstehen, die leicht erkennen lassen, dass das Bild bearbeitet wurde. Abschließend malte ich noch einige Pinselstriche mit dem Reparatur-Pinsel.

237

1 Das Ausbessern-Werkzeug verwendet dieselben Berechnungen wie der Reparatur-Pinsel. Anhand dieses Bilds will ich Ihnen zeigen, wie Sie das Ausbessern-Werkzeug im Modus ZIEL verwenden, um das Fischerboot zu klonen.

2 Ich verwendete das Ausbessern-Werkzeug, um eine grobe Auswahl des Boots zu erstellen. Das Werkzeug verhält sich dabei wie das Lasso – um gerade Linien zu zeichnen, drücken Sie einfach die ⌥-Taste (PC: Alt). Sie können die Auswahl aber auch mit jedem anderen Werkzeug erstellen.

3 Ich vergewisserte mich, dass der Modus ZIEL aktiv war. Mit der fertigen Auswahl drückte ich ⌘-⌥-T (PC: Strg-Alt-T), um die Auswahl zu kopieren und gleichzeitig einen Frei-transformieren-Rahmen zu erstellen. Anschließend zog ich die Auswahl an ihren neuen Standort. In diesem Beispiel zog ich das Boot einfach direkt nach rechts, zentrierte den Mittelpunkt am Horizont und hielt die Tasten ⇧-⌥ (PC: ⇧-Alt) gedrückt, um das Bild zu skalieren, damit das Boot kleiner ist als das erste und weiter weg erscheint.

4 Anschließend drückte ich ↵, um die Transformation anzuwenden. Ich platzierte den Cursor des Ausbessern-Werkzeugs innerhalb der Auswahl und verschob sie etwas. Wenn Sie diesen Schritten folgen und die kopierte Auswahl loslassen, berechnet das Werkzeug, wie die Auswahl mit den darunter liegenden Pixeln kombiniert werden muss. So entsteht ein weicher Übergang. Bei Objekten wie diesen funktioniert das Ausbessern-Werkzeug bestens, da Meer und Himmel einen weichen Hintergrund bilden.

Foto von Thomas Fahey.

Kapitel 6
Reparaturarbeiten

Strategien für den Reparatur-Pinsel

Sie dürfen als Quelle für den Reparatur-Pinsel oder das Ausbessern-Werkzeug auch ein Muster verwenden – eine Vorgabe oder ein eigens erstelltes Muster. Der Filter MUSTERGENERATOR ist für diese Zwecke ideal, denn Sie brauchen nur einen kleinen Bereich aufzunehmen, um daraus ein willkürliches Muster zu erzeugen und damit dann einen größeren Bildbereich zu reparieren. Im folgenden Beispiel sehen Sie, wie Sie den Reparatur-Pinsel und das Ausbessern-Werkzeug nutzen, um ein etwas komplizierteres Problem zu lösen. Obwohl die beiden Werkzeuge hierfür wie geschaffen sind, musste ich vorher ganz genau überlegen, wie ich sie einsetzen würde. Außerdem benötigte ich für ein paar Vorarbeiten den Kopierstempel – besonders in den Bereichen, in denen die zu reparierenden Bereiche an den Dokumentrahmen anstoßen.

Füllmethoden für den Reparatur-Pinsel

Für den Reparatur-Pinsel können Sie verschiedene Füllmethoden verwenden. Der Modus ERSETZEN entspricht dem Kopierstempel, mit der Ausnahme, dass Sie Filmkörnung an den Kanten des Pinsels glaubwürdiger und weicher mischen können. Der Reparatur-Pinsel verwendet eine ganz spezielle Form der Bildmischung bei seiner Arbeit. Mit den anderen Füllmethoden erzielen Sie unterschiedliche Ergebnisse. Ich finde sie aber nicht unbedingt besser als den Modus NORMAL.

1 Lassen Sie uns überlegen, wie die freiliegenden Mauersteine in diesem Bild abgedeckt werden können, damit nur der Putz sichtbar ist. Einige der Bereiche sind für das Ausbessern-Werkzeug zu groß. Beachten Sie deshalb die drei Pfade, die ich erstellte, um einige der Bereiche festzulegen, die an die Außenkanten der Kaktusblätter anschließen. Diese Pfade verwende ich im folgenden Schritt weiter. Zunächst wandelte ich Pfad 2 in eine Auswahl um, indem ich ihn in der Pfade-Palette auf den Button PFAD ALS AUSWAHL LADEN zog.

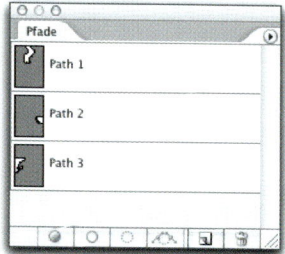

2 Anschließend verwendete ich die Auswahl, um die Pixel in eine neue Ebene zu kopieren. Wählen Sie EBENE/NEU/EBENE DURCH KOPIE ([⌘]-[J] [PC: [Strg]-[J]]). In der Ebenen-Palette klickte ich auf den Button TRANSPARENTE PIXEL FIXIEREN und aktivierte in der Werkzeug-Palette den Kopierstempel. Nun war ich in der Lage, einige Bildpixel zu kopieren, um links und rechts eine Wandstruktur zu erstellen. Damit wollte ich dem Reparatur-Pinsel und dem Ausbessern-Werkzeug Kantenpixel bieten. Ohne diesen Schritt würde Photoshop versuchen, eine Ausbesserung zu erstellen, die sich mit den Farben der Kaktusblätter verbindet.

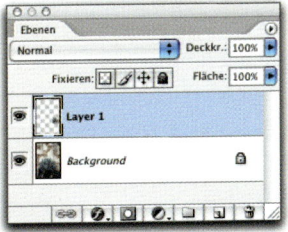

3 Ich könnte versuchen, mit dem Reparatur-Pinsel einige Strukturen des Putzes aufzunehmen, um die verbleibenden Lücken zu schließen. Jedoch waren die Bereiche zu groß, weshalb ich mich entschloss, ein neues Muster basierend auf einer kleinen Bildauswahl zu erstellen. Ich aktivierte die Hintergrundebene und wählte FILTER/MUSTERGENERATOR. Anschließend markierte ich einen kleinen Bereich wie in der Abbildung zu sehen.

Kapitel 6
Reparaturarbeiten

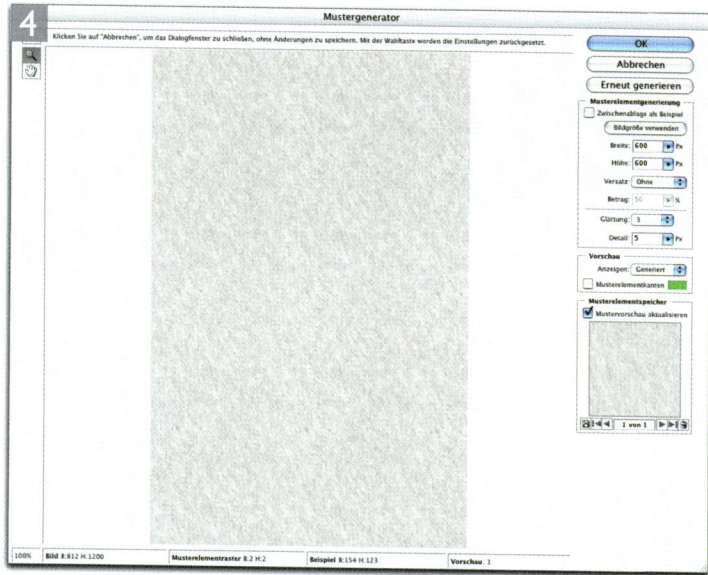

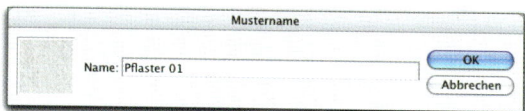

4 Ich erstellte eine relativ große Kachel (hier ein Quadrat aus 600 Pixeln) und wählte für GLÄTTUNG eine Einstellung von 3. Sobald ich auf den Button GENERIEREN klickte, erzeugte der Mustergenerator das Muster mit dieser Struktur. Das Ergebnis ist als Vorschau bereits in der Dialogbox zu sehen. Ich musste nicht auf OK klicken, denn sonst wäre die Struktur als Füllung für das gesamte Bild verwendet worden. Stattdessen klickte ich unten in der Dialogbox auf SICHERT DAS VOREINGESTELLTE MUSTER. Ich gab dem neuen Muster einen Namen, um es zusammen mit den anderen Mustervorgaben zu speichern. Anschließend klickte ich auf ABBRECHEN, um zum Bild zurückzukehren.

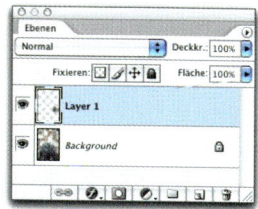

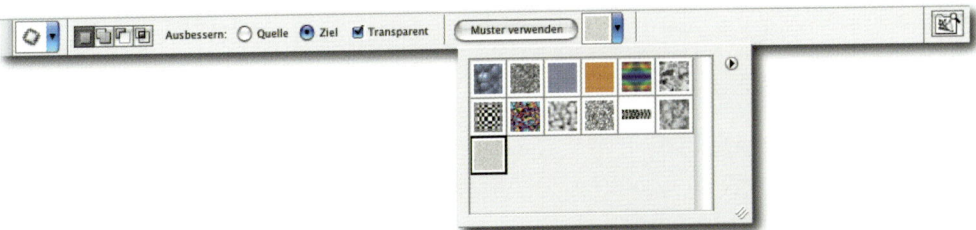

5 Nun aktivierte ich erneut Ebene 1, wählte das Ausbessern-Werkzeug aus und erstellte eine grobe Auswahl des Putzes, wie in der Abbildung zu sehen.

6 Ich wählte das soeben erstellte Muster in der Optionsleiste des Ausbessern-Werkzeugs aus und klickte auf den Button MUSTER VERWENDEN. Wie Sie sehen, ist Photoshop in der Lage, einen perfekten Übergang zu erstellen und zwar mit einem künstlich in Photoshop erzeugten Muster.

7 Ich wiederholte diese Schritte in den anderen Teilen des Bilds, um das abgebildete Ergebnis zu erzielen.

Kapitel 6
Reparaturarbeiten

Augen hervorheben

Die Augen stellen in einem Porträt immer den Mittelpunkt der Betrachtungen dar. Wenn die Augen scharf sind, scheint auch der Fokus des übrigen Bilds zu stimmen, auch wenn die Augen das einzig Scharfe in diesem Bild sind.

Was machen Sie aber, wenn die Augen nicht scharf sind? Ich verwende in solchen Fällen gern den PhotoKit Sharpener (auf der CD finden Sie eine Demo-Version), um das Bild gleich zu Beginn der Retuschesession etwas scharfzuzeichnen. Falls das noch nicht ausreicht, wende ich mit demselben Plug-In eine weitere Scharfzeichnung an. Falls Sie mit diesem Plug-In nicht arbeiten wollen oder können, haben Sie auch die Möglichkeit, die Hintergrundebene als neue Ebene zu kopieren und auf diese anschließend eine etwas stärkere Scharfzeichnung anzuwenden. Fügen Sie dann eine Ebenenmaske hinzu, um den Ebeneninhalt auszublenden. Malen Sie mit Weiß auf der Ebenenmaske, um die scharfgezeichnete Ebene teilweise wieder einzublenden. Auf der nächsten Seite erfahren Sie Schritt für Schritt, wie es geht.

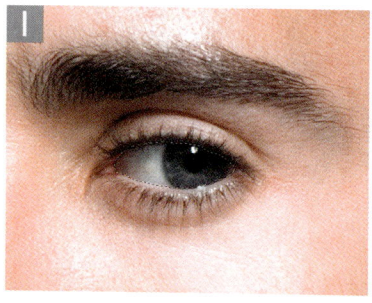

1 Um den Augen etwas Kontrast hinzuzufügen, aktivieren Sie das Lasso-Werkzeug und erstellen Sie eine Auswahl, wie in der Abbildung zu sehen (mit gedrückter ⇧-Taste erweitern Sie die Auswahl). Wählen Sie anschließend AUSWAHL/WEICHE AUSWAHLKANTE mit einem Radius von 2 Pixel.

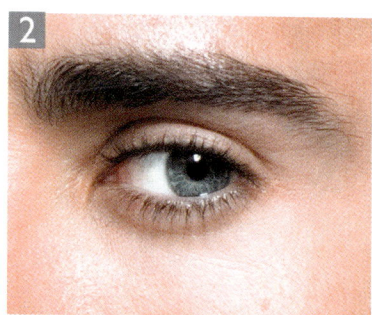

Helligkeit und Kontrast hinzufügen

Hellen Sie die Augen zu stark auf, sehen diese schnell unnatürlich aus. Außerdem erscheint das Weiß der Augen dann ohne jegliche Details, wenn Sie das Bild auf weißem Papier drucken. Ich wende eine sehr einfache Methode an, um die Augen aufzuhellen. Dazu erstelle ich in jedem Auge vom Weiß eine Auswahl mit weicher Auswahlkante und wende auf diese Auswahlen eine Gradationskurveneinstellung an. Jetzt können Sie nur das Weiß der Augen auswählen und aufhellen. Das funktioniert auch, aber ich finde jedoch, dass bei der Anwendung der Gradationskurveneinstellung auf das gesamte Auge die Iris besser aufgehellt oder abgedunkelt werden kann. Das ist genauso effektiv, als würden Sie nur das Weiß auswählen, Sie haben jedoch gleichzeitig Kontrolle über die Pupille und die Iris.

2 Wenden Sie eine Gradationskurveneinstellung an oder fügen Sie eine Gradationskurven-Einstellungsebene hinzu. Erstellen Sie eine Kurve, mit der Sie die Augen aufhellen, jedoch den Tonwert in den dunklen Bereichen nicht verändern.

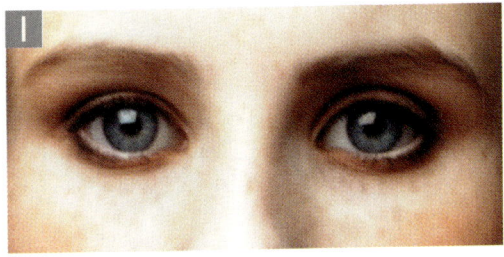 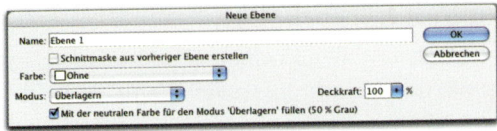

1 Sie können die Augen auch manuell scharfzeichnen, indem Sie eine neutrale Ebene im Modus ÜBERLAGERN hinzufügen. In diesem Beispiel hielt ich die ⌥-Taste (PC: Alt) gedrückt, als ich in der Ebenen-Palette auf den Button NEUE EBENE ERSTELLEN klickte. Dadurch wird die Dialogbox NEUE EBENE geöffnet. Als Modus wählte ich ÜBERLAGERN und aktivierte die Checkbox MIT DER NEUTRALEN FARBE FÜR DEN MODUS ÜBERLAGERN FÜLLEN (50% GRAU).

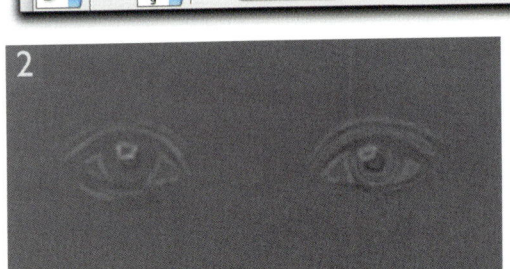 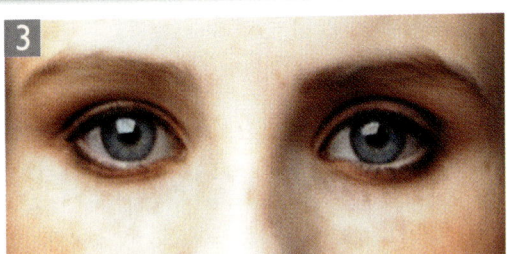

2 Um die Augen scharfzuzeichnen, vergewisserte ich mich, dass die neutrale graue Ebene aktiv war. Dann aktivierte ich den Pinsel und wählte den Modus ÜBERLAGERN, die Deckkraft reduzierte ich auf 10%. Anschließend verwendete ich einen Tablettstift und das Grafiktablett, um auf der neutralen grauen Ebenen leichte Pinselstriche anzuwenden, die den Konturen der Augen folgen. Ich verwendete Schwarz als Vordergrundfarbe, um die dunklen Linien zu verstärken. Anschließend änderte ich die Vordergrundfarbe in Weiß, um die hellen Bereiche zu verstärken.

Alternativ können Sie auch den Abwedler und Nachbelichter verwenden, um den Kontrast zu verstärken. Aktivieren Sie für den Nachbelichter den Bereich MITTELTÖNE und dunkeln Sie damit die dunklen Linien ab. Um vorübergehend zum Abwedler zu wechseln, halten Sie die ⌥-Taste (PC: Alt) gedrückt und hellen Sie damit die hellen Bereiche auf.

3 Die graue Ebene in der vorhergehenden Abbildung sehen Sie normalerweise nicht (um den Screenshot zu erstellen, blendete ich die Hintergrundebene zeitweise aus). Sie sehen auf dieser Ebene die Verstärkung der Schärfe, was Sie ja auch erreichen wollen.

Reparieren mit kopierter Auswahl

Es gibt noch eine weitere Reparaturmöglichkeit mit einer kopierten Auswahl. Als es in Photoshop noch keine Ebenen gab, konnten Sie eine Auswahl duplizieren und darauf vorübergehend eine schwebende Auswahl erstellen, indem Sie das Verschieben-Werkzeug innerhalb der Auswahl mit gedrückter ⌥-Taste (PC: Alt) gezogen haben. Das geht natürlich immer noch, es ist jedoch praktischer, eine Auswahl zu erstellen und EBENE/NEU/EBENE DURCH KOPIE zu wählen oder ⌘-J (PC: Strg-J) zu drücken. Die Auswahl wird dadurch in eine neue Ebene kopiert.

Nach dem Duplizieren der Auswahl können Sie diese Ebene verwenden, um einen weiteren Bereich des Bilds abzudecken. Ziehen Sie die Auswahl einfach mit dem Verschieben-Werkzeug.

In dieser Schritt-für-Schritt-Anleitung wollte ich die Äderchen im rechten Auge des Models überdecken. Ich erstellte eine rechteckige Auswahl des guten Auges und kopierte diese in eine neue Ebene. Anschließend spiegelte ich die neue Ebene horizontal. Das Hinzufügen einer Ebenenmaske ist hier besonders wichtig. Durch das Hinzufügen einer Maske und Malen oder Füllen mit Schwarz, blenden Sie Ebeneninhalte aus. Hier konnte ich durch die Ebenenmaske die kopierte Ebene ausblenden und nur das Weiß wieder ins Bild malen. Malen Sie einfach über das Auge, um die Äderchen zu retuschieren. Achten Sie bei der Anwendung dieser Methode jedoch darauf, dass Sie die Lichter in den Augen nicht verändern, sonst kann es passieren, dass Ihr Model schielt.

1 In dieser Nahaufnahme sehen Sie im rechten Auge des Models einige Blutäderchen. Zum Glück blickt das Model direkt in die Kamera, so dass wir das Problem schnell und einfach beheben können.

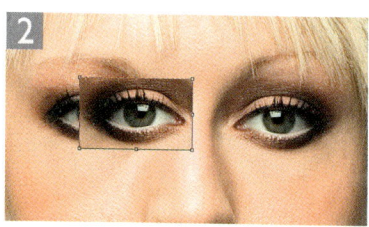

2 Ich erstellte eine Auswahl des anderen Auges und kopierte diese mit ⌘-J (PC: Strg-J) in eine neue Ebene. Anschließend wählte ich BEARBEITEN/TRANSFORMIEREN/HORIZONTAL SPIEGELN.

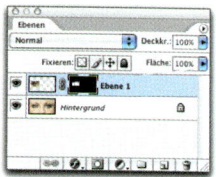

3 Ich klickte mit gedrückter ⌥-Taste (PC: Alt) auf den Button EBENENMASKE HINZUFÜGEN, um den Ebeneninhalt auszublenden. Mit dem Pinsel und Weiß als Vordergrundfarbe malte ich das gute Auge wieder ins Bild.

Verstreute Haare entfernen

Als Mode- und Schönheitsfotograf gebe ich mein Bestes, um Haare während der Aufnahmen immer gut aussehen zu lassen. Aber so richtig klappt das nicht immer – es gibt immer ein paar abstehende Haare. Deshalb verwende ich so oft wie möglich den Reparatur-Pinsel. Wie ich jedoch bereits erwähnt habe, eignet sich dieses Werkzeug nicht so gut, wenn es in dem entsprechenden Bildbereich Tonwertänderungen gibt. In den meisten Situationen lassen sich Haare deshalb besser mit dem Kopierstempel bearbeiten. Ich verwende einen Tablettstift und eine eigene Einstellung, bei der die Werkzeugspitze rund ist, eine Größe von etwa 10 Pixel hat und die Deckkraft vom Druck abhängt, den ich auf den Stift anwende. Das funktioniert immer sehr gut. Während des Malens kann ich die Größe der Werzeugspitze ganz einfach mithilfe der Tastenkürzel verändern. Mit dem Kopierstempel entferne ich so abstehende Haare und male neue Strähnen hinzu, die in Struktur und Farbe mit den restlichen Haaren übereinstimmen.

Wenn Sie sehr feines Haar bearbeiten, sollten Sie am Haaransatz ganz besonders aufpassen und darauf achten, in welche Richtung sich das Haar ausbreitet. Bei einer ungeschickten Retusche wird nicht darauf geachtet, ob das Ergebnis hinterher natürlich aussieht oder nicht. Achten Sie deshalb immer darauf, dass Sie Haare nicht einfach so abschneiden und die Ansätze frei im Raum stehen lassen, das sieht nicht natürlich aus! Wenn ich Haare retuschieren soll, dann dünne ich diese eher aus, als sie abzuschneiden. Damit die Haare auch wirklich echt aussehen, lasse ich einige abstehende Haare stehen. Manchmal beginne ich damit, zunächst die einzelnen Haare zu entfernen, um dann im Anschluss wieder ein paar einzelne Strähnen hinzuzufügen (dazu verwende ich die Einstellungen des Kopierstempels, die Sie in Abbildung 6.7 sehen). Dadurch bin ich in der Lage, die Haare so natürlich wie möglich aussehen zu lassen.

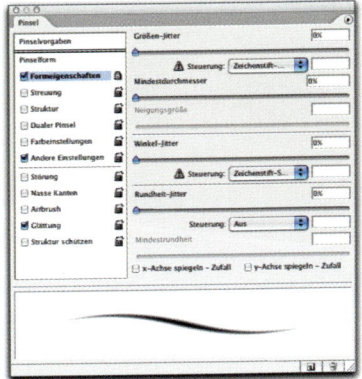
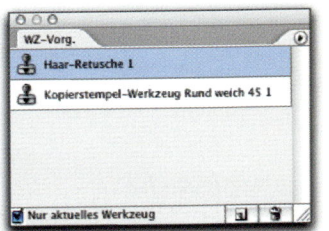

Abbildung 6.7 Will ich mit dem Kopierstempel einzelne, abstehende Haare retuschieren, verwende ich spezielle Einstellungen. Die Größe der Werkzeugspitze beträgt 10 Pixel. Die Formeigenschaften und die Deckkraft sind mit dem Stiftandruck verbunden und werden darüber gesteuert.

Haaransätze färben

Hier sehen Sie einen zweistufigen Prozess, mit dem Sie zu dunkle Haaransätze korrigieren. Erstellen Sie zunächst eine Kopie der Hintergrundebene. So können Sie den Effekt verblassen oder teilweise maskieren. Aktivieren Sie den Pinsel im Modus FARBE. Drücken Sie die ⌥-Taste (PC: Alt), um eine Farbe aus dem helleren Bereich der Haare aufzunehmen. Malen Sie anschließend über die dunklen Ansätze. Damit das Haar heller aussieht, ändern Sie den Modus für das Werkzeug in WEICHES LICHT. Nehmen Sie erneut eine hellere Farbe auf und malen Sie wieder über die Ansätze. So kolorieren Sie das Haar, ohne Struktur oder Kontrast zu zerstören. Um den Kontrast wiederherzustellen, fügen Sie eine neue, leere Ebenenmaske hinzu. Wählen Sie für den Pinsel den Modus NORMAL und malen Sie feine schwarze Pinselstriche, um Teile der neuen Ebene auszublenden.

1 Um die Ansätze in diesem Bild zu korrigieren, duplizierte ich die Hintergrundebene, aktivierte den Pinsel und änderte dessen Modus in FARBE.

2 Dann drückte ich die ⌥-Taste (PC: Alt), um eine Farbe aus dem helleren Bereich der Haare aufzunehmen und damit über die Ansätze zu malen. Anschließend änderte ich den Modus des Werkzeugs in WEICHES LICHT und malte noch etwas mehr, um die Haare etwas aufzuhellen. Manchmal hilft es auch, auf die Kopie der Hintergrundebene eine Ebenenmaske anzuwenden und darauf zu malen, um einige der Schatten wiederherzustellen und ein besseres Ergebnis zu erzielen.

Perspektivisch drehen

Wenn im Fluchtpunkt-Filter eine kopierte Auswahl aktiv ist, können Sie den Cursor aus der Begrenzung heraus bewegen und den Inhalt der Auswahl drehen.

CD-Demo

Eine vollständige Schritt-für-Schritt-Anleitung für dieses Bild finden Sie auf der beiliegenden CD, die auch das finale Bild mit all seinen Ebenen enthält.

Fluchtpunkt

Der FLUCHTPUNKT-Filter bietet Ihnen eine Dialogbox, mit deren Hilfe Sie perspektivische Flächen in einem Bild bearbeiten, ohne die Perspektive zu verändern. Innerhalb des Vorschaubereichs lässt sich eine Auswahl erstellen, um diese dann beispielsweise zu kopieren. Sie können die Inhalte einer Auswahl einfügen und an die Perspektive des Bilds anpassen. Außerdem sind Sie in der Lage, mit dem Kopierstempel im Reparatur-Modus oder im Normal-Modus zu arbeiten sowie mit dem Pinsel in der Perspektive zu malen.

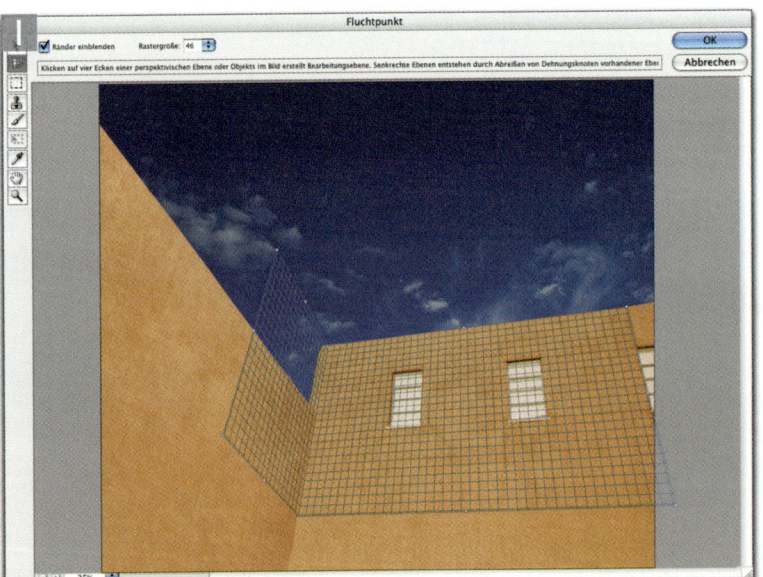

1 Bevor Sie irgendwelche Fluchtpunktarbeiten vornehmen, sollten Sie zunächst eine leere Ebene erstellen und diese aktivieren. Wählen Sie erst dann FILTER/FLUCHTPUNKT. Im nächsten Schritt müssen Sie die Perspektive bestimmen – nutzen Sie dazu das Ebene-erstellen-Werkzeug (C). Klicken Sie zunächst viermal, um die Punkte festzulegen, die den ersten Teil der Perspektive bestimmen. Orientieren Sie sich dabei an optischen Hilfen im Bild (drücken Sie die Taste X, um die Vorschaugröße vorübergehend zu verdoppeln). Sobald die ersten vier Punkte gesetzt sind, erscheint ein blaues Raster – blau bedeutet, dass die Perspektive stimmt, ein gelbes oder rotes Raster zeigen an, dass die Perspektive nicht exakt getroffen wurde. Ziehen Sie einfach an den Eckpunkten, um das Raster zu verändern. Mit den Einstellungen oben in der Dialogbox können Sie die Rastergröße anpassen. Mit dem Ebene-bearbeiten-Werkzeug (V) bearbeiten Sie das Raster. Anschließend erstellen Sie ein zweites Raster, indem Sie mit gedrückter ⌘-Taste (PC: Strg) an den seitlichen Griffpunkten des ersten Rasters ziehen.

Kapitel 6
Reparaturarbeiten

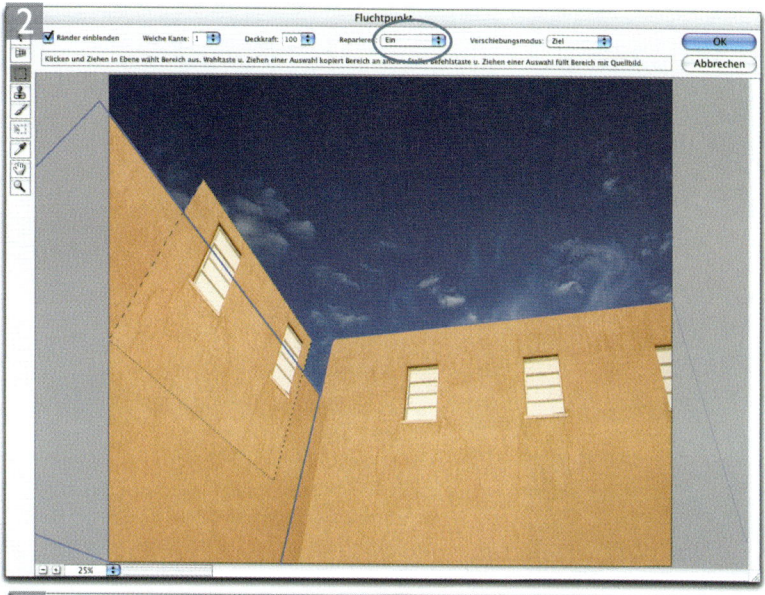

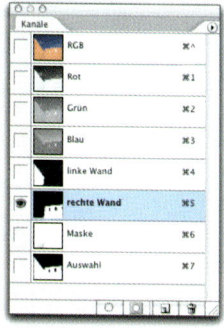

2 Nachdem Sie die zwei Raster erzeugt haben, erstellen Sie mit dem Auswahlrechteck (M) zwei Fenster auf der rechten Seite der Wand und drücken ⌘-⌥ (PC: Strg-Alt), um die Auswahl zu kopieren und links auf der Wand zu platzieren. Dabei passen sich die Fenster der vordefinierten Perspektive der zweiten Wand an. Bevor Sie die Inhalte der Auswahlen kopieren, stellen Sie die Option REPARIEREN auf EIN.

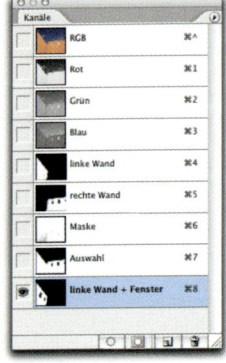

3 Aufgrund der aktiven Reparieren-Option fügen sich die Bereiche um die Fenster sanft in die Wand ein. Die Perspektive der Fenster selbst stimmt jedoch noch nicht. Deshalb klicken Sie außerhalb der Auswahl, um die Inhalte zu reduzieren und aktivieren das Transformieren-Werkzeug ([T]). Oben in der Dialogbox aktivieren Sie die Checkbox SPIEGELN, um die Inhalte von links nach rechts zu spiegeln. Anschließend klicken Sie auf OK, um den Filter anzuwenden. Öffnen Sie ein Foto von einer Steinmauer und wählen Sie das gesamte Bild aus – [⌘]-[A] (PC: [Strg]-[A]). Laden Sie die zuvor erstellte Auswahl der rechten Wand, bei der die beiden Fenster ausgespart wurden, und wählen Sie FILTER/FLUCHTPUNKT. Mit [⌘]-[V] (PC: [Strg]-[V]) fügen Sie die Auswahl ein. Sie legen so die Mauer über die erstellte Auswahl, sie passt sich an die Perspektive des Bilds an und lässt die Fenster sichtbar.

4 Die Inhalte der Auswahl wurden noch nicht reduziert. So können Sie die Auswahl mit gedrückter [⌥]-Taste (PC: [Alt]) ziehen, um eine weitere Kopie der Mauer zu erstellen und die noch offene Lücke im Bild zu füllen. Klicken Sie auf OK, um den Filter erneut anzuwenden.

5 Anschließend laden Sie die Auswahl der linken Wand und wiederholen Schritt 4, nur dass Sie dieses Mal den Kopierstempel ([S]) aktivieren und die Option REPARIEREN auf AUS stellen, um die Lücken zu füllen.

6 Der FLUCHTPUNKT-Filter wurde auf verschiedene Ebenen angewendet. Die Deckkraft der Steinmauer reduzierte sich auf 72%. Abschließend fügen Sie noch eine Schattenebene im Modus MULTIPLIZIEREN mit einer Deckkraft von 80% hinzu, um ein paar Schatten zu erzeugen.

Originalfoto von Jeff Schewe.

Kapitel 6
Reparaturarbeiten

Abwedeln und Nachbelichten

Fotografen, die die traditionellen Techniken der Dunkelkammer kennen, denken beim Abwedeln und Nachbelichten an selektive Tonwertkorrekturen. Die beste Möglichkeit, um ein Foto in Photoshop abzuwedeln und nachzubelichten, ist die Verwendung von Einstellungsebenen. In der hier vorgestellten Technik können Sie eine Einstellungsebene erstellen, um ein Bild aufzuhellen oder abzudunkeln. Anschließend fügen Sie eine Ebenenmaske hinzu, um die Einstellungsebene nur selektiv anzuwenden, indem Sie auf der Maske malen und nur Teilbereiche wieder sichtbar machen.

Der Einsatz von Einstellungsebenen ist die beste Möglichkeit, um ein Bild aufzuhellen oder abzudunkeln. Denn so haben Sie die Freiheit, die Einstellungsebene später zu bearbeiten und sie noch etwas heller oder dunkler zu machen. Außerdem können Sie die Maske bearbeiten. Im folgenden Beispiel zeige ich Ihnen, wie Sie mithilfe der Tonwertkorrektur eine Vignette erstellen, mit der Sie das Bild abdunkeln. Sie können dazu ebenso eine Gradationskurven-Einstellungsebene verwenden.

Abwedler und Nachbelichter

Photoshop bietet zwar Werkzeuge mit der Bezeichnung Abwedler und Nachbelichter, diese eignen sich jedoch nicht wirklich, wenn Fotografen in Photoshop die Effekte des Abwedelns und Nachbelichtens erzielen wollen. Das heißt aber natürlich nicht, dass diese Werkzeuge keinen Nutzen haben. Sie sind für diese Art der Retusche nur eben nicht gerade ideal. Ich empfehle Ihnen lieber die Methode der Einstellungsebenen, die ich Ihnen hier zeige.

1 Hier sehen Sie ein verblasstes Foto aus dem Archiv meines Vaters, der in Belgisch Kongo lebte und arbeitete. Sie werden sicherlich feststellen, dass das Bild gerade zu den Kanten hin sehr stark verblasst und dort etwas bearbeitet werden muss.

2 Die ersten Schritte sind ganz einfach. Ich scannte das Original und öffnete es in Photoshop mit 16 Bit pro Kanal. So konnte ich einige Tonwertkorrekturen vornehmen und den Kontrast verstärken, um so wenig Tonwertinformationen wie möglich zu verlieren. Ich arbeitete auch mit dem Kopierstempel und dem Bereichsreparatur-Pinsel, um Staub und Kratzer zu entfernen.

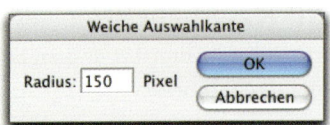

3 Ich führte die Retuschearbeiten auf einer separaten Ebene durch und kopierte einige Elemente aus dem Vordergrund, um die untere linke Ecke zu füllen, in der einige Details fehlen. Anschließend wollte ich eine dunkle Vignette anwenden. Ich erstellte eine rechteckige Auswahl mit einer weichen Auswahlkante (mit einem Radius von 150 Pixel) und kehrte die Auswahl dann um (die Auswahl ist hier sowohl als Auswahl als auch als Maskierung zu sehen).

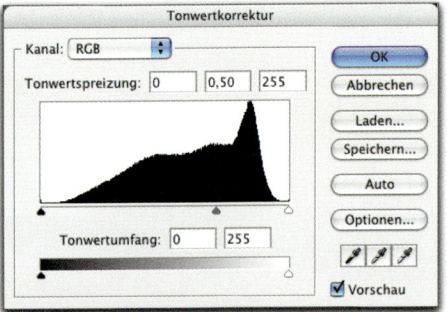
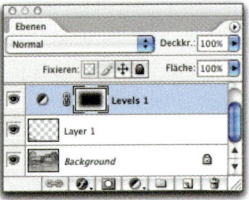

4 Mit der aktiven Auswahl klickte ich unten in der Ebenen-Palette auf den Button Neue Füll- oder Einstellungsebene erstellen und wählte Tonwertkorrektur. Anschließend fügte ich eine Gradationskurven-Einstellungsebene hinzu, um einen warmen Sepia-Effekt zu erzeugen.

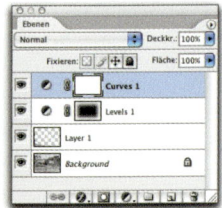

Bildrauschen und Moiré-Effekte

Die folgende Technik habe ich mir von Thomas Holm (Pixl/Dänemark) zeigen lassen. Bei der Digitalfotografie kommt es häufig zu Bildrauschen und Moiré-Effekten. Auf den nächsten Seiten sehen Sie typische Beispiele. Bildrauschen tritt in dunklen Bildbereichen besonders dann auf, wenn Sie mit hohen ISO-Einstellungen arbeiten. Wenn Sie Ihre Bilder im Raw-Modus aufnehmen, können Sie in der Camera-Raw-Dialogbox die Farbstörungsreduktion verwenden (siehe Seite 449). Ansonsten lässt sich das Bildrauschen auch entfernen, indem Sie die Hintergrundebene kopieren, den Modus Farbe wählen und auf die Ebenen-

Der Filter Störungen reduzieren
Die Technik, die ich Ihnen hier zeige, ist sehr einfach. Der Filter Störungen reduzieren ist neu in Photoshop CS2 und sehr effektiv, wie Sie auf den Seiten 255 und 256 sehen können.

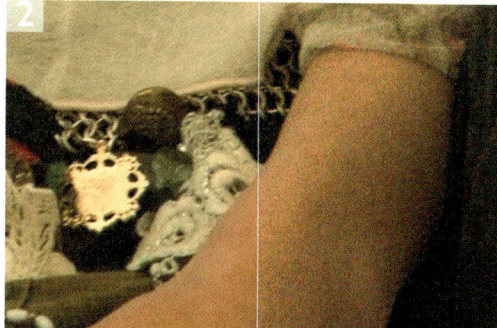

1 Dieses Foto wurde digital mit einer hohen ISO-Einstellung und unter schwachen Lichtbedingungen aufgenommen. Die Qualität des Bilds wurde durch das Bildrauschen deutlich vermindert. Wie im vorhergehenden Beispiel kopierte ich auch hier die Hintergrundebene und änderte den Ebenenmodus in Farbe.

Kunde: Impressions. Model: Jana at Isis.

2 Anschließend wählte ich Filter/Gaussscher Weichzeichner und wendete auf die Hintergrundkopie einen Radius von 5 Pixel an. Diese Weichzeichnung war ausreichend, um die Farbstörungen zu entfernen. Durch den Ebenenmodus Farbe wird die Luminanz in der darunter liegenden Hintergrundebene geschützt. Links sehen Sie das Bild, in dem die Störungen bereits entfernt wurden.

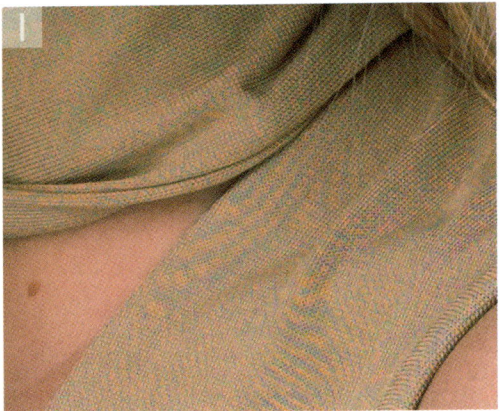

1 In diesem digital aufgenommenen Foto ist auf dem Stoff ein deutliches Moiré-Muster zu erkennen.

2 Um dieses Muster zu entfernen, kopierte ich die Hintergrundebene erneut, änderte den Ebenenmodus in FARBE und wendete einen Gaußschen Weichzeichner an. Um das Muster zu entfernen, musste das Bild etwas stärker weichgezeichnet werden.

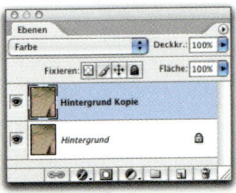

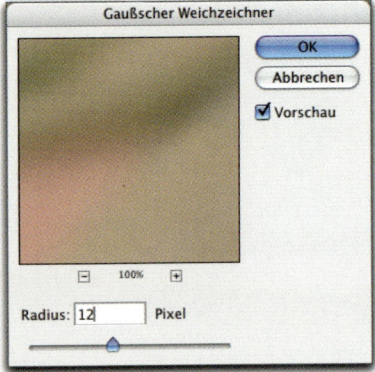

Luminanz

Eine alternative Strategie sieht vor, die Hintergrundebene zu kopieren, die Füllmethode auf LUMINANZ einzustellen und das Original, also die darunter liegende Ebene, weichzuzeichnen. So erzielen Sie dasselbe Ergebnis, als würden Sie das Bild in den Lab-Farbmodus umwandeln und die Kanäle a und b einzeln weichzeichnen, um das Bild anschließend wieder in RGB umzuwandeln. Diese Variante dauert jedoch länger. Ich glaube, dass die Methoden auf diesen Seiten die Farbsättigung des Bilds besser beibehalten.

kopie den Filter GAUSSSCHER WEICHZEICHNER anwenden. Im gewählten Modus werden nur die Farbinformationen der Ebene weichgezeichnet, die Luminanz (die Detailinformationen) bleibt erhalten.

Ein Moiré-Muster lässt sich auf ähnliche Art und Weise entfernen. Folgen Sie den Schritten von eben und wenden Sie einfach einen stärkeren GAUSSSCHEN WEICHZEICHNER an, um das störende Muster effektiv zu entfernen.

Moiré verliert jedoch mit zunehmenden Pixelauflösungen immer mehr an Bedeutung. Wenn Sie bereits bei der Aufnahme ein solches Muster feststellen, sollten Sie den Abstand der Kamera zum Motiv verändern. Ich rate Ihnen außerdem, auf die weichgezeichnete Ebene eine Ebenenmaske anzuwenden und diese nur teilweise ins Bild zu bringen.

Kapitel 6
Reparaturarbeiten

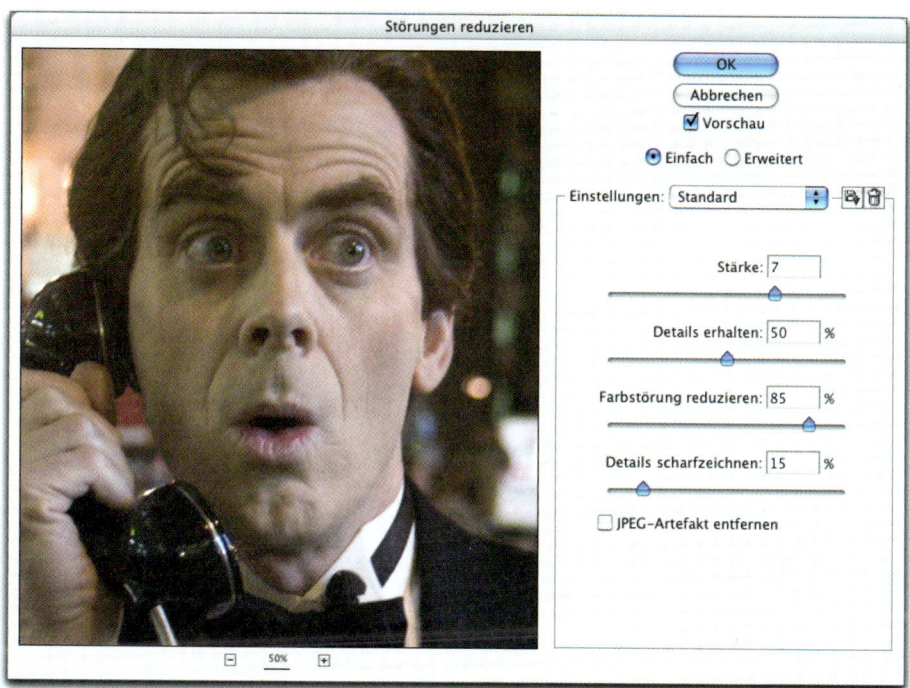

Abbildung 6.8 Hier sehen Sie den Filter STÖRUNGEN REDUZIEREN. Er wird verwendet, um die Störungen aus dem Bild von »Special Agent« Russell Brown zu entfernen, das mit einer ISO-Einstellung von 1250 aufgenommen wurde. Die meisten Artefakte konnten so entfernt werden.

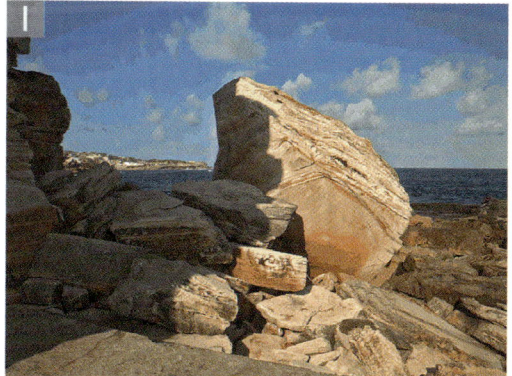

1 Der Filter STÖRUNGEN REDUZIEREN besitzt die Option JPEG-ARTEFAKT ENTFERNEN. Diese ist sehr nützlich, wenn Sie ein Bild korrigieren wollen, das unter einer zu starken JPEG-Komprimierung leidet. Sie können damit aber auch GIFs retten, in denen bei der Farbumwandlung viele Tonwertinformationen verloren gegangen sind.

2 Ein GIF muss zunächst in den RGB-Modus umgewandelt werden. Wenden Sie dann den Filter an. In diesem Beispiel aktivierte ich die Checkbox JPEG-ARTEFAKT ENTFERNEN. Um die Farbstörungen zu entfernen, wählte ich für DETAILS ERHALTEN den Wert 0%, um das Bild wieder zu schärfen, und für DETAILS SCHARFZEICHNEN einen Wert von 70%.

Der Filter STÖRUNGEN REDUZIEREN

Der Filter STÖRUNGEN REDUZIEREN wendet eine sanfte Methode an, um Störungen aus einem Bild zu entfernen, ohne die Kantendetails im Bild zu zerstören. Es ist jedoch gleichzeitig ein sehr speicherintensiver Filter – machen Sie sich also auf eine längere Wartezeit gefasst, während der Filter seine Berechnungen durchführt.

Im Modus EINFACH können Sie die Stärke der Störungsreduzierung einstellen und dann die einzelnen Schieberegler anpassen. Gehen Sie dabei in der abgebildeten Reihenfolge vor. Wenn Sie die Option DETAILS ERHALTEN bei 100% belassen, bleiben die Luminanzinformationen des Bilds vollständig erhalten. Reduzieren Sie den Wert, um die Bildstörungen stärker zu glätten. Darunter finden Sie den Regler FARBSTÖRUNGEN REDUZIEREN. Wenn Sie diesen Wert erhöhen, können Sie die Farbstörungen besser kontrollieren. Wählen Sie für DETAILS ERHALTEN 100% und für FARBSTÖRUNGEN REDUZIEREN 0%, sehen Sie kaum eine Veränderung im Bild. Während Sie die Regler anpassen, können Sie Luminanz- und Farbstörungen im Bild einzeln kontrollieren. Wenn Sie sich die Kombination der Werte anschließend ansehen, werden Sie feststellen, dass das Bild etwas an Schärfe verloren hat. Mit dem Regler DETAILS SCHARFZEICHNEN bringen Sie jedoch Schärfe zurück ins Bild. Seien Sie aber vorsichtig, um nicht wieder Artefakte zu erzeugen.

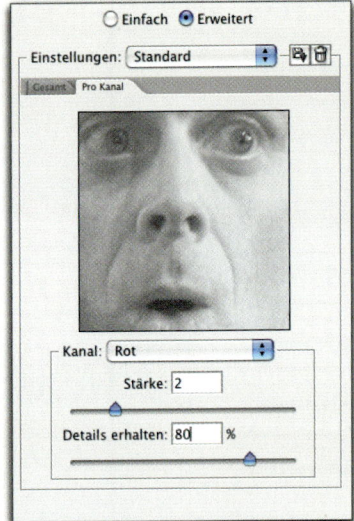

Abbildung 6.9 Im Modus EINFACH können Sie die Einstellungen so vornehmen, dass Sie die gesamten Bilddetails bearbeiten. Sobald Sie die Option ERWEITERT aktivieren, lässt sich die Störungsreduzierung auch auf die einzelnen Kanäle anwenden.

JPEG-Störungen entfernen

Der Filter STÖRUNGEN REDUZIEREN lässt sich auch verwenden, um JPEG-Artefakte zu glätten. Wenn Sie ein stark komprimiertes JPEG haben, ist das Bild dadurch vielleicht noch zu retten. Sie können den Filter auch einsetzen, um GIFs aufzubessern. Diese müssen Sie jedoch vorher erst in den RGB-Farbmodus umwandeln. Anschließend können Sie den Filter anwenden und für DETAILS ERHALTEN 0% und für DETAILS SCHARFZEICHNEN einen höheren Wert einstellen als normal.

Abbildung 6.10 Favorisierte Filtereinstellungen können gespeichert werden, indem Sie auf den Button EINE KOPIE DER AKTUELLEN EINSTELLUNGEN SPEICHERN klicken. Mit Klick auf den Papierkorb löschen Sie Einstellungen.

Störungen hinzufügen

Hin und wieder müssen Sie einem Bild auch Störungen hinzufügen, statt sie zu entfernen. Bei der Arbeit in Photoshop werden Sie manchmal »reine Pixel« antreffen. Beim Kopieren von Bildbereichen entstehen nicht so viele Probleme. Wenn Sie jedoch mit dem Pinsel arbeiten und Verläufe oder Weichzeichnungen auf einzelne Bildbereiche anwenden, können sich Schwierigkeiten ergeben. Möglicherweise passt Photoshop die Struktur nicht korrekt an die des restlichen Bilds an. Deshalb sollten Sie beim Arbeiten mit Verläufen erwägen, zu diesen auch immer ein paar Störungen hinzuzufügen. Beachten Sie, dass die Option »Störungen hinzufügen« bereits in vielen anderen Photoshop-Funktionen (Pinseloptionen, Verlaufsfüllungen, Blendenkorrektur etc.) enthalten ist.

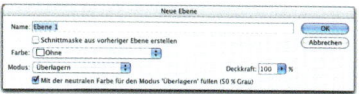

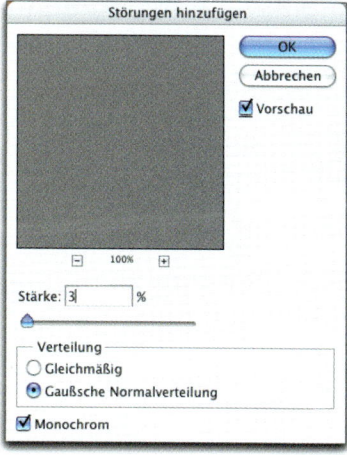

Abbildung 6.11 Um Störungen auf einer separaten Ebene hinzuzufügen, klicken Sie mit gedrückter ⌥-Taste (PC: Alt) unten in der Ebenen-Palette auf den Button Neue Ebene erstellen. Wählen Sie in der Dialogbox den Modus Überlagern aus und aktivieren Sie die Checkbox Mit der neutralen Farbe für den Modus Überlagern füllen (50% Grau). Dadurch hat die Ebene keinen sichtbaren Einfluss auf die darunter liegenden Ebenen. Wenn Sie die Ebene jedoch filtern und Störungen hinzufügen, erzeugen Sie eine Ebene mit Filmkörnung. Versuchen Sie dann, mithilfe einer Ebenenmaske die Störungen nur teilweise einzublenden.

Abbildung 6.12 Verlaufsstörungen sind ein weit verbreitetes Problem in Photoshop. Sie treten auf bei Verlaufsfüllungen oder bei einer starken Weichzeichnung. Die Verlaufsoptionen beinhalten einen Dither-Modus, der bereits etwas Abhilfe schafft. Am besten ist es jedoch, einige Störungen hinzuzufügen – nutzen Sie den Filter Störungsfilter/Störungen hinzufügen. Die Option Gausssche Normalverteilung verteilt die Störungen unregelmäßiger. In der Abbildung sehen Sie einen Vorher-Nachher-Vergleich. Wenn sich Ihre Retuschearbeit besser in das Original einfügen soll, sollten Sie immer das Hinzufügen von ein paar Störungen erwägen.

Weitere Retusche-Werkzeuge

Einige Photoshop-Werkzeuge sind für die Retuschearbeit besser geeignet als andere. Der Weichzeichner ist sehr nützlich beim Glätten von Kanten, die unnatürlich scharf aussehen. Seien Sie vorsichtig, wenn Sie den Scharfzeichner anwenden, denn er erzeugt manchmal unerwünschte Artefakte. Am Ende von Kapitel 5 finden Sie eine Technik, um ein Bild nur teilweise scharfzuzeichnen.

Mit dem Wischfinger verwischen Sie Farbe. Es ist wichtig, dass Sie den Unterschied zwischen diesem und dem Weichzeichner erkennen. Mit dem Weichzeichner mischen Sie Pixel, der Wischfinger ist eher ein Malwerkzeug. Pinselstriche, die Sie mit dem Wischfinger erzeugen, sehen in einem Foto nicht immer sehr schön aus, es sei denn, Sie wollen den Effekt eines sich verwischenden Polaroids erzeugen. In der kostenlosen Pen-Tools-Suite von Wacom finden Sie ein besseres Wischfinger-Werkzeug.

Einige Retuscheure nutzen den Wischfinger, um Maskenkanäle zu verfeinern. Dabei arbeiten Sie im Maskierungsmodus und maskieren beispielsweise Pixel, um abstehende Haare nachzuzeichnen. Ich verwende dafür aber lieber den Pinsel zusammen mit meinem drucksensitiven Grafiktablett. Unter ANDERE EINSTELLUNGEN können Sie einen geringen Stiftandruck wählen, um feine Pinselstriche zu erzeugen. Unter FORMEIGENSCHAFTEN stellen Sie ein, dass die Größe der Pinselspitze mit dem Stiftandruck verbunden wird.

Entlang eines Pfads weichzeichnen

Sie können Photoshop-Pfade verwenden, um mit einem der Photoshop-Werkzeuge Pinselstriche anzuwenden. Arbeiten Sie mit Auswahlen, lassen sich diese in einen Pfad umwandeln. Wenn Sie beispielsweise die Umrisse eines Objekts glätten wollen und eine passende Auswahl gespeichert haben, können Sie diese in einen Pfad umwandeln, den Weichzeichner aktivieren und in der Pfade-Palette die Option PFADKONTUR FÜLLEN wählen.

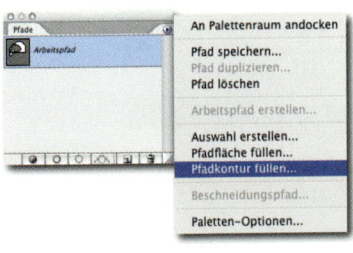

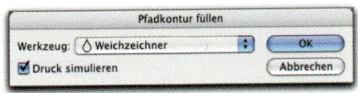

Abbildung 6.13 Um in Photoshop eine Pfadkontur zu füllen, erstellen Sie einen offenen oder geschlossenen Pfad und wählen Sie im Menü der Pfade-Palette die Option PFADKONTUR FÜLLEN. Aktivieren Sie das Werkzeug, mit dem Sie malen wollen. Klicken Sie in der Dialogbox auf OK und die Pfadkontur wird mit dem ausgewählten Werkzeug und dessen Einstellungen gefüllt.

Schönheitskorrekturen

In diesem Kapitel finden Sie einen Mix aus unterschiedlichen Retuschetechniken. Dabei gehe ich auf Spezialfälle ein, bei denen beispielsweise nicht genug Material zum Klonen zur Verfügung steht. Im folgenden Beispiel zeige ich Ihnen, wie Sie in dieser Situation den Pinsel benutzen und wo es besonders wichtig ist, Ihre Arbeit zu verschleiern.

Es gibt verschiedene Hauttypen und die Hautstruktur ist an den unterschiedlichen Körperstellen immer anders. Wenn Sie sich beispielsweise Gesicht, Hals, Arme etc. ansehen, werden Sie feststellen, dass die Hautstruktur jeweils unterschiedlich aussieht. Die Haut unter den Augen ist oft etwas grober und mit einer Gänsehaut versehen, die Stirn hingegen ist viel glatter. Beim Retuschieren eines Frauenporträts werden Sie auch auf einen feinen Haarflaum stoßen. Wenn Sie sich am Hals immer weiter nach unten bewegen, wird die Haut wieder etwas grober. Deshalb ist es wichtig, dass Sie bei der Porträtretusche den Quellpunkt mit Bedacht auswählen.

Füllmethoden für Werkzeugspitzen

Die Mal- und Bearbeitungswerkzeuge können mit unterschiedlichen Füllmethoden verwendet werden – diese sind identisch mit denen, die Sie von Ebenen und Kanälen kennen. Sie mögen vielleicht jetzt alle Optionen ausprobieren, aber davon rate ich Ihnen eigentlich ab, da es eher ungewöhnlich ist, alle Fülloptionen zu verwenden. In meinen Augen sind folgende Optionen am sinnvollsten: UMGEKEHRT MULTIPLIZIEREN, MULTIPLIZIEREN, AUFHELLEN, ABDUNKELN und FARBE. Wenden Sie diese in Verbindung mit dem Pinsel, dem Weichzeichner- oder dem Verlauf-Werkzeug an.

Der Modus FARBE ist in vielerlei Hinsicht nützlich. Illustratoren kolorieren damit ihre Zeichnungen. Außerdem eignet er sich, um Schwarzweißfotos zu kolorieren.

Unauffälliges Retuschieren

Der Grundsatz der Retusche lautet immer, so unauffällig wie möglich zu arbeiten. Falls Sie für einen Kunden in der Modebranche arbeiten, wissen Sie sicherlich, dass diese ganz besonders auf Perfektion achten. Obwohl ich oft viele Korrekturen vornehmen muss, um einen Kunden zufriedenzustellen, finde ich es eigentlich besser, einige der Fehler durchscheinen zu lassen. Ich retuschiere Gesichter immer gern so, dass Schönheitsflecken verschwinden, die Schattierung jedoch gleich bleibt und die Hautstruktur nicht verloren geht. Das erreiche ich, indem ich die Deckkraft der Ebene reduziere, auf der sich die Retuschearbeiten befinden.

1 Als Erstes retuschierte ich hier die Augen, die ich etwas aufhellen will. Ich erstellte mit dem Lasso eine Auswahl der Augen – diese muss nicht unbedingt perfekt sein, eine ruhige Hand reicht aus. Anschließend wendete ich eine weiche Auswahlkante mit einem Radius von 1 oder 2 Pixel an. Unten in den Ebenen-Palette klicke ich auf den Button Neue Füll- oder Einstellungsebene erstellen und wählte Gradationskurven. Dadurch wird automatisch eine Gradationskurven-Einstellungsebene mit einer Ebenenmaske basierend auf der Auswahl erzeugt. Normalerweise erstelle ich eine Kurve, mit der ich das Weiß der Augen aufhelle und den Kontrast zwischen Weiß und Iris erhöhe. Ich fügte außerdem eine Farbton/Sättigung-Einstellungsebene hinzu, um die Sättigung der roten Äderchen etwas zu verringern. Anschließend klickte ich mit gedrückter ⌥-Taste (PC: Alt) auf die Linie zwischen beiden Einstellungsebenen, um eine Beschneidungsgruppe zu erstellen.

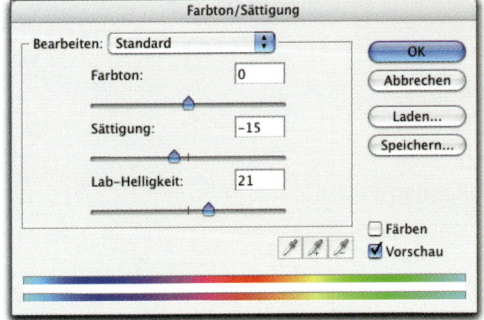

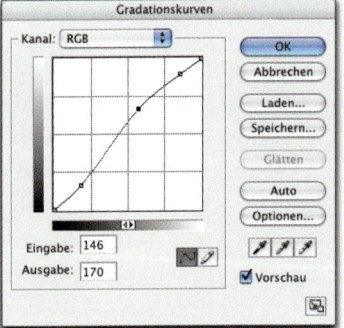

Kapitel 6
Reparaturarbeiten

2

2 Erstellen Sie in der Ebenen-Palette eine Beschneidungsgruppe, wird diese durch einen nach unten zeigenden Pfeil gekennzeichnet, wie in der Abbildung zu sehen. Im Anschluss daran konzentrierte ich mich auf das Gesicht. Dazu erstellte ich eine Auswahl des Kopfs und kopierte diese in eine neue Ebene ([⌘]-[J] [PC: [Strg]-[J]]). So konnte ich die Pixel auf einer separaten Ebene bearbeiten, ohne die Hintergrundebene zu verändern. Fehler passieren schließlich schnell und so erhalte ich sofort wieder die Originalversion des Bilds.

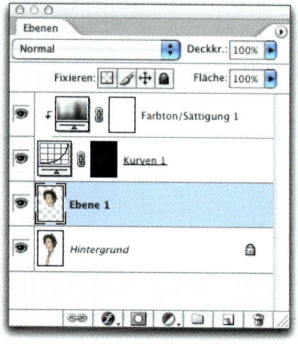

3 Viele meiner Retuschearbeiten führe ich mit dem Pinsel auf einer Ebenenkopie durch. Dazu verwende ich auch ein drucksensitives Grafiktablett und einen Tablettstift – so habe ich eine bessere Kontrolle als mit der Maus. Immer wenn Sie eines der Malwerkzeuge aktivieren, können Sie aus unterschiedlichen Optionen wählen (in der Pinsel-Palette). So kontrollieren Sie das Verhalten des Werkzeugs in Verbindung mit dem Stift. Photoshop erkennt nicht nur den Stiftandruck, sondern neuerdings auch die Drehung und den Winkel des Stifts sowie die Bewegung des Scrollrads (sofern Sie eines besitzen). In diesem Beispiel aktivierte ich die Checkbox ANDERE EIGENSCHAFTEN und wählte aus dem Menü STEUERUNG die Option ZEICHENSTIFT-DRUCK. Sie können Einstellungen anschließend schützen, indem Sie auf das kleine Schloss klicken. So werden sie nicht geändert, während Sie die anderen Einstellungen bearbeiten.

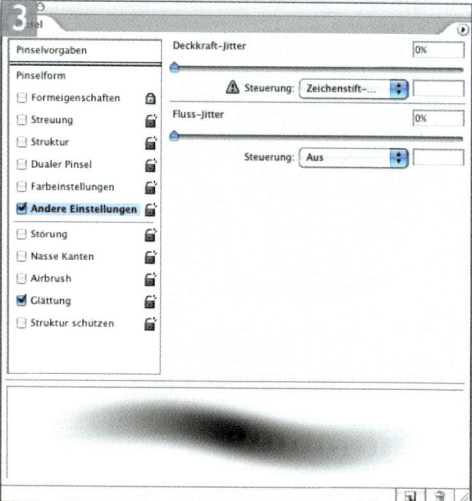

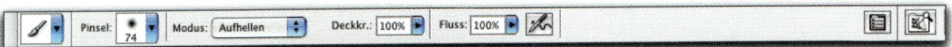

4 Ich malte mit dem Pinsel im Modus Aufhellen. Nehmen Sie Farbe aus der Haut auf,
indem Sie mit gedrückter ⌥-Taste (PC:
Alt) in einen Quellbereich im Bild klicken.
Anschließend malte ich über die dunklen
Bereiche des Gesichts (beispielsweise direkt
unter den Augen), um diese aufzuhellen. In
diesem Modus werden nur Pixel bearbeitet,
die dunkler sind als die aufgenommene
Farbe. Nehmen Sie beim Malen immer wieder
eine neue Farbe auf.

5 Ich malte so auch über andere Bereiche des
Gesichts. In sehr hellen Bereichen wechselte
ich vorübergehend in den Modus Abdunkeln
und nahm eine neue Farbe auf. Jetzt werden
nur die Pixel ersetzt, die heller sind als der
aufgenommene Bereich. Ich mache also das
volle Programm – manche Fotografen mögen
diesen stärkeren Retuscheeffekt. Andere hingegen finden, dass das Gesicht des Models
dann eher wie das einer Puppe aussähe und
nicht mehr wie das einer echten Frau. Es liegt
an Ihnen, aber ich reduziere im Anschluss die
Deckkraft der retuschierten Ebene ein wenig.
Versuchen Sie es mit einem Wert zwischen
55% und 85%. So erhalten Sie etwas mehr
von der ursprünglichen Hautstruktur. Das
Ergebnis sieht dann zwar immer noch retu-
schiert, aber durchaus überzeugend aus.

Kapitel 6
Reparaturarbeiten

6

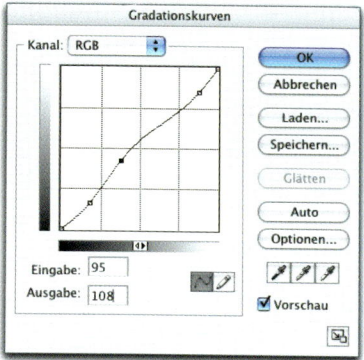

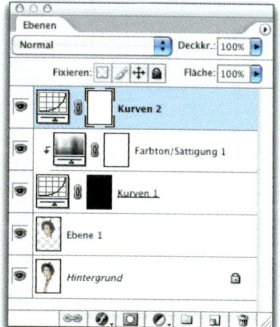

6 Abschließend nahm ich eine Gradationskurveneinstellung vor, um den Kontrast im roten und grünen Kanal zu erhöhen und den im blauen Kanal zu verringern.

Kunde: Andrew Price Salon.
Model: Lisa Moulson at MOT models.

Falten entfernen
Gesichtsfalten lassen sich mit dem Abwedler im Modus MITTELTÖNE entfernen. Verwenden Sie dabei eine ganz kleine weiche Werkzeugspitze mit einer geringen Deckkraft (1-2%). Sie werden anschließend feststellen, dass die Falten nahezu verschwinden.

Porträtretusche

Schönheitskorrekturen sollen das Make-up und das weiche Licht in den Gesichtern von Modeaufnahmen verstärken. Die Porträtretusche hat einen ähnlichen Anspruch – Schönheitsflecken sollen entfernt und die Haut des Models betont werden. Ich finde jedoch, dass die Porträtretusche mehr Einschränkungen unterliegt, denn Sie werden nicht immer nur Falten entfernen wollen, obwohl Models da mitunter anderer Meinung sein dürften.

Rote-Augen-Korrektur

Rote Augen in Porträts entstehen, wenn in einer zu kurzen Entfernung der Blitz verwendet wird und die Pupillen weit geöffnet sind. Um dieses Phänomen zu verhindern, aktivieren Sie an Ihrer Kamera den Rote-Augen-Modus (falls vorhanden). Die Kamera löst dann vor dem eigentlichen Blitz mehrere kleine Blitze aus. Alternativ greifen Sie auf das neue Rote-Augen-Werkzeug zurück, um die Fotos im Anschluss in Photoshop zu bearbeiten.

Die Option PUPILLENGRÖSSE sollte entsprechend der Pupillen im Bild angepasst werden. Der VERDUNKLUNGSWERT hängt von der Helligkeit der roten Augen ab und sollte dementsprechend gewählt werden. Die Standardeinstellungen liefern in den meisten Fällen bereits sehr gute Ergebnisse.

Kapitel 6
Reparaturarbeiten

1 Das Rote-Augen-Werkzeug ist einfach anzuwenden und sehr effektiv, um rote Augen in einem Porträt zu entfernen, das mit Blitz fotografiert wurde.

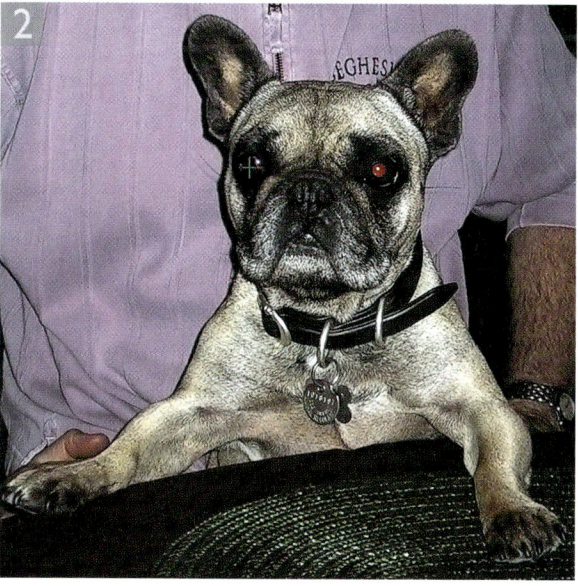

2 Die Standardeinstellungen des Werkzeugs sind durchaus ausreichend für den Anfang. Klicken Sie mit dem Werkzeug einfach in das Rote der Augen – Photoshop nimmt automatisch Berechnungen vor und dunkelt die Pupillen ab.

Kapitel 7

Montagetechniken

Für viele Leute beginnt der richtige Spaß erst dann, wenn sie Photoshop benutzen können, um Teile verschiedener Fotos gegeneinander auszutauschen und mithilfe verschiedener Bildelemente neue Kompositionen zusammenzusetzen. Dieses Kapitel erläutert, wie Sie die verschiedenen Werkzeuge für unterschiedliche Montagetechniken einsetzen. Ich zeige Ihnen Strategien, mit denen Sie bereits bei der Aufnahme des Fotos eine Montage planen können. Außerdem erhalten Sie eine Einführung in die Ebenen in Photoshop. Später geht es um andere Werkzeuge und Methoden, mit denen Sie Elemente aus Bildern isolieren können. Werfen wir jedoch zuerst einen Blick auf die Grundprinzipien der Auswahl und das Verhältnis von Auswahlen zu Alpha-Kanälen, Masken, dem Maskierungsmodus und Pfaden.

Auswahlen und Kanäle

Bei den Themen Masken, Maskierungskanäle, Ebenenmaskenkanäle, Alpha-Kanäle und gespeicherte Auswahl geht es im Grunde immer um dasselbe: entweder um eine aktive, um eine kurzzeitig gespeicherte oder eine dauerhaft gespeicherte Auswahl.

Auswahlen

Es gibt viele Möglichkeiten, eine Auswahl in Photoshop zu erstellen. Sie können ein Auswahlwerkzeug verwenden, den Befehl AUSWAHL/FARBBEREICH AUSWÄHLEN benutzen oder einen Kanal oder Pfad in eine Auswahl umwandeln. Wenn Sie mit einem Auswahlwerkzeug einen Bereich im Bild markieren, werden Sie den Rand marschierender Ameisen bemerken. Auswahlen sind jedoch nur temporär. Wenn Sie aus Versehen außerhalb klicken, verschwindet die Auswahl. Allerdings können Sie sie mit Bearbeiten/Widerrufen wiederherstellen (⌘-Z; PC: Strg-Z).

Abbildung 7.1 Eine Auswahl erkennen Sie in Photoshop an den marschierenden Ameisen.

Bei der Arbeit mit Photoshop zeichne ich einfache Auswahlen, um Bereiche zu definieren, auf die ich Einstellungen anwenden möchte. Anschließend hebe ich die Auswahl wieder auf. Wenn Sie eine komplizierte Auswahl vornehmen, sollten Sie sie als Alpha-Kanal (Maskierungskanal) speichern. Wählen Sie dazu AUSWAHL/AUSWAHL SPEICHERN. In der Dialogbox legen Sie fest, ob Sie die Auswahl als

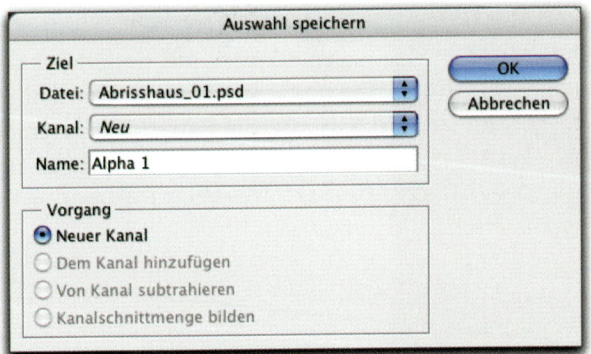

Abbildung 7.2 Um eine Auswahl als neuen Alpha-Kanal zu speichern, wählen Sie AUSWAHL/AUSWAHL SPEICHERN mit der Option NEUER KANAL.

neuen Kanal speichern wollen. Falls ja, erzeugen Sie einen Alpha-Kanal. In der Kanäle-Palette taucht die Auswahl dann als Alpha-Kanal auf. Um die gespeicherte Auswahl erneut zu aktivieren, wählen Sie AUSWAHL/AUSWAHL LADEN. Wählen Sie dann die entsprechende Kanalnummer aus dem Untermenü oder klicken Sie mit gehaltener ⌘-Taste (PC: Strg) auf den Alpha-Kanal in der Palette.

Um einen neuen Alpha-Kanal zu erzeugen, können Sie auch auf den Button NEUEN KANAL ERSTELLEN unten in der Kanäle-Palette klicken und den neuen Kanal mit einem Verlauf füllen oder mit Schwarz oder Weiß hineinmalen. Den neuen Kanal können Sie dann in eine Auswahl umwandeln.

Wenn Sie die marschierenden Ameisen sehen, ist die Auswahl aktiv und kann verwendet werden. Alle Bildbearbeitungen sind nur im ausgewählten Bereich wirksam. Auswahlen sind nur temporär und können aufgehoben werden, indem Sie außerhalb klicken oder AUSWAHL/AUSWAHL AUFHEBEN wählen (⌘-D, PC: Strg+D).

Maskierungsmodus

Im Maskierungsmodus wird die Auswahl als farbige transparente Überlagerung dargestellt. Um von einer Auswahl in den Maskierungsmodus zu wechseln, klicken Sie auf das entsprechende Icon in der Werkzeugpalette (siehe Abbildung 7.5) oder drücken Sie die Taste Q, um zwischen dem Standard- und dem Maskierungsmodus umzuschalten. Im Maskierungsmodus können Sie mit den Füll-, den Mal- und den Auswahlwerkzeugen arbeiten. Wenn die Maskierungsfarbe dem Motiv des Bilds zu ähnlich ist, doppelklicken Sie auf das Maskierungs-Icon, dann auf das Farbfeld im Dialog und wählen Sie eine andere Farbe aus dem Farbwähler aus. Im Maskierungsmodus (oder wenn Sie direkt in einem Alpha-Kanal arbeiten) können Sie alle in Photoshop möglichen Malwerkzeuge und Bildeinstellungen verwenden, um den Alpha-Kanal zu bearbeiten. Um aus dem Maskierungsmodus in den Standard-Modus zurückzukehren, drücken Sie erneut die Taste Q.

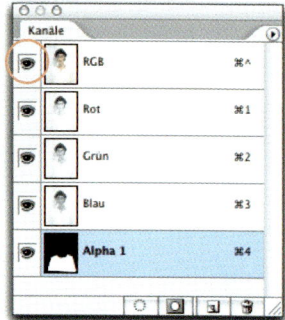

Abbildung 7.3 Wenn Sie eine Auswahl speichern, wird diese als neuer Alpha-Kanal in der Kanäle-Palette abgelegt. Durch einen Klick auf den Kanalnamen können Sie diesen betrachten. Der Alpha-Kanal lässt sich einzeln wie eine Maske betrachten, indem Sie die RGB-Kanäle durch einen Klick auf das Augen-Icon (siehe Kreis) ausschalten.

Auswahl wiederherstellen

Photoshop merkt sich die zuletzt verwendete Auswahl. Wählen Sie AUSWAHL/ERNEUT AUSWÄHLEN, um die letzte Auswahl wiederherzustellen.

Abbildung 7.4 Sie finden den Button für den Maskierungsmodus in der Werkzeug-Palette direkt unter den Farbfeldern. Durch einen Klick auf einen dieser Buttons wechseln Sie zwischen dem Auswahl- und dem Maskierungsmodus. Durch einen Doppelklick auf einen der Buttons ändern Sie die Farbeinstellungen für die Maske.

Abbildung 7.5 Die rechte Hälfte des Bilds zeigt eine Auswahl mit weicher Auswahlkante, links sehen Sie dasselbe im Maskierungsmodus.

Tastenkürzel Auswahl laden
Um eine Auswahl aus dem gespeicherten Maskierungskanal zu laden, wählen Sie Auswahl/Auswahl laden. Sie können auch mit gehaltener ⌥-Taste (PC: Alt) auf den Kanal klicken. Sie haben zudem die Möglichkeit, das Kanal-Icon auf den Button Kanal als Auswahl laden in der Kanäle-Palette zu ziehen.

Auswahlen verändern
Sie können den Inhalt einer Auswahl bearbeiten, indem Sie die Modifikator-Tasten drücken (siehe Kapitel 2, S. 59 und 60). Also noch einmal: Sie halten beim Ziehen mit einem Auswahlwerkzeug die ⇧-Taste, um etwas zu einer Auswahl hinzuzufügen, die ⌥-Taste (PC: Alt), um etwas daraus zu entfernen, und ⌥-⇧ (PC: Alt+⇧), um eine Schnittmenge aus zwei Auswahlen zu bilden. Zwar ist auch der Zauberstab ein Auswahlwerkzeug, aber mit dem Zauberstab können Sie nur klicken (nicht ziehen), während Sie die Tasten gedrückt halten, um die Auswahl zu verändern. Ist das Auswahlwerkzeug noch aktiv, lässt sich der Auswahlrahmen verschieben, indem Sie den Cursor in die Auswahl stellen und ziehen. Der Inhalt der Auswahl bleibt unverändert.

Alpha-Kanäle
Im Grunde ist ein Alpha-Kanal dasselbe wie eine Maske. Sie können eine Auswahl speichern, indem Sie sie in einen neuen Alpha-Kanal umwandeln. Wählen Sie dazu Auswahl/Auswahl speichern. Aus einem Alpha-Kanal wird auch wieder eine Auswahl, wenn Sie Auswahl/Auswahl laden wählen. Alpha-Kanäle werden als zusätzliche Kanäle in der Kanäle-Palette unter den normalen Farbkanälen gelagert. Wie ein normaler Farbkanal kann ein Alpha-Kanal bei einer Farbtiefe von 8 Bit pro Kanal bis zu 256 Graustufen enthalten, bei 16 Bit pro Kanal bis zu 32.000. Wenn ein Alpha-Kanal aktiv ist, lässt er sich als Graustufenmaske betrachten und in Photoshop nach Wunsch bearbeiten. Sie können einen Alpha-Kanal auch im Maskierungsmodus anschauen. Wenn Sie einen Alpha-Kanal in diesem Modus betrachten und bearbeiten wollen, aktivieren Sie ihn und klicken Sie dann auf das Augen-Icon neben dem Gesamtfarbenkanal in der Palette (ganz oben, siehe Abbildung 7.3). Sie sind dann in der Lage, die Alpha-Kanal-Maske zu bearbeiten, während die Bilder darunter sichtbar bleiben.

Kapitel 7
Montagetechniken

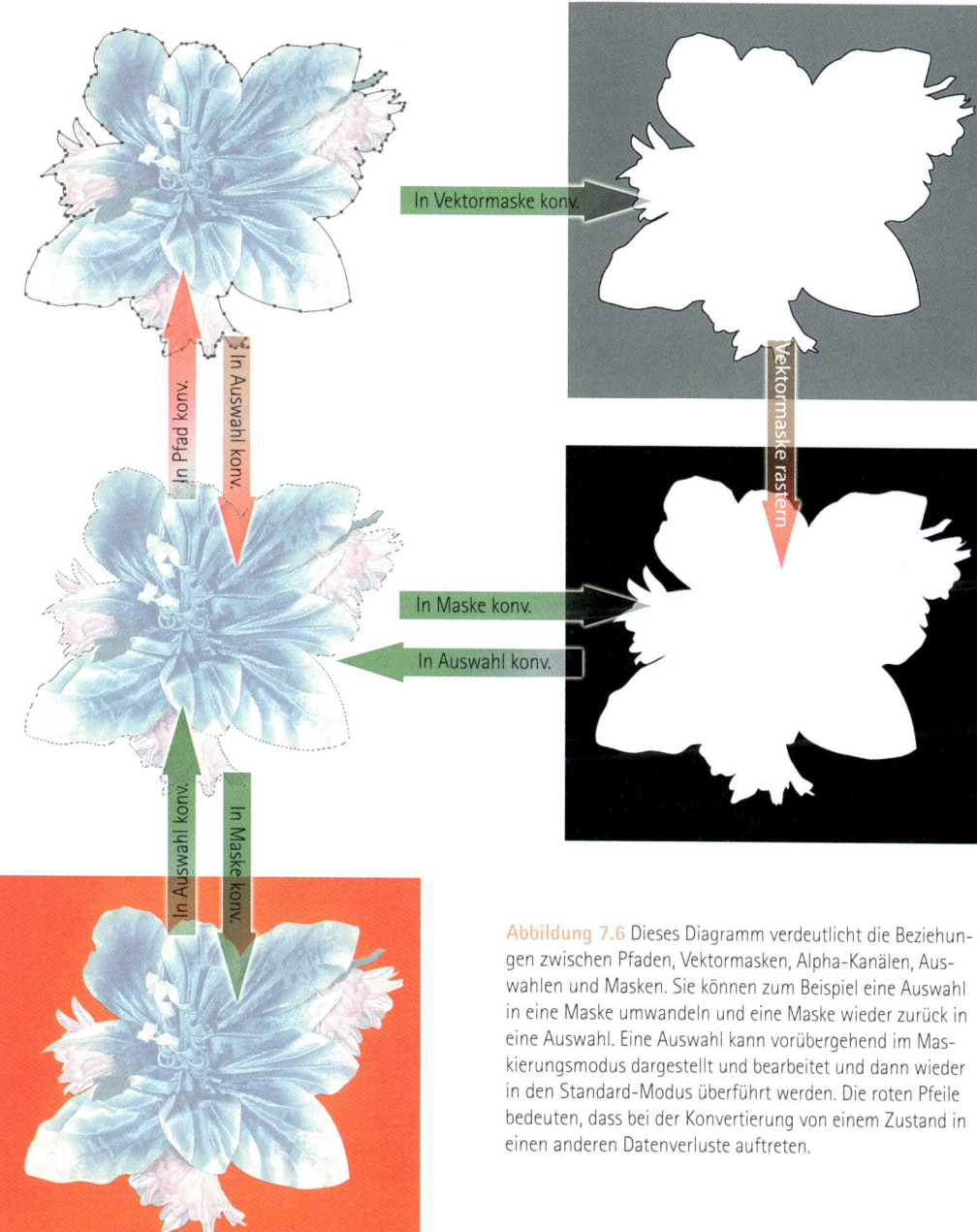

Abbildung 7.6 Dieses Diagramm verdeutlicht die Beziehungen zwischen Pfaden, Vektormasken, Alpha-Kanälen, Auswahlen und Masken. Sie können zum Beispiel eine Auswahl in eine Maske umwandeln und eine Maske wieder zurück in eine Auswahl. Eine Auswahl kann vorübergehend im Maskierungsmodus dargestellt und bearbeitet und dann wieder in den Standard-Modus überführt werden. Die roten Pfeile bedeuten, dass bei der Konvertierung von einem Zustand in einen anderen Datenverluste auftreten.

Auswahlen, Alpha-Kanäle und Masken

Wie bereits zu Beginn dieses Kapitels erwähnt, existieren immer enge Verflechtungen zwischen Auswahlen, Masken und Alpha-Kanälen. Diese Beziehung schließt natürlich Vektormasken und Pfade mit ein. Das Diagramm in Abbildung 7.6 illustriert diese Beziehungen genauer.

Beginnend in der linken oberen Ecke sehen Sie einen Pfad, der mit dem Zeichenstift in Photoshop erzeugt wurde. Ein solcher Pfad dient zum Erstellen einer Vektormaske (Ebenenmaske durch Zeichenstiftmaske) und eine Vektormaske kann gerastert werden, um daraus eine Ebenenmaske zu machen (Ebenenmaske mithilfe von Alpha-Kanal). Außerdem kann ein Pfad in eine Auswahl umgewandelt werden, umgekehrt lässt sich aus einer Auswahl wieder ein Arbeitspfad machen. Wenn wir mit einer Auswahl beginnen, können Sie diese als Maske betrachten und bearbeiten, außerdem lässt sich die Auswahl in einen Alpha-Kanal und zurück konvertieren.

Um in Photoshop eine Maske vorzubereiten, beginnen die meisten Leute mit einer Auswahl, um den Bereich festzulegen, an dem sie arbeiten wollen. Dann speichern sie die Auswahl als Alpha-Kanal. Das heißt, der gespeicherte Alpha-Kanal lässt sich dann jederzeit wieder in eine Auswahl umwandeln. Der andere weit verbreitete Weg ist, zuerst den Umriss mit dem Zeichenstift festzulegen, den Pfad in eine Auswahl umzuwandeln und diese dann in einen Alpha-Kanal zu konvertieren.

Mehr über Vektormasken und Ebenenmasken erfahren Sie später. Im Grunde ist aber eine Vektormaske lediglich ein Pfad, der auf eine Ebene angewendet wird, um festzulegen, was zu sehen ist und was nicht.

Vektoren in Pixel umwandeln
Abbildung 7.6 zeigt einen Datenverlust, der bei der Umwandlung auftreten kann. Dieser entsteht, wenn Sie Vektordaten in eine Auswahl auf Pixelbasis umwandeln. Dieser Prozess ist auch nicht wirklich umkehrbar. Eine sehr akkurate Auswahl nehmen Sie vor, indem Sie mit dem Zeichenstift einen Pfad anlegen und diesen dann in eine Auswahl umwandeln. Wenn Sie jedoch versuchen, die Auswahl zurück in einen Pfad zu verwandeln, ist dieser nicht mit dem ursprünglichen Pfad identisch. Die Umwandlung von Vektoren in Pixel ist sozusagen eine Einbahnstraße.

Die Umwandlung von Vektoren in Pixel ist eigentlich eine gute Sache, aber Sie müssen wissen, dass es bei der Umwandlung einer pixelbasierten Auswahl in einen Pfad zu einem Datenverlust kommt. Genauer gesagt, eine Auswahl oder Maske kann Graustufen enthalten, während ein Zeichenstiftpfad lediglich den Umriss eines Objekts beschreibt, bei dem entweder alles ausgewählt ist oder nicht.

Eine Auswahl glätten

Treffen Sie mit dem Zauberstab oder der Farbbereichmethode eine Auswahl, wird diese wahrscheinlich nicht so glatt, wie gewünscht. Das werden Sie vor allem dann feststellen, wenn Sie eine solche Auswahl im Maskierungsmodus betrachten. Darum kümmert sich die Abrunden-Option im Untermenü AUSWAHL/VERÄNDERN. Damit können Sie die Auswahl entsprechend der eingestellten Toleranz ausgleichen.

1 Hier sollte eine einfache Auswahl mit weichen Kanten erstellt werden, basierend auf den Tonwerten. Die Hintergrundfarbe sollte abgeändert werden. Ich wählte zunächst den Hintergrund mit dem Zauberstab aus, dazu benutzte ich eine Toleranz von 25. An einigen Stellen vergrößerte ich die Auswahl mit AUSWAHL/AUSWAHL VERGRÖSSERN. Die Vergrößerung wird durch die Toleranzeinstellungen in den Optionen des Zauberstabs bestimmt.

2 Der Zauberstab wählt wahrscheinlich nicht alle gewünschten Bereiche des Hintergrunds aus. Also wählte ich AUSWAHL/AUSWAHL VERÄNDERN/ABRUNDEN und gab einen Radiuswert zwischen 1 und 16 ein. Die Auswahl ist nun viel glatter. Das Abrunden funktioniert so: Wenn der Radius 5 ist, untersucht Photoshop alle Pixel innerhalb einer Fläche von 11 x 11 Pixel um jedes Pixel herum. Sind mehr als die Hälfte ausgewählt, werden auch eingestreute Pixel ausgewählt, bei weniger wird deren Auswahl aufgehoben.

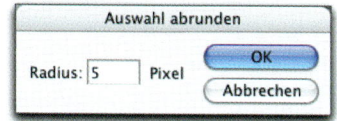

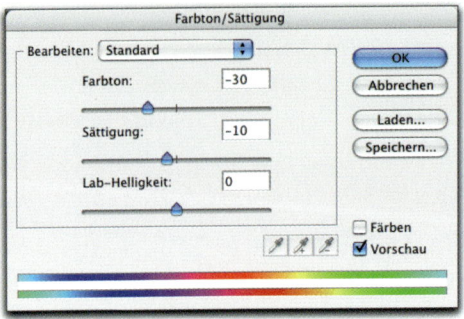

3 Als die Auswahl fertig war, blendete ich die Auswahlkanten aus (ANSICHT/EINBLENDEN/AUSWAHLKANTEN) und öffnete die FARBTON-/SÄTTIGUNG-Dialogbox. Stellen Sie Farbton und Sättigung für den ausgewählten Bereich ein.

Foto: Eric Richmond.

Vergrößern und Ähnliches auswählen

Die Optionen VERGRÖSSERN und ÄHNLICHES AUSWÄHLEN erweitern die Auswahl mit denselben Kriterien wie der Zauberstab, egal ob die eigentliche Auswahl mit dem Zauberstab erstellt wurde oder nicht. Um den Bereich von Tonwerten festzulegen, um den die Auswahl erweitert werden soll, geben Sie in der Optionen-Palette einen Toleranzwert ein. Bei einer höheren Toleranz wird ein größerer Farbbereich in die erweiterte Auswahl aufgenommen.

Die Option AUSWAHL/VERGRÖSSERN fügt benachbarte Pixel an, also die, die die Auswahl unmittelbar umgeben, und zwar mit derselben Farbe bzw. innerhalb des Toleranzbereichs. Bei AUSWAHL/ÄHNLICHES AUSWÄHLEN werden dieselben oder ähnliche Farbwerte irgendwo im Bild ausgewählt.

Auswahlen erweitern und verkleinern

Um eine Auswahl zu erweitern oder zu verkleinern, wählen Sie die entsprechenden Befehle aus dem Menü AUSWAHL/AUSWAHL VERÄNDERN. Auswahlen können um bis zu 100 Pixel modifiziert werden. Die weiteren Optionen lauten UMRANDUNG und ABRUNDEN. Probieren Sie sie aus, indem Sie eine Auswahl erstellen, und wählen Sie eine dieser Optionen. Geben Sie verschiedene Stärken ein und schauen Sie sich die Ergebnisse im Maskierungsmodus an. Die Option UMRANDUNG agiert etwas grob, durch eine weiche Auswahlkante oder etwas Gaußschen Weichzeichner (nach Speichern der Auswahl) kann das etwas verbessert werden. Auf den Seiten 313 bis 314 sehen Sie den UMRANDUNG-Befehl in Aktion.

Aber Vorsicht, Photoshop erzeugt eckige Auswahlen, wenn Sie den Befehl AUSWAHL/AUSWAHL VERÄNDERN/ERWEITERN wählen. Wollen Sie besonders exakt arbeiten, wählen Sie AUSWAHL/AUSWAHL TRANSFORMIEREN und skalieren Sie die Auswahl mit den Griffen des Transformationsrahmens.

Glätten und Weiche Auswahlkante

Alle Auswahlen und umgewandelten Auswahlen sind standardmäßig ungeglättet. Ein Bitmap-Bild besteht aus einem Raster quadratischer Pixel. Ohne Glättung würde eine diagonale Linie als pixelige Sägezahnlinie dargestellt. Photoshop löst dieses Problem, indem es Linien glättet, also die Lücken zwischen den Tonwerten füllt. Alle nichtvertikalen bzw. horizontalen scharfen Kanten werden durch Glätten weicher gerendert. Wenn Sie also auf Glätten-Optionen treffen, sind diese meist standardmäßig eingeschaltet. Und es gibt nur wenige Situationen, in denen Sie sie besser ausschalten.

Angenommen, Sie haben ein 8-Bit-Bild, das eine 1-Bit-Datei repräsentiert (z.B. einen Alpha-Kanal nach Anwenden des Schwellenwert-Befehls), die hierfür geglättet werden muss. Am besten wenden Sie auf die Maske einen Gaußschen Weichzeichner mit einem Radius von 1 Pixel an. Wenn Sie nur einen kleinen Bereich einer Kanalmaske weichzeichnen müssen, geht das auch mit dem Weichzeichner-Werkzeug.

Um eine Auswahl weichzuzeichnen, wählen Sie WEICHE AUSWAHLKANTE und geben Sie einen Radius in Pixel ein. Ein kleinerer Radius zwischen 1 und 2 reicht aus, um die Schärfe eines Auswahlumrisses zu dämpfen, manchmal sind aber höhere Radien erforderlich. Auf den Seiten 251 und 252 zum Beispiel legte ich ein Auswahlrechteck fest. Dann zeichnete ich die Auswahlkante mit 150 Pixel weich, kehrte die Auswahl um und wendete in der weichen Auswahl eine Tonwertkorrektur an, um eine Vignette zu erzeugen, die die Außenkanten des Fotos abdunkelte.

Weichere Auswahlkanten

Bei jeder Art von Fotoretusche ist es wichtig, die Auswahl weich zu gestalten. Wenn die Kanten eines Bildelements zu scharf sind, werden Retuschen der Montagen für den Betrachter zu offensichtlich. Das Geheimnis einer guten Komposition ist es, die Kanten so weich zu halten, dass die Bildelemente sanft ineinander übergehen.

Abbildung 7.7 Diese Illustration zeigt eine Grafik, die rechts geglättet wurde, um die Kanten weicher zu gestalten.

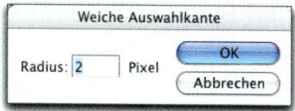

Abbildung 7.8 Wenn Sie die Kanten einer Auswahl weichzeichnen wollen, wählen Sie AUSWAHL/WEICHE AUSWAHLKANTE und den gewünschten Radius.

Kürzelkonflikt?

Das Tastenkürzel für AUSWAHL/WEICHE AUSWAHLKANTE ist ⌘-⌥-D (PC: Strg+Alt+D). Unter Mac OS X ist es möglich, dass Sie damit jedoch das Dock ein- und ausblenden. Das umgehen Sie, indem Sie in den Systemeinstellungen TASTATUR & MAUS/TASTATUR-KURZBEFEHLE wählen und die Option DOCK AUTOMATISCH EIN- UND AUSBLENDEN ausschalten.

Pfade in Photoshop

Die Auswahlwerkzeuge sind einfach zu bedienen und viele Leute benutzen gern eine Kombination aus Zauberstab und Masken, um einen Umriss auszuwählen. Wenn Sie aber nicht nur Bilder mit niedriger Auflösung bearbeiten wollen, sind die Standardwerkzeuge irgendwann einmal nicht mehr präzise genug. Dann benötigen Sie eine akkuratere Möglichkeit, einen Umriss zu definieren. An dieser Stelle kommen die Zeichenwerkzeuge und Pfade ins Spiel.

Bei großen Dateien geht es meist schneller, einen Pfad zu zeichnen und diesen in eine Auswahl umzuwandeln, als wenn man sich allein auf Auswahl- und Malwerkzeuge verlässt. Der Zauberstab mag bei Bildern in Amateurgröße gut genug sein, bei größeren Bildern ist diese Methode eher weniger empfehlenswert. Die magnetischen Werkzeuge sind so ein Zwischending. Sie sind clever angelegt, um den Auswahlprozess zu automatisieren, aber eigentlich stellen sie keine Alternative zum manuellen Anlegen von Pfaden für einen Umriss dar.

Auswahlen in Pfade umwandeln
Eine aktive Auswahl kann auch in einen Pfad umgewandelt werden, indem Sie auf den Button ARBEITSPFAD ERSTELLEN unten in der Pfade-Palette klicken.

Abbildung 7.9 Der Formebene-Modus ist die Standardeinstellung bei den Zeichenstift-Optionen. Ich würde an Ihrer Stelle auf den Pfade-Modus klicken und diesen als Standard verwenden.

Abbildung 7.10 Ein aktueller Pfad kann in eine Auswahl umgewandelt oder als Vektormaske geladen werden, um den Inhalt einer Ebene auszublenden.

Einen Pfad erstellen

In Photoshop erstellen Sie einen Arbeitspfad mit dem Zeichenstift. Dabei bieten sich Ihnen zwei Möglichkeiten. Im Pfade-Modus wird ein Arbeitspfad erstellt. Die folgenden Arbeitspfade (geschlossen oder nicht) können dann in eine Vordergrundfüllung, -kontur oder -auswahl umgewandelt werden, indem Sie den Pfad auf den entsprechenden Button unten in der Pfade-Palette ziehen. Im Formebenen-Modus erzeugen Sie ein gefülltes Objekt, indem Sie einen Pfad mit der Vordergrundfarbe füllen. Ein aktiver »aktueller« Pfad kann auch in eine Vektormaske konvertiert werden, die den Inhalt einer Ebene mithilfe eines Pfads maskiert.

Abbildung 7.11 Die Pfade-Übungsdatei, die Sie auf der CD zum Buch finden

Pfade mit dem Zeichenstift-Werkzeug erstellen

Wenn Sie noch keine Erfahrung mit vektorbasierten Zeichenprogrammen wie Freehand oder Illustrator haben, ist das Zeichenstiftkonzept etwas gewöhnungsbedürftig. Es ist anfangs schwierig, einen Einstieg zu finden. Aber ich verspreche Ihnen, dass es sich lohnt, sich an diese Arbeitsweise zu gewöhnen. Im Prinzip ist das wie Fahrrad fahren: Wenn Sie es einmal geschafft haben, im Sattel zu bleiben, ist es eigentlich ganz einfach. Pfade sind auf unterschiedliche Weise sehr nützlich. Sie können damit eine Kontur mit einem der Malwerkzeuge aufbringen oder eine komplexe Form definieren, die in eine Auswahl umgewandelt oder als Vektormaske auf eine Ebenenmaske angewendet wird.

Pfadsegmente bearbeiten

Sie bearbeiten eine gerade Linie oder ein Kurvensegment, indem Sie es mit dem Pfadauswahl-Werkzeug auswählen, auf ein Segment klicken und ziehen. Bei einem geraden Segment bewegen sich die Ankerpunkte an beiden Enden gleich. Bei einem Kurvensegment bleiben die Ankerpunkte fest und Sie können die Form verändern.

Richtlinien zum Zeichnen von Pfaden

Zunächst beginnen wir mit dem Zeichnen einfacher Konturen wie in Abbildung 7.11 (eine Kopie dieses Bilds finden Sie als Photoshop-Datei mit Ebenen auf der CD zum Buch). Diese Datei enthält gespeicherte Pfade dieser Formen. Die Hintergrundebene enthält das eigentliche Bild, darüber befindet sich eine andere Ebene desselben Bilds mit Pfadumrissen und allen Punkten und Anfassern. Machen Sie diese Ebene sichtbar und verringern Sie eventuell die Deckkraft, um den Anfasserpositionen zu folgen, wenn Sie die Zeichnung nachstellen wollen. Beginnen Sie zunächst

Abbildung 7.12 Klicken Sie einfach mit dem Zeichenstift, um gerade Segmente zu erzeugen.

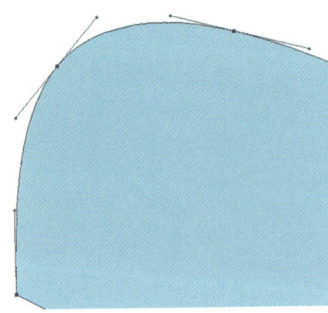

Abbildung 7.13 Um ein Kurvensegment zu zeichnen, ziehen Sie beim Hinzufügen eines Punkts statt zu klicken. Die Richtung und Länge der Griffe bestimmen die Form der Kurve zwischen den Punkten.

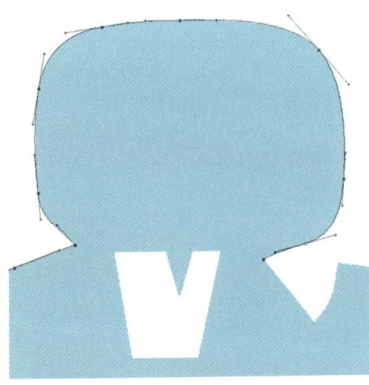

Abbildung 7.14 Wenn Sie ein Kurvensegment erzeugen, legt der nächste Griff den Verlauf der Kurve fest und führt die Bewegung des vorherigen Segments fort. Für eine Richtungsunterbrechung wandeln Sie den Kurvenpunkt in einen Eckpunkt um. Drücken Sie dazu die ⌥-Taste (PC: Alt), während Sie auf einen Pfadpunkt klicken, oder klicken und ziehen Sie, um einen neuen Griff zu erzeugen, der in eine andere Richtung führt.

mit dem Buchstaben »d«. Wenn Sie mit dem Polygon-Lasso umgehen können, wird Ihnen das keine Probleme bereiten. Klicken Sie nacheinander auf die Eckpunkte, bis Sie wieder am Anfangspunkt angelangt sind. Sobald Sie mit dem Cursor in die Nähe des Ausgangspunkts kommen, zeigt ein kleiner Kreis an, dass Sie mit dem nächsten Klick den Pfad schließen können. Das geht noch besser als beim Polygon-Lasso, denn Sie können wenn nötig einzoomen und jeden Punkt sehr genau positionieren. Halten Sie die ⌘-Taste (PC: Strg) gedrückt, um kurzzeitig auf das Direktauswahl-Werkzeug zuzugreifen und einen Punkt präzise auszurichten. Wenn Sie den Pfad geschlossen haben, drücken Sie ⌘-↵ (PC: Strg-↵), um den Pfad in eine Auswahl umzuwandeln, und schließlich ↵, um den Pfad zu deaktivieren.

Zeichnen Sie nun die »h«-Form nach. Dabei können Sie sich auf das Zeichnen von Kurvensegmenten konzentrieren. Achten Sie darauf, dass jedes Kurvensegment damit beginnt, dass Sie den Griff nach außen in Richtung der gewünschten Kurve ziehen. Stellen Sie sich am besten vor, Sie wollen einen Kreis zeichnen und dazu die imaginären Ränder eines Quadrats nachzeichnen, das den Kreis umschließt. Um ein Kurvensegment fortzuführen, ziehen Sie mit gehaltener Maustaste, um das eine Kurvensegment abzuschließen und den Winkel des nächsten festzulegen. Dabei geht das nächste Segment weich aus dem letzten hervor. Bei Richtungsänderungen müssen Sie einen Eckpunkt setzen. Konvertieren Sie das Kurvensegment, indem Sie mit gehaltener ⌥-Taste (PC: Alt) darauf klicken. Klicken Sie, um einen weiteren Punkt zu platzieren. Dadurch entsteht ein weiteres gerades Segment. Halten Sie die ⌘-Taste (PC: Strg) gedrückt, um kurzzeitig auf das Direktauswahl-Werkzeug zuzugreifen, um Punkte neu zu positionieren. Verfeinern Sie so die Kurvenform der Kurve.

An der »v«-Form können Sie gerade und gebogene Segmente üben. Soll sich der Winkel des nächsten Segments ändern, ist ein Eckpunkt notwendig. Halten Sie in den Nischen des »v« die ⌥-Taste (PC: Alt) und ziehen Sie, um den Griff für die nächste Kurvenform zu definieren.

Um einen Pfad zu bearbeiten, drücken Sie die ⌘-Taste (PC: Strg), um den Zeichenstift kurzzeitig in das Direktauswahl-Werkzeug umzuwandeln, mit dem Sie Ankerpunkte neu positionieren können. Mithilfe der ⌥-Taste (PC: Alt) wandeln Sie einen Kurvenankerpunkt in einen Eckankerpunkt um. Wenn Sie einen Eckpunkt in eine Kurve umwandeln wollen, klicken Sie mit gehaltener ⌥-Taste (PC: Alt) und ziehen Sie. Um lediglich die Richtung eines Griffs zu ändern, halten Sie die ⌥-Taste (PC: Alt) gedrückt und ziehen Sie am Griff. Einen neuen Ankerpunkt fügen Sie zu einem aktiven Pfad hinzu, indem Sie mit dem Zeichenstift auf ein Segment klicken. Klicken Sie erneut auf einen Ankerpunkt, um ihn zu entfernen.

Gummiband-Modus

Es gibt immer Gelegenheiten, wo ich es für sinnvoll halte, mit dem Zeichenstift einen Umriss zu definieren und diesen dann in eine Auswahl umzuwandeln. Schließlich ist der Zeichenstift doch die einfachste Variante, viele Umrisse zu zeichnen und den Pfad in eine Auswahl zu verwandeln. Mit der Option GUMMIBAND lernen Sie das noch schneller.

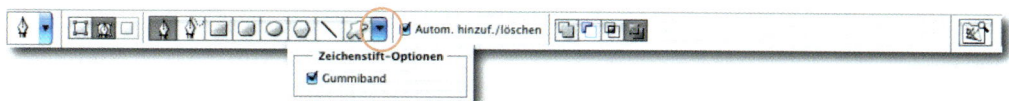

Abbildung 7.15 Am schnellsten machen Sie sich mit den Eigenheiten des Zeichenstifts in dessen Werkzeugoptionen vertraut. Klicken Sie auf die GEOMETRIE-OPTIONEN und schalten Sie die Checkbox GUMMIBAND ein. Der Zeichenstift arbeitet nun im Gummiband-Modus. Das heißt, schon während Sie mit dem Mauszeiger ziehen, nehmen die Segmente Form an, nicht erst dann, wenn Sie erneut klicken und den nächsten Pfadpunkt setzen.

Ebenen

Ebenen spielen im Umgang mit Photoshop eine wichtige Rolle. Ob Sie eine Webseite designen oder ein Foto bearbeiten, durch Ebenen können Sie verschiedene Designelemente separat voneinander halten. Ebenen eröffnen Ihnen die Möglichkeit, ein Bild in Stufen aufzubauen und diese Flexibilität zu erhalten, um später noch Veränderungen vornehmen zu können.

Um eine Ebene in Photoshop umzubenennen, klicken Sie einfach doppelt auf ihren Namen. Um die Ebene zu duplizieren, ziehen Sie deren Icon auf das Icon NEUE EBENE ERSTELLEN unten in der Ebenen-Palette. Sie verwerfen eine Ebene, indem Sie deren Icon auf den Papierkorb unten in der Palette ziehen. Oder Sie verwenden den Befehl AUSGEBLENDETE EBENEN LÖSCHEN aus dem Palettenmenü oder dem Ebene-Menü.

Die Ebenen in Photoshop haben sich über die Jahre entwickelt. Photoshop CS2 führt wieder neue Methoden ein, wie man mehrere Ebenen auswählen und miteinander verbinden kann. Zuerst wollen wir jedoch einen Blick auf die verschiedenen Ebenentypen in Photoshop werfen.

Bildebenen

Der einfachste Ebenentyp ist die Bildebene, die nur Pixelinformationen enthält. Mithilfe des EBENE-Menüs und dem Menü der Ebenen-Palette können Ebenen von einer Datei in eine andere dupliziert werden, entweder einzeln oder in Gruppen. Ebenso ist es möglich, Ebenen per Drag&Drop von einer Datei in eine andere zu duplizieren. Wenn Sie dabei die ⇧-Taste gedrückt halten, wird die Ebene am Ziel zentriert. Eine neue leere Ebene erstellen Sie durch einen Klick auf den Button NEUE EBENE ERSTELLEN unten in der Ebenen-Palette. Sie können auch den Inhalt einer Auswahl innerhalb desselben Dokuments in eine neue Ebene kopieren. Wählen Sie dazu EBENE/NEU/EBENE DURCH KOPIE oder drücken Sie ⌘-J (PC: Strg-J). Dadurch wird der Ebeneninhalt dupliziert und als neue Ebene in der Palette abgelegt. Sie können den Inhalt auch ausschneiden. Wählen Sie dazu EBENE/NEU/EBENE DURCH AUSSCHNEIDEN oder drücken Sie ⌘-⇧-J (PC: Strg-⇧-J).

Mehrere Ebenen löschen
Photoshop CS2 gestattet es Ihnen, mehrere Ebenen einfacher zu löschen. Wählen Sie mehrere Ebenen aus, indem Sie mit gehaltener ⇧-Taste bzw. ⌘-Taste (PC: Strg) darauf klicken, und klicken Sie dann auf den Löschen-Button unten in der Ebenen-Palette.

Limit für Ebenen
Sie können zu einem Dokument beliebig viele Ebenen hinzufügen, und das bis zu einer maximalen Anzahl von 8000 Ebenen.

Sichtbarkeit der Ebenen
Entscheiden Sie selbst, welche Ebenen angezeigt werden, indem Sie auf das Augen-Icon vor der jeweiligen Ebene klicken. In Photoshop CS2 wird das Ein- und Ausschalten der Sichtbarkeit von Ebenen im Protokoll aufgezeichnet und es kann auch widerrufen werden.

Formebenen

Formebenen sind ein Oberbegriff für Ebenen, die keine Pixel enthalten, sondern mit einer Farbe gefüllt sind und bei denen ein Umriss durch eine Vektormaske/Ebenenmaske definiert wird. Eine Formebene entsteht immer dann, wenn Sie mit einem der Formwerkzeuge ein Objekt zu einer Ebene hinzufügen, im Formebene-Modus einen Pfad zeichnen oder aus dem Menü unten in der Ebenen-Palette eine Füllebene einfügen. In den Abbildungen 7.19 und 7.20 sehen Sie Beispiele für Formebenen. Eine ist mit einer Ebenenmaske maskiert, die andere sowohl mit einer Ebenen- als auch mit einer Vektormaske.

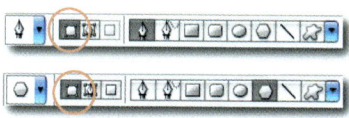

Abbildung 7.16 Die Zeichenstift- und Formwerkzeuge enthalten einen Button namens Formebene, um Objekte für Formebenen zu erstellen, die durch einen mit diesem Werkzeug erstellten Vektorpfad definiert sind.

Textebenen

Textebenen sind wie Formebenen vektorbasiert. Zeichensätze bestehen aus Vektordaten, sie sind also auflösungsunabhängig. Wenn Sie in Photoshop mit dem Textwerkzeug klicken oder ziehen und dann Text eingeben, wird in der Ebenen-Palette eine neue Textebene hinzugefügt. Diese ist am großen »T« zu erkennen. Drücken Sie ⏎, erscheint im Ebenennamen der Anfang des Textes, so dass Sie ihn leichter wiederfinden können.

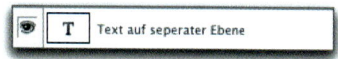

Abbildung 7.17 Textebenen entstehen, wenn Sie Text in ein Bild einfügen. Text auf einer Textebene können Sie später jederzeit nachbearbeiten.

Einstellungsebenen

Einstellungsebenen enthalten Bildeinstellungen, die auf alle unterhalb liegenden Ebenen in der Ebenen-Palette angewendet werden. Wenn Sie eine Schnittmaske zwischen einer Einstellungsebene und der direkt darunter liegenden Ebene erstellen, wird die Bildeinstellung nur auf diese Ebene angewendet. Sie können eine Einstellungsebene durch einen Klick auf das Augen-Icon ein- und ausblenden. Einer der großen Vorteile von Einstellungsebenen ist, dass sich die Einstellungen später ändern lassen.

Abbildung 7.18 Einstellungsebenen enthalten keine Pixel oder Vektorobjekte. Es handelt sich um Bildeinstellungen, die in einem Bild strategisch angeordnet werden können, um auf eine oder mehrere Ebenen zu wirken. Sie können den Inhalt maskieren sowie Füllmethode und Deckkraft der Ebene einstellen.

Steuerungen in der Ebenen-Palette

Die Füllmethode legt fest, wie die aktive Ebene mit den darunter liegenden Ebenen reagiert, die Deckkraft steuert die Transparenz des Ebeneninhalts. Der Schieberegler FLÄCHE bestimmt die Deckkraft des Ebeneninhalts unabhängig von einem Ebenenstil (z.B. Schlagschatten), der auf die Ebene angewendet wurde. Daneben befinden sich mehrere Optionen zum Fixieren von Ebenen. Viele wichtige Befehle finden Sie im Palettenmenü der Ebenen-Palette. Unten in der Palette befinden sich die Steuerungen für Ebeneninhalte wie Ebenen verbinden, Ebenenstile hinzufügen, Einstellungsebenen, neue Gruppen, neue Ebenen sowie der Löschen-Button.

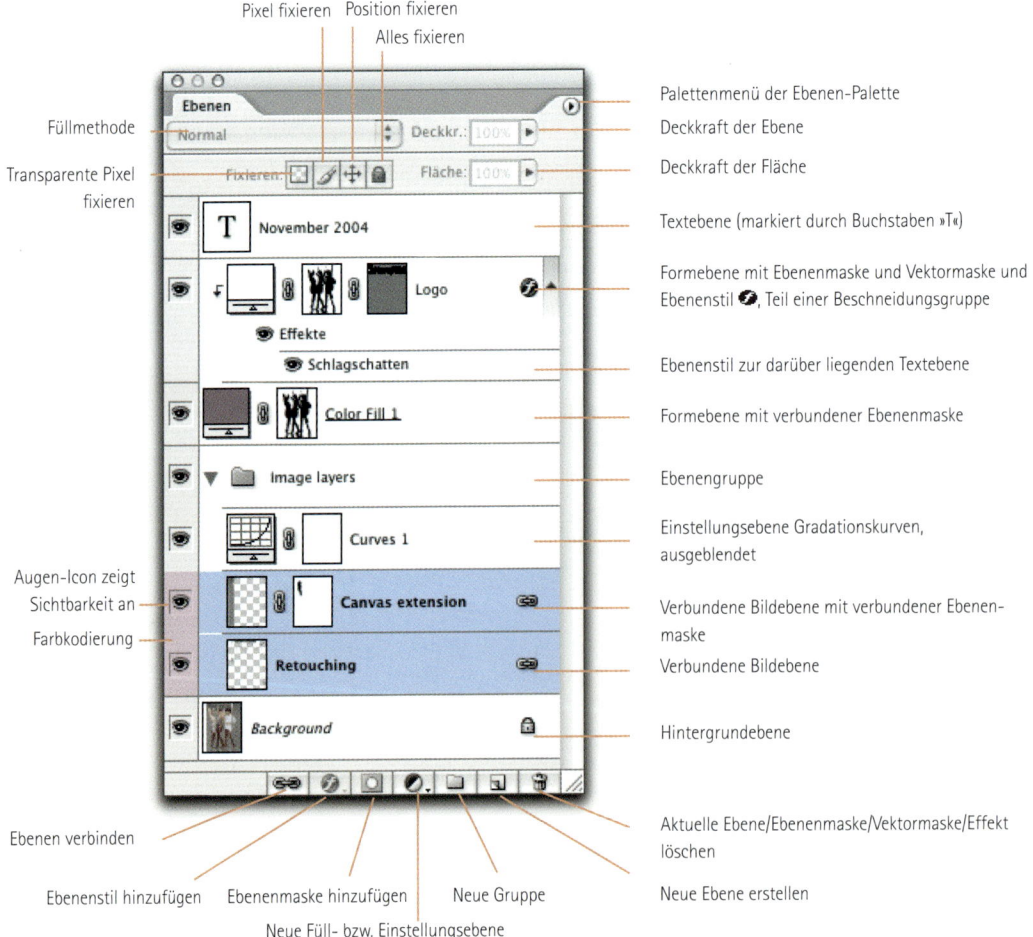

Abbildung 7.19 Dies ist ein Überblick über die Ebenen-Palette in Photoshop. Sie sehen, dass die Spalte zum Verbinden der Ebenen entfernt wurde. In Photoshop CS2 können Sie Ebenen auswählen, um mit ihnen zu arbeiten, ohne sie zu verbinden. Oder Sie verbinden sie permanent mit dem Verbinden-Button.

Kapitel 7
Montagetechniken

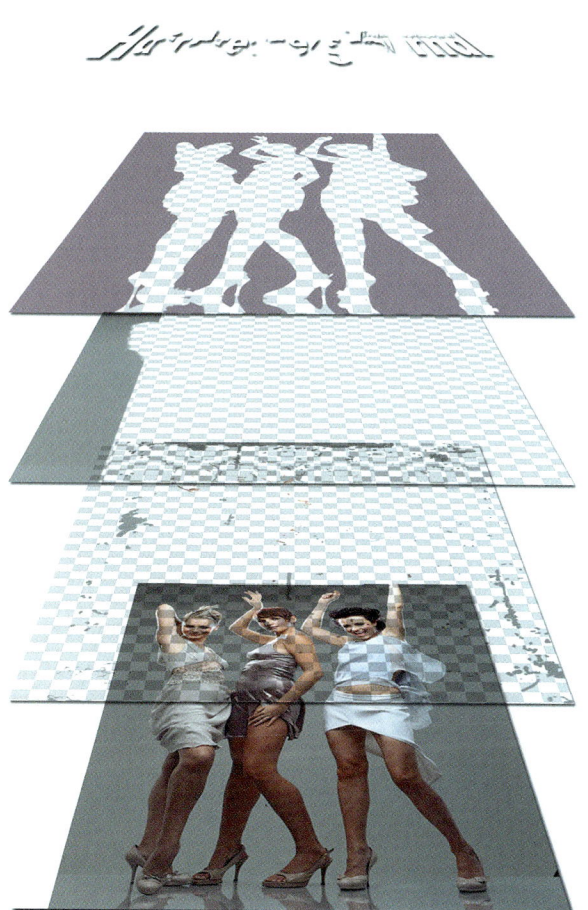

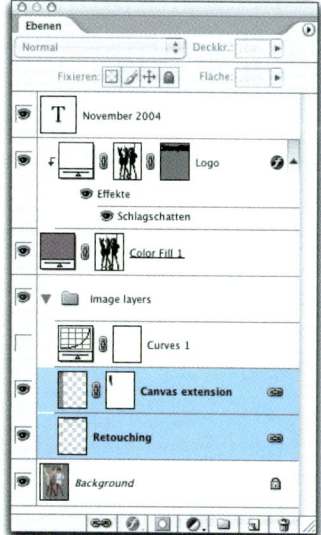

Abbildung 7.20 In dieser Explosionszeichnung sehen Sie, wie die Ebenen des Magazintitels aus Abbildung 7.19 in Photoshop übereinander angeordnet sind. Das Schachbrettmuster repräsentiert transparente Bereiche, die Ebenen sind hier entsprechend ihrer Reihenfolge in der Ebenen-Palette dargestellt.

Kunde: Goldwell Professional Haircare.

283

Abbildung 7.21 Diese Ebenenpalette enthält zwei Ebenen. Die aktive Ebene ist blau markiert. Der gestrichelte Rand um das Icon der Ebenenmaske zeigt an, dass die Maske aktiv ist und Bearbeitungen nur an der Maske vorgenommen werden. Zwischen den Icons für Bildebene und Ebenenmaske sehen Sie kein Verbindungs-Icon. Das heißt, dass beide getrennt voneinander bewegt werden können.

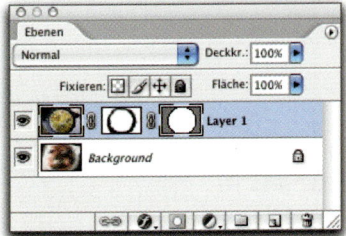

Abbildung 7.22 In dieser Palette zeigt der Rand um die Vektormaske an, dass diese aktiv ist und alle Bearbeitungen nur auf die Vektormaske angewendet werden. Die Bildebene und die Ebenenmaske bleiben unverändert. Bildebene, Ebenenmaske und Vektormaske sind alle miteinander verbunden.

Ebenen maskieren

Mit einer Ebenenmaske, Vektormaske oder beiden können Sie den Inhalt von Ebenen teilweise oder ganz ausblenden. Ebenenmasken werden mithilfe einer pixelbasierten Maske definiert, während Vektormasken mithilfe von Pfaden erstellt werden. Masken können Sie auf alle Ebenentypen anwenden: Bildebenen, Formebenen, Textebenen und Einstellungsebenen. Klicken Sie dazu einmal auf den Button EBENENMASKE HINZUFÜGEN. Bei erneutem Klicken auf den Button erzeugen Sie eine Vektormaske. Im Fall von Formebenen entsteht beim ersten Klick eine Vektormaske und beim zweiten eine Ebenenmaske. Das Wichtigste, was Sie sich in Photoshop über Masken merken müssen, ist, dass Sie den Inhalt einer Ebene mit der Maske nur überdecken und nicht löschen. So können Sie später die Maske ändern und andere Bildbereiche freilegen. Auch Fehler lassen sich leichter korrigieren, wenn darunter liegende Inhalte nur überdeckt und nicht gelöscht werden.

Eine Ebenenmaske hinzufügen

Klicken Sie einmal auf den Button EBENENMASKE HINZUFÜGEN, um zu einer Bildebene, Textebene oder Formebene eine Maske hinzuzufügen (wenn Sie eine Füll- oder Einstellungsebene erstellen, bekommt diese automatisch eine Ebenenmaske). Das Masken-Icon erscheint neben dem Icon der Ebene. Eine gestrichelte Kontur um das Icon zeigt an, welches von beiden aktiv ist.

Um Ebeneninhalte ein- oder auszublenden, muss die Ebenenmaske aktiv sein. Wählen Sie den Pinsel und malen Sie mit Schwarz, um den Ebeneninhalt auszublenden, und mit Weiß, um ihn einzublenden.

Um eine Ebenenmaske basierend auf einer Auswahl zu erstellen, markieren Sie die Ebene, aktivieren Sie die Auswahl und klicken Sie auf den Button EBENENMASKE HINZUFÜGEN unten in der Ebenen-Palette. Oder wählen Sie EBENE/EBENENMASKE/AUSWAHL EINBLENDEN. Um eine Ebenenmaske zu einer Ebene hinzuzufügen, deren Auswahl ausgeblendet ist, klicken Sie mit gehaltener ⌥-Taste (PC: Alt) auf den Button EBENENMASKE HINZUFÜGEN oder wählen Sie EBENE/EBENENMASKE/AUSWAHL AUSBLENDEN.

Eine Ebenenmaske entfernen

Um eine Ebenenmaske zu löschen, haben Sie im Menü EBENE/ EBENENMASKE zwei Möglichkeiten. Wollen Sie die Maske einfach loswerden, wählen Sie LÖSCHEN. Wenn Sie die Maske entfernen, vorher aber noch anwenden wollen, wählen Sie ANWENDEN. Oder aber Sie wählen die Maske in der Ebenen-Palette aus und klicken auf den LÖSCHEN-Button bzw. Sie ziehen die Maske direkt auf den LÖSCHEN-Button unten in der Palette. Eine Dialogbox fragt, ob Sie die Maske vor dem Löschen noch anwenden wollen. Klicken Sie auf VERWERFEN, um die Maske zu löschen, auf ABBRECHEN, um den Vorgang abzubrechen, oder auf ANWENDEN, um die Ebenenmaske anzuwenden. Um eine Ebenenmaske kurzzeitig zu deaktivieren, wählen Sie EBENE/EBENENMASKE/DEAKTIVIEREN. Sie kehren das um, indem Sie EBENE/EBENENMASKE/AKTIVIEREN wählen. Oder Sie klicken mit gedrückter ⇧-Taste auf das Icon, um es zu deaktivieren, und ein zweites Mal, um es zu aktivieren. Oder Sie klicken mit gedrückter Ctrl-Taste (PC: Rechts-Klick) auf das Masken-Icon, um auf das Kontextmenü zuzugreifen und dort die entsprechenden Befehle zu wählen.

Eine leere Ebenenmaske hinzufügen

Wenn Sie eine leere Ebenenmaske erstellen (eine weiß gefüllte), können Sie mit den Füll- und Malwerkzeugen Pixel ausblenden. Um eine Ebenenmaske für eine Ebene zu erstellen und die gesamte Ebene sichtbar zu lassen, klicken Sie auf den Button EBENENMASKE HINZUFÜGEN in der Ebenen-Palette. Oder Sie wählen EBENE/EBENENMASKE/ALLES EINBLENDEN. Um eine Ebenenmaske zu einer Ebene hinzuzufügen und alles auszublenden, klicken Sie mit gehaltener ⌥-Taste (PC: Alt) auf den Button oder wählen Sie EBENE/EBENENMASKE/ALLES AUSBLENDEN.

Masken betrachten

Das kleine Icon der Ebenenmaske lässt erahnen, wie die Maske aussieht. Klicken Sie jedoch mit gehaltener ⌥-Taste (PC: Alt) auf das Icon, wird die Maske im Bildfenster angezeigt. Wenn Sie ⇧-⌥-klicken (PC: ⇧-Alt), wird die Ebenenmaske als transparente Maskenüberlagerung angezeigt. Sie können zwischen beiden Aktionen umschalten.

Abbildung 7.23 Hier sehen Sie ein Beispiel des Bilds, wenn Sie mit gehaltener Shift- und ⌥-Taste (PC: ⇧-Alt) auf die Maske geklickt haben (links) und die Maske im Maskierungsmodus erscheint. Rechts sehen Sie die Maske nach einem ⌥-Klick (PC: Alt) im Bildfenster. In beiden Modi kann die Ebenenmaske noch bearbeitet werden.

Eine Ebenenmaske kopieren

Sie können die ⌥-Taste (PC: Alt) benutzen, um eine Ebenenmaske durch Ziehen auf eine andere Ebene zu kopieren.

Ebenen-/Vektormasken ein-/ausblenden

Sie können eine Ebenenmaske kurzzeitig ein-/ ausblenden, indem Sie auf deren Icon mit gedrückter -Taste klicken. Ein Klick auf das Icon einer Vektormaske blendet den Pfad selbst aus. Wenn Sie den Cursor über einen ausgeblendeten Pfad stellen, wird dieser kurzzeitig sichtbar, ein erneuter Klick blendet ihn wieder ein.

Vektormasken

Eine Vektormaske funktioniert genau wie eine Ebenenmaske, nur dass die Maske durch einen Vektorpfad beschrieben wird. Sie können eine Vektormaske mit den Zeichenstiftwerkzeugen oder den Formwerkzeugen bearbeiten. Aufgrund ihrer Vektorbasiertheit ist eine Vektormaske auflösungsunabhängig und kann ohne Qualitätsverlust skaliert oder transformiert werden. Um eine Vektormaske aus einem existierenden Pfad zu erzeugen, aktivieren Sie den Pfad in der Pfade-Palette und wählen Sie dann Ebene/Vektormaske/Aktueller Pfad.

1 Eine Vektormaske kann aus einem aktiven Pfad wie in dieser Abbildung erzeugt werden. Der Pfad-Modus beeinflusst jedoch, was ein- bzw. ausgeblendet wird, wenn der Pfad in eine Vektormaske umgewandelt wird.

2 Am Pfad-Icon ist der Modus erkennbar. Die graue Füllung im Icon repräsentiert die ausgeblendeten Bereiche. Ein Pfad wie der in der Abbildung würde also im Modus »Pfadbereich erweitern« erstellt. Wenn Sie eine Vektormaske in diesem Modus anlegen, werden die Bereiche außerhalb ausgeblendet.

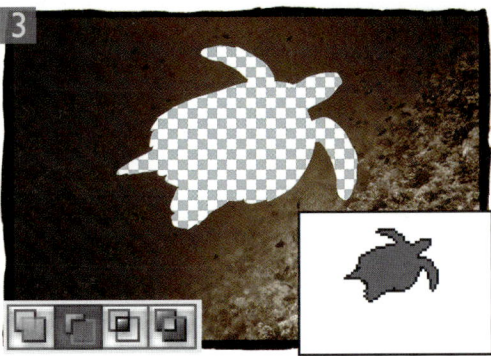

3 Wurde ein Pfad im Modus »Von Pfadbereich subtrahieren« erzeugt, werden die inneren Bereiche ausgeblendet, wenn der Pfad in eine Vektormaske umgewandelt wird. Sie können jedoch den Modus ändern. Kehren Sie zu Schritt 1 zurück. Klicken Sie mit dem Pfadauswahl-Werkzeug auf den Pfad, um alle Punkte zu aktivieren. Wählen Sie dann den Zeichenstift im Pfad-Modus und klicken Sie auf den Button »Pfadbereich erweitern« in der Optionsleiste, um den Pfad wieder additiv zu machen.

Foto: Peter Hince.

Kapitel 7
Montagetechniken

1 Mit dem Zeichenstift im Pfad-Modus (grüner Kreis) erstellte ich einen Umriss dieser Skulptur. Ich wollte, dass der Pfad alles außerhalb des eingeschlossenen Pfads auswählt, deshalb wählte ich den Button Von Pfadbereich subtrahieren (roter Kreis), bevor ich begann, den Pfad zu zeichnen.

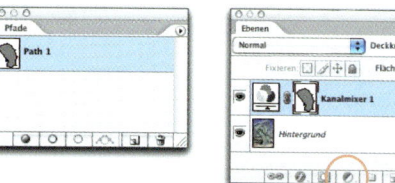

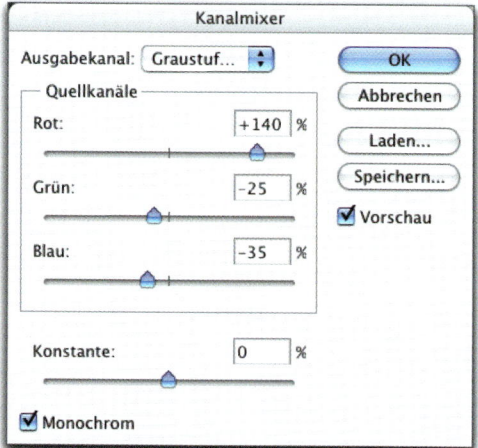

2 Bei aktivem Arbeitspfad klickte ich auf den Button Neue Einstellungsebene erstellen unten in der Ebenen-Palette und wählte Kanalmixer. Dadurch wurde eine Einstellungsebene mit verbundener Vektormaske hinzugefügt. Mit dem Kanalmixer führte ich eine Schwarzweißkonvertierung der durch die Maske ausgewählten Bereiche durch. Mit Ebene/Inhalt der Ebene ändern verändern Sie den Typ der Einstellungsebene. Den Pfadumriss ändern Sie mit dem Pfadauswahl-Werkzeug.

287

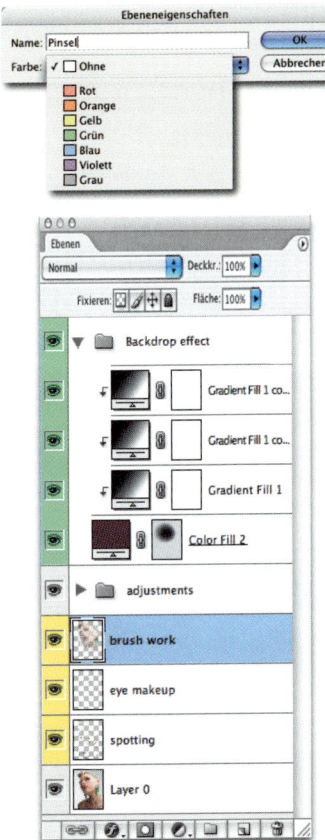

Abbildung 7.24 Ebenen können farbkodiert sein. Wählen Sie EBENENEIGENSCHAFTEN aus dem Palettenmenü oder ⌥-klicken (PC: Alt-Klick) Sie doppelt auf die Ebene (eine gleichzeitig) und wählen Sie eine Farbe.

Eingebettete Ebenengruppen
Sie können eine (oder mehrere) Ebenengruppen ineinander einbetten, und zwar bis zu drei Einbettungen ineinander.

Mit mehreren Ebenen arbeiten

Ebenen sind in Photoshop äußerst wichtig, erst mit ihnen können Sie komplexe Montagen ausführen. Aufgrund der wachsenden Bedeutung von Ebenenfunktionen wurde es immer wichtiger, die Ebenen effizient zu verwalten. Deshalb enthält Photoshop CS2 einige Änderungen im Umgang mit Ebenen. Neben neuen Funktionen wurde vor allem am Ebenenmanagement, der Auswahl und der Gruppierung von Ebenen gearbeitet. Für einige Anwender grenzt die Entfernung der Verbindungsspalte schon an Häresie. Ich finde es gut, dass große Änderungen an der Ebenen-Palette vorgenommen wurden, glaube aber nicht, dass Photoshop nun schneller oder langsamer geworden ist.

Verwaltung von Ebenengruppen

Das Navigieren in Bildern mit mehreren Ebenen kann ziemlich schwierig werden, wenn viele Ebenen übereinander liegen. Mithilfe von Ebenengruppen (früher Sets) können Sie Ebenen besser organisieren. Ebenengruppen haben einen Ordner als Icon. Die Idee dahinter ist, dass Sie miteinander in Verbindung stehende Ebenen in einem Ordner zusammenfassen. Der Ordner kann dann erweitert oder geschlossen angezeigt werden. Bei vielen Ebenen in einem Dokument vereinfachen es die Gruppen, die Ebenen anzuordnen und in diesem zu navigieren.

Sie blenden Ebenengruppen mit einem Klick auf das Augen-Icon davor ein und aus. Sie können auch die Deckkraft und Füllmethode eine Gruppe einstellen wie bei einer Einzelebene. Bei Untergruppen innerhalb einer Ebenengruppe lassen sich Deckkraft und Füllmethode individuell einstellen.

Um eine Ebene in der Palette neu zu positionieren, ziehen Sie sie im Stapel nach oben oder unten. Wollen Sie eine Ebene in eine Gruppe bewegen, ziehen Sie sie auf das Ordner-Icon oder in die aufgeklappte Ebenengruppe. Um eine Ebene aus einer Gruppe zu entfernen, ziehen Sie sie aus der Gruppe heraus und legen Sie sie darüber oder darunter in den Stapel.

Kapitel 7
Montagetechniken

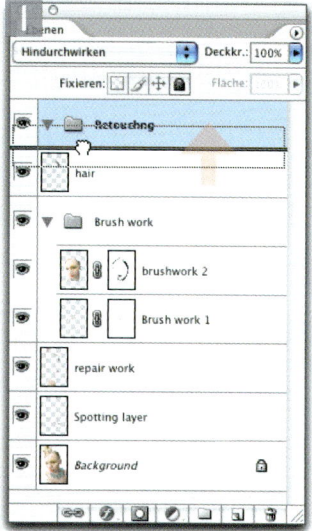

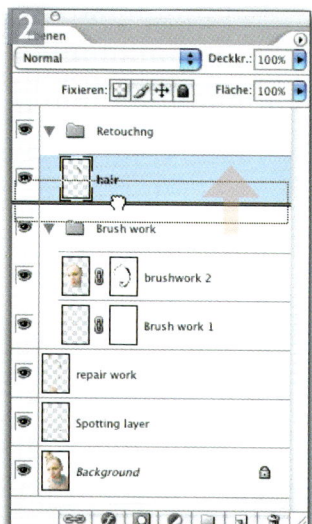

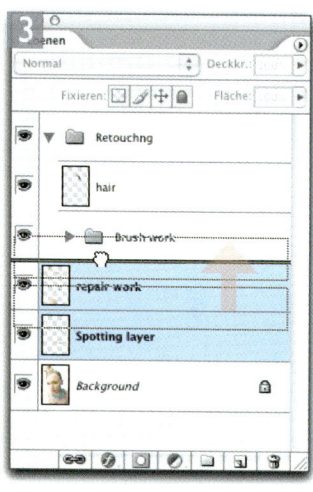

1 Ebenen lassen sich in eine Ebenengruppe einordnen, indem Sie sie anklicken und auf das Icon der gewünschten Gruppe ziehen.

2 Dieselbe Methode benutzen Sie, um eine Gruppe in eine andere zu ziehen. Ziehen Sie sie einfach an die gewünschte Position.

3 Sie können auch mehrere Gruppen gleichzeitig bewegen. Wählen Sie mehrere Ebenen mit gedrückter ⇧-Taste oder ⌘-Taste (PC: Strg) aus und ziehen Sie die Ebenen in eine Ebenengruppe.

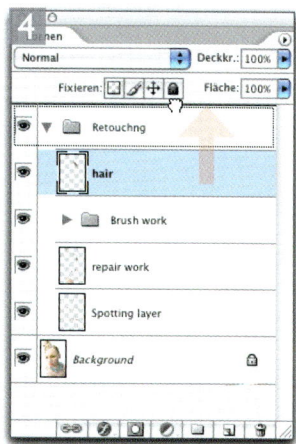

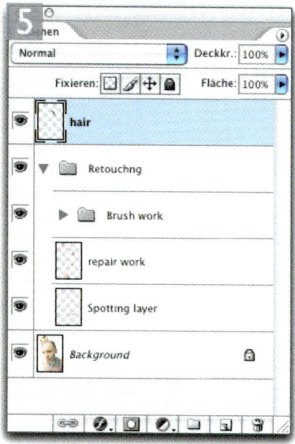

4 Um eine Ebene aus einer Ebenengruppe zu entfernen, ziehen Sie sie einfach heraus, bis eine fette Linie über oder unter der Gruppe auftaucht.

5 Hier sehen Sie die Ebenen-Palette mit der Hair-Ebene außerhalb der Retouching-Gruppe.

Ebenen gruppieren

Sie gruppieren ausgewählte Ebenen, indem Sie EBENE/EBENEN GRUPPIEREN wählen oder das Tastenkürzel ⌘-G (PC: Strg-G) verwenden.

Mit einem Klick auf den Button NEUE GRUPPE ERSTELLEN erzeugen Sie über der aktuellen Ebene eine neue Ebenengruppe. Indem Sie auf diesen Button ⌘-klicken (PC: Strg-Klick), wird die Gruppe unter der aktiven Ebene eingefügt. Ein ⌥-Klick (PC: Alt-Klick) öffnet die Dialogbox NEUE GRUPPE. Sie können auch alle Ebenen innerhalb einer Gruppe fixieren, indem Sie den entsprechenden Befehl aus dem Palettenmenü wählen.

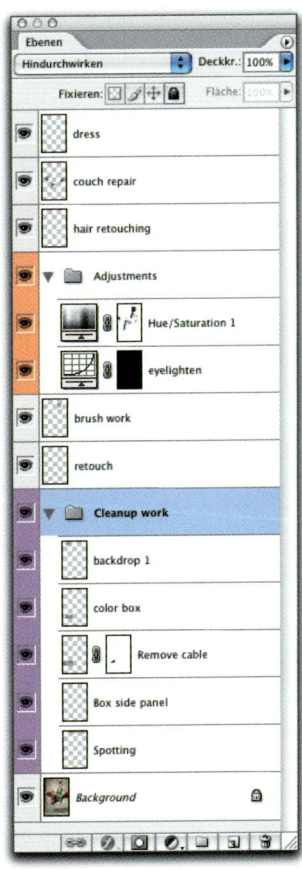

Abbildung 7.25 Enthält ein Photoshop-Dokument viele Ebenen, kann der Stapel sehr unübersichtlich werden. Ebenen können Sie in Ebenengruppen organisieren. All die einfachen Ebenen zur Bildbereinigung habe ich in einer Gruppe zusammengefasst. Dazu klickte ich mit gehaltener ⇧-Taste auf die unteren fünf Ebenen, um sie alle auf einmal auszuwählen. Dann wählte ich NEUE GRUPPE AUS EBENEN aus dem Palettenmenü. Ich trug einen Namen für die Gruppe ein und wählte ein Violett für die Farbkodierung. Sie können die Sichtbarkeit, Deckkraft und Füllmethode der Ebenengruppe einstellen, als wären alle auf eine Ebene reduziert.

Kunde: Rainbow Room. Model: Nicky Felbert @ MOT.

Ebenen auswählen und verbinden

Ebenen werden miteinander verknüpft, indem Sie in der Ebenen-Palette Verbindungen erzeugen. Um mehrere Ebenen zu verbinden, treffen Sie zuerst eine Auswahl. Klicken Sie also mit gehaltener ⇧-Taste, um benachbarte Ebenen auszuwählen, bzw. mit gehaltener ⌘-Taste (PC: Strg), um mehrere nicht benachbarte Ebenen auszuwählen. So können Sie alle Ebenen gleichzeitig transformieren, gruppieren oder bewegen. Wenn die Verbindung jedoch dauerhaft Bestand haben soll, klicken Sie auf den Button EBENEN VERBINDEN unten in der Ebenen-Palette. Sind zwei oder mehr Ebenen so verbunden, werden alle Bewegungen und Transformationen auf die verbundenen Ebenen angewendet, als wären sie eine. Dennoch bleiben sie separate Ebenen mit eigener Deckkraft und Füllmethode. Um die Verbindung einer Ebene aufzuheben, wählen Sie sie aus und klicken Sie auf den VERBINDEN-Button.

Abbildung 7.26 Um zwei oder mehr ausgewählte Ebenen miteinander zu verbinden, klicken Sie auf den VERBINDEN-Button unten in der Ebenen-Palette.

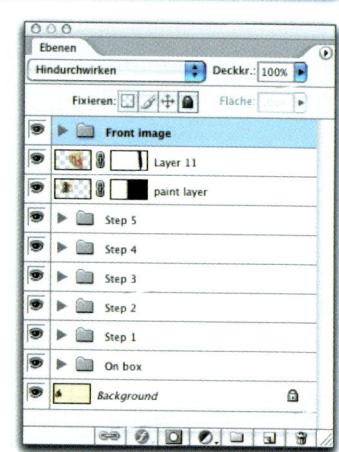

Abbildung 7.27 Wenn das Verschieben-Werkzeug aktiv und EBENE AUTO. WÄHLEN eingeschaltet ist, wählen Sie eine Ebene automatisch aus, indem Sie nur ins Bild klicken. Ist die Option ausgeschaltet, erzielen Sie dieses Verhalten, indem Sie beim Klicken die ⌘-Taste (PC: Strg) gedrückt halten. Wenn EBENE AUTO. WÄHLEN eingeschaltet ist, können Sie mit dem Verschieben-Werkzeug von außerhalb der Dokumentgrenzen einen Rahmen aufziehen und so alle Ebenen im markierten Bereich auswählen. Das Ziehen muss aber außerhalb des Dokuments beginnen, also von der Arbeitsfläche nach innen. Ist die Option GRUPPEN AUTO. WÄHLEN eingeschaltet, dann werden bei dieser Aktion nur Ebenengruppen ausgewählt. Ansonsten gelangen alle Ebenen innerhalb des ausgewählten Bereichs in die Auswahl.
Kunde: Hitachi/Ogilvy & Mather Direct. Model: Lidia @ M&P.

Alle Ebenen auswählen

Sie können mit jedem Werkzeug alle Ebenen auswählen und aktivieren. Drücken Sie dazu ⌘-⌥-A (PC: Strg-Alt-A).

Ebenenmasken verbinden

Ebenenmasken und Vektormasken sind standardmäßig mit dem Ebeneninhalt verbunden. Wenn Sie eine maskierte Ebene bewegen, bewegt sich die Maske mit, solange keine Auswahl aktiv ist. Ansonsten wird jede Bewegung oder Transformation des Ebeneninhalts unabhängig von der Maske ausgeführt. Manchmal ist es deshalb wünschenswert, die Verbindung zwischen Ebenenmaske/Vektormaske und maskierter Ebene aufzuheben. Dann können künftig alle Bewegungen oder Veränderungen separat auf die Ebenenmaske/Vektormaske angewendet werden. Dass die Maske ausgewählt ist, erkennen Sie an dem schmalen gestrichelten Rand um das Icon der Ebenenmaske bzw. der Vektormaske.

Abbildung 7.28 Bei aktivem Verschieben-Werkzeug können Sie mit dem Kontextmenü einzelne Ebenen auswählen. Klicken Sie mit gehaltener Ctrl-Taste (PC: Rechts-Klick) in das Bild, dann erhalten Sie das Kontextmenü wie in der Abbildung und können eine benannte Ebene wählen. Mithilfe der Option ÄHNLICHE EBENEN WÄHLEN wählen Sie Ebenen mit ähnlichen Eigenschaften (z.B. Textebenen).

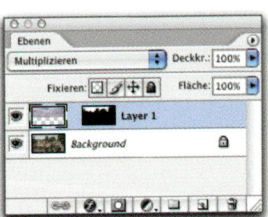

Abbildung 7.29 Dieses Foto enthält eine maskierte Himmelsebene, die dunkle Wolken zum Bild hinzufügt. Ebene und Ebenenmaske wären normalerweise verbunden. Wenn ich aber auf das Verbinden-Icon zwischen den beiden klicke, kann ich die Maske deaktivieren. Ist die Ebene aktiv, kann ich sie unabhängig von der Maske bewegen.

Ebenen fixieren

In Photoshop haben Sie mehrere Möglichkeiten, Ebenen zu fixieren. Die Optionen dazu finden Sie oben in der Ebenen-Palette unter den Fülloptionen.

Transparente Pixel fixieren

Wenn diese Option eingeschaltet ist, werden alle Bearbeitungen nur auf die deckenden Bildbereiche angewendet. Wo eine Ebene transparent oder halbtransparent ist, bleibt diese Transparenz erhalten.

Bildpixel fixieren

Diese Option fixiert die Bildpixel und blockiert weitere Bearbeitungen. Wenn Sie auf einer fixierten Ebene malen oder diese bearbeiten wollen, sehen Sie ein Warnzeichen.

Position fixieren

Diese Option fixiert lediglich die Position einer Ebene. Das heißt, dass die Position unverändert bleibt, wenn Sie den Inhalt einer Ebene verändern. Sie können die Ebene also auch nicht aus Versehen verschieben oder einen Transformieren-Befehl anwenden.

Alles fixieren

Sie können Kombinationen aus TRANSPARENTE PIXEL FIXIEREN, BILDPIXEL FIXIEREN und POSITION FIXIEREN wählen, Sie können aber auch die Option ALLES FIXIEREN einschalten, womit absolut alles auf einer Ebene fixiert wird.

Die vorhergehenden Optionen beziehen sich vor allem auf Bildebenen. Bei Nicht-Pixel-Ebenen können Sie nur die Ebenenposition oder alles fixieren.

1 Dies ist die Ebenen-Palette mit einer neuen Bildebene) über der Hintergrundebene. TRANSPARENTE PIXEL FIXIEREN bewahrt Sie davor, aus Versehen transparente Bereiche zu bearbeiten.

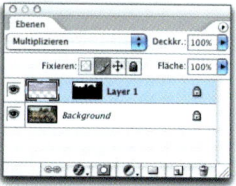

2 BILDPIXEL FIXIEREN erhält die Transparenz und verhindert, dass Sie versehentlich in der Bildebene malen. Bewegen können Sie sie jedoch.

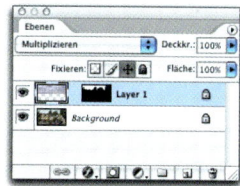

3 POSITION FIXIEREN verhindert, dass die Ebene verschoben wird, Bearbeitungen sind jedoch weiter möglich.

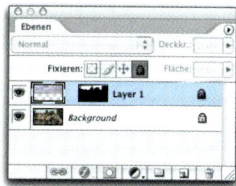

4 Die Option ALLES FIXIEREN blockiert die Ebene total. Die Position ist fixiert, der Inhalt kann nicht bearbeitet werden, Deckkraft und Füllmethoden bleiben erhalten. Die Ebene kann lediglich im Stapel verschoben werden.

Füllmethoden

 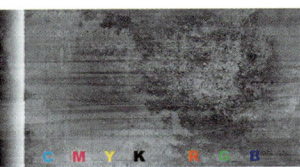

Abbildung 7.30 Die folgenden Seiten illustrieren die verschiedenen Füllmethoden in Photoshop. Dabei wurde das Foto des Models als neue Ebene über dem grauen Hintergrund eingefügt. Die Einstellungen in der Ebenen-Palette sehen Sie im beigefügten Screenshot.

Normal

Dies ist der Standardmodus. Die Änderung der Deckkraft blendet die Intensität der Überlagerungspixel lediglich aus, indem Farbpixel der Füllebene mit den Kompositpixeln darunter anteilig vermischt werden (Deckkraft 80%).

Sprenkeln

Kombiniert die Füllebene mit der Basis, benutzt dazu ein zufälliges Pixelmuster. Bei 100% Deckkraft treten keine Änderungen auf. Wenn die Deckkraft reduziert wird, werden die Sprenkel offensichtlicher (Deckkraft 80%).

Abdunkeln

Vergleicht Basis- und Füllfarbe, Farbe wird nur aufgetragen, wenn Füllfarbe dunkler ist als Basis.

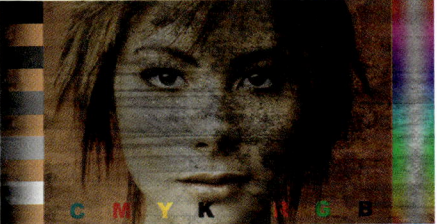

Multiplizieren

Multipliziert die Pixelwerte der Basis mit denen der Füllfarbe, außer da, wo die Füllfarbe weiß ist. Der Effekt ist ähnlich, als legte man Dias beim Betrachten übereinander.

Farbig nachbelichten

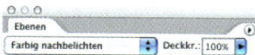

Dunkelt das Bild mithilfe der Füllfarbe ab. Je dunkler die Farbe ist, desto deutlicher wird der Effekt. Füllen mit Weiß hat keine Wirkung.

Linear nachbelichten

Dieser Modus erzeugt einen noch deutlicheren Nachdunklungseffekt als MULTIPLIZIEREN oder FARBIG NACHBELICHTEN. Beachten Sie, dass LINEAR NACHBELICHTEN die dunkleren Pixelwerte beschneidet. Füllen mit Weiß hat keine Wirkung.

Aufhellen

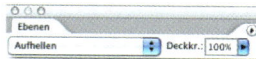

Vergleicht Basis- und Füllfarben und wird nur angewendet, wenn die Füllfarbe heller ist als die Basis.

Umgekehrt multiplizieren

Multipliziert die inversen Pixelwerte der Basis- und Füllfarbe, erzeugt immer eine hellere Farbe, außer wenn die Füllfarbe Schwarz ist. Der Effekt ist ähnlich einem Papierabzug von zwei Negativen mit Vergrößerer.

Farbig abwedeln

Hellt das Bild mithilfe der Füllfarbe auf. Je heller die Farbe, desto deutlicher ist der Effekt. Malen mit Schwarz hat keine Wirkung (Deckkraft 80%).

Linear abwedeln

Dieser Modus tut das Entgegengesetzte des Linearen Abwedlers. Er erzeugt einen stärkeren Aufhellungseffekt als UMGEKEHRT MULTIPLIZIEREN oder AUFHELLEN, beschneidet aber die helleren Pixelwerte. Füllen mit Schwarz hat keine Wirkung.

Überlagern

Dieser Modus überlagert die Basis mit dem Füllbild (die Farben werden je nach Basisfarbe multipliziert oder umgekehrt multipliziert). Die Tiefen und Lichter der Basisfarbe bleiben erhalten. Füllen mit 50% Grau hat keine Wirkung.

Weiches Licht

Dunkelt die Farben je nach Basisfarbe ab oder hellt sie auf. WEICHES LICHT erzeugt einen sanfteren Effekt als INEINANDERKOPIEREN. Füllen mit 50% Grau bleibt ohne Wirkung.

 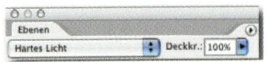

Hartes Licht

Multipliziert oder negativ multipliziert die Farben je nach Basisfarbe. Hartes Licht erzeugt einen betonteren Effekt als Ineinanderkopieren. Füllen mit 50% Grau hat keine Wirkung.

Strahlendes Licht

Wendet je nach Basisfarbe die Füllmethode FARBIG ABWEDELN oder FARBIG NACHBELICHTEN an. STRAHLENDES LICHT erzeugt einen stärkeren Effekt als HARTES LICHT. Füllen mit 50% Grau bleibt ohne Wirkung.

Lineares Licht

Je nach Basisfarbe wird hier die Füllmethode LINEAR ABWE-
DELN oder LINEAR NACHBELICHTEN angewendet. LINEARES LICHT
erzeugt einen etwas stärkeren Effekt als STRAHLENDES LICHT.
Füllen mit 50% Grau hat keine Wirkung.

Lichtpunkte

Wendet einen Aufhellen-Modus auf die helleren und
einen Abdunkeln-Modus auf die dunkleren Farben an.
LICHTPUNKTE erzeugt einen stärkeren Effekt als WEICHES
LICHT. Füllen mit 50% Grau hat keine Wirkung.

Harte Mischung

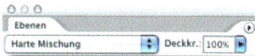 

Erzeugt einen Tontrennungseffekt aus bis zu acht Farben:
Rot, Grün, Blau, Cyan, Magenta, Gelb, Schwarz und
Weiß. Die Füllfarbe ist ein Produkt aus Basisfarbe und
Luminanz der Füllebene.

Differenz

Subtrahiert entweder die Basis- von der Füllfarbe oder
die Füllfarbe von der Basisfarbe, je nachdem, welche die
stärksten Helligkeitswerte hat. Visuell äußert sich das so:
Ein 100% weißer Füllwert kehrt die Basisebene vollkommen um (es entsteht ein Negativ). Schwarz hat keine
Wirkung, die Werte dazwischen invertieren die Basisebene teilweise. Wenn Sie eine Hintergrundebene mit
der Füllmethode DIFFERENZ bei 100% Deckkraft duplizieren, erhalten Sie ein schwarzes Bild. Mit verschiedenen
Deckkrafteinstellungen erzielen Sie teils dramatische
Effekte. Sie können diese Füllmethode verwenden,
um zwei nahezu identische Bilder zu vergleichen und
Bildveränderungen festzustellen – zum Beispiel um zwei
Bilder in verschiedenen RGB-Farbräumen zu analysieren.

Ausschluss

Leicht abgeschwächte Variante der Füllmethode Differenz. Füllen mit reinem Weiß invertiert das Basisbild.

Farbton

Erhält Luminanz und Sättigung des Bilds, ersetzt den Farbton durch den der Füllpixel.

Sättigung

Erhält Luminanz und Farbton des Basisbilds, ersetzt Sättigung durch die der Füllpixel.

Farbe

Erhält die Luminanzwerte des Basisbilds, ersetzt Farbton und Sättigung durch die der Füllpixel. Der Modus Farbe eignet sich gut zum Handkolorieren von Fotos.

Luminanz

Erhält Farbton und Sättigung des Basisbilds, während die Luminanzwerte der Füllpixel verwendet werden.

Kunde: Taylor Phillipps. Model: Tina at FM.

Erweiterte Füllmethoden

Mit Ebenengruppen können Sie mehrere Ebenen zusammenfassen, so dass sich die Ebenen in einer Gruppe wie eine einzelne Ebene verhalten. In der Füllmethode HINDURCHWIRKEN wird die Füllung durch die gesamte Gruppe hindurchgereicht, die Interaktion ist also nicht anders, als lägen die Ebenen in einem normalen Stapel übereinander. Wenn Sie eine andere Füllmethode verwenden, ist das Ergebnis so, als würden Sie alle Ebenen der aktuellen Gruppe auf eine reduzieren und diese resultierende Ebene dann mit der Füllmethode versehen.

In den erweiterten Füllmethoden erlaubt es Ihnen die Option AUSSPARUNG, dass eine Ebene durch eine oder alle anderen Ebenen hindurchwirkt. Eine leichte Aussparung wirkt bis zum Boden der Ebenengruppe, eine starke Aussparung bis zur Hintergrundebene.

Ebenenstile werden normalerweise unabhängig von der Füllmethode angewendet. Wenn Sie die Checkbox INTERNE EFFEKTE ALS GRUPPE FÜLLEN einschalten, nehmen solche Effekte die Füllcharakteristik der ausgewählten Ebene an.

Probieren Sie das aus und öffnen Sie das Bild auf Seite 291 von der CD. Vollziehen Sie die hier beschriebenen Schritte nach. Beachten Sie besonders, wie die Option INTERNE EFFEKTE ALS GRUPPE FÜLLEN auf Ebene C mit der Füllmethode DIFFERENZ wirkt. Wenn Sie diese Option einschalten, ist das genauso, als hätten Sie zuerst den internen Ebenenstil mit der Füllmethode NORMAL fixiert und dann die Füllmethode in DIFFERENZ geändert. Andere Aspekte der Dialogbox EBENENSTIL-FÜLLOPTIONEN finden Sie in Kapitel 9.

Bilderfassung mit Differenz

Die Füllmethode DIFFERENZ erzeugt verrückte Bilder: Wenn Sie also meinen, Sie sind besonders originell und erzeugen digitale Kunst mit dieser Füllmethode, dann sollten Sie noch einmal nachdenken.

Dennoch ist diese Füllmethode sehr nützlich, wenn Sie Bilder erfassen oder visuell vergleichen wollen. Haben Sie zwei identische Ebenen und die obere in den Differenz-Modus versetzt, löschen sich die beiden aus und übrig bleibt reines Schwarz. Angenommen, Sie wollen wissen, welchen Effekt die JPEG-Komprimierung auf ein Bild hat. Legen Sie die eine Bildversion als Ebene über die andere. Die Unterschiede, die durch die JPEG-Artefakte entstehen, sind das einzige, was Sie sehen sollten. Legen Sie eine Umkehren-Einstellungsebene darüber, dann sehen Sie die Differenzen deutlicher.

1 Die vier Buchstabenebenen in diesem Bild sind in einer Ebenengruppe zusammengefasst. Ebene A benutzt die Füllmethode MULTIPLIZIEREN; B benutzt INEINANDERKOPIEREN; C verwendet DIFFERENZ; D ist im Modus UMGEKEHRT MULTIPLIZIEREN. Die Standard-füllmethode für Gruppen ist HINDURCHWIRKEN. Das bedeutet, dass sich die Ebenen in der Ebenengruppe genauso wie in einem normalen Stapel vermischen.

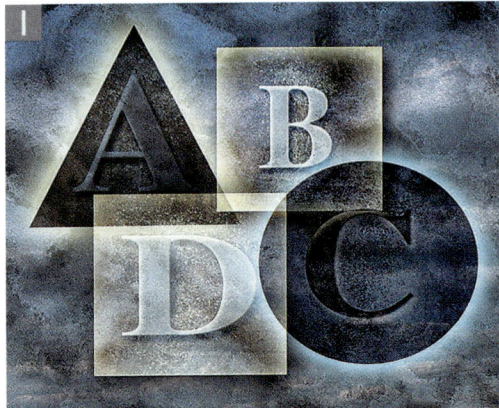

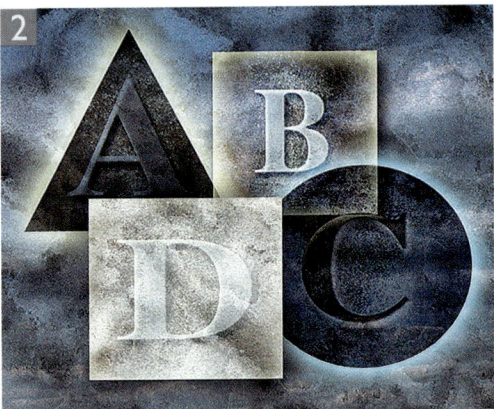

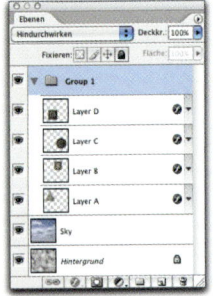 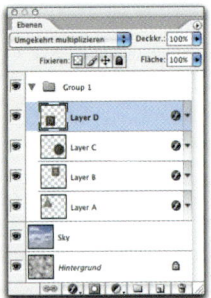

2 Wenn Sie doppelt auf Ebene D klicken und die Dialogbox EBENENSTIL öffnen, können Sie die ERWEITERTE FÜLLMETHODE ändern. Die Option AUSSPARUNG erlaubt es Ihnen, Effekte durch die Ebenen hindurchwirken zu lassen. Eine leichte Aussparung wirkt sich drei Ebenen nach unten aus. Eine starke Aussparung lässt Ebene D ganz nach unten durchwirken, als würde sie direkt über der Hintergrundebene liegen.

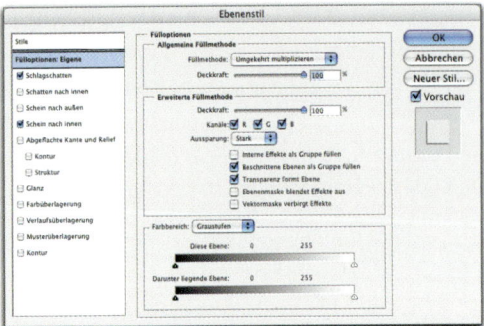

3 Die Standardfüllmethode für Ebenengruppen ist HINDURCHWIRKEN. Wenn Sie die Füllmethode ändern, vermischen sich die Ebenen innerhalb der Gruppe untereinander wie vorher, interagieren aber mit den darunter liegenden Ebenen anders. Im Normal-Modus sieht das Bild aus, als hätten Sie die Hintergrundebene ausgeblendet.

Smart Objekte

Eines der Hauptprobleme mit pixelbasierten Ebenen ist, dass sich die Qualität mit jeder Skalierung des Bildinhalts verschlechtert. Bei kumulativen Einstellungen nimmt die Qualität rapide ab. Indem Sie aus einer Ebene oder Ebenengruppe ein Smart Objekt erzeugen, können Sie die darin enthaltenen Ebenen in einem separaten Dokument bearbeiten, das Originaldokument verweist dann sozusagen nur noch auf das Smart Objekt. Der Vorteil ist, dass Sie, wenn Sie diese Ebenen einmal vom Originaldokument getrennt haben, die Smart-Objekt-Ebene nach oben oder unten skalieren, verzerren, drehen und mit dem Frei-transformieren-Werkzeug oder dem Verkrümmen-Werkzeug bearbeiten können, ohne die Pixeldaten zu verschlechtern. Darum wird eine Smart-Objekt-Ebene im Grunde zur »Proxy«-Ebene oder »Zwischenspeicher«-Ebene.

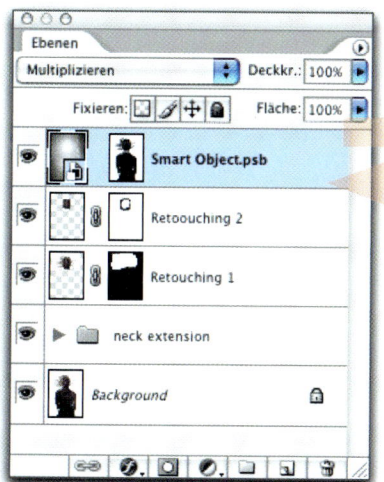

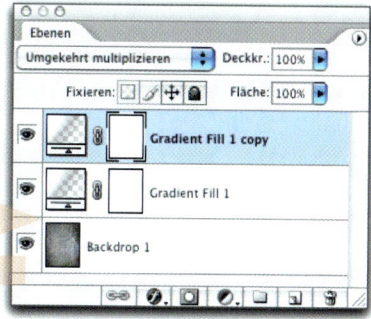

Abbildung 7.31 Sie können eine Ebene oder eine Gruppe von Ebenen zu einem Smart Objekt machen. Ein Smart Objekt ist ein bearbeitbares, separates Dokument in Photoshop. Der größte Vorteil dabei ist, dass Sie ein Smart Objekt wiederholt skalieren, transformieren oder verzerren können, ohne die Integrität der Bildpixel im Originaldokument zu beeinflussen.

 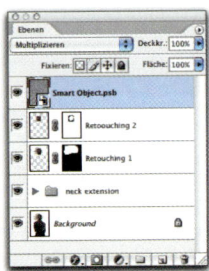

1 Werfen wir also einen genaueren Blick auf die Verwendung von Smart Objekten. Hier sehen Sie ein Bild mit mehreren Ebenen, zu denen ich die derzeit ausgeblendete Backdrop-Ebene hinzugefügt habe. Aus dieser machte ich ein Smart Objekt, indem ich aus dem Palettenmenü den Befehl IN NEUEM SMART OBJEKT GRUPPIEREN wählte. Schauen Sie sich an, wie sich das Ebenen-Icon änderte.

2 Die Smart-Objekt-Ebene ist viel größer als das Bild, in dem sie sich befindet, aber das ist an dieser Stelle nicht wichtig. Ich wollte die Ebene jedoch maskieren, so dass das Model hindurchschien. Ich lud eine Maskenauswahl und wandelte sie in eine Ebenenmaske um (mehr über diese Technik später in diesem Kapitel). Um die Smart-Objekt-Ebene zu bearbeiten, wählte ich den Befehl INHALT BEARBEITEN aus dem Palettenmenü.

Kapitel 7
Montagetechniken

3 Daraufhin öffnet sich die Smart-Objekt-Ebene in einem eigenen Dokumentfenster. So kann ich die Ebene wie ein separates Dokument bearbeiten. Wie bereits zu Beginn erwähnt, wurde die Backdrop-Ebene viel größer als das Hauptbild, deshalb musste ich Bild/Alles einblenden wählen, um das ganze Smart Objekt zu sehen. Dann fügte ich einige Füllebenen mit radialen Verläufen ein, um eine Art Spot im Hintergrund zu erzeugen.

4 Um das Originaldokument zu aktualisieren, müssen Sie entweder die Smart-Objekt-Ebene schließen und auf Speichern klicken, wenn Sie dazu aufgefordert werden, oder Sie wählen einfach Datei/Speichern und lassen das Dokument für weitere Bearbeitungen geöffnet. Das kann etwas länger dauern, aber die Bearbeitungen des Smart Objekts erscheinen dann im Originaldokument. An dieser Stelle ist das Smart Objekt so weit, dass es benutzt werden kann. Es enthält ein Hintergrundbild mit hoher Auflösung, ich kann die Smart-Objekt-Ebene jetzt also nach Wunsch transformieren. Bei jedem Transformieren, Skalieren oder Verkrümmen werden die Originalpixel referenziert.

Kunde: JFK. Model: Tope @ Nevs.

Neue Dokument-Vorgabe anlegen

Eine Raw-Datei können Sie nur in einem Dokument platzieren. Ich schlage vor, Sie erstellen eine Neue-Dokument-Vorgabe, die mit den Pixelmaßen Ihrer normalen Digitalaufnahmen übereinstimmt.

Camera-Raw-Datei als Smart Objekt platzieren

Einer der faszinierendsten Aspekte von Smart Objekten ist, dass Sie mithilfe von Bridge eine Camera-Raw-Datei als Smart Objekt platzieren können. Zuerst müssen Sie ein Dokument in Photoshop öffnen, um darin dann das Raw-Bild zu platzieren. Wenn die Datei platziert ist, existiert die Raw-Datei als Smart-Objekt-Ebene und Sie können die Camera-Raw-Einstellungen jederzeit bearbeiten.

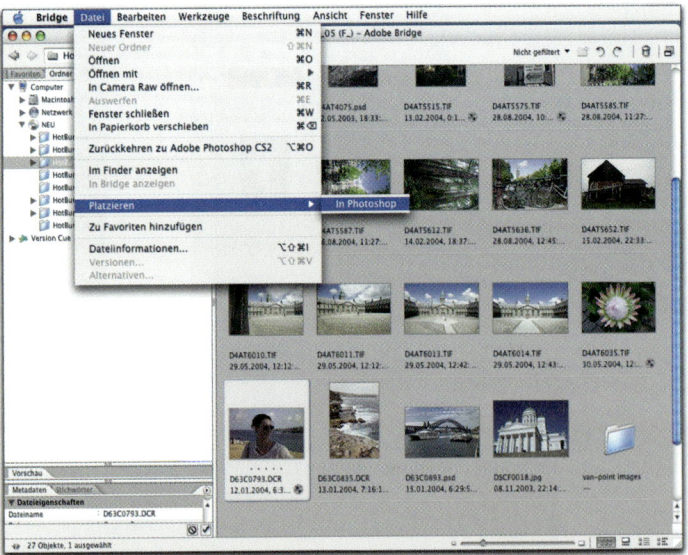

Abbildung 7.32 Um ein Camera-Raw-Bild als Smart Objekt zu platzieren, erzeugen Sie ein neues Dokument. Wählen Sie dann in Bridge das gewünschte Dokument aus und wählen Sie Datei/Platzieren/In Photoshop. Das Bild erscheint als platzierte Ebene im aktiven Photoshop-Dokument. Drücken Sie ↵, dann erscheint die platzierte Ebene als Smart Objekt in der Ebenen-Palette.

Transformieren-Befehle

Im BILD-Menü finden Sie im Menü ARBEITSFLÄCHE DREHEN einige Optionen, um das Bild zu spiegeln oder zu drehen. Diese benutzen Sie, um ein Bild neu auszurichten, wenn es zum Beispiel verkehrt herum gescannt wurde.

Die Befehle unter BEARBEITEN/TRANSFORMIEREN erlauben Ihnen dieselben Transformationen auf einzelne oder verbundene Ebenengruppen. Bestimmen Sie eine Ebene oder die Pixel, die Sie transformieren wollen, und wählen Sie dann BEARBEITEN/TRANSFORMIEREN oder BEARBEITEN/FREI TRANSFORMIEREN (oder schalten Sie TRANSFORMATIONSSTEUERUNGEN in der Optionsleiste des Verschieben-Werkzeugs ein). Zu den wichtigsten Transformationsbefehlen gehören SKALIEREN, DREHEN, NEIGEN, VERZERREN und PERSPEKTIVISCH VERZERREN. Diese Transformationen können Sie einzeln oder kombiniert anwenden, bevor Sie ⏎ drücken oder im Transformationsrahmen doppelklicken, um die Transformation zu bestätigen. Diese wird mit der normalen Interpolationsmethode angewendet, die in den Voreinstellungen gewählt ist, um die neue Form zu berechnen. Sie können beliebig viele Einstellungen vornehmen, bevor Sie die eigentliche Transformation anwenden. Eine Vorschau mit geringer Auflösung zeigt Ihnen die geänderte Bildform und Sie können jederzeit den Widerrufen-Befehl anwenden (⌘-Z, PC: Strg-Z), um zur letzten Transformationsvorschau zurückzukehren.

Die Option FREI TRANSFORMIEREN ist wohl die vielseitigste, die Sie sicher auch am häufigsten benutzen werden. Wählen Sie BEARBEITEN/FREI TRANSFORMIEREN oder drücken Sie ⌘-T (PC: Strg-T) und modifizieren Sie die Transformation mithilfe Ihrer Tastatur wie auf den folgenden Seiten beschrieben. Sie können auch über das Kontextmenü auf diesen Befehl zugreifen. Klicken Sie mit gedrückter Ctrl-Taste (PC: Rechts-Klick) auf eine Ebene und wählen Sie FREI TRANSFORMIEREN.

Transformationen verkrümmen

Photoshop CS2 besitzt die neue Verkrümmen-Transformation. Dies ist toll, um gekrümmte Verzerrungen an einer Ebene auszuführen. Mehr dazu finden Sie in Kapitel 10.

Dynamische Transparenzeinstellungen

Photoshop CS2 ist jetzt in der Lage, die Transparenz einer Ebene inmitten einer Transformation umzustellen. Der Vorteil ist, dass viele gern den Transformieren-Befehl benutzen, um Ebenenbilder auszurichten. Da kommt es sehr entgegen, wenn man gleich noch die Deckkraft verändern kann.

1 Sie können mit dem Befehl Frei transformieren ein Bild drehen, neigen oder verzerren. Die folgenden Schritte zeigen Ihnen einige Aktionen mit Modifikator-Tasten, mit denen Sie eine Frei-transformieren-Einstellung eingrenzen können.

2 Platzieren Sie den Cursor außerhalb des Rahmens und ziehen Sie in eine Richtung, um das Bild zu drehen. Wenn Sie beim Ziehen die ⇧-Taste gedrückt halten, wird die Rotation auf 15-Grad-Schritte beschränkt.

3 Halten Sie beim Klicken auf einen der Griffe die ⌘-Taste (PC: Strg-Taste) gedrückt, um eine freie Verzerrung auszuführen.

4 Wollen Sie die Verzerrung symmetrisch um den Mittelpunkt des Rahmens beschränken, halten Sie beim Ziehen eines Griffs die ⌥-Taste (PC: Alt) gedrückt.

Kapitel 7
Montagetechniken

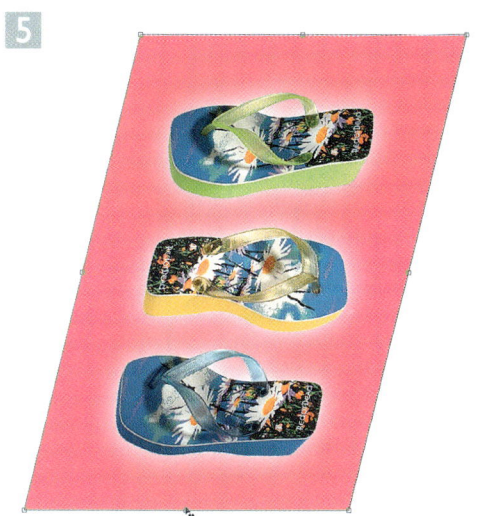 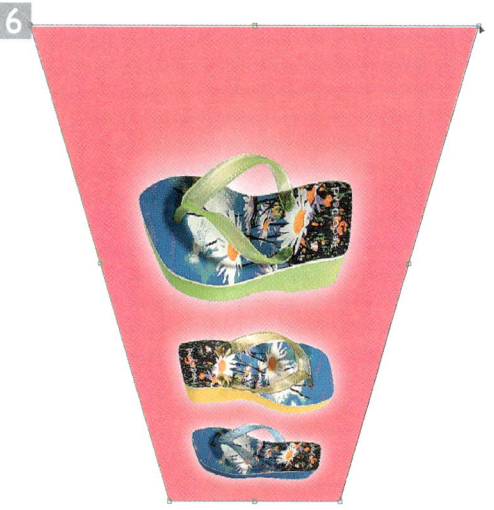

5 Um ein Bild zu neigen, halten Sie die ⌘- und ⇧-Taste (PC: Strg-⇧) gedrückt und ziehen Sie einen der Seitengriffe.

Foto von Davis Cairns. Kunde: Red or Dead.

6 Für eine perspektivische Verzerrung halten Sie ⌘-⌥-⇧ (PC: Strg-Alt-⇧) gedrückt und ziehen Sie einen der Eckpunkte.

Sind Sie mit einer der hier beschriebenen Transformationen einverstanden, drücken Sie ⏎ oder doppelklicken Sie in den Transformationsrahmen, um die Transformation anzuwenden. Mit Esc brechen Sie die Transformation ab.

Transformation wiederholen

Haben Sie eine Transformation auf die Bilddaten angewendet, kann Photoshop diese Transformation wiederholen. Das Tastenkürzel ist ⌘-⇧-T (PC: Strg-⇧-T). Die Transformation wird auf der aktuell ausgewählten Ebene ausgeführt, egal ob zwischendurch andere Schritte ausgeführt wurden. So können Sie die Transformation sowohl auf dieselbe Ebene als auch auf eine andere anwenden.

Numerische Transformationen

Wenn Sie einen der Transformieren-Befehle im BEARBEITEN-Menü wählen oder die Checkbox TRANSFORMATIONSSTEUERUNGEN in den Optionen des Verschieben-Werkzeugs einschalten, zeigt die Optionsleiste die numerischen Optionen wie in der Abbildung an. Damit können Sie alle Transformationen akkurat definieren und wählen, wo der Mittelpunkt platziert werden soll. Die numerische Transformation wird z.B. verwendet, um die prozentuale Skalierung einer Auswahl oder Ebene zu ändern. Sie geben die Skalierungsprozente in die Felder für Breite und Höhe ein. Ist das Icon SEITENVERHÄLTNIS ERHALTEN deaktiviert, lassen sich die Werte unabhängig voneinander eintragen. Außerdem können Sie die Mittelachse der Transformation ändern, indem Sie den schwarzen Punkt verschieben (Kreis).

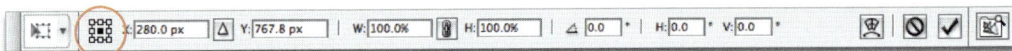

Abbildung 7.33 Die Optionsleiste für Werkzeuge in Photoshop, hier im Transformations-Modus.

Auswahlen und Pfade transformieren

Transformationen funktionieren auch mit Auswahlen oder Vektorpfaden. Erstellen Sie eine Auswahl und wählen Sie AUSWAHL/AUSWAHL TRANSFORMIEREN. (Wenn Sie BEARBEITEN/TRANSFORMIEREN wählen, verändern Sie den Inhalt der Auswahl.) AUSWAHL TRANSFORMIEREN wird genau wie BEARBEITEN/FREI TRANSFORMIEREN benutzt. Sie verwenden exakt dieselben Modifikator-Tasten, um einen Auswahlumriss zu skalieren, zu drehen und zu verzerren. So bereitet die Veränderung einer Auswahlform keine großen Umstände.

Immer wenn ein Pfad aktiv ist, verwandelt sich der Befehl im BEARBEITEN-Menü in PFAD TRANSFORMIEREN. Diesen Befehl können Sie verwenden, um einen fertigen Pfad oder eine Gruppe ausgewählter Pfadpunkte zu bearbeiten (der Pfad muss nicht geschlossen sein). Aber vergessen Sie nicht, dass Sie keine Ebene transformieren können, solange Sie mit dem Zeichenstift oder dem Direktauswahl-Werkzeug arbeiten.

Transformationen und Ausrichtung

Sie können alle Transformationen mit BEARBEITEN/TRANSFORMIEREN/ERNEUT wiederholen (⌘-⇧-T; PC: Strg-⇧-T). Die letzten Transformationskoordinaten merkt sich Photoshop, sogar wenn inzwischen andere Bearbeitungen stattgefunden haben.

Bei Dokumenten mit mehreren Ebenen ändern Sie die Reihenfolge der Ebenen mit EBENE/ANORDNEN und bewegen so Ebenen im Stapel nach vorn oder hinten. Außerdem können Sie zwei oder mehrere Ebenen mit dem Menü EBENE/AUSRICHTEN auf verschiedene Weise ausrichten. Dies ist eine angenehme Funktion für designbasierte Arbeiten, bei denen Sie Objekte auf Bild- oder Textebenen präzise in einem Design anordnen wollen. Aber auch die Kombination von wiederholten Transformationen und ausgerichteten Ebenen bietet interessante Möglichkeiten, Bildraster zu erstellen.

Mithilfe der Ausrichtungsbefehle können Sie verbundene Ebenen sowohl ausrichten als auch verteilen, und zwar nach verschiedenen Regeln in der Liste im Untermenü. Wählen Sie dazu zuerst die Ebenen in der Ebenen-Palette aus, die Sie ausrichten wollen. Verbinden Sie sie oder ordnen Sie sie in eine Gruppe ein. Der Befehl VERTEILEN verteilt die verbundenen Ebenen gleichmäßig basierend auf den oberen oder unteren Kanten, vertikalen Mitten, rechten oder linken Kanten bzw. horizontalen Mitten. Wenn Sie also mehrere verbundene Ebenenelemente in gleichmäßigen Abständen horizontal verteilen und die Abstände zwischen den Mittelpunkten jeder Ebene gleich halten wollen, wählen Sie EBENE/VERTEILEN/HORIZONTALE MITTEN. Wollen Sie die Ebenenelemente ausrichten, wählen Sie EBENE/AUSRICHTEN. Wenn die zu bewegenden Ebenen verbunden sind, wählen Sie die aus, an der sich die anderen Ebenen ausrichten sollen. Die anderen Ebenenelemente positionieren sich anhand der aktiven Ebene.

Foto von Laurie Evans.

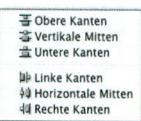
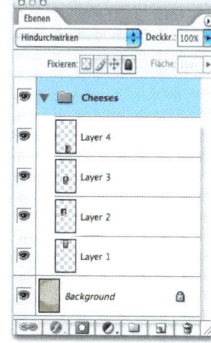

Abbildung 7.34 Diese verbundenen Bilder mit Ebenen wurden mit der Ausrichtungsfunktion angeordnet. Ich wählte EBENE/VERTEILEN/VERTIKALE MITTEN, um die Raumaufteilung gleichmäßig vorzunehmen, danach EBENE/AUSRICHTEN/HORIZONTALE MITTEN. Dadurch wurden die Einzelbilder horizontal zentriert um ihre gemeinsame Achse angeordnet, wie oben zu sehen.

1 Ich wollte zum Saxophon in diesem Bild mehr Bewegungsunschärfe hinzufügen. Zuerst maskierte ich das Instrument (zu sehen in der Kanäle-Palette). Ich lud diese Maske als Auswahl und drückte ⌘-J (PC: Strg-J), um eine Kopie der Ebene anzufertigen. Dann wählte ich BEARBEITEN/FREI TRANSFORMIEREN, positionierte den Mittelpunkt auf dem Mundstück und zog außerhalb des Rahmens, um die Ebene zu drehen.

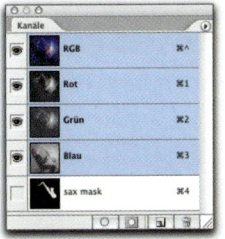 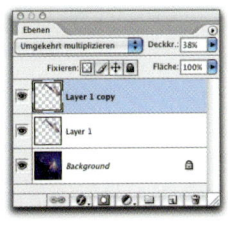

2 Die gedrehte Ebene zog ich auf den Button NEUE EBENE ERSTELLEN unten in der Ebenen-Palette, um die Ebene zu duplizieren. Anschließend wählte ich BEARBEITEN/TRANSFORMIEREN/ERNEUT (⌘/⇧-T; PC: Strg-⇧-T). Dadurch wurde die Transformation wiederholt. Dann wählte ich als Füllmethode UMGEKEHRT MULTIPLIZIEREN und änderte die Deckkraft auf 38%.

3 Schließlich wählte ich FILTER/WEICHZEICHNUNGSFILTER/RADIALER WEICHZEICHNER und wendete ihn mit der Option KREISFÖRMIG mit dem Zentrum neben dem Mundstück an. Den Filter verwendete ich auch für die zweite Ebene (⌘-F; PC: Strg-F).

Foto von Eric Richmond.

Eine Montage erzeugen

Bisher ging es um die Grundlagen bezüglich Auswahlen, Kanälen, Pfaden und Ebenen. Jetzt werfen wir einen Blick darauf, wie diese Werkzeuge eingesetzt werden. Lesen Sie dazu einige praktische Beispiele, die demonstrieren, wie ich bei Montagen mithilfe von Ebenen in Photoshop vorgegangen bin.

Die Bildauswahl ist wichtig, denn die platzierten Bilder sollen gut zueinander passen. Dabei müssen Sie sorgfältig vorgehen, damit die Beleuchtungsbedingungen ähnlich sind und die Perspektive passt. Im Beispiel auf der nächsten Seite ist das recht einfach, denn ich kombiniere hier zwei Außenaufnahmen aus ungefähr derselben Richtung. Es ist auch hilfreich, dass beide Bilder mit moderatem Weitwinkel aufgenommen wurden. Wollen Sie wirklich genau arbeiten, sollten Sie Kamerahöhe und Winkel messen und anpassen. Falls die Farben nicht passen, lässt sich das recht einfach korrigieren. Wenn Sie die Bilder realistisch verbinden wollen, müssen die Kanten weich sein, so dass die beiden Bilder möglichst sanft ineinander übergehen.

Als Nächstes sollten Sie planen, wie Sie die Maske erstellen. Das hängt davon ab, wie genau Sie die Maske wünschen. Würde Ihnen z.B. eine einfache Zauberstab-Auswahl ausreichen, wie in diesem Beispiel hier? Ich untersuche meist die einzelnen Farbkanäle, kopiere den mit dem höchsten Kontrast und passe den Kanalinhalt an, um eine gute Maske zu erzeugen. Somit können Sie auf einen komplexen Pfad verzichten. Dennoch gibt es viele Situationen, in denen ein Zeichenstift-Pfad die einzige Möglichkeit ist, den akkuraten Umriss eines Objekts nachzuzeichnen. Natürlich können Sie auch mit dem Zauberstab arbeiten und die Auswahl im Maskierungsmodus mit dem Pinsel verfeinern. Aber auf längere Sicht ist die Alternative, mit dem Zeichenstift einen Pfad zu zeichnen, die deutlich flinkere.

Matchlight-Software

Professionelle Studiofotografen sind vielleicht an diesem System von Matchlight interessiert, bei dem sie eine spezielle Platte in die Fotoszene legen und die Software den Kamerawinkel und die Beleuchtung interpretiert, die Sie im Studio benötigen, damit die Aufnahmen zur Außenszene passen. Mehr dazu finden Sie unter www.gomatchlight.com.

Maskierungsprogramme und Plug-Ins

Es gibt einige Plug-Ins von Drittanbietern, die Sie als Alternative zu den hier beschriebenen Photoshop-Funktionen verwenden können. Die populärsten sind Ultimatte Advantedge (www.ultimate.com) und Extensis Mask Pro 3.0 (www.extensis.com).

1 Hier sehen Sie eine relativ einfache Montage, bei der ich dem Bild einen neuen Himmel zuweisen wollte. Weil das Bild etwas eng freigestellt wurde, fügte ich weiße Arbeitsfläche am oberen Bildrand hinzu und wählte mit dem Zauberstab und einer Toleranz von 12 den Himmel aus. Hier sehen Sie ein Beispiel dieser Auswahl, die als Alphakanalmaske gespeichert wurde. Meine bevorzugte Methode ist es allerdings, einen Pfad um das Gebäude zu zeichnen und diesen als neuen Pfad in der Pfade-Palette zu speichern.

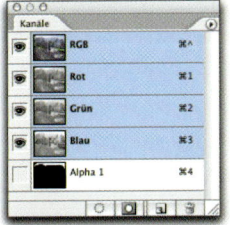 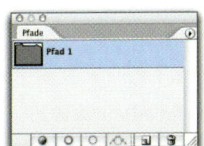

2 Anschließend suchte ich ein Bild mit einem interessanten Hintergrund, wählte das Verschieben-Werkzeug und zog dieses Bild auf das Museum, um es dort als neue Ebene einzufügen. Um die neue Ebene etwas zu vergrößern, wählte ich BEARBEITEN/FREI TRANSFORMIEREN und zog die Ecken so weit, dass sich die Ebene der Breite des anderen Bilds anpasste.

3 Als ich den Himmel so skaliert hatte, dass er den Abmessungen des Master-Bilds entsprach, wurde es Zeit, den Himmel auszuschneiden. Dazu verwendete ich die zuvor erstellte Maske. Ich aktivierte das Zeichenstift-Werkzeug und drückte ⌘-↵ (PC: Strg-↵), um den Pfad in eine Auswahl umzuwandeln. Anschließend klickte ich auf den Button EBENENMASKE HINZUFÜGEN und wandelte die Auswahl in eine Ebenenmaske um. Dadurch wurde alles außer dem Himmel ausgeblendet.

Eine Hintergrundfarbe entfernen

Wenn Sie eine geglättete Auswahl benutzen, um ein Bildelement als Ebene in ein anderes Bild einzusetzen, können in den Kantenpixeln noch Reste der Originalhintergrundfarbe enthalten sein. War dabei der Hintergrund im Original schwarz, erscheinen Reste der schwarzen Hintergrundpixel als Umrisskante. Die hier gezeigte Technik basiert auf einer Idee von Greg Vander Houwen. Das Grundprinzip ist, dass Sie verstreute Restpixel aus den Rändern einer Ebene entfernen, indem Sie den Rand der Ebene auswählen, einige Pixel der darunter liegenden Ebene kopieren und sie in der Ebene darüber einordnen. Die Kantenpixel werden entfernt, indem Sie mit einer Füllmethode arbeiten, die auf Kantenpixel wirkt. Um einen schwarzen Hintergrund zu entfernen, verwenden Sie AUFHELLEN, für weiße Pixel probieren Sie ABDUNKELN.

Basisbefehle für Ebenen

Im EBENE-Menü finden Sie auch einige Basissteuerungen für den Ebenenhintergrund. So können Sie mit EBENE/BASIS/SCHWARZ ENTFERNEN alle schwarzen Pixel aus dem Hintergrund löschen. Ebenso entfernt WEISS ENTFERNEN alle weißen Pixel aus einem Freistellen vor einem weißen Hintergrund. Bei farbigen Rändern ersetzt der Befehl EBENE/BASIS/RAND ENTFERNEN farbige Kantenpixel durch die Farbe benachbarter Pixel innerhalb der Kante. Besonders effektiv sind diese Befehle jedoch nicht.

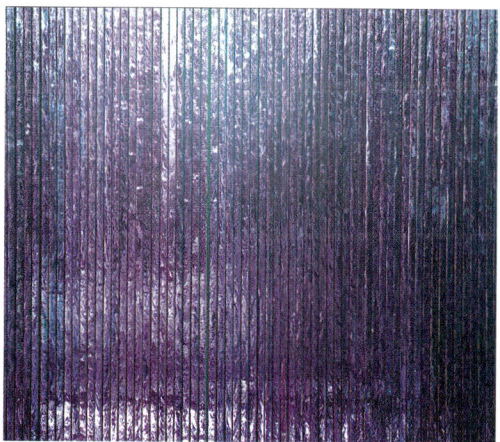

1 Zuerst wählte ich den schwarzen Farbbereich um die Blume herum aus. Ich schaltete in der Dialogbox FARBBEREICH AUSWÄHLEN die Checkbox UMKEHREN ein, um den Umriss der Blume auszuwählen. Die Auswahl musste etwas verfeinert werden, das tat ich im Maskierungsmodus. Dann zog ich die Auswahl mit dem Verschieben-Werkzeug in das andere Bild, wie hier zu sehen.

2 Hier sehen Sie eine größere Ansicht der Blume in einer neuen Ebene vor dem violetten Hintergrund. Sie erkennen, dass jede Menge schwarze Pixel aus dem anderen Bild übernommen wurden. Nun könnte man EBENE/BASIS/SCHWARZ ENTFERNEN wählen, aber dieser Befehl funktioniert nicht immer so gut, wie man sich das wünscht.

3 Ich klickte mit gehaltener ⌘-Taste (PC: Strg) auf Ebene 1, um die Blume erneut als Auswahl zu laden. Dann wählte ich AUSWAHL/AUSWAHL VERÄNDERN/UMRANDUNG und gab eine Breite von 8 Pixel ein (diese variiert je nach Bildgröße und Übergang zwischen den Bildern). Dann wählte ich eine weiche Auswahlkante von 2 Pixel.

4 Die Auswahl des Rands blieb weiterhin aktiv. Ich wählte EBENE/NEU/EBENE DURCH KOPIE und bewegte Ebene 2 im Stapel nach oben über die Blume. Nun zum cleveren Teil. Da ich die schwarzen Pixel entfernen wollte, änderte ich die Füllmethode in AUFHELLEN. Schließlich reduzierte ich die Deckkraft auf 85%.

Eine Maske vortäuschen

Müssen Sie wirklich ewige Zeit damit verbringen, in Photoshop eine Maske zu erstellen? Wenn Sie im Studio Stillleben fotografieren, liegt die Antwort bereits auf der Hand. Abbildung 7.35 zeigt Ihnen eine Situation, in der es ausreicht, einfach die Vordergrundbeleuchtung auszuschalten und mit der Digitalkamera eine weitere Aufnahme zu machen. Die entstehende Silhouette können Sie prima als Maske verwenden.

Ein Objekt mit einem Vektorpfad maskieren

Das nächste Beispiel zeigt Ihnen die Erstellung einer Silhouettenmaske, die vollkommen auf einem Zeichenstiftumriss basiert, und die Erstellung einer Vektormaske in Photoshop.

Ein Zeichenstiftpfad ist die sinnvollste Lösung, denn das Objekt, das ausgeschnitten werden soll, hat einen weichen »geometrischen« Umriss und enthält viele Unterteilungslinien. Bei einem Bild wie diesem wäre es fast unmöglich, das Flugzeug mit einer anderen Methode aus dem Hintergrund herauszulösen.

Die Spirit of St. Louis, geflogen von Charles Lindbergh, absolvierte den ersten Transatlantikflug von den USA nach Paris im Jahre 1927. Ich fotografierte dieses historische Flugzeug im Washington DC National Air and Space Museum, Smithsonian Institution. Das durch das Oberlicht eindringende Tageslicht erlaubte es mir, eine überzeugende Montage mit dem Himmelfoto herzustellen.

Abbildung 7.35 Man sollte immer auf der Suche nach einfachen Möglichkeiten zum Erstellen einer Maske sein. Wenn Sie zum Beispiel ein Stillleben im Studio fotografieren, reicht es oft schon, die Vordergrundbeleuchtung auszuschalten und sozusagen ohne Licht ein Foto zu machen.

Foto von Jeff Schewe.

1 Hier sehen Sie zwei Bilder: einen Himmel (der Hintergrund) und eine Aufnahme von der Spirit of St. Louis, die aus einem Museum stammt. Ich wählte zunächst das Verschieben-Werkzeug aus und zog das Bild mit dem Flugzeug auf den Hintergrund, wo es als neue Ebene eingefügt wurde (wenn Sie die ⇧-Taste gedrückt halten, wird das Bild zentriert).

2 Nun musste ich das Flugzeug von seiner Umgebung trennen. Weil der Hintergrund jedoch so viele Details enthält, gibt es in Photoshop keine Möglichkeit, diesen Vorgang zu automatisieren. Hier kam also nur ein Pfad in Frage. Ich vergrößerte die Ansicht des Bilds auf 200% und umriss die Kanten des Flugzeugs mit dem Zeichenstift.
Ist der Zeichenstift ausgewählt, haben Sie mit den Tasten ⌘ (PC: Strg) und ⌥ (PC: Alt) auch Zugang zu den anderen Werkzeugen dieser Familie. Wenn Sie die ⌘-Taste (PC: Strg) gedrückt halten, können Sie zeitweise zum Direktauswahl-Werkzeug wechseln. Mit der ⌥-Taste (PC: Alt) gelangen Sie vorübergehend zum Punkt-umwandeln-Werkzeug. Indem Sie auf den Pfad klicken, fügen Sie einen neuen Punkt hinzu. Klicken Sie auf einen bestehenden Punkt, entfernen Sie diesen. Um ein Loch in einem Pfad zu erstellen, klicken Sie auf den Button VOM PFADBEREICH SUBTRAHIEREN in der Optionsleiste des Zeichenstifts.

Spirit of St. Louis: Pioneers of Flight Gallery. Mit freundlicher Unterstützung von: National Air and Space Museum, Smithsonian Institution.

Kapitel 7
Montagetechniken

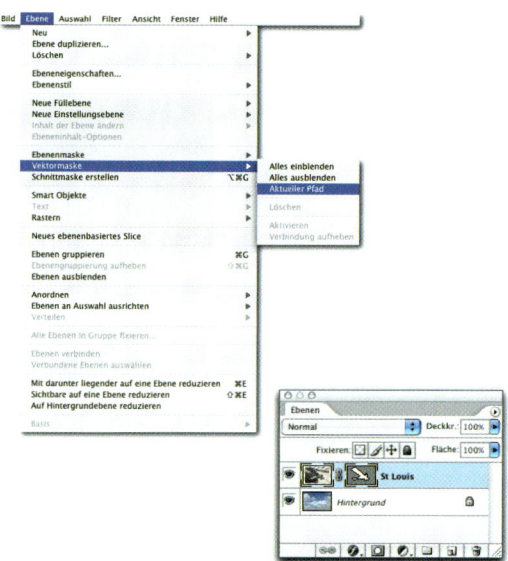

3 Als der Pfad vollständig war, stellte ich sicher, dass sowohl die Flugzeug-Ebene als auch der Pfad aktiv waren. Dann wählte ich EBENE/VEKTORMASKE HINZUFÜGEN/AKTUELLER PFAD. Basierend auf dem aktuellen Arbeitspfad wurde eine Vektormaske zur Flugzeug-Ebene hinzugefügt. Die Vektormaske erschien verbunden neben der Flugzeug-Ebene.

4 Nun konnte ich das Flugzeug neu positionieren, weil die Vektormaske mit dem Ebeneninhalt verbunden war. Bei genauer Betrachtung sieht es so aus, als wäre das Flugzeug durch den Pfad gut isoliert. Falls nicht, können Sie die Umrisse der Vektormaske mit den Zeichenstift-Werkzeugen bearbeiten. Wenn Sie mehrere Pfadpunkte um das Rad auswählen und verschieben, sehen Sie, dass der Hintergrund zwar sichtbar ist, jedoch nicht durchscheint.

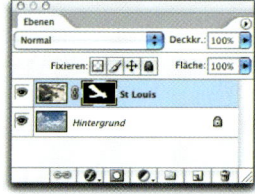

5 Als ich mit der Vektormaske zufrieden war, wählte ich EBENE/RASTERN/VEKTORMASKE. Dadurch wurde die Vektormaske in eine Ebenenmaske umgewandelt.

317

6 Nun aktivierte ich die Ebenenmaske und wählte Filter /Sonstige Filter/Helle Bereiche vergrössern mit einem Radius von 1 Pixel. Dadurch wurde die Maske verkleinert und sie passt sich besser an das maskierte Objekt an. Manchmal hilft es auch, den zuletzt verwendeten Filter etwas zu verblassen (Bearbeiten/Verblassen). Als Nächstes wendete ich einen Gaussschen Weichzeichner mit einem Radius von 1 Pixel an und wählte anschließend Bearbeiten/Verblassen mit 50% oder höher. Dann wendete ich auf die Maske eine Tonwertkorrektur an. Ich wählte Bild/Anpassen/Tonwertkorrektur, beließ den Tiefenregler wie er war und stellte nur die Regler für den Gamma-Wert und die Lichter ein. Mit diesen eben genannten Schritten wollte ich die Maske ein wenig verkleinern und die Kanten mit der Tonwertkorrektur glätten, um die Maske zu verfeinern.

Kapitel 7
Montagetechniken

7 Die Maske gefiel mir schon fast und musste nur an wenigen Stellen ausgebessert werden. Ich ging in der Protokoll-Palette zurück zu dem Schritt, als ich mit der Bearbeitung der Maske begann (es hilft, wenn in den Protokoll-Optionen die Checkbox NICHT-LINEARE PROTOKOLLE SIND ZULÄSSIG aktiv ist). Anschließend klickte ich auf das Protokoll-Pinsel-Icon links neben der veränderten Maske in der Protokoll-Palette und wählte den Protokoll-Pinsel. Das Bild befand sich jetzt im Zustand der ungeänderten Ebenenmaske, doch dort, wo ich mit dem Protokoll-Pinsel arbeitete, konnte ich die Maske darüber malen und so die Deckkraft ändern.

Protokoll-Status der veränderten Maske

8 Zu diesem Zeitpunkt sah es so aus, als hätte ich die Spirit of St. Louis erfolgreich aus der Umgebung des Museums herausgetrennt. Weil eine Ebenenmaske zum Einsatz kam, um das Flugzeug zu isolieren, wurden keinerlei Pixel entfernt. Die Maske konnte jederzeit weiterbearbeitet werden.

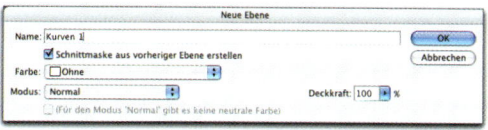

9 Ich wählte erneut die Flugzeug-Ebene aus und klickte mit gedrückter ⌥-Taste (PC: Alt) auf den Button NEUE EINSTELLUNGSEBENE ERSTELLEN in der Ebenen-Palette. Ich wählte die Option GRADATIONSKURVEN und aktivierte in der Dialogbox NEUE EBENE die Checkbox SCHNITTMASKE AUS VORHERIGER EBENE ERSTELLEN. So wirkte sich die Farbeinstellung nur auf diese Ebene aus. Durch diese Einstellung erscheint das Flugzeug bläulicher und fügt sich so realistischer in die Farbbalance des Himmels ein.

319

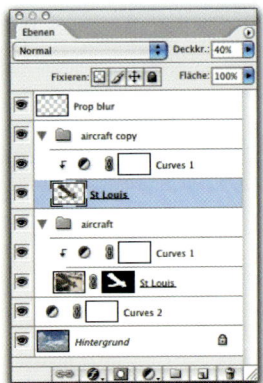  

10 Ich wählte die St.-Louis-Ebene und die Curves-Ebene aus und gruppierte sie. Ich duplizierte die Ebene mit dem Flugzeug und wendete auf diese Kopie den Filter BEWEGUNGSUNSCHÄRFE an. Die Deckkraft wurde auf 80% verringert. Ich hatte ein Bild mit einem sich drehenden Propeller vorbereitet, das ich als Ebene ins Bild zog und so skalierte, dass es mit dem Flugzeug zusammenpasste. Dieser letzte Bearbeitungsschritt verstärkt die Illusion, dass die Spirit of St. Louis tatsächlich durch die Luft fliegt. Aber Moment ... gab es 1927, zur Zeit von Charles Lindbergh, bereits Hochgeschwindigkeitsfarbfilme?

Haare maskieren

Haare lassen sich nur sehr schwierig maskieren. Wenn Sie häufig Personen fotografieren und montieren, werden Sie das Problem bereits kennen. Zu diesem Thema gibt es immer wieder heiße Diskussionen in den Internetforen, ich weiß also, dass sich die Anwender dafür interessieren. Das Problem ist, die Randpixel um die Haarkanten loszuwerden, die oft ein sicheres Indiz dafür sind, dass das Bild am Computer montiert wurde. Nachfolgend lesen Sie eine Methode zur Haarmaskierung, die keine zusätzlichen Plug-Ins benötigt und meistens funktioniert.

Damit diese Technik funktioniert, muss Ihr Model vor einem weißen oder hellen Hintergrund fotografiert sein. Ansonsten wird alles viel schwieriger, deshalb sollten Sie das vorher einplanen. Alle ernsthaften Montagearbeiten werden vor einem einfarbigen Hintergrund ausgeführt. Zum Beispiel erfordert die Software Ultimatte Advantedge Fotos, die vor einem blauen oder grünen Hintergrund aufgenommen wurden. In diesem Beispiel darf er jedoch weiß sein.

Der Trick ist hier, den Inhalt eines existierenden Farbkanals zu verwenden und die bereits im Bild enthaltenen Informationen zu kopieren, um einen neuen Maskenkanal zu erzeugen. Anstatt also jedes einzelne Haar für eine Maske nachzuzeichnen, können Sie sich viel Zeit sparen, indem Sie die in den Farbkanälen enthaltenen Informationen verwenden und damit die feinen Details der Kanten definieren. Dennoch werden Sie feststellen, dass der Zeichenstift nützlich ist, um den weichen Umriss um Hals, Schultern und Arm des Models zu vervollständigen.

Weiche Kanten

Ich kann es nicht oft genug betonen: Retuschierte Fotos sehen nicht echt aus, wenn die Kanten zu scharf sind. Weiche Masken erzeugen natürlichere Ergebnisse. Eine Maske, die aus einer Pfadumwandlung entsteht, ist zu scharf, auch wenn sie geglättet wurde. Sie müssen Ihre Auswahlen entweder weiter glätten oder Sie verwenden den Filter GAUSSSCHER WEICHZEICHNER, falls Sie mit einer Ebenenmaske arbeiten. Vielleicht finden Sie auch den Abwedler ganz hilfreich, um damit die Kanten einer Maske zu glätten. Sie können auf die Maske insgesamt aber auch einen GAUSSSCHEN WEICHZEICHNER anwenden.

1 Die folgenden Schritte zeigen mein Vorgehen, wenn ich ein Model fotografiere, das ich dann vor einen neuen Hintergrund setzen will. Normalerweise plane ich meine Aufnahmen immer so, dass ich einen weißen Hintergrund habe, weil das die beste Variante ist, um Haardetails zu maskieren. In diesem Beispiel sehen Sie im Hintergrund allerdings einige Details, dennoch können wir das Foto so verwenden, wie es ist.

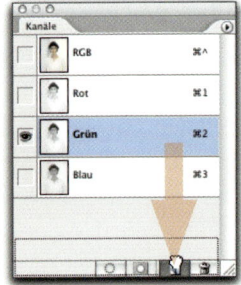
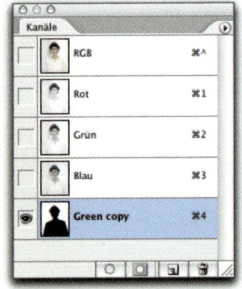

2 Ich sah mir zunächst die einzelnen Farbkanäle an und duplizierte den mit den meisten Kontrasten zwischen Haar und Hintergrund. In diesem Beispiel ist das der grüne Kanal. Ich duplizierte den Kanal, indem ich ihn auf den Button NEUEN KANAL ERSTELLEN in der Kanäle-Palette zog.

Kapitel 7
Montagetechniken

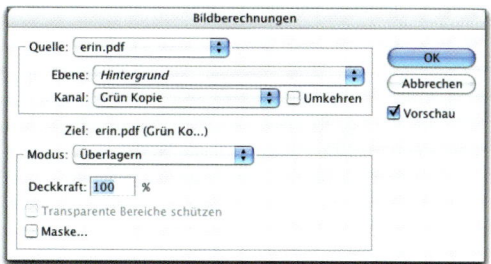

3 Die nächsten Schritte fanden nur im grünen Kanal statt (wenn Sie diese Technik übernehmen, achten Sie darauf, dass der grüne Kanal ausgewählt ist). Ich wollte den Kontrast des Kanals erhöhen und die Haare abdunkeln. Dazu wählte ich BILD/BILDBERECHNUNGEN. Wie Sie oben im Dialog sehen können, war der Zielkanal der kopierte grüne Kanal, den ich auch als Quellkanal verwendete. Als Modus für die Bildberechnung habe ich ÜBERLAGERN gewählt. Ich verwendete also den Befehl BILDBERECHNUNGEN, um die Füllmethode ÜBERLAGERN auf den Alpha-Kanal selbst anzuwenden. Mit diesem Befehl können Sie verschiedenste Kombinationen aus Kanal und Füllmethode anwenden. Meistens verwende ich diesen Befehl im Modus MULTIPLIZIEREN und experimentiere damit, einen Farbkanal mit einem anderen zu mischen. Ziel dieses Arbeitsschritts war es, den Kontrast der Haare zu verstärken und dabei die Informationen zu verwenden, die bereits im Bild vorhanden sind.

4 In Schritt 3 wurde das Aussehen des Kanals bereits verändert, nun wollte ich den Kontrast noch stärker betonen. Dazu verwendete ich den Pinsel im Modus ÜBERLAGERN und schaltete zwischen Weiß und Schwarz als Vordergrundfarbe hin und her. Wenn Sie beim Malen mit Schwarz die Füllmethode ÜBERLAGERN verwenden, wird die Farbe nur auf die dunklen Pixel angewendet. ÜBERLAGERN ist dadurch ein sehr nützlicher Modus, weil Sie damit mit einer großen Werkzeugspitze relativ frei arbeiten können, um die Dichte der dunklen Haare aufzubauen, ohne die hellen Bereiche zu übermalen. Ich malte also weiter und achtete darauf, an den Haarspitzen die Dichte nicht zu stark zu erhöhen. In der Pinsel-Palette wählte ich unter ANDERE EINSTELLUNGEN für die Deckkraftsteuerung die Option ZEICHENSTIFT-DRUCK.

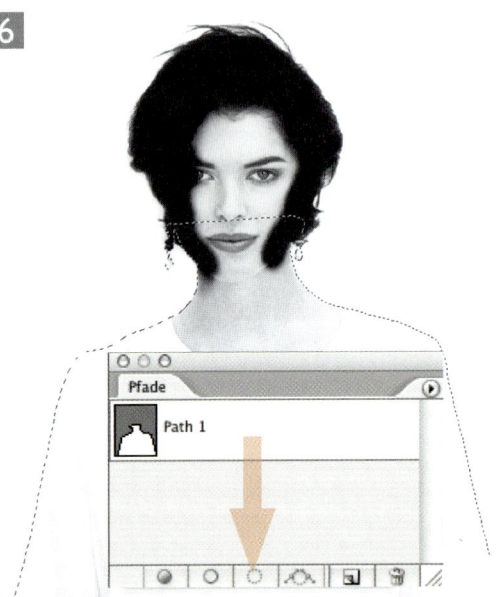

5 Werfen wir nun einen Blick auf den Rest des Motivs. Die Kleidung des Models hat fast dieselbe Farbe wie der Hintergrund. Deshalb ist die beste Variante, ihren restlichen Körper zu isolieren, mit dem Zeichenstift um die Ärmel und entlang ihres Halses zu zeichnen.

6 Mit dem Zeichenstift erstellte ich einen Pfad, der die obere Hälfte des Models einschließt. Dabei folgte ich den Umrissen ihrer Kiefer und Ohrringe. Anschließend wandelte ich den Pfad in eine Auswahl um, indem ich ihn auf den Button PFAD ALS AUSWAHL LADEN in der Pfade-Palette zog. Die Auswahl füllte ich dann mit Schwarz und verwendete dabei den Pinsel im Modus NORMAL, um über den Rest ihres Gesichts zu malen.

7 Mit der fertigen Maske war es nun Zeit, einen neuen Hintergrund einzufügen. Ich öffnete in Photoshop ein Bild einer strukturierten Wand, wählte das Verschieben-Werkzeug aus und zog diesen Hintergrund in das Bildfenster des Models. Der Hintergrund wurde als neue Ebene eingefügt. In der Ebenen-Palette stellte ich für die Füllmethode die Option MULTIPLIZIEREN ein. Dadurch wurde die neue Ebene auf die vorhandene Hintergrundebene projiziert. Ich aktiviere Ebene 1 und wählte BEARBEITEN/FREI TRANSFORMIEREN, um die Ebene mit dem Hintergrundmuster zu skalieren.

Kapitel 7
Montagetechniken

8 Ich zog den grünen Kopiekanal auf den Button AUSWAHL LADEN unten in der Kanäle-Palette und klickte dann in der Ebenen-Palette auf EBENENMASKE HINZUFÜGEN (Kreis), um die aktive Auswahl in eine Ebenenmaske umzuwandeln.

9 Die Ebenenmaske funktionierte ziemlich gut, konnte aber noch ein paar Feinabstimmungen vertragen. Zunächst vergewisserte ich mich, dass in der Protokoll-Palette die Option NICHT-LINEARE PROTOKOLLE SIND ZULÄSSIG aktiviert war. Ich wählte dann die Ebenenmaske aus und wendete FILTER/SONSTIGE FILTER/ DUNKLE BEREICHE VERGRÖSSERN und anschließend FILTER/WEICHZEICHNUNGSFILTER/GAUSSSCHER WEICHZEICHNER an. Danach nahm ich eine Tonwertkorrektur vor, um die Maske einzugrenzen.

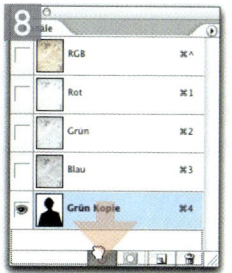

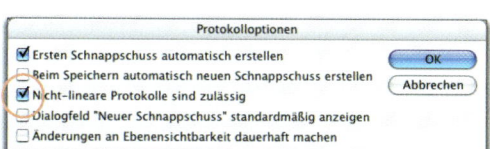

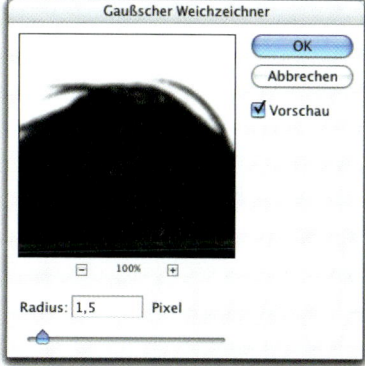
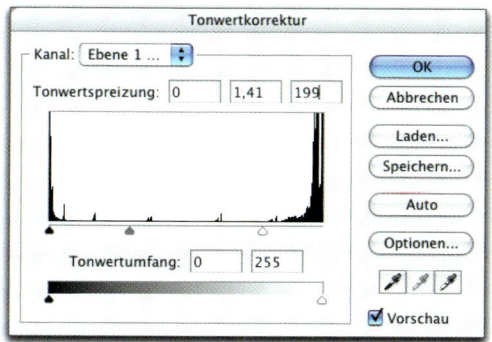

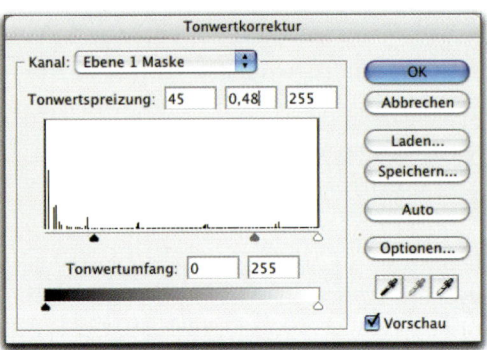

10 Der Grund, warum in den Protokoll-Optionen die Checkbox NICHT-LINEARE PROTOKOLLE SIND ZULÄSSIG aktiviert sein soll, wird nun klar. Im letzten Schritt habe ich die Maske mithilfe einer Tonwertkorrektureinstellung bearbeitet, um die Maskierung der Haare zu verstärken. Dadurch wurden jedoch die Kanten um die Schulter und den Hals etwas zu scharf.

In der Protokoll-Palette wählte ich den Schritt GAUSSSCHER WEICHZEICHNER (beachten Sie, dass die Protokolle der Tonwertkorrektur nicht verblasst dargestellt werden). Ich wendete nun eine alternative Tonwertkorrektur an, mit der die Körperkanten geglättet werden. In der Protokoll-Palette klickte ich auf das Icon links neben der zuletzt verwendeten Tonwertkorrektur. Dadurch wird im Protokoll nun die zuvor verwendete Tonwertkorrektur genutzt. Anschließend wählte ich den Protokoll-Pinsel und malte um die Kanten der Haare, um die optimierte Maske der Haare wiederherzustellen.

Zum Mitschreiben: In Schritt 9 hatte ich eine modifizierte Ebenenmaske erzeugt, wobei die Maske die Haarumrisse perfekt abdeckte. In Schritt 10 markierte ich den Protokollzustand, von dem aus ich wieder malen wollte. Ich kehrte zum Zustand GAUSSSCHER WEICHZEICHNER zurück und wendete eine alternative Tonwertkorrektur an, die die übrigen Umrisse des Models besser abdeckte. Mit dem Protokoll-Pinsel malte ich über die Haarumrisse, um die Maske wiederherzustellen.

Die Master-Bilder für diese komplexe Technik finden Sie auf der CD, um den Schritten besser folgen zu können.

Dieser Zustand zeigt die beste Überdeckung um die Haare.
Dieser Zustand zeigt die beste Überdeckung um den Rest des Körpers.

Kunde: Schwarzkopf Ltd. Model: Erin Connelly.

Schnittmasken

Mit Schnittmasken können Sie den Inhalt einer Ebene basierend auf der Maske einer anderen Ebene maskieren. Wenn Sie also zwei oder mehr Ebenen haben, die Sie identisch maskieren wollen, ist es nur logisch, eine Maske auf die eine Ebene anzuwenden und dann mit den bzw. der darüber liegenden Ebene eine Schnittmaske zu erstellen. Wenn eine Schnittmaske angewendet wird, erscheinen die darüber liegenden Ebenen in der Ebenen-Palette eingezogen. Sie können die Füllmethode ändern und die relative Deckkraft der einzelnen Ebenen in einer Schnittmaske anpassen, davon werden jedoch alle Ebenen in der Maske betroffen.

Der Hauptvorteil von Schnittmasken ist, dass Sie die Maske nur auf eine Ebene anwenden müssen und die anderen Ebenen benutzen diese Maske gleich mit.

Um eine Schnittmaske zu erstellen, markieren Sie die obere der Ebenen und wählen Sie EBENE/SCHNITTMASKE ERSTELLEN oder ⌥-klicken (PC: Alt-klicken) Sie auf die Begrenzung zwischen den Ebenen. Damit können Sie Ebenen in eine Schnittmaske einbinden oder daraus entfernen. Mit der Tastenkombination ⌘-⌥-G (PC: Strg-Alt-G) erzeugen Sie eine Schnittmaske aus einer ausgewählten Ebene und der darunter liegenden.

Abbildung 7.36 In diesem Beispiel erzeugte ich eine Maske der roten Haare und lud die Auswahl als Maske, während ich mit FARBTON/SÄTTIGUNG die Farbe an den Hintergrund anpasste. Dann fügte ich eine Gradationskurven-Einstellungsebene hinzu, die dieselbe Maske wie die Farbton-Sättigung-Ebene benutzen sollte. Anstatt die Auswahl wieder zu laden und eine identische Maske hinzuzufügen, erzeugte ich eine Schnittmaske zwischen den beiden Einstellungsebene.

Kunde: Rainbow Room.
Model: Jasmin Hemsley @ MOT.

1 In der Ebenen-Palette zu dieser Abbildung sehen Sie, dass dies ein weiteres Beispiel für ein Foto ist, das vor einem weißen Studiohintergrund aufgenommen wurde. Die Maske wurde erstellt, um den Hintergrund auf einer separaten Ebene zu maskieren. Dazu wurden dieselben Arbeitsschritte verwendet wie eben.

2 Ich wollte einen leuchtenden Verlauf erstellen, damit es so aussieht, als wäre der Hintergrund beleuchtet. Ich stellte Weiß als Vordergrundfarbe ein, wählte die Hintergrundebene aus und klickte in der Ebenen-Palette mit gedrückter ⌥-Taste (PC: Alt) auf den Button Neue Einstellungsebene hinzufügen. Aus dem Popup-Menü wählte ich Verlauf. In der Dialogbox Neue Ebene aktivierte ich die Checkbox Schnittmaske aus vorheriger Ebene erstellen und klickte dann auf OK, die Dialogbox Verlaufsfüllung wurde geöffnet. Ich entschied mich für den Verlauf Vordergrund-Transparent mit dem Stil Radial. In der Ebenen-Palette ist die Verlaufsebene jetzt eingerückt. Das bedeutet, dass sie eine Schnittmaske mit der darunter liegenden Ebene bildet.

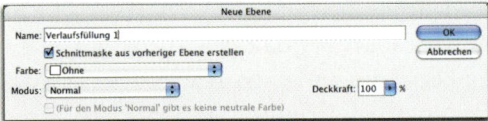

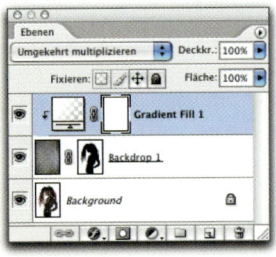

Kunde: JFK Hair. Model: Indriarty at Isis.

Extrahieren

Der Befehl FILTER/EXTRAHIEREN ist in der Lage, ein Objekt von seinem Hintergrund zu trennen. Automatisches Maskieren ist nicht so mühselig wie das Maskieren von Hand, es ist aber auch selten zu 100% erfolgreich. Trotzdem tragen die Verbesserungen, die seit Version 6.0 für EXTRAHIEREN eingeführt wurden, dazu bei, dass dieser Befehl ein nützliches Werkzeug ist. Schließlich können Sie sowohl mit der Struktur als auch der Farbe von Objekten arbeiten. Bevor Sie diesen Befehl verwenden, sollten Sie die Ebene, die extrahiert werden soll, duplizieren. Außerdem müssen Sie im 8-Bit-Modus arbeiten

Wählen Sie FILTER/EXTRAHIEREN oder drücken Sie ⌘-⌥-X (PC: Strg-Alt-X). Die aktive Ebene erscheint in der EXTRAHIEREN-Dialogbox. Sie legen nun die Umrisse mit dem Kantenmarker fest. Das wird leichter, wenn Sie die Checkbox HERVORHEBUNGSHILFE aktivieren, die wie ein magnetisches Lasso funktioniert. Die Hervorhebungshilfe funktioniert bestens bei klar definierten Kanten und kann zeitweise ausgeblendet werden, indem Sie beim Ziehen die ⌘-Taste (PC: Strg) gedrückt halten. Sie müssen zunächst alle Kanten eines Objekts markieren (außer da, wo die Kanten des Objekts den Rahmen berühren), dann können Sie das Innere mit dem EXTRAHIEREN-Füllwerkzeug füllen (klicken Sie mit dem Füllwerkzeug ein zweites Mal, machen Sie die Füllung rückgängig). Mit dem Radiergummi entfernen Sie markierte Kanten. Wenn der Kantenmarker aktiv ist, drücken Sie die ⌥-Taste (PC: Alt), um zwischen ihm und dem Radiergummi umzuschalten. Sind die Kanten markiert und das Innere ist gefüllt, klicken Sie auf den Vorschau-Button. Wenn Sie auf OK klicken, wird die Extrahierung angewendet. Mit dem Kantenverfeinerer fügen Sie innerhalb der Kante Deckkraft hinzu, wenn Transparenzen zu erkennen sind. Mit dem Bereinigen-Werkzeug können Sie Transparenz entfernen oder entfernte Transparenzen wiederherstellen, indem Sie mit gedrückter ⌥-Taste (PC: Alt) ziehen.

Beim Markieren von Kanten sollten Sie mit einer kleinen Werkzeugspitze eine möglichst enge Kante zeichnen.

Abbildung 7.37 Die Optionen des EXTRAHIEREN-Befehls:

Werkzeugoptionen Geben Sie einen Wert für die Pinselgröße ein. Wählen Sie eine Farbe für die Markierung und die Füllung. Die Hervorhebungshilfe findet die Kanten automatisch, während Sie eine Markierungskante festlegen.

Extrahierung Die Glättung kann zwischen 0 und 100 eingestellt werden. Wenn in der Vorschau eine unvollständige Pixelauswahl zu sehen ist, hilft ein höherer Wert, die verbliebenen Pixel auszuwählen. VORDERGRUND ERZWINGEN hilft, wenn der Innenraum eines Objekts teilweise schwer definierbar ist und die Innenpixel einen ähnlichen Farbwert haben. STRUKTURIERTES BILD berücksichtigt die Unterschiede in Struktur und Farbe.

Vorschau Hier schalten Sie zwischen dem Original und dem aktuell extrahierten Bild um. So können Sie den gewünschten Hintergrund (Standard, Transparent, eigene Farben etc.) wählen, vor dem Sie die Extrahierung betrachten wollen.

1 Hier sehen Sie ein Beispiel eines ganz gewöhnlichen Fotos, aus dem ich die große Pflanze im Vordergrund ausschneiden und von den Hintergrundelementen trennen wollte. Ich zog zunächst die Hintergrundebene auf den Button NEUE EBENE ERSTELLEN in der Ebenen-Palette (... um die Hintergrundebene zu duplizieren).

2 Dann wählte ich FILTER/EXTRAHIEREN. Mit dem Kantenmarker begann ich, um die Kanten der Blätter zu zeichnen. Die gemalte Kante soll Bereiche des Vorder- und Hintergrunds überlagern. Die Kanten müssen dennoch komplett geschlossen sein (außer an Stellen, wo Objekte über den Bildrand hinausragen). Die Hervorhebungshilfe habe ich eingeschaltet, denn sie funktioniert ähnlich wie das Magnetische Lasso. Sie zwingt den Kantenmarker, sich an die scharfen Kanten »anzukuscheln«. Wenn Sie mit einem drucksensitiven Grafiktablett arbeiten, erzeugen Sie mit mehr Druck eine dickere Kante.

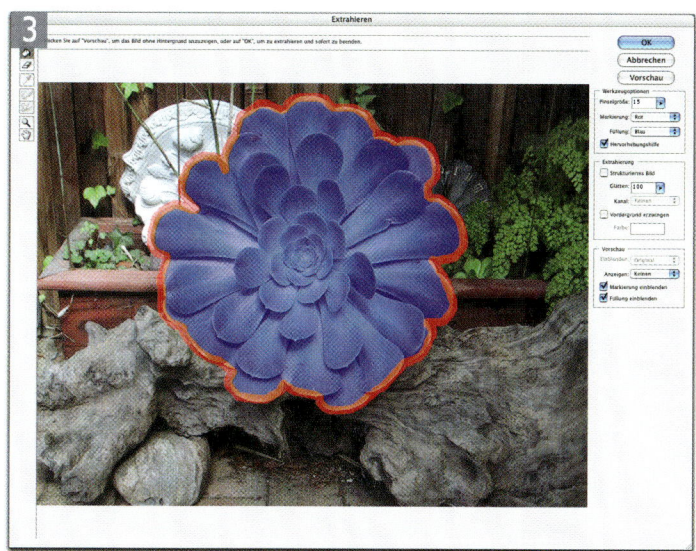

3 Als ich die Umrisse der Pflanze fertig gezeichnet hatte, überprüfte ich das Ergebnis und entfernte unsaubere Bereiche mit dem Radiergummi. Anschließend wählte ich das Füllwerkzeug, um das Innere der Pflanze zu füllen. Sie können mit dem Kantenverfeinerer deckende Bereiche außerhalb der Kanten entfernen und transparente Bereiche innerhalb deckend machen.

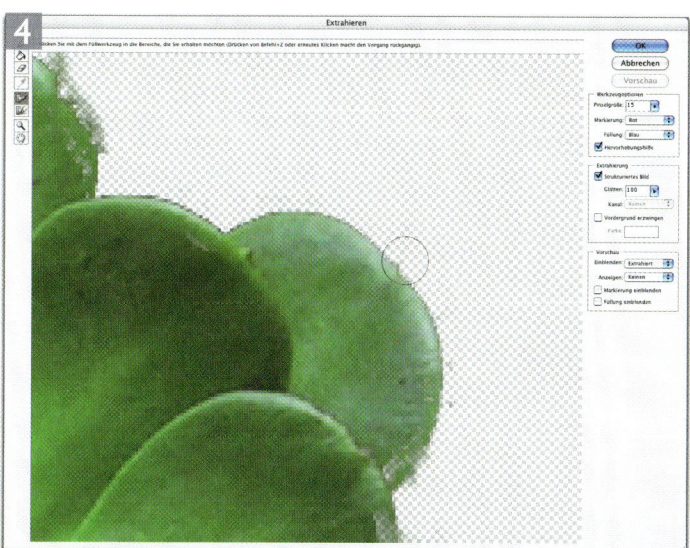

4 Um den potenziellen Erfolg einer Extrahierung zu überprüfen, klickte ich auf den Button Vorschau. Die Extrahierung wurde nur auf das Bild innerhalb des Vorschaufensters angewendet. Ich aktivierte zunächst die Option Strukturiertes Bild und stellte für die Glättung einen Wert von 100 ein. Im Vorschaumodus können Sie die Kanten noch weiterbearbeiten. Hier verwendete ich das Bereinigen-Werkzeug, um unerwünschte Pixel zu entfernen, und drückte die ⌥-Taste (PC: Alt), um ungewollt entfernte Pixel wiederherzustellen.

5 Ich klickte auf OK, um die Extrahierung auf die Kopie der Hintergrundebene dauerhaft anzuwenden. Falls ich aus irgendeinem Grund zur Ausgangssituation zurückkehren muss, ist das durch die darunter liegende Originalebene möglich. Noch nützlicher ist jedoch die Tatsache, dass Sie die Protokoll-Palette nutzen können, um Details wiederherzustellen, die durch die Extrahierung nicht hätten entfernt werden sollen. Wählen Sie in der Protokoll-Palette den Schritt vor der Extrahierung aus und bringen Sie die entsprechenden Pixel mithilfe des Protokoll-Pinsel-Werkzeugs wieder in das Bild zurück. Wenn Sie zusätzliche Pixel entfernen wollen, sollten Sie den Hintergrund-Radiergummi im Modus KANTEN SUCHEN einsetzen (Seite 79-80). Klicken Sie dann auf einen Bereich, um die zu entfernende Pixelfarbe zu bestimmen, und malen Sie um die Kanten.

Beschneidungspfade exportieren

Beschneidungspfade sind Vektorpfade, mit denen Sie einen Umriss eines Bilds definieren, wenn es exportiert wird, um in einem DTP-Layoutprogramm wie Adobe InDesign oder QuarkXPress verwendet zu werden. Enthält das Bild, an dem Sie arbeiten, einen geschlossenen Pfad, können Sie diesen in Photoshop zum Beschneidungspfad machen. Wenn das Bild als EPS oder TIFF gespeichert wird, definiert der Beschneidungspfad die Transparenz in einem Bild. Wird also ein Bild wie das in Abbildung 7.38 in ein DTP-Layout exportiert, erscheint es als Freisteller. In QuarkXPress kann jeder importierte Pfad zu einem Beschneidungspfad gemacht werden. In InDesign können Sie einen gespeicherten Pfad auswählen und als Beschneidungspfad verwenden, aber dort lassen sich auch Pfade bearbeiten.

Stellen Sie sich Fotos für eine Broschüre vor, mit jeder Menge Produktfotos vor einem weißen Hintergrund, die nur noch ausgeschnitten werden müssen. Stilllebenfotografen maskieren normalerweise die Bereiche um das Objekt herum mit schwarzem Karton, um unnötigen Lichteinfall zu vermeiden. Derjenige, der die Dateien für das Layout vorbereitet, erzeugt eine Umrissmaske und wandelt diese in einen Pfad in Photoshop um oder zeichnet dort einen neuen Pfad. Dieser wird mit der EPS- oder TIFF-Datei gespeichert und vom Layouter zur Maskierung des Objekts verwendet.

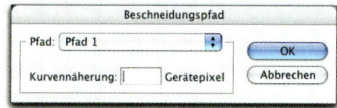

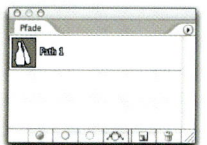

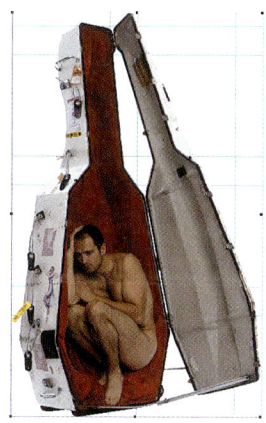

Abbildung 7.38 In diesem Beispiel zeichnete ich einen Pfad um die Kanten des Cellokastens. Im Menü der Pfade-Palette wählte ich dann die Option Beschneidungspfad. Oft lässt man das Feld Kurvennäherung am besten leer, um dem RIP die Bestimmung des Idealwerts zu überlassen. Die Kurvennäherung beschreibt die Länge gerader Linien, die die Kurven von Vektorbildern in einem Pixelbild definieren.

Das Bild wurde als TIFF gespeichert und auf dieser Seite platziert. Sie sehen, dass das Seitenraster durch die transparenten Bereiche des Ausschnitts hindurchscheint.

Kunde: Dan Tyrrell. Foto von Eric Richmond.

Kapitel 8

Effekte wie aus der Dunkelkammer

Die Möglichkeit, traditionelle Techniken aus der Dunkelkammer auf Photoshop zu übertragen, ist für Fotografen von besonderem Interesse. In diesem Kapitel lernen Sie, Photoshop als digitale Dunkelkammer zu verwenden und traditionelle Fotoeffekte wie Solarisation, Split-tone-Druck, Cross-Entwicklung und Diffusionsdruck nachzustellen. Außerdem lernen Sie verschiedene Möglichkeiten kennen, Farbbilder in Monochrom umzuwandeln.

Der Unterschied zwischen Schwarzweiß- und Farbaufnahmen wird mitunter unterschätzt, denn wie man Licht und Farbgebung gestaltet, bestimmt oftmals, ob es ein Farb- oder Graustufenbild werden soll. Im digitalen Zeitalter wird alles in RGB-Farben aufgenommen, und wenn Sie ein Schwarzweißbild haben wollen, sollten Sie die Graustufenumwandlung erst in Photoshop vornehmen und nicht schon in der Kamera.

Von Farbe zu Schwarzweiß

Wenn Sie ein Farbbild in Photoshop einfach in den Graustufen-Modus überführen, wird der Durchschnitt der Tonwerte aus den drei RGB-Kanälen ermittelt und es entsteht ein gleichmäßiges Graustufenbild. Die Formel für diese Umwandlung lautet: 60% Grün, 30% Rot und 10% Blau. Diese Formel ist allerdings sehr starr und grenzt den Spielraum ein, der bei der Umwandlung eines gescannten Farbbilds in ein Graustufenbild entsteht. Das ist genau das, was ein farbempfindlicher Schwarzweißfilm tut oder tun sollte, denn die Empfindlichkeiten des sichtbaren und unsichtbaren Farbspektrums variieren. Dadurch erhalten Schwarzweißfilme ihren ganz eigenen Charakter. Der Punkt ist der, dass bei einem Schwarzweißfilm die Farben mithilfe einer standardisierten Formel interpretiert werden, wie auch bei der Graustufenumwandlung in Photoshop. Wahrscheinlich kennen Sie sich auch mit Farbfiltern aus, die auf dem Objektiv angebracht werden, um den Kontrast in einem Graustufenbild zu erhöhen. Dieselben Regeln gelten auch, wenn Sie in Photoshop ein Farbbild in Graustufen umwandeln. So haben Sie die Freiheit, Ihre Entscheidungen nach dem Fotografieren zu treffen. Mithilfe des Kanalmixers können Sie eine eigene RGB-Graustufenumwandlung anwenden. So erzeugen Sie später in Ruhe verschiedene Effekte und simulieren beispielsweise ein Schwarzweißbild mit einem während der Aufnahme verwendeten Farbfilter.

Auf Seite 338 finden Sie eine alternative Technik, um aus einem farbigen Original ein Graustufenbild zu erstellen. Dabei verwenden Sie eine FARBTON/SÄTTIGUNG-Einstellung, um den Farbton des darunter liegenden Bilds zu verändern. Gleichzeitig neutralisiert eine zweite Farbton-/Sättigungsebene die Farben, um ein neutrales Graustufenbild zu erzeugen.

Farbfilter für die Arbeit mit Graustufen

Farbfilter können in der Graustufenfotografie verwendet werden, um Farben zu filtern und so den Farbkontrast des Bilds zu verändern. Ein starker Rotfilter filtert Blau und Cyan und lässt weiße Wolken vor einem dunklen Himmel kontrastreicher wirken. Ein Gelb- oder Orangefilter erzeugt einen weicheren Effekt. Ein Grünfilter kann verwendet werden, um die Blätter eines Baums im Gegensatz zum Rest des Bilds heller erscheinen zu lassen. Diese Regeln können Sie auch im Kanalmixer anwenden. 50% Rot und 50% Grün im Modus MONOCHROM simulieren den Effekt eines Gelbfilters.

Lab-Umwandlungen

Eine weitere Möglichkeit, ein Farbbild in ein Graustufenbild umzuwandeln, besteht darin, das Bild in den Lab-Farbmodus zu überführen und den Luminanzkanal zu kopieren. An dieser Methode ist nichts wirklich falsch, sie ist allerdings auch nicht besser als die Umwandlung in Graustufen und dann zurück in RGB. Die Techniken mit dem Kanalmixer und Farbton/Sättigung, die ich im Folgenden beschreibe, sind deutlich besser geeignet.

Kapitel 8
Effekte wie aus der Dunkelkammer

1 Fotografieren Sie mit einem Schwarzweißfilm, ist die verwendete Emulsion auf die Farben des Spektrums mehr oder weniger empfindlich. Wenn Sie bei der Aufnahme einen starken Farbfilter verwenden, wird die Sensitivität der Emulsion dahingehend beeinflusst, dass nicht mehr alle Wellenlängen durch den Filter hindurchgelangen. Die folgenden Schritte simulieren den Effekt eines Rotfilters, der den Kontrast im Himmel verstärken soll.

2 Zuerst wählte ich BILD/ANPASSEN/SÄTTIGUNG VERRINGERN. Dadurch entsteht ein sehr flaches Bild, das auf einer Standard-Graustufenumwandlung basiert (30% Rot, 60% Grün und 10% Blau).

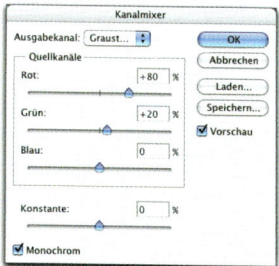

3 Ich wählte BEARBEITEN/RÜCKGÄNGIG und fügte eine Kanalmixer-Einstellungsebene mit den Einstellungen aus der Abbildung hinzu. Ist die Checkbox MONOCHROM aktiviert, erzeugen Sie ein Graustufenbild. Die besten Ergebnisse erzielen Sie, wenn die Summe der einzelnen Kanäle etwa 100% beträgt – diese Regel ist jedoch nicht so zwingend, dass sie nicht auch gebrochen werden darf. Verwenden Sie Einstellungen, die ein gutes Ergebnis erzeugen. Die stärkere Nutzung des roten Kanals erzeugt einen stärkeren Tonwertkontrast der Wolken.

4 Schließlich fügte ich eine Farbbalance-Einstellungsebene hinzu, um einen leichten Farbeffekt zu erzeugen. Als Füllmethode für diese Ebene wählte ich FARBE. Dadurch bleiben die Luminanzinformationen der darunter liegenden Ebenen erhalten.

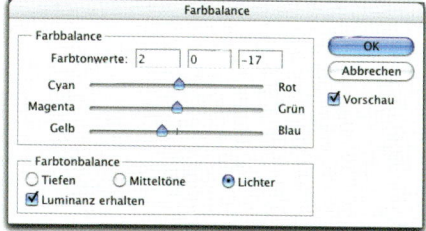

337

1 Russell Brown, Senior Creative Director von Adobe Photoshop, war einer der ersten, der die folgende Technik zur Umwandlung von Farbbildern in Graustufen in Photoshop vorstellte.

2 Ich öffnete ein RGB-Bild und fügte in der Ebenen-Palette eine FARBTON/SÄTTIGUNG-Einstellungsebene hinzu. Für die Sättigung wählte ich einen Wert von null, um ein Graustufenbild zu erzeugen. Das Ergebnis entspricht bis jetzt in etwa dem, was Sie bei einer herkömmlichen Modusumwandlung in Graustufen erhalten.

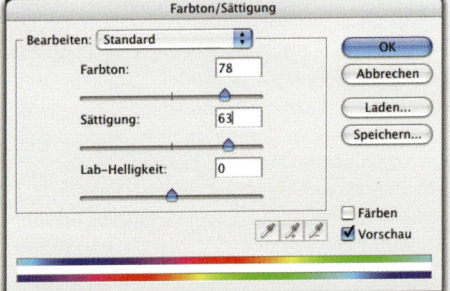

3 Ich aktivierte die Hintergrundebene und fügte eine zweite FARBTON/SÄTTIGUNG-Einstellungsebene hinzu. Diese befindet sich nun zwischen der Hintergrundebene und der eben erstellten Einstellungsebene. In der Dialogbox klickte ich einfach auf OK, als Ebenenmodus wählte ich FARBE. Wenn Sie die Dialogbox FARBTON/SÄTTIGUNG jetzt erneut öffnen, können Sie durch Verschieben der Regler ähnliche Ergebnisse erzielen wie mit dem Kanalmixer. Passen Sie auch die Sättigung und die Lab-Helligkeit an, um das Graustufenbild weiter zu verfeinern.

Kapitel 8
Effekte wie aus der Dunkelkammer

Bilder einfärben

Die einfachste Möglichkeit, ein Bild einzufärben, ist die Verwendung einer Farbbalance-Einstellung. Ich ignoriere dieses Werkzeug in der Regel. Aber in Situationen wie diesen, können Sie ein monochromes Bild im RGB-Modus schnell und einfach einfärben. Die Einstellungsmöglichkeiten für diesen Befehl sind intuitiv: Wollen Sie die Tiefen einfärben, klicken Sie auf den Radiobutton TIEFEN und nehmen Sie die Einstellungen vor. Wechseln Sie anschließend zu den Lichtern usw. Ich wende den Befehl immer als Einstellungsebene an. Sie können auch noch weitere Einstellungsebenen anwenden. Ich verwende oft zwei Gradationskurven-Einstellungsebenen und nutze Ebeneneffekte, um meine Bilder einzufärben.

Die Füllmethode FARBE

Sie werden feststellen, dass ich die Füllmethode FARBE relativ häufig verwende, wenn ich mit Einstellungsebenen arbeite. So können Sie die Farben eines Bilds bearbeiten, ohne die Luminanz zu verändern. Dies ist wichtig, um so viele Tonwertinformationen wie möglich zu behalten.

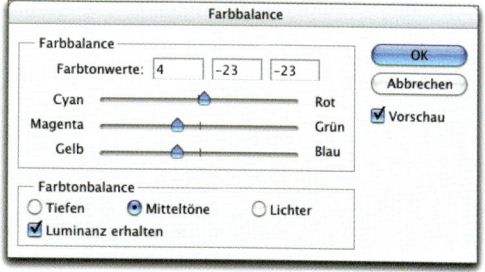

1 Ich begann mit einem Graustufenbild und wandelte es in den RGB-Farbmodus um. Alternativ können Sie auch ein RGB-Bild nehmen und es mit einer der beschriebenen Methoden in ein Graustufenbild umwandeln. Anschließend fügte ich eine FARBBALANCE-Einstellungsebene hinzu, um das Bild einzufärben. Klicken Sie in der Ebenen-Palette auf den Button NEUE FÜLL- ODER EINSTELLUNGSEBENE ERSTELLEN und wählen Sie FARBBALANCE. Ich aktivierte den Radiobutton TIEFEN und verschob die Regler, um die Farbbalance anzupassen.

Foto von Eric Richmond.

2 Diesen Vorgang wiederholte ich für die Mitteltöne und die Lichter. Anschließend wechselte ich erneut zu den Tiefen und nahm noch ein paar Feinregelungen vor. Mit Einstellungsebenen können Sie die Einstellungen jederzeit verändern oder anpassen. Probieren Sie auch unterschiedliche Deckkrafteinstellungen für die Ebenen aus.

3 Vorausgesetzt, das Original des Graustufenbilds ist ein RGB- oder CMYK-Bild, bietet auch der Kanalmixer eine gute Möglichkeit, ein Bild einzufärben. Auf Seite 354 finden Sie eine Technik, bei der Sie die Verwendung des Kanalmixers ausführlich kennen lernen.

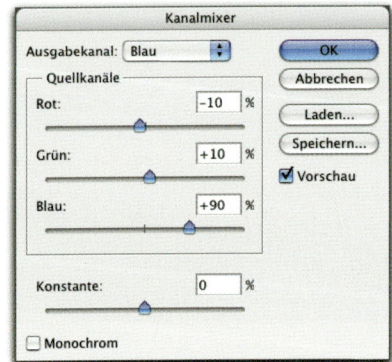

4 Sie können die Technik auch abwandeln, um Tontrennungseffekte (Split-tone) zu erzeugen. In dieser letzten Version erzeugte ich zwei Gradationskurven-Einstellungsebenen. Die untere der beiden Ebenen färbt das Bild blau, die obere rot. Wenn Sie doppelt auf die obere Gradationskurvenebene klicken, erscheint die Dialogbox, die Sie in der Abbildung sehen können. Klicken Sie mit gedrückter ⌥-Taste (PC: Alt) auf das kleine Dreieck unter DIESE EBENE, teilen Sie es in zwei einzelne Regler auf. So können Sie die Farbtrennung besser steuern.

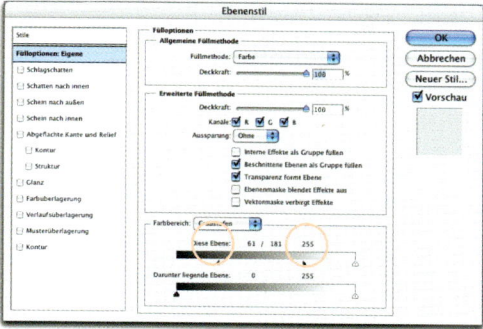

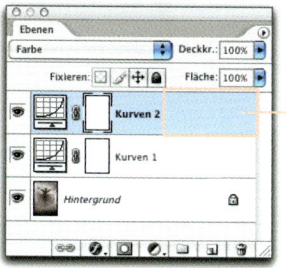

Klicken Sie doppelt in diesen Bereich der Ebene, um die EBENENSTIL-Dialogbox zu öffnen.

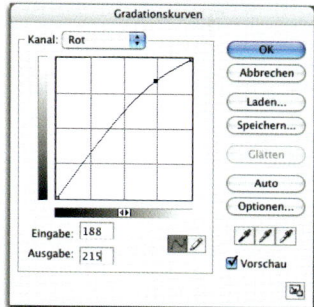

Solarisation

Ursprünglich ist diese Fototechnik dem Künstler Man Ray zuzuschreiben. Dabei wird der Papierabzug am Ende der Entwicklung kurz eingenebelt. Das digitale Äquivalent verwendet Gradationskurven und lässt Ihnen Kontrollmöglichkeiten, weil Sie mit den Kurvenpunkten unterschiedliche Formen erzeugen können, um verschiedene Solarisationseffekte zu erzielen. Zusätzlich können Sie auch mit Masken arbeiten.

1 Ich begann mit einem Bild im RGB-Modus. In der Ebenen-Palette fügte ich eine neue Kanalmixer-Einstellungsebene hinzu.

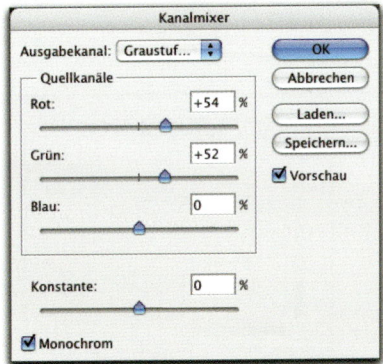

2 Ich aktivierte die Checkbox MONOCHROM unten in der Dialogbox und passte die einzelnen Kanäle an, um eine Graustufenumwandlung zu erzeugen. Auch hier sollte die Summe der Kanäle etwa 100% betragen.

Kapitel 8
Effekte wie aus der Dunkelkammer

Anschließend füge ich eine Gradationskurven-Einstellungsebene hinzu (über der Kanalmixer-Ebene) und aktivierte den Buntstift (eingekreist), um ein umgekehrtes »V« zu zeichnen. Klicken Sie dazu zuerst in die Ecke unten links, halten Sie die ⇧-Taste gedrückt, klicken Sie oben in die Mitte und dann unten rechts in die Ecke. Es entsteht der dargestellte Effekt.

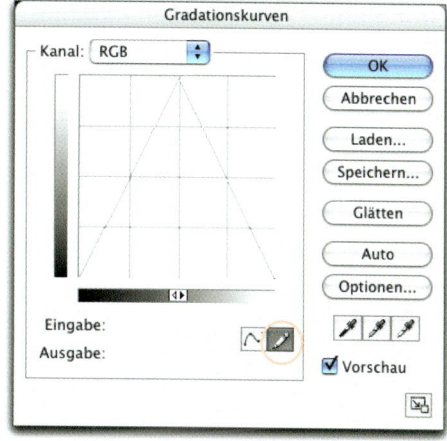

Anschließend fügte ich eine zweite Gradationskurven-Einstellungsebene hinzu, stellte für einzelne Kanäle die Gradationskurven ein und experimentierte mit unterschiedlichen Tontrennungseffekten (siehe Seite 341). Beachten Sie, dass ich als Füllmethode für die Ebene FARBE wählte, damit nur die Farbe verändert und die Luminanz der darunter liegenden Ebenen geschützt wird. Sie können dann noch einmal doppelt auf die Kanalmixer-Ebene klicken und die Einstellungen dort erneut anpassen. Sie werden feststellen, dass Sie damit feine Änderungen erzielen.

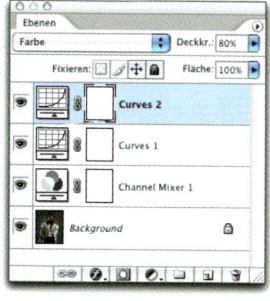

Kunde: Anita Cox. Model: Sze Kei.

Defizite des Graustufendrucks

Ein Schwarzweißbild kann im Druck unterschiedlich dargestellt werden. Wenn Sie mit einem 8-Bit-Graustufenbild arbeiten, gibt es maximal 256 Helligkeitsstufen. Daraus ergibt sich für den Druck die praktische Konsequenz, dass ein Drittel der Tonwerte beim Druck verloren gehen. Deshalb sehen Graustufenbilder im Druck auch oft sehr flach aus, besonders wenn man sie mit einem CMYK-Bild vergleicht. Werden zwei oder mehr Druckplatten hinzugefügt, wird der druckbare Tonwertbereich deutlich erhöht. Der qualitativ hochwertige Schwarzweißdruck, den Sie in manchen Zeitschriften und Büchern sehen, wird oft dadurch erreicht, dass ein Duplex oder der herkömmliche CMYK-Druckprozess verwendet wird.

Duplex

Ein Duplex ist ein Graustufenbild, das mit zwei Druckplatten gedruckt wird (bei einem Triplex werden drei und bei einem Quadruplex vier Druckplatten verwendet). Wenn Sie ein Duplex erzeugen wollen, müssen Sie Ihr Bild zunächst in Graustufen umwandeln, dazu wählen Sie BILD/MODUS/DUPLEX. Die Druckfarbfelder zeigen eine Vorschau der Druckfarbe inklusive Namen rechts daneben an. Normalerweise sind die Farben dabei so geordnet, dass die dunkelste Farbe ganz oben steht und die hellste ganz unten. Links daneben sehen Sie die Duplexkurve. Wenn Sie doppelt auf diese Kurve klicken, öffnet sich eine Dialogbox, in der Sie die Verhältnisse der Duckfarbe innerhalb der Helligkeitsstufen eines Graustufenbilds festlegen können. Sie ändern die Form der Kurve, um die Verhältnisse in den Lichtern, Mitteltöne und Tiefen einzustellen.

Die einzigen Dateiformate, die Duplexbilder unterstützen (außer das Photoshop-eigene Format), sind EPS und DCS. Wenn Sie Ihre Bilder in einem InDesign- oder QuarkXPress-Dokument platzieren wollen, sollten Sie eines dieser Speicherformate verwenden. Duplex werden nur im kommerziellen Druck verwendet, da es sich um eine sehr spezielle Druckmethode handelt. Sie können den Duplex-Modus nutzen, um farbige Tontrennungseffekte in Graustufenbildern zu erzeugen. Falls Sie eine andere Druckart wählen wollen, müssen Sie das Bild jedoch wieder in den RGB- oder CMYK-Modus umwandeln. Denken Sie auch daran, dass die Druckerei informiert sein muss und die Druckkosten steigen, wenn Sie eigene Druckfarben für Ihr Duplex verwenden. Alternativ können Sie ein Duplexbild auch in den CMYK-Modus umwandeln. Das ist ein Kompromiss, denn so sind Sie auf den CMYK-Farbumfang beschränkt.

Es gibt verschiedene Duplexvorgaben in Photoshop (natürlich auch für Triplex und Quadruplex). Experimentieren Sie mit diesen Vorgaben, indem Sie in der Duplex-Optionen-Dialogbox auf den Button LADEN klicken und nach den verschiedenen Vorgaben suchen.

Kapitel 8
Effekte wie aus der Dunkelkammer

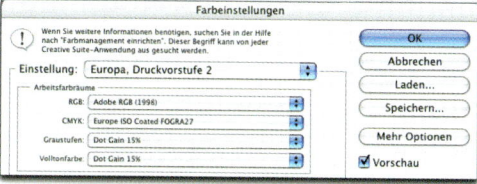

1 Die Graustufenanzeige in Photoshop basiert im Wesentlichen auf der Annahme, dass Sie auf Ihrem Bildschirm sehen wollen, wie die Datei gedruckt wird. Wählen Sie in den Farbeinstellungen den Eintrag für den Tonwertzuwachs im Druck. Das ist Photoshops Arbeitsumgebung im Graustufenmodus, in der alle neuen Dokumente geöffnet oder umgewandelt werden. Wenn Sie mit einem Graustufenbild arbeiten, das für das Web gedacht ist, wählen Sie Ansicht/Proof einrichten/Windows RGB.

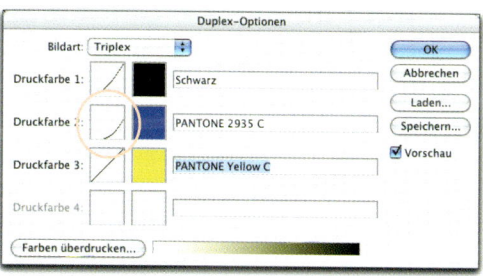

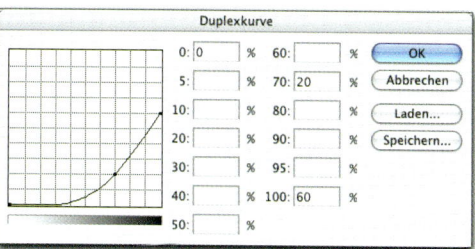

2 Sobald Sie in der Duplex-Optionen-Dialogbox die Option Vorschau aktiviert haben, werden sämtliche Veränderungen sofort übernommen und auf dem Bildschirm angezeigt. In diesem Beispiel wurde ein Triplex ausgewählt, die Druckfarben werden mit der dunkelsten ganz oben angezeigt. Wenn Sie doppelt auf eine der Kurven klicken, öffnet sich die Dialogbox Duplexkurve. Diese entspricht der Gradationskurve des Bilds, nur dass sie etwas beschränkter ist. Der Farbverlauf stellt die Tonwertübergänge über einen gleichmäßig verteilten Graustufenverlauf dar. Sie können die Prozentwerte der Druckfarben variieren, indem Sie die Punkte entlang der horizontalen Achse festlegen.

345

Infrarotfilm-Simulation

Es gibt eine spezielle Filmemulsion, die empfindlich auf Infrarotlicht reagiert und sehr körnig ist. Pflanzen reflektieren ziemlich viel Infrarotlicht, was außerhalb der Wahrnehmung unseres Auges liegt. Grüne Blätter erscheinen deshalb sehr hell und fast schimmernd, wenn sie mit einem Infrarotfilm fotografiert werden.

Vor etwa sechs Jahren entwickelte ich zunächst diese Technik – damals sollte ich verschiedene Möglichkeiten aufzeigen, um ein Farbbild in Graustufen umzuwandeln. Seitdem habe ich die einzelnen Schritte immer wieder verbessert. Da Sie jetzt Bilder mit Ebenen im 16-Bit-Modus bearbeiten können, erzeugen Sie mit dieser Technik noch weichere Ergebnisse. Folgen Sie einfach den Anweisungen:

1 Dieses Bild von einem japanischen Garten befindet sich im RGB-Modus und eignet sich bestens, um Ihnen die Infrarottechnik näher zu bringen. Im Wesentlichen handelt es sich um eine Weiterführung der Kanalmixer-Methode. Wie Sie sehen können, gibt es viele grüne Blätter in diesem Bild. Ziel der Technik ist es, diese Blätter aufzuhellen und leicht schimmern zu lassen. In den folgenden Schritten nehmen Sie einige deutliche Bildeinstellungen vor. Deshalb hielt ich es für wichtig, das Bild im 16-Bit-Modus zu belassen. Zuerst kopierte ich die Hintergrundebene und erstellte eine Tonwertkorrektur-Einstellungsebene. Ich klicke auf den Button Optionen und aktiviere die Checkbox Kontrast kanalweise verbessern.

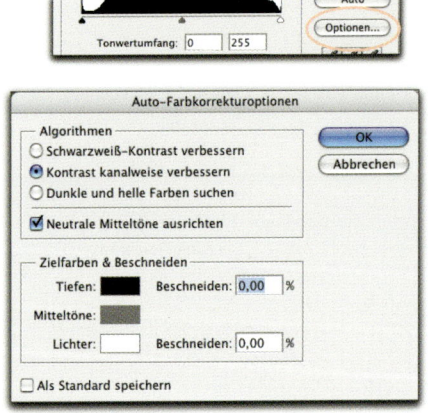

Kapitel 8
Effekte wie aus der Dunkelkammer

2 Im nächsten Schritt erzeugte ich eine Kanalmixer-Einstellungsebene im Modus Monochrom. Wenn der grüne Kanal der hellste sein soll (weil er die meisten grünen Blätter enthält), müssen wir den grünen Kanal deutlich verstärken. Maximal können Sie einen Wert von 200% wählen. Behalten Sie jedoch immer im Hinterkopf, dass der Gesamtwert von 100% ungefähr eingehalten werden sollte. Deshalb reduzierte ich auch die anderen beiden Kanäle auf Minuswerte von –80% für den roten und –20% für den blauen Kanal.

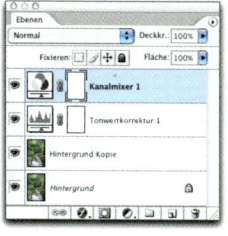

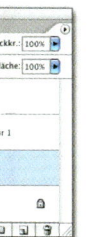
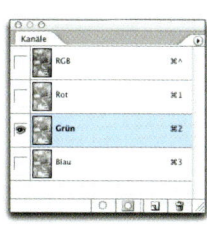

3 Jetzt wollte ich den Blättern einen leichten Glanz vermitteln. Dabei ist es wichtig, dass sich das darunter liegende Bild im RGB-Modus befindet (die Einstellungsebene ist für die Graustufenumwandlung zuständig). Dafür aktivierte ich zunächst die Hintergrundkopie und klickte in der Kanäle-Palette auf den grünen Kanal, um nur auf diesen einen Gaußschen Weichzeichner anzuwenden. Ich verwendete einen Wert von 5 Pixel – Sie können auf größere Bilder oder wenn der Effekt deutlicher ausfallen soll jedoch auch höhere Werte anwenden. Anschließend wählte ich Bearbeiten/Verblassen: Gaussscher Weichzeichner mit einem Wert von 25%. Als Füllmethode für die Ebene wählte ich Umgekehrt multiplizieren.

4 Nach Schritt 3 sieht das Bild heller aus, einige Details in den Lichtern sind verloren gegangen. Hier kommt die Tonwertkorrektur erneut ins Spiel. Wenn Sie diese Technik anwenden, sollten Sie die Histogramm-Palette immer im Blick haben, denn Sie werden sich jetzt auf das Histogramm in der Palette beziehen und nicht auf das in der Tonwertkorrektur-Dialogbox. Hier wählte ich für den Tonwertumfang einen Ausgabewert von 120, um mehr Details zu erhalten.

Um die Infrarotsimulation noch weiter zu verfeinern, können Sie auch der Kopie der Hintergrundebene noch einige Störungen hinzufügen – nutzen Sie beispielsweise die Technik auf Seite 257.

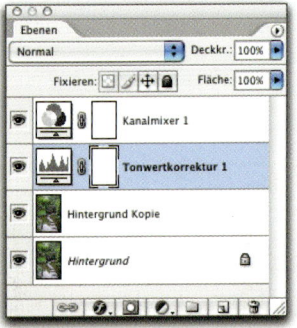

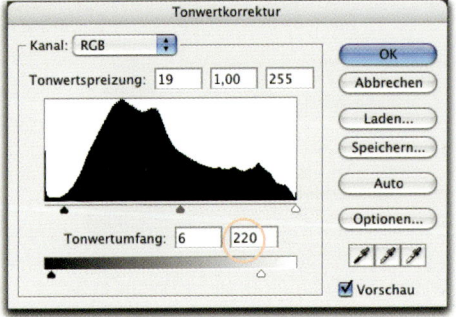

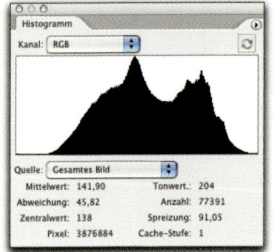

Cross-Entwicklung

Die Technik der Cross-Entwicklung ist bei Mode- und Porträtfotografen schon sehr lange sehr beliebt, da damit die Haut der Models ausgebleicht werden kann. Diesen Effekt können Sie in Photoshop ganz einfach nachstellen, ohne den Verlust wichtiger Bilddetails zu riskieren. Die Cross-Entwicklung nutzt zwei Methoden: Sie können einen E-6-Film in C-41-Farbnegativ-Chemikalien entwickeln oder einen C-41-Negativfilm in E-6-Chemikalien. Die Technik auf den folgenden Seiten simuliert den Effekt, den Sie erhalten, wenn Sie einen C-41-Film in E-6-Chemikalien entwickeln.

Im Beispiel auf den Seiten 350–351 sehen Sie, wie ich die Tiefen blau und die Lichter gelbrot einfärbte. Diese Technik habe ich mir im Laufe der Zeit angeeignet und ich finde, sie ist sehr flexibel. Wie bei allen anderen Effekten in diesem Kapitel, färbte ich das Bild mit Einstellungsebenen im Modus FARBE ein. So erhalten Sie die Luminanz des Bilds. Falls Sie jedoch einen sehr kontrastreichen Effekt erzeugen wollen, sollten Sie den Modus NORMAL verwenden und außerdem den Kontrast im RGB-Kanal erhöhen (wodurch Sie die Farbsättigung zusätzlich verstärken). Sie können auch alternative Farbkanal-Einstellungen ausprobieren und mit anderen Farben und Deckkräften experimentieren.

Lab-Farbeffekte

Dies ist keine Cross-Entwicklung im eigentlichen Sinne, aber diese Technik kann die Farben in Ihren Bildern auf sehr interessante Art und Weise verändern. Ich empfehle Ihnen, den Effekt auf Bilder mit einer mittleren oder hohen Auflösung anzuwenden, in denen es so gut wie keine Artefakte gibt. Wenn Sie die Farben des Bilds umkehren, solange es sich im Lab-Farbmodus befindet, können Sie ebenfalls sehr interessante Variationen des Effekts erzielen.

Die Luminanz erhalten

Einige der in diesem Kapitel beschriebenen Techniken arbeiten mit sehr starken Bildeinstellungen oder mehreren Einstellungsebenen. Deshalb besteht immer auch die Gefahr, wichtige Details in den Tiefen und Lichtern zu verlieren. Erstellen Sie deshalb am besten immer eine Kopie der Hintergrundebene, die Sie im Ebenenstapel ganz oben platzieren. Wenn Sie für diese Ebene dann den Modus LUMINANZ wählen und die Deckkraft regeln, können Sie die Luminanz des Bilds erhalten und steuern.

Abbildung 8.1 Sie erhalten die Luminanzinformationen des Bilds, indem Sie die Hintergrundebene kopieren, sie im Ebenenstapel ganz nach oben ziehen und die Füllmethode LUMINANZ wählen. Passen Sie anschließend die Deckkraft an, um die ursprüngliche Luminanz ins Bild zurückzubringen.

1 Hier zeige ich Ihnen, wie Sie den Effekt erzeugen, der eine C-41-Filmentwicklung mit E-6-Chemie simuliert. Sie können bei dieser Technik unterschiedliche Gradationskurveneinstellungen vornehmen und verschiedene Füllfarben verwenden. Ich erstellte zuerst eine Gradationskurven-Einstellungsebene im Modus FARBE. Anschließend passte ich die Kurven der einzelnen Farbkanäle an, wie in den Abbildungen zu sehen.

Model: Lucy Edwards @ Bookings.

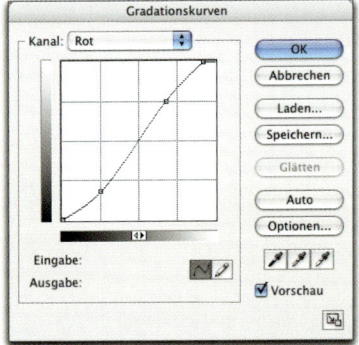

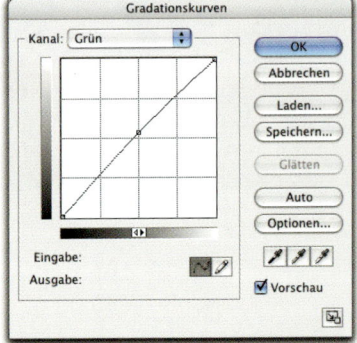

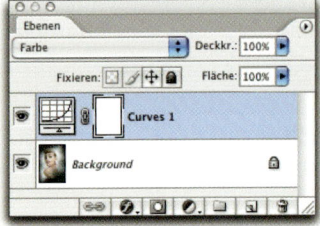

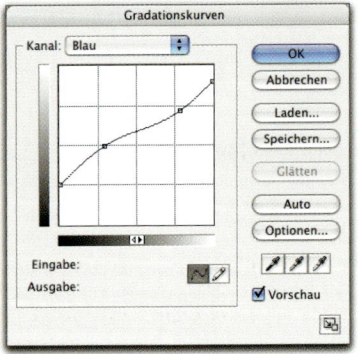

Kapitel 8
Effekte wie aus der Dunkelkammer

2 Durch die Einstellungen aus Schritt 1 wurde in den Tiefen ein blaucyan Farbstich erzeugt und in den Lichtern ein rotgelber Farbstich. Da ich den Ebenenmodus FARBE wählte, hatten diese Einstellungen keine Auswirkung auf die Luminanz.

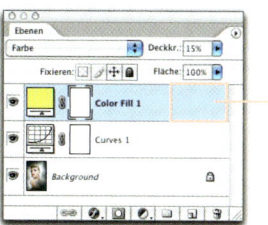

Klicken Sie doppelt in diesen Bereich der Ebene, um die Ebenenstil-Dialogbox zu öffnen.

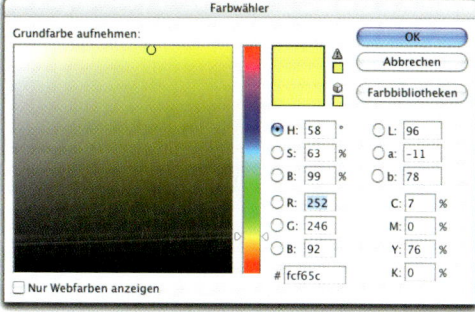

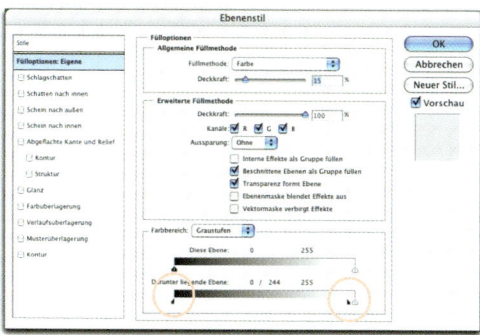

3 Anschließend fügte ich eine Farbfüllung-Einstellungsebene im Modus VOLLTONFARBE und mit einer Deckkraft von 15% hinzu und wählte ein grelles Gelb. Ich klickte doppelt auf diese Ebene und passte die Optionen für DARUNTER LIEGENDE EBENE an. Durch Drücken der ⌥-Taste (PC: Alt) beim Klicken auf das kleine schwarze Dreieck teilt sich dieses in zwei einzelne Regler auf. Den rechten dieser Regler zog ich nach rechts, um einen Übergang zwischen der gelben Füllebene und der darunter liegenden Ebene zu erzeugen.

1 Hier sehen Sie eine weitere Variante der Cross-Entwicklung in Photoshop, die Sie auf RGB-Bilder anwenden können. Sie müssen dabei den Lab-Farbmodus verwenden, um die Farben im Bild zu verstärken. Ich begann mit einem RGB-Bild und erstellte zunächst ein Duplikat, indem ich Bild/Bild duplizieren wählte.

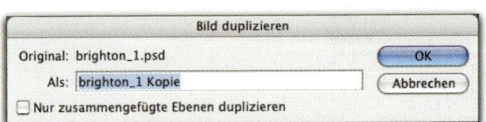

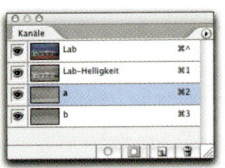 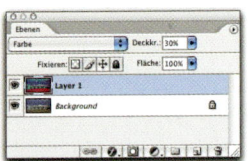

2 Dieses Duplikat wandelte ich in den Lab-Farbmodus um (Bild/Modus/Lab-Farbe). Diese Bildversion enthält nun einen Helligkeitskanal sowie einen a- und einen b-Kanal. Ich wählte in der Kanäle-Palette den Kanal a aus und erhöhte mit Bild/Anpassen/Tonwertangleichung den Kontrast, um einen extremen Farbstich zu erzeugen. Anschließend klickte ich auf den zusammengesetzten Lab-Kanal (damit alle drei Kanäle ausgewählt sind) und kopierte das Bild in eine neue Ebene. Wählen Sie entweder Auswahl/Alles auswählen und dann Kopieren und Einfügen oder ziehen Sie das Bild mit dem Verschieben-Werkzeug und gedrückter ⇧-Taste über die RGB-Version. Durch die ⇧-Taste stellen Sie sicher, dass das Bild mittig ausgerichtet wird. Über das Farbprofil brauchen Sie sich keine Gedanken zu machen, denn Photoshop wandelt die Datei automatisch wieder in RGB um.

3 Als Modus für die neue Ebene wählte ich Farbe mit einer Deckkraft von 30%. Durch diese Technik entstehen deutliche Artefakte, deshalb wählte ich anschließend Filter/Weichzeichnungsfilter/Gausscher Weichzeichner mit einem Radius von 2,5 Pixel. Da ich den Modus Farbe verwendete, hatte die Weichzeichnung keinerlei Auswirkung auf die Schärfe der Bildluminanz.

Kapitel 8
Effekte wie aus der Dunkelkammer

 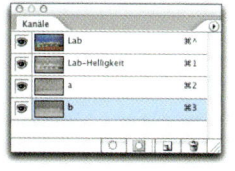

4 Ich wechselte wieder zur Lab-Version des Bilds und ging in der Protokoll-Palette einige Schritte zurück. Ich wählte Kanal b aus und wiederholte Schritt 2. Ich wendete gleiche Einstellungen an und kopierte diese neue Version des Kanals in das Original-RGB-Bild als Ebene 2. Auch hier wählte ich für die Ebene den Modus Farbe mit einer Deckkraft von 30% und wendete einen Gaußschen Weichzeichner an.

5 Hier sehen Sie das Endergebnis. Sie erzeugen mit dieser Technik zwei stark kolorierte, halbtransparente Ebenen. Der Spaß beginnt erst dann richtig, wenn Sie für die Ebenen unterschiedliche Deckkrafteinstellungen verwenden und damit experimentieren.

353

Farbanpassungen mit dem Kanalmixer

Der Kanalmixer kann Farbeffekte erzeugen, die früher nur mit dem Befehl BILDBERECHNUNGEN möglich waren. Der Kanalmixer ist ein interessantes Werkzeug, das die Informationen der Farbkanäle austauscht und manchmal einzigartige und feine Farbeinstellungen erzeugt, die mit anderen Werkzeugen nicht erzielt werden können. Den Kanalmixer zu kontrollieren, ist jedoch nicht einfach. Das erste Beispiel zeigt, wie Sie ein Bild aussehen lassen können, als wäre es bei Sonnenuntergang aufgenommen worden.

1 Die Farbbalance dieses Bilds stimmt, es fehlt jedoch der Eindruck eines goldenen, warmen, sonnigen Bilds. Sie könnten die gesamte Farbbalance mit einer Gradationskurve korrigieren. Der Kanalmixer bietet jedoch einen ganz anderen Ansatz, denn damit können Sie die Inhalte der Farbkanäle miteinander mischen.

2 Wenden Sie die Einstellungen an, die Sie unten sehen. Die größte Veränderung findet im roten Kanal statt, für den ich einen Wert von 125% wählte, zusammen mit einem geringen Wert für Grün und -34% für Blau. Im grünen Kanal nahm ich nur kleine Veränderungen vor. Sie sehen, dass die Summe der Prozentwerte in jedem Kanal immer etwa 100% beträgt.

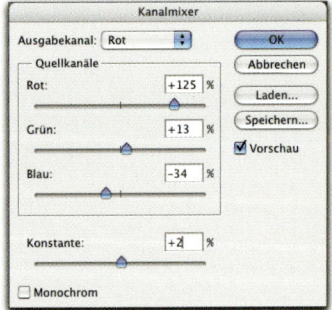 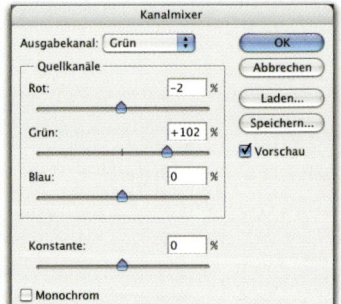 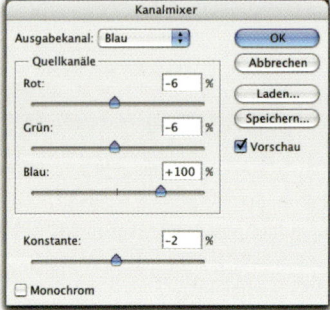

Kapitel 8
Effekte wie aus der Dunkelkammer

1 Wenn Sie experimentierfreudig sind, können Sie mit dem Kanalmixer sehr interessante Effekte erzeugen. Ich empfehle Ihnen dabei jedoch immer, die Kanalmixer-Ebene zwischen der Hintergrundebene und einer Hintergrundkopie zu platzieren, die sich im Modus LUMINANZ befinden sollte (siehe Seite 349).

2 In diesem ersten Beispiel wählte ich für die Kanalmixer-Ebene den Modus ABDUNKELN und nahm die Einstellungen vor, wie Sie sie unten auf der Seite sehen. Da sich die Kopie der Hintergrundebene im Modus LUMINANZ befindet, können Sie extreme Einstellungen vornehmen, ohne Luminanzdetails zu verlieren. Im Kanalmixer müssen Sie jedoch sorgsam arbeiten, denn immerhin gibt es – ohne den KONSTANTE-Regler – neun Regler, die Sie anpassen müssen. Mit meinen Einstellungen konnte ich eine starke Farbverzerrung erzeugen.

3 Der Modus ABDUNKELN erzeugt ein interesssantes Ergebnis, Sie können aber auch mit anderen Modi experimentieren. Das Bild in der dritten Abbildung erzielte ich mit dem Modus AUSSCHLUSS und einer Deckkraft von 50%.

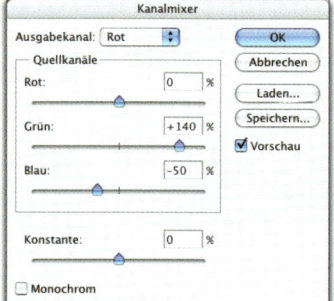
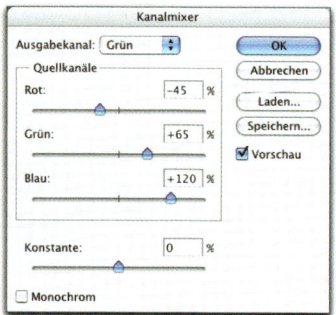
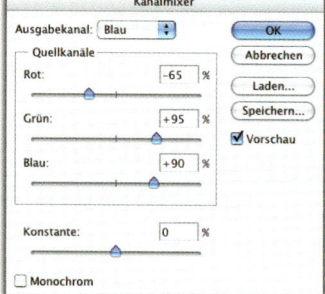

355

PhotoKit-Plug-In
Einige Effekte, die ich Ihnen in diesem Kapitel zeige – Tontrennung, Cross-Entwicklung und Farbüberlagerungen – stehen Ihnen auch in Form eines automatisierten Plug-Ins namens PhotoKit Color zur Verfügung. Für das Plug-In spricht, dass ich alle Farbeffekte selbst entwickelt habe. Eine 7-Tage-Demoversion können Sie von folgender Website herunterladen: www.pixelgenius.com.

Farbüberlagerungen

Meine Lieblingsmethode zum Einfärben von Bildern ist das Hinzufügen einer Füllebene aus dem Menü der Ebenen-Palette. Dazu wähle ich dann die Ebenenmodi ÜBERLAGERN, FARBE oder WEICHES LICHT. Die intensivsten Ergebnisse erzielen Sie mit dem Modus ÜBERLAGERN. Am besten wählen Sie außerdem eine stark gesättigte Farbe aus der oberen rechten Ecke des Farbwählers und reduzieren anschließend die Deckkraft auf 10–30%. Der Modus FARBE funktioniert mit jeder Farbe gut, wenn Sie jedoch eine gesättigtere Farbe wählen, stehen Ihnen mehr Optionen zur Verfügung. Der Modus WEICHES LICHT erzeugt eine weichere Überblendung. Diesen verwendete ich auch im folgenden Beispiel, um das Foto mithilfe eines Farbverlaufs blauer erscheinen zu lassen.

1 In diesem Beispiel wollte ich über den oberen Bildbereich einen blauen Verlauf legen, um den Himmel zu verstärken. Hier kann man perfekt einen blauen Verlaufsfilter anwenden. Ich begann damit, eine neue Farbfüllungsebene hinzuzufügen, für die ich ein helles Blau wählte. Als Ebenenmodus wählte ich WEICHES LICHT.

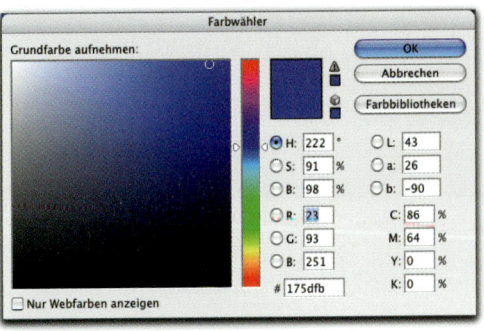

Kapitel 8
Effekte wie aus der Dunkelkammer

2 Ich aktivierte die Farbfüllungsebene und anschließend das Verlaufswerkzeug. Für Vorder- und Hintergrundfarbe wählte ich die Standardfarben und zog mit dem Werkzeug im Bild von oben nach unten, bis etwa zur Hälfte des Bilds, um eine Verlaufsmaske zu erstellen. Anschließend klickte ich doppelt auf die Ebene, um die Ebenenstil-Dialogbox zu öffnen und die Einstellungen für DIESE EBENE entsprechend der Abbildung zu wählen. Um das schwarze Dreieck in zwei Regler aufzuteilen, klicken Sie mit gedrückter ⌥-Taste (PC: Alt) auf diesen.

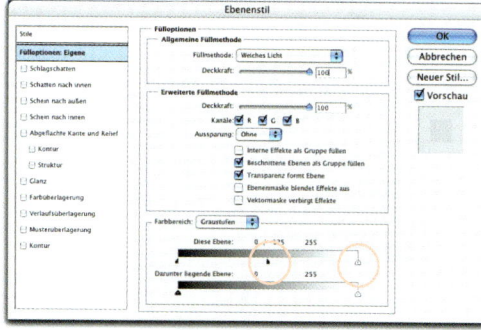

3 Mit den Einstellungen des Ebenenstils erzeugen Sie eine weichere Überblendung. Ich fand die Farbe jedoch trotzdem noch zu intensiv und reduzierte deshalb die Deckkraft der Ebene auf 60%.

Ein Bild von Hand einfärben

Bleiben wir noch einen Moment bei Farbüberlagerungen und sehen wir uns an, wie man ein Foto noch einfärben kann. Die Füllmethode FARBE ist die einfachste Möglichkeit, ein Bild einzufärben. Erstellen Sie einfach eine neue, leere Ebene im Modus FARBE und fügen Sie eine Farbe hinzu. Im Folgenden sehen Sie eine fortgeschrittenere Technik, die ich verwende, wenn ich eine ganz spezielle Farbe hinzufügen will.

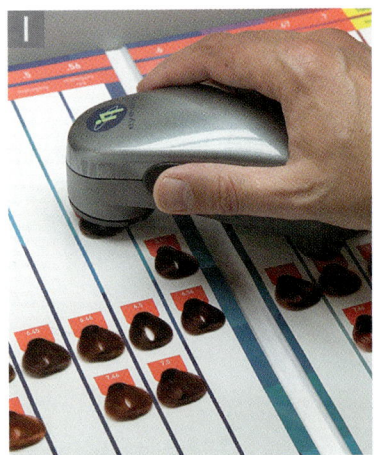 

1 Im ersten Schritt verwendete ich das Eye-One Spectrophotometer von Gretag MacBeth, um die Farbe genau auszumessen. Mit diesen Farbwerten erstellte ich in Photoshop anschließend ein neues Farbfeld. Die folgenden Schritte funktionieren allerdings auch, wenn Sie die Farbe mit Näherungswerten bestimmen. Mit der Eye-Share-Software nahm ich die Farbe einer Haartöung auf und notierte mir die Lab-Farbwerte.

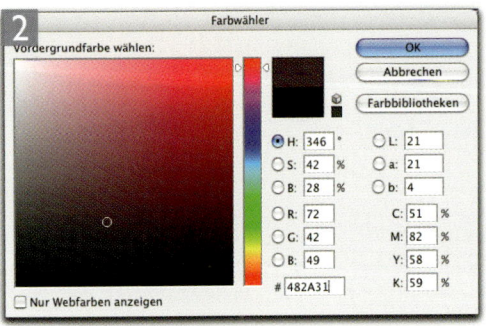 

2 Anschließend öffnete ich in Photoshop den Farbwähler und gab diese Lab-Werte ein. Dann klickte ich auf OK und in den grauen Bereich der Farbfelder-Palette, um das neue Farbfeld zu speichern und ihm einen Namen zu geben.

Kapitel 8
Effekte wie aus der Dunkelkammer

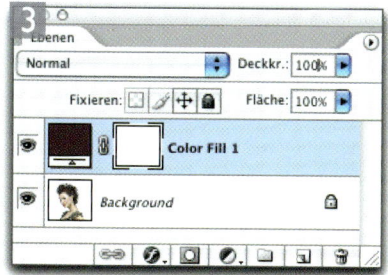

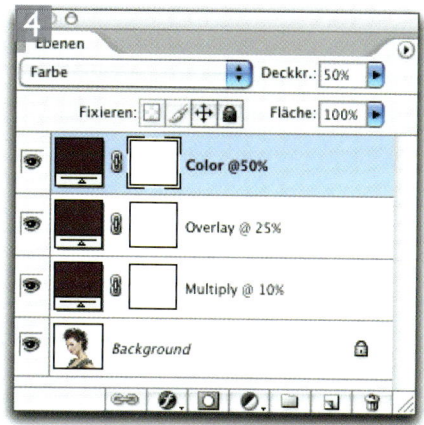

3 An dieser Stelle sollte ich dem Fotografen Jim Divitale danken, der mir folgende Technik beibrachte. Als Vordergrundfarbe sollte die eben erstellte Farbe ausgewählt werden. Dann fügte ich eine neue Farbfüllungsebene mit dieser Farbe hinzu. An dieser Stelle ist es hilfreich, eine neue Aktion mit den folgenden Schritten aufzunehmen. Kopieren Sie die Füllebene zweimal.

4 Wählen Sie für die oberste Ebene den Modus FARBE mit einer Deckkraft von 50%. Klicken Sie auf die mittlere Ebene und wählen Sie den Modus ÜBERLAGERN mit 25% Deckkraft. Für die Originalebene wählen Sie MULTIPLIZIEREN mit einer Deckkraft von 10%.

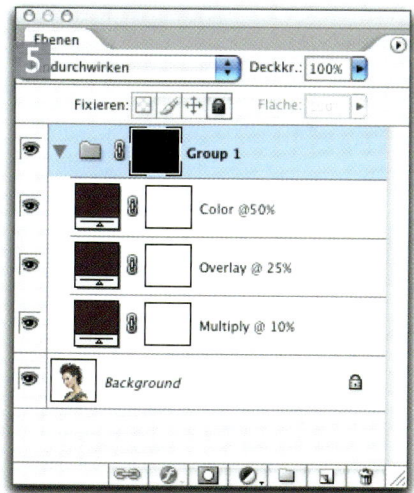

5 Ich klickte mit gedrückter ⇧-Taste auf die drei Ebenen, um alle auszuwählen und eine neue Gruppe zu erstellen. Dazu wählte ich aus dem Palettenmenü den Befehl NEUE GRUPPE. Anschließend klickte ich mit gedrückter ⌥-Taste (PC: Alt) auf den Button MASKE HINZUFÜGEN. Diese Maske erscheint nun schwarz, um die Ebeneninhalte der Gruppe auszublenden.

6 Falls Sie diese Schritte als Aktion aufgenommen haben, können Sie die Aufnahme jetzt beenden. Malen Sie mit Weiß auf der Maske der Ebenengruppe, um alle drei Ebenen gleichzeitig wieder einzublenden. Die Deckkrafteinstellungen für die drei Ebenen beruhen auf Annahmen, experimentieren Sie mit den Einstellungen ruhig etwas herum.

Kunde: Indola. Model: Lisa Maria @ Take 2.

359

Färben mit Verlauf

Eine Verlaufsumsetzung passt die Farben eines Bilds basierend auf einem Verlauf an. Unten sehen Sie einige Beispiele dafür. Am besten ändern Sie dabei den Ebenenmodus und reduzieren die Deckkraft.

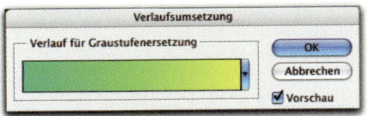

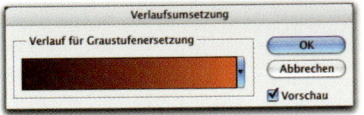
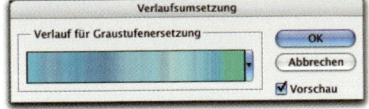

Abbildung 8.2 In den Beispielen sehen Sie verschiedene Arten der Verlaufsumsetzung, bei denen eine Verlaufsumsetzung-Einstellungsebene erstellt wurde, um das Originalfoto unterschiedlich zu kolorieren. Mit Störungsverläufen erzielen Sie ebenfalls interessante Ergebnisse. Nutzen Sie dann allerdings die Verlaufsumsetzungs-Bearbeitungsfunktionen, um den Verlauf weiter zu verfeinern.

Ein Bild mit einem Rahmen versehen

Hier sehen Sie eine einfache Technik, mit der Sie in nur zwei Schritten zu einem Foto einen gescannten Rahmen hinzufügen können.

1 Hier sehen Sie den Scan eines Polaroid-Rahmens. Mit dem Verschieben-Werkzeug zog ich diesen über das zweite Bild (das einen weißen Rahmen hat) und fügte ihn als neue Ebene hinzu.

2 Anschließend änderte ich den Ebenenmodus der Polaroid-Ebene in MULTIPLIZIEREN. So werden die beiden Ebenen miteinander gemischt. Dann wählte ich BEARBEITEN/FREI TRANSFORMIEREN, um den Rahmen ungefähr an das Bild anzupassen. Schließlich fügte ich eine Gradationskurven-Einstellungsebene hinzu, um das Bild einzufärben und einen Goldeffekt zu erzeugen.

Den Fokus weichzeichnen

Wollen Sie Ihr Bild schnell und einfach weichzeichnen, duplizieren Sie die Hintergrundebene und wählen Sie FILTER/WEICHZEICHNUNGSFILTER/GAUSSSCHER WEICHZEICHNER. Wenn Sie für die Ebene den Modus ABDUNKELN verwenden, simulieren Sie eine Streuung wie in der Dunkelkammer. Um eine weiche Blende zu simulieren, verwenden Sie den Modus AUFHELLEN. Wenn nötig, verringern Sie zusätzlich die Ebenendeckkraft, um die Originalschärfe durchscheinen zu lassen. Außerdem können Sie eine Ebenenmaske hinzufügen, um den Effekt weiterzubearbeiten.

Kapitel 8
Effekte wie aus der Dunkelkammer

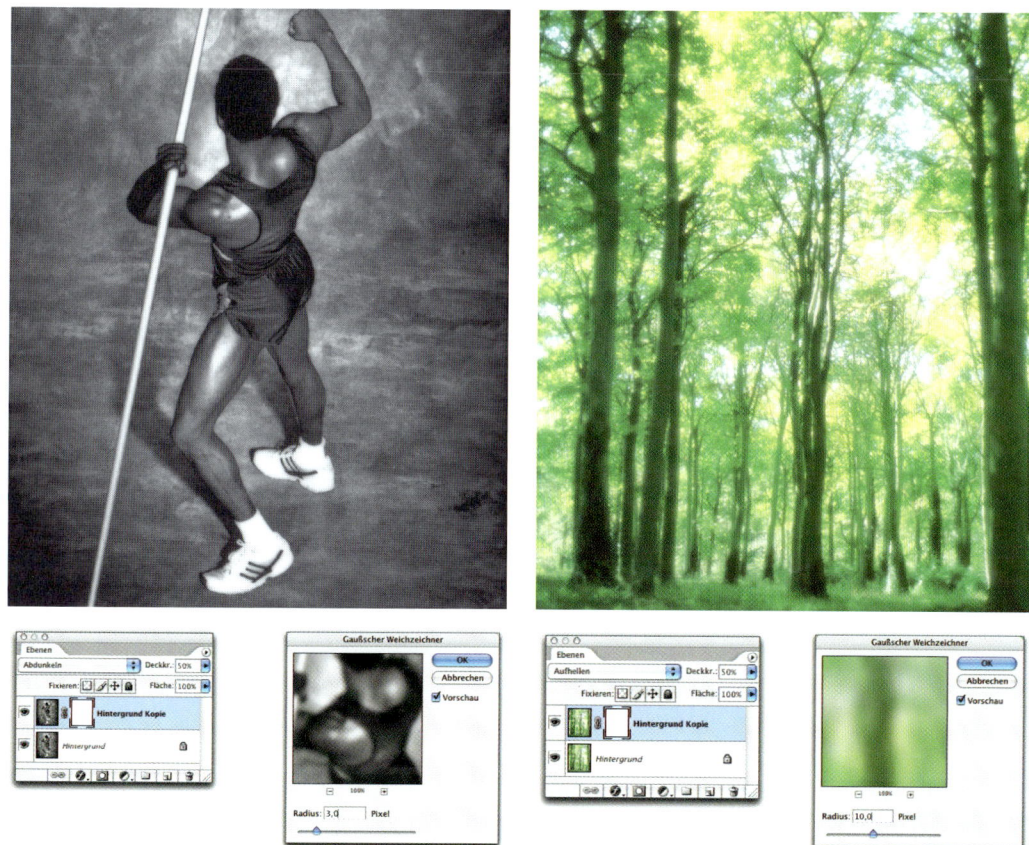

Abbildung 8.3 Im Beispiel links wendete ich auf die Hintergrundkopie einen Gaußschen Weichzeichner an und wählte für die Ebene den Modus ABDUNKELN mit einer Deckkraft von 50%. Dadurch entsteht eine Streuung wie in der Dunkelkammer. Rechts wendete ich eine stärkere Weichzeichnung an und wählte den Modus AUFHELLEN mit einer Deckkraft von 50%. Dadurch entstand der Effekt einer weichen Blende.

Kapitel 9

Ebeneneffekte

In diesem Kapitel lernen Sie einige spezielle Dinge kennen, die Sie jetzt mit Ebenen anstellen können. Sie erfahren ebenso, wie Sie diese Funktionen im Grafik- und Webdesign anwenden. Ebeneneffekte ermöglichen verschiedenste (reversible) Ebenenaktionen. Dies ist ein wunderbares Werkzeug, mit dem Sie verschiedenste Photoshop-Effekte wie das Erzeugen eines Schlagschattens automatisieren können. Wenden Sie Photoshop-Effekte auf verschiedene Art und Weise an: auf ein Bildelement auf einer Ebene, Texteffekte auf einer Textebene und spezielle Beleuchtungseffekte wie ein Schein um ein Objekt.

Ebenenstile

Mit Ebenenstilen können Sie verschiedene Ebeneneffekte auf folgende Arten von Ebenen anwenden: Textebenen, Bildebenen und gefüllte Ebenen mit einer Vektor- oder Ebenenmaske. Ein Ebenenstil besteht aus einzelnen Ebeneneffekten, auf die Sie über die Ebenen-Palette zugreifen, indem Sie unten in der Palette auf den Button EBENENSTIL HINZUFÜGEN klicken. Wenden Sie Ebeneneffekte einzeln oder als Kombination verschiedener Effekte an, um einen Ebenenstil zu erzeugen. Diesen speichern Sie dann, indem Sie in den leeren Bereich der Stile-Palette klicken. Wie Einstellungsebenen lassen sich auch Ebeneneffekte jederzeit bearbeiten. Wenn Sie einen neuen Ebeneneffekt hinzufügen, öffnet sich die Ebenenstil-Dialogbox, damit Sie Ihre Einstellungen vornehmen und den gewünschten Effekt erzeugen können. Sobald Sie einen Ebeneneffekt erzeugen, erscheint in der Ebenen-Palette dieses Icon: . Daneben sehen Sie ein kleines Dreieck, auf das Sie klicken, um die Ebeneneffekte ein- bzw. auszublenden.

Ebeneneffekte bearbeiten
Wenn Sie doppelt auf die Ebene oder den Ebeneneffekt klicken, wird die Ebenenstil-Dialogbox erneut geöffnet.

Alles Ebene oder was?
Unglücklicherweise arbeitet Photoshop mit unterschiedlichen Begriffen, um Ebeneneffekte und Ebenenstile zu beschreiben. Das führt manchmal zu Verwirrungen. Ein Ebenenstil kann sowohl ein einzelner Ebeneneffekt als auch eine Kombination mehrerer Effekte sein. In der Photoshop-Hilfe werden einzelne Effekte als Ebeneneffekte bezeichnet, auch wenn in der Ebenen-Palette und in der Ebenenstil-Dialogbox von Ebenenstilen die Rede ist.

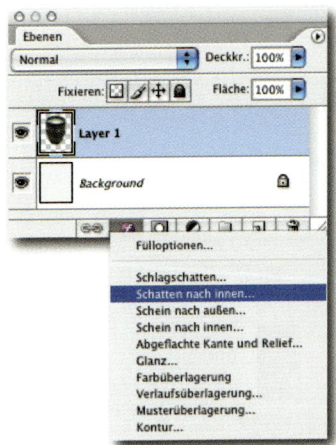

Abbildung 9.1 Ebeneneffekte können Sie auf Bild-, Form- oder Textebenen anwenden, indem Sie in der Ebenen-Palette auf den Button EBENENSTIL HINZUFÜGEN klicken. Das Icon zeigt Ihnen in der Ebenen-Palette an, dass Sie auf eine Ebene einen Ebenenstil angewendet haben.

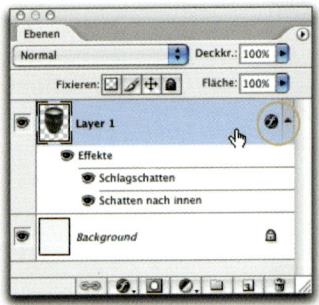

Abbildung 9.2 Wenn Sie auf das kleine Dreieck klicken, werden die Stile eingeblendet, die Sie auf die Ebenen angewendet haben. Die Stile erscheinen in derselben Reihenfolge wie auch in der Ebenenstil-Dialogbox. Sie können die Effekte einzeln ein- oder ausblenden, indem Sie auf das Augen-Icon klicken. Wenn Sie auf das Auge neben dem Wort »Effekte« klicken, blenden Sie alle Effekte gleichzeitig ein oder aus.

Schlagschatten

Jeder Ebeneneffekt ist mit einer Reihe von Optionen ausgestattet. Wir beginnen mit dem Schlagschatten, der mit der Füllmethode MULTIPLIZIEREN und einer Standard-Deckkraft von 75% arbeitet. Füllmethode und Deckkraft lassen sich jedoch zusammen mit den anderen Einstellungen an Ihre Bedürfnisse anpassen. Unter WINKEL können Sie einen numerischen Wert eingeben oder den Zeiger im Kreis verschieben. Die Checkbox GLOBALEN LICHTEINFALL VERWENDEN ist wichtig, wenn Sie den Winkel hier mit dem in den Effekten SCHATTEN NACH INNEN oder ABGEFLACHTE KANTE UND RELIEF verbinden wollen. Wollen Sie die Winkel unabhängig voneinander einstellen, müssen Sie die Option deaktivieren. Darunter finden Sie die eigentlichen Einstellungen: Der Regler DISTANZ bestimmt, um wie viele Pixel der Schlagschatten versetzt wird. Mit dem GRÖSSE-Regler legen Sie die Pixelgröße fest; mit ÜBERFÜLLEN kontrollieren Sie, wie weich der Schatten ist. Bei 100% hat der Schatten sehr scharfe Kanten, bei 0% ist er ganz weich. Die Konturform legt fest, wie der Schatten verläuft (für die meisten Zwecke eignet sich eine lineare Kontur am besten).

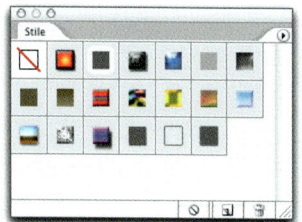

Abbildung 9.3 Das Speichern eines Ebenenstils ist ganz einfach und lohnt sich, falls Sie den Stil später noch einmal verwenden wollen. Aktivieren Sie den entsprechenden Ebenenstil in der Ebenen-Palette, gehen Sie in die Stile-Palette und klicken Sie in den leeren Bereich, um den Stil hinzuzufügen. Um einen Stil zu entfernen, klicken Sie mit gedrückter ⌥-Taste auf den Stil. Wollen Sie die Stile aus der Palette dauerhaft speichern, wählen Sie aus dem Paletten-Menü den Befehl STILE SPEICHERN.

Einstellungen direkt anpassen
Während die Ebenenstil-Dialogbox für den Schlagschatten geöffnet ist, können Sie den Winkel direkt ändern, indem Sie den Cursor im Dokumentfenster verschieben.

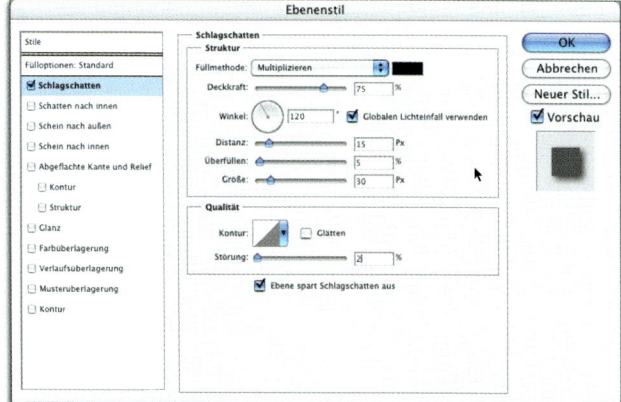

Abbildung 9.4 Die Dialogbox des Ebenenstils SCHLAGSCHATTEN

Störungen hinzufügen
Die Ebeneneffekte SCHLAGSCHATTEN und SCHATTEN NACH INNEN sind mit einem Störungsregler ausgestattet. Oftmals ist es nicht verkehrt, wenn Sie einige Störungen von rund 2–3% hinzufügen, um das Risiko des Banding-Effekts zu reduzieren.

Schatten nach innen

Die Optionen für den SCHATTEN NACH INNEN sind mit denen des Schlagschattens nahezu identisch. Der einzige Unterschied besteht darin, ob er innerhalb des Textes oder des Objekts angewendet wird. Das Ergebnis sieht eher wie ein zurückgesetzter Schatten aus oder verleiht dem Objekt ein dreidimensionales Aussehen. Das alles hängt natürlich von den Einstellungen für den Winkel, die Größe und die Distanz ab.

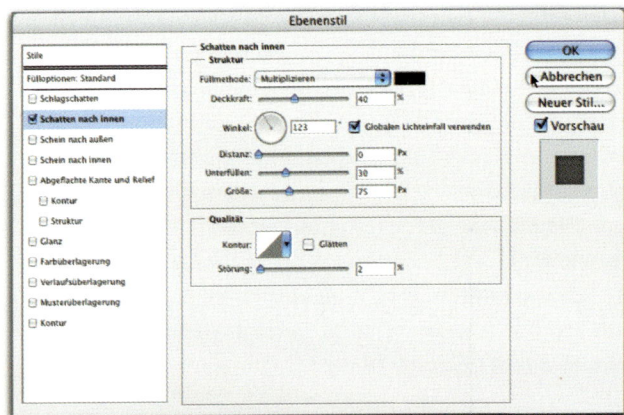

Abbildung 9.5 Die Dialogbox des Stils SCHATTEN NACH INNEN

Abbildung 9.6 Hier sehen Sie das Beispiel einer Produktaufnahme, die in Eile vor einem einfachen weißen Hintergrund aufgenommen wurde. Um die Kanten sehen Sie leichte Verwaschungen. Deshalb erstellte ich eine Auswahl des Objektivs und kopierte diese in eine eigene Ebene. Anschließend wendete ich für den SCHATTEN NACH INNEN die Einstellungen an, die Sie in Abbildung 9.5 sehen.

Schein nach innen und Schein nach außen

Beide Effekte haben ähnliche Optionen. SCHEIN NACH AUSSEN ist wie ein Schlagschatten, verwendet jedoch standardmäßig die Füllmethode UMGEKEHRT MULTIPLIZIEREN. Außerdem breitet sich der Effekt von der Mitte des Objekts aus. Sie können für beide Effekte einen Verlauf oder eine Volltonfarbe auswählen. Der Effekt SCHEIN NACH INNEN besitzt außerdem die Option MITTE und KANTE. In Zusammenhang mit SCHATTEN NACH INNEN können Sie einen sehr weichen 3D-Effekt erzeugen, wenn Sie die Option MITTE wählen.

Ihre persönliche Wunschfarbe

Die Farben der Ebeneneffekte können Sie ganz leicht ändern. Für den Schein ist standardmäßig Gelb aktiviert, um den Schein einer Lichtquelle zu simulieren. Sie müssen dieses Gelb jedoch nicht verwenden, sondern können jede beliebige andere Farbe wählen.

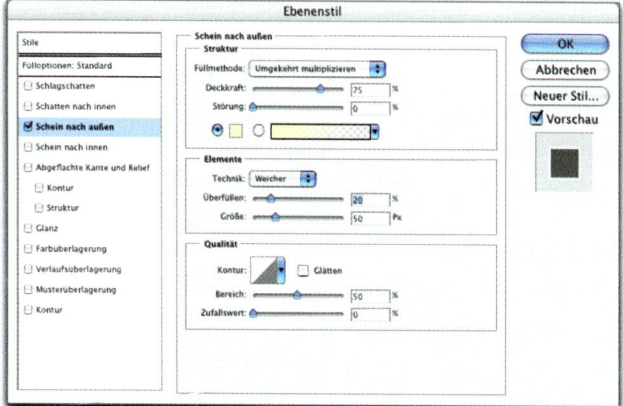

Abbildung 9.7 Die Dialogbox für den Ebenenstil SCHEIN NACH AUSSEN

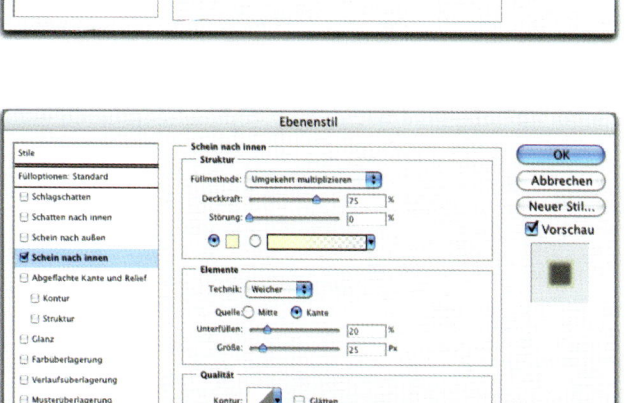

Abbildung 9.8 Die Dialogbox für den Ebenenstil SCHEIN NACH INNEN

Abgeflachte Kante und Relief

Abbildung 9.9 In diesem Beispiel sehen Sie ein Bild, in dem der Effekt ABGEFLACHTE KANTE UND RELIEF auf eine Formebene angewendet wurde (die Einstellungen finden Sie in Abbildung 9.11).

Mit diesem Effekt werden eine Lichter- und eine Schattenkante mit einem Abstand von 180º erzeugt. Wenn Sie die Einstellungen für die Höhe oder den Winkel der Lichter anpassen, bewegen sich die Regler synchron und erzeugen so den Eindruck von Tiefe. ABGEFLACHTE KANTE UND RELIEF wird oft verwendet, um Konturtext und 3D-Buttons fürs Web zu erstellen. Sie können diesen Ebeneneffekt aber auch auf Fotos anwenden, wie in der Abbildung auf Seite 375 zu sehen.

Die Einstellungen für STRUKTUR werden verwendet, um die Art des Effekt zu bestimmen: ob es eine abgeflachte Kante außen, innen oder eine Reliefkontur ist. Außerdem legen Sie hier fest, ob das Relief hart oder weich gemeißelt wird. Im Abschnitt SCHATTIERUNG können Sie die Struktur des Effekts verstärken und die Richtung der Beleuchtung sowie die Eigenschaften der Tiefen und Lichter festlegen. Die Glanzkontur-Optionen, auf die ich auf Seite 378 noch genauer eingehe, erzeugen einen interessanten metallischen Effekt. Wenn Sie die Checkbox KONTUR aktivieren, stellen Sie eine separate Kontur ein, um die abgeflachte Kante zu definieren. Sobald Sie die Checkbox STRUKTUR aktivieren, können Sie auf die Oberfläche eine Reliefmusterstruktur anwenden.

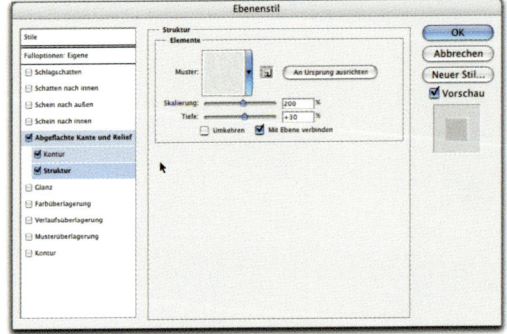

Abbildung 9.10 Die Optionen KONTUR und STRUKTUR können verwendet werden, um die Form der abgeflachten Kante zu bestimmen oder eine Reliefstruktur anzuwenden.

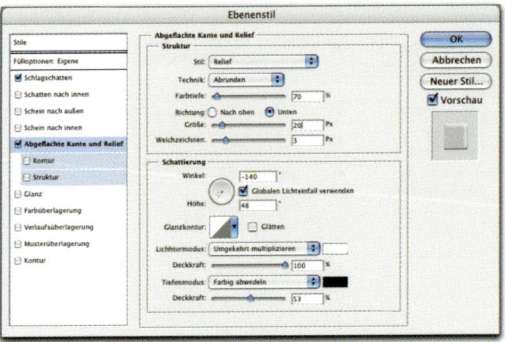

Abbildung 9.11 Der Ebenenstil ABGEFLACHTE KANTE UND RELIEF.

Glanz

Nutzen Sie diesen Effekt, um der Oberfläche einer Ebene oder von Text Glanz zu verleihen. Passen Sie Abstand und Größe an, um den Effekt auf den Bereich einzugrenzen, auf den Sie ihn anwenden wollen.

Abbildung 9.12 Hier sehen Sie eine Kombination verschiedener Ebeneneffekte – Abgeflachte Kante und Relief sowie Glanz.

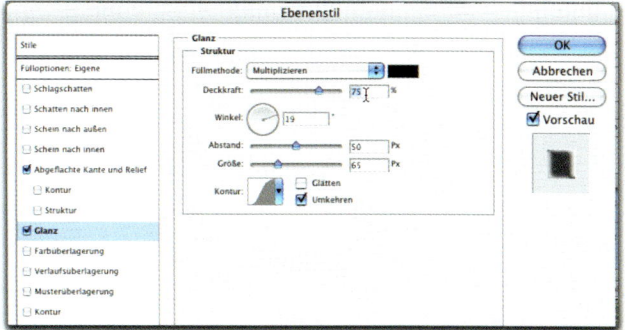

Abbildung 9.13 Die Dialogbox des Ebenenstils Glanz

Verlaufsüberlagerung

Mit den Optionen Füllmethode und Deckkraft können Sie den ausgewählten Verlauf weiter verändern. Die Checkbox An Ebene ausrichten richtet den Verlauf in der Mitte der Ebene aus. Sie können den Verlauf mit dem Cursor im Bildfenster aber auch verschieben. Mit der Skalierung legen Sie die Größe des Verlaufs fest.

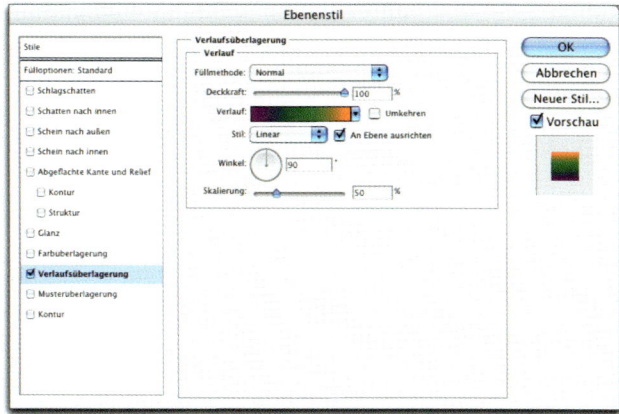

Abbildung 9.14 Die Optionen der Verlaufsüberlagerung

Musterüberlagerung

Um eine Musterüberlagerung zu erzeugen, wählen Sie aus den Vorlagen ein Muster aus. Mit den Reglern DECKKRAFT und SKALIERUNG verändern Sie das Aussehen der Musterüberlagerung. Mit der Option MIT EBENE VERBINDEN wird das Muster mit dem Ebenenobjekt verbunden.

Abbildung 9.15 Hier sehen Sie ein Bild, das mit einer Photoshop-Mustervorlage erstellt wurde.

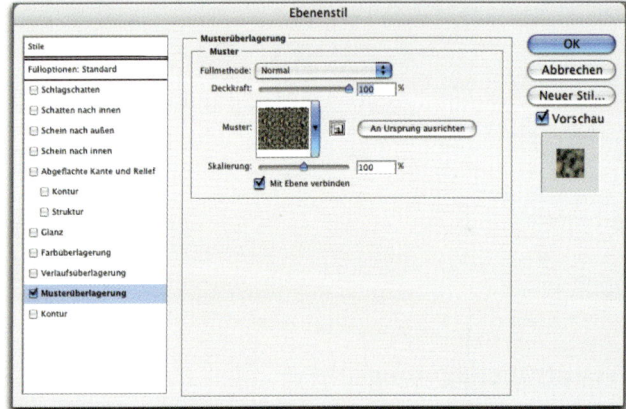

Abbildung 9.16 Der Ebenenstil MUSTERÜBERLAGERUNG

Farbüberlagerung

Mit diesem Ebeneneffekt fügen Sie einem Ebeneninhalt eine Farbüberlagerung hinzu. Wählen Sie hier einfach eine Farbe aus und ändern Sie Deckkraft und Füllmethode.

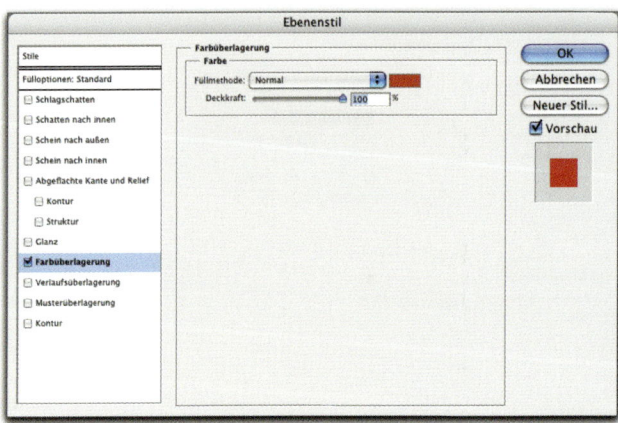

Abbildung 9.17 Die Dialogbox des Ebenenstils FARBÜBERLAGERUNG

Kapitel 9
Ebeneneffekte

Kontur

Dieser Effekt fügt zu einem Ebenenumriss oder einem Text eine Kontur hinzu – entweder mit einer Farbe, einem Verlauf oder einem Muster. Die Optionen in der Dialogbox sind ähnlich denen, die Sie unter BEARBEITEN/KONTUR FÜLLEN finden, mit der einen Ausnahme, dass die Kontur als Ebeneneffekt skaliert werden kann und sich an die Änderungen der dazugehörigen Ebene anpasst.

Abbildung 9.19 In Photoshop gibt es viele Stile, die bereits als Vorlagen existieren. In der Stile-Palette hier sehen Sie die Ansichtsoption GROSSE MINIATUREN.

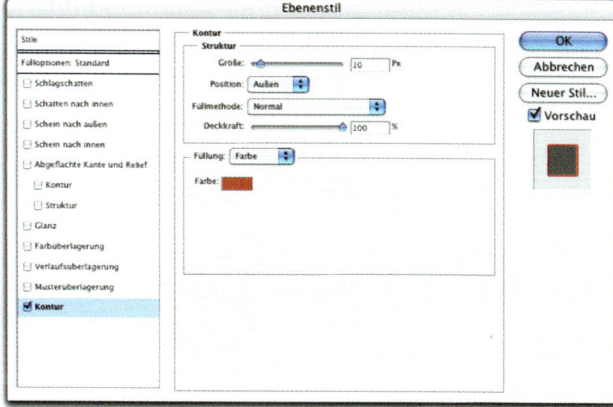

Abbildung 9.18 Der Ebenenstil KONTUR

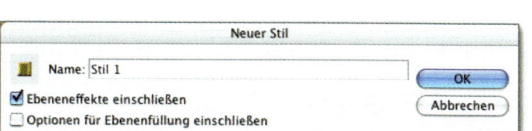

Abbildung 9.20 Wenn Sie eine Einstellung oder eine Kombination mehrerer Einstellungen gefunden haben, können Sie diese als Stil speichern, indem Sie in der STILE-Dialogbox auf den Button NEUEN STIL ERSTELLEN oder in den leeren Bereich der Palette klicken. Sie gelangen so zur Dialogbox NEUER STIL (links), in der Sie dem Stil einen Namen geben können. Sobald Sie auf OK klicken, wird der Stil an die Stile-Palette angehängt.

Ebenenstile auf Bildebenen anwenden

Mitunter wollen Sie Ebeneneffekte und Ebenenstile auch auf Bildebenen anwenden und für die Ebene eine Flächenfüllung von null wählen, um Struktureffekte zu erzeugen. Auf der gegenüberliegenden Seite sehen Sie, wie ich den Ebenenstil eines Wassertropfens verwendet habe, um in einem Foto den Effekt von geschmolzenem Eis zu erzeugen.

Ebeneneffekte funktionieren wie Einstellungsebenen: Sie sehen eine unmittelbare Vorschau des finalen Effekts und nur, wenn Sie die Ebenen auf eine reduzieren, wird der Effekt fixiert und kann nicht mehr bearbeitet werden. Ebeneneffekte lassen sich nicht genauso skalieren wie die Daten eines Bilds. Wenn Sie die Bildgröße ändern, wird der Effekt nicht mit skaliert, sondern er bleibt konstant. Wählen Sie EBENE/EBENENSTIL/EFFEKTE SKALIEREN, können Sie die Effekte jedoch ebenfalls skalieren.

Wenn Sie mit richtigen Ebenen arbeiten müssen, rastern Sie einen Ebenenstil, indem Sie die Option EBENE ERSTELLEN wählen. Ein Ebenenstil wird so in seine einzelnen Komponenten zerlegt – die neuen Ebenen erscheinen über der Zielebene.

Sie können Ebeneneffekte und -stile auch auf andere Ebenen oder Dokumente übertragen. Bestimmen Sie eine Ebene, auf die bereits ein Ebenenstil angewendet ist und wählen Sie aus dem Kontextmenü des Ebenenstils den Befehl EBENENSTIL KOPIEREN. Wechseln Sie in eine andere Ebene oder ein anderes Dokument und wählen Sie EBENENSTIL EINFÜGEN. Wenn Sie nicht den gesamten Ebenenstil kopieren wollen, können Sie einzelne Effekte auch mit gedrückter ⌥-Taste (PC: Alt) in eine neue Ebene oder in ein anderes Dokument ziehen.

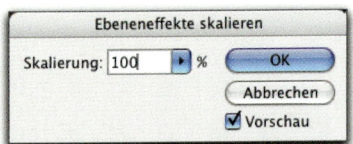

Abbildung 9.21 Wenn Sie die Bildgröße verändern, werden die Ebenenstile nicht proportional angepasst. Sollte eine exakte Skalierung allerdings wichtig sein, wählen Sie EBENE/EBENENSTIL/EFFEKTE SKALIEREN und geben Sie einen Prozentwert ein, der dem der Bildgröße sehr nahe kommt.

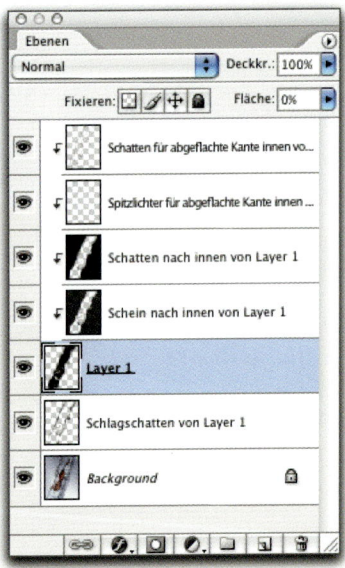

Abbildung 9.22 Viele Ebenenstile können in Ebenen umgewandelt werden. Wählen Sie EBENE/EBENENSTIL/EBENEN ERSTELLEN. Hier sehen Sie die Ebenenstile des Bilds auf der gegenüberliegenden Seite als gerasterte Ebenen.

Kapitel 9
Ebeneneffekte

1 Ebeneneffekte können Sie nutzen, um in Photoshop Texturen zu erstellen. Hier sehen Sie eine Violine in einem Eisblock. Ich erstellte eine neue, leere Ebene und wendete den Ebenenstil an, den ich zuvor erstellt hatte (Waterdroplet, den Sie auch auf der beiliegenden CD finden). Um den Stil auf Ihren Rechner zu laden, klicken Sie ihn einfach doppelt an, Photoshop übernimmt dann den Rest der Arbeit.

2 Damit der Stil möglichst effektiv funktioniert, musste ich die Flächendeckkraft auf 0% reduzieren. Ich malte mit dem Pinsel auf der leeren Ebene und erzeugte den Effekt schmelzenden Eises. Den Stil erzeugte ich zwar selbst, jedoch basiert er auf einem Effekt von Greg Vander Houwen. Falls Sie noch im Besitz von Photoshop CS sind, haben Sie über den Willkommen-Bildschirm Zugang zu einem PDF mit dem passenden Tutorial.

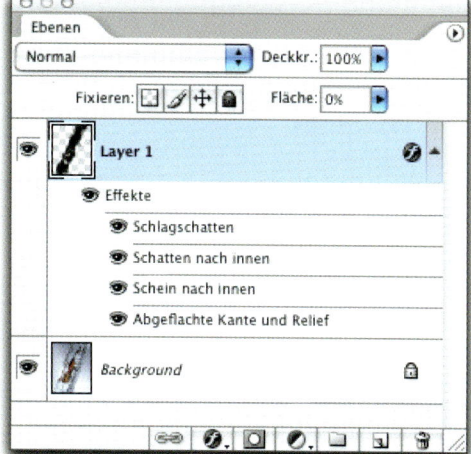

Kunde: The South Bank.
Foto von Eric Richmond.

Lichtschein und Schatten hinzufügen

Die folgenden Schritte zeigen, wie Sie mit Ebeneneffekten Schatten und Lichtschein erzeugen. Einer der großen Vorteile von Ebeneneffekten ist, dass Sie diese jederzeit wieder bearbeiten können. Das Objekt, auf das Sie den Effekt anwenden wollen, muss sich in einer eigenen Ebene befinden – der Erfolg des Effekts hängt davon ab, wie sauber das Objekt freigestellt wurde. Falls Sie noch einige störende Pixel entfernen müssen, wählen Sie EBENE/BASIS/SCHWARZ ENTFERNEN bzw. WEISS ENTFERNEN.

1 In diesem zusammengesetzten Bild befindet sich das Model auf einer eigenen Ebene vor dem grauen Hintergrund.

2 Ich wollte um das Model einen SCHEIN NACH AUSSEN erzeugen. Deshalb duplizierte ich zunächst Ebene 1, indem ich sie auf den Button NEUE EBENE ERSTELLEN zog. Für die Ebenenkopie wählte ich eine Flächendeckkraft von 0%. Aus dem Ebenenstil-Menü wählte ich SCHEIN NACH AUSSEN mit den Einstellungen aus der Abbildung – für die Deckkraft wählte ich einen Wert von 85%, ich änderte die Farbe von Gelb in Weiß und fügte Störungen von 3% hinzu. Der Effekt hängt hauptsächlich von den Einstellungen im Abschnitt ELEMENTE ab. Verwenden Sie für ÜBERFÜLLUNG einen geringen Wert und passen Sie die Größe an.

3 Für den Schatteneffekt verwendete ich dieselbe Ebenenstruktur. Ich öffnete erneut die Ebenenstil-Dialogbox und änderte die Farbe von Weiß in Schwarz und die Füllmethode von UMGEKEHRT MULTIPLIZIEREN in MULTIPLIZIEREN. Für die Deckkraft wählte ich 40%. Die anderen Einstellungen ließ ich unverändert. Um Ebeneninhalt und Effekt besser aneinander anzupassen, klickte ich mit gedrückter ⌘-Taste (PC: Strg) auf Ebene 1, um deren Inhalt als Auswahl zu laden. Anschließend klickte ich auf den Button EINE MASKE HINZUFÜGEN, um die Auswahl in eine Ebenenmaske umzuwandeln. Der Übergang zwischen Effekt und Model ist so deutlich weicher. Wenn Sie wollen, können Sie jetzt noch auf der Maske malen, um das Ergebnis weiter zu verfeinern.

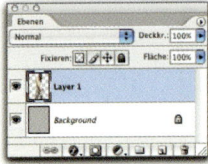

Kunde: Russell Eaton. Model: Gina Li @ Premier.

Kapitel 9
Ebeneneffekte

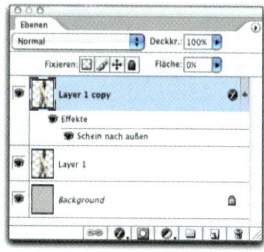

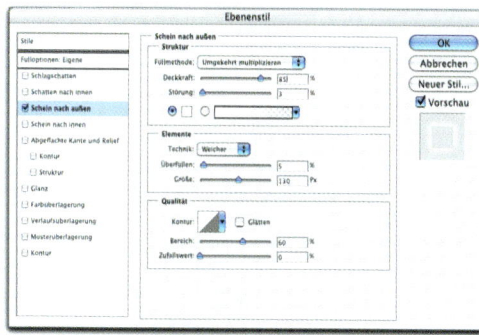

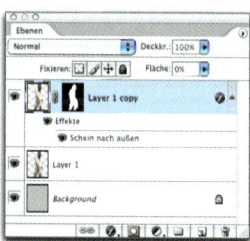

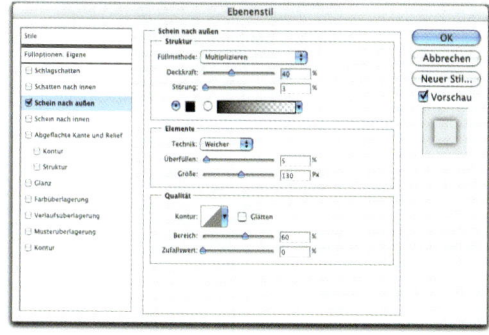

Der Ebeneneffekt Kontur

Der Ebeneneffekt KONTUR wirkt sich auf die Form der Schatten und Scheine der Effekte SCHLAGSCHATTEN, SCHATTEN NACH INNEN, SCHEIN NACH AUSSEN und SCHEIN NACH INNEN aus. In den folgenden Beispielen sehen Sie die Ergebnisse unterschiedlicher Konturen und wie dadurch die Ebeneneffekte verändert werden. Die Effekte ABGEFLACHTE KANTE UND RELIEF und GLANZ stellen jedoch eine Ausnahme dar. Hier wirkt sich die Kontur auf das Aussehen der Oberflächenstruktur des Ebeneneffekts aus. Bei ABGEFLACHTE KANTE UND RELIEF handelt es sich jedoch um eine Glanzkontur. Durch die Auswahl unterschiedlicher Konturformen können Sie einige interessante metallische Strukturen erzeugen. Die Kante des Effekts lässt sich mit einer eigenen Kontur bearbeiten (siehe Dialogbox ABGEFLACHTE KANTE UND RELIEF weiter vorn in diesem Kapitel).

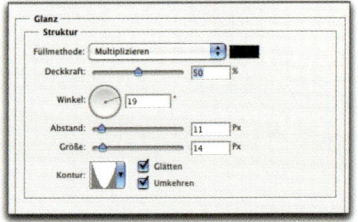

Abbildung 9.23 Hier wurde ein Ebenenstil auf eine gefüllte Formebene angewendet. Die flüssige Struktur entsteht durch die Verwendung einer umgekehrten Kegelkontur, die mit einem Glanzeffekt kombiniert wurde.

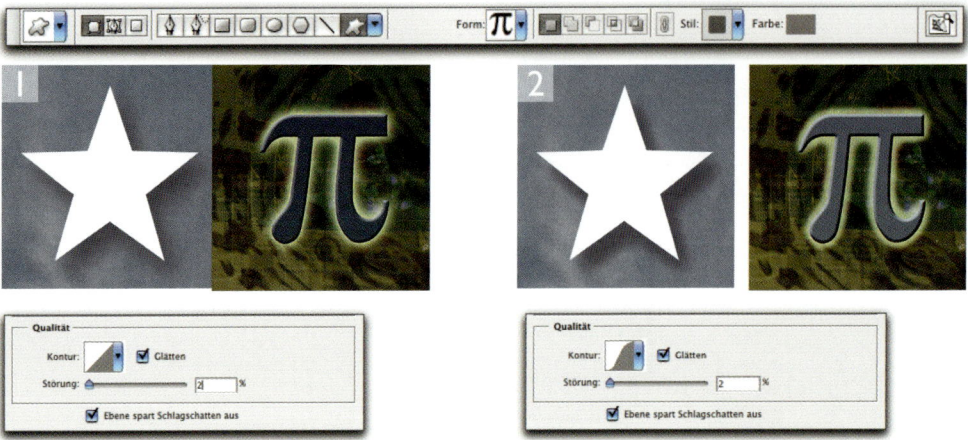

1 Die lineare Kontur ist die Standardeinstellung. In allen Beispielen wurde auf den Stern ein Schlagschatten angewendet. Für das Pi verwendete ich die Effekte ABGEFLACHTE KANTE UND RELIEF und GLANZ.

2 Die Kontur GAUSSSCHE NORMALVERTEILUNG hebt den Kontrast des Effekts hervor, weil Schatten und Schein steiler werden.

Kapitel 9
Ebeneneffekte

 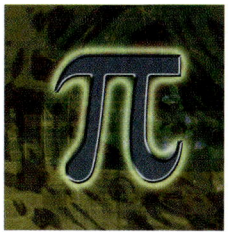  

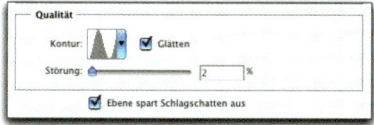 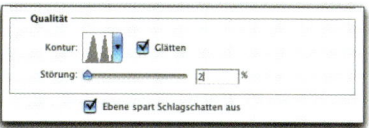

3 Die Ring-Kontur kann einen leicht abgeflachten Schatten erzeugen, wenn sie mit Versatz angewendet wird. Für den Schein nach aussen wählte ich einen Wert von 100%.

4 Die Kontur Doppelter Ring erzeugt einen grafischen Ebeneneffekt. Sie sehen, dass die Schatten wie ein konturiertes Neonlicht erscheinen. Abgeflachte Kante und Relief ähnelt einem Chrom-Effekt. Für den Schein nach aussen wählte ich einen Wert von 70%.

   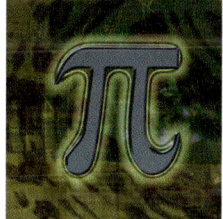

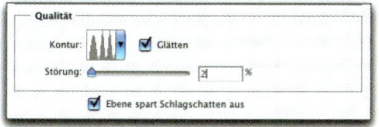 

5 Mit der Kontur Dreifacher Ring erzeugen Sie einen ähnlichen Effekt wie mit dem doppelten Ring. Auch hier wählte ich für Schein nach aussen 70%.

6 Klicken Sie auf das Kontur-Icon, um den Kontur-Editor zu öffnen. Nutzen Sie diesen, um eigene Konturen zu erstellen, zu speichern und zu laden. Aktivieren Sie die Checkbox Ecke, wenn Sie einen Punkt in eine Ecke umwandeln wollen.

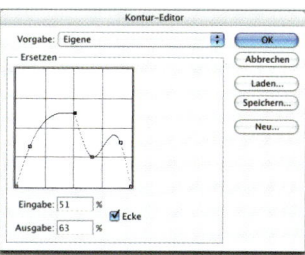

Grenzen der Volltonfarben
Vierfarbdruck eignet sich für serifenlose Schrift in großer Schriftgröße. Für feine Schrift und Diagramme ist er hingegen nicht so geeignet, weil die Kanten dadurch ausgefranst aussehen können.

Volltonfarbenkanäle

Volltonfarben fügen Sie zu einem Bild hinzu, wenn dieses mit einer zusätzlichen Farbe gedruckt werden soll. Photoshop ist in der Lage, den Effekt zu simulieren, der im Druck mit einer Volltonfarbe entsteht, und zeigt außerdem an, welche Wechselwirkungen ein spezieller Farbüberzug mit dem darunter liegenden Bild erzeugt. Volltonfarben beinhalten eine große Zahl von Industrie-Standardfarben. Die zur Verfügung stehenden Farben gehören teilweise zum Farbumfang von CMYK, gehen aber auch darüber hinaus, um beispielsweise metallische Effekte zu erzeugen. Volltonfarben werden dann eingesetzt, wenn es wichtig ist, dass die gedruckten Farben einem Standard entsprechen, oder wenn Text in sehr kleiner Schriftgröße in Farbe verwendet werden soll.

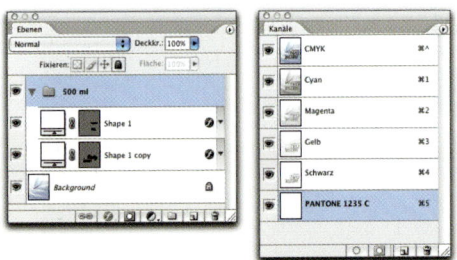

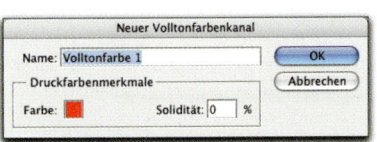

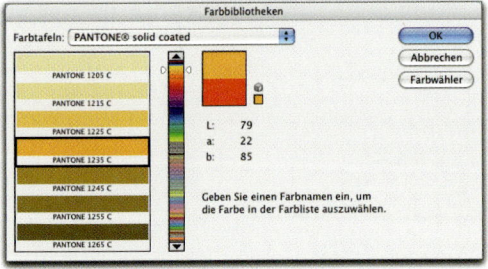

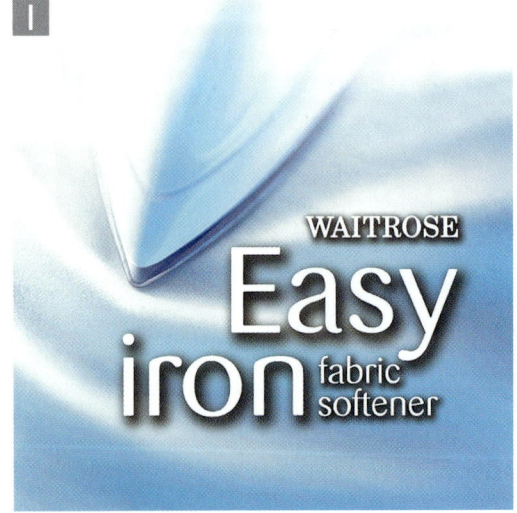

1 Hier wurde ein Volltonfarbenkanal verwendet, um zu dieser CMYK-Datei eine fünfte Farbe hinzuzufügen. Das Bild besteht aus verschiedenen Formebenen, die auf den Arbeiten eines Designers beruhen. Auf diese Ebenen soll ein Schlagschatten angewendet werden. Zuerst wählte ich aus dem Menü der Kanäle-Palette den Befehl NEUER VOLLTONFARBENKANAL. In der Dialogbox klickte ich dann auf das Farbfeld, um den Farbwähler zu öffnen, und anschließend auf FARBBIBLIOTHEKEN. Um eine Pantone-Farbe auszuwählen, geben Sie einfach deren Nummer ein.

Kapitel 9
Ebeneneffekte

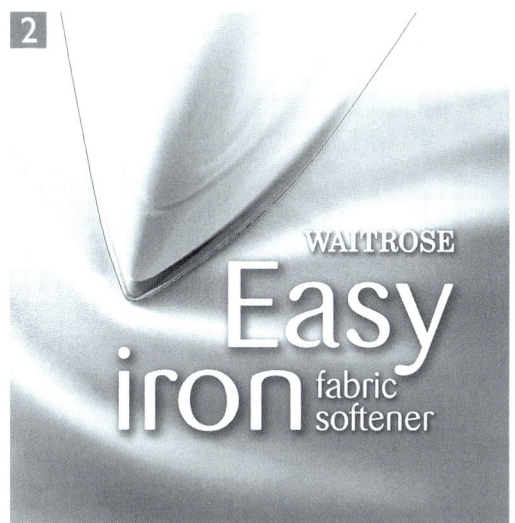

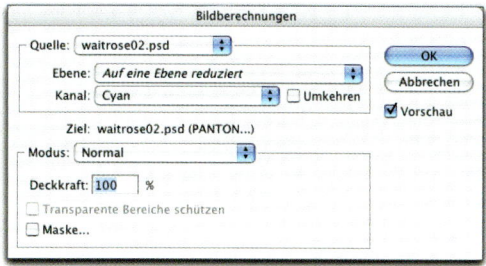

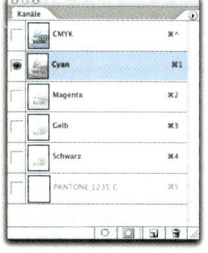 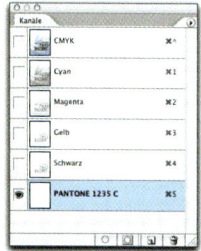

2 Ich wollte mit dem Volltonfarbenkanal den Stoff einfärben. Um das Bügeleisen auszuschließen, erstellte ich von diesem einen Pfad und kehrte ihn um. Anschließend wendete ich eine weiche Auswahlkante an, aktivierte den Volltonfarbenkanal und wählte BILD/BILDBERECHNUNGEN, um die Inhalte des Cyan-Kanals mit der Volltonfarbe im Modus NORMAL zu mischen.

3 Bei aktiver Auswahl drückte ich ⌥-⌫ (PC: Alt - Entf), um den ausgewählten Bereich mit Weiß zu füllen. Anschließend wiederholte ich den Vorgang für den Magenta-Kanal. Das Bügeleisen ist noch vierfarbig, der Stoff verwendet jetzt nur noch den Schwarz-, Gelb- und Volltonfarbenkanal. Um alle Farbkanäle anzusehen, klicken Sie auf die Augen-Icons des zusammengesetzten Kanals und des Volltonfarbenkanals. Für den Schlagschatten sollte im Wesentlichen die Volltonfarbe verwendet werden, deshalb erstellte ich eine umgekehrte Auswahl des Bügeleisens im Schwarzkanal und wendete eine Tonwertkorrektur an, um den Kanal etwas aufzuhellen. In der Abbildung sehen Sie das Endergebnis, nachdem ich die Bildinformationen des dunkelsten Kanals über den neuen Volltonfarbenkanal kopiert hatte.

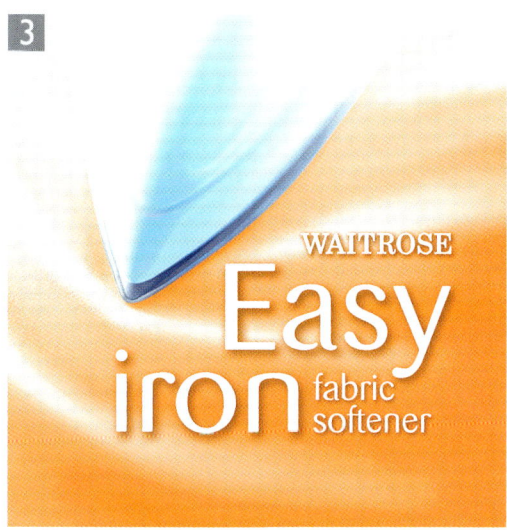

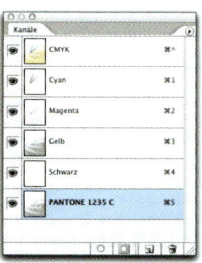

Fotograf: Laurie Evans. Designer: Richard Lealan.
Kunde: Waitrose Limited.

381

Martin Evening
Adobe Photoshop für Fotografen

Vektorausgabe

Die Informationen der Vektorebenen aus Abbildung 9.28 können von einem PostScript-Ausgabegerät gelesen werden, wie es bei Vektoren und Text in einem Layoutprogramm der Fall ist. Wenn Sie ein Photoshop-Dokument als PDF speichern, können Sie mithilfe der Komprimierungsoptionen die Dateigröße verringern, während der Inhalt der Vektorebene geschützt und in der richtigen Auflösung gedruckt wird.

Text hinzufügen

Text erscheint in Photoshop in Form von Vektoren und bleibt so vollständig bearbeitbar und skalierbar. Sie können eine Textebene rastern oder in eine Pfad- oder Formebene umwandeln. Weiterhin lässt sich Text als Auswahl platzieren oder als EPS importieren. Sie können Umrisse von Logos kopieren und einfügen und als eigene Formen speichern (siehe Abbildung 9.24). OpenType-Schriften werden von Photoshop vollständig unterstützt. Die Funktionen in der Zeichen- und der Absatz-Palette funktionieren ähnlich wie in Adobe InDesign.

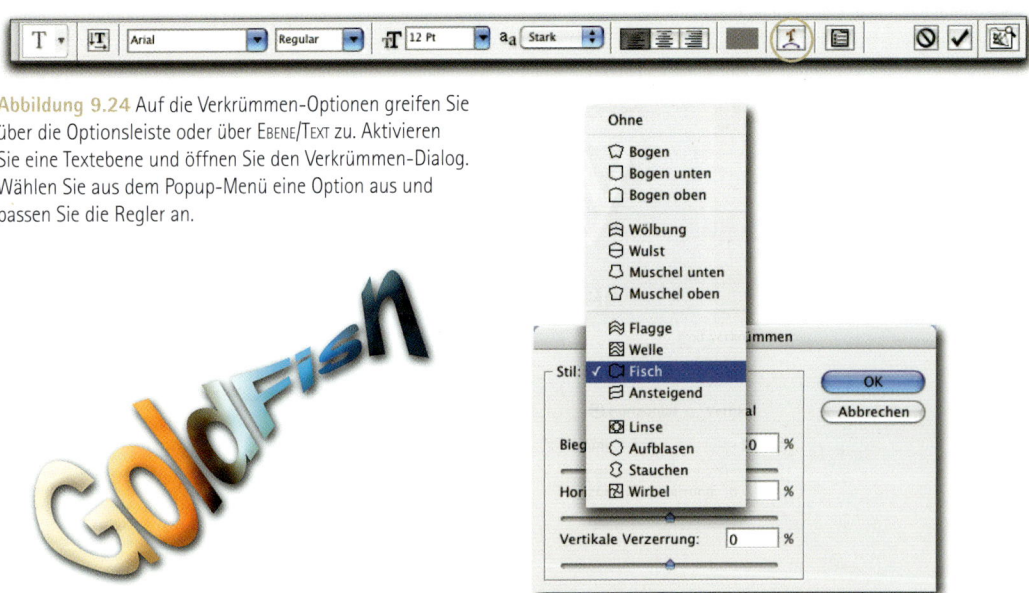

Abbildung 9.24 Auf die Verkrümmen-Optionen greifen Sie über die Optionsleiste oder über EBENE/TEXT zu. Aktivieren Sie eine Textebene und öffnen Sie den Verkrümmen-Dialog. Wählen Sie aus dem Popup-Menü eine Option aus und passen Sie die Regler an.

Absatztext wird durch das Klicken und Aufziehen einer Textbox erzeugt. Einzelne Textzeilen erzeugen Sie, indem Sie einfach in das Dokument klicken. Sie können jeden Buchstaben einzeln bearbeiten (z.B. Farbe, Schriftgröße). Die Option GEBROCHENE BREITEN innerhalb des Menüs ist normalerweise aktiviert, um automatisch zu berechnen, wie der Text mithilfe gebrochener Pixelbreiten dargestellt werden muss. Wenn Sie mit kleinen Schriftgrößen arbeiten, sollten Sie diese Option jedoch deaktivieren. Photoshop rundet ansonsten die Lücke zwischen den einzelnen Zeichen auf den schmalsten Abstand. Kleiner Text, der so gerendert wird, ist einfacher zu lesen. Für die Schriftglättung gibt es vier Optionen: SCHARF, SCHÄRFER, STARK und ABRUNDEN. Mit der Option OHNE sehen die Kanten der Buchstaben ausgefranst aus. Die Einstellung STARK eignet sich für die meisten Grafiken; SCHÄRFER ist am wenigsten glatt und sehr nützlich, wenn Sie Bitmap-Text in kleinen Größen für eine Website erstellen. Photoshop ist außerdem mit einer mehrsprachigen Rechtschreibkorrektur ausgestattet, die Sie über das BEARBEITEN-Menü und die Zeichen-Palette aufrufen. Die Sprachbibliothek kann mit anderen Programmen der Creative Suite geteilt werden. Die Werkzeugvorgaben-Palette ist sehr nützlich, wenn Sie Ihren Text oder Einstellungen für Textattribute als eigene Vorgaben speichern wollen. Sie können so eine Schriftvorgabe erstellen, die bereits alle Merkmale, inklusive der Schriftfarbe besitzt.

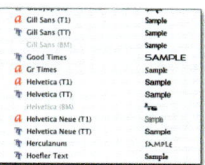

Abbildung 9.25 Das WYSIWYG-Schriftmenü macht es einfacher, die richtige Schrift auszuwählen. Das Wort »Sample« verdeutlicht das Aussehen der jeweiligen Schrift.

Text auf einem Pfad
Text lässt sich einem Pfad oder einer Vektorform zuweisen, so dass der eingegebene Text den Pfadlinien folgt. Bewegen Sie den Cursor einfach in die Nähe eines Pfads und beginnen Sie zu tippen. Anschließend können Sie die Form des Pfads und somit auch die Form des Textes ändern. Text kann so auch in Formen enthalten sein.

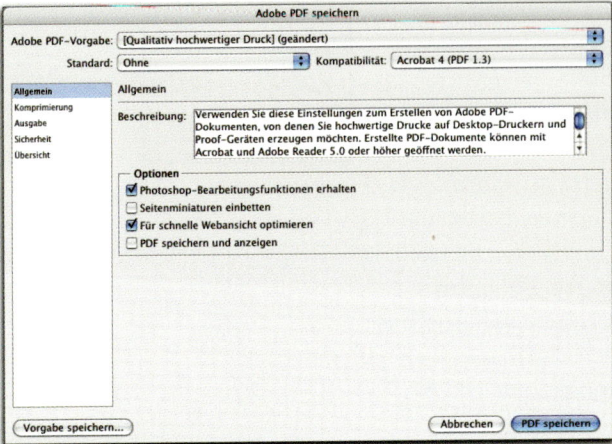

Abbildung 9.26 Photoshop CS2 bietet verbesserte PDF-Speicheroptionen. Sie können beispielsweise Dateien mit einem Passwort versehen und so für mehr Sicherheit sorgen. Die Schriftinformationen werden natürlich in die Datei eingebettet.

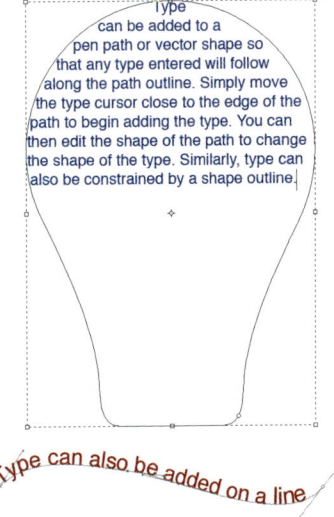

Abbildung 9.27 Sie können Text in eine Form einfügen oder auf einem Zeichenpfad erstellen.

Kapitel 9
Ebeneneffekte

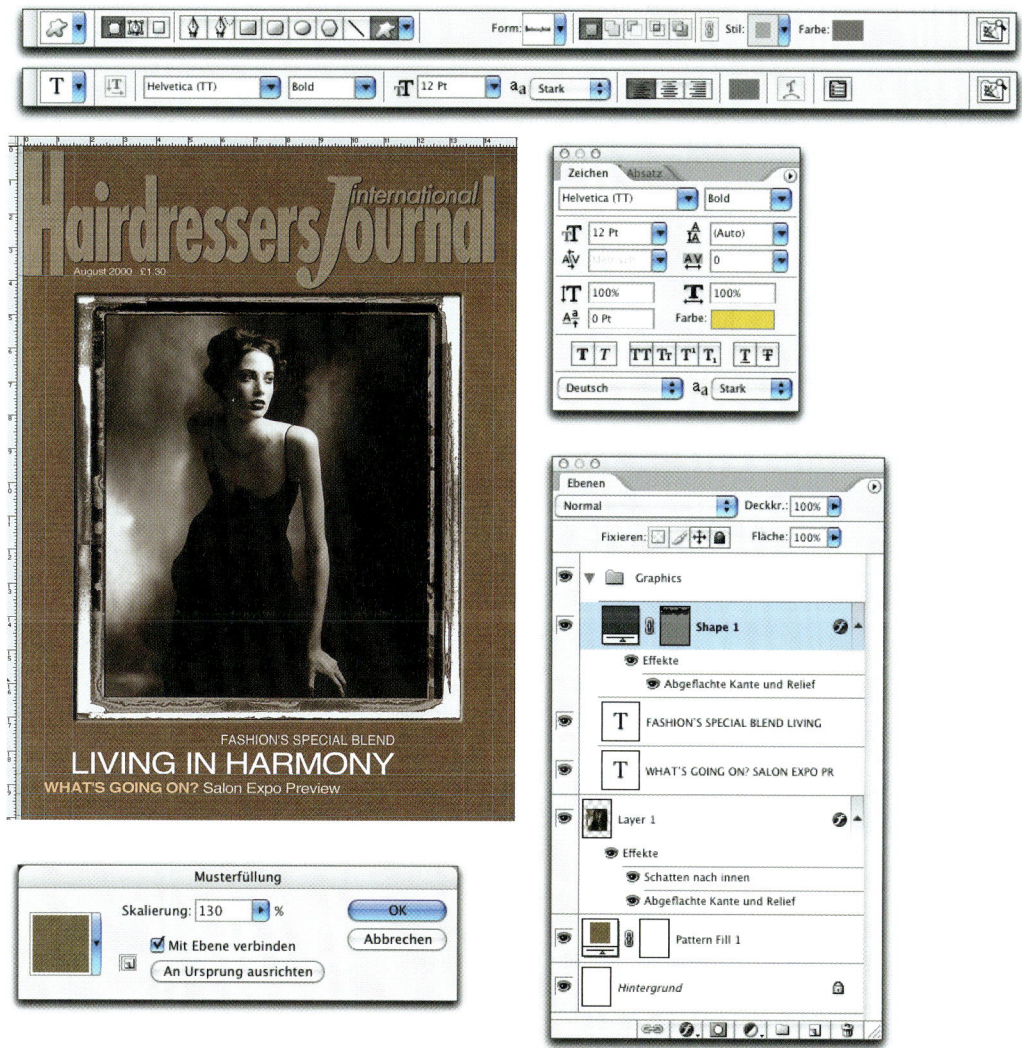

Abbildung 9.28 Ein Zeitschriftencover wie dieses kann vollständig in Photoshop erstellt werden. Der Titel wurde mit einem Pfad erstellt, den ich in Illustrator kopierte und in Photoshop einfügte. Anschließend wählte ich BEARBEITEN/EIGENE FORM FESTLEGEN, um eine Formvorgabe zu erstellen (so kann ich diese jederzeit wieder als Formebene anwenden). Ich fügte eine Musterfüllung über den Hintergrund hinzu und anschließend verschiedene Ebeneneffekte, damit das Bild den Anschein erweckt, als würde es sich in einem Rahmen befinden. Den Text fügte ich als separate Ebenen hinzu, um unterschiedliche Schriftgrößen und Farben anzuwenden.

Kapitel 10

Photoshop-Filter

Maßgeblich zum Erfolg von Photoshop beigetragen hat, dass es Filter-Plug-Ins unterstützt. Es gibt einen kompletten Wirtschaftszweig, der auf die Bedürfnisse der Nutzer eingeht und Plug-Ins mit zusätzlichen Funktionen anbietet. John Knoll, der ursprünglich mit seinem Bruder Thomas Knoll Photoshop entwickelte, war auch für viele Plug-Ins verantwortlich, die bei früheren Programmversionen dabei waren (und die es auch heute noch gibt). Die Entwicklungsstrategie ermöglichte es vielen unabhängigen Softwarefirmen, Photoshop mit zahlreichen zusätzlichen Werkzeugen und Funktionen auszustatten. Diese fortlaufenden Entwicklungen machen einen großen Teil des Erfolgs von Photoshop als professionelles Bildbearbeitungsprogramm aus.

RGB-Filter

Sie werden vielleicht schon festgestellt haben, dass viele Filter nur im RGB-Modus funktionieren. Das liegt daran, dass diese sich drastisch auf Pixelwerte auswirken und Farben aus dem CMYK-Farbumfang ausschließen können.
Um also sämtliche Plug-Ins in vollem Umfang nutzen zu können, sollten Sie immer im RGB-Modus arbeiten und Ihre Bilder erst zum Schluss in CMYK umwandeln.

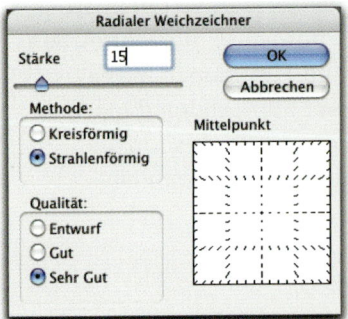

Abbildung 10.1 Beim Filter Radialer Weichzeichner im Modus Strahlenförmig können Sie den Mittelpunkt so verschieben, dass er mit dem wichtigsten Punkt im Bild übereinstimmt.

Filtergrundlagen

Die meisten Photoshop-Filter sind mit einer Vorschau ausgestattet. Einige der anspruchsvolleren Plug-Ins (z.B. Verflüssigen) funktionieren wie kleine Programme innerhalb von Photoshop. Sie besitzen eine eigene Dialogoberfläche – immer wenn dieser Filter geöffnet wird, verschwindet Photoshop in den Hintergrund, nützliche Tastenkürzel werden dadurch freigegeben. Die große Auswahl an Filtern lässt viel Raum zum Experimentieren. Die Gefahr dabei ist nur, dass Sie bei all den unterschiedlichen Filtereinstellungen den Durchblick verlieren. In diesem Buch ist nicht genug Platz, um alle Filter bis ins kleinste Detail zu erläutern. Ich zeige Ihnen jedoch einige Filter, mit denen Sie Ihre Bilder aufwerten können – es handelt sich um einige der nützlichsten Filter und ein paar persönliche Favoriten.

Weichzeichnungsfilter

Es gibt verschiedene Möglichkeiten, ein Foto in Photoshop weichzuzeichnen. Jeder dieser Filter hat eine andere Wirkung auf das Bild. Sie müssen sich nicht mit den einfachen Weichzeichnungsfiltern zufrieden geben – im Folgenden gehe ich auf die wohl nützlichsten Weichzeichnungsfilter ein.

Gaußscher Weichzeichner

Der Filter Gaussscher Weichzeichner kommt für viele Zwecke zum Einsatz: vom Weichzeichnen einzelner Bildbereiche bis zum Glätten von Maskenkanten.

Radialer Weichzeichner

Der Filter Radialer Weichzeichner erzeugt sehr schöne Drehbewegungseffekte. Den Modus Kreisförmig nutzen Sie beispielsweise, um einen Autoreifen in Bewegung zu setzen. Mit dem Modus Strahlenförmig können Sie eine zoomende Kameralinse simulieren. Dieses Plug-In scheint auf den ersten Blick etwas träge, Sie können Ihren Bildern damit jedoch deutliche Verzerrungen hinzufügen. Aus diesem Grund lässt sich außerdem die Renderqualität bestimmen. Die beste Qualität erzielen Sie mit Sehr Gut. Um eine Vorschau des gesamten Bilds zu sehen, wählen Sie Entwurf.

Kapitel 10
Photoshop-Filter

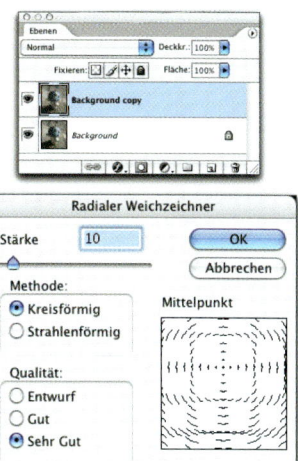

1 Ich kopierte die Hintergrundebene und wendete den RADIALEN WEICHZEICHNER im Modus KREISFÖRMIG und mit bester Qualität an. Die Mitte der Weichzeichnung verschob ich etwas, um sie mit der Spitze des Hydranten abzustimmen.

2 Aus der Mitte des Bilds wollte ich anschließend einen Teil der Weichzeichnung entfernen. Deshalb fügte ich zur Ebenenkopie eine Maske hinzu und erstellte einen schwarz-weißen Radialverlauf (Schwarz war die Vordergrundfarbe und ich zog von der Mitte nach außen).

3 Hier wählte ich für die Ebenenkopie die Füllmethode UMGEKEHRT MULTIPLIZIEREN.

389

Selektiver Weichzeichner

Dieser Filter findet beim Weichzeichnen des Bilds die scharfen Kanten und schützt diese. Wenn Sie mit extremen Werten arbeiten, sieht der Effekt sehr grafisch und eher unschön aus. Der Filter funktioniert teilweise so ähnlich wie der Filter Helligkeit interpolieren und ist demnach auch ein nützliches Werkzeug, um Störungen aus Farbkanälen zu entfernen oder Hauttöne weichzuzeichnen. Arbeiten Sie am besten auf einer Ebenenkopie und reduzieren Sie später die Deckkraft.

Abbildung 10.2 Der Filter Selektiver Weichzeichner

Durchschnitt

Dieser Filter berechnet einfach den Durchschnitt der Farben eines Bilds oder einer Auswahl. Auf den ersten Blick ist er vielleicht nicht so toll, aber behalten Sie ihn im Hinterkopf. Angenommen, Sie wollen die Farbe eines Stoffs identifizieren, um daraus ein Farbfeld zu erstellen, dann berechnet der Filter den Durchschnitt der Farben Ihrer Auswahl. Sie können die Farbe mit der Pipette aufnehmen und ein Farbfeld daraus erstellen.

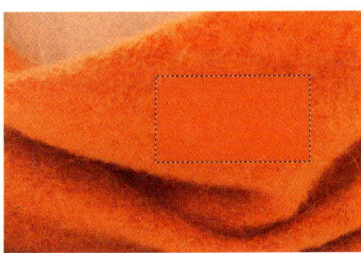

Abbildung 10.3 Den Filter Durchschnitt können Sie nutzen, um Pixel innerhalb einer Auswahl zu mischen und eine Farbe zu erstellen. Diese lässt sich dann verwenden, um die Farbwerte dieser Auswahl zu messen.

Bewegungsunschärfe

Der Filter Bewegungsunschärfe kann genutzt werden, um weichgezeichnete Bewegungen zu erstellen. Sie passen sowohl den Winkel als auch die Länge der Bewegung an. Angenommen, Sie wollen die Weichzeichnung mit einem leichten Versatz anwenden, damit sie hinter einem Objekt erscheint. Auf Seite 320 sehen Sie dazu ein passendes Beispiel. Dort wendete ich die Weichzeichnung auf eine Ebenenkopie an und verschob die Ebenen anschließend mit dem Verschieben-Werkzeug. Im folgenden Beispiel kam der Filter zum Einsatz, um die Bewegung der Ballerina zu verstärken.

Kapitel 10
Photoshop-Filter

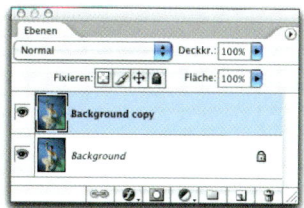

1 Dieses Foto besitzt schon etwas Bewegungsunschärfe, da sich das Model während der Belichtung bewegte. Ich wollte die Bewegung jedoch noch etwas verstärken und wendete den Filter BEWEGUNGSUNSCHÄRFE an. Zuerst erstellte ich eine Kopie der Hintergrundebene.

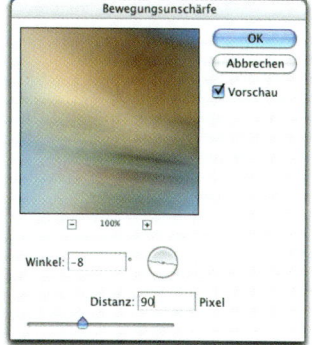

2 Anschließend wählte ich FILTER/WEICHZEICHNUNGSFILTER/BEWEGUNGSUNSCHÄRFE mit einer Distanz von 90 Pixel und einem Winkel von -8°. Dadurch wird natürlich die gesamte Ebene weichgezeichnet, weshalb ich eine Ebenenmaske für diese Ebene erstellte. Auf dieser konnte ich dann mit Schwarz als Vordergrundfarbe malen, um die nicht weichgezeichneten Bereiche aus der darunter liegenden Ebene einzublenden. Verwenden Sie eine große, weiche Werkzeugspitze, um einen weichen Übergang zu erzeugen.

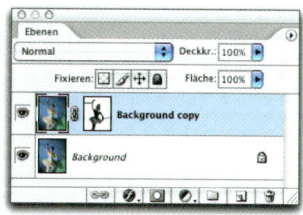

Foto von Eric Richmond.

Der Befehl VERBLASSEN

Filtereffekte lassen sich noch weiter verfeinern, wenn nach der Anwendung eines Filters der Befehl VERBLASSEN aufgerufen wird. Auf diesen Befehl gehe ich an unterschiedlichen Stellen im Buch ein. Wählen Sie BEARBEITEN/VERBLASSEN und experimentieren Sie mit den unterschiedlichen Füllmethoden. Der Befehl funktioniert wie eine Einstellungsebene, ist jedoch nicht so flexibel und kann später nicht widerrufen werden. Er macht sich die Tatsache zu Nutze, dass die vorherige Version des Bilds im Zwischenspeicher für die Rückgängig-Funktion gespeichert ist. So können Sie unterschiedliche Füllmethoden ausprobieren, ohne die Ebene vorher duplizieren zu müssen. Die Protokoll-Palette ist ebenfalls für solche Zwecke gedacht. Wenn Sie auf ein Bild einen oder mehrere Filter anwenden, können Sie zur Ausgangsposition zurückkehren und mithilfe des Protokoll-Pinsels in einem zukünftigen Stadium malen (gefiltert) oder andere Bearbeitungen vornehmen.

Abbildung 10.4 Die beste Möglichkeit, die Weichzeichnungsfilter dieser Seiten kennen zu lernen, ist das Experimentieren mit einem Bild wie diesem (Sie finden es auf der beiliegenden CD). In dieser Nachtaufnahme gibt es viele kleine Lichtpunkte, anhand derer Sie testen können, wie sich Spitzlichter und die Blende auf das Ergebnis auswirken.

Matter machen

Dieser Filter schützt die Kanten in einem Bild. Der Radius bewirkt dasselbe wie im Gaußschen Weichzeichner. Je höher der Wert, desto stärker wird das Bild weichgezeichnet. Mit dem Regler SCHWELLENWERT legen Sie fest, welche der benachbarten Pixel weichgezeichnet werden. Wenn Sie diesen Wert erhöhen, werden mehr Pixel weichgezeichnet – die flacheren Tonwerte werden zuerst weichgezeichnet, die mit dem stärkeren Kontrast bleiben länger erhalten (bis Sie den Schwellenwert weiter erhöhen).

Feld weichzeichnen

Der Filter FELD WEICHZEICHNEN verwendet einen sehr einfachen Algorithmus, um eine quadratische Weichzeichnung zu erzeugen. Es ist ein sehr schneller Filter, den Sie gut für Spezialeffekte verwenden können.

Form weichzeichnen

Mit diesem Filter können Sie jede beliebige Form festlegen, mit der das Bild weichgezeichnet wird. Passen Sie zusätzlich den Radius an. Im unteren Beispiel in Abbildung 10.5 habe ich einen Blitz ausgewählt, um den Effekt einer Kameraverwacklung nachzustellen. Dieser Filter kommt bei weitem nicht an den Filter TIEFENSCHÄRFE ABMILDERN heran, ist jedoch trotzdem sehr vielseitig einsetzbar und kreativ.

Kapitel 10
Photoshop-Filter

 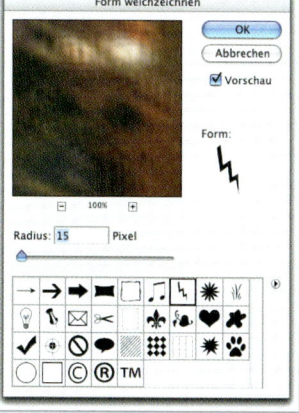

Abbildung 10.5 Die neuen Photoshop-CS2-Weichzeichnungsfilter

Tiefenschärfe abmildern

Wenn Sie ein Foto realistisch unscharf stellen wollen, reicht es nicht, die Details weichzuzeichnen. Überlegen Sie für einen Moment, wie ein Objektiv funktioniert. Das Kameraobjektiv fokussiert ein Objekt, um ein Bild zu erzeugen, das aus runden Punkten auf der Film-/Sensoroberfläche besteht. Fällt der Radius dieser Punkte sehr klein aus, ist das Bild scharf. Falls die Radien ziemlich groß sind, ist das Bild unscharf. Das ist besonders deutlich zu erkennen, wenn helle Lichter verwaschen aussehen. Der Filter TIEFENSCHÄRFE ABMILDERN kann ein Kameraobjektiv simulieren. Sie verstehen die Funktionsweise des Filters am besten, wenn Sie sich die hellen Lichter in der Nachtaufnahme in Abbildung 10.4 ansehen. Dort sehen Sie eine Vorher- und eine Nachherversion des Bilds. Sie finden das Bild auch auf der dem Buch beiliegenden CD.

Schärfentiefe

Sie können auch eine Maske erstellen, um Bereiche festzulegen, auf die der Filter TIEFENSCHÄRFE ABMILDERN angewendet werden soll. So erzeugen Sie eine kurze Schärfentiefe. Im Abschnitt TIEFEN-VERSETZUNG können Sie diese Maske dann laden.

Abbildung 10.6 In diesem Beispiel erstellte ich eine lineare Verlaufsmaske als Alpha-Kanal 1 mit einem Schwarzweißverlauf. Anschließend lud ich diesen Kanal in den Filter TIEFENSCHÄRFE ABMILDERN. So konnte ich den Regler WEICHZEICHNEN-BRENNWEITE anpassen, um den Punkt festzulegen, in dem das Bild scharf bleiben soll. Es gibt jedoch noch eine einfachere Möglichkeit dafür: Klicken Sie einfach irgendwo in das Bild, um den Punkt zu bestimmen, der scharf bleiben soll (in der oberen Abbildung klickte ich auf den Engel ganz oben). Der Weichzeichnungseffekt des Filters basiert auf den Grauwerten des Quellkanals.

Kapitel 10
Photoshop-Filter

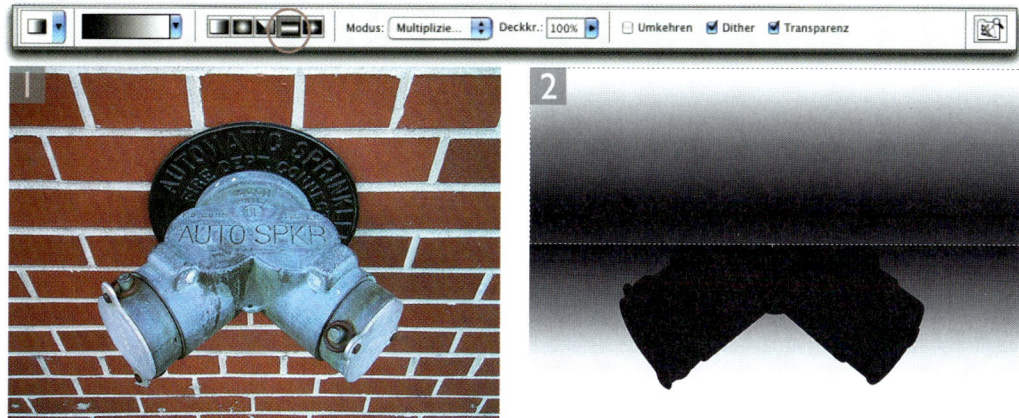

1 Mit den Reglern im Abschnitt Tiefen-Versetzung kontrollieren Sie die Schärfentiefe. Dieses Bild ist ein gutes Beispiel, um Ihnen das zu demonstrieren, denn die Wand wurde in einem schrägen Winkel aufgenommen und bisher ist alles scharf. Zuerst erstellte ich einen Zeichenpfad um die Umrisse des Hydranten. Ich drückte ⌘-↵ (PC: Strg-↵), um den Pfad in eine Auswahl umzuwandeln. Anschließend klickte ich in der Kanäle-Palette auf den Button Auswahl als Kanal speichern.

2 Dann musste ich die Maske bearbeiten, um eine Tiefen-Versetzung zu erstellen. Ich aktivierte das Verlaufswerkzeug im Modus Reflektierter Verlauf und Multiplizieren. Mit dem Werkzeug zog ich vertikal aus der Mitte heraus. Für den Verlauf im oberen Bildbereich wechselte ich in den Modus Normal. Ich erstellte eine rechteckige Auswahl der oberen Bildhälfte und zog mit dem Verlaufswerkzeug erneut aus der Mitte heraus.

3 Ich wählte Filter/Weichzeichnungsfilter/Tiefenschärfe abmildern. Im Abschnitt Tiefen-Versetzung wählte ich aus dem Popup-Menü Quelle den soeben erstellten Kanal. Wenn Sie das ausprobieren, versuchen Sie, den Regler Weichzeichnen-Brennweite anzupassen, um die Stärke der Weichzeichnung zu regulieren.

Blendenkorrektur auf zusammengesetzte Bilder anwenden

1 Ich wollte das Foto von dem Model mit der New Yorker Straße kombinieren. Das Model wurde ausgeleuchtet, damit sich dessen Beleuchtung an das Tageslicht der Straßenszene anpasst. Würden Sie die Bilder jedoch unbearbeitet aufeinander setzen, würde der Hintergrund der Straße zu sehr ablenken.

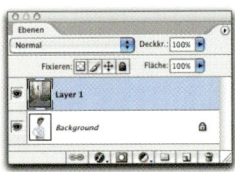

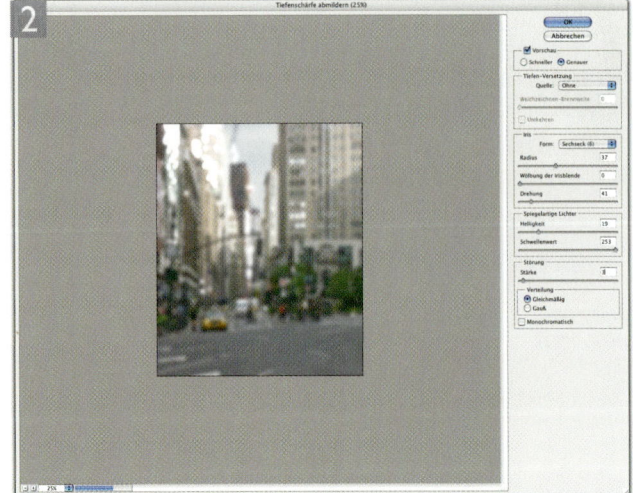

2 Ich zog das New-York-Bild als neue Ebene über das Model. Damit der Hintergrund unscharf erscheint, wendete ich auf diese Ebene Filter/Weichzeichnungsfilter/Tiefenschärfe abmildern an. Zuerst passte ich den Schwellenwert der Spitzlichter an, um die gewünschte Tiefenschärfe zu erzielen. Mit dem Irisradius legen Sie die Breite der Weichzeichnung fest. Der Effekt ist besonders deutlich in den Spitzlichtern zu erkennen. Sie können auch die Form der Iris verändern.

Kapitel 10
Photoshop-Filter

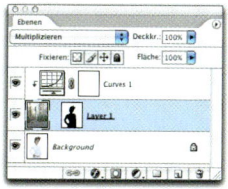

3 Ich kombinierte beide Bilder mithilfe der in Kapitel 7 vorgestellten Montage-Technik. Wie Sie in der Ebenen-Palette sehen, blendete ich die Straße mit einer Maske aus und wählte für die Ebene den Modus MULTIPLIZIEREN. Anschließend fügte ich eine Gradationskurven-Einstellungsebene hinzu, um die weichgezeichnete Ebene aufzuhellen und an die Beleuchtung des Models anzupassen.

Kunde: Reflections. Model: Lisa Moulson @ MOT.

Mustergenerator

Der Mustergenerator ist ein kreatives Werkzeug, mit dem Sie willkürliche, abstrakte Muster erzeugen, die auf einem einfachen Bild oder einer Auswahl basieren. So können Sie interessante Strukturen als eigene Mustervorlagen speichern und diese dann nutzen, um Bildbereiche auszufüllen. In Kapitel 6 sehen Sie den Mustergenerator in Aktion. Dort benutzte ich ihn zusammen mit dem Reparatur-Pinsel, um die Textur besser an die Umgebung anzupassen.

Die Werkzeuge des Mustergenerators: Auswahlrechteck; Zoom-Werkzeug; Hand-Werkzeug

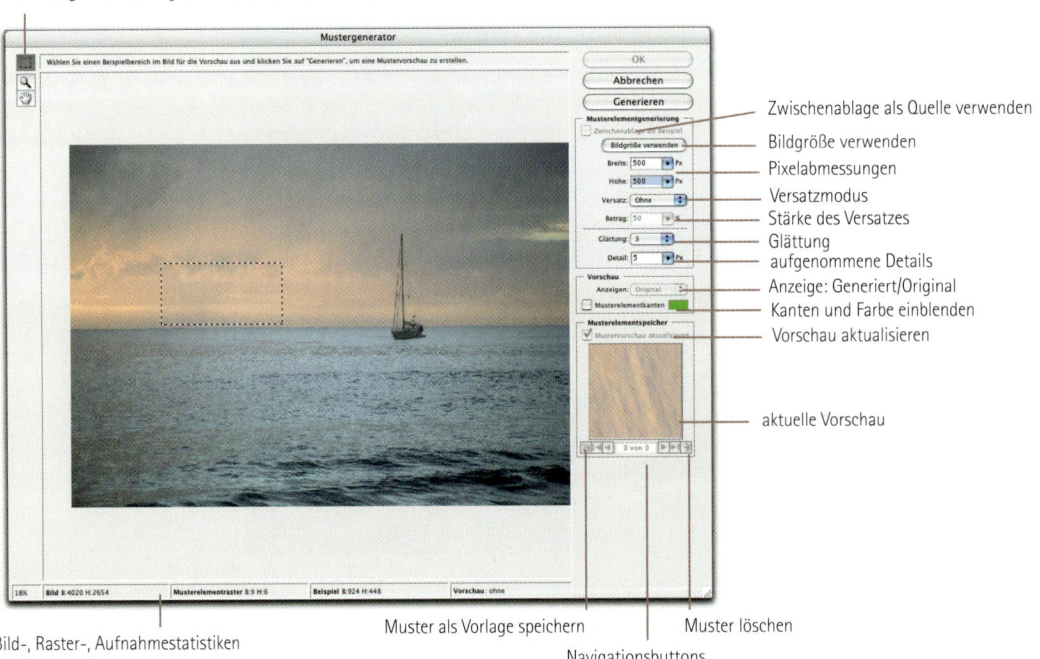

Bild-, Raster-, Aufnahmestatistiken   Muster als Vorlage speichern   Muster löschen
Navigationsbuttons

Abbildung 10.7 Die Dialogbox des Mustergenerators. Sie können ein Muster generieren, das auf der aktuellen Bildgröße oder speziellen Pixelabmessungen basiert. Das erzeugte Muster lässt sich auch horizontal oder vertikal versetzen. Bessere Ergebnisse erzielen Sie, wenn Sie die Glättung erhöhen – es dauert dann jedoch länger, bis das Muster generiert ist. Wenn Sie die Details erhöhen, bleiben mehr erkennbare Details sichtbar. Klicken Sie unten in der Dialogbox auf den Button SICHERT DAS VOREINGESTELLTE MUSTER, um das erzeugte Muster als Vorlage zu speichern. Solange die Dialogbox geöffnet ist, können Sie neue Vorlagen erstellen – nutzen Sie die Navigations-Buttons oder den Löschen-Button, um nicht den Überblick zu verlieren.

Kapitel 10
Photoshop-Filter

Filtergalerie

Um die Filtergalerie zu nutzen, öffnen Sie ein Bild und wählen Sie FILTER/FILTERGALERIE. Klicken Sie anschließend auf die unterschiedlichen Filter-Icons – Sie erkennen bereits am Icon, wie das Ergebnis in etwa aussehen wird. Links daneben sehen Sie immer die aktuelle Vorschau. Eine deutliche Verbesserung, da der Vorschaubereich jetzt viel größer ist. Wie in Abbildung 10.8 zu sehen, können Sie mehr als einen Filter gleichzeitig anwenden. Um einen neuen Filter hinzuzufügen, klicken Sie unten auf den Button NEUE EFFEKT-EBENE. Die einzelnen Filtereinstellungen können Sie bearbeiten, wenn Sie auf eine der Ebenen klicken, um diesen Effekt zu aktivieren. Zum Entfernen eines Filters klicken Sie erst auf diesen und dann auf den Löschen-Button.

Schneller Zugang zu Filtern

Im Filter-Menü gibt es etwa 100 Filter. Sie können aus vielen Plug-Ins wählen, um hauptsächlich künstlerische Effekte zu erzielen. Über die Filtergalerie haben Sie Zugang zu 47 dieser Filter. Die folgenden Kategorien stehen zur Verfügung: Kunstfilter, Malfilter, Stilisierungsfilter, Strukturierungsfilter, Verzerrungsfilter (jedoch sind nicht immer alle Filter in die Filtergalerie integriert).

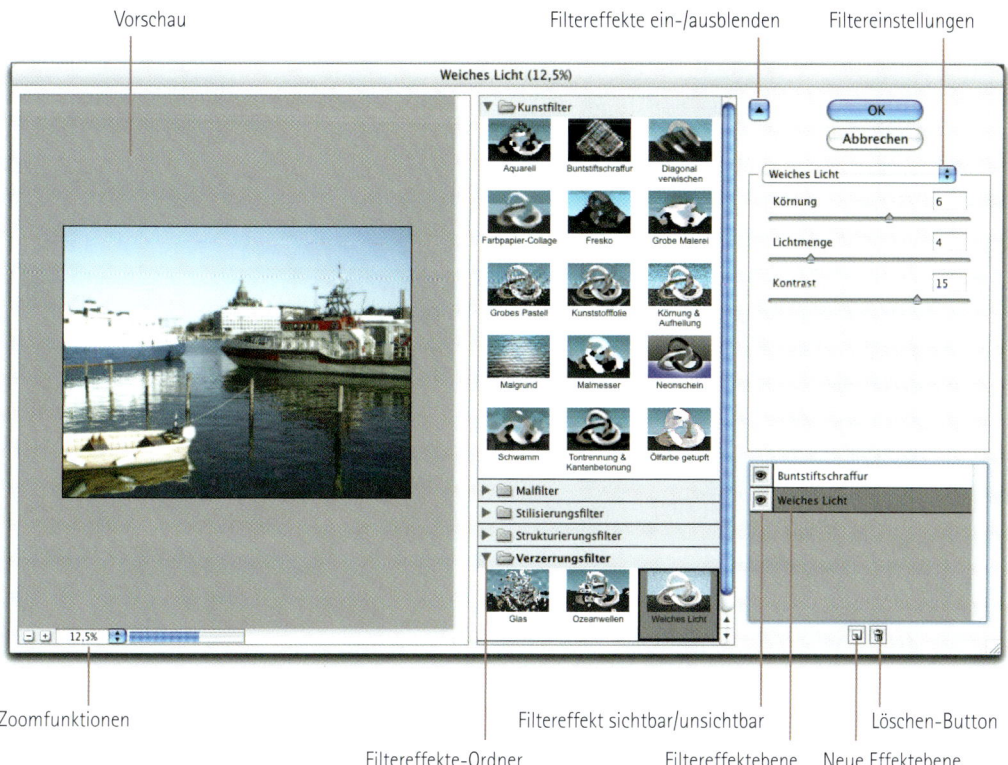

Abbildung 10.8 Die Filtergalerie

399

Pixelverzerrungen und Korrekturen

Die folgenden Abschnitte zeigen verschiedene Möglichkeiten, ein Bild zu verzerren oder Blendenkorrekturen in Photoshop vorzunehmen.

Der Filter Versetzen

Dieser Filter ist nicht der intuitivste Filter, aber unersetzlich, wenn Sie Ebenen verzerren müssen, um diese an darunter liegende Ebenen anzupassen. Der Effekt funktioniert hervorragend mit Texteffekten und wenn Sie die Matrix vorher weichgezeichnet haben. Auf der Adobe-Photoshop-CD finden Sie viele Beispiele, die Sie laden und nutzen können, um Oberflächenstrukturen zu erzeugen.

Versetzen

Der Filter Versetzen benötigt ein Bild, das in einem nativen Photoshop-Format gespeichert wurde, um bei der Berechnung des Versatzes als Matrix zu dienen. Schwarz (0) erzeugt den maximalen negativen Versatz und Weiß (255) den maximalen positiven Versatz. Wenn solch eine Matrix mehr als einen Kanal beinhaltet, bestimmt der erste Kanal den horizontalen Versatz und der zweite den vertikalen Versatz.

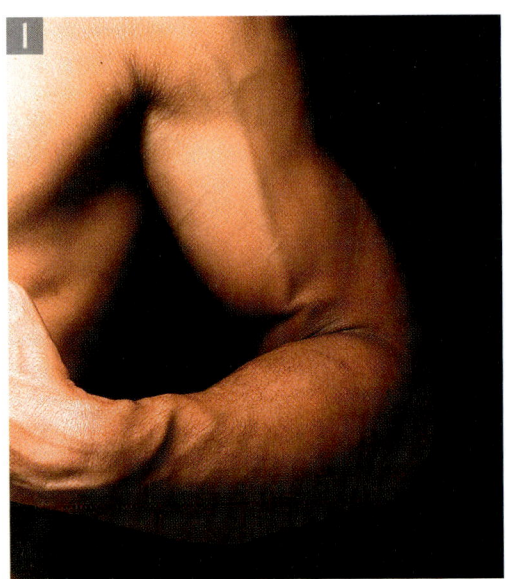
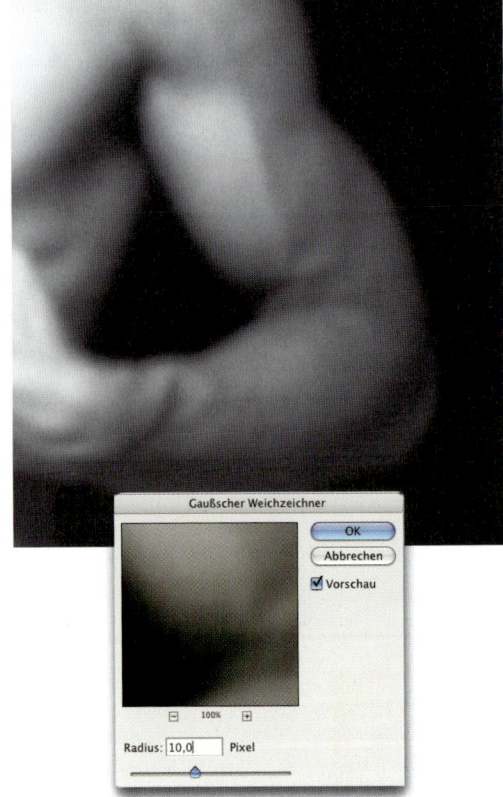

1 Ich wollte den Arm des Models mit einem Tattoo versehen. Dazu sind mehrere Schritte notwendig. Zuerst duplizierte ich das Farbbild (Bild/Bild duplizieren). Anschließend wandelte ich das Duplikat in Graustufen um und wendete einen Gaußschen Weichzeichner mit einem Radius von 10 Pixel an. Diese Kopie speicherte ich auf dem Schreibtisch, um sie später schnell und einfach wiederzufinden. Wichtig zu erwähnen ist, dass es sich um ein Graustufenbild handelt, das im Photoshop-Format (PSD) gespeichert wurde.

Kapitel 10
Photoshop-Filter

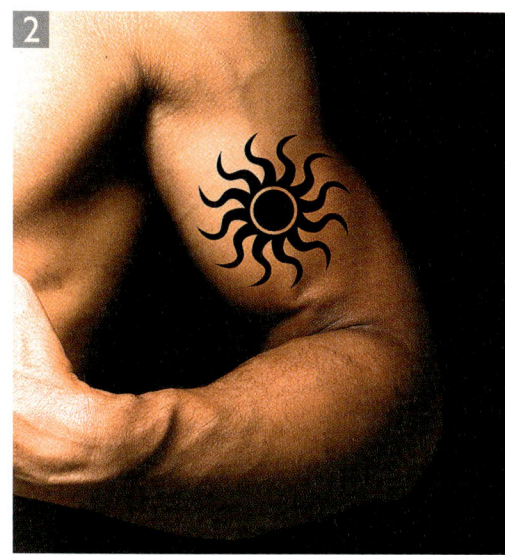

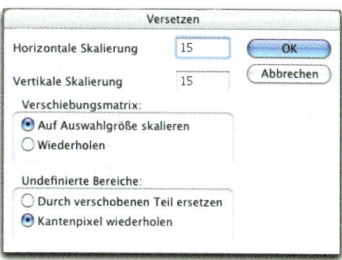

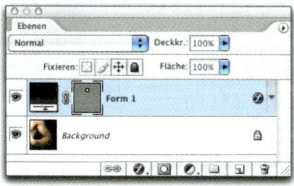

2 Ich schloss die Graustufenversion des Bilds und kehrte zum Original zurück. Ich fügte eine Formebene des gewünschten Tattoos hinzu und platzierte diese über dem Arm. Anschließend wählte ich Filter/Verzerrungsfilter/Versetzen. Da es sich bei der Ebene um eine Vektorebene handelt, erschien zunächst die Frage, ob ich diese Ebene rastern will. Ich klickte auf OK. In der Dialogbox Versetzen musste ich die Werte für die horizontale und die vertikale Skalierung eingeben. Ich begann mit Werten von 10 und steigerte diese, bis ich das gewünschte Ergebnis erreicht hatte.

Die Einstellungen für die Verschiebungsmatrix machen keinen Unterschied aus, da ich die Matrix in der Größe des Bilds selbst wählte. Ich klickte auf OK und musste dann eine Verschiebungsmatrix wählen. Hier kommt die gespeicherte Graustufenversion ins Spiel. Ich wählte diese aus und klickte auf Öffnen.

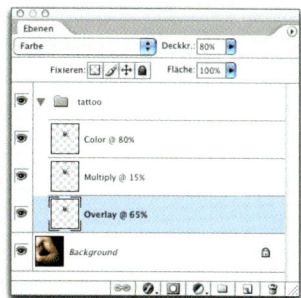

3 Im finalen Bild sehen Sie, wie die Form den Konturen des Arms folgt. Um genau dieses Ergebnis zu erzeugen, duplizierte ich die Versatzebene zweimal und wählte andere Ebenenmodi und Deckkrafteinstellungen: für die obere Ebene Farbe und 80%; für die mittlere Ebene Multiplizieren und 15% und für die untere Ebene Überlagern und 65%.

Chromatische Aberration und Vignettierungen

Objektive leiden manchmal an optischen Defekten. An kontrastreichen Kanten sind dann beispielsweise chromatische Aberrationen zu erkennen. In der Dialogbox BLENDENKORREKTUR gibt es jetzt jedoch zwei Regler, mit denen Sie diese Störungen entfernen können. Manchmal sehen Sie auch eine abdunkelnde Vignette, wenn das Foto mit einem Ultraweitwinkelobjektiv aufgenommen wurde. Mit den Vignettenreglern lässt sich aber auch dieses Problem beheben. Sie können damit ebenfalls extra Vignetten erzeugen (siehe Seite 463 und 464).

Kantenpixel

Wenn Sie die Blendenkorrektur anwenden, ändert sich die Form des Bilds. Der Regler SKALIERUNG stellt das Bild frei, wenn Sie die Korrektur vornehmen. Wenn Sie das nicht wollen, gibt es ein Problem damit, wie die äußeren Pixel gerendert werden. Standardmäßig wird der Modus KANTENERWEITERUNG verwendet. Bei einem Himmel oder einfarbigen Hintergründen ist das auch gar nicht so schlecht, sonst jedoch eher hässlich und störend. Durch erweiterte Kanten können Sie dann jedoch den Reparatur-Pinsel besser einsetzen.

Blendenkorrektur

Fotografen streben immer nach optischer Perfektion, jedoch liefern nicht alle Objektive die entsprechenden Ergebnisse. Der Filter BLENDENKORREKTUR ist neu in Photoshop CS2 und bietet verschiedene Möglichkeiten zur Korrektur von Bildern, die an unterschiedlichen optischen Störungen leiden.

Am bekanntesten sind wohl die Effekte Kissen- und Tonnenverzerrung, die bei billigen Objektiven nicht selten vorkommen. Mit dem Verzerren-Werkzeug können Sie in die Mitte oder aus der Mitte des Bilds ziehen, um die Stärke der Verzerrung in die gewünschte Richtung anzupassen. Eine genauere Kontrolle haben Sie mit dem Regler VERZERRUNGEN ENTFERNEN.

Das Gerade-ausrichten-Werkzeug bringt schiefe Bilder wieder ins Lot. Ziehen Sie mit dem Werkzeug in der Vorschau, um eine horizontale oder vertikale Linie zu bestimmen und das Bild korrekt auszurichten. Im Abschnitt TRANSFORMIEREN können Sie weitere Einstellungen vornehmen. Klicken Sie in das Feld für den Winkel und nutzen Sie die Pfeiltasten nach oben oder unten, um die Drehung in kleinen Schritten zu verändern.

Das Raster ist sehr hilfreich bei der Ausrichtung des Bilds. Mit dem Raster-verschieben-Werkzeug passen Sie dieses an das Motiv an. Unten in der Dialogbox können Sie außerdem Farbe und Größe des Rasters festlegen oder es ein- und ausblenden.

Mit den Transformieren-Optionen passen Sie die vertikale und horizontale Perspektive an. Damit haben Sie viel Kontrolle über die Perspektive eines Fotos – beispielsweise bei stürzenden Linien, wenn Sie ein großes Gebäude fotografieren. Sie können auch die horizontale Perspektive korrigieren, wenn Sie ein Objekt beispielsweise von der Seite fotografiert haben. Diese Einstellungen sollten Sie jedoch nur verwenden, wenn Ihr Motiv gerade zur Kamera ausgerichtet sein soll – beispielsweise bei Architekturfotos.

Kapitel 10
Photoshop-Filter

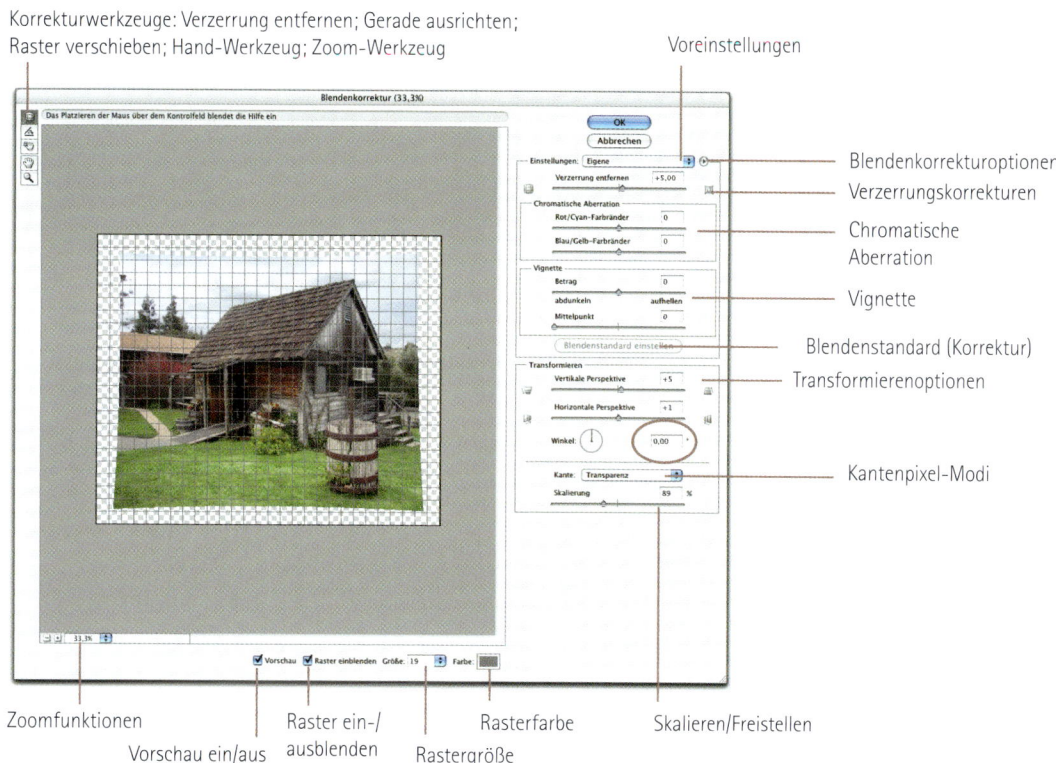

Korrekturwerkzeuge: Verzerrung entfernen; Gerade ausrichten; Raster verschieben; Hand-Werkzeug; Zoom-Werkzeug

Voreinstellungen

Blendenkorrekturoptionen
Verzerrungskorrekturen
Chromatische Aberration
Vignette
Blendenstandard (Korrektur)
Transformierenoptionen
Kantenpixel-Modi

Zoomfunktionen
Vorschau ein/aus
Raster ein-/ausblenden
Rastergröße
Rasterfarbe
Skalieren/Freistellen

Abbildung 10.9 Der Filter BLENDENKORREKTUR wurde auf das Bild links angewendet, um die Tonnenverzerrung zu korrigieren. Außerdem richtete ich die vertikalen Linien des Gebäudes aus. Die Einstellungen (außer denen unter TRANSFORMIEREN) lassen sich als Vorlage speichern. Wenn Sie sie richtig gespeichert haben, können Sie sie jederzeit über das Menü EINSTELLUNGEN aufrufen.

Verflüssigen

Mit dem Verflüssigen-Filter erzeugen Sie freie Pixelverzerrungen. Wenn Sie FILTER/VERFLÜSSIGEN wählen oder das Tastenkürzel ⌘-⇧-X (PC: Strg-⇧-X) drücken, öffnet sich ein eigenständiges Programm – also eine Art Programm im Programm, in dem eigene Tastaturbefehle gelten und extra Werkzeuge zur Verfügung stehen. Um den Filter effizient zu nutzen, sollten Sie vor der Wahl des Filters eine Auswahl erstellen. Sobald die Dialogbox des Filters geöffnet ist, können Sie diese mit ⌘-0 (PC: Strg-0) vergrößern.

Links in der Dialogbox finden Sie die Verflüssigen-Werkzeuge. Wenden Sie eines oder mehrere dieser Werkzeuge an, um die Pixel im Bild zu verschieben, zu verzerren etc. Wenn Sie mit dem Ergebnis zufrieden sind, drücken Sie ↵, um die Pixelverzerrungen anzuwenden.

In der unteren Abbildung 10.10 und in Abbildung 10.11 werden die einzelnen Werkzeuge erklärt. Das wichtigste ist wohl das Vorwärts-krümmen-Werkzeug, das ich auch am häufigsten verwende, gefolgt vom Pixel-verschieben-Werkzeug.

Abbildung 10.10 Das Vorwärts-krümmen-Werkzeug (W) bietet eine Wölbung, mit der Sie Pixel in jede beliebige Richtung schieben können. Glücklicherweise gibt es das Rekonstruktionswerkzeug (R), mit dem Sie das unbearbeitete Bild wiederherstellen können. Das Strudel-Werkzeug – Uhrzeigersinn (C) verdreht die Pixel, wie der Name bereits vermuten lässt, im Uhrzeigersinn. (Mit der ⌥-Taste (PC: Alt) verwandelt sich das Werkzeug in ein Strudel-Werkzeug – gegen den Uhrzeigersinn.) Dieses Werkzeug funktioniert am besten mit einer größeren Werkzeugspitze. Pixelbereiche werden mit dem Zusammenziehen-Werkzeug (S) geschrumpft. Das Aufblasen-Werkzeug (B) vergrößert Pixel und ähnelt dem Filter AUFBLASEN. Das Nach-links-schieben-Werkzeug (O) verschiebt die Pixel um 90° nach links in die Richtung, in die Sie die Maus bewegen. Wenn Sie mit gedrückter ⌥-Taste (PC: Alt) ziehen, werden die Pixel um 90° nach rechts verschoben. Das Spiegel-Werkzeug (M) ist wohl das unhandlichste Werkzeug von allen, denn es kopiert Pixel um 90° in die Richtung, in die Sie die Maus bewegen, und funktioniert daher wie eine umgekehrte Blende (die, wenn Sie nicht vorsichtig genug sind, das Bild zerstört). Das neue Turbulenz-Werkzeug (T) erzeugt willkürliche, turbulente Verzerrungen. Wenn Sie wollen, können Sie Bereiche des Bilds mithilfe des Fixierungsmaske-Werkzeug (F) schützen. Fixierte Bereiche eines Bilds werden durch eine Maskenüberlagerung gekennzeichnet. Diese Bereiche sind vor jeglicher Bearbeitung durch eines der anderen Werkzeuge geschützt. Die Fixierungsmaske kann mit dem Maske-lösen-Werkzeug (D) teilweise oder ganz wieder entfernt werden. Mit dem Hand-Werkzeug (H) scrollen Sie innerhalb des Vorschaubilds. Nutzen Sie das Zoom-Werkzeug (Z), um in das Bild hinein- oder aus dem Bild herauszuzoomen.

Kapitel 10
Photoshop-Filter

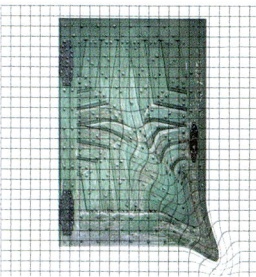
Vorwärts-krümmen-Werkzeug

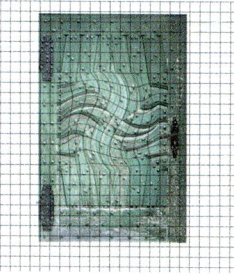
Strudel-Werkzeug – Uhrzeigersinn

Strudel-Werkzeug – gegen den Uhrzeigersinn

Zusammenziehen-Werkzeug

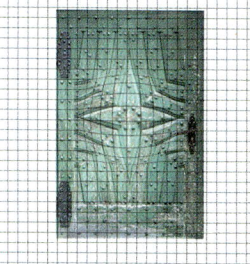
Aufblasen-Werkzeug

Nach-links-schieben-Werkzeug

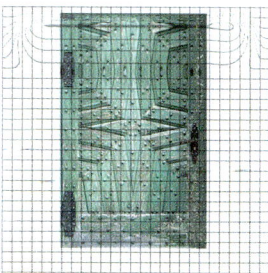
Spiegel-Werkzeug

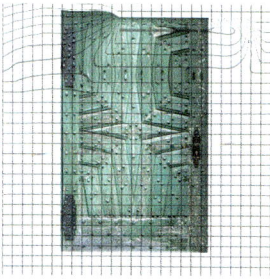
Rekonstruktionswerkzeug

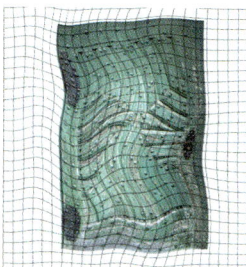
Turbulenz-Werkzeug

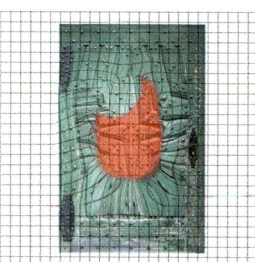
Fixierungsmaske-Werkzeug

Maske-lösen-Werkzeug

Abbildung 10.11 Hier bekommen Sie eine Vorstellung von den einzelnen Verzerrungseffekten, die Sie mit den Verflüssigen-Werkzeugen aus Abbildung 10.10 erzielen können.

Werkzeugoptionen von Verflüssigen

Haben Sie sich für ein Werkzeug entschieden, müssen Sie noch die passenden Einstellungen vornehmen. Alle Werkzeuge (ausgenommen dem Hand-Werkzeug) erscheinen als runder Cursor mit einem Fadenkreuz in der Mitte. Die Werkzeugoptionen gelten für alle Werkzeuge: Pinselgröße, Pinseldichte, Pinseldruck und Pinselgeschwindigkeit. Wenn Sie auf den doppelten Pfeil neben einer dieser Optionen klicken, öffnet sich ein Schieberegler, mit dem Sie die Einstellung dynamisch ändern können. Die Pinselgröße lässt sich mit der Raute (#) verkleinern und mit dem Pluszeichen (+) vergrößern. Wenn Sie dabei die ⇧-Taste gedrückt halten, verzehnfachen Sie die Stufen. Ich empfehle Ihnen den Einsatz eines Grafiktabletts (beispielsweise von Wacom), um die Option STIFTANDRUCK verwenden zu können (mit etwa 10% oder weniger). Die Option TURBULENZ-ZUFALLSWERT ist nur bei aktiviertem Turbulenz-Werkzeug aktiv. Der Zufallswert bezieht sich dann darauf, wie willkürlich die Turbulenz-Verzerrung ist.

Rekonstruieren

Im Anschluss daran finden Sie die Rekonstruktionsoptionen. Der Standardmodus ist WIEDERHERSTELLEN. Wenn Sie eine Verzerrung erstellen und dann auf diesen Button klicken, wird das Bild wiederhergestellt – in Einzelschritten, Sie müssen also mehrmals auf diesen Button klicken, bis das Original wieder zu sehen ist (fixierte Bereiche werden dabei geschützt). Es gibt aber auch noch einige alternative Optionen, die relevanter sind, sofern Sie einen fixierten Bereich erstellt haben. Der Modus STEIF bietet eine 1-Klick-Rekonstruktion. STRENG, WEICH und UNGENAU stellen das Bild in unterschiedlichen Geschwindigkeiten wieder her und erzeugen weichere Übergänge zwischen fixierten und nicht fixierten Bereichen. Nutzen Sie Esc oder ⌘-. (PC: Strg-.), um die Rekonstruktion an einem Zwischenschritt anzuhalten. Klicken Sie kein zweites Mal, weil Sie dann die Dialogbox verlassen und Ihre Arbeit verloren geht. Sie können aber auch auf das Dreieck rechts neben REKONS-TRUKTIONSOPTIONEN klicken und sich dort

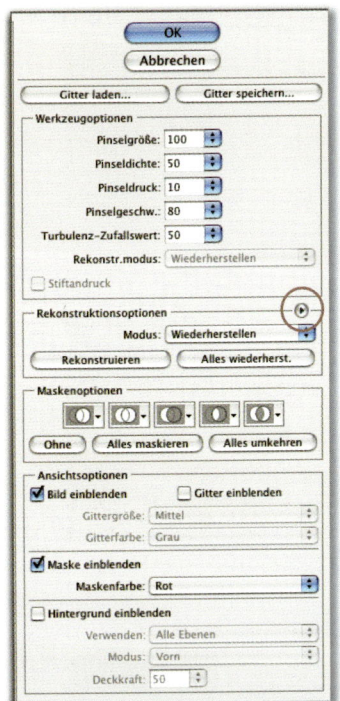

Abbildung 10.12 Hier sehen Sie die Werkzeugoptionen des Verflüssigen-Filters. Die Option aus Abbildung 10.13 ist über den eingekreisten Pfeil erreichbar.

Immer nur ein Schritt
Der Schlüssel zum Erfolg bei der Arbeit mit dem Verflüssigen-Filter ist die Verwendung einzelner Pinselstriche, um die Verzerrung aufzubauen. Ich empfehle den Einsatz eines Grafiktabletts.

eine der Optionen aussuchen. In diesem Fall öffnet sich eine Dialogbox, wie in Abbildung 10.13 zu sehen. Hier können Sie mit dem Regler die Stärke der Rekonstruktion festlegen. Stellen Sie Ihr Bild auch wieder her, indem Sie das Rekonstruktionswerkzeug verwenden, um einzelne Bildbereiche zu rekonstruieren.

Maskenoptionen

Diese Optionen haben Einfluss auf die bestehende Auswahl, die Ebenentransparenz oder die Ebenenmaske als Basis einer Fixierungsmaske, um Verzerrungen einzuschränken. Die erste Option – AUSWAHL ERSETZEN – ersetzt bereits bestehende Auswahlen. Mit den vier anderen Optionen können Sie die Auswahlen bearbeiten, indem Sie etwas zur Auswahl hinzufügen, abziehen oder eine Schnittmenge bilden. Wenn Sie auf OHNE klicken, löschen Sie alle Auswahlen, mit dem Button ALLES MASKIEREN maskieren Sie das gesamte Bild und mit ALLES UMKEHREN kehren Sie die aktuelle Auswahl um.

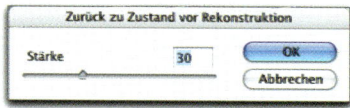

Abbildung 10.13 In der Dialogbox ZURÜCK ZU ZUSTAND VOR REKONSTRUKTION können Sie genau festlegen, wie stark das Originalbild wieder hergestellt wird.

Mehrfaches Rückgängigmachen

Vergessen Sie nicht, dass Sie innerhalb der Verflüssigen-Dialogbox mehrere Schritte rückgängig machen können. Nutzen Sie ⌘-Z (PC: Strg-Z), um den letzten Schritt rückgängig zu machen, oder ⌘-⌥-Z (PC: Strg-Alt-Z), um im Protokoll zurück bzw. ⌘-⇧-Z (PC: Strg-⇧-Z) vorwärts zu gehen.

Abbildung 10.14 Mithilfe von Fixierungsmasken schützen Sie Bildbereiche vor Verzerrungen. In diesem Beispiel erstelle ich aus einer Ebenenmaske eine Fixierungsmaske. Wenn Sie einen Bereich so fixieren, ist er vor Verzerrungen geschützt. Mit dem Maskelösen-Werkzeug heben Sie Fixierungsmasken wieder auf.

Vorbestimmte Verzerrungen

Angenommen, Sie haben bereits eine Vorstellung davon, wie die Verzerrung aussehen soll. Sie können dann eine leere Ebene erstellen, die Verzerrung in diese Ebene einzeichnen und diese dann als Hintergrund verwenden. Diesen blenden Sie schließlich als Hilfe ein und aus.

Ansichtsoptionen bei Verflüssigen

Mithilfe der Checkbox GITTER EINBLENDEN in den Ansichtsoptionen können Sie die Fixierungsmaske ein- oder ausblenden. Dort legen Sie auch die Farbe des Gitters fest.

Sie können das Gitter in unterschiedlichen Größen und Farben einblenden. Dadurch sehen Sie die darunter liegende Verzerrung besser. Nutzen Sie die Checkboxen in diesem Abschnitt, um das Gitter einzeln oder als Überlagerung über das Vorschaubild einzublenden.

Die Option HINTERGRUND EINBLENDEN ist normalerweise nicht aktiviert. Wenn sich die Bildinhalte jedoch auf einer separaten Ebene befinden, können Sie diese Checkbox aktivieren und sich die verzerrte Ebene vor dem Hintergrund, allen Ebenen oder einzeln ausgewählten Ebenen ansehen. Hier sehen Sie, wie sich die Optionen verwenden lassen: Angenommen, Sie wollen nur einen Bereich den Bilds verzerren, beginnen jedoch mit einem, auf eine Ebene reduzierten Bild. Erstellen Sie eine Auswahl von dem Bereich, den Sie bearbeiten wollen, und kopieren Sie diese mit ⌘-J (PC: Strg-J) in eine eigene Ebene. Wenn Sie dann den Verflüssigen-Filter verwenden, können Sie die Checkbox HINTERGRUND EINBLENDEN mit dem Modus DAHINTER AUFTRAGEN aktivieren. Bei einer Deckkraft von 100% verdeckt die verzerrte Ebene den Hintergrund vollständig. Verringern Sie die Deckkraft, sehen Sie jedoch eine Vorschau des Effekts. Diese Funktion ist sehr nützlich, falls Sie den Effekt mit dem Originalbild oder einem Zielbild vergleichen wollen.

Das Gitter speichern

Bei größeren Bildern dauert es sehr lange, bis die Verzerrungen übernommen werden. Hier helfen die Optionen GITTER SPEICHERN und GITTER LADEN. Wenn Sie Ihre Verzerrungen an einer kleineren Bildversion vornehmen, können Sie das dort verwendete Gitter als separate Datei speichern. Anschließend öffnen Sie die große Datei und wenden dieses Gitter an. Auf Seite 410 sehen Sie ein entsprechendes Beispiel.

Kapitel 10
Photoshop-Filter

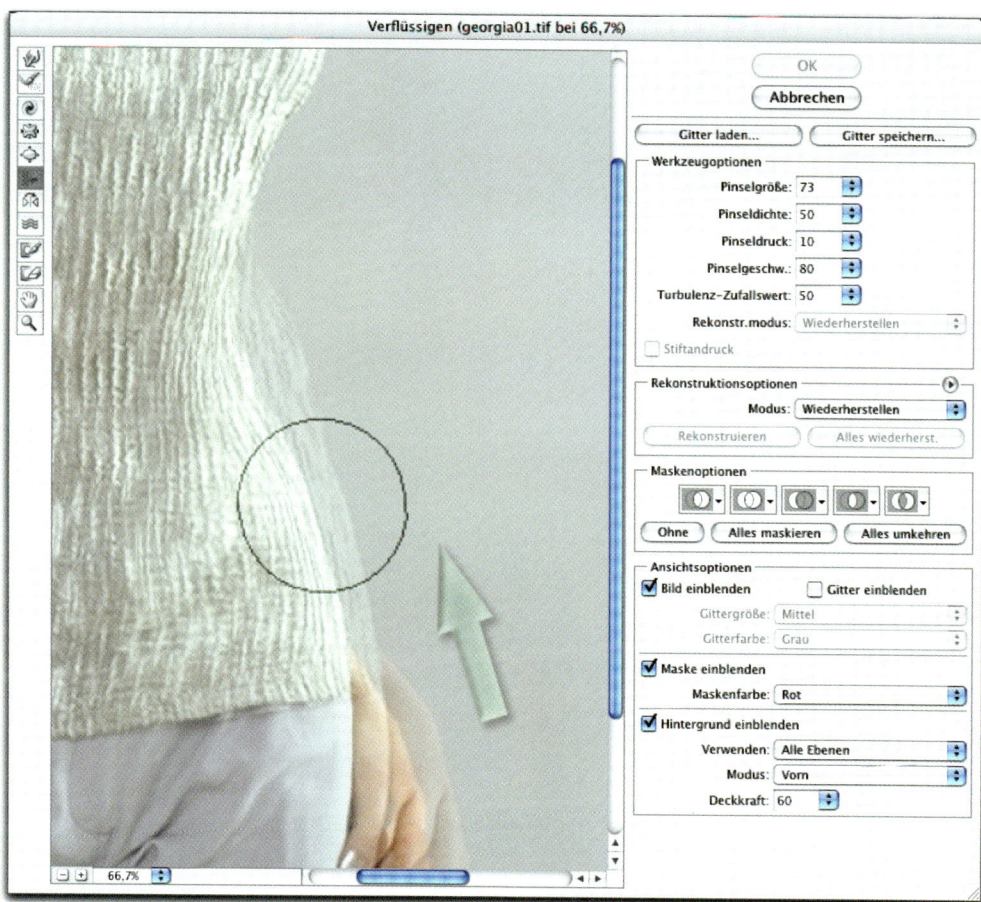

Abbildung 10.15 Das Nach-links-schieben-Werkzeug eignet sich bestens, um Hüften zu verschlanken. Die Pixel werden von dort, wo Sie ziehen, aus gesehen nach links verschoben. Hier wurden die Pixel nach innen verschoben, da ich den Cursor nach oben zog. Hätte ich ihn nach unten gezogen, wären die Pixel nach rechts verschoben worden. Da ich die Option HINTERGRUND EINBLENDEN aktiviert hatte, konnte ich beide Bilder gleichzeitig sehen. Wenn Sie mehr als eine Ebene ausgewählt haben, können Sie eine davon für die Vorschau auswählen.

1 Es ist einfach, mit dem Verflüssigen-Filter ein Polaroid-Emulsionsübertragung zu simulieren. Dieses Bild besteht aus einer Hintergrundebene, einer Baumstumpfebene und einem unabhängigen Polaroid-Emulsionsrahmen im Modus Multiplizieren.

3 Dann wählte ich Ebene 2 aus (der Rahmen im Modus Multiplizieren) und öffnete erneut den Filter Verflüssigen. Jetzt klickte ich auf den Button Gitter laden, um das gespeicherte Gitter und somit die gleiche Verzerrung zu verwenden. Das Ergebnis sehen Sie in der Abbildung.

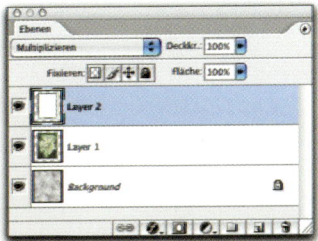

2 Ich aktivierte die Baumstumpfebene und wählte Filter/Verflüssigen. Ich arbeitete hauptsächlich mit dem Strudel-Werkzeug (im und gegen den Uhrzeigersinn), um die Verzerrung zu erzeugen, die Sie in der Abbildung sehen können. Anschließend klickte ich auf den Button Gitter speichern, um diese Verzerrung für spätere Anwendungen zu sichern.

Kapitel 10
Photoshop-Filter

Verkrümmen

Der Befehl VERKRÜMMEN ist eigentlich kein Filter, bietet aber eine perfekte Lösung für all die Photoshop-Nutzer, die Bilder direkt im Dokument verzerren wollen. Bei dem Befehl handelt es sich eher um eine Erweiterung des Befehls FREI TRANSFORMIEREN. Wenn Sie diesen Befehl wählen, können Sie in der Optionsleiste auf den Button ZWISCHEN DEN MODI FREI TRANSFORMIEREN UND VERKRÜMMEN WECHSELN klicken. Das Schöne daran ist, dass sich beide Befehle gleichzeitig miteinander kombinieren lassen. Sofern Sie mit Smart Objekten bereits etwas vertraut sind (siehe Kapitel 7), werden Sie feststellen, dass Sie mit VERKRÜMMEN nicht destruktive Verzerrungen auf eine oder mehrere Ebenen gleichzeitig anwenden können.

Haben Sie eine Verkrümmen-Option ausgewählt, können Sie die Form mithilfe der vier Griffpunkte an den Ecken weiter verändern. Klicken Sie in einen der neun Sektoren und ziehen Sie mit der Maus, um die Verkrümmung weiter zu verfeinern. Auf der folgenden Seite sehen Sie noch einen großen Vorteil des Befehls: Er kann sich auch selbst überlappen.

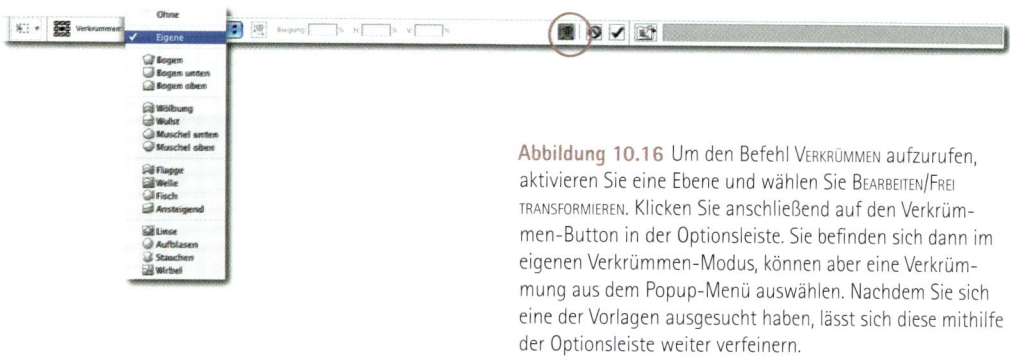

Abbildung 10.16 Um den Befehl VERKRÜMMEN aufzurufen, aktivieren Sie eine Ebene und wählen Sie BEARBEITEN/FREI TRANSFORMIEREN. Klicken Sie anschließend auf den Verkrümmen-Button in der Optionsleiste. Sie befinden sich dann im eigenen Verkrümmen-Modus, können aber eine Verkrümmung aus dem Popup-Menü auswählen. Nachdem Sie sich eine der Vorlagen ausgesucht haben, lässt sich diese mithilfe der Optionsleiste weiter verfeinern.

411

1 Der neue Verkrümmen-Befehl lässt sich am besten an einer im Wind wehenden Fahne demonstrieren. Diese Flagge repräsentiert die Nation der CMYK-Farben.

2 Ich wählte BEARBEITEN/TRANSFORMIEREN/VERKRÜMMEN. Standardmäßig ist der Modus EIGENE gewählt. Alternativ können Sie auch BEARBEITEN/FREI TRANSFORMIEREN aktiv und in der Optionsleiste auf den Verkrümmen-Button klicken. Im Modus EIGENE können Sie die Form der Verkrümmung mithilfe der Griffpunkte individuell anpassen. Klicken Sie in eines der neun Felder und ziehen Sie mit der Maus. Bearbeiten Sie das Bild, als würden Sie es über eine Gummiplatte ziehen.

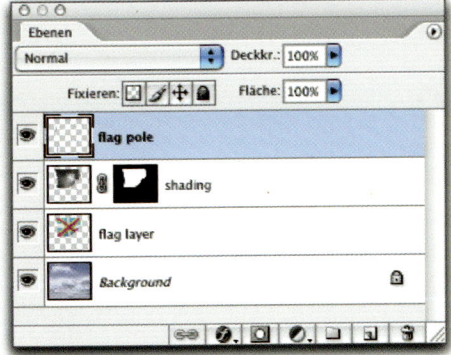

3 Wie Sie sehen, ließ sich die Flagge so verkrümmen, dass die Ecke unten rechts umklappt und die Rückseite zu sehen ist. Um den Effekt abzuschließen, fügte ich eine Schattenebene im Modus ÜBERLAGERN hinzu – diese war mit einer Ebenenmaske ausgestattet, die auf einer Auswahl der Flagge basiert. Zum Schluss fügte ich noch die Fahnenstange hinzu.

Beleuchtung und Rendering

Rendering-Prozesse werden normalerweise mit 3D-Programmen in Verbindung gebracht, aber auch Photoshop besitzt selbst verborgene Kräfte, wenn es um das Rendern von 3D-Formen und -Strukturen geht. Einige dieser Filter arbeiten mit Strukturen, die Sie im Vorlagen-Ordner innerhalb des Photoshop-Ordners auf Ihrer Festplatte finden.

Der Filter Fasern

Der Filter Fasern ist ein relativ neues Photoshop-Plug-In, das Sie unter Filter/Renderingfilter finden. Er weist teilweise große Ähnlichkeiten mit dem Filter Differenz-Wolken auf. Sie können damit abstrakte Fasermuster erzeugen, um natürlich wirkende Strukturen zu erstellen.

Beleuchtungseffekte

Korrekt angewendet ist der Filter Beleuchtungseffekte ein sehr nützliches Photoshop-Werkzeug, um Strukturen, 3D-Effekte oder Beleuchtungen zu erzeugen. Diesen Filter gibt es schon lange und die winzige Vorschau muss dringend an die Vorschauen der anderen Dialoge angepasst werden. Aber mal abgesehen von der zu kleinen Vorschau ist der Filter immer noch sehr praktisch. Auf den folgenden Seiten sehen Sie, wie Sie den Filter verwenden können, um aus einem einfachen Vorhang einen Theatervorhang zu erzeugen. Sie sehen außerdem, wie Sie die Farbkanäle des Bilds nutzen können, um die Struktur des Vorhangmaterials besser hervorzuheben.

3D-Transformieren vermisst!
Der Filter 3D-Transformieren ist in Photoshop CS2 nicht mehr standardmäßig installiert. Er wurde jedoch nicht vollständig verworfen, denn er befindet sich auf der Photoshop-CD. Installieren Sie ihn, indem Sie ihn in den Photoshop-Plug-In-Ordner ziehen.

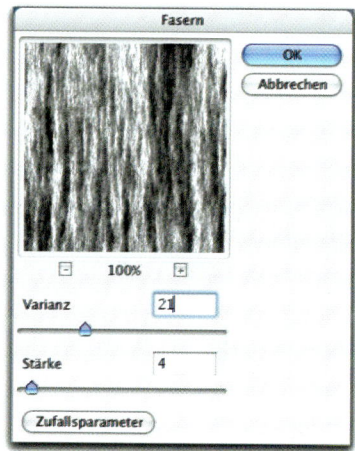

Abbildung 10.17 Der Filter Fasern

1 In diesem Beispiel wollte ich aus dem hellen Vorhang mithilfe des Filters Beleuchtungseffekte einen richtigen Theatervorhang erstellen.

2 Ich duplizierte die Hintergrundebene und wendete je eine Farbton/Sättigung-Einstellungsebene und eine Gradationskurven-Einstellungsebene an, um den Vorhang abzudunkeln. Anschließend fügte ich darüber eine Schattenebene hinzu, um die Bühne zu simulieren.

3 Ich aktivierte die Vorhangebene und wählte Filter/Renderingfilter/Beleuchtungseffekte. Ich wendete zunächst einen einzelnen Spot in der Mitte der Bildebene an. Die Vorschau ist im Vergleich zu vielen anderen Filtern sehr klein, Sie können den Effekt jedoch trotzdem erkennen. Positionieren Sie die Lichtquelle nach eigenem Empfinden, indem Sie die Griffpunkte verwenden, um sie zu verschieben. Wenn ich diesen Filter anwende, passe ich zuerst die Position und anschließend Intensität und Fokus an, um die gewünschte Beleuchtung zu erzielen. Anschließend wechsle ich zum Belichtungsregler, um die Helligkeit zu verfeinern; mit dem Regler Umgebung lässt sich die Beleuchtung der Umgebung verstärken oder verringern.

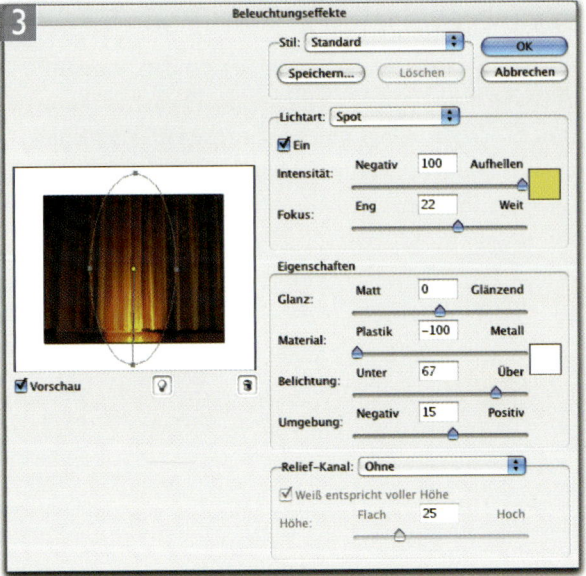

Kapitel 10
Photoshop-Filter

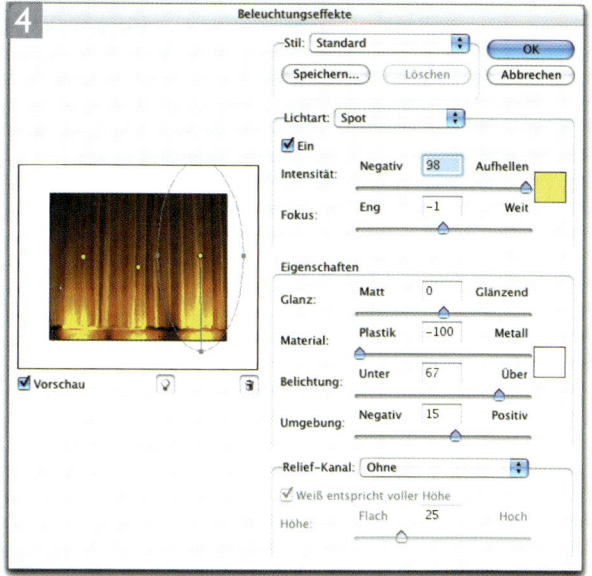

4 Um weitere Lichter hinzuzufügen, klicken Sie auf die Glühlampe unter der Vorschau oder mit gedrückter ⌥-Taste (PC: Alt) auf eine der bestehenden Lichtquellen. Wie Sie hier sehen, kopierte ich die erste Lichtquelle zweimal. Wenn Sie einen Beleuchtungseffekt wie diesen erstellen und ihn später wiederverwenden wollen, klicken Sie auf den Button SPEICHERN.

Eine weitere Besonderheit dieser Dialogbox ist, dass Sie Farb- oder Alpha-Kanäle als Reliefkanal verwenden können. Ich aktiviere den grünen Kanal mit aktivierter Checkbox WEISS ENTSPRICHT VOLLER HÖHE und einer Höhe von 25%. Je höher der Wert, desto stärker fällt das Relief aus.

5 Hier sehen Sie das Endergebnis. Um das Bild zu vervollständigen, wählte ich die footlights-Ebene aus und fügte ein Schein nach außen hinzu, um zusätzlich Atmosphäre zu erzeugen. Zum Schluss fügte ich noch ein Muster als Vorhangdekoration ein.

415

Wolken und Differenz-Wolken

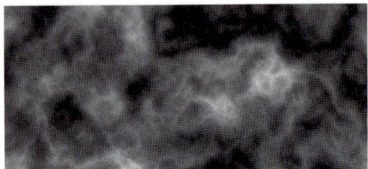

Diese Filter erzeugen ein Wolkenmuster, mit dem das gesamte Bild (oder ein ausgewählter Bereich) basierend auf Vorder- und Hintergrundfarbe ausgefüllt wird. Das Wolkenmuster ist bei jeder Anwendung des Filters anders. Wenn Sie den Filter beispielsweise mit ⌘-F (PC: Strg-F) wiederholt anwenden, erzeugen Sie jedes Mal andere Wolken. Halten Sie beim Einsatz des Filters die ⌥-Taste (PC: Alt) gedrückt, wird der Effekt verstärkt. Der Filter hat eine kumulative Wirkung auf das Bild. Wenn Sie ihn das erste Mal anwenden, entsteht ein Muster, das auf den umgekehrten Farbwerten basiert. Wiederholen Sie die Anwendung des Filters, entstehen Wolken, die auf den Originalfarben des Bilds basieren. Nach jeder Filterung werden die Wolken ausgeprägter und kontrastreicher.

Abbildung 10.18 Beispiele für den Wolkenfilter (oben) und die Differenz-Wolken (unten).

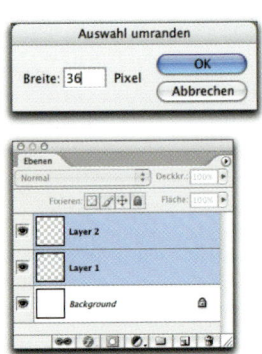
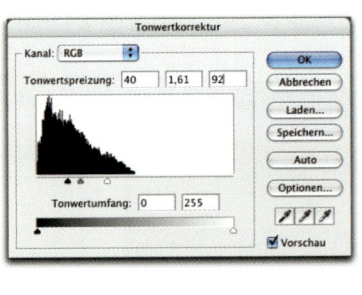

1 Hier sehen Sie eine Anwendungsmöglichkeit des Wolkenfilters. Erstellen Sie ein neues Dokument und fügen Sie eine neue, leere Ebene hinzu. Wählen Sie anschließend Auswahl/Alles auswählen und Auswahl/Auswahl verändern/Umrandung Geben Sie einen Wert für die Breite ein. Wenden Sie nun eine weiche Auswahlkante an (ich wählte einen Radius von 6 Pixel). Stellen Sie Vorder- und Hintergrundfarbe wieder her und wählen Sie Filter/Renderingfilter/Wolken. Fügen Sie eine weitere leere Ebene hinzu und füllen Sie die Auswahl (die immer noch aktiv ist) mit Schwarz. Wählen Sie den Ebenenmodus Multiplizieren.

2 Anschließend heben Sie die Auswahl auf, reduzieren beide Ebenen auf eine und wenden eine extreme Tonwertkorrektur an. Ziehen Sie diesen Rahmen dann auf ein anderes Bild und wählen Sie den Modus Multiplizieren. Das Ergebnis sehen Sie hier.

Blendenflecke

Das ist ein weiterer Rendering-Filter, der vielleicht etwas zu oft verwendet wird, jedoch sehr realistische Ergebnisse liefert, wenn der Effekt von Licht, das in ein Objektiv fällt, zusammen mit den entsprechenden Blendreflexen zu einem Bild hinzugefügt werden soll. Für am Computer erstellte Landschaften, die möglichst realistisch aussehen sollen, ist dieser Filter sehr nützlich.

Wenden Sie den Filter nicht direkt auf die Hintergrundebene an, sondern eher auf eine Füllebene im Modus ÜBERLAGERN, gefüllt mit 50% Grau. So lässt sich der Effekt im Anschluss beliebig positionieren. Sie können den Filter auch auf eine schwarze Füllebene anwenden und den Ebenenmodus UMGEKEHRT MULTIPLIZIEREN wählen.

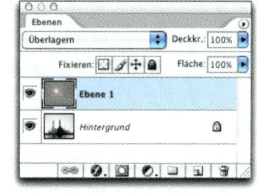

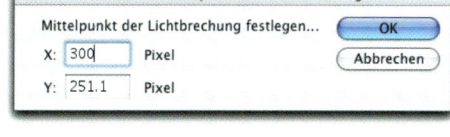

1 Um eine neue Füllebene im Modus ÜBERLAGERN und mit 50% neutralem Grau zu erstellen, klickte ich mit gedrückter ⌥-Taste (PC: Alt) auf den Button NEUE EBENE ERSTELLEN und nahm die entsprechenden Einstellungen vor.

2 Anschließend wendete ich den Filter BLENDENFLECKE an. Die Position des Mittelpunkts können Sie in der Vorschau der Dialogbox anpassen. Wenn Sie in diese mit gedrückter ⌥-Taste (PC: Alt) klicken, erscheint die Dialogbox GENAUER MITTELPUNKT DER LICHTBRECHUNG, in der Sie genaue Werte eingeben können.

Kapitel 11

Das Digitalbild

Ein Fotograf, für den ich einmal gearbeitet habe, sagte mir: »Lerne zuerst die handwerklichen Tricks, die Kunst kommt später von allein.« Photoshop zu erlernen, ist sicher sehr komplex. Wenn Sie es jedoch von Grund auf verstehen, werden Sie alle technischen Herausforderungen meistern und sich selbst fotografisch ausdrücken können. In diesem Kapitel geht es um die Aufnahme eines digitalen Bilds, bevor es in Photoshop landet. Außerdem finden Sie hier einen Überblick über die neuesten Kameras und Scanner. Dies ist sehr wichtig für alle weiteren Aktionen in Photoshop, denn alles beginnt mit der Bildaufnahme. Wie Sie dabei vorgehen, spielt eine große Rolle, besonders vom technischen Standpunkt aus gesehen. Und je besser das Ausgangsfoto ist, desto einfacher lässt es sich bearbeiten.

Analoges Digitalisieren

Sie können alle möglichen Fotos scannen: Dias, Schwarzweißnegative, Farbnegative und Abzüge. Jedes dieser Medien ist für den Fotoprozess und nicht fürs Scannen optimiert. Zum Beispiel ist der Dichtebereich eines Negativs sehr eng verglichen mit dem eines Dias, denn der Dichtebereich eines Negativs ist für die sensitometrische Kurve von Fotopapier optimiert. Eine Negativemulsion hingegen ist in der Lage, einen größeren Helligkeitsbereich aufzunehmen. Eine Negativemulsion kann also mehr Details in den Tiefen und Lichtern aufnehmen als beispielsweise die Emulsion eines Dias. Aus diesem Grund hängt das Erzeugen eines digitalen Standardergebnisses aus diesen unterschiedlichen Quellen von der Qualität der Scannerhard- und -software und den Möglichkeiten, unterschiedliche fotografische Medien in einen digitalen Standard zu überführen, ab. Müsste man den idealen Film erfinden, gemessen an Ausdrucken in CMYK, würde es sich wahrscheinlich um eine Dia-Emulsion mit leicht reduzierter Dichte handeln, die in der Lage ist, natürliche Farben zu erzeugen, ohne die Blau- und Grüntöne zu übersättigen. (In anderen Worten: Was in einem Lichtkasten vielleicht ganz gut aussieht, ist zum Drucken aber eher nicht geeignet.)

Digitale Bilder werden in der Druckindustrie seit mehr als 15 Jahren erfolgreich eingesetzt und wenn Sie etwas fotografieren, was später auch gedruckt werden soll, wird es irgendwann auch digitalisiert. Zu welchem Zeitpunkt in diesem Prozess die Digitalisierung stattfindet, ist unterschiedlich. Früher war das die Aufgabe der Person am Scanner oder in einem High-End-Fotolabor. Der weltweite Erfolg von Photoshop zeigt jedoch, dass das Scannen und auch die Bildbearbeitung immer mehr auf dem Schreibtisch stattfinden. Natürlich kann die Qualität der fertigen Bilder nur so gut sein wie das Original. Den Digitalisierungsprozess aus der Druckerei näher an den Ursprung des Bilds zu verlegen, ist keine einfache Aufgabe. Früher endete Ihre Verantwortung damit, den Film an den Kunden auszuhändigen. Dinge wie Bildauflösung und CMYK-Umwandlung waren da noch nicht Ihr Problem.

Dabei sollten wir das avisierte Endprodukt im Auge behalten: digitale Bilder, die für die Reproduktion auf einer Druckseite optimiert werden sollen. Das Medium, mit dem die Bilder verarbeitet werden, ist für den späteren Betrachter nicht relevant. Diese wunderschönen Dias werden ohnehin nur von einem kleinen Publikum bewundert: Sie, der Art Director, der Kunde. Sie sind zwar hübsch, dennoch aber nur ein Mittel zum Zweck, und es wäre seltsam, wenn ein Kunde noch immer auf Dias statt Proofs bestehen würde, wenn man doch von einem digitalen Proof einen viel besseren Eindruck vom Endergebnis bekommen kann. Keine Kritik am Film – eine Filmrolle kann viele Gigabyte an Daten aufnehmen und speichern, und das zu sehr günstigen Preisen. Seit über zwei Jahren fotografiere ich fast alles digital mit der Canon EOS 1Ds, seit kurzem mit der EOS 1Ds Mk II. Manche Kunden sind bereits vollkommen auf die digitale Technik umgestiegen, andere sehen mich lieber sowohl auf Film als auch digital fotografieren. Für mich ist das Wichtigste die Aufnahmegeschwindigkeit, deswegen mag ich die Canon EOS 1Ds Mk II, denn damit nehme ich bis zu 25 Bilder auf, ohne auf die Kameraspeicherung warten zu müssen.

Scanner

Ein Scanner liest die analogen Informationen des Originals, bei dem es sich um einen Druck, ein Negativ, ein Dia oder ein Gemälde handeln kann, wandelt sie in ein digitales Format um und speichert sie als Bilddatei zur Bearbeitung.

Trommelscanner

Viele professionelle Dienstleister verwenden High-End-Trommelscanner, da diese im Allgemeinen die beste Bildqualität erzeugen. Die optischen Sensoren und die Mechanik sind anspruchsvoll, ebenso die Software. Meist bezahlen Sie auch für einen ausgebildeten Operator, der in der Lage ist, die Einstellungen so vorzunehmen, dass die besten digitalen Ergebnisse von Ihrem Original erreicht werden.

Bei einem Trommelscanner wird das Bild auf einer transparenten Trommel platziert. Um Newtonsche Ringe zu vermeiden, ist die Oberfläche eingeölt – eine sehr dünne Schicht eines speziellen Öls garantiert gute Ergebnisse. Das Befestigen der Dias ist eine diffizile Angelegenheit und erfordert Geschick beim Umgang mit den Filmoriginalen. High-End-Trommelscanner werden oftmals in einem Raum mit Klimaanlage untergebracht, um den Staub zu minimieren. Das Bild auf der Trommel wird mit sehr hoher Geschwindigkeit gedreht, eine Lichtquelle, die mit einem Photomultiplier (Elektronenvervielfacher) ausgerüstet ist, tastet den Film der Länge nach ab. Dadurch wird der Farbbereich des Bilds mit sehr vielen Details digitalisiert. Trommelscanner bieten mechanische Genauigkeit und fortgeschrittene Funktionen wie die Berücksichtigung geringster Abweichungen in der Form der Trommel und somit eine perfekte Fokussierung. Von der hellen Lichtquelle aus ist der Photomultiplier in der Lage, Tiefendetails innerhalb der kontrastreichsten Dias aufzunehmen (an dieser Stelle müssen unterlegene Scanner passen). Trommelscanner besitzen meistens einen separaten Photomultiplizierkopf, um Tonwerte zusätzlich zur Aufnahme der RGB-Köpfe aufzunehmen und so die benötigte Schärfe des jeweils benötigten Pixelbereichs zu berechnen.

Die Struktur eines Digitalbilds

Ein digitales Bild besteht aus einer langen Zeichenkette von Binärcode, wie der Digitalcode, der auf unseren Musik-CDs in ein Audiosignal umgewandelt wird. Diese Zeichenkette enthält Informationen, die ein Computer liest und als Vollfarbbild ausgibt. Das digitale Original kann exakt unendlich oft reproduziert werden. Das Bild selbst besteht aus Pixeln, den Bildpunkten. Die Helligkeit jedes Pixels wird numerisch definiert, jedes Pixel ist Bestandteil eines Mosaiks aus vielen tausend oder Millionen Pixeln, aus denen sich ein digitales Bild zusammensetzt.

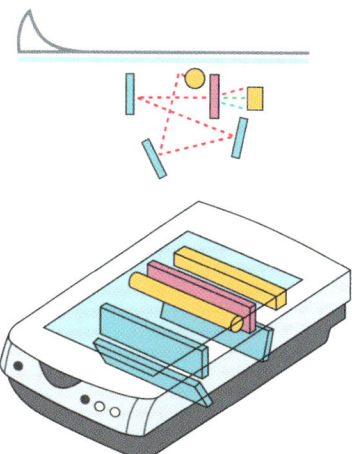

Abbildung 11.1 Dieses Diagramm zeigt das Innenleben eines Flachbettscanners. Die künstliche Lichtquelle beleuchtet das Objekt, das gescannt werden soll. Das von der Oberfläche reflektierte Licht wird mehrmals gespiegelt, bevor es auf dem Sensor auftrifft.

Immer auf den »Sweet Spot«
Um bei einem Flachbettscanner die beste optische Qualität zu erreichen, sollten Sie das Original in der Nähe der Mittelachse der Platte positionieren.

CCD-Scanner und Staub
CCD-Scanner tendieren dazu, Staub und Kratzer stärker zu betonen als andere Geräte. Die Lichtquelle ist bei CCD-Scannern viel weicher. Das ist, als würde man einen Kondensor- mit einem Diffusorvergrößerer vergleichen. Letzterer hat eine weichere Lichtquelle und erzeugt deshalb nicht so viele Störungen. Um das Problem mit staubigen Originalen zu lösen, war der Nikon LS 2000 der erste 35-mm-CCD-Scanner mit Digital ICE (Image Correction and Enhancement – digitale Bildkorrektur). Das ist eine clevere Filtermethode, bei der mithilfe des Infrarotanteils Unreinheiten in der Oberfläche maskiert werden. Das ICE-Processing kann automatisch Staub und Kratzer entfernen, ohne das Bild dabei zu stark weichzuzeichnen.

Flachbettscanner

Flachbettscanner funktionieren ähnlich wie Fotokopierer. Professionelle Flachbettscanner werden bei Fotodienstleistern immer populärer, denn mittlerweile erreichen sie echte Repro-Qualität. Zudem ist es einfacher, die Bilder auf dem Scanner zu platzieren, im Unterschied zu den Trommelscannern, bei denen die Fotos mit Öl auf der Trommel befestigt werden. Die besseren Modelle zeichnen alle Dichten in einem Durchlauf auf und besitzen eine Durchlichteinheit zum Scannen von Dias und Negativen. Hersteller hochwertiger Flachbettscanner sind Fuji, Lanovia, Microtek und Umax. Ein weiterer Grund für die wachsende Popularität der Flachbettscanner ist die Qualität der professionellen Scan-Software, die mit den Scannern ausgeliefert wird.

Die meisten Flachbettscanner gehören eher zur Hobbyklasse der Geräte und werden von vielen Designern für so genannte Layoutscans verwendet, um das Bild probehalber im Layout zu positionieren. Zwar eignen sie sich nicht zur Repro-Arbeit, dennoch kann man auch mit preiswerten Flachbettscannern ganz passable Scans erzeugen.

CCD-Diascanner

CCD-Diascanner (Charge Coupled Device) sollen Filmemulsionen mit einer viel höheren Auflösung scannen. Microtek, Polaroid, Nikon, Canon und Kodak sind gute Modelle, um 35mm und 120er Formate zu scannen. Es ist definitiv nicht verkehrt, die Imacon-Flextight-CCD-Scanner näher anzuschauen. Diese CCD-Scanner bieten eine hohe optische Farbauflösung und einen ordentlichen Dynamikbereich. Meiner Ansicht nach sind der Flextight Photo (35mm und 120er Filme), der Flextight 646 und der Flextight 848 (den ich verwende) die besten CCD-Scanner für kleine und mittlere Scans. Und im Vergleich zu einem Desktop-Trommelscanner liefern sie exzellente Werte.

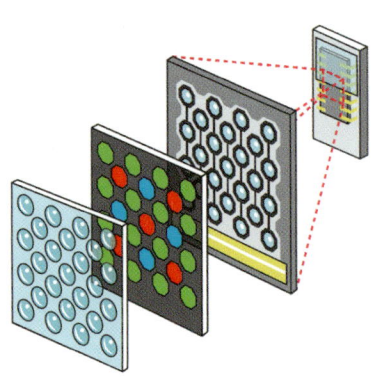

Abbildung 11.2 Schema eines CCD-Sensors

Worauf Sie bei einem Scanner achten müssen

Flachbettscanner sind sicherlich die preiswerteste Variante und mit vorhandener Durchlichteinheit können Sie auch Abzüge, Negative und Dias scannen. Wenn Sie vor allem Kleinbildfilme scannen wollen, sind Sie mit einem 35-mm-CCD-Scanner vermutlich besser dran, z.B. mit dem Nikon Super Coolscan 5000 ED. Wenn Sie auch 120er Filme in professioneller Repro-Qualität scannen wollen, empfiehlt sich der Nikon 9000 ED, der auch größere Filmformate in nahezu Repro-Qualität scannt. Für beste Qualität werfen Sie einen Blick auf die bereits erwähnte Imacon Flextight-Serie.

Die Spezifikationen der Hersteller können Sie als Richtlinie bei Ihrer Kaufentscheidung heranziehen. Lesen Sie nachfolgend, was die Zahlen wirklich bedeuten.

DPI oder PPI?

Um dieses Thema geht es detaillierter im nächsten Kapitel. Sie sehen oft, dass die Auflösung eines Scanners in dpi (dot per inch) angegeben ist. Photoshop-Experten werden Ihnen jedoch bestätigen, dass dies die falsche Methode ist, die Auflösung eines pixelgenerierenden Geräts wie einem Scanner zu beschreiben. Die korrekte Maßeinheit für die Scannerauflösung wäre ppi, was für Pixel pro Inch steht.

Auflösung

Die Auflösung sollte in ppi angegeben sein. Sie ist ein Maß dafür, wie präzise ein Scanner das Bild auflösen kann. Der Konica Minolta Dimage Scan Dual III ist ein 35-mm-Scanner mit einer Auflösung von 2802 ppi. Der Nikon Super Coolscan 5000 ED ist ein etwas teurer 35-mm-Filmscanner mit einer Scanauflösung von 4000 ppi. Das heißt, Sie können ein 35-mm-Bild scannen und erhalten eine Datei von 60 MB mit 24 Bit Farbtiefe. Sie wissen, auf die optische Auflösung kommt es an, nicht auf die interpolierten Zahlen. Die einfachen Flachbettscanner beginnen bei Auflösungen von 1200 x 2400 ppi, die High-End-Modelle haben bereits 4800 x 9600 ppi. Flachbettscannerauflösungen werden durch die horizontale Auflösung ausgedrückt (die Anzahl linear angeordneter Sensoren) und außerdem durch die vertikale Auflösung (die mechanische Genauigkeit des Scanners). Ich rate Ihnen, die Scanauflösung bei einem Flachbettscanner nicht höher als die optische Auflösung einzustellen und das Bild notfalls in Photoshop hochzurechnen. Es ist insbesondere bei Dias sinnvoll, bei maximaler optischer Auflösung zu scannen und die Dateigröße in Photoshop zu reduzieren. Auf diese Weise werden einige Scannerstörungen reduziert und ausgeglichen, die bei preiswerten Modellen auftreten.

Hohe Auflösung vorgaukeln

Einige Hersteller reklamieren für sich Scanauflösungen von bis zu 9600 ppi, während die maximale optische Auflösung tatsächlich nur 600 ppi beträgt. Ebensogut können Sie behaupten, eine Videoaufnahme von Ihrem Auto zu besitzen, auf der dieses die Schallmauer durchbricht. Beweisen würden Sie das, indem Sie das Videoband einfach schneller ablaufen lassen als normal.

Multipass-Modus

Manche CCD-Scanner haben einen Multipass-Modus. Da eine CCD vor allem in den Tiefen zu zufälligem Rauschen tendiert, wird häufig ein besseres Ergebnis erzielt, wenn man das Original mehr als einmal scannt. Allerdings dauert das Scannen auch länger.

Dynamikbereich

Ein kritischer Anhaltspunkt für die Qualität eines Scanners ist der Dynamikbereich, der Tonwertbereich, den der Sensor zwischen maximaler und minimaler Intensität aufnehmen kann. Nicht jeder Hersteller verrät Ihnen den Dynamikbereich des Scanners (besonders, wenn dieser nicht sehr gut ist). Ein guter Repro-Scanner sollte einen Dynamikbereich von 3,8 haben. Einige Hersteller tendieren zu sehr optimistischen Angaben und die genannten Werte können durch Scanner-Rauschen in den Tiefen noch beeinträchtigt werden.

Ein großer Dynamikbereich bedeutet, dass der Scanner Details aus den hellsten Lichtern und den dunkelsten Tiefen aufzeichnen kann. Beim Scannen von Dias können die enormen Dichteumfänge moderner E-6-Filme zu einer großen Herausforderung werden (Ektachrome-Dias haben einen typischen Dynamikumfang von 2,85–3,6). Manche Fotografen überbelichten einen Diafilm wie Velvia oder unterentwickeln ihn absichtlich. Dadurch entstehen schwächere Tiefen auf dem Film, die leichter gescannt werden können.

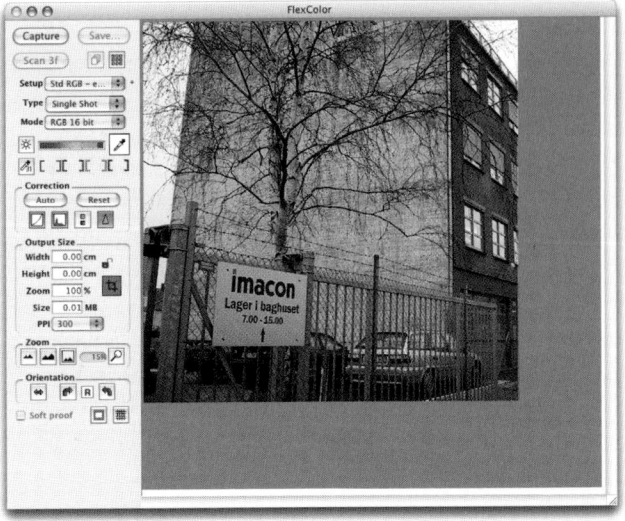

Abbildung 11.3 Die Oberfläche des Imacon FlexColor 3.6. Wie bei anderer Kamera- und Scanner-Software können Sie mit FlexColor Scanner- und Aufnahmeeinstellungen vornehmen. Die meisten Profis bevorzugen neutrale Einstellungen, um alle Farbkorrekturen und Scharfzeichnungen in Photoshop vornehmen zu können.

Farbtiefe

Die Farbtiefe (auch Bit-Tiefe) bezieht sich auf die maximale Anzahl an Tonwerten pro Kanal, die ein Scanner aufnehmen kann. Das ist nicht dasselbe wie der Dynamikbereich, denn hier geht es um die Empfindlichkeit des Sensors. Angenommen, Sie scannen ein Schwarzweißnegativ und müssen den Farbbereich ausdehnen, um ein kontrastreicheres Positiv zu erhalten. Je mehr Tonwerte ein Scanner beim Scannen aufzeichnen kann, desto mehr Spielraum haben Sie bei der Bearbeitung der Tonwerte, um ein ordentliches Bild ohne zu stark gestreckte Tonwerte zu erreichen. Ein 24-Bit-RGB-Farbbild besteht aus drei 8-Bit-Kanälen, jeder 8-Bit-Kanal kann bis zu 256 Tonwerte enthalten. Wenn Sie mit einem Bild arbeiten, das anfangs 256 Tonwerte pro Kanal besaß, und es einer Tonwertkorrektur oder Gradationskurven-Einstellung unterziehen, um den Kontrast in jedem Kanal zu verbessern, haben Sie zum Schluss noch weniger Tonwerte pro Kanal als zu Beginn. Schließlich strecken Sie die limitierte Anzahl von Tonwerten in jedem Kanal. Die meisten Scanner auf dem Markt sollten in der Lage sein, mit 12 Bit oder höher pro Kanal zu scannen. Ein solcher Scanner mit 12 Bit pro Kanal ist in der Lage, 4096 Tonwerte in jedem Farbkanal aufzuzeichnen. So verlieren Sie zwar bei jeder Farbkorrektur Daten, aber das Ergebnis lässt sich prima in einen 24-Bit-Farbraum umwandeln, bei dem jeder Kanal über den vollen Tonwertumfang verfügt.

Jedes Bild, das bei mehr als 8 Bit pro Kanal gescannt wurde, wird von Photoshop als 16-Bit-Bild erkannt (Sie entnehmen die Farbtiefe der Titelleiste des Bildfensters). Ich digitalisiere meine Bilder immer mit einer hohen Farbtiefe. Die ersten Bildeinstellungen nehme ich dann im 16-Bit-Modus vor. Damit kann ich die größtmögliche Integrität der Daten erhalten. Wenn ich mit den grundlegenden Bearbeitungen zufrieden bin, kann ich das Bild beruhigt in den 8-Bit-Modus umwandeln. Der Unterschied ist gewaltig, wenn man die ersten Bearbeitungen im 16-Bit-Modus vornimmt.

Farbtiefe verstehen

Um den Begriff der Bit-Tiefe zu verstehen, beginnen wir am besten mit einem Graustufenbild ohne Farbwerte, nur mit Luminanz. Ein Bild mit 1 Bit enthält nur schwarze oder weiße Pixel. Ein Bild mit 2 Bit umfasst vier Stufen (2^2), 3 Bit acht Stufen (2^3) usw., bis hin zu 8 Bit (2^8) mit 256 Grautönen. 8-Bit-Graustufenbilder bestehen aus 256 verschiedenen Grautönen. Ein Farbbild im RGB-Modus setzt sich aus drei Farbkanälen zusammen. Jeder Kanal beinhaltet 8 Bit Graustufeninformationen, die den Wert der einzelnen Farbkomponenten des farbigen Bilds bestimmen. Wenn die drei Farbkanäle übereinander gelagert werden, enthält ein einzelnes Pixel eines RGB-Bilds 3 x 8 Bit Informationen, das entspricht einem 24-Bit-Farbbild, das aus bis zu 16,7 Millionen möglichen Farben bestehen kann.

Ein Scanner wird oft dadurch beschrieben, dass er in der Lage ist, ein RGB-Bild mit 30 oder 36 Bit zu scannen. Wenn Sie ein Bild mit mehr als 8 Bit pro Kanal scannen, können Sie solch ein Foto in Photoshop öffnen und es dort im 16-Bit-Modus bearbeiten. (Beachten Sie, dass alles, was mit mehr als 8 Bit pro Kanal gescannt wird, automatisch in den 16-Bit-Modus überführt wird, auch wenn das Bild nicht mit 16 Bit gescannt wurde.) Photoshop besitzt eine erweiterte Unterstützung für die Bearbeitung im 16-Bit-Modus. Sie können solche Bilder freistellen, kopieren, die Farbe anpassen und verschiedene Filter anwenden.

Bitmap-Bild (1 Bit)

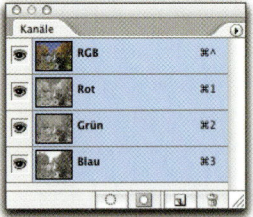

Zusammengesetztes RGB-Bild (24 Bit)

Roter Kanal (8 Bit)

Grüner Kanal (8 Bit)

Blauer Kanal (8 Bit)

Abbildung 11.4 Die Farbtiefe eines Bilds ist die mathematische Beschreibung der maximal möglichen Tonwerte, diese werden als Zweierpotenz ausgedrückt. Ein Bitmap-Bild enthält 2^1 Tonwerte (2), in anderen Worten, entweder Schwarz oder Weiß. Ein normales Photoshop-Graustufenbild mit einer Farbtiefe von 8 Bit pro Kanal oder jeder einzelne Kanal eines Farbbilds enthält 2^8 Tonwerte (256). Wenn also drei RGB-8-Bit-Farbkanäle in einem Bild kombiniert werden, entsteht ein 24-Bit-Bild mit bis zu 16,7 Millionen Farbtönen.

Kapitel 11
Das Digitalbild

1 Ein gescanntes Schwarzweißnegativ enthält viele feine Farbinformationen. Es ist wichtig, dass der benutzte Scanner diese kleinen Tonwertunterschiede akkurat aufzeichnen kann. Ein Histogramm des invertierten, ansonsten aber unveränderten Negativs bestätigt, dass Tiefen und Lichter nachjustiert werden müssen, um den gesamten Tonwertbereich beim Drucken abzudecken.

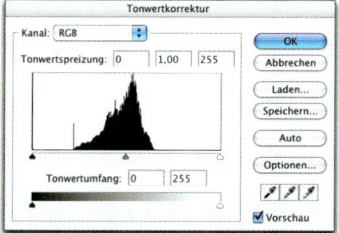

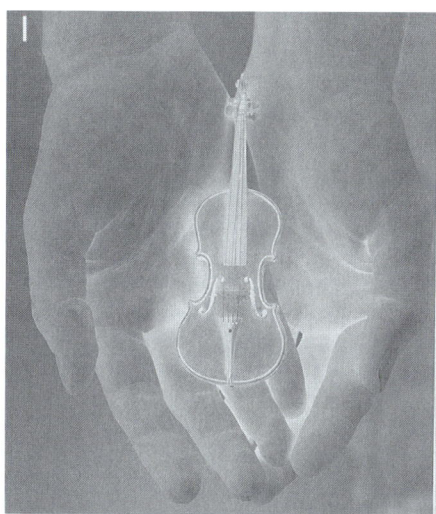

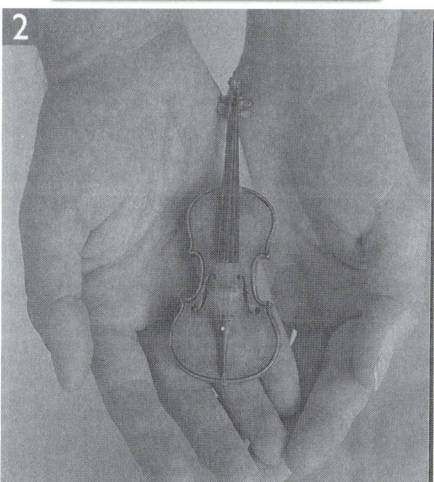

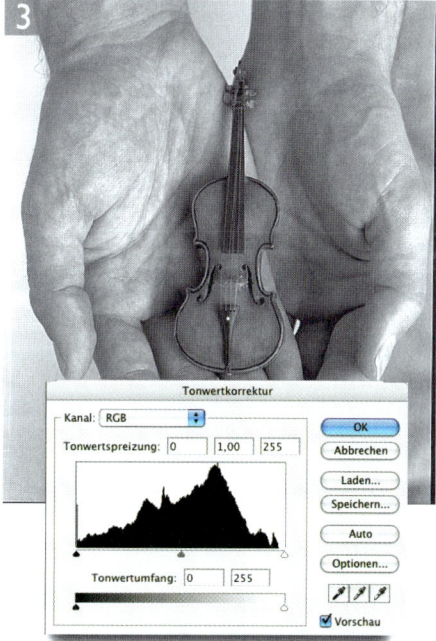

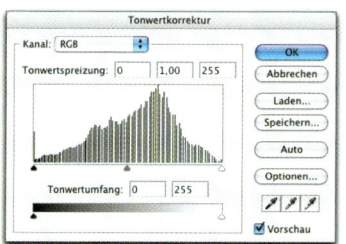

2 Wenn wir das Bild als Standard-24-Bit-RGB scannen (8 Bit pro Kanal) und die Tiefen- und Lichtpunkte verschieben, sehen Sie, wie zerrissen das Histogramm nach dem Umkehren und der Tonwertkorrektur erscheint.

Fotograf: Eric Richmond.

3 Wenn wir stattdessen mit höherer Farbtiefe scannen (mehr als 8 Bit pro Kanal), wird das Bild im 16-Bit-Modus in Photoshop geöffnet. Das Histogramm sieht nach der Tonwertkorrektur weich wie in der Abbildung aus, das heißt, wir haben möglichst wenige Tonwertinformationen verloren.

Scan-Geschwindigkeit

Wenn ein Scanner sehr lange braucht, um eine Vorschau zu erstellen und den Scan auszugeben, kann das Ihren Arbeitsablauf arg beeinträchtigen. Die vom Hersteller angegebenen Zeiten sind meist sehr optimistisch. Lesen Sie daher lieber die aktuellen Testberichte in Zeitschriften oder im Web, um die Geschwindigkeiten zu vergleichen. Sie sollten auch die Zeit einrechnen, die Sie benötigen, um das Original auf den Scanner zu legen und wieder zu entfernen, und die Zeit, die für eine höhere Auflösung oder mehrere Durchgänge benötigt wird. Ich habe in der Vergangenheit mit einem Trommelscanner gearbeitet und war mir der Zeit durchaus bewusst, die nötig war, um jedes einzelne Dia aufzulegen, zu entfernen und hinterher alles zu säubern.

Die Herkunft von TWAIN

Nur zur Information, damit Sie wissen, woher der Name TWAIN stammt: Ursprünglich wurde er aus Kiplings Ballade von Ost und West entnommen: »... and never the Twain shall meet.« Da aber Geeks ihre Akronyme lieben, wurde lange spekuliert, wofür die Buchstaben stehen könnten. Und so kam man zu dieser Lösung: Technology Without An Interesting Name (Technologie ohne interessanten Namen).

Scan-Software

Der Scanner wird mit einem Treiber geliefert, der den Scanner steuert. Der Treiber kann entweder ein einzelnes Programm sein, das das Bild importiert und als TIFF speichert, damit es in Photoshop geöffnet werden kann. Oder er ist ein Plug-In oder TWAIN-Treiber, der in Photoshop eingegliedert wird. Das Installationsprogramm legt dann automatisch alle notwendigen Teile im Zusatzmodule-Ordner ab. Zum Scanner haben Sie dann Zugang über DATEI/IMPORTIEREN/NAME DES SCANNERS.

Ein guter Treiber sollte eine klare Scanvorschau anbieten, um schon vor dem Scan in voller Auflösung Einstellungen vornehmen zu können. Die Idealsituation wäre, wenn der Scanner treu und brav das Originalbild aufzeichnet und in Photoshop nur noch minimale Bearbeitungen nötig wären, um eine akkurate Wiedergabe des Bilds in der Masterdatei zu erreichen. Moderne Scanner sollten ICC-basierte Farbmanagement-Software benutzen, um die Farben vom Scanprozess zum Öffnen in Photoshop zu übersetzen. Sogar die in den Scanner eingebauten ICC-Profile sollten Sie direkt ans Ziel bringen. Für wirklich genaues Farbmanagement sollten Sie sich eigens für Sie erstellte Farbprofile zulegen.

Scans von einem Dienstleister kaufen

Preiswerte Scanner reichen aus, wenn man z.B. Bilder für eine Website scannen will. Profi-Fotografen sollten jedoch die Investition in einen Scanner in Repro-Qualität erwägen, oder, falls das zu kostenintensiv ist, die Bilder professionell scannen lassen. Die Kosten scheinen unerschwinglich zu sein, aber dafür bekommen Sie das beste, was moderne Technologie zu bieten hat. Ich bin immer wieder erstaunt darüber, dass Leute zwar viel Geld für Kameras und Objektive ausgeben, dann aber das Äquivalent einer billigen Lupe wählen, um ihre besten Bilder zu scannen.

Wenn Sie scannen lassen, müssen Sie wissen, was Sie genau wollen. Erstens, alle Scanner arbeiten in RGB. Punkt. Die Person am Verkaufstresen mag vielleicht sagen: »Unsere Scanner arbeiten in CMYK.« Was sie wirklich meint, ist, dass die Scanner-Software die Bilder automatisch von RGB in CMYK umwandelt. Meist werden solche Scans angeboten, die direkt gedruckt werden können, dazu müssen sie sofort in CMYK gewandelt und scharfgezeichnet werden. Wenn Sie jedoch richtige Retuschen vornehmen wollen, bevor Sie die Datei für den Druck vorbereiten, sind Sie mit einem RGB-Scan besser bedient als mit einem scharfgezeichneten CMYK-Bild. Sie können in CMYK zwar das Bild bearbeiten und zusammensetzen, aber viele Filter funktionieren in diesem Modus nicht. Bitten Sie den Dienstleister unbedingt, alle Scharfzeichnungen auszuschalten – die können Ihnen wirklich Ärger bereiten. Bestehen Sie darauf, dass die Scans in 16 Bit pro Kanal gescannt und mit eingebettetem Profil geliefert werden. Wenn man diese Grundbedürfnisse nicht absichern kann, sollten Sie sich einen anderen Anbieter suchen, der sich besser mit den Bedürfnissen von Fotografen auskennt.

Kodak Photo CD und Picture CD

Kodak startete die Photo CD 1992 als plattformunabhängiges Medium für Digitalbilder, das auf Desktop-Computern und per CD-Player auf TV-Monitoren verwendet werden sollte. Photo CD war ursprünglich für den Amateurbereich gedacht, mit dem Auftauchen preiswerter Digitalkameras ließ jedoch das Interesse nach.

Labore und Studios, die die Kodak Photo CD als Dienstleistung anbieten, liefern die Entwicklung von Filmen, Dias oder Negativen plus den Transfer der Bilder auf eine Master-CD meist als Paket. Die Preise variieren stark von Anbieter zu Anbieter, die CD müssen Sie jedoch zusätzlich kaufen. Eine Master-CD kann bis zu 100 35-mm-Scans in Standardauflösung (18 MB) enthalten, die Pro Disc speichert bis zu 35 hoch auflösende Scans (72 MB) von 35-mm-, 120- oder 5x4-Filmen.

Ein Bild von einer Photo CD öffnen

Der einfachste Fehler, den Mac-Anwender machen können, ist, Dateien aus dem Ordner PHOTOS direkt in Photoshop zu öffnen. Diese PICT-Bilder (für TV-Monitore) sind nicht für

Visuell beurteilen
Alle Scanner sind RGB-Geräte. CCD-Chips sind mit drei- oder vierfarbigen Sensorenzeilen ausgestattet, üblicherweise mit einem roten, zwei grünen und einem blauen Sensor (der zusätzliche grüne soll das CCD an die Empfindlichkeit des Auges anpassen). Überprüfen Sie bei der Begutachtung eines Scans jeden Kanal einzeln, achten Sie besonders auf den blauen, denn der ist meist der schwächste. Achten Sie auf übermäßiges Rauschen und Streifen. Die Störungen sind nicht in jedem gescannten Subjekt zu erkennen, aber bei vielen Unterwasseraufnahmen oder Himmelbildern werden sie schnell sichtbar.

Photo-CD-Profile
Scans auf einer Pro Photo CD verwenden die 4050er Profile, während herkömmliche Photo-CD-Scans mit Universalprofilen arbeiten. Das Farbnegativ-Profil wird von allen Photo-CD-Scannern erkannt. Die korrekte Auswahl des Eingabeprofils verbessert die Qualität der importierten Bilder, bei Umkehrfilmen besonders in den Tiefendetails.

Kodak Picture CD

Verwechseln Sie die Kodak Picture CD nicht mit der Kodak Photo CD, denn eine Picture CD enthält nur komprimierte JPEG-Dateien. Wenn Sie Ihre Filme entwickeln lassen, müssen Sie auf der Fototüte nur ein Feld ankreuzen, dann wird die Picture CD gleich mitgeliefert.

die Repro geeignet, denn die Lichter werden oft beschnitten. Legen Sie die Photo CD ins Laufwerk ein. Starten Sie Photoshop und öffnen Sie das gewünschte Bild über DATEI/ÖFFNEN. Wählen Sie das PCD-Icon vom Schreibtisch. Öffnen Sie den Ordner PHOTO_CD, dann den Ordner IMAGES. Suchen Sie sich vom Indexprint Ihrer CD das gewünschte Foto aus und klicken Sie im Öffnen-Dialog auf die entsprechende Nummer. Klicken Sie dann auf ÖFFNEN. Nun erscheint eine Dialogbox mit mehreren Optionen. Wählen Sie unter PIXEL SIZE eine Ausgabeauflösung, von der die Dateigröße abhängt. Wählen Sie unter PROFILE ein Profil, das Ihrem Filmtyp und dem benutzten Scanner ziemlich nahe kommt. Sie können das Photo-CD-Bild entweder in YCC (Photoshop Lab) oder RGB öffnen. Bei Letzterem wird die Datei beim Öffnen automatisch in den aktuellen RGB-Farbraum umgewandelt. Sie können ein Photo-CD-Bild auch mit einer Farbtiefe von 16 Bit pro Kanal öffnen und erzeugen so eine 48-Bit-RGB-Datei.

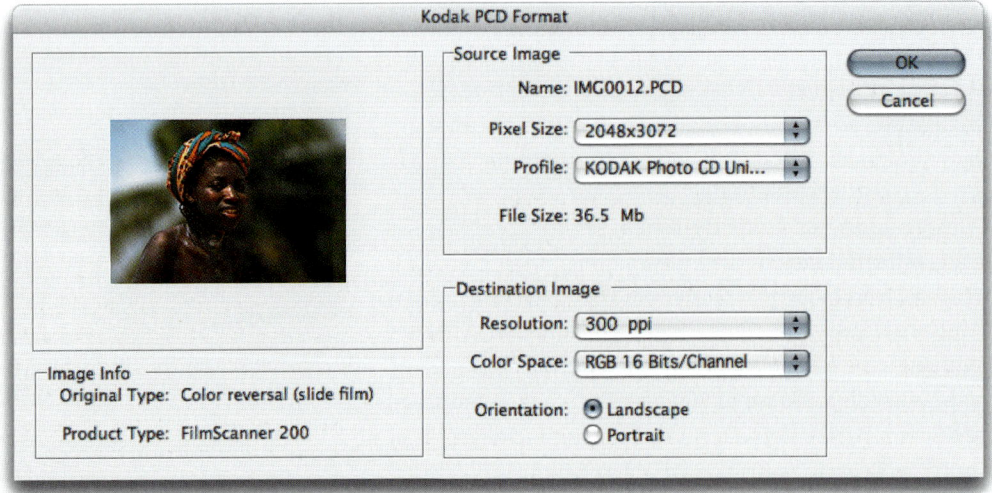

Abbildung 11.5 Die Benutzeroberfläche einer Photo CD. Im Abschnitt IMAGE INFO auf der linken Seite finden Sie die Art des Films und den Scanner, mit dem die Bilder erstellt wurden. Diese Informationen helfen Ihnen bei der Festlegung des Profils. Sie haben zudem die Möglichkeit, die Pixelauflösung einzustellen, mit der die Datei geöffnet werden soll. Außerdem können Sie eine Photo CD-Datei als RGB-Bild im 16-Bit-Modus öffnen. Der Luminanzkanal einer YCC-Datei enthält 12 Bit. Wenn Sie eine solche Datei in 48 Bit RGB umwandeln, erhalten Sie nahezu alle Informationen, die mit dem Originalscan der Photo CD aufgenommen wurden.

Kapitel 11
Das Digitalbild

Digitalkameras

Silberfilm gibt es schon seit 150 Jahren. Wir wissen, dass er gut funktioniert, denn die Hersteller verbessern das Filmmaterial immer weiter. Aber die digitale Aufnahmetechnologie hat sich in den letzten Jahren so gut entwickelt, dass Digitalkameras dem Film fast die Show stehlen. Besonders im Consumer-Bereich ist das Interesse an Digitalkameras deutlich gestiegen und wir alle fotografieren mehr als zuvor. Die digitale Fotografie ist populär, weil Sie sofort das Ergebnis sehen, die Bilder per E-Mail an Freunde schicken können und es vor allem Spaß macht.

Professionelle Fotografen nehmen sich dieser neuen Technologie aufgrund seiner Direktheit ebenfalls an und weil das abgesegnete Bild die finale Datei darstellt. Das Warten auf den entwickelten Film und das Senden der fertigen Bilder per Kurier an den Kunden gehören der Vergangenheit an. Der Kunde verlässt nun das Studio mit einer CD mit den fertigen Bildern. Er spart dadurch nicht nur Zeit, sondern auch das Geld für den Film, außerdem die Kosten für die Entwicklung und das Scannen der Bilder.

Chips vergleichen

Consumer-Digitalkameras haben meist nur relativ wenige Megapixel. Von den erzeugten Fotos kann man aber einigermaßen ordentliche Ausdrucke auf einem Inkjet anfertigen und mehr wollen die meisten Leute auch gar nicht. Für den zu zahlenden Preis ist die Leistungsfähigkeit mancher Low-End-Kameras jedoch schlicht erstaunlich. Die Megapixel der erzeugten Dateien kann man jedoch nicht mit denen anspruchsvollerer Spiegelreflexkameras vergleichen. Die spektrale Empfindlichkeit bei Consumer-Kameras kann ungleichmäßig sein, die Chips sind eventuell rauschanfällig und die Optik ist nicht toll. Dennoch ist das Ergebnis genauso gut oder besser als die Miniabzüge, die Sie von einer Kompaktkamera erhalten. Und wenn Sie einmal eine Kamera haben, müssen Sie nichts mehr für Film oder Entwicklung zahlen. Sie brauchen nur einen Computer, auf den Sie die Bilder laden können, sowie etwas Platz zum Speichern.

Frühe digitale Kamerasysteme

Vor acht oder zehn Jahren waren die professionellen digitalen Möglichkeiten eher eingeschränkt und unanständig teuer. Einige frühe Digitalkameras sahen eher wie Überwachungskameras aus: ein Backstein mit Linse. Die Schlauberger, die sie entworfen hatten, haben vermutlich zu lange vor einer Kamea gestanden, denn die Dinger hatten keinen Sucher und man musste den Bildausschnitt direkt auf dem Display betrachten (das war ungefähr so sinnvoll, als hätte man das Lenkrad eines Autos durch eine Maus ersetzt). Hersteller wie Leaf, Phase One und Dicomed produzierten als Erstes digitale Rückwände, die man auch mit herkömmlichen Profi-Kameras verwenden wollte.

Megapixel zählen

Die wichtigste Komponente in jeder Digitalkamera ist der Pixelsensor. Als Erstes schauen die meisten Menschen auf die Anzahl der Megapixel, also die Pixel, die der Chip aufnehmen kann. Ein Chip mit 3000 x 2000 Pixel kann beispielsweise 6 Millionen Pixel aufnehmen (6 Megapixel). Bedenken Sie aber, dass in den meisten Fällen nicht alle diese Pixel benötigt werden, um ein Bild aufzunehmen. Die angegebene Anzahl der Megapixel sollte lieber die effektive Anzahl der Pixel beschreiben, die die Kamera auch wirklich verwendet. Auch wenn Ihnen die Anzahl der Megapixel bei der Schätzung der zukünftigen Bildgröße hilft, ist das noch nicht alles, weil nicht alle Sensor-Chips gleich sind.

Die richtige Kamera für Sie?

Als Service für unsere Leser habe ich auf der CD zum Buch und auf meiner Website ein PDF-Dokument vorbereitet, in dem die meisten Profi-Digitalkameras und einige bessere Consumer-Produkte auflistet. Die Liste ist in vier Kategorien eingeteilt. Die erste Kategorie umfasst Kameras, die für den Heimanwender gedacht sind und keine auswechselbaren Objektive besitzen. Einige dieser Kameras sind sehr zufrieden stellend und können auch professionell eingesetzt werden. Hier können Sie die Belichtungszeit manuell einstellen oder einen externen Blitz anschließen. Diese Modelle sind Amateurkameras mit professioneller Ausrichtung. Die einzigen Einschränkungen dieser Kameras sind die begrenzte Lebensdauer der Batterie und der begrenzte Speicher. In der nächsten Kategorie sind digitale SLRs aufgeführt. Diese Modelle basieren auf herkömmlichen 35 mm Kameragehäusen, ihre Blenden können ausgetauscht werden. Es handelt sich hierbei um eher professionelle Kameras zu einem annehmbaren Preis. Im dritten Abschnitt sind Mittelformatkameras aufgeführt. Diese verwenden Chips in der Größe von 24 x 35 mm oder 35 x 35 mm oder größer und sind mit der neuesten Technologie ausgestattet, um Rauschartefakte zu vermeiden. Zu guter Letzt habe ich noch einige Kameras mit einem Scanner-Rückteil aufgelistet, die es immer noch gibt, wenn auch nicht mehr in diesem Umfang.

Der verbreitetste Kamera-Chip ist das CCD (Charge Coupled Device). Diese Chips gibt es schon seit langem, sie werden in Digitalkameras häufig verwendet. Der Nachteil von CCDs ist, dass sie warm werden und statische Aufladung Staub anzieht. CCDs leiden auch häufig unter Störungen in den Tiefen, besonders im blauen Kanal. Die meisten professionellen Kamerarückwände benutzen CCDs, setzen aber verschiedene Strategien ein, um den Chip ständig zu kühlen. Am effektivsten ist der Peltier-Chip, der direkt auf den Sensor-Chip aufgebracht wird und elektronische Kühlung anwendet, um die Wärme abzuleiten. Damit reduziert er das Rauschen deutlich. Das ist einer der Gründe, warum Profi-Kamerarückwände deutlich unförmiger sind als Spiegelreflexkameras. Seit kurzem wird die CMOS-Technologie (complementary metal oxide semiconductor) in Digitalkameras verwendet. CMOS-Chips sind billiger in der Herstellung und verbrauchen vor allem nur ein Viertel der Energie eines CCD-Chips, deshalb haben sie auch nicht die Probleme mit Rauschen. Die Serien Kodak DCS Pro SLR und Canon EOS 1D benutzen CMOS-Chips, beide Kameras haben Vollformatsensoren, die ungefähr der Fläche eines 35-mm-Negativs entsprechen.

Daneben gibt es noch weitere Varianten von Kamerachips. Fuji stellt ein so genanntes Super-CCD her, das eine Wabenstruktur großer CCD-Elemente besitzt. Die Fuji FinePix S3 Pro hat einen 6,17-Megapixel-Chip, die (nicht interpolierte) Pixelgröße wird mit 12,34 Megapixeln angegeben. Manche halten diese Zahlen für getürkt, aber die Bildergebnisse müssen sich nicht hinter denen hoch auflösender Spiegelreflexkameras verstecken. Die Sigma SD10 besitzt den einzigartigen Foveon X3 CMOS-Chip, der im Unterschied zu anderen CCD- oder CMOS-Chips Vollfarbinformationen von jedem Pixelsensor lesen kann. Der Kamerasensor wird mit 10,2 Megapixeln beworben. Das stimmt, genauer wäre jedoch zu sagen, dass der Chip 3,43 Millionen Pixelsensoren pro Ebene hat.

Die Struktur eines Digitalbilds

Abbildung 11.6 illustriert, wie ein typischer CCD- oder CMOS-Sensor Pixelfarbwerte aufzeichnet, indem er den Durchschnitt der Farbwerte von einem roten, einem blauen und zwei grünen Sensoren in einem 2x2-Mosaik errechnet. Wenn Sie ein Bild mit einer Single-Shot-Kamera aufnehmen, muss die Software die Farbwerte für 75% der roten, 75% der blauen und 50% der grünen Pixel erraten. Deshalb sehen Sie manchmal Moiré-Muster oder unschöne Farbartefakte, wenn Sie Motive mit feinen Details fotografieren. Software wie Quantum Mechanic von www.camerabits.com ist hilfreich, um diese Fehler zu eliminieren, ebenso der Schieberegler LUMINANZGLÄTTUNG im Camera Raw-Plug-In.

Ein 6-Megapixel-RGB-Bild enthält ausreichend Pixel, um eine Magazinseite damit zu füllen. Aufgrund der Art und Weise, wie der Sensor das Bild aufzeichnet, gibt es ein Limit, wie stark man ein Bild freistellen und dennoch auf Seitengröße vergrößern kann. Der Foveon X3 besitzt drei Ebenen von roten, blauen und grünen Sensoren, von denen rote, blaue und grüne Farbinformationen gleichzeitig in jeder Sensorposition aufgezeichnet werden. Zwar enthält der Foveon X3 eine relativ geringe Anzahl an Pixelpositionen, aber jede Position umfasst drei übereinander stehende Pixel. Die mit dem Foveon X3 erreichte saubere Bildqualität kann mit der von anspruchsvollen digitalen Multishot-Kamerarückwänden verglichen werden. Die geringe Pixelgröße der Aufnahme setzt all dem jedoch Grenzen.

Die Sensorgröße

Neben der Anzahl der Pixel sollten Sie auch die physikalische Größe eines Chips beachten. Bei digitalen 35-mm-SLR-Kameras variiert diese zwischen 14 × 21 mm bei der Sigma SD10 bis zum 24 × 36 mm Vollbildsensor bei der Canon EOS 1Ds Mk II und der Kodak Pro SLR. Letztere haben einen Brennweitenverlängerungsfaktor von 1, das heißt, die relative Brennweite eines Systemobjektivs bleibt genauso wie bei einer Aufnahme mit einer entsprechenden 35-mm-Filmkamera. Ist der Sensor kleiner als 24 × 36 mm,

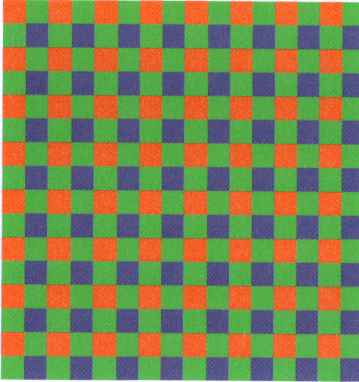

Abbildung 11.6 Der Sensor-Chip vieler CCD- oder CMOS-Kameras besteht aus einem Mosaik aus roten, grünen und blauen Sensoren. Die RGB-Sensorelemente benutzen das so genannte Bayer-Muster, eine 2x2-Matrix mit einem roten, einem blauen und zwei grünen Sensoren. Die grünen Sensoren kommen dem optischen Spektrum des Auges am nächsten.

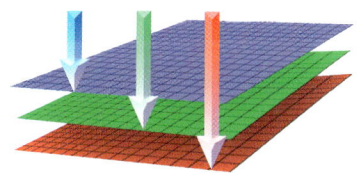

Abbildung 11.7 Der Foveon X3-Chip hat ein revolutionäres Design, bei dem sich die RGB-CMOS-Photodetektoren überlappen. Durch die obere blau-empfindliche Ebene kann Licht direkt hindurchdringen und Informationen von den rot- und grün-empfindlichen Ebene darunter aufnehmen. Heraus kommt ein CMOS-Chip, der weniger anfällig für Moirés und Artefakte ist und Bilddetails sehr weich aufnehmen kann, so dass er mit dem Multishot-Rückteilen konkurriert. Zwar ist dies immer noch ein Consumerprodukt, dennoch hat es das Potenzial, in die Profitechnik vorzudringen.

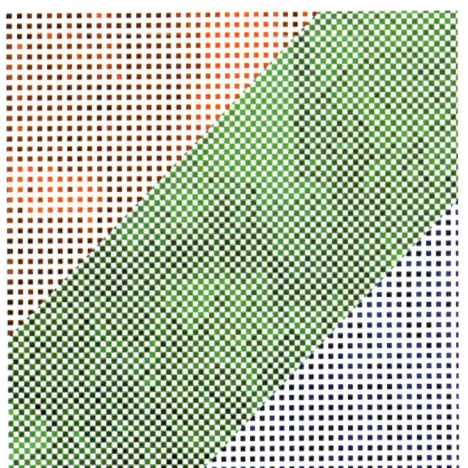 

Abbildung 11.8 Analysieren wir nun die Art und Weise, wie eine One-Shot-Kamera mithilfe der eben beschriebenen CCD/CMOS-Sensorelemente Farben aufnimmt und interpretiert. Die Kamera nimmt die rote, grüne und blaue Farbe gleichzeitig auf. Es gibt jedoch nur ein rotes Sensorelement pro jeden vierten Pixelsensor. Ebenso gibt es auch nur einen blauen, aber dafür zwei grüne Sensoren. Die rechte Abbildung liefert in der Nahaufnahme Hinweise darauf, wie CCD-/CMOS-Chips die RGB-Daten mithilfe dieses Musters farbiger Pixelsensoren aufnehmen. Die Daten müssen als Nächstes interpretiert werden, um ein möglichst glattes Ergebnis zu erzeugen. Weil nur jeder vierte Pixelsensor rote oder blaue Informationen aufnimmt, müssen die Werte für die anderen drei Pixel (75%) angenommen werden. Ist das Bild erst einmal entwickelt, ist das darunter liegende Muster nicht mehr zu erkennen. Sie sollten sich aber trotzdem immer im Klaren darüber sein, dass bei Bildern, die von One-Shot-Kameras aufgenommen werden, die meisten Farbinformationen auf Vermutungen beruhen. Die Schwäche solcher Kameras macht sich in Aufnahmen bemerkbar, die viele scharfe Details enthalten. Manchmal sehen Sie stufenartige Artefakte wie bei einem Weihnachtsbaum – weil die Pixel, mit denen die Lücken gefüllt werden, nur angenommen werden.

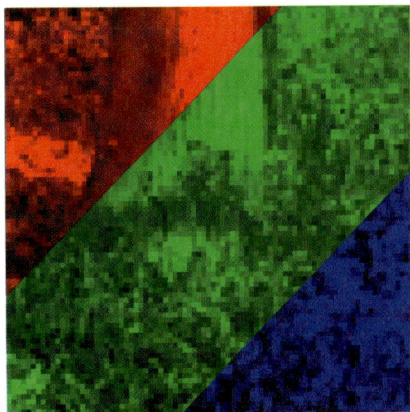 

Abbildung 11.9 Multishot-Kameras nehmen sequentielle Belichtungen der roten, grünen und blauen Farbtöne auf. Jedes Pixel basiert also auf 100% Farbinformation, es werden keine Pixel basierend auf Vermutungen erstellt. Die Rohdaten können wesentlich glattere und sauberere Bilder erzeugen. Der Multishot-Modus eignet sich jedoch nur für Stillleben. Viele professionelle Digitalkameras sind in der Lage, sowohl im One-Shot-Modus als auch im Multishot-Modus zu arbeiten.

erhöht sich der Vergrößerungsfaktor. Aus diesem Grund verhält sich eine 28-mm-Blende auf einer 35-mm-Filmkamera eher wie 35 mm, wenn diese auf einer digitalen SLR mit einem Brennweitenfaktor von 1,3 verwendet wird. Die meisten günstigeren Kameras, bei denen die Objektive nicht ausgewechselt werden können, haben einen maximalen Weitwinkel, der mit einem 35-mm-Objektiv zu vergleichen ist. Manchmal können Sie aber auch spezielle Weitwinkeladapter kaufen, die dann über der Blende platziert werden. Es ist interessant zu wissen, dass die in mittelformatigen Digitalkameras verwendeten Sensoren nicht viel größer sind als die einer 35-mm-Kamera. Sie sind ungefähr 25 x 37 mm oder 37 x 37 mm groß. Nur Hasselblad, Pentax und Contax stellen Objektive mit einer Brennweite von 35 mm her. Für Mittelformatkameras gibt es keine kürzeren Brennweiten. Wenn Sie also hauptsächlich Weitwinkelaufnahmen machen, werden Sie sich bei der Wahl einer Kamera auf eine digitale 35-mm-SLR beschränken müssen. Die einzigen nennenswerten Ausnahmen bilden die Phase One P25 und die Sinar 54, die beide mit einem Sensor von 37 x 49 mm Größe arbeiten, mit dem eine 35-mm-Blende Bilder macht, die mit denen vergleichbar sind, die mit einer 28 mm Blende auf einem 35-mm-Kamerasystem erstellt wurden.

Die Suche nach der idealen Digitalkamera wird dadurch erschwert, dass digitale Sensoren in herkömmliche Film-Kamerasysteme einzupassen sind. Bei der Sigma SD10 steckt der kleine Foveon X3-Chip in einem Kameragehäuse, das eigentlich einen 35-mm-Film aufnehmen soll. Dies geschieht aus praktischen Erwägungen heraus, denn momentan lohnt es sich eher, konventionelle Kameragehäuse digital umzubauen, anstatt das SLR-System neu zu erfinden, um sich an die Grenzen der digitalen Aufnahmetechnik zu halten. Olympus arbeitet an einer Lösung für dieses Problem, das so genannte Vier-Drittel-System (basierend auf dem 4/3-Format des Kodak CCD, der etwas kleiner ist als der 35-mm-Filmbereich). Konventionelle Filmkameras zwingen das Licht manchmal dazu, in sehr spitzen Winkeln auf das CCD aufzutreffen, dies kann zu einer geringeren

Megapixel-Grenzen
Immer wieder fragt man sich, ob die Megapixel-Zahlen ständig weiter steigen werden. In der letzten Auflage meines Buchs schrieb ich, dass es unwahrscheinlich wäre, dass eine SLR die 14-Megapixel-Grenze durchbricht (besonders nach den ersten Problemen mit der Kodak 14n). Kodak hat zum Glück die meisten dieser Probleme in den Griff bekommen, die späteren Kodak 14n-Kameras wurden viel besser angenommen. Mit der EOS 1Ds MkII hob Canon das Limit bis auf 16 Megapixel an. Dennoch müssen Sie Folgendes bedenken: Wenn man mehr Pixelsensoren in einen 35-mm-Bereich quetscht, müssen diese kleiner werden. Kleinere Sensoren sind weniger effektiv, was den Lichteinfall betrifft, das Ergebnis ist mehr Bildrauschen – es sei denn, an dieser physischen Grenze wird einmal etwas getan.

Vergleich von Film und Digital

Das optimale Verhältnis von Pixelauflösung eines Bilds zum Linienraster eines Druckers liegt bei ungefähr 1,5. Wenn Sie ein RGB-Bild scannen wollen, das eine A4-Magazinseite ausfüllt, die mit einem 133 lpi-Raster arbeitet, benötigen Sie ein Bild, das die Abmessungen von DIN A4 und eine Auflösung von 200 ppi besitzt. Dieses Bild wird dann in eine CMYK-Datei von 15,5 MB umgewandelt. Wenn Sie noch etwas zugeben, benötigen Sie am Ende eine RGB-Datei mit 12 MB, um einen A4-Ausdruck zu erstellen. Alle hier genannten professionellen Kameras sind in der Lage, bis zu 12 MB und 8 Bit RGB-Informationen pro Kanal aufzunehmen. Diese sind aber keinesfalls auf die Ausgabe auf A4 beschränkt. Die Aufnahme ist so glatt, dass Sie die Dateien mithilfe der Interpolation realistisch vergrößern können, ohne an Bildqualität zu verlieren, wie es bei einem gescannten Bild der Fall sein würde.

Lichtausbeute an den Rändern des Sensors führen. Deshalb sind einige CCDs mit einer Ebene von Microlinsen auf der Oberfläche ausgestattet. Indem man eine neue Art von SLR mit austauschbaren Objektivsystemen vollkommen neu entwickelte, konnte Olympus solche Einschränkungen vermeiden und ein neues Digitalformat entwickeln, das zum ersten Mal in der Olympus E-1 eingesetzt wurde. Inzwischen hat Nikon die DX Nikkor 12–24 mm f4/G zoom lens herausgebracht. Dieses Objektiv wurde extra für die Spiegelreflexkameras Nikon D100, D70, D1X, D1H und D2 entworfen. Die extreme Weitwinkeloptik wurde optimiert, um an die kleineren Chips in den Kameras angepasst zu sein, wäre aber für konventionelle 35-mm-Filmkameras unpassend.

Jedes Pixel zählt

Einer der Gründe, warum wir mit großen Dateien von einem Filmscanner arbeiten müssen, ist die dem Film zugrunde liegende Kornstruktur. Wenn ein Filmoriginal gescannt wird, zeichnet der Scanner die Dichte all dieser winzigen Kornhaufen auf, aus denen ein Foto besteht. Durch die Kornstruktur nimmt der Scanner scharfe Variationen in den Pixelwerten von einem zum nächsten Pixel auf. Das fällt besonders bei einfarbigen Bereichen auf. Auch bei Scans mit geringer Auflösung ist die Pixelfluktuation durch die Körnung deutlich sichtbar. Bei hohen Auflösungen sehen Sie sogar die Körner selbst. Wenn Sie die Größe einer solchen Datei durch Bildinterpolation erhöhen, werden die Pixelfluktuationen noch zusätzlich vergrößert. Bei einem Digitalfoto von einer Profikamera, bei einer Interpolation der Dateigröße nach oben werden hingegen keine Artefakte sichtbar. Natürlich sind solche High-end-Geräte nicht billig, aber die Reinheit der Pixel bei Aufnahmen solcher Profikameras hebt sie deutlich von allem ab, was Sie bisher gesehen haben, inklusive der besten Trommelscans.

Zum Beispiel nimmt der CCD-Chip in der 6-Megapixel-Kamera Leaf Valeo 6 ein rechteckiges 6-MB-Bild für jeden Farbkanal auf. Das zusammengesetzte RGB-Bild ist dann also 18 MB groß. Auf den ersten Blick klingt das nicht weiter toll, aber bei High-End Digitalkameras müssen Sie die Bedeutung von Megabyte-Größen und Pixelmaßen im Verhältnis zur Druckausgabegröße neu überdenken. Bilder von einer Digitalkamera sind rein digitaler Inhalt, während High-end-gescannte Bilder, die von Film gescannt wurden, das nicht sind. Das optimale Verhältnis zwischen Pixel pro Inch für den Druck ist ein Verhältnis von 1,5 oder 2 zu 1. In jedem Fall muss das Film-Bild bei der korrekten voreingestellten Pixelauflösung gescannt werden, um beim Druck zufriedenstellende Ergebnisse zu erhalten. Wenn ein kleines Bild vergrößert wird, werden auch die Scanartefakte deutlicher. Wenn eine gute Digitalfotografie fast frei von Artefakten ist, ist es möglich, das Bild bis auf 200% oder höher zu vergrößern und so dieselbe Qualität zu erlangen wie ein ähnlich großer Trommelscan.

Ich weiß, es ist nicht leicht zu verstehen. Auch ich war schockiert, als ich mein erstes Digitalbild sah: eine A3-Vergrößerung einer 4 MB-Graustufen-Datei! Und nicht nur das – digitale Bilder lassen sich im Verhältnis zu störungsbehafteten Filmscans auch noch viel besser komprimieren.

Chip-Performance

Abgesehen von der physischen Größe und der Anzahl an Megapixeln ist es wichtig, ebenso viel Augenmerk auf die Farbtiefe und den Dynamikbereich zu legen, die der Sensor aufnehmen kann. Diese beiden Themen habe ich bereits weiter vorn in diesem Kapitel besprochen. Wenn man eine Szene digital aufnimmt, ist es sogar noch wichtiger, dass die Kamera Daten mit mehr als 8 Bit pro Kanal aufnehmen kann. Eine höhere Farbtiefe bedeutet, dass genauer detaillierte Farbinformationen aufgenommen werden.

Der Dynamikbereich wird manchmal in f-Stops (Blendenstufen) ausgedrückt, diese beziehen sich auf die Fähigkeit des Sensors, Bilddetails über einen breiten Helligkeitsbereich aufzunehmen. Eine Kamera mit einem großen Dynamikbereich kann also gleichzeitig Details in den dunkelsten Tiefen und in den hellsten Lichtern erkennen. Da Photoshop CS2 neuerdings höhere Dynamikbereiche

Multishot-Aufnahmen

Die ersten Multishot-Rückteile verwendeten Graustufen-CCDs, um drei Belichtungen in Folge durch ein drehendes Rad mit roten, grünen und blauen Filtern auszuführen. Als die neue Generation der Mosaik-CCD-Arrays entwickelt wurden, stellte man fest, dass die Ergebnisse ebenso gut waren, wenn man das CCD in Schritten zu einem Pixel bewegte. Der CCD-Chip wird zwischen drei oder vier Belichtungen von einem Piezo-Kristall bewegt, der sich bei Anlegen einer kleinen Spannung in exakten Schritten ausdehnt oder zusammenzieht. Der Piezo-Kristall verschiebt den Graustufen-Chip und positioniert ihn neu. Im Multishot-Modus sind solche Kameras nur für Stillleben geeignet. Manche Multishot-Rückteile können auch Einzelaufnahmen anfertigen, indem der Chip statisch bleibt und nur eine Belichtung aufnimmt.

Chip-Pflege

Wie Sie sich sicher denken können, ist der Chip-Sensor sehr empfindlich, zumal er auch noch die teuerste Komponente der ganzen Kamera ist. Wenn er beschädigt wird, haben Sie keine andere Möglichkeit, als ihn ersetzen zu lassen. Halten Sie sich deshalb genau an die Anweisungen des Herstellers zur korrekten Säuberung und treffen Sie alle notwendigen Vorkehrungen, wenn Sie Staub vom Sensor entfernen. Gegen Schäden an teureren Kameras kann man sich versichern – eine weise Entscheidung, wenn man bedenkt, wie empfindlich ein solcher Sensor ist.

SpheroCamHDR-Kamera

Bisher ist dies die einzige mir bekannte HD-Kamera, die ein HD-Motiv (high dynamic range) aufnehmen kann. Sie ist eine Spezialkamera zur Aufnahme von 360°-Panoramen in einem einzigen Durchlauf. Sie hat einen bemerkenswerten Dynamikbereich von bis zu 26 Belichtungsstufen. Weitere Informationen finden Sie auf der Website von Spheron VR unter: www.spheron.de.

unterstützt, kursieren bereits Gerüchte, dass es bald Kameras mit größeren Dynamikbereichen geben wird.

Leaf, Sinar, Phase One, Kodak und Imacon stellen alle Single- und Multishot-Kameras her. Einige dieser Kameras wurden um den Philips 2K × 3K-Chip entwickelt, der 6 MB an Rohdaten in jedem Farbkanal aufnehmen kann, um fertige Bilder von 18 MB RGB oder 24 MB CMYK zu erzeugen. Kodak brachte 2001 das DCS ProBack auf den Markt, das mit dem Kodak-eigenen Tin Indium Oxide-CCD mit 38 mm x 38 mm und 4000 x 4000 Pixel ausgestattet war. Phase One implementierte den Kodak-Chip in sein H20-Rückteil und Imacon verbaute den Kodak-Chip bereits im Flexframe 4040. Die Imacon Ixpress 384 kann ein One- oder Multishot-Bild von 96 MB in 48-Bit-Farbe oder ein 384 MB großes 48-Bit-RGB-Bild im Mikroschritt-Modus mit 16 Belichtungen aufnehmen.

Auf diesem Niveau darf der Fotograf mit einer hervorragenden Bildqualität rechnen, die die Qualität von Filmen übersteigt. Die Bilder sind schärfer, haben keine Körnerstruktur, die störend wirkt, wenn die Bilder vergrößert werden, und bieten mit einem größeren Dynamikumfang bessere Kontrolle über die Farben – in der Regel gibt es zehn oder elf Blendenstufen zwischen den Tiefen und den Lichtern. Um Ihnen eine Vorstellung davon zu geben, wie eindrucksvoll das ist: Bei einem Dia-Film liegt dieser Umfang bei vier bis fünf Stufen, bei einem Negativfilm bei sieben bis acht. Wenn Sie also die Vorteile eines High-End-Digitalkamerasystems in Betracht ziehen – körnchenfreie Glätte, keinerlei Störungen und viele Tonwertinformationen, die digital aufgenommen werden können – und wenn Sie diese Aspekte mit einem herkömmlichen Film vergleichen, werden Sie sehen, warum die Digitalfotografie heutzutage an Bedeutung zunimmt. In nahezu allen dieser Kameras wurde besonders auf die Reduzierung des Bildrauschens geachtet, das sich vor allem in den roten und blauen Kanälen bemerkbar macht. In einigen Fällen wird der Chip gekühlt, um die Leistungsfähigkeit zu erhöhen, oder die Elektronik wird in den Ruhezustand versetzt, Millisekunden vor der Belichtung aufgeweckt und anschließend wieder in den Ruhezustand gebracht.

Speicherkarten

Außerdem sollten Sie die Geschwindigkeit bedenken, mit der Sie die Bilder von der Kamera in den Computer bekommen. Bei High-End-Produkten können Sie davon ausgehen, dass fast alle Kameras und Rückteile über FireWire-Anschlüsse verfügen, darunter auch alle digitalen SLR. Die meisten Digitalkameras können aufgenommene Bilder auf einer eingebauten Speicherkarte wie Compact Flash speichern, Sie können die Daten aus der Kamera also direkt über einen USB- oder FireWire-Kartenleser übertragen (ideal ist FireWire oder USB 2). Die Karten von Consumer-Kameras haben nur begrenzte Speicherkapazität, Sie sollten sich also zusätzliche Karten zulegen. Die Karten sollten bis zu 100 Aufnahmen speichern können. Wenn also eine durchschnittliche Raw-Datei 10 MB groß ist, sollte die Karte bis zu 1 GB speichern können. Indem Sie mehrere Karten anstelle von einer verwenden, reduzieren Sie das Risiko. Außerdem sind große Karten teurer als viele kleine.

Es ist jedoch nicht ganz einfach, für genau Ihre Kamera die richtige Speicherkarte zu finden, da es unterschiedliche Typen von Karten gibt. Die gebräuchlichsten sind Flash-Speicherkarten vom Typ I und II. Diese enthalten nicht flüchtigen Speicher, der anders als RAM-Speicher in der Lage ist, digitale Daten in den Speicherzellen auch zu speichern und zu halten, wenn er nicht an eine Spannungsquelle angeschlossen ist. Flash-Speicherkarten nutzen sich ab, sind aber dennoch sehr robust, wobei Karten mit einer höheren Kapazität sehr teuer sind. Das Microdrive ist eine kleine Festplatte. Diese haben eine höhere Speicherkapazität, sind schnell und im Preis etwa gleich. Sie sind aber auch anfälliger und neigen eher dazu, kaputt zu gehen. Außerdem gibt es noch einen Memory Stick® – ein Speichermedium für Sony-Geräte, und Secure Digital (SD), das in Kameras von Kodak, Konica, Kyocera und anderen Herstellern verwendet werden kann. Multimediakarten können öfter mit Secure-Digital-Karten ausgetauscht werden. Und nicht zu vergessen SmartMedia, die mit Kameras von Fuji und Olympus verwendet werden können und gerade von dem neuen xD-Karten-Standard überrollt werden (ebenfalls für Fuji und Olympus).

Eine Speicherkarte wählen

Es lohnt sich, Nachforschungen anzustellen und den richtigen Typ Speicherkarte für Ihre Kamera zu finden. Speicherkarten haben verschiedene Spezifikationen hinsichtlich Lese-/Schreibgeschwindigkeit. Diese sind auf der Karte angegeben, aber nicht unbedingt ein echter Hinweis auf die Performance der Karte. Lese- und Schreibgeschwindigkeit hängen von dem Transfergerät ab, das die Daten zum Computer überträgt, außerdem von der Geschwindigkeit, mit der die Kamera Daten auf die Karte schreiben kann. Ich lege Ihnen Rob Galbraiths Website ans Herz, dort finden Sie Informationen zu den aktuellen Kameras und dazugehörigen Flashcards: www.robgalbraith.com. Sie werden deutliche Unterschiede zwischen tatsächlicher Leistung und Herstellerangabe feststellen.

Kartenfehler vermeiden

Flashkarten sind erstaunlich wenig fehleranfällig. Laut »Digital Camera Shopper« haben fünf Flash-Karten es sogar überstanden, gekocht, getreten, gewaschen und in Kaffee oder Cola getaucht worden zu sein. Noch nicht mal ein Sechsjähriger, der entsprechend beauftragt wurde, konnte sie zerstören! Auch nachdem man sie an einen Baum genagelt hatte, konnte eine Datenrettungsfirma Fotos von der xD- und Smartmedia-Karte ablesen. Um das Risiko eines Kartenausfalls oder Dateifehlers zu minimieren, sollten Sie die Kartenkapazität nicht über 90% ausnutzen. Formatieren Sie die Karte in der Kamera immer neu, bevor Sie einen neuen Stapel Bilder aufnehmen.

Staub wischen

Kamerachips erzeugen statische Aufladung und ziehen Staub an wie ein Magnet. Die Chips in Kompaktkameras sind komplett versiegelt und deshalb nicht in Gefahr. Bei anderen Kameras, wie z.B. digitalen SLRs, kann der Chip Staub ausgesetzt sein, sobald der Spiegel kippt. Sie kommen also nicht darum herum, den Kamerachip regelmäßig zu überprüfen und sauber zu halten. Verwenden Sie kein Spray, sondern entfernen Sie den Staub mit einem Blasepinsel. Pusten Sie nicht mit dem Mund, sonst hinterlässt die Feuchtigkeit Spuren auf dem Sensor. Mit Sensor-Reinigern und Reinigungsflüssigkeit sind Sie auf der sicheren Seite. Eclipse stellt Renikungskits für alle Kameragrößen her.

Anti-Aliasing-Filter

Der Anti-Aliasing-Filter von Kodak macht das Bild ganz leicht unscharf. Eine bessere Methode wäre allerdings der Einsatz einer Software wie Quantum Mechanic von Camera Bits Software. Andere Kamerahersteller übergehen das Infrarotproblem, indem sie einen Hot-Mirror-Filter vor den CCD-Chip setzen, was jedoch nur bei Kameragehäusen von Canon und Nikon möglich ist, nicht für Kameras von Kodak.

Auslöseverzögerung

Ein wesentlicher Nachteil günstiger Kameras ist die Reaktionszeit nach dem Drücken des Auslösers. Sie richten die Kamera aus, drücken den Auslöser und bis dieser tatsächlich aktiviert wird, ist Ihr Objekt aus dem Bildbereich verschwunden. Diese lästige Verzögerung haben Sie bei den teureren Kameramodellen nicht, aber auch die leiden teilweise darunter, dass sie nur eine begrenzte Anzahl an Bildern innerhalb einer bestimmten Zeit aufnehmen können. Bei genauem Hinsehen werden Sie feststellen, dass nicht viele der High-End-Digitalrückteile mit der Leistungsfähigkeit einer digitalen SLR mithalten können. Nachrichten- und Sportfotografen bevorzugen meist eine Kamera wie die Canon 1D Mk II, weil sie die schnellste Digitalkamera auf dem Markt ist, dicht gefolgt von der Nikon D2H. Die neue Imacon Ixpress ist in der Lage, alle drei Sekunden zwei Bilder zu schießen und diese auf einem portablen Laufwerk mit viel Platz zu speichern.

Schärfe vergleichen

Da CCD- und CMOS-Sensoren jetzt eine wesentlich größere Anzahl an Pixeln aufnehmen können, werden Anti-Aliasing-Filter immer seltener benötigt. Es gab immer einen Zielkonflikt, der beachtet werden musste: Sie konnten den Anti-Aliasing-Filter entfernen und schärfere Bilder bekommen oder ihn behalten und weniger Probleme mit Moiré haben. Beachten Sie, dass das Camera-Raw-Plug-In (siehe S. 459 bis 460) einige Moirés beim Import beheben kann. In Kapitel 6 finden Sie außerdem ein Tutorial dazu, wie Sie Moiré-Effekte entfernen können.

Wenn Sie die Ausgabeschärfe verschiedener Kameras miteinander vergleichen, sollten Sie beachten, dass in einige Kameras Funktionen eingebaut sind, die das aufgenommene Bild künstlich schärfen. Manche Kameras können die aufgenommenen Daten auch interpolieren, um den zentralen Bereich zu vergrößern, was dann als »digitales Zoom« bezeichnet wird. Dieses digitale Zoom sollten Sie allerdings nicht verwenden. Nutzen Sie Photoshop, um das Bild freizustellen und zu vergrößern – Sie erzielen so wesentlich bessere Ergebnisse.

Scan-Rückteile

Diese nehmen Bilder genauso auf wie Flachbettscanner Bilder von ihrer Glasplatte einlesen. Eine Reihe lichtempfindlicher Elemente fährt in genauen Schritten über die Bildoberfläche und nimmt das digitale Bild auf. Diese digitalen Rückteile sind für Großformatkameras (5x4) gedacht, auch wenn der Scanbereich etwas kleiner ist. Aufgrund des Designs muss mit Tageslicht oder einer gleichmäßigen Lichtquelle gearbeitet werden. Empfohlen wird eine HMI-Beleuchtung, weil so das benötigte Tageslicht und die richtige Beleuchtungskraft erzeugt werden. Einige Blitzgeräte-Hersteller, z.B. die Schweizer Firma Broncolor, habe HMI-Beleuchtungseinheiten entwickelt, die im Design an Standard-Blitzgeräte angepasst sind und mit normalen Adaptern und Zubehör funktionieren. Viele Fotografen sind in der Lage, mit herkömmlichem Tungsten-Kunstlicht zu arbeiten, vorausgesetzt die Software der Kamera kann das Lichtflackern kompensieren. Geringere Lichtmengen erfordern jedoch höhere ISO-Einstellungen, so können Störungen in den blauen Tiefen auftreten. Manchmal hinterlassen helle Lichter und metallische Oberflächen grüne Streifen, wenn sich der CCD-Kopf über den gescannten Bereich bewegt. Dieser Effekt wird auch als »Blooming« bezeichnet und sieht wie ein Effekt aus, der in den Anfangszeiten des Farbfernsehens auftrat. Bei einer Fernsehaufnahme einer 70er Jahre Glam-Rockband mag das noch cool gewesen sein, aber in Fotos von Stillleben ist dieser Fehler schwer zu beheben. Einige Scan-Rückteile haben Anti-Blooming-Schaltungen.

Die Belichtungszeit hängt von der Ausgabegröße des Bilds ab. Sie kann von unter einer Minute für eine Vorschau bis zu 10 Minuten betragen, um ein Bild von 100 MB oder mehr aufzunehmen. Die aktuellen Scan-Rückteile von Betterlight können hoch auflösende Bilder in kurzer Zeit aufnehmen. Während der Belichtung muss jedoch alles ganz ruhig bleiben. Die Motivwahl ist dadurch bereits eingeschränkt. Sie können Scan-Rückteile direkt vor Ort einsetzen, manchmal entstehen dadurch eigenartige Effekte ähnlich der Verzerrungen an Hochgeschwindigkeitsschlitzverschlüssen.

Infrarotfilter

Die spektrale Empfindlichkeit vieler CCDs passt weder zu der des Auges noch zu Farbfilm und dehnt sich recht weit in infrarote Wellenlängen aus. Zum Teil hängt das vom Design der CCDs ab, teilweise auch, weil diese ursprünglich für militärische Zwecke entwickelt worden waren. Um diese extreme Reaktion auf das rote Ende des Spektrums zu beheben, wird ein Infrarotfilter verwendet, um die infraroten Wellenlängen zu reduzieren, die auf das CCD auftreffen. Bei den meisten Kameras gehört das bereits zum CCD-Design dazu, manche haben auch einen extra Filter, mit dem die Kamera Bilder im Infrarot-Graustufen-Modus aufnehmen kann.

Abbildung 11.10 Das System Studiotool-Stm STS-Model 1 wurde vom Fotografen Patrik Raski gemeinsam mit ICS entwickelt. Damit können Sie eine Sinar-Sucherkamera mit einem digitalen SLR-Gehäuse, z.B. der Canon EOS 1D, verwenden. Dies ist eine interessante und preiswerte Lösung für die, die große Multishot-Dateien mit einer Sucherkamera aufnehmen wollen. Mehr dazu unter: www.studiotoolsystem.com.

Stephen Johnson

Einer der ersten Fotografen, die mit Digitaltechnologie arbeiteten, war Stephen Johnson. Von ihm stammen Landschaftsfotos, die er vor Ort mit einem Scan-Rückteil von Betterlight auf einer 5 x 4 Plattenkamera aufgenommen hat. Als Stephen Johnson einen Prototypen des Scanner-Systems von Betterlight im Januar 1994 testete, machte er gleichzeitig Fotos auf Großformatfilm sowie digitale Aufnahmen von einem Blick über San Francisco mithilfe des Betterlight-Systems. Er scannte den Film bei hoher Auflösung und verglich das Ergebnis mit den Digitalfotos. Er war tief beeindruckt. Die mit dem Scan-Rückteil aufgenommenen Details waren im Vergleich zum Scan des Films unglaublich scharf. Das war der Moment, von dem Stephen Johnson sagt: »Film ist für mich an diesem Tag im Jahre 1994 gestorben.« Seitdem fotografiert er nur noch digital (www.sjphoto.com). Aber nicht nur Schärfe und Auslösung der Bilder überzeugten. Das Scan-Rückteil-System von Betterlight ist in der Lage, einen viel größeren Tonwertbereich zwischen den Lichtern und den Tiefen wahrzunehmen als Film. Die digitalen Sensoren können weit in dunkelste Tiefen schauen und die Details der Lichter beibehalten. Außerdem lassen sich die Farbinformationen genauer aufnehmen, damit die Szenerie wie zum Zeitpunkt der Aufnahme aussieht.

Als die Digitalfotografie noch in den Kinderschuhen steckte, waren Scan-Rückteile den meisten CCD-Rückteilen technologisch überlegen – hauptsächlich weil es die einzigen Geräte waren, mit denen Sie solche großen Dateien aufnehmen konnten. Heutzutage können Sie mit einer Ixpress 384 oder ähnlichen Kamerarückteilen von Sinar oder Phase One RGB-Dateien von 384 MB Größe mit 16 Bit Farbtiefe aufnehmen. Meiner Meinung nach bietet die CCD-Technologie die bessere technische Qualität – bei größeren Dateien.

Abbildung 11.11 Foto von Stephen Johnson. Copyright © 1994 by Stephen Johnson. Alle Rechte vorbehalten weltweit: www.sjphoto.com. Die Form der Rauchsäulen in diesem Foto sind das Ergebnis der Belichtung, die mit einem Scan-Rückteil gemacht worden ist.

Digitale Arbeitsabläufe

Viele Leute unterschätzen die potenziellen Fallen beim Umstieg auf einen digitalen Arbeitsablauf, die sich für unerfahrene oder unaufmerksame Digitalfotografen auftun können. Viel zu oft sind Fotografen und ihre Kunden bedenkenlos umgestiegen, ohne sich über wichtige Dinge wie Archive und Bildmanagement Gedanken zu machen. Schlimmer noch, Fehler von schlecht vorbereiteten Neueinsteigern setzen das Vertrauen in alle anderen im Desktop Publishing aufs Spiel.

Die Unterschiede im Arbeitsablauf sind offensichtlich, wenn man digital fotografiert. Bei einem traditionellen, digitalen Workflow bekamen die Kunden Filme oder Kontaktabzüge und wenn das finale Bild einmal ausgewählt und abgenommen war, endete die Verantwortung des Fotografen. Jetzt müssen Sie aber mehrere Dinge berücksichtigen. Zum Beispiel, wie lange es dauert, einen Kontaktabzug oder eine Filmrolle durchzusehen, verglichen mit der Zeit, die Sie benötigen, um eine ebenso große Anzahl von digitalen Bildern zu öffnen und zu schließen. Andererseits, was bringt es, dass Ihr Foto sofort auf dem Computer angezeigt wird und umgehend zum Drucker versendet werden kann? Wie wollen Sie die digitalen Bilder betrachten und bearbeiten? Wenn Sie bei der Aufnahme der Fotos anwesend sind, ist es leicht, die Ergebnisse sofort abzunehmen und dann mit einer fertigen CD oder DVD von dannen zu ziehen. Wenn Sie oder der Kunde die Bilder aus der Ferne abnehmen möchten, müssen Sie sich eine Methode überlegen, wie Sie die Bilder dorthin bekommen. In Kapitel 16 finden Sie genauere Informationen zum Bildmanagement, danach folgt ein Kapitel über Automatisierungen in Photoshop. Die Web-Fotogalerie in Photoshop ist zum Beispiel ein leicht bedienbares automatisiertes Plug-In. Ein Fotograf kann seine Bilder schnell in eine solche Galerie stellen, auf einen Server laden und die Aufnahmen des Tages mit allen gemeinsam betrachten, die Zugang zum Internet haben. Und wenn der Kunde die Fotos nicht am Bildschirm begutachten möchte, können Sie noch immer die Funktion KONTAKTABZUG II verwenden, um gedruckte Kontaktabzüge mit Dateinamen unter jedem Bild zu drucken.

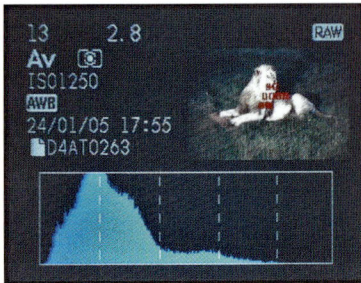

Abbildung 11.12 Der in die Kamera eingebaute Prozessor erzeugt die niedrig auflösenden JPEG-Vorschaubilder, die auf dem LCD-Bildschirm angezeigt werden. Das Histogramm basiert auch auf dieser JPEG-Vorschau, deshalb ist es eine schlechte Anzeige für das wirkliche Belichtungspotenzial eines unbearbeiteten Raw-Bilds.

Raw versus JPEG

Wenn Sie mit einem professionellen Rückteil, einer digitalen Spiegelreflexkamera oder einer besseren kompakten Digitalkamera fotografieren, haben Sie sehr wahrscheinlich die Möglichkeit, den kameraeigenen Raw-Modus zu benutzen. Die Vorteile von Raw-Bildern im Gegensatz zu JPEGs werden von vielen nicht erkannt. Wenn Sie in JPEG fotografieren, werden die Dateien unterschiedlich stark komprimiert, deshalb passen auch mehr Bilder auf eine Speicherkarte. Viele Fotografen sind der Meinung, dass der Raw-Modus zwar unkomprimierte Bilder ohne Artefakte liefert, dafür jedoch weniger Bilder auf der Speicherkarte Platz haben. Es gibt aber wichtige Gründe, warum Bilder im Raw-Modus besser sind als JPEG.

Vom Licht zu digital

Werfen wir zuerst einen Blick auf die Art und Weise, wie der CCD- oder CMOS-Chip in Ihrer Kamera das Licht, das auf den Sensor trifft, in ein Bild verwandelt. Um die Informationen zu digitalisieren, muss das Signal von einem Analog-Digital-Wandler konvertiert werden. Dieser misst die Lichtmenge, die auf den Sensor trifft, und wandelt das analoge Signal in eine Binärform um. In diesem Moment bestehen die Raw-Daten nur aus Helligkeitsinformationen vom Kamerasensor. Die Rohdaten müssen dann irgendwie konvertiert werden. Die verwendete Methode kann in Bezug auf die Qualität des fertigen Bilds einen großen Unterschied ausmachen. Bei den meisten Kameras ist ein Mikroprozessor eingebaut, der die Rohdaten in eine lesbare Bilddatei umwandeln kann, meistens in ein JPEG. Die Qualität eines digitalen Bilds hängt maßgeblich von der Fotooptik, den Aufzeichnungsfunktionen des CD- oder CMOS-Chips und dem A/D-Wandler ab. Aber vor allem der Raw-Konvertierungsprozess ist wichtig. Wenn Sie die Raw-Daten auf Ihrem Computer bearbeiten, haben Sie deutlich mehr Kontrolle darüber, wie wenn die Kamera automatisch rät, welche Konvertierungseinstellungen die besten sein könnten.

Kapitel 11
Das Digitalbild

Raw ist das digitale Negativ

Aufnahmen im Raw-Modus sind mit denen auf Negativfilm vergleichbar. Das Tolle an Negativfilm ist, dass es keine Rolle spielt, ob jemand einen schlechten Abzug macht, denn Sie können immer noch einen besseren Abzug vom Originalnegativ erstellen. Wenn Sie in Raw fotografieren, zeichnen Sie eine Master-Datei auf, die alle aufgenommenen Farbinformationen enthält. Um diese Analogie fortzuführen: Im JPEG-Modus zu fotografieren, ist, als würden Sie Ihren Film in ein Fotolabor zum Entwickeln geben, die Negative wegwerfen und die Abzüge scannen. Im JPEG-Modus entscheidet die Kamera automatisch bei der Aufnahme, wie der Weißabgleich und die Farbkorrekturen eingesetzt werden sollen. Oftmals werden dabei die Details in den Tiefen und Lichtern beschnitten. Heute sind alle meine Fotos im Raw-Modus aufgenommen (es sei denn, ich benutze aus Spaß eine kleine Kompaktkamera, wobei ich mir dann um die Qualität keine Gedanken machen will). Der Unterschied zwischen Bildern im Raw- und im JPEG-Format ist bemerkenswert und zeigt, dass es sich selbst bei höherwertigeren Kompaktkameras lohnt, die Raw-Daten zu speichern und die Konvertierung später in Ruhe am Computer vorzunehmen.

Raw-Konvertierungssoftware

Bei Kameras, die im Raw-Modus fotografieren können, wird meist eine Software mitgeliefert, die die Raw-Daten verarbeitet, einen angepassten Weißabgleich vornimmt, Farbkorrekturen ausführt und das Bild als TIFF speichert, so dass es von Photoshop oder anderen Bildbearbeitungsprogrammen gelesen werden kann. Die mitgelieferten Programme sind oft furchtbar langsam, aber Programme wie Capture One von Phase One sind mittlerweile sehr populär. Die Raw-Umwandlung ist sehr wichtig, deshalb muss sich der Fotograf darauf verlassen können, dass die benutzte Software die Raw-Daten optimal interpretiert. Wenn Sie öfter in Foto-Internetforen lesen, wissen Sie, dass dieses Thema die Emotionen der Raw-Fotografen hochkochen lässt, ähnlich wie die Mac/

Weißabgleich und Farbkorrektur

Die wichtigste Einstellung bei einer Fotoaufnahme ist der Weißabgleich. Wenn Sie in JPEG fotografieren, erzeugt der eingebaute Prozessor eine Datei mit einem festen Weißabgleich basierend auf den Kameravoreinstellungen, die entweder einen voreingestellten Weißabgleich oder eine Auto-Einstellung verwenden. Wenn Sie im Raw-Modus arbeiten, spielt es keine Rolle, welche Einstellungen die Kamera benutzt. Sie entscheiden später über den passenden Weißabgleich, wenn Sie das Bild auf dem Computer bearbeiten. Das Adobe-Camera-Raw-Plug-In ermöglicht es Ihnen zum Beispiel, den optimalen Weißabgleich für jede Situation anzuwenden.

Konverter von Drittanbietern

Zu den anderen Softwareprogrammen, die Raw-Daten lesen können, gehören: Bibble: www.bibblelabs.com, FotoStation: www.fotostation.com und iView MediaPro: www.iview-multimedia.com. Mir gefiel iView besonders gut, denn dort gibt es eine leicht bedienbare Leuchttisch-Oberfläche. Es kann viele verbreitete Raw-Kamera-Formate lesen, importiert Dateien ziemlich schnell und generiert große Vorschauen. Die Capture One-Software von Phase One ist unter PC-Nutzern sehr beliebt und auch für den Mac verfügbar. Neu und empfehlenswert ist die Software Raw-Shooter von Pixmantec.

Wem gehören eigentlich die Daten?

Wenn Fotografen von der Industrie die Einführung eines standardisierten Raw-Dateiformas erwarten, dann kommt als Erstes DNG in Frage. Es wird andere Softwarehersteller ermutigen, DNG zu unterstützen, und so den Kameranutzern noch mehr Auswahlmöglichkeiten bieten. Die einzige Hürde sind Kamerahersteller, die das Raw-Format als eine Art Eigentum betrachten. Offenbar kommt es in einigen Kamerafirmen zu Irritationen, wenn Firmenfremde den »Code knacken« und das eigene Dateiformat nachbauen. Ein Hersteller ging sogar so weit, eine Verschlüsselungsmethode zu entwickeln, um zu verhindern, dass Dateiformate allgemein zugänglich würden. Der Fotograf und Photoshop-Experte Jeff Schewe brachte dabei etwas Wichtiges zur Sprache: »Wenn ich ein Foto gemacht und es als Raw-Datei gespeichert habe, wem gehört das Bild? Die Daten gehören ganz allein mir, niemandem sonst!« Was uns wieder zum Sinn und Zweck des DNG-Dateiformats bringt, das Raw-Aufnahmen für alle zugänglich machen soll. Eigentlich sollten alle die Möglichkeit nutzen. Die Fotografen haben ein neues Dateiformat, mit dem sie ihre Raw-Aufnahmen für die Zukunft archivieren können. Wenn die Kamerahersteller das neue DNG-Format unterstützen, machen sie auch ihre Kunden glücklich. Die Entscheidung liegt jedoch beim Kunden. Sie entscheiden, welche Kamera Sie benutzen, und die Unterstützung für DNG sollte ein wichtiges Kriterium sein, wenn man in Zukunft eine Kamera kauft.

PC-Debatte. Ich persönlich denke ja, dass jemand, der viel Zeit und Reputation in einen bestimmten Workflow steckt, verstimmt reagieren muss, wenn ihm jemand ins Gesicht sagt, er benutze die falsche Software und die andere sei die einzige, die überhaupt funktioniert. Ich glaube nicht, dass es Qualitätsunterschiede bei Bildern gibt, die in der einen oder anderen Software bearbeitet wurden. Meiner Meinung nach ist das vor allem eine Frage, ob man die Einstellungsmöglichkeiten in der verwendeten Software ganz zu seinem Vorteil nutzen kann. Die Kritiken zu Adobe Camera Raw, die ich gelesen habe, basierten meist auf Ignoranz und Vorurteilen anstelle von fundierten Meinungen. Die neue Photoshop-Version enthält ein Update des Camera-Raw-Plug-Ins, das die Verarbeitung von Raw-Dateien erleichtert. Manche offensichtlichen Verbesserungen in der Bildqualität sind das Ergebnis neuer Standardvoreinstellungen, z.B. kontrastreicherer Farbe- und Auto-Farben-Einstellungen.

DNG-Dateiformat

Im Windschatten jeder neuen Technologie entsteht das unvermeidliche Chaos vieler verschiedener neuer Standards, die um Überlegenheit bemüht sind. Das ist nirgendwo so auffällig wie in der digitalen Bildbearbeitung. In den letzten zehn Jahren sind viele hundert Digitalkameras und andere Computertechnologien wie Syquest-Festplatten oder SCSI-Kabel gekommen und auch wieder gegangen. Und ich habe schon mehr als 100 verschiedene Raw-Format-Spezifikationen gesehen. Das wäre nicht so schlimm, wenn jeder Kamerahersteller eine Spezifikation angenommen hätte, die auf allen von ihm erzeugten Kameras eingesetzt wird. Stattdessen werden für jedes neue Modell auf dem Markt neue Raw-Formate entwickelt. Und die Änderungen brachten nicht immer nur Gutes.

Das größte Problem ist, dass man bei der großen Zahl an verfügbaren Raw-Formaten nicht weiß, welches Format sicher genug ist, um die eigenen Dateien zu archivieren. Vor sechs Jahren verfassten Adam Woolfitt und ich einen Testbericht zu einer Reihe professioneller und semiprofessioneller Digitalkameras. Wir benutzten den Raw-Modus, wo immer es möglich war. Die CD mit den Master-Dateien besitze ich immer noch. Wenn ich heute auf diese Bilder zugreifen möchte, suche ich mir in einigen Fällen einen Computer mit Mac OS 8.6, um die Software des Kameraherstellers zu laden, mit der die Daten lesbar sind! Wenn das schon jetzt ein Problem ist, wie soll das in 60 Jahren aussehen?

Das Hauptthema hier ist der proprietäre Charakter all dieser Formate. Im Moment wollen augenscheinlich alle Kamerahersteller ihr eigenes Raw-Format behalten. Sie sind also gezwungen, deren Software zu benutzen, wenn Sie auf Daten aus einer entsprechenden Raw-Datei zugreifen wollen. Während Kamerahersteller sehr gut fantastische Hardware entwickeln können, ist die Raw-Bearbeitungssoftware oft eher rudimentär. Nur weil eine Firma gute Kameras baut, muss sie nicht auch gute Grafiksoftware entwickeln, um die Raw-Daten zu lesen.

Die DNG-Lösung

Zum Glück gibt es Drittanbieter, die Wege gefunden haben, einige dieser Raw-Formate zu bearbeiten. Sie sind also nicht immer auf die Software des Herstellers angewiesen. Adobe ist das beste Beispiel für eine Firma, die eine überlegene Alternative anbietet. Camera Raw erkennt derzeit Formate von über 80 Kameras. Die Spezifikation des neuen DNG-Dateiformats (digital negative) ist zum Teil entwickelt worden, um Adobe in Zukunft die Entwicklung von Camera Raw zu erleichtern und Photoshop mit so vielen Kameras wie möglich kompatibel zu machen. DNG ist ein gut durchdachtes Dateiformat, das die vielen Spezifikationsanforderungen aller heutigen Kameras erfüllen kann und dennoch flexibel genug ist, sich an zukünftige Technologien anzupassen. Da es ein offener Standard ist, steht die Spezifikation allen zur Verfügung, die damit entwickeln wollen oder es in ihre Software oder Kamerasysteme einbauen möchten. Deshalb hofft man, dass die Hersteller das DNG-Format akzeptieren und dass das Format als wichtigstes Raw-Format oder zumindest als Alternative in den Kameras angeboten

Unterstützen Sie die Petition!
Wenn Sie einem generellen Raw-Format-Standard zustimmen und das den Herstellern mitteilen wollen, dann können Sie sich auf www.rawformat.com dazu äußern und die DNG-Petition unterschreiben.

Abbildung 11.13 Adobe bietet einen kostenlosen DNG-Konverter an, den man von der Adobe-Website unter www.adobe.com/products/dng/main.html herunterladen kann. Der DNG-Konverter kann Raw-Dateien aus jeder Kamera, die derzeit vom Camera-Raw-Plug-In für Photoshop unterstützt wird, in DNG-Dateien umwandeln. So könnten Sie Ihre Raw-Dateien in einem Format archivieren, das alle Daten Ihrer Raw-Aufnahmen behält und auch in Zukunft noch unterstützt wird.

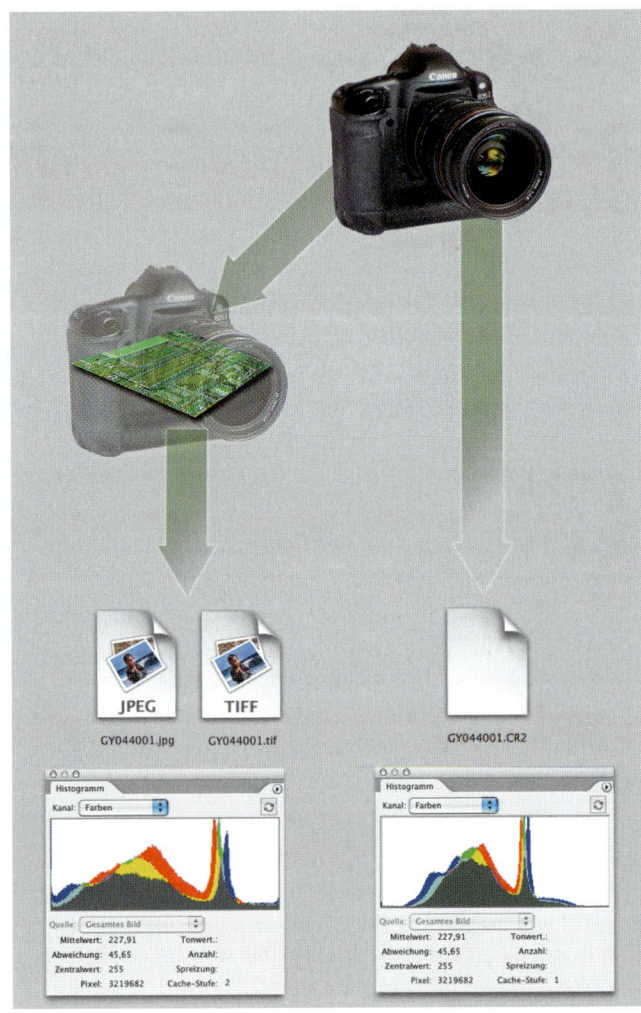

Abbildung 11.14 Wenn Sie Fotos als TIFF oder JPEG mit Ihrer Kamera aufnehmen, wird die Raw-Umwandlung sofort mithilfe des Bordcomputers der Kamera vorgenommen. Alle wichtigen Entscheidungen bei der Farbbearbeitung, wie Weißabgleich, Lichterbelichtung, Tiefenpunkt und Kontrast übernimmt die Kamera für Sie. Sie werden im TIFF- oder JPEG-Bild permanent fixiert. Wenn Sie mit TIFF oder JPEG Bilder aufnehmen, verwirft die Kamera bis zu 88% der Bildinformationen, die vom Sensor aufgenommen wurden. Das ist weniger alarmierend als es klingt, denn Sie wissen ja aus Erfahrung, dass JPEG-Bilder nicht immer schlecht sein müssen. Aber bedenken Sie, welche Alternativen Sie haben, wenn Sie mit dem Raw-Modus fotografieren. In dem hier gezeigten vereinfachten Raw-Workflow wird die Raw-Datei auf der Speicherkarte gesichert, ohne von der Kamera verarbeitet worden zu sein. So können Sie mit 100% der vom Sensor aufgenommenen Bilddaten arbeiten und das Bild später auf dem Computer bearbeiten. Die Histogramme unten in der Abbildung illustrieren den Vorteil, den das bringen kann. Bei einer JPEG-Aufnahme können Sie permanent die Tiefen und Lichter beschneiden. Bei Raw lassen sich oft viel mehr Tonwertdetails wiederherstellen.

wird. Sollte dies passieren, wäre es nur von Vorteil. Wenn DNG angenommen wird, ist die Gefahr geringer, dass Ihre Raw-Bilddateien veralten, denn es wird einen Standard geben, der auf jedem Betriebssystem und jeder Plattform breite Unterstützung findet. Kommt eine neue Kamera auf den Markt, kann man mithilfe des DNG-Formats sofort auf die Raw-Dateien zugreifen, sofern die Kamera DNG-Raw-Dateien anbietet.

Camera Raw in Photoshop CS2

Das Camera-Raw-Plug-In ist ein wichtiges Werkzeug. Wenn Sie die qualitativ besten Bilder von Ihrer Kamera bekommen möchten, sollten Sie immer in Raw fotografieren. Der Hauptvorteil von Photoshop ist, dass Sie Photoshop nicht verlassen müssen, um Ihre Raw-Bilder zu öffnen, falls Ihre Kamera unterstützt wird.

In der CS2-Suite wurden tiefgreifende Verbesserungen vorgenommen. Der Dateibrowser wurde durch ein selbstständiges Programm namens Bridge ersetzt, das von allen Programmen der Suite gemeinsam genutzt wird und sich nahtlos in Photoshop CS2 integriert.

Camera Raw benutzen

Die Kombination aus Arbeitsoberfläche des Bridge-Browsers und dem Plug-In Camera Raw 3.0 bietet eine gute Lösung zur Vorschau und Bearbeitung von Raw-Bildern, so dass Sie Ihre Bilder in Bridge und Photoshop komplett bearbeiten können. Die Mechanismen, über die Photoshop und Bridge zusammenarbeiten, sind so einfach wie möglich gehalten, so dass Sie ein oder mehrere Bilder öffnen oder Stapelverarbeitungen schnell und effektiv ausführen können. Abbildung 11.15 fasst die Verbindung von Bridge, Photoshop CS2 und des Camera-Raw-Plug-Ins zusammen.

Das Bridge-Fenster ist der zentrale Bereich, in dem Sie Ihre Bildauswahl treffen können. Die meisten Leute sind es gewohnt, das gewünschte Miniatur-Icon zu wählen und es entweder per Doppelklick, DATEI/ÖFFNEN oder ⌘-O (PC: Strg-O) zu öffnen. In der Standardkonfiguration von Bridge wird mit allen oben genannten Optionen das ausgewählte Raw-Bild (oder die Bilder) mit dem Camera-Raw-Dialog geöffnet, das Plug-In ist ein Teil der Creative Suite (wenn das Bild keine Raw-Datei ist, öffnet es sich direkt in Photoshop). Alternativ wählen Sie DATEI/IN CAMERA RAW ÖFFNEN oder drücken ⌘-R (PC: Strg-R), um die Bilder mithilfe des Camera-Raw-Dialogs zu öffnen. Dabei ist das Camera-Raw-Plug-In Bridge zugeordnet und Sie können Stapelverarbeitungen im Hintergrund durchführen, ohne die Performance von Photoshop zu stören.

Camera-Raw-Kompatibilität

»Offiziell« erkennt Camera Raw nicht die Raw-Dateien von allen Digitalkameras. Aber Adobe bemüht sich, zwischen den Versionen kostenlose Camera-Raw-Updates zu liefern, um immer neue Camera-Raw-Interpreter einzubinden, sobald diese verfügbar werden. Dass nicht alle Kameratypen von Camera Raw erkannt werden, ist nicht Adobes Schuld. Einige Kamerahersteller wollen selbst Bildbearbeitungssoftware auf den Markt bringen (bzw. weiterentwickeln) und verweigern stur die Zusammenarbeit mit den Photoshop-Entwicklern.

Doppelklickverhalten

In den erweiterten Voreinstellungen von Bridge legen Sie mithilfe einer Checkbox fest, dass Camera-Raw-Einstellungen durch Doppelklicken in Bridge und nicht in Photoshop bearbeitet werden.

Raw-Bild direkt öffnen

Wenn die Checkbox DURCH DOPPELKLICK KÖNNEN ... in den Bridge-Voreinstellungen ausgeschaltet ist, können Sie durch Doppelklicken mit gehaltener ⇧-Taste ein Bild oder mehrere Bilder direkt in Photoshop öffnen und den Camera-Raw-Dialog umgehen.

Bridge beim Öffnen schließen

Wenn Sie beim Doppelklicken auf ein Raw-Bild die ⌥-Taste (PC: Alt) gedrückt halten, schließt sich das Bridge-Fenster und der Kamera-Raw-Dialog öffnet sich.

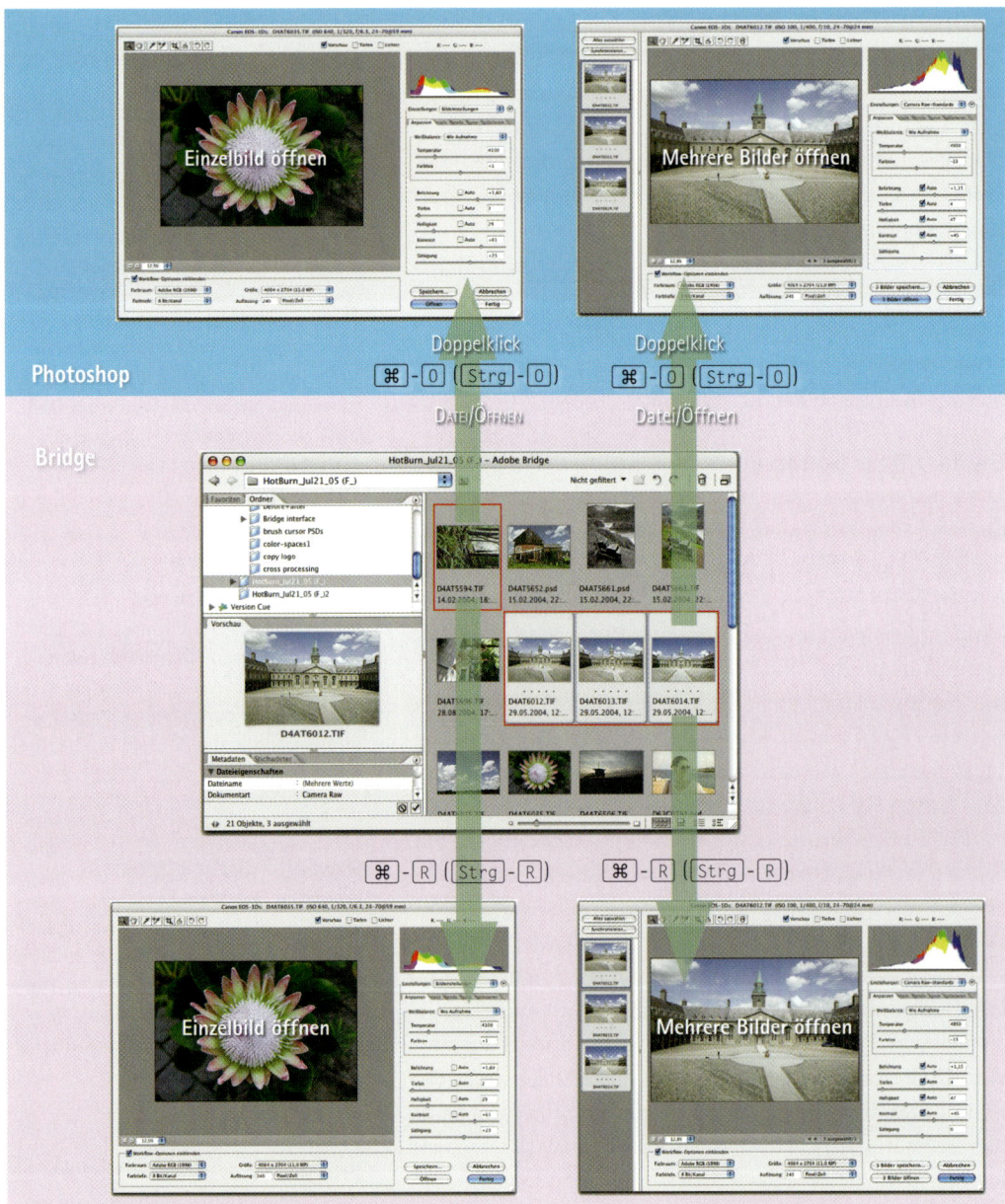

Abbildung 11.15 Sie können doppelklicken, DATEI/ÖFFNEN verwenden oder ⌘-O (PC: Strg-O) drücken, um ein einzelnes oder mehrere Bilder aus Bridge zu öffnen, so dass Photoshop Camera Raw betreut. Wenn Sie ⌘-R (PC: Strg-R) drücken, verbleibt der Camera-Raw-Dialog bei Bridge. Photoshop eignet sich gut, um eine kleine Anzahl von Bildern zu bearbeiten, während sich Bridge eher für große Stapel von Bildern für die Verarbeitung im Hintergrund eignet.

Kapitel 11
Das Digitalbild

Einzelne Raw-Bilder öffnen Sie schneller in Photoshop als in Bridge. Mehrere Bilder brauchen in Photoshop ungefähr genauso lange, aber Photoshop kann in der Zwischenzeit nichts anders tun, als die Raw-Daten zu verarbeiten. Wenn Sie die vielen Bilder in Bridge öffnen, kann Photoshop in der Zwischenzeit anderes tun.

Allgemeine Steuerungen: Öffnen eines Einzelbilds

Wenn Sie ein einzelnes Bild öffnen, erscheint der Dialog wie in Abbildung 11.16. Die Titelleiste fasst die EXIF-Metadaten zusammen, und zwar in folgender Reihenfolge: Marke der benutzten Kamera, Dateiname, ISO-Einstellung, Blende, Verschlusszeit und Brennweite des Objektivs. In der linken oberen Ecke finden Sie die Camera-Raw-Werkzeuge. In der Hauptvorschau sehen Sie alle vorgenommenen Einstellungen, das Zoom stellen Sie im Popup-Menü unter der Vorschau ein. Die Vorschau-Checkbox schaltet die einzelnen Einstellungen von Reiter zu Reiter (rechts) um; um die Änderungen kumulativ zu sehen, ändern Sie diese Einstellung von Eigene in Camera Raw Standards und zurück. Daneben finden Sie die Checkboxen für Tiefen und Lichter. Sind diese eingeschaltet, helfen sie, Beschneidungen in den Tiefen und Lichtern anzuzeigen. Ich halte jedoch lieber die ⌥-Taste (PC: Alt) gedrückt, während ich die Belichtung- und Tiefenregler einstelle, um das Bild im Schwellenwert-Modus zu betrachten. Unten im Dialog sehen Sie die Checkbox Workflow-Optionen einblenden. Ist diese eingeschaltet, können Sie die Import- und Exportfunktionen einstellen. Der Zielfarbraum sollte mit Ihrem RGB-Arbeitsfarbraum in den Farbeinstellungen von Photoshop übereinstimmen, z.B. Adobe RGB. Ich schlage vor, die Farbtiefe auf 16 Bit einzustellen. Dadurch bleibt die Integrität des Bilds maximal erhalten, wenn es konvertiert und in Photoshop geöffnet wird. Die Dateigröße-Einstellung erlaubt es Ihnen, das Bild mit kleineren oder größeren Pixelmaßen als bei der Aufnahme zu öffnen (+ oder -). Im Auflösung-Feld können Sie die Auflösung der Datei in Pixel pro Inch oder pro Zentimeter einstellen. Der hier eingestellte Wert hat keine Auswirkung auf die Pixelmaße.

Camera-Raw-Werkzeuge

Zoom-Werkzeug (Z)
Benutzen Sie dieses wie ein normales Zoom-Werkzeug, um in die Vorschau hinein- bzw. herauszuzoomen.

Hand-Werkzeug (H)
Benutzen Sie dieses wie ein normales Hand-Werkzeug, um in einer vergrößerten Vorschau zu scrollen.

Weißbalance-Werkzeug (I)
Benutzen Sie dieses Werkzeug, um die Weißbalance zu regulieren.

Farbaufnahme-Werkzeug (S)
Damit können Sie bis zu neun Farbaufnahme-Punkte im Vorschaufenster setzen.

Freistellungswerkzeug (C)
Mit diesem Werkzeug wenden Sie eine Freistellung auf das Raw-Bild an, die nur auf die Bridge-Miniatur/Vorschau angewendet wird, oder wenn man das Bild in Photoshop öffnet. Dazu gibt es ein Untermenü von voreingestellten Seitenverhältnissen, denen Sie eigene hinzufügen können.

Gerade-ausrichten-Werkzeug (A)
Mit diesem Werkzeug ziehen Sie entlang einer Linie, die horizontal oder vertikal verlaufen soll, so dass Camera Raw eine gerade ausgerichtete Freistellung vornehmen kann.

Bild 90° gegen UZS drehen (L)
Selbsterklärend.

Bild 90° im UZS drehen (R)
Selbsterklärend.

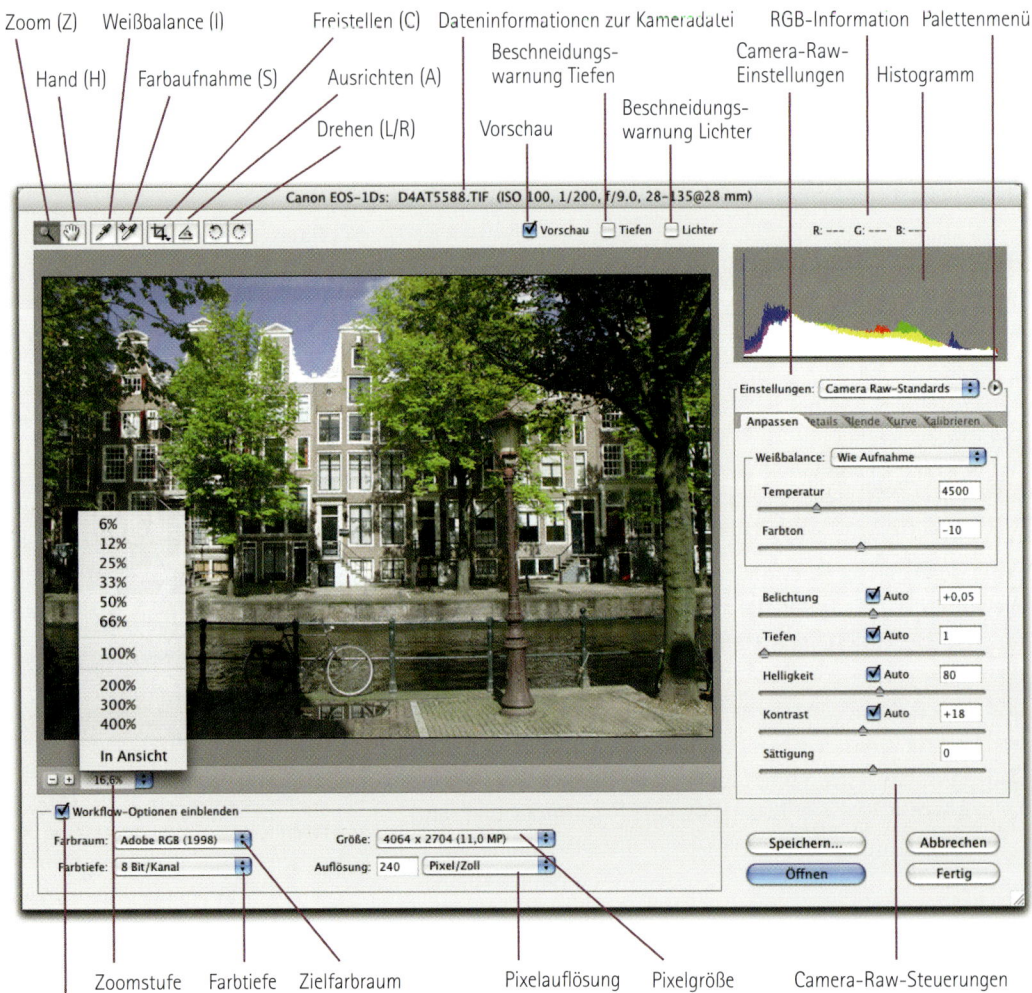

Abbildung 11.16 Der Camera-Raw-Dialog in Photoshop CS2 mit den wichtigsten Steuerungen und Tastenkürzeln beim Öffnen einer einzelnen Datei. Den Öffnen-Button muss man nicht erklären. Der Fertig-Button aktualisiert nur. Klicken Sie darauf, wenn Sie Ihre Bearbeitungen in Camera Raw vorgenommen haben und die Einstellungen speichern wollen, ohne ein oder mehrere Bilder zu öffnen.

Kapitel 11
Das Digitalbild

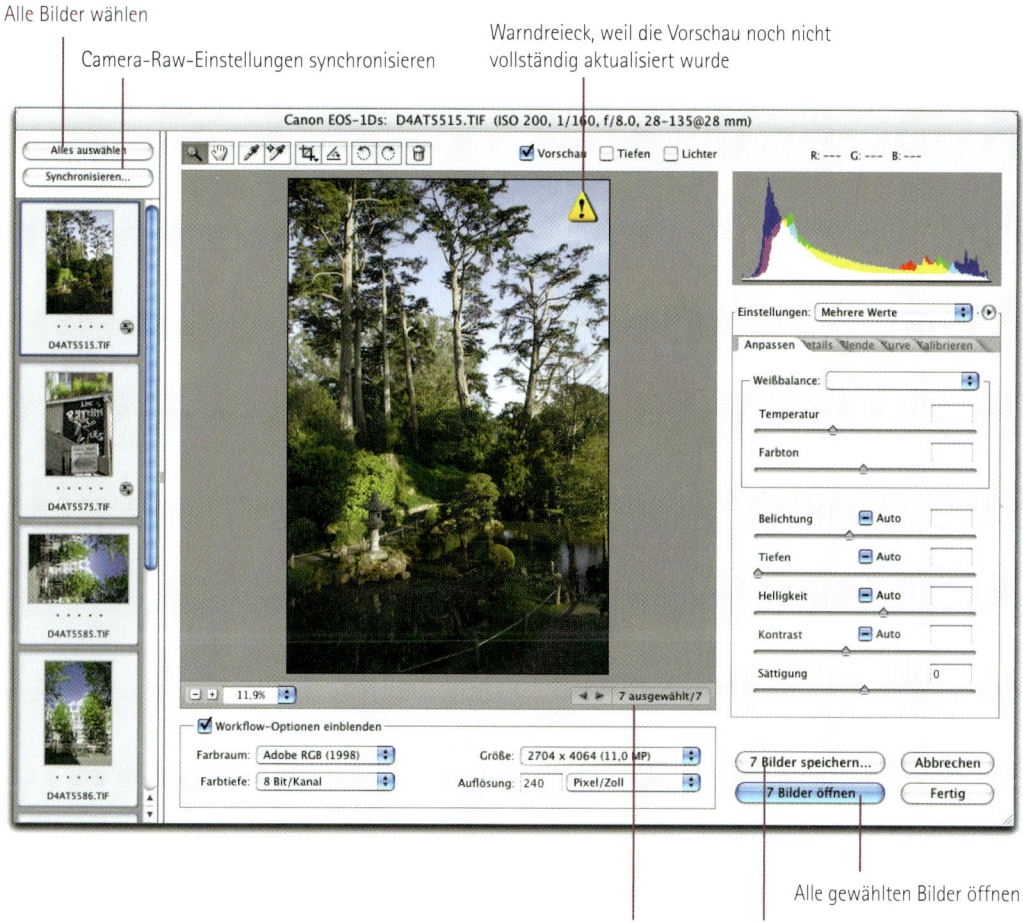

Abbildung 11.17 Hier sehen Sie den Camera-Raw-Dialog mit den wichtigsten Steuerungen und Kürzeln beim Öffnen mehrerer Dateien. Mit der Speichern-Option können Sie die Raw-Datei als DNG, TIFF, PSD oder JPEG speichern. Das Speichern wird dann im Hintergrund durchgeführt, so dass Sie weiter in Bridge oder Photoshop arbeiten können (je nachdem, welchem Programm das Plug-In gerade zugeordnet ist). Wenn Sie beim Klick auf den Speichern-Button die ⌥-Taste (PC: Alt) gedrückt halten, lässt sich die Speichern-Dialogbox umgehen, was ziemlich praktisch ist, wenn Sie mehrere Dateien nacheinander speichern und schnell weiter an anderen Dateien arbeiten wollen.

Allgemeine Steuerungen: Öffnen mehrerer Bilder

Der Camera-Raw-Dialog zum Öffnen mehrerer Bilder erscheint, wenn Sie mehr als ein Raw-Bild aus Bridge öffnen. Im Standardmodus wird das Bild durch Doppelklick, DATEI/ÖFFNEN oder ⌘-O (PC: Strg-O) in Camera Raw über Photoshop geöffnet, über Bridge funktioniert das per DATEI/IN CAMERA RAW ÖFFNEN oder ⌘-R (PC: Strg-R).

Der Dialog zum Öffnen mehrerer Bilder enthält einen Filmstreifen der ausgewählten Bilder, der auf der linken Seite verläuft. Sie können die Bilder individuell auswählen, um Einstellungen vorzunehmen, oder Sie treffen Ihre Auswahl mithilfe der ⇧- bzw. ⌘-Taste (PC: Strg), um bestimmte Einstellungen auf diese Auswahl anzuwenden. Sie können durch Ihre Auswahl navigieren, indem Sie auf die Miniaturen im Filmstreifen klicken oder sich mit den Navigationsbuttons durch die Bilder bewegen. Mit dem Synchronisieren-Button wenden Sie die Raw-Einstellungen auf alle ausgewählten Bilder an, im Unterdialog legen Sie fest, welche Einstellungen synchronisiert werden. Vorher können Sie mit ALLES AUSWÄHLEN alle Bilder im Filmstreifen auswählen.

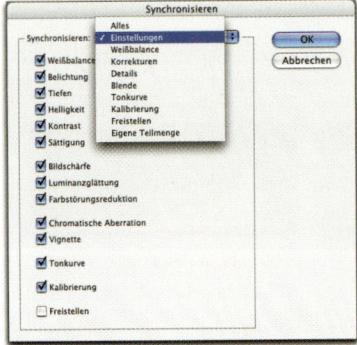

Abbildung 11.18 Im Synchronisieren-Dialog wählen Sie voreingestellte Einstellungen, die synchronisiert werden sollen, oder treffen eine eigene Auswahl von Einstellungen, die zwischen den jeweils ausgewählten Bildern synchronisiert werden sollen.

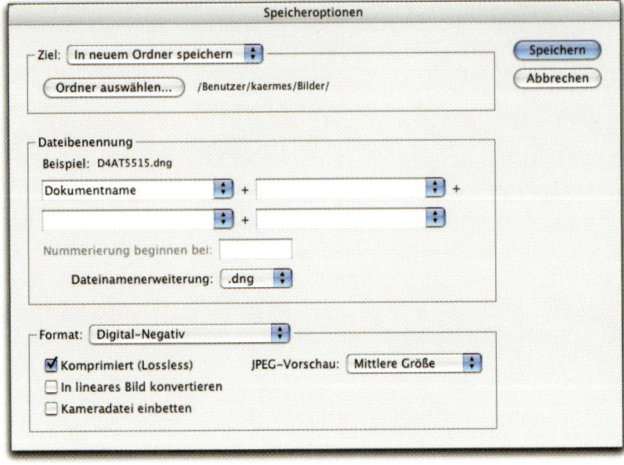

Abbildung 11.19 Wenn Sie auf den Button X BILDER SPEICHERN klicken, können Sie einen Zielordner wählen, in dem die Bilder gespeichert werden. Außerdem können Sie die Bilder stapelweise benennen und dabei die Dateinamen anpassen. Im Abschnitt FORMAT legen Sie das Dateiformat fest. Wenn Sie zum Beispiel das neue DNG-Format wählen, können Sie die gewünschten Optionen wählen. Beim Speichern aus Camera Raw werden Namenskonflikte automatisch vermieden, um andere Dateien nicht zu überschreiben. Das ist wichtig, um mehrere Versionen desselben Bilds als unterschiedliche Dateien zu speichern. Durch Drücken der ⌥-Taste (PC: Alt) umgehen Sie den Speichern-Dialog.

Mit Camera Raw Bilder durchsuchen

Im Mehrbildmodus können Sie im Camera-Raw-Dialog Auswahlen von Bildern bearbeiten. Sie können die Vergrößerung und die Position bei den gewählten Bildern anpassen, um Details zu vergleichen, sie zu untersuchen und die Bilder zu bewerten. Wenn Sie mit der ⌘-Taste (PC: Strg) auf den Button ALLE BILDER AUSWÄHLEN klicken, werden nur die bewerteten Bilder ausgewählt.

Bilder löschen

Wenn Sie Ihre Fotos in Camera Raw bearbeiten, markieren Sie mit der Löschtaste die Bilder, die in den Papierkorb gehören. Die Miniatur erhält ein rotes X, durch erneutes Drücken der Löschtaste verschwindet das wieder.

1 Wenn Sie große Ordner mit Bildern nacheinander durchsehen wollen, können Sie den Camera-Raw-Dialog so einstellen, dass er eine synchronisierte, vergrößerte Ansicht aller gewählten Bilder anzeigt. Sie sehen den Dialog hier im Kompaktmodus, sonst können die Bilder bildschirmfüllend sein.

2 Ich klicke auf das erste Bild und dann auf den Button ALLE BILDER AUSWÄHLEN. Dann vergrößerte ich die Ansicht mit dem Zoom-Werkzeug. Dadurch wird die Zoomansicht aller ausgewählten Bilder im Dialog angepasst. Mit dem Hand-Werkzeug können Sie die Scrollrichtung aller Bilder synchronisieren.

3 Anschließend heben Sie die Auswahl der Miniaturen auf und scrollen durch die Bilder. Klicken Sie dazu auf die Navigationssteuerungen oder auf die Pfeiltasten auf der Tastatur. Mit den normalen Bridge-Kürzeln können Sie die Favoriten markieren: ⌘-. fügt mehr Sterne zu einem Bild hinzu, ⌘-, reduziert die Anzahl der Sterne.

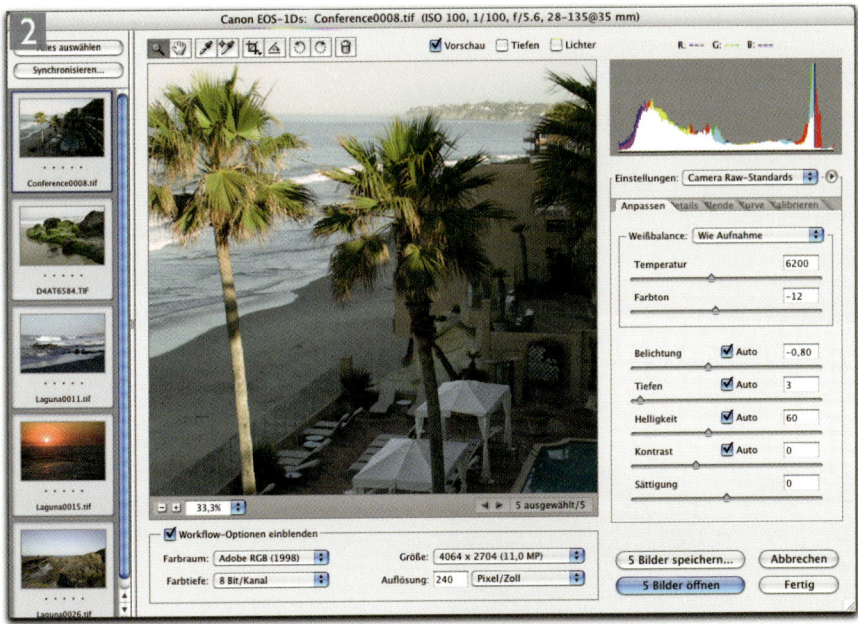

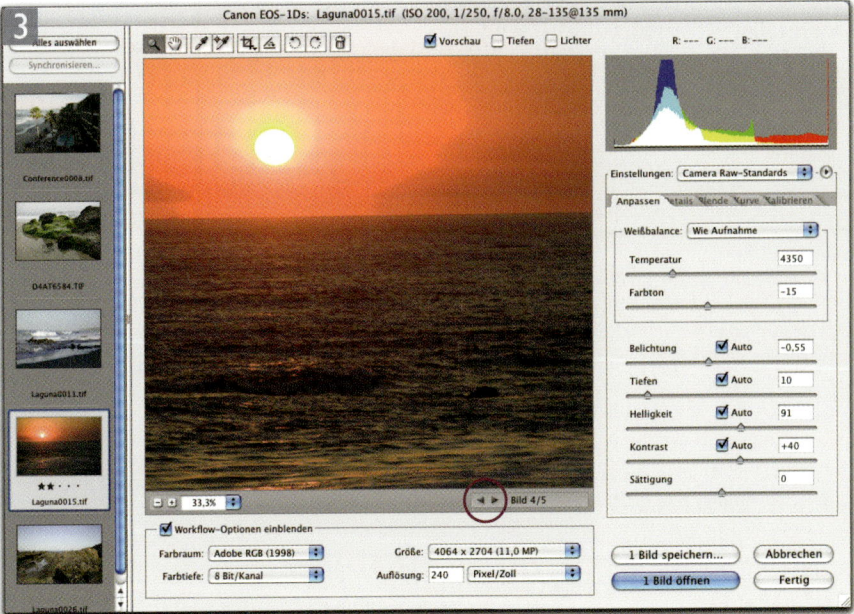

Kunde: Alta Moda. Model: Nicky Felbert @ MOT.

Anpassen

Die Anpassenregler stellen Sie am besten der Reihe nach von oben nach unten ein. Weißbalance bezieht sich auf die Farbtemperatur, die im Grunde die Wärme oder Kälte der Beleuchtungsbedingungen beschreibt. Kunstlicht hat eine geringe, warme Farbtemperatur, während Tageslicht eine höhere, kühlere Temperatur hat. Es spielt keine Rolle, wie Sie den Weißpunkt zum Zeitpunkt der Aufnahme setzen. Das ist das Schöne am Fotografieren im Raw-Modus: Sie können später entscheiden, welche Weißbalance-Einstellung Sie verwenden wollen. Die Standardeinstellung ist WIE AUFNAHME, womit die in die Raw-Datei eingebetteten Einstellungen vom Aufnahmezeitpunkt verwendet werden. Dies könnte eine feste Weißbalance-Einstellung Ihrer Kamera oder eine Auto-Einstellung zum Zeitpunkt der Aufnahme sein. Wenn das nicht korrekt ist, probieren Sie aus dem Popup-Menü die Einstellung aus, die Ihrer Aufnahme am nächsten kommt. Alternativ benutzen Sie einfach den Schieberegler, um das Bild wärmer oder kühler wirken zu lassen. Mit dem Farbton-Regler balancieren Sie die Grün/Magenta-Töne aus. Das tun Sie am einfachsten, indem Sie mit dem Weißbalance-Werkzeug in einen Bereich klicken, der fast weiß sein soll (Sie werden sehen, dass die RGB-Werte beim Bewegen des Werkzeugs über dem Histogramm angezeigt werden). Wenn Sie die Abbildungen 11.16 und 11.17 betrachten, sehen Sie viel Mischlicht in den Aufnahmen. Deshalb dachte ich, dass Klicken mit dem Weißbalance-Werkzeug in die verschiedenen Weißtöne unterschiedliche Ergebnisse bringen würde. Schließlich klickte ich auf das weiße Hemd, an eine Schattenstelle. Das erzeugte die nützlichste Weißbalance-Messung.

Die Regler zur Farbsteuerung im Bild kommen als Nächstes. Damit nehmen Sie weitere Einstellungen an der Art und Weise vor, wie Camera-Raw-Daten interpretiert werden, wenn sie in ein Bild umgewandelt werden, das in Photoshop geöffnet werden kann. Die Raw-Daten befinden sich im Vergleich zu den Bildern, mit denen Sie sonst arbeiten, in einer anderen Art Gamma-Farbraum. Die Kamerasensoren reagieren linear auf Licht und die unverarbeiteten

Farbtemperatur

In der Welt der traditionellen Farbfotografie gab es bei der Auswahl von Filmmaterial nur zwei Farbtemperaturen: Tageslicht und Kunstlicht. Das Tageslicht für Außen- und Studio-Blitzaufnahmen wurde mit 5500 Kelvin angegeben, Kunstlicht mit 3200 Kelvin. Diese absoluten Werte passten nur selten zu den Lichtbedingungen beim Shooting, aber so kam man mit der Farbtemperatur den Aufnahmebedingungen etwas näher. Anschließend konnte man die Farbtemperatur mit Filtern über dem Objektiv oder Farbgel-Filtern über der Beleuchtung feinabstimmen.

Camera-Raw-Weißbalance

Das Camera-Raw-Plug-In wurde von Thomas Knoll entwickelt, einem der Väter von Photoshop. Thomas benutzte zwei Profilmessungen, eine unter Kunstlichtbedingungen und eine unter Tageslicht, um die Weißbalance-Einstellungen zwischen den Messpunkten zu errechnen. Dann extrapolierte er die Daten, um die Weißbalance an den Extremwerten auf beiden Seiten der Messung zu bestimmen.

Auto-Einstellungen

Die Auto-Einstellungen erzeugen meist nett optimierte Bilder, die nur wenig bearbeitet werden müssen. Sobald Sie eigene Einstellungen vornehmen, verschwindet die Markierung in der Checkbox. Um Auto zu deaktivieren und den Standard auszuschalten, wählen Sie Auto-Korrekturen verwenden aus dem Palettenmenü (siehe Kreis) oder drücken ⌘-U (PC: Strg-U).

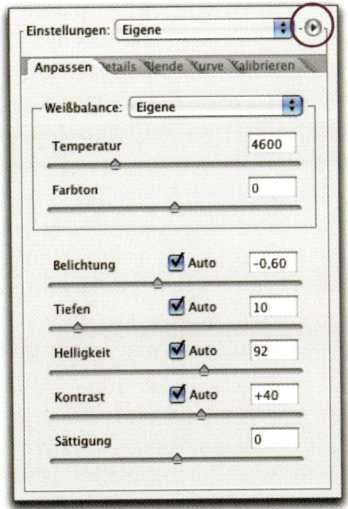

Abbildung 11.20 Die Anpassen-Steuerungen von Camera Raw. In Version 3.0 gibt es Standard-Auto-Einstellungen für Belichtung, Tiefen, Helligkeit und Kontrast.

Tiefen und Lichter beschneiden?

Ich habe mich daran gewöhnt, mit der ⌥-Taste (PC: Alt) in den Schwellenwert-Modus zu gehen, um zu sehen, wo Tiefen oder Lichter beschnitten werden. Wenn Sie die Checkboxen Tiefen und Lichter oben im Dialog einschalten, erhalten Sie eine Beschneidungswarnung in der Vorschau.

Dateien befinden sich in einem linearen Gamma-Raum. Das Auge des Menschen interpretiert Licht nichtlinear, also muss die Raw-Umwandlung eine umfassende Gamma-Korrektur am Originalbild vornehmen, um das korrekt belichtete Raw-Bild an Ihre Augen anzupassen (Abbildung 11.22 illustriert diesen Aspekt bei der Raw-Umwandlung). Das Vorschaubild im Camera-Raw-Dialog repräsentiert eine gamma-korrigierte Vorschau der Raw-Daten. Die Einstellungen im Dialog Camera Raw werden jedoch auf die rohen, linearen Daten angewendet.

Ich erwähne das hier, da ich die einfachen, aber wichtigen Unterschiede zwischen Farbtonbearbeitungen illustrieren möchte, die in Camera Raw und in Photoshop möglich sind. Der Regler Belichtung ist ähnlich wie der Lichterregler im Tonwertkorrektur-Dialog. Indem Sie nach rechts ziehen, hellen Sie die Lichter auf, Ziehen nach links dunkelt sie ab. Und wenn Sie beim Ziehen des Belichtungsreglers die ⌥-Taste (PC: Alt) gedrückt halten, sehen Sie eine Schwellenwert-Vorschau. Dadurch können Sie die optimalen Einstellungen leichter erkennen. Aber Camera Raw setzt manchmal auch zusätzliche Tricks ein, zum Beispiel das Ignorieren digitaler Gain-Werte, die für manche Aufnahmen mit höherem ISO-Wert benutzt wurden. Camera Raw kann auch Lichterdetails in allen Kanälen benutzen, um die Details im schwächsten Lichterkanal zu verstärken. Zwar können Sie Camera Raw nur bis zu einer gewissen Grenze treiben, aber manchmal lässt sich eine Überbelichtung gerade so verhindern. Der Tiefenregler ist da etwas weniger kritisch, aber auch hier ist es nützlich, die ⌥-Taste (PC: Alt) zu drücken, um die Schwellenwert-Anzeige zu nutzen, die verdeutlicht, ab wo die Tiefen beschnitten werden. Der Helligkeitsregler funktioniert wie der Gammaregler in der Photoshop-Tonwertkorrektur, Sie können damit die relative Helligkeit des zu bearbeitenden Bilds einstellen. Darunter finden Sie die Kontrast- und Sättigungsregler. Meist erhöhe ich den Kontrast und hin und wieder auch die Sättigung. Manchmal ist es aber auch sinnvoll, den Kontrast zu reduzieren, um Informationen in den Tiefen und Lichtern eines kontrastreichen Bilds wiederherzustellen.

Digitale Belichtung

Beim digitalen Fotografieren müssen Sie sich im Vergleich zum Film an völlig neue optimale Belichtungen gewöhnen. Die meisten Digitalkameras, zum Beispiel die populären SLRs und sogar Raw-fähige Kompaktmodelle, sind in der Lage, 12 Bit an Daten aufzunehmen, das entspricht 4096 Tonwerten pro Farbkanal. Wenn Sie die Lichtmenge halbieren, die auf den Sensorchip fällt, halbieren Sie auch die Anzahl von Tonwerten, die für die Aufnahme verfügbar sind. Angenommen, die optimale Belichtung für ein bestimmtes Foto läge bei f16. Diese Belichtung reizt den Dynamikbereich des Sensorchips aus, bietet also das Potenzial, bis zu 4096 Informationsstufen aufzunehmen. Würde man dann die Belichtung auf f22 halbieren, könnte man nur noch 2000 Werte pro Kanal aufnehmen. Es wäre immer noch möglich, das Bild in Camera Raw oder Photoshop aufzuhellen, um ein Bild mit ähnlichem Kontrast bzw. ähnlicher Helligkeit zu erstellen. ABER – diese eine Belichtungsstufe hat uns die Hälfte der möglichen Werte gekostet, die bei der nächst höheren Belichtungsstufe hätten aufgenommen werden können. Das Bild benutzt nun nur 11 Bit an Daten pro Kanal anstelle von 12. Das trifft auch für digitale Scanner zu. Sie haben vielleicht schon festgestellt, wie schwierig es sein kann, Details aus den dunkelsten Tiefen wiederherzustellen, und diese können dann starke Tontrennungseffekte aufweisen. Haben Sie auch bemerkt, wie viel leichter es ist, Lichterdetails mit einer Tiefen/Lichter-Einstellung zu retten? Das liegt daran, dass die Tiefenbereiche nur 32 Stufen oder weniger haben, um die Lichtinformationen in den dunkelsten Bereichen des Bilds aufzunehmen. Darum ist Tontrennung auch in Tiefenbereichen viel deutlicher erkennbar. Das erklärt auch, warum es wichtig ist, digitale Aufnahmen so sorgfältig wie möglich anzufertigen, um die hellstmögliche Belichtung einzustellen, ohne jedoch Details in den Lichtern zu verlieren.

Abbildung 11.21 Hier sehen Sie den Unterschied, den eine korrekte Belichtung beim Erhalten der Informationen in den Tiefen bewirken kann. Je dunkler die Belichtung, desto weniger diskrete Stufen kann der CCD-Chip aufnehmen und das führt zu schlechten, verwaschenen Tiefendetails.

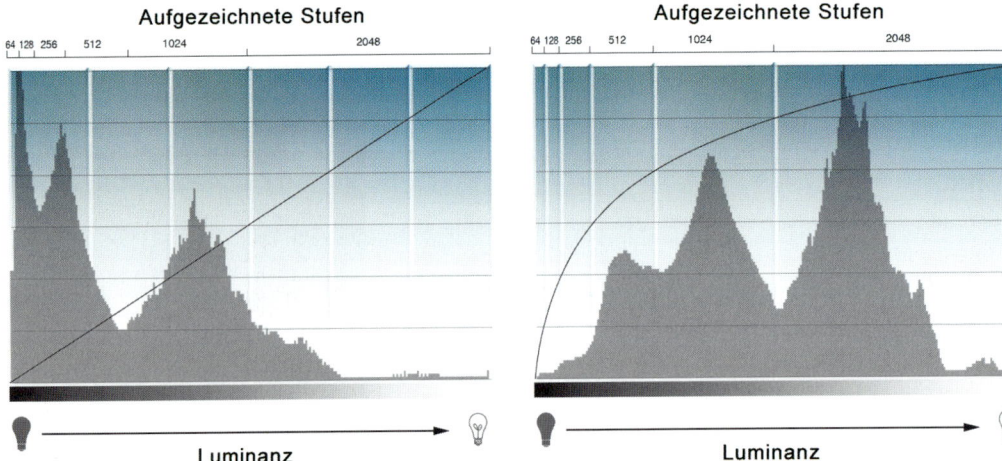

Abbildung 11.22 Wenn Sie die von Ihrer Kamera als Raw-Dateien aufgenommenen Bilder untersuchen könnten, sähen sie vermutlich ähnlich wie das Bild oben links aus. Es ist sehr dunkel, hat wenig Kontrast und die Tonwerte im Histogramm sind auf der linken Seite gebündelt. Im Raw-Umwandlungsprozess wird eine Gammakorrektur-Kurve angewendet, wenn die linearen Daten umgewandelt werden, so dass das verarbeitete Bild so aussieht, wie wir uns die relative Helligkeit einer solchen Szene vorstellen. Das Bild oben rechts zeigt dasselbe Foto nach einer einfachen Raw-Umwandlung.

Eine Konsequenz ist also, dass die heller belichteten Bereiche die meisten Farbinformationen behalten und die Tiefenbereiche mit weniger Tonwerten auskommen. Ein typischer CCD-Sensor kann bis zu 4096 Tonwerte aufnehmen. Die Hälfte davon wird im hellsten Belichtungsbereich aufgenommen und mit jeder geringeren Belichtungsstufe werden die aufgenommenen Tonwerte halbiert. Die Belichtung der Digitalkamera ist deswegen besonders kritisch. Idealerweise muss das Bild so hell wie möglich sein, damit Sie das Histogramm vollständig ausnutzen können. Gleichzeitig müssen Sie jedoch darauf achten, dass die Lichter nicht beschnitten werden. Als Hinweis nebenbei: Die Histogramme, die in Ihrem Kamera-LCD angezeigt werden, sind unzuverlässig, denn sie basieren meist auf dem von der Kamera erstellten JPEG und repräsentieren nicht die gesamte Raw-Aufnahme.

Details

In den Details-Einstellungen können Sie Verbesserungen an der Weichheit und Schärfe der Raw-Umwandlung vornehmen und Farbrauschen reduzieren. Um die richtige Entscheidung beim Einsatz der Schieberegler zu treffen, sollte die Vorschau bei 100% angezeigt werden. Die Standardeinstellungen sehen eine Bildschärfe von 25% vor. Das ist ein eher vorsichtiger Wert, aber ich verzichte in diesem Stadium lieber auf eine Scharfzeichnung und führe diese später in Photoshop aus. Wie in Kapitel 4 beschrieben, wende ich zuerst eine leichte Scharfzeichnung an, nehme dann alle Bildbearbeitungen vor und zeichne das Bild anschließend vor der Ausgabe noch einmal scharf.

Dennoch ist es sinnvoll, die Vorschaubilder in Camera Raw scharfzuzeichnen, um Farbton- und Kontrasteinstellungen besser einschätzen zu können. Wenn Sie auf das kleine Dreieck neben den Camera-Raw-Einstellungen klicken, können Sie aus dem Menü die Voreinstellungen öffnen, wie in Abbildung 11.25 zu sehen. Ich wende die Scharfzeichnung lieber nur auf das Vorschaubild an und belasse die Bildschärfe bei 25%.

Wenn Sie mit einer hohen ISO-Einstellung in der Kamera fotografieren, entstehen fast immer Störungen im Bild. Die Regler LUMINANZGLÄTTUNG und FARBSTÖRUNGSREDUKTION können beide verwendet werden, um das Aussehen von Bildern zu verbessern, die unter solchen Störungsartefakten leiden. Mit LUMINANZGLÄTTUNG glätten Sie die physikalische Form von Störungsartefakten, während die FARBSTÖRUNGSREDUKTION die Farben glättet und farbige Spritzer entfernt. Die Störungen sind von Kamera zu Kamera unterschiedlich, Ratschläge für alle Typen sind kaum zu bekommen. Den Regler für die FARBSTÖRUNGSREDUKTION können Sie problemlos auf ein Maximum einstellen. In Abbildung 11.24 sehen Sie die Einstellungen bei einem recht körnigen Bild, das mit der maximalen ISO-Einstellung der Kamera von 1250 gemacht wurde. Die Luminanzglättung sollte nicht höher als die hier verwendeten 15% eingestellt werden. Ich würde empfehlen, schwere Farbstörungen auch mit dem Photoshop-Filter STÖRUNGEN REDUZIEREN abzuschwächen.

Vorschaubilder

Zuerst zeigt der Camera-Raw-Dialog den Reiter ANPASSEN an. In diesem Modus können Sie die Vorschau zwischen allen großen Änderungen in Camera Raw umschalten. Wenn Sie einen der anderen Reiter auswählen, wechselt die Vorschau und zeigt nur die Veränderungen an, die in diesem speziellen Reiter vorgenommen wurden.

Abbildung 11.23 Nachdem Sie ein Bild aus dem Camera-Raw-Dialog geöffnet oder auf FERTIG geklickt haben, wird ein Einstellungen-Icon unten rechts in der Miniatur des Bilds angezeigt, um kenntlich zu machen, dass das Bild in Camera Raw eingestellt wurde.

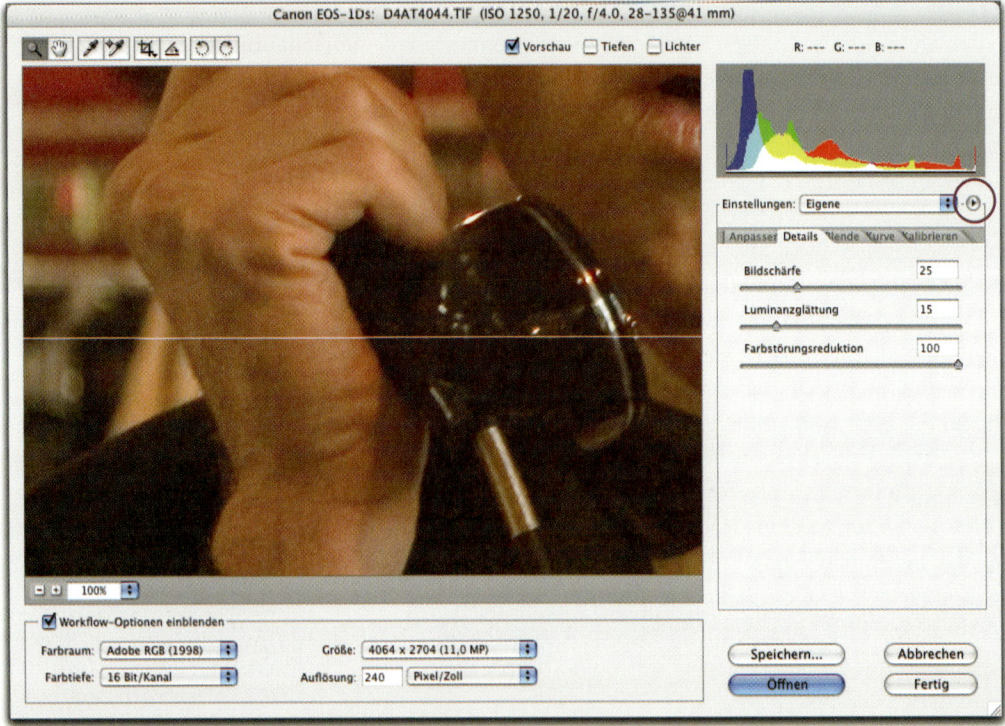

Abbildung 11.24 Die Details-Steuerungen in Camera Raw. Die hier gezeigte Vorschau ist zweigeteilt. Die obere Hälfte zeigt das Bild vor, die untere das Bild nach der Luminanzglättung und der Farbstörungsreduktion. Klicken Sie auf das Palettenmenü, um den Befehl VOREINSTELLUNGEN zu wählen (siehe Abbildung 11.25).

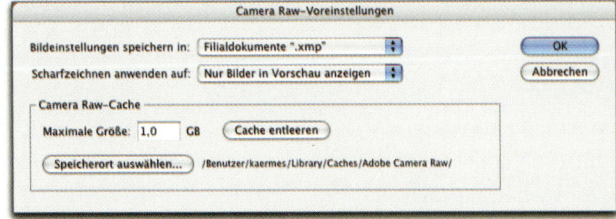

Abbildung 11.25 In den Camera-Raw-Voreinstellungen können Sie einstellen, dass die Scharfzeichnung nur auf die Bildvorschau angewendet wird. Ich würde auch die Einstellungen als .xmp-Filialdokument speichern lassen (siehe Seite 471). Vielleicht sollten Sie auch den Camera-Raw-Cache erhöhen, wenn der Platz auf Ihrer Festplatte dafür ausreicht.

Blende

Die Steuerungen in diesem Reiter helfen, einige optische Probleme bei der Digitalaufnahme zu beheben. Wenn Sie ein Bild an den Rändern genau untersuchen, tauchen manchmal Farbränder auf, die besonders in Bereichen mit hohem Kontrast deutlich werden. Vor allem bei preiswerteren Optiken bei manchen Digitalkameras tritt dieser Effekt auf. Die Einstellungen im Bereich CHROMATISCHE ABERRATION sollten Sie bei einer Vorschau von 100% verwenden. Damit können Sie sichtbare Farbränder entfernen. Die Einstellung ROT/CYAN-FARBRÄNDER funktioniert, indem Sie die Skalierung des roten Kanals relativ zum grünen Kanal einstellen. BLAU/GELB-FARBRÄNDER ändert die Skalierung des blauen Kanals relativ zum grünen. Diese Einstellungen stehen auch im Filter BLENDENKORREKTUR zur Verfügung.

Abbildung 11.26 Wenn Sie die ⌥-Taste (PC: Alt) gedrückt halten, während Sie den Regler ROT/CYAN-FARBRÄNDER einstellen, können Sie BLAU/GELB-FARBRÄNDER ausblenden. Ebenso funktioniert das umgekehrt.

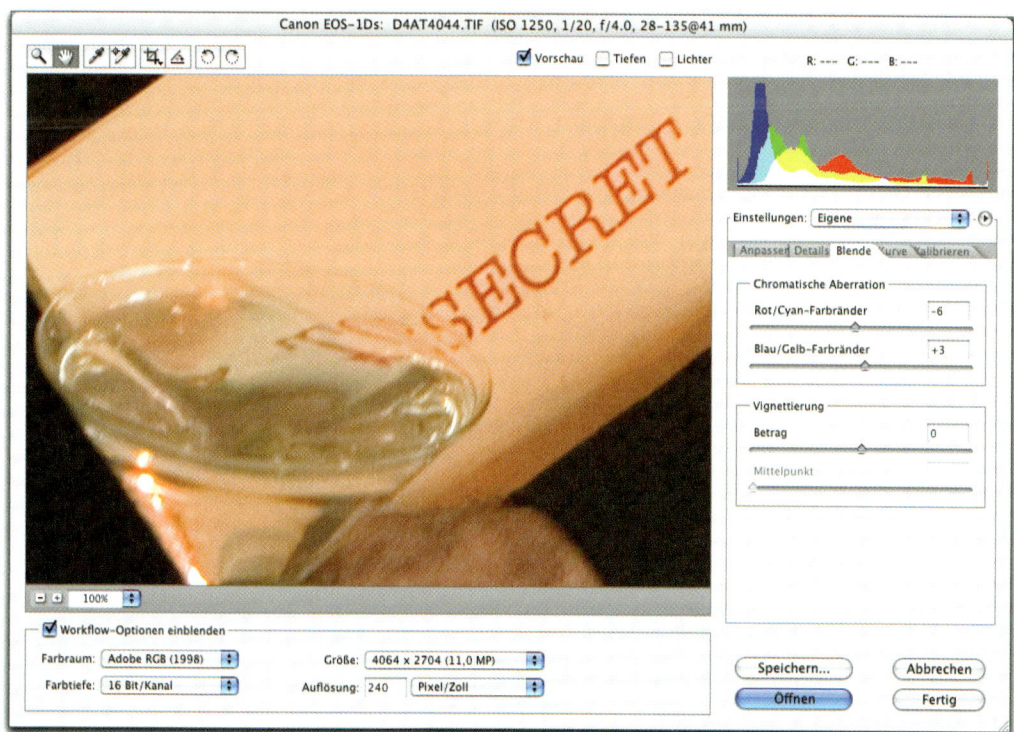

Abbildung 11.27 Die Blende-Steuerungen in Camera Raw

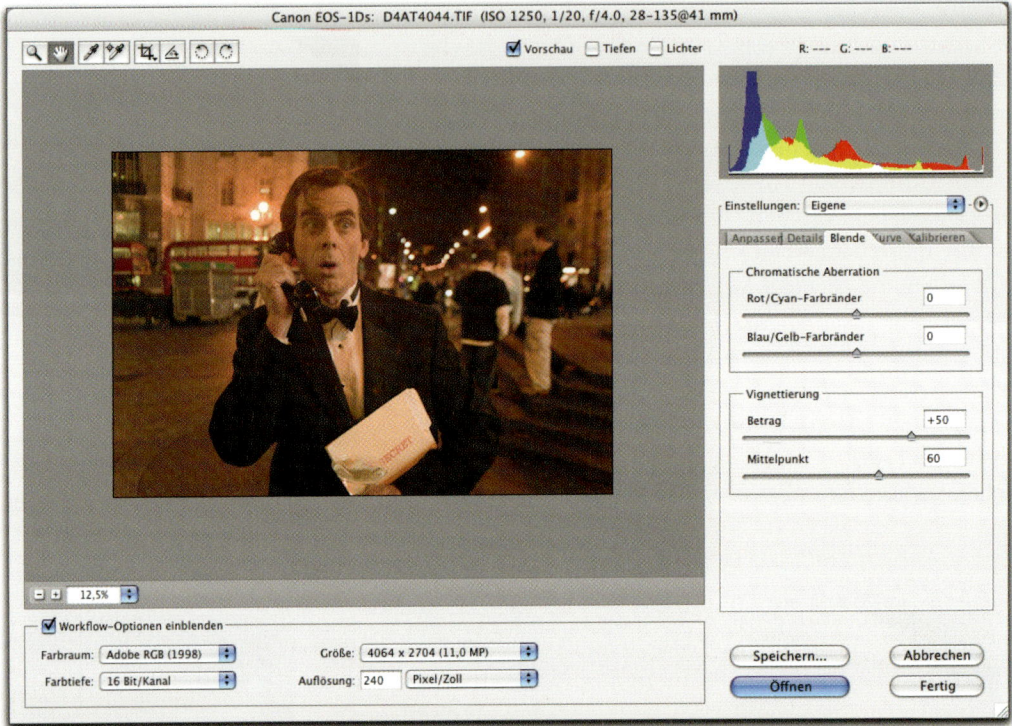

Abbildung 11.28 Im Reiter BLENDE werden die Vignettierung-Steuerungen verwendet, um die Ecken des Bilds aufzuhellen und ein an den Rändern besser ausbalanciertes Bild zu erhalten.

Vignettierung

Bei manchen Kamera-Objektiv-Kombinationen ist ein Helligkeitsabfall an den Rändern des Bildausschnitts erkennbar. Das führt dazu, dass die Ecken im Verhältnis zur Mitte etwas dunkel sind. Dieses Problem taucht bei Weitwinkelobjektiven besonders häufig auf, vor allem wenn das Motiv einen blauen Himmel oder einen einfarbigen gleichmäßig ausgeleuchteten Hintergrund hat. Der Vignettierungsbetrag hellt die Aufnahme von der Mitte nach außen hin etwas auf. Der Mittelpunktregler versetzt die Korrektur etwas. Wenn Sie den Mittelpunktwert erhöhen, wird die Kompensation mehr in Richtung äußere Ränder akzentuiert.

Kurve

Im Reiter KURVE nehmen Sie Feineinstellungen am Bild vor, die in Kombination mit den Einstellungen aus AN-PASSEN wirken. Aus dem Menü TONKURVE wählen Sie das gewünschte Verhalten der Tonkurve bei der Raw-Umwandlung aus. Als Standard wird die Kurve MITTLERER KONTRAST verwendet, die den Kontrast moderat erhöht und wohl auch mit dem Standardkontrast übereinstimmt, der von den meisten Kameras angewendet wird, wenn sie das Bild verarbeiten, um es gleich als JPEG zu speichern. Diese Standardeinstellung in Kombination mit den Auto-Einstellungen erzeugt wahrscheinlich die passendsten Ergebnisse. Aber dennoch ist es nur ein Standard und die Kurve lässt sich einfach ausschalten, indem Sie die Option LINEAR wählen und diese zum neuen Standard machen.

Raw-Processing vergleichen
Es gibt viele Meinungen darüber, welches Programm Raw-Dateien am besten verarbeitet. Es existieren aber auch irreführende Einschätzungen, die einfach auf einem Verleich mit den Standardeinstellungen basieren. Ein guter Vergleich sollte alle Optionen zur Bildeinstellung gründlich untersuchen, bevor voreilige Schlüsse gezogen werden.

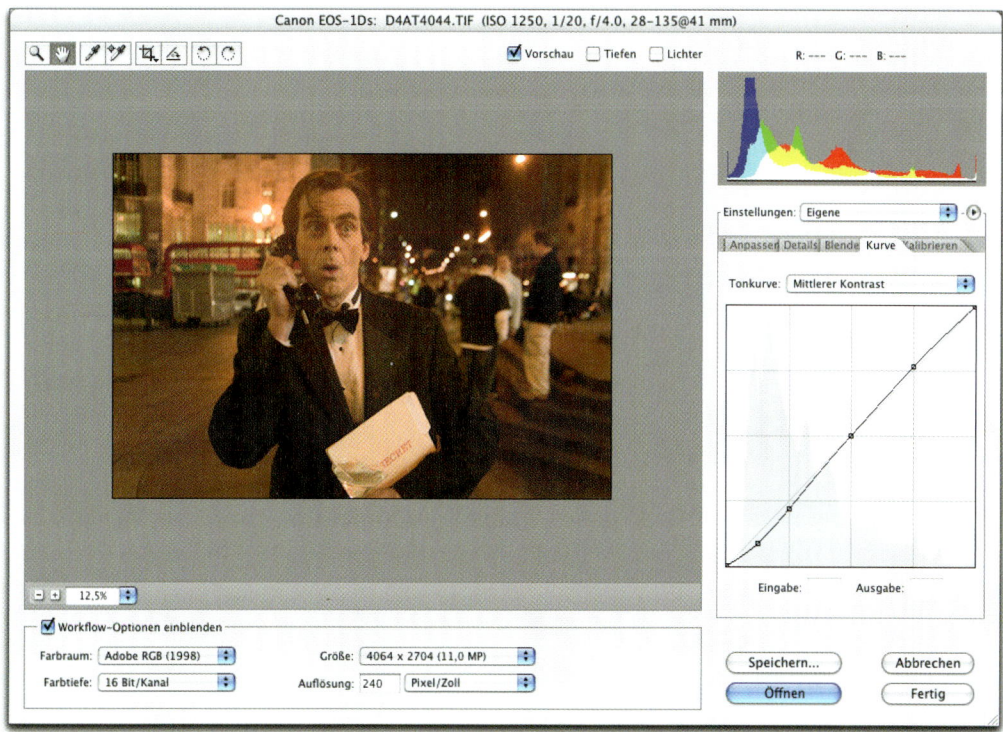

Abbildung 11.29 Hier sehen Sie die Kurven-Einstellungen mit der Option MITTLERER KONTRAST. Der linke Bereich der Bildvorschau zeigt die angewendete Kurve.

Kalibrieren

Das Camera-Raw-Plug-In ist das Ergebnis zahlreicher Tests und Raw-Datei-Analysen, die Thomas Knoll durchführte. Die Liste von Kameras, mit denen das aktuellste Plug-In kompatibel ist, finden Sie auf der Adobe-Website unter: www.adobe.com/products/photoshop/cameraraw.html.

Die Testkameras wurden verwendet, um ein zweiteiliges Profil der Spektralreaktionen jedes Kamerasensors unter Kunst- und Tageslicht zu erstellen. Daraus kann der Camera-Raw-Prozessor eine recht gute Farbinterpretation unter diesen Lichtbedingungen erstellen, und mehr noch: über einen breiten Bereich verschiedener Beleuchtungstemperaturen. Diese Methode ist nicht so akkurat, als hätte man für seine Kamera ein richtiges Profil erstellt. Aber ein Kameraprofil kann man nur erstellen, wenn die Lichtbedingungen immer dieselben sind, denn sonst müssten Sie bei jeder neuen Beleuchtung ein neues Profil erstellen.

Die Steuerungen im Kalibrieren-Reiter bieten einen Mechanismus, die Farbeinstellungen in Camera Raw feinabzustimmen, so dass Sie die Ausgabe anpassen und eine eigene Kalibrierung für jede einzelne Kamera und bestimmte Beleuchtungsverhältnisse erstellen können. Für dieses Kalibrierungssystem ist etwas zusätzlicher Aufwand nötig. Wenn Sie aber immer mit derselben Kamera in einem Studio unter ähnlichen Lichtverhältnissen arbeiten, lohnt sich das. Ich erzeuge auch eine Kalibrierungseinstellung, wenn ich vor Ort und bei ungewöhnlichen Lichtverhältnissen arbeite, zum Beispiel in einem Gebäude, das vollkommen von fluoreszierenden Leuchtstreifen erhellt wurde. Das Tutorial auf den nun folgenden Seiten beschreibt, wie ich mit einer Farbkarte von Gretag MacBeth und der Weißbalance und den Kalibrierungseinstellungen von Camera Raw eine eigene Camera-Raw-Einstellung erzeugte, die ich bei allen Innenaufnahmen dieses Tages einsetzen und mit denen ich eine effektive Farbkorrektur anwenden konnte.

Camera Raw im richtigen Leben
Eine umfassende Erklärung zu Camera Raw und Bridge sowie eine detailliertere Erläuterung, wie Sie eine eigene Camera-Raw-Kalibrierung Ihrer Kamera vornehmen, erhalten Sie im Buch »Adobe Camera Raw« von Mike Schelhorn, erschienen bei Addison Wesley.

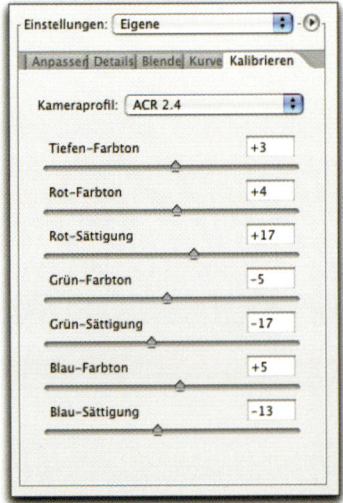

Abbildung 11.30 Die Steuerungen im Kalibrieren-Reiter werden zur Feinabstimmung der Camera-Raw-Farbumsetzung verwendet. Das Kameraprofil bietet eine Auswahl verschiedener Profile, denn einige Original-Camera-Raw-Profile, die mit diesem Plug-In geliefert wurden, entsprachen nicht immer der besten durchschnittlichen Chip-Performance der jeweiligen Kamera. Also wurden manche Kameraprofile aktualisiert und als ACR 3.0-Profile zur Verfügung gestellt. Diese Profile sind besser als die Einstellung ACR 2.4, aber das alte Profil gibt es auch noch, damit auch dieses weiter genutzt werden kann.

Kapitel 11
Das Digitalbild

1 Diese Innenaufnahme wurde ausschließlich mit dem vorhandenen Raumlicht aufgenommen. Die Standard-Kameraeinstellungen erzeugten ein Bild mit starkem Gelbgrünstich.

2 Um die Kamera für diese Beleuchtungssituation zu kalibrieren, platzierte ich eine Gretag MacBeth-Farbkarte in der Szene und fotografierte sie unter denselben Lichtbedingungen. Dann verglich ich die Camera-Raw-Vorschau der Farbkarte mit einer künstlichen Farbkarte in Photoshop. Bruce Lindbloom hat ein künstliches ColorChecker-Bild erzeugt, das von seiner Website geladen werden kann: www.brucelindbloom.com. Das synthetische Bild befindet sich im Lab-Modus, ich musste es also zuerst in meinen Adobe-RGB-Arbeitsfarbraum konvertieren. Ich öffnete das synthetische ColorChecker-Bild und das Raw-Bild nebeneinander.

Um die Weißbalance einzustellen, wählte ich das Weißbalance-Werkzeug und klickte auf das hellgraue Farbfeld neben dem weißen, denn mit dem hellsten Weiß als Messpunkt kann ein falsches Ergebnis entstehen. Dann nahm ich einige erste Farbbearbeitungen vor, um die Camera-Raw-Farbkarte an die synthetische Farbkarte anzupassen.

3 Zuerst stellte ich den Belichtungsregler ein, so dass das weiße Farbfeld gerade so beschnitten wurde. Dann setzte ich mit dem Farbaufnehmer-Werkzeug einen Aufnahmepunkt auf das schwarze Feld und stellte den Tiefenregler so ein, dass die RGB-Werte nah an R 53 G 53 B 53 lagen. Den Aufnahmepunkt zog ich auf das hellgraue Feld, bevor ich drei weitere Punkte setzte. Mithilfe der Werte für die grauen Felder konnte ich Helligkeit und Kontrast einstellen, um die fotografierte Karte und die synthetische Karte anzugleichen. Ich klickte auf den Button FARBAUFNEHMER LÖSCHEN und wechselte in den Kalibrieren-Reiter.

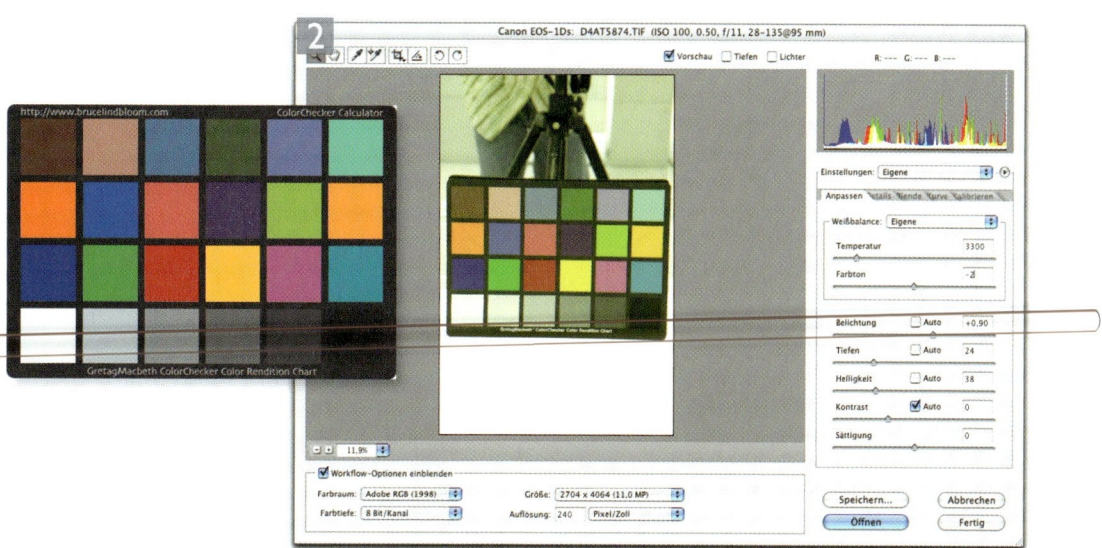

467

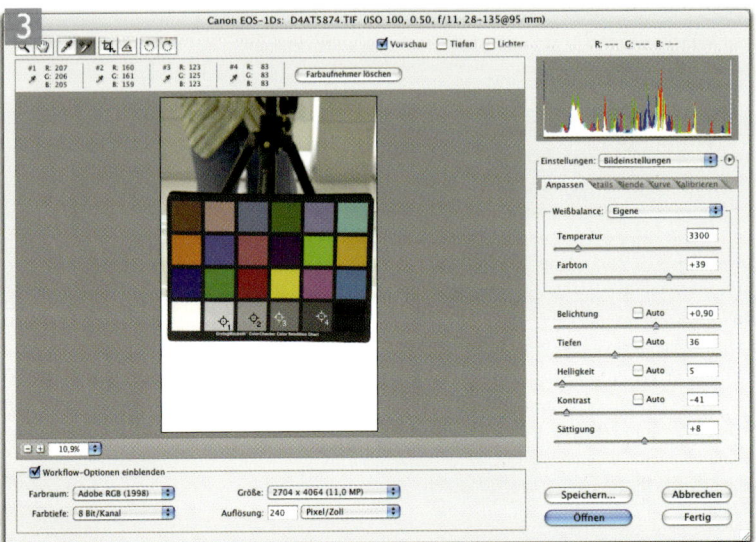

4 Ich platzierte einen neuen Farbaufnehmer auf dem Tiefen-Feld und stellte den Tiefenfarbton so ein, dass die RGB-Werte fast ausgeglichen waren. Wieder löschte ich die Farbaufnehmer und setzte die vier Punkte wie in der Abbildung. Ich wollte die roten, grünen und blauen Felder aufeinander abstimmen. Ein Vergleich ist entweder visuell möglich oder man bezieht sich auf die Karte in Abbildung 11.31 und stellt unter KALIBRIEREN Farbton und Sättigung ein, um die RGB-Werte in jedem Farbfeld anzupassen. Es empfiehlt sich, zuerst den grünen Farbton und die Sättigung einzustellen, dann die blauen und zum Schluss die roten Werte.

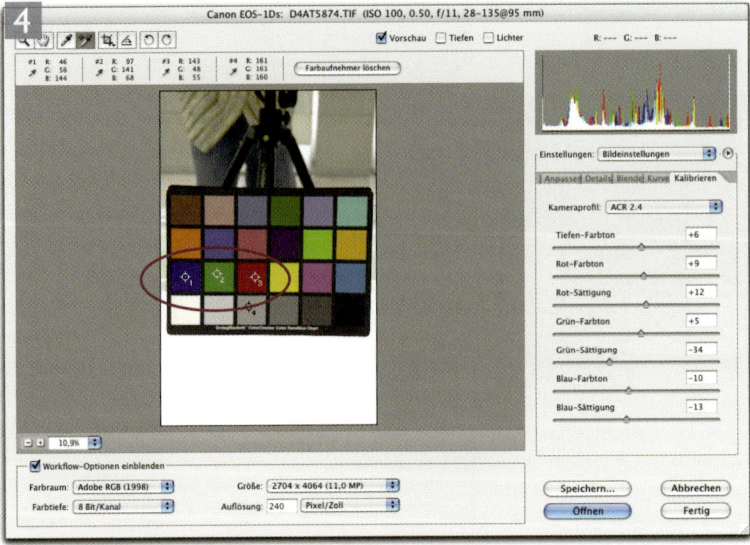

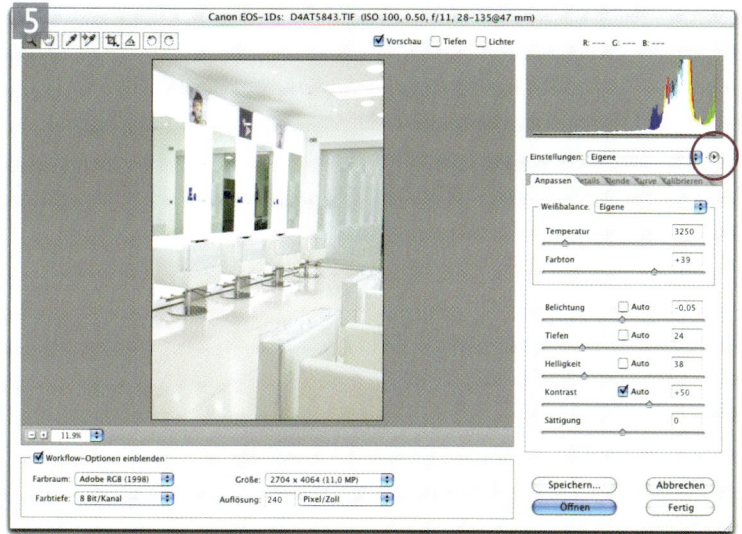

5 Beim Anpassen der Regler werden Sie feststellen, dass die zwei anderen Farbkanäle mit beeinflusst werden. Es ist fast unmöglich, eine exakte Übereinstimmung zu erzielen, aber mit viel Feinabstimmung kommen Sie dem Optimum recht nahe. Aus den Camera-Raw-Optionen wählte ich EINSTELLUNGSTEILMENGE SPEICHERN. Ich wählte EIGENE TEILMENGE und markierte nur die Felder WEISSBALANCE und KALIBRIEREN, dann klickte ich auf SPEICHERN. Im nächsten Dialog vergeben Sie den Namen und speichern im Ordner APPLICATION SUPPORT\ADOBE\CAMERA RAW\ SETTINGS. Diese Teilmenge ignoriert die ursprünglichen Werte für Blende, Tiefen, Helligkeit und Kontrast. Sie speichert nur die Weißbalance und das Kalibrieren. Nach dem Speichern können Sie über das Einstellungen-Menü in Camera Raw darauf zugreifen und sie für einzelne oder mehrere Bilder verwenden, die unter ähnlichen Bedingungen aufgenommen wurden, um ein perfektes Farbrendering der Szene bei einer bestimmten Kamera zu erhalten. Wenn Sie nicht erst eine eigene Einstellung wünschen, können Sie das kalibrierte Bild auch mit einem Klick auf FERTIG aktualisieren und die »vorherige Konvertierung« wählen, um diese Kalibrierung auf mehrere Bilder hintereinander anzuwenden. Allerdings sollten Sie vorher besser den Anpassen-Reiter zurücksetzen.

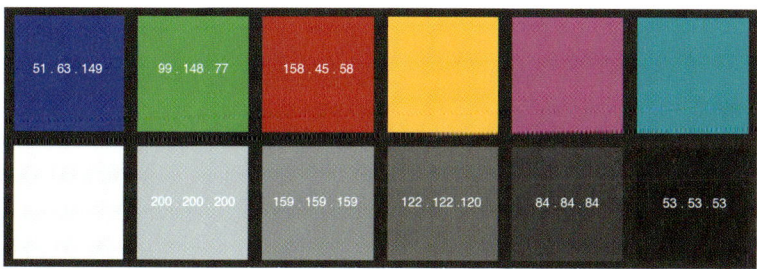

Abbildung 11.31 Die RGB-Werte in diesem Bild beziehen sich auf eine Lab-Farbkarte, die in den Adobe-RGB-Farbraum umgewandelt wurde.

Abbildung 11.32 Als Einstellungen sind immer die Camera-Raw-Standards gewählt, also die zuletzt gespeicherten Einstellungen für dieses Bild. Als Weißbalance wird die während der Aufnahme von der Kamera eingebettete verwendet. VORHERIGE KONVERTIE-RUNG benutzt die Einstellungen, die für das zuletzt geöffnete Bild eingesetzt wurden. Wenn Sie eigene Einstellungen vornehmen, ändert sich das Menü in EIGENE. Solange der Dialog geöffnet ist, können Sie eine dieser vier Einstellungen wählen, außerdem vorher gespeicherte Einstellungen, die unter der Trennlinie aufgeführt sind.

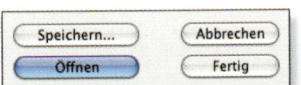

Abbildung 11.33 Die Camera-Raw-Buttons. Der Fertig-Button verhält sich genauso wie der frühere Aktualisieren-Button.

Camera-Raw-Einstellungen speichern und anwenden

Jedes Mal, wenn sich der Camera-Raw-Dialog öffnet, haben Sie die Wahl zwischen verschiedenen Einstellungen, die auf das ausgewählte Bild oder die Bilder angewendet werden können. Die Standardeinstellungen sind die zuletzt gespeicherten Einstellungen. Die Camera-Raw-Standards benutzen die Weißbalance wie in der Aufnahme, während die Einstellung VORHERIGE KONVERTIERUNG die Einstellungen verwendet, die auf das zuletzt in Camera Raw geöffnete Bild angewendet wurden. Oder Sie erstellen eine neue, eigene Camera-Raw-Konfiguration. Wie im Beispiel auf der vorherigen Seite beschrieben, können Sie eine Camera-Raw-Einstellung oder eine Teilmenge als neue Voreinstellung speichern, auf die Sie über das Einstellungen-Menü zugreifen. Wählen Sie aus dem Palettenmenü EINSTELLUNGEN SPEICHERN oder EINSTELLUNGSTEILMENGE SPEICHERN und sichern Sie eine benannte Einstellung, damit sie auch später in Camera Raw zur Verfügung steht.

Wenn Sie die Einstellungen in Camera Raw vorgenommen haben, können Sie auf den Button ÖFFNEN klicken und das Bild in Photoshop öffnen. Dabei werden die Einstellungen in der Camera-Raw-Datenbank gespeichert. Oder Sie speichern diese Informationen in einem .xmp-Filialdokument im selben Ordner wie die Original-Raw-Datei. Wenn Sie aus dem Palettenmenü den Befehl VOREINSTELLUNGEN wählen (siehe Abbildung 11.25), sollte unter BILDEINSTELLUNG SPEICHERN IN die Option FILIALDOKUMENTE „.XMP" gewählt sein. Die Einstellungen einfach in der Datenbank zu speichern, mag eine sauberere Lösung sein, aber dann kann nur Ihr Computer auf die Datenbank zugreifen. Die gespeicherten Einstellungen werden verwendet, um die Miniaturen und Vorschaubilder in Bridge zu regenerieren. Dabei ist es zum Sichern der Einstellungen nicht notwendig, das Bild zu öffnen oder zu speichern. Wenn Sie auf den Button FERTIG klicken, wird eine xmp-Datei gespeichert, ohne dass das Bild geöffnet werden muss.

Wie aber benutzt man Camera-Raw-Einstellungen für mehrere Bilder? Wählen Sie im Filmstreifen mehrere Bilder

Kapitel 11
Das Digitalbild

aus oder klicken Sie auf ALLE AUSWÄHLEN, dann werden alle ausgewählten Bilder gleichzeitig aktualisiert. Oder wenn Sie Einstellungen an einem Einzelbild vornehmen, wählen Sie mehrere Bilder aus dem Filmstreifen aus und klicken auf SYNCHRONISIEREN. Die sich öffnende Dialogbox sieht genauso aus wie die Dialogbox EINSTELLUNGSTEILMENGE SPEICHERN aus Abbildung 11.34. Wählen Sie die Einstellungen, die Sie synchronisieren wollen, und klicken Sie auf OK. Nun synchronisieren sich die Einstellungen anhand des aktuell ausgewählten Bilds. Sie können Einstellungen in Bridge auch kopieren und einfügen. Wählen Sie ein Bild und dann BEARBEITEN/CAMERA-RAW-EINSTELLUNGEN ANWENDEN/…KOPIEREN (⌘ - ⌥ - C ; PC: Strg - Alt - C). Markieren Sie das Bild, in das die Einstellungen eingefügt werden sollen, und wählen Sie BEARBEITEN/CAMERA RAW-EINSTELLUNGEN ANWENDEN/ … EINFÜGEN (⌘ - ⌥ - V ; PC: Strg - Alt - V).

Filialdokumente .xmp

Wenn Sie die Option wählen, Bildeinstellungen in Filialdokumenten zu speichern, wird eine .xmp-datei im selben Ordner wie die Camera-Raw-Datei angelegt. Filialdokumente sind notwendig, weil die Header von Camera-Raw-Dateien nicht immer bearbeitet werden können. Manche Kamerahersteller haben Informationen über ihre Dateiformate an Adobe weitergegeben. Andere jedoch nicht, deshalb müssen die Metadaten in separaten Dateien gespeichert werden. Filialdokumente werden in Bridge normalerweise nicht angezeigt (es sei denn, Sie wählen die Option VERBORGENE DATEIEN ANZEIGEN). Wenn Sie eine Camera-Raw-Datei mit Bridge an einem anderen Ort ablegen, bewegt sich auch das Filialdokument mit. Der Vorteil von Filialdokumenten ist ihre geringe Dateigröße und dass vorherige Einstellungen immer in Reichweite sind, falls Sie eine CD oder DVD brennen und die Bilder mit anderen gemeinsam nutzen wollen.

Das DNG-Format wurde als offenes Format entwickelt, Einstellungen können in den Metadaten gespeichert werden. Camera Raw kann deshalb Einstellungen-Dateien in gespeicherten DNG-Dateien ablegen und muss somit keine Filialdokumente mehr speichern.

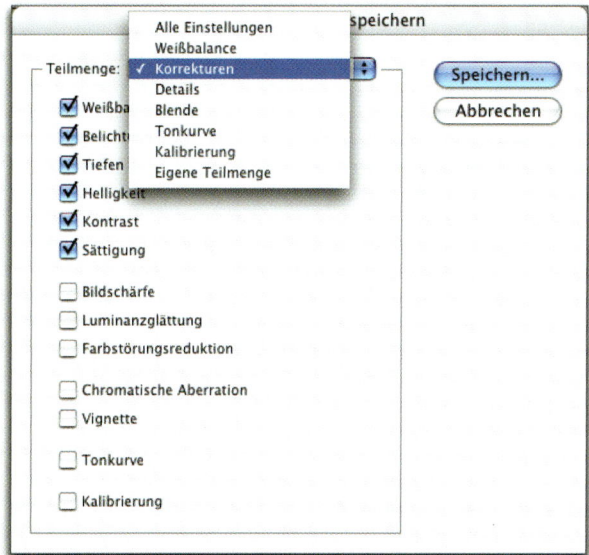

Abbildung 11.34 Den Dialog EINSTELLUNGSTEILMENGE SPEICHERN öffnen Sie mit dem gleichnamigen Befehl aus dem Palettenmenü. Hier können Sie eine Gruppe von Einstellungen wählen oder eine eigene Gruppe erstellen, die Sie speichern wollen. Dann benennen Sie die Einstellungen, die gespeichert werden sollen, um sie später aus dem Einstellungen-Menü laden zu können.

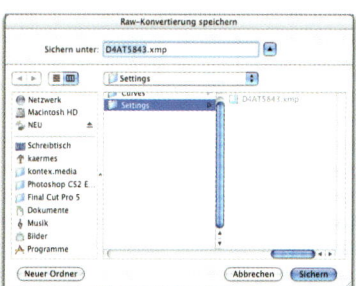

Schwarzweißumwandlungen in Camera Raw

Mit den Camera-Raw-Einstellungen lassen sich Digitalaufnahmen auch in Schwarzweißbilder umwandeln. Dazu müssen Sie nur den Sättigungsregler auf 0% stellen und mit den Einstellungen in ANPASSEN und KALIBRIEREN herumspielen, um verschiedene Monochrom-Umwandlungen zu erzeugen, die Sie als eigene Voreinstellungen für später speichern können.

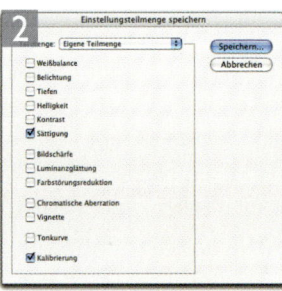

1 Zuerst stellte ich die Sättigung im Anpassen-Reiter auf den niedrigsten Wert und passte Belichtung, Tiefen, Helligkeit und Kontrast an. Dann experimentierte ich im Reiter KALIBRIEREN mit verschiedenen Farbton- und Sättigungseinstellungen. In diesem Beispiel suchte ich die beste Monochrom-Umsetzung für die Hauttöne.

2 Nachdem ich eine gute Kombination aus Anpassen- und Kalibrieren-Einstellung gefunden hatte, wählte ich den Befehl EINSTELLUNGSTEILMENGE SPEICHERN aus dem Palettenmenü. Ich aktivierte die Felder KALIBRIEREN und SÄTTIGUNG und klickte dann auf SPEICHERN.

3 Die Einstellungen speicherte ich im Ordner *Camera Raw Settings*. Beim nächsten Öffnen des Dialogs erscheinen sie dann in der Einstellungen-Liste. Sie sollten auch mit den Weißbalance-Einstellungen experimentieren, um interessante Konvertierungen zu erreichen.

Kapitel 11
Das Digitalbild

Freistellen in Camera Raw

Bevor Sie es in Photoshop öffnen, können Sie ein Bild in Camera Raw freistellen. Das Freistellen ist hier auf das Innere der Bildgrenzen begrenzt und auch nicht permanent. Die Freistellung wird angewendet, wenn das Bild geöffnet wird, dann werden auch die Bridge-Miniatur und die Vorschau aktualisiert. Mit dem Gerade-ausrichten-Werkzeug können Sie einen vertikalen oder horizontalen Winkel messen und das Bild minimal freistellen. Wenn Sie eine Datei aus Camera Raw im Photoshop-Format speichern, lassen sich auch die abgeschnittenen Pixel erhalten.

Freistellung löschen

Um eine Freistellung zu entfernen, öffnen Sie das Bild erneut im Camera-Raw-Dialog, wählen Sie das Freistellungswerkzeug und anschließend FREISTELLUNG LÖSCHEN aus dem Menü. Oder Sie drücken die Löschtaste oder klicken mit dem Werkzeug außerhalb der Freistellung in die Arbeitsfläche.

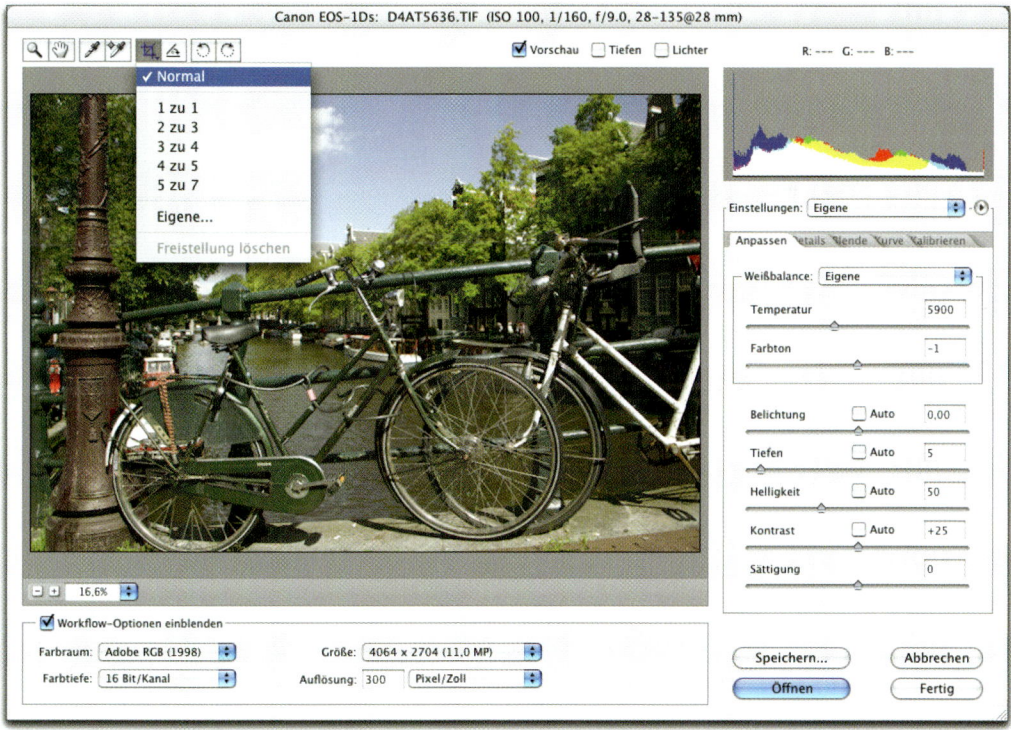

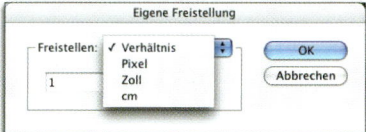

Abbildung 11.35 In den Optionen des Freistellungswerkzeugs in Camera Raw finden Sie einige voreingestellte Freistellungsproportionen. Sie können aber auch Ihre eigenen Vorgaben hinzufügen, indem Sie auf EIGENE klicken. Sie haben die Wahl, ob Sie im Verhältnis, in Pixel, Zentimeter oder Zoll freistellen wollen.

Mehrfache Raw-Konvertierungen eines Bilds

Der Befehl Zu HDR zusammenfügen ist ein erster interessanter Schritt in die Welt der HDR-Fotografie. Der Hauptnachteil ist, dass Sie beim Shooting sequenzielle Aufnahmen machen müssen und sich das Motiv überhaupt nicht bewegen darf.

Es könnte sein, dass in Kürze Kameras mit erweitertem Dynamikbereich auf den Markt kommen. Und bereits mit den heute verfügbaren Kameras kann ein breiter Tonwertebereich aufgezeichnet werden. Um das Optimum aus Ihren Raw-Dateien herauszuholen, kann es sich lohnen, das Camera-Raw-Plug-In zwei oder mehr Konvertierungen durchführen zu lassen und diese als Ebenen in einem Bild zu kombinieren.

Sie erhalten zwei Interpretationen einer Camera-Raw-Datei, indem Sie ein Bild über Camera Raw öffnen, erste Einstellungen vornehmen und anschließend auf Öffnen klicken. Kehren Sie anschließend zu Bridge zurück, um dasselbe Bild ein zweites Mal zu öffnen, tut es das wieder in Camera Raw (statt zu der bereits geöffneten Datei zu springen). Dann können Sie separate Einstellungen vornehmen, die Farben anders zu rendern und das Bild erneut speichern. Das Camera-Raw-Plug-In kann die Anzahl der Speicherungen unterscheiden und hängt eine Zahl ans Ende der Datei an, um zu vermeiden, dass ein Bild aus Versehen überschrieben wird.

Die andere Methode ist, eine Raw-Datei als Smart Objekt in Photoshop zu platzieren. Dazu müssen Sie die Raw-Datei in Bridge auswählen und in Bridge Datei/Platzieren/In Photoshop wählen. Das ist die einfachste Möglichkeit, ein Raw-Bild in ein Smart Objekt umzuwandeln. Wenn das Bild platziert wurde, können Sie ein nicht verbundenes Duplikat der Smart-Objekt-Ebene erzeugen, indem Sie Ebene/Smart Objekte/Neues Smart Objekt durch Kopie wählen. Wählen Sie dann aus dem Menü der Ebenen-Palette den Befehl Inhalt bearbeiten, um Einstellungen am Original und den/der kopierten Smart-Objekt-Ebenen vorzunehmen.

Kontrast im Reiter Kurve

Bei der Kurven-Einstellung ist es möglich, eine vorgegebene oder eigene Farbkurve auf die Raw-Daten anzuwenden, bevor Sie sie in Photoshop öffnen. Mit der Option Tonkurve können Sie bereits während des Raw-Processings verbesserte Farbkorrekturen vornehmen, indem Sie den Kontrast verstärken oder abschwächen. Mit der Kurve sind bessere Einstellungen als vorher möglich, wenn es um die Erhaltung von Details in den Tiefen und Lichtern geht, und zwar bevor Sie das Bild in Photoshop öffnen.

Camera Raw Smart Objekte

Ein Smart Objekt speichert die Vorher- (die Raw-Daten) und Nachher-Versionen (die verarbeiteten Pixel) als Einheit in Photoshop.

Kapitel 11
Das Digitalbild

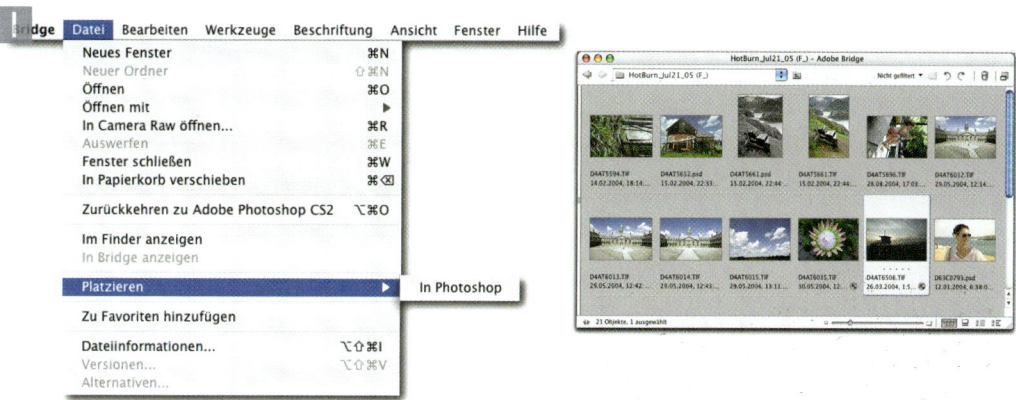

1 In Bridge wählte ich ein Bild aus und wählte dann DATEI/PLATZIEREN/IN PHOTOSHOP. So wurde das ausgewählte Bild in Photoshop als Smart-Objekt-Ebene über die Hintergrundebene gestellt.

2 Nachdem die Ebene platziert war, öffnete sich der Camera-Raw-Dialog, so dass ich die Einstellungen ändern konnte, bevor ich auf ÖFFNEN klickte. Dann klickte ich mit gehaltener `Ctrl`-Taste (PC: Rechts-Klick) auf die Smart-Objekt-Ebene und wählte NEUES SMART OBJEKT DURCH KOPIE aus dem Kontextmenü.

3 Die Smart-Objekt-Ebene wurde dupliziert. Ich wählte INHALT BEARBEITEN aus dem Menü der Ebenen-Palette, um das Bild etwas aufzuhellen und mehr Details in den Tiefen herauszubringen. Danach klickte ich auf ÖFFNEN. Dadurch wurde die Smart-Objekt-Kopie-Ebene aktualisiert. Schließlich fügte ich eine Ebenenmaske zur kopierten Ebene hinzu und wendete einen Schwarzweißverlauf an, um beide Smart Objekte zu überblenden.

475

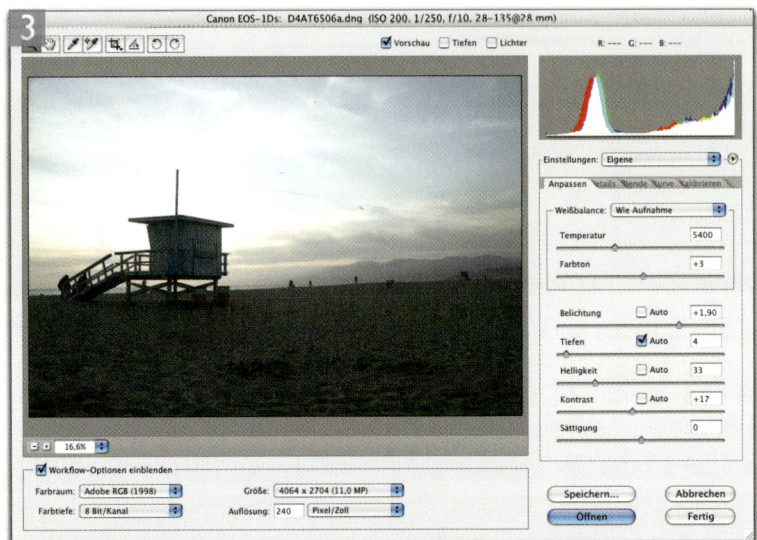

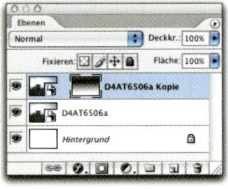

4 Diese Technik kann verschieden angepasst werden. So können Sie Füllmethoden einsetzen oder einen Ebenenstil anwenden, um einen Übergang zwischen den beiden Smart-Objekt-Ebenen zu erzeugen.

Vor- und Nachteile der Digitalisierung

Ein wirklich großer Vorteil des Übergangs zur digitalen Fotografie ist die erhöhte Produktivität. Wenn ein Kunde einen Fotografen mit digitalen Fotografien beauftragt, kann er die fertigen Bilder sofort sehen und das Bildschirmbild nach ein paar Korrekturen sofort abnehmen. Das Bild kann per FTP an den Drucker (oder wen auch immer) übertragen werden und das Shooting ist am selben Tag abgeschlossen. Aufgrund der hohen Investitionen beim Kauf oder bei der Aufrüstung eines digitalen Studiokamerasystems ist es für einen Fotografen nicht ungewöhnlich, einen Premium-Tarif für Digitalarbeiten zu verlangen, genauso wie die Studiomiete dem Kunden in Rechnung gestellt wird. Die digitale Aufnahmemöglichkeit wird nur allzu oft als einfache Lösung verkauft und unglücklicherweise gibt es Endkunden, die die Vorteile der digitalen Fotografie lediglich als Kostenersparnis für sich selbst sehen, weniger die erhöhte Produktivität, schnelle Weitergabe und nicht zu vergessen die Kreativität. Und weil Fotografen auch in den Prozess der Reproduktion einbezogen werden, gibt es keinen Grund, warum sie keine zusätzlichen Leistungen, die in Zusammenhang mit der digitalen Aufnahme stehen (z.B. CMYK-Umwandlungen, Druckvorschau und Bildarchivierung) anbieten sollten.

Die Digitalfotografie hat sich als Konzept für die Zukunft etabliert. Der Übergang von analog zu digital ist jedoch nicht unproblematisch. Der Fotograf ist natürlich bestrebt, den Kunden zufrieden zu stellen und muss oft in eine digitale Fotoausrüstung investieren, weil er ansonsten Kunden verliert. Gleichzeitig wollen Kunden schnellere bessere und billigere Ergebnisse sehen. Aber sie wollen auch die Katastrophen vermeiden, die entstehen, wenn man die digitale Technik ignoriert. Für Fotografen ist das wie eine Wiederholung der DTP-Revolution, bei der der Arbeitsprozess komplett auf den Kopf gestellt wurde. Neueinsteiger müssen sich mit der steilen Lernkurve abfinden, während es für erfahrene Digital-Profis absolut kein Zurück mehr gibt.

Speichern

Wenn Sie viele Fotos aufnehmen, wie speichern Sie die Bilder und archivieren sie? Angenommen, eine Raw-Datei ist knapp 10 MB groß. Das heißt, Sie können bis zu 65 Aufnahmen (weniger als zwei 35-mm-Filme) auf einer CD-R speichern. Die Imacon Ixpress kann im Single-Shot-Modus sechs Raw-Dateien mit 16 Bit Farbtiefe und 96 MB Größe in weniger als 10 Sekunden aufnehmen. Auch mit einem 48-fach Rekorder dauerte es 5 Minuten, um jede Disk zu laden, zu schreiben und zu überprüfen. Ich archiviere meine Dateien auf DVD. DVDs können ca. 4,2 GB speichern und die Kapazität erhöht sich noch. Zwar ist mein DVD-Rekorder nicht so schnell wie ein CD-Brenner, aber man kann alle Aufnahmen eines Tages auf eine einzige DVD brennen. Auch wenn das mit einem normalen DVD-Rekorder eine halbe Stunde dauert – der Prozess kann zu gegebener Zeit im Hintergrund laufen, dazu müssen Sie nicht vor dem Computer warten, um einen Stapel von CDs einzulegen und zu entnehmen. Eine Kopie der Raw-Dateien behalte ich auf einer externen Festplatte und auf DVD als Backup.

Kapitel 12

Auflösung

In diesem Kapitel geht es um die Auflösung von digitalen Bildern. Wie sollte man die Auflösung eines Bilds definieren und wie groß muss eine Datei sein, damit man sie in einer bestimmten Größe drucken kann? Wenn wir in der Fotografie über Auflösung sprechen, geht es meist um die Schärfe des Objektivs oder die Feinheit der Filmkörnung. In der digitalen Welt bezieht sich die Auflösung auf die Anzahl der Pixel in einem Bild. Jedes digitale Bild enthält eine begrenzte Anzahl von Pixelblöcken, die das Bild beschreiben. Je mehr Pixel Sie haben, desto mehr Details können im Bild angezeigt werden. Die Pixelmaße sind ein absoluter Wert: Ein Bild mit 2400 × 3000 Pixel könnte als 12 × 15 Zoll großes Bild bei 200 ppi ausgegeben werden, die Datei wäre in RGB 20,6 MB und in CMYK 27,5 MB groß. Ein Bild mit 2500 × 3500 Pixel könnte im A3-Format oder als voll angeschnittene Magazinseite bei derselben Auflösung von 200 Pixel pro Zoll (ppi) gedruckt werden, die Datei wäre 25 MB groß (in RGB, im CMYK 33,4 MB).

Die Pixelauflösung

Um die Größe eines digitalen Bilds zu beschreiben, ist es am sichersten, wenn Sie sich auf die Pixelabmessungen des Bilds beziehen. Bei einem digitalen Bild mit 3000 Pixel auf einer Achse können diese Pixel mit 10 Zoll bei einer Auflösung von 300 Pixel pro Zoll oder mit 12 Zoll bei einer Auflösung von 250 Pixel pro Zoll ausgegeben werden. In der folgenden Formel wird das deutlich: Anzahl der Pixel = physikalische Abmessung x Auflösung (ppi). Anders gesagt, es gibt eine wechselseitige Beziehung zwischen der Pixelgröße, der physikalischen Abmessung und der Auflösung. Wenn Sie sich bei der Auflösung eines Bilds auf soundso viele Pixel x soundso viele Pixel beziehen, vermeiden Sie Uneindeutigkeiten.

Digitalkameras werden häufig nach der Anzahl der Pixel klassifiziert, die sie aufnehmen können. Wenn der CCD-Chip 2000 × 3000 Pixelelemente enthält, kann er insgesamt 6 Millionen Pixel aufnehmen, die Kamera ist also eine 6-Megapixel-Kamera. Wenn Sie die Megapixel-Größe mit 3 multiplizieren, erhalten Sie einen Eindruck, wie groß eine RGB-Ausgabedatei wäre. Anders gesagt, eine 6-Megapixel-Kamera erzeugt eine 18-MB-RGB-Datei. Die bloße Nennung der Megapixel ist eine wenig verlässliche Beschreibungsmethode, denn Dokumentgrößen werden auch durch die Anzahl von Ebenen und Kanälen und durch mögliche Komprimierungen beeinflusst. Dennoch ist die Bildgröße in Megabyte eine bequeme Kurzbeschreibung geworden, wenn man eine unkomprimierte, auf eine Ebene reduzierte TIFF-Datei charakterisiert.

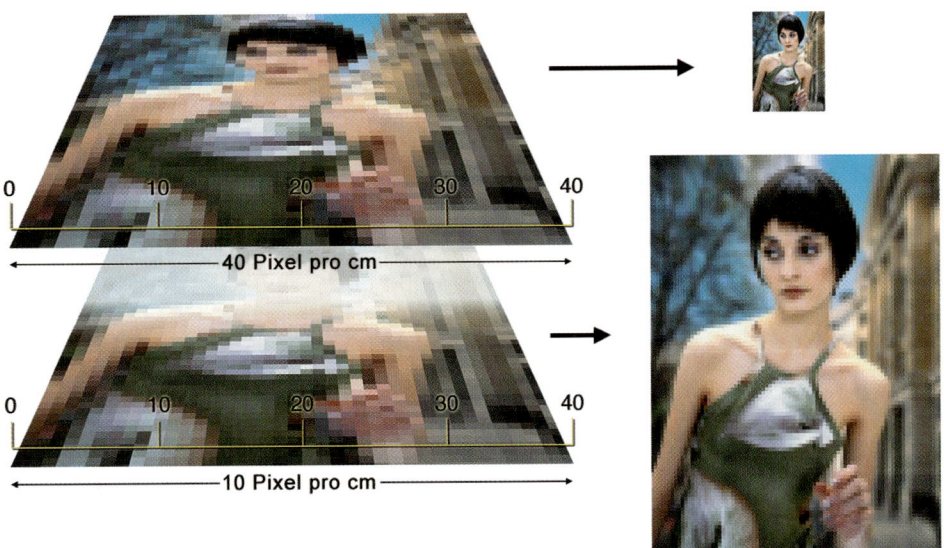

Abbildung 12.1 In diesem Diagramm sehen Sie, wie die Ausgabeauflösung eines digitalen Bilds mit einer bestimmten Pixelanzahl verschieden interpretiert werden kann. Nehmen wir einmal an, das Bild wäre 40 Pixel breit. Die Datei könnte groß (und pixelig) bei einer Auflösung von 10 Pixel pro cm gedruckt werden oder nur ein Viertel so groß bei 40 Pixel pro cm.

Kapitel 12
Auflösung

Abbildung 12.2 Digitalbilder setzen sich aus einem Mosaik von Pixeln zusammen. Deshalb haben Digitalbilder immer eine feste Auflösung, sie sind somit »auflösungsabhängig«. Wenn Sie ein solches Bild über die eigentliche Ausgabegröße hinaus vergrößern, wird die Pixelstruktur immer deutlicher sichtbar, wie Sie links unten in der Abbildung sehen können. Nehmen wir aber an, dass die gegenüberliegende Abbildung nicht als Foto, sondern als Illustration in Adobe Illustrator vorliegt. Wenn das Bild mithilfe von Vektoren erstellt wird, ist es auflösungsunabhängig. Die mathematischen Zahlen, mit denen die Pfade in der Abbildung unten links beschrieben werden, können auf jede Größe skaliert werden: von einer Briefmarke bis zu einem riesigen Poster.

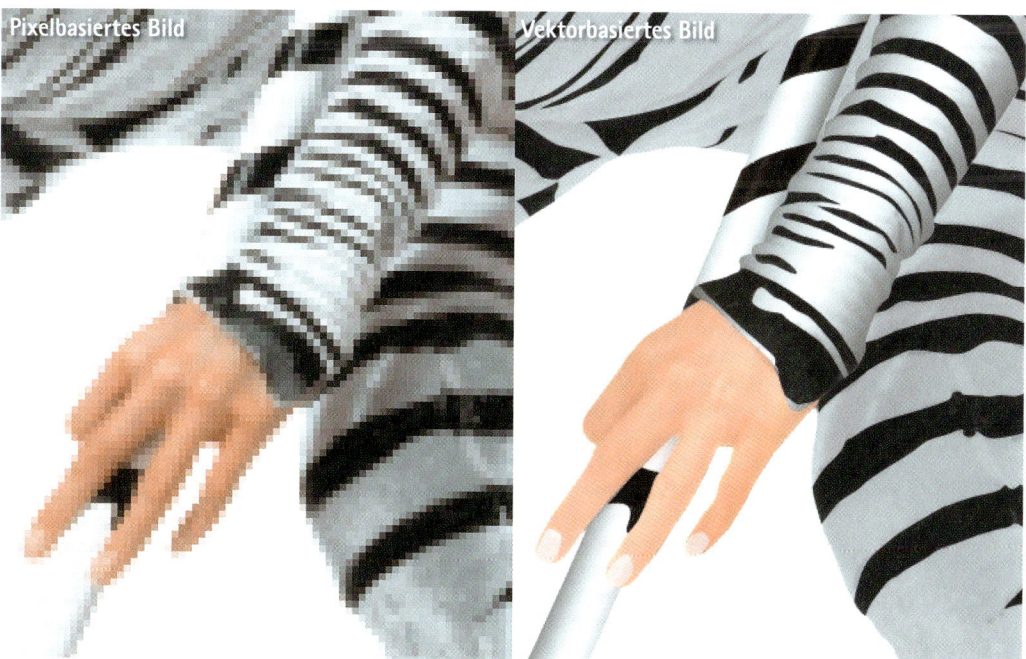

'Stalkers' by The Wrong Size. Foto von Eric Richmond.

Pixel versus Vektoren

Digitalfotos bestehen aus Pixeln und sind somit auflösungsabhängig. Sie können ein Bild hochskalieren, aber dabei lassen sich die begrenzten Informationen nur in bestimmten Maße dehnen, bevor die zugrunde liegende Pixelstruktur deutlich wird. Objekte, die in einem Programm wie Adobe Illustrator definiert werden, sind mathematisch definiert. Wenn Sie dort also ein Rechteck zeichnen, sind die Proportionen der Kanten, die relative Position auf der Seite und die Füllfarbe mit mathematischen Ausdrücken beschrieben. Ein mit Vektoren beschriebenes Objekt kann bei jeder Auflösung ausgegeben werden. Es spielt keine Rolle, ob das Bild auf einem Computerbildschirm oder als Poster ausgegeben wird – es werden immer dieselben Details gerendert (siehe Abbildung 12.2).

Terminologie

Bevor wir im Thema voranschreiten, lassen Sie mich einige verwirrende Begriffe und ihren korrekten Gebrauch bei der Auflösungsbeschreibung erläutern.

ppi: Pixel per Inch. Diese Einheit beschreibt die digitale Pixelauflösung eines Bilds. Häufig wird der Begriff dpi verwendet, um die digitale Auflösung eines Scanners zu beschreiben. Das ist deshalb falsch, weil Eingabegeräte wie Scanner Pixel erzeugen, keine Punkte. Das tun nur Drucker! Dennoch ist es unter Scanner-Herstellern verbreitet, den Begriff dpi zu verwenden, wenn eigentlich ppi gemeint sind. Leider hat das zu Verwirrungen geführt, denn häufig ist auch von einer Bildauflösung in dpi die Rede. Bei genauem Hinsehen bezieht sich Photoshop immer auf die Eingabeauflösung eines Bilds in Pixel per Inch oder Pixel per Zentimeter. Wenn Sie also von einem Bild von einer Digitalkamera, von einem Scanner oder auf dem Bildschirm sprechen, besteht das immer aus Pixeln. Die Pixelauflösung (ppi) ist die Anzahl der Pixel pro Zoll im Digitalbild.

Photoshop als Vektorprogramm

Photoshop ist vor allem ein Grafikprogramm auf Pixelbasis. Es hat jedoch die Fähigkeit, als kombiniertes Vektor- und Pixelprogramm benutzt zu werden, denn es enthält einige Vektorfunktionen, mit denen man Bildinhalte wie eigene Formen und Beschneidungspfade erstellen kann. Dadurch ergeben sich interessante Möglichkeiten, denn Sie können verschiedene grafische Elemente wie Text, Formebenen und Vektormasken in Photoshop erzeugen, die sogar noch auflösungsunabhängig sind. Diese Vektorelemente können in Photoshop auch nach oben skaliert werden, ohne dass Details verloren gehen, genauso wie das bei Illustrator möglich ist.

lpi: lines per inch. Die Anzahl der Rasterlinien oder Zellen pro Zoll wird auch als Rasterweite bezeichnet. Der Begriff stammt aus der Zeit vor dem digitalen Desktop Publishing. Um eine Rasterplatte zu erzeugen, wurde die Filmbelichtung zwischen einem feinmaschig geätzten Raster gleichmäßig verteilter Linien auf einer Glasplatte vorgenommen. Wurde ein gleichmäßig gefärbtes Foto auf diese Weise belichtet, erzeugten dunkle Farbtöne große Rasterpunkte und helle Bereiche kleinere Punkte, die die Illusion eines gleichmäßig gefärbten Bilds vermitteln, wenn es auf normalem Papier gedruckt und aus normaler Entfernung betrachtet wird. Die Rasterauflösung (lpi) ist also die Frequenz der Rasterpunkte oder Zellen pro Zoll.

dpi: dots per inch. Diese Einheit bezieht sich auf die Auflösung eines Druckers. Ein Ausgabegerät wie ein Satzbelichter ist in der Lage, bei einer festgelegten Auflösung 100% schwarze Punkte zu erzeugen. Nehmen wir einmal an, der Satzbelichter kann mit einer Auflösung von 2400 dpi arbeiten, dann sollte eine Rasterweite von 150 lpi verwendet werden. Wenn Sie die dpi-Auflösung von 2450 durch 150 lpi teilen, erhalten Sie einen Wert von 16. Innerhalb einer Matrix von 16 x 16 Punkten kann der Satzbelichter einen Rasterpunkt in der Größe von 0 bis 255 erzeugen, was 256 Druckpunkten entspricht. Diese Variation der Rasterzellengröße (die durch die Kombination der kleinen Punkte entsteht), vermittelt Ihnen die Illusion einer Farbschattierung, wenn Sie den Ausdruck aus einer gewissen Entfernung betrachten.

Desktop-Drucker benutzen den Begriff dpi korrekt, um die Auflösung des Druckkopfs zu beschreiben. Inkjet-Drucker erzeugen Ausdrucke, die aus kleinen Punkten mit einer Auflösung von 360 bis 2880 dpi bestehen. Die Inkjet-Ausgabe ist jedoch nicht mit der Druckvorlagentechnik zu vergleichen – die Rasterverfahren sind vollkommen verschieden.

Verwirrende Technologie
Aus diesen Beschreibungen lässt sich entnehmen, woher der Begriff »lines per inch« stammt. In der heutigen digitalen Welt mutet diese Definition etwas archaisch an, sie wird dennoch häufig benutzt. Manchmal wird die Rasterweite auch in dpi und nicht in lpi, als Anzahl der Rasterpunkte pro Zoll, angegeben oder die Auflösung eines Satzbelichters wird mit spi, spots per inch, beschrieben. Unabhängig von der Terminologie können wir uns wohl auf den logischen Gebrauch des Begriffs pixel per inch einigen. Bezüglich der Begriffe dpi, lpi und spi gibt es keine für alle Beteiligten zufriedenstellende Definition. Das ist ein deutlicher Hinweis dafür, wie die zwei separaten Disziplinen traditionelle Repro und Digitaltechnologie demselben Begriff verschiedene Bedeutungen beimessen.

Desktop-Druckerauflösung

Inkjet-Drucker benutzen den Begriff »dots per inch«, um die Ausgabeauflösung des Druckers zu beschreiben. Bei einem typischen Inkjet reicht diese von 360 bis 2880 dpi. Und obwohl der Begriff dpi hier korrekt verwendet wird, bedeutet dpi in diesem Kontext wieder etwas anderes. Die meisten Inkjet-Drucker legen ein gestreutes Muster winziger Farbpunkte zu Grunde, um je nach Anzahl der Punkte oder Punktgröße oder beidem den Eindruck verschiedener Farbtöne zu erwecken. Das Prinzip kann man mit dem Rasterungsprozess vergleichen, obwohl es nicht dasselbe ist. Wenn Sie eine feinere Auflösung wie 1440 oder 2880 dpi wählen, sollten die Ausdrucke auch bei genauem Hinsehen feiner aussehen.

Idealerweise sollte die optimale Druckerauflösung ein ganzes Vielfaches der Pixelauflösung betragen. Wenn also ein Inkjet-Drucker eine Auflösung von 2880 dpi hat, können folgende Pixelauflösungen verwendet werden: 144, 160, 180, 240, 288, 320, 360. Um große Inkjet-Ausdrucke zu erstellen, die aus großer Entfernung betrachtet werden wollen, können Sie eine niedrige Pixelauflösung verwenden. Für ein Portfolio in geringerer Größe verwende ich eine Pixelauflösung von 240 oder 300 dpi. Ich hege starke Zweifel, ob eine höhere Pixelauflösung an dieser Stelle wirklich bessere Qualität erzeugt.

Druckvorstufe

Die Struktur des finalen Ausdrucks steht in keiner Beziehung zur Pixelstruktur eines digitalen Bilds. Ein Pixel in einem digitalen Bild ist nicht dasselbe wie eine Zelle aus Rasterpunkten auf einer gedruckten Seite. Um das zu erklären, analysieren wir eine CMYK-Zelle, wobei typischerweise jede Farbplatte die Rasterpunkte mit einem anderen Winkel druckt: Gelb mit 0 oder 90°, Schwarz mit 45°, Cyan mit 105° und Magenta mit 75°.

Die Beziehung zwischen ppi und lpi

1 Das hier gezeigte Raster hat einen Rasterwinkel von 0 Grad. Wenn die Pixelauflösung mit dem Doppelten der Rasterweite berechnet würde, würde der RIP vier Pixel zur Berechnung jedes Rasterpunkts heranziehen.

2 Um einen CMYK-Druck zu erzeugen, werden vier Platten verwendet, wobei die gelbe bei 0 Grad eingerichtet ist. Die schwarze Platte hat normalerweise einen Winkel von 45 Grad, die Winkel von Cyan und Magenta sind weniger spitz. Wenn Sie ein Raster mit einer Pixelauflösung vom Doppelten der Rasterweite darüber legen, werden Sie keine direkte Beziehung zwischen der Auflösung und der Rasterweite erkennen.

3 Es gibt keine empirische Formel, mit der man den idealen »Rasterfaktor« berechnen kann. Sollte er das Doppelte oder das 1,5-Fache betragen? Die schwarze Platte hat mit 45 Grad den größten Winkel und die Informationen auf der schwarzen Platte sind meist offensichtlicher als die der drei anderen Farben. Wenn ein Rasterfaktor von 1.41 (der Wurzel aus 2) verwendet würde, wäre die Pixelauflösung mit dem Rasterwinkel besser synchronisiert. Es gibt keinen richtigen oder falschen Rasterfaktor – der RIP verarbeitet Daten bei jeder Auflösung. Bei zu wenig Pixeln ist die Druckqualität schlecht. Bei mehr als dem Optimum muss der Ausdruck jedoch nicht besser sein, er enthält lediglich mehr Pixel.

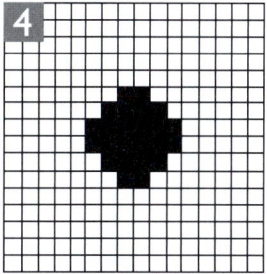

4 Jeder Rasterpunkt wird von einem PostScript-RIP aus den Pixeldaten gerendert und auf einem Satzbelichter ausgegeben. Der hier gezeigte Rasterpunkt wurde mit einer 16 x 16 Punktmatrix ausgegeben. Diese Matrix kann ingesamt 256 Graustufen erzeugen. Die dpi-Auflösung des Satzbelichters, geteilt durch 16, entspricht der Rasterweite. 2400 dpi geteilt durch 16 = 150 lpi Rasterweite.

Die Ausgabegröße festlegen

Die Bildgröße wird durch die Ausgabeanforderungen definiert. Zu Beginn eines digitalen Jobs müssen Sie immer Folgendes wissen:

- Wie groß wird das Bild auf der Seite, dem Poster etc. erscheinen?
- Mit welcher Rasterweite arbeitet der Drucker (LPI)?
- Mit welchem Rasterfaktor bestimmen Sie die Ausgabeauflösung?
- Soll das Bild beschnitten oder angeschnitten werden?

Wir nehmen aber immer 300 ppi!

In der Designbranche kursiert weit verbreitet die falsche Annahme, alles müsse in 300 dpi angeboten werden. Sie taucht immer wieder auf, wenn Sie Ihre Kunden fragen, in welcher Auflösung die Bilddateien geliefert werden sollen. Irgendwie hat sich die Ansicht etabliert, alles von einem Zeitungsbild bis zu einem riesigen Poster müsse mit einer 300-ppi-Datei realisiert werden. Es tut zwar nicht weh, wenn man die Dateien mit einer höheren Auflösung als nötig liefert. Verrückt wird es, wenn Sie eine 370-MB-Datei liefern sollen, um ein Bild von 30 x 36 Zoll ausgeben zu können!

Sie werden feststellen, dass die Ausgabeauflösung von vielen Druckern 1,41 Mal (oder dem Vielfachen von 1,41, 1,5 oder 2) der verwendeten Rasterweite entspricht. Diese Multiplikation wird auch als Rasterfaktor bezeichnet, aber welcher ist der beste? Fragen Sie am besten in Ihrer Druckerei. Manche sagen, dass eine Multiplikation von 1,41:1 oder 1,5:1 körnigere Details erzeugte als ein höherer Wert von 2:1. Es gibt aber auch noch weitere Faktoren, die in diesem Zusammenhang in Betracht gezogen werden sollten, beispielsweise das verwendete Rasterverfahren. Stochastische Rasterbilder (oder frequenzmodulierte (FM-)Rasterbilder) ermöglichen eine flexiblere Auswahl der Verhältnisse, die hier von 1:1 bis 2:1 reichen.

Idealerweise sollten Sie diese Informationen vor dem Scannen Ihrer Bilder (oder der digitalen Aufnahme) kennen. Denn wenn Sie damit rechnen, dass nur 10 MB der RGB-Daten verwendet werden, macht es keinen Sinn, mehr Bilddaten als unbedingt notwendig aufzunehmen. Wenn Ihnen die Spezifikationen des Druckers nicht zur Verfügung stehen, sollten Sie das Bild mit der höchsten Auflösung scannen oder erstellen und die Bildgröße später ändern. Der Nachteil an diesem Ansatz ist, dass große Bilddateien zusätzlichen Festplattenplatz belegen und der Computer mehr Zeit benötigt, um diese zu verarbeiten. Wenn Sie wissen, dass eine Datei nicht größer als 10 MB sein muss, müssen Sie weder Zeit noch Festplattenplatz für unnötig große Dateien verschwenden. Auf der anderen Seite lieben Designer Bilder, die sie in ihrem DTP-Layout nach Herzenslust skalieren können. Verwenden Sie den doppelten Rasterfaktor und die Datei wird mit ausreichend Daten geliefert, so dass sie auch noch verlustfrei um bis zu 20% skaliert werden kann.

Ein neues Dokument anlegen

Um in Photoshop ein Dokument mit leerer Arbeitsfläche anzulegen, wählen Sie DATEI/NEU. Es öffnet sich ein Dialog wie in Abbildung 12.3, in dem Sie eine Vorgabe auswählen oder die neuen Dokumentmaße und -auflösung von Hand eingeben. Wenn Sie sich für eine Vorgabe entscheiden, stellt sich die Auflösung automatisch ein, je nachdem, ob die Vorgabe für den Druck oder die Darstellung auf dem Bildschirm vorgesehen ist. Sie können die Standardauflösungen für den Druck und die Bildschirmdarstellung im Voreinstellungen-Dialog unter MASSEINHEITEN UND LINEALE ändern. Im Abschnitt ERWEITERT des Neu-Dialogs können Sie zum Beispiel einen bestimmten Farbraum wählen. Wenn Sie im Dialog NEU eigene Einstellungen vorgenommen haben, können Sie diese mit einem Klick auf den Button VORGABE SPEICHERN sichern. Im Dialog NEUE DOKUMENTVORGABE (siehe unten) können Sie wählen, welche Attribute in die gespeicherte Vorgabe mit aufgenommen werden sollen.

Pixel-Seitenverhältnis

Das Pixel-Seitenverhältnis soll Multimedia-Designern helfen, die in gestreckten Bildschirmformaten arbeiten. Wenn nichtquadratische Pixel gewählt sind, erzeugt Photoshop ein skaliertes Dokument, das in der Vorschau wie ein normales Dokument mit quadratischen Pixeln auf einem gestreckten Wide-Screen aussieht. In der Titelleiste taucht der Zusatz SKALIERT hinter dem Dateinamen auf, damit Sie wissen, dass Sie in einem speziellen Vorschau-Modus arbeiten. Sie können die skalierte Vorschau ein- oder ausschalten, indem Sie ANSICHT/PIXELSEITENVERHÄLTNIS-KORREKTUR wählen.

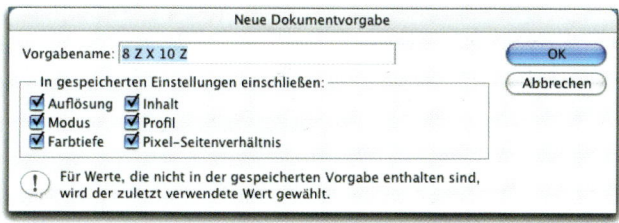

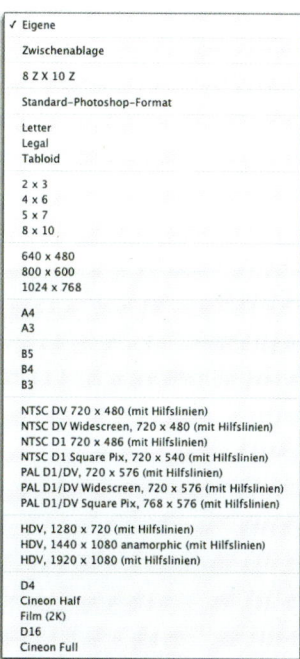

Abbildung 12.3 Die Dialoge NEU und NEUE DOKUMENTVORGABE

Die Bildgröße ändern

Die Bildgröße und die Auflösung können Sie im Dialog BILDGRÖSSE einstellen. Die Checkbox BILD NEU BERECHNEN MIT ist beim Öffnen normalerweise eingeschaltet. Das bedeutet, dass sich die Bildgröße automatisch anpasst, wenn Sie neue Pixelmaße, Messwerte oder eine neue Auflösung eingeben. Wenn Sie einen Satz Einheiten ändern, ändern sich die anderen entsprechend. Ist die Checkbox BILD NEU BERECHNEN MIT ausgeschaltet, sind die Pixelmaße gedimmt, alle vorgenommenen Einstellungen ändern nicht die allgemeinen Maße, sondern nur das Verhältnis zwischen Maßeinheiten und Auflösung. Denken Sie an die bereits genannte Regel: Anzahl der Pixel = physikalische Abmessungen x ppi (Auflösung). Sie können diese Regel hier testen und den Bildgröße-Dialog als Training verwenden, um die Beziehung zwischen Anzahl der Pixel, Abmessungen und Auflösung besser zu verstehen. Die Checkbox PROPORTIONEN ERHALTEN verbindet die horizontalen und vertikalen Abmessungen, so dass sich jede Einstellung automatisch auf beide Achsen auswirkt. Schalten Sie die Checkbox nur aus, wenn Sie das Bild strecken oder stauchen wollen.

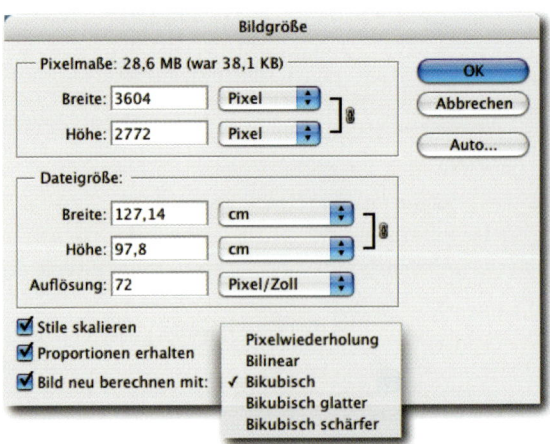

Abbildung 12.4 Um die Ausgabemaße des Bilds zu ändern, aber die Auflösung beizubehalten, lassen Sie die Neuberechnen-Checkbox eingeschaltet. Um die Ausgabegröße zu ändern und die Auflösung anzupassen, lassen Sie die Checkbox ausgeschaltet. Klicken Sie auf den Auto-Button, um den Dialog AUTO-AUFLÖSUNG zu öffnen. Hier können Sie die ideale Pixelauflösung für Ihre Repro-Arbeit basierend auf der Rasterweite des Drucks wählen.

Bildinterpolation

Die Neuberechnung eines Bilds wird auch Interpolation genannt. Photoshop kann eine von fünf Methoden verwenden, wenn es Näherungswerte für neu erzeugte Pixel annimmt. Die Optionen für die Interpolation finden Sie im Popup-Menü neben der Checkbox BILD NEU BERECHNEN MIT.

Pixelwiederholung ist die einfachste Methode. Ich benutze sie oft, zum Beispiel wenn ich ein Bildschirmfoto für dieses Buch um 200% vergrößere und vermeiden möchte, dass die scharfen Kanten der Dialogboxen verwaschen aussehen.

Bilinear berechnet neue Pixel durch Auslesen der horizontalen und vertikalen Nachbarn. Diese Methode ist schnell und das mag in den frühen Tagen von Photoshop nicht unwichtig gewesen sein. Heute muss man sie jedoch nicht mehr verwenden.

Bikubisch bietet eine bessere Qualität bei Halbtonbildern. Photoshop liest die Werte der benachbarten Pixel vertikal, horizontal und diagonal, um eine gewichtete Näherung für jeden einzelnen Pixelwert zu errechnen. So errät Photoshop die neuen Pixelwerte, indem es sich auf die Umgebungspixel bezieht.

Wann interpolieren?

Für mich ist das »Hochrechnen« von Bildern unbedingt den Interpolationsmethoden in einfacher Scanner-Software vorzuziehen. Digitalbilder von einem Scanner-Rückteil oder einer Multishot-Digitalkamera können extrem rein sein, denn dort gibt es keine Körnung. So ist es meist möglich, ein Digitalfoto deutlich mehr zu vergrößern als ein gescanntes Bild gleicher Größe. Es gibt andere Programme von Drittanbietern, die von sich behaupten, bessere Interpolationsmethoden anzubieten, aber es ist nicht bewiesen, dass die Bildqualität dadurch wirklich genauso oder besser wird als das, was Sie mit Photoshop erreichen können.

Im Voraus planen

Ist ein Bild erst einmal mit einer bestimmten Auflösung gescannt und bearbeitet worden, gibt es keinen Weg zurück. Digitale Bilder, die für den Einsatz in A4-Werbeanzeigen gedacht sind, mögen nie mit mehr als 35 MB CMYK separiert werden – aber man kann ja nie wissen. Deshalb ist es sicherer, vorher daran zu denken und das Bild im Nachhinein nur zu verkleinern, als es vergrößern zu müssen. Das hängt aber natürlich auch von der Bearbeitung des Bilds ab – einige Stile funktionieren am besten, wenn sie auf ein großes Bild angewendet werden, das anschließend verkleinert wird. Nehmen wir einmal an, Sie wollen ein kleines Element in eine sehr detailreiche Szene einfügen. Um solch eine Arbeit überzeugend vorzunehmen, benötigen Sie genügend Pixel, um auch genau zu sehen, was Sie tun. Aus diesem Grund arbeiten viele Retuscheure mit einer RGB-Datei von 100 MB oder mehr. Ein weiterer Vorteil von großen Bildern ist, dass Sie besser auf die sich ändernden Bedürfnisse der Kunden eingehen können. Trotzdem liegt die benötigte Auflösung für eine Doppelseite eines Hochglanzmagazins bei rund 40 bis 60 MB RGB oder 55 bis 80 MB CMYK. Einige Werbeplakate benötigen sogar kleinere Dateien, weil die Druckanzeige wesentlich grober ist. Wenn Sie versuchen, die optimale Auflösung eines Bilds zu berechnen, können Sie sich nicht immer auf die Angaben des Druckers verlassen. Manchmal müssen Sie die gewünschte Auflösung akzeptieren, wobei Sie sich auf die Tabelle in Abbildung 12.7 beziehen können. Dort sehen Sie einige Beispieldateien verschiedener Größe für unterschiedliche Druckaufträge.

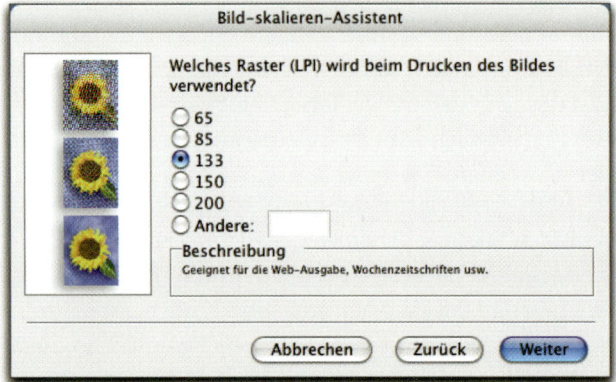

Abbildung 12.5 Wenn Ihnen der Befehl BILDGRÖSSE zu verwirrend ist, hilft Ihnen der Bild-skalieren-Assistent weiter. Sie finden ihn im Hilfe-Menü und Sie können ihn für Bilder anwenden, die entweder gedruckt oder ins Web gestellt werden sollen.

Die bikubischen Interpolationen in Photoshop wurden verbessert und sind genauer als zuvor, vor allem beim Downsampling ist das offensichtlich. Wenn Sie eine extreme Neuberechnung nach oben oder unten anwenden müssen, sollten Sie die Methoden BIKUBISCH SCHÄRFER oder BIKUBISCH GLATTER anwenden.

Bikubisch glatter ist ideal, wenn Sie ein Bild vergrößern wollen.

Bikubisch schärfer sollten Sie verwenden, wenn Sie die Pixelauflösung akkurater reduzieren wollen, zum Beispiel eine Detailaufnahme eines Maschinenteils in hoher Auflösung und ein Duplikat bei geringerer Pixelauflösung. Wenn Sie die Bildgröße mit BIKUBISCH SCHÄRFER skalieren, behält das Ergebnis mehr Schärfe und Details.

Schrittweise interpolieren

Bei dieser Methode verändern Sie die Bildgröße stufenweise um jeweils wenige Prozent. Das ist jetzt eigentlich nicht mehr nötig, denn BIKUBISCH GLATTER und BIKUBISCH SCHÄRFER erlauben es Ihnen, das in einem einzigen Schritt zu tun. Es gibt aber auch Leute, die für extreme Größenveränderungen lieber die 50%-Methode verwenden.

Unscharf maskieren sollten Sie das Bild immer erst zuletzt, wenn die Datei für den Druck vorbereitet wird. Interpolationen nach dem Scharfzeichnen verstärken nämlich die Artefakte, die beim Scharfzeichnen entstehen.

Pixelmaße	Megapixel	MB (RGB)	MB (CMYK)	Zoll 200 ppi	Zentimeter 80 ppc	Zoll 300 ppi	Zentimeter 120 ppc
1600 x 1200	2	6	7.5	8 x 6	20 x 15	5.5 x 4	13.5 x 10
2400 x 1800	4.3	12.5	16.5	12 x 9	30 x 22.5	8 x 6	20 x 15
3000 x 2000	6	17.5	23.5	15 x 10	37.5 x 25	10 x 6.5	25 x 17
3500 x 2500	8.75	25	33.5	17.5 x 12.5	44 x 31	11.5 x 8.5	29 x 21
4000 x 2850	11.4	32.5	43.5	20 x 14	50 x 36	13.5 x 9.5	33.5 x 24
4500 x 3200	14.4	41	54.5	22.5 x 16	56 x 40	15 x 10.5	37.5 x 27
5000 x 4000	20	57	76	25 x 20	62.5 x 50	16.5 x 13.5	42 x 33.5

Abbildung 12.6 Diese Tabelle zeigt einen Vergleich zwischen Pixelauflösung, Megapixeln, Dateigröße in Megabyte und Ausgabemaßen bei verschiedenen Auflösungen, sowohl in Zoll als auch in Zentimeter.

Verwendung für	Raster-weite	x1.5 Ausga-beauflösung	MB Grau-stufen	MB CMYK	x 2 Ausgabe-auflösung	MB Graustufen	MB CMYK
A3 Zeitung Einzelseite	85 lpi	130 ppi	3	12.5	170 ppi	5.5	21.5
A3 Zeitung Einzelseite	120 lpi	180 ppi	6	24	240 ppi	10.5	42.5
A4 Magazin Mono-Einzelseite	120 lpi	180 ppi	3	na	240 ppi	5.3	na
A4 Magazin Mono-Doppelseite	120 lpi	180 ppi	6	na	240 ppi	10.6	na
A4 Magazin Einzelseite	133 lpi	200 ppi	3.7	14.8	266 ppi	6.5	26.1
A4 Magazin Doppelseite	133 lpi	200 ppi	8	29.6	266 ppi	13	52.2
A4 Magazin Einzelseite	150 lpi	225 ppi	4.7	18.7	300 ppi	8.3	33.2
A4 Magazin Doppelseite	150 lpi	225 ppi	9.4	37.4	300 ppi	17	66.4

Abbildung 12.7 Hier finden Sie eine allgemeine Einführung in die Dateigrößen, die für den Druck einer Schwarzweiß- (Graustufen)- oder CMYK-Datei benötigt werden. Die Tabelle enthält Informationen zur Ausgabe bei einem Vielfachen vom 1,5-Fachen der Rasterweite und dem Doppelten der Rasterweite.

Praktische Schlussfolgerungen

Wenn ich in der Lage bin, ein Originalbild zu scannen, möchte ich nach der Umwandlung in 8 Bit pro Kanal bei einer Dateigröße von 75 MB herauskommen. Bei einer Digitalaufnahme konvertiere ich die Daten bei der maximalen nichtinterpolierten Auflösung in Camera Raw. Ich denke, dass die meisten Fotos in Büchern und Zeitschriften mit 20 MB RGB-Daten oder weniger gedruckt wurden. In Magazinen reicht dieselbe Menge an Informationen aus, um die Rasterseparation jeder Seite zu erstellen, egal, wie groß die Original-Scans oder Digitalfotos waren. Es gibt Fotografen und auch Kunden, die auf einem hoch auflösenden Scan einer 5x4- oder 10x8-Filmaufnahme bestehen, um ausreichende Qualität für die Werbung zu haben. Diese übertriebene »Pixel-Correctness« verhindert meiner Meinung nach, dass wir uns einfach über die gute technische Ausgabequalität von Kameras mit kleinerem Format oder modernen Desktop-Ausrüstungen in den Händen talentierter Künstler freuen.

Um die Fotografen herum, die ihre Filme an Kunden weitergeben, damit diese Positionsscans für Layoutzwecke anfertigten, hat sich ein eigener Wirtschaftszweig entwickelt. Die Kunden wiederum schicken den Film zum Repro-Scannen an ein Studio, um schließlich die Separationen durchführen zu lassen. Und nun kommt da ein Fotograf mit Photoshop ausgerüstet daher und bietet an, einen großen Teil des Repro-Prozesses zu übernehmen, indem er selbst Digitalbilder in Repro-Qualität anbietet. Damit tritt er natürlich vielen Leuten auf die Zehen und er sieht sich mit Anfeindungen konfrontiert, dass er nicht wisse, was er da tue. Natürlich sollten die Drucker selbst am besten einschätzen können, wie sie ihren Maschinen die besten Ergebnisse entlocken, aber vergessen Sie nicht, das einige ein Interesse daran haben, Sie lieber etwas auf Distanz zu halten. Das führt hin und wieder zu einer »Zerstörungstaktik«, die Sie vor dem Endkunden dumm aussehen lassen soll, z.B. weil Sie Posterdateien bei 300 ppi liefern sollen. Firmen mit Einstellungen wie dieser sterben langsam aus. Die cleveren Unternehmen erkennen, dass die digitale Revolution mit oder ohne sie voranschreiten wird und sie mit der modernen Technologie und all ihren Implikationen Schritt halten müssen. Im Übrigen sind viele Druckereien selbst in die digitale Fotografie eingestiegen, wodurch die Grenzen in unserem Geschäft immer weiter aufweichen.

Auflösung und Betrachtungsabstand

Theoretisch sollte ein Bild, je größer es ist, mit größerem Abstand betrachtet werden. Die Pixelauflösung muss nicht höher sein, um denselben Eindruck von Schärfe zu erreichen. Dennoch gibt es Grenzen, unterhalb derer die Qualität bei normaler Betrachtungsdistanz nie scharf genug ist (außer bei geringster Druckgröße). Außerdem hängt das auch vom Motiv ab – ein Bild mit vielen mechanischen Details benötigt mehr Pixel, um dem Motiv Rechnung zu tragen und erfolgreich reproduziert werden zu können. Wenn Sie ein Bild von einer durch Wolken weich beleuchteten Landschaft hätten, kämen Sie recht einfach mit einer Vergrößerung durch Interpolation davon, auch über die normalen Grenzen hinaus.

Kapitel 13

Farbmanagement

Photoshop 5.0 wurde bei seinem Erscheinen im Sommer 1998 zu Recht als bahnbrechendes Upgrade gefeiert. Die Änderungen am Farbmanagement wurden jedoch nicht von allen begrüßt, denn das neue System galt als sehr komplex und unnötig. Manche Farbprofis waren der Meinung, wir hätten bereits verlässliche Methoden zur Farbanpassung und bräuchten keine ICC-Profile und das ganze Drumherum um Photoshops Farbmanagement, um das zu erreichen. In diesem Kapitel soll es um die grundlegenden Konzepte des Farbmanagements gehen. Der erste Teil vermittelt Ihnen, warum Farbmanagement überhaupt nötig ist. Anschließend werfen wir einen Blick auf die Farbmanagement-Oberfläche in Photoshop und deren Einstellungen.

Farbmanagement ist notwendig

Der Einkäufer einer Werbeagentur erhielt eine Einladung zu einem Meeting von Fotografen. Der Chef, Mike Laye, schlug vor, wir sollten ihm alle Fragen stellen, außer eine: »Wollen Sie meine Mappe sehen?« Und falls er sie bereits angeschaut hätte, sollten wir nicht fragen, warum wir den Auftrag nicht bekommen hätten. Und schließlich durften wir, sollten wir den Auftrag bekommen haben, auf keinen Fall fragen, warum die Farben in der gedruckten Werbeanzeige überhaupt nicht wie das Originalfoto aussähen!

Im Grunde ist das ein Problem, das uns unser ganzes Arbeitsleben lang verfolgt. Und es kommt jedem bekannt vor, der einmal die Tücken der Farbangleichung von einem Computerbildschirm mit dem Original oder gedruckten Farben erlebt hat. In Abbildung 13.1 sehen Sie zwei Versionen desselben Fotos. Eine zeigt das Photoshop-Bild auf dem Monitor, das andere ist ein Beispiel, wie ein Drucker die Farben ohne Farbmanagement erkennen und ausgeben könnte.

Warum also ist der Unterschied zwischen Druck und Bildschirm manchmal so groß? Digitalbilder sind nichts weiter als eine Menge Zahlen und Farbmanagement versucht, diese Zahlen zu interpretieren und während der Bilderzeugung in sinnvolle Farben umzuwandeln.

So war es einmal

Vor zwölf Jahren benutzten die meisten Fotografen ihre Computer für einfache Büroarbeiten, im Studio gab es überhaupt noch keine digitalen Geräte zur Bildbearbeitung (wenn man den Kopierer nicht mitzählt). Wenn Sie einen Farbabzug von einem Dia brauchten, gab man das Original an ein Fotolabor und dort passte man den Ausdruck visuell an das Original an. Profifotografen lieferten Dias oder Papierabzüge an ihre Kunden, die Fotos gingen dann zum Drucker und wurden mit einem High-End-Trommelscanner digitalisiert, um eine CMYK-Datei zu erhalten. Der Scanner war so konfiguriert, dass er eine bestimmte CMYK-Datei erzeugte, die in eine bestimmte Publikation passte. Damit

Kapitel 13
Farbmanagement

endete die Verantwortung des Fotografen. Wenn Farbkorrekturen nötig waren, wurden diese von den Scanner-Spezialisten an der Ausgabedatei vorgenommen.

Heute erzeugen viele Fotografen, Illustratoren und Künstler ihre eigenen Dateien mit Digitalkameras, Scannern oder direkt in Photoshop. Damit wird der Repro-Experte überflüssig, der früher scannte und die Farben für den Druck anglich. Wenn Sie also digitale Bilder für den Druck erzeugen, werden Sie möglicherweise für Farbprobleme bei Druck verantwortlich gemacht. Dies mag eine gewaltige Aufgabe sein, aber mit Photoshop ist es nicht schwer, die Farben in den Griff zu bekommen.

Abbildung 13.1 In der linken Abbildung sehen Sie das Photoshop-Bild auf einem Monitor, rechts dasselbe Bild ohne Farbmanagement gedruckt. Das ist ein realistisches Beispiel dafür, was passiert, wenn Sie RGB-Rohdaten direkt an einen Drucker weitergeben, ohne einen Ausgleich der Farben vorzunehmen. Sie denken jetzt vielleicht, dass es damit getan sei, den blauen Farbanteil im Ausgabebild zu verringern, um es stärker an das Original anzupassen. Ja, dadurch würden sich die Farben schon näher kommen. Wenn Sie allerdings versuchen, die Farben zwischen zwei unterschiedlichen Ausgabegeräten aneinander anzupassen, wird die ganze Geschichte schon etwas komplexer. Das mit Photoshop 5.0 eingeführte Farbmanagementsystem ermöglicht es Ihnen, ICC-Farbprofile anzuwenden, um die Farben unterschiedlicher Ausgabegeräte genau aufeinander abzustimmen.

Kunde: Russell Eaton. Model: Lidia @ M&P.

Warum nicht alle RGBs gleich sind

Werfen Sie in der TV-Abteilung eines Kaufhauses mal einen Blick auf all die Fernseher, die alle dasselbe Programm zeigen. Jeder sieht etwas anders aus. Das ist ein bekanntes Problem aller digitalen Bildgeräte, seien es Kameras, Scanner, Monitore oder Drucker. Jedes Gerät hat seine eigene Charakteristik. Und wenn Sie nicht jede dieser Charakteristiken kennen, können Sie nicht effektiv mit anderen Komponenten oder Programmen in Ihrem Computer-Setup kommunizieren, schon gar nicht außerhalb Ihres Farbsystems arbeiten.

Einige Computermonitore haben manuelle Regler, mit denen Sie Helligkeit, Kontrast und manchmal sogar RGB einstellen können. Eine gewisse Kontrolle ist also gegeben. Auch die Software des Druckers gestattet einige Einstellungen der Farbbalance, aber das reicht bei weitem nicht aus. Selbst wenn Drucker und Monitor farblich aufeinander abgestimmt sind, sehen die Farben auf dem Bild auch auf dem Monitor einer anderen Person genauso aus?

RGB-Geräte

Erfolgreiches Farbmanagement basiert auf Profilen, um die Charakteristik jedes Geräts wie Scanner oder Drucker zu beschreiben. Dazu verwendet man ein Farbmanagementsystem, um die Profildaten in der Kette von Geräten erfolgreich zu übersetzen. Überlegen Sie einen Moment, wie wichtig das Farbmanagement ist. Wir wollen ein vollfarbiges Originalmotiv aufnehmen, es mit einem Scanner oder einer Digitalkamera digitalisieren, das Ergebnis auf dem Monitor begutachten und schließlich auf Papier ausgeben. Mit der heutigen Technik ist es möglich, den erwarteten Ausdruck auf dem Monitor sehr genau zu simulieren. Man sollte jedoch nicht den großen Unterschied zwischen der Mechanik all der verschiedenen Geräte im oben genannten Prozess unterschätzen. Die meisten digitalen Geräte sind RGB-Geräte und wie bei Musikinstrumenten besitzen sie eigene Toneigenschaften, so dass nicht zwei Geräte exakt identisch sind oder dieselbe Farbe genau gleich darstellen. Außerdem ist es nicht immer möglich, im Druck alle Farben wiederzugeben, die das menschliche Auge wahrnehmen kann. Licht mit einem Gerät wie einem CCD-Chip in elektrische Signale umzuwandeln, ist nicht dasselbe wie Pixel auf einem Bildschirm zu projizieren oder als Foto mit Druckfarben auf Papier darzustellen.

Abbildung 13.2 Alle digitalen Ausgabegeräte besitzen verschiedene Charakteristiken, auch wenn sie äußerlich gleich aussehen. In einem TV-Shop können Sie feststellen, dass die Bilder der einzelnen Bildschirme verschieden gefärbt sind.

Kapitel 13
Farbmanagement

Die Vielseitigkeit von RGB

Einer der Hauptvorteile von RGB ist, dass Sie auf alle Feinheiten von Photoshop zugreifen können, die im CMYK-Modus zuweilen ausgegraut oder verborgen sind. Heutzutage kann man nie sagen, auf wie viele verschiedene Weisen ein Bild reproduziert wird. Ein Foto kann vielseitig verwendet werden, wobei mehrere CMYK-Separationen für verschiedene Publikationen angefertigt werden, denn eine CMYK-Separation passt nicht für alle Druckverfahren. High-End-Retusche für die Werbung wird normalerweise in RGB ausgeführt und als großformatiges Dia ausgegeben. Das Dia kann als Original zum erneuten Scannen oder für die CMYK-Umwandlung verwendet werden, in der Praxis dient es aber meist nur zur Abnahme durch den Kunden. Die CMYK-Konvertierungen und Filmseparationen werden direkt von der Datei aus durchgeführt, um sich an die verschiedenen Medien anzupassen.

Fotografen haben meist mehr mit der RGB-Seite des Prozesses zu tun. Die Verbreitung von Photoshop und die Existenz qualitativ hochwertiger Desktop-Scanner und digitaler Kameras bewirken, dass mehr Bilder als je zuvor in RGB erzeugt werden. Das ist ein wichtiger Faktor, der Farbmanagement so wichtig macht – außerdem auch einer der Gründe, warum ich dem Management von RGB-Farbe so viel Aufmerksamkeit beimesse, hier und auch an anderen Stellen im Buch. Aber wenn Profifotografen am Ende eines Jobs sehr wahrscheinlich RGB-Bilder abliefern, wie passt das in den bereits bestehenden Repro-Workflow, der auf CMYK basiert? Zwar hat die Digitalfotografie richtig eingeschlagen, das RGB/CMYK-Problem muss jedoch noch gelöst werden. Wenn Ihre Arbeiten für den Druck bestimmt sind, müssen Sie sich irgendwann um die RGB-CMYK-Umwandlung kümmern. Also wird es weiter hinten in diesem Kapitel auch um CMYK-Farbe gehen.

Referenzen zum Farbmanagement

Wenn Sie hauptberuflich unter anderem mit der Erzeugung von CMYK-Separationen für den Druck zu tun haben, empfehle ich Ihnen, in einen Kurs oder ein Buch zum Thema CMYK-Repro zu investieren. Vor allem die folgenden Bücher lege ich Ihnen nahe: »Real World Color Management« von Bruce Fraser, Chris Murphy und Fred Bunting, »Color Management for Photographers« von Andrew Rodney und »Getting Colour Right, The Complete Guide to Digital Colour Correction« von Neil Barstow und Michael Walker.

Leider sind diese Titel nur in englischer Sprache lieferbar. Bei Redaktionsschluss liegt kein aktueller deutscher Titel vor, informieren Sie sich über aktuelle Neuerscheinungen bei Ihrem Buchhändler.

Das Farbsehen überlisten
Es heißt, man glaube nur, was man wirklich sieht. Aber nichts ist weiter von der Wahrheit entfernt, denn es gibt viele interessante Merkwürdigkeiten und Überraschungen beim Bewerten dessen, was wir sehen. Zu diesem Thema gibt es ein interessantes Buch: »Why We See What We Do«, von Dale Purves und R. Beau Lotto (Sinauer Associates, Inc). Auf der Website www.purveslab.net können Sie sich mit interaktiven visuellen Tests vergnügen und entdecken, wie Ihre Augen Sie beschummeln können. Aus Studien wie dieser lernen Sie, dass Farbe nie in absoluten mathematischen Begriffen beschrieben werden kann. Unsere Farbempfindung wird auch entscheidend dadurch beeinflusst, von welchen anderen Farben eine Farbe umgeben ist. Dieses Tatsache machen sich Designer zunutze, wenn sie ein Produkt oder Seitenlayout entwerfen. Auch Sie tun das immer, wenn Sie ein Foto bewerten, aber wahrscheinlich sind Sie sich dessen gar nicht bewusst.

Farbdaten interpretieren

Einer der Hauptgründe, warum sich Farben schwierig von Dateien korrekt reproduzieren lassen, ist ein Kommunikationsdefizit zwischen den verschiedenen Geräten in einer Photoshop-Arbeitsumgebung bzw. zwischen einem Photoshop-Anwender und einem anderen. Die meisten Geräte, mit denen Sie arbeiten, sind RGB-Geräte, von denen jedes Farben auf ganz individuelle Weise interpretiert und wiedergibt. Wie ich bereits anfangs sagte, sind Dateien nichts weiter als eine Menge Zahlen. Wenn diese von einem Gerät an ein anderes weitergegeben werden, stellen diese Zahlen auf unterschiedlichen Geräten auch verschiedene Farben dar, es sei denn, sie werden irgendwie gut gemanagt.

Früher löste man das Problem, indem man den Monitor so einstellte, dass er mit dem Ausdruck übereinstimmte. Diese »Ich-bring-den-Monitor-so-durcheinander-dass-er-genauso-aussieht-wie-das-gedruckte-Bild«-Herangehensweise sieß zwar auf deutliche Kritik, dennoch gibt es noch immer Leute, die sie anwenden. Im Buch von Daniel Defoe steht Robinson Crusoe vor einem Möbel-Management-Problem. Er versuchte, die Beine des Tischs auf gleiche Länge zu bringen, indem er von den Beinen etwas absägte. Sobald zwei oder mehr Beine gleich lang waren, fand er eins der anderen zu lang. Und je mehr er versuchte, des Problems mithilfe der Säge Herr zu werden, desto kürzer wurden die Tischbeine. Ähnliches passiert, wenn Sie versuchen, Farbmanagement in Photoshop mithilfe der Monitoreinstellungen in den Griff zu bekommen. Sie sind vielleicht in der Lage, den Monitor für bestimmte Farben, zum Beispiel Hautfarben, gut einzustellen, aber wenn Ihr Motiv einen blauen Anzug trägt, kann die Farbe völlig aus dem Ruder laufen. Sobald Sie aber das Blau richtig einstellen, sind die Hauttöne nicht mehr in Ordnung oder andere Farben werden falsch angezeigt. Es geht nicht nur darum, den Bildschirm etwas mehr rot einzustellen, um den rötlichen Ausdruck anzupassen. Farbmanagement ist auf diese Weise ähnlich erfolgreich, wie einen Pudding an die Wand zu nageln! Mit dieser Methode werden Sie es nie schaffen, die Farben konsistent anzupassen.

Kapitel 13
Farbmanagement

Ausgabeorientiertes Farbmanagement

Druckdienstleister, die in der Repro-Branche arbeiten, tendieren zu einer »ausgabezentrierten« Sicht des Farbmanagements. Ihr Hauptaugenmerk liegt darauf, die CMYK-Farben auf einer Druckmaschine korrekt darzustellen. In diesem Zusammenhang hören Sie vielleicht, dass ICC-Profile für korrekte CMYK-Farben gar nicht notwendig seien. Wenn Sie Ihre Zahlen kennen, bräuchten Sie zudem keine Monitore, um die Farben zu bewerten. Diese etablierten Techniken haben sich seit Jahren bewährt. Wenn Ihr Produktionsworkflow auf die Arbeit mit einem High-End-Scanner und einem bekannten Belichter beschränkt ist, dann sind auch nur wenige Unbekannte im Spiel und es sollte nicht schwer sein, alles zu synchonisieren. Aber das klappt nicht immer. Fotografen, die mit Photoshop arbeiten, müssen häufig mit Dateien umgehen, die aus verschiedenen Quellen stammen: Digitalkameras, Scanner, Bildbibliotheken, andere Fotografen etc. Wenn wir alle mit denselben wenigen Aufnahmegeräten arbeiten würden (wie früher, als es nur ein paar High-End-Scanner gab), bestünde das Problem nicht. Aber in den letzten zehn Jahren ist die Zahl der verschiedenen Scanner und Kameras enorm gestiegen. Wenn man alle verschiedenen Monitore und andere Anwender, die Sie mit Dateien versorgten, berücksichtigt … Sie wissen also, was ich meine. Seit der Marktexplosion der neuen Scanner und Digitalkameras steht die Publishing-Branche Kopf. Die alten Vorgehensweisen reichen nicht aus, wenn es um das Synchronisieren der Farben zwischen so vielen Nutzern und Geräten geht. Hinzu kommt noch, dass Kunden häufig erwarten, dass wir auf digitalen Proofgeräten ausgeben, also Lambda-Drucker, Pictrographen, Iris-Drucker, Webseiten und schließlich Vierfarbbelichter. CMYK-Farben sind für den Druck ja recht schön, aber daneben müssen Sie auch noch die Ein- und Ausgabe zwischen den verschiedenen RGB-Geräten kontrollieren, bevor die Datei in den Druck gehen kann.

Die Drucker können ja eine CMYK-Korrektur »nach Zahlen« vornehmen, wenn sie wollen. Schauen Sie sich

Arbeiten in Isolation

Es gibt Leute, die der Einführung des ICC-basierten Farbmanagements in Photoshop kritisch gegenüberstehen. Sie gehen nur von ihren eigenen Bedürfnisse aus und halten das, was für sie selbst in Ordnung ist, auch für alle anderen für ausreichend. Einmal war ich abseits der gängigen Touristenstraßen unterwegs und auf der Suche nach einer Straßenkarte. Ich konnte jedoch keine Tankstelle finden, die mir eine hätte verkaufen können. Als ich nach dem Grund dafür fragte, antwortete man mir: »Wir kennen uns doch alle in dieser Gegend hier aus.« Es machte den Eindruck, dass die Einheimischen nicht das Bedürfnis hatten, Fremden in ihrer Gegend Unterkunft zu gewähren. Diese Situation ist mit einigen Studios und Druckereien zu vergleichen, weil sie ausschließlich die finale Bearbeitung innerhalb des Druckprozesses haben und die Probleme mit ankommenden und abgehenden Dateien, vor denen Fotografen stehen, meist gar nicht kennen.

CMYK und mehr

Außer CMYK gibt es weitere Ausgabemöglichkeiten. Hexachrome ist ein Druckprozess mit sechs Farben, der den Farbraum über die Grenzen von CMYK hinaus erweitert. Dieser Druckprozess wird momentan jedoch nur von einigen spezialisierten Druckereien angeboten und eignet sich am besten für qualitativ hochwertige Designdrucke. In die Maschinen für den Vierfarbdruck von Magazinen und Broschüren wurden in letzter Zeit Millionen investiert. Sie können also davon ausgehen, dass uns der Vierfarbdruck noch eine ganze Weile erhalten bleibt, aber Hexachrome wird den Weg zur verbesserten Farbreproduktion von RGB-Bildern frei machen. Photoshop unterstützt Ausgabeumwandlungen von RGB in ein Bild mit sechs Farbkanälen, Sie müssen sich dafür jedoch ein separates Plug-in wie HexWrench zulegen. Damit lassen sich Volltonfarbenkanäle hinzufügen und auf dem Bildschirm anschauen – Dateien mit Volltonfarben lassen sich als DCS 2.0 oder im TIFF-Format speichern. Im Multimedia-Publishing können Sie sich die Vorteile des RGB-Farbbereichs zunutze machen. Wenn Sie für bildschirmbasierte Umgebungen arbeiten, ist der RGB-Farbraum ideal, und mit dem heutigen Farbmanagement der Browser nutzen Sie die verbesserte Farbsteuerung der Browser.

einmal das Foto des Models in Abbildung 13.3 an. Ihre helle Hautfarbe sollte mindestens genauso große Anteile von Magenta und Gelb enthalten, vielleicht etwas mehr Gelb, während der Cyan-Anteil etwa ein Viertel bis ein Drittel des Magenta-Anteils betragen sollte. Diese Regel gilt für die meisten CMYK-Druckverfahren. Die nachfolgende Tabelle vergleicht die RGB- und CMYK-Farbraummessungen bei Hautfarben. Sie werden jedoch feststellen, dass es keine einheitlichen Formeln gibt, um die RGB-Werte einer Hautfarbe zu beschreiben. Wenn Sie Hautfarbwerte für den RGB-Farbraum jedes Geräts aufschreiben müssten, können Sie theoretisch eine RGB-Referenztabelle erstellen. Und daraus könnten Sie ein System erzeugen, das diesen RGB-Zahlen in einem bestimmten Farbraum eine Bedeutung verleiht. Im Prinzip macht ein ICC-Profil genau das und ICC-Profile können mehrere hundert Referenzpunkte besitzen. Diese werden dann automatisch von Photoshop erkannt, ausgewertet und verschiedenen Farben zugeordnet.

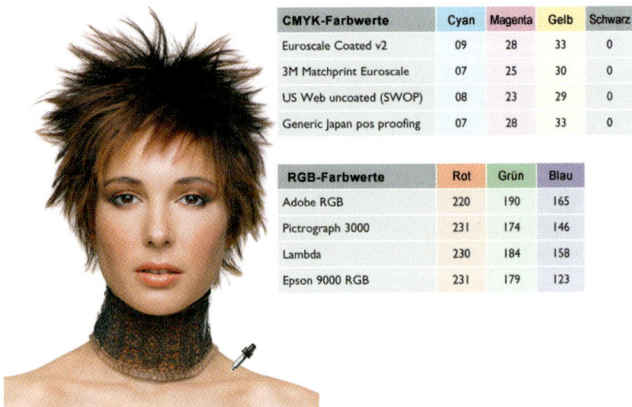

Abbildung 13.3 In diesen Tabellen sehen Sie die ausgelesenen Farbwerte in den Farbräumen RGB und CMYK von einer typisch weißen Hautfarbe. Wie im Text bereits beschrieben, sind die CMYK-Werte konsistent, während das bei dem Vergleich mit RGB-Werten nicht der Fall ist.

Farbmanagement mit Profil(en)

Sinn und Zweck von Farbprofilen ist die gemessene Charakteristik von allem zu erfassen, was am Bildbearbeitungsprozess beteiligt ist, und die Farbe in jedem Stadium zuverlässig zu übertragen. In einem normalen Photoshop-Arbeitsablauf beginnt das Farbmanagement mit dem Auslesen profilierter RGB-Farbdaten aus einer eingehenden Datei und wenn nötig der Umwandlung in den aktuellen RGB-Farbraum. Während das Bild in Photoshop bearbeitet wird, werden die Daten des RGB-Arbeitsfarbraums an den Monitor geschickt und direkt in den profilierten Monitorfarbraum gewandelt, so dass die Farben korrekt betrachtet werden. Wenn das Bild schließlich gedruckt wird, werden die RGB-Arbeitsfarbraumdaten in den Profilfarbraum des Druckers umgewandelt. Oder Sie führen eine RGB-CMYK-Wandlung durch und benutzen als Ziel das CMYK-Profil eines bekannten Proofgeräts.

Deshalb ist ein Farbprofil ein nützliches Stück Information, das in eine Bilddatei eingebettet werden kann. Wenn ein Profil von Photoshop gelesen wird und das Farbmanagement eingeschaltet ist, erfährt Photoshop automatisch, was es wissen muss, um die Farben von jetzt an korrekt verwalten zu können. Beachten Sie, dass Sie dazu auch Ihren Monitor kalibrieren müssen. Unabhängig davon müssen Sie aber auch die Farbeinstellungen von Photoshop öffnen und eine passende Voreinstellung wählen. So sind Sie bereit, um mit ICC-Farbmanagement zu arbeiten.

Stellen Sie sich ein Farbprofil wie eine Postleitzahl für Bilder vor. Der Adressaufkleber aus Abbildung 13.4 wurde sehr optimistisch an mich adressiert, unter »Flat 14, London«, aber dank der Postleitzahl kam sogar dieser Brief bei mir an! Manche Labore und Druckereien argumentieren, dass Profile zu Problemen im Farbmanagement führen. Das ist so, als würde ein Kurierdienst erklären, dass die verspätete Zustellung eines Pakets auf die Postleitzahl zurückzuführen sei. Man kann ein Profil lesen oder ignorieren. Was unter diesen Umständen wirklich schadet, ist ein Dienstleister, der einen ICC-Workflow ablehnt. Wenn Sie dieses ungute Gefühl haben, sollten Sie den Dienstleister wechseln.

Abbildung 13.4 Auch wenn Sie noch nie in London waren, wissen Sie, dass die Stadt recht groß ist. Und »Flat 14, London« war für den Postboten sicherlich nicht hilfreich, um meine Adresse zu finden. Die wichtige Postleitzahl (Postcode) konnte jedoch verraten, wohin der Brief geliefert werden sollte. Ein Profil ist genau wie der Postcode, es teilt Photoshop alles mit, was es über die Herkunft einer Datei wissen muss.

Farbmanagementmodule

Das International Color Consortium (ICC) ist eine Vereinigung der führenden Hersteller von Imaging-Hard- und -Software. Das ICC ging aus dem eigentlichen Color Consortium hevor, das 1993 gegründet wurde und für die Erweiterung und Entwicklung der ursprünglichen ColorSync-Architektur verantwortlich war. Es sollte ein standardisiertes ICC-Format erzeugen, mit dem Profile verschiedener Hersteller zusammen funktionieren. Alle ICC-Systeme sind in der Lage, den Farbumfang eines Quellfarbraums über einen Referenzfarbraum (Profile Connection Space) zu übersetzen und diese Farben genau in den Farbumfang des Zielfarbraums zu konvertieren. Herzstück eines jeden ICC-Systems ist das Color Management Module (CMM), das für die Softwareverarbeitung der Farbraumkonvertierung zuständig ist. Obwohl die ICC-Formatspezifikation standardisiert ist, gibt es ein paar winzige Unterschiede in der Art und Weise, wie jedes CMM mit den Daten umgeht. In Photoshop stehen drei verschiedenen CMMs zur Verfügung: Adobe Color Engine (ACE), Apple ColorSync und Apple CMM. Daneben gibt es noch weitere CMMs von anderen Herstellern. Aber um diese brauchen wir Photoshop-Nutzer uns eigentlich keine Gedanken zu machen. Das Standard-CMM in Photoshop ist Adobe (ACE) und ich empfehle Ihnen, auch dabei zu bleiben.

Der Profile Connection Space

Wenn das CMM also der Motor für das Farbmanagement ist, dann ist der Profile Connection Space (PCS) die Nabe für jedes Farbmanagementsystem. Der PCS übersetzt und interpretiert die Farben von einem Profilfarbraum und definiert sie in einem CIE-XYZ- oder CIE-Lab-Farbraum. Er ist also eine Art Übergangsfarbraum. Unter Verwendung eindeutiger numerischer Werte beschreibt er Farbwerte in einem Farbmodell, das der menschlichen Farbwahrnehmung entspricht. Sie können sich den PCS wie ein mehrsprachiges Wörterbuch vorstellen, das eine Sprache in viele andere übersetzt.

Besitzt eine Datei ein eingebettetes Profil, erkennt Photoshop dies und weiß nun, wie es die Farbdaten interpretieren soll. Dasselbe gilt auch für CMYK-Dateien mit Profilen. Photoshop stützt sich auf die Monitorprofil-Informationen, um eine farbrichtige Vorschau auf dem Bildschirm darzustellen. Was Sie in einem ICC-basierten Workflow auf dem Bildschirm in Photoshop zu sehen bekommen, sind also nicht die tatsächlichen Daten, sondern eine farbkorrigierte Vorschau. Wenn Sie beispielsweise ein Bild aus dem Adobe-RGB-Arbeitsfarbraum bearbeiten und das Farbmanagement aktiv ist, sehen Sie auf dem Monitor eine RGB-Vorschau, die von Adobe RGB via PCS in den RGB-Monitorprofilfarbraum umgewandelt wurde. Dasselbe gilt für die Anzeige von CMYK-Daten: Das Farbmanagement von Photoshop berechnet eine Konvertierung vom CMYK-Dateifarbraum auf den Monitor. Photoshop führt so alle Farbberechnungen in einem virtuellen Farbraum durch. Deshalb spielt es im Prinzip keine Rolle, in welchem RGB-Farbraum Sie Ihre Bearbeitungen durchführen. Selbst wenn Sie und ein anderer Nutzer dieselbe Datei auf verschiedenen Photoshop-Systemen betrachten, sollte das Bild überall einigermaßen gleich aussehen, sofern die Monitore korrekt kalibriert und profiliert sind.

Abbildung 13.5 Ein Farbmanagementsystem liest die Profilinformationen von einer einkommenden RGB-Datei und erstellt im Hintergrund eine Tabelle, die den RGB-Quellinformationen die Werte des Profile Connection Space zuordnet.

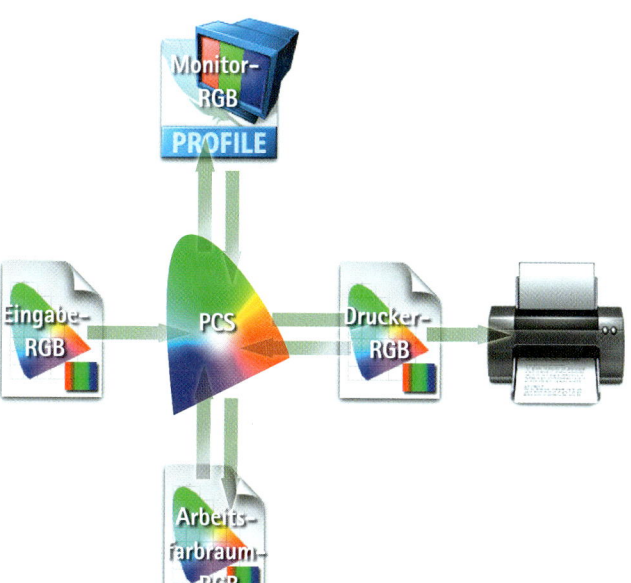

Abbildung 13.6 Photoshop kann die Profilinformationen einer eingehenden RGB-Datei lesen und verstehen, die Daten über den Profile Connection Space übersetzen und eine Konvertierung in den aktuellen RGB-Arbeitsfarbraum von Photoshop vornehmen. Wenn Sie im RGB-Modus arbeiten, werden die Bilddaten über den PCS mithilfe des Monitorprofils konvertiert, um ein Profil-korrigiertes Signal an die Monitoranzeige zu schicken. Bei der Druckausgabe werden die Bilddaten schließlich vom RGB-Arbeitsfarbraum über den Referenzfarbraum in das Drucker-RGB konvertiert.

Abbildung 13.7 Auf der CD-ROM zum Buch finden Sie einen kurzen Film, der Ihnen hilft, die ganze RGB-Problematik besser zu verstehen; hier werden einige der wichtigsten RGB-Farbräume grafisch verglichen.

Abbildung 13.8 Ein CMYK-Farbraum ist meist kleiner als der Monitor-RGB-Farbraum. Nicht alle CMYK-Farben können aufgrund der physikalischen Beschränkungen eines durchschnittlichen Computermonitors exakt dargestellt werden. Dieses Bild zeigt ein kontinuierliches Spektrum in den Farben Cyan, Magenta und Gelb, das in Photoshop absichtlich posterisiert wurde. Die posterisierten Streifen werden in den gelben und cyanfarbenen Bereichen des Spektrums breiter. Sie erkennen die Bereiche des CMYK-Spektrums, die sich außerhalb des Farbumfangs eines typischen Röhrenmonitors befinden.

Den richtigen RGB-Farbraum wählen

Auch wenn ich Ihnen empfehle, das Farbmanagement in Photoshop einzustellen, können Sie nicht davon ausgehen, dass alle anderen das ebenfalls tun. Es gibt leider immer noch viele Photoshop-Nutzer und Fotolabore, die Daten ohne aktiviertes Photoshop-Farbmanagement ausgeben und sich nicht die Mühe machen, ihre Monitore korrekt zu kalibrieren.

Wenn Sie Photoshop 6.0 oder höher verwenden, spielt es keine so große Rolle, welchen RGB-Arbeitsfarbraum Sie wählen, solange Sie bei einem bleiben. RGB-zu-RGB-Konvertierungen sind zwar nicht so verlustbehaftet wie Konvertierungen von RGB zu CMYK, trotzdem zeigt der Zielfarbraum Auswirkungen. Haben Sie sich einmal für einen Arbeitsfarbraum entschieden, sollten Sie ihn auch beibehalten. Halten Sie sich dabei immer vor Augen, wie Ihre RGB-Dateien mit eingebettetem Profil auf einem Photoshop-System aussehen könnten, das mit ICC-Profilen nichts anzufangen weiß. Im Folgenden erkläre ich Ihnen die einzelnen RGB-Farbräume von Photoshop kurz.

Apple RGB

Dies ist der alte Standard für die damaligen 13-Zoll-Monitore von Apple. In ersten Photoshop-Versionen war dies der Standard-RGB-Arbeitsfarbraum – hier deckte sich der Bearbeitungsfarbraum noch mit dem Monitorfarbraum. Falls Sie von irgendwoher Photoshop-Bilder haben, die auf einem Macintosh unter Verwendung eines Gammas von 1,8 erzeugt wurden, können Sie davon ausgehen, dass es mit Apple RGB als Arbeitsfarbraum erstellt wurde.

sRGB IEC-61966-2.1

sRGB wurde konzipiert als multifunktioneller Standardfarbraum, nach dem sich alle Consumer-Geräte richten könnten. Es handelt sich um eine Art »Kompromissfarbraum«, den sämtliche Digitalkameras, Tintenstrahldrucker und Monitore einhalten sollten. sRGB entspricht dem Farbumfang eines typischen PC-Monitors mit einem Gamma von 2,2. Wenn Sie also eine Datei von einer gewöhnlichen Digitalkamera oder einem Scanner öffnen, handelt es sich bei einem fehlenden Profil wahrscheinlich um sRGB. sRGB ist ein idealer Farbraum für Webdesign, er eignet sich jedoch nicht für Fotodrucke oder Kunstdrucke. Das liegt vor allem daran, dass sRGB den CMYK-Farbumfang ziemlich einschränkt und Sie damit nie mehr als 75–85% Cyan in Ihren Farbauszügen erreichen.

ColorMatch RGB

ColorMatch ist ein offener Standard-RGB-Monitorfarbraum, der von Radius implementiert wurde. ColorMatch hat ein Gamma von 1,8 und wird von vielen Mac-Nutzern als Arbeitsfarbraum genutzt. Er ist zwar nicht viel größer als ein typischer Monitorfarbraum, stellt jedoch einen anerkannten Standard dar, der absolut kompatibel ist mit angelieferten 1,8-Gamma-Macintosh-Dateien.

ProPhoto RGB

Dieser RGB-Farbraum mit großem Farbumfang eignet sich für die Bearbeitung von Bildern, die auf fotografisches Material wie Diafilme oder über einen Tintenstrahldrucker in Fotoqualität ausgegeben werden sollen. Er ist auch ideal, wenn Sie bei der Konvertierung von RAW-Dateien zu RGB den vollen Farbumfang der Rohdateien nutzen möchten. Für die weitere Bearbeitung sollten Sie mit 16 Bit pro Kanal arbeiten (bis Sie eine Konvertierung in einen kleineren RGB-Farbraum durchführen).

Adobe RGB (1998)

Adobe RGB (1998) ist der empfohlene RGB-Arbeitsfarbraum für alle RGB-Dateien, die später in CMYK umgewandelt werden. Alle Photoshop-Einstellungen für die Druckvorstufe beispielsweise beziehen sich auf Adobe RGB als Arbeitsfarbraum. Ursprünglich wurde Adobe RGB als SMPTE-240M bezeichnet (der Farbumfang für die Produktion von HDTV), obwohl nicht exakt die gleichen Koordinaten wie in der tatsächlichen SMPTE-240M-Spezifikation verwendet wurden. Der Farbraum wurde immer populärer und schließlich als Adobe RGB (1998) bekannt. Adobe RGB ist auch mein bevorzugter Arbeitsfarbraum.

Der ideale RGB-Arbeitsfarbraum

Wenn Sie einen RGB-Arbeitsfarbraum wählen, der ebenso groß ist wie der Monitorfarbraum, nutzen Sie niemals das volle Potenzial von Photoshop aus. Und noch schlimmer: Sie beschneiden dadurch mit höchster Wahrscheinlichkeit Teile des CMYK-Farbumfangs. Wählen Sie einen zu großen Farbraum (wie beispielsweise Wide Gamut RGB), ergeben sich Lücken in den Farbtönen zwischen einer Tonwertstufe und der nächsten, da jeder Farbkanal nur bis zu 256 Tonwertstufen repräsentieren kann. Wenn Sie allerdings hauptsächlich mit 16 Bit pro Kanal arbeiten, können Sie auch einen RGB-Farbraum mit großem Umfang wählen. Da die 16-Bit-Bearbeitung weitreichend von Photoshop CS und Photoshop CS2 unterstützt wird, können Sie solche RGB-Farbräume auch sicher für alle Ihre Arbeiten in Photoshop einsetzen. Für die Bearbeitung im 24-Bit-Modus allerdings sollten Sie maximal Adobe RGB verwenden.

Profilierung von Anzeigegeräten

Damit das Farbmanagement in Photoshop funktioniert, müssen Sie als Erstes Ihren Bildschirm kalibrieren und profilieren. Dieser Schritt ist der erste und bedeutendste im Farbmanagement-Workflow. Sie können ohne Scannerprofil auskommen und die Welt geht auch nicht unter, wenn Sie nicht für jede Kombination von Drucker und Papier ein eigenes Profil erstellen. Aber ohne kalibrierten Monitor sind Sie verloren. Denn auf dieser Grundlage müssen Sie sämtliche Farbentscheidungen treffen.

In Kapitel 3 beschrieb ich die grundlegenden visuellen Methoden für die Kalibrierung Ihres Monitors und die Erstellung eines Monitorprofils. Doch da sich Ihre Augen so schnell an die herrschenden Lichtverhältnisse anpassen, ist eine rein visuelle Kalibrierung nicht unbedingt verlässlich. Ich lege Ihnen deshalb dringend den Kauf eines Kalibrierungsgeräts ans Herz. Nur eine solche Hardware in Kombination mit der entsprechenden Software garantiert eine exakte Kalibrierung und damit eine verlässliche Farbwiedergabe. Derzeit sind mir vier verschiedene günstige Pakete für die Monitorkalibrierung bekannt. Sie alle umfassen ein Colorimeter sowie die entsprechende Software und sind für unter 300 Euro zu haben. Sehr empfehlenswert ist das BasICColor-Gerät in Verbindung mit dem Squid. Daneben gibt es auch noch das Eye-One Display von GretagMacbeth mit der Software Eye-One Match 2, das Monaco-Optix-XR-System und schließlich das Kalibrierungstool BlueEye 2 Vision von LaCie. Von diesen drei gefällt mir das Eye-One Display von GretagMacbeth am besten, da ich mich schon mit dem ebenso hochwertigen wie teuren Eye-One Pro auskenne, mit dem ich den Monitor in meinem Büro kalibriere und profiliere. Mithilfe dieses Spektralfotometers kann ich mir eigene Druckerprofile erstellen. Doch auch mit den oben aufgeführten Colorimetern können Sie eigene Druckerprofile generieren. Sie sind oft fast ebenso gut wie viel kostenintensivere Spektralfotometer.

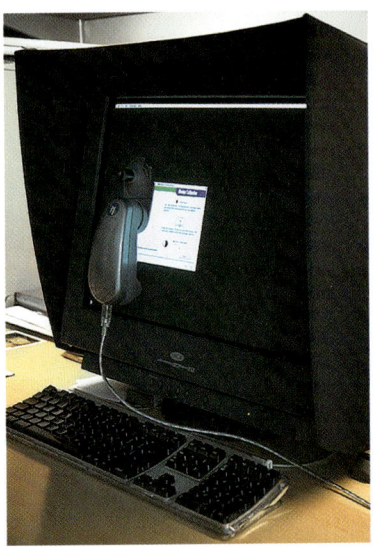

Abbildung 13.9 Die Qualität des Farbmanagements hängt in hohem Maße von der Kalibrierung und Profilierung des Anzeigegeräts ab. Sie sollten dies regelmäßig mithilfe eines Kalibrierungssystems wie dem Eye-One von GretagMacbeth erledigen.

Kalibrierung und Profilierung

Geräte für die Profilerstellung werden mittels Saugnäpfen an einem Röhrenmonitor befestigt; an einem Flachbildschirm werden sie mithilfe eines Gegengewichts so fixiert, dass das Gerät sanft die Monitoroberfläche berührt. Saugnäpfe haben auf einem LCD-Schirm nichts zu suchen, da dadurch die empfindliche Oberfläche beschädigt würde.

Die Software-Pakete unterscheiden sich nur im Aussehen, sie funktionieren alle ähnlich. Bevor Sie einen Röhrenmonitor kalibrieren, müssen Sie ihn erst eine halbe Stunde laufen lassen. Der erste Schritt der Kalibrierung besteht darin, Helligkeit und Kontrast zu optimieren. Sie sollten letztlich eine Luminanz von 85–110 cd/m^2 erreichen. Bei den meisten Röhrenmonitoren können Sie die einzelnen Farbkanonen manuell einstellen, um eine neutrale Bilddarstellung zu erzielen. Bei einem Flachbildschirm dagegen lässt sich meist nur die Helligkeit justieren. Nachdem Sie die Einstellungen vorgenommen haben, sollten Sie die Regler fixieren, damit Sie sie nicht aus Versehen wieder verstellen. All das sollte vor der eigentlichen Kalibrierung geschehen; dabei werden eine Reihen von Farben auf den Bildschirm geschickt, anhand der resultierenden Messwerte werden Feineinstellungen an der Ansteuerung der Grafikkarte vorgenommen.

Ist der Monitor einmal kalibriert, beginnt der Prozess der Profilerstellung. Dabei wird eine längere Sequenz von Farbflächen an den Monitor geschickt und vermessen, um ein Profil zu erstellen, das beschreibt, wie diese bekannten Farben auf einem neutralen Monitor dargestellt werden. Anhand der gesammelten Daten wird schließlich ein Profil erstellt. Am Schluss der Prozedur wird das Profil mit einem Namen versehen, automatisch im richtigen Ordner gespeichert und als neues Standard-Monitorprofil festgelegt.

Einige Röhrenmonitore wie der Sony Artisan oder der Barco verfügen über eingebaute Kalibrierungsmechanismen. Sie brauchen diese nur zu aktivieren und schon stellt sich das Gerät selbst auf eine optimale Wiedergabe ein.

Denken Sie daran: Die Wiedergabe des Monitors unterliegt natürlichen Schwankungen. Sie sollten deshalb regelmäßig (etwa einmal die Woche) den Monitor neu kalibrieren.

Wichtige Einstellungen

Bevor Sie ein Profil erstellen, müssen Sie sich erst über ein paar bestimmte Einstellungen Gedanken machen. Da wäre zum einen der Gamma-Wert, den Sie am besten auf 2,2 einstellen – auch wenn Sie anderswo lesen, dass Macintosh-Nutzer ein Gamma von 1,8 verwenden sollten. Der Weißpunkt sollte auf 6500 K eingestellt sein. Sie finden oft auch 5000 K als empfohlenen Wert, doch arbeitet Ihr Monitor bei 6500 K wesentlich besser. Außerdem liegt das näher am nativen Weißpunkt der meisten LCD-Anzeigen (wenn möglich, sollten Sie gleich diesen wählen).

Hardwarekalibrierung von LCDs

Einige High-End-LCD-Monitore wie Eizo Coloredge und der Mitsubishi Spectraview sind bereits mit einer Hardware-Schnittstelle für die Kalibrierung ausgerüstet.

Abbildung 13.10 ProfileMaker Pro Interface

Profilierung mit Camera Raw
Wie in Kapitel 11 bereits erläutert, stützt sich das Camera-Raw-Plug-in auf Daten aus zwei Profilsätzen, die unter Verwendung von gleichmäßigem Tageslicht und Kunstlicht erzeugt wurden. Diese Methode funktioniert überraschend gut bei den meisten normalen Farbtemperaturen. Doch basieren die gewonnenen Daten nur auf einer kleinen Auswahl von Kameras (manchmal sogar nur auf einer einzigen!), womit niemals eine absolute Genauigkeit gewährleistet sein kann. Doch bereits mit der ebenfalls in Kapitel 11 beschriebenen Kalibrierungsmethode können Sie eine verbesserte Farbgebung erzielen.

Profilierung der Eingabegeräte

Ein Scanner lässt sich viel leichter profilieren als eine Kamera. Für die Scanner-Profilierung müssen Sie einen Testchart (auf Film oder Papier) einscannen und die Daten mittels einer speziellen Software wie ProfileMaker Pro von GretagMacbeth einlesen. Anhand der so gewonnenen Werte können Sie schließlich ein eigenes Profil erstellen, das die Charakteristiken des Scanners beschreibt. Anschließend können Sie es in Ihren Farbmanagement-Workflow integrieren, um die Eingabedaten in Photoshop zu beschreiben (siehe Abbildung 13.6). Dafür wählen Sie entweder das Profil in der Scanner-Software oder Sie weisen es der Datei beim Öffnen in Photoshop zu.

Die Erstellung eines Kameraprofils ist nicht so einfach. Viele Fotografen sehen auch keine Veranlassung für ein solches Profil. Das liegt daran, dass der Kamerasensor auf unterschiedliche Lichtbedingungen unterschiedlich reagiert und Sie deshalb im Grunde für sämtliche Lichtverhältnisse ein eigenes Profil erstellen müssten. Das ist bei einer Digitalkamera, die in einem Studio bei Blitzlicht eingesetzt wird, gar nicht so problematisch. Unter diesen Umständen ist es sehr wohl sinnvoll, einen farbigen Testchart zu fotografieren, diesen auszumessen und anhand der gewonnenen Daten ein eigenes Eingabeprofil für die Kamera zu erstellen.

Alles in allem würde ich mir um Eingabeprofile keine allzu großen Gedanken machen, außer Sie brauchen in Ihrem Workflow von Anfang bis Ende absolute Kontrolle. Ein Fotograf in einem Museum beispielsweise, der mit der Ablichtung von bedeutenden Kunstwerken betraut ist, wird mit Sicherheit auf ein Kameraprofil Wert legen. Doch am wichtigsten für Sie ist, dass Sie Ihrer Monitordarstellung vertrauen können und ein gutes Farbmanagement zwischen der Bildschirmanzeige und der Druckausgabe erzielen.

Abbildung 13.11 Hier sehen Sie drei Aufnahmen vom Londoner Riesenrad. Diese Fotos wurden mit einem falsch eingestellten Weißabgleich weiterverarbeitet. In diesem Fall ist das Farbmanagement bei der Eingabe völlig irrelevant. Von Bedeutung jedoch ist die Konsistenz von Bildschirmdarstellung und Druckergebnis.

Profilierung der Ausgabegeräte

Erfolgreiches Farbmanagement beruht auch auf genauen Profilen für jede Papiersorte, die Sie auf Ihrem Drucker einsetzen. Jedem Drucker liegt normalerweise eine CD mit Druckertreibern bei – notfalls können Sie sich die Treiber auch von der Website des Herstellers herunterladen. Bei der Installation der Treiber sollte auch eine Reihe vorgefertigter Profile mitinstalliert werden; diese sind auf die Verwendung herstellereigener Tinten mit Ihrem Drucker ausgerichtet und bieten die Auswahl für eine beschränkte Anzahl gängiger Papiersorten. Die qualitativ besten Ergebnisse erzielen Sie, wenn Sie bei deaktiviertem Farbmanagement erst einmal einen Testchart wie in Abbildung 13.12 ausdrucken. Dieser Testdruck sollte erst einmal ruhen, bevor Sie ihn dann am nächsten Tag mit einem Spektralfotometer (in Abbildung 13.13 sehen Sie das Eye-One-Spektralfotometer von GretagMacbeth) vermessen. Anhand dieser Messergebnisse können Sie ein eigenes Farbprofil für den Drucker erstellen.

Wenn Sie eigene Druckerprofile verwenden, brauchen Sie eines für jede Kombination von Drucker und Bedruckstoff. Dieser Aufwand ist meiner Meinung nach die Sache wert. Mit ordentlichen Profilen können Sie sogar auf einem preisgünstigen Drucker Ergebnisse erzielen, die an die Qualität von Kontaktproof-Druckern heranreichen, wie Sie im folgenden Kapitel sehen werden.

Abbildung 13.12 Dieser Kodak-Testchart eignet sich hervorragend für die Erstellung eines ICC-Farbprofils. Von so einem Dienstleister erhalten Sie normalerweise genaue Angaben darüber, wie der Ausdruck zu erfolgen hat. Schicken Sie den Ausdruck ein, wird er beim Dienstleister vermessen, und Sie erhalten Ihr maßgeschneidertes ICC-Profil per E-Mail zugestellt (siehe auch Kapitel 14).

Abbildung 13.13 Drucken Sie einen Testchart aus und lesen Sie die Farbfelder mit einem Spektralfotometer ein. Anhand der Messergebnisse lässt sich ein ICC-Profil erstellen.

Abbildung 13.14 Hier haben wir genau das Problem mit den Hauttönen, das ich bereits am Anfang des Kapitels angesprochen habe. Vom Originalbild wurden die Hauttöne viel zu blaustichig ausgegeben. Im oberen Workflow kam kein Druckerprofil zum Einsatz und die Daten wurden ohne Änderungen direkt an den Drucker geschickt. Unten dagegen sehen Sie, wie ein Workflow unter Einsatz von Profilen funktioniert. Mittels eines speziell erstellten Druckerprofils wurden die Bilddaten erst in den Farbraum des Druckers konvertiert, bevor sie an das Ausgabegerät geschickt wurden. Die (normalerweise nicht sichtbare) Farbverschiebung während der Profilkonvertierung verleiht den Hauttönen eine rötlichere Färbung, während die anderen Farben weniger von dieser Farbkompensierung betroffen sind. Ergebnis ist ein Ausdruck, der viel näher an das Original herankommt. Dies ist nur ein ganz simples Beispiel für die Wirkungsweise eines ICC-basierten Farbmanagements. So lassen sich Farben in Photoshop von der Eingabe über die Bildschirmanzeige bis hin zum Proof verwalten.

Farbmanagementeinstellungen

Mittlerweile sollten Sie mit den grundlegenden Prinzipien des ICC-Farbmanagements in Photoshop vertraut sein. Die Konfiguration des Photoshop-Systems ist mittlerweile fast zu einem Kinderspiel geworden. Auf einem ganz rudimentären Level brauchen Sie nur Ihren Monitor zu kalibrieren und zu profilieren und dann im Dialog FARBEINSTELLUNGEN die passendste EINSTELLUNG auszuwählen. Dadurch ist das Photoshop-Farbmanagement so eingerichtet, dass Sie gleich loslegen können. Wenn Sie aber mehr wissen wollen – bitte unbedingt weiterlesen!

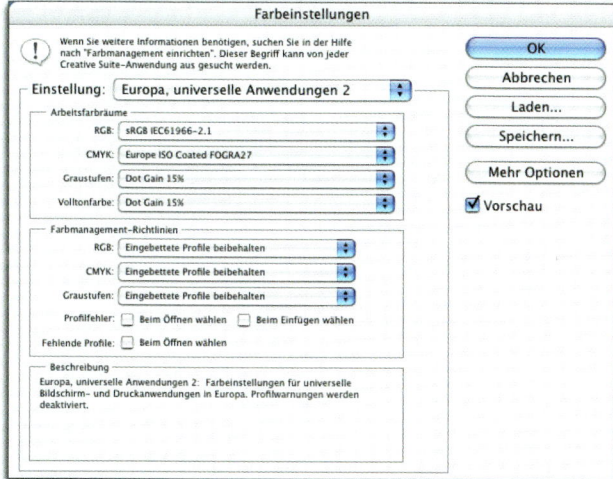

Abbildung 13.15 Sämtliche Farbeinstellungen in Photoshop lassen sich im gleichnamigen Dialog vornehmen. Praktischerweise wartet Photoshop mit einigen fertigen Einstellungen auf, die auf unterschiedliche Photoshop-Workflows abgestimmt sind. Wenn Sie mit dem Mauszeiger über die einzelnen Optionen fahren, werden im Feld BESCHREIBUNG erklärende Texte eingeblendet. Ein äußerst praktisches Feature, mit dem Sie viel über das Farbmanagement in Photoshop erfahren.

Farbeinstellungen

Die FARBEINSTELLUNGEN finden Sie im Menü BEARBEITEN. Abbildung 13.15 zeigt den entsprechenden Dialog. Als Erstes müssen Sie sich mit dem Aufklappmenü EINSTELLUNGEN vertraut machen. Hier finden Sie eine Reihe von fertigen Konfigurationen für das Farbmanagementsystem, die Sie an Ihre eigenen Bedürfnisse anpassen können. Meistens wird im einfachsten Modus eine der allgemeinen Standardeinstellungen für einen bestimmten geografischen Raum eingestellt sein. Der genaue Name und die folgenden Listeneinträge sind regional verschieden.

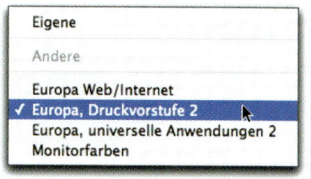

Abbildung 13.16 Die Standardeinstellungen können Sie jederzeit ändern. Am besten wählen Sie eine der Druckvorstufen-Einstellungen, da dadurch automatisch Adobe RGB als Arbeitsfarbraum eingestellt wird. Außerdem werden so die automatischen Warnhinweise bei fehlenden oder unpassenden Profilen aktiviert.

Abbildung 13.17 Hier die gesamte Liste der vorgefertigten Einstellungen (diese erhalten Sie, indem Sie die Schaltfläche MEHR OPTIONEN anklicken). Die allgemeinen Standardeinstellungen erhalten die RGB-Profile, verwenden aber sRGB statt Adobe RGB als Arbeitsfarbraum. CMYK-Farbmanagement wird deaktiviert. Diese Einstellungen sind etwas besser als die Web-/Interneteinstellungen. Klicken Sie die Schaltfläche WENIGER OPTIONEN an, verkürzt sich die Liste, da lediglich die für Ihre Region relevanten Einträge angezeigt werden.

Am besten folgen Sie meinem Rat in Abbildung 13.16 und wechseln auf eine der Druckvorstufen-Einstellungen. In Europa wählen Sie also den Eintrag EUROPA, DRUCKVORSTUFE 2 aus der Liste. Eine Einstellung mit dem Wort »Druckvorstufe« ist der ideale Ausgangspunkt für jede Art von Farbmanagement-Workflow, besonders für Fotografen. Mehr brauchen Sie für den Anfang gar nicht zu wissen. Wenn Sie jedoch individuellere Anpassungen vornehmen möchten, können Sie dies unter ARBEITSFARBRÄUME weiter unten tun. Hintergrundinformationen für die Auswahl des richtigen RGB-Farbraums finden Sie auf den Seiten 506–507. Den CMYK- und Graustufeneinstellungen widme ich mich später noch.

Farbmanagementrichtlinien

Sobald ein Dokument geöffnet wird, prüft Photoshop zuerst, ob ein ICC-Profil eingebettet ist. Nach der Standardvorgabe bleiben eingebettete Profile erhalten. Egal, ob ein Dokument in sRGB, Adobe RGB oder ColorMatch RGB vorliegt, es wird in genau diesem Farbraum geöffnet und nach der Bearbeitung auch wieder gespeichert. Im Klartext heißt das, dass Sie mehrere Dateien mit völlig unterschiedlichen Farbräumen geöffnet haben können. Um den Überblick zu behalten, stellen Sie die Statusleiste so ein, dass das Dokumentprofil angezeigt wird (auf einem Mac tun Sie dies durch einen Klick auf den Pfeil links unten am Bildfenster; auf einem PC erledigen Sie dies unten im Kontextmenü). Oder Sie konfigurieren die Info-Palette so, dass die entsprechenden Informationen angezeigt werden. Damit haben Sie die Farbräume der einzelnen Dokumente voll im Blick.

Profilfehler und fehlende Profile

Wenn Profile nicht passen, weist Photoshop mit einem der Dialoge aus Abbildung 13.19 darauf hin. Welchen Dialog Sie sehen, hängt von den Farbeinstellungen ab. Wenn Sie eine Druckvorstufe-Einstellung gewählt haben, werden die Checkboxen unter PROFILFEHLER und FEHLENDE PROFILE automatisch aktiviert. Falls nun ein Profilfehler auftritt, bietet Ihnen der entsprechende Warnhinweis die Möglichkeit, die Dokumentfarben in den aktuellen Farbraum zu konvertieren oder das Profil zu verwerfen.

Abbildung 13.18 Die FARBAMANGEMENT-RICHTLINIEN mit den aktivierten Checkboxen für PROFILFEHLER und FEHLENDE PROFILE.

Eingebettetes Profil verwenden

Standardmäßig ist die Einstellung EINGEBETTETES PROFIL VERWENDEN (ANSTELLE DES ARBEITSFARBRAUMS) aktiv. Damit wird ohne weitere Umstände das ICC-Farbmanagement angewendet. Immer wenn eine Datei mit einem Profil versehen ist, bietet Photoshop die Möglichkeit, die Datei ohne Konvertierung zu öffnen. Wenn Sie also eine Apple-RGB-Datei öffnen möchten, wird diese standardmäßig in Apple RGB geöffnet und auch wieder gespeichert. Das gilt selbst dann, wenn Sie einen anderen RGB-Farbraum als Standardarbeitsfarbraum in Photoshop eingestellt haben, wie etwa Adobe RGB. Dasselbe Verfahren gilt auch für CMYK- und Graustufendateien. Wenn EINGEBETTETES PROFIL VERWENDEN gewählt ist, liest Photoshop das CMYK- oder Graustufenprofil unter Beibehaltung der numerischen Daten und ohne Farbkonvertierung aus. Das Bild bleibt also im spezifizierten Farbraum. Gerade bei CMYK-Daten ist dies bedeutsam, weil diese eventuell schon für bestimmte Ausgabeparameter aufbereitet wurden, so dass die numerischen Farbwerte nicht geändert werden sollten.

Farbmanagement leicht gemacht

Ein Neuling muss nicht jede Einzelheit über das Farbmanagement in Photoshop wissen, um zu brauchbaren Ergebnissen zu kommen. Die Option EINGEBETTETES PROFIL VERWENDEN ist eigentlich eine narrensichere Sache. Das Farbmanagementsystem ist flexibel genug, um den Bedürfnissen aller Photoshop-Nutzer entgegenzukommen – egal, welche Kenntnisse diese vorweisen. Doch ob Sie nun eine Konvertierung durchführen oder nicht, die Datei wird in jedem Fall mit dem richtigen Tag versehen.

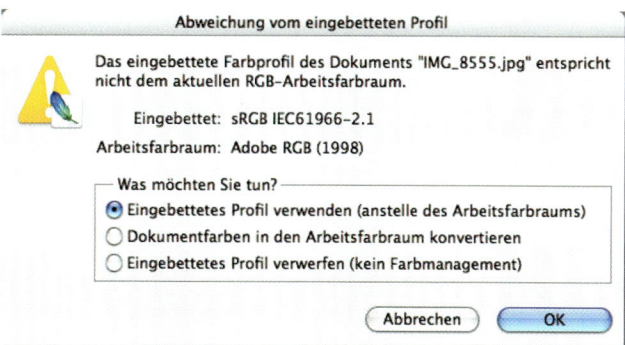

Abbildung 13.19 Ist die Checkbox BEIM ÖFFNEN WÄHLEN unter PROFILFEHLER angeklickt (siehe Abbildung 13.18), sehen Sie diesen Dialog. Sie haben nun die Möglichkeit, beim Öffnen der Datei die eingebetteten Profile zu berücksichtigen, die Datei in den festgelegten Arbeitsfarbraum zu konvertieren oder das eingebettete Profil zu verwerfen.

Auf jeden Fall müssen Sie sich für eine der Optionen entscheiden und auf OK klicken, denn wenn Sie auf ABBRECHEN drücken, wird der Öffnungsvorgang komplett abgebrochen.

Eine Liesmich-Datei einbinden

Wenn Sie eine RGB-Datei mit eingebettetem Profil speichern, sollten Sie für die Weitergabe eine Liesmich-Datei erstellen, die den Empfänger daran erinnert, die Profilinformationen zu beachten – Sie haben diese ja nicht umsonst eingebettet! Sind Ihre Bilder für das Web gedacht, sollten Sie sie mit BEARBEITEN/IN PROFIL KONVERTIEREN in ein sRGB-Profil umwandeln.

In den Arbeitsfarbraum konvertieren

Wenn Sie sich für die Option DOKUMENTFARBEN IN DEN ARBEITSFARBRAUM KONVERTIEREN entscheiden, wandelt Photoshop alles in Ihren aktuellen RGB- oder CMYK-Arbeitsfarbraum um. Stimmt das eingebettete Profil nicht mit diesem Arbeitsfarbraum überein, wird standardmäßig eine Profilkonvertierung in den Arbeitsfarbraum durchgeführt. Falls das eingebettete Profil mit dem aktuellen RGB-, CMYK- oder Graustufenfarbraum übereinstimmt, ist natürlich keine Konvertierung nötig. EINGEBETTETES PROFIL VERWENDEN ist normalerweise die sicherere Option, weil Sie nicht viel falsch machen können, wenn Sie einfach immer auf OK klicken. DOKUMENTFARBEN IN DEN ARBEITSFARBRAUM KONVERTIEREN kann sich für den RGB-Modus ganz nützlich erweisen (wenn Sie alle RGB-Bilder in Ihren Arbeitsfarbraum konvertieren wollen), nicht aber für CMYK. Auch für die Stapelverarbeitung benutze ich oft vorübergehend DOKUMENTFARBEN IN DEN ARBEITSFARBRAUM KONVERTIEREN, weil sich so verschiedene Dateien zusammen in den aktuellen RGB-Arbeitsfarbraum übertragen lassen.

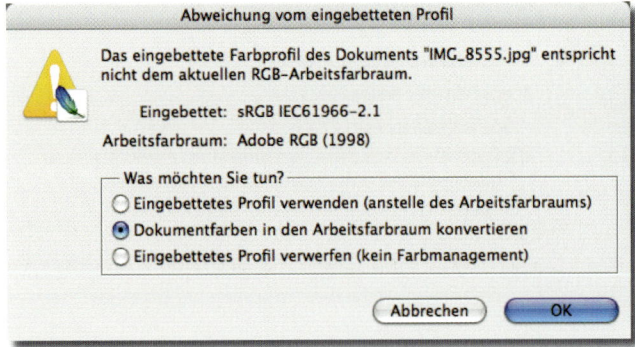

Abbildung 13.20 Ist die Checkbox BEIM ÖFFNEN WÄHLEN unter PROFILFEHLER aktiv, wird dieser Dialog angezeigt. Dort können Sie wählen, ob Sie eine Konvertierung in den Arbeitsfarbraum vornehmen wollen, ob das eingebettete Profil verwendet werden soll oder ob Sie es verwerfen möchten.

Farbmanagement ausschalten

Eine weitere Farbeinstellungsoption trägt den selbst erklärenden Namen FARBMANAGEMENT AUS. Ist diese Option gewählt, versucht Photoshop gar nicht, ein Farbmanagement auf Eingangsdateien anzuwenden. Es wird einfach davon ausgegangen, dass der eingestellte RGB- oder CMYK-Arbeitsfarbraum auch der Quellfarbraum ist. Ist kein Profil eingebettet, bleibt es auch dabei. Passt allerdings ein eingebettetes Profil nicht zum Arbeitsfarbraum, wird das Profil entfernt. Zuvor erscheint noch ein Warnhinweis, der Sie auf den Verlust des Profils aufmerksam macht. Passen Quell- und Arbeitsfarbraum zueinander, besteht keine Veranlassung, das Profil zu entfernen. Sie können es aber immer noch beim Speichern eliminieren.

Generell ist das Deaktivieren des Farbmanagements in Photoshop nicht zu empfehlen. Entscheiden Sie sich deshalb keinesfalls für eine der Web-/Interneteinstellungen, da hier das Farbmanagement automatisch abgeschaltet wird.

Wann Abschalten angesagt ist

Manchmal möchte man ein Profil ganz gezielt entfernen. Vielleicht haben Sie festgestellt, dass ein falsches Profil in einer Datei eingebunden ist, das Sie durch das richtige ersetzen wollen. Allerdings sollten Sie FARBMANAGEMENT AUS nicht zu Ihrer Standardeinstellung machen. Stellen Sie lediglich sicher, dass in den FARBMANAGEMENT-RICHTLINIEN die Checkboxen BEIM ÖFFNEN WÄHLEN aktiviert sind, damit Sie später jederzeit manuell eingreifen können.

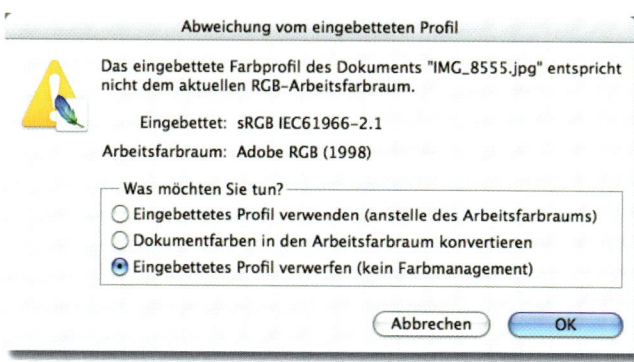

Abbildung 13.21 Ist unter PROFILFEHLER die Checkbox BEIM ÖFFNEN WÄHLEN aktiviert, öffnet sich der gezeigte Dialog. Sie haben nun die Wahl, beim Öffnen der Datei das eingebettete Profil zu verwerfen, es beizubehalten oder es in den aktuellen Arbeitsfarbraum umzuwandeln.

Profilkonvertierungen

Mit zunehmender Erfahrung werden Sie lernen, die Farbeinstellungen individuell anzupassen und eigene Einstellungen zu erzeugen. Wenigstens müssen Sie wissen, welche der aufgeführten Farbeinstellungen für Ihre Arbeit geeignet ist. Bei Ihrer Entscheidungsfindung können sich die eingeblendeten Texte im Feld BESCHREIBUNG als hilfreich erweisen. Sie können beispielsweise eine der vorgegebenen Farbeinstellungen wählen und die CMYK-Vorgaben so anpassen, dass die Bedingungen für die Repro-Ausgabe erfüllt werden.

In Profil konvertieren

Selbst wenn Sie beim Öffnen das eingebettete Profil beibehalten, ist es immer nützlich zu wissen, wie Sie bereits geöffnete Dateien in den aktuellen Arbeitsfarbraum konvertieren können. Hier kommt der Befehl IN PROFIL KONVERTIEREN ins Spiel, der Ihnen viel Kopfzerbrechen erspart. Damit lässt sich eine Profilkonvertierung jederzeit durchführen, etwa am Ende einer Retuschearbeit, kurz vor dem Abspeichern. Nehmen wir mal an, Sie wollen ein RGB-Bild öffnen, das in sRGB vorliegt – Ihr aktueller Arbeitsfarbraum dagegen ist Adobe RGB. Wählen Sie nun die Option EINGEBETTETES PROFIL VERWENDEN, wird die Datei ohne jede Konvertierung in sRGB geöffnet. Sie können das Bild anschließend problemlos in diesem Farbraum weiterbearbeiten und schließlich das Ganze in einen anderen Farbraum (zum Beispiel Adobe RGB) übertragen.

Um eine Profilkonvertierung durchzuführen, wählen Sie im Menü BEARBEITEN den Eintrag IN PROFIL KONVERTIEREN. Daraufhin öffnet sich der in Abbildung 13.22 gezeigte Dialog. Unter QUELLFARBRAUM wird der aktuelle Profilfarbraum angezeigt. Unter ZIELFARBRAUM finden Sie ein Aufklappmenü mit allen auf Ihrem Computersystem verfügbaren Profilen. Die Länge der Liste hängt natürlich davon ab, wie viele solcher Profile Sie installiert haben. Die Liste ist in einzelne Abschnitte gegliedert, die durch Querlinien markiert sind. Der erste Abschnitt umfasst die voreingestellten Profile für RGB, CMYK und Graustufen. Darunter befinden

Warnung vor RGB-zu-RGB-Konvertierung

IN PROFIL KONVERTIEREN verhält sich ebenso wie jede andere Modus-Konvertierung in Photoshop (wenn Sie beispielsweise eine Konvertierung von RGB zu Graustufen durchführen) und ist viel sicherer als der alte Befehl PROFILKONVERTIERUNG in Photoshop 5.0. Seien Sie aber vorsichtig, wenn Sie IN PROFIL KONVERTIEREN anwenden, um RGB-Daten zu erstellen, die die originale RGB-Masterdatei überschreiben. Photoshop ab Version 6.0 wird die eingebetteten Profile problemlos erkennen und das Bild korrekt anzeigen; auch eventuelle Profilfehler werden erkannt und es kann eine Konvertierung zurück in den originalen Arbeitsfarbraum vorgenommen werden. Doch wie immer werden Photoshop-Nutzer, die mit ICC-Profilen nicht zurechtkommen, ihre Schwierigkeiten mit solch individuellen RGB-Dateien haben. Auch hat nicht jeder Photoshop zur Verfügung oder das Farbmanagement korrekt eingestellt. Einige RGB-zu-RGB-Konvertierungen resultieren in Bildern, die auf korrekt konfigurierten Systemen gut aussehen, nicht jedoch auf mangelhaft konfigurierten.

sich erst alle anderen verfügbaren RGB-Profile, gefolgt von CMYK- und schließlich von Graustufenprofilen.

Der Befehl IN PROFIL KONVERTIEREN erweist sich auch als nützlich, wenn Sie eine Ausgabedatei an einen Drucker mit individuellem Profil schicken wollen, der ICC-Profile nicht erkennt. Ich benutze zum Beispiel meinen Fuji Pictrograph relativ oft. Ich habe für diesen Drucker ein eigenes Profil erstellt, doch leider ist es mir nicht möglich, im Dateiexporttreiber das Ausgabeprofil zu verarbeiten. Deshalb konvertiere ich die Farbdaten zunächst mit IN PROFIL KONVERTIEREN in den Druckerfarbraum, bevor ich sie zur Ausgabe zum Pictrograph schicke.

Bei jeder Profilkonvertierung landen die Bilddaten in einem anderen Farbraum, was sich manchmal in Form einer leichten Farbverschiebung in der Bildschirmanzeige bemerkbar macht. Dies liegt daran, dass der Zielfarbraum einen kleineren Farbumfang hat als der Quellfarbraum. Entspricht der Zielfarbraum der Profilkonvertierung nicht einem Arbeitsfarbraum, zeigt Photoshop dies durch ein kleines Sternchen (*) hinter dem Farbmodus in der Titelleiste an.

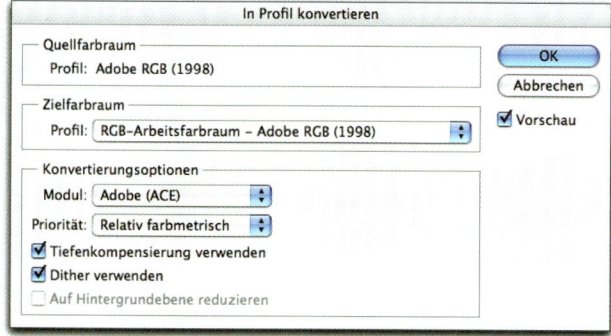

Abbildung 13.22 IN PROFIL KONVERTIEREN ähnelt dem alten Befehl PROFILKONVERTIERUNG in Photoshop 5.0. Das Farbmanagement in Photoshop 6.0 oder höher unterscheidet sich von Version 5.0 dahingehend, dass nun keine Profilkonvertierung mehr notwendig ist, um eine korrekte Dateivorschau in Photoshop zu erhalten. Nichtsdestotrotz ist IN PROFIL KONVERTIEREN ein wichtiger Befehl, wenn Sie Farbdaten von einem Profilfarbraum in einen anderen umwandeln wollen, beispielsweise um eine Datei auf einen bestimmten Ausgabefarbraum abzustimmen.

Falsche sRGB-Tags

Einige Digitalkameras betten in ihre JPEG-Aufzeichnungsdateien keine Profile ein und trotzdem zeigen die EXIF-Metadaten fälschlicherweise an, dass die Daten im sRGB-Modus vorliegen. Sie lösen dieses Problem, indem Sie im Photoshop-Menü VOREINSTELLUNGEN/DATEIEN VERARBEITEN wählen und dort die Checkbox EXIF-PROFILKENNUNG IGNORIEREN aktivieren. Daraufhin ignoriert Photoshop die in den EXIF-Daten angegebenen Kameraprofile und verlässt sich nur auf das aktuelle Profil (sofern vorhanden) bei der Bestimmung des geeigneten Farbraums.

Profil zuweisen

Mit dem Befehl PROFIL ZUWEISEN können Sie Profilfehler kompensieren, indem Sie Bilder ohne Profil mit einem passenden versehen oder falsche Profile entfernen. Bei Bildern mit fehlenden oder falschen eingebetteten Profilen sind die Farbwerte bedeutungslos. PROFIL ZUWEISEN verleiht ihnen wieder Sinn. Nehmen wir einmal an, Sie haben eine profillose RGB-Datei geöffnet und aus irgendeinem Grund beim Öffnen das Farbmanagement deaktiviert. Die Farben sehen nun einfach schief aus und Sie haben Anlass zur Vermutung, dass das Originalbild ursprünglich als Apple RGB vorlag. Jetzt allerdings wird es in Ihrem aktuellen Adobe-RGB-Arbeitsfarbraum bearbeitet – ganz so, als würde es sich um ein Adobe-RGB-Bild handeln. Indem Sie nun ein Apple-RGB-Profil zuweisen, teilen Sie Photoshop mit, dass es sich nicht um ein Adobe RGB handelt und die Farben entsprechend im Apple-RGB-Farbraum anzuzeigen sind. Den Befehl PROFIL ZUWEISEN können Sie auch einsetzen, um ein Profil ganz schnell loszuwerden. Klicken Sie dazu einfach auf FARBMANAGEMENT AUF DIESES DOKUMENT NICHT ANWENDEN. Und schwupps – weg ist das Profil. Alternativ wählen Sie DATEI/SPEICHERN UNTER und deaktivieren im sich öffnenden Dialog die Checkbox FARBPROFIL EINBETTEN.

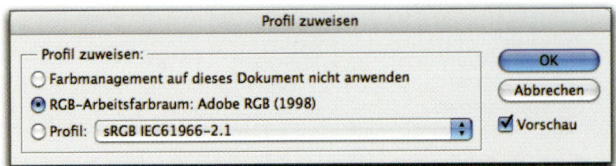

Abbildung 13.23 Den Befehl PROFIL ZUWEISEN erreichen Sie über das Menü BEARBEITEN (früher befand er sich unter BILD/MODUS). Damit können Sie einem Bild ein neues, passendes Profil zuordnen oder ein bereits existierendes Profil entfernen.

Profilfehler

Wenn Sie gleichzeitig mehrere Dateien in unterschiedlichen Farbräumen geöffnet haben, können sich beim Austausch von Daten durch Kopieren und Einsetzen Probleme ergeben. Kopieren Sie Bilddaten und fügen Sie diese in anderen Bilddateien ein oder kopieren Sie ein Bild durch Ziehen mit dem Verschieben-Werkzeug, kann es zu Profilfehlern kommen. Sie werden gefragt, ob Sie die Farbdaten konvertieren möchten, um beim Einfügen in das Zieldokument das Farbaussehen zu erhalten. Haben Sie in den FARBEINSTELLUNGEN unter PROFILFEHLER die Checkbox BEIM EINFÜGEN WÄHLEN aktiviert, sieht der sich öffnende Dialog wie in Abbildung 13.24 aus. Hier stehen Sie vor der Wahl, die Daten zu konvertieren oder nicht. Entscheiden Sie sich für KONVERTIEREN, bleibt das Aussehen der Farben beim Einfügen erhalten. Wählen Sie NICHT KONVERTIEREN, ändert sich das Aussehen der Farben, doch bleiben die Farbwerte erhalten.

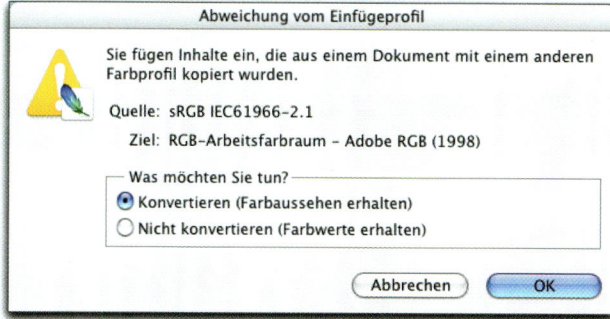

Abbildung 13.24 Ist in den FARBEINSTELLUNGEN unter PROFILFEHLER die Option BEIM EINFÜGEN WÄHLEN aktiv und Sie versuchen, Bilddaten aus einem Dokument einzufügen, dessen Farbraum nicht mit dem des Zieldokuments übereinstimmt, öffnet sich dieser Dialog. Hier werden Sie vor die Wahl gestellt, die Daten zu KONVERTIEREN oder durch NICHT KONVERTIEREN die Farbwerte beizubehalten.

Der richtige Speicherort

Wenn Sie Photoshop CS2 unter Mac OS X für mehrere Nutzer eingerichtet haben, legen Sie Ihre Farbeinstellungen am besten in folgendem Ordner ab: *Library/Application Support/Adobe/Color/Settings*. Bei Windows XP sichern Sie die Einstellungen unter: *Program Files/Common Files/Adobe/Color/Settings*. Die Einstellungsdatei erhält das Suffix ».csf«.

Farbeinstellungen sichern

Wenn Sie Ihre Farbeinstellungen im Hinblick auf einen bestimmten Workflow vorgenommen haben, sichern Sie diese durch einen Klick auf den Button SPEICHERN. Danach stehen sie Ihnen unter FARBEINSTELLUNGEN/EINSTELLUNGEN direkt zur Verfügung. Beim Speichern können Sie noch Kommentare oder Notizen als Anmerkungen hinzufügen (siehe Abbildung 13.25). Diese Informationen erscheinen später im Feld BESCHREIBUNG des Dialogs FARBEINSTELLUNGEN. Wählen Sie den Namen für Ihre Farbeinstellung möglichst selbst erklärend, zum Beispiel »Broschüre Hochglanz«, und machen Sie sinnvolle Anmerkungen.

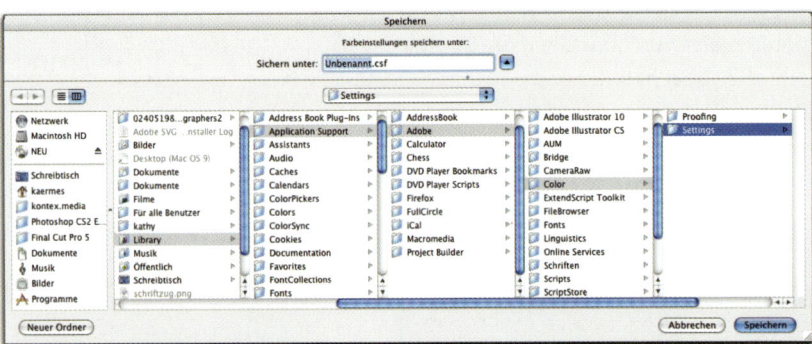

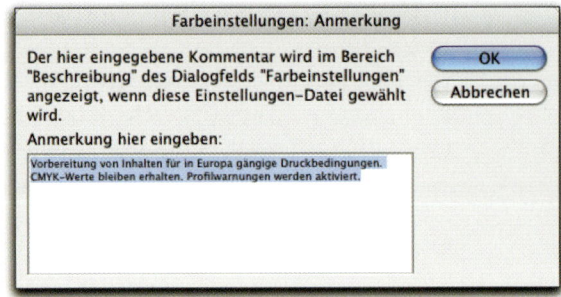

Abbildung 13.25 Individuelle Farbeinstellungen können Sie über den Dialog FARBEINSTELLUNGEN speichern und auch wieder laden. Der relevante Ordner befindet sich bei Mac OS X unter *Benutzername Library/Application Support/Adobe/Color/Settings* und auf einem PC mit Windows XP unter *Program Files/Common Files/Adobe/Color/Settings*. Jede individuelle Einstellung muss hier abgelegt werden und wird automatisch mit dem Suffix ».csf« versehen. Beim Speichern haben Sie die Möglichkeit, in einem separaten Dialog Anmerkungen hinzuzufügen. Farbeinstellungen lassen sich auch von anderen Adobe-Anwendungen nutzen und an andere Photoshop-Nutzer weitergeben. Der Speicherort lässt sich unter Mac OS X auch benutzerspezifisch anlegen: *Benutzer/Benutzername/Library/Application Support/Adobe/Color/Settings*.

Möglichkeiten für Fehler ausschließen

Wenn Sie einen RGB-Farbraum wie Adobe RGB als bevorzugten Arbeitsraum für all Ihre Bildbearbeitungen einstellen, kann es zu Problemen kommen, falls Sie RGB-Dateien aus Ihrem Farbmanagement-Workflow an Dritte weitergeben, die mit Farbmanagement nichts am Hut und daher die entsprechende Option in Photoshop nicht aktiviert haben. Leiten Sie Bilddateien an andere Photoshop-Nutzer weiter, hilft ein eingebettetes Profil sehr beim korrekten Einlesen der Daten. Sofern beim Empfänger Photoshop so eingestellt ist, dass die eingebetteten Profile erhalten bleiben (oder in den aktuellen Arbeitsfarbraum konvertiert werden), und der Monitor richtig kalibriert ist, werden die Fotos auf dessen Bidschirm fast genauso angezeigt wie bei Ihnen. Die einzigen Unwägbarkeiten stellen die Genauigkeit der Monitorkalibrierung, der Farbumfang des Displays und die Umgebungsbedingungen dar, unter denen das Bild betrachtet wird. Die richtigen Farbeinstellungen vorzunehmen, ist keine so schwierige Angelegenheit, doch stellen Sie sicher, dass der Empfänger auch realisiert, dass Sie Wert auf eine korrekte Monitorkalibrierung legen. Die Tatsache, dass sich die Standardfarbeinstellungen in den letzten sechs Photoshop-Versionen ständig geändert haben, trägt nicht unbedingt zu einer Vereinfachung der Lage bei. Photoshop CS2 benutzt als Standardeinstellung EINGEBETTETES PROFIL VERWENDEN; in früheren Versionen dagegen war standardmäßig WEB-GRAFIKEN mit ausgeschaltetem Farbmanagement eingestellt. Aus diesem Grund gibt es noch eine Menge Photoshop-Nutzer, die völlig unwissentlich mit sRGB als Standardarbeitsfarbraum und ohne Farbmanagement hantieren. Doch selbst wenn Sie das Photoshop-Farbmanagement aktiviert haben, heißt das noch lange nicht, dass der Monitor kalibriert ist. Vielleicht werden die Bilder sogar unter grellem Kunstlicht betrachtet!

Sie müssen sich all dieser möglichen Probleme bewusst sein, denn nur allzu oft scheitert das Farbmanagement, sobald Sie Ihre Dateien aus der Hand geben und an Dritte weiterleiten. Mit folgenden Tipps lassen sich Missverständ-

Detektiv spielen

Wie Sie Ihre Dateien weitergeben, hängt in hohem Maße vom Empfänger ab. Ich erhalte viele E-Mails von Lesern, die im Umgang mit Fotolaboren ihren letzten Nerv verloren haben. Normalerweise benutzen solche Labore Fotobelichter wie den Fuji Frontiera, der auf Eingabedateien in sRGB kalibriert ist. Falls der Bearbeiter das Photoshop-Farbmanagement deaktiviert hat, kann der Drucker auch nur Dateien in sRGB-Farben verarbeiten. Liefern Sie nun ein Adobe RGB an, wird das eingebettete Profil ignoriert und die Farben sehen im Druck völlig anders aus als erwartet. Und dann wäre wieder mal der Kunde schuld an der Misere!

Um solche Sachen zu vermeiden, sollten Sie im voraus ein bisschen Detektiv spielen und den Empfänger austesten. Als Erstes müssen Sie in Erfahrung bringen, mit welchen Farbeinstellungen der Empfänger arbeitet. Danach wissen Sie schon mal, mit welchem RGB-Farbraum gearbeitet wird und ob das Farbmanagement aktiviert ist oder nicht. Des Weiteren müssen Sie wissen, ob der Monitor kalibriert und profiliert ist. Ist das der Fall, können Sie noch nachfragen, in welchen Zeitintervallen das geschieht. Die Antworten auf Ihre Nachfragen verraten Ihnen einiges über das System Ihres Empfängers. So können Sie abschätzen, wie Sie Ihre Daten am besten abliefern und wie diese farblich vom Empfänger beurteilt werden können.

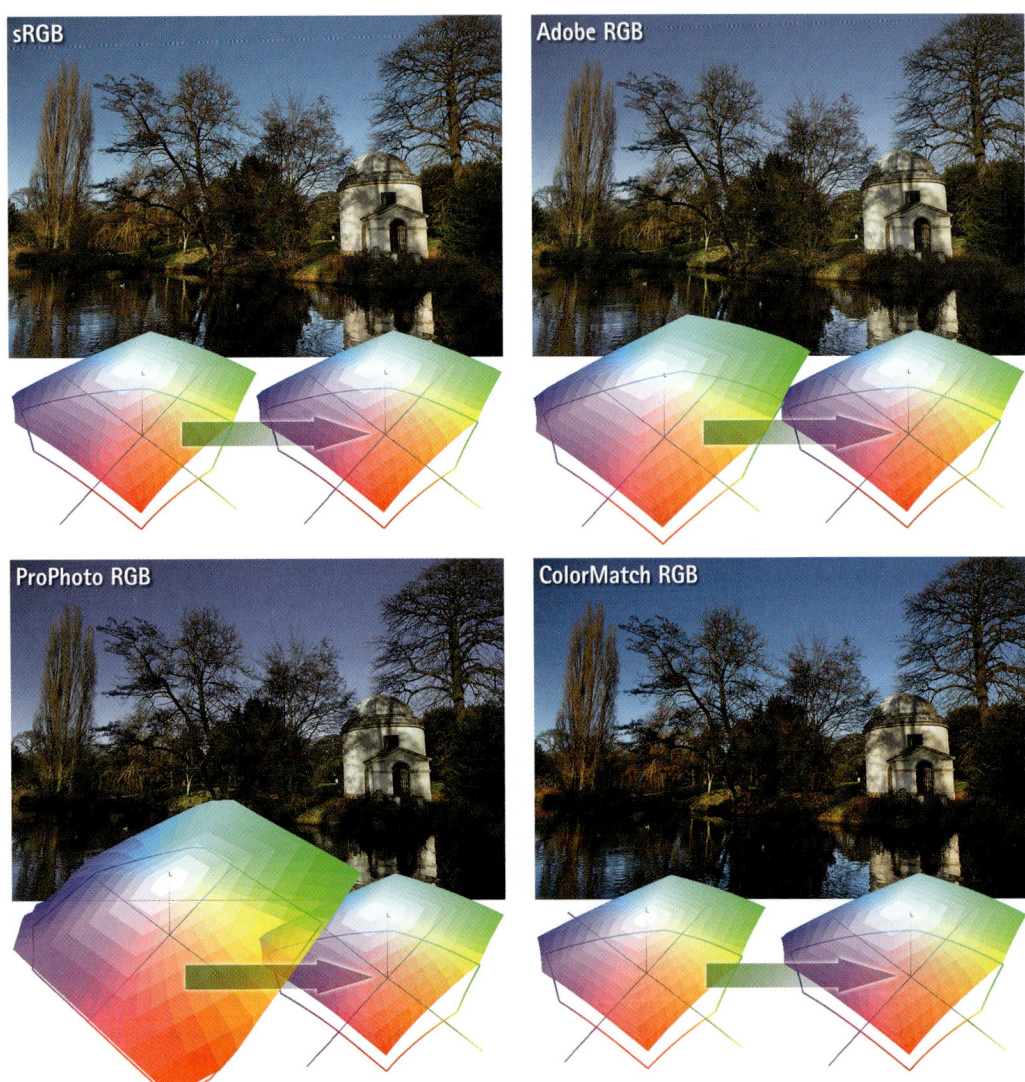

Abbildung 13.26 Hier sehen Sie, was passiert, wenn Sie eine RGB-Datei an jemanden weiterleiten, der sRGB als Arbeitsfarbraum benutzt und das Photoshop-Farbmanagement deaktiviert hat. Das Bild links oben ist die korrekte Version und zeigt, wie das Bild aussieht, wenn man es in den sRGB-Farbraum konvertiert – ausgehend von der Annahme, dass der Empfänger sRGB als Standardarbeitsfarbraum eingestellt hat. Die anderen Abbildungen illustrieren, wie das Bild aussieht, wenn man es in unterschiedlichen RGB-Farbräumen an einen Dritten weiterleitet, dessen System die eingebetteten Profile ignoriert. Bei der Adobe-RGB-Datei würde zwar der Gamma-Wert passen, doch da Adobe RGB einen größeren Farbumfang hat als sRGB, erscheinen die Farben weniger gesättigt. ProPhoto RGB weist einen noch größeren Farbumfang auf als Adobe RGB, so dass die Farben in sRGB ohne Farbmanagement noch stumpfer wirken. Wird schließlich eine ColorMatch-RGB-Datei geliefert, interpretiert sRGB das Bild viel dunkler, da ColorMatch einen niedrigeren Gamma-Wert von 1,8 aufweist.

nisse im Umgang mit Farbe eher vermeiden: Kommunizieren Sie deutlich, wie die Farben Ihrer Meinung nach auszusehen haben. Liefern Sie am besten einen farbverbindlichen Ausdruck mit. Das sollte eigentlich routinemäßig bei der Weitergabe von Bildern für den Druck geschehen. Für eine CMYK-Ausgabe müssen Sie die Datei natürlich auf den entsprechenden Farbraum abstimmen. Doch dazu mehr im nächsten Kapitel. Ein farbverbindlicher Ausdruck dient als wertvolle Referenz und kann sogar die rechtliche Grundlage für einen Vertrag zwischen Ihnen, dem Kunden und der Druckerei bilden.

Hat Ihr Empfänger das Photoshop-Farbmanagement aktiviert, können Sie ihn mit jeder möglichen Datei in irgendeinem Farbraum beliefern – das Farbmanagement wird funktionieren. Doch leider können Sie nicht immer von diesem Idealfall ausgehen. Deshalb sollten Sie einen vorsichtigeren Ansatz wählen. Ich muss meinen Kunden beispielsweise öfter RGB-Dateien in Form von großen JPEGs zur Begutachtung vor der eigentlichen Drucklegung vorlegen. Ich liefere in diesen Fällen sicherheitshalber ein sRGB-Bild mit eingebettetem Profil an. Dazu wähle ich Bearbeiten/In Profil konvertieren und lege im folgenden Dialog sRGB als Zielfarbraum fest. Kann der Empfänger mit Farbmanagement umgehen, liest Photoshop das sRGB-Profil ein und behandelt die Farben korrekt. Hat der Empfänger dagegen mit Farbmanagement nichts am Hut, wird er wahrscheinlich ohnehin sRGB als Standardarbeitsfarbraum verwenden. Deshalb sind Sie mit sRGB fast immer auf der sicheren Seite. In Abbildung 13.26 sehen Sie, wie dasselbe Bild in unterschiedlichen RGB-Farbräumen in einem Photoshop-System ohne Farbmanagement mit der Einstellung Web-Grafiken angezeigt wird. Es ist ganz offensichtlich, dass lediglich die sRGB-Variante korrekt dargestellt werden kann. sRGB eignet sich zwar keinesfalls als Standardarbeitsfarbraum für Fotografen, doch bildet er sozusagen den »kleinsten gemeinsamen Nenner« im Umgang mit unbekannten und wenig versierten Photoshop-Nutzern.

Mit Graustufen arbeiten

Auch Graustufenbilder lassen sich mit den FARBEINSTELLUNGEN verwalten. Stellen Sie die FARBMANAGEMENT-RICHTLINIEN für GRAUSTUFEN auf EINGEBETTETE PROFILE BEIBEHALTEN oder IN GRAUSTUFEN-ARBEITSRAUM KONVERTIEREN und aktivieren Sie wieder die Checkbox BEIM ÖFFNEN WÄHLEN. Wenn das Eingabeprofil einer Graustufendatei nicht mit dem aktuellen Graustufenarbeitsfarbraum übereinstimmt, werden Sie gefragt, ob Sie das eingebettete Profil beibehalten oder in den aktuellen Graustufenarbeitsfarbraum konvertieren wollen. Ist kein eingebettetes Profil vorhanden, stehen Sie vor der Wahl zwischen EINGEBETTETES PROFIL VERWENDEN (ANSTELLE DES ARBEITSFARBRAUMS), DOKUMENTFARBEN IN DEN ARBEITSRAUM KONVERTIEREN oder EINGEBETTETES PROFIL VERWERFEN (KEIN FARBMANAGEMENT).

In den Optionen unter ARBEITSFARBRÄUME/GRAUSTUFEN werden Ihnen die Dot-Gain-Angaben und die Gamma-Werte auffallen. Bereiten Sie Graustufenbilder für die Ausgabe auf einem Monitor vor (etwa für eine Website oder eine Multimedia-Präsentation), müssen Sie auch den richtigen Gamma-Wert angeben. Möchten Sie überprüfen, wie eine für die Druckvorstufe aufbereitete Graustufendatei auf dem Web aussehen würde, wählen Sie unter ANSICHT/PROOF EINRICHTEN entweder MACINTOSH-RGB oder WINDOWS RGB. Danach können Sie unter BILD/ANPASSEN/TONWERTKORREKTUR den Gamma-Regler so einstellen, dass eine optimale Helligkeit erzielt wird.

Bei der Arbeit für die Druckvorstufe sollten Sie die Dot-Gain-Einstellung so wählen, dass sie möglichst dem tatsächlichen Punktzuwachs bei der Druckausgabe entspricht. Ich sollte noch betonen, dass die Einstellung des Graustufenarbeitsfarbraums völlig unabhängig vom CMYK-Arbeitsfarbraum erfolgt. Wenn der Punktzuwachswert im Graustufenarbeitsfarbraum exakt der schwarzen Platte der aktuellen CMYK-Einstellung entsprechen soll, wählen Sie unter ARBEITSFARBRÄUME/GRAUSTUFEN den Eintrag GRAUSTUFEN-EINSTELLUNGEN LADEN. Begeben Sie sich nun in den Ordner *Library/Application Support/Adobe/Color/Settings/Profiles*

Graustufen für die Bildschirmanzeige

Falls Sie Graustufenbilder für die Publikation im Internet oder in Multimedia-Präsentationen erzeugen wollen, wählen Sie die Einstellung STANDARD FÜR WEB-GRAFIKEN. Im Aufklappmenü GRAUSTUFEN erscheint automatisch der Eintrag GRAY GAMMA 2.2, – der Gamma-Wert, der von den meisten PC-Monitoren benutzt wird. Im Grunde können Sie nie völlig sicher sein, wie die Monitore kalibriert sind, auf denen Ihr Werk schließlich betrachtet wird. Sie können aber wenigstens davon ausgehen, dass die Mehrheit der Internetnutzer einen PC-Monitor mit Gamma 2,2 verwendet.

Macintosh-Gamma

Das Macintosh-Gamma von 1,8 ist im Grunde ein Relikt der Vergangenheit. Früher hatte es noch seine Berechtigung, da in den Anfangszeiten der Macintosh-Computer und noch vor der Einführung von ICC-Profilen ein 1,8-Gamma-Monitorfarbraum weitgehend dem Punktzuwachs auf den monochromen Apple-Laserdruckern entsprach.

Individuelle Graustufeneinstellungen

In Abbildung 13.35 sehen Sie eine Reihe von Punktzuwachswerten, die als Richtschnur für verschiedenen Arten von Druckeinstellungen dienen können. Sie geben einen groben Hinweis darauf, welchen Punktzuwachs Sie angeben können. Mithilfe von ARBEITSFARBRÄUME/GRAUSTUFEN/EIGENER TONWERTZUWACHS bzw. EIGENES GAMMA (in den erweiterten Farbeinstellungen) können Sie auch eigene Werte eingeben oder Tonwertzuwachskurven bestimmen (siehe auch »Tonwertzuwachs« auf den Seiten 533–534).

(Mac) bzw. *Program Files/Common Files/Adobe/Color/Settings* (PC/Windows XP). Wählen Sie dort denselben CMYK-Farbraum wie in den CMYK-Separationen und klicken Sie auf LADEN.

Erweiterte Farbeinstellungen

Die erweiterten Farbeinstellungen sind normalerweise verborgen. Erst wenn Sie die Schaltfläche MEHR OPTIONEN anklicken, stehen sie Ihnen wie in Abbildung 13.28 zu sehen zur Verfügung. Erst hiermit haben Sie die absolute Kontrolle über das gesamte Farbmanagementsystem in Photoshop. Aber klicken Sie nicht wahllos in den Einstellungen herum. Sie sollten schon verstehen, was Sie da tun. Machen Sie sich also erst mit den Feinheiten der Arbeitsfarbräume RGB, CMYK, GRAUSTUFEN und VOLLTONFARBE vertraut. Lesen Sie die folgenden Abschnitte genau durch, bevor Sie sich an die erweiterten Farbeinstellungen wagen.

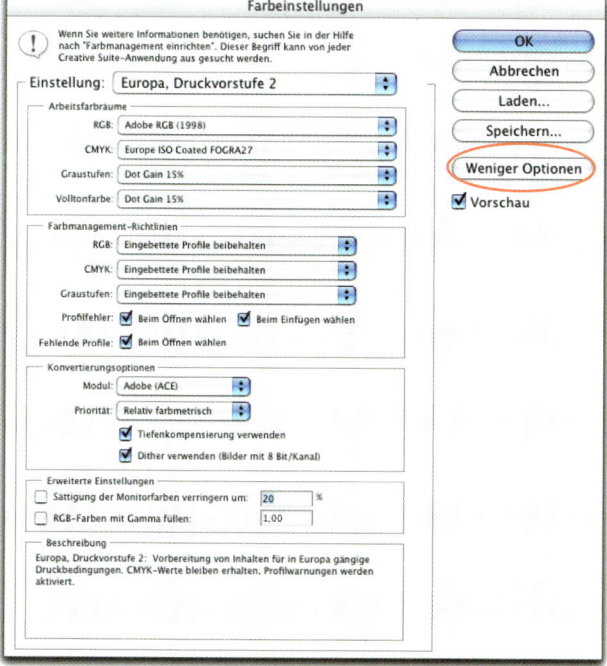

Abbildung 13.27 Hier sehen Sie den Dialog mit den erweiterten Farbeinstellungen. Erst ein Klick auf die Schaltfläche MEHR OPTIONEN enthüllt das volle Potenzial der Farbeinstellungen. In den folgenden Abschnitten erfahren Sie, wie Sie mit den hier gebotenen Optionen umgehen. Sind die erweiterten Farbeinstellungen aktiv, schalten Sie durch einen Klick auf die Schaltfläche WENIGER OPTIONEN wieder zum normalen Farbeinstellungsdialog um.

Konvertierungsoptionen

Hier haben Sie die Wahl zwischen drei Farbmanagementmodulen (CMMs): ADOBE (ACE), APPLE COLORSYNC und APPLE CMM. Das »ACE« steht für die »Adobe color engine«, was die beste Methode für alle RGB-zu-CMYK-Konvertierungen darstellt, da sie die Konvertierungsberechnungen mit einer Bittiefe von 20 Bit durchführt.

Tiefenkompensierung verwenden

Bei der Tiefenkompensierung wird die dunkelste neutrale Farbe des RGB-Quellfarbraums auf die dunkelsten neutralen Töne des Zielfarbraums angepasst. Sie spielt eine bedeutende Rolle bei der Konvertierung der Schwarztöne in einem Bild, damit diese auch im Druck wieder schwarz wiedergegeben werden. Wie ich Ihnen bereits in Kapitel 4 erklärt habe, brauchen Sie den Schwarzpunkt nur auf R=B=G=0 einzustellen. Sie müssen sich bei der Bildbearbeitung nicht um eine Schattenkompensierung kümmern, da das Farbmanagement Ihnen diese Arbeit automatisch abnimmt und den Schwarzpunkt selbsttätig anhand der Ausgabeprofile korrigiert. Wenn Sie die Option TIEFENKOMPENSIERUNG VERWENDEN deaktivieren, erhalten Sie vielleicht dunklere Schwarztöne, doch mit aktivierter Option erzielen Sie mit Sicherheit »echtere«.

Tiefenkompensierung und Proofdruck
Wenn Sie ein RGB-Bild in einen CMYK-Farbraum separieren, macht eine Tiefenkompensierung Sinn. Führen Sie jedoch eine Konvertierung von einem CMYK-Prooffarbraum zum Druckfarbraum eines Tintenstrahlers durch, müssen Sie das (gräuliche) Schwarz des Drucks beibehalten. Aus diesem Grund wird die TIEFENKOMPENSIERUNG im Drucken-mit-Vorschau-Dialog abgeschaltet, wenn Sie einen Proofdruck ausgeben, der die schwarze Druckfarbe simuliert.

Dither verwenden (Bilder mit 8 Bit/Kanal)

Bei der CMYK-Separation hat man manchmal mit starker Streifenbildung (Banding) zu kämpfen, besonders bei sanften Farbübergängen in hellen, gesättigten Bildbereichen. Eine Streifenbildung auf dem Bildschirm zeigt sich nicht unbedingt auch bei der Druckausgabe. Viel hängt einfach von der Monitorauflösung ab. Die Dither-Option reduziert aber auf jeden Fall die Gefahr von Streifenbildung bei der Konvertierung von einem Farbraum in einen anderen.

Renderpriorität

Die Renderpriorität beeinflusst, wie die Daten vom Quellfarbraum in den Zielfarbraum übersetzt werden. Ich widme mich diesen Prioritäten ausführlich auf den Seiten 538–541.

RGB-Farben mit Gamma füllen

Mit dieser Checkbox können Sie die voreingestellten Füllmethode überschreiben. In Photoshop 2.5 gab es einmal eine Option, um Farben mit einem Gamma-Wert von 1,0 zu mischen, was von vielen Experten als Königsweg angesehen wurde, da bei einem höheren Gamma als 1,0 eine dunkle Kante zwischen kontrastierenden Farben erscheint. Einige Photoshop-Nutzer nutzten diese Artefakte an den Kanten gezielt für Überfüllungen. Andere dagegen beschweren sich über einen diffusen Schein (Halo-Effekt) um Objekte, wenn sie Farben bei einem Gamma von 1,0 mischten. Deshalb entfernte man die Option mit dem Update auf die Version 2.5.1 wieder. Doch wenn Ihnen die Bedeutung dieser speziellen Gamma-Einstellung bewusst ist, können Sie ja nun auf die Checkbox RGB-FARBEN MIT GAMMA FÜLLEN 1.00 zurückgreifen. In Abbildung 13.28 zeige ich Ihnen die Unterschiede zwischen einer Füllmethode bei einem Gamma von 2,2 und einem Gamma von 1,0.

Sättigung der Monitorfarben verringern

Mit der Option SÄTTIGUNG DER MONITORFARBEN VERRINGERN UM: können Sie Bereiche von Farbräumen, die einen größeren Farbumfang als als der Monitorfarbraum aufweisen, visualisieren und miteinander vergleichen. Farbräume wie Adobe RGB und Wide Gamut RGB beispielsweise haben einen größeren Farbumfang, als ein Monitor anzeigen kann. Wenn Sie die Sättigung der Monitorfarben herabsetzen, lassen sich die verschiedenen Farbräume direkt miteinander vergleichen.

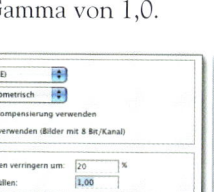
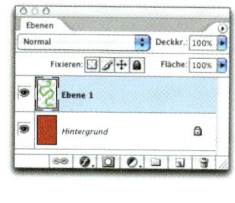

Abbildung 13.28 Für diesen Test habe ich einen Pinselstrich mit weichen Kanten in reinem RGB-Grün auf einer Ebene über einem rein roten Hintergrund aufgetragen. Die Version links zeigt die beiden Ebenen mit der Standard-Füllmethode NORMAL. Im Bild rechts sehen Sie, was passiert, wenn die Checkbox RGB-FARBEN MIT GAMMA FÜLLEN 1.00 angeklickt ist: Die dunklen Linien entlang der Kanten (wo die kontrastierenden Farben aufeinander treffen) verschwinden.

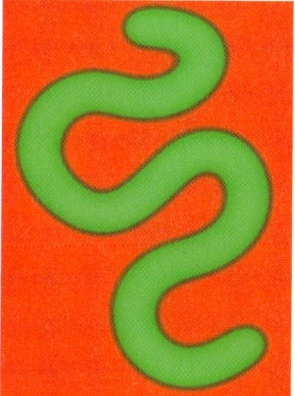
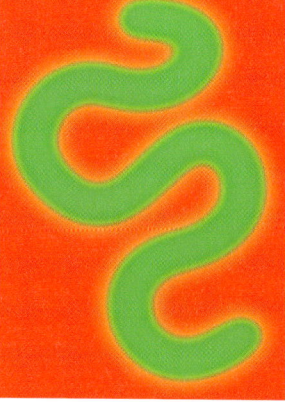

Einen eigenen RGB-Arbeitsfarbraum erstellen

Wahre Experten möchten vielleicht lieber einen eigenen RGB-Arbeitsfarbraum statt der in den Farbeinstellungen vorgegebenen einrichten. Falls Sie sich auch zu dieser Gruppe zählen, wählen Sie unter FARBEINSTELLUNGEN/ARBEITSFARBRÄUME/RGB den Eintrag EIGENES RGB. Darauf öffnet sich ein Dialogfenster, in das Sie Angaben zu GAMMA, MONITOR-WEISS und PRIMÄRFARBEN eingeben können. Ich empfehle Ihnen jedoch dringendst, von diesen Einstellungen die Finger zu lassen. Und tappen Sie nicht in die alte Falle, zu glauben, dass das Gamma für den RGB-Arbeitsfarbraum denselben Wert wie das Monitor-Gamma aufweisen soll. Ein RGB-Arbeitsfarbraum ist nunmal kein Monitorfarbraum.

Adobe RGB ist eine gute Wahl für einen RGB-Arbeitsfarbraum, da sein Gamma-Wert von 2,2 für eine gleichmäßigere Verteilung der Farbtöne zwischen den Lichtern und Schatten sorgt. Doch denken Sie daran, dass Sie Adobe RGB nicht wirklich »sehen« können. Das Adobe-RGB-Gamma hat keinerlei Einfluss darauf, wie die Farben auf dem Bildschirm dargestellt werden, solange in Photoshop das ICC-Farbmanagement aktiv ist. Aber im Grunde brauchen Sie die Unterschiede zwischen Monitor-Gamma und RGB-Farbraum-Gamma nicht zu kümmern. Lassen Sie die Einstellungen lieber unangetastet.

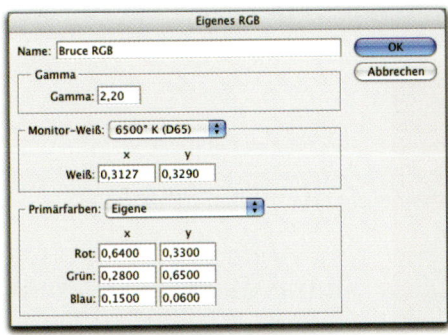

Abbildung 13.29 Der Dialog EIGENES RGB. Hier können Sie sich Ihren eigenen RGB-Arbeitsfarbraum einrichten. Die gezeigten Einstellungen wurden unter dem Namen »Bruce RGB« abgespeichert – zu Ehren von Bruce Fraser, der diesen idealen Photoshop-Farbraum für die Druckvorstufe konzipierte.

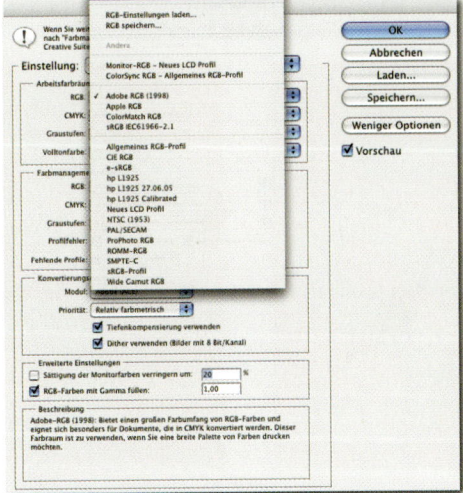

Konvertierung von RGB zu CMYK

Digitalscans und Aufzeichnungsdateien liegen immer in RGB vor, während professionelle Bilddateien meist in CMYK reproduziert werden. Zu irgendeinem Zeitpunkt muss demnach eine Konvertierung von RGB zu CMYK erfolgen – die Frage ist bloß, wann das am besten geschieht und wer dafür verantwortlich zeichnet. Wenn Sie die Konvertierung selbst übernehmen wollen, müssen Sie noch ein wenig mehr über die CMYK-Einstellungen erfahren. Denn für einen Vierfarbdruck müssen Sie so viele Informationen wie möglich über das geplante Druckverfahren sammeln und anhand dieser Informationen schließlich individuelle CMYK-Einstellungen vornehmen.

CMYK-Einstellungen

Unter ARBEITSFARBRÄUME/CMYK finden Sie eine lange Liste mit unzähligen Optionen. Da gibt es länderspezifische Vorgaben (für Europa, Japan und USA) und Vorgaben, die sich auf bestimmte Papiersorten wie »Coated«, »Uncoated« oder »Newspaper« beziehen. In der deutschen Photoshop-Version ist meist die Option COLORSYNC CMYK – ALLGEMEINES CMYK-PROFIL voreingestellt. Ins Auge fällt auch noch die neue Option EUROPE ISO COATED FOGRA27, die für die Herstellung hochwertiger Separationen beim ISO-Standarddruck gedacht ist. Und natürlich können Sie mit EIGENES CMYK individuelle CMYK-Einstellungen vornehmen.

Eigene CMYK-Einstellungen vornehmen

In Abbildung 13.30 sehen Sie den Dialog EIGENES CMYK. Hier können Sie alle für die CMYK-Separation notwendigen Informationen eintragen – immer abgestimmt auf einen ganz bestimmten Druckjob. Selbstverständlich lässt sich jede individuelle CMYK-Konfiguration mit einem Namen versehen und abspeichern, so dass Sie jederzeit wieder darauf zugreifen können. Achten Sie bei der Namensgebung darauf, dass sofort klar wird, um welche Art Druckausgabe es sich handelt.

Mythen über Photoshop-CMYK

Manche Menschen werden Ihnen weismachen wollen, dass Photoshop ihrer »Expertenmeinung« nach CMYK-Separationen mangelhaft ausführt. Wenn Sie nach einer Begründung fragen, erhalten Sie bestimmt keine klare Auskunft. Lassen Sie sich von solchen Äußerungen nicht verunsichern. In Photoshop lassen sich hochwertige CMYK-Separationen ausgeben, Sie können eine Reduktion des Farbumfangs vermeiden und sich individuelle Separationen einrichten, die jeglicher Form von Druckausgabe Genüge tun. CMYK-Separationen in Photoshop sind nur dann von schlechter Qualität, wenn ein Photoshop-Nutzer nicht viel Ahnung von den richtigen Einstellungen hat. Ein RGB-Farbraum mit großem Farbumfang (wie Adobe RGB) deckt sich beispielsweise viel eher mit dem Farbumfang von CMYK, wodurch CMYK-Separationen weniger in ihrem Farbumfang beschnitten werden. Dies ist ein weiterer Pluspunkt für das Photoshop-Farbmanagement. Doch ist CMYK alles andere als ein universeller, jederzeit passender Farbraum. Er muss individuell auf jeden Job zugeschnitten werden.

Eigene CMYK-Einstellungen speichern

Die eigenen CMYK-Einstellungen sollten Sie im folgenden Ordner speichern: *Library/ColorSync/Profiles/Recommended (Mac OS X)* bzw. *Windows/System32/Spool/Drivers/Color (PC/Windows XP)*.

CMYK-Vorschau unter Proof einrichten

Haben Sie die CMYK-Einstellungen einmal konfiguriert, können Sie sich mithilfe von Ansicht/Proof einrichten/ CMYK-Arbeitsfarbraum eine Vorschau anzeigen lassen, damit Sie einen Eindruck davon bekommen, wie das Bild nach der Konvertierung aussieht – auch wenn Sie das Bild immer noch im RGB-Modus bearbeiten.

Die neu erstellte CMYK-Konfiguration wird unmittelbar zum neuen Standard-CMYK-Arbeitsfarbraum deklariert, der dann Anwendung findet, wenn Sie ein Bild in den CMYK-Modus konvertieren. Geänderte CMYK-Einstellungen haben keinen Einfluss auf die Bildschirmdarstellung einer bereits zu CMYK konvertierten Datei (außer bei einem fehlenden Profil), da die Einstellungen für die CMYK-Separation vor der eigentlichen Konvertierung vorgenommen werden müssen.

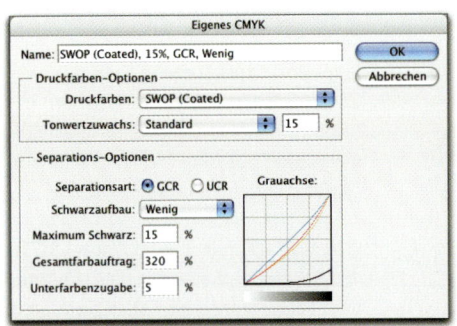

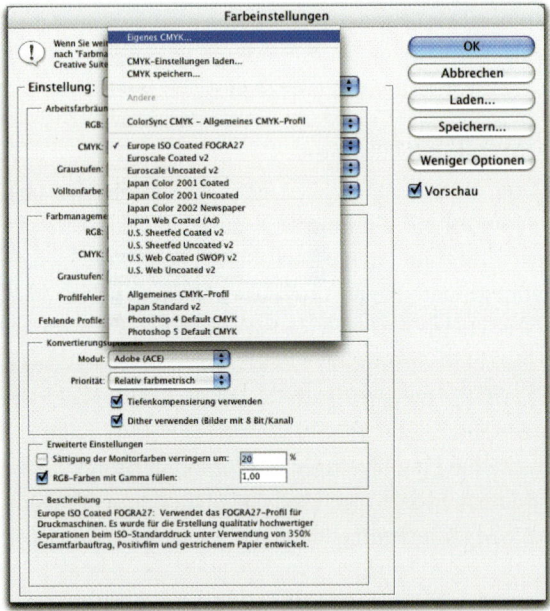

Abbildung 13.30 Wenn Sie die Option Eigenes CMYK ganz oben in der Auswahlliste wählen, öffnet sich der oben gezeigte Dialog, in dem Sie Ihre individuellen CMYK-Einstellungen vornehmen können. Wenn Sie die Schaltfläche Mehr Optionen angeklickt haben, steht Ihnen eine größere Auswahl an vorgefertigten CMYK-Profilen zur Verfügung.

Druckfarben

Im Dialog Eigenes CMYK können Sie im Aufklappmenü Druckfarben eine der Voreinstellungen anwählen, die sich alle auf einen ganz bestimmten Druckjob beziehen. So kann man für Europa zwischen Euroscale (Coated), Euroscale (Uncoated) und Europe (ISO Coated Fogra 27) wählen. Falls Ihr Drucker mit eigenen Druckfarben-Einstellungen zurechtkommt, können Sie auch Eigene aus der Liste wählen. Darauf öffnet sich der Dialog aus Abbildung 13.31.

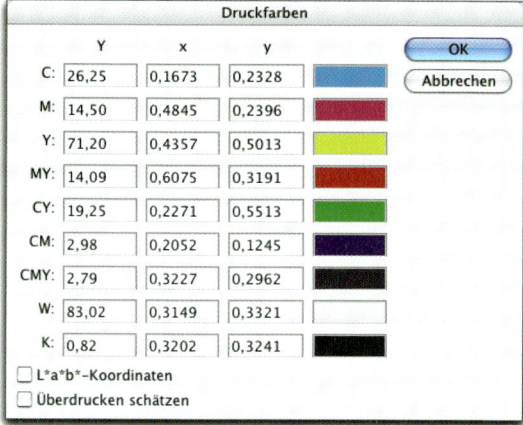

Abbildung 13.31 Der Dialog DRUCKFARBEN. Für ganz spezielle Druckjobs (zum Beispiel wenn nichtstandardisierte Druckfarben verwendet werden oder wenn auf farbiges Papier ausgegeben wird) können Sie hier die Werte der einzelnen Farbfelder mit einem Ausdruck vergleichen, der auf dem später wirklich verwendeten Bedruckstoff ausgegeben wurde. Den Ausdruck können Sie mit einem Gerät wie dem Eye-One von GretagMacbeth vermessen. Anhand der Vergleichswerte lässt sich nun eine eigene Druckfarben-Einstellung für eine spezielle CMYK-Ausgabe erzeugen.

Tonwertzuwachs

Der Tonwertzuwachs bzw. Punktzuwachs bezieht sich auf eine Anhäufung von Einzelfaktoren während des Repro-Prozesses, die dazu führt, dass ein gedruckter Punkt auf einer Seite dunkler als erwartet erscheint. Der Punktzuwachs ist unter anderem abhängig von der Druckmaschine und von der Art des verwendeten Papiers. Der Wert, den Sie unter TONWERTZUWACHS eintragen, bestimmt, wie hell bzw. wie dunkel die Separationen sein müssen. Bei einem hohen Tonwertzuwachs müssen die separierten CMYK-Filme weniger dicht sein, so dass auch weniger Farbe von der Druckplatte auf das Papier übertragen wird, um trotzdem Rasterpunkte in der richtigen Größe zu produzieren. Sie können sich das Ganze einmal ansehen, wenn Sie ein Bild unter Verwendung unterschiedlicher Angaben für den Tonwertzuwachs nach CMYK konvertieren. Vergleichen Sie hinterher die einzelnen CMYK-Kanäle miteinander. Obwohl der Tonwertzuwachs die Helligkeit der Kanäle beeinflusst, wird die Composite-Datei auf dem Monitor so angezeigt, wie sie später im Druck erscheint.

Wählen Sie TONWERTZUWACHS/GRADATIONSKURVEN, erscheint der Dialog TONWERTZUWACHSKURVEN, in dem Sie eigene Einstellungen für das Composite-Bild oder die einzelnen Farbauszüge vornehmen können. Für dieses Buch zum Beispiel erhielt ich genaue Angaben über den Tonwertzuwachs (siehe Abbildung 13.32).

Abbildung 13.32 Wenn Sie im Dialog EIGENES CMYK aus Abbildung 13.30 unter TONWERTZUWACHS den Eintrag GRADATIONSKURVEN wählen, öffnet sich der hier gezeigte Dialog TONWERTZUWACHSKURVEN. Gibt die Druckerei den Tonwertzuwachs in bestimmten Prozentsätzen an, können Sie diese hier eintragen. Der Punktzuwachs kann übrigens auf jedem Farbauszug unterschiedlich ausfallen. Ist die Checkbox ALLE GLEICH deaktiviert, können Sie für jede Platte einen eigenen Wert eingeben. Wählen Sie den Eintrag EIGENER TONWERTZUWACHS aus dem Ausklappmenü GRAUSTUFEN, erscheint übrigens ein ganz ähnlicher Dialog. Wenn Sie eine Farbeinstellung sichern wollen, die sowohl für CMYK-Separationen als auch für Graustufendateien gelten soll, sollten Sie darauf achten, dass der Punktzuwachs für die schwarze Platte konsistent ist (siehe Seite 528). Der Tonwertzuwachs kann ja für jede Platte unterschiedlich ausfallen, also auch für die schwarze Platte.

Erweiterte CMYK-Einstellungen
In den Standard-CMYK-Einstellungen können Sie nicht viel selbst machen, außer aus einer Hand voll Optionen Ihre Wahl treffen. Ein wesentlich breiteres Betätigungsfeld öffnet sich dagegen, sobald Sie die Schaltfläche WEITERE OPTIONEN anklicken – natürlich abhängig davon, welche Profile Sie bereits im ColorSync-Ordner abgelegt haben.

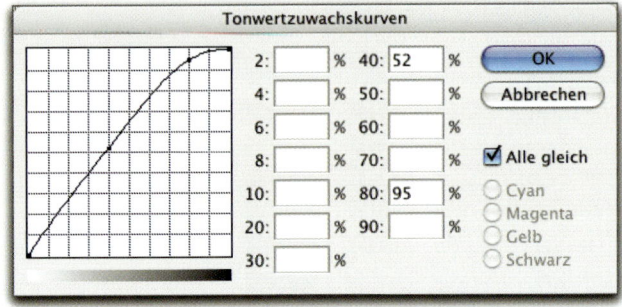

Graukomponenten-Ersetzung (GCR)
Die Standard-Photoshop-Einstellung für die SEPARATIONS-EINSTELLUNG lautet: SEPARATIONSART: GCR, SCHWARZAUFBAU: MITTEL, MAXIMUM SCHWARZ 100%, GESAMTFARBAUFTRAG 300%, UNTERFARBENZUGABE 0%. Wenn Sie Ihren Druckdienstleister fragen, mit welchen Separationseinstellungen er arbeitet, und er Ihnen die obigen Zahlen durchgibt, wissen Sie nun wenigstens, dass er Ihnen bloß die Standardeinstellung eines unkonfigurierten Photoshop-Setups herunterbetet und entweder keine Ahnung hat oder Ihnen keine Auskunft geben will. Wenn Sie eine eigene CMYK-Einstellung erzeugen wollen, halten Sie sich an die Tabelle in Abbildung 13.34 oder verwenden Sie einfach die CMYK-Einstellung, die am ehesten mit der von Ihnen gewählten Ausgabeart übereinstimmt (wie zum Beispiel EUROPE ISO COATED FOGRA 27, EUROSCALE COATED V2 oder EUROSCALE UNCOATED V2).

Unterfarbenreduktion (UCR)
Bei der Unterfarbenreduktion (Undercolor Removal – UCR) werden Cyan, Magenta und Gelb in den neutralen Bildbereichen durch Schwarz ersetzt. Diese Verschwärzlichung der Buntfarben reduziert gleichzeitig die Menge der verwendeten Druckfarbe, auch wenn sie nicht für jeden Job geeignet ist.

Unterfarbenzugabe (UCA)

Einfache Bildmotive und qualitativ hochwertige Druckjobs sind eher Kandidaten für eine Graukomponenten-Ersetzung (Gray Component Replacement – GCR) in Kombination mit einer Unterfarbenzugabe (Undercolor Addition – UCR). Beim GCR werden an Stellen, wo sich Cyan, Magenta und Gelb überlappen, die drei Buntfarben durch Schwarz ersetzt. Durch die Unterfarbenzugabe wird den Schatten wieder etwas Farbe hinzugefügt, da diese sonst flach und ausdruckslos anmuten würden. Der Prozentsatz des verwendeten Schwarz ist durch den Schwarzaufbau (siehe unten) festgelegt. Wenn Sie Konvertierungen vornehmen, sollten Sie besser beim Standard-GCR bleiben, mit wenig bis mittlerem Schwarzaufbau und einer Unterfarbenzugabe von 0–10%. Damit erhalten Sie eine längere Schwarzkurve und einen verbesserten Bildkontrast.

Schwarzaufbau

Der Schwarzaufbau bestimmt, wie viel schwarze Druckfarbe für die schwarzen und grauen Tonwertinformationen verwendet wird. Eine geringe bis mittlere Einstellung funktioniert für die meisten Fotografien am besten. Meiner Meinung nach sollten Sie es einfach bei der Standardeinstellung SCHWARZAUFBAU: MITTEL belassen und nur im Extremfall etwas daran ändern.

Vielleicht interessiert es Sie, dass ich sämtliche hier im Buch abgedruckten Dialoge mit einer Einstellung von SCHWARZAUFBAU: MAXIMUM separiert habe. In Abbildung 13.33 sehen Sie die Kanäle-Palette, nachdem ich den Screenshot aus Abbildung 13.31 einer CMYK-Separation mit maximalem Schwarzaufbau unterzogen hatte. Mit dieser Methode wird nur der schwarze Farbauszug für neutralgraue Töne verwendet. Dies wiederum hat den Vorteil, dass eventuelle Farbverschiebungen bei der Druckausgabe keinerlei Einfluss auf die neutralgrauen Bereiche haben. Schauen Sie sich doch vergleichsweise mal Screenshots in anderen Büchern an und prüfen Sie die Druckqualität!

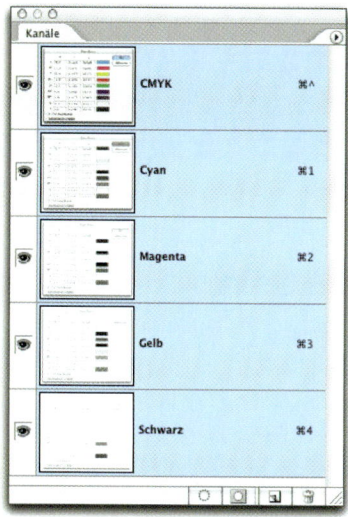

Abbildung 13.33 Hier eine Ansicht der Kanäle-Palette mit den vier CMYK-Kanälen, nachdem ich den Screenshot aus Abbildung 13.31 einer CMYK-Separation mit maximalem Schwarzaufbau unterzogen hatte. Sämtliche neutralgrauen Informationen befinden sich nun ausschließlich im Schwarzkanal. Diese Methode eignet sich zwar hervorragend für Screenshots, nicht jedoch für die meisten anderen Bilder.

Separations-einstellungen	Druckfarben	Separa-tionsart	Punkt-zuwachs	Schwarz-aufbau	Maximum Schwarz	Gesamt-farbauf-trag	UCA
US-amerikanischer Markt							
Bogenmaschine (coated)	SWOP (Coated)	GCR	10–15%	Wenig/Mittel	95%	320–350%	0–10%
Bogenmaschine (uncoated)	SWOP (Uncoated)	GCR	15–25%	Wenig/Mittel	95%	260–300%	0–10%
Rollendruck (coated)	SWOP (Coated)	GCR	15–20%	Wenig/Mittel	95%	300–320%	0–10%
Rollendruck (uncoated)	SWOP (Uncoated)	GCR	20–30%	Wenig/Mittel	95%	260–300%	0–10%
Rollendruck (Zeitungsdruck)	SWOP (Zeitungsdruck)	GCR	30–40%	Mittel	85–95%	260–280%	0–10%
Europäischer Markt							
Bogenmaschine (coated)	Eurostandard (Coated)	GCR	9–15%	Wenig/Mittel	95%	320–350%	0–10%
Bogenmaschine (uncoated)	Eurostandard (Uncoated)	GCR	15–25%	Wenig/Mittel	95%	260–300%	0–10%
Rollendruck (coated)	Eurostandard (Coated)	GCR	15–20%	Wenig/Mittel	95%	300–320%	0–10%
Rollendruck (uncoated)	Eurostandard (Uncoated)	GCR	20–30%	Wenig/Mittel	95%	260–300%	0–10%
Rollendruck (Zeitungsdruck)	Eurostandard (Zeitungsdruck)	GCR	30–40%	Mittel	85–95%	260–280%	0–10%
Asiatischer Markt							
Bogenmaschine (coated)	Toyo Inks (Coated)	GCR	8–15%	Wenig/Mittel	95%	320–350%	0–10%
Bogenmaschine (uncoated)	Toyo Inks (Uncoated)	GCR	15–25%	Wenig/Mittel	95%	260–300%	0–10%
Rollendruck (coated)	Toyo Inks (Coated Rollenoffset)	GCR	12–20%	Wenig/Mittel	95%	300–320%	0–10%
Rollendruck (uncoated)	Toyo Inks (Uncoated)	GCR	20–30%	Wenig/Mittel	95%	260–300%	0–10%
Rollendruck (Zeitungsdruck)	Toyo Inks (Uncoated)	GCR	30–40%	Mittel	85–95%	260–280%	0–10%

Abbildung 13.34 Diese Separationsrichtlinien repräsentieren typische Einstellungen, wie sie bei der Druckausgabe häufig vorkommen. Deshalb wurden sie ja auch in Photoshop so aufgenommen. Für individuelle Einstellungen sollten Sie immer Ihren Druckdienstleister kontaktieren.

Den richtigen RGB-Arbeitsfarbraum ermitteln

Der RGB-Arbeitsfarbraum, in dem Sie Ihre Bildbearbeitung vornehmen, kann das Ergebnis der CMYK-Konvertierung beeinflussen. Sie sollten Ihren Arbeitsfarbraum also mit Bedacht wählen. Der voreingestellte sRGB-Farbraum gilt allgemein als untauglich für die Bearbeitung von Fotos, weil der Farbumfang von sRGB bereichsweise kleiner ist als der von CMYK und den meisten Tintenstrahldruckern. Wenn Sie Adobe RGB als Arbeitsfarbraum wählen, lassen sich die RGB-Farben ohne große Verluste in den CMYK-Farbraum übertragen, der dann fast vollständig genutzt wird. In Abbildung 13.35 werden Ihnen die Schwachstellen des sRGB-Farbraums ziemlich deutlich vor Augen geführt.

CMYK-Info (Adobe RGB)	A	B	C
Cyan	97	75	95
Magenta	10	6	9
Gelb	96	8	5
Schwarz	0	0	0

CMYK-Info (sRGB)	A	B	C
Cyan	84	72	75
Magenta	18	7	10
Gelb	80	8	6
Schwarz	1	0	0

Abbildung 13.35 Hier demonstriere ich Ihnen die Unterschiede zwischen zwei verschiedenen RGB-Farbräumen. Grundlage ist ein Bild im Lab-Modus, das einmal über Adobe RGB und einmal über sRGB in ein CMYK umgewandelt wurde. Der Farbverlauf im Hintergrund dient jeweils dazu, die Unterschiede zwischen den beiden RGB-Farbräumen zu unterstreichen. Wenn Sie die Farbseparationen oben vergleichen, schneidet sRGB bei der Umsetzung von Cyan- und Grüntönen schlechter ab, außerdem erscheinen die Hauttöne viel wärmer.

Renderprioritäten

Wenn Sie eine Profilkonvertierung durchführen (beispielsweise von RGB zu CMYK), werden wahrscheinlich nicht alle Farben des Quellfarbraums ein direktes Äquivalent im Zielfarbraum haben. Ein RGB-Farbraum ist meist größer als ein CMYK-Farbraum; deshalb müssen RGB-Farben, die sich außerhalb des Farbumfangs von CMYK befinden, in einen möglichst ähnlichen Farbton übersetzt werden. Wie diese Übersetzung nun rechnerisch vor sich geht, wird von der Renderpriorität bestimmt. Sie können eine Renderpriorität in den FARBEINSTELLUNGEN als Standard festlegen, der dann bei allen Farbmodus-Konvertierungen verwendet wird. Sie können diese Vorgabe aber durch Anwenden von BEARBEITEN/IN PROFIL KONVERTIEREN oder ANSICHT/PROOF EINRICHTEN/EIGENE vorübergehend außer Kraft setzen und in den entsprechenden Dialogen jeweils eine andere Renderpriorität festlegen.

Die beste Renderpriorität
Wenn Sie Fotografien von einem Farbraum in einen anderen konvertieren, sollten Sie meist die relativ farbmetrische oder die perzeptive Renderpriorität verwenden. RELATIV FARBMETRISCH ist seit jeher die Standardeinstellung von Photoshop und in den meisten Fällen immer noch erste Wahl. Probieren Sie doch auch einmal die Softproof-Methode, die ich Ihnen im nächsten Kapitel vorstelle. Damit können Sie sich eine Vorschau vom Resultat einer Profilkonvertierung anzeigen lassen und so vergleichen, ob eine relativ farbmetrische oder eine perzeptive Renderpriorität bessere Ergebnisse erzielt.

Perzeptiv

Die perzeptive Renderpriorität ist eine Art Allround-Methode, die sich auch für Fotografen eignet. Dabei werden die Farben außerhalb des Farbumfangs auf äußerst großzügige Weise in den Farbumfang des Zielfarbraums übertragen. Dabei wird Wert darauf gelegt, dass der optische Farbeindruck erhalten bleibt, es also nicht zu gravierenden Farbänderungen (Clipping) kommt. Die Farben außerhalb des Farbumfangs werden dabei wesentlich mehr komprimiert als diejenigen innerhalb des Farbumfangs. PERZEPTIV ist die wohl beste Methode, wenn es darum geht, das optische Verhältnis zwischen den einzelnen Farben zu erhalten. Sie funktioniert am besten, wenn sich sehr viele Farben außerhalb des Farbumfangs befinden. Ansonsten sollten Sie sich für eine andere Methode entscheiden.

Sättigung

Die Renderpriorität SÄTTIGUNG bewahrt die Sättigung der Farben außerhalb des Farbumfangs auf Kosten von Farbton und Helligkeit. Dadurch wirken die Farben auch nach der Konvertierung noch erstaunlich lebendig und frisch. Daher eignet er sich bestens für Grafikpräsentationen, wo großer Wert auf intensive, kräftige Farben gelegt wird.

Relativ farbmetrisch

RELATIV FARBMETRISCH ist der voreingestellte Standard in den FARBEINSTELLUNGEN. Bei dieser Methode werden die Farben außerhalb des Farbumfangs auf das nächstliegende Farbäquivalent innerhalb des Farbumfangs im Zielfarbraum abgebildet. Bei einer RGB-zu-CMYK-Konvertierung wird also ein RGB-Blau außerhalb des Farbumfangs in Richtung des ähnlichsten reproduzierbaren Blaus im CMYK-Farbraum verschoben. Damit kommt es aber unweigerlich zu leichten Farbveränderungen. Dies kann zu einem Problem werden, wenn man sehr extreme Farben außerhalb des Farbbereichs umwandeln muss. Mit ANSICHT/PROOF EINRICHTEN/EIGENE können Sie aber schon einmal überprüfen, ob es bei einer Konvertierung mit einer relativ farbmetrischen Renderpriorität durch Clipping zu Verlusten von wichtigen Bilddetails kommen kann.

Absolut farbmetrisch

Die absolut farbmetrische Renderpriorität mappt Farben innerhalb des Farbbereichs exakt auf den anderen Farbraum – ohne jede Veränderung von Schwarz- und Weißpunkt. Sie ist die Methode der Wahl, wenn Sie spezielle »Signaturfarben« (zum Beispiel in Logos) konvertieren müssen, die Farbton, Sättigung und Helligkeit unbedingt beibehalten müssen. Grafikdesigner werden mit dieser Renderpriorität wohl öfter zu tun haben als Fotografen. Doch auch Sie können sich diese Priorität zunutze machen, um eine CMYK-Ausgabe auf einem Proofgerät zu simulieren. Angenommen, Sie führen eine RGB-zu-CMYK-Konvertierung mit der relativ farbmetrischen oder der perzeptiven Priorität aus; Ziel der CMYK-Ausgabe ist eine vierfarbige Zeitungsbeilage auf ungestrichenem Papier. Wenn Sie nun diese CMYK-Zielfarben mit der absolut farbmetrischen Methode in den Farbraum des Proofgeräts konvertieren, simuliert das Proofgerät genau, wie der fertige Druck auf dem ungestrichenen Papier aussehen wird. Mehr über Proofs erfahren Sie im nächsten Kapitel.

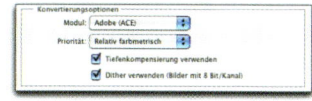
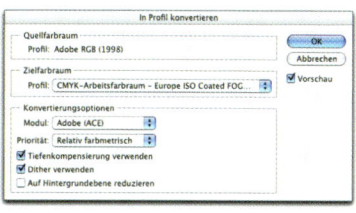
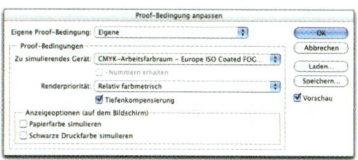

Abbildung 13.36 Die Standard-Renderpriorität wird im Dialog FARBEINSTELLUNGEN festgelegt. Klicken Sie dort auf die Schaltfläche MEHR OPTIONEN, erscheint unter anderem auch das Dialogfeld KONVERTIERUNGSOPTIONEN, in dem sich das Aufklappmenü PRIORITÄT befindet. Die hier gewählte Standardeinstellung kann jedoch mit dem Befehl IN PROFIL KONVERTIEREN überschrieben werden. Auch im Dialog PROOF-BEDINGUNG ANPASSEN (über ANSICHT/PROOF EINRICHTEN/EIGENE) lässt sich eine andere Renderpriorität festlegen. Dadurch erhalten Sie eine Vorschau auf eine simulierte Konvertierung, ohne die RGB-Daten tatsächlich umwandeln zu müssen. Wenn Sie die gleiche Renderpriorität im Drucken-mit-Vorschau-Dialog einstellen, können Sie so einen CMYK-Proofdruck simulieren.

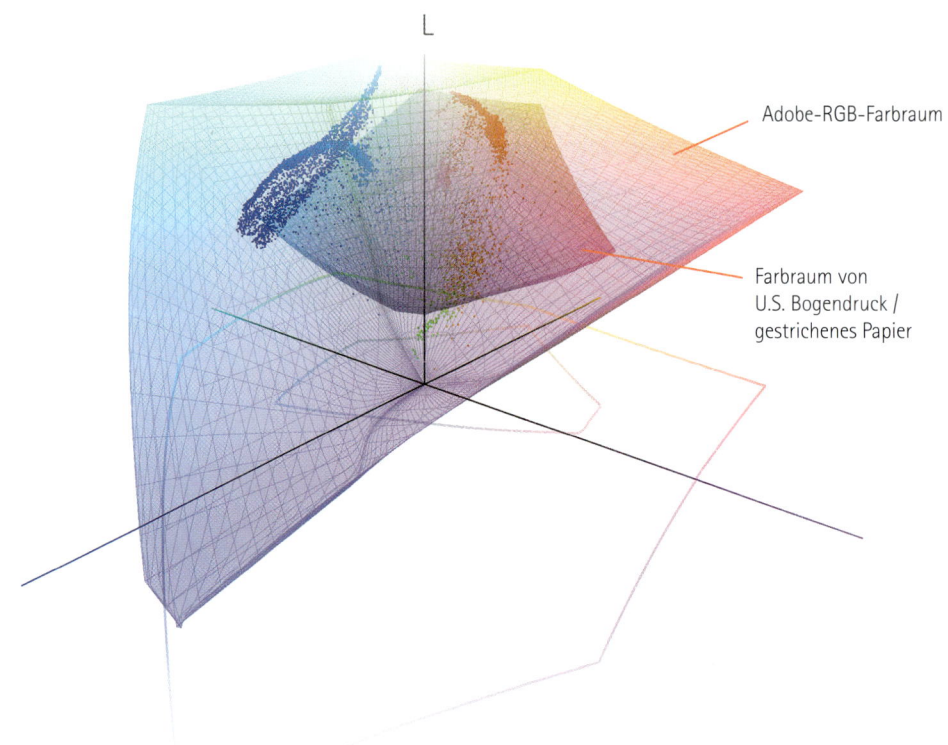

Adobe-RGB-Farbraum

Farbraum von U.S. Bogendruck / gestrichenes Papier

Abbildung 13.37 Hier wird deutlich, wie die Renderpriorität das Ergebnis einer Farbmodus- oder Profilkonvertierung beeinflussen kann. Für die Erstellung der Grafiken auf dieser und der folgenden Seite bediente ich mich des Programms Chromix ColorThink 2.1.2. Oben sehen Sie, wie der Adobe-RGB-Farbraum den CMYK-Farbraum U.S. Bogendruck/Gestrichenes Papier überlagert. Es ist klar ersichtlich, dass Adobe RGB alle Farben, die in den viel kleineren CMYK-Farbraum »gequetscht« werden, umfasst. Das Foto links wurde auf dieses Diagramm abgebildet, so dass die Punkte die Verteilung der RGB-Bildfarben innerhalb des Adobe-Farbraums repräsentieren.

Wenn die Farben in diesem Bild nach CMYK konvertiert werden, bestimmt die Renderpriorität, wie den RGB-Farben außerhalb des CMYK-Farbumfangs ein neuer Farbwert zugewiesen wird. Werfen Sie nun einen Blick auf die Diagramme der gegenüber liegenden Seite: Erkennen Sie die feinen Unterschiede zwischen einer Konvertierung mit relativ farbmetrischer und perzeptiver Priorität? Ich habe für Sie extra in jedem Diagramm eine einzelne blaue Farbe herausgestellt. Beim relativ farbmetrischen Rendering oben werden alle blauen Farben außerhalb des Farbumfangs auf die nächstliegende Farbe innerhalb des Farbbereichs verschoben. Beim perzeptiven Rendering unten wurden dieselben Farben noch weiter nach innen gedrängt. Diese Methode bewahrt die Beziehung zwischen den Farben außerhalb des Farbumfangs – leider auf Kosten der Farbintensität.

Kapitel 13
Farbmanagement

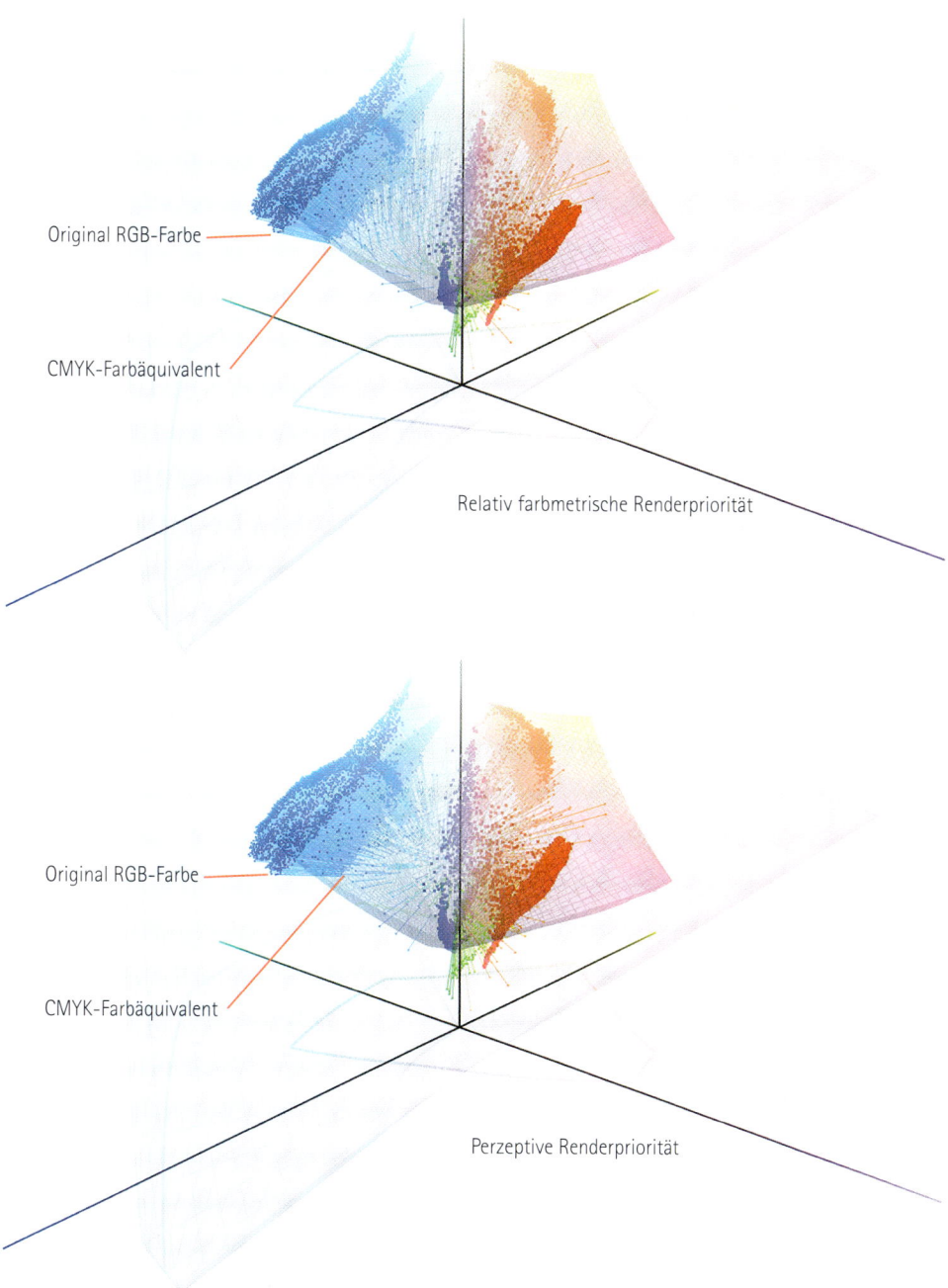

CMYK-zu-CMYK-Konvertierung

Für CMYK-Dateien ist es nicht unbedingt ideal, wenn sie erst nach RGB und dann wieder zurück nach CMYK konvertiert werden. So verlieren Sie mit Sicherheit eine Menge Dateiinformationen. Ich behalte lieber eine RGB-Masterdatei, die ich dann bei Bedarf für eine bestimmte Ausgabe in ein CMYK umwandle. Die direkte Umwandlung von einem CMYK-Farbraum in einen anderen ist ebenfalls nicht zu empfehlen, aber wenn Sie keine RGB-Masterdatei haben, bleibt wohl nichts anderes übrig. Spezifizieren Sie dazu einfach im Dialog IN PROFIL KONVERTIEREN das gewünschte CYMK-Zielprofil. Denken Sie daran, dass die Einstellung EINGEBETTETES PROFIL VERWENDEN sicherstellt, dass eingehende CMYK-Dateien stets ohne Konvertierung in Ihrem aktuellen CMYK-Arbeitsfarbraum geöffnet werden (denn die CMYK-zu-CMYK-Konvertierung ist keine so gute Idee). Das heißt im Klartext, dass die Zahlenwerte in den eingehenden CMYK-Dateien immer erhalten bleiben und so eine akkurate Bildschirmdarstellung der Farben gewährleistet ist.

Lab-Farbe

Auch der Lab-Farbraum steht Ihnen als Zielfarbraum bei einer Konvertierung über den Befehl BILD/MODUS oder den Befehl IN PROFIL KONVERTIEREN zur Verfügung. Allerdings werden hier keine eingebetteten Profile verwendet. Lab ist ein universal anerkannter Farbraum. Einige sind sogar der Meinung, dass der Lab-Modus alle Probleme mit nicht zueinander passenden RGB-Farbräumen überwindet. Das mag auch zutreffen – solange Sie nicht versuchen, eine Bildbearbeitung im Lab-Modus durchzuführen. Alles in allem kann ich mich aber nicht allzu sehr damit anfreunden. Heutzutage gibt es wohl keinen Grund, den Lab-Modus in Photoshop einzusetzen. Ich kenne ein paar Leute, die ihre Bilder gern in Lab schärfen, ich finde aber die in Kapitel 4 vorgestellte Methode viel praktischer. Sie können auch ein Farbbild in den Lab-Modus konvertieren und anschließend mithilfe des Helligkeitskanals in ein Schwarzweißbild konvertieren. Aber ist das so viel besser als die Konvertierung mit dem Kanalmixer? Ich persönlich finde den Lab-Modus nur für eine ganz besondere Art von Farbverzerrung (Cross-Processing) praktisch, wie ich sie in Kapitel 8 beschreibe.

Info-Palette

Angesichts der Mängel bei der Bildschirmdarstellung von Farben (beschränkter dynamischer Umfang, keine Möglichkeit, Farben wie ein reines Gelb darzustellen), verlassen sich echte Farbprofis lieber auf Zahlenwerte. Geht es um eine exakte Ausgabe von neutralen Tonwerten, können Sie das Ergebnis sicherlich mit größerer Exaktheit bestimmen, wenn Sie die Werte der Neutraltöne mithilfe der Pipette messen. Sind die RGB-Werte alle gleich, ergibt sich mit Sicherheit ein Grau (zumindest in einem standardisierten bzw. linearisierten RGB-Farbraum wie Adobe RGB). Die Interpretation der CMYK-Werte ist dagegen nicht so einfach. Ein neutrales CMYK-Grau ergibt sich eben nicht aus gleich großen Anteilen von Cyan, Gelb und Magenta. Bei genauer Betrachtung der CMYK-Farbwerte in der Info-Palette werden Sie feststellen, dass in neutralen Tönen der Anteil von Cyan immer etwas höher ist als der von Gelb und Magenta. Bei gleichmäßigen Anteilen würde sich ein Farbstich ergeben. Das liegt daran, dass die Prozessfarbe Cyan viel weniger von seiner Komplementärfarbe (nämlich Rot) absorbieren kann als Magenta oder Gelb. Das erklärt auch, warum ein CMY-Schwarz immer ins Rotbraune abdriftet, weshalb ja die schwarze Druckfarbe ins Spiel kommt.

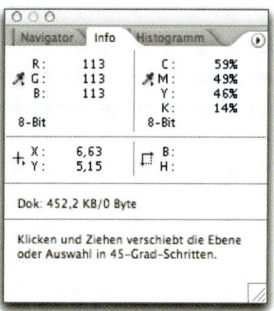

Abbildung 13.38 Wenn Sie ein RGB-Bild bearbeiten, können Ihnen die Angaben in der Info-Palette dabei helfen, die Neutralität einer Farbe zu bestimmen. Wenn alle RGB-Werte gleich sind und Ihr RGB-Arbeitsfarbraum einer der linearen Standardfarbräume ist (wie zum Beispiel Adobe RGB, sRGB oder ProPhoto RGB), ergeben die gleichen RGB-Werte Grau. Aber die korrespondierenden CMY-Werte sind nicht immer gleich. Ein größerer Anteil von Cyan ist nötig, um zusammen mit Magenta und Gelb ein neutrales Grau in der Druckausgabe zu erzeugen.

Schlicht und einfach

Herzlichen Glückwunsch – Sie haben wieder ein Kapitel geschafft! Wahrscheinlich schwirrt Ihnen jetzt der Kopf von all diesen Informationen über das Photoshop-Farbmanagement. Aber erfolgreiches Farbmanagement muss nicht zwangsläufig auch kompliziert sein. Als Erstes wählen Sie in den Farbeinstellungen einfach die Druckvorstufen-Einstellung für Ihre geografische Region. Damit ist das Farbmanagement-System bereits optimal für die Arbeit mit Fotografien konfiguriert. Zusätzlich müssen Sie natürlich noch Ihren Monitor kalibrieren und profilieren. Wie bereits erwähnt, sollten Sie sich selbst einen Gefallen tun und sich ein Colorimeter zulegen sowie Ihren Monitor regelmäßig nachkalibrieren. Und schon sind Sie auf dem besten Weg zu einem verlässlichen Farbmanagement.

Kapitel 14

Druckausgabe

Im vorhergehenden Kapitel drehte sich alles um das Farbmanagement und darum, wie man auf verschiedenen Geräten eine Farbkonsistenz erreicht. In den letzten zehn Jahren hat sich die Ausgabequalität von digitalen Halbton- und Tintenstrahldruckern enorm verbessert. Mittlerweile gibt es derart viele Drucktechniken und Druckermodelle, dass Sie sich über die Vor- und Nachteile der einzelnen Varianten schon etwas schlau machen sollten. Als Erstes sollten Sie sich natürlich Gedanken darüber machen, welche Anforderungen Sie an ein Drucksystem stellen. Legen Sie Wert auf Geschwindigkeit? Geben Sie in großen Mengen aus? Ist Ihnen eine perfekte Farbwiedergabe wichtig? Oder brauchen Sie Ihre Ausdrucke gar als Basis für einen Kontraktproof?

RGB-Ausgabe auf Diafilme und Druck

Viele Fotografen arbeiten am liebsten komplett in einem RGB-Umfeld. Auch das Endprodukt ihrer Arbeit legen sie als RGB vor und nicht in Form von Abzügen oder Dias.

Ausgabe als RGB-Halbton

Die Ausgabe auf Dias bzw. Durchsichtvorlagen ist ein aufwändiger und kostspieliger Prozess – ideal für Präsentationen vor Kunden, bei denen Geld keine Rolle spielt. Die belichteten Filme können entweder eingescannt werden oder als Referenz für die Druckausgabe dienen. Ein CMYK-Proof ist zwar als Referenz besser geeignet, doch fällt vielen Fotografen der Umgang mit Dias einfach leichter.

Diabelichter arbeiten mit Laserstrahlen oder LEDs, um die lichtempfindliche Silberemulsion auszubelichten. Die gleiche Technologie wird verwendet, um RGB-Halbtonbilder auszugeben – vor allem großformatige Plakatdrucke. High-End-Digitalbelichter wie der Durst Lambda und der CSI LightJet 5000 sind für den Einsatz in Fotolaboren und Reprohäusern gedacht, wo sie eine traditionelle Dunkelkammer ersetzen.

Printausgabe in einem Fotolabor
Erkundigen Sie sich unbedingt, ob Ihre Photoshop-Dateien kompatibel sind, bevor Sie sie in ein Fotolabor zur Printausgabe geben. Meistens werden reduzierte TIFF-Dateien mit eingebetteten ICC-Profilen gewünscht.

Pictrography-Drucker

Die Fuji Pictrography-Drucker liefern Bilder mit einem richtigen Foto-Finish. Die Single-Pass-Belichtung erfolgt (im Gegensatz zu den drei oder vier Durchgängen bei der Thermosublimation) über eine thermische Laserdiode auf Silberhalid-Donor-Papier und wird durch einen thermischen Entwicklungsprozess auf den Druck aufgebracht. Laut Fuji steht das Ergebnis in puncto Haltbarkeit einer konventionellen Fotografie in nichts nach. Fotografen schätzen die Druckergebnisse der Pictrography-Drucker, weil das Verfahren relativ simpel ist und im Ablauf der Erstellung von Typ-C-Drucken ab Farbnegativen ähnelt. Ich selbst besitze seit Jahren einen Pictrograph 3000 und bin immer noch begeistert von der brillanten Farbgebung und der raschen Ausgabegeschwindigkeit von unter zwei Minuten. Das Gerät gibt mit einer Auflösung von 200 bis 400 ppi in Größen von A6 bis A4 mit Beschnitt aus (der Pictrograph

4000 erlaubt sogar A3). Die Ergebnisse bestechen durch ihre Bildschärfe und die glänzende Oberfläche macht keine Probleme beim Einscannen. Statt chemischer Lösungen brauchen Sie nur destilliertes Wasser. Die neueren Modelle können mit ICC-Farbprofilen umgehen, allerdings gibt es hier Unterschiede zwischen den Geräten für den US-amerikanischen und den europäischen Markt. Doch werden Sie mit einem maßgeschneiderten ICC-Profil für Ihr Gerät eine deutliche Verbesserung der Farbwiedergabe erzielen. Mit dem Befehl BEARBEITEN/IN PROFIL KONVERTIEREN können Sie vor der Druckausgabe vom RGB-Farbraum zum Profil des Pictrography-Druckers wechseln. Stellen Sie aber sicher, dass die Option COLOR MATCHING im Treiber-Dialog ausgeschaltet ist.

Schnelle Druckausgabe

Pictrography-Drucke eignen sich hervorragend für Portfolios oder als Ersatz für herkömmliche Fotoabzüge. Für mich ist eine Pictrography ein praktisches kleines Mini-Labor. Er kommt meiner Arbeitsweise sehr entgegen, weil ich viele Kunden habe, die Glanzdrucke im Format 25 x 20 cm wünschen. Solche Anforderungen kann ich gerne erfüllen, denn die Ausgabe auf einer Pictrography dauert nicht einmal zwei Minuten. Für derartige Sachen ist so ein Gerät optimal.

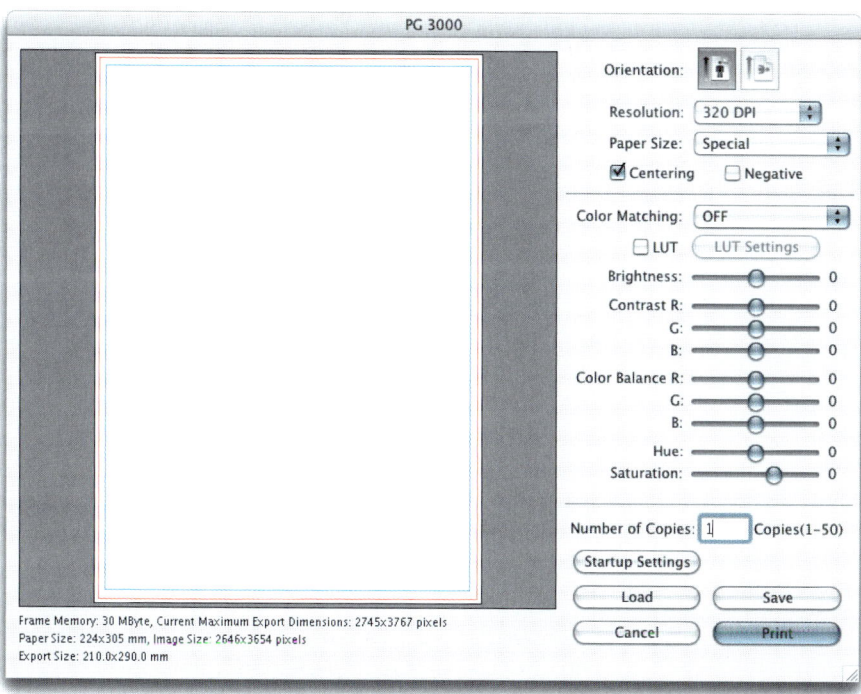

Abbildung 14.1 Wenn Sie ein eigenes Farbprofil verwenden, müssen Sie Ihre Bilder erst in den Profil-Farbraum des Pictrograph konvertieren und die Option COLOR MATCHING im gezeigten Treiber-Dialog auf OFF setzen.

Eine kurze Geschichte der Inkjets
Die ersten Tintenstrahler wurden von der Firma IRIS für die kommerzielle Ausgabe von CMYK-Proofs auf bestimmten Papiersorten hergestellt. Es ist hauptsächlich der Experimentierfreude von Graham Nash (seines Zeichens Fotograf und Rockmusiker) zu verdanken, dass IRIS-Drucker auch für Kunstdrucke Verwendung fanden. Die recht kostspielige Pioniertätigkeit von Nash in den frühen 90er-Jahren sollte den Kunstdruck revolutionieren. Die Produktion der IRIS-Drucker wurde 2000 eingestellt; Nachfolger ist der IXIA von Improved Technologies. Der IRIS/IXIA ist bei vielen Künstlern immer noch erste Wahl, doch haben in den letzten zehn Jahren Firmen wie Epson, Hewlett-Packard (HP) und Roland qualitativ hochwertige Breitformat-Tintenstrahler entwickelt, die sich ebenfalls für große Kunstdrucke eignen. Neue Techniken bei den Tintenstrahlern wurden erst mit den teuren High-End-Breitformatdruckern eingeführt, sind jedoch mittlerweile auch für normale Desktop-Geräte verfügbar. Epson brachte die ersten qualitativ hochwertigen Inkjets für den Heimanwender auf den Markt und konnte die Führung in diesem Segment behaupten; die Firma überrascht immer wieder mit neuen und besseren Druckern, Tinten und Papieren. Allerdings gewinnen Firmen wie Canon und Hewlett-Packard, die eigentlich schon länger Tintenstrahldrucker herstellen, mit verbesserten Geräten immer mehr Marktanteile.

Tintenstrahldrucker

Tintenstrahldrucker dominieren inzwischen den Markt und sind besonders bei Photoshop-Anwendern sehr beliebt. Es gibt sie in allen Formen und Größen, von handlichen Desktop-Geräten bis hin zu riesigen Großformatdruckern.

Die Funktionsweise ist relativ simpel: Vom Druckkopf werden feinste Tintentröpfchen auf den Bedruckstoff aufgebracht. Unterschiedliche Tonwertdichten werden normalerweise durch die Anzahl und die Verteilung der gleich großen Tropfen erzielt. Bei helleren Tonwerten werden also die Farbpunkte weniger dicht aufgebracht. Neuere Geräte können auch die Größe der Tintentropfen variieren. Die Stylus-Photo-Modelle von Epson verwenden sechs Farben und erzeugen dadurch noch glattere Farbübergänge. Neben den CMYK-Farben kommen zusätzlich ein helles Cyan und ein helles Magenta zum Einsatz. Diese CcMmYK-Ausgabe besticht durch weniger sichtbares Dithering in den hellen Bildbereichen. Leider wirkt sich das negativ auf die Ausgabegeschwindigkeit aus.

Tintenstrahldrucker werden heute für alle möglichen Zwecke eingesetzt. Ein Einsteigergerät kostet um die 150 Euro und eignet sich sowohl für das Ausdrucken der Korrespondenz als auch für die Ausgabe von Bildern aus Photoshop. Wenn Sie etwas mehr investieren, können Sie sich schon einen A3-Drucker zulegen, der mit fotorealistischen Bildern aufwartet. In diesem Kapitel werde ich Ihnen noch zeigen, wie Sie mit so einem Drucker ganz akzeptable Proofs für den CMYK-Druck erzeugen.

Obwohl es sich bei Tintenstrahlern um CMYK- bzw. CcMmYK-Geräte handelt, arbeiten sie am besten, wenn man sie mit RGB-Daten füttert. Die meisten Inkjets funktionieren nämlich nicht mit PostScript, sondern stützen sich beim Rendering auf Quartz (Mac) bzw. GD-Treiber (PC). Sie kommen also mit CMYK als Eingabedaten nicht zurecht. Wenn Sie nun eine CMYK-Datei direkt auf den Drucker schicken, werden diese dort zunächst in RGB und anschließend erst in das proprietäre CMYK bzw. CcMmYK konvertiert.

Wenn Sie das Farbmanagement von Photoshop verwenden und das des Druckers deaktivieren, können Sie auch einen so genannten Proof (Prüfdruck) erzeugen. Im Dialog PROOF-BEDINGUNG ANPASSEN (zu erreichen über das Menü ANSICHT /PROOF EINRICHTEN) können Sie dazu einen bestimmten CMYK-Farbraum spezifizieren.

Der ideale Tintenstrahler

Für den Kauf eines optimalen Tintenstrahlers sollten Sie sich zuerst überlegen, in welchem Format Sie hauptsächlich ausgeben wollen. Die meisten Inkjets sind bis zu A3+ (33 × 48 cm) ausgabefähig, der Epson 4000 schafft sogar A2 (42 × 59,4 cm). Breitformatdrucker wie Epson 9600 und 10600 liefern bis zu 112 cm breite Drucke, HP-Tintenstrahler sogar bis zu 244 cm. Diese freistehenden Drucker beanspruchen eine Menge Platz. Breitformatdrucker eignen sich für den kommerziellen Einsatz und speziell für Fotokünstler, die besonders große Drucke in hochwertiger Qualität zu Ausstellungszwecken erzeugen wollen.

Druckqualität

Beinahe alle Tintenstrahler liefern heutzutage eine akzeptable Druckqualität. Doch erreichen nicht alle auch Fotoqualität. Die Epson-Stylus-Photo-Drucker mit ihren speziellen Tinten drucken mit sechs oder mehr Farben und erzielen damit ausgezeichnete Ergebnisse. Diese und andere Drucker können auch mit besonderen Tinten von Drittherstellern ausgerüstet werden, die speziell für die Ausgabe von Schwarzweiß- und Archivdrucken entwickelt wurden. Gerade für diese Zwecke sind die Epson 2100/2200-Ultrachrome-Inkjets ideal; für sie gibt es ein »verdünntes Schwarz« (Light Black), mit dem sich Graustufen besonders feinstufig darstellen lassen – auch wenn noch Metamerie-Probleme auftauchen. Dennoch sind die Ultrachrome-Drucker ihren älteren Epson-Kollegen hinsichtlich Toleranz und Beständigkeit haushoch überlegen.

Teures Beiwerk
Die Herstellerfirmen versuchen, ihre Drucker möglichst günstig auf den Markt zu werfen. Das eigentliche Geld verdienen sie mit den zugehörigen Tintenpatronen. Wenn Sie sich das Kleingedruckte ansehen, steht in den Gebrauchshinweisen überall der Vermerk, dass eine Garantie nur unter Verwendung der hauseigenen Tintenpatronen gewährleistet werden kann. Allerdings sollte Sie das nicht unbedingt daran hindern, auch andere Tinten und Papiere auszuprobieren. Die Auswahl an Druckerpatronen und -papieren ist mittlerweile gigantisch.

Zeitverzögerungen

Wenn neue Drucker auf den Markt kommen, dauert es oft ein bisschen, bis Drittanbieter mit passenden Tinten-Sets aufwarten können. Einer der Gründe für die zeitliche Verzögerung sind die kleinen intelligenten Chips auf den Tintenkartuschen. Sie zeigen an, wenn der Farbstoff zur Neige geht. Diese kleinen Dinger sind nicht ganz leicht nachzumachen, so dass Drittanbieter erst etwas Zeit brauchen, um adäquate Patronen nachzubauen.

Wilhelm Imaging Research

Henry Wilhelm steckte viel Zeit und Energien in die Erforschung der Einflussfaktoren auf die Bildbeständigkeit von Inkjet-Drucken. Auf der Website »Wilhelm Imaging Research« finden Sie Leistungsberichte über eine Vielzahl von Druckern. Henry ist auch Co-Autor des Buchs »The Permanence and Care of Color Photographs: Traditional and Digital Color Prints, Color Negatives, Slides, and Motion Pictures«, das sich intensiv mit diesem Thema beschäftigt. Mehr Informationen erhalten Sie unter: www.wilhelmresearch.com.

Bildbeständigkeit

Die Bildbeständigkeit von Tintenstrahldrucken ist von mehreren Faktoren abhängig. Wichtig sind natürlich die Umgebungsbedingungen, unter denen das Bild aufbewahrt wird, sowie die verwendeten Tinten und Papiere. Ein weiterer Faktor ist, ob der Druck speziell gegen Verblassen behandelt wurde. Licht ist und bleibt der größte Einflussfaktor. Wenn Sie Tintenstrahldrucke über längere Zeit ausstellen wollen, müssen Sie genau auf die richtige Kombination von Tinte und Bedruckstoff achten, die Bilder am besten hinter Glas mit UV-Filtern präsentieren und so platzieren, dass sie nicht ständig direkter Sonneneinstrahlung ausgesetzt sind.

Tinten und Ausgabemedien

Für den Anfang sollten Sie zunächst einmal bei den proprietären Tinten und Papieren bleiben. Erstens wurden diese Produkte speziell auf die jeweiligen Drucker abgestimmt und zweitens werden mit den Druckern meistens bestimmte Profile mitgeliefert, die zwar nicht perfekt sind, Ihnen eine qualitativ hochwertige Ausgabe aber erleichtern – sofern Sie die entsprechenden Materialien verwenden. Außerdem werden Sie sich über weniger Variablen den Kopf zerbrechen müssen, wenn Sie erst lernen, wie man in Photoshop richtig ausgibt.

Grundsätzlich werden bei Inkjet-Verfahren zwei verschiedene Arten von Tinten eingesetzt. Am beliebtesten sind Farbstofftinten wegen der reinen Farbwiedergabe. Allerdings sind die enthaltenen Farbmoleküle wenig stabil. Die Qualität verschlechtert sich deutlich unter dem Einfluss direkter Sonneneinstrahlung, hoher Luftfeuchtigkeit oder reaktiver chemischer Substanzen. Pigmenttinten dagegen weisen einen komplexeren molekularen Aufbau auf und sind somit stabiler und resistenter gegen Verblassen. Leider sind die Farben weniger intensiv und die Farbpalette ist weniger umfangreich (der Farbumfang ist kleiner). Einige moderne Tinten stellen eine Kombination aus Farbstoff- und Pigmenttinten dar. Die neuesten Epson Ultrachrome-Tintenstrahler (2100, 2200, 7600, 9600) ermöglichen bislang als einzige eine fotorealistische Wiedergabe durch besondere Pigmenttinten und Papiere mit einer außerordentlichen Bildbeständigkeit. Mit den empfohlenen Tinten und Papieren soll eine Beständigkeit von 100 bzw. 200 (mit Spezialpapier) Jahren erzielt werden.

Tinten von Drittanbietern

Tinten von Drittanbietern gibt es hauptsächlich für Epson-Drucker, aber auch hier nicht für alle Modelle. Die Firma Lyson stellt einige hervorragende Tinten für Schwarzweiß- und Farbdrucke her. Gerade die Lyson Fotonic-Farbtinten zeichnen sich durch eine exzellente Bildbeständigkeit aus und weisen sogar einen höheren Farbumfang auf als die proprietären von Epson. Wenn Sie Tinten von Drittanbietern verwenden wollen, müssen sie für jede Tinte/Papier-Kombination ein eigenes Profil erstellen und die Druckereinstellungen entsprechend optimieren.

Viele Fotografen schwören auf spezielle schwarze Tintensets wie Lyson Quad Black and Small Gamut (SG), MIS Quadtones, MIS Variable Mix (VM) Quadtones und Lumijet Monochrome Plus. Diese Schwarztinten werden statt der üblichen Farbtintensets in Vier- oder Sechsfarbdruckern eingesetzt. Sie ermöglichen durch Übereinanderdrucken eine Vielzahl an Graustufen, die durch normale CMYK-Farben nicht zu erzielen wären. Das Ergebnis sind satte Kunstdrucke mit guter Bildbeständigkeit.

Achten Sie darauf, dass Tinten von Drittanbietern mit Ihrem Drucker und möglichst auch mit den mitgelieferten Druckerprofilen kompatibel sind. Auch bei der Verwendung von nichtproprietären Papieren gibt es einiges zu beachten. Hochwertige Glanz- und Mattglanzpapiere sind bei Fotografen sehr beliebt, weil damit eine ähnliche Oberflächenbeschaffenheit und Bildbeständigkeit wie bei normalen Fotoabzügen erzielt wird. (Der Epson 4000 soll eine Beständigkeit von 60 Jahren ermöglichen.) Viele Künstler und Fotografen experimentieren aber auch gerne mit verschiedenen Kunstpapieren. In Kombination mit den richtigen Tinten können die Drucke durchaus noch länger halten.

Wirtschaftlichkeit

Tintenpatronen sind alles andere als günstig und wenn Sie die Sache professionell angehen, werden Sie bald eine Unmenge teurer Patronen verbrauchen. Trotzdem kann ich Ihnen von der Verwendung billiger Nachfüll-Sets nur abraten. Sie machen eine Riesen-Sauerei ... Investieren Sie lieber in ein so genanntes Continuous-Inkflow-System (CIS), mit dem Sie Ihren Drucker nachrüsten. Statt normaler Tintenpatronen kommt hier eine spezielle Kartusche zum Einsatz, die mit separaten Farbbehältern verbunden ist und den Druckkopf konstant mit Tinte versorgt. Der Vorteil liegt auf der Hand: Sie verbrauchen weniger Kartuschen, was umweltfreundlicher, effizienter und kostengünstiger ist. Continuous-Inkflow-Systeme gibt es unter anderem von folgenden Firmen: Lyson, NoMoreCarts CIS, MIS Cobra CFS, Camel Ink Systems CRS und MediaStreet Niagra II Continuous Ink Flow System.

Abbildung 14.2 Bevor Sie einen Druck starten, sollten Sie erst überprüfen, ob auch der richtige Drucker ausgewählt ist. Unter Mac OS X begeben Sie sich dazu in den SYSTEMEINSTELLUNGEN zu DRUCKEN & FAXEN. Klicken Sie auf DRUCKEN und wählen Sie den gewünschten Drucker aus. Auf einem PC wählen Sie DATEI/DRUCKEN und klicken auf den Button SETUP, um den richtigen Druckertreiber auszuwählen.

Drucken

Im Menü DATEI finden sich fünf verschiedene Optionen für die Druckausgabe: SEITE EINRICHTEN, DRUCKEN, DRUCKEN MIT VORSCHAU, EINE KOPIE DRUCKEN und ONLINE DRUCKEN. Mit dem Kürzel ⌘-P (PC: Strg-P) öffnen Sie den normalen Drucken-Dialog und mit Alt-⌘-⌥-P (PC: Strg-Alt-P) DRUCKEN MIT VORSCHAU (auf Letzteren werde ich mich im weiteren Verlauf des Kapitels beziehen). Wenn Sie die Kürzel ändern oder tauschen möchten, können Sie das unter BEARBEITEN/TASTATURBEFEHLE tun. Mit EINE KOPIE DRUCKEN lässt sich ein Bild mit den aktuellen Einstellungen unter Umgehen des Drucken-Dialogs ausgeben.

Online drucken

Fürs Online-Drucken aktivieren Sie den Befehl BEARBEITEN/ONLINE DRUCKEN. Im sich öffnenden Dialog können Sie bei einem von Adobe empfohlenen Anbieter ein Konto einrichten. Ausgewählte Bilder in Adobe Bridge können dann mit Ofoto in Ihren Konto-Ordner geladen werden. Nun können Sie ein wenig mit den Optionen herumspielen und schließlich Ihre Bestellung eingeben und abschicken. Online-Druckdienste sind in den letzten Jahren immer beliebter geworden, was vor allem an der mittlerweile verfügbaren Internetbandbreite liegt, mit der sich auch große Dateien schnell übertragen lassen. Sie sind eine feine Sache, wenn Sie größere Abzüge brauchen, als Ihr eigener Drucker ausgeben kann, oder wenn Sie mehrere Drucke eines Bilds zu vernünftigen Preisen realisieren wollen.

Abbildung 14.3 Der Dialog für das Online-Drucken

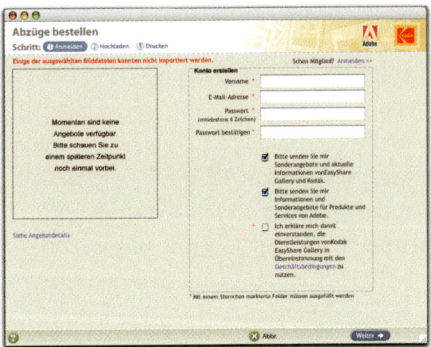

Drucken mit Vorschau: Ausgabe

Ich verwende grundsätzlich die Option DRUCKEN MIT VORSCHAU…, weil mir hier angezeigt wird, wie ein Photoshop-Dokument in Relation zur Seitengröße ausgegeben wird. Außerdem kann ich hier alle wichtigen Farbmanagementparameter einstellen. Aber befassen wir uns erst einmal mit den Optionen unter AUSGABE. Wird die Checkbox BILD ZENTRIEREN abgewählt, können Sie Ihr Bild beliebig positionieren. Sie brauchen nur die Vorschau mithilfe des Cursors zu verschieben. Allerdings kann es dabei unter Mac OS

Ausgabeoptionen

Um einige der hier erwähnten Ausgabeoptionen anwenden zu können, müssen Sie einen PostScript-Druckertreiber verwenden. Außerdem sollten Sie um den Druckbereich Raum lassen, um die Extras mit ausgeben zu können.

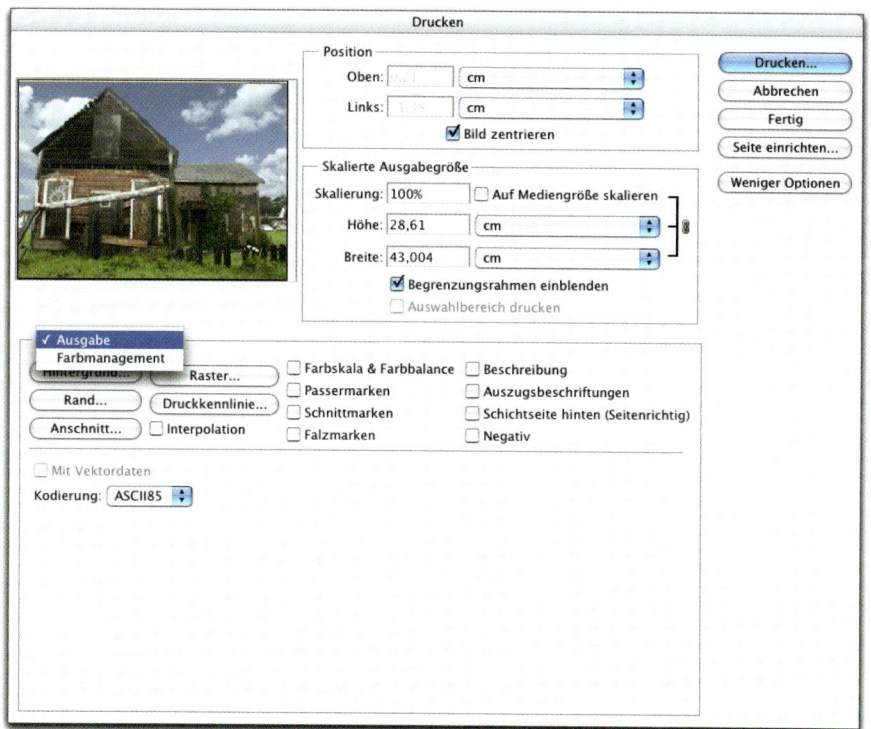

Abbildung 14.4 Dieser Dialog öffnet sich nach Anklicken der Option DRUCKEN MIT VORSCHAU. Hier können Sie u. a. ein Bild auf einer Seite exakt positionieren und die Ausgabegröße skalieren. Ist die Checkbox BILD ZENTRIEREN abgewählt, lassen sich in den Positionsfeldern OBEN und LINKS genaue Maßangaben eingeben. Wird BEGRENZUNGSRAHMEN EINBLENDEN aktiviert, können Sie Seitenpositionierung und Skalierung auch mithilfe des Begrenzungsrahmens festlegen. Ist eine Auswahl aktiv, bevor Sie den Dialog mit aktivierter Checkbox AUSWAHLBEREICH DRUCKEN öffnen, wird nur der gewählte Auswahlbereich gedruckt. Unter AUSGABE lassen sich zusätzliche Informationen wie PASSERMARKEN, SCHNITTMARKEN sowie FARBSKALA & FARBBALANCE hinzufügen. Ist die Checkbox MIT VEKTORDATEN abgewählt, werden Daten von Vektorebenen (wie zum Beispiel Schrift) in der Bildauflösung gerastert. Ist sie aktiv, werden Vektorinformationen in der Ausgabeauflösung gerastert – vorausgesetzt, Sie verwenden einen PostScript-RIP.

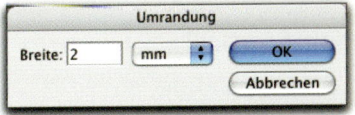

Abbildung 14.5 Mit der Option RAND können Sie eine schwarze Umrandung hinzufügen und deren Größe festlegen.

Abbildung 14.6 Die Option ANSCHNITT arbeitet zusammen mit der Checkbox SCHNITTMARKEN; sie bestimmt, welchen Abstand die Schnittmarken vom Bildbereich haben.

zu Ungenauigkeiten kommen. Position und Ausgabegröße lassen sich auch in den entsprechenden Dialogfeldern bestimmen. Doch können Sie die tatsächliche Anzahl der Pixel hier nicht ändern. Jegliche Veränderungen hinsichtlich Größe und Skalierung wirken sich nur auf die Proportionen des Bilds aus. Im Dialogfeld AUSGABE können Sie mit HINTERGRUND... einen farbigen Hintergrund anstelle des Papierweiß festlegen. Wenn Sie die Daten beispielsweise an einen Filmbelichter schicken, sollten Sie als Hintergrund die Farbe Schwarz wählen. Schwarze Umrandungen können mit dem Button RAND angelegt werden – allerdings ist das Ergebnis oft nicht vorhersehbar. Bei zu geringer Breite kann der Rand ungleichmäßig werden.

Rechts lassen sich zusätzliche Ausgabeinformationen auswählen, die außerhalb des Bildbereichs mitgedruckt werden. FARBSKALA & FARBBALANCE fügt am linken Seitenrand einen elfstufigen Graustufenkeil und am rechten Rand einen glatten Graustufenverlauf ein. Bei der Ausgabe von CMYK-Auszügen können für jeden Farbauszug Farbstreifen mitgedruckt werden. Die PASSERMARKEN dienen dazu, die einzelnen Auszüge richtig anzuordnen. SCHNITTMARKEN und FALZMARKEN weisen darauf hin, wo das Bild beschnitten werden soll; deren Position kann mithilfe des Buttons ANSCHNITT bestimmt werden. Durch Aktivieren der Checkbox BESCHREIBUNG wird jeglicher Text, der im Feld DATEI/DATEIINFORMATIONEN/BESCHREIBUNG eingegeben wurde, mitgedruckt. Bei aktiver Checkbox AUSZUGSBESCHRIFTUNGEN wird der Dateiname unter dem Bild mitgedruckt.

Drucken mit Vorschau: Farbmanagement

Im Folgenden widmen wir uns den Farbmanagement-Optionen im Drucken-Dialog. Die Instruktionen gelten für Mac und PC und und beziehen sich auf den Epson 1290. Das Epson-Interface sowie die Einstellungsmöglichkeiten ähneln denen anderer Tintenstrahler, auch wenn sie nicht genau gleich sind. In einem ersten Schritt zeige ich Ihnen nun, wie Sie ein RGB-Bild in Photoshop mithilfe eines Epson-1290-Druckprofils ausgeben, das automatisch zusammen mit dem Druckertreiber auf dem Schreibtisch gesichert wurde.

Kapitel 14
Druckausgabe

Papierformat

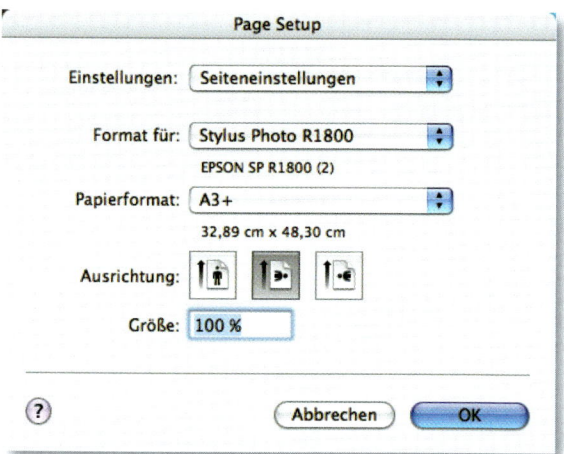

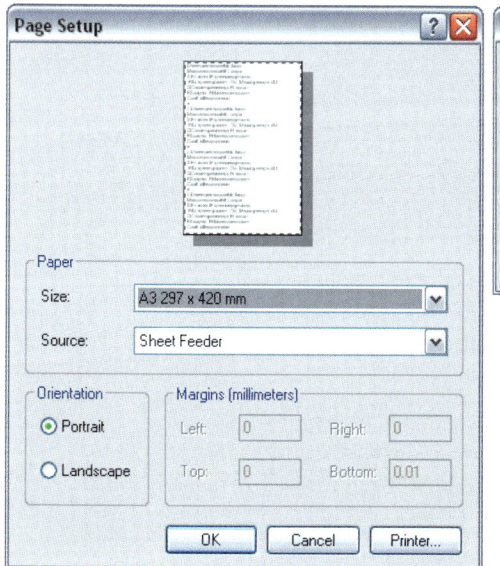

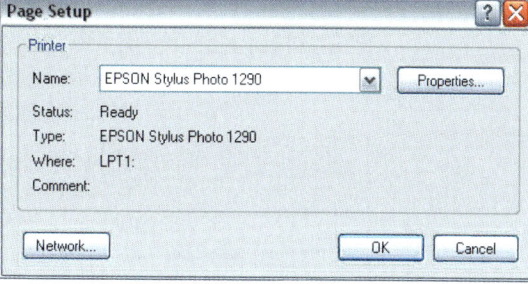

1 Als Erstes wählen Sie den Button SEITE EINRICHTEN und kontrollieren, ob der richtige Drucker gewählt ist. (Unter Mac OS X müssen Sie das eventuell bei jeder Ausgabe erneut tun.) Wählen Sie nun die adäquate PAPIERGRÖSSE und die richtige AUSRICHTUNG (hoch oder quer). Um die GRÖSSE brauchen Sie sich hier noch nicht zu kümmern, das erledigen Sie eleganter im folgenden DRUCKEN-Dialog. Auf einem PC klicken Sie auf den Button DRUCKER, um das richtige Druckerprofil auszuwählen.

Drucken mit Vorschau

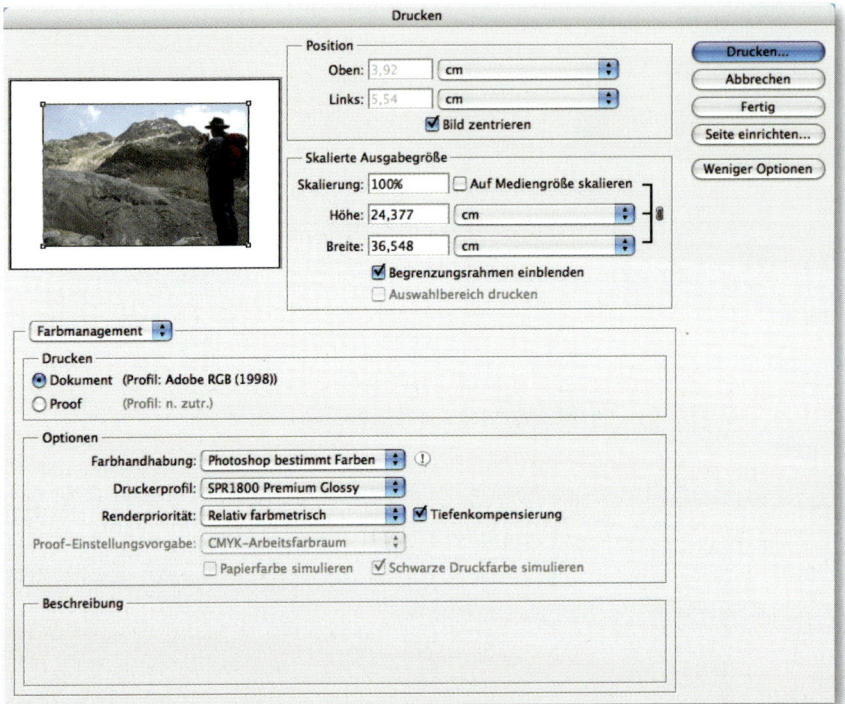

2 Wählen Sie DATEI/DRUCKEN, öffnet sich automatisch der unter Schritt 3 gezeigte Dialog. Ich empfehle Ihnen aber immer die Option DATEI/DRUCKEN MIT VORSCHAU, weil Sie damit Kontrolle über das Farbmanagement haben. Die meisten Optionen wurden bereits in Abbildung 14.4 behandelt. In dieser Abbildung werden die Farbmanagementoptionen angezeigt. In diesem Stadium müssen Sie den Druckfarbraum unverändert belassen. In unserem Beispiel ist der aktivierte Auswahlbutton DOKUMENT die richtige Wahl (auf die Option PROOF werde ich später in einem Schritt zu sprechen kommen). Der Quellfarbraum ist hier Adobe RGB.

Kommen wir nun zu den OPTIONEN. Bei der FARBHANDHABUNG ist die Standardeinstellung DRUCKER BESTIMMT FARBEN. Sie können diese belassen und darauf achten, dass unter BEARBEITEN/FARBEINSTELLUNGEN die Option COLORSYNC aktiviert ist. Mehr Kontrolle haben Sie jedoch mit der Einstellung PHOTOSHOP BESTIMMT FARBEN, die einen einheitlicheren Workflow unter Einsatz eigener Druckprofile ermöglicht.

In der Auswahlliste unter DRUCKERPROFIL steht Ihnen eine riesige Auswahl an Profilen zur Verfügung. Zusammen mit dem Druckertreiber für Ihren Drucker sollte auch ein Satz von fertigen Druckprofilen im Systemordner installiert worden sein. Unter Mac OS X wählen Sie einfach das Druckerprofil, das dem verwendeten Papier am ehesten entspricht. Wenn Sie jedoch einen Epson-Drucker mit einem PC einsetzen, stehen Photoshop keine vorgefertigten Profile auf Systemebene zur Verfügung; wählen Sie dann einfach den Namen Ihres Druckers aus der Profilliste aus. Haben Sie eigene Profile erstellt, werden diese sowohl auf dem Mac als auch auf dem PC in der Liste aufgeführt. Sie können die RENDERPRIORITÄT auf PERZEPTIV oder RELATIV FARBMETRISCH einstellen und die TIEFENKOMPENSIERUNG aktivieren.

Einstellungen im Drucken-Dialog

 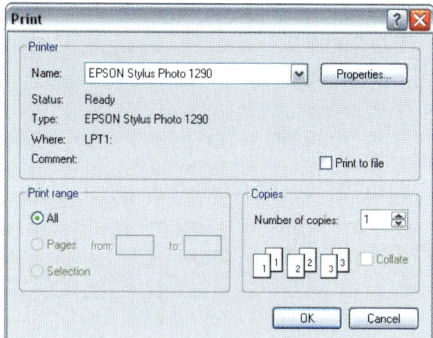

3 Wenn Sie im Fenster für DRUCKEN MIT VORSCHAU auf den Button DRUCKEN... klicken, öffnet sich einer der hier gezeigten Drucken-Dialoge. Unter Mac OS X wählen Sie im Aufklappmenü KOPIEN & SEITEN die DRUCKEREINSTELLUNGEN. Auf einem PC klicken Sie auf den Button EIGENSCHAFTEN...

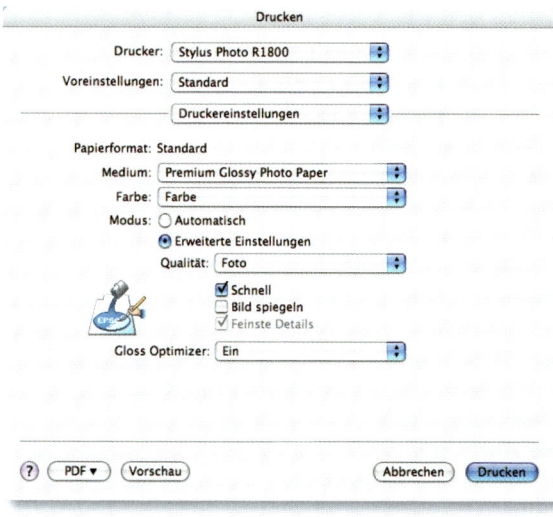 

4 In diesem Abschnitt müssen Sie den MEDIENTYP festlegen, der dem von Ihnen verwendeten Papier entspricht. Wenn Sie in Farbe ausgeben, muss die Option TINTE auf FARBE stehen. Klicken Sie unter Mac OS X auf den Button ERWEITERTE EINSTELLUNGEN und wählen Sie eine Qualitätsstufe. Eine höhere Auflösung erzielt nur minimal bessere Ergebnisse, verringert aber die Ausgabegeschwindigkeit. Die Option SCHNELL erlaubt es, dass der Druckkopf in beiden Richtungen andruckt. Für eine Ausgabe in hoher Qualität deaktiviert man im Allgemeinen diese Option. Auf einem PC müssen Sie ebenfalls erst den MEDIENTYP wählen, dann den Button EIGENE im Dialog DRUCKEREINSTELLUNGEN anklicken und dort den Button ERWEITERT... aktivieren.

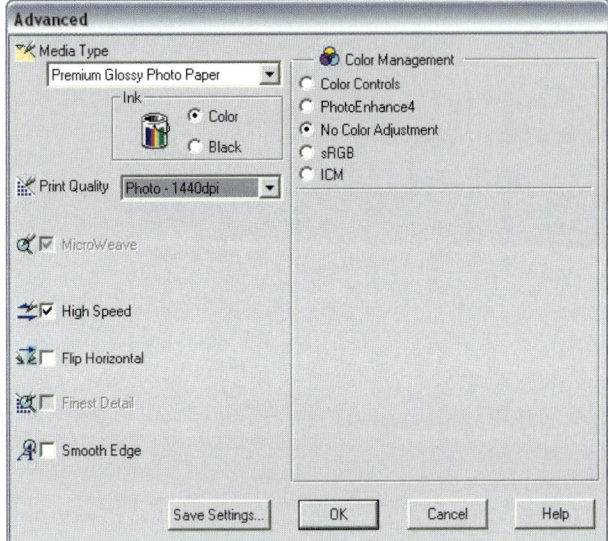

Abbildung 14.7 Wenn Sie einmal die Einstellungen wie hier abgebildet vorgenommen haben, sollten Sie diese als Vorgabe speichern, um später bei der Verwendung des gleichen Druckers und des gleichen Papiers wieder darauf zurückgreifen zu können. Nur so bleiben Ihnen die Einstellungen erhalten.

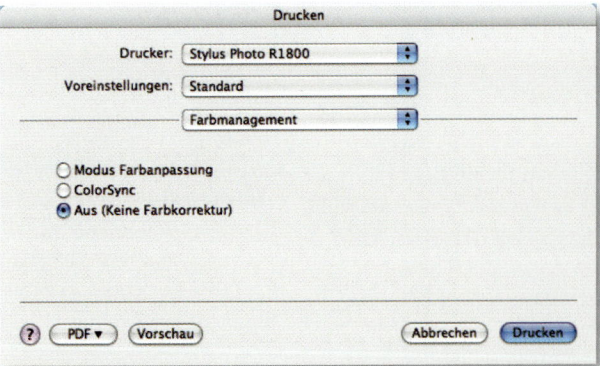

5 Im Abschnitt ERWEITERT auf einem PC lässt sich die Qualität der Ausgabeauflösung einstellen. Im Aufklappmenü FARBMANAGEMENT aktivieren Sie den Button KEINE FARBANPASSUNG, weil Sie ja keine weiteren Anpassungen vornehmen wollen. Mit den Maßnahmen von Schritt 4 wurden ja bereits die Druckerprofil-Einstellungen im Drucken-Dialog am PC festgelegt. Außerdem haben wir in Schritt 1 angegeben, dass Photoshop die Farbeinstellungen bestimmen soll. Unter Mac OS X wählen Sie im Drucken-Dialog unter FARBMANAGEMENT den Button AUS (KEINE FARBANPASSUNG) an. Jetzt brauchen Sie nur noch die Schaltfläche DRUCKEN anzuklicken und die Ausgabe beginnt.

Ein eigenes Profil erstellen

Wenn Sie die bisherigen Schritte korrekt vorgenommen haben, sollten die ausgegebenen Farben mit der Anzeige im Monitor weitgehend übereinstimmen. Sollte das nicht der Fall sein, müssen Sie die Kalibrierung Ihrer Anzeige noch einmal überprüfen und das Monitorprofil neu aufbauen. Leider ist es ein Ding der Unmöglichkeit, eine völlige Übereinstimmung zwischen der Monitoranzeige und der Druckausgabe hinzubekommen – selbst unter idealen Lichtbedingungen. Wenn Sie das Farbmanagement aber noch professioneller angehen wollen, sollten Sie sich daran wagen, für Ihre spezielle Kombination von Tinte und Papier ein eigenes Profil zu erstellen. Die meisten vorgefertigten Profile von Tintenstrahlern sind nicht schlecht. Die Reproduktion der Farben auf Papier ist ganz gut, doch in den Schatten gehen oft Details verloren. Ich denke fast, dass dies absichtlich der Fall ist, um das Aussehen von Bildern minderer Qualität zu verbessern. Wenn Sie mit Ihrem Drucker optimale Ergebnisse erzielen wollen und nur Profile haben, die für von Ihnen nur selten verwendete Kombinationen von Tinte und Papier gedacht sind, kommen Sie um selbst erstellte Profile nicht herum.

Fehlt es Ihnen an geeigneten Mitteln und passender Software, beauftragen Sie am besten einen spezialisierten Service-Provider.

Ein Testbild drucken

Die folgende Reihe von Bildschirmfotos liefert Ihnen eine Anleitung zum Ausdruck eines Testcharts, wie Sie ihn in Abbildung 14.8 sehen. Denken Sie daran, dass Sie die Farben für das Testbild nicht verwalten müssen. Die Pixelwerte werden ohne Farbmanagement direkt zum Drucker geschickt. Anhand der Druckergebnisse wird ein Profil eingerichtet, damit die Bilddaten so konvertiert werden, dass die Farben korrekt erscheinen. Speichern Sie die Einstellungen im Drucken-Dialog, um später wieder darauf zurückgreifen zu können.

Abbildung 14.8 Hier ein Beispiel für einen Testchart von GretagMacbeth, anhand dessen sich ICC-Profile erstellen lassen. Jede Datei muss zuerst in Photoshop ohne Farbmanagement geöffnet werden. Dann werden die Daten ohne jegliche Farbmodifikation direkt an den Drucker geschickt, wobei die Druckparameter exakt einzuhalten sind. Falls Sie die ppi-Auflösung modifizieren müssen, sollten Sie darauf achten, dass die bikubische Interpolationsmethode gewählt ist. Das Druckergebnis wird dann mithilfe eines Spektralfotometers vermessen. Auf Basis dieser Messdaten wird schließlich ein Profil erstellt. Sie brauchen lediglich einen neutralen Ausdruck zum Vermessen, wie ich Ihnen das auf den folgenden Seiten zeige. Testchart sowie Anweisungen für den Druck erhalten Sie bei Profil-Dienstleistern.

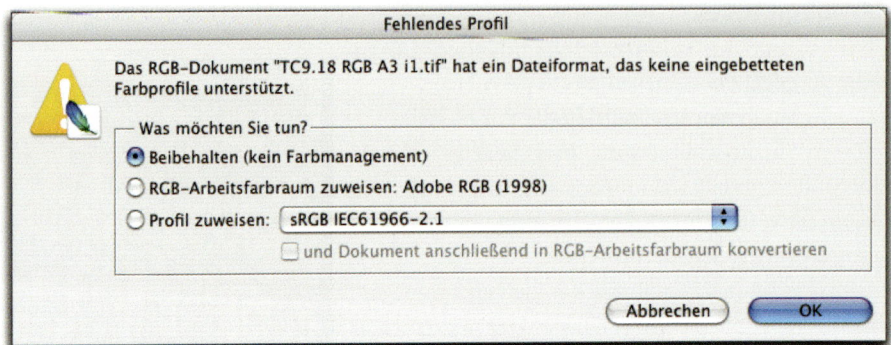

1 Öffnen Sie zunächst die Datei mit dem Testchart (siehe Abbildung 14.8). Diese erhalten Sie in einem Paket zum Erstellen von Druckprofilen oder bei einem speziellen Dienstleister. Diese Datei enthält kein eingebettetes Profil und muss unbedingt ohne jegliche Konvertierung und exakt in den festgelegten Abmessungen gedruckt werden.

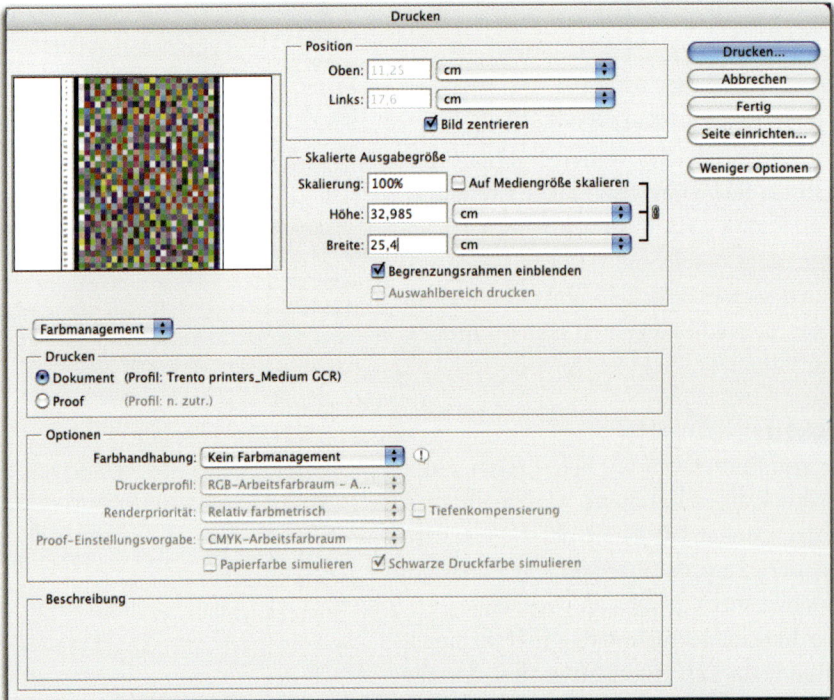

2 Richten Sie die Seite ein, wie in der vorhergehenden Schritt-für-Schritt-Anleitung beschrieben. Wählen Sie DATEI/DRUCKEN MIT VORSCHAU... und stellen Sie das FARBMANAGEMENT wie hier gezeigt ein. Unter DRUCKEN sollte die Option DOKUMENT (PROFIL: RGB OHNE TAGS) aktiv sein, denn Sie wollen ja eine Datei ohne eingebettetes Farbprofil und ohne Farbmanagement ausgeben. Im Dialogfeld OPTIONEN wählen Sie unter FARBHANDHABUNG entsprechend KEIN FARBMANAGEMENT. Die SKALIERUNG müssen Sie unbedingt auf 100% belassen. Anschließend klicken Sie einfach auf die Schaltfläche DRUCKEN....

Kapitel 14
Druckausgabe

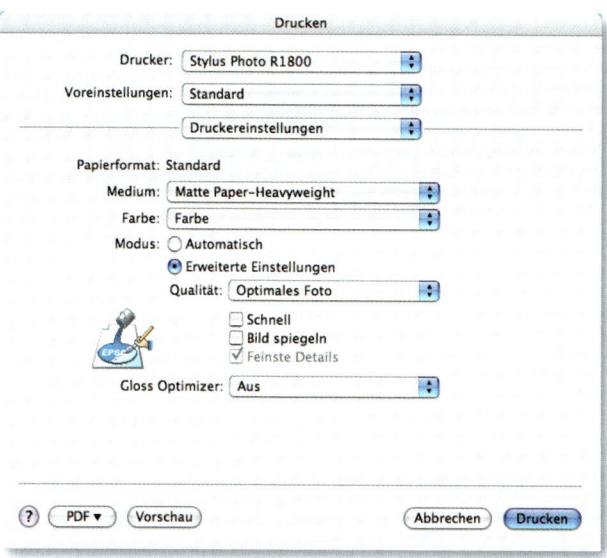

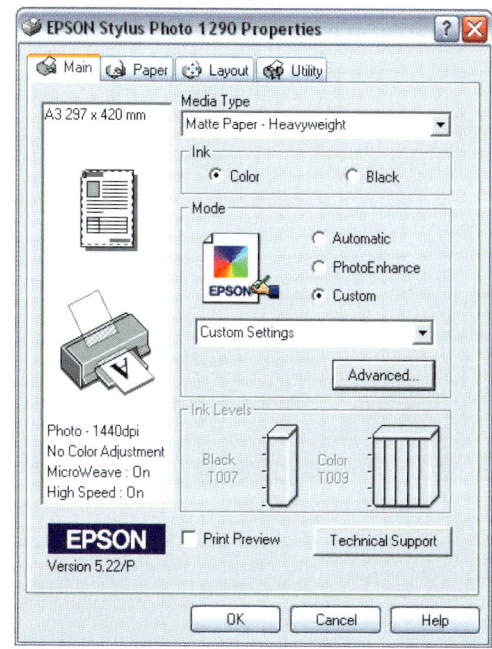

3 Unter Mac OS X wählen Sie in den Druckeroptionen den geeigneten Medientyp und die gewünschte Druckqualität. Im oben gezeigten Beispiel erstellte ich ein Profil für ein bestimmtes Hahnemühle-Papier und wählte die Option Mattpapier – mittelschwer. Auf einem PC klicken Sie auf den Button Eigene, wählen den Medientyp und klicken anschließend auf die Schaltfläche Erweitert.

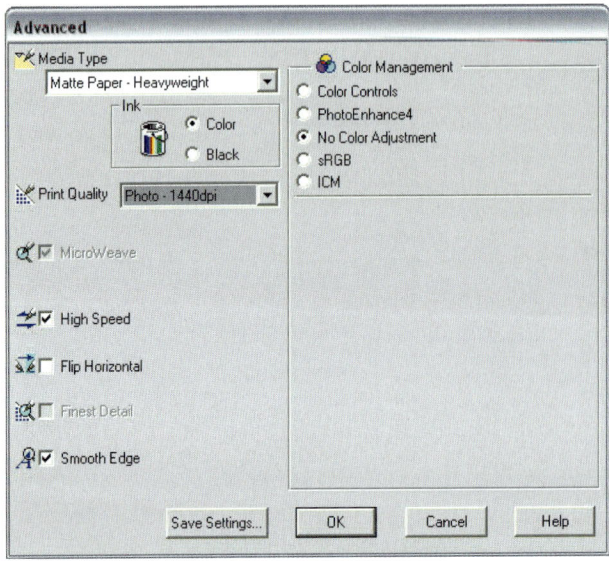

4 Im Abschnitt ERWEITERT auf dem PC wählen Sie die gewünschte Druckauflösung. Im Abschnitt FARBAMANAGEMENT wählen Sie wie gehabt KEINE FARBANPASSUNG. Denken Sie daran, jetzt auf jeden Fall die verwendeten Druckereinstellungen unter einer sinnvollen Bezeichnung zu sichern. Nur so kommen dieselben Vorgaben bei der Verwendung des eigenen Druckerprofils zum Einsatz. Auf einem Mac klicken Sie dazu in den VOREINSTELLUNGEN auf SICHERN, auf einem PC klicken Sie auf den Button EINSTELLUNGEN SICHERN. Nun ist alles parat für die Ausgabe des Testcharts.

Kapitel 14
Druckausgabe

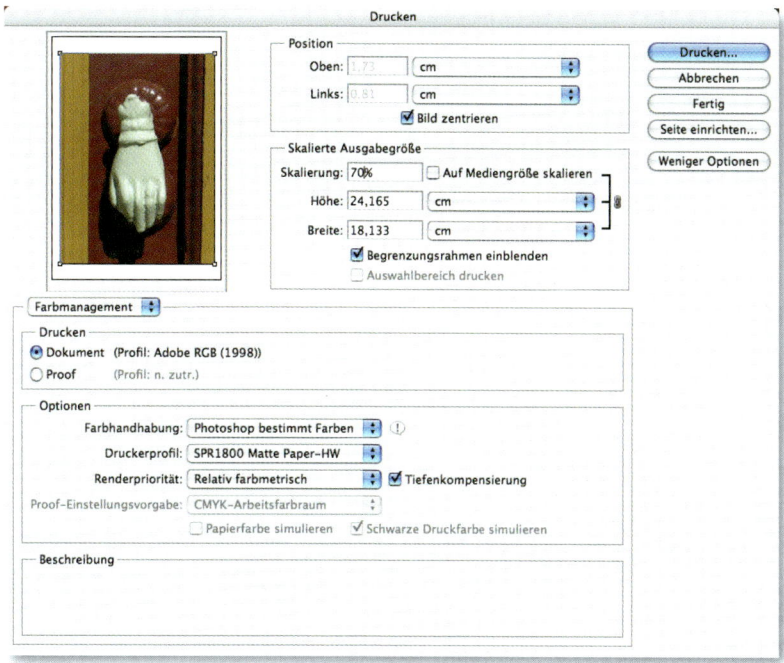

5 Lassen Sie dem Ausdruck etwa 24 Stunden Zeit, sich zu festigen. Erst dann sollten Sie ihn vermessen und darauf aufbauend ein Profil erstellen. Dieses Profil gilt dann für Ihren Drucker unter Verwendung desselben Bedruckstoffs und derselben Tinten, die Sie beim Ausdruck des Testbilds eingesetzt haben. Das selbst erstellte Profil müssen Sie im entsprechenden ColorSync-Ordner ablegen (siehe gegenüberliegende Seite). Im Dialog zu DRUCKEN MIT VORSCHAU wählen Sie unter FARBHANDHABUNG die Option PHOTOSHOP BESTIMMT FARBEN. Bei der Wahl eines eigenen Profils gehen Sie auf einem PC genauso vor wie auf einem Mac.

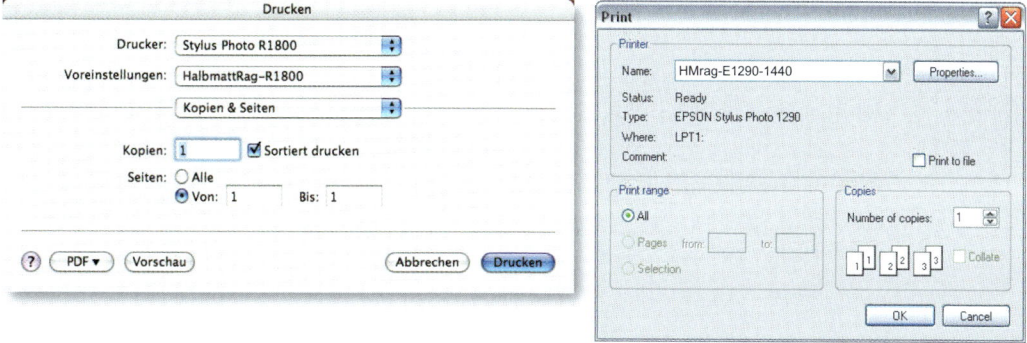

6 Im Drucken-Dialog sollten Sie dieselben Einstellungen verwenden wie bei der Ausgabe des Testcharts. Und das war's auch schon. Wenn Sie die Druckeinstellungen gesichert und das erstellte Profil korrekt installiert haben, brauchen Sie sich beim Drucken nur noch an die beiden auf dieser Seite beschriebenen Schritte halten.

563

Eigene Druckerprofile installieren
Die selbst erstellten Druckerprofile speichern Sie in folgenden Ordnern: *Library/ColorSync/Profiles* (Mac OS X), *WinNT/System32/Color* (NT/2000), *Windows/System/Color* (PC/Windows XP).

Papiere für Tintenstrahler
Die in vielen Papieren verwendeten optischen Aufheller können die Farbwahrnehmung eines Drucks unter unterschiedlichen Lichtverhältnissen enorm beeinflussen. Bei stärkerer UV-Einstrahlung erscheinen weiße Farbtöne viel heller und mit einem bläulicheren Schimmer, als das auf Papieren für den CMYK-Proof (zum Beispiel Tecco/Best Remote Proof 9180 oder Tecco/Best Proof 9150) unter Normlichtbedingungen und einer Farbtemperatur von 5000 K der Fall ist.

Druckerprofile optimal einsetzen
Einen perfekten Farbmanagement-Workflow gibt es einfach nicht. Sie müssen immer mit einer gewissen Fehlertoleranz rechnen. Doch wenn Sie den beschriebenen Empfehlungen folgen, werden Sie sogar auf einem bescheidenen Desktop-Drucker annehmbare Ergebnisse erzielen. Um die Früchte Ihrer Arbeit genau begutachten zu können, werden Sie um einen so genannten Normlichtkasten nicht herumkommen. Alle auf einem Tintenstrahler ausgegebenen Drucke brauchen eine Weile zum Trocknen. Mit Epson-R1800-Tinten produzierte Drucke haben in den Schatten zunächst einen leichten Grünstich, der sich nach einigen Stunden jedoch verflüchtigt. Deshalb sollten Sie vor dem Vermessen eines gedruckten Testcharts auch mindestens 24 Stunden warten. Zudem gibt es noch das Phänomen der Metamerie: Es beschreibt die Tatsache, dass Farbstoff- und Pigmenttinten unter unterschiedlichen Lichtverhältnissen anders wirken. Dies zeigt sich besonders deutlich, wenn ein monochromes Bild mit Farbtinten ausgegeben wird. Selbst wenn im Studiolicht betrachtet das Farbmanagement offensichtlich erfolgreich war, kann dies völlig anders aussehen, sobald sich die Umgebungsbedingungen ändern. Betrachtet man denselben Ausdruck statt unter Studiolicht im Tageslicht, weist er möglicherweise einen Grünstich auf. Genau das war beispielsweise beim Epson Ultrachrome 2000 ursprünglich der Fall. Inzwischen wurde das Problem bei den Druckern dieser Serie fast vollständig beseitigt.

Trotz aller Bemühungen um ein perfektes Profil kann es passieren, dass eine bestimmte Farbe Mängel aufweist. Dass passiert manchmal mit Hauttönen in einem Porträt. Obwohl ich gewöhnlich mit einer bestimmten Kombination aus Tinte und Papier eine perfekte Übereinstimmung erziele, weist das Druckergebnis manchmal winzige Farbabweichungen in der Kleidung oder in Hauttönen auf, während alle übrigen Farben makellos rüberkommen. Wenn Sie sich Ihrer Sache sicher sind, können Sie Profile mit einem Programm wie ProfileMaker Pro von GretagMacbeth etwas hinbiegen. Oft wende ich aber bloß temporär eine Farbton/Sättigung-Einstellungsebene an, um beispielsweise das Rot in den Hauttönen um etwa 2–3% nach Gelb zu verschieben. Manchmal sind die Farbunterschiede aber auch auf einen unterschiedlichen Farbumfang von Drucker und Monitor zurückzuführen. Hier erhalten Sie mit einem Softproof oft vorhersagbarere Ergebnisse.

Softproof am Monitor

Wenn Sie eine Umwandlung in einen anderen Farbmodus durchführen oder den Befehl IN PROFIL KONVERTIEREN… verwenden, werden die Farbdaten in den Zielfarbraum bzw. Gerätefarbraum konvertiert. In diesem neuen Farbraum kümmert sich Photoshop um das Farbmanagement. Konvertieren Sie eine RGB-Masterdatei in den CMYK-Arbeitsfarbraum, simuliert Photoshop anschließend das Ergebnis einer CMYK-Druckausgabe auf dem Monitor. Dies wird als »Softproof« bezeichnet – im Gegensatz zu einem echten Proof, der als Hardcopy von einem Standard-Kontraktproof-Drucker ausgegeben wird. Beim Softproof fungiert also der Monitor als Proofgerät. Natürlich kann ein Monitor nicht sämtliche CMYK-Farben perfekt anzeigen, doch ist die Qualität gewöhnlich für alle Arbeiten vor der Ausgabe eines verbindlichen Kontraktproofs ausreichend. Qualitativ hochwertige Anzeigegeräte wie das Apple Cinema Display oder der Sony Artisan-CRT-Monitor weisen größere Farbumfänge (Gamuts) als andere Monitore auf und sind deshalb für Softproofs besonders geeignet.

Wenn Sie eine RGB-Masterdatei bearbeiten und ANSICHT/PROOF EINRICHTEN/CMYK-ARBEITSFARBRAUM (die Standardeinstellung) wählen, erhalten Sie eine Voransicht, wie das RGB-Bild im CMYK-Arbeitsfarbraum unter Verwendung der Standard-Renderpriorität aussehen würde. Wählen Sie die Option EIGENE, können Sie im sich öffnenden Dialog PROOF-BEDINGUNG ANPASSEN einen beliebigen Profilraum wählen und die RENDERPRIORITÄT festlegen. Sie können Ihre Proofeinstellungen auch als .psf-Datei im Ordner *Benutzer\Benutzername\Library\Application Support\Adobe\Color\Proofing* (Mac OS X) bzw. *Program Files\Common Files\Adobe\Color\Proofing* (PC) speichern. Der Name der gespeicherten Proofeinstellungen erscheint dann unten in der Liste des Dialogs Proof-Bedingung anpassen. Sie müssen jedoch nicht ständig den Dialog Proof-Bedingung anpassen bemühen. Sobald Sie eigene Proof-Einstellungen erstellt haben, lassen sich die Farben im entsprechenden Farbraum auch mithilfe des Befehls Ansicht/Farb-Proof begutachten. Mit dem Tastaturbefehl ⌘-Y (Strg-Y) können Sie zwischen der Normalansicht und der Vorschau hin und her schalten. In der Titelleiste des Dokumentfensters wird übrigens bei der Vorschau hinter dem Farbmodus der Name des Proof-Farbraums angezeigt.

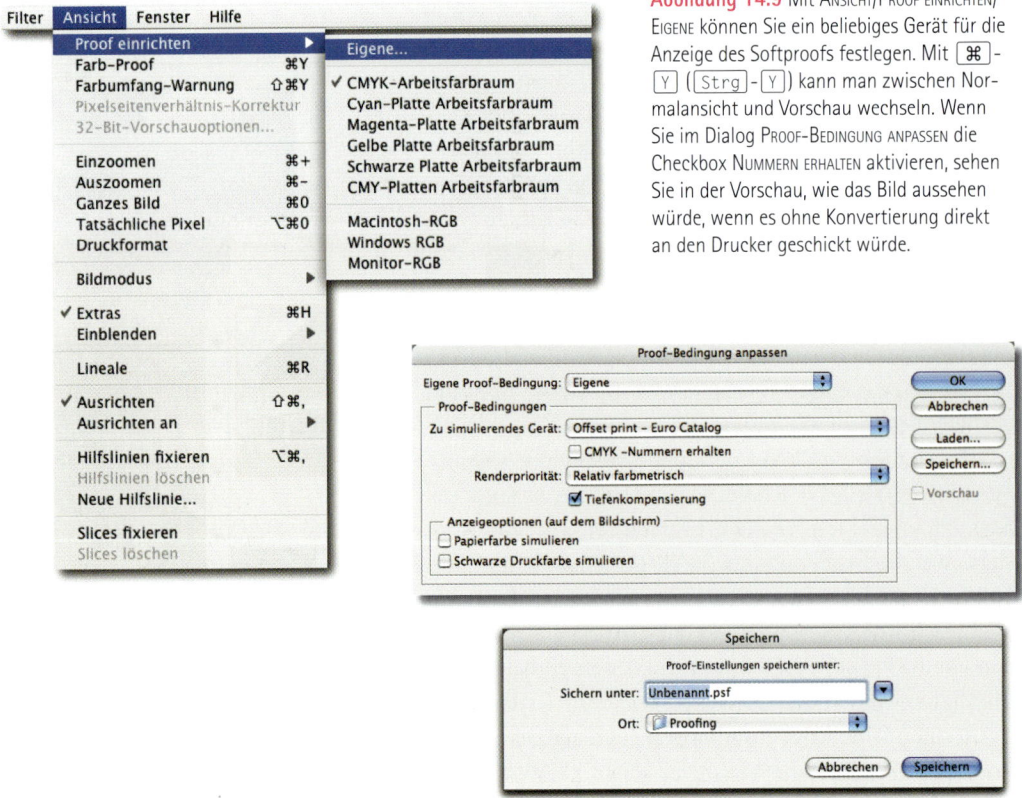

Abbildung 14.9 Mit Ansicht/Proof einrichten/ Eigene können Sie ein beliebiges Gerät für die Anzeige des Softproofs festlegen. Mit ⌘-Y (Strg-Y) kann man zwischen Normalansicht und Vorschau wechseln. Wenn Sie im Dialog Proof-Bedingung anpassen die Checkbox Nummern erhalten aktivieren, sehen Sie in der Vorschau, wie das Bild aussehen würde, wenn es ohne Konvertierung direkt an den Drucker geschickt würde.

Simulationsoptionen

Wenn Sie ANSICHT/FARB-PROOF wählen, konvertiert Photoshop die aktuelle Monitoransicht sofort in den Zielfarbraum, der unter PROOF EINRICHTEN gewählt ist. Die Daten werden dann in den RGB-Monitorfarbraum zurückkonvertiert, und zwar mit der RENDERPRIORITÄT: RELATIV FARBMETRISCH und aktiver TIEFENKOMPENSIERUNG. In anderen Worten: Das auf dem Monitor angezeigte Bild wird durch den Profilfarbraum des Druckers effektiv gefiltert.

Die Farb-Proof-Anzeige verhilft Ihnen zu einem genaueren Eindruck darüber, wie eine Datei nach der Konvertierung in CMYK (oder in einen anderen Ausgabefarbraum) in der Druckausgabe aussehen könnte. Die Anzeige mag am Monitor zwar farblich gedämpfter erscheinen als die Normalansicht, sie entspricht aber der Druckausgabe. Obwohl die Farben außerhalb des Farbraums stumpfer aussehen, nutzt das auf dem Monitor angezeigte Bild den vollen Kontrastumfang der Anzeige aus. Mithilfe der Checkboxen PAPIERFARBE SIMULIEREN und SCHWARZE DRUCKFARBE SIMULIEREN wird die Anzeige noch genauer, da sie die Dichte von Schwarz und die Farbe des Papiers berücksichtigt.

Ist SCHWARZE DRUCKFARBE SIMULIEREN aktiv, wird am Bildschirm die Dichte des Schwarz in der Druckausgabe simuliert und die Tiefenkompensierung abgeschaltet.

PAPIERFARBE SIMULIEREN beeinflusst die Darstellung der Weißtöne im Bild durch Berücksichtigen der Papierfarbe. Dabei erfolgt die Konvertierung des Proof-Farbraums in den Monitorfarbraum mithilfe der RENDERPRIORITÄT: ABSOLUT FARBMETRISCH. Diese Option simuliert sowohl das Papierweiß als auch die schwarze Druckfarbe. Allerdings funktioniert sie nur, wenn das verwendete CMYK-Profil auf dem Papier für die Druckausgabe basiert und dieses nicht zu sehr mit optischen Aufhellern versehen ist (sonst würde die Monitoranzeige einen Blaustich aufweisen). Es ist eine sehr frustrierende Erfahrung, wenn sich die Monitorvorschau vor Ihren Augen so verschlechtert. Ich halte mich deshalb an den guten Rat von Bruce Fraser, der meint, dass man sich das Monitorbild gar nicht mehr ansehen soll, bevor man die Simulationsoptionen aktiviert.

Andere Ausgabefarbräume proofen

PROOF EINRICHTEN ist nicht nur auf eine CMYK-Ausgabe beschränkt. Sie können damit auch eine RGB-Geräteausgabe begutachten oder eine Vorschau davon erzeugen, wie ein Graustufenbild auf einem Macintosh- oder einem Windows-RGB-Monitor aussieht. Sie können ein selbst definiertes Druckerprofil laden und sich einen Eindruck verschaffen, wie ein Bild gedruckt aussehen wird. Sie können sogar mehrere Fenster mit unterschiedlichen Proo-Einstellungen öffnen und direkt miteinander vergleichen.

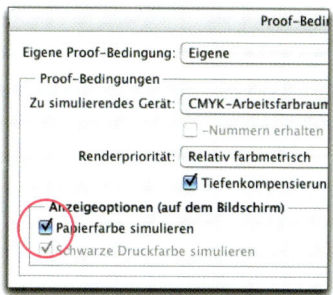

Abbildung 14.10 Mit den ANZEIGEOPTIONEN im Dialog PROOF-BEDINGUNG ANPASSEN richten Sie noch authentischere Vorschauen ein, die berücksichtigen, dass die Dichte von Schwarz in der Ausgabe geringer ist als das maximale Schwarz auf dem Monitor. Ist PAPIERFARBE SIMULIEREN aktiv, simuliert das Monitorbild sowohl die Farbe des Papiers als auch die schwarze Druckfarbe. Die Einstellung der RENDERPRIORITÄT und die TIEFENKOMPENSIERUNG können sich übrigens auf die Druckausgabe auswirken, während PAPIERFARBE SIMULIEREN und SCHWARZE DRUCKFARBE SIMULIEREN nur die Monitorvorschau betreffen.

Farb-Proofs für die Druckerpresse

Wenn Sie digitale Daten für die Repro zur Verfügung stellen, sollten Sie vorab so viele Informationen wie möglich über die Druckerpresse, das verwendete Papier sowie den Druckprozess einholen. Wenn der Mensch an der Druckmaschine sich kooperativ zeigt und mit Ihren Anfragen etwas anzufangen weiß, können Sie vielleicht sogar ein für den Proof geeignetes Standard-ICC-Profil ergattern. Tragen Sie die erhaltenen Angaben im Dialog BEARBEITEN/FARBEINSTELLUNGEN/ARBEITSFARBRÄUME/CMYK/EIGENES CMYK ein, wie in Kapitel 13 beschrieben. Wenn Sie diese Einstellungen einmal abgespeichert haben, können Sie Ihr RGB-Bild in diesen eigenen CMYK-Farbraum konvertieren und als TIFF oder EPS sichern.

Eine CMYK-Datei alleine besitzt noch zu wenig Informationen, um dem Drucker mitzuteilen, wie es ausgegeben werden soll. Deshalb legt man üblicherweise einen CMYK-Proof bei, der als Richtschnur dient, wie Ihr Bild innerhalb des Farbraums des angepeilten Druckprozesses erscheinen soll. Ein so genannter Kontraktproof ist ein rechtsverbindlicher CMYK-Proof, der auf einem genormten Proofgerät ausgegeben wurde. Zu diesen Geräten zählen der Rainbow, der Epson 5000 (mit RIP) sowie Prepress-Proofsysteme wie Dupont Cromalin, 3M Matchprint und viele andere. Tintenstrahldrucker erobern allmählich das Proof-Wesen, da viele Dienstleister auf die CtP-Technologie (Computer-to-Plate) umsteigen, womit Filme im Proof-Stadium überflüssig werden. Kontrakt-Proofs haben sich längst als Industriestandard etabliert. Wenn Sie einer digitalen Datei einen solchen Proof beilegen, sind Sie auf der sicheren Seite. Der Empfänger weiß, daß die Farben des Proofs auf einem genormten Gerät ausgegeben wurden und von der mitgelieferten Datei stammen. Seine Aufgabe ist es nun, das Druckergebnis exakt auf die Farben des Proofs abzustimmen.

Realistische Proofs

Wenn Sie einen CMYK-Proof mitliefern, teilen Sie Ihrem Dienstleister damit mit, wie das Bild in der Druckausgabe aussehen soll. Ein Proof sollte mit demselben Farbumfang erzeugt werden wie im gerasterten CMYK-Prozess, denn nur so hat der Drucker einen Hinweis darauf, welche Farben realistisch erzielt werden können.

RGB-Dateien abliefern

Sie sollten normalerweise eine RGB-Datei mit eingebetteten ICC-Profilen abliefern. Das funktioniert allerdings nur, wenn dem Empfänger wirklich klar ist, dass er die Konvertierung zu CMYK ausführen und den CMYK-Proof als Richtschnur verwenden soll. Wenn Sie RGB-Daten an einen Kunden schicken, müssen Sie die Ordner ausdrücklich als RGB kennzeichnen und dafür sorgen, dass bei der weiteren Verarbeitung keine Unklarheiten entstehen können.

Kapitel 14
Druckausgabe

CMYK-Proofs mit einem Tintenstrahldrucker erstellen

Sie brauchen sich nicht unbedingt auf teure Proof-Geräte oder Proof-Services verlassen. Auch auf einem bescheidenen Tintenstrahler lassen sich verbindliche CMYK-Drucke in exzellenter Qualität ausgeben, die als »Zieldruck« oder gar als Kontrakt-Proof dienen können. Mithilfe des Dialogs DRUCKEN MIT VORSCHAU lässt sich sogar der eingeschränkte CMYK-Farbumfang einer Druckmaschine simulieren.

Abbildung 14.11 zeigt den Dialog DRUCKEN MIT VORSCHAU für ein Adobe-RGB-Bild, von dem gerade mithilfe des unter PROOF-BEDINGUNG ANPASSEN festgelegten Farbraumprofils EUROPE ISO COATED FOGRA27 ein Softproof erstellt wird. Ist der Button PROOF aktiviert, wird die aktuelle CMYK-Vorschau zum Druckfarbraum. Im Feld OPTIONEN ist die FARBHANDHABUNG wieder auf PHOTOSHOP BESTIMMT FARBEN gesetzt. Beim DRUCKERPROFIL sollte das selbst erstellte Profil für das beim Druck verwendete Papier gewählt sein. Die RENDERPRIORITÄT erscheint grau. Unter PROOF-EINSTELLUNGSFARBE können Sie die aktuellen, eigenen Vorgaben als Druckfarbraum bestätigen oder aus der Liste eine andere eigene Proof-Vorgabe wählen.

»Zieldruck«

Der Terminus »Zieldruck« bezeichnet eine Ausgabe auf einem Standardtintenstrahler mit Profilen, der als Vorgabe für den Druckdienstleister dient. Dieser muss bestimmen, wie die Umsetzung des Bilds mittels CMYK-Farben auf der Druckerpresse zu erreichen ist.

Voreinstellungen für Proof-Vorgaben

Sie können sich die komplexe Konfiguration des Dialogs DRUCKEN MIT VORSCHAU etwas erleichtern, indem Sie die Einstellungen im Dialog PROOF-BEDINGUNG ANPASSEN als Voreinstellung speichern. So können Sie die eigenen Einstellungen für die normale RGB-Ausgabe und die für einen Simulations-Proof separat erstellen und schnell darauf zugreifen.

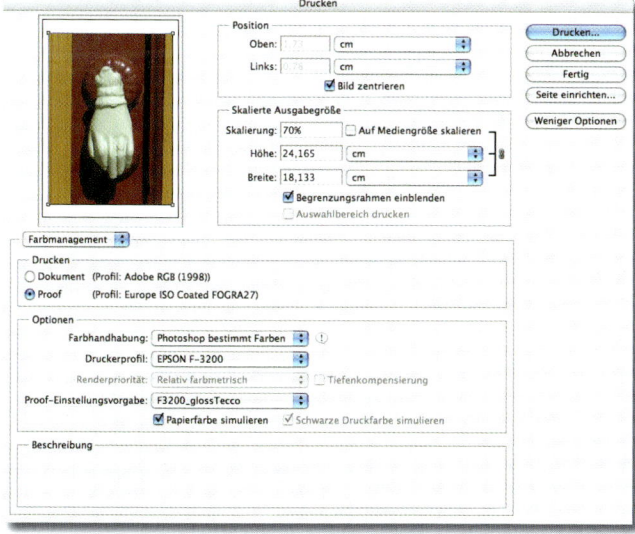

Abbildung 14.11 Hier sehen Sie im Dialog DRUCKEN MIT VORSCHAU die richtigen Einstellungen, um einen CMYK-Proof auf einem Tintenstrahler zu simulieren. Das Quelldokument befindet sich zwar im RGB-Modus, aber da der Button PROOF aktiviert ist, wird der unter PROOF-BEDINGUNG ANPASSEN festgelegte Farbraum als Quell-Druckfarbraum verwendet. Die FARBHANDHABUNG wurde auf PHOTOSHOP BESTIMMT FARBEN gesetzt, als DRUCKERPROFIL habe ich mir ein eigenes Profil speziell für die Ausgabe auf Halbglanzpapier auf einem Epson F 3200 erstellt. Wenn der Button PROOF aktiviert ist, erscheint die RENDERPRIORITÄT automatisch grau und die TIEFENKOMPENSIERUNG wird deaktiviert. Mit den Checkboxen PAPIERFARBE SIMULIEREN und SCHWARZE DRUCKFARBE SIMULIEREN können Sie die Druckbedingungen noch besser simulieren. Nach einem Klick auf DRUCKEN wählte ich die Voreinstellung mit den Druckvorgaben, die ich bei der Erstellung des eigenen Druckprofils abgespeichert hatte (siehe Seite 562).

Abbildung 14.12 Wenn Sie die Option Photoshop bestimmt Farben wählen, erscheint neben dem Eintrag ein Ausrufezeichen. Fahren Sie mit dem Mauszeiger darauf, erscheint unten im Dialog ein Hinweis, dass Sie nicht vergessen dürfen, das Farbmanagement im Druckertreiber-Dialog zu deaktivieren (siehe Seite 558 und 562).

Proofs in Photoshop CS und früher

In Photoshop CS oder älter müssen Sie die Tiefenkompensation ausschalten, um die tatsächliche schwarze Farbe zu simulieren. Wählen Sie Renderpriorität: Relativ farbmetrisch, wird die Farbraumkonvertierung vom Proof- zum Druck-Profilfarbraum den weißesten Punkt des Proof-Farbraums auf den weißesten Punkt des Druckpapiers umrechnen (wie im Druckerprofil festgelegt). Diese Renderpriorität erzeugt einen Druck-Proof mit eingeschränktem Farbumfang mit möglicherweise helleren Weißtönen, als sie auf dem Druckpapier reproduzierbar sind.

Wählen Sie Renderpriorität: Absolut farbmetrisch, wird der weißeste Punkt des Proof-Farbraums auf das echte Papierweiß abgebildet und damit eine Papierfarbsimulation erzeugt.

Simulation und Renderpriorität

Ziel ist es, einen Druck auszugeben, der die Ausgabe auf einem CMYK-Proofdrucker simuliert. Wir konfigurieren die Einstellungen im Dialog Drucken mit Vorschau und verwenden die Vorgaben aus dem Dialog Proof-Bedingung anpassen (die bereits die Renderpriorität und die Anzeigeoptionen beinhalten). Danach führen wir eine weitere Profilkonvertierung von diesem Proof-Farbraum zum Drucker-Profilfarbraum durch. Photoshop CS2 macht es Ihnen leicht, die richtigen Optionen zu wählen. Sie müssen sich nur noch entscheiden, ob Sie nur die schwarze Druckfarbe simulieren wollen oder zusätzlich auch die Papierfarbe; mit Papierfarbe simulieren wird gleichzeitig die Option Schwarze Druckfarbe simulieren aktiviert. Indem Sie eine oder beide dieser Optionen anklicken, überlassen Sie es Photoshop herauszufinden, wie die Daten konvertiert und an den Drucker geschickt werden müssen, um die gewünschte Drucksimulation zu erzielen.

Ist die Option Papierfarbe simulieren aktiv, erscheinen die Weißtöne oft stumpfer als erwartet. Das heißt nicht, dass der Proof mangelhaft ist; es liegt allein daran, dass das Vorhandensein eines helleren Rands das Auge des Betrachters täuscht, der das Ergebnis als minderwertiger wahrnimmt. Um dem entgegenzuwirken, können Sie das zu druckende Bild außen mit einem weißen Rahmen versehen. Ist das Bild gedruckt, können Sie den Rahmen wieder entfernen, damit Sie keine Chance haben, das stumpfe Weiß der Druckausgabe mit dem helleren Papierweiß zu vergleichen.

Simulationsproof mit Photoshop CS oder älter

Photoshop CS2 macht die Sache mit dem Simulations-Proof einfach, doch sollten wir vielleicht einen Blick darauf werfen, wie das mit dem Simulations-Proof in früheren Versionen von Photoshop war. Vielleicht brauchen Sie die Informationen eines Tages. Als Erstes müssen Sie die Tiefenkompensierung abwählen. Damit können Sie das tatsächliche Schwarz der Druckerpresse simulieren. Außerdem müssen Sie eine Renderpriorität festlegen (siehe Marginalspalte). Diese bestimmt, wie die Farben aus dem Proof-Raum im Druck wiedergegeben werden.

PostScript-Ausgabe

Wenn Sie ein Dokument, eine Grafik oder ein Foto ausdrucken, müssen die Daten in eine digitale Sprache umgewandelt werden, die der Drucker versteht. Bilder direkt aus Photoshop auszugeben, ist eine relativ einfache Sache. Wenn Sie direkt aus einem Seitenlayoutprogramm drucken wollen, gibt der Drucker nur das Monitorbild aus. Der Text erscheint zwar klar und deutlich und auch TIFF-Bilder kommen gut rüber, doch platzierte EPS-Bilder werden nur in der pixeligen Vorschau ausgegeben. Deshalb brauchen Sie manchmal die Seitenbeschreibungssprache PostScript – eine Entwicklung von Adobe. Geben Sie ein Seitenlayout auf einem PostScript-Drucker aus, werden Bilder und Text separat von einem Raster Image Processor (RIP) auf dem gleichen Gerät oder in einem weiteren Computer verarbeitet. Wurden die Daten vollständig gelesen und verarbeitet, werden sie als Pixel-Map-Datei (Raster) an den Drucker geschickt. Einige Proof-Drucker werden mit PostScript (Level 3 oder höher) ausgeliefert. Normalerweise wird ein CMYK-Bild in die PostScript-Datei eines Seitenlayoutprogramms eingebettet und dann im RIP konvertiert. Der RIP erzeugt aufgrund der PostScript-Informationen eine Reihe von Punkten für jeden Farbauszug, der auf Film oder Platte ausgegeben wird. Eine Photoshop-Bilddatei liegt normalerweise als TIFF oder EPS in der vom Seitenlayoutprogramm erzeugten Datei vor und wird in dieser Form zusammen mit den originalen Vektordaten und Fonts gerastert. Viele neuere RIPs können auch direkt PDF-Dateien verarbeiten. Die Ausgabegeschwindigkeit ist abhängig von der Druckertreibersoftware und dem RAM-Speicher des Servergeräts. Bei zu wenig Speicher dauert die Ausgabe entweder endlos oder der Druck scheitert gänzlich.

PostScript-Drucker
Es gibt eine große Auswahl von PostScript-Druckern unter 10.000 Euro. Welcher für Sie geeignet ist, hängt von Ihrer Arbeitsweise ab. Laserdrucker sind für Grafikdesigner ideal, die auf niedrige Kosten für Verbrauchsmaterial wie Toner und Papier Wert legen. Eine Kombination aus Laserdrucker und RIP-Server ist perfekt für kostengünstiges Proofen und schnelle Ausgabegeschwindigkeit. Ich denke hier an Farblaserdrucker wie die Canon-Farbkopierer oder den QMS MagiColor 330GX. Der ProofMaster Adesso RIP ist ein preiswerter Software-RIP für Mac OS X. Der Software-RIP ProofMaster Folio dagegen eignet sich für alle Plattformen und läuft auf über 90 Modellen von Tintenstrahldruckern: www.proofmaster.net.

Ausdruck mittels RIP

In meinem Büro benutzen wir einen Epson 7600 Ultrachrome für die Ausgabe von großformatigen Drucken. Mithilfe eigener Profile kann ich direkt aus Photoshop ausgeben oder einen Software-RIP wie ImagePrint 5.6 von ColorByte einsetzen. ImagePrint ist ein visueller RIP, das heißt, er zeigt an, wie das Dokument gedruckt wird – genauso wie wenn Sie in Photoshop mithilfe des Dialogs PROOF-BEDINGUNG ANPASSEN eine angepasste Vorschau auf dem Bildschirm erzeugen. Epson Ultrachrome-Drucker weisen eine äußerst konsistente Ausgabequalität auf. Die im Softwarepaket enthaltenen Papierprofile funktionieren auf jedem Gerät. Die RIP-Software dient als Ersatz für den von Photoshop verwendeten Druckertreiber und kommuniziert direkt mit der Drucker-Hardware. Der RIP ist also nicht beschränkt auf die vom Hersteller gelieferten Standarddruckertreiber. ImagePrint beispielsweise kontrolliert die Druckköpfe eines Tintenstrahlers auf besondere Art und Weise, um subtile Tonwerte in Schwarzweißdrucken zu erzeugen.

Abbildung 14.13 Die Epson Ultrachrome-Drucker sind sehr beliebt bei Fotografen, die Vergrößerungen oder Poster ausgeben wollen. Der hier gezeigte Epson 7600 hat einen ganz vernünftigen Peis, nimmt aber eine Menge Platz ein. Die Papierzuführung erfolgt entweder von Rollen oder über einen Einzelblatteinzug. Die Handhabung ist genauso einfach wie bei einem normalen Desktop-Drucker. Dieses Gerät ist mit einem als Druckserver fungierenden Macintosh-Computer verbunden, auf dem die Software ImagePrint 5.6 von ColorByte Software installiert ist. Das Interface von ImagePrint sehen Sie in Abbildung 14.14.

Abbildung 14.14 Hier ein Screenshot von einer ImagePrint-5.5-Schnittstelle. Image-Print ist ein visueller RIP. Sie müssen die Seitengröße festlegen und das Bild positionieren, das ausgegeben werden soll. Wenn Sie im Farbmanagement-Dialog den Papiertyp auswählen, wird im Dokumentfenster eine Vorschau angezeigt, die eine Vorstellung vom gedruckten Bild vermittelt.

Kunde: Errol Douglas.
Model: Vicky Kiernon @ Take Two.

Überlegungen für die Repro

Farbmanagement trägt viel dazu bei, dass alle Prepress-Abläufe reibungslos vonstatten gehen. Deshalb ist das Profilieren von RGB-Geräten, wie ich es im vorhergehenden Kapitel beschrieben habe, auch so wichtig. Vor dem Hintergrund einer ständig im Wandel begriffenen Branche kann eine digitale Datei ziemlich verschlungene Wege durch den Prepress-Dschungel nehmen. Ziel eines ICC-Farbmanagements in Photoshop ist es, eine Konsistenz im Workflow zu erreichen. Ein rein digitaler Workflow scheint schon beinahe machbar. Doch sobald eine Datei separiert und für die Ausgabe auf Platte konvertiert wurde, liegt es am Verantwortlichen für die Druckmaschine, den Prozess erfolgreich abzuschließen.

Farbmanagement (auch ein nicht auf ICC-Profilen basierendes) ist kontrollierbar und sollte während des digitalen Prozesses aufrecht erhalten werden. Doch sobald man die digitale Welt verlässt und den Drucksaal betritt, nimmt alles eine neue Richtung. Sich darüber Gedanken zu machen, warum ein Proof-Druck im letzten Monat um 0,3% verblasst ist, erscheint ein bisschen abwegig. Ein Druckdienstleister kann mit einer 5%-Toleranz im ganzen Druckjob durchaus zufrieden sein, manche schaffen sogar niedrigere Toleranzwerte. Bei einem Zeitschriftendruck in hoher Auflage beispielsweise kann das Druckpapier aus 17 verschiedenen Quellen stammen. Auch können spontane Änderungen notwendig werden, um zum Beispiel sich ändernden Tonwertzuwachs und andere Abweichungen während des Drucklaufs zu kompensieren. Der Proof ist die Landkarte und der Kompass für den Druckdienstleister. Eine erfolgreiche Repro ist noch immer abhängig vom Können und der Erfahrung des Druckdienstleisters auf der einen Seite und von der Zuverlässigkeit des Kunden, der die Daten liefert, auf der anderen Seite. Ein akzeptierter Farbproof-Standard erleichtert die Kommunikation enorm. Wenn Sie jedoch davon ausgehen, dass sich durch Profile die Druckausgabe exakt nachbilden lässt, liegen Sie falsch. Wir können nur für einen möglichst optimalen RGB-Workflow

Auflagendruck
Wenn Sie einen Auftrag für eine etwas größere Druckauflage haben, gilt es einige Lösungen in Erwägung zu ziehen. Mit dem Sienna-Printprozess der Firma Marrutt lassen sich Typ-C-Drucke in großen Mengen kostengünstig ausgeben. Die bereits erwähnten Laserbelichter wie der Lambda sind etwas teurer. Darüber hinaus sollte man sich auch mit Repro-Lösungen befassen. Behalten Sie Techniken wie Computer-to-Plate (CtP) oder direktes Digitaldrucken (Chromapress, Xeicon/Indigo) im Auge. Diese Verfahren erzeugen Ausdrucke von Seitenlayoutdokumenten mit Bildern und Text in Repro-Qualität. So werden Kleinauflagendrucke finanziell machbar.

sorgen und uns der Bedeutung von Profilen bewusst sein. Bis zur Ausgabe eines Proof-Drucks liegt alles in unserer Hand, danach müssen wir uns gewöhnlich auf den Dienstleister verlassen.

Ich selbst durfte inzwischen mit der Produktion dieser Reihe von Photoshop-Büchern einige Erfahrung sammeln. Ich liefere dem Dienstleister normalerweise Zieldrucke, die auf einem Epson-Drucker mit eigenen Profilen ausgegeben wurden, welche auf den Vorgaben vom Dienstleister basieren. Normalerweise haben wir mit der Farbgebung keinerlei Probleme und auch die ersten Andrucke, die ich vom Dienstleister erhalte, sind farblich meist im grünen Bereich. Ich kann natürlich nicht jedes Buchexemplar einzeln begutachten. Bei Stichproben im Lauf der Zeit lassen sich jedoch immer Farbabweichungen feststellen, die aber zu erwarten sind und sich stets innerhalb des Toleranzbereichs bewegen.

Dateiformate

Photoshop unterstützt beinahe alle aktuellen Bilddateiformate. Für nicht unterstützte Formate existieren jedoch zusätzliche Plug-Ins als Extra auf der Produkt-CD von Photoshop. Die Wahl des richtigen Formats ist abhängig davon, was Sie mit der Datei weiter anfangen wollen. So können Sie ein Format wählen, das Ihren Bedürfnissen am meisten entspricht. Es gibt Formate für die Prepress-Ausgabe oder das Web-Publishing. Vielleicht brauchen Sie aber auch eines rein zu Archivierungszwecken.

Adobe InDesign und Adobe GoLive können Dateien im Photoshop-Format austauschen; Änderungen, die Sie in der Photoshop-Datei vornehmen, werden in diesen Anwendungen automatisch aktualisiert. Durch diesen modularen Ansatz können die Grafikprogramme von Adobe noch leichter ineinander greifen.

Wenn ein Bild in Photoshop geöffnet ist, kann es ohne die Beschränkungen des ursprünglichen Quellformats bearbeitet werden. Öffnen Sie also ein JPEG-Bild in Photoshop, können Sie einfach die Tonwerte einstellen und das Bild sichern; Photoshop überschreibt dann das Original. Wenn Sie dasselbe JPEG in Photoshop öffnen und dort Ebenen oder Einstellungsebenen hinzufügen, öffnet sich beim Speichern der in Abbildung 14.15 gezeigte Dialog. Das weist darauf hin, dass die Datei nun Funktionen enthält, die von JPEG nicht unterstützt werden; wenn Sie an dieser Stelle einfach auf SPEICHERN klicken, gehen manche Änderungen (etwa die Ebenen) wieder verloren. Sie können das Bild zwar als JPEG speichern, doch da JPEG Ebenen nicht unterstützt, wird eine abgespeckte Version gespeichert. Entscheiden Sie sich jedoch für das native Photoshop-Format, wird die Checkbox EBENEN automatisch aktiviert und die Ebenenfunktionen bleiben beim Speichern im Photoshop-Format erhalten.

Abbildung 14.15 Der Dialog SPEICHERN UNTER in Photoshop. Wenn die bearbeitete Datei nun Funktionen enthält, die mit dem ursprünglichen Dateiformat nicht mehr kompatibel sind, müssen Sie die Datei in einem Format wie PSD oder TIFF speichern, die solche Funktionen unterstützen. Wenn Sie die Datei trotzdem im Ursprungsformat speichern, werden die problematischen Komponenten im Dialogfeld angewählt; dann erscheint ein Warnhinweis, der Ihnen mitteilt, dass das Bild als Kopie gespeichert wird.

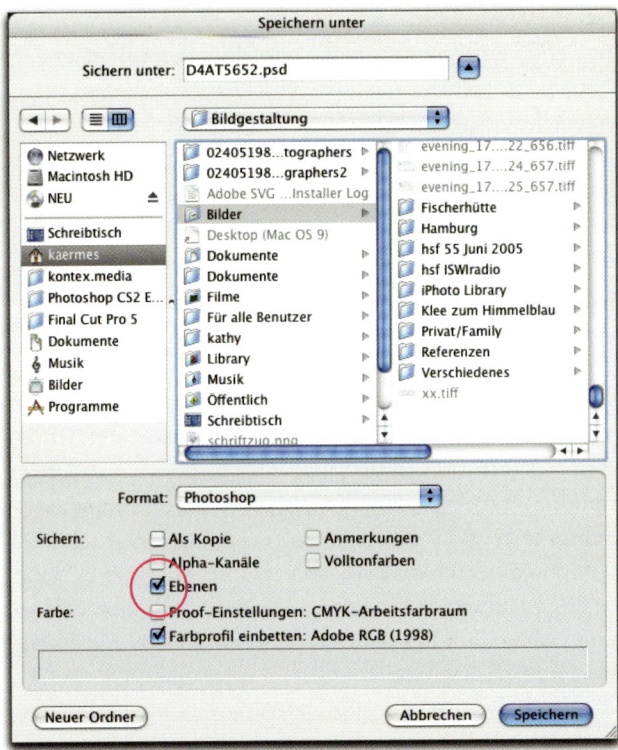

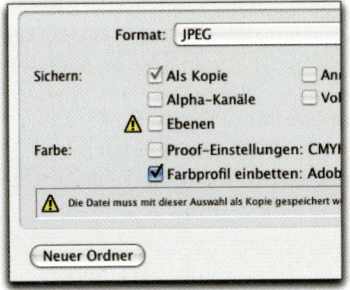

Maximale Kompatibilität

Nur die Formate Photoshop, PDF, PSB und TIFF unterstützen sämtliche Funktionen von Photoshop wie Vektormaskierung und Einstellungsebenen. Das native Photoshop-Format erzeugt kompaktere Dateien – außer die Option KOMPATIBILITÄT VON PSD- UND PSB-DATEIEN MAXIMIEREN (unter VOREINSTELLUNGEN/DATEIEN VERARBEITEN) ist aktiviert. In Abbildung 14.24 am Ende dieses Kapitels finden Sie eine Zusammenfassung der verschiedenen Dateiformate mit den unterstützten Photoshop-Funktionen.

Das native Photoshop-Format

Das Photoshop-Format ist ein universelles Datenformat und deshalb das Format der Wahl, wenn es darum geht, eine Masterdatei zu sichern und zu archivieren, weil alle Funktionen grundsätzlich erhalten bleiben. Allerdings schaffen das auch die Formate TIFF und PDF. Doch sprechen für mich einige gewichtige Gründe für das Abspeichern von Masterdateien im Photoshop-Format. Erstens unterscheide ich so zwischen Masterdateien mit Ebenen und reduzierten Ausgabedateien, die ich gewöhnlich als TIFFs sichere. Zweitens werden Bilder mit Ebenen im Photoshop-Format schneller und meist auch kompakter gespeichert als im TIFF-Format.

PSB (Großes Dokumentformat)

Das PSB-Format ist speziell für Dateien gedacht, die das normale Photoshop-Limit von 30.000 × 30.000 Pixel in den Abmessungen überschreiten. Es muss vorab in den Voreinstellungen erst aktiviert werden (VOREINSTELLUNGEN/ DATEIEN VERARBEITEN/GROSSES DOKUMENTFORMAT (.PSB) AKTIVIEREN), anschließend können Sie auch riesige Dateien mit bis zu 300.000 × 300.000 Pixel speichern. Als einzige Anwendung, für die Sie jemals solche Dimensionen brauchen, fallen mir ellenlange Panoramafotos ein. Es kommt allerdings erschwerend hinzu, dass die meisten Anwendungen und RIPs nur Dateien bis zu 2 GB verarbeiten können – ausgenommen ImagePrint von ColorByte und PosterShop von Onyx. Deshalb sollten Sie das 30.000 × 30.000-Pixel-Limit für Dateien in Photoshop nicht überschreiten. Die TIFF-Spezifikation ist hier übrigens auf maximal 4 GB beschränkt, das native Photoshop auf 2 GB. Denken Sie auch daran, dass nur Photoshop CS und Photoshop CS2 in der Lage sind, mit dem PSB-Format umzugehen.

TIFF (Tagged Image File Format)

Im Desktop-Publishing werden vorwiegend die Formate TIFF und EPS eingesetzt. (Das native Photoshop-Format findet auch in einem InDesign- oder Illustrator-Workflow Verwendung, allerdings muss dort die Option KOMPATIBILITÄT VON PSD- UND PSB-DATEIEN MAXIMIEREN aktiv sein.) TIFF wird überall anerkannt und stellt quasi den Industriestandard dar – was allerdings nicht heißt, dass es das beste Format ist. Gerade im DTP-Bereich fasst PDF immer mehr Fuß. TIFF-Dateien können in jedem QuarkXPress-, InDesign-, DTP- und Textverarbeitungsprogramm platziert werden. Das TIFF-Format ist offener und lässt sich im Gegensatz zu EPS mit einem DTP-Programm hinsichtlich des Druckbilds bearbeiten.

Fotolabore und Druckdienstleister möchten normalerweise, dass Sie Ihre Bilddaten als TIFF weitergeben, da dies von fast allen Bildverarbeitungssystemen unterstützt wird. TIFF ist auch das Format der Wahl, wenn Sie eine Datei für

Kompressionseinstellungen für TIFFs

Ein unkomprimiertes TIFF weist in etwa die Dateigröße auf, wie sie unter BILD/BILDGRÖSSE angegeben ist. In Photoshop werden verschiedene Kompressionsverfahren für TIFF-Dateien angeboten. LZW ist ein verlustloses Kompressionsverfahren, das heißt, die Daten werden komprimiert und die Dateigröße wird reduziert, ohne die Bildqualität zu beeinträchtigen. Ist in den TIFF-Optionen LZW aktiv, dauert das Speichern und Öffnen der Datei etwas länger, weshalb manche Dienstleister von der Verwendung abraten. ZIP ist eine weitere verlustlose Kompressionsmethode, die sich wie LZW besonders für Bilder mit großen monochromen Flächen eignet. JPEG dagegen zählt zu den verlustbehafteten Verfahren; mehr darüber in Kapitel 15.

Mit Bildpyramide speichern

Die Option MIT BILDPYRAMIDE sorgt dafür, dass eine pyramidenartige Struktur von abwärts skalierten Versionen des voll auflösenden Bilds gespeichert wird. DTP-Applikationen, die mit diesen Pyramiden umgehen können (bislang ist mir allerdings keine bekannt), können so eine exzellente TIFF-Vorschau anzeigen, ohne die ganze Datei laden zu müssen.

Pixelanordnung

Das TIFF-Format speichert die Pixelwerte traditionell interleaved. Wenn Sie beispielsweise ein RGB-Bild speichern, werden die Pixelwerte in Gruppen von RGB-Werten angeordnet, wie etwa in folgender Sequenz: RGBRGBRGB. Diese Anordnung kann normalerweise problemlos interpretiert werden. Die Option PRO KANAL dagegen ordnet die Pixelwerte nach Kanälen; dabei werden zuerst die roten Pixelwerte, danach die grünen und schließlich die blauen gespeichert. Die entsprechende Sequenz sieht dann so aus: RRRGGGBBB. Mit PRO KANAL werden eine schnellere Schreib-/Lesegeschwindigkeit sowie eine bessere Kompression erzielt. Die meisten TIFF-Leser unterstützen diese Option – die meisten, nicht alle!

Byte-Anordnung

Die Byte-Anordnung kann der verwendeten Computerplattform angepasst werden. Machen Sie sich darüber aber nicht allzu viele Gedanken – mir jedenfalls fällt kein Fall ein, bei dem die Byte-Anordnung je Probleme verursacht hätte.

Ebenenkompression

In einem Bild mit Ebenen können diese auch separat komprimiert werden. RLE steht für Run Length Encoding und bietet dieselbe Art von verlustloser Kompression wie LZW. Auch ZIP ist ein verlustloses Kompressionsverfahren. Wenn KOMPATIBILITÄT VON PSD- UND PSB-DATEIEN MAXIMIEREN aktiv ist, wird die Dateigröße recht klein gehalten.

die Druckausgabe oder den Belichter liefern oder jemand anders noch die Masterdatei bearbeiten soll. In Photoshop 7.0, CS und CS2 gespeicherte TIFFs unterstützen Alpha-Kanäle, Bildtransparenz und all die Extras, mit denen auch das PSD- und das PDF-Format zurechtkommen. Fotolabore wünschen meist reduzierte TIFF-Dateien mit gespeicherten Alpha-Kanälen und ohne jegliche weiteren Extras. QuarkXPress beispielsweise hatte die schlechte Angewohnheit, jeden Pfad in einer Bilddatei als Beschneidungspfad zu interpretieren.

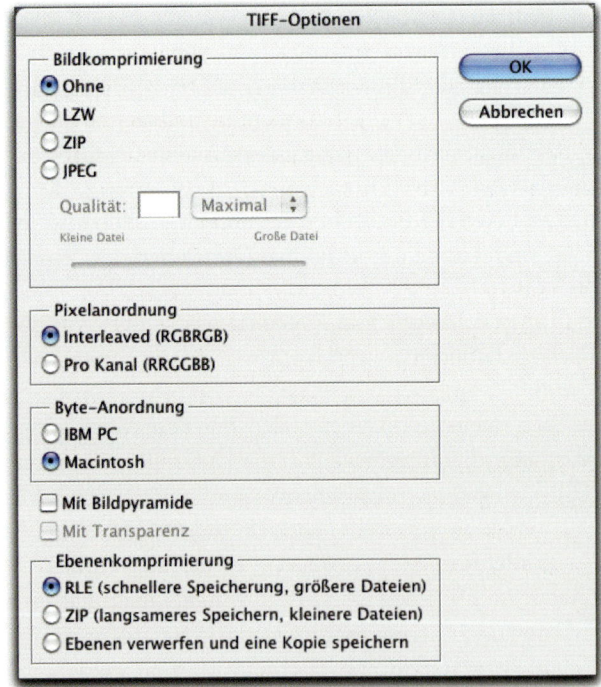

Abbildung 14.16 Die TIFF-OPTIONEN können Sie sich nach Belieben einrichten. Falls eine geöffnete Datei Alpha-Kanäle oder Ebenen enthält, wird dies im Speichern-Dialog (siehe Abbildung 14.15) angezeigt. Lassen Sie die notwendigen Optionen aktiviert, um sie in einer TIFF-Datei zu sichern. Ist die Option VOR DEM SPEICHERN VON TIFF-DATEIEN MIT EBENEN FRAGEN (unter VOREINSTELLUNGEN/DATEIEN VERARBEITEN) aktiv, erscheint nach einem Klick auf OK der Warnhinweis, dass die erstmalig als TIFF gespeicherte Datei durch die Ebenen größer wird.

EPS

Das EPS-Format (Encapsulated PostScript) eignet sich ebenfalls bestens, um große farbseparierte Dateien in einem Seitenlayout-Dokument zu platzieren. Für die Bildschirmanzeige gibt es eine niedrig auflösende Vorschau, während die Bilddaten in PostScript geschrieben werden (für die Ausgabe auf PostScript-Geräten). Die Bilddaten sind »eingekapselt«, das heißt, sie lassen sich im Layoutprogramm nicht ändern. (Dafür brauchen Sie ein Programm wie Photoshop.) Folgende Speicheroptionen stehen Ihnen zur Verfügung:

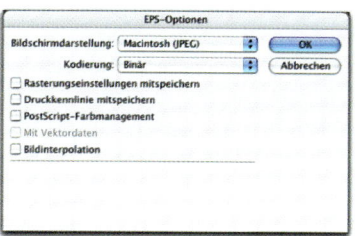

Abbildung 14.17 Der Dialog EPS-Optionen

Bildschirmdarstellung: Hier geht es um die niedrig auflösende Vorschau im Seitenlayout. Sie haben die Wahl zwischen Ohne, TIFF (1 Bit/Pixel) und TIFF (2 Bit/Pixel), welche auf beiden Palttformen unterstützt werden, sowie speziellen Vorschauen für den Macintosh. Für die Arbeit am Mac empfehle ich Ihnen die Optionen Macintosh (8 Bit/Pixel) oder Macintosh (JPEG).

Kodierung: Eine ASCII-Kodierung erzeugt generell große Dateien und eignet sich hauptsächlich für PCs. Binär kodierte Dateien sind dagegen nur halb so groß und können schneller verarbeitet werden. Zudem sind sie Mac- und PC-kompatibel. JPEG generiert die kleinsten, komprimiertesten Dateien. Entscheiden Sie sich aber nur für JPEG, wenn Sie auf einem PostScript-Level-3-Drucker ausgeben. Denken Sie daran, dass sich die Bildqualität massiv verschlechtert, wenn Sie eine JPEG-Kompression niedriger Qualitätsstufe wählen.

Rastereinstellungen mitspeichern und **Druckkennlinie mitspeichern:** Bei speziellen Motiven werden die Bilder besser ausgegeben, wenn das Standardraster überschrieben wird. Die Funktion Druckkennlinie mitspeichern ähnelt einer Tonwertstufenkorrektur, die während der Ausgabe in Photoshop auf das Bild angewendet wird. Sie ändert das Erscheinungsbild am Monitor nicht, sondern kompensiert lediglich den Punktzuwachs beim Druck.

Vor- und Nachteile von EPS
Der große Nachteil von EPS-Dateien besteht darin, dass sämtliche PostScript-Bilddaten bei jeder Ausgabe vom RIP verarbeitet werden müssen – selbst wenn nur ein kleiner Teil der Daten für die Erzeugung eines Proofs nötig wäre. EPS-Dateien zu verarbeiten, dauert ohnehin länger, als das bei TIFFs der Fall ist. Allerdings wird die Bildvorschau bei der Bearbeitung eines DTP-Dokuments auf dem Monitor unmittelbar gerendert.

Aktivieren Sie diese Checkboxen, wenn Sie die Standarddruckereinstellungen überschreiben wollen. Doch angesichts des heutigen Farbmanagements ist die Verwendung von Druckkennlinien überflüssig. Mein guter Rat: Aktivieren Sie hier nichts, außer Sie sind sich wirklich sicher, was Sie tun.

PostScript-Farbmanagement: Damit ermöglichen Sie es PostScript-Level-2-Geräten oder höher, in Photoshop eingebettete Graustufen-, RGB- oder Lab-Profile zu lesen und gegebenenfalls zu konvertieren. Ich denke jedoch, dass es besser ist, Photoshop das Farbmanagement und die Konvertierung zu überlassen.

Mit Vektordaten: Sofern es im Dokument Vektordaten gibt, werden damit die Vektorinformationen in der EPS-Datei gerastert. In einem EPS können auch Beschneidungspfade gespeichert werden. Diese dienen als Umrissmaskierung, wenn die EPS-Datei in einem Seitenlayoutprogramm platziert wird. Wenn Sie in der Pfade-Palette einen Arbeitspfad gespeichert haben, kann auch dieser als Beschneidungspfad eingesetzt werden.

Bildinterpolation: Wenden Sie diese Option bei niedrig auflösenden Screenshots an. Die Bildinterpolation versucht, die Pixel während der Datenübertragung an den Drucker zu glätten. In allen anderen Fällen lassen Sie von dieser Einstellung die Finger.

DCS
QuarkXPress verwendet eine Variante des EPS-Formats namens DCS (Desktop Color Separations). Das DCS-1.0-Format generiert fünf separate Dateien: eine Composite-Datei als Vorschau und vier Farbauszüge. Diese einzelnen Farbauszugsdateien zu verwalten, kann ganz schön schwierig werden, vor allem wenn sich mehrere Bilder in einem Ordner befinden. Beim DCS-2.0-Format handelt es sich um eine geschlossene Datei mit Vorschau und Farbauszügen.

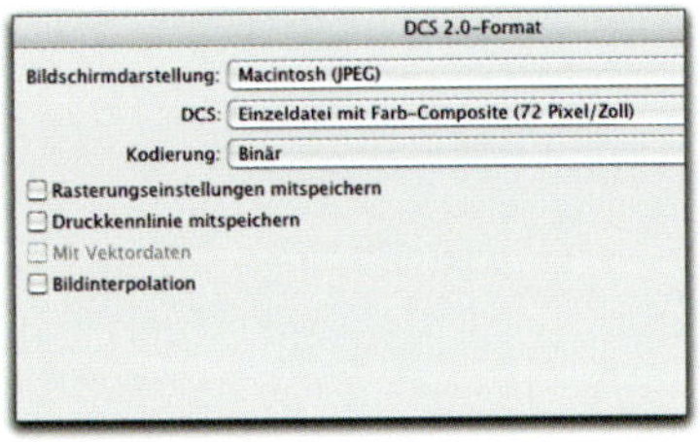

Abbildung 14.18 Der Dialog DCS 2.0-FORMAT

DCS 2.0 unterstützt mehr als vier Farbauszüge, zum Beispiel auch Volltonfarben und HiFi-Color.

Photoshop PDF

Ein PDF (Portable Document Format) ist ein plattformübergreifendes Dateiformat, das ursprünglich als elektronisches Publikationsmedium für die Verteilung von Dokumenten dienen sollte – wobei der Empfänger nicht notwendig auf das Erzeugerprogramm angewiesen sein sollte. Mit Acrobat können Dokumente so, wie sie sein sollten, von anderen betrachtet werden, selbst wenn die Adressaten nicht über die verwendeten Schriften verfügen. Sie brauchen lediglich den kostenlosen Adobe Reader.

Adobe PDF wird gemeinhin als ebenso verlässliche wie kompakte Methode betrachtet, um Seiten an einen Drucker zu schicken; PDF kann Schriften einbetten, Bilder komprimieren und verfügt über Farbmanagementoptionen. Mittlerweile wird es fast schon als natives Format für Illustrator oder Photoshop betrachtet, da es alle in diesen Programmen angebotenen Funktionen unterstützt. Adobe Reader und sein Vorgänger Acrobat Reader lassen sich kostenlos von der Adobe-Website herunterladen. Mit Adobe Acrobat können in InDesign oder Illustrator erstellte Dateien als geschlossene Dokumente betrachtet werden. Der Clou aber ist, dass Acrobat-Dokumente eine geringe Dateigröße aufweisen und sich in hoher Auflösung drucken lassen. Sie können ein Dokument in InDesign erzeugen und mit DATEI/EXPORTIEREN als ADOBE PDF speichern. Jeder, der den Adobe Reader installiert hat, kann das PDF nun öffnen und genau so betrachten, wie es gedruckt erscheinen soll – mit Bildern in den richtigen Farben und mit den richtigen Schriften. Das Photoshop-PDF-Format (siehe Abbildungen 14.19–14.22) unterstützt sämtliche Photoshop-Funktionen wie Ebenen, entweder mit einer JPEG- oder einer verlustlosen ZIP-Kompression. Zudem ist es abwärtskompatibel, da es eine reduzierte Composite-Datei generiert, die auch von Programmen gelesen werden kann, die die Ebenen-Funktionen von Photoshop CS2 nicht vollständig interpretieren können.

Die Vielseitigkeit von PDF
Die Vorteile des PDF-Formats zeigen sich besonders deutlich, wenn Sie Photoshop-Dateien an Leute verschicken wollen, die selbst kein Photoshop, dafür aber den Acrobat Reader auf ihrem Computer haben. Wenn die Adressaten gar eine Vollversion von Adobe Acrobat besitzen, können sie sogar kleine Bearbeitungen vornehmen, wie zum Beispiel eine Textebene verändern. Photoshop ist auch in der Lage, Anmerkungen von Adobe Acrobat zu importieren und einzufügen.

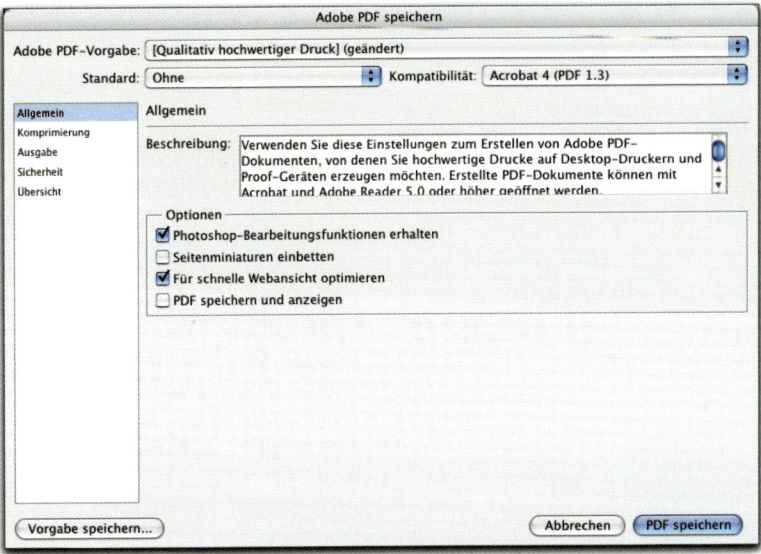

Abbildung 14.19 Sie können entweder vor dem Speichern eine ADOBE PDF-VORGABE wählen oder die Einstellungen von Hand konfigurieren, beginnend mit dem Dialogfeld ALLGEMEIN. In den meisten Fällen werden Sie die Photoshop-Bearbeitungsfunktionen erhalten und PDFs für die Webansicht optimieren wollen. Wenn Sie anschließend eine Vorschau des Dokuments in Acrobat ansehen möchten, klicken Sie PDF SPEICHERN UND ANZEIGEN an.

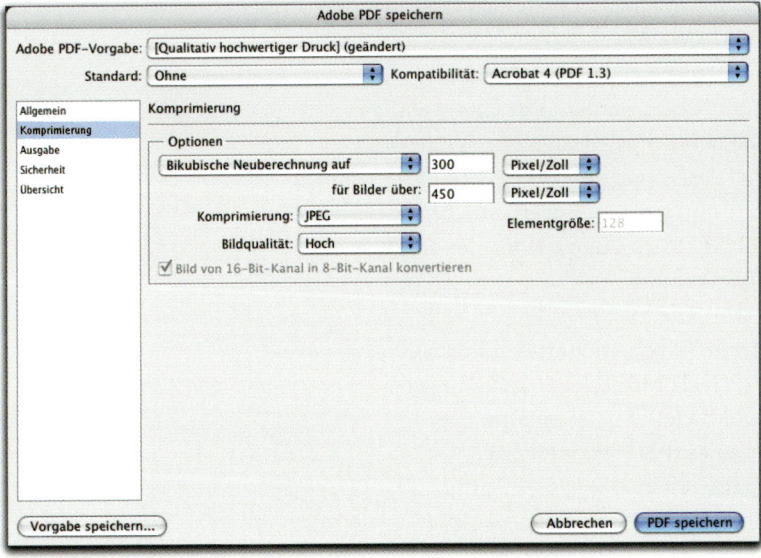

Abbildung 14.20 Im Dateifeld KOMPRIMIERUNG müssen Sie entscheiden, welche Kompressionsmethode Sie verwenden möchten.

Kapitel 14
Druckausgabe

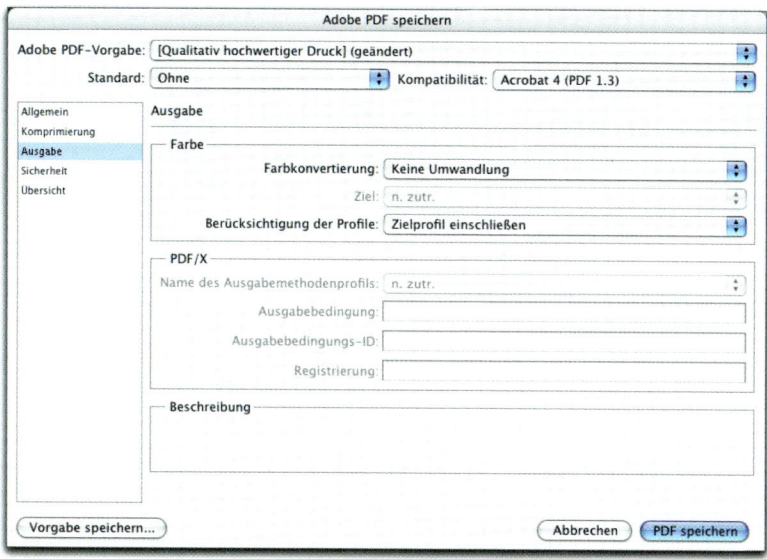

Abbildung 14.21 Unter AUSGABE legen Sie die Optionen für das Farbmanagement auf Dokumentebene fest. So können Sie eine FARBKONVERTIERUNG einer RGB-Datei in einen bestimmten Zielfarbraum mit IN ZIELPROFIL UMWANDELN vornehmen.

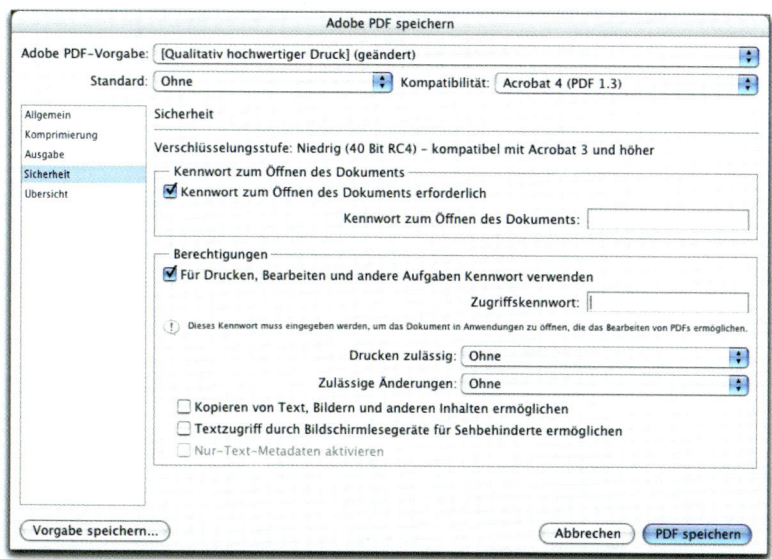

Abbildung 14.22 Die Optionen im Dialogfeld SICHERHEIT sind abhängig von der von Ihnen gewählten KOMPATIBILITÄT. Doch können Sie generell den Zugang zu einem Dokument mit einem Passwort sichern, Ähnliches gilt für Bearbeitungsfunktionen und die Ausgabe.

PDF-Dateien platzieren

Mithilfe von Parser-Plug-Ins lassen sich jedwede Illustrator-, EPS- oder generischen PDF-Dateien (ein- oder mehrseitig) in Photoshop importieren. Unter DATEI/PLATZIEREN können Sie ein oder mehrere Seiten eines generischen PDFs auswählen, rastern und in einem Zielordner abspeichern. Mit diesem Befehl lassen sich auch ein oder mehrere Bildateien bzw. Vektorgrafiken im PDF als separate Dateien extrahieren (siehe Abbildung 14.23).

PDF-Sicherheitsoptionen

Im Dialogfeld SICHERHEIT schränken Sie den Zugang zu einer PDF-Datei ein. Üblicherweise ist dann zum Öffnen eines Bilds in Acrobat oder Photoshop die Eingabe eines Kennworts notwendig. Sie können noch ein zweites Passwort festlegen, das die Bearbeitungsfunktionen und die Ausgabemöglichkeiten sichert. Denken Sie daran, dass die Einschränkungen auf dieser Sicherheitsstufe nur beim Lesen der Datei in Acrobat funktionieren. Sie können nur das Öffnen einer Datei in Photoshop mit einem Kennwort sichern. Ist es in dem Programm einmal geöffnet, lässt es sich nach Belieben bearbeiten. Trotzdem sind die Sicherheitsoptionen ganz nützlich. So erschweren Sie zumindest nicht authorisierten Personen den Zugang zu Ihren Dateien. Es gibt zwei grundsätzliche Verschlüsselungsstufen: niedrig mit 40-BIT RC4 (kompatibel mit Acrobat 3 and 4) und hoch mit 128-BIT RC4 (für Acrobat 5–7). Da die PDF-Spezifikationen jedoch ein OpenSource-Standard sind, können gewiefte Computerleute die Sicherheitsmaßnahmen leicht durchbrechen und auch eine passwortgeschützte Datei öffnen. Aber immerhin sind die Sicherheitsoptionen besser als gar kein Schutz.

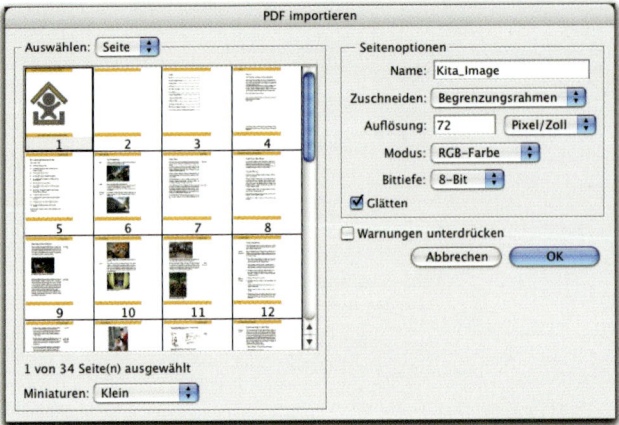

Abbildung 14.23 Wollen Sie ein generisches PDF in Photoshop mithilfe von DATEI/ÖFFNEN bzw. DATEI/PLATZIEREN öffnen, erhalten Sie den hier gezeigten Dialog PDF IMPORTIEREN. Hier können Sie einzelne oder mehrere Seiten bzw. Bildelemente auswählen und als neues Photoshop-Dokument öffnen. Zum Platzieren muss bereits ein Photoshop-Dokument vorhanden sein.

PICT

PICT ist hauptsächlich ein Macintosh-Format. Windows-Versionen von Photoshop können PICT-Dateien zwar lesen, doch ist es kein geeignetes Austauschformat für das Desktop-Publishing, auch wenn es in einigen Multimedia-Applikationen Verwendung findet. Das PICT-Format verwendet als Kompressionsverfahren die verlustfreie Lauflängenkodierung. Bildbereiche mit einfarbigen Flächen werden dadurch effizient und ohne Beeinträchtigung der Bildqualität komprimiert. Das native Photoshop-Format ist jedoch PICT haushoch überlegen. Außerdem weist PICT einige Beschränkungen bezüglich der Pixelgröße auf.

Dateiformat	RGB	CMYK	Indizierte Farben	Graustufen	Ebenen	Alpha-Kanäle	Pfade	ICC-Profile	Anmerkungen
Adobe Photoshop	•	•	•	•	•	•	•	•	•
Adobe Photoshop 2.0	•	•	•	•		•	•	•	
FlashPix	•			•			●		
CompuServe GIF			•						
JPEG	•	•		•			●	•	
Photoshop EPS	•	•	•	•			•	•	
Photoshop DCS 1.0		•					•	•	
Photoshop DCS 2.0		•				•	•	•	
Photoshop PDF	•	•	•	•	•	•	•	•	•
PICT	•		•	•			●	•	
PNG-8			•	•		•	●		
PNG-24	•			•		•	●		
Scitex CT	•	•		•			●		
TIFF	•	•	•	•		•	•	•	•

Abbildung 14.24 Hier sehen Sie, welche Photoshop-Funktionen in den jeweiligen Dateiformaten berücksichtigt werden. Die mit einem roten Punkt gekennzeichneten Features gelten nur für die Mac-Version. In dieser Liste sind auch Webformate aufgeführt, mit denen wir uns im nächsten Kapitel näher beschäftigen werden.

Kapitel 15
Export fürs Web

Ein Tag ohne Internet ist für die meisten von uns undenkbar geworden – nicht zuletzt deshalb, weil es durch seine unzähligen Abbildungen so lebendig wirkt. Ein Bild sagt bekanntlich mehr als tausend Worte. Fotos erlauben es uns, mit Freunden, Kunden und der Familie auf eine Weise zu kommunizieren, die mit Sprache allein nicht möglich wäre. Der größte Vorteil der visuellen Kommunikation via Internet besteht jedoch in der Spontanität. Ein Bild kann innerhalb von Minuten geschossen und aufbereitet werden, danach umrundet es in Sekunden den halben Erdball. Die Kehrseite der Medaille ist, dass wir im Gegensatz zu einem herkömmlichen Druckerzeugnis nur geringe oder gar keine Kontrolle darüber haben, wie das Bild am anderen Ende der Leitung aussieht.

Bilder übers Internet verschicken

Sehen wir uns an, wie Sie Bilder über das Web verteilen können. Die Fakten haben sich mit der Zeit verändert. Früher war ISDN angesagt, doch heute leisten sich viele eine schnellere Leitung.

Mail-Anhänge

Mit der rasant wachsenden Popularität von Breitbandzugängen wie Kabelmodems oder ADSL können auch relativ große Dateien schnell übermittelt werden. Am einfachsten funktioniert der Versand als Anhang in einer E-Mail. Das Verfahren unterscheidet sich von Programm zu Programm, aber in den meisten Fällen genügt es, eine Datei mit Drag & Drop in das Fenster der E-Mail zu ziehen. Ein Klick auf die Taste SENDEN verschickt das Bild zusammen mit der Mail.

Der Prozess scheint simpel, hat aber sein Tücken. Es gibt keinen Hinweis darauf, ob das Programm des Empfängers in der Lage ist, die Bilddatei richtig zu dekodieren. Denken Sie auch daran, den Anhang klein zu halten. Als Faustregel sollte eine angehängte Datei kleiner als 500 KB sein – falls der Empfänger ebenfalls über eine Breitbandverbindung verfügt. Wenn Sie größere Dateien verschicken möchten, sollten Sie sich zuerst mit dem Empfänger in Verbindung setzen. Das Internet benötigt schon genug Bandbreite für ungewollte Junk-Mails. Man sollte das Problem nicht mit unangekündigten großen Anhängen verschärfen. Falls Sie eine große Mail verschicken möchten, fragen Sie den Empfänger zuerst, wie groß eine E-Mail maximal sein darf, denn wenn sie die vom Provider erlaubte Größe überschreitet, wird sie vom Server abgelehnt und zu Ihnen zurückgeschickt.

Solange Sie sich diese Einschränkungen vor Augen halten, kann E-Mail eine sehr effektive Einrichtung für den Transfer von kleineren Dokumenten sein. Eine Menge Leute benutzen Mails, um Fotografien auszutauschen. Die meisten fortgeschrittenen Mail-Programme sind außerdem in der Lage, die Bilder direkt innerhalb der Nachricht anzuzeigen. Aber denken Sie daran, dass eine Mail kein narrensicherer Weg ist, um große Bilder zu verschicken.

Mehrere Bilder per Mail versenden
Mail-Programme akzeptieren für den Versand einzelne oder mehrere Bilder, aber keine Ordner – es sei denn, diese werden zuerst in ein Archiv verpackt. Falls der Empfänger mit einem AOL-Account arbeitet, sollten Sie auch nicht mehr als ein Bild pro Mail verschicken.

Als Mac-Anwender kommt man um die Kompressionssoftware StuffIt von Aladdin Software kaum herum. Entstanden auf dem Macintosh, ist diese Anwendung auch für Windows verfügbar und kümmert sich sowohl um das eigene proprietäre Format als auch um Zip-Dateien und viele andere Kompressionstypen. Vor allem aber sorgt StuffIt dafür, dass unter Windows keine doppelten Dateien auftauchen, weil die Originaldatei in die Macintosh-typische Ressource- und Datafork zerfallen ist.

Eine StuffIt-Datei erkennt man üblicherweise an der Endung ».sit«, doch sie kann auch in einem selbst extrahierenden Programm mit der Endung ».sea« verpackt sein. Diese kann entweder mit StuffIt oder mit WinZip geöffnet werden. Falls die zu komprimierenden Bilder im JPEG-Format vorliegen, werden Sie keine große Platzersparnis bemerken. In jedem Fall aber wird die Qualität der Bilddateien durch diese Form der Kompression nicht verschlechtert.

Upload auf einen Server

Mit der Mail verschicken Sie ein Bild, das in die eigentliche Nachricht eingebunden ist. Eine Alternative wäre der Upload der Bilder auf einen Server. Anschließend können Sie eine Mail mit dem entsprechenden Link an den Empfänger schicken, der das Bild mit einem Klick vom Server laden kann. Der Vorteil dieser Methode ist, dass die Mail lediglich einige Zeilen groß ist. Sie wird wegen ihrer Größe ganz bestimmt nicht vom Mailserver des Empfängers zurückgewiesen. Und falls der Empfänger das Bild jemand anderem zeigen möchte, reicht es, diese kleine E-Mail weiterzuleiten. Doch zuerst muss man wissen, wie ein Bild auf einen Server geladen wird.

Viele Internet-Provider bieten ihren Kunden eine bestimmte Menge Speicherplatz auf ihren Servern, um eine eigene Homepage zu publizieren oder Dateien für andere zum Download bereitzustellen. Sollte Ihr Provider nicht genügend Speicherplatz anbieten, finden Sie im Internet unzählige Firmen, die für wenig Geld ein Gigabyte und mehr zur Verfügung stellen.

In Abbildung 15.1 sehen Sie, wie ich unter Mac OS X mit dem Programm »Fetch« eine Verbindung zu einem FTP-Server aufbaue. Damit Sie den Benutzernamen und das Passwort nicht jedes Mal eingeben müssen, können Sie diese Informationen auf Wunsch speichern. Damit wird der nächste Aufruf des Servers so einfach wie das Öffnen eines Ordners auf der eigenen Festplatte. Ich verwende Fetch regelmäßig, um Fotoserien aus Photoshop auf den Server zu laden. Sehen wir uns an, wie ein Dokument erstellt und anschließend auf den Server geladen wird.

Zuerst öffnet sich das Verbindungsfenster. Die Struktur auf dem Server unterscheidet sich nicht von der Ordnerhierarchie auf Ihrer Festplatte. Das Hauptfenster zeigt die Dokumente der Website und ihre Unterordner an. In diesen Ordnern habe ich neue Verzeichnisse wie »Locations«, »Travel« oder »Review« angelegt. Ich verwende diese speziellen Ordner für die Fotoserien, damit sie sich nicht mit der Hauptstruktur der Website vermischen. Wenn ich

FTP-Software für Mac und PC
Für den Upload benötigen Sie eine Software, die mit FTP-Servern (»File Transfer Protocol«) umgehen kann. Falls Sie einen Macintosh benutzen, kann ich Ihnen Fetch wärmstens empfehlen: www.fetchsoftworks.com. Falls Sie an einem PC arbeiten, sollten Sie einmal WS_FTP Pro (www.ipswitch.com) oder Flash FXP (www.flashfxp.com) ausprobieren. Alle FTP-Programme leisten mehr oder weniger dasselbe. Um eine Verbindung aufzubauen, benötigen Sie eine Adresse (ftp.beispielserver.de), einen Zugangsnamen und ein Passwort. Wenn Sie wissen, wie man ein Mail-Konto konfiguriert, werden Sie mit einem FTP-Login keine großen Probleme haben.

Beim FTP-Zugriff müssen Sie unter Umständen auch ein Unterverzeichnis definieren. Sollte das Schwierigkeiten bereiten, fragen Sie einfach den Support Ihres Providers an. Diese Leute sind in solchen Fällen die besten Ansprechpartner.

.mac-iDisk
Für Macintosh-Anwender gibt es eine weitere Möglichkeit, um zu Online-Speicher zu kommen: die iDisk, die Bestandteil des kostenpflichtigen Angebots ».mac« von Apple ist (www.mac.com). Die iDisk bietet außerdem die Möglichkeit, Dateien in einem öffentlichen Ordner für den Download freizugeben.

Adobe Photoshop für Fotografen

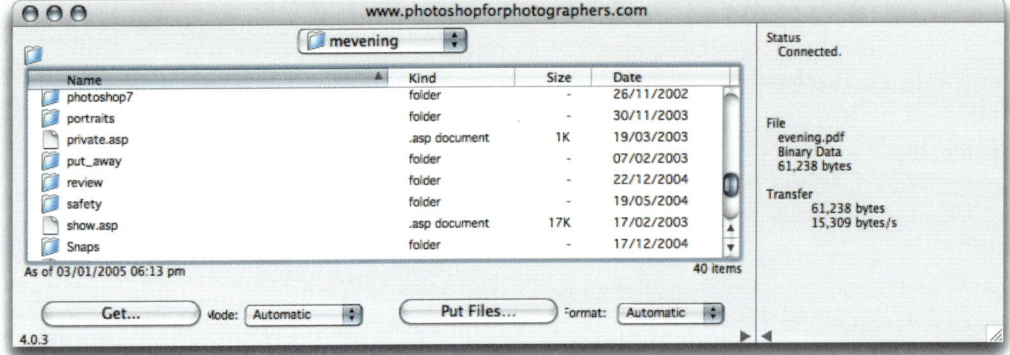

Abbildung 15.1 Der Dialog für den Verbindungsaufbau in Fetch 4.0, einer sehr populären FTP-Software.

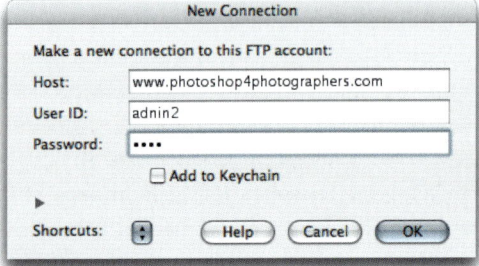

Download einer Musterdatei

Sie können eine Fotografie von meinem Server unter der folgenden Adresse herunterladen: www.martinevening.com/portraits/evening.pdf. (Falls Sie nach einem Speicherort gefragt werden, sichern Sie die Datei einfach auf den Desktop.)

Dieses Bild wurde als Photoshop-PDF-Datei gesichert. Ich habe dieses Format gewählt, um seine Sicherheitsfunktionen zu demonstrieren. Bevor Sie die Datei öffnen können, werden Sie nach dem Passwort gefragt. Geben Sie einfach »evening« ein.

anschließend einen Ordner wie »Review« doppelklicke, sehe ich seine Unterordner und kann die Fotoserie mit den aufbereiteten Bildern in dieses Fenster ziehen. Wie lange der Upload dauert, hängt von der Dateigröße und der Geschwindigkeit der Internetverbindung ab.

Das war's. Jetzt müssen Sie den anderen nur noch den direkten Link durchgeben. Wenn dieser angeklickt wird, beginnt automatisch die Übertragung auf den jeweiligen Rechner.

Dateiformate fürs Web

Wir haben soeben gesehen, wie man Dateien auf einen Server lädt. Zuvor sollte man jedoch dafür sorgen, dass die Bilder optimal abgespeichert wurden. Sehen wir uns an, welche Bildformate es gibt und für welche Situationen sie am besten geeignet sind.

JPEG

Das JPEG-Format (Joint Photographic Experts Group) ermöglicht eine dramatische Kompression von Bildern wie zum Beispiel Fotografien. Das Format verwendet eine verlustbehaftete Kompressionsmethode. Das heißt, je stärker die Kompression ist, desto mehr verliert das Bild an Qualität – und zwar unwiderruflich. Wenn Sie eine durchschnittlich komprimierte JPEG-Datei öffnen und sich die Struktur bei 200% ansehen, werden Sie wahrscheinlich eine Art Schachbrettmuster von 8×8 Pixel sehen. Je höher die Kompression, desto offensichtlicher wird dieses Muster. Die JPEG-Kompression funktioniert am besten bei Bildern mit weichen Farbabstufungen. Bei Motiven mit scharfen Kanten (wie zum Beispiel bei technischen Zeichnungen mit feinen Details) werden die Qualitätsverluste viel eher sichtbar. Das JPEG-Format wird vorzugsweise für die Publikation von Fotos im Web verwendet, weil die enorme Platzersparnis für angenehm kurze Ladezeiten sorgt – trotzdem ist die Qualität der Bilder für die Darstellung am Monitor mehr als ausreichend.

Photoshops Kompression arbeitet auf einer Skala von 0 bis 12. Die Einstellung 12 komprimiert die Bilder am schwächsten und ermöglicht so die beste Qualität. Die Einstellung 0 komprimiert die Bilder radikal und mit unübersehbaren Verlusten. Wenn Sie die Datei im JPEG-Format speichern, zeigt Ihnen Photoshop im Vorschaufenster, wie sich die gewählte Kompression auf das endgültige Resultat auswirkt. Das Fenster zeigt auch die Dateigröße in Kilobyte an und berechnet die ungefähr benötigte Download-Zeit. Diese Informationen sind ausgesprochen nützlich, wenn Sie eine bestehende JPEG-Datei weiter verkleinern möchten.

Immer schön klein halten

Bei Bildern im Web zählt vor allem eines: eine möglichst geringe Dateigröße. Für Fotografien ist deshalb das JPEG-Format am besten geeignet. Für Grafiken mit wenigen, zusammenhängenden Farben sollten Sie jedoch das GIF-Format ins Auge fassen.

Einige Webserver unterscheiden zwischen Groß- und Kleinschreibung und erkennen keine groß geschriebenen Dateinamen. Rufen Sie in diesem Fall VOREINSTELLUNGEN/DATEIEN VERARBEITEN auf und überzeugen Sie sich, dass die Option KLEINBUCHSTABEN VERWENDEN aktiviert ist.

Abbildung 15.2 Zwei JPEG-Dateien, beide mit derselben Auflösung und derselben Qualitätseinstellung. Während das Bild der Sahara nur 21 KB groß ist, wiegt dasjenige des Gaswerks mit 74 KB mehr als dreimal so viel. Je mehr kontrastreiche, scharfe Kanten in einem Bild sind, desto größer wird die Datei. Deshalb sollte man den Filter UNSCHARF MASKIEREN nicht stärker als nötig einsetzen, bevor man ein Bild im JPEG-Format sichert. Falls Sie ein Bild editieren, das für die Verwendung im Web vorgesehen ist, können Sie weniger wichtige Stellen bewusst etwas weichzeichnen, um zu kleineren Bildern zu kommen. (Versuchen Sie einmal den neuen Filter MATTER MACHEN, der in Kapitel 10 beschrieben wird.)

Sie erkennen sofort, wie sich die zusätzliche Kompression auf die Dateigröße auswirkt. Eine Datei kann, solange sie geöffnet bleibt, übrigens zu Testzwecken mehrmals mit unterschiedlichen Einstellungen gesichert werden, ohne dass es zu kumulierten Verlusten kommt. Die Kompression wird erst beim Sichern auf die Festplatte angewendet – das Photoshop-Original im Arbeitsspeicher bleibt davon unangetastet.

Hingegen sollte eine bestehende JPEG-Datei nicht erneut im JPEG-Format gesichert werden, da sich die Kompressionsverluste in diesem Fall aufaddieren und das Bild immer schlechter wird. Im Gegensatz zu den meisten anderen Programmen konvergiert der JPEG-Kompressor von Photoshop immerhin: Wenn ein Bild immer wieder mit

denselben Einstellungen komprimiert und dekomprimiert wird, ohne dass sich die Pixel ändern, wird der Qualitätsverlust mit jeder Sicherung kleiner, bis schließlich ein Punkt erreicht wird, an dem die Bildqualität konstant bleibt.

JPEG sollte in erster Linie verwendet werden, um Bilder für den Versand per E-Mail oder für die Publikation im Web zu verkleinern. Es kann aber auch dazu verwendet werden, um Bilder Platz sparend zu archivieren. Ein Bild von 20×25 cm und 300 dpi wiegt als TIF-Datei etwa 18 MB. Durch die Speicherung als JPEG-Datei kann die Dateigröße auf 1 MB reduziert werden, ohne dass die Qualität allzu sehr leidet. Einige Puristen werden nun einwenden, dass JPEG auf keinen Fall für die Archivierung verwendet werden darf, um die bestmögliche Qualität zu wahren. Es stimmt, dass unter speziellen Umständen EPS- oder TIF-Dateien besser geeignet sind, weil die Daten zum Beispiel auf einem alten PostScript-RIP belichtet werden müssen. In den allermeisten Fällen kann die Dateigröße durch JPEG jedoch dramatisch reduziert werden – trotzdem muss man in der Vergrößerung am Bildschirm zweimal hinsehen, um die Qualitätsverluste zu bemerken.

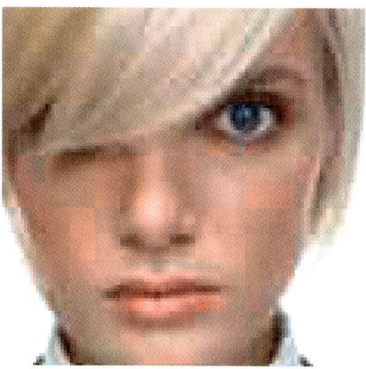

Abbildung 15.3 Die vergrößerte Ansicht eines JPEG-Bilds, das mit der Qualitätseinstellung 10% gesichert wurde. Es zeigt klar die 8×8 Pixel große Mosaikstruktur, die von JPEG verwendet wird, um nebeneinander liegende Farbnuancen zu komprimierten Farbblöcken zusammenzufassen. Bei den höheren Qualitätseinstellungen muss man schon ganz genau hinsehen, um die Veränderungen im Bild wahrzunehmen. Das mehrmalige Überschreiben einer JPEG-Datei kann zu kumulierten Qualitätseinbußen führen. Solange jedoch die Abmessungen des Bilds nicht verändert werden, halten sich die Verluste in Grenzen. Trotzdem: JPEGs sollten vorzugsweise aus einer unkomprimierten Masterdatei gesichert werden.

Die Wahl der richtigen Kompression

Wie Sie in Abbildung 15.5 sehen können, ist JPEG das Mittel der Wahl, um die Dateigröße drastisch zu reduzieren. Doch man zahlt immer einen Preis dafür, denn JPEG ist naturgemäß ein verlustbehaftetes Kompressionsverfahren. Auf der höchsten Qualitätsstufe wiegt die Datei nur 70 KB oder 12% ihrer Originalgröße. Bei der Verwendung der Qualitätsstufe MITTEL reduziert sich die Dateigröße auf 18 KB. Das dürfte die optimale Kompression für die Verwendung des Bilds im Web sein. Die niedrigste Qualitätsstufe staucht das Bild auf weniger als 6 KB zusammen. Allerdings verschwinden die Bilddetails in einem einzigen Pixelbrei.

Abbildung 15.4 Die Dialogbox für das Sichern von JPEG-Dateien. BASELINE (STANDARD) generiert das universellste JPEG-Format, das von allen Browsern verstanden wird. BASELINE OPTIMIERT führt zu etwas kleineren Dateien, wird aber vielleicht von alten Browsern nicht verstanden. MEHRERE DURCHGÄNGE wiederum sorgt dafür, dass ein JPEG-Bild im Browser interlaced aufgebaut wird, so wie man es von GIF-Dateien her kennt.

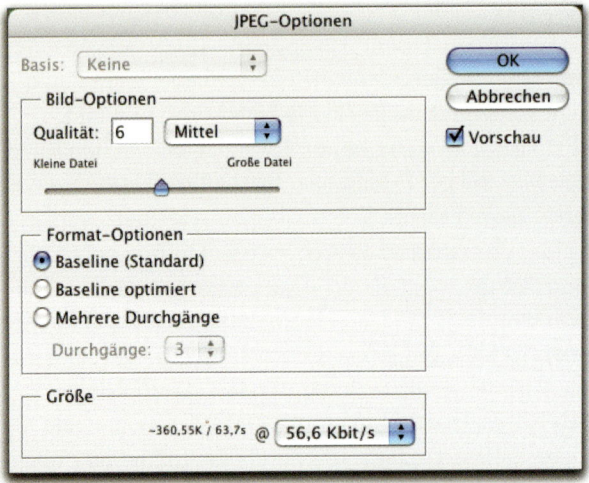

Kunde: Clipso. Model: Bianca at Nevs.

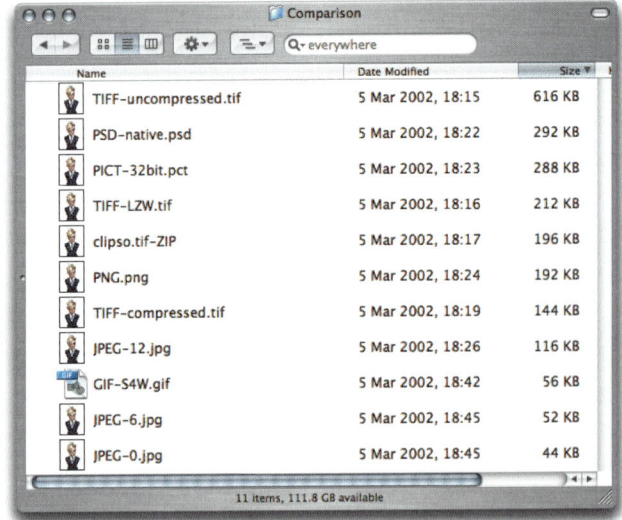

Abbildung 15.5 Dieses Bild wurde auf elf verschiedene Arten gesichert. Das geöffnete Bild mit den Abmessungen von 500×400 Pixel wiegt exakt 586 KB. Das native Photoshop-Format arbeitet in diesem Fall am effizientesten, weil es zum Beispiel für große Flächen wie den weißen Hintergrund eine verlustfreie Kompression verwendet. Unkomprimiertes TIFF speichert Pixel für Pixel und erzeugt deshalb größere Dateien. Komprimiertes TIFF speichert das Bild effizienter, aber der Speichervorgang dauert länger. Unten sind die JPEG- und GIF-Versionen, die mit den dramatischsten Methoden zur Kompression auffahren.

JPEG 2000

Das neuere JPEG 2000 kann wesentlich mehr als das gewöhnliche JPEG-Format. Es speichert Bilder mit 16 Bit pro Kanal inklusive Alpha-Kanälen, Pfaden und sämtlichen Metadaten wie zum Beispiel den EXIF-Daten. Eigentlich wäre es das ideale Format für die Verwendung in Digitalkameras, aber die Vorteile der heute verwendeten RAW-Formate übersteigen die Möglichkeiten der JPEG-2000-Spezifikationen.

JPEG-2000-Kompatibilität

Das JPEG-2000-Plug-In ist nur im Ordner »Plug-ins« im Programmordner »Adobe Bridge« verfügbar. Für eine Anleitung, wie man es in Photoshop CS/CS2 benutzen kann, schlagen Sie bitte auf Seite 123 nach. Zurzeit können nur Photoshop CS und CS2 solche Dateien lesen. Andere Programme mögen später folgen, aber im Augenblick sollten Sie dieses Dateiformat mit Vorsicht genießen.

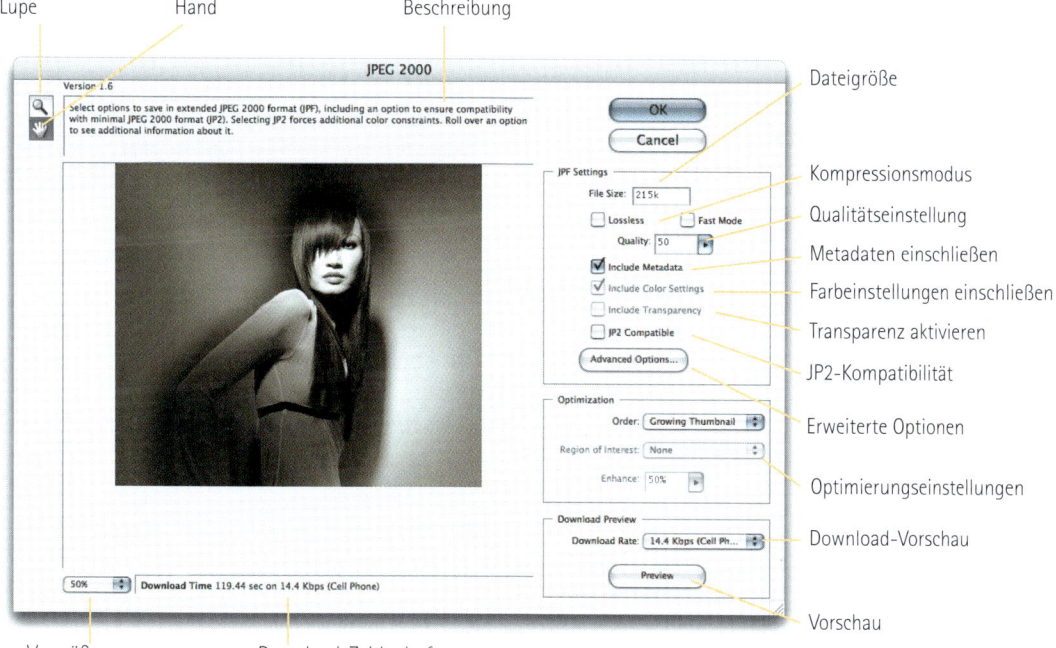

Abbildung 15.6 Die Haupteinstellungen befinden sich am rechten Rand, beginnend mit dem Eingabefeld für die Dateigröße. Es zeigt das aktuelle Gewicht der JPEG-Datei, doch Sie können auch einen Zielwert eingeben, damit Photoshop die ideale Kompression errechnet. Gleich darunter befindet sich die Option LOSSLESS. Die JPEG-Datei wird dadurch zwar größer, aber verlustfrei gesichert. Die Qualitätsstufen lassen sich zwischen 1 und 100% festlegen, wobei 100% die besten Resultate erzeugt. JPEG 2000 unterstützt keine Ebenen, doch falls die Basisebene nicht als Hintergrund definiert wurde und transparente Stellen enthält, kann diese Transparenz mit der Option INCLUDE TRANSPARENCY erhalten werden. Die Optimierungseinstellungen sind dieselben wie im Dialog FÜR WEB SPEICHERN (siehe Seite 597). Die Beschreibung am oberen Fensterrand taucht auf, sobald man den Mauszeiger über eine Funktion führt.

Abbildung 15.7 Das GIF-Format wird hauptsächlich für Logos und Schriftzüge verwendet. Das Bild zeigt das Cover-Design einer früheren Ausgabe dieses Buchs. Es ist auch ein gutes Beispiel für die Art der Bilder, die mit diesem Format bestens bedient sind. Es enthält große Flächen derselben rote Farbe sowie einige wenige andere Farben. Die Aufnahme wurde auf etwa 350×300 Pixel verkleinert. Dann wandelte ich das Bild in indizierte Farben um, mit einer Palette von 16 Farben. Das fertige GIF-Bild belegt 19 KB.

GIF

GIF (Graphics Interchange Format) wird für die Speicherung von Grafiken mit wenigen Farben verwendet, wie zum Beispiel Logos. Einige sprechen das Format als »Giff« aus, andere als »Tschiff« – keine der beiden Aussprachen ist falsch. Um eine Grafik als GIF zu speichern, muss der Farbmodus zuerst im Menü BILD/MODUS auf INDIZIERTE FARBEN gesetzt werden. Dabei wird die bestehende Farbvielfalt auf 256 oder weniger Farben zurechtgestutzt. Sie können eine Palette indizierter Farben auswählen, die automatisch zusammen mit der Datei gesichert wird, wenn Sie sie als COMPUSERVE GIF speichern. Anschließend lässt sich die Datei auf einer Webseite platzieren. Der Dateityp wird übrigens von allen Browsern auf allen Computerplattformen verstanden.

Photoshop bietet beim Indizieren einige spezielle Funktionen, um die Auswahl der Farben zu optimieren. Da wäre zum Beispiel die Vorschau auf das Resultat, während im Dialogfeld mit den Einstellungen herumgespielt wird. Wahlweise können Bilder auch ohne Dithering gespeichert werden. All diese Möglichkeiten optimieren die Qualität der GIF-Bilder und reduzieren die Gefahr, dass die Bilder aussehen, als hätte man sie durch den KÖRNUNG-Filter geschleust. Bedenken Sie, dass die Resultate je nach Bildauflösung sehr unterschiedlich ausfallen können. Deshalb sollten Sie das Bild zuerst auf seine endgültige Auflösung umrechnen, bevor Sie den Modus in INDIZIERTE FARBEN ändern. Sie stellen vielleicht auch fest, dass die horizontalen Details der Bilder besser aussehen als die vertikalen. Das liegt daran, dass GIF für die Kompression das »Run Length Encoding«-Verfahren (RLE) verwendet.

Für Web speichern

Der Befehl FÜR WEB SPEICHERN im Menü DATEI unterscheidet sich in einigen Punkten vom herkömmlichen SPEICHERN-Befehl. Er führt zu einem beeindruckenden Dialogfeld, in dem umfangreiche Einstellungen samt Voransicht für die Formate JPEG, GIF, PNG-8, PNG-24 und WBMP vorgenommen werden können. Die Voransicht unterscheidet wiederum zwischen ORIGINAL, OPTIMIERT, 2FACH und 4FACH. Abbildung 15.8 zeigt den Dialog in der Unterteilung 2FACH. Bei 4FACH können das Original und bis zu drei Variationen nebeneinander betrachtet werden, so dass sich die

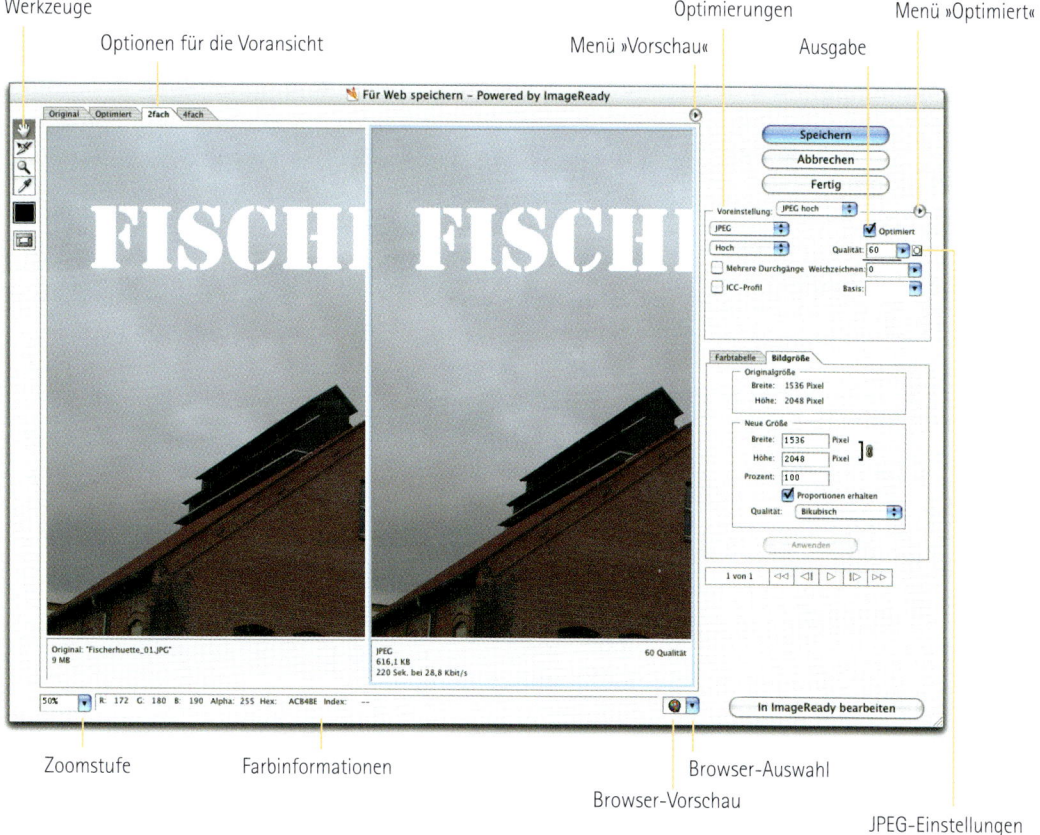

Abbildung 15.8 Der Dialog FÜR WEB SPEICHERN

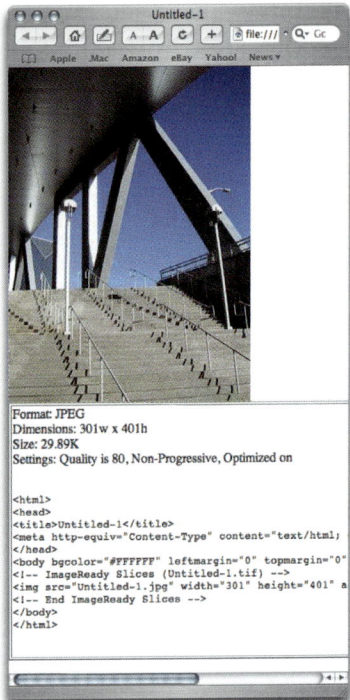

Abbildung 15.9 Wenn die Voransicht angeklickt wird, öffnet sich der vordefinierte Browser und zeigt eine temporär aufbereitete Seite, so wie das Beispiel oben. Auf diese Weise erhalten Sie einen Eindruck, wie das fertige Resultat im Web wirkt. Das ist besonders nützlich, um zu kontrollieren, wie der RGB-Arbeitsfarbraum von verschiedenen Browsern interpretiert wird. Und wenn Sie sich auf eingebettete ICC-Profile stützen, sehen Sie jetzt, wie der jeweilige Browser damit umgeht.

Auswirkungen verschiedener Kompressionsstufen auf die Dateigröße und die Bildqualität exakt beurteilen lassen.

Auch die ungefähre Download-Zeit wird berechnet. Klicken Sie auf das Menü VORSCHAU, um eine Verbindungsart auszuwählen. Dasselbe Menü wird verwendet, um die Darstellung auf verschiedenen Computersystemen zu simulieren: Macintosh, Windows-PC, mit oder ohne Farbprofil – die Darstellung wird augenblicklich angepasst. Die BROWSER-VORSCHAU wiederum zeigt Ihnen die Darstellung im vordefinierten Browser (Abbildung 15.9).

Photoshop bietet die Möglichkeit, »progressive« JPEGs abzuspeichern. Praktisch alle modernen Browser unterstützen diese Darstellungsart, bei der das Bild zuerst grob und dann immer feiner dargestellt wird, so wie es bei GIF-Bildern der Fall ist. Dieses optimierte Format wird mit der Checkbox MEHRERE DURCHGÄNGE aktiviert – allerdings könnte sie mit alten Webbrowsern nicht kompatibel sein. Die Qualitätsstufen unterscheiden entweder zwischen den Einstellungen NIEDRIG, MITTEL, HOCH, SEHR HOCH und MAXIMUM oder können exakt mit einem numerischen Wert zwischen 1 und 100% definiert werden. Alle angepassten Einstellungen lassen sich über das OPTIMIERT-Menü absichern. Und dann wäre da noch die WEICHZEICHNEN-Funktion. Sie erlaubt es, zu stark geschärfte Bilder ein wenig zu »entschärfen«, wodurch wiederum die JPEG-Kompression effektiver arbeitet.

Unmittelbar rechts neben dem Eingabefeld für die Qualitätsstufe finden Sie das Icon für die Qualitätseinstellungen mit Hilfe eines bestimmten Kanals. In diesem Dialog lassen sich die Qualitätsstufen für eine Textebene, eine Vektorformebene oder einen Alpha-Kanal festlegen, die im selben Dokument gesichert sind (siehe Abbildung 15.10). Mit diesem Werkzeug ist es möglich, bestimmte Regionen eines Bilds einer anderen JPEG-Kompression zu unterziehen als den Rest des Bilds. Der Schieberegler definiert dabei den Umfang der JPEG-Kompression zwischen der totalen und gar keiner Maskierung sowie den weichen Verlauf dieser Transformation. Abbildung 15.10 zeigt eine Voransicht mit

Kapitel 15
Export fürs Web

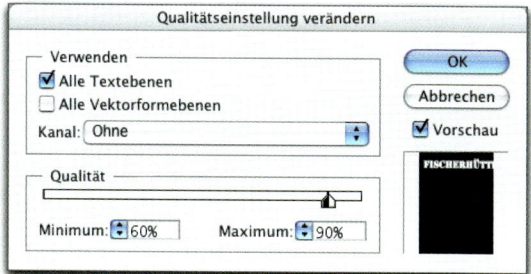

Abbildung 15.10 Die Dialogbox QUALITÄTSEINSTELLUNGEN VERÄNDERN. Diesen Dialog erhalten Sie, wenn Sie das Symbol rechts von der Qualitätseinstellung anklicken. Damit wird es möglich, dass mit Hilfe von Alpha-Kanälen bestimmte Zonen des Bilds JPEG-optimiert werden. Mit der Option ALLE TEXTEBENEN können Texte einer höheren Kompression unterworfen werden als der Rest des Bilds.

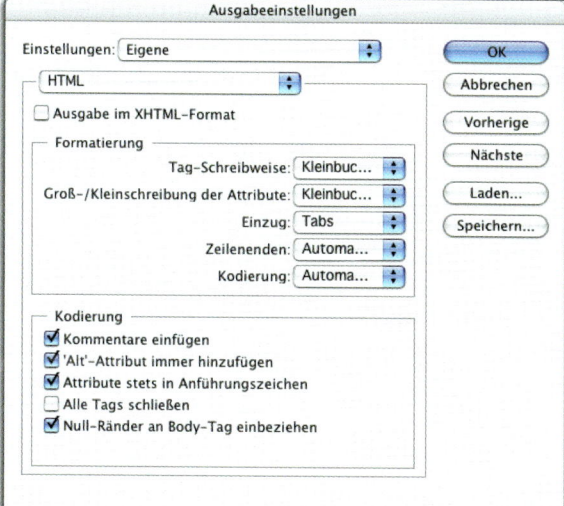

Abbildung 15.11 Die HTML-Einstellungen. Andere Menüoptionen kümmern sich um den Hintergrund, das Sichern und um die Handhabung der Slices. Aktivieren Sie aus dem Aufklappmenü die Option SLICES, um Cascading Style Sheets auf Basis der Slices zu generieren.

der eingeschalteten Funktion ALLE TEXTEBENEN. Das heißt, dem Text wird eine höhere JPEG-Kompression verpasst als dem Rest des Bilds. Wird dieser Dialog aufgerufen, während als Zielformat GIF definiert wurde (darauf kommen wir gleich), kann der Alpha-Kanal verwendet werden, um die Farbreduktion und das Dithering gezielt an gewisse Zonen anzupassen.

Sobald Sie auf die Taste SPEICHERN klicken, stehen Ihnen folgende Möglichkeiten zur Verfügung: Gesichert werden HTML UND BILDER, NUR HTML oder NUR BILDER. Außerdem können Sie die Namensgebung der Bilder und Slices sowie die HTML-Codierung beeinflussen und festlegen, ob ein Hintergrundbild mitgeliefert werden soll. Abbildung

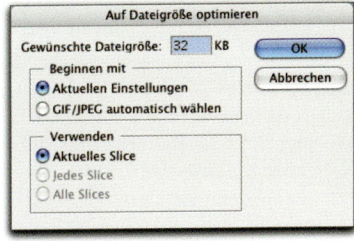

Abbildung 15.12 Mit dem Befehl AUF DATEI-GRÖSSE OPTIMIEREN können Sie die gewünschte Zielgröße definieren und die passende Kompression Photoshop überlassen.

15.9 zeigt ein HTML-Dokument, dessen Rahmenparameter in Photoshop über den Befehl FÜR WEB SPEICHERN definiert wurden.

Die Einstellungen hinter dem Reiter BILDGRÖSSE sind weitgehend dieselben wie diejenigen, die hinter dem Befehl BILD/BILDGRÖSSE stecken. Tippen Sie einfach einen neuen Prozentwert ein und sehen Sie, welchen Einfluss das auf die Bildgröße hat. Die Vorschau wird mit einem Klick auf die Taste ANWENDEN aktualisiert. Alternativ können Sie den Befehl OPTIMIEREN AUF DATEIGRÖSSE verwenden, der sich im OPTIMIEREN-Menü befindet (siehe Abbildung 15.12). Geben Sie die gewünschte Dateigröße in Kilobyte ein und überlassen Sie es auf Wunsch Photoshop, ob es die Datei im JPEG- oder GIF-Format speichern soll.

GIF speichern fürs Web

Die Speicheroptionen für GIF-Bilder sind nicht minder zahlreich als beim JPEG-Format. Sie haben dieselbe Kontrolle über die Bildgröße und können das Aussehen der Grafik auf verschiedenen Browsern und Betriebssystemen simulieren lassen. Die restlichen Optionen kümmern sich um die Kompression, die Transparenz sowie die Farbtabellen, die eine GIF-spezifische Angelegenheit sind. Für die Farbreduktion können Sie sich eine optimale Tabelle errechnen lassen, die mit der GIF-Datei gesichert wird.

Das schließt die speziellen 8-Bit-Systempaletten für Mac und Windows ein. Diese Tabellen mögen eine feine Sache für ein bestimmtes System sein, doch dafür sieht das Bild auf einem anderen System leider nicht besser aus. Deshalb bietet Photoshop eine Webpalette aus 216 ausgewählten Farben, die sowohl auf dem Macintosh als auch unter Windows verfügbar sind. So wird eine hohe Konsistenz bei Anwendern erreicht, die auf ihrem Monitor nur 256 Farben darstellen können – das sind jedoch so wenige, so dass es sich hier eher um ein Relikt aus der Vergangenheit handelt. Wie auch immer, der Regler WEB-AUSRICHTUNG erlaubt die Modifikation der bestehenden Farbtabelle, so dass sie sich näher an die Webpalette anlehnt und damit für besser kalkulierbare Resultate auf verschiedenen Browsern und

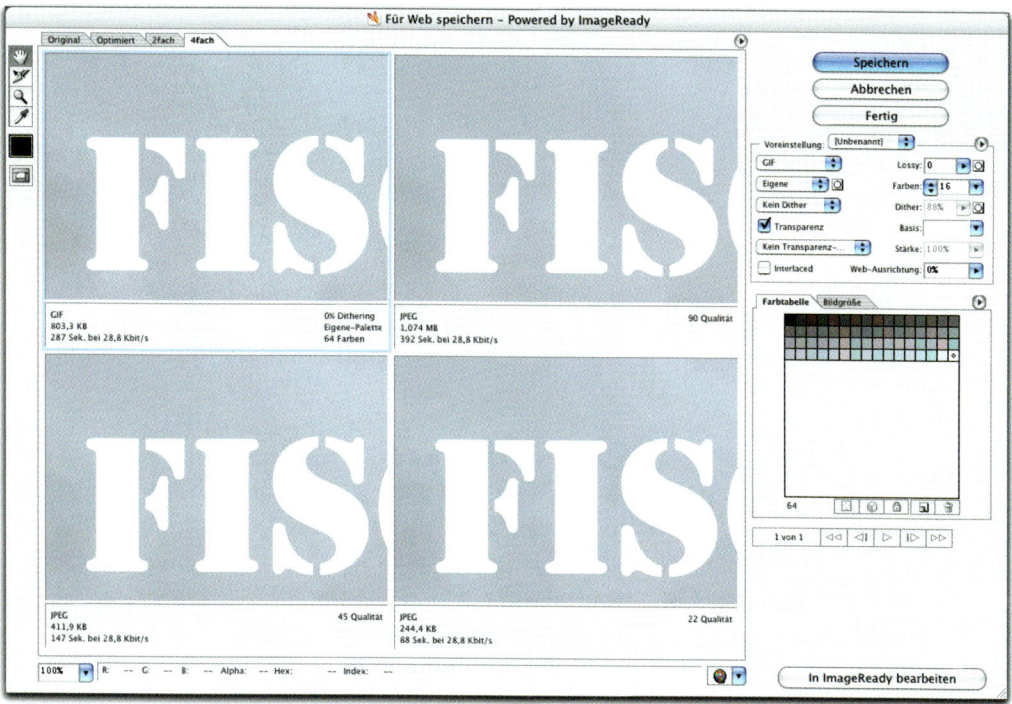

Abbildung 15.13 GIF-Einstellungen im Dialog Für Web speichern.

Plattformen sorgt. Je höher der Prozentwert, desto stärker wird das Bild an die Webpalette angepasst.

Die Funktion INTERLACED erhöht die Dateigröße ein wenig, aber das ist es wert. Damit wird das Bild im Browser zuerst grob und anschließend immer feiner aufgelöst. Anwender mit langsamen Internetzugängen können so den Inhalt des Bilds bereits erahnen, bevor es ganz geladen ist.

Die Einstellung PERZEPTIV erzeugt eine Farbtabelle, die sich an der Farbempfänglichkeit unserer Augen orientiert. Standardmäßig sind die Resultate bei der Einstellung SELEKTIV den perzeptiven sehr ähnlich, doch sie orientieren sich eher an der Webpalette. Sie sind wahrscheinlich der beste Kompromiss in einer Zeit, in der auch die billigsten PCs mit einer 24-Bit-fähigen Grafikkarte ausgeliefert werden. Die Einstellung ADAPTIV passt die Tabelle ohne Rücksicht auf

Abbildung 15.14
Das Menü für die Farbpalette:
A: Markierte Farben transparent machen
B: Verschiebt die Farbe in die Webpalette und zurück
C: Schützt die Farbe gegen Löschen
D: Fügt eine mit der Pipette ausgewählte Farbe hinzu

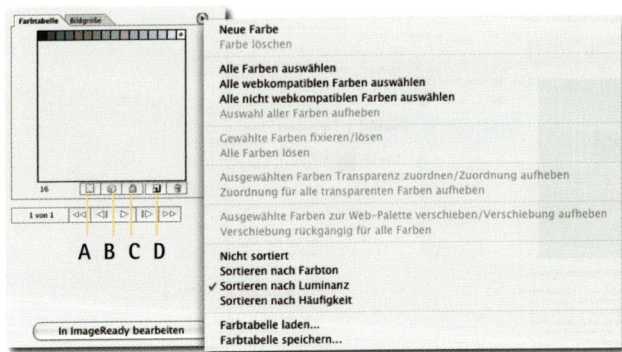

andere Kriterien an und produziert damit die besten Resultate auf Monitoren mit 24 Bit Farbtiefe.

LOSSY reduziert die Dateigröße durch Kompression. Das mag bei großen GIF-Dateien nützlich sein, aber die Qualitätsverluste sind offensichtlicher als bei JPEG-Bildern. Eine kleine Überdosis reicht, damit das Bild aussieht, als wäre es einem schlecht eingestellten TV-Kanal entsprungen.

Zu den Dithering-Methoden: DIFFUSION erzeugt den Eindruck einer wesentlich höheren Farbvielfalt, indem Farben wie in der Drucktechnik durch andere, sich ähnelnde Farben simuliert werden. Der Regler DITHER bestimmt dabei, wie stark diese Rasterung sein darf. Die Einstellungen MUSTER und STÖRUNGSFILTER müssen ohne Dithering-Kontrolle auskommen.

Falls der Hintergrund des Bilds transparent ist, kann die Funktion TRANSPARENZ diese Eigenschaft auch auf das GIF-Bild übertragen. Dazu müssen Sie die Pipette verwenden und anschließend in die Vorschau klicken. Die ausgewählte Farbe wird in der Farbpalette aktiviert. Aktivieren Sie bei Bedarf weitere Farben mit gedrückter ⇧-Taste und klicken Sie auf die Funktion ZUORDNUNG AUSGEWÄHLTER FARBEN ZU TRANSPARENZ – das ist das Symbol ganz links, unmittelbar unter der Farbpalette. Sie können zwischen DIFFUSION-, MUSTER- und STÖRUNGSFILTER-TRANSPARENZ-DITHER wählen. Prüfen Sie einfach in der Voransicht, welche Methode die schönste Annäherung an die transparenten Stellen erzeugt.

Export über ZoomView

ZoomView wurde von Viewpoint (www.viewpoint.com) entwickelt. Mit dem Menübefehl DATEI/EXPORTIEREN/ZOOM-VIEW… lässt sich ein Ausgabe-Ordner einrichten, in den alle nötigen Komponenten exportiert werden. Jeder, der den kostenlosen »Viewpoint Media Player« installiert hat, kann in die Bilder hineinzoomen. Dieses Format ist ideal für Präsentationen und kommerzielle Websites, die dem Besucher einen detaillierten Blick erlauben möchten.

Abbildung 15.15 Die Dialogbox für den ZoomView-Export. Das Resultat ist ein Ordner, der alle Elemente für das Hineinzoomen in die Bilder enthält. Einmal erstellt, müssen Sie diesen Ordner nur noch auf den Server laden und den üblichen URL um »/ordnername/basisname.htm/« ergänzen. (Der Basisname ist die Bezeichnung des Bilds.) Besucher der Site werden darauf hingewiesen, dass sie für die Betrachtung das ZoomView-Plug-In benötigen – außer, es ist bereits installiert. Wenn die Seite einmal geladen ist, kann der Betrachter mit der linken Maustaste in das Bild hinein- und mit der rechten Maustaste herauszoomen. Für nichtkommerzielle Projekte ist die Lizenzierung kostenlos, andernfalls müssen Gebühren an Viewpoint abgeführt werden.

Copyright-Wasserzeichen hinzufügen

1 Die folgenden Schritte basieren auf einem Tutorial, das ich vor einigen Jahren für das PEI-Magazin schrieb. Es zeigt, wie man ein Copyright-Symbol als Wasserzeichen verwendet, und hat an Aktualität nichts verloren. Sehen Sie selbst, wie Sie mit Wasserzeichen die Sicherheitskonzepte des Acrobat PDF-Formats für Ihre Zwecke besser nutzen können.

2 Rufen Sie den Befehl ANSICHT/LINEALE auf. Doppelklicken Sie auf eines der Lineale und wählen Sie als Maßeinheit PROZENT. Ziehen Sie je eine Hilfslinie auf 50%. Aktivieren Sie das Textwerkzeug, wählen Sie die zentrierte Ausrichtung und klicken Sie auf den Schnittpunkt. Das Copyright-Symbol erreichen Sie über ⌥-G (Strg-Alt-C). Verwenden Sie den Befehl BEARBEITEN/FREI TRANSFORMIEREN, um das Symbol mit gedrückter ⇧-Taste zu skalieren.

3 Machen Sie sich keine Gedanken über die Farbe, die zählt im Augenblick nicht wirklich. Wechseln Sie nun in die Ebenen-Palette und ändern Sie die Deckkraft der Ebene auf 0%. Das Symbol verschwindet. Wenn Sie jetzt jedoch eine Effektebene wie ABGEFLACHTE KANTE UND RELIEF hinzufügen, wird der Effekt sichtbar. Die einzige Änderung, die ich im Dialog für den Ebenenstil vornahm, war die Reduktion der MULTIPLIZIEREN-Deckkraft auf 15%.

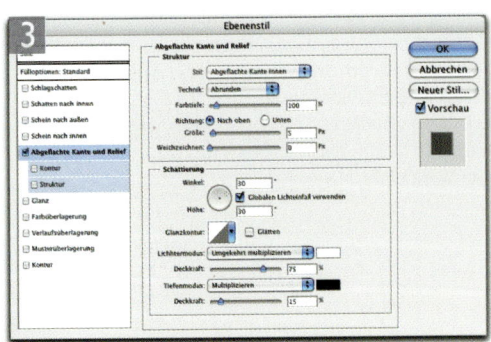

Kapitel 15
Export fürs Web

4 Sie können diese Schritte übrigens problemlos in eine Photoshop-Aktion packen, um Bilder bequem zu markieren. Zu guter Letzt sicherte ich das Bild als PDF-Datei und versah diese in den Sicherheitseinstellungen mit einem Passwort. Der Empfänger, der das Bild öffnen will, muss das Passwort kennen. Danach kann er das Bild öffnen und die Ebene mit dem Copyright-Symbol löschen.

Andere Fassungen dieser Masterdatei können zum Beispiel als Muster in einem Layoutprogramm oder als JPEG-Datei auf einer Website verwendet werden.

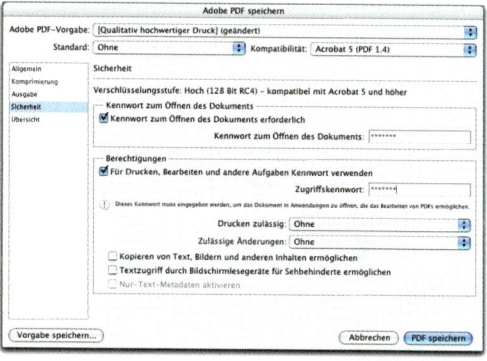

Kunde: Rainbow Room. Model: Greta at FM.

PNG – Portable Network Graphics

Dieses Dateiformat wird ebenfalls über den Befehl DATEI/ FÜR WEB SPEICHERN verwendet. Das PNG-Format (sprich: »Ping«) wird meistens bei RGB-Bildern eingesetzt. Es arbeitet mit einer verbesserten Kompression und erlaubt den Einsatz von Alpha-Kanälen, um im Bild transparente Stellen zu markieren. Andere Vorzüge gegenüber dem JPEG- und GIF-Format sind eine höhere Farbtiefe, Unterstützung für Kanäle und eine rudimentäre Unterstützung für Gamma-Korrekturen, so dass Bilder an die unterschiedlichen Gamma-Werte von Mac und PCs angepasst werden können. Praktisch alle modernen Browser unterstützen das PNG-Format.

Photoshop-Aktionen mit Text
Wenn Sie eine Photoshop-Aktion aufzeichnen, in der eine Textebene hinzugefügt wird, sollten Sie vorher einen Schritt einbauen, um die Auflösung der Bilder zu harmonisieren. Wählen Sie noch vor dem Hinzufügen der Textebene den Befehl BILD/BILDGRÖSSE und setzen Sie die Auflösung auf den gewünschten Wert. Deaktivieren Sie die Option BILD NEUBERECHNEN MIT: Auf diese Weise können Sie konsistente Schriftgrößen erwarten.

Web-Fotogalerie

Die Funktion WEB-FOTOGALERIE (zu finden im Menü DATEI/AUTOMATISIEREN) produziert von einer Bildersammlung automatisch Miniaturansichten und den zugehörigen HTML-Quellcode, so dass mit geringem Aufwand Webgalerien erstellt werden können – inklusive anklickbaren Miniaturen und Buttons für die Navigation. Diese Funktion kann Ihnen viele Stunden stupider repetitiver Arbeiten ersparen. Ich verwende sie praktisch täglich und sie ist aus meinem Arbeitsablauf nicht mehr wegzudenken. Stellen Sie sich vor, Sie möchten eine Bildersammlung Ihren Kollegen oder Geschäftspartnern zeigen. Mit dieser Photoshop-Funktion können Sie ganze Bilderordner automatisch zurechtstutzen, auf einer HTML-Seite anrichten und danach den fertigen Ordner auf einen Server laden. Anschließend müssen Sie dem Empfänger nur noch per E-Mail die Adresse durchgeben, unter der der Ordner erreichbar ist. (Das haben wir bereits unter Abbildung 15.1 besprochen.)

In Abbildung 15.17 habe ich den Zielordner »i3forum« getauft und auf dem Server innerhalb des Ordners »portraits« abgelegt. Danach musste ich meiner Webadresse nur noch »/portraits/i3forum/« hinzufügen. Es besteht keine Notwendigkeit, die HTML-Datei anzugeben, da alle Webbrowser in einem Verzeichnis automatisch nach der Datei »index.htm« oder »index.html« Ausschau halten.

Die Basis für die Galerie kann ein beliebiger Bilderordner sein, ungeachtet dessen, ob die Bilder als RGB oder CMYK abgespeichert wurden. Sie erreichen diese Funktion auch via Adobe Bridge, um aus den ausgewählten Bildern eine Webseite zu generieren, und zwar über das Menü WERKZEUGE/PHOTOSHOP/WEB-FOTOGALERIE. Die Reihenfolge der Bilder wird zuvor durch simples Verschieben der Miniaturen festgelegt. Wenn die Option ALLE UNTERORDNER EINSCHLIESSEN markiert ist, wird die gesamte folgende Ordnerhierarchie in die Verarbeitung mit einbezogen. Es ist nicht nötig, die Bilder vorher zu skalieren, weil die Größe der Bilder und Miniaturen automatisch auf eine Vorgabe heruntergerechnet wird.

Kapitel 15
Export fürs Web

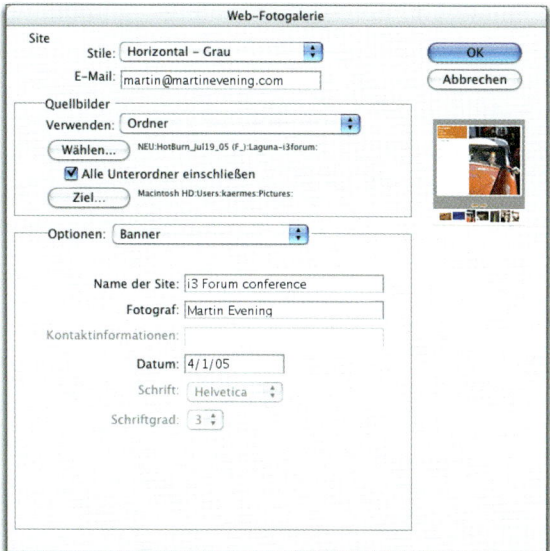

Abbildung 15.16 Die Photoshop Web-Fotogalerie erlaubt die Einbindung von zusätzlichen Informationen wie die Kontaktadressen oder ein aktiver Link für die Mail-Adresse. Die Sicherheitsfunktionen ermöglichen das Hinzufügen von Wasserzeichen zu den Bildern, die von der Fotogalerie-Funktion generiert werden. Diese basieren wahleise auf Dateinamen, Stichworten oder individuellen Texten.

Abbildung 15.17 Nachdem die Fotogalerie erstellt wurde, wird die Seite automatisch im Browser geöffnet, so dass Sie das Resultat begutachen können, bevor der Ordner auf den Server geladen wird.

607

Erstellen eigener Vorlagen

Wenn Sie wirklich für ein Abenteuer bereit sind, rufen Sie die Photoshop-Hilfe auf und suchen Sie nach folgenden Schlagwörtern: »Anpassen von Web-Fotogaleriestilen« und »Token für Web-Fotogaleriestile«. Hier erhalten Sie Tipps, wie Sie HTML-Vorlagen vom Start weg schreiben. Nachdem Sie sich da durchgearbeitet haben, wissen Sie auch, wie Sie die Resultate dieser Funktion in Programmen wie Adobe GoLive optimieren können.

In Photoshop CS2 stehen nun 20 Gestaltungsvorlagen zur Verfügung. (Einige Muster sehen Sie in Abbildung 15.18.) Ein paar davon arbeiten mit simplen HTML-Tabellen, während sich andere auf Frames und JavaScript stützen, um komplexere Seiten zu generieren. Die Vorlagen können mit dem Popup-Menü OPTIONEN bis zu einem gewissen Grad angepasst werden, wie wir gleich noch sehen werden. Weil sie jedoch technisch sehr unterschiedlich konzipiert wurden, sind nicht alle Einstellungen bei sämtlichen Vorlagen wirksam.

Wenn Sie einen Bilderordner durch diese Funktion jagen und nicht sicher sind, ob das Layout wirklich Ihren Vorstellungen entspricht, ändern Sie die Einstellungen oder versuchen Sie einfach ein anderes Design. Stellen Sie sicher, dass bei den allgemeinen Optionen die Funktion BILDERN HÖHEN- UND BREITENATTRIBUTE HINZUFÜGEN eingeschaltet ist. Auf diese Weise muss Photoshop die Bilder bei eventuellen Änderungen nicht mehr neu berechnen. Stattdessen wird einfach der HTML-Code angepasst. Nachdem eine Galerie erstellt wurde, merkt sich Photoshop die Einstellungen fürs nächste Mal.

Natürlich können Sie auch Ihre eigenen Vorlagen erstellen. Wechseln Sie im Programmverzeichnis von Photoshop in den Ordner VORGABEN/WEB-FOTOGALERIE und verwenden Sie die bestehenden Layouts als Basis für Ihre eigenen Ideen. Am einfachsten duplizieren Sie den Ordner einer Vorlage und werfen danach in Photoshop einen Blick auf die Grafiken. Anschließend können Sie die Buttons, Hintergründe usw. modifizieren und die bestehenden Dateien unter demselben Namen überschreiben. Geben Sie der Vorlage eine neue Bezeichnung. Wenn Sie die Webgalerie-Funktion das nächste Mal aufrufen, erscheint Ihre Vorlage im Popup-Menü mit den Designs.

Kapitel 15
Export fürs Web

ZENTRIERTER FRAME 1 – EINFACH

ZENTRIERTER FRAME 1 – FEEDBACK

ZENTRIERTER FRAME 1 – NUR INFO

ZENTRIERTER FRAME 2 – FEEDBACK

GEPUNKTETER RAND – WEISSSCHWARZ

FLASH – GALERIE 2

HORIZONTAL – FEEDBACK

HORIZONTAL – NEUTRAL

HORIZONTALE DIASHOW

Abbildung 15.18 Hier sehen Sie einige Beispiele der Web-Fotogalerie-Vorlagen in Photoshop CS2. Diese Muster vermitteln einen besseren Eindruck von den Vorlagen, als die kleinen Thumbnails in der Dialogbox. Die Seiten wurden zum größten Teil mit den Standardfarbeinstellungen erzeugt, so dass hier noch massenhaft Spielraum für Anpassungen vorhanden ist. Die »Feedback«-Vorlage erlaubt es dem Besucher, seine Lieblingsbilder zu markieren, Kommentare zu den einzelnen Fotos hinzuzufügen und diese in Form einer E-Mail zurückzuschicken.

TABELLE 2

609

Allgemeine

UTF-8 KODIERUNG FÜR URL VERWENDEN betrifft wirklich nur den URL. Wenn BILDERN HÖHEN- UND BREITENATTRIBUTE HINZUFÜGEN markiert ist, wird Photoshop bei jeder erneuten Erstellung der Galerie genötigt, alle Bilder neu zu berechnen – selbst dann, wenn nur der Bannertitel geändert werden musste. Ich schalte deshalb diese Option lieber aus. ALLE METADATEN BEIBEHALTEN stellt sicher, dass alle im Bild vorhandenen Metadaten auch in der Galerie beibehalten werden – allerdings werden die Dateien ein wenig größer.

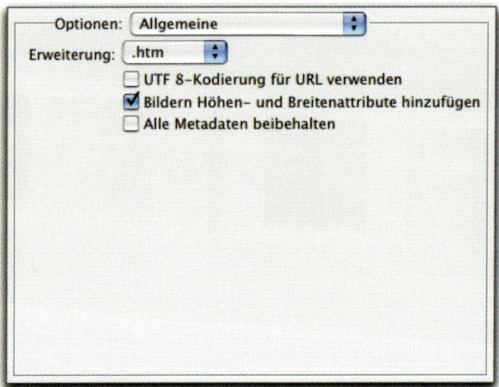

Banner

Geben Sie unter NAME DER SITE eine sinnvolle Bezeichnung ein. Dieser Text erscheint sowohl im Fensterbalken als auch als fetter Titel auf der Galerieseite. Geben Sie im nächsten Feld Ihren Namen ein oder, um ein weniger genauer zu sein, »Fotografien von« gefolgt von Ihrem Namen. Noch weiter unten können Sie Ihre KONTAKTINFORMATIONEN eintragen, doch diese Angaben werden nur von den Vorlagen ZENTRIERTER FRAME, HORIZONTAL – FEEDBACK und HORIZONTALE DIASHOW genutzt. Im Feld DATUM erscheint automatisch das aktuelle Tagesdatum und zu guter Letzt bestimmen Sie noch die Schriftart und -größe.

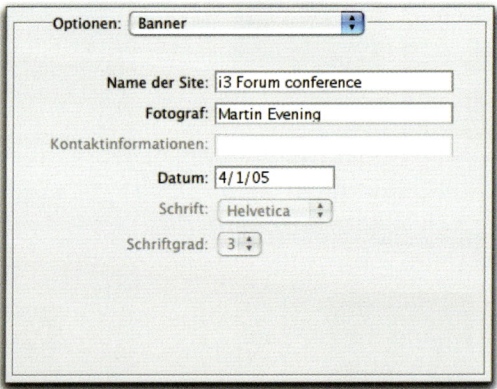

Große Bilder

Hier werden die Größe und die Erscheinung der Hauptbilder definiert. Sie können bestimmen, ob die Dateien skaliert werden sollen, eine Größenbeschränkung auferlegen und die Stärke der Kompression festlegen. Außerdem lassen sich die Fotos automatisch umranden. Den Abschluss bilden die Metadaten, die unter Umständen in den Dateien eingebunden sind. Sie werden neben oder unter den Bildern angezeigt.

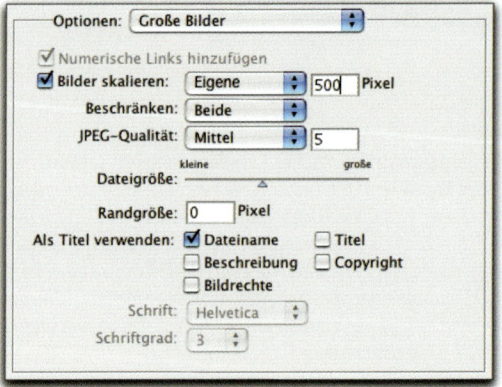

Kapitel 15
Export fürs Web

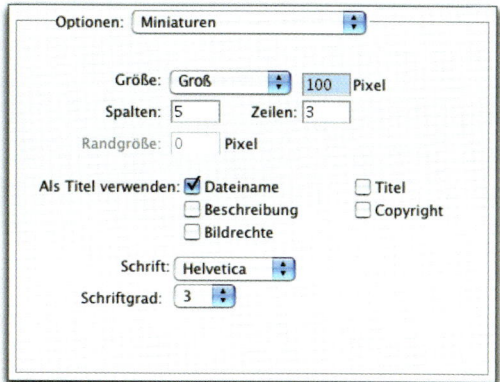

Miniaturen
Miniaturen sind eine kleinere Ausgabe der Bilder und werden vor allem als visuelle Navigationshilfe verwendet. Größe und Erscheinung der Miniaturen lassen sich an Ihre Bedürfnisse anpassen. Als Faustregel gilt: Je kleiner die Miniaturen, desto schneller ist die Seite geladen. Üblicherweise kann unter den Miniaturen lediglich die Dateibezeichnung dargestellt werden.

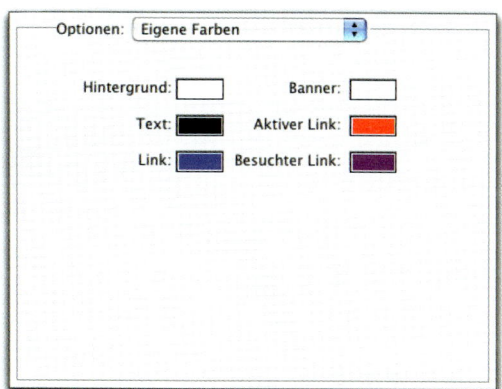

Eigene Farben
Die Web-Fotogalerie-Vorlagen verwenden zum größten Teil neutrale Farben. Wenn Sie es ein wenig bunter mögen, verändern Sie hier die Farben für den Hintergrund, das Banner und den Text. Die Farben für die Links lassen sich hier ebenfalls definieren, um die Einstellungen in einigen Vorlagen zu überschreiben.

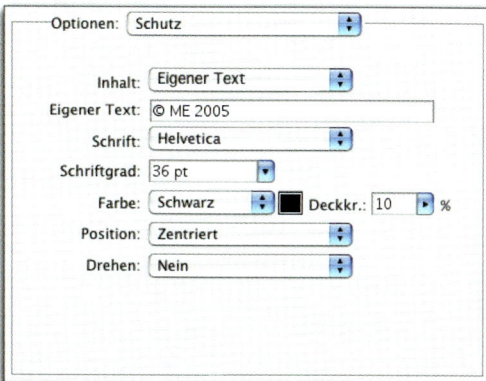

Schutz
Diese Einstellung macht es möglich, dass den Bildern automatisch ein Wasserzeichen aufgedrückt wird. Wenn Sie die Option COPYRIGHT verwenden, benutzt Photoshop automatisch die Copyright-Hinweise in den IPTC-Metadaten. Daneben können Sie auch andere, beliebige Texte für das Wasserzeichen verwenden. Die richtige Schriftgröße hängt von den Abmessungen der Bilder ab – hier müssen Sie ein bisschen herumprobieren. Wenn Sie die Beispielseite betrachten, die ich erstellt habe, dann sehen Sie, wie die Deckkraft des Copyright-Vermerks auf 10% reduziert wurde.

Kunden-Feedback

Ihre Kunden können die Feedback-Formulare verwenden, um Bilder auszuwählen, Kommentare hinzuzufügen und Ihnen das Ganze per Mail zukommen zu lassen. Zurzeit werden nur die Dateinamen verwendet, um in der Mail darauf hinzuweisen, welche Fotos gemeint sind. Trotzdem funktioniert dieses System sehr viel besser, als wenn man die Dateinamen von Hand aufschreiben und die Kommentare per Telefon weitergeben müsste.

Info & Feedback

Die »Feedback«-Vorlagen verwenden JavaScript. Werden die Seiten auf dem Server aufgerufen, können die Betrachter Kommentare an Sie senden. Damit das funktioniert, müssen Sie Ihre E-Mail-Adresse im Fenster WEB-FOTOGALERIE eingeben (siehe Abbildung 15.16). Immer wenn ich ein Model-Casting durchführe, nehme ich einige digitale Bilder und gebe den Namen des Models sowie die Agenturbeschreibung in die IPTC-Metadaten-Felder in Adobe Bridge ein. Diese Infos werden automatisch in den Dateiheadern oder in einer .xmp-Datei gespeichert. Wenn ich eine Webgalerie erzeuge und in den Optionen für GROSSE BILDER die Funktion BESCHREIBUNG aktiviere, erscheinen diese Informationen bei jedem Bild in der Galerie.

Abbildung 15.19 Hier sehen Sie ein Beispiel für ein Feedback-Template, das mit der Web-Fotogalerie erstellt wurde. Ich finde diese Vorlage besonders nützlich, wenn ich nach einem Model-Casting einen Satz Bilder publizieren möchte oder wenn ich zu einem Set retuschierter Fotos den Kommentar meines Auftraggebers hören möchte. In diesem Fall kann der Kunde die Galerie auf meiner Homepage besuchen, einige Bilder aussuchen, mit Kommentaren versehen und alles in einer Mail an mich zurücksenden – einfacher geht es nicht. Danach reicht ein Klick auf den FEEDBACK-Button und die Eingabe seines Namens. Photoshop startet das Mail-Programm und komplettiert den Inhalt der Mail.

Kapitel 15
Export fürs Web

Adobe ImageReady CS2

Adobe ImageReady CS2 wird automatisch zusammen mit Photoshop installiert. Es wurde in erster Linie konzipiert, um den speziellen Bedürfnissen von Webdesignern entgegenzukommen. Es verwendet dabei ebenfalls das PSD-Dateiformat von Photoshop und kann Bilder und HTML-Code direkt an GoLive weitergeben. Dieses Buch handelt davon, wie Photoshop am besten in der digitalen Fotografie eingesetzt wird. Webdesign ist wirklich eine ganz andere Welt. Ungeachtet dessen verdient ImageReady eine kurze Erwähnung, weil es nach wie vor eine wichtige Komponente des Photoshop-Pakets ist.

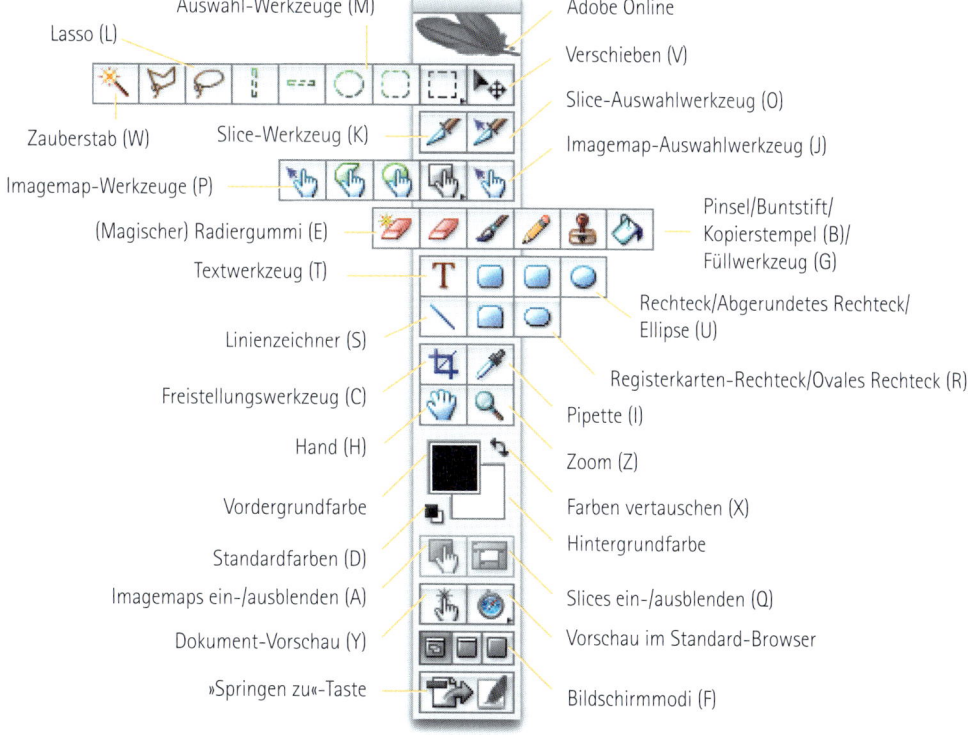

Abbildung 15.20 Die Werkzeugkiste von ImageReady CS2 samt Kürzel. Beachten Sie, dass die Aufklapp-Werkzeuge auch abgerissen und als schwebende Paletten angeordnet werden können.

Die ImageReady-Oberfläche
Viele ImageReady-Funktionen sind mit denen in Photoshop identisch. Abbildung 15.20 zeigt eine Übersicht über die Werkzeuge und die dazugehörigen Tastaturkürzel. ImageReady-spezifische Möglichkeiten sind zum Beispiel die Erstellung und Anzeige von Imagemaps oder die Voransicht im definierten Browser. Außerdem gibt es spezialisierte Werkzeuge, um das Management von Websites zu vereinfachen und Spezialeffekte wie Rollovers und Animationen zu erzeugen.

Ebenen in ImageReady
Ebenen in ImageReady werden genauso gehandhabt wie in Photoshop. Ebenen, Ebenenmasken und Ebeneneffekte aus ImageReady lassen sich in Photoshop bearbeiten und umgekehrt. Sie können beliebig viele Ebenen erstellen, und diese mit Ebenensets und der neuen Palette EBENENKOMP verwalten. Einstellungsebenen lassen sich zwar nur in Photoshop bearbeiten – sie werden aber auch in ImageReady dargestellt. Fülloptionen und Verlaufsüberlagerungen lassen sich ebenfalls editieren. Mit den Ebenen in ImageReady erstellen Sie beeindruckende Webseiten mit dynamischen Inhalten wie Rollover-Buttons und Animationen – der dazu nötige HTML-Code wird beim Sichern automatisch erstellt.

Wechsel in andere Anwendungen
Wenn Sie das unterste Symbol in Photoshops Werkzeug-Palette anklicken, wird das aktuelle Dokument automatisch in ImageReady geöffnet, um dort von den speziellen Funktionen zu profitieren. Mit einem Klick auf die entsprechende Taste in ImageReady gelangt man wieder zurück zu Photoshop.

Doch das ist nicht alles. Wenn Sie zum Beispiel häufig zu GoLive wechseln möchten, dann legen Sie ein Alias (Mac) respektive eine Verknüpfung (Windows) von GoLive in den Programmordner von Photoshop, und zwar in das Verzeichnis »Helpers / Jump To Graphics Editor« bzw. »Jump To HTML Editor«. Jetzt können Sie alle dort abgelegten Anwendungen erreichen, indem Sie in Photoshop den Befehl DATEI/SPRINGEN ZU verwenden. In ImageReady können Sie mit demselben Befehl sogar unterscheiden, ob Sie zu einem Grafik- oder einem HTML-Editor springen möchten. Die Aktualisierung der Dateien findet im Hintergrund statt, so dass der Wechsel zwischen den Anwendungen weich und reibungslos verläuft. Die Zusammenarbeit geht so weit, dass bei einem Sprung von Photoshop zu ImageReady sogar die letzte Photoshop-Aktion rückgängig gemacht werden kann.

Image-Slicing
Das Aufteilen eines Bilds (»Slicing«) ist ein ausgezeichnetes Beispiel dafür, wie Photoshop und ImageReady zusammenarbeiten. In diesem Fall wird eine dynamische Website erstellt – inklusive HTML-Output, der wiederum in GoLive weiterverarbeitet werden kann. Das Slicing definiert, welche Art von Inhalt in einem Bildteil erscheint und wie dieser optimiert werden soll.

Wenn Sie in ImageReady das Slice-Auswahlwerkzeug aktivieren, sehen Sie, wie das erste Slice (01) das ganze Bild umfasst. Wählen Sie den Befehl SLICES/SLICE UNTERTEILEN. In der folgenden Dialogbox können Sie nun dieses Slice weiter aufteilen. Die Funktion mutet recht praktisch an, doch sie macht nur Sinn, wenn das Bild symmetrisch in regelmäßige Slices unterteilt werden soll. Wenn Sie stattdessen das Slice-Werkzeug innerhalb des Bilds anwenden,

Kapitel 15
Export fürs Web

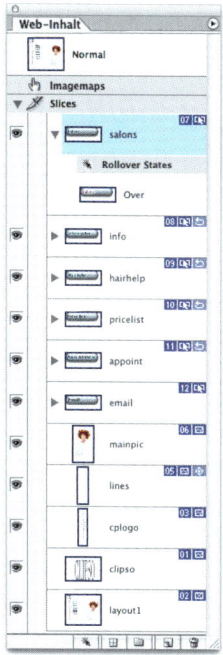 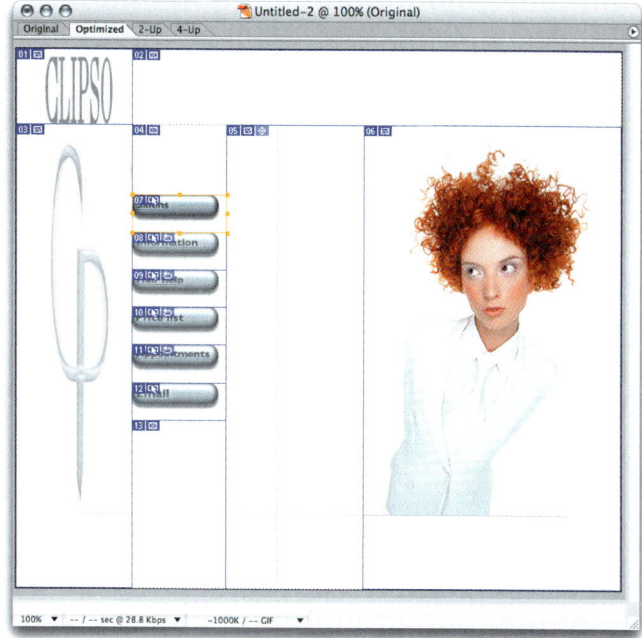

Abbildung 15.21 Dieses Bild wurde in Photoshop erstellt und enthält verschiedene Ebenentypen. Es wurde mit dem Slice-Werkzeug unterteilt und in ImageReady geöffnet. Die WEB-INHALT-Palette zeigt den Inhalt des Web-spezifischen Materials, wie zum Beispiel den Down-Status der Rollovers, die mit jedem Slice verknüpft sind. In diesem Beispiel wird die erweiterte Ansicht des Salon-Buttons sichtbar und zeigt den Over-Status des Buttons.

können Sie die Position und Größe der Slices frei bestimmen. Solche Slices können auch aufgrund einer Auswahl oder Ebenen erstellt werden, und zwar mit dem Befehl SLICES/NEUES EBENENBASIERTES SLICE. Oder wie wäre es mit Slices, die aufgrund von Hilfslinien erstellt werden (SLICES/SLICES ENTLANG DER HILFSLINIEN ERSTELLEN)? Denken Sie daran, dass sich Slices, die auf der Basis von Ebenen erstellt werden, auch mit der Ebene verändern – etwa dann, wenn einem Schriftzug ein Spezialeffekt aufgedrückt wird, der seine Abmessungen verändert.

Ein Slice kann jederzeit verändert werden, indem es mit dem Slice-Auswahlwerkzeug aktiviert wird. Alle Slices mit Ausnahme des markierten werden jetzt gedimmt dargestellt. Verwenden Sie die Kombination ⇧-Klick, um mehrere Slices zu markieren. Sie können das Slice-Auswahlwerkzeug

615

Unterschiedliche Kompression
Jedem Slice kann eine eigene Kompression zugeordnet werden, so dass man die Verluste des JPEG-Formats gezielt an die Bedeutung des Bildteils anpassen kann.

außerdem dazu verwenden, ein Slice zu skalieren, indem Sie die Anfasspunkte an den Ecken verschieben.

Dabei bedeutet eine durchgezogene Linie, dass es sich um ein »Benutzer-Slice« handelt, während eine gepunktete Linie auf ein automatisch erstelltes Slice hindeutet. Mit dem Befehl SLICES/IN BENUTZER-SLICE UMWANDELN verhindern Sie, dass sich Slices ungewollt verändern. Mehrere Slices können übrigens durch den Befehl SLICES/SLICES ZUSAMMENFÜGEN kombiniert werden.

Slice-Inhalte und Optimierungen

Verbundene Slices
Verbundene Slices erlauben es, die Optimierungseinstellungen auf mehrere Teile gleichzeitig anzuwenden. Verwenden Sie dazu den Befehl SLICES/SLICES FÜR OPTIMIERUNG VERBINDEN.

Ein Slice kann auch nur einen Text oder eine Füllfarbe enthalten. Die Option HINTERGRUND in der Palette SLICE erlaubt es, ein Slice ohne Bildinhalte oder transparente Stellen mit einer Farbe zu füllen. Solche »bilderlosen Slices« lassen sich auch aus Photoshop mit dem Befehl DATEI/FÜR WEB SPEICHERN erstellen. Außerdem können Sie HTML-Texte über die Palette SLICE eingeben. Ein Link wird im Feld URL definiert. Diese Angaben bleiben in Image-Ready verborgen – sie werden erst in einem Browser oder HTML-Editor als Quelltext sichtbar.

Am oberen Fensterrand können Sie zwischen den Darstellungen ORIGINAL, OPTIMIERT, 2FACH und 4FACH wechseln, so dass Sie sämtliche Modifikationen dem

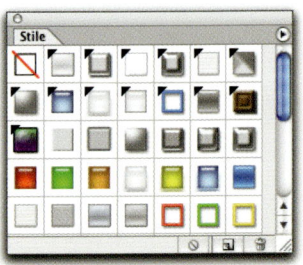

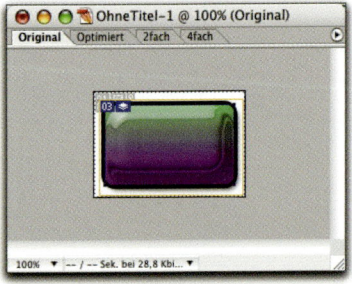
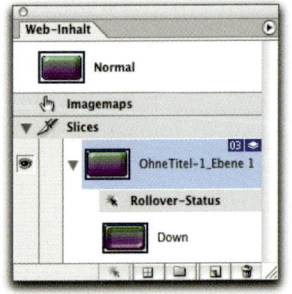

Abbildung 15.22 Diese Ebenen im ImageReady-Dokument zeigen einen Button, dem über die Palette STILE ein Rollover-Effekt zugeteilt wurde. In der Ebenen-Palette sehen Sie die Liste der hinzugefügten Effekte. In der WEB-INHALT-Palette können Sie erkennen, dass diese Effekte verwendet werden, um den Standardstatus des Rollover-Effekts zu generieren. Wenn der Down-Status in der WEB-INHALT-Palette aktiviert wird, verwendet ImageReady ein anderes Set an Effekten, um diesen Status zu visualisieren.

Originalbild gegenüberstellen können. ImageReady aktualisiert die Darstellung bei jeder Änderung. Das kann lästig werden und wird verhindert, indem Sie im Menü zur Palette OPTIMIERUNG den Befehl AUTO-REGENERIEREN abwählen. Jetzt teilt Ihnen ein kleines Warndreieck (⚠) in der rechten unteren Fensterecke mit, dass das Bild verändert, aber die Darstellung noch nicht aktualisiert wurde. Ein Klick auf dieses Dreieck holt dieses Versäumnis nach.

Abbildung 15.23 Wenn die Dokumentvorschau aktiviert ist, können Sie mit der Maus über die Tasten fahren, um zu sehen, wie sich die Grafiken auf der fertigen Webseite verhalten.

Animationen

Sowohl Photoshop CS2 als auch ImageReady können für die Erstellung von Animationen verwendet werden, die sich als animierte GIFs oder als QuickTime-Movies speichern lassen. Genau wie Rollovers lassen sich diese Animationsformen durch das Modifizieren von Ebenen erstellen. Die Frames werden in der Palette ANIMATION kontrolliert. Um einen Frame hinzuzufügen, klicken Sie auf die Taste FRAME DUPLIZIEREN (links vom Papierkorb-Symbol). Sie können einige Eigenschaften des Dokuments wie Farbe, Ebene-Opazität oder die Position des Layers modifizieren. Editieren Sie die Frames, indem Sie sie in der ANIMATION-Palette anklicken und danach die Änderungen vornehmen. Halten Sie die ⇧-Taste gedrückt, um eine zusammenhängende Folge von Frames zu markieren, oder die ⌘-Taste (Strg-Taste), um eine beliebige Folge auszuwählen.

Danach können Sie den zeitlichen Abstand definieren. Die Funktion DAZWISCHEN EINFÜGEN finden Sie im Menü der Palette ANIMATION. Sie generiert automatisch Zwischenframes, so dass die Animation zum Schluss weich fließend verläuft. Die Funktion kann zwischen individuellen oder allen Frames angewendet werden. Sie kann sich auf das gesamte Bild auswirken oder lediglich auf Aspekte wie Ebenenposition, Deckkraft oder Effekte. Einzelne Frames lassen sich ganz einfach mit der Maus in der Reihenfolge verschieben. Sie können mithilfe der Befehle FRAME KOPIEREN bzw. FRAME EINSETZEN kopiert und eingesetzt werden. Klicken Sie auf die Wiedergabetaste am unteren Palettenrand, um die Animation zu starten, oder verwenden Sie den Befehl DATEI/VORSCHAU IN, um sich die Animation im Browser anzeigen zu lassen.

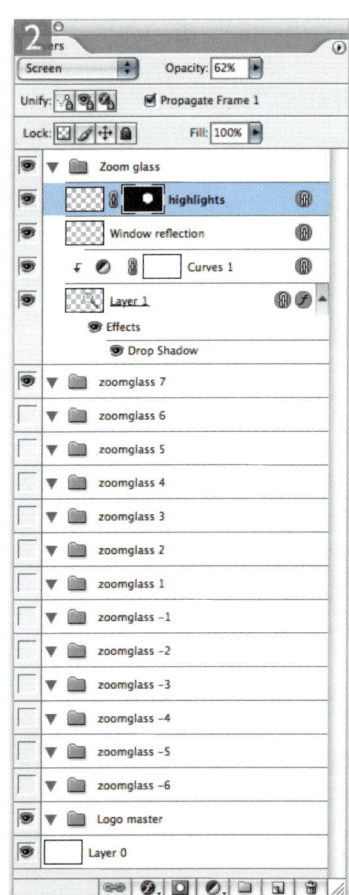

1 Dieses Logo entwarf ich für das PhotoKit Sharpener-Plug-In von Pixel Genius. Das Masterdokument war für Seitenlayouts gedacht. Ich erstellte ein Duplikat und verkleinerte es unter Beibehaltung der Ebenen, die für die Verwendung als animierte GIF-Datei hinzugezogen werden konnten.

2 Das Ziel war eine ziemlich komplizierte Animation aus 13 Frames. Sie zeigt eine Lupe, die von links über das Sharpener-Logo gleitet. In der endgültigen Animation sollte die Lupe über die unscharfen Zeichen fahren und sie in den Fokus bringen. Hier sehen Sie die Ebenen-Palette mit den vergrößerten Buchstaben, die alle in unterschiedlichen Ebenen untergebracht sind. Beachten Sie auch, wie die Palette die Frames vereint, wenn sie in Photoshop geöffnet wird.

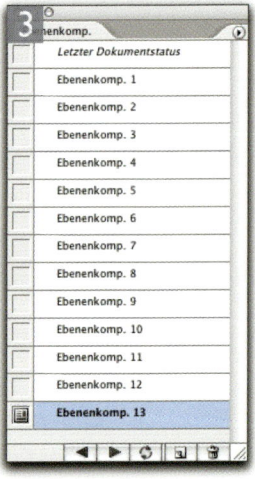

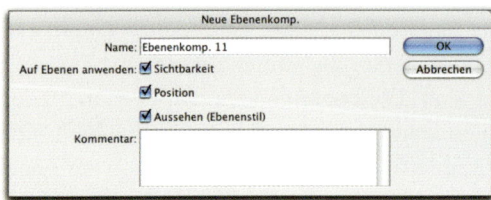

3 Um die einzelnen Frames zu erstellen, soll Ebene um Ebene gezeigt werden, während sich die Lupe gleichzeitig bewegt. Die Palette Ebenenkomp. ist dafür perfekt geeignet, weil sie Schnappschüsse der verschiedenen Ebenenarrangements in einem einzigen Dokument speichern und später wieder abrufen kann.

Kapitel 15
Export fürs Web

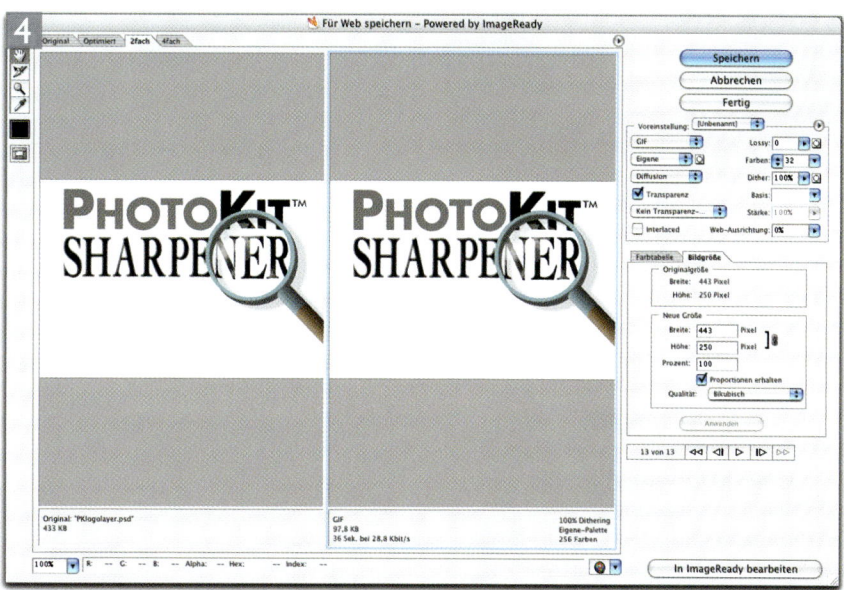

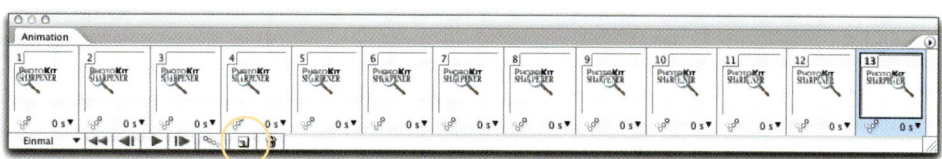

4 Anschließend wählte ich den Befehl Datei/Für Web speichern. Indem ich die Fensterdarstellung auf 2fach setzte, konnte ich das Original und die optimierte Version vergleichen, während ich die idealen GIF-Einstellungen suchte. Danach platzierte ich die Paletten Ebenenkomp. und Animation auf dem Bildschirm und klickte auf das Icon (nicht auf die Bezeichnung!) »Layer comp 1« in der Spalte ganz links, um die Lupe anzuzeigen. Damit wird der Start-Frame initiiert. Nun klickte ich in der Animation-Palette auf das Symbol »Frame duplizieren« (siehe Screenshot), um einen neuen Frame zu erstellen. Danach wurde »Layer Comp. 2« aktiviert und so weiter, bis alle 13 Frames erstellt waren. Nachdem diese Übung beendet war, konnte ich die Animation mit einem Klick auf die Wiedergabetaste in der Animation-Palette prüfen. Wenn ein Frame eine Überarbeitung nötig hatte, markierte ich ihn einfach – die zugehörige Ebenenkomposition wurde automatisch ausgewählt, so dass ich jetzt die Ebenenposition und -komposition in aller Ruhe ändern konnte. Achten Sie in solchen Fällen darauf, dass bei den Änderungen nur die betroffene Ebene sichtbar ist. Am Schluss kann die Datei als animiertes GIF gesichert oder in ImageReady in ein Flash-Movie exportiert werden.

Kapitel 16

Bildmanagement

Eine Konsequenz des Arbeitens mit digitalen Bildern in Photoshop ist, dass Sie mit einer ständig wachsenden Menge an Bilddateien zurecht kommen müssen, die, wenn Sie nicht aufpassen, schnell Ihre Festplatte füllen. Die meisten Leute speichern ihre Bilddateien auf separaten CDs oder DVDs. Kluge Fotografen katalogisieren diese Scheiben und erstellen möglicherweise eine Datenbank, so dass sie die Bilder nach Kategorien ordnen und schneller finden können.

Ich kenne einen Fotografen, der von seinem wichtigsten Kunden gebeten wurde, auf digitale Fotografie umzusteigen. Er kaufte die nötige Ausrüstung und investierte ein kleines Vermögen in digitale Hardware. Nach ein paar Monaten wollte der Kunde jedoch wieder zur alten Technik zurückkehren, weil er da Stapel von Fotos durchwühlen konnte.

Ihre Daten im Auge behalten

Wenn Sie regelmäßig einen Computer benutzen, wissen Sie, wie wichtig es ist, alle Ihre Dateien in sinnvollen Ordnern zu speichern und alles wie in einem Aktenschrank in Ordnung zu halten. Am Computer ist diese Aufgabe etwas einfacher, denn Sie lassen Ihre Textdokumente zum Beispiel alle auf derselben Festplatte. Digitalbilder sind jedoch zu groß, um alle auf einer Platte zu speichern, sie müssen also auf mehreren separaten Disks oder Bändern archiviert werden. Eine Disk sieht genau wie die andere aus und ohne sinnvolle Markierungen, Kataloge und Ablage finden Sie in ein oder zwei Jahren ein bestimmtes Bild nie wieder. Ich muss mir nur meine Videosammlung anschauen, um die Weisheit eines Index zu bewundern: Ich weiß genau, dass da irgendwo filmische Meisterwerke auf mich warten, nur wenn ich eins suche, finde ich es nie.

Bridge und Camera Raw

Bridge integriert perfekt auch das Camera-Raw-Plug-In, so dass Sie direkt mit Ihren Raw-Dateien in Photoshop arbeiten können (wenn das Dateiformat unterstützt wird).

Zurück zu Photoshop

Sie können denselben Befehl, mit dem Sie zu Bridge wechseln, auch benutzen, um zu Photoshop zurückzukehren: ⌘-⌥-O (PC: Strg-Alt-O).

Und das nur, weil es für den Kunden schwierig war, bestimmte Bilder aus den wachsenden Stapeln von CDs wiederzufinden. Diese Anekdote verdeutlicht eine mögliche Schwachstelle des digitalen Prozesses. Wenn Sie Ihre Bilder nicht effizient verwalten, wird es für Sie unheimlich schwer sein, sie in Ihrem wachsenden Archiv später wiederzufinden. Natürlich ist es auch keine ideale Lösung, sich durch Stapel von Papierbildern zu wühlen, aber am Ende des Tages müssen die Bilder archiviert werden. Wenn Sie jedoch Ihre digitalen Bilder ordentlich verwalten, lohnt sich das sehr. Sie werden feststellen, dass Sie Ihre Bilder sogar noch schneller wiederfinden, indem Sie bestimmte Suchkriterien benutzen. So tun Sie sich noch leichter als bei konventionellem Film.

Wenn Sie ein fortgeschrittenes Archivsystem suchen, sollten Sie die Anschaffung eines Datenbankprogramms erwägen. Es gibt verschiedene Programme auf dem Markt, die ich später besprechen werde, aber das Programm Bridge, das mit Photoshop zusammen kommt, besitzt jetzt eine ganze Reihe leistungsfähiger neuer Funktionen zur Verwaltung Ihrer Bilddateien.

Bridge

Um Bridge zu starten, klicken Sie auf das Icon GEHE ZU BRIDGE, das Sie immer in der Optionsleiste von Photoshop finden. Nach einem Klick auf diesen Button startet Bridge und in einem Fenster sehen Sie den Inhalt der zuletzt besuchten Ordner wie in Abbildung 16.1. Sie können Bridge auch starten, indem Sie DATEI/DURCHSUCHEN wählen oder die Tasten ⌘-⌥-O (PC: Strg-Alt-O) oder ⌘-⇧-O (PC: Strg-⇧-O) drücken. Um ein Bild zu öffnen, doppelklicken Sie auf dessen Miniatur im Bridge-Fenster, dann öffnet sich das Bild in Photoshop. Wenn sich das Bridge-Fenster beim Öffnen eines Bilds schließen soll, halten Sie beim Doppelklicken die ⌥-Taste (PC: Alt) gedrückt. Auf den Seiten 449 bis 454 im Abschnitt über digitale Aufnahmen können Sie nachlesen, wie unterschiedlich je nach Voreinstellungen das Öffnen von Camera-Raw-

Kapitel 16
Bildmanagement

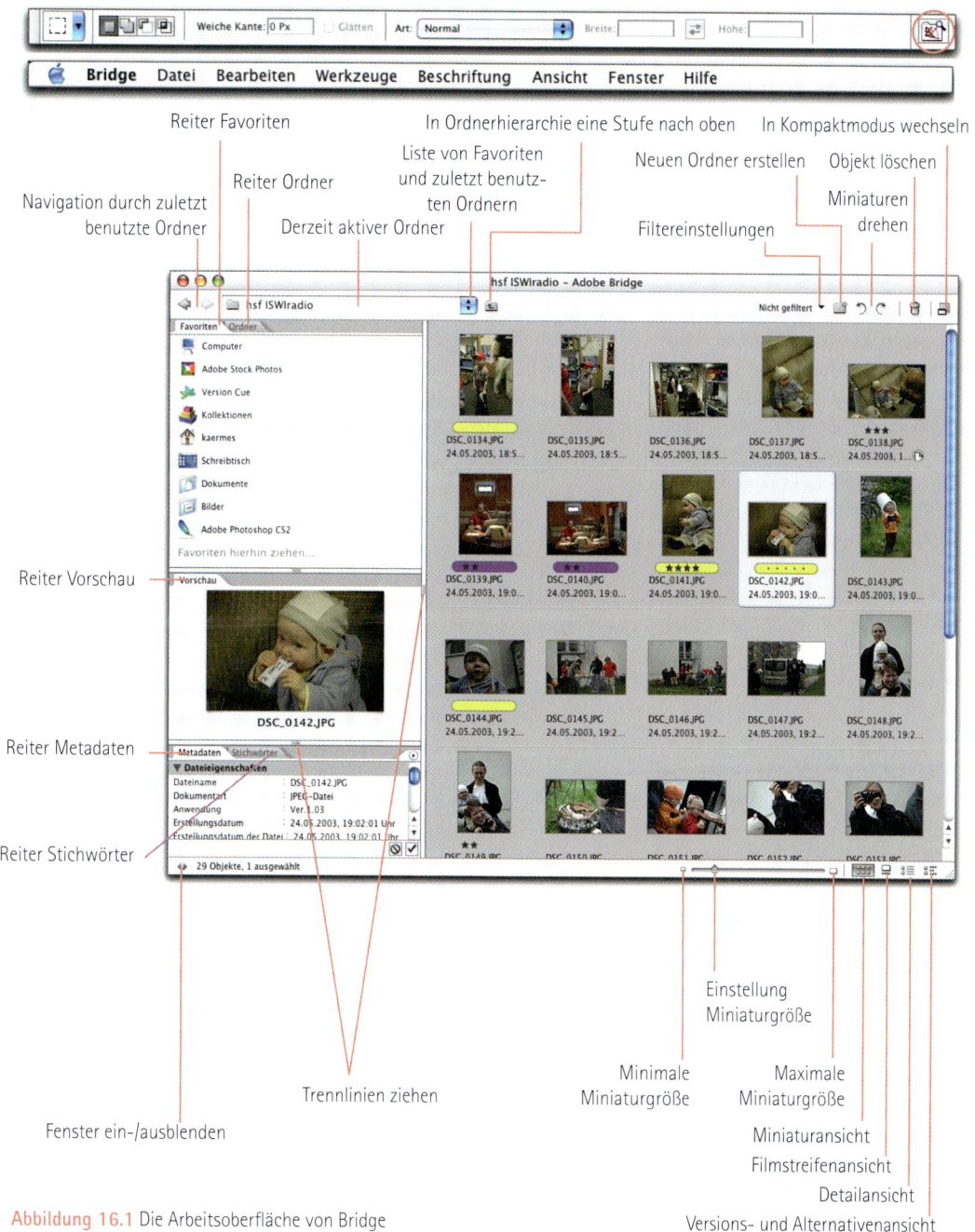

Abbildung 16.1 Die Arbeitsoberfläche von Bridge

Bridge-Historie

Der Dateibrowser tauchte zum ersten Mal in Photoshop 7.0 auf. In Photoshop CS hatte er einige seiner Kinderkrankheiten überwunden. Aber das Bridge-Programm von Photoshop CS2 ist mehr denn je genau das, was wir immer wollten – in meinen Augen ein gutes Argument, ein Upgrade auf Photoshop CS2 zu erwerben. Bridge ist wie ein gedopter Öffnen-Dialog. Es ist ein zentraler Bestandteil der Photoshop-Oberfläche, mit dem Sie Bilder bei voller Bildschirmauflösung schnell anschauen und vergleichen können. Außerdem können Sie Bilder auswählen, sortieren und nach verschiedenen Kriterien wie Dateiname oder Metadaten suchen (mehr dazu später).

Alles öffnen

Okay, fast alles … Das Wichtigste an Bridge ist, dass es ein Öffnen-Dialog für alle Programme der Adobe Creative Suite ist. Dabei sind Sie nicht auf Dokumente der Creative Suite beschränkt. Zum Beispiel ist Bridge in der Lage, InDesign-Dokumente in InDesign CS zu öffnen. Sie können sogar mithilfe von Bridge Word-Dokumente in Word öffnen. Auch lassen sich Dokumente aus dem Bridge-Fenster per Drag&Drop in einen externen Ordner legen und umgekehrt.

Dateien vonstatten gehen kann. Wenn Sie auf die Miniatur einer Raw-Datei oder mehrerer Dateien in Bridge doppelklicken, öffnen sich die Bilder im Camera-Raw-Dialog in Photoshop. Wenn Sie in Bridge den Befehl DATEI/ÖFFNEN MIT CAMERA RAW wählen (oder die Tastenkombination ⌘-R; PC: Strg-R), werden die Bilder in Camera Raw in Bridge geöffnet. Die feinen Unterschiede, welches Programm das Plug-In gerade betreibt, werden in Kapitel 11 erklärt. Im Grunde öffnet jedoch ein Doppelklick eine Raw-Datei im Camera-Raw-Plug-In, genau wie das früher mit dem Dateibrowser funktioniert hat. Wenn Sie beim Doppelklicken die ⇧-Taste gedrückt halten, können Sie ein Raw-Bild öffnen und den Camera-Raw-Dialog dabei umgehen.

Falls die gesamte Creative Suite auf Ihrem Computer installiert ist, haben Sie Zugang zum Bridge Center, das einen möglichen Startpunkt zu den kürzlich geöffneten Dateien und Ordnern bietet. Sie können auch Sammlungen von Bildern erzeugen und auf diese zugreifen. Außerdem gibt es die neue Adobe-Stockphoto-Bibliothek. Diese können Sie online durchsuchen, um auf deren Bilder zuzugreifen bzw. diese zu kaufen.

Aber schauen wir uns die Arbeitsoberfläche von Bridge genauer an. Das Bridge-Programmmenü erscheint oben auf dem Bildschirm, die Steuerungen sind in Abbildung 16.1 auf der gegenüberliegenden Seite erklärt.

Miniaturen und Vorschau drehen

Mithilfe der Drehen-Befehle im Bearbeiten-Menü können Sie die Miniaturen um 90° drehen. Oder Sie benutzen die Tastenkürzel ⌘-U (PC: Strg-U) für Drehungen im und ⌘-⇧-U (PC: Strg-⇧-U) für Drehungen entgegen dem Uhrzeigersinn. Alternativ können Sie auch auf die Drehen-Buttons oben im Bridge-Menü klicken. Sie müssen jedoch wissen, dass hier nur die Miniatur und die Vorschau eines Bilds gedreht werden, die Drehung des Bilds findet nur statt, wenn Sie das Bild dann auch öffnen.

Bridge-Inhalt anordnen

Das Bridge-Fenster enthält Miniaturen im erweiterbaren Ansichtsbereich, die bis auf Bildschirmgröße vergrößert werden können, außerdem fünf Reiterfenster auf der linken Seite. Sie können den Inhalt an Ihre eigenen Bedürfnisse anpassen. Wenn Sie in Bridge zum Beispiel eine Bildbearbeitungsauswahl anlegen wollen, ziehen Sie die Trennlinien des Browserfensters so, dass die Reiter ORDNER, STICHWÖRTER und METADATEN minimiert und die Vorschau vergrößert wird und möglichst viel vom Fenster einnimmt. In Abbildung 16.3 wurde die Vorschau so eingestellt. Eine angepasste Anordnung wie diese macht es leichter, nach kleinen Details zu suchen, wenn Sie viele Bilder in einem Ordner durchsehen, z.B. nach einem Shooting außerhalb, wenn Sie die besten Bilder zusammenstellen wollen. Sie können die Miniaturen im Bridge-Fenster auch anordnen, indem Sie sie mit der Maus ziehen. Dadurch wird Bridge einem Lichttisch immer ähnlicher.

Ich arbeite am liebsten mit der vergrößerten Vorschau wie in Abbildung 16.3, um das Bild so groß wie möglich zu sehen. Dann benutze ich die rechten und linken Pfeiltasten meiner Tastatur, um mich durch den Inhalt von Ordnern zu bewegen. Wenn mir ein Bild gefällt, benutze ich die kumulative Bewertungsmethode (siehe S. 642), um die Fotos zu markieren, die mir am besten gefallen. Später lasse ich mir dann nur die markierten Bilder anzeigen (ich bewerte Bilder selten besser als mit drei Sternen). Im Filter-Menü kann ich festlegen, wie diese Auswahlen angezeigt werden sollen, so können Sie alle Bilder mit mehr als einem Stern, mehr als zwei usw. sehen.

Wie Sie sehen, versorgt Sie das Bridge-Fenster mit vielen Informationen. Für manchen sind es fast zu viele. Aber Sie können das Layout des Bridge-Fensters so anpassen, dass es zu Ihrer Arbeitsweise passt, und das Layout als eigenen Arbeitsbereich speichern. Sie können auch eine Tastenkombination festlegen, mit der Sie schnell zwischen verschiedenen Arbeitsbereichen umschalten.

Inhalte löschen

Mit der Löschtaste können Sie ausgewählte Bilder löschen. Damit wird die Miniatur aus dem Bridge-Fenster entfernt und das Original in den Papierkorb gelegt. Sie müssen keine Angst haben, in Bridge Dateien zu löschen. Den Inhalt des Papierkorbs (des Betriebssystems) können Sie nur von der Systemebene aus löschen. Außerdem können Sie auch nur leere Ordner löschen, zumindest mit dem Löschen-Button in Bridge.

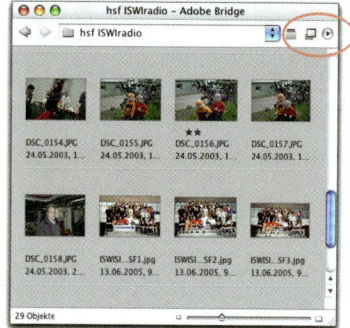

Abbildung 16.2 Mit einem Klick auf den Button IN KOMPAKTMODUS WECHSELN können Sie das Bridge-Fenster auf Kompaktgröße zusammenklappen. Klicken Sie erneut auf den Button, um die Originalgröße wiederherzustellen. Wenn Sie auf den Button links daneben klicken, versetzen Sie das Fenster in den Ultra-Kompaktmodus. Ein Fenster im Kompaktmodus bleibt immer im Vordergrund vor anderen Dokumenten und Programmen. Sie können dieses Verhalten ändern, indem Sie im Palettenmenü von Bridge die Option KOMPAKTES FENSTER IMMER IM VORDERGRUND abwählen.

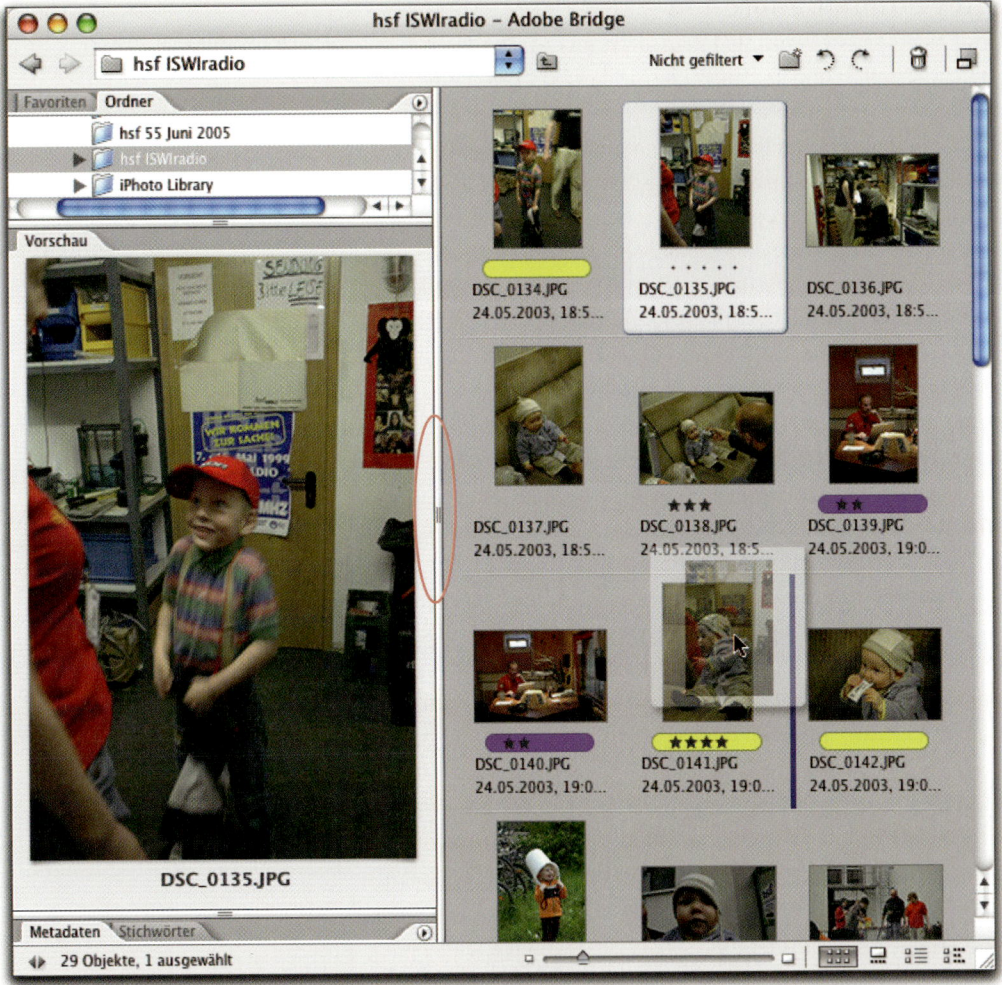

Abbildung 16.3 Sie können die Reiter in Bridge so anpassen, dass sie Ihren Bedürfnissen entsprechen. Die Miniaturen lassen sich im Fenster bewegen (siehe Pfeil), als würden Sie ein Foto auf dem Lichttisch bearbeiten. Wenn Sie auf einen Reiter doppelklicken, wird dieser minimiert, wie ich das hier mit dem Reiter Metadaten getan habe. Der Inhalt ist dann verborgen. Die Größe eines Reiters passen Sie an, indem Sie die vertikalen und horizontalen Trennlinien ziehen. Wenn Sie auf eine Trennlinie doppelklicken, können Sie den Inhalt rechts und links davon ein- und ausblenden. In diesem Beispiel wurde der Vorschaubereich ausgedehnt, so dass die Vorschau der ausgewählten Miniaturen riesig ist. Wenn Sie eine Arbeitsbereicheinstellung speichern, können Sie auch eine angepasste Bridge-Konfiguration speichern.

Kapitel 16
Bildmanagement

Reiter und Bridge-Inhalt anpassen

Schauen wir uns jedoch zuerst an, wie das Bridge-Fenster strukturiert ist. Sie können es sich als in zwei Zonen unterteilt vorstellen. Die Reiter mit ihren Fenstern finden Sie auf der linken Seite. Sie legen fest, welche Reiter angezeigt werden und welche nicht, indem Sie sie über das Ansicht-Menü in Bridge auswählen. Im Reiterbereich lassen sich die Trennlinien verschieben, um die Höhen der einzelnen Fenster anzupassen.

Der Bereich mit den Ordnerinhalten befindet sich rechts. Auch diesen Teil von Bridge können Sie anpassen, indem Sie einen Ansichtsmodus für diesen Bereich wählen oder auf einen der entsprechenden Buttons unten im Bridge-Fenster klicken. Die Kombination aus Reiterfenstern und Bildfenster können Sie als Arbeitsbereich speichern.

Neue Ordner hinzufügen

Sie können einen neuen Ordner anlegen, indem Sie DATEI/NEUER ORDNER wählen oder ⌘-⇧-N (PC: Strg-⇧-N) drücken oder mit gehaltener Ctrl-Taste in den Inhaltsbereich klicken (PC: Rechts-Klick) und NEUER ORDNER aus dem Kontextmenü wählen.

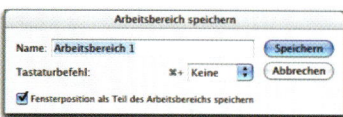

Abbildung 16.4 Sie können einen Arbeitsbereich speichern und ihm eine Tastenkombination zuweisen.

Nur Miniaturen

Mit der Tastenkombination ⌘-T (PC: Strg-T) lassen sich die Textinformationen unter den Miniaturen im Bridge-Fenster ein- und ausblenden.

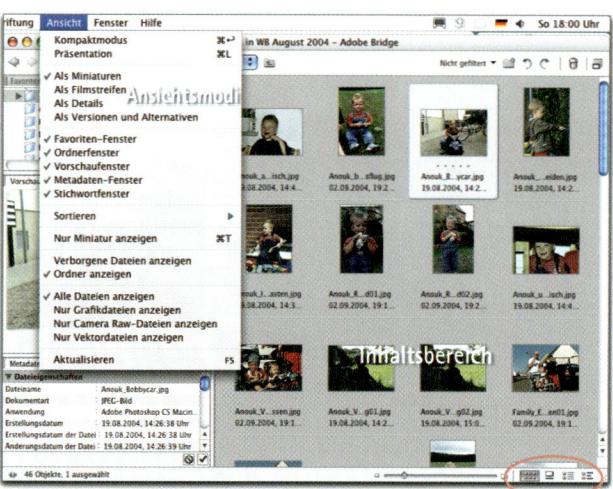

Abbildung 16.5 Ein Bridge-Fenster besteht aus zwei Teilen, links dem Reiterbereich (welche Reiter angezeigt werden, wählen Sie im Ansicht-Menü aus), rechts dem Bildbereich, der die Inhalte der Ordner anzeigt.

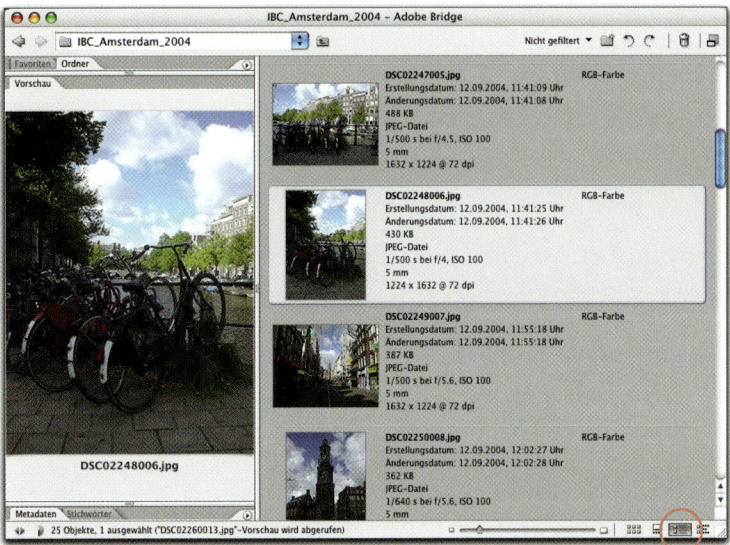

Abbildung 16.6 In der Detailansicht werden die Miniaturen als Liste angezeigt, dabei finden Sie grundlegende Metadaten.

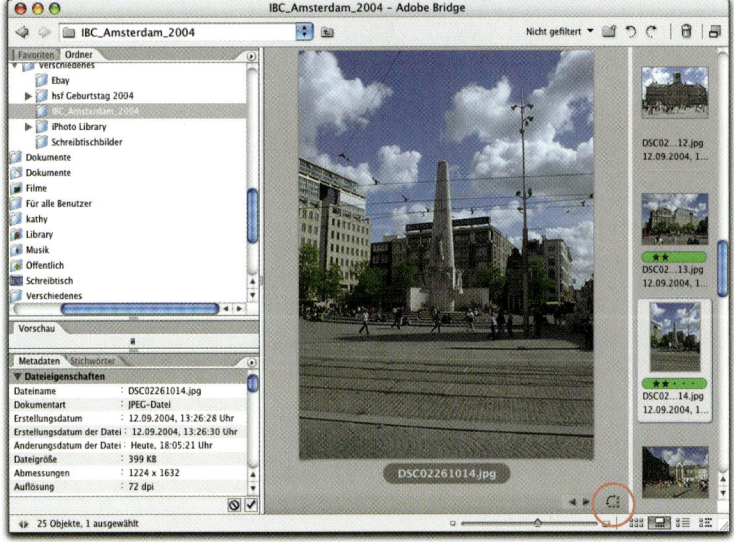

Abbildung 16.7 Im Filmstreifen-Modus sehen Sie eine große Vorschau mit einem Streifen von Miniaturen. Sie können auf den Button FILMSTREIFENAUSRICHTUNG WECHSELN klicken, um von einem horizontalen zu einem vertikalen Filmstreifen zu wechseln.

Kapitel 16
Bildmanagement

Einen Bridge-Arbeitsbereich wählen

Photoshop CS2 wird mit mehreren voreingestellten Arbeitsbereichen geliefert, auf die Sie mit dem Menü FENSTER/ARBEITSBEREICHE zugreifen können. Die Bereiche LICHTTISCH und FILMSTREIFEN-FOKUS sehen Sie in den Abbildungen 16.8 bis 16.10. Im Filmstreifen-Modus schalten Sie zwischen vertikaler und horizontaler Anzeige um, indem Sie auf das Icon FILMSTREIFENAUSRICHTUNG WECHSELN klicken. Diese Arbeitsbereiche bieten vereinfachte Bridge-Layouts, die ideal zur Navigation in Bildern geeignet sind. Die Bereiche DATEINAVIGATION und METADATEN-FOKUS enthalten die Reiter METADATEN und ORDNER und sind auf die Ordnernavigation und die Dateiinformationen fokussiert.

Eigener Arbeitsbereich

Die Tastenkombinationen für den Arbeitsbereich lauten ⌘ (PC: Strg) - F1 bis F5. Sie können das Bridge-Layout nach Belieben Ihren Bedürfnissen anpassen, eigene Arbeitsbereiche erstellen und diesen Tastenkürzel zuweisen. Wählen Sie FENSTER/ARBEITSBEREICH/ARBEITSBEREICH SPEICHERN. Gespeicherte Arbeitsbereiche erscheinen im Arbeitsbereich-Menü.

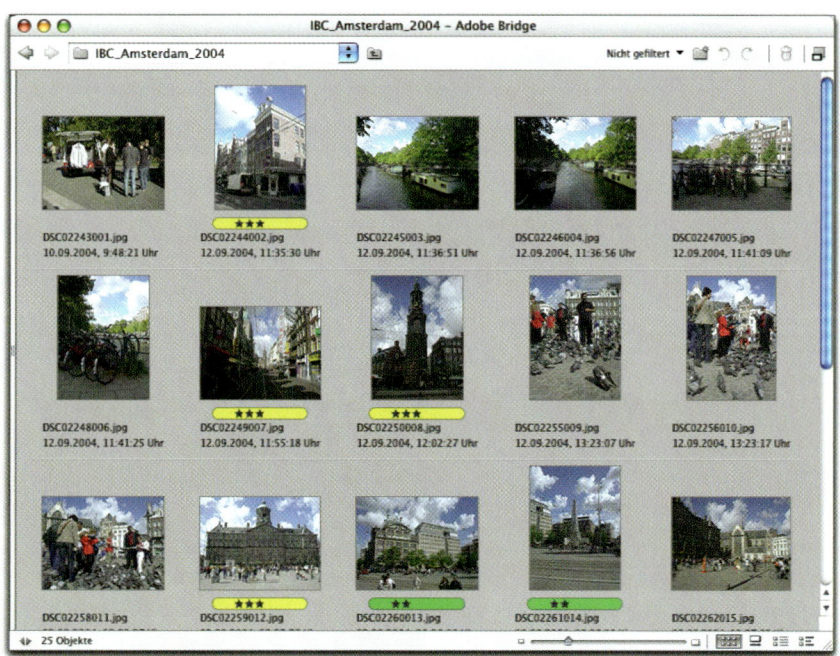

Abbildung 16.8 Hier sehen Sie das Bridge-Fenster mit dem Arbeitsbereich LICHTTISCH, den Sie mit FENSTER/ARBEITSBEREICH oder der Tastenkombination ⌘-F2 (PC: Strg-F2) auswählen können.

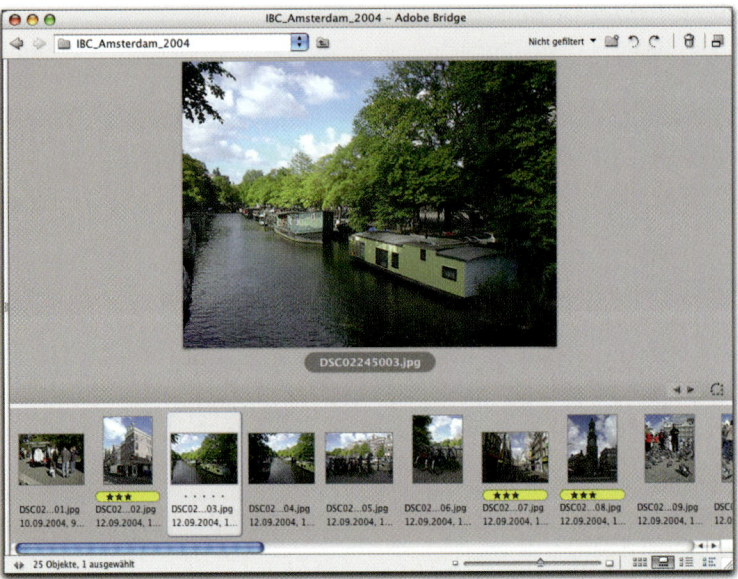

Abbildung 16.9 Der horizontale Filmstreifen-Arbeitsbereich, der das Fenster mit der horizontalen Filmstreifenansicht ausfüllt

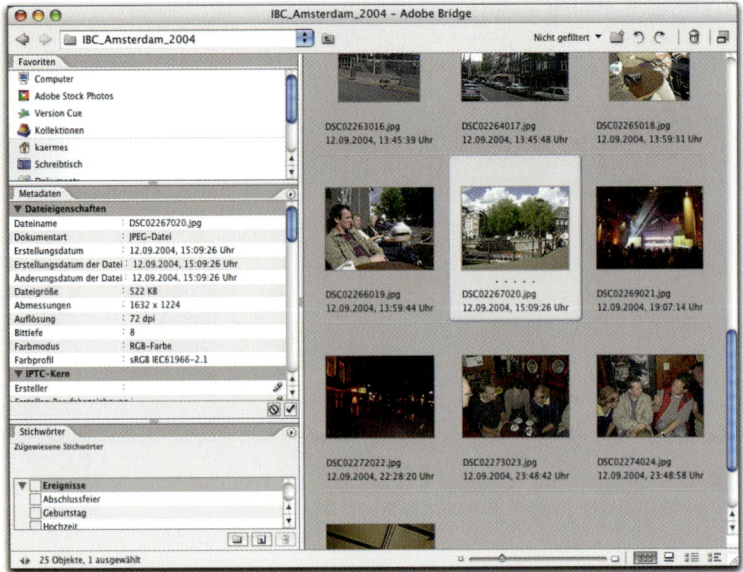

Abbildung 16.10 Der Arbeitsbereich METADATEN-FOKUS

Mit mehreren Fenstern arbeiten

In Bridge können Sie mehrere Fenster geöffnet haben, also auf mehr als einen Ordner gleichzeitig zugreifen, ohne über den Reiter ORDNER oder die Navigationsbuttons zwischen verschiedenen Bildsammlungen wechseln zu müssen. Mit mehreren Fenstern wird es auch einfacher, Bilder zu vergleichen, wenn Sie eine Kollektion durchsehen (siehe Abbildung 16.11).

Abbildung 16.11 In Bridge können Sie mehr als ein Fenster gleichzeitig geöffnet haben. In der hier gezeigten Anordnung zeigen beide Fenster dieselbe Sammlung von Bildern. Ich habe sie unterschiedlich konfiguriert, so dass das erste Fenster ein Favoriten-Bild groß und deutlich darstellt, während das zweite Fenster den vertikalen Filmstreifen im Filmstreifen-Modus zeigt (FENSTER/ARBEITSBEREICHE/FILMSTREIFEN-FOKUS). So konnte ich durch die Miniaturen navigieren und Bildalternativen mit denen im ersten Fenster vergleichen.

Präsentation

Die Präsentationsfunktion in Bridge ist ein nützliches Werkzeug, um optisch ansprechende Präsentationen zu erstellen. Der Präsenationsmodus bietet eine angenehme, klare Oberfläche, in der Sie Bilder bearbeiten können, ohne von den vielen Dingen im Bridge-Fenster abgelenkt zu werden.
In Abbildung 16.12 sehen Sie die Bridge-Präsentation in einem Fenster, Sie können sie aber auch als Vollbildschirmdarstellung wählen. Am besten gefällt mir, dass sich von hier aus die Bilder bewerten lassen. Sie können sich also zurücklehnen und eine Kollektion von Bildern bearbeiten, und sich dabei nur mit den Pfeiltasten durch die Bilder bewegen und mit den Tasten ⌘-. (PC: Strg-.) (Punkt) und ⌘-, (PC: Strg-,) (Komma) die Bewertungen erhöhen bzw. verringern.

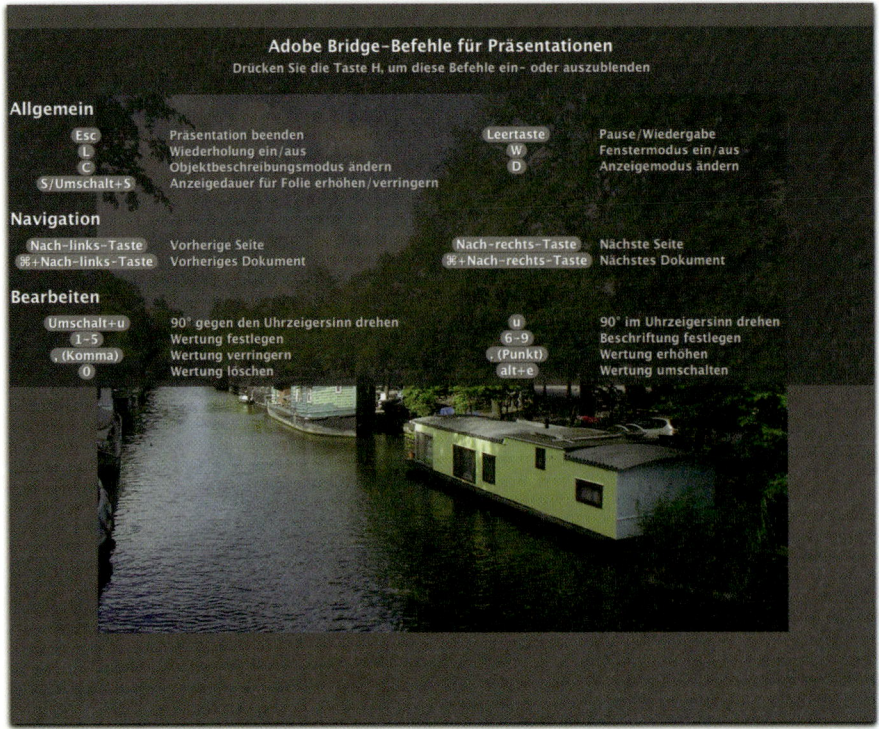

Abbildung 16.12 Sie sehen den Inhalt des Bridge-Fensters im Präsentationsmodus, indem Sie Ansicht/Präsentation wählen oder ⌘-L (PC: Strg-L) drücken.

Ordner-Palette

Die Ordner-Palette zeigt eine Ordnerliste des Computerinhalts und der anderen aktuell gemounteten Festplatten. Ordner können auf- und zugeklappt werden. Sollte eine CD/DVD, externe Festplatte oder ein Wechselmedium nicht auftauchen, müssen Sie den Inhalt eventuell aktualisieren, indem Sie per [Ctrl]-Klick (PC: Rechts-Klick) auf das Kontextmenü zugreifen und den Befehl AKTUALISIEREN wählen oder die Taste [F5] drücken. Wenn Sie einen Ordner in der Ordner-Palette markieren, werden darin enthaltene Dateien als Icons rechts im Bridge-Fenster angezeigt. Photoshop kann nur dann eine Vorschau von einer Bilddatei anzeigen, wenn es die Datei lesen oder mit einem Plug-In erkennen kann. Dabei schreibt Photoshop einen Ordner-Cache, der im zentralen Ordner auf der Festplatte gespeichert wird. Der gespeicherte Cache spart beim Anzeigen der Miniaturen Zeit, wenn Sie einmal zu diesem Ordner zurückkehren. Die Cache-Optionen finden Sie im Menü WERKZEUG/CACHE (siehe Seite 639). Sie können den Befehl CACHE EXPORTIEREN wählen, so dass auch der Cache in derselben Ordnerhierarchie gespeichert wird. Das ist hilfreich, wenn Sie eine CD/DVD brennen wollen, denn der exportierte Cache kann dann von einem weiteren Photoshop-CS2-Anwender gelesen werden. Wenn eine Platte einen Cache enthält, der von Photoshop 7.0 oder CS exportiert wurde, kann Photoshop CS2 diesen lesen, wohingegen frühere Versionen von Photoshop keine Bridge-Cache-Dateien erkennen.

Favoriten-Palette

In der Favoriten-Palette finden Sie einen alternativen Startpunkt für die Navigation. Normalerweise ist sie hinter der Ordner-Palette eingebettet. Die Objekte in den Favoriten können über die Bridge-Einstellungen bearbeitet werden. Ihre eigenen Favoriten fügen Sie hinzu, indem Sie einen Ordner unten auf die Favoriten-Liste ziehen.

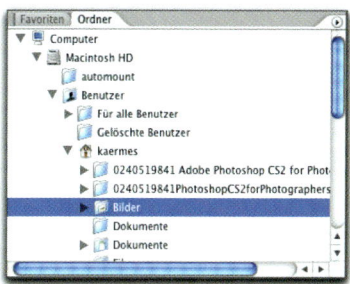

Abbildung 16.13 Im Bereich ORDNER finden Sie eine komplette Liste aller Ordner auf Ihrer Festplatte und den gemounteten Platten. Sie können Ordner sehr leicht per Drag&Drop in diesem Bereich bewegen und auf andere Ordner ziehen.

Cache-Bildaufbau

Wenn Bridge den Inhalt eines Ordners anzeigt, generiert es zunächst niedrig auflösende Miniaturen und erst im zweiten Durchlauf höher auflösende Vorschaubilder.

Abbildung 16.14 Der Reiter FAVORITEN enthält eine Liste von Startpunkten, um die Navigation in Bridge zu erleichtern. Wenn Sie die Creative Suite installiert haben, sehen Sie das Bridge Center.

Stichwörter-Palette

Stichwörter sind eine Möglichkeit, Bilder in Photoshop zu organisieren und zu gruppieren. Auf Seite 644 demonstriere ich, wie Sie mit dem Suchen-Befehl alle Models mit Namen Sarah aus vielen verschiedenen Casting-Fotos heraussuchen. Aber angenommen, wir wollten nach allen Models einer bestimmten Model-Agentur suchen. Oder wir wollen Fotos auf andere Art und Weise kategorisieren, zum Beispiel anhand des Orts, an dem sie aufgenommen wurden. Alles das ist durch bestimmte Stichwörter möglich, die wir Bildern oder Gruppen von Bildern zuweisen. In Abbildung 16.15 sehen Sie die Stichwörter-Palette. Um neue Stichwörter hinzuzufügen, klicken Sie in ein existierendes Stichwort-Set oder erzeugen Sie ein neues und klicken Sie dann auf den Button NEUES STICHWORT unten in der Palette. Um Stichwörter einem oder mehreren Bildern zuzuweisen, wählen Sie die Miniaturen in Bridge aus und klicken Sie in der Stichwörter-Palette auf das leere Kästchen neben einem Stichwort oder Stichwort-Set. So weisen Sie ein Stichwort gleich mehreren Bildern zu. Stichwörter helfen Ihnen, nach Bildern zu suchen und sie zu finden. Die Stichwörter werden auch von anderen Bilddatenbanken wie Adobe Photoshop Album (nur PC) erkannt.

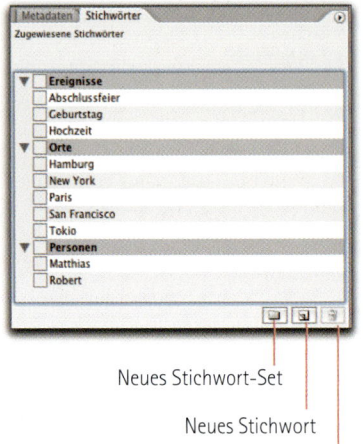

Neues Stichwort-Set
Neues Stichwort
Stichwort löschen

Abbildung 16.15 Sie können die Stichwörter-Palette benutzen, um Stichwörter mehr als einem Bild gleichzeitig zuzuweisen. Sie erhalten auch eine Rückmeldung, welche Stichwörter bereits zugewiesen sind.

Metadaten

Den Begriff Metadaten habe ich bereits mehrmals in diesem Kapitel verwendet. Normalerweise ist er als »Daten über Daten« definiert. Mit dem Konzept der Metadaten sollten Sie sich auskennen. Bibliothekare verwenden Metadaten, um Bücher zu klassifizieren und in einer Bibliothek zu katalogisieren. Früher gab es Karteikarten, mit denen man nach dem Namen eines Autors oder einem Buchtitel suchte. Heute ist natürlich alles computerisiert, und mit einem solchen Computersystem ist es möglich, sehr viel mehr Informationen über eine Datei zu sammeln, um diese in einer detaillierten Suche zu verwenden und Dateien aufeinander verweisen zu lassen.

Kapitel 16
Bildmanagement

Dateiinformationen und Metadaten

Den Dialog aus Abbildung 16.16 gibt es schon seit den Anfangstagen von Photoshop, er wurde aber bis vor kurzem nur sehr spärlich genutzt. Im Dialog DATEIINFORMATIONEN bearbeiten Sie die Metadaten zu einem Bild. Photoshop unterstützte immer den Standard der International Press Telecommunications Council (IPTC), der entwickelt wurde, um Bilder und Textdateien mit Metadaten zu kennzeichnen und zu klassifizieren. In früheren Photoshop-Versionen konnte man über das Datei-Menü auf die Dateiinformationen zugreifen und darin ein Bild benennen, den Namen des Autors und Stichwörter hinzufügen und die Metadaten der Kameraaufnahme einsehen. Den Befehl DATEIINFORMATIONEN finden Sie immer noch im Datei-Menü von Photoshop, Sie können aber auch in Bridge DATEI/DATEIINFORMATIONEN wählen. Oder Sie verwenden die Tastenkombination ⌘-⇧-⌥-I (PC: Strg-⇧-Alt-I). Der Dialog klappt aus der Titelleiste des Bridge-Fensters aus. Darin sind sieben Bereiche enthalten, von denen man einige bearbeiten kann, wie zum Beispiel die Beschreibung. Andere dagegen können sie nur anschauen wie die EXIF-Metadaten. Sie können die Dateiinformationen mit einzelnen Bildern oder

Überall Metadaten

Die geläufigste Verwendung von Metadaten geschieht heutzutage im Internet. Benutzen Sie eine Suchmaschine und innerhalb von Sekunden erscheinen Web-Links auf dem Bildschirm, die Ihnen viele Vorschläge für das bieten, wonach Sie suchen. Webdesigner fügen Metadaten-Tags in die Header der Webseiten ein, um sie effektiver zu katalogisieren. Eltern und Schulen benutzen Metadaten, um die Webinhalte herauszufiltern, auf die ihre Kinder zugreifen dürfen. MP3-Player setzen Metadaten ein, um Musiksammlungen zu kategorisieren. Metadaten werden für alles mögliche verwendet, es scheint, als gäbe es viel zu viele davon. Suchmaschinen bieten oft Tausende möglicher Links an, obwohl Sie die Sucher lieber etwas einschränken würden. Der Trick dabei ist, dass Distributoren sinnvolle Metadaten anbieten und die Suchmaschinen diese intelligent auswerten müssten.

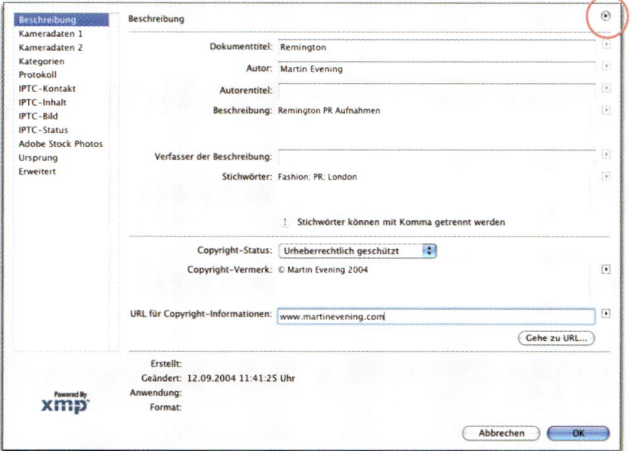

Abbildung 16.16 Der Dialog DATEIINFORMATIONEN zeigt die Beschreibung einer Datei. Um beim Ausfüllen der bearbeitbaren Bereiche des Info-Dialogs Zeit zu sparen, können Sie das kleine Menü neben jedem Texteintrag ausklappen und aus der Liste früherer Metadaten-Einträge wählen.

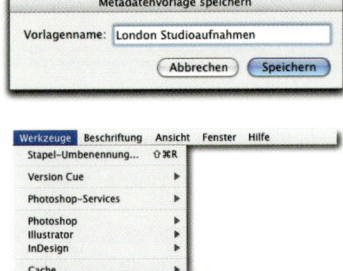

Abbildung 16.17 Sie können den Dateiinformationen-Dialog so konfigurieren, dass Sie eine eigene Metadaten-Vorlage erzeugen, die regelmäßig benutzte Metadateneinträge enthält. Aus dem Palettenmenü des Dialogs (eingekreist in Abbildung 16.16) lässt sich METADATENVORLAGE SPEICHERN wählen und die Vorlage wie hier gezeigt benennen. Danach können Sie die Vorlage auf andere Dateien anwenden, indem Sie sie aus dem Werkzeug-Menü wählen. METADATEN ERSETZEN ersetzt alle vorherigen Metadaten durch die in der Vorlage. METADATEN ANHÄNGEN erhält die vorherigen Metadaten und hängt die aus der Vorlage zusätzlich an. Anhängen ist hierbei die sicherere Option, denn die bereits in die Datei eingebetteten Metadaten bleiben erhalten.

mehreren verwenden, um Ihren Namen als Autor einzutragen, die Bilder als Copyright-geschützt zu markieren, einen Copyright-Vermerk einzufügen und die URL Ihrer Website zu nennen. Wenn Sie ein Bild in den Dateiinfos als Copyright-geschützt markieren, erscheint in der Titelleiste des Bilds ein Copyright-Symbol, wenn Sie oder ein anderer Nutzer es wieder in Photoshop öffnen.

Die Dateiinformationen lassen sich auch so konfigurieren, dass sie eine Metadaten-Vorlage erzeugen. Dazu könnte man ein Bild auswählen, einige eigene Metadaten eintragen (z.B. Autor, Copyright) und dann aus dem Palettenmenü den Befehl METADATENVORLAGE SPEICHERN wählen. Mithilfe dieser Vorlage wenden Sie die Angaben über Sie als Autor zum Beispiel auf Einzelbilder oder Bilderstapel an, ohne jedes Mal wieder alles eintippen zu müssen. In Abbildung 16.17 habe ich zum Beispiel eine Vorlage als »London studio work« benannt und dann auf SPEICHERN geklickt. Sobald die Vorlage einmal so gespeichert ist, kann ich weitere Bilder auswählen und Metadaten hinzufügen oder ersetzen, indem ich im Bridge-Fenster Bilder auswähle und die gespeicherte Vorlage aus WERKZEUGE /METADATEN ANHÄNGEN bzw. METADATEN ERSETZEN auswähle.

Metadaten interpretieren

Metadaten kommen in vielen Formen vor. In den Anfangszeiten der Digitalkameras einigten sich die Hersteller auf das EXIF-Metadatenschema zur Katalogisierung von Kamerainformationen. Vielleicht finden Sie es interessant, die EXIF-Metadaten in Ihren digitalen Bildern zu lesen. Dabei erfahren Sie, welche Objektiveinstellungen bei einer Aufnahme verwendet wurden und wie die Seriennummer der Kamera lautet. Das kann nützlich sein, um festzustellen, mit welcher Kamera ein Foto aufgenommen wurde. Wenn mehrere Fotografen dasselbe Motiv aufgenommen haben, können Sie so beweisen, dass das Bild von Ihnen ist. Die EXIF-Metadaten enthalten sämtliche Kameraeinstellungen, für die für Sie interessanten Informationen konnte das Schema jedoch nicht adaptiert werden. 2001 kündigte Adobe XMP an (eXtensible Metadata Platform), die laut Adobe »ein gemeinsames Metadaten-Netzwerk zur Erstellen, Verarbeiten und Austauschen von Dokument-Metadaten im Publishing-Workflow« darstellt. Adobe hat XMP bereits in Acrobat, InDesign, Illustrator und Photoshop integriert. XMP basiert auf XML (eXtensible Markup Language), einem quasi-universellen Format für die Benutzung von Metadaten und zum Strukturieren von Informationen im Web. XMP steht auch als Open-Source-Lizenz zur Verfügung, es kann also ebenso in jedes andere Programm oder System integriert werden. Adobes enormer Einfluss in diesem Bereich bedeutet, dass XMP zweifellos ein Standard der Bild- und Publishing-Branche werden wird. Adobe und auch Drittanbieter sind nun in der Lage, das Potenzial von XMP zu nutzen, um Dateimanagement auf einer allgemeinen Ebene und für spezielle Bedürfnisse wie wissenschaftliche oder forensische Arbeiten zu unterstützen.

Metadaten im Einsatz

Seit Version 6.0 ist Photoshop in der Lage, alle in eine Datei geschriebenen Metadaten zu erhalten. Der Einsatz von Metadaten wird in Zukunft eine sehr wichtige Rolle für die digitale Fotografie spielen, ebenso für die Art und Weise, wie Bilder verwaltet werden. In vielen Fällen passiert das automatisch, wobei Zeit und Geld der Endanwender gespart werden, während man ihre Bilderdatenbanken katalogisiert. Die Firma Pixel Genius, der ich mit angehöre, bietet ein Freeware-Plug-In für Photoshop an, den MetaReader, den Sie von www.pixelgenius.com herunterladen können. Das Plug-In zeigt in Dateien eingebettete Metadaten an und exportiert sie in eine Textdatei. Dadurch wird es für Fotografen und Künstler möglich, exportierte Metadaten in vielen Datenbankprogrammen zu verwenden.

Zukünftige Nutzung von Metadaten

Die große Zahl der Bilder, die frei im Umlauf sind, ohne dass sie irgendwelche Informationen darüber enthalten, wer sie aufgenommen hat, ist fast furchterregend. Stellen Sie sich ein Szenario in der Zukunft vor, wenn Metadaten verwendet werden können, um wichtige Informationen über Nutzungsrechte in eine Datei einzubetten. Stellen Sie sich außerdem vor, dass ein Third-Party-Entwickler eine Website wartet, auf der interessierte Käufer sofort feststellen können, welche exklusiven Anwendungen für ein Bild gerade verfügbar sind. Sie könnten sogar eine selbst generierende Rechnung direkt in die Datei einbinden. Falls jemand versucht, die Metadaten aus der Datei zu entfernen, könnten Sie einen chiffrierten Schlüssel in die Datei einbetten, um die entfernten Metadaten erneut einzupflegen und/oder bestimmte Metadaten zu aktualisieren. Die Verwendung von Metadaten bietet Künstlern, die ihre kreativen Arbeiten sicherer über das Internet verbreiten und von rechtmäßigen Verkäufen ihrer Bilder profitieren wollen, enorme Vorteile.

Metadaten-Palette

Schauen wir uns also die Metadaten-Palette einmal näher an. Die Metadaten-Informationen sind in zwei Bereiche unterteilt. In den Abschnitten DATEIEIGENSCHAFTEN und IPTC finden Sie die Informationen aus dem Dialog DATEI-INFORMATION. Darunter sehen Sie die EXIF-Kameradaten, gefolgt von den Camera-Raw-Daten, GPS-Informationen und dem Protokoll-Log.

Wie Dateiinformationen können Sie die IPTC-Daten bearbeiten. Klicken Sie dazu in das Textfeld neben der Metadatenüberschrift (die Bleistift-Icons zeigen an, welche Metadateneinträge Sie bearbeiten können). Hier werden mehr Metadaten als nötig angezeigt. Wenn Sie die Voreinstellungen öffnen (Abbildung 16.19), können Sie steuern, wie viele Metadaten hier in der Palette dargestellt werden sollen. Vor jedem Eintrag sehen Sie eine Checkbox. Damit können Sie Objekte ein- und ausblenden. Wenn die Checkbox LEERE FELDER VERBERGEN eingeschaltet ist, werden nur die Felder angezeigt, die auch Daten enthalten.

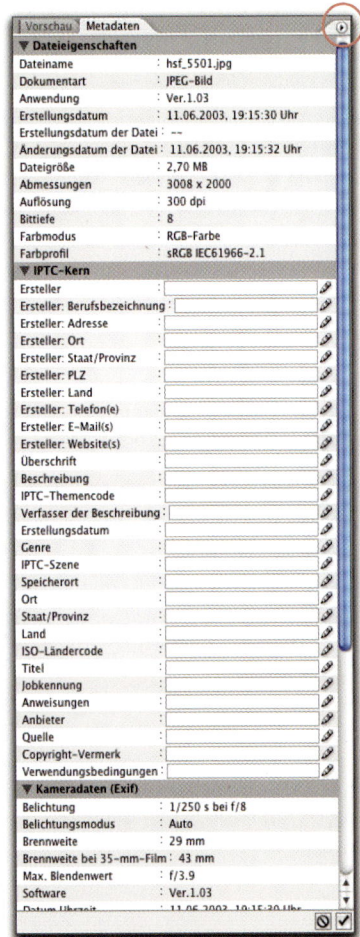

Abbildung 16.18 In der Metadaten-Palette finden Sie alle in einem Bild enthaltenen Metadaten. In der Kompaktansicht wird es leichter, die Daten anzuschauen. Die Felder im Abschnitt IPTC lassen sich bearbeiten. Mithilfe des Palettenmenüs können Sie die Schriftgröße der Palette ändern. Damit wird es einfacher, die Metadaten zu ändern und existierende Einträge zu finden.

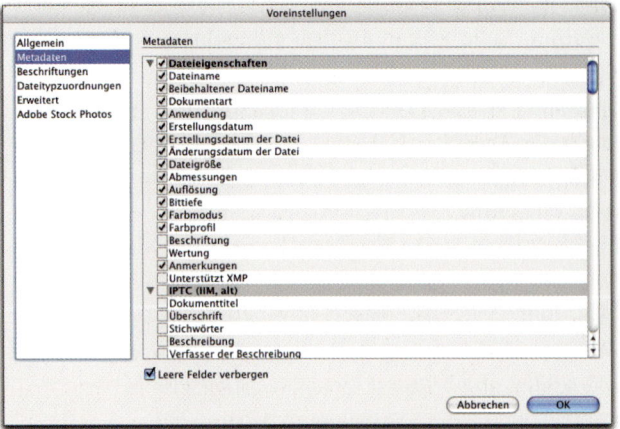

Abbildung 16.19 Im Palettenmenü der Metadaten-Palette können Sie die Bridge-Voreinstellungen öffnen, die über den Inhalt der Metadaten-Palette bestimmen. Da Sie wahrscheinlich nicht alle hier aufgeführten Objekte lesen oder verwenden wollen, können Sie die abwählen, die Sie nicht benötigen.

Protokoll bearbeiten

Wenn das Verlaufsprotokoll in den Allgemeinen Voreinstellungen eingeschaltet ist, kann es entweder in den Metadaten oder einer Textdatei oder beiden angezeigt werden. Ein solches Protokoll können Sie vielseitig einsetzen. Eine Protokolldatei zeichnet auf, wie lange Sie an einem Foto gearbeitet haben, Sie könnten sie also zur Rechnungslegung heranziehen. In der Forensik könnte man ein Protokoll verwenden, um festzustellen, wie viel (oder wie wenig) Aufwand nötig war, um ein Bild in Photoshop zu manipulieren. Dieselben Argumente träfen für Bilder zu, die zur wissenschaftlichen Beweisführung herangezogen werden.

Bildcache-Management

Sobald Sie einen Ordner in Bridge öffnen, beginnt das Programm zu arbeiten, zeigt Miniaturen im Bridge-Fenster an, liest dabei die Metadaten der Dateien aus und berücksichtigt Dinge wie Camera-Raw-Informationen, Informationen zur Bilddrehung, Bewertungen und Etiketten.

Damit muss Bridge ziemlich viele Informationen verarbeiten. Wenn Sie mit Bridge große Bildsammlungen verwalten wollen, vor allem viele Raw-Dateien, brauchen Sie einen schnellen Computer, sonst ist Bridge frustrierend langsam. Die in diesem Prozess gesammelten Informationen werden in Form eines »Bildcache« gespeichert. Der Bridge-Cache besteht aus zwei Bereichen: den Bild-Metadaten und dem Miniaturcache. Jedes Mal, wenn Sie in Bridge einen Ordner öffnen, sucht Bridge nach einem Bildcache, zum Beispiel dem Ordner *Application Support\Adobe\Bridge\ Photoshop CS2*. Wenn ein Cache vorhanden ist, zeigt der Ordner die archivierten Miniaturen, Vorschauen und Metadaten an. Das funktioniert so lange gut, wie der Ordner auf dem Computer verbleibt, der ihn erstellt hat, und sein Name seit seiner Erstellung nicht geändert wurde. Falls diese beiden Bedingungen nicht eingehalten werden, muss Bridge von vorn beginnen und einen neuen Cache bauen. Wenn Sie mehrere Raw-Dateien bearbeiten, bleiben die zuvor hinzugefügten Informationen wie Drehung, Bewertung und Camera-Raw-Einstellungen nicht in den Bilddateien

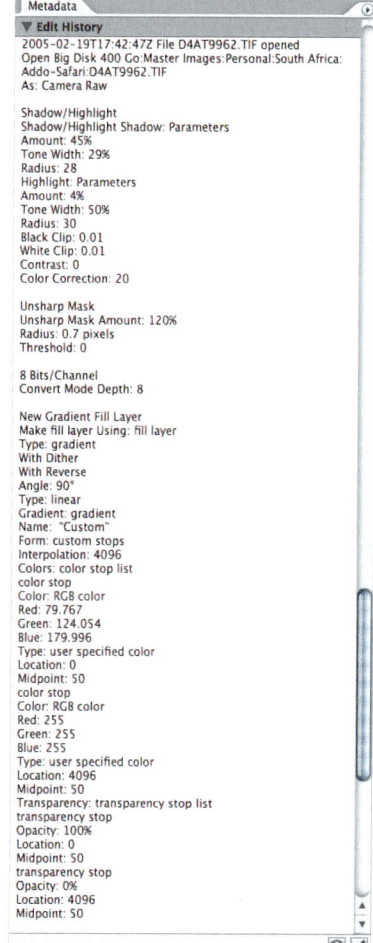

Abbildung 16.20 Die Protokolloptionen müssen in den Allgemeinen Voreinstellungen konfiguriert werden. Das Protokoll kann Folgendes aufzeichnen: nur Sitzungen, ein kurzes Log, das nur die Bearbeitungen aufzeichnet, oder wie hier ein detailliertes Protokoll mit einer umfassenden Liste an Arbeitsschritten mit allen Einstellungen. Wenn Sie das Protokoll in die Metadaten einbetten, können Sie es in der Metadaten-Palette in Bridge anschauen.

Filialdokumente und Nicht-Bild-Dokumente

Zur Camera-Raw-Option FILIALDOKUMENTE „.XMP" IGNORIEREN komme ich später, aber Sie sollten sie ausgeschaltet lassen, damit Photoshop Metadaten von Dokumenten lesen kann, die keine Bilder sind, z.B. Kamera-Metadaten, so genannte Filialdokumente. Warum diese Dokumente erzeugt werden, lesen Sie in Kapitel 11. Im Grunde sind Filialdokumente Mechanismen, um wichtige, bearbeitete Metadaten zu speichern, die nicht in die Originaldatei eingebettet werden können. Filialdokumente sind mit bestimmten Dateien verbunden. Lassen Sie diese Option eingeschaltet, denn immer wenn Sie eine Datei von einem Ordner in einen anderen bewegen, wird das damit verbundene Filialdokument mit bewegt.

_H4I0391.CR2   _H4I0391.xmp

Abbildung 16.21 Wenn laut Camera-Raw-Voreinstellungen xmp-Dateien als Filialdokumente gespeichert werden, sehen Sie das Filialdokument neben der in Bridge geänderten Raw-Datei.

Adobe Bridge Cache.bc   Adobe Bridge Cache.bct

Abbildung 16.22 Wenn in den Bridge-Voreinstellungen ein verteilter Cache eingestellt ist, werden Cache-Dateien wie diese automatisch hinzugefügt.

gespeichert, denn die meisten Raw-Dateien können nicht bearbeitet werden (außer Adobe DNG, das ist eine Ausnahme). Es ist also sehr sinnvoll, die Cache-Informationen wenn möglich immer zu erhalten.

Wenn Sie in den Bridge-Voreinstellungen (⌘-K; PC: Strg-K) zum Abschnitt ERWEITERT gehen, können Sie die Cache-Voreinstellungen vornehmen, so dass Bridge die Cache-Dateien wo immer möglich ablegt. Bridge aktualisiert den Cache dann stets automatisch, indem zwei Cache-Dateien in denselben Bildordner gelegt werden. Der Vorteil dabei ist, dass es keine Rolle spielt, wie Sie den Ordner später umbenennen, der Bildcache in diesem Ordner wird immer wiedererkannt. Das ist besonders dann wichtig, wenn Sie einen Ordner mit Bildern, die Sie in Bridge bearbeitet haben mit einem anderen Bridge-Programm gemeinsam nutzen (ein Bridge-Cache wird nicht vom Photoshop-Dateibrowser erkannt) oder die bearbeiteten Bilder auf CD oder DVD archivieren. So wird sichergestellt, dass die Cache-Daten immer erhalten bleiben. Sie können den Cache auch manuell exportieren, indem Sie WERKZEUGE/CACHE/CACHE EXPORTIEREN wählen. Mit der Option CACHE FÜR UNTERORDNER ANLEGEN zwingen Sie Bridge, auch für eine Sammlung von Unterordnern einen Cache anzulegen, ohne jeden dieser Ordner einzeln öffnen zu müssen.

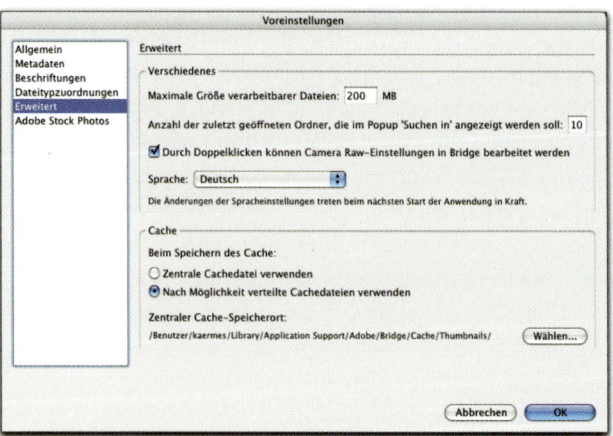

Abbildung 16.23 Die erweiterten Bridge-Voreinstellungen

Bilder in Bridge verwalten

Am Anfang dieses Kapitels erzählte ich Ihnen von einem Fotografen, der von einem Kunden verlassen wurde, weil dieser seine Digitalbilder nicht in den Griff bekam. Egal, ob Sie ein Profi- oder Amateurfotograf sind, Ihnen sollte klar sein, dass Sie Ihre Bilder verwalten müssen, ansonsten werden Sie genauso frustriert sein. Die Bridge-Werkzeuge wurden dazu entwickelt, Ihnen das Katalogisieren und Auffinden Ihrer Bilder zu erleichtern, aber Sie sollten die Anschaffung eines separaten Bibliotheksprogramms erwägen, um Ihre Bildsammlungen zu verwalten. Mac-OS-X-Nutzer haben iPhoto standardmäßig auf ihren Computern, aber das gibt es nur für Apple-Rechner. Adobe bietet (nur für den PC) Photoshop Album an, das sich gut in Photoshop und Bridge integriert und die Stichwort- und Metadatenstruktur von Photoshop CS und CS2 erkennt und anwenden kann.

Dateimanagement ist auch in anderen Aspekten der Computerarbeit notwendig. Wenn Sie zum Beispiel Ihre Musikdateien verwalten wollen, aktualisiert ein Programm wie iTunes Ihre Musikdatenbank automatisch. Sobald Sie eine CD einlegen, fragt iTunes bei der Datenbank an, lädt Albumtitel, Künstler, Track-Liste und Musikgenre herunter. Dabei sind Metadaten in Aktion und sie helfen Ihnen, Ihre Sammlungen so einfach wie möglich zu verwalten. Wenn Sie Musikdateien ins MP3-Format umwandeln, geschieht die Katalogisierung im Hintergrund automatisch. Beim Katalogisieren von Bilddateien müssen Sie die Metadaten jedoch selbst eingeben. In diesem Kapitel habe ich Möglichkeiten beschrieben, wie Sie Metadaten in Bridge aktualisieren. Oftmals lohnt sich jedoch der Einsatz einer speziellen Bibliothekssoftware.

GPS-Metadaten

Man kann spekulieren, wie es eines Tages möglich sein wird, GPS-Metadaten zu verwenden, um das Feld ORT automatisch ausfüllen zu lassen. So könnte es möglich sein, eine GPS-Anzeige bei einer Aufnahme aufzuzeichnen und diese Information in die Bilddatei einzubetten. In der Metadaten-Palette sind bereits Vorkehrungen getroffen, um GPS-Daten anzuzeigen. Stellen Sie sich vor, es gäbe eine Online-Datenbank (ähnlich wie heute iTunes), in die Sie die GPS-Daten einlesen und in sinnvolle Informationen umwandeln lassen. Man darf bereits spekulieren, dass es in Zukunft vielleicht einmal eine Online-Datenbank gibt, die automatisch den Namen des Orts errechnet, an dem Sie das Bild aufgenommen haben, und die Bild-Metadaten entsprechend aktualisiert.

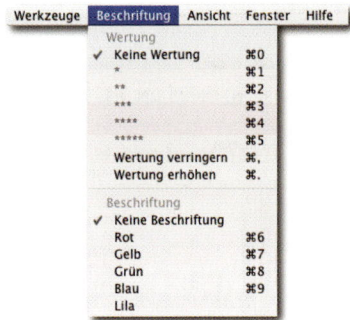

Abbildung 16.24 Im Beschriftung-Menü in Bridge können Sie Bewertungen oder Beschriftungen vornehmen. Oder Sie verwenden die genannten Tastenkürzel.

Beschriftung ausschalten

Die Beschriftung lässt sich ausschalten, indem Sie BESCHRIFTUNG/KEINE BESCHRIFTUNG wählen. Aber Sie können auch mithilfe einer Tastenkombination umschalten. Sie schalten die Beschriftung für ein Bild aus, indem Sie dieselbe Tastenkombination drücken wie zum Beschriften des Bilds.

Universelle Bewertung

Sie müssen sich nicht auf die Bewertungen in Bridge beschränken. Die hier beschriebenen Tastenkürzel funktionieren auch, wenn Sie im Camera-Raw-Dialog oder im Präsentationsmodus von Bridge arbeiten.

Etiketten und Bilder bewerten

Eine der Hauptaufgaben, die Sie in Bridge ausführen werden, ist, Bilder zu bewerten, auszuwählen oder in Gruppen zu sortieren. Bridge bietet dazu zwei Möglichkeiten: Im Menü BESCHRIFTUNG können Sie Wertungen vornehmen, indem Sie einem Bild 1 bis 5 Sterne zuweisen, oder farbige Beschriftungen anbringen. In Abbildung 16.1 sehen Sie die farbigen Beschriftungen im Einsatz. Dazu müssen Sie einfach mehrere Bilder auswählen, die Sie beschriften wollen, und dann eine Farbe aus dem Beschriftung-Menü wählen. Mithilfe der Tastenkürzel ⌘-6 (PC: Strg-6) bis ⌘-9 (PC: Strg-9) weisen Sie eine Etikettenfarbe zu, ohne das Menü öffnen zu müssen. Sie können auch mit gedrückter Ctrl-Taste klicken (PC: Rechts-Klick), um Farben per Kontextmenü zuzuweisen.

Das Bildbewertungssystem ist als kumulatives System nützlich, um bevorzugte Bilder zu kennzeichnen. Die Bewertung in Bridge ist im Grunde eine Erweiterung der Flaggen-Funktion aus Photoshop CS. Wenn Sie einen Ordner öffnen wollen, in dem Sie in Photoshop CS Bilder mit Flaggen markiert hatten, sind diese Bilder jetzt mit einem Stern bewertet. Sie können auch weiterhin die Taste ⌘-. (PC: Strg-.) drücken, um einen Stern hinzuzufügen oder zu entfernen. Offiziell lautet die Tastenkombination ⌘-. (PC: Strg-.), um die Bewertung um einen Stern zu erhöhen, und ⌘-, (PC: Strg-,), um die Bewertung um einen Stern zu verringern. Was mir an diesem System gefällt, ist, dass Sie sich jetzt voll auf die Bilder konzentrieren können, weil Sie mithilfe der Pfeiltasten durch die Bilder navigieren und mit den oben genannten Tastenkombinationen Bewertungen zuweisen können. Je öfter Sie eine Tastenkombination drücken, desto mehr Sterne werden jedem Bild zugewiesen bzw. abgezogen. Für mich reichen diese Tastenkombinationen aus, aber Sie können auch ⌘ (PC: Strg) und die entsprechende Anzahl der Sterne drücken.

Filtern und Bilder sortieren in Bridge

Bewertungen und Beschriftungen verwenden Sie, um Bilder zu filtern und im Bridge-Fenster zu sortieren. Wenn Sie auf das Darstellungsoptionsmenü oben rechts im Bridge-Fenster klicken, können Sie aus einer der Optionen in Abbildung 16.25 wählen, um die Auswahl der im Fenster angezeigten Bilder einzuschränken. Inzwischen wählen Sie im Ansicht-Menü über verschiedene Optionen aus, welche Dateitypen in einem Bridge-Fenster sichtbar sind. Wenn Sie also keine Nicht-Grafikdateien sehen wollen, wählen Sie ANSICHT/ NUR GRAFIKDATEIEN ANZEIGEN. Mit dem Sortieren-Menü wählen Sie eine Methode, die Reihenfolge der Bilder im Fenster festzulegen. Wenn Sie die Filterung auf Basis des Bridge-Fensters mit dem vom Programm gesteuerten Sortieren-Menü kombinieren, können Sie Ihre Bilder in Bridge perfekt organisieren und präsentieren.

Fensterinhalte filtern

Wenn Sie die gewünschten Bewertungen und Beschriftungen angewendet haben, können Sie oben rechts im Bridge-Fenster filtern, welche Bilder angezeigt werden sollen. Wählen Sie dazu eine Option aus dem Aufklappmenü.

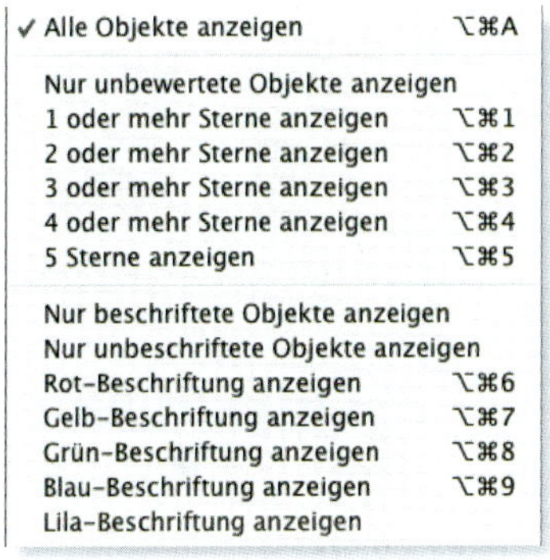

Abbildung 16.25 Aus dieser Liste von Darstellungsoptionen können Sie wählen, welche Objekte angezeigt werden sollen.

Ansicht aktualisieren

Es ist gut zu wissen, dass es den Befehl AKTUALISIEREN unten im Menü ANSICHT gibt. Wenn Sie den Inhalt eines Volume oder eines Ordners auf Systemebene außerhalb von Bridge ändern, zeigen das Bridge-Fenster und die Ordner-Palette nicht immer die aktuelle Struktur an. Zum Aktualisieren in Bridge wählen Sie diesen Befehl oder drücken [F5].

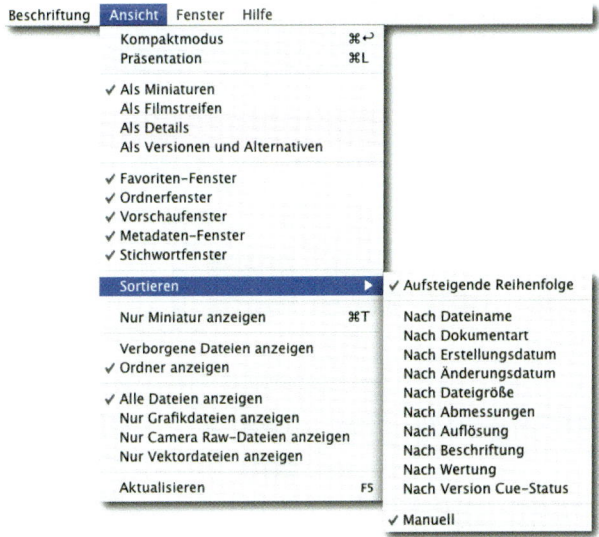

Abbildung 16.26 Mit den Optionen im Sortieren-Menü listen Sie die angezeigten Miniaturen in auf- oder absteigender Ordnung mit den im Menü genannten Kriterien auf. Normalerweise wird hier die Standardeinstellung beibehalten (NACH DATEINAME). Wenn Sie zum Beispiel NACH ÄNDERUNGSDATUM wählen, würden die Bilder in der Reihenfolge des zuletzt bearbeiteten Bilds dargestellt.

Suchkriterien

Die Suchkriterien können Sie beliebig bestimmen. Als Quellordner dient der Ordner, der in Bridge derzeit geöffnet ist und oben liegt. Sie können aber auch in anderen Ordnern suchen, manchmal sind in diesem Ordner viele Unterordner enthalten, so dass Sie die Option ALLE UNTERORDNER EINBEZIEHEN einschalten sollten. Die Suchkriterien lassen sich anpassen, um nach Bildern zu suchen, die mit bestimmten Kriterien übereinstimmen oder nicht.

Bilder suchen

In Bridge können Sie nach Bildern entsprechend ausgewählter Kriterien suchen. Bridge versucht zwar nicht, eine Bilddatenbank zu sein, aber man kann es als solche benutzen. Ich halte zum Beispiel regelmäßig Model-Castings ab, dabei fügen wir Details wie Name des Models, Agentur usw. in das Beschreibungsfeld in den Metadaten ein. Im Laufe mehrerer Monate sammeln sich mehrere hundert Model-Bilder an. Wenn wir nach einem bestimmten Model suchen, wähle ich in Bridge BEARBEITEN/SUCHEN (⌘ - F ; PC: Strg - F). Im Bereich KRITERIEN wähle ich BESCHREIBUNG, tippe den Namen des gesuchten Models ins Textfeld ein und klicke auf SUCHEN. Bridge führt eine gefilterte Suche aus, das Suchergebnis erscheint in einem neuen Bridge-Fenster (Abbildung 16.27). Wenn keine passenden Ergebnisse gefunden werden, erscheint eine Warnmeldung im neuen Bridge-Fenster.

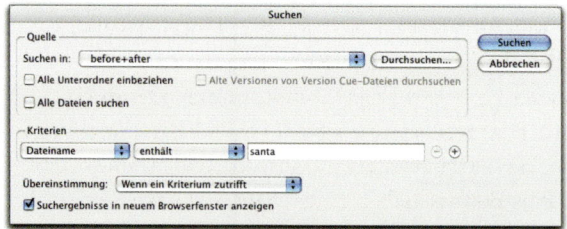

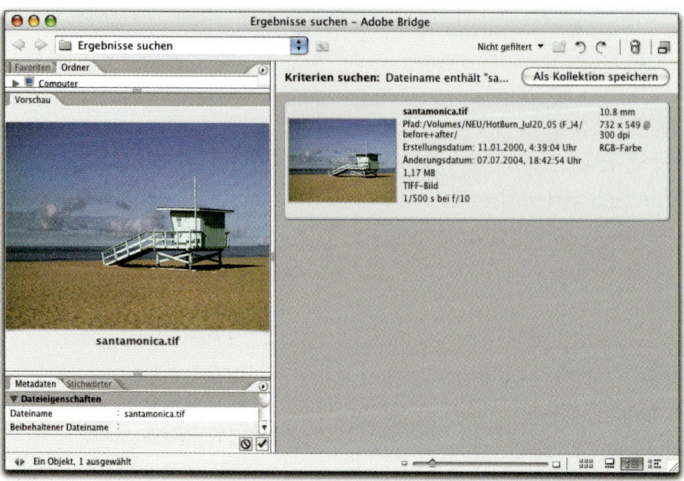

Abbildung 16.27 In diesem Beispiel wählte ich BEARBEITEN/SUCHEN und gab den Beginn eines Dateinamens in das Feld BESCHREIBUNG ein. Die Einstellungen im Suchen-Dialog zeigten in einem neuen Bridge-Fenster alle Bilder an, die mit der Suche übereinstimmten.

Kapitel 16
Bildmanagement

Bridge automatisieren

Sie greifen direkt aus Bridge auf die Automatisieren-Funktionen von Photoshop zu, indem Sie WERKZEUGE/PHOTOSHOP/ und die gewünschte Funktion wählen. Um eine Photoshop-Aktion auf eine Gruppe von Bildern anzuwenden, wählen Sie WERKZEUGE/PHOTOSHOP/STAPELVERARBEITUNG und konfigurieren Sie den Dialog, um eine Stapelverarbeitung auf die gewählten Bilder anzuwenden. Um aus ausgewählten Fotos in Bridge eine Webgalerie zu erstellen, wähle ich mithilfe der Filter einige Bilder in Bridge aus, sortiere sie eventuell neu und wähle dann WERKZEUGE/PHOTOSHOP/WEB-FOTOGALERIE. Mehr zu den anderen Automatisierungsfunktionen lesen Sie im nachfolgenden Kapitel.

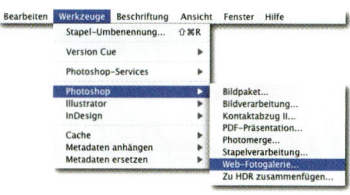

Abbildung 16.28 Das Automatisieren-Menü in Bridge

Bilder umbenennen

Um ein Bild in Bridge umzubenennen, doppelklicken Sie einfach auf dessen Dateinamen und tippen Sie einen neuen ein. Wenn Sie mehrere Bilder auf einmal umbenennen wollen, wählen Sie WERKZEUGE/STAPEL-UMBENENNUNG. Es öffnet sich der Dialog wie in Abbildung 16.29. Sie können die Dateien im selben Ordner umbenennen oder in einen neuen (dort angegebenen Ordner) verschieben. Sie können hier eine neue Dateinamenstruktur verwenden, indem Sie auf die Plus-Buttons neben einem Eintrag klicken, um mehr Komponenten zum Abschnitt NEUE DATEINAMEN hinzuzufügen. Für jede Komponente haben Sie mehrere Auswahlmöglichkeiten, was das Ganze zu einem sehr leistungsstarken Werkzeug macht. Im hier gezeigten Beispiel war das erste Feld ein Texteintrag, in den ich zwei Buchstaben als Abkürzung für den Namen des Kunden tippte. Dem folgte ein eingestelltes Datum, so dass nur die beiden letzten Stellen für das aktuelle Jahr hinzugefügt wurden. Dann folgte eine vierstellige Seriennummer, die mit »1« begann (wenn ich als erste Zahl eine andere als 0001 gewollt hätte, hätte ich hier eine andere Startnummer eingeben können). Am Ende müssen Sie keine Dateierweiterung mehr eintragen, denn Bridge erledigt das automatisch. Falls Sie auf dem Mac arbeiten, sollten Sie die Kompatibilität mit Windows überprüfen.

Umbenennungsmodelle

Sie können ein beliebiges Umbenennungsmodell wählen. Es gibt keine festen Regeln. Für welche Methode auch immer Sie sich aber entscheiden, Sie sollten die Zukunft im Blick haben und es vermeiden, identische Dateinamen zu erzeugen. Das hier beschriebene Modell wurde entwickelt, um sowohl einfach als auch vielseitig zu sein, denn so kann ich bis zu 10.000 Bilder pro Jahr und Kunde katalogisieren.

Stapel-Umbenennungsfelder bearbeiten

Der Stapel-Umbenennungsdialog wurde in Photoshop CS2 und Bridge komplett überarbeitet, so dass Sie jetzt ein sehr vielseitiges Set an Benennungsoptionen zur Verfügung haben. Im Standard sind die Einstellungen nicht konfiguriert, aber sobald Sie die Popup-Menüs bearbeiten, werden Sie umfangreiche Optionen entdecken. Bei Einträgen wie TEXT können Sie Ihre eigenen Textdaten eingeben. Sie können auch den ursprünglichen Dateinamen in Teile des neuen Namens aufnehmen, was vielen Anwendern sehr gefallen wird.

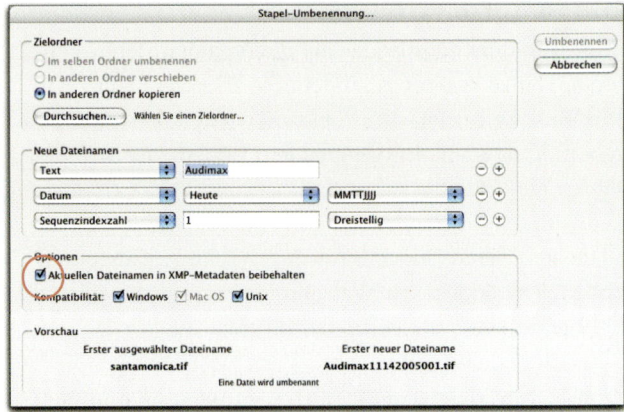

Abbildung 16.29 Im neuen Dialog STAPEL-UMBENENNUNG können Sie beim Umbenennen die Dateien in einen neuen Ordner kopieren. Die Optionen lassen sich so einstellen, dass Sie fast jede gewünschte Methode erhalten.

Stapel-Umbenennung widerrufen

Bei genauerem Hinsehen werden Sie feststellen, dass es in den Optionen eine Möglichkeit gibt, den alten Dateinamen zu erhalten. Falls Sie das aus einem bestimmten Grund möchten, können Photoshop und Bridge die Originaldateinamen wiederfinden und erneut zuweisen. Das ist jedoch nur dann möglich, wenn Sie die Checkbox AKTUELLEN DATEINAMEN IN XMP-METADATEN BEIBEHALTEN einschalten.

Abbildung 16.30 In den Popup-Menüs werden viele neue Optionen angeboten. BEIBEHALTENER DATEINAME stellt den ursprünglichen Dateinamen wieder her, wenn die Checkbox wie in Abbildung 16.29 aktiv ist.

Camera-Raw-Einstellungen anwenden

In Photoshop CS2 ist der Camera-Raw-Dialog sehr stark in sich geschlossen und die Einstellungen wenden Sie am besten über den Camera-Raw-Dialog für ein oder mehrere Bilder an. Dort lässt sich genau steuern, wie diese angewendet werden (siehe Seite 471). Sie können auch den Befehl BEARBEITEN/CAMERA RAW-EINSTELLUNGEN ANWENDEN einsetzen, um Voreinstellungen anzuwenden oder die vorherige Konvertierung (mit den zuletzt benutzten Einstellungen) zu wählen. Außerdem können Sie die Einstellungen von einer Datei in eine andere kopieren, etwa mit den Tastenkürzeln ⌘-⌥-C (PC: Strg-Alt-C) zum Kopieren und ⌘-⌥-V (PC: Strg-Alt-V) zum Einsetzen.

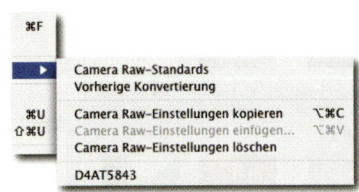

Abbildung 16.31 Das Menü CAMERA RAW-EINSTELLUNGEN ANWENDEN

Kapitel 16
Bildmanagement

Bridge-Extras

Photoshop CS2 können Sie als Einzelprogramm oder als Teil der Creative Suite CS2 erwerben. Bridge ist in beide integriert, aber bestimmte Objekte wie die Color Management Suite und das Bridge Center sehen Sie nur, wenn Sie das gesamte CS2-Paket kaufen. Auf Adobe Stock Photos kann jedoch jeder zugreifen, entweder über das Bridge Center oder per Bearbeiten-Menü. Adobe Stock Photos ist eine Online-Bibliothek, auf die Sie mit Bridge zugreifen können, die lizenzfreie Bilder anbietet.

Abbildung 16.32 Falls Sie die gesamte Creative Suite benutzen, haben Sie Zugang zum Bridge Center, in dem Sie auf den Button SUITE-FARBEINSTELLUNGEN klicken, um die Farbeinstellungen in der gesamten Suite anzupassen.

Abbildung 16.33 Bridge Center finden Sie in der Favoriten-Palette. Wie bereits erwähnt, wird es nur in Bridge installiert. Es steht zur Verfügung, wenn Sie die gesamte Creative Suite CS2 erworben haben.

Der digitale Lichttisch

Betrachten wir nun den gesamten Vorgang, wie man digitale Bilder in Photoshop öffnet und sie für den Aufbau eines digitalen Bildarchivs organisiert. Folgende Schritte verwende ich im Studio und am Aufnahmeort. Es handelt sich um eine kurze Zusammenfassung, wie ich üblicherweise vorgehe, um mit Photoshop meine Fotos zu organisieren und dabei den Vorgang so weit wie möglich zu automatisieren. Gleichzeitig bewahre ich ein Backup mit allen Rohdaten auf einer separaten Festplatte auf. Wenn ich im Verlauf eines Tages der Sammlung weitere Bilder hinzufüge, befolge ich alle oben genannten Schritte, außer wenn ich die Stapel-Umbenennung anwende: Dann muss ich die Nummerierung so beginnen, dass sie an die letzte Nummer aus dem vorherigen Stapel anschließt.

Photoshop-Services
Mithilfe des Menüs WERKZEUGE/PHOTOSHOP-SERVICES gelangen Sie zu einem Online-Fotodienst, bei dem Sie sich anmelden müssen. Ein Beispiel des Dialogs finden Sie auf Seite 552.

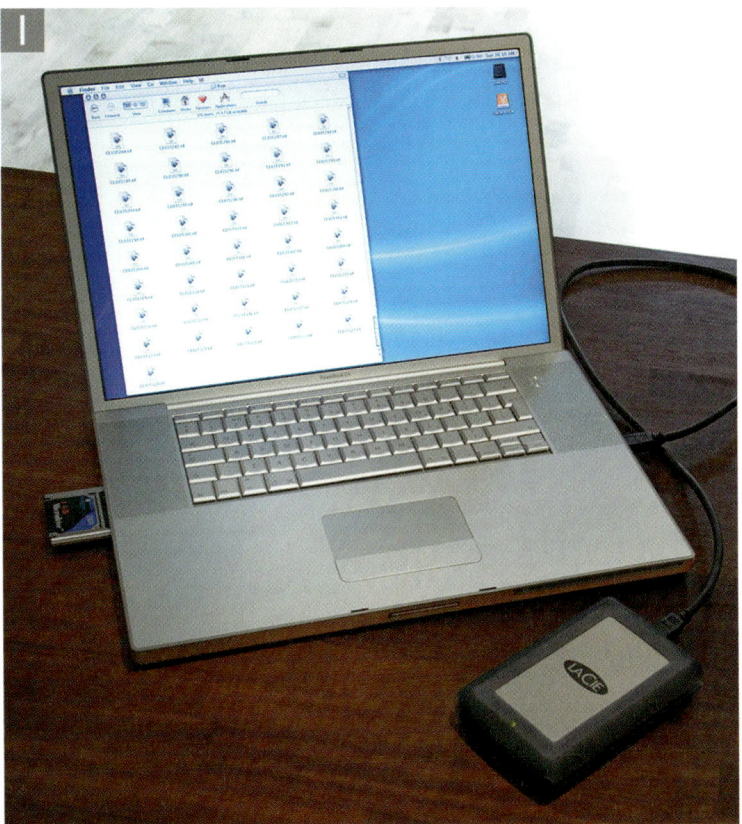

1 Der Prozess beginnt mit den Digitalaufnahmen, die immer im Raw-Format aufgenommen werden und von der Mediakarte auf den Computer kopiert werden. Alle Mediakarten können leicht beschädigt werden, aber Computerfestplatten ebenfalls. Ich kopiere die Dateien über meinen Laptop im Studio zunächst auf einen LaCie FireWire Pocketdrive. Das ist die einfachste Methode, die Dateien von der Karte herunterzubekommen, ohne sich darum kümmern zu müssen, ob sie im richtigen Ordner liegen oder nicht. Das kann wichtig sein, wenn Sie es eilig haben.

Kapitel 16
Bildmanagement

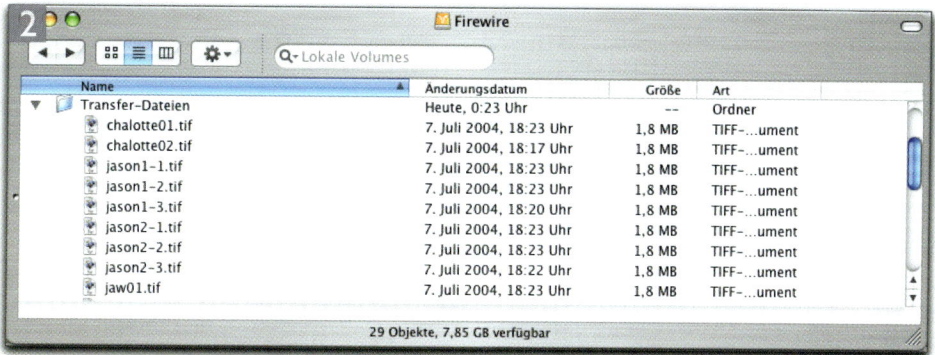

2 Als Nächstes sichere ich diese Dateien in einen dafür vorgesehenen Ordner auf der Festplatte des Computers. Erst jetzt ist es sicher, die Dateien von der Karte zu löschen, damit sie erneut verwendet werden kann. Bevor Sie neue Aufnahmen machen, sollten Sie die Karte formatieren.

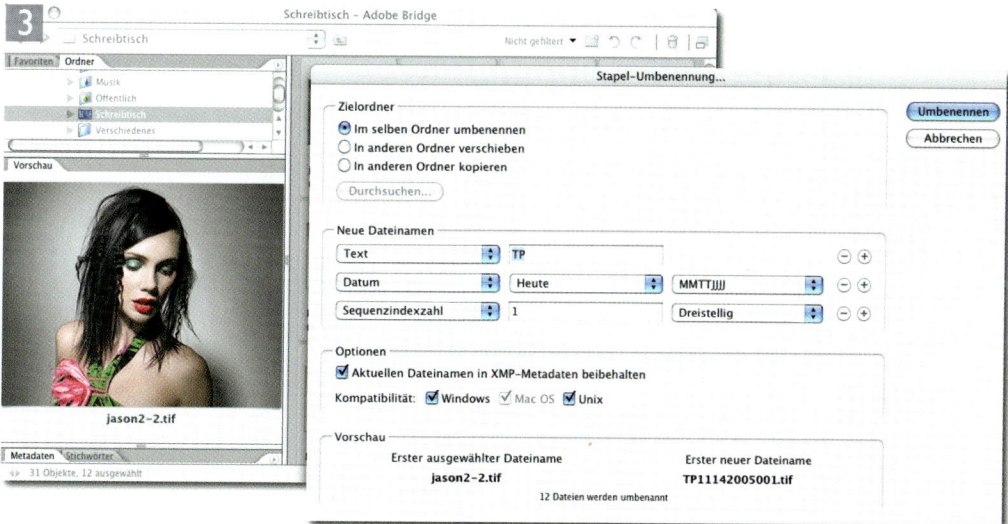

3 Dann öffne ich ein neues Fenster in Bridge und wähle den Kamera-Ordner auf der Festplatte des Hauptcomputers. Nachdem die Miniaturen generiert sind, wähle ich BEARBEITEN/ALLES AUSWÄHLEN ([⌘]-[A]: PC: [Strg]-[A]). Um die Auswahl aufzuheben, wähle ich [⌘]-[⌥]-[A] (PC: [Strg]-[Alt]-[A]). (Achtung, [⌘]-[D]; PC: [Strg]-[D] dupliziert!) Anschließend folgt WERKZEUGE/STAPEL-UMBENENNUNG. Sie können ein Identifikations-/Nummerierungssystem nach Ihrem Geschmack verwenden. Die hier gezeigte Methode wird auf Seite 646 beschrieben.

649

4 Die Canon-Kamera hat eine schicke Funktion, mit der ich sie so programmieren kann, dass sie automatisch meinen Namen als Autor in jede Aufnahme einbindet. Ich kann aber auch sicherstellen, dass jedes Foto, das ich in Photoshop bearbeite, durch meinen Namen copyrightgeschützt wird, indem ich den Befehl METADATEN ANHÄNGEN verwende, der auf Seite 636 beschrieben wird.

5 Jetzt können die Fotos bearbeitet werden. Bridge sollte als Äquivalent zum Lichttisch eines Fotografen angesehen werden. Ich verschiebe gern die Trennlinien, damit das Vorschau-Fenster den Bildschirm möglichst optimal ausfüllt. Sie finden es vielleicht einfacher, einen eigenen Arbeitsbereich zu speichern, um Auswahlen vorzunehmen, während die Vorschau-Palette möglichst stark vergrößert ist.

Kapitel 16
Bildmanagement

6 Nun kann ich mit den Pfeiltasten meiner Tastatur in den Bildern navigieren und meine Lieblingsbilder mit ⌘-[.] (PC: Strg-[.]) bewerten. Die Favoriten, die mit einem Stern bewertet sind, können Sie isoliert im Bridge-Fenster anschauen, indem Sie sich nur die mit einem Stern bewerteten Bilder anzeigen lassen. Dabei kann ich eine Auswahl von Bildern automatisch zu einem Kontaktabzug für den Kunden zusammenstellen lassen.

DVD als Alternative zur CD

DVD-Rekorder werden immer beliebter und sind häufig standardmäßig in Computermodelle eingebaut. Beschreibbare DVDs können 4,7 GB Daten speichern. Na ja, um realistisch zu sein, würde ich den tatsächlichen Speicherplatz auf 4,2 GB schätzen. Frühe DVD-Laufwerke liefen nur mit einfacher Geschwindigkeit und die Arbeit mit ihnen war schmerzlich langsam. Aber jetzt bekommt man DVD-Laufwerke mit vierfacher Geschwindigkeit, die aus meiner Sicht einen erfreulichen zeitlichen Unterschied bei der Archivierung meiner Daten ausmachen. Ich schieße oft 300 bis 400 Aufnahmen im Verlauf eines Shootings und kann diese Dateien meist auf eine einzige DVD brennen. Das einzige Problem mit einer CD oder DVD ist, dass Sie bei einer Beschädigung alles verlieren, und das können eine ganze Menge wertvoller Daten sein. Machen Sie also von wichtigen Daten eine Extrakopie als Backup und bewahren Sie diese separat auf. Beschreibbare Disks haben eine begrenzte Lebensdauer. Und wer kann sagen, ob eine CD oder DVD nicht von irgendeiner anderen Form von beschreibbaren Medien verdrängt wird? Und darüber hinaus, wenn Sie Raw-Camera-Dateien archivieren, werden Sie immer die Software haben, um diese zu interpretieren? In dieser Branche kann vieles in nur wenigen Jahren geschehen.

Speichermedien

Der größte Engpass im digitalen Management ist im Augenblick die Zeit, die man zur Archivierung von Daten auf Speichermedien benötigt. Wir haben mit den Jahren viele Arten von Speichermedien kommen und gehen sehen. Aber die beliebtesten Medien sind heutzutage beschreibbare CDs und DVDs. Fast jeder Computer, der heute verkauft wird, hat ein eingebautes CD-Laufwerk, das CDs schreiben und lesen kann. Einige CDs können theoretisch bis zu 700 MB Daten speichern, obwohl 650 MB ein realistischeres Limit darstellt. Noch vor kurzem wurden 650 MB als eine enorme Menge an Speicherplatz betrachtet. Aber heute kommt man damit nicht mehr weit. Meine Master-Bilddateien mit Ebenen überschreiten oft 200 MB und wenn ich sie auf CD speichern würde, müsste ich meine Dateien in zwei oder mehreren Ordnern unterbringen, bevor ich die CD brennen könnte. Ich müsste darauf achten, dass keiner davon die Kapazität einer CD überschreitet. Ein Kollege von mir, Seth Resnick hat eine sehr gründliche Methode, mit Digitalaufnahmen zu arbeiten. Ich habe einiges in seinen Seminaren über die Organisation des digitalen Workflows gelernt. Seth hält es für sinnvoll, alle bevorzugten Bilder als 16-Bit-TIFFs zu sichern und diese auf eine richtige Festplatte zu speichern und zusätzlich auf CD oder DVD. Eine externe 500-GB-Festplatte ist nicht all zu teuer und wenn Sie rund 25 GB Daten bei jedem Auftrag ansammeln, kostet es nur ein Zwanzigstel der Festplatte, sie zu speichern. Er weist auch darauf hin, dass die Festplatte ein Standard sei, der all die verschiedenen Typen beschreibbarer Medien überlebt hat. Wer erinnert sich zum Beispiel heute noch an Syquest-Laufwerke?

Kapitel 16
Bildmanagement

Schutz für die Bilder

Jeder, der Bilder in digitaler Form verkauft und überträgt, kennt das erhöhte Risiko durch Piraterie und Urherberrechtsverstöße. Die Musikindustrie kämpft bereits seit langer Zeit gegen Musikpiraten, die Original-CDs kopieren und sie Musik- und Videoeinnahmen kosten. Seit der digitalen Musikaufnahme auf CD ist das Ganze noch schwieriger zu kontrollieren, besonders seit man das Original makellos replizieren kann. Piraterie ist für Fotografen nichts Neues, aber das Ausmaß dieses Risikos schon. Das betrifft nicht nur uns Photoshop-Experten, sondern jeden, der seine Arbeit veröffentlicht oder sich für den Bildarchivmarkt interessiert.

Um diesem Problem beizukommen, hat man als erste Verteidigungslinie die Verwendbarkeit von elektronisch verbreiteten Bildern eingeschränkt, indem man sie a) für den reinen Bildschirmgebrauch verkleinerte und b) ein sichtbares Wasserzeichen einfügte, das den Urheber kenntlich macht. Zudem erschwert es den Diebstahl, da die nötige Retuschearbeit zu viel Aufwand bedeuten würde. Diese doppelte Verteidigung ist sicher sehr effektiv, aber nicht sehr weit verbreitet. Das Internet enthält Millionen Bilder in Bildschirmgröße, von denen wenige bis zu diesem Grad geschützt sind. Das Argument ist, dass diese Bilder so klein seien und ihre Qualität durch die starke JPEG-Komprimierung so sehr verringert sei, dass sie keinen Nutzen für den Gebrauch im Druck darstellen. Man bekommt eine bessere geklaute Kopie, indem man ein Bild aus einem Magazin auf einem billigen Flachbettscanner einscannt. »Einkaufen« hat »Sex« als Hauptthema im Internet abgelöst, daher haben Webbilder in Bildschirmgröße als solche bedeutend an kommerziellem Wert gewonnen. Der künftige Erfolg der Digitalfotografie und deren Vertrieb werden zudem von der Übertragungsmöglichkeit der Bilddaten abhängen. Die notwendige Technik, um große Bilddateien schneller als per ISDN um die Welt zu schicken, existiert bereits. Wenn sie erst einmal etabliert ist, wird man sogar noch größere Dateien über die Telekommunikation versenden wollen. Der Sicherheitsaspekt ist dann von größter Wichtigkeit.

Plug-Ins für den Fingerabdruck

Es wurden Softwarelösungen entwickelt, um die Daten besser zu sichern und zu schützen. Sie sollen den Anbietern elektronischer Daten die Möglichkeit geben, die Verwendung ihres geistigen Eigentums zu erkennen und zu verfolgen. Diese Systeme wenden einen digitalen »Fingerabdruck« oder einen verschlüsselten Code an, der das Aussehen des Bilds nicht beeinträchtigt, aber von der Erkennungssoftware gefunden wird. Der Code muss stabil sein, um bei allen Darstellungsgrößen verwendet zu werden: von Bildschirmgröße bis zu hohen Auflösungen. Er muss bei Änderung der Größe, Bildeinstellungen und beim Freistellen intakt bleiben. Wann immer ein Bild geöffnet wird, sollte eine Warnung angezeigt werden, dass das Bild Eigentum des Künstlers ist, Darin ist ein Code eingebettet, anhand dessen der Künstler das Bild nachverfolgen und einen Preis aushandeln kann.

Zwei Firmen haben solche Verschlüsselungs-/Detektionssysteme entwickelt: SureSign von Signum Technology und Digimarc von der Digimarc Corporation. Beide sind Plug-Ins für Photoshop. Sie erkennen alle verschlüsselten Bilder, die Sie in Photoshop öffnen, und zeigen ein Copyright-Symbol in der Statusleiste neben dem Dateinamen an. Sie müssen einen Jahresbeitrag an Digimarc zahlen, um Ihre eigene ID zu registrieren (informieren Sie sich, ob kostenlose Probezeiten angeboten werden). Jeder, der Sie mit dem Digimarc-Reader als Autor nachverfolgen will, setzt sich mit Ihrer Website in Verbindung, gibt einen Code ein und liest Ihren Namen und Ihre Kontaktnummer ab. SureSign bietet einen einzigartigen Autor-Code mit Transaktionsnummer an. Letzteres halte ich für das praktikablere System.

Kapitel 17

Photoshop automatisieren

Es dauert einige Monate, bis Sie die Grundlagen von Photoshop kennen. Um fließend damit arbeiten zu können, brauchen Sie noch mehr Zeit. Es gibt viele Möglichkeiten, wie Sie Ihre Arbeitsweise in Photoshop beschleunigen können. Dieses Kapitel befasst sich mit den verschiedenen Automatisieren-Funktionen. Ich hoffe, dass es Ihr Wissen in Bezug auf Photoshop mehrt und Ihnen Wege aufzeigen kann, wie Sie Zeit sparen, indem Sie viele Routinearbeiten automatisch vom Programm ausführen lassen.

Tabelle mit Tastenkürzeln

In den früheren Auflagen dieses Buchs veröffentlichte ich immer eine Tabelle, die alle Tastenkürzel von Photoshop enthielt. Diese Tabelle gibt es immer noch, aber sie befindet sich jetzt als PDF auf der CD, die dem Buch beiliegt. Dafür gibt es zwei Gründe: Zum einen können Sie in Photoshop die Zusammenfassung aller Tastenkombinationen direkt aus dem Dialog TASTATURBEFEHLE drucken. Vor allem aber musste ich in diesem Buch so viele Informationen unterbringen, dass ich den gesamten Platz für alle Neuheiten in Photoshop CS2 brauchte.

Kontextmenüs

Viele Tastaturbefehle sind nur einen Mausklick entfernt. Überall in Photoshop gibt es Kontextmenüs. Auf einem Mac klicken Sie mit gehaltener [Ctrl]-Taste, auf einem PC mit der rechten Maustaste, um in einem Bildfenster oder einer Palette ein Kontextmenü zu öffnen. Mit einem [Ctrl]-Klick (PC: Rechts-Klick) ins Dokumentfenster haben Sie Zugriff auf alle Menüoptionen des aktuellen Werkzeugs.

Tastaturbefehle-Tipp

Das Tastenkürzel für den Befehl TASTATURBEFEHLE lautet: [⌘]-[⌥]-[⇧]-[K] (PC: [Strg]-[Alt]-[⇧]-[K]). Eigene Menüs bearbeiten Sie mit [⌘]-[⌥]-[⇧]-[M] (PC: [Strg]-[Alt]-[⇧]-[M]).

Tastenkombinationen

Eine Möglichkeit, in Photoshop schneller zu arbeiten, ist das häufige Verwenden von Tastenkombinationen. Das Programm ist damit reichlich ausgestattet, am besten lernen Sie also immer ein paar auf einmal und versuchen nicht, sich alle gleichzeitig zu merken. In diesem Buch finden Sie immer die Mac- und PC-Tastenkombinationen, die Sie verwenden können, anstatt sich durch die Menüs zu hangeln. Ich glaube, ich habe alle Tastenkürzel erwähnt, die man regelmäßig verwendet. Es gibt aber noch mehr, die Sie lernen können! Die meisten finden Sie im Dialog TASTATURBEFEHLE oder aber in der Tabelle mit Tastenkürzeln, die als PDF auf der CD zum Buch beiliegt.

Eigene Tastaturbefehle

Die Standard-Tastaturbefehle enthalten so ziemlich jede Tastenkombination auf einer normalen Tastatur. Die Werkzeug-Palette benutzt Buchstaben, um ein Werkzeug aufzurufen. Außerdem gibt es die Taste [⌘] (PC: [Strg]) plus einen Buchstaben, eine Ziffer oder ein Tastatursymbol, gefolgt von den Kombinationen [⌘]-[⌥] (PC: [Strg]-[Alt]), [⌘]-[⇧] (PC: [Strg]-[⇧]) und schließlich den Kombinationen mit drei Modifikatortasten, wie z.B. [⌘]-[⌥]-[⇧] (PC: [Strg]-[Alt]-[⇧]).

Nichtenglische Tastaturen verwenden etwas andere Kombinationen, zum Beispiel werden in Skandinavien manche US-Tastenkürzel durch andere Sprachzeichen ersetzt. Früher führte das zu Problemen für Nutzer nichtenglischer Tastaturen, denn Zeichen wie die Tilde waren auf ihren Tastaturen nicht zu finden. Aber die Begrenztheit an Tastenkürzeln limitierte auch die Anzahl von Photoshop-Funktionen, die eine Tastenkombination haben.

In Photoshop CS und CS2 können Sie die Tastaturbefehle an Ihre eigene Arbeitsweise anpassen. Nicht benötigte Tastenkürzel weisen Sie anderen Funktionen zu, die Sie für sinnvoll halten. Die veränderten Tastaturbefehle speichern Sie als Sets. Zuerst wählen Sie jedoch BEARBEITEN/TASTATURBEFEHLE. Es öffnet sich der Dialog wie in Abbildung 17.1.

Kapitel 17
Photoshop automatisieren

Hier können Sie vordefinierte Einstellungen wie »Arbeiten mit Text« wählen oder die aktuellen Einstellungen anpassen und Ihre eigene Konfiguration anlegen.

Die Tastaturbefehle sind folgendermaßen gruppiert: Anwendungsmenüs, Paletten-Menüs und Werkzeuge. Das Anwendungs- und das Paletten-Menü enthalten Unter-Sets mit erweiterbaren Ansichten.

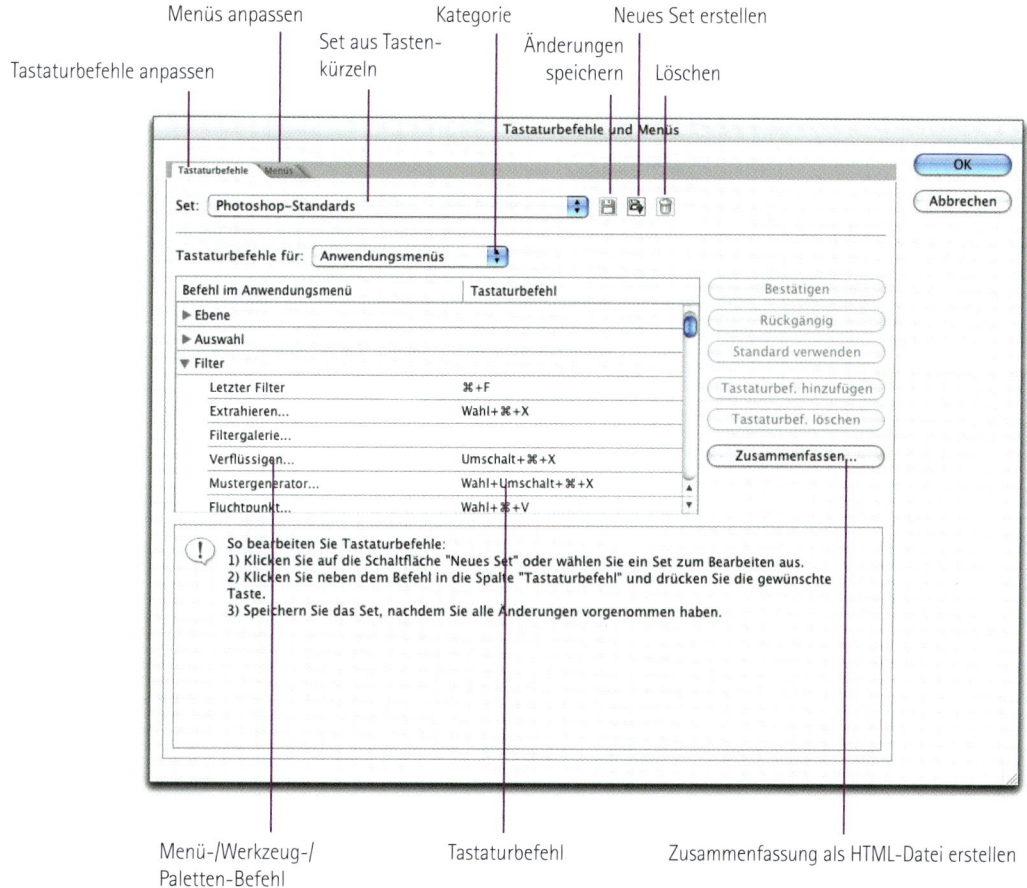

Abbildung 17.1 Die Dialogbox TASTATURBEFEHLE.

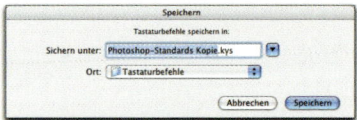

Abbildung 17.2 Der Dialog Tastaturbefehl speichern. Standardmäßig speichern Sie die Tastaturbefehle im Ordner *Tastaturbefehl* im Photoshop-Ordner.

Tastaturbefehle zusammenfassen
Wenn Sie auf den Button Zusammenfassen klicken, wird ein HTML-Dokument erzeugt, das alle Tastaturbefehle in diesem Set zusammenfasst. Sie können diese Zusammenfassung als Referenz ausdrucken.

Abbildung 17.3 Wenn Sie die Tastaturbefehle anpassen, werden Sie feststellen, dass die meisten Tastenkombinationen bereits belegt sind. In diesem Fall erscheint eine Warnmeldung unten im Dialog, die Ihnen mitteilt, dass die Tastenkombination bereits anderswo verwendet wird. Sie können die Änderung entweder rückgängig machen oder bestätigen. Wenn Sie die zugewiesene Tastenkombination ändern, wird die alte aus dem Set entfernt. Ist das Tastenkürzel für einen Paletten-Menüeintrag auch in einem Anwendungsmenü enthalten, werden beide geändert.

Um einen neuen Tastaturbefehl zu erstellen, klicken Sie in die Tastaturbefehl-Spalte rechts neben dem Befehl, den Sie anpassen wollen. Halten Sie genau die Tastenkombination gedrückt, die Sie als Tastaturbefehl definieren wollen. Die Tastenkombination erscheint dann in dem Feld, das Sie gerade bearbeiten. Sie können auch mehr als eine Tastenkombination für jeden Befehl festlegen. Wählen Sie dazu einen Eintrag aus der Liste aus und klicken Sie auf den Button Tastaturbef. hinzufügen. Dann öffnet sich die Dialogbox wie in Abbildung 17.2. Benennen Sie das Set und speichern Sie es im Ordner *Tastaturbefehle*.

Die Menüs passen Sie an, indem Sie auf den Menü-Reiter hinter dem Tastaturbefehle-Reiter klicken. Um dieses Thema bemühe ich mich an anderer Stelle im Buch. Weitere Informationen zur Menüanpassung finden Sie auf den Seiten 14 und 15.

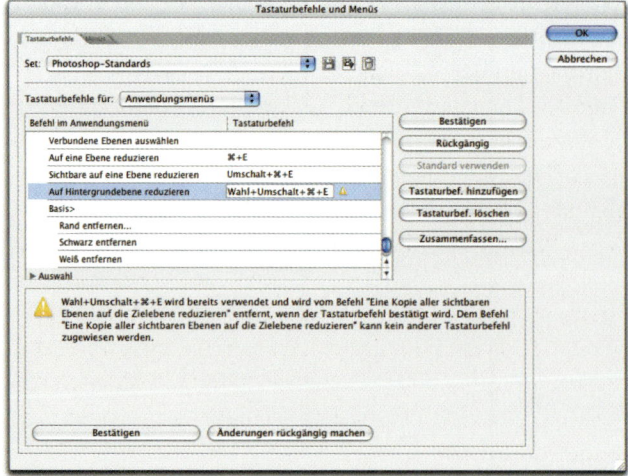

Mit Aktionen arbeiten

Photoshop ist in der Lage, viele seiner Operationen aufzuzeichnen und als Aktion zu speichern. Diese Aktionen können dann in anderen Bildern abgespielt oder mit anderen Photoshop-Nutzern geteilt werden, damit sie die Sequenz auf ihrem Computer abspielen können. Mithilfe von Aktionen müssen Sie dieselben Schritte bei unterschiedlichen Bildern nicht immer wiederholen.

Eine Aktion abspielen

In der Aktionen-Palette befinden sich bereits aufgezeichnete Aktionen mit dem Namen *Standardaktionen.atn*. Im Paletten-Menü haben Sie die Möglichkeit, weitere Aktionen zu laden, beispielsweise *Rahmen.atn* oder *Bildeffekte.atn*. Um diese Aktionen zu testen, öffnen Sie ein Bild, wählen Sie aus der Palette eine Aktion aus und drücken Sie den Button ABSPIELEN. Photoshop wendet nun die aufgenommenen Befehle auf das ausgewählte Bild an. Wenn die Anzahl der Schritte einer komplexen Aktion über die verfügbaren Schritte der Protokoll-Palette hinausgehen, können Sie nicht den kompletten Befehl rückgängig machen, nachdem die Aktion beendet wurde. Als Vorsichtsmaßnahme sollten Sie in der Protokoll-Palette einen Schnappschuss erstellen oder das Dokument vor der Anwendung der Aktion speichern. Wenn Ihnen die Aktion dann nicht gefällt, arbeiten Sie mit dem gespeicherten Schnappschuss der Protokoll-Palette weiter oder öffnen einfach die zuletzt gespeicherte Version des Bilds. Photoshop-Aktionen sind in der Regel mit der Endung .atn gekennzeichnet und im Ordner *Photoshop-Aktionen* in den Photoshop-Vorgaben gespeichert. Sie können die Aktionen aber auch an jedem anderen beliebigen Ort speichern. Wenn Sie eine Aktion installieren wollen, die Sie sich aus dem Internet heruntergeladen oder sonstwie erhalten haben, klicken Sie diese einfach doppelt an (Photoshop lädt die Aktion automatisch in die Palette).

Fertige Aktionen verwenden

Bereits bei der Installation von Photoshop sind einige Aktionen geladen. Im Internet gibt es kostenfrei noch mehr davon. Ein nützlicher Ausgangspunkt für die Suche ist die Adobe Studio Exchange-Site unter: *http://share.studio.adobe.com*. Dort finden Sie eine umfassende Liste von Aktionen, Plug-Ins, Skripten etc. Eine weitere ist diese Site: *www.elated.com/actionkits/*. Auf beiden Sites finden Sie vorbereitete Aktionen oder Aktionen-Sets mit Beispielen der damit erzielten Effekte. Sie können die Aktionen kostenlos zur Benutzung mit Photoshop herunterladen.

Verlorene Aktionen

Über eins müssen Sie sich im Klaren sein: Auch wenn Aktionen im Aktionen-Ordner gespeichert werden, wenn Sie Photoshop beenden – es kann vorkommen, dass eine neu installierte oder neu erstellte Aktion verloren geht, wenn Photoshop abstürzt. Und falls Sie Photoshop einmal löschen, sollten Sie vorher alle Aktionen separat speichern, damit diese nicht mit verloren gehen.

Grenzen beim Aufzeichnen

Die meisten Photoshop-Operationen können in einer Aktion aufgenommen werden, z.B. Bildeinstellungen, Schritte der Protokoll-Palette, Filter und vieles mehr. Werkzeuge wie die Auswahlwerkzeuge oder das Verlaufs- oder Füllwerkzeug werden mit den aktuellen Koordinaten für Maße und Lineale aufgenommen. Vor der Aufnahme sollten Sie dazu in den Voreinstellungen MASSEINHEITEN & LINEALE die Maßeinheit PROZENT auswählen. Vermeiden Sie Befehle, die nicht aufgezeichnet werden können, z.B. die Malwerkzeuge.

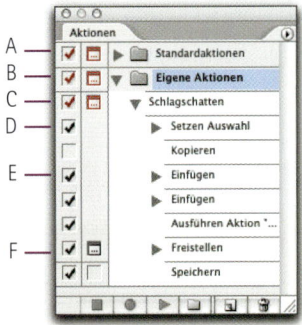

Abbildung 17.4
Icons der Aktionen-Palette:
A: Set enthält inaktive Befehle.
B: Aktion enthält inaktive Befehle.
C: Schritt ist aktiv und enthält eine Unterbrechung.
D: Aktiver Befehl mit Dialogbox
E: Aktiver Befehl ohne Dialogbox
F: Aktiver Befehl mit Unterbrechung, öffnet Dialogbox.

Aktionen aufzeichnen

Um eine Aktion aufzunehmen, öffnen Sie zunächst ein Testbild. Klicken Sie auf den Button NEUE AKTION im unteren Bereich der Aktionen-Palette. Geben Sie der Aktion einen Namen und klicken Sie auf den Aufnehmen-Button. Sie können auch eine eigene Tastenkombination verwenden, indem Sie die Funktionstasten ([F1] bis [F15]) mit den Tasten [⇧] und [⌘] (PC: [Strg]) kombinieren. Anschließend können Sie eine Aktion einfach mithilfe der Tastenkombination starten. Führen Sie nun die Schritte aus, die Sie aufnehmen möchten. Zum Schluss klicken Sie auf den Button AUFZEICHNUNG BEENDEN.

Aufnahmebefehle, die Ebenen oder Kanäle verwenden und in Ihrer Testdatei vorkommen, werden nicht erkannt, wenn die Aktion auf ein neues Bild angewendet wird. Achten Sie auch darauf, dass Ihre Aktionen nicht von einer bestimmten Größe oder einem Farbmodus abhängen. Bei komplexen Aktionen sollten Sie die einzelnen Schritte planen. Sie können auch eine Unterbrechung einbauen. Dadurch wird an einer bestimmten Stelle bei der Wiedergabe der Aktion eine Dialogbox geöffnet. Darin kann eine Notiz enthalten sein, die daran erinnert, was bei einem bestimmten Schritt getan werden muss. Wenn die Aktion beispielsweise zur Übung verwendet wird, kann diese Notiz einen Tipp oder Kommentar enthalten. Aktionen werden immer innerhalb von Sets erstellt und wenn Sie eine Aktion speichern wollen, müssen Sie diese als Set speichern. Um also eine Aktion einzeln zu speichern, klicken Sie auf den Button NEUES AKTONSSET in der Aktionen-Palette, um ein neues Set zu erstellen. Ziehen Sie die Aktion in dieses Set, geben Sie ihr einen Namen und wählen Sie AKTIONEN SPEICHERN aus dem Menü der Aktionen-Palette (dazu muss das Set, nicht die einzelne Aktion markiert sein). Wenn Sie dabei die [⌘]- und [⌥]-Taste (PC: [Strg]-[Alt]) gedrückt halten, werden die Beschreibungen der einzelnen Schritte in der Aktionen-Palette gespeichert. Das folgende Beispiel zeigt, wie Sie eine einfache Aktion aufzeichnen.

Kapitel 17
Photoshop automatisieren

1 Die Aktionen-Palette wurde erweitert, damit Sie alle Schritte meiner Aktion namens Vignette 15% sehen können. Zuerst wählte ich Ansicht/Lineale, um die Lineale einzublenden. Dann `Ctrl`-klickte ich (PC: Rechts-Klick) auf eines der Lineale, um die Maßeinheit Prozent einzustellen. Dadurch werden alle aufgezeichneten Positionen als Prozentanteil der Dokumentmaße gemessen. Die aufgenommene Aktion ist so in jeder Bildgröße wirksam.

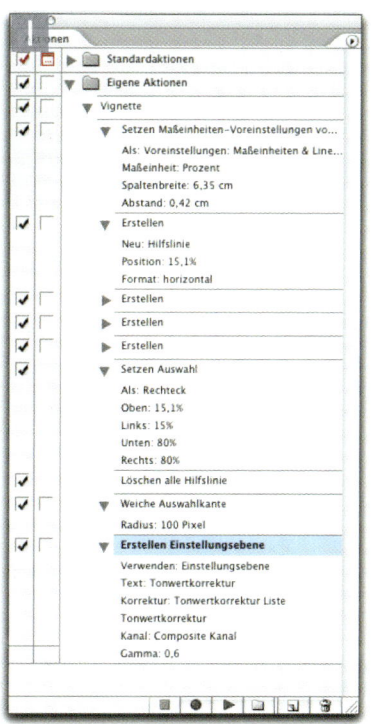

2 Ich zog vier Hilfslinien mit 15% Entfernung vom Rand aus den Linealen, um damit eine rechteckige Auswahl zu erstellen. Die Hilfslinien entfernte ich anschließend wieder. Um den Vignetten-Effekt zu erzeugen, wählte ich eine Weiche Auswahlkante von 100 Pixel und kehrte dann die Auswahl um.

3 Anschließend fügte ich eine Tonwertkorrektur-Einstellungsebene hinzu. Dabei entstand automatisch eine Ebenenmaske basierend auf der aktuellen Auswahl. Durch Ziehen des Gamma-Reglers dunkelte ich die Einstellung ab – was sich nur auf die Außenbereiche auswirkte.

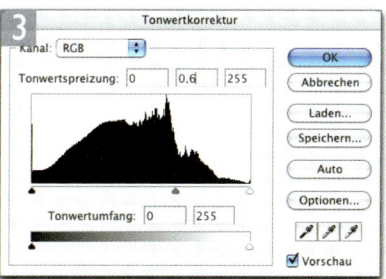

661

4 Wenn die Aufnahme vollständig ist, dürfen Sie nicht vergessen, auf den Stopp-Button in der Aktionen-Palette zu klicken. Sie können die Aktion jetzt testen. Wenn Sie die Aktion noch ein wenig nachgebessert haben, können Sie diese als einzelne Aktion oder innerhalb einer Stapelverarbeitung anwenden.

Nur veränderte Einstellungen werden aufgezeichnet

Sicher stellt sich irgendwann die Frage, was Sie tun müssen, wenn bestimmte Einstellungen bereits wie gewünscht vorhanden sind. Aktionen zeichnen Einstellungen nur auf, wenn diese auch verändert werden. Nehmen wir also an, Sie wollen die Einstellung einer Bildgröße aufzeichnen, bei der die Bildauflösung bei 300 ppi liegen soll, das Bild in der Dialogbox BILDGRÖSSE jedoch bereits 300 ppi hat. In solchen Situationen nimmt Photoshop nichts auf. Um das zu verhindern, müssen Sie die Bildgröße vor der Aufnahme des Schritts verändern. Wenn Sie dann die Pixelauflösung einstellen, wird dieser Schritt in die Aktion aufgenommen.

Fehler in Aktionen beheben

Stellen Sie sicher, dass sich das Bild, das bearbeitet werden soll, im richtigen Farbmodus befindet. Viele Aktionen, vor allem, wenn sie Filter enthalten, funktionieren nur im RGB-Farbmodus. Befehle zur Farbeinstellung funktionieren im CMYK- oder im Graustufenmodus möglicherweise nicht richtig. Einige vorgefertigte Aktionen erfordern bestimmte Ausgangskriterien. Die Texteffekt-Aktionen, die Photoshop mit ausliefert, erfordern ein Ausgangsbild, das bereits Text in Ebenen enthält. Wenn Sie gerade eine Aktion aufgenommen und jetzt Probleme bei der Wiedergabe haben, müssen Sie die Aktion Befehl für Befehl untersuchen. Öffnen Sie ein Testbild und erweitern Sie die Aktionen-Palette so, dass alle Einträge zu sehen sind. Klicken Sie nun mit gehaltener ⌘-Taste (PC: Strg) auf den Button AUSWAHL AUSFÜHREN. Jetzt wird nur der erste Befehl ausgeführt. Wenn es an dieser Stelle ein Problem gibt, klicken Sie doppelt auf diesen Befehl, um ihn neu aufzunehmen. Halten Sie erneut die ⌘-Taste (PC: Strg) gedrückt, und klicken Sie auf AUSWAHL AUSFÜHREN, um fortzufahren. Um einen Eintrag vollständig zu ersetzen, klicken Sie auf AUFZEICHNUNG BEGINNEN, führen Sie den neuen Schritt aus und klicken Sie auf STOPP.

Tipps zum Aufzeichnen von Aktionen

Aktionen sollten so eindeutig wie möglich sein. Wenn Sie einen Schritt aufzeichnen, bei dem eine benannte Ebene im Stapel nach vorn geholt werden soll, sucht die Aktion beim Abspielen nach einer Ebene mit genau diesem Namen. Wenn Sie also eine Ebene einbinden, sollten Sie diese in der Aktion auch benennen. Verwenden Sie keine Namen wie Ebene 1, Ebene 2 etc. Das führt zu Verwirrungen mit den Standardnamen von Photoshop. Benutzen Sie zum Ändern der Reihenfolge das Ebene-Menü per Tastenkürzel, damit die Aktionen eindeutig erkannt werden.

Menübefehle einfügen

Manche Befehle können Sie nur in eine Aktion einbinden, wenn in einem Dialog etwas eingegeben wird. Zum Beispiel zeichnet Photoshop keine Aktionen mit dem Zoomwerkzeug auf. Aber wenn Sie beim Aufzeichnen den Befehl MENÜBEFEHL EINFÜGEN aus dem Palettenmenü der Aktionen-Palette wählen, sehen Sie den Dialog wie in Abbildung 17.6. Zuerst ist hierbei nichts ausgewählt. Ich wähle hier einen Zoombefehl aus dem Menü ANSICHT und das wird bei der Aufzeichnung berücksichtigt. Bis Sie die Aktion abspielen, wird das Bild jedoch nicht gezoomt. Ich benutze diesen Befehl auch, um Dialoge aufzuzeichnen, die ich häufig benutze, z.B. Web-Fotogalerie. Dadurch muss ich nicht erst ins Datei-Menü navigieren.

Unterbrechung und Pause

Wenn Sie eine Aktion bearbeiten, lässt sich eine Unterbrechung einfügen. So können Sie die Aktion anhalten und eine Warnmeldung anzeigen lassen. Das kann eine nützliche Warnmeldung sein wie in Abbildung 17.5, die zu Beginn der Aktion angezeigt wird. Wenn Sie während der Wiedergabe einen Dialog anzeigen wollen, fügen Sie eine Pause ein und klicken Sie in den leeren Bereich links neben dem Schritt (siehe Abbildung 17.4).

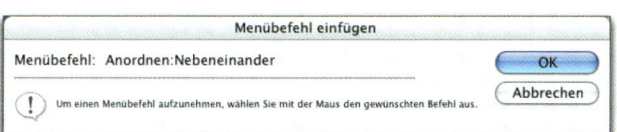

Abbildung 17.6 Im Dialog MENÜBEFEHL EINFÜGEN ist zuerst nichts ausgewählt. Wählen Sie einen Befehl wie z.B. FENSTER/ANORDNEN... und klicken Sie auf OK. Dieser Befehl wird ausgeführt, sobald die Aktion abläuft.

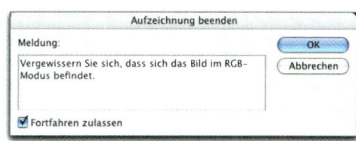

Abbildung 17.5 Der Dialog UNTERBRECHUNG EINFÜGEN

Aktionen stapelweise verarbeiten

Einer der großen Vorteile von Aktionen ist die Möglichkeit, Stapelverarbeitungen durchzuführen. Sie öffnen die Dialogbox mit DATEI/AUTOMATISIEREN/STAPELVERARBEITUNG. Sie können in Bridge auch WERKZEUGE/PHOTOSHOP wählen. Wählen Sie ein Aktions-Set und eine Aktion aus, geben Sie anschließend eine Quelle und ein Ziel an. Als Quelle können alle geöffneten Bilder, ausgewählte Bilder in Bridge oder ein bestimmter Ordner dienen. Wenn Sie die Checkbox ÖFFNEN IN AKTION ÜBERSCHREIBEN aktivieren, öffnet und verarbeitet Photoshop nur Bilder, wenn in der Aktion ein Öffnen-Befehl integriert ist. Falls alle Ordner innerhalb des gewählten Ordners bearbeitet werden sollen, aktivieren Sie die Checkbox ALLE UNTERORDNER EINSCHLIESSEN.

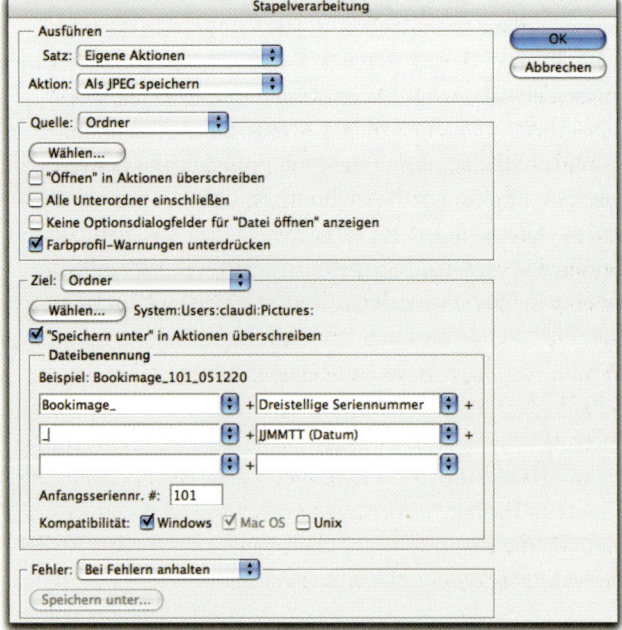

Abbildung 17.7 Ein Beispiel für die Stapelverarbeitung, bei der eine vorgegebene Aktion angewendet werden soll. Sie können Ihre eigenen Einstellungen vornehmen. Ich habe einen Prozess erstellt, bei dem das Bild mit *Bookimage_* gefolgt von einer dreistelligen fortlaufenden Nummer, einem Unterstrich, dem Datum in Tag, Monat, Jahr und einer Extension in Kleinbuchstaben benannt werden soll. Die Nummerierung beginnt bei 101. Die Beispieldatei könnte also *Bookimage_101_230205.gif* heißen. Die Erweiterung .gif dient nur als Beispiel, sie bedeutet nicht, dass Sie das Bild als GIF speichern. Die Windows-Checkbox habe ich eingeschaltet, damit die Namen auch auf einem PC erkannt werden.

Wenn Sie die Option FARBPROFIL-WARNUNG UNTERDRÜCKEN aktivieren, verhindern Sie, dass fehlende Profile und die Dialogbox PROFILFEHLER während der Stapelverarbeitung moniert werden. Tritt ein Profilfehler auf, untersucht Photoshop, was Sie vorher getan haben. Sollten Sie sich vorher dazu entschlossen haben, das Bild in seinem Profil-Farbraum zu belassen, werden auch andere Bilder jetzt so bearbeitet. Liegt gar kein Profil vor, untersucht Photoshop, ob Sie vorher das fehlende Profil ignoriert, einen Arbeitsfarbraum oder ein Profil zugewiesen und in den Arbeitsfarbraum konvertiert haben.

Es kann natürlich vorkommen, dass das Speichern ein entscheidender Vorgang innerhalb der Aktion ist, bei dem bestimmte Formateinstellungen gewählt werden. Falls der Zielordner jedoch nicht mehr existiert, kann die Aktion nicht weiter ausgeführt werden. Der Zielordner lässt sich auch mithilfe der Dialogbox STAPELVERARBEITUNG bestimmen. Wenn in die Aktion ein Speichervorgang eingeschlossen werden soll, empfehle ich Ihnen, die Checkbox SPEICHERN UNTER IN AKTIONEN ÜBERSCHREIBEN zu aktivieren.

Mithilfe der Optionen im Abschnitt DATEIBENENNUNG legen Sie eine genaue Bezeichnungsstruktur der zu verarbeitenden Dateien fest. Für den bestehenden Dokumentnamen können Sie vorgeben, ob dieser in Groß- oder Kleinbuchstaben geschrieben werden soll. In Abbildung 17.8 sehen Sie eine vollständige Liste mit den Optionen für die Benennung. Wenn als Ziel ein Ordner ausgewählt wurde, stehen Ihnen sechs Felder zur Verfügung, die Sie bearbeiten können. Sie dürfen die Kombinationen ganz nach Ihrem Wunsch gestalten, die Dateiendungen müssen jedoch immer am Ende stehen. Beim Bearbeiten der Felder sehen Sie an einem Beispiel, wie die Dateien letztendlich benannt werden. Die Beispiel-Ausgangsdatei heißt *MeineDatei.gif*.

Abbildung 17.8 Die Optionen zu Benennung und Nummerierung während einer Stapelverarbeitung.

Plattformübergreifende Droplets

Sie können Droplets nach Belieben benennen. Um sie aber PC-kompatibel zu machen, sollten Sie die Endung .exe an den Namen anhängen. Wenn Ihnen jemand ein Droplet für den PC schickt, machen Sie es Mac-kompatibel, indem Sie es einmal auf das Photoshop-Programm-Icon ziehen.

Ein Droplet erzeugen

Eine Photoshop-Aktion lässt sich in ein eigenständiges Programm umwandeln, ein so genanntes Droplet. Dieses kann außerhalb von Photoshop gespeichert werden, beispielsweise auf dem Schreibtisch, und von dort aus Photoshop anweisen, eine spezielle Aktion zu starten, wenn Sie eine Datei per Drag&Drop auf das Droplet-Icon ziehen.

Um ein Droplet zu erstellen, wählen Sie DATEI/AUTOMATISIEREN/DROPLET ERSTELLEN. In Abbildung 17.9 sehen Sie die entsprechende Oberfläche. Die Optionen, die Sie hier finden, sind mit denen der Stapelverarbeitung identisch. Wählen Sie einen Speicherort und einen Zielordner für die bearbeiteten Dateien. Wenn Sie fertig sind, klicken Sie einfach auf OK. Droplets können in einem Produktionsablauf eine nützliche Rolle spielen. Ich habe auf meinem Schreibtisch einen ganzen Ordner mit Photoshop-Droplets und den entsprechenden Zielordnern.

Abbildung 17.9 Die Dialogbox DROPLET ERSTELLEN

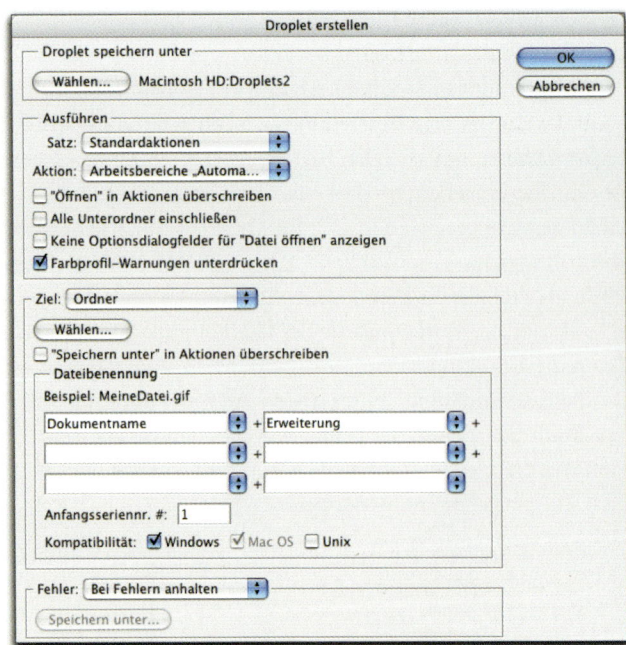

Abbildung 17.10 Sobald Sie eine Bilddatei auf ein Droplet ziehen, wird Photoshop gestartet und das Bild im Programm verarbeitet. (Bei mehreren Dateien findet eine Stapelverarbeitung statt.) Droplets können speichern und schließen oder die Ergebnisse in einen bestimmten Ordner ablegen. Ich habe einen Ordner mit Droplets leicht zugänglich auf meiner Festplatte liegen.

Skripten

Einer der bisher am meisten vernachlässigten Bereiche von Photoshop war dessen Fähigkeit, Skripte zu verfassen, um das Programm zusätzlich zu Aktionen zu automatisieren. Für viele ist das etwas unheimlich und ich muss zugeben, dass sich mir schon bei der Möglichkeit, dass ich etwas programmieren muss, die Haare sträuben. Aber das alles ist für den normalen Anwender etwas vereinfacht worden. Mithilfe des Ordners *Skripthandbuch* im Photoshop-Ordner finden Sie entsprechende Informationen. Sie können auch vorgefertigte Skripte von der Adobe Studio Exchange-Website unter http://share.studio.adobe.com herunterladen.

Zuerst wählen Sie jedoch DATEI/SKRIPTEN. Hier finden Sie ein paar einfache Skripte, mit denen Sie experimentieren können – darunter auch eines, das aus den Ebenen-Komps eine Datei für die Web-Fotogalerie macht. In Abbildung 17.11 sehen Sie die Dialogbox für das Skript EBENEN IN DATEI EXPORTIEREN.

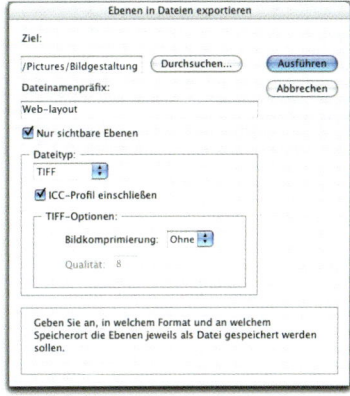

Abbildung 17.11 Ein Beispiel für das Skript EBENEN IN DATEI EXPORTIEREN aus dem Menü SKRIPTEN in Photoshop

Skriptereignis-Manager

Der Skriptereignis-Manager lässt sich so konfigurieren, dass er ein JavaScript oder eine Aktion ausführt, wenn in Photoshop eine bestimmte Aktion durchgeführt wird. Unten sehen Sie ein einfaches Beispiel, was mit Skripten möglich ist.

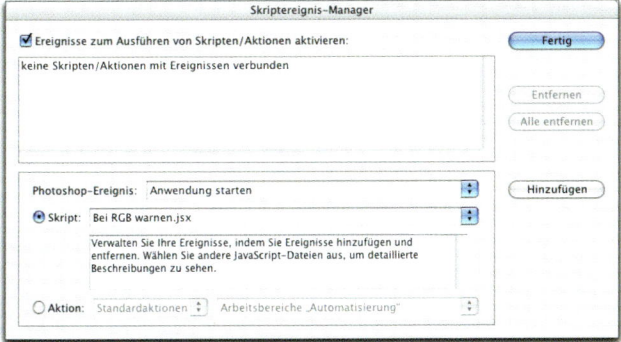

Abbildung 17.12 Den Skriptereignis-Manager finden Sie unter DATEI/SKRIPTEN.

JPEGs für das Web

Wenn Sie Bilder bearbeiten, die per E-Mail verteilt oder ins Web gestellt werden sollen, ist der Bildprozessor eine gute Wahl. Sie können damit bei der Verarbeitung nicht nur die Größe der Bilder verändern, sondern auch den aktuellen Farbraum in sRGB umwandeln, das ideale Farbprofil für die Darstellung im Web.

Bildprozessor

Sie finden den Bildprozessor in Photoshop unter Datei/Skripten oder in Bridge unter Werkzeuge/Photoshop. Der Bildprozessor ist ein gutes Beispiel dafür, was Skripte leisten können, während sie gleichzeitig mit einer einfachen Oberfläche präsentiert werden. Der Bildprozessor gestattet es Ihnen, einen Bilderordner auszuwählen (oder alle geöffneten Bilder zu verwenden) und einen Ort zu bestimmen, an dem die bearbeiteten Bilder gespeichert werden sollen. Dann kann eine Aktion ablaufen, die die verarbeiteten Dateien als JPEG, PSD oder TIFF speichert. Gleichzeitig können Sie auch die Dateien verarbeiten und in mehr als einem Format auf einmal speichern. Das ist sehr praktisch, wenn Sie zum Beispiel eine hoch auflösende TIFF-Version und eine webtaugliche JPEG-Version speichern wollen.

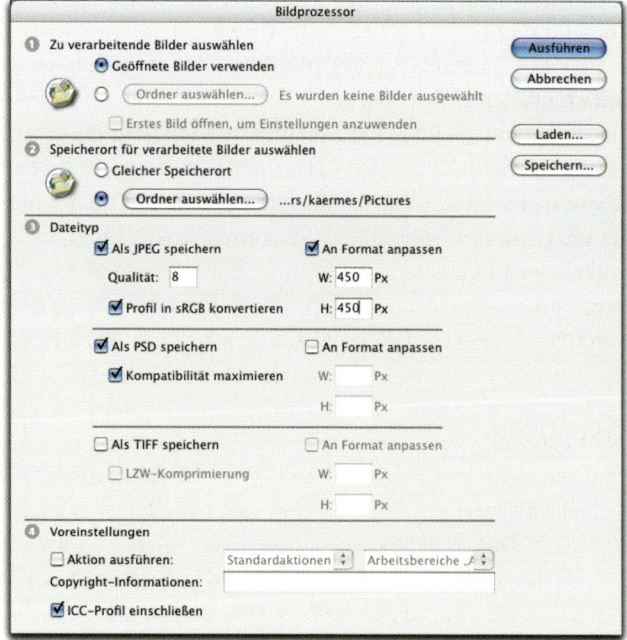

Abbildung 17.13 Der Bildprozessor (früher bekannt als Dr Russell Brown's Image Processor). Dieser Skript-Dialog lässt sich so konfigurieren, dass er einzelne oder mehrere Bilder verarbeitet, indem er eine Photoshop-Aktion anwendet. Er kann Copyright-Infos einbinden und die Dateien an einem bestimmten Speicherort in einem oder mehreren der folgenden Dateiformate speichern: JPEG, PSD oder TIFF. Der Zielordner enthält die verarbeiteten Bilder, die in Ordner verteilt werden, die entsprechend dem Dateiformat benannt sind.

Wenn Sie alles eingestellt haben, können Sie auf den Sichern-Button klicken, um die Einstellungen zu speichern und sie später erneut zu laden.

Automatisierte Plug-Ins

Die Automatisieren-Funktionen in diesem Abschnitt sind Beispiele für automatisierte Plug-Ins. Was sie von anderen unterscheidet, ist, dass sie Photoshop befähigen, komplexe Prozeduren basierend auf einfachen Nutzereingaben auszuführen. Manche automatisierte Plug-Ins sind wie »Assistenten«, die eine einfache Oberfläche haben, um Sie durch verschiedene Optionen zu führen und das gewünschte Ergebnis zu erzielen. Adobe hat die automatisierten Plug-Ins als Open Source zur Verfügung gestellt, so dass außenstehende Entwickler eigene Plug-Ins für Photoshop entwickeln können. Pixel Genius, das ich mit gegründet habe, ist meines Wissens bisher die einzige Firma, die sich dieser Möglichkeit bedient und PhotoKit, PhotoKit Sharpener und PhotoKit Color auf den Markt brachte.

Fotos freistellen und gerade ausrichten
Dieses automatisierte Plug-In ist sehr geradlinig und einfach zu benutzen, wenn Sie gescannte Bilder drehen und freistellen müssen. Legen Sie mehrere Bilder auf Ihren Scanner, scannen Sie sie als ein Bild und wählen Sie DATEI/AUTOMATISIEREN/FOTOS FREISTELLEN UND GERADE AUSRICHTEN (nicht in Bridge verfügbar). Photoshop erzeugt eine ausgerichtete und freigestellte Version eines jeden Bilds. Das funktioniert nur dann gut, wenn der Hintergrund absolut einfarbig ist. Am besten funktioniert es, wenn Sie Scans von Dias verarbeiten, deren Rand tiefschwarz ist. Andernfalls sollten Sie zuerst eine Auswahl um ein Bild legen.

Abbildung 17.14 Das Plug-In FOTOS FREISTELLEN UND GERADE AUSRICHTEN können Sie verwenden, um gescannte Fotos zu extrahieren, die gedreht und freigestellt werden müssen.

Bild einpassen
BILD EINPASSEN ist ein einfaches Plug-In, das den Befehl BILD/BILDGRÖSSE umgeht. Es eignet sich vor allem für die Vorbereitung bildschirmbasierter Designarbeiten. Geben Sie die gewünschten Pixelmaße ein, in die das Bild passen soll, indem Sie eine maximale Höhe oder Breite angeben.

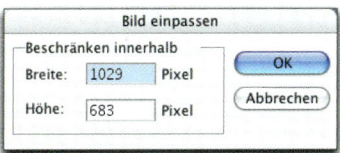

Abbildung 17.15 Der Dialog BILD EINPASSEN

Kontaktabzug II

KONTAKTABZUG II (DATEI/AUTOMATISIEREN …) kann einen Ordner voller Bilder oder eine Bridge-Bildauswahl auf einem Kontaktabzug kombinieren. Wenn in dem Ordner mehr Bilder sind, als auf eine Seite passen, werden weitere Kontaktabzugseiten erzeugt. Die Dialogbox KONTAKTABZUG II sehen Sie in Abbildung 17.16. Im Abschnitt DOKUMENT können Sie die Seitengröße, den Farbmodus und die Pixelauflösung des Kontaktabzugs festlegen. Im Abschnitt MINIATUREN legen Sie fest, wo Sie die Anzahl der Zeilen und Spalten des Layouts bestimmen können. Wenn Sie die Checkbox AUTOMATISCHEN ZEILENABSTAND VERWENDEN aktivieren, platziert Photoshop die Kontaktabzüge so dicht wie möglich. Denken Sie aber immer daran, dass die Bilder möglicherweise unterschiedliche Formate besitzen (Hoch- und Querformat) und dadurch Lücken entstehen können. Ist die Checkbox DREHEN FÜR OPTIMALE GRÖSSE aktiviert, ignoriert Photoshop die Ausrichtung der Bilder und ordnet sie so an, wie sie am besten auf die Seite passen. Das Ergebnis sieht wie ein herkömmlicher Film-Kontaktabzug aus.

Bildunterschriften

Aktivieren Sie die Checkbox DATEINAMEN ALS OBJEKTBESCHREIBUNG VERWENDEN, wenn Sie eine Beschriftung wie in der Abbildung wünschen. In den Schriftgrößen zwischen 4 und 72 Punkt stehen hier verschiedene Zeichensätze zur Wahl.

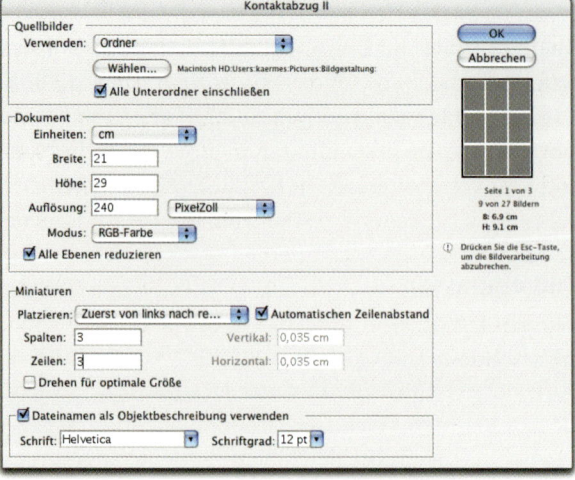

Abbildung 17.16 Mit der Funktion KONTAKTABZUG II erzeugen Sie automatisch Kontaktabzüge, die die Seite optimal nutzen.

Bildpaket

Mithilfe des Befehls BILDPAKET werden automatisch Seitenlayouts mit einem oder mehreren Bildern erstellt. In Abbildung 17.17 sehen Sie eine Kombination aus einem großen Bild und mehreren kleinen Bildern.

BILDPAKET erzeugt in der Regel ein Layout, das auf dem obersten, in Photoshop geöffneten Bild basiert. Sie können auch eine bestimmte Datei oder einen Ordner als Quelle angeben. In diesem Fall wird von jedem Bild innerhalb des Ordners ein Bildpaket erstellt, was natürlich eine Weile dauern kann.

Wenn Sie auf eines der Bilder in der Layoutvorschau doppelklicken, erscheint ein Durchsuchen-Dialog, mit dem Sie eine andere Datei laden können, um dieses eine der sich wiederholenden Bilder zu ersetzen.

Der Abschnitt BESCHRIFTUNG ist sinnvoll, wenn Sie den Dateinamen oder andere Informationen zum Bild hinzufügen wollen. Sie können beispielsweise eigenen Text eingeben, eine geringe Deckkraft wählen und den Text als Wasserzeichen (wie bei einem Copyright) in der Mitte jedes Bilds anzeigen lassen. Die Beschriftungsfunktion ist jedoch begrenzt, Sie können die Beschriftung eines Bilds beispielsweise nicht außerhalb eines Bilds (z.B. darunter) platzieren. Dafür lassen sich jedoch die Layouts einfach bearbeiten.

In Abbildung 17.18 sehen Sie die Dialogbox BILDPAKET-LAYOUT BEARBEITEN. Klicken Sie in einen Vorschaubereich und es erscheinen acht Griffe um das Bild. So können Sie die einzelnen Bereiche in der Größe verändern oder neu positionieren, Bereiche entfernen oder neue Seitengrößen einstellen. Wenn Sie die Checkbox AN PUNKT AUSRICHTEN aktiviert haben, ist es einfacher, die Bereiche aneinander auszurichten.

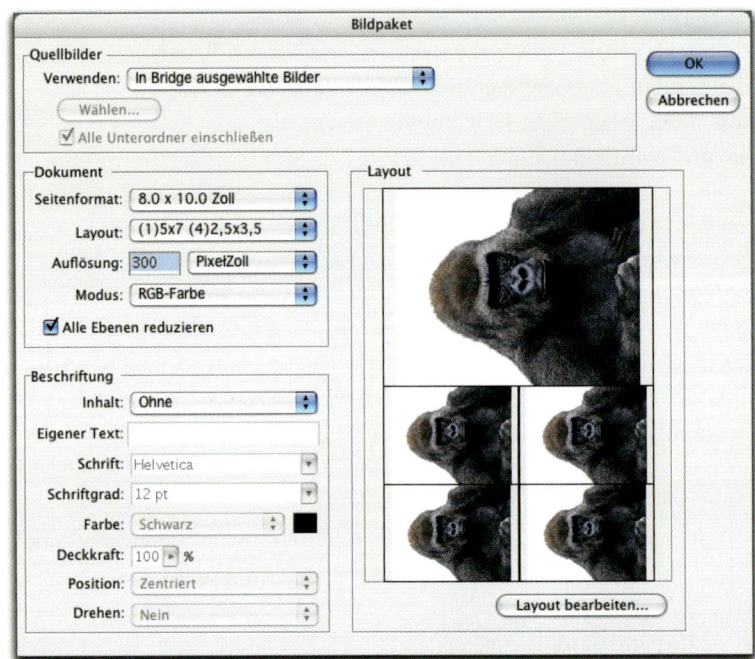

Abbildung 17.17 Die Dialogbox BILDPAKET

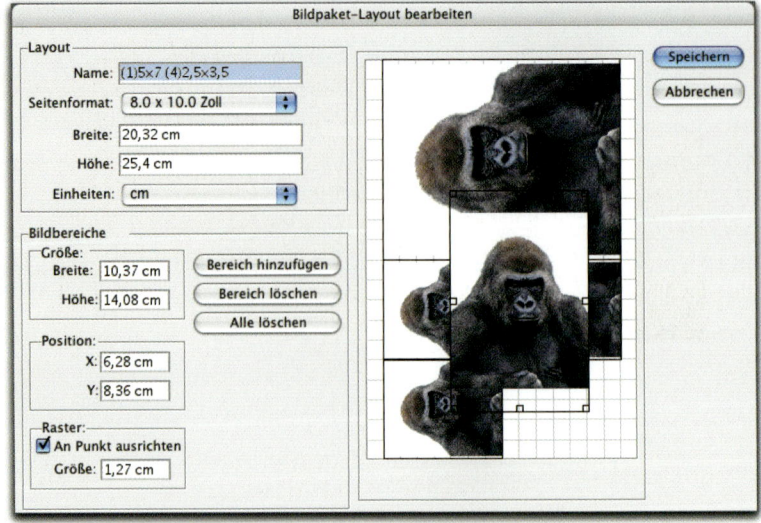

Abbildung 17.18 Die Dialogbox BILDPAKET-LAYOUT BEARBEITEN

Photomerge

Photomerge wird vor allem verwendet, um Fotos zu Panoramen zusammenzustellen. Das ist keine einzigartige Funktion, denn es gibt viele Programme, die dasselbe tun – mit unterschiedlichem Erfolg. Ich halte das Photoshop-Plug-In für ein recht annehmbares Werkzeug und freue mich immer darüber, wenn ich eine Aufnahme machen will, die den Blickwinkel meines Objektivs übersteigt.

Für die Erstellung eines solches Panoramas gebe ich Ihnen hier ein paar Hinweise. Sie müssen sicherstellen, dass sich die einzelnen Bilder etwas überlappen (mindestens 15%). Während der Aufnahme der Bilder sollten Sie die Kamera in festen Schritten bewegen und die Drehung

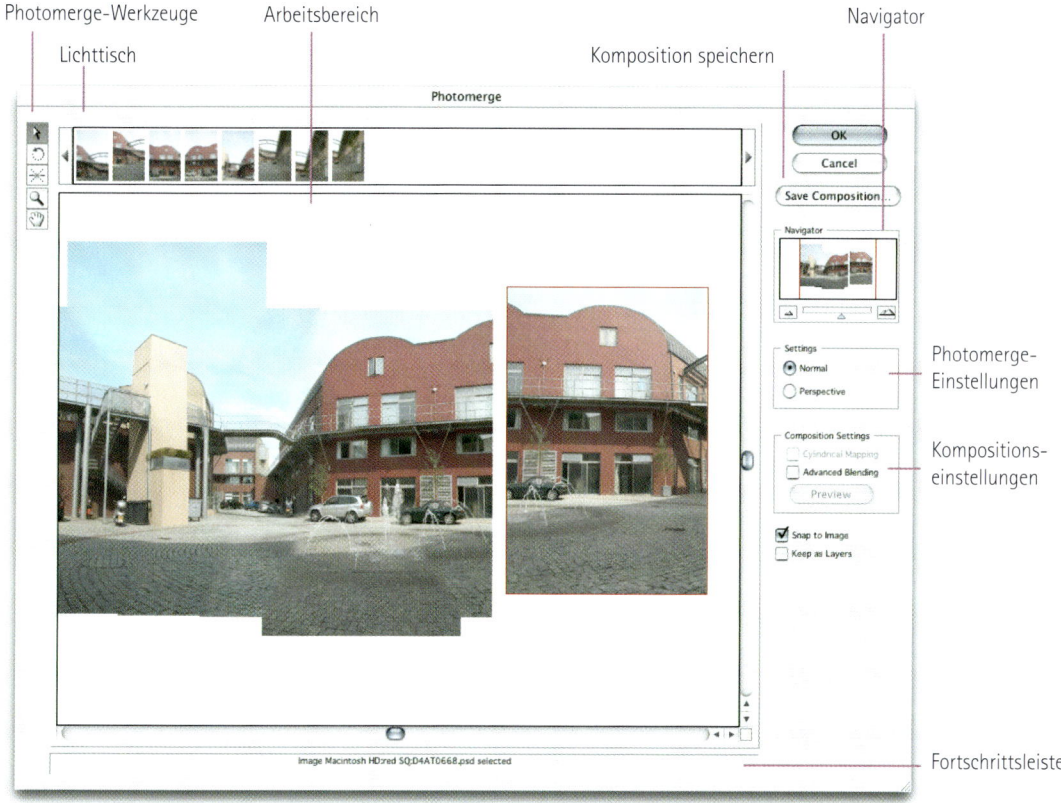

Abbildung 17.19 Der Hauptdialog von Photomerge

um den Mittelpunkt des Objektivs ausrichten. Versuchen Sie außerdem, die Kamera so stabil wie möglich zu halten. Sie können das per Hand versuchen, aber ich würde einen Stativkopf wie den Pan-Head von Manfrotto vorschlagen. Mit einer Winkelklammer versehen, sorgt er dafür, dass das Rotationszentrum in der Mitte der Objektivachse liegt.

Die besten Ergebnisse erhalten Sie, wenn Sie zunächst mit einem einfachen Panorama aus einigen wenigen Bildern beginnen. Vor der Aufnahme der Bilder ist die Kamera so einzustellen, dass die Belichtungen der einzelnen Bilder gleich sind. Wenn Sie mit einer Digitalkamera arbeiten, sollten Sie darauf achten, dass die Weißbalance-Einstellung gleich bleibt. Außerdem muss auch die Brennweite konstant bleiben und vermeiden Sie das Zoomen. Weitwinkelaufnahmen sind nicht so leicht zusammenzusetzen. Versuchen Sie deshalb lieber, mit Brennweiten äquivalent zu einem 35mm-Objektiv oder einer 35mm-Kamera zu arbeiten.

Photomerge rufen Sie auf zwei Arten auf. Am einfachsten wählen Sie die Bilder, die Sie kombinieren wollen, in Bridge aus und wählen WERKZEUGE/PHOTOSHOP/PHOTOMERGE. Oder Sie starten Photomerge in Photoshop mit DATEI/AUTOMATISIEREN und klicken auf den Button DURCHSUCHEN im Einführungsdialog, um einen Ordner mit Bildern zu wählen. Alternativ durchsuchen Sie die Ordner auf Ihrer Festplatte nach Einzeldateien, die Sie zusammenfügen wollen, oder Sie wählen die Option GEÖFFNETE DATEIEN. Wenn Sie die Checkbox unten aktivieren, wird Photomerge versuchen, die Bilder automatisch aneinander zu setzen.

Wenn Sie bereits eine Photomerge-Komposition besitzen, klicken Sie auf KOMPOSITION LADEN. Damit werden die Kompositionsdaten geladen und die entsprechenden Quelldateien gesucht.

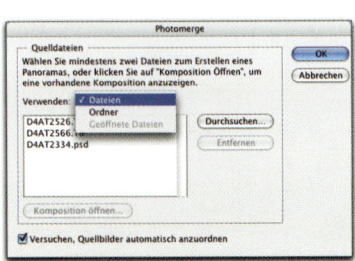

Abbildung 17.20 Der Eröffnungsdialog von Photomerge. Wenn Sie eine gespeicherte Komposition laden wollen, müssen hier keine Bilder ausgewählt werden. Beginnen Sie mit einem leeren Dialog und klicken Sie auf den Button KOMPOSITION ÖFFNEN.

Kapitel 17
Photoshop automatisieren

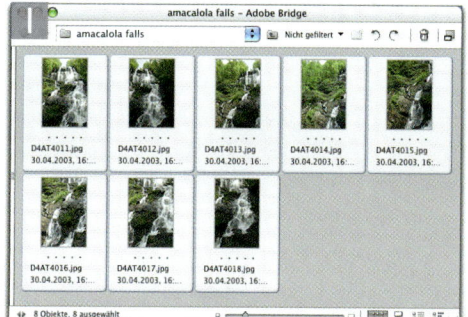

1 Sammeln Sie die Bilder zusammen, aus denen Sie ein Panorama erstellen wollen. Ich finde den Ansatz gut, die Bilder in Bridge auszuwählen und dann aus WERKZEUGE/PHOTOSHOP/PHOTOMERGE zu wählen.

2 Mit Start von Photomerge werden alle Bilder geöffnet. Photomerge versucht, diese Bilder automatisch aneinander zu heften. Wie Sie in diesem Bild sehen, war Photomerge in der Lage, sechs der acht Bilder selbstständig im Arbeitsbereich anzuordnen. Die zwei anderen Aufnahmen werden im Leuchtkasten gespeichert. Mithilfe des Navigators können Sie in die Bilder hinein- oder aus ihnen herauszoomen und scrollen.

3 Falls Sie die verbliebenen Bilder aus dem Leuchtkasten ebenfalls verarbeiten wollen, aktivieren Sie das Bild-auswählen-Werkzeug und die Checkbox AN BILD AUSRICHTEN. Klicken Sie auf eines der oberen Bilder und ziehen Sie es in den Arbeitsbereich. Das Bild erscheint an den Stellen, wo es die darunter liegende Komposition überlappt, halbtransparent. So können Sie das Bild besser an den anderen ausrichten. Sollte das Bild noch nicht ganz in die Komposition passen, wählen Sie das Werkzeug BILD DREHEN und drehen Sie es so lange, bis es passt.

4 Sobald alle Bilder platziert sind, können Sie Verbesserungen vornehmen. Wenn Sie in den Einstellungen auf den Button PERSPEKTIVE klicken, passt Photomerge die Vorschau der Komposition an. Dabei wird jede Bildkomponente transformiert, um eine bessere Perspektive zu erhalten. Die Bilder werden dabei um die Mitte des aktuell aktiven Bilds, das durch einen roten Rahmen dargestellt wird, ausgerichtet. Wenn die Perspektive weiter angepasst werden muss, aktivieren Sie das Fluchtpunkt-setzen-Werkzeug und klicken Sie in den Arbeitsbereich, um einen neuen Fluchtpunkt festzulegen.

5 Erzeugt die Korrektur der Perspektive ein extremes Bild, aktivieren Sie den Button ZYLINDRISCHE ZUORDNUNG. Die Korrektur wird so durchgeführt, dass die Bilder besser zueinander passen, das zusammengesetzte Bild wird dadurch jedoch flacher. Wenn Sie die Checkbox ERWEITERTES ÜBERBLENDEN aktivieren, sehen Sie, wie das Bild im verbesserten Modus aussehen wird. Ist diese Checkbox aktiviert, versucht Photomerge außerdem, zwischen den einzelnen Bildern möglichst glatte Tonwertübergänge zu erzeugen. Klicken Sie auf den Button KOMPOSITION SPEICHERN, wenn Sie die Einstellungen speichern wollen. Um eine Photomerge-Einstellung zu laden, wählen Sie DATEI/AUTOMATISIEREN/PHOTOMERGE und klicken in der erscheinenden Dialogbox auf KOMPOSITION LADEN. Die Photomerge-Einstellungen können an einem beliebigen Ort gespeichert werden, sie funktionieren allerdings nicht mehr, wenn der Name des Quellordners verändert wird. Klicken Sie auf OK, um die Bilder zu bearbeiten und ein Panorama zu erzeugen. Die Option ALS EBENEN BEIBEHALTEN erzeugt eine Datei mit Ebenen in der Reihenfolge wie in der Komposition.

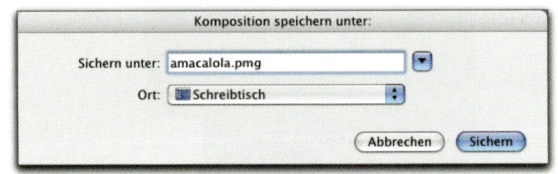

Mit Photomerge Bilder ausrichten

Mit Photomerge lassen sich auch Bilder in einer Komposition ausrichten. Das Beispiel hier zeigt den typischen Einsatz dieser Funktion. Diese Technik ist besonders nützlich, wenn Sie zwei oder mehr Fotos aus einer Serie kombinieren, Personen in einem Foto austauschen und sie mit anderen konsistenten Elementen im Bild ausrichten wollen. Sie könnten diese Funktion auch benutzen, um ein gescanntes Negativ oder Dia mit einem Papierabzug desselben Fotos zu kombinieren.

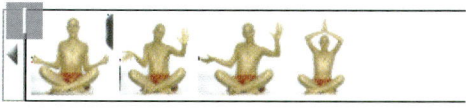

1 In diesem Beispiel wollte ich vier vom selben Blickwinkel aus aufgenommene Bilder zu einem einzigen Bild kombinieren. Ich wählte die Bilder in Bridge aus und öffnete sie in Photomerge. Die Option zum automatischen Anordnen der Bilder ließ ich ausgeschaltet.

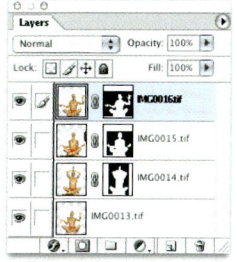

2 Ich zog die Bilder einzeln in den Arbeitsbereich. Photomerge versucht, ähnliche Punkte in den Bildern auszurichten, wenn die Option AN BILD AUSRICHTEN eingeschaltet ist. Die Komposition mag etwas eigenartig aussehen, denn Photomerge versucht, die Bilder zu mischen.

3 Wenn Sie die Checkbox ALS EBENEN BEIBEHALTEN aktivieren und auf OK klicken, richtet Photomerge die Bilder aus und wandelt sie in Ebenen um, ohne sie zu einem Bild zu verschmelzen. In diesem Beispiel fügte ich in jede der Ebenen eine Ebenenmaske ein, um die Aufnahmen auszuschneiden.

PDF-Präsentation

Mit dieser Photoshop-Funktion erstellen Sie Dokumente oder Präsentationen im PDF-Format. PDF-Dateien können von den unterschiedlichsten Programmen gelesen werden, inklusive Adobe Acrobat und Adobe Reader. Der Befehl PDF-Präsentation ist nützlich, wenn Sie eine Produktpräsentation vorbereiten oder eine Serie von Bildern an einen Kunden verschicken wollen. Eine Funktion wie diese sollte im Profibereich ein sehr großes Potenzial besitzen, doch die Implementierung in Photoshop ist derzeit noch etwas eingeschränkt. Hoffentlich wird das Design in Zukunft noch etwas verbessert, um mehr Kontrolle über die Erstellung einer PDF-Präsentation zu erlangen.

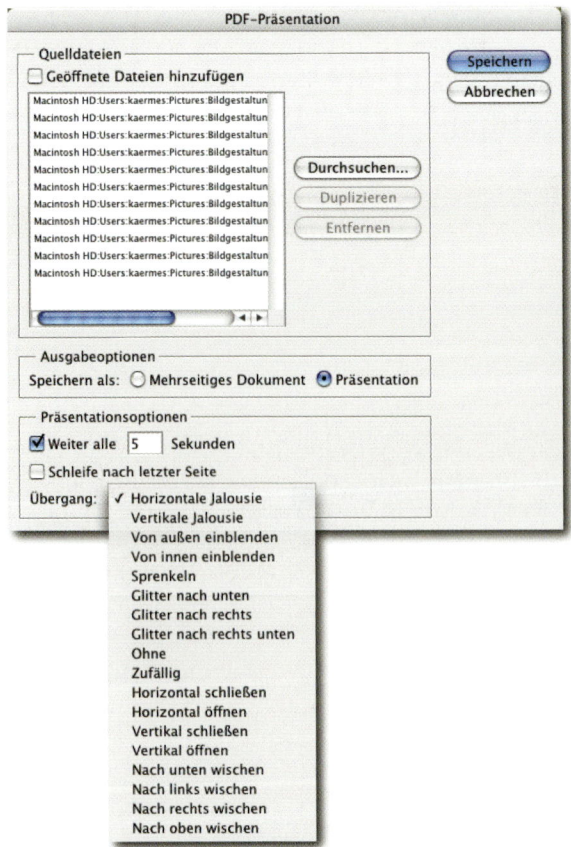

Abbildung 17.21 PDF-Präsentation ist in der Lage, PDF-Dokumente aus einzelnen Bildern zu erstellen. Sie können auf den Button Durchsuchen klicken, um ein oder mehrere Bilder auszuwählen (verwenden Sie dazu die ⇧-Taste). Oder Sie aktivieren die Checkbox Geöffnete Dateien hinzufügen, um alle aktuell geöffneten Dateien in Photoshop auszuwählen. In Bridge können Sie Bilder auswählen und dann Werkzeuge/Photoshop/PDF-Präsentation wählen. Sie können mehrseitige PDF-Dokumente oder eine PDF-Präsentation erzeugen. Beides lässt sich in verschiedenen Anwendungen öffnen, die in der Lage sind, das PDF-Format zu lesen (inklusive dem Adobe Reader).

PDF-Präsentation kommt mit Dateien im RGB- oder CMYK-Modus zurecht, die Ebenen enthalten oder auf eine Ebene reduziert wurden. Sie können jedoch nicht die Pixelgröße des Ausgabebilds bestimmen. Wenn Sie einen Ordner mit Dokumenten auswählen, bleiben die Abmessungen erhalten.

Wenn Sie eine kompakte Präsentation erzeugen wollen, die den Bildschirm ausfüllt, müssen Sie vorher die Größe der einzelnen Bilder von Hand ändern. Die Übergänge lassen sich sehr schön gestalten, aber nur die Versionen 6.0 oder höher des Adobe Reader oder von Adobe Acrobat sind in der Lage, diese auf dem Bildschirm darzustellen.

Photoshop-Hilfe

Falls Sie in Photoshop festhängen und eine schnelle und umfassende Erklärung der einzelnen Funktionen benötigen, sollten Sie sich an das Hilfe-Menü wenden. Die Photoshop-Hilfe sehen Sie in Abbildung 17.22. Sie wurde überarbeitet und ermöglicht nun Kontextsuchen.

Hilfe-Tipps

Diese Funktion wurde in Photoshop CS eingeführt. Auch wenn Photoshop-Nutzer Bücher sehr nützlich finden – es gibt immer Momente, in denen schnelle Antworten gefragt sind. Die Tipps finden Sie im Hilfe-Menü. Das Programm bietet bereits eine Auswahl an Tipps, die sich mit unterschiedlichen Aspekten befassen. Jeder, der eigene Tipps schreiben und veröffentlichen möchte, hat hier die Gelegenheit dazu. Diese Tipps können dann wie Aktionen oder andere Photoshop-Einstellungen mit anderen Nutzern gemeinsam genutzt werden.

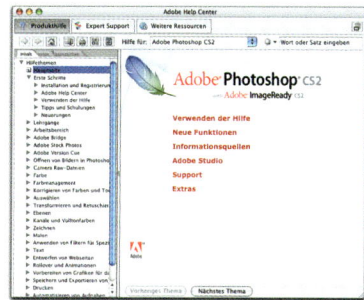

Abbildung 17.22 Auf das Adobe Help Center greifen Sie über das Hilfe-Menü zu. Es bietet Unterstützung für alle Programme der Creative Suite CS2, die auf Ihrem Computer installiert sind. Die Suchfunktion kann eine Suche basierend auf ähnlichen Wörtern durchführen.

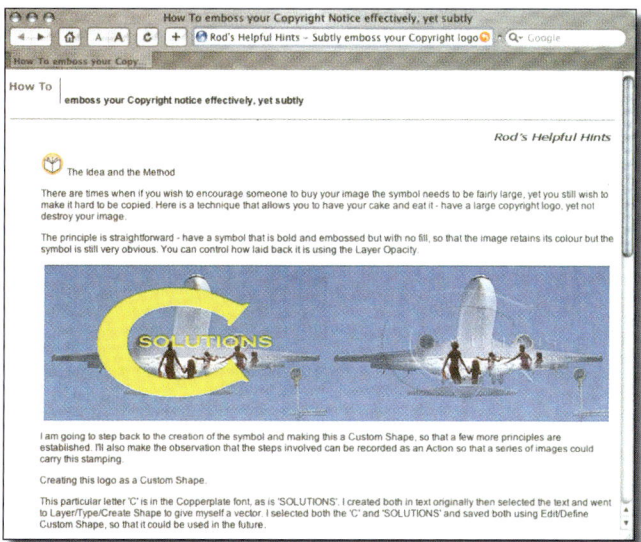

Abbildung 17.23 Dieser Tipp wurde von Rod Wynne-Powell verfasst, einem Fachlektor für dieses Buch.

Transparentes Bild exportieren und Bild skalieren

Die beiden letzten automatisierten Plug-Ins befinden sich im Hilfe-Menü. Die Dialogbox EXPORT-ASSISTENT FÜR BILDER MIT TRANSPARENZ fragt Sie zunächst, ob das finale Bild für den Drucker oder die Onlinedarstellung erzeugt wird. Wenn Sie beispielsweise ein transparentes GIF erstellen wollen, aber keine Auswahl aktiv ist, müssen Sie den Vorgang abbrechen und zunächst eine Auswahl erstellen. Von diesem Zeitpunkt an wird das aktuelle Bild dupliziert und Sie müssen ganz einfach die Fragen beantworten, um zum gewünschten Ziel zu gelangen. Das Plug-In BILD SKALIEREN ist ebenfalls mit einer klar strukturierten Oberfläche ausgestattet und führt den Nutzer Schritt für Schritt durch den Prozess (siehe Abbildung 17.25).

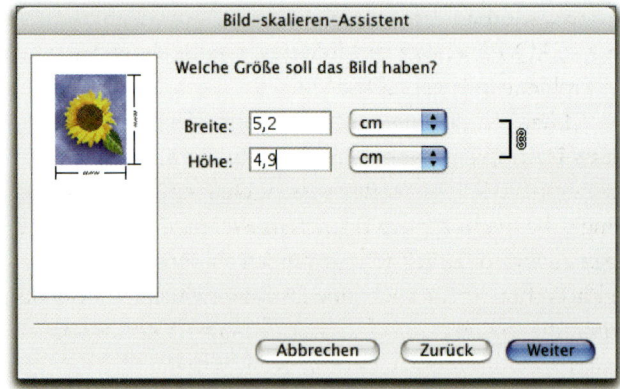

Abbildung 17.24 Der BILD-SKALIEREN-ASSISTENT hilft Ihnen, Ihr Bild neu zu skalieren, damit es mit der optimalen Auflösung ausgestattet ist. Wenn das Bild zu klein ist, um es für den Druck zu vergrößern, erscheint eine Warnmeldung, mit dem Vorschlag, das Bild neu zu scannen.

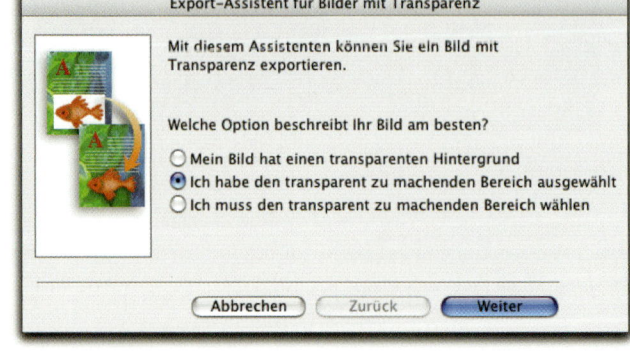

Abbildung 17.25 Der EXPORT-ASSISTENT FÜR BILDER MIT TRANSPARENZ setzt voraus, dass das Bild entweder mit einem transparenten Hintergrund ausgestattet ist oder der Bereich gekennzeichnet ist, der transparent erscheinen soll. Der Assistent hilft Ihnen bei der Erstellung eines transparenten Bilds im GIF- oder PNG-Format für das Web oder für den Druck.

Stress für Photoshop

Wenn Photoshop etwas schnell und effektiv erledigen kann, so ist es sinnvoll, diese Arbeit am Computer auszuführen, statt Ihre Zeit im Studio zu verschwenden. Dort könnten Sie sich mit anderen wichtigen Dingen produktiver und kreativ beschäftigen. Die Tipps und Werkzeuge zur Automatisierung in diesem Kapitel sollten dazu beitragen, Ihre Zeit am Computer zu verkürzen, um stattdessen mehr Zeit zur Erholung zu haben! Außerdem hoffe ich, dass die gezeigten Tipps und Techniken Ihnen zu einem besseren Verständnis von der Leistungsfähigkeit als professionelles Bildbearbeitungsprogramm verholfen haben.

Denken Sie daran, dass die CD zum Buch eine PDF-Datei mit allen Tastenkombinationen und einige Tutorials als Filme enthält. Zum Buch gibt es auch eine Website: www.photoshopforphotographers.com. Dort finden Sie einen FAQ-Abschnitt und E-Mail-Links für Anwender, die Probleme mit der CD haben.

Schließlich möchte ich Ihnen dafür danken, dass Sie dieses Buch gekauft haben. Sollte es Ihnen gefallen, lassen Sie es mich oder den Verlag wissen. Nennen Sie uns auch Dinge, die Sie in diesem Buch vermissen und die in zukünftigen Auflagen berücksichtigt werden sollten. Die Arbeit in Photoshop ist für mich eine faszinierende und lohnende Erfahrung. Sie hat mein Leben und meine Arbeitsweise verändert und mir viele neue Wege eröffnet!

Stichwortverzeichnis

Symbole
⌥-Taste 59
⇧-Taste 59
Alt-Taste 59
Ctrl-Taste 59
⌘-Taste 59
Strg-Taste 59
.mac-iDisk 589
16 Bit pro Kanal 168
16 Bit und Farbraum 169
16-Bit-Unterstützung 11
16-Bit-Werte 40
32 Bit 170
32-Bit-Unterstützung 9
3D-Button 370
3D-Transformieren 413
64-Bit-Unterstützung 98

A
Abdunkeln 294
Abgeflachte Kante und Relief 370
Abrunden 273
Absatz-Palette 44
Absatztext 383
Absolut farbmetrisch 539
abwärtskompatibel 581
Abwärtskompatibilität 117
Abwedler 87
Abwedler/Nachbelichter/
   Schwamm 56
Abwedler und Nachbelichter 251
Acrobat Reader 581
Adobe 528
Adobe Bridge 2, 24
Adobe Creative Suite 30
Adobe GoLive 575
Adobe Hilfe-Center 18, 679
Adobe Illustrator 55
Adobe ImageReady CS2 613
Adobe InDesign 333, 575
Adobe Online 56, 613
Adobe PDF speichern 20
Adobe Photoshop 585
Adobe Photoshop 2.0 585
Adobe Photoshop Album (nur
   PC) 634

Adobe Reader 581
Adobe RGB (1998) 507
Adobe Stock Photos 647
Adobe-RGB-Farbraum 540
Adobe-RGB-Gamma 530
Adobe-Stockphoto-Bibliothek 624
ADSL 588
Ähnliches auswählen 274
Airbrush 46
Aktionen 51, 659
  abspielen 659
  arbeiten mit 659
  aufzeichnen 660
  Fehler beheben 662
  fertige 659
  Grenzen 660
  Menübefehl einfügen 663
  Pause 663
  stapelweise verarbeiten 664
  Unterbrechung 663
  verlorene 659
Aktionen-Palette 659ff.
Aktions-Set 664
Aktiver Befehl 660
Aktuelle Ebene/Ebenenmaske/
   Vektormaske/Effekt löschen 282
Aktuelles Werkzeug 33
Alle Ebenen einbeziehen 226, 231
Alle Unterordner einschließen 664
Alles fixieren 282, 293
Allgemeine Voreinstellungen 115
Alpha/Masken-Kanal 54
Alpha-Kanal 54, 268ff.
Alphakanal-Maske 189
Ameisen 268
Analoges Digitalisieren 420
Anführungszeichen 129
Animationen 617
  in Photoshop 19
Anmerkungen-Werkzeuge 91
Anmerkungswerkzeuge 56
Anpassbare Trennlinie 26
Anpassen 457

Ansicht aktualisieren 643
Anti-Aliasing 440
Anzeigegeräte
  Profilierung 508
Anzeigeoptionen 33
Apple CMM 528
Apple ColorSync 528
Apple G5 iMac 98
Apple RGB 506
Apple-Cinema-Display 101
Arbeitsablauf
  digitaler 443
Arbeitsbereich 27
  Einstellungen für 38
  Metadaten-Fokus 630
  speichern 38, 627
Arbeitsbereich-Menü 629
Arbeitsdateigröße 33
Arbeitsfarbraum 523
  konvertieren in den 516
Arbeitsfläche 180
  Farbe ändern 85
Arbeitspfad 55
Arbeitsspeicher und Bildcache 128
Arbeitsumgebung 23, 99
Archivsystem 622
ASCII-Kodierung 579
Asiatischer Markt 536
ATWs 57
Aufblasen-Werkzeug 404
Aufhellen 295
Auflagendruck 573
Auflösung 423, 479
  und Betrachtungsabstand 493
auflösungsunabhängig 55
Aufnahme scharfzeichnen 184
Aufnahmebereich 92
Aufzeichnen von Aktionen
  Tipps 663
Augen-Icon 282
Augen hervorheben 243
Ausbessern-Werkzeug 56, 71, 236, 238, 242
Ausdruck mittels RIP 572
Ausgabe 492
Ausgabeauflösung 480, 558

Stichwortverzeichnis

Ausgabefarbräume proofen 567
Ausgabegeräte
 Profilierung 511
Ausgabegröße 554
 festlegen 486
Ausgabeoptionen 553
Auslöseverzögerung 440
Ausrichten 35, 452
Ausrichtung 309
Ausschluss 298
Auswahl 268, 270, 271, 272, 276
 Arbeitspfad 272
 ausführen 662
 erweitern 274
 glätten 273
 in Pfade umwandeln 276
 Kanal umwandeln in 269
 Modifikator-Tasten 270
 transformieren 274
 verändern 270, 274
 verkleinern 274
 wiederherstellen 269
Auswahl laden
 Tastenkürzel 270
Auswahl/Auswahl laden 270
Auswahl/Auswahl speichern 268
Auswahl/Erneut auswählen 269
Auswahlellipse 58
Auswählen
 Ähnliches 274
Auswahlen und Pfade transformieren 308
Auswahlrahmen 270
Auswahlrechteck 58, 177
Auswahlwerkzeuge 56, 58, 268, 613
 Auswahlellipse 58
 Auswahlrechteck 58
 Einzelne Reihe 58
 Einzelne Spalte 58
 Lasso-Werkzeug 58
 Magnetisches Lasso 58
 Polygon-Lasso 58
 Zauberstab 58
Auszugsbeschriftungen 554
Auto-Einstellungen 201
Auto-Farbe 201ff., 205
Auto-Kontrast 201f.
Auto-Scharfzeichnen deaktivieren 185

Auto-Tonwertkorrektur 201, 202
Automationen 17
Automatische Tonwertanpassung 144
Automatisieren 606
 Bildpaket 671
 Bild einpassen 669
 Fotos freistellen und gerade ausrichten 669
 Kontaktabzug II 670
 Web-Fotogalerie 18
Automatisieren-Funktion 645, 655
Automatisierte Plug-Ins 669

B

Banner 610
BasICColor-Gerät 508
Befehl
 Menübefehl einfügen 663
 Verkrümmen 411
Begrenzungsrahmen einblenden 553
Beleuchtung und Rendering 413
Beleuchtungsbedingungen 311
Beleuchtungseffekte 413
Belichtung anpassen 141
Belichtungsstufe 459
Benutzeroberfläche 23, 24
Benutzer-Slice 70
Bereichsreparatur-Pinsel 14, 56, 71, 235
Bereinigen-Werkzeug 331
Beschneidungsgruppe 261
Beschneidungspfad 55
 exportieren 333
Beschriftung ausschalten 642
Bewegungsunschärfe 194, 390f.
Bewertung 642
 Stern 651
Bikubisch 489
 glatter 491
 schärfer 491
Bild
 90° gegen UZS drehen 451
 90° im UZS drehen 451
 Arbeitsfläche 180
 bewerten 642
 Bildgröße 600
 digitales 420

 drehen 179
 einfärben 339
 einpassen 669
 freistellen 177
 in Bridge verwalten 641
 in einer Komposition ausrichten 677
 interpretieren 138
 katalogisieren 621
 löschen 455
 mit einem Rahmen versehen 361
 neu berechnen 488
 öffnen und speichern 28
 per Mail versenden 588
 pixelbasiertes 481
 scharfzeichnen 182
 schützen 653
 sortieren 643
 suchen 644
 übers Internet verschicken 588
 umbenennen 645
 vektorbasiertes 481
 von Hand einfärben 358
 zuschneiden 69
Bildaufbau 164
Bildauflösung 420
Bildberechnungen 354
Bildbeständigkeit 550
Bildcache-Management 639
Bilddatei 503, 621
Bilddaten sichern 114
Bilddatenbank 634
Bildebenen 280, 366
Bilderfassung mit Differenz 299
Bildfenster 32
 Aktuelles Werkzeug 33
 Anzeigeoptionen 33
 Arbeitsdateigröße 33
 Dokumentgröße 33
 Dokumentmaße 33
 Dokumentprofil 33
 Effizienz 33
 teilen 14
 Timing 33
Bildgröße ändern 488
Bildgröße-Dialog 488
Bildinterpolation 489, 580
 Bikubisch 489
 Bikubisch glatter 491
 Bikubisch schärfer 491

683

Bilinear 489
  Pixelwiederholung 489
  Schrittweise interpolieren 491
Bildmanagement 621
Bildpaket 671f.
Bildpixel fixieren 293
Bildprozessor 17, 668
Bildpyramide speichern 577
Bildrauschen 253
Bildretusche 225
Bildschirm kalibrieren 508
Bildschirm- und Zeigerdarstellung 120
Bildschirmdarstellung 95, 543, 579
Bildschirmkalibrierung
  Visuelle 109
Bildschirmkalibrierung und -profile 102
Bildschirmmodi 56, 613
Bild-skalieren-Assistent 680
Bildverkrümmungen 7
Bildversion 118
Bilinear 489
Bit-Tiefe 169
Blau-Kanal 54
Blende 463
Blendenflecke 417
Blendenkorrektur 10, 402
  auf zusammengesetzte Bilder anwenden 396
Bogenmaschine 536
Bridge 3, 23, 131f., 449f., 622, 639
  anpassen 626
  Arbeitsbereich wählen 629
  Arbeitsbereiche 629
  Arbeitsoberfläche 623
  automatisieren 645
  Benutzeroberfläche 26
  Bildcache 639
  Bilder bewerten 642
  Bilder sortieren 643
  Bridge Center 633, 647
  Cache-Bildaufbau 633
  Dateibrowser 624
  der neue Dateibrowser 2
  Etiketten 642
  Favoriten-Palette 633
  Filialdokumente 640
  Filmstreifen-Modus 628
  Filtern 643
  Gehe zu Bridge 622
  Inhalt anordnen 625
  Metadaten 634
  Miniaturen und Vorschau drehen 624
  Mit mehreren Fenstern arbeiten 631
  Nur Miniaturen 627
  Ordner-Palette 633
  Präsentationsfunktion 632
  starten 622
  Stichwörter-Palette 634
Bridge-Automationen 2
Bridge-Browser 449
Bridge-Cache 639, 640
Bridge-Extras 647
Bridge-Fenster
  Inhalte löschen 625
  Kompaktgröße 625
  Layout 625
  Layout als eigenen Arbeitsbereich speichern 625
  Lichttisch 629
  Struktur 627
  Trennlinien verschieben 627
Bridge-Historie 624
Bridge-Inhalt anordnen 625
Bridge-Oberfläche 2
Bridge-Voreinstellungen 130, 640
Brown, Russell 18, 338
Buntstift 72
Byte-Anordnung 578

C
Cache exportieren 633
Cache-Bildaufbau 633
Cache-Updates 132
Camera-Raw-3.0-Plug-In 4
Camera-Raw-Datei
  als Smart Objekt platzieren 304
  Smart Objekte 8
Camera-Raw-Dialog 452f.
Camera-Raw-Einstellungen anwenden 646
  Digitalaufnahmen in Schwarzweißbilder umwandeln 472
Camera-Raw-Kompatibilität 449
Camera-Raw-Oberfläche 4
Camera-Raw-Plug-In 449, 622
Camera-Raw-Steuerungen 452
Camera-Raw-Weißbalance 457
Camera-Raw-Werkzeuge 451
Camera Raw 4, 449, 466, 622
  benutzen 449
  Bilder durchsuchen 455
  Blende 463
  Einstellungen speichern und anwenden 470
  Freistellen in 473
  öffnen 5
  Profilierung 510
  Smart Objekte 474
Canon 422
Canon EOS 1Ds 420
Capture One 445
CCD-Chip 432, 459
CCD-Diascanner 422
CCD-Scanner und Staub 422
CCD-Sensor 422
CcMmYK-Ausgabe 548
CD 443, 652
CD-Demo 248
CD zum Buch 277
Chaos 446
Charge Coupled Device 422
Chip-Beschleunigung 99
Chip-Geschwindigkeit 100
Chip-Performance 437
Chip-Pflege 438
Chips vergleichen 431
Chromatische Aberration 10, 402
CIE-Lab-Farbraum 504
CIE-XYZ-Farbraum 504
CMOS-Chips 432
CMOS-Technologie 432
CMYK 54, 161, 428, 502, 527, 531
CMYK-Druckprozess 344
CMYK-Einstellungen 531
  eigene speichern 531
  eigene vornehmen 531
  erweiterte 534
CMYK-Farbraum 506, 539
CMYK-Profil 503
CMYK-Proof
  mit Tintenstrahldrucker erstellen 569
CMYK-Separation 499, 528
CMYK-Umwandlung 420
CMYK-Vorschau 532

CMYK-zu-CMYK-Konvertierung 542
Colorimeter 105
ColorMatch RGB 507
ColorSync 556
Color Management Suite 647
CompuServe GIF 585
Computermarkt 98
Continuous-Inkflow-System (CIS) 551
Copyright 636
Copyright-Wasserzeichen hinzufügen 604
Creative Suite 647
Cross-Entwicklung 335, 349, 352
CRT-Monitore 101
CRTs 103
Cursoroptionen 120

D

Datei/Dateiinformationen 635
Datei/Durchsuchen 622
Datei/Für Web speichern 619
Datei/Neuer Ordner 627
Datei/Öffnen 28
Datei/Öffnen mit Camera Raw 624
Datei/Skripten 667
Datei/Speichern unter 31
Dateibrowser 2, 23, 624, 640
Dateien öffnen nicht 29
Dateien verarbeiten 117
Dateiformat 31, 575, 622
  Adobe Photoshop 585
  Adobe Photoshop 2.0 585
  CompuServe GIF 585
  EPS-Format 579
  FlashPix 585
  fürs Web 591
  JPEG 585
  PDF 581
  Photoshop DCS 1.0 585
  Photoshop DCS 2.0 585
  Photoshop EPS 585
  Photoshop PDF 585
  PICT 585
  PNG 605
  PNG-24 585
  PNG-8 585
  Scitex CT 585
  TIFF 585
Dateigröße 492
Dateiinformationen 635
Dateimanagement 641
Daten im Auge behalten 622
DCS 344, 580
Debevec, Paul 170
Deckkraft 46, 281
  der Ebene 282
  der Fläche 282
Deckkraft-Jitter 48
Deckkrafteinstellungen 70
Defekte Dateien 28
Defoe, Daniel 500
Desktop-Druckerauflösung 484
Detailansicht 26, 628
Details 461
  in den Lichtern erhalten 150
Detektiv spielen 523
Dialog
  Dateiinformationen 635
  zurücksetzen 118
Differenz 297
Differenz-Wolken 416
Diffusionsdruck 335
Digitalbild 419
  Informationen über 138
  Struktur 421, 433
Digitale Arbeitsabläufe 443
Digitale Belichtung 459
Digitalisierung
  Vor- und Nachteile 477
Digitalkamera 431, 480
  ideale 435
Digitalkamera-Histogramm 138
Digital Negative (DNG)-Format 4
Direktauswahl-Werkzeug 279
Dither verwenden 528
Dithering 599
Divitale, Jim 359
DNG 4, 471
DNG-Dateiformat 446
DNG-Lösung 447
Dokument
  neues anlegen 487
Dokument-Vorschau 613
Dokumentfenster verwalten 34
Dokumentgrößen 33
Dokumentmaße 33
Dokumentprofil 33
Dokumentvorgabe 487
  neu anlegen 304
Doppelklickverhalten 449
Doppelter Ring 379
Download 590
dpi: dots per inch 483
DPI oder PPI? 423
Drehen 305, 452
Drehen-Buttons 26
Dreifacher Ring 379
Drittanbieter 192
Droplet 666
  erzeugen 666
  plattformübergreifendes 666
Druck 492
Druckausgabe 545
  Profil für die 108
  schnelle 547
Drucken 552
  mit Vorschau 19, 553f., 556
Drucken-Dialog 557
Druckeroptionen 561
Druckerpresse 568
Druckerprofil 108, 511, 556
  eigenes installieren 564
  optimal einsetzen 564
Druckfarben 532
Druckkennlinie mitspeichern 579
Druckqualität 549
Drucksensitive Steuerung 47
Drucksimulation 19
Druckvorstufe 484, 526
DTP-Layoutprogramm 333
Dunkelkammer
  Effekte 335
Dunkle und helle Farben suchen 202
Duplex 344
Durchschnitt 390
DVD 443, 652
  als Alternative zur CD 652
DVD-Laufwerk 652
DVD-Rekorder 652
Dynamikbereich 424

E

Ostereggs 57
Ebene-Menü 280

Stichwortverzeichnis

Ebenen 52, 280, 283, 575
  Alle auswählen 291
  ausrichten/verteilen 66
  auswählen und verbinden 291
  Bildebene 280
  durch Ausschneiden 280
  durch Kopie 280
  Einstellungsebenen 281
  fixieren 293
  Formebenen 281
  Füllmethode 165
  Gruppen 52
  gruppieren 290
  in Datei exportieren 667
  Limit 280
  maskieren 284
  Mehrere löschen 280
  Mit mehreren arbeiten 288
  Sets 52
  Sichtbarkeit 280
  Textebenen 281
  verbinden 16, 282
Ebenen-Palette 52, 281, 284
  Aktuelle Ebene/Ebenenmaske/ Vektormaske/Effekt löschen 282
  Alles fixieren 282
  Änderungen 16
  Augen-Icon zeigt Sichtbarkeit an 282
  Deckkraft der Ebene 282
  Deckkraft der Fläche 282
  Ebenengruppe 282
  Ebenenmaske hinzufügen 282
  Ebenenstil hinzufügen 282
  Ebenenstil zur darüber liegenden Textebene 282
  Ebenen verbinden 282
  Einstellungsebene Gradationskurven, ausgeblendet 282
  Farbkodierung 282
  Formebene 282
  Formebene mit verbundener Ebenenmaske 282
  Füllmethode 282
  Hintergrundebene 282
  in Photoshop 282
  Neue Ebene erstellen 282
  Neue Füll- bzw. Einstellungsebene 282

Neue Gruppe 282
Palettenmenü der Ebenen-Palette 282
Pixel fixieren 282
Position fixieren 282
Steuerungen in der 281
Textebene 282
Transparente Pixel fixieren 282
Verbinden-Button 16
Verbundene Bildebene 282
Verbundene Bildebene mit verbundener Ebenenmaske 282
Ebenenbeschneidungspfad 55
Ebeneneffekt 52, 365, 374
  bearbeiten 366
  hinzufügen 89
  Kontur 378
  Schatten 368
  Schlagschatten 367f.
Ebenengruppen 282
  eingebettete 288
  Verwaltung von 288
Ebenenkanten 17
Ebenenkomp.-Palette 53
Ebenenkompositionen 53
Ebenenkompression 578
Ebenenkopie 261
Ebenenmaske 16, 366
  aktivieren 285
  deaktivieren 285
  durch Zeichenstiftmaske 272
  ein-/ausblenden 286
  entfernen 285
  hinzufügen 282, 284
  kopieren 285
  leere hinzufügen 285
  mithilfe von Alpha-Kanal 272
Ebenenmasken-Kanal 54, 268
Ebenenmasken verbinden 292
Ebenenstil 52, 351, 366, 374
  Abgeflachte Kante und Relief 370
  auf Bildebene anwenden 374
  Dialogbox 366
  Effekte skalieren 374
  Farbüberlagerung 372
  Glanz 371
  hinzufügen 282
  Kontur 373
  Musterüberlagerung 372

Schatten nach innen 368
Schein nach außen 369
Schein nach innen 369
Verlaufsüberlagerung 371
zur darüber liegenden Textebene 282
Ebenentypen 280
Effizienz 33
Eigene Farben 611
Eigene Formen 50, 90
Eigener Arbeitsbereich 629
Einfärben 358
Eingabegeräte
  Profilierung 510
Eingebettetes Profil verwenden 515
Einrasten deaktivieren 178
Einstellungen
  anpassen 367
  Einstellungswarnungen 164
  Kumulative 164
  zurücksetzen 146
Einstellungsebene 164, 243, 281
  mehrere 164
  Gradationskurven, ausgeblendet 282
Einzelbild öffnen 451
Einzelne Reihe 58
Einzelne Spalte 58
Ellipsen 90
Encapsulated PostScript 579
EPS 344, 579
  Vor- und Nachteile 580
EPS-Bilder 571
Epson 548
Epson Ultrachrome-Drucker 572
Etiketten 642
Europäischer Markt 536
Europe ISO Coated FOGRA27 531
Eurostandard 536
Evans, Laurie 309, 381
EXIF-Metadaten 635, 636
Export-Assistent für Bilder mit Transparenz 680
Export fürs Web 587
Extensis Mask Pro 3.0 311
Extrahieren 81, 329
Extrahierung 329
Eye-One Spectrophotometer 358

Eye-One von Gretag-Macbeth 106, 508
Eye-Share-Software 358

F

Falsche sRGB-Tags 520
Falten entfernen 264
Falzmarken 554
Färben mit Verlauf 360
Farb-Proof-Anzeige 567
Farb-Proofs für die Druckerpresse 568
Farbäquivalent 541
Farbaufnahme 452
Farbaufnahme-Werkzeug 92, 451
Farbbalance 200, 203, 354
  mit Tonwertkorrektur 199
Farbbereich 219
  auswählen 219
Farbdaten
  interpretieren 500
Farbe 107, 247, 298, 339, 564
  ersetzen 220
  Modus 358
  neutralisieren 110
  und Beleuchtung für mehrere Bilder anpassen 211
  vertauschen 613
  zu Schwarzweiß 336
Farbe-ersetzen-Werkzeug 14, 71, 217
Farbeffekte 354
Farbeinstellungen 112, 513, 521, 522, 538
  erweiterte 527
  sichern 522
  Variationen 198
Farbfeld 49, 50, 390
Farbfilter 336
Farbig
  abwedeln 295
  nachbelichten 295
Farbkanäle 204
Farbkodierung 282
Farbkonsistenz 545
Farbkorrektur 197, 445
  in RGB 199
Farbkorrekturmethode 203
Farbmanagement 112, 495f., 503, 508, 554

  ausgabeorientiertes 501
  ausschalten 517
  für die Druckausgabe 108
  ICC-basiertes 512
  leicht gemacht 515
  Referenzen zum 499
Farbmanagementeinstellungen 513
Farbmanagementmodule 504
Farbmanagementrichtlinien 514
Farbmanagementsystem 505
Farbmanagement-Workflow 508, 510, 564
Farbmodell 84
Farbmodus- oder Profilkonvertierung 540
Farbprofil 503
Farbprofil-Warnung unterdrücken 665
Farbreduktion 599
Farbregler 49
Farbsehen überlisten 500
Farbstich 213
  korrigieren 199
Farbstofftinten 564
Farbstörungsreduktion 461
Farbtabelle 601
Farbtemperatur 210, 457
Farbtiefe 423, 425
  eines Bilds 426
  verstehen 425
Farbton 298
Farbton/Sättigung 215, 216, 221
Farbüberlagerung 356, 372
Farbumfang
  außerhalb des 221
Farbverzerrung 542
Farbwähler 269
Farbwiedergabe 545
Fasern 413
Favoriten-Palette 633
Fehler ausschließen 523
Feld weichzeichnen 13, 392
Fenster
  ein-/ausblenden 26
  in allen scrollen/zoomen 93
  mehrere 34
  schwebend 101
Fenster/Anordnen 14, 34

Fenster/Anordnen/Neues Fenster für 34
Fensterinhalte filtern 643
Fensterlayout 32
Fertig stellen 111
Feste Seitenverhältnisse 177
Festplattenwartung 135
Fetch 589
File Transfer Protocol 589
Filialdokumente 640
  .xmp 471
Filmemulsion 346
Filmstreifenansicht 26
Filmstreifen-Arbeitsbereich
  horizontaler 630
Filmstreifen-Fokus 629
Filmstreifen-Modus 628
Film und Digital
  Vergleich 436
Filter
  3D-Transformieren 413
  Beleuchtungseffekte 413
  Bewegungsunschärfe 390
  Blendenflecke 417
  Blendenkorrektur 10, 402
  Durchschnitt 13, 390
  Extrahieren 329f.
  Fasern 413
  Feld weichzeichnen 13, 392
  Fluchtpunkt 6, 248
  Form weichzeichnen 13, 392
  Gaussscher Weichzeichner 13, 254, 388
  Matter machen 13, 392
  Radialer Weichzeichner 388
  Selektiver Scharfzeichner 12
  Selektiver Weichzeichner 390
  Staub und Kratzer 230
  Störungen reduzieren 11, 253, 256
  Störungsfilter 230
  Tiefenschärfe abmildern 392, 394
  Unscharf maskieren 184, 186
  Verflüssigen 404
  Versetzen 400
  Wolken 416
Filtergalerie 399
Filtergrundlagen 388
Filter-Menü 26, 625

687

Stichwortverzeichnis

Filtern 643
Filter-Plug-Ins 387
Fingerabdruck 653
Fixierungsmaske 407
Fixierungsmaske-Werkzeug 404
Flachbettscanner 421f.
Fläche 281
Flächenfüllung 90
Flaggen 642
Flash FXP 589
FlashPix 585
Fleckentfernung 229
Fluchtpunkt 6, 248
Fluss 46
Fokus
 weichzeichnen 362
 Weichzeichner/Scharfzeichner/Wischfinger 86
Form weichzeichnen 13, 392
Format
 DCS 580
 GIF 596
 JPEG 591
Formebene 281, 282
 mit verbundener Ebenenmaske 282
Formwerkzeuge 56, 90
Fotofilter 210
Fotolabor 546
Fotoqualität 549
Fotos freistellen und gerade ausrichten 669
Frei transformieren 305, 324, 411
Frei-transformieren-Werkzeug 301
Freiform-Zeichenstift 63
Freistellen 175, 452
 auswahlbasiertes 177
 perspektivisches 1/8
Freisteller vor weißem Hintergrund 150
Freistellung löschen 473
Freistellungsrahmen 175, 177
Freistellungswerkzeug 56, 68, 175, 179, 451, 613
 Cursor 68
 Vorgaben 69
FTP-Software 589
Füllmethoden 70, 165, 259, 281f., 294, 476
 Abdunkeln 294

Aufhellen 295
Ausschluss 298
Differenz 297
Erweiterte 299
Farbe 200, 298
Farbig abwedeln 295
Farbig nachbelichten 295
Farbton 298
Hartes Licht 296
Harte Mischung 297
Hindurchwirken 299
Lichtpunkte 297
Lineares Licht 297
Linear abwedeln 296
Linear nachbelichten 295
Luminanz 298
Multiplizieren 294
Normal 294
Reparatur-Pinsel 239
Sättigung 298
Sprenkeln 294
Strahlendes Licht 296
Überlagern 296
Umgekehrt multiplizieren 295
Weiches Licht 296
Füllwerkzeug 85, 613
Für Web speichern 597

G

Gamma-Regler 143
Gamma-Wert 509
Gamma- und Weißpunkteinstellung 107
Gaußscher Weichzeichner 254, 388
Gebrochene Breiten 383
Gehe zu Bridge 3, 24, 622
Genauer Mittelpunkt der Lichtbrechung 417
Gerade-ausrichten-Werkzeug 451
Gespeicherte Auswahl 268
GIF 596
 speichern fürs Web 600
Gitter
 laden 408
 speichern 408
Glanz 371
Glätten 275
Gleiche Farbe 211
 Färben 213

Gleiche-Farbe-Bibliothek 214
GPS-Metadaten 641
Gradationskurve 146, 154, 156, 205, 208, 243, 260, 341
 Dialogbox 154
Gradationskurven-Dialog 209
Gradationskurveneinstellung 263
Grafikkarten 102
Grafiktablett 64, 113, 406
Graphics Interchange Format 596
Grau 99
Graukomponenten-Ersetzung (GCR) 534
Graustufen 526, 527
 für die Bildschirmanzeige 526
Graustufenbild 336, 344
Graustufendruck
 Defizite 344
Graustufeneinstellungen
 individuelle 526
Graustufen-Modus 336
Greg Vander Houwen 313
Gretag MacBeth 358
Gretag-Macbeth Eye-One 105
Gretag MacBeth-Farbkarte 467
Große Bilder 610
Große Daten 181
Grün-Kanal 54
Grundlegende Bildregelungen 137
Gummiband-Modus 279

H

Haaransätze färben 247
Haare
 entfernen 246
 maskieren 321
Halbtonraster 13
Halo-Effekt 529
Hand 452, 613
Hand-Werkzeug 56, 93, 404, 451
Hardware zum Kalibrieren 104
Hardwarekalibrierung von LCDs 509
Harte Mischung 297
Hartes Licht 195, 296
Hauttöne 512
HDR (High Dynamic Range) 9
HDR-Anwendungen 170
HDR-Konvertierung 9, 174
Helle Bereiche vergrößern 318

688

Helligkeit und Kontrast 152
  Befehl 152
  hinzufügen 243
Hervorhebungshilfe 329
HexWrench 502
High Dynamic Range (HDR) 170
High-End-Scanner 501
Hilfslinien 35
  Raster und Slices 123
Hindurchwirken 299
Hintergrund einblenden 408
Hintergrund-Radiergummi 79
Hintergrundebene 181, 282
Hintergrundfarbe 56, 613
  entfernen 313
Histogramm 138, 142
  Lücken im 138
Histogramm-Ansicht 41
Histogramm-Palette 41, 139, 153
  Warndreieck in der 139
Hochpass 195
Holm, Thomas 253
HSB-Farbmodell 215
HTML-Seite 606

I

ICC 504
ICC-basiertes Farbmanagement 512
ICC-Farbmanagement 503, 513, 573
ICC-Farbprofil 547
ICC-Profil 495
Imacon 438
Image-Slicing 614
Imagemap-Auswahlwerkzeug 613
Imagemap-Werkzeuge 613
Imagemaps ein-/ausblenden 613
ImageReady
  Adobe Online 613
  Animationen 617
  Auswahl-Werkzeuge 613
  Bildschirmmodi 613
  Dokument-Vorschau 613
  Ebenen in 614
  Farben vertauschen 613
  Freistellungswerkzeug 613
  Füllwerkzeug 613
  Hand 613
  Hintergrundfarbe 613
  Imagemap-Auswahlwerkzeug 613
  Imagemap-Werkzeuge 613
  Imagemaps ein-/ausblenden 613
  Lasso 613
  Linienzeichner 613
  Magischer Radiergummi 613
  Pinsel/Buntstift/Kopierstempel 613
  Pipette 613
  Rechteck/Abgerundetes Rechteck/Ellipse 613
  Registerkarten-Rechteck/Ovales Rechteck 613
  Slice-Auswahlwerkzeug 613
  Slice-Werkzeug 613
  Slices ein-/ausblenden 613
  Springen zu-Taste 613
  Standardfarben 613
  Textwerkzeug 613
  Verschieben 613
  Vordergrundfarbe 613
  Vorschau im Standard-Browser 613
  Zauberstab 613
  Zoom 613
ImageReady CS2 613
ImageReady-Oberfläche 614
Inaktive Befehle 660
Indizierte Farben 596, 608
Info-Palette 40, 543
Info & Feedback 612
Infrarotfilm-Simulation 346
Infrarotfilter 441
Inhalte löschen 625
Inhaltsbereich 26
Inkjet
  Geschichte 548
Inkjet-Drucker 183
International Color Consortium (ICC) 504
Internet-Provider 589
Interne Effekte als Gruppe füllen 299
Interpolieren 489
In den Arbeitsfarbraum konvertieren 516
In den Ordnern nach oben wechseln 26
In Kompaktmodus wechseln 26
In Profil konvertieren 542
iPhoto 641
IPTC 635
ISDN 588
ISO-Einstellungen 253
Isolation 501
iView 445

J

Jitter-Einstellungen 48
Johnson, Stephen 442
Joint Photographic Experts Group 591
JPEG 585, 591, 668
  für das Web 668
  progressives 598
JPEG 2000 595
  Plug-In 123
JPEG-2000-Kompatibilität 595
JPEG-Artefakte 256
JPEG-Bild 575
JPEG-Format 591
  JPEG 2000 595
JPEG-Störungen 256

K

Kachelstruktur 75
Kalibrieren 466
Kalibrierung 509
Kamera
  richtige 432
Kameraobjektiv 182
Kamerasysteme
  digitale 431
Kanäle 54, 268
Kanäle-Palette 54, 269f.
Kanal-Menü 204
Kanalmixer 287, 336, 340, 347, 542
  Farbanpassungen mit 354
Kanten 275
  reparieren 233
  schärfen mit dem Hochpass-Filter 195
  scharfzeichnen 189
Kantenmarker 81
Kantenpixel 402
Kantenunschärfe 84
Karteikarten 634
Kartenfehler vermeiden 439
Kataloge 622

Klonen 225
Knoll, John 387
Knoll, Thomas 387
  Weißbalance 457
Kodak 422, 438
Kodak Photo CD und Picture CD
  429
Kodak Picture CD 430
Kodak-Testchart 511
Kodierung 579
Kolorieren 360
Kompatibilität
  maximale 576
Kompositionen 267
Kompression 591
  richtige 593
  unterschiedliche 616
Kompressionseinstellungen 577
Kompressionsverlust 592
Kontaktabzug II 443, 670
  Dialogbox 670
Kontextmenü 656
Kontraktproof 545
Kontrast 156
  kanalweise verbessern 202
  und Helligkeit 109
  verbessern mit Gradationskurven 155
Kontur 50, 373, 378
Konturtext 370
Konverter 445
Konvertierungsoptionen 528
Kopieren
  Methoden zum 226
Kopierstempel 72, 226, 246
  Einstellungen 228
  Musterstempel 56
Korrekturwerkzeuge 223
Kostenlose Kalibrierung 108
Kumulative Bewertungsmethode 625
Kunden-Feedback 612
Kunstfilter 399
Kunstlicht 523
Kunstprotokoll-Pinsel 78
Kurve 465
Kurvensegment 278

L

Lab-Farbe 542
Lab-Farbeffekte 349
Lab-Farbkarte 469
Lab-Modus 542
Lab-Umwandlungen 336
LaCie-Electron-Blue-III-CRT 104
Lasso 55, 62, 613
  Freihand 62
  Magnetisch 62
  Polygon 62
Lassowerkzeuge 56, 58
LCD 101, 509
Leaf 438
Leaf Valeo 6 436
Leertaste 63
Leistungsfähigkeit 14
Licht 99
Lichtbedingungen 559
Lichter 41, 138, 198, 339
  anpassen 143
  beschnitten 140
  einstellen 148
  korrigieren 158
Lichtpunkte 297
Lichtschein 376
Lichttisch 625, 629, 650, 673
  digitaler 647
Lichtverhältnisse 564
Lineale 35
  Hilfslinien und Raster 35
Linear
  abwedeln 296
  nachbelichten 295
Linearer Verlauf 82
Lineares Licht 297
Linienzeichner 90, 613
Logo 382, 618
lpi: lines per inch 483
Luminanz 254, 298, 509
  erhalten 349
  scharfzeichnen 192
Luminanz-Ansicht 41
Luminanzglättung 461
LZW 577

M

Macintosh-Gamma 526
Macintosh-Tastatur 60
Mac OS X 133, 561
Mac OS X-Tastenkorrektur 115
Magnetische Hilfslinien 35
Magischer Radiergummi 79, 613
Magnetischer Zeichenstift 88
Magnetisches Lasso 58, 62, 64
Mail-Anhänge 588
Make-up 264
Malfilter 399
Malwerkzeuge 70
  Buntstift 72
  Farbe-ersetzen-Werkzeug 71
  Füllwerkzeug 85
  Hintergrund-Radiergummi 79
  Kopierstempel 72
  Kunstprotokoll-Pinsel 78
  Magischer Radiergummi 79
  Musterstempel 72
  Pinsel 72
  Protokoll-Pinsel 73
  Radiergummi 79
  Reparatur-Pinsel 71
  Verlaufswerkzeug 82
Man Ray 341
Manuelle Tonwertkorrektur 141
Maske 268, 270ff.
  betrachten 285
  vortäuschen 315
Maske-lösen-Werkzeug 404
Maskenoptionen 407
Maskierungsansicht 60
Maskierungsfarbe 269
Maskierungskanäle 268
Maskierungsmodus 56, 94, 269, 270
Maskierungsprogramme und Plug-Ins 311
Maße tauschen 68
Maßeinheiten und Lineale 122
Matchlight-Software 311
Matter machen 13, 392
Maximale Miniaturgröße 26
Mediakarten 648
Medientyp 561
Megapixel 431, 480
Megapixel-Grenzen 435
Menübefehle einfügen 663
Menüs anpassen 15
Merlin 57
Messwerkzeug 92

Stichwortverzeichnis

Metadaten 634f., 639
  im Einsatz 637
  interpretieren 636
  Nutzung von 637
Metadaten-/Stichwörter-Palette 26
Metadaten-Palette 638
Metadatenvorlage speichern 636
Metaframer-Skript 18
Metamerie 564
MetaReader 637
Microtek 422
Miniaturansicht 26
Miniaturcache 639
Miniaturen 611
  Detailansicht 628
  Filmstreifen-Modus 628
Miniaturen und Vorschau drehen 624
Minimale Miniaturgröße 26
Minimieren/Maximieren 36
Mitteltöne 198
Mit mehreren Fenstern arbeiten 631
Modifikator-Tasten 59, 60
Modus Überlagern 244
Moiré-Effekte 253
Monitor 505
  auswählen 100
  kalibrieren 513
  kalibriert und profiliert 505
  ohne Profil 105
  zweiten anschließen 101
Monitorfarben
  Sättigung verringern 529
Monitor-Gamma 530
Monitorkalibrierung 523
Monochrom 336, 347
Monochrom-Foto 142
Montage erzeugen 311
Montagetechniken 267
Multipass-Modus 424
Multiplizieren 294
Multishot-Aufnahmen 437
Multishot-Kamera 434
Muster 50
Mustergenerator 398
  Dialogbox 398
Musterstempel 72
Musterüberlagerung 372

N

Nach-links-schieben-Werkzeug 404
Nachbelichter 87
Navigationswerkzeuge 93
  Hand 93
  Zoom 93
Navigator 39
Navigator-Palette 39
Negativ
  digitales 445
Neigen 305
Neu in Adobe Photoshop CS2 1
Neue Ebene erstellen 280, 282
Neue Füll- oder Einstellungsebene erstellen 260, 282
Neue Gruppe 282
  erstellen 290
Neue Ordner hinzufügen 627
Neuen Kanal erstellen 269
Neuen Ordner erstellen 26
Neuer Pfad 55
Neutrales RGB 203
Nichtlineares Protokoll 76
  zulässig 326
Nikon 422, 436
Normal 294
Numerische Transformation 308

O

Oberfläche 14
  des Bridge-Fensters 26
  von Adobe Bridge 25
Objekt löschen 26
Objekt maskieren
  mit einem Vektorpfad 315
Objektiv der Kamera 182
Öffnen 28
  mehrerer Bilder 454
  Probleme beim 29
Ökonomisches Speichern 118
One-Shot-Kamera 434
Online drucken 552
OpenType-Schriften 382
OptiCal-Software 105
Optimieren auf Dateigröße 600
Optimiert-Menü 598
Optionsleiste 42
Ordner 26

Ordner-/Favoriten-Palette 26
Ordner-Palette 633
Original RGB-Farbe 541

P

Palette 39
  Absatz 44
  Aktionen 51
  andocken 37
  Ebenen 52
  Ebenenkomp. 53
  Farbfelder 49
  Farbregler 49
  gruppieren 36
  Histogramm 41
  in Photoshop 36
  Info-Palette 40
  Kanäle 54
  Navigator 39
  Pfade 55
  Pinsel 46
  Protokoll 51
  Stile 49
  Werkzeug 56
  Werkzeugvorgaben 43
  Zeichen 44
Palettenmenü der Ebenen-Palette 282
Paletten-Optionen 39
Palettenraum 42
Papier 550, 568
Papierformat 555
Parser-Plug-In 584
Passermarken 554
Passwort 384, 583
PDF 91, 181
  generisches 584
  sichern 20
PDF-Dateien
  platzieren 584
PDF-Präsentation 678
PDF-Sicherheitsoptionen 584
PDF-Speicheroptionen 384
Pen-Tools-Suite 258
Perspektive 6
Perspektivisch drehen 248
Perspektivisch verzerren 305
Perzeptiv 538, 601
Perzeptive Renderpriorität 541

Stichwortverzeichnis

Pfad 55, 90, 271, 276
  erstellen 277
  in eine Auswahl umwandeln 272
  in Photoshop 276
  mit dem Zeichenstift-Werkzeug
    erstellen 277
  Text 383
  transformieren 308
Pfadauswahl/Direkt-Auswahl-
  Werkzeug 56
Pfadbereich erweitern 286
Pfade-Palette 55, 277
Pfade-Übungsdatei 277
Pfadkontur füllen 55
Pfad-Modus 287
Pfadsegmente bearbeiten 277
Pfadwerkzeuge 88
Pfeiltasten 625
Phase One 438, 445
Photo CD 429
Photo-CD-Profile 429
PhotoCal-Software 105
PhotoKit Color 356
  Graubalance 201
PhotoKit-Plug-In 356
PhotoKit Sharpener 192, 243
PhotoKit Sharpener-Plug-In von
  Pixel Genius 618
Photomerge 673, 675
  Bilder ausrichten 677
  Einstellungen 673
  Hauptdialog 673
Photomerge-Werkzeuge
  Lichttisch 673
Photonen 182
Photoshop 181, 450
  Album 641
  automatisieren 655
  CS2 449
  DCS 1.0 585
  DCS 2.0 585
  EPS 585
  Installation 24
  konfigurieren 97
  PDF 581, 585
  und Mac OS X 133
  und Windows XP 134
Photoshop-Aktionen mit Text 605
Photoshop-Dokument 32
Photoshop-Filter 387

Photoshop-Format
  natives 576
Photoshop-Hilfe 679
Photoshop-Installation 24
Photoshop-Paletten 36
Photoshop-Services 647
Photoshop-Speicher leeren 127
Photoshop-Voreinstellungen 115
PICT 585
Pictrography-Drucker 546
Pigmenttinten 564
Pinsel 45, 50
  Dynamik 47
Pinsel/Buntstift/Farbe-ersetzen-
  Werkzeug 56
Pinsel/Buntstift/Kopierstempel
  613
Pinsel-Palette 46, 48
  Optionen 48
Pinselvorgaben-Palette 45
Pinselvorgabenwähler 46
Pinselwähler 45
Pinsel-Werkzeug 72
Pipette 92, 613
Pipette/Farbaufnehmer/Mess-
  werkzeug 56
Pixel 436
  fixieren 282
  Genius 637
  versus Vektoren 482
Pixelanordnung 578
Pixelauflösung 480, 482
Pixel-Seitenverhältnis 487
Pixelverzerrungen 400
Pixelwiederholung 489
Pixmantec 445
Plug-Ins
  automatisierte 669
PNG 605
PNG-24 585
PNG-8 585
Polaroid 422
Polaroid-Emulsionsübertragung
  410
Polygone 90
Polygon-Lasso 58, 63
Polygon-Modus 62
Polygon-Werkzeug 90
Portable Network Graphics 605
Porträt/Querformat 34

Porträtretusche 264
Position 554
  fixieren 282, 293
PostScript 548, 571
PostScript-Ausgabe 571
PostScript-Drucker 571
PostScript-Farbmanagement 580
ppi: Pixel per Inch 482
ppi und lpi
  Beziehung zwischen 485
Präsentation 632
Präsentationsmodus 2, 4
Präzise Farbkorrektur mit Ton-
  wertkorrektur 203
Präzise Korrekturen mit Grada-
  tionskurven 205
Printausgabe in einem Fotolabor
  546
Profil 108, 503, 564
  eigenes erstellen 559
  eingebettetes 505
  konvertieren 518
  zuweisen 520
Profile Connection Space (PCS)
  504
ProfileMaker Pro Interface 510
Profilerstellung 509
Profilfarbraum 503
Profilfehler 521, 665
  und fehlende Profile 514
Profilierung 509
Profilinformationen 505
Profilkonvertierung 518f.
Proof 573
  einrichten 526, 532, 565
  in Photoshop CS und früher 570
  realistischer 568
Proof-Bedingung anpassen 566
Proofdruck 528, 539
Proofgerät 565
Proof-Vorgaben
  Voreinstellungen für 569
ProPhoto RGB 507
Protokoll 51
  bearbeiten 639
  nichtlineares 76
  speichern 30
  und Speicherbedarf 75
Protokoll-Palette 73f.

Protokoll-Pinsel 51, 73f., 229f.
  Kunstprotokoll-Pinsel 56
Protokollschritte 76
Proxy-Icons in der Titelleiste
    (Mac) 32
PSB (Großes Dokumentformat)
    577
PSD 668
PSD-Datei 119
Punktzuwachs 533
Punktzuwachswert 526

Q

Quadruplex 344
Qualität 559
  der Pixel 183
Qualitätseinstellungen verändern
    599
Quantum Mechanic 433
QuarkXPress 333, 580
Quellfarbraum 517

R

Radialer Weichzeichner 388
Radialverlauf 82
Radiergummi 79
Radiergummi/Hintergrund-Radier-
    gummi/Magischer Radiergum-
    mi 56
Radius-Halos 159
Rahmen
  hinzufügen 361
RAID-Festplattenarray 127
RAID-System 127
RAM 125
  und Arbeitsvolumes 125
RAM-Einstellungen konfigurieren
    126
Raster 35, 249
Raster Image Processor (RIP) 571
Rasterabstand 35
Rasterauflösung 483
Rasterbild 183
Rastereinstellungen mitspeichern
    579
Rasterlinien 483
Rasterpunkt 485
Rasterweite 483
Rasterwinkel 485
Rauschen 429

Rauteverlauf 82
Raw 445
  versus JPEG 444
Raw-Bilder 449
  direkt öffnen 449
Raw-Dateien als Smart Objekt
    platzieren 8
Raw-Daten 445
Raw-Konvertierungen
  mehrfache 474
Raw-Konvertierungssoftware 445
Raw-Modus 444
Raw-Processing 465
Raw-Shooter 445
Rechte Maustaste 59
Rechteck/Abgerundetes Rechteck/
    Ellipse 613
Rechtecke 90
Referenzfarbraum 505
Reflektierter Verlauf 82
Regelmäßig speichern 30
Registerkarten-Rechteck/Ovales
    Rechteck 613
Reiter und Bridge-Inhalt anpassen
    627
Rekonstruieren 406
Rekonstruktionswerkzeug 404
Relativ farbmetrisch 539
Relativ farbmetrische Render-
    priorität 541
Renderingfilter 413
Renderpriorität 528, 538, 540,
    567, 570
  absolut farbmetrisch 539
  beste 538
  perzeptive 538
  relativ farbmetrisch 539
  Sättigung 538
Reparaturarbeiten 225
Reparatur-Pinsel 71, 226, 231
  Einstellungen 231
  Füllmethoden 239
  Strategien 239
Repro 573
Repro-Arbeit 488
Retusche 261
  Reparatur-Pinsel 234
Retusche-Werkzeuge 258
RGB 54, 498, 527
  Vielseitigkeit 499

RGB zu CMYK
  Konvertierung 531
RGB-Arbeitsfarbraum 503
  eigenen erstellen 530
  idealer 507
  richtigen ermitteln 537
RGB-Ausgabe auf Diafilme und
    Druck 546
RGB-Bilder 499
RGB-Dateien abliefern 568
RGB-Farbdaten 503
RGB-Farben mit Gamma füllen
    529
RGB-Farbraum 503
  wählen 506
RGB-Farbräume
  Unterschiede 537
RGB-Filter 388
RGB-Geräte 498
RGB-Graustufenumwandlung 336
RGB-Halbton 546
RGB-Modus 199
RGB/CMYK-Problem 499
Richmond, Eric 188, 274, 310, 333,
    375, 427, 481
Ring-Kontur 379
RIP-Software 572
Robinson Crusoe 500
Röhrenmonitor 509
Rollendruck 536
Rote Augen entfernen 14
Rote-Augen-Korrektur 264
Rote-Augen-Werkzeug 14, 56, 71
Rot-Kanal 54
Rückgängigmachen
  mehrfaches 407

S

Sättigung 298, 538
  verringern 337
Satzbelichter 483
Scan-Geschwindigkeit 428
Scanner 421, 501
  Auflösung 423
  Dynamikbereich 424
  Farbtiefe 425
  Worauf Sie achten müssen 423
Scannerprofil 508
Scan-Rückteile 441f.
Scans kaufen 428

Stichwortverzeichnis

Scan-Software 428
Schärfe vergleichen 440
Schärfentiefe 394
Scharfzeichnen 184
　für die Ausgabe 185
　Möglichkeiten 184
Scharfzeichnung 192
Scharfzeichnungsfilter 186
　Scharfzeichnen 186
　Selektiver Scharfzeichner 186
　Stark scharfzeichnen 186
　Unscharf maskieren 186
Schatten 376
　nach innen 368
Schein
　nach außen 369
　nach innen 369
Schewe, Jeff 77, 250
Schlagschatten 367
Schnappschuss 74
Schnelles Speichern 31
Schnittmarken 554
Schnittmaske 281, 327
　erstellen 327
Schönheitskorrekturen 259, 264
Schriften 44
Schriftgrad 15
Schriftgröße 115
Schriftinformationen 384
Schriftschrägstellung 48
Schrittweise interpolieren 491
Schutz 611
　für die Bilder 653
Schwamm 87
Schwarzaufbau 535
Schwarze Druckfarbe simulieren 567
Schwarzweißfilm 337
Schwarzweiß-Kontrast verbessern 202
Schwarzweißumwandlungen in Camera Raw 472
Schwellenwert 204
Scitex CT 585
SCSI-Kompatibilität bei Mac OS X 133
Seite einrichten 555
Selektive Farbkorrektur 221
Selektiver Scharfzeichner 191, 193
Selektiver Weichzeichner 390

Selektives Scharfzeichnen 12
Sensor 421
Sensorgröße 433
Separationseinstellungen 536
Sets 288
Silberfilm 431
Simulation 570
Simulationsoptionen 567
Simulationsproof mit Photoshop CS oder älter 570
Sinar 438
Single-Pass-Belichtung 546
Skalieren 305
Skalierung 371
Skripte 17, 53, 667
　ablaufen lassen 53
Skriptereignis-Manager 17, 667
Skripthandbuch 667
Slice-/Sliceauswahl-Werkzeug 56
Slice-Auswahlwerkzeug 613
Slice-Inhalte und Optimierungen 616
Slices
　ein-/ausblenden 613
　verbundene 616
Slice-Werkzeuge 70, 613
Smart Objekte 8, 301
　als Camera-Raw-Datei platzieren 304
Smart-Objekt-Ebene 302
SMPTE-240M 507
Softproof 565
　am Monitor 565
Solarisation 335, 341
Sony Artisan 101, 509
Sortieren-Menü 643
Space Monkey 57
Speicher 16
Speicherkarte 439
　wählen 439
Speichermedien 652
Speichern 31, 477
　aus Raw-Dateien 28
　regelmäßig 30
　unter 31
Spektrofotometer 105
SpheroCamHDR-Kamera 438
Spiegel-Werkzeug 404
Spiegelreflexkamera 444
Spitzlichter 148

Split-tone-Druck 335
Sprenkeln 294
Springen-zu-Button 56, 95
Springen-zu-Taste 613
Spyder von ColorVision 105
sRGB-Modus 520
sRGB IEC-61966-2.1 506
Standardaktionen 659
Standardfarben 56, 613
Standardmodus 56, 94
Standard-Monitorprofil 509
Standard-Renderpriorität 539
Standard-Reparatur-Werkzeug 235
Stapel-Umbenennung 645f.
　widerrufen 646
Stapelverarbeitung 645, 664
　Benennung 665
　Nummerierung 665
Statusinformationen 40
Staub und Kratzer 229
Staub wischen 440
Sterne 642
Stichwörter-Palette 634
Stiftandruck 46
Stile 49, 50
Stilisierungsfilter 399
Stillleben 171
Störungen 429
　Filter 256
　hinzufügen 257
　reduzieren 11, 255
Störungsfilter 229
Störungsverläufe 84
Strahlendes Licht 296
Stress für Photoshop 681
Strudel-Werkzeug 404
Strukturierungsfilter 399
Stürzende Linien 178
Stylus-Pen 46
Stylus-Photo-Modelle 548
Suchen 634
Suchkriterien 622, 644
Suchmaschine 635
SWOP 536
Synchronisieren-Dialog 454
System kaufen 98
Systemsoftware
　Wartung 134
Systemwiederherstellung 134

Stichwortverzeichnis

T

Tageslichtröhren 99
Tastatur 625
Tastaturbefehle
  Dialogbox 657
  eigene 656
  zusammenfassen 658
Tastenkombinationen 656
Tastenkürzel 67
  Tabelle 656
Technische Voraussetzungen 1
Testbild drucken 559
Testchart 560
  von GretagMacbeth 559
Text 89, 281
  auf einem Pfad 383
  hinzufügen 382
Textausrichtung 44
Textebene 281f., 366
Textvoreinstellungen 129
Textwerkzeug 44, 56, 89, 129, 281, 613
  Optionen 44
Thermosublimation 546
Tiefen 41, 138, 158, 198, 339
Tiefen und Lichter beschneiden 458
Tiefen-Versetzung 395
Tiefen/Lichter
  Details wiederherstellen 158
Tiefen/Lichter-Einstellungen 161
Tiefenkompensierung verwenden 528
Tiefenschärfe abmildern 394
TIFF (Tagged Image File Format) 91, 181, 577, 585, 668
  LZW 577
  Optionen 577
  unkomprimiertes 577
TIFF-Bilder 571
TIFF-Optionen 578
Timing 33
Tinten und Ausgabemedien 550
Tinten von Drittanbietern 551
Tintenstrahldruck
  Bildbeständigkeit 550
Tintenstrahldrucker 548
Tintenstrahler
  Druckqualität 549
  idealer 549
  Papiere für 564
Toleranzeinstellung 58
Tonnenverzerrung 403
Tontrennungseffekte (Split-tone) 341
Tonwert 87, 138, 140, 169
  Abwedler 87
  nach der Umwandlung 144
  Nachbelichter 87
  Schwamm 87
Tonwertkorrektur 141, 146, 148, 152, 199, 203, 205, 251
  manuelle 141
Tonwertkorrektur-Dialogbox 141
Tonwertkorrektur-Histogramm 41
Tonwertzuwachs 533
Tonwertzuwachs/Gradationskurven 533
Tonwertzuwachskurven 533
Toyo Inks 536
Transformationen 309
  mit Auswahlen und Vektorpfaden 308
  nummerische 308
  verkrümmen 305
  wiederholen 308
Transformieren 7
  Drehen 305
  Frei 305
  Neigen 305
  Perspektivisch verzerren 305
  Skalieren 305
  Verkrümmen 7
  Verzerren 305
Transformieren-Befehle 305
Transparent 293
Transparente Pixel fixieren 282, 293
Transparenz 281, 293
  und Farbumfang-Warnung 121
Transparenzeinstellungen
  dynamische 305
Trennlinien verschieben 627
Tricks mit virtuellem Speicher 125
Triplex 344
Trommelscanner 421
Tungsten-Kunstlicht 441
Turbulenz-Werkzeug 404
TV 498
TWAIN 428

U

Überlagern 296
Ultimatte Advantedge 311, 321
Umbenennungsmodelle 645
Umgekehrt multiplizieren 295, 369
Umrandung 274
Umwandlung von Vektoren in Pixel 272
Unauffälliges Retuschieren 259
Unscharf maskieren 186
Unterbrechung einfügen 663
Unterfarbenreduktion (UCR) 534
Unterfarbenzugabe (UCA) 535
Upload 590
  auf einen Server 589
US-amerikanischer Markt 536

V

Variationen 198, 203
Variationen-Dialog 198
Vektorausgabe 382
Vektordaten 580
Vektoren in Pixel umwandeln 272
Vektorform
  Text 383
Vektormaske 90, 271, 276, 284, 286
Vektormaske/Ebenenmaske 281
Vektorpfad 333
Vektorprogramm 55, 482
Vektorzeichenwerkzeuge 88
Verbinden 291
Verblassen 392
Verbundene Bildebene 282
  mit verbundener Ebenenmaske 282
Verflüssigen 404, 409
  Ansichtsoptionen 408
  Werkzeugoptionen 406
Vergrößern 274
Verkrümmen 411
Verkrümmen-Werkzeug 301
Verlauf 50, 82
  leuchtender 328
  Störungsverläufe 84
Verlaufsfüllung 328

Stichwortverzeichnis

Verlaufsprotokoll 116, 639
Verlaufsüberlagerung 371
Verlaufsumsetzung 360
Verlaufswerkzeug/Füllwerkzeug 56
Verlaufswinkel 82
Verschieben 613
Verschieben-Werkzeug 56, 66, 291
  Ebenen auswählen mithilfe des 66
  Verwendung für 66
Versetzen 400
Version Cue 30, 119
Version speichern 31
Versions- und Alternativenansichten 26
Verwirrende Technologie 483
Verzerren 305
Verzerrungen
  vorbestimmte 408
Verzerrungsfilter 399
Videovorschau 20
Vignetten 10
Vignettierung 402, 464
Vollbildmodus mit Menüleiste 95
Volltonfarbe 380, 502, 527
  Grenzen 380
Volltonfarbenkanäle 380
Von Pfadbereich subtrahieren 287
Vorder-/Hintergrundfarbe 94
Vorder- und Hintergrundfarbe vertauschen 56
Vordergrundfarbe 56, 613
Voreinstellungen
  allgemeine 115
  allgemeine von Bridge 130
  Arbeitsspeicher und Bildcache 128
  Bildschirm- und Zeigerdarstellung 120
  Dateien verarbeiten 118
  Dialogbox 116
  Erweitert 132
  Hilfslinien, Raster und Slices 123
  Maßeinheiten und Lineale 122
  Metadaten 131
  sichern 124
  Text 129
  Transparenz und Farbumfang-
  Warnung 121
  zurücksetzen 115
  Zusatzmodule und virtueller Speicher 124
Vorgaben
  Eigene Formen 50
  Farbfelder 50
  Kontur 50
  Muster 50
  Pinsel 50
  Stile 50
  Verläufe 50
Vorgaben-Manager 50
Vorlagen
  eigene erstellen 608
Vorschau 329, 451
  im Standard-Browser 613
Vorschaubilder 461
Vorschauoptionen 32
Vorschau-Palette 26
Vorwärts-krümmen-Werkzeug 404

W

Wacom 258
Wacom-Intuos-Reihe 47
Wacom-Radiergummi 79
Warnung vor RGB-zu-RGB-Konvertierung 518
Wartungsprogramme 134
Web 118, 588, 597
Web-Fotogalerie 18, 443, 606
Web-Fotogalerie-Vorlagen 609
Web-Grafiken 523
Wechsel in andere Anwendungen 614
Weiche Auswahlkante 58, 275
Weiche Kanten 321
Weiches Licht 247, 296, 356
Weichzeichner/Scharfzeichner/ Wischfinger 56
Weichzeichnungsfilter 13, 388, 392, 393
Weißabgleich 445
Weißbalance 452
Weißbalance-Werkzeug 451
Weißpunkt 111, 144, 509
Werkzeug 78
  Abwedler 56, 87
  Adobe Online 56

Anmerkungswerkzeuge 56
Ausbessern-Werkzeug 56, 236
Auswahlwerkzeuge 56
Bereichsreparatur-Pinsel 14, 56, 235
Bildschirmmodi 56
Buntstift 56, 72
Cache 633
Direkt-Auswahl-Werkzeug 56
Farbaufnehmer 56
Farbe-ersetzen-Werkzeug 56, 71, 217
Formwerkzeuge 56
Freistellungswerkzeug 56, 68, 175, 178
Füllwerkzeug 56, 85
Hand-Werkzeug 56
Hintergrundfarbe 56
Hintergrund-Radiergummi 56, 79
Kopierstempel 56, 72
Kunstprotokoll-Pinsel 56, 78
Lassowerkzeuge 56
Magischer Radiergummi 56, 79
Maskierungsmodus 56
Messwerkzeug 56
Musterstempel 56, 72
Nachbelichter 56, 87
Pfadauswahl 56
Pinsel 56, 72
Pipette 56
Protokollpinsel 56, 73
Radiergummi 56, 79
Reparatur-Pinsel 56, 71, 231
Rote-Augen-Werkzeug 14, 56
Scharfzeichner 56, 86
Schwamm 56, 87
Slice-/Sliceauswahl-Werkzeug 56
Slice-Werkzeuge 70
Springen-zu-Button 56
Standardfarben 56
Standardmodus 56
Textwerkzeug 56, 89
Verlaufswerkzeug 56, 82
Verschieben 66
Verschieben-Werkzeug 56
Vorder- und Hintergrundfarbe vertauschen 56
Vordergrundfarbe 56

Stichwortverzeichnis

Weichzeichner 56, 86
Wischfinger 56, 86
Zauberstab 56
Zeichenstift-Werkzeug 56
Zoom-Werkzeug 56
zurücksetzen 43
Werkzeugkiste 613
Werkzeug-Palette 56
Werkzeugspitze 233
Werkzeugvorgaben 43
Werkzeugvorgaben-Palette 43
Werkzeugvorgabenwähler 46
Widerrufen 75
Wilhelm, Henry 550
Windows-Entsprechungen 60
Windows XP 134
Wirtschaftlichkeit 551
Wischfinger 258
Wolken 416
WS_FTP Pro 589

www.camerabits.com 433
www.extensis.com 311
www.pixelgenius.com 356
www.rawformat.com 447
www.ultimate.com 311
WYSIWYG-Schriftartmenü 44

X

XML 637
XMP 637

Z

Zauberstab 56, 58, 61, 613
 Toleranzeinstellung 58
Zeichen 44
Zeichen-Palette 44
Zeichenpfad 384
Zeichenstift 55, 88, 272, 324
 Gummiband 279
Zeichenstift-Werkzeug 56

Zeichenwerkzeuge 276
Zeichnen von Pfaden
 Richtlinien 277
Zeitungsdruck 536
Zeitverzögerungen 550
Zieldruck 569, 574
Zielfarbraum 451
Zielgamma 110
ZIP-Kompression 581
Zoom 452, 613
Zoomregler 26
ZoomView
 Export über 603
Zoom-Werkzeug 56, 93, 404, 451
Zu HDR zusammenfügen 9, 170
Zurück-/Weiter-Buttons 26
Zusammengesetzter Kanal 54
Zusammenziehen-Werkzeug 404
Zusatzmodule und virtueller
 Speicher 123

THE SIGN OF EXCELLENCE

Holen Sie das Optimum aus Ihren digitalen Negativen heraus!

Das Buch zeigt, was das Raw-Format vermag und wie Sie mit dem Raw-Konverter Aufnahmen kalibrieren und ganze Bildfolgen automatisiert abarbeiten. Praxisbeispiele - alle Übungsdateien liegen auf einer DVD bei - demonstrieren, wie verschiedene Bildeinstellungen und -korrekturen durchgeführt werden, wie man auch schwierige Aufnahmesituationen in den Griff bekommt und Photoshop über den Rahmen des Raw-Konverters hinaus für gelungene Bildentwicklungen einsetzt. Im kreativen Teil geht es um besondere Bildumsetzungen, die so erst aus dem Raw-Format möglich sind.
Für Photoshop CS/CS 2 oder Elements (Win & Mac) geeignet und mit über 100 lizenzfreien Negativen auf DVD!

Mike Schelhorn
3-8273-2275-8
39.95 EUR [D]

www.addison-wesley.de

THE SIGN OF EXCELLENCE
Professionalität von Profihand

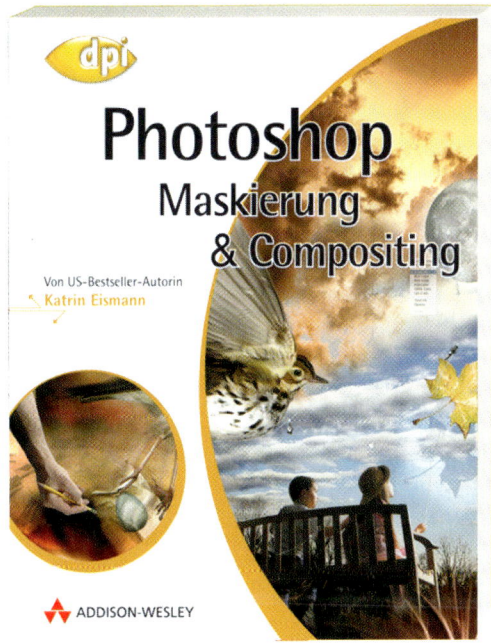

Maskierung & Compositing sind zwei der beeindruckendsten Techniken der kreativen Bildbearbeitung. Nur wenn Sie diese Kunst beherrschen, schaffen Sie überzeugende Werke. In diesem Buch geht Katrin Eismann detailliert auf die Feinheiten ein, z.B. wie Sie genaue Auswahlen erzeugen und ausgefeilte Masken erstellen, wie Sie professionell mit Ebeneneffekten und Farbkanälen umgehen und wie Sie Farbe und Beleuchtung einsetzen, um Bilder miteinander zu kombinieren, ohne dass Details verloren gehen. Das Buch ist komplett 4farbig.

Katrin Eismann
3-8273-2242-1
59.95 EUR [D]

www.addison-wesley.de